石油天然气建设工程
质量资料标准化管理手册

（2021年修订版）

上　册

主　编：郭占春
副主编：贺　琦　毛升好　白金亮

石油工業出版社

内 容 提 要

《石油天然气建设工程质量资料标准化管理手册（上册）》由三篇内容组成，共十七章，主要介绍了本书的编制目的、工程质量验收标准体系的沿革、工程划分、施工质量验收组织、质量验收记录填写、施工记录填写等内容。统一、规范了工程质量资料的填写方法和填写内容，同时还列出了按照石油天然气施工质量验收标准编制的设备安装、储罐安装、工艺管道、油气田集输管道、自动化仪表、电气、管道穿跨越、长输管道线路、天然气净化厂、道路桥梁、非金属管道等工程的检验批质量验收记录表格。

本书可供石油天然气建设工程质量资料管理人员、操作人员及石油院校相关专业师生阅读参考。

图书在版编目（CIP）数据

石油天然气建设工程质量资料标准化管理手册 / 郭占春主编 . —北京：石油工业出版社，2022.4

ISBN 978-7-5183-5127-5

Ⅰ . ①石…　Ⅱ . ①郭…　Ⅲ . ①石油工程 – 技术档案 – 档案管理 – 标准化管理 – 手册②天然气工程 – 技术档案 – 档案管理 – 标准化管理 – 手册　Ⅳ . ① G275.3–62

中国版本图书馆 CIP 数据核字（2021）第 259566 号

出版发行：石油工业出版社

（北京安定门外安华里 2 区 1 号楼　100011）

网　址：www. petropub. com

编辑部：（010）64523757　图书营销中心：（010）64523633

经　　销：全国新华书店

印　　刷：北京晨旭印刷厂

2022 年 4 月第 1 版　2022 年 4 月第 1 次印刷

787 × 1092 毫米　开本：1/16　印张：100.25

字数：2560 千字

定价：500.00 元（上中下）

（如出现印装质量问题，我社图书营销中心负责调换）

《石油天然气建设工程质量资料标准化管理手册》
编委会

主　　编：郭占春

副 主 编：贺　琦　毛升好　白金亮

编写人员：邓　军　周生来　饶旻久　李　波　宋养庆　齐　涛
朱　永　杨林兵　樊宁军　唐　勇　吴永峰　雷晓青
吕勇兵　谷晓鹏　苏大超　张　涛　梁　鹏　高　武
和莉园　温国志　张晓鹏　孙永忠　张玉芳　叶小黄
曾登高　王大文　刘保平　陈均涛

序

PREFACE

长庆油田经过50年的奋发拼搏，在横跨陕、甘、宁、蒙四省（自治区）的鄂尔多斯盆地上，开发建设了马岭、安塞、靖安、西峰、靖边、榆林、姬塬、苏里格等多个油气田。特别是近几年，紧密围绕高质量、高水平全面建设“西部大庆”这一战略目标，加快发展，依靠科技创新和管理创新，攻克“三低”（低渗透率、低压、低丰度）油气藏一系列技术难关，大力实施勘探开发一体化，施行“四化”（标准化设计、模块化建设、数字化管理、市场化运作）管理模式，以年净增长500万吨油气当量持续发展，相当于每年建成一个中型油气田，截至2020年底油气当量已跨越6000万吨大关。

随着发展速度的不断加快，面对油气藏复杂、开采难度大、工作量繁重的困难和建设项目点多、线长、面广的地域特征及建设规模大、建设速度快、技术创新强、参建单位多的特点，长庆油田地面工程建设系统不断完善推行标准化体系建设，以“标准化设计、模块化建设”为抓手，走市场化之路，强化质量管控，用数字化提升油田管理水平，大幅缩短了工程建设周期，实现了“工期、质量、安全、投资”各项控制目标，涌现出一批中国石油和国家优质工程。

展望未来，前景光明，任重道远。长庆油田制订了到2025年原油产量达到2800万吨、天然气产量达到450亿立方米、油气当量突破6300万吨的宏大目标。为实现更大的发展，油气田地面工程大规模建设仍然将持续进行。安全为天，质量为本，石油天然气新建、扩建、改建工程质量是油气田实现本质安全生产的基础。石油天然气长庆工程质量监督站专业技术骨干结合油气田建设实际，本着监督与服务相结合的理念，开拓进取，总结提炼，以严格贯彻执行国家、石油天然气行业、企业（中国石油）的相关标准规范为准则，编写了《石油天然气建设工程质量资料标准化管理手册》。希望该手册的应用能很好地确保地面工程建设各环节质量管理资料实现标准化，能够有益于进一步强化全员、全方位、全过程质量管控，有助于健全油气田地面工程建设标准化体系，为长庆油田攀登新高峰，高质量、高水平全面建成“西部大庆”发挥保障作用。

2021年3月

前言

PREFACE

石油天然气建设工程形成的工程资料，是工程内在质量、本质安全的真实记载，是工程建设质量管理及技术管理的全面反映，是工程从开工到交工全部活动按规定要求实施并已达到规定结果的证明文件，也是对工程质量事故原因分析和质量责任追究的依据。工程资料满足“真实准确、全面系统、科学合理、合法有效、易于追溯、利于保存、便于查找”的要求，是工程建设标准化管理的具体体现。

为满足建设、监理、施工、检测等单位的需求，规范、统一石油天然气建设工程质量验收和工程质量资料的收集、整理和归档工作，达到服务建设工程的目的，长庆油田组织人员重新修订《石油天然气建设工程质量资料标准化管理手册（2013版）》（以下简称《手册2013版》），基于以下三点：一是近年来施工验收规范大部分进行了修订，例如SY 4200系列标准全部进行了更新换代，GB 50300系列标准也有7个进行了重新修订，所以对《手册（2013版）》的修订编写势在必行；二是增添了新的内容，特别是以前部分工程无法做技术资料，例如通信工程、非金属管道工程、管道内防腐工程等，在《手册（2013版）》中无工程技术资料表格，此次修订增加了相关内容，进一步完善了油气田工程资料的完整性；三是近两年在审核油气竣工工程资料过程中发现施工单位在使用《手册（2013版）》编制资料时，检验批检查项目、技术参数多数依照旧版标准填写，并且一些检验批资料无标准格式，导致整体资料编制工作不严谨，基于以上考虑，对《手册（2013版）》的修订是当务之急。

此次修订工作依然坚持“科学、全面、实用、高效”的原则，主要以GB/T 51317—2019《石油天然气工程施工质量验收统一标准》、GB 50300—2013《建筑工程施工质量验收统一标准》及《油气田地面建设工程（项目）竣工验收手册（2017版）》等技术规范为依据，将施工质量验收记录和交工技术文件，按照工程质量资料标准化要求进行了完善集成，提供了相应的样表及填写范例，以供参建各方结合工程实际选用。

《石油天然气建设工程质量资料标准化管理手册（2021年修订版）》（以下简称本《手册》）共三册，由四篇47章构成。其中上册包含第一篇、第二篇及部分第三篇内容，共17章，主要叙述石油天然气建设工程划分、施工质量验收组织、质量验收记录填写、施工记录填写等内容。中册包含第三篇的13章内容，依据GB/T 51317—2019《石油天然气工程施工质量验收统一标准》及相关系列标准的规定编制了石油天然气建设工程的相关专业检验批施工质量验收记录；同时，依据GB 50300—2013《建筑工程施工质量验收统一标准》及相关专业标准的检查项目和检查内容，重点编制了建（构）筑工程检验批施工质量验收记录。下册包含第四篇17章内容，主要收集、补充、完善了不同专业的施工技术资料表格和无损检测、监理单位的资料用表等。

由于县级以上质量技术监督部门负责本行政区域内锅炉压力容器使用登记的监督管理工作，并对锅炉安装施工技术资料及表格做了相应的规定，因此本《手册》不做统一要求。另外，工程理化实验资料，由于受地域影响，实验报告表格较难统一，故以理化实验机构出具的实验报告为准，本《手册》也不做统一要求。

另外，需要注意的是：按照石油天然气行业质量验收标准编制的施工质量检验批验收记录标注有“SY/T 42××”字样；按照国家质量验收标准编制的施工质量检验批验收记录标注有“GB/T 50×××”字样。

鉴于编者水平有限，本《手册》中难免存在问题和错误，敬请同行、专家多提宝贵意见，以便改进。

总目录
CONTENTS

上　　册

1　石油天然气建设工程质量验收

1.1　概述…………………………………………………………………………………………2
1.2　工程划分……………………………………………………………………………………5
1.3　施工质量验收组织…………………………………………………………………………53

2　石油天然气建设工程质量资料和施工文件填写范例

2.1　质量验收记录填写…………………………………………………………………………56
2.2　施工记录填写………………………………………………………………………………74

3　石油天然气建设工程检验批质量验收记录

3.1　设备安装工程………………………………………………………………………………106
3.2　储罐安装工程………………………………………………………………………………155
3.3　站内工艺管道工程…………………………………………………………………………187
3.4　油气田集输管道工程………………………………………………………………………197
3.5　自动化仪表工程……………………………………………………………………………208
3.6　电气安装工程………………………………………………………………………………232
3.7　管道穿跨越工程……………………………………………………………………………305
3.8　长输管道管道线路工程……………………………………………………………………374
3.9　天然气净化厂建设工程……………………………………………………………………396
3.10　道路工程…………………………………………………………………………………429
3.11　桥梁工程…………………………………………………………………………………477
3.12　非金属管道管道工程……………………………………………………………………548

中　　册

3.13　通信工程……565
3.14　地基基础工程……630
3.15　砌体工程……710
3.16　混凝土结构工程……720
3.17　钢结构工程……742
3.18　屋面工程……783
3.19　地下防水工程……815
3.20　建筑地面工程……845
3.21　建筑装饰装修工程……888
3.22　建筑给水排水及采暖工程……949
3.23　建筑装饰装修工程……1002
3.24　建筑节能工程……1029
3.25　建筑物防雷工程……1052

下　　册

4　石油天然气建设工程交工验收文件

4.1　通用部分……1066
4.2　站内工艺安装……1125
4.3　设备安装……1134
4.4　立式储罐安装……1157
4.5　球罐制造安装……1164
4.6　集输管道安装……1175
4.7　长输管道……1195
4.8　建筑工程……1227
4.9　电气安装……1311
4.10　自动化仪表安装……1358
4.11　通信安装……1382
4.12　道路工程……1391
4.13　桥梁工程……1424
4.14　隧道工程……1450
4.15　无损检测……1462
4.16　监理管理……1486
4.17　其他……1524

目录
CONTENTS

上　　册

1　石油天然气建设工程质量验收

1.1　概述……2
　1.1.1　工程质量标准体系的发展……2
　1.1.2《手册》编制依据……3
　1.1.3　油（气）田地面建设工程（项目）竣工验收手册……4
1.2　工程划分……5
　1.2.1　单位（子单位）工程划分原则……5
　1.2.2　分部（子分部）工程划分原则……5
　1.2.3　分项工程划分原则……5
　1.2.4　检验批划分原则……5
　1.2.5　工程分类划分原则……6
　1.2.6　各专业工程分部、分项和检验批划分明细表……7
1.3　施工质量验收组织……53
　1.3.1　施工质量验收依据及合格条件……53
　1.3.2　施工质量验收组织程序……53

2　石油天然气建设工程质量资料和施工文件填写范例

2.1　质量验收记录填写……56
　2.1.1　施工现场质量管理检查记录……56
　2.1.2　检验批质量验收记录……59
　　2.1.2.1　混凝土施工检验批质量验收记录示例……60
　　2.1.2.2　杆塔接地工程检验批质量验收记录示例……61
　　2.1.2.3　压缩机安装工程检验批质量验收记录示例……63
　　2.1.2.4　管道组对检验批质量验收记录表示例……67
　2.1.3　分项工程质量验收记录……68
　　2.1.3.1　电缆敷设分项工程质量验收记录示例……68

2.1.4 分部（子分部）工程质量验收记录 …… 69
2.1.4.1 电气工程 分部（子分部）工程质量验收记录示例 …… 69
2.1.5 单位（子单位）工程质量验收记录 …… 70
2.1.5.1 ××执勤点 单位（子单位）工程质量验收记录示例 …… 70
2.1.6 单位（子单位）工程质量控制资料核查记录 …… 71
2.1.6.1 ×××倒班点 单位（子单位）工程质量控制资料核查记录示例 …… 71
2.1.7 单位（子单位）工程质量交工验收申请报告 …… 73
2.1.7.1 ×××（建设单位名称）单位（子单位）工程质量交工验收申请报告示例 …… 73
2.2 施工记录填写 …… 74
2.2.1 集输管道 …… 74
2.2.1.1 管道试压记录示例 …… 74
2.2.1.2 管沟开挖施工验收记录示例 …… 75
2.2.1.3 管道里程、转角、测试、标志桩埋设记录示例 …… 76
2.2.1.4 防腐补口剥离强度试验记录示例 …… 77
2.2.1.5 防腐绝缘层电火花检测记录示例 …… 78
2.2.1.6 阴极保护工程施工记录示例 …… 79
2.2.1.7 顶管穿越顶进套管检查记录示例 …… 80
2.2.1.8 管道穿越工程隐蔽检查记录示例 …… 81
2.2.1.9 跨越管道就位检查测量记录示例 …… 82
2.2.1.10 管道清管记录示例 …… 83
2.2.2 立式储罐 …… 84
2.2.2.1 储罐总体试验记录示例 …… 84
2.2.3 站内工艺 …… 85
2.2.3.1 阀门试压记录示例 …… 85
2.2.3.2 管道焊接工作记录示例 …… 86
2.2.3.3 通风、排风管道施工记录 …… 87
2.2.3.4 管道补偿器安装记录示例 …… 88
2.2.3.5 管道试压检查记录示例 …… 89
2.2.3.6 工艺管道吹扫（清洗）记录示例 …… 90
2.2.4 设备安装 …… 91
2.2.4.1 卧式设备安装记录示例 …… 91
2.2.4.2 设备填充记录示例 …… 92
2.2.4.3 设备清理检查封闭记录示例 …… 93
2.2.4.4 设备/管道防腐、保温、保冷、涂漆施工记录示例 …… 94
2.2.5 电气仪表 …… 95
2.2.5.1 接地装置安装检查记录示例 …… 95

2.2.5.2 照明线路绝缘检查及试照记录示例 96
2.2.5.3 隔离（负荷）开关安装调整记录示例 97
2.2.5.4 电气盘（屏）、柜安装检查记录示例 98
2.2.5.5 变压器安装检查记录示例 99
2.2.5.6 变压器器身检查记录示例 100
2.2.5.7 母线安装检查记录示例 101
2.2.5.8 电缆敷设施工检查记录示例 102
2.2.5.9 电缆绝缘电阻测试记录示例 103
2.2.5.10 交流电动机检查试运转记录示例 104

3 石油天然气建设工程检验批质量验收记录

3.1 设备安装工程 106
3.1.1 机泵类设备安装工程 106
3.1.1.1 泵组安装工程检验批质量验收记录 106
3.1.1.2 压缩机安装工程检验批质量验收记录 113
3.1.1.3 燃气轮机安装工程检验批质量验收记录 117
3.1.1.4 电动机安装工程检验批质量验收记录 120
3.1.1.5 往复式内燃发动机安装工程检验批质量验收记录 123
3.1.1.6 风机安装工程检验批质量验收记录 126
3.1.1.7 抽油机安装工程检验批质量验收记录 128
3.1.1.8 搅拌器安装工程检验批质量验收记录 130
3.1.2 塔类设备安装工程 131
3.1.2.1 塔体安装检验批质量验收记录 131
3.1.2.2 塔体分段组焊检验批质量验收记录 134
3.1.2.3 塔内件安装检验批质量验收记录 139
3.1.3 容器类设备安装工程 143
3.1.3.1 容器安装工程检验批质量验收记录 143
3.1.3.2 容器附件安装工程检验批质量验收记录 145
3.1.3.3 橇装设备安装工程检验批质量验收记录 146
3.1.4 炉类设备安装工程 148
3.1.4.1 锅炉本体安装工程检验批质量验收记录表 148
3.1.4.2 辅机、附件安装工程检验批质量验收记录表 149
3.1.4.3 调试和试运检验批质量验收记录表 151
3.1.4.4 加热炉安装工程检验批质量验收记录表 152
3.1.4.5 附件安装工程检验批质量验收记录表 154

3.2 储罐安装工程 155
3.2.1 立式储罐基础沥青砂垫层工程检验批质量验收记录 155
3.2.2 球罐半成品进场验收检验批质量验收记录 156
3.2.3 球壳板组装检验批质量验收记录 158
3.2.4 球罐零部件安装检验批质量验收记录 160
3.2.5 球罐焊接及热处理检验批质量验收记录 161
3.2.6 球罐组焊检验及试验检验批质量验收记录 162
3.2.7 立式储罐底板预制检验批质量验收记录 163
3.2.8 立式储罐壁板预制检验批质量验收记录 165
3.2.9 立式储罐浮顶预制检验批质量验收记录 166
3.2.10 立式储罐固定顶预制检验批质量验收记录 167
3.2.11 立式储罐构件预制检验批质量验收记录 168
3.2.12 立式储罐罐底组装检验批质量验收记录 169
3.2.13 立式储罐罐底焊接及检测检验批质量验收记录 170
3.2.14 立式储罐罐壁组装检验批质量验收记录 171
3.2.15 立式储罐罐壁焊接及检测检验批质量验收记录 172
3.2.16 立式储罐固定顶组装检验批质量验收记录 174
3.2.17 立式储罐固定顶焊接及检测检验批质量验收记录 175
3.2.18 立式储罐浮顶及内浮顶组装检验批质量验收记录 176
3.2.19 立式储罐浮顶焊接及检测检验批质量验收记录 177
3.2.20 立式储罐附件安装检验批质量验收记录 178
3.2.21 立式储罐总体检验质量验收记录 179
3.2.22 外防腐涂料涂装工程检验批质量验收记录 181
3.2.23 储罐内防腐工程检验批质量验收记录 182
3.2.24 防火涂料涂装工程检验批质量验收记录 183
3.2.25 绝热工程检验批质量验收记录 184
3.2.26 梯子、平台、栏杆制作安装工程检验批质量验收记录 186
3.3 站内工艺管道工程 187
3.3.1 钢管下料和管件加工检验批质量验收记录表 187
3.3.2 管道安装检验批质量验收记录表 189
3.3.3 管道组对检验批质量验收记录表 192
3.3.4 管道焊接检验批质量验收记录表 193
3.3.5 管沟开挖检验批质量验收记录表 194
3.3.6 管道下沟和管沟回填检验批质量验收记录表 195
3.3.7 管道吹扫、试压检验批质量验收记录表 196
3.4 油气田集输管道工程 197
3.4.1 管道预制检验批质量验收记录 197

3.4.2 管道组对检验批质量验收记录 …… 198
3.4.3 管道焊接检验批质量验收记录 …… 199
3.4.4 焊后热处理检验批质量验收记录 …… 201
3.4.5 管道防腐层补口检验批质量验收记录 …… 202
3.4.6 管道保温检验批质量验收记录 …… 203
3.4.7 管沟开挖检验批质量验收记录 …… 204
3.4.8 管道下沟及回填检验批质量验收记录 …… 205
3.4.9 管道清扫及试压检验批质量验收记录 …… 206
3.4.10 输气管道干燥检验批质量验收记录 …… 207
3.5 自动化仪表工程 …… 208
3.5.1 仪表盘（柜、台、箱）安装检验批质量验收记录 …… 208
3.5.2 温度检测仪表安装检验批质量验收记录 …… 210
3.5.3 压力检测仪表安装检验批质量验收记录 …… 211
3.5.4 流量检测仪表安装检验批质量验收记录 …… 213
3.5.5 物位检测仪表安装检验批质量验收记录 …… 216
3.5.6 成分分析和物性检测仪表安装检验批质量验收记录 …… 218
3.5.7 机械量和其他检测仪表安装检验批质量验收记录 …… 220
3.5.8 执行器安装检验批质量验收记录 …… 222
3.5.9 仪表线路安装检验批质量验收记录 …… 224
3.5.10 仪表管道安装检验批质量验收记录 …… 227
3.5.11 仪表单体调校检验批质量验收记录 …… 229
3.5.12 仪表联校检验批质量验收记录 …… 230
3.6 电气安装工程 …… 232
3.6.1 电缆线路敷设检验批质量验收记录 …… 232
3.6.2 管配线安装检验批质量验收记录 …… 236
3.6.3 滑触线安装检验批质量验收记录 …… 240
3.6.4 母线安装检验批质量验收记录 …… 243
3.6.5 电力变压器安装检验批质量验收记录 …… 246
3.6.6 盘、柜安装检验批质量验收记录 …… 248
3.6.7 断路器安装检验批质量验收记录 …… 251
3.6.8 隔离开关、负荷开关及高压熔断器安装检验批质量验收记录 …… 254
3.6.9 GIS 装置安装检验批质量验收记录 …… 257
3.6.10 电抗器及消弧线圈安装检验批质量验收记录 …… 259
3.6.11 避雷器安装检验批质量验收记录 …… 261
3.6.12 电容器安装检验批质量验收记录 …… 263
3.6.13 互感器安装检验批质量验收记录 …… 265
3.6.14 蓄电池安装检验批质量验收记录 …… 267

3.6.15 照明器具及配电箱（板）安装检验批质量验收记录 …… 269
3.6.16 电动机的电气检查和接线检验批质量验收记录 …… 271
3.6.17 二次回路接线检验批质量验收记录 …… 273
3.6.18 电伴热带安装检验批质量验收记录 …… 275
3.6.19 接地装置及接闪杆（带、网）安装检验批质量验收记录 …… 276
3.6.20 UPS 及 EPS 安装检验批质量验收记录 …… 281
3.6.21 电气装置试运行检验批质量验收记录 …… 283
3.6.22 土石方施工检验批质量验收记录 …… 284
3.6.23 现场浇筑基础施工检验批质量验收记录 …… 285
3.6.24 灌注桩基础施工检验批质量验收记录 …… 287
3.6.25 装配式预制基础施工检验批质量验收记录 …… 289
3.6.26 岩石基础施工检验批质量验收记录 …… 290
3.6.27 杆塔组立检验批质量验收记录 …… 291
3.6.28 拉线安装检验批质量验收记录 …… 293
3.6.29 导线架设检验批质量验收记录 …… 295
3.6.30 光纤符合架空地线（OPGW）架设检验批质量验收记录 …… 297
3.6.31 附件安装检验批质量验收记录 …… 298
3.6.32 杆上电气设备及接户线安装检验批质量验收记录 …… 300
3.6.33 杆塔接地安装检验批质量验收记录 …… 303
3.7 管道穿跨越工程 …… 305
3.7.1 导流围堰管沟开挖检验批质量验收记录 …… 305
3.7.2 水下管沟开挖检验批质量验收记录 …… 306
3.7.3 沉管法管沟开挖检验批质量验收记录 …… 307
3.7.4 混凝土压重块稳管检验批质量验收记录 …… 308
3.7.5 混凝土连续覆盖层稳管检验批质量验收记录 …… 309
3.7.6 回填工程检验批质量验收记录 …… 310
3.7.7 护岸工程检验批质量验收记录 …… 311
3.7.8 组对焊接检验批质量验收记录 …… 312
3.7.9 防腐补口检验批质量验收记录 …… 313
3.7.10 阴极保护检验批质量验收记录 …… 314
3.7.11 清管、试压检验批质量验收记录 …… 315
3.7.12 管道下沟检验批质量验收记录 …… 316
3.7.13 导向孔钻进检验批质量验收记录 …… 317
3.7.14 导向孔扩孔检验批质量验收记录 …… 318
3.7.15 管道回拖检验批质量验收记录 …… 319
3.7.16 隧道开挖检验批质量验收记录 …… 320
3.7.17 锚杆支护检验批质量验收记录 …… 321

3.7.18 钢架支护检验批质量验收记录 …… 322
3.7.19 喷射混凝土支护检验批质量验收记录 …… 323
3.7.20 浇筑（预制）混凝土支护检验批质量验收记录 …… 324
3.7.21 钢筋工程检验批质量验收记录 …… 325
3.7.22 沉井施工检验批质量验收记录 …… 327
3.7.23 预注浆帷幕支护竖井检验批质量验收记录 …… 329
3.7.24 地下连续墙检验批质量验收记录 …… 330
3.7.25 钻爆法开挖竖井施工检验批质量验收记录 …… 331
3.7.26 工作坑施工检验批质量验收记录 …… 332
3.7.27 隧道复合式衬砌防水检验批质量验收记录 …… 333
3.7.28 隧道锚喷支护防水检验批质量验收记录 …… 334
3.7.29 支架（墩）制作（浇筑）检验批质量验收记录 …… 335
3.7.30 管道安装就位检验批质量验收记录 …… 336
3.7.31 管道埋设检验批质量验收记录 …… 337
3.7.32 盾构环片制作检验批质量验收记录 …… 338
3.7.33 盾构隧道掘进检验批质量验收记录 …… 340
3.7.34 盾构环片拼装检验批质量验收记录 …… 341
3.7.35 盾构隧道防水检验批质量验收记录 …… 342
3.7.36 钢套管制作与组对检验批质量验收记录 …… 343
3.7.37 混凝土套管组对检验批质量验收记录 …… 344
3.7.38 套管顶进检验批质量验收记录 …… 345
3.7.39 顶管隧道防水检验批质量验收记录 …… 346
3.7.40 基坑开挖工程检验批质量验收记录 …… 347
3.7.41 锚固墩检验批质量验收记录 …… 348
3.7.42 扩大基础检验批质量验收记录 …… 349
3.7.43 钢管桩检验批质量验收记录 …… 350
3.7.44 混凝土预制桩检验批质量验收记录 …… 351
3.7.45 混凝土灌注桩检验批质量验收记录 …… 352
3.7.46 混凝土墩台检验批质量验收记录 …… 353
3.7.47 柱式墩台检验批质量验收记录 …… 354
3.7.48 混凝土索塔检验批质量验收记录 …… 355
3.7.49 钢筋工程检验批质量验收记录 …… 356
3.7.50 预埋件检验批质量验收记录 …… 357
3.7.51 钢索检验批质量验收记录 …… 358
3.7.52 锚具及连接件检验批质量验收记录 …… 359
3.7.53 钢制索塔检验批质量验收记录 …… 360
3.7.54 桥面结构的制作检验批质量验收记录 …… 361

3.7.55 桥面结构安装检验批质量验收记录 …… 362
3.7.56 人行道板、栏杆、护栏检验批质量验收记录 …… 363
3.7.57 钢结构防腐检验批质量验收记录 …… 364
3.7.58 管道安装就位检验批质量验收记录 …… 365
3.7.59 单管拱检验批质量验收记录 …… 366
3.7.60 桁架拱检验批质量验收记录 …… 367
3.7.61 桁架制作检验批质量验收记录 …… 368
3.7.62 桥面结构安装检验批质量验收记录 …… 369
3.7.63 托架拉索检验批质量验收记录 …… 371
3.7.64 托架及桥面结构检验批质量验收记录 …… 372
3.7.65 梁体及桥面构件安装检验批质量验收记录 …… 373
3.8 长输管道管道线路工程 …… 374
3.8.1 管沟开挖检验批质量验收记录 …… 374
3.8.2 管口组对检验批质量验收记录 …… 375
3.8.3 管道焊接检验批质量验收记录 …… 376
3.8.4 石油沥青防腐层现场补口补伤检验批质量验收记录 …… 377
3.8.5 液体环氧涂料防腐层现场补口补伤检验批质量验收记录 …… 378
3.8.6 聚乙烯防腐层现场补口补伤检验批质量验收记录 …… 379
3.8.7 聚乙烯硬质聚氨酯泡沫塑料防腐保温层现场补口补伤检验批质量验收记录 …… 380
3.8.8 聚乙烯胶黏带防腐层现场补口补伤检验批质量验收记录 …… 381
3.8.9 管道下沟检验批质量验收记录 …… 382
3.8.10 管沟回填检验批质量验收记录 …… 383
3.8.11 管道穿越地下设施、管道、线缆检验批质量验收记录 …… 384
3.8.12 管道清管、测径检验批质量验收记录 …… 385
3.8.13 管道水压试验检验批质量验收记录 …… 386
3.8.14 管道气压试验检验批质量验收记录 …… 387
3.8.15 输气管道干燥检验批质量验收记录 …… 388
3.8.16 管道连头检验批质量验收记录 …… 389
3.8.17 桩墩工程检验批质量验收记录 …… 390
3.8.18 线路保护构筑物工程检验批质量验收记录 …… 391
3.8.19 管道安装检验批质量验收记录 …… 392
3.8.20 阀门安装工程检验批质量验收记录 …… 393
3.8.21 牺牲阳极阴极保护检验批质量验收记录 …… 394
3.8.22 强制电流阴极保护检验批质量验收记录 …… 395
3.9 天然气净化厂建设工程 …… 396
3.9.1 硫磺—蒸汽夹套制作与安装检验批质量验收记录 …… 396

3.9.2 工业炉和反应器安装检验批质量验收记录 …… 398
3.9.3 换热器安装检验批质量验收记录 …… 400
3.9.4 凉水塔安装检验批质量验收记录 …… 404
3.9.5 硫磺成型机安装检验批质量验收记录 …… 406
3.9.6 硫磺输送机安装检验批质量验收记录 …… 408
3.9.7 筑炉与衬里安装检验批质量验收记录 …… 411
3.9.8 火炬（烟囱、塔架）检验批质量验收记录 …… 413
3.9.9 框架管廊安装检验批质量验收记录 …… 415
3.9.10 防腐工程检验批质量验收记录 …… 417
3.9.11 绝热工程检验批质量验收记录 …… 418
3.9.12 构筑物外壁防腐检验批质量验收记录 …… 419
3.9.13 构筑物内壁防腐检验批质量验收记录 …… 420
3.9.14 液硫池隔热检验批质量验收记录 …… 421
3.9.15 地基检验批质量验收记录 …… 422
3.9.16 砌体检验批质量验收记录 …… 423
3.9.17 钢筋混凝土检验批质量验收记录 …… 424
3.9.18 装饰装修检验批质量验收记录 …… 425
3.9.19 屋面检验批质量验收记录 …… 426
3.9.20 水暖安装检验批质量验收记录 …… 427
3.9.21 电气安装检验批质量验收记录 …… 428

3.10 道路工程 …… 429

3.10.1 土方路基工程检验批质量验收记录 …… 429
3.10.2 石方路基工程检验批质量验收记录 …… 430
3.10.3 软土地基处治：砂砾垫层检验批质量验收记录 …… 431
3.10.4 软土地基处治：袋装砂井、塑料排水板检验批质量验收记录 …… 432
3.10.5 软土地基处治：碎石桩（砂桩）检验批质量验收记录 …… 433
3.10.6 软土地基处治：粉喷桩检验批质量验收记录 …… 434
3.10.7 土工合成材料处治层检验批质量验收记录 …… 435
3.10.8 盲沟工程检验批质量验收记录 …… 436
3.10.9 护坡工程检验批质量验收记录 …… 437
3.10.10 砌体挡土墙工程检验批质量验收记录 …… 438
3.10.11 悬臂式和扶臂式挡土墙工程检验批质量验收记录 …… 439
3.10.12 加筋土挡土墙工程检验批质量验收记录 …… 440
3.10.13 挡土墙墙背填土工程检验批质量验收记录 …… 441
3.10.14 土沟（排水沟）工程检验批质量验收记录 …… 442
3.10.15 浆（干）砌边沟（排水沟）工程检验批质量验收记录 …… 443
3.10.16 水泥混凝土边沟（排水沟）工程检验批质量验收记录 …… 444

3.10.17 拦水带、急流槽工程检验批质量验收记录 …… 445
3.10.18 管道基础及钢筋混凝土排水管安装工程检验批质量验收记录 …… 446
3.10.19 聚乙烯缠绕结构壁排水管安装工程检验批质量验收记录 …… 448
3.10.20 检查井（雨水口）砌筑工程检验批质量验收记录 …… 449
3.10.21 开挖沟槽工程检验批质量验收记录 …… 451
3.10.22 沟槽回填工程检验批质量验收记录 …… 452
3.10.23 水泥混凝土面层工程检验批质量验收记录 …… 453
3.10.24 沥青混凝土面层和沥青碎石面层工程检验批质量验收记录 …… 455
3.10.25 沥青贯入式面层工程检验批质量验收记录 …… 457
3.10.26 沥青表面处治面层工程检验批质量验收记录 …… 458
3.10.27 砂石路面工程检验批质量验收记录 …… 459
3.10.28 泥（灰）结碎（砾）石面层、基层工程检验批质量验收记录 …… 460
3.10.29 水泥稳定土基层、底基层工程检验批质量验收记录 …… 461
3.10.30 水泥稳定粒料（级配碎石、级配砾石、砂砾、矿渣）基层和底基工程检验批质量验收记录 …… 462
3.10.31 石灰稳定土基层和底基层工程检验批质量验收记录 …… 463
3.10.32 石灰稳定粒料（级配碎石、级配砾石、砂砾、矿渣）基层和底基层工程检验批质量验收记录 …… 464
3.10.33 水泥粉煤灰土基层和底基层工程检验批质量验收记录 …… 465
3.10.34 水泥粉煤灰稳定粒料（级配碎石、级配砾石、砂砾、矿渣）基层和底基层工程检验批质量验收记录 …… 466
3.10.35 石灰粉煤灰土基层和底基层工程检验批质量验收记录 …… 467
3.10.36 石灰粉煤灰稳定粒料（级配碎石、级配砾石、砂砾、矿渣）基层和底基层工程检验批质量验收记录 …… 468
3.10.37 级配碎（砾）石基层和底基层工程检验批质量验收记录 …… 469
3.10.38 填隙碎石基层和底基层工程检验批质量验收记录 …… 470
3.10.39 沥青路面就地冷再生基层（底基层）工程检验批质量验收记录 …… 471
3.10.40 路缘石铺设工程检验批质量验收记录 …… 472
3.10.41 混凝土路面砖人行道工程检验批质量验收记录 …… 473
3.10.42 混凝土路面砖、石材地面砖广场或停车场工程检验批质量验收记录 …… 474
3.10.43 路肩工程检验批质量验收记录 …… 476
3.11 桥梁工程 …… 477
3.11.1 支架、拱架及模板安装检验批质量验收记录 …… 477
3.11.2 钢筋加工及安装检验批质量验收记录 …… 479
3.11.3 预应力筋制作与安装检验批质量验收记录 …… 482
3.11.4 先张法张拉检验批质量验收记录 …… 483
3.11.5 后张法张拉、压浆与封锚检验批质量验收记录 …… 484

3.11.6 钻（挖）孔灌注桩检验批质量验收记录 …… 485
3.11.7 沉入桩检验批质量验收记录 …… 487
3.11.8 基坑开挖检验批质量验收记录 …… 489
3.11.9 圬工扩大基础（砌体）检验批质量验收记录 …… 490
3.11.10 地下连续墙检验批质量验收记录 …… 492
3.11.11 沉井检验批质量验收记录 …… 493
3.11.12 承台及系梁检验批质量验收记录 …… 495
3.11.13 混凝土墩台身检验批质量验收记录 …… 497
3.11.14 砌体墩台身检验批质量验收记录 …… 499
3.11.15 砌体侧墙身检验批质量验收记录 …… 500
3.11.16 墩台帽或盖梁检验批质量验收记录 …… 501
3.11.17 支座垫石和挡块检验批质量验收记录 …… 503
3.11.18 支座安装检验批质量验收记录 …… 504
3.11.19 拱桥组合桥台检验批质量验收记录 …… 505
3.11.20 砌体拱圈检验批质量验收记录 …… 507
3.11.21 台背填土检验批质量验收记录 …… 509
3.11.22 预制梁板检验批质量验收记录 …… 510
3.11.23 预制拱圈检验批质量验收记录 …… 512
3.11.24 梁板安装检验批质量验收记录 …… 514
3.11.25 拱的安装检验批质量验收记录 …… 515
3.11.26 支架上浇筑梁板检验批质量验收记录 …… 517
3.11.27 悬臂浇筑梁检验批质量验收记录 …… 519
3.11.28 悬臂拼装梁检验批质量验收记录 …… 521
3.11.29 现场浇筑拱圈检验批质量验收记录 …… 522
3.11.30 桥梁总体检验批质量验收记录 …… 524
3.11.31 桥面混凝土现浇层检验批质量验收记录 …… 525
3.11.32 伸缩缝安装检验批质量验收记录 …… 526
3.11.33 人行道铺设检验批质量验收记录 …… 527
3.11.34 栏杆检验批质量验收记录 …… 528
3.11.35 混凝土防撞护栏检验批质量验收记录 …… 529
3.11.36 混凝土小型构件预制检验批质量验收记录 …… 530
3.11.37 桥头搭板检验批质量验收记录 …… 531
3.11.38 锥坡、护坡检验批质量验收记录 …… 533
3.11.39 基础、涵台浇筑（砌筑）检验批质量验收记录 …… 534
3.11.40 盖板制作检验批质量验收记录 …… 536
3.11.41 盖板安装检验批质量验收记录 …… 537
3.11.42 拱涵浇筑（砌筑）检验批质量验收记录 …… 538

3.11.43 管座及涵管安装检验批质量验收记录……540
3.11.44 倒虹吸竖井、集水井砌筑（浇筑）检验批质量验收记录……541
3.11.45 箱涵浇筑检验批质量验收记录……543
3.11.46 一字墙和八字墙检验批质量验收记录……545
3.11.47 涵洞总体检验批质量验收记录……547
3.12 非金属管道管道工程……548
3.12.1 管道下料与加工检验批质量验收记录……548
3.12.2 热塑性塑料管道安装检验批质量验收记录……549
3.12.3 高压玻璃纤维管道安装检验批质量验收记录……551
3.12.4 塑料合金防腐蚀复合管道安装检验批质量验收记录……552
3.12.5 钢骨架聚乙烯塑料复合管道安装检验批质量验收记录……553
3.12.6 钢骨架增强塑料复合连续管道和柔性复合高压输送管道安装检验批质量验收记录……555
3.12.7 站内工艺管道安装检验批质量验收记录……556
3.12.8 管道支吊架及附件安装检验批质量验收记录……558
3.12.9 管道保温检验批质量验收记录……559
3.12.10 管道保温补口检验批质量验收记录……560
3.12.11 管沟开挖检验批质量验收记录……561
3.12.12 管道下沟及回填检验批质量验收记录……562
3.12.13 管道试压及吹扫检验批质量验收记录……563

1

石油天然气建设工程质量验收

1.1 概述

石油天然气建设工程质量验收贯穿于工程建设的全过程，是对工序质量及其资料进行确认的重要手段。实施建设工程质量资料标准化管理是规范工程建设过程形成的记录类、质量证明文件及合格证书类、各类检（试）验报告类等质量资料的重要措施和必要手段。

为使质量验收及质量资料管理有法可依，住房和城乡建设部按照“验评分离、强化验收、完善手段、过程控制”的十六字方针，颁布了GB 50300—2013《建筑工程施工质量验收统一标准》及配套专业的施工质量验收规范。而石油天然气行业根据GB 50300—2013《建筑工程施工质量验收统一标准》的修订原则，在SY 4024—1993《石油建设工程质量检验评定标准 通则》的基础上，制订了SY 4200—2007《石油天然气建设工程施工质量验收规范 通则》（现升级为国家标准GB/T 51317—2019《石油天然气工程施工质量验收统一标准》）及配套专业的一系列施工质量验收规范，并相继发布实施，规范了石油天然气建设工程施工质量验收，为石油天然气建设工程质量验收和质量资料标准化管理提供了依据。

1.1.1 工程质量标准体系的发展

工程质量标准体系的发展，经历了不同时期。根据原国家建委（79）建发施字第168号文和原城乡建设环境保护部（85）城科字第293号通知，由原城乡建设环境保护部组织修订的GBJ 300—1988《建筑安装工程质量检验评定统一标准》于1988年颁布实施，并与建筑工程、建筑采暖卫生与煤气工程、建筑电气安装工程、通风与空调工程、电梯安装工程等质量检验评定标准，共同组成建筑安装工程质量评定系列标准，形成了一个较为完善的质量检验评定标准体系。

1988年，经石油工业部石油工程建设施工专业标准委员会申请，以石油工业部（88）油科字第92号文《关于下达一九八八年制修订标准项目计划的通知》，由石油工程建设施工专业标准委员会承担并组织有关单位，编制了石油建设工程质量检验评定系列标准（试行），形成了石油建设工程检验评定标准体系的雏形，通过对该系列标准的试行，规范了石油工程建设施工质量管理，为提高石油建设工程质量管理水平起到了积极的推动作用。

随着石油工程新材料、新设备、新工艺、新技术的不断应用，原石油建设工程质量检验评定标准已不适应石油工程发展的需要。1992年，经中国石油天然气总公司（92）中油科字第66号文批准，石油工程建设施工专业标准委员会承担并组织有关单位对石油建设工程质量检验评定系列标准（试行）的全面修订，基本形成了石油建设工程质量检验评定标准体系，并于1993年颁布实施。

1998年以来，随着改革开放的不断深入，社会主义市场经济体制逐步健全，特别是我国加入世界贸易组织之后，为了进一步提高我国建筑业在国际上的地位和竞争能力，工程建设质量标准体系也需要改进完善。同年，建设部以建标〔1998〕244 号文件，以“验评分离、强化验收、完善手段、过程控制”的十六字方针，在 GBJ 300—1988《建筑安装工程质量检验评定统一标准》的基础上，制订形成了 GB 50300—2001《建筑工程施工质量验收统一标准》，于 2002 年 1 月颁布实施，实现了工程质量验收由“评定制”向“备案制”的转变。之后又由住房和城乡建设部于 2013 年 11 月发布了 GB 50300—2013《建筑工程施工质量验收统一标准》。

2003 年，石油工程建设专业标准化委员会按照国家建设部的要求，向国家发展与改革委员会经济贸易厅申请制订石油天然气建设工程施工质量验收规范。同年，国家发展与改革委员会以经贸厅〔2003〕22 号文件批准，石油工程建设专业标准化委员会组织中国石油天然气集团公司工程技术研究院、石油天然气长庆工程质量监督站等单位，在 SY 4024—1993《石油建设工程质量检验评定标准》的基础上，制订了 SY 4200—2007《石油天然气建设工程施工质量验收规范》系列标准。后来，随着 GB/T 51317—2019《石油天然气工程施工质量验收统一标准》替代了 SY 4200—2007《石油天然气建设工程施工质量验收规范》后，形成了施工质量验收的标准体系，推动了石油天然气建设工程质量验收工作的标准化、规范化，为促进石油天然气建设工程质量稳定提高发挥了重要作用。

1.1.2 《手册》编制依据

本书主要以 GB/T 51317—2019《石油天然气工程施工质量验收统一标准》和 GB 50300—2013《建筑工程施工质量验收统一标准》系列规范以及《油气田地面建设工程（项目）竣工验收手册》为主要依据。

1.1.2.1 石油天然气行业现行施工质量验收规范

GB/T 51317—2019《石油天然气工程施工质量验收统一标准》。

SY/T 4201.1—2019《石油天然气建设工程施工质量验收规范 设备安装工程 第 1 部分：机泵类》；

SY/T 4201.2—2019《石油天然气建设工程施工质量验收规范 设备安装工程 第 2 部分：塔类》；

SY/T 4201.3—2019《石油天然气建设工程施工质量验收规范 设备安装工程 第 3 部分：容器类》；

SY/T 4201.4—2019《石油天然气建设工程施工质量验收规范 设备安装工程 第 4 部分：炉类》。

SY/T 4202—2019《石油天然气建设工程施工质量验收规范 储罐工程》。

SY/T 4203—2019《石油天然气建设工程施工质量验收规范 站内工艺管道工程》。

SY/T 4204—2019《石油天然气建设工程施工质量验收规范 油气田集输管道工程》。

SY/T 4205—2019《石油天然气建设工程施工质量验收规范 自动化仪表工程》。

SY/T 4206—2019《石油天然气建设工程施工质量验收规范 电气工程》。

SY 4207—2007《石油天然气建设工程施工质量验收规范　管道穿跨越工程》。

SY/T 4208—2016《石油天然气建设工程施工质量验收规范　长输管道线路工程》。

SY/T 4209—2016《石油天然气建设工程施工质量验收规范　天然气净化厂建设工程》。

SY/T 4210—2017《石油天然气建设工程施工质量验收规范　道路工程》。

SY/T 4211—2019《石油天然气建设工程施工质量验收规范　桥梁工程》。

SY/T 4214—2017《石油天然气建设工程施工质量验收规范　油气田非金属管道工程》。

SY/T 4217.1—2018《石油天然气建设工程施工质量验收规范　通信工程　第1部分：油气田场站通信系统工程》；

SY/T 4217.2—2018《石油天然气建设工程施工质量验收规范　通信工程　第2部分：通信光缆架空线路工程》；

SY/T 4217.3—2019《石油天然气建设工程施工质量验收规范　通信工程　第3部分：油气田通信光缆地埋线路》；

SY/T 4217.4—2019《石油天然气建设工程施工质量验收规范　通信工程　第4部分：长输管道站场通信》。

1.1.2.2　国家现行施工质量验收标准规范

GB 50300—2013《建筑工程施工质量验收统一标准》。

GB 50202—2018《建筑地基基础工程施工质量验收规范》。

GB 50203—2011《砌体工程施工质量验收规范》。

GB 50204—2015《混凝土结构工程施工质量验收规范》。

GB 50205—2020《钢结构工程施工质量验收标准》。

GB 50207—2012《屋面工程施工质量验收规范》。

GB 50208—2011《地下防水工程施工质量验收规范》。

GB 50209—2010《建筑地面工程施工质量验收规范》。

GB 50210—2018《建筑装饰装修工程施工质量验收标准》

GB 50242—2002《建筑给水排水及采暖工程施工质量验收规范》。

GB 50224—2018《建筑防腐蚀工程施工质量验收标准》。

GB 50303—2015《建筑电气工程施工质量验收规范》。

GB 50411—2019《建筑节能工程施工质量验收标准》。

GB 50601—2010《建筑物防雷工程施工质量验收标准》。

1.1.3　油（气）田地面建设工程（项目）竣工验收手册

2017年，中国石油天然气股份有限公司勘探与生产分公司组织大庆油田有关单位对《油（气）田地面建设工程（项目）竣工验收手册》（2010版）进行了修订，形成了新版《油气田地面建设工程（项目）竣工验收手册》（2017年修订版），该竣工验收手册主要包括油气田地面建设工程（项目）竣工验收的准备、组织、文件编制、验收文件和交工技术表格等内容。

1.2 工程划分

GB/T 51317—2019《石油天然气建设工程施工质量验收统一标准》规定："石油天然气建设工程施工质量验收应划分为单位（子单位）工程、分部（子分部）工程、分项工程和检验批"。

Q/SY 25002—2019《石油天然气建设工程质量监督管理规范》规定："工程建设项目划分实行备案制。工程开工前，建设单位应将工程项目划分报项目监督部备案"。《项目划分备案表》格式见表 1.2.6.32。

1.2.1 单位（子单位）工程划分原则

（1）应按设计区段、功能、专业、工艺系统进行划分，并由各工程种类或专业共同构成一个单位工程。

（2）当一个工程种类或专业具有独立施工条件或独立使用功能时，也可单独构成一个单位工程。

（3）建设规模较大的单位工程，可将其能够形成独立使用功能的部分作为一个子单位工程。

1.2.2 分部（子分部）工程划分原则

（1）应按工程种类或专业、工程部位、线路区段、工艺系统等进行划分。

（2）当分部工程较大或较复杂时，可按材料或设备种类、施工特点、施工程序等划分为若干子分部工程。

1.2.3 分项工程划分原则

（1）分项工程应按主要工种、工序、材料、施工工艺、设备类别或台套等进行划分，分项工程可由一个或若干检验批组成。

（2）单体建筑面积不大于 $100m^2$ 的建筑工程，应执行现行石油天然气行业标准 SY/T 4209—2016《石油天然气建设工程施工质量验收规范 天然气净化厂建设工程》相关规定，可划分为一个分项工程。

1.2.4 检验批划分原则

（1）检验批应根据施工、质量控制和专业验收的需要，按工序、施工内容、工程量、施工段进行划分。

（2）单体建筑面积不大于 $100m^2$ 的建筑工程，应执行现行石油天然气行业标准 SY/T 4209—2016《石油天然气建设工程施工质量验收规范 天然气净化厂建设工程》相关规定，划分为 7 个检验批。

1.2.5 工程分类划分原则

石油天然气建设工程一般分为油气田地面建设、油气储油、炼油化工、油气销售等。

油气田地面建设主要包括天然气净化厂、联合站、接转站、集气站、供水站、污水处理站、注水（醇、气、汽、聚合物）站、输变电、集输管道、抽油机安装。

油气储运工程主要包括输油输气管道、增压站、原油储备库、天然气储气库、LNG 储罐、输变电、道路、桥梁、隧道、维抢修中心、自动化、通信、其他配套等。

炼油化工工程主要包括炼油、化工、原油（成品油）储备库、输变电等。

油气销售工程主要包括成品油库、加油（气）站、输变电、道路、通信等。

1.2.5.1 油田地面建设工程的划分

（1）联合站按总图、功能、专业划分为若干个单位工程。

（2）接转站、采出水处理站、拉油站等站场分别划分为一个单位工程。

（3）计量站、增压站、注水站、注汽（气）站等站场及所属站外采注管道宜分别划分为一个单位工程。

（4）油田集输管道应按区块或标段划分单位工程，并按输送介质将输油、注水、供水等管道分别划分子单位工程。当站间集输管道较短时，也可与站场合并为一个单位工程。每一条管道或每一个区段可划分为一个分部工程。

（5）单出图的大型穿跨越工程应单独划分单位工程。

（6）抽油机按区块或标段划分单位工程。

1.2.5.2 气田地面建设工程的划分

（1）集气站、采出水处理站等站场及所属站外采注管道宜划分为一个单位工程，集气站与每条单井采注管道可划分为子单位工程。

（2）气田集输干线管道应划分为一个单位工程，天然气集气支线可按区块或标段划分单位工程，每一条管道或每一个区段可划分为一个分部工程。

（3）单出图的大型穿跨越工程应单独划分单位工程。

（4）天然气净化（处理）厂应按照现行石油天然气行业标准 SY/T 4209—2016《石油天然气建设工程施工质量验收规范 天然气净化厂建设工程》的规定进行划分。

1.2.5.3 油气长输管道工程的划分

（1）长输管道工程宜按相邻站间或县界区段或独立的施工单位承包区段或划定的标段划分单位工程。

（2）输油站、分输站、压气站、首站、末站等站场宜分别划分为一个单位工程，并可按系统区域划分子单位工程。大型站场宜按总图、功能、专业划分为若干个单位工程。

（3）单出图的大中型穿跨越工程应单独划分单位工程。水平定向钻穿越、钻爆隧道穿越、盾构隧道等穿越工程的分部工程、分项工程和检验批划分应按照明细表执行。

（4）每 16km 左右管道线路或线路截断阀室或管道线路阀室间或站与阀室间宜划分为分部工程。

（5）阴极保护工程应单独划分为单位工程，相邻阴极保护站之间或独立的施工承包区段可划分为分部工程。

1.2.5.4 储油库工程的划分

（1）容积 50000m^3 及其以上立式储罐，每台立式储罐应划分为一个单位工程。容积为 50000m^3 以下的立式储罐一个设计分区或一个承包工程分区应划分为一个单位工程。

（2）储运系统、消防系统、供热系统、供电系统、自动化控制系统、生产区建筑、生活区建筑、总图系统等应分别划分单位工程。除储罐外其他工程可按总图、功能、专业划分为若干个单位工程。

1.2.5.5 储气库工程的划分

（1）注采站应划分为一个单位工程，也可按系统区域将压缩机厂房及压缩机安装、生产区装置、消防系统、变配电等划分为若干个子单位工程。

（2）每座井场及井场至注采站管道宜划分为一个单位工程。

1.2.5.6 液化天然气（LNG）、压缩天然气（CNG）工程的划分

（1）压缩天然气站中容积为 2000m^3 及其以上球罐，每一台球罐应划分为一个单位工程。容积为 2000m^3 以下球罐，每个设计分区应划分为一个单位工程。

（2）液化天然气接收站、液化站中容积为 20000m^3 及其以上的储罐，每台储罐应划分为一个单位工程。容积为 20000m^3 以下的储罐一个设计分区或一个承包工程分区应划分为一个单位工程。可按罐体结构将内罐、外罐、罐基础等划分为子单位工程。

（3）除储罐外其他工程可按总图、功能、专业划分为若干个单位工程。

1.2.5.7 石油天然气建设项目其他工程的划分

（1）单体建筑面积不大于 100m^2 的建筑工程，应划分为一个分项工程。

（2）单体建筑面积大于 100m^2 的建筑工程，应按照现行国家标准 GB 50300—2013《建筑工程施工质量验收统一标准》相关规定进行施工质量验收的划分。

（3）非金属管道工程应将站场（厂）外非金属管道工程划分为一个单位工程，站场（厂）内非金属管道应划入相应站场作为分部工程。

（4）桥梁工程中每座独立大桥、中桥、立交桥中的跨线桥、路基工程中的小桥，宜划分为一个单位工程。

（5）道路工程应按标段划分单位工程，或将具有独立施工条件的道路工程划分为一个单位工程。

（6）滩海海堤工程应按同一结构形式每段长度不超过 3km 划分为一个单位工程。

（7）油气管道地质灾害治理工程应按施工单位承包区段或划定的标段划分单位工程。

1.2.6 各专业工程分部、分项和检验批划分明细表

（1）本划分明细表依据现行国家标准 GB/T 51317—2019《石油天然气建设工程施工质量验收统一标准》、石油天然气建设工程施工质量验收系列标准等及建筑工程系列标准（GB 50300 等）。

（2）本划分明细仅限于油气田产能建设、油气储运、油气销售三方面的工程，炼油化

工工程应按照行业有关规定执行。

（3）专业工程划分模块见表1.2.6.1至表1.2.6.32。

表1.2.6.1　机泵类设备安装工程划分的模块

子分部工程	分项工程	检验批
机泵类设备安装	泵安装	泵安装
	压缩机（组）安装	压缩机（组）安装
	压缩机（组）驱动装置安装	燃气轮机安装
		电动机安装
	风机安装	风机安装
	抽油机安装	抽油机安装
	搅拌器安装	搅拌器安装

表1.2.6.2　塔类设备安装工程划分的模块

子分部工程	分项工程	检验批
塔类设备安装	塔类设备安装	塔体安装
		塔体分段组焊
		塔内件安装

表1.2.6.3　容器类设备安装工程划分的模块

子分部工程	分项工程	检验批
容器类设备安装	容器安装	容器本体安装
		附件安装
	橇装设备安装	橇装设备安装

表1.2.6.4　炉类设备安装工程划分的模块

子分部工程	分项工程	检验批
炉类设备安装	油田注汽锅炉安装	锅炉本体安装
		辅机、附件安装
		调试和试运
	加热炉安装	加热炉安装
		附件安装

表 1.2.6.5 储罐工程划分的模块

<table>
<tr><th colspan="2">分部工程名称</th><th>分项工程名称</th><th>检验批</th></tr>
<tr><td colspan="2">球罐地基与基础工程（容积为 2000m^3 及以上球罐，每台的基础为一个分部工程；容积为 2000m^3 以下球罐，每个设计分区为一个分部工程）</td><td>按 GB 50300 的规定划分和确定</td><td>按 GB 50300 及相关专业工程施工质量验收标准的规定划分和确定，但不同球罐基础的相关专业工程施工不应划分为一个检验批</td></tr>
<tr><td colspan="2" rowspan="5">球罐组焊工程（容积为 2000m^3 及以上球罐每台为一个分部工程；2000m^3 以下的球罐，每个设计分区为一个分部工程）</td><td rowspan="3">球罐组装</td><td>半成品进场验收</td></tr>
<tr><td>球壳板组装</td></tr>
<tr><td>零部件安装</td></tr>
<tr><td rowspan="2">球罐焊接</td><td>焊接过程控制</td></tr>
<tr><td>焊接检验、热处理及试验</td></tr>
<tr><td colspan="2" rowspan="5">涂装、绝热及梯子、平台、栏杆制作安装工程（容积为 2000m^3 及以上的球罐每台为一个分部工程；2000m^3 以下的球罐，每个设计分区为一个分部工程）</td><td rowspan="3">涂装工程</td><td>外防腐涂料涂装</td></tr>
<tr><td>内防腐涂料涂装</td></tr>
<tr><td>防火涂料涂装</td></tr>
<tr><td>绝热工程</td><td>绝热</td></tr>
<tr><td>梯子、平台、栏杆制作安装工程</td><td>梯子、平台、栏杆制作安装</td></tr>
<tr><td rowspan="17">容积为 50000m^3 及以上的立式储罐工程</td><td rowspan="2">立式储罐地基与基础工程</td><td>按 GB 50300 的规定划分和确定</td><td>按 GB 50300 及相关专业工程施工质量验收标准的规定划分和确定</td></tr>
<tr><td>基础验收</td><td>立式储罐基础沥青砂垫层工程</td></tr>
<tr><td rowspan="5">立式储罐预制工程</td><td rowspan="5">立式储罐预制</td><td>底板预制</td></tr>
<tr><td>壁板预制</td></tr>
<tr><td>浮顶预制</td></tr>
<tr><td>固定顶预制</td></tr>
<tr><td>构件预制</td></tr>
<tr><td rowspan="10">立式储罐组装、焊接工程</td><td rowspan="10">立式储罐组焊</td><td>罐底组装</td></tr>
<tr><td>罐底焊接</td></tr>
<tr><td>罐壁组装</td></tr>
<tr><td>罐壁焊接</td></tr>
<tr><td>固定顶组装</td></tr>
<tr><td>固定顶焊接</td></tr>
<tr><td>浮顶及内浮顶组装</td></tr>
<tr><td>浮顶焊接</td></tr>
<tr><td>附件安装</td></tr>
<tr><td>总体检验</td></tr>
</table>

续表

分部工程名称		分项工程名称	检验批
容积为 50000m³ 及以上的立式储罐工程	涂装、绝热及梯子、平台工程	涂装工程	外防腐涂料涂装
			内防腐涂料涂装
			防火涂料涂装
		绝热工程	绝热
		梯子、平台、栏杆制作安装	梯子、平台、栏杆制作安装
容积为 50000m³ 以下的立式储罐工程	立式储罐地基与基础工程	按 GB 50300 的规定划分和确定	按 GB 50300 及相关专业工程施工质量验收标准的规定划分和确定
		基础验收	立式储罐基础沥青砂垫层工程
	一台立式储罐为一个分部工程	立式储罐预制	底板预制
			壁板预制
			浮顶预制
			固定顶预制
			构件预制
		立式储罐组焊	罐底组装
			罐底焊接
			罐壁组装
			罐壁焊接
			固定顶组装
			固定顶焊接
			浮顶及内浮顶组装
			浮顶焊接
			附件安装
			总体检验
		涂装工程	外防腐涂料涂装
			内防腐涂料涂装
			防火涂料涂装
		绝热工程	绝热
		梯子、平台、栏杆制作安装	梯子、平台、栏杆制作安装

表 1.2.6.6 站内工艺管道工程划分的模块

分部工程	分项工程	检验批
站内工艺管道工程	钢管下料和管件加工	钢管下料和管件加工
	管道安装	管道安装
	管道组对和焊接	管道组对
		管道焊接
	管沟开挖、下沟和回填	管沟开挖
		管道下沟和管沟回填
	管道系统吹扫、试压和干燥	管道系统吹扫、试压
		管道干燥
	管道防腐和保温	管道现场防腐及补口
		管道保温

表 1.2.6.7 油气田集输管道工程划分的模块

分部工程	分项工程	检验批
管道线路工程（每一条管道或每一个区段为一个分部工程）	管道预制与组对	管道预制
		管道组对
	管道焊接与焊后热处理	管道焊接
		焊后热处理
	管道防腐层补口与保温	管道防腐层补口
		管道保温
	管沟开挖与回填	管沟开挖
		管道下沟及管沟回填
	管道清扫、试压与干燥	管道清扫、试压
		输气管道干燥
管道附属工程	线路截断阀室	线路截断阀室
	阴极保护	牺牲阳极保护
		外加电流保护
	桩墩	桩墩
	线路保护构筑物	线路保护构筑物

表 1.2.6.8　自动化仪表工程划分的模块

分部工程	分项工程	检验批
按仪表安装区域或独立使用功能进行划分	仪表盘、柜、台、箱安装	仪表盘、柜、台、箱安装
	温度检测仪表安装	温度检测仪表安装
	压力检测仪表安装	压力检测仪表安装
	流量检测仪表安装	流量检测仪表安装
	物位检测仪表安装	物位检测仪表安装
	成分分析和物性检测仪表安装	成分分析和物性检测仪表安装
	机械量和其他检测仪表安装	机械量和其他检测仪表安装
	执行器安装	执行器安装
	仪表线路安装	仪表线路安装
	仪表管道安装	仪表管道安装
	仪表单体调校	仪表单体调校
	仪表联校	仪表联校

表 1.2.6.9　电气工程划分的模块

分部工程	分项工程	检验批
电气装置安装工程	电缆线路	电缆线路
	管配线	管配线
	滑接线安装	滑接线安装
	母线安装	母线安装
	电力变压器安装	电力变压器安装
	盘、柜安装	盘、柜安装
	断路器安装	断路器安装
	隔离开关、负荷开关及高压熔断器安装	隔离开关、负荷开关及高压熔断器安装
	电抗器安装	电抗器安装
	避雷器安装	避雷器安装
	电容器安装	电容器安装
	互感器安装	互感器安装
	蓄电池安装	蓄电池安装
	照明器具及配电箱、板安装	照明器具及配电箱、板安装
	电动机的电气检查和接线	电动机的电气检查和接线
	二次回路结线	二次回路结线
	电伴热带安装	电伴热带安装
	接地装置及避雷针（带、网）安装	接地装置及避雷针（带、网）安装

续表

分部工程	分项工程	检验批
架空电力线路工程	杆塔基础	土石方施工
		现场浇筑基础施工
		装配式预制基础施工
		岩石基础施工
	杆塔	杆塔
	拉线安装	拉线安装
	导线架设	导线架设
	附件安装	附件安装
	杆上电器设备及接户线安装工程	杆上电器设备及接户线安装
	杆塔接地	杆塔接地

表 1.2.6.10 高含硫化氢气田集输管道工程划分的模块

分部工程	分项工程	检验批
管道线路工程（每一条管道或每一个区段为一个分部工程）	管道预制与组对	管道预制
		管沟组对
	管道焊接与焊后热处理	管道焊接
		焊后热处理
	管道防腐层补口与保温	管道防腐层补口
		管道保温
	管道开挖与回填	管沟开挖
		管道下沟及管沟回填
	管道清扫、试压与干燥	管道清扫及试压
		输气管道干燥
管道附属工程	线路截断阀室	土建工程
		工艺管道预制与组对
		管道焊接
		焊后热处理
		管道安装
		阀门安装工程
		电气工程
		仪表工程
	阴极保护	牺牲阳极阴极保护工程
		强制电流阴极保护工程

续表

分部工程	分项工程	检验批
管道附属工程	桩墩	桩墩工程
	线路保护构筑物	线路保护构筑物工程
穿跨越工程	管道预制与组对	管道预制
		管道组对
	管道焊接与焊后热处理	管道焊接
		焊后热处理
	其他分项工程划分及验收	其他检验批划分及验收

表 1.2.6.11　高含硫化氢气田集输场站工程划分的模块

分部工程	子分部工程	分项工程	检验批
设备基础	设备基础	土方	土方开挖、土方回填
		基坑	沉井与沉箱、降水与排水等
		桩基础	钢筋混凝土预制桩、钢桩、混凝土灌注桩等
		地基	灰土地基、砂和砂石地基、土工合成材料地基、强夯地基、土和灰土挤密桩地基、砂桩地基等
		模板	模板安装、模板拆除
		钢筋	原材料、钢筋加工、钢筋连接、钢筋安装
		混凝土	原材料、配合比设计、混凝土施工等
		砌体	砖砌体、石砌体等
		立式储罐基础沥青砂垫层	立式储罐基础沥青砂垫层
		混凝土构件	混凝土构件预制、混凝土构件安装等
		基础防腐	基础防腐
		装饰	一般抹灰；饰面板（砖）等
设备安装	机泵类设备安装	泵安装	泵安装
	塔类设备安装	塔类设备安装	塔体安装、塔体分段组焊、塔内件安装
		梯子、平台、栏杆制作安装	梯子、平台、栏杆制作安装
		涂装	外防腐涂料涂装、内防腐涂料涂装、防火涂料涂装
		绝热	绝热

续表

分部工程	子分部工程	分项工程	检验批
设备安装	容器类设备安装	容器安装	容器本体安装、附件安装
		橇装设备安装	橇装设备安装
		涂装	外防腐涂料涂装、内防腐涂料涂装、防火涂料涂装
		绝热	绝热
	炉类设备安装	油田注汽锅炉安装	锅炉本体安装、辅机、附件安装、调试和试运
		加热炉安装	加热炉安装、附件安装
立式储罐	立式储罐	储罐预制作	底板预制、壁板预制、固定顶预制、构件预制等
		储罐组装、焊接	罐底组装、罐底焊接、罐壁组装、罐壁焊接、固定顶组装、固定顶焊接、附件安装、总体检验等
		梯子、平台、栏杆制作安装	梯子、平台、栏杆制作安装
		涂装	外防腐涂料涂装、内防腐涂料涂装、防火涂料涂装
		绝热	绝热
钢结构	钢结构	原材料及成品进场	钢材、焊接材料、涂装材料等
		钢零件及钢部件加工	切割、矫正和成型、边缘加工、制孔
		钢结构焊接	钢构件焊接
		钢结构安装	基础和支承面、安装和校正
		梯子、平台、栏杆制作安装	梯子、平台、栏杆制作安装
		钢结构涂装	钢结构防腐涂料涂装、钢结构防火涂料涂装
管道安装	管道安装	工艺管道预制与组对	工艺管道预制与组对
		管道焊接与焊后热处理	管道焊接
			焊后热处理
		管道安装	管道安装
		管沟开挖、下沟和回填	管沟开挖、管道下沟和管沟回填
		设备和工艺管道系统吹扫、清洗及试压	设备和工艺管道系统吹扫、清洗及试压
		管道防腐、保温、涂装	管道防腐及补口、管道保温
			涂装
自动化仪表	自动化仪表	仪表管道安装	仪表管道安装
		其他分项工程划分及验收	其他检验批划分及验收

表 1.2.6.12　长输管道线路工程划分的模块

分部工程	分项工程	检验批
每 16km 左右管道（线路截断阀室）或管道线路阀室间或站与阀室间	管沟开挖	管沟开挖（每 5km 左右）
	管口组对与焊接	管口组对（每 5km 左右）
		管道焊接（每 5km 左右）
	管道防腐（保温）补口、补伤	石油沥青防腐层现场补口补伤（每 5km 左右）
		液体环氧涂料防腐层现场补口补伤（每 5km 左右）
		聚乙烯防腐层现场补口补伤（每 5km 左右）
		聚乙烯硬质聚氨酯泡沫塑料防腐保温层现场补口补伤（每 5km 左右）
		聚乙烯胶黏带防腐层现场补口补伤（每 5km 左右）
	管道下沟与回填	管道下沟（每 5km 左右）
		管沟回填（每 5km 左右）
	管道穿越地下管道、线缆	管道穿越地下管道、线缆（每 5km 左右）
	管道清管、测径及试压	管道清管、测径（每个试压段为一个检验批）
		管道水压试验（每个试压段为一个检验批）
		管道气压试验（每个试压段为一个检验批）
	输气管道干燥	输气管道干燥（每个干燥段为一个检验批）
	管道连头	管道连头
	管道附属工程	桩墩
		线路保护构筑物
线路阀室	土建工程	土建工程
	工艺安装	管道安装
		阀门安装
	电气仪表	电气工程
		仪表工程
阴极保护	牺牲阳极阴极保护	牺牲阳极阴极保护
	强制电流阴极保护	强制电流阴极保护

表 1.2.6.13 油气输送管道钻爆隧道工程划分的模块

分部工程	分项工程		检验批
洞口工程	开挖		开挖（每个洞口）
	砌体		砌体（每个洞口）
	喷锚支护		锚杆（每个洞口）
			钢筋网（每个洞口）
			喷射混凝土（每个洞口）
	浇筑混凝土		模板（每个洞口）
			钢筋（每个洞口）
			浇筑混凝土（每个洞口）
	洞口防护		洞口防护（每个洞口的每种防护类型）
洞身开挖	超前地质预报		超前地质预报（每次）
	洞身开挖		主体开挖（≤ 24m）
			底板开挖（≤ 24m）
			预留沟（槽）开挖（每段预留沟或每 10 处预留槽）
			转弯段开挖（每处）
			斜井躲避洞及水仓开挖（单一坡段或少于 5 处）
	洞内预注浆		洞内预注浆（每次）
洞身支护	支护		锚杆（≤ 24m）
			钢筋网（≤ 24m）
			喷射混凝土（≤ 24m）
			钢拱架（≤ 24m）
			超前小导管（管棚）(≤ 24m 每环）
洞身衬砌	拱墙	喷锚衬砌	锚杆（≤ 24m）
			钢筋网（≤ 24m）
			喷射混凝土（≤ 24m）
			钢拱架（≤ 24m）
		整体衬砌	钢筋（≤ 24m）
			模板（≤ 24m）
			现浇混凝土（≤ 24m）

续表

分部工程	分项工程		检验批
洞身衬砌	拱墙	复合衬砌	锚杆（≤ 24m）
			钢筋网（≤ 24m）
			钢筋（≤ 24m）
			喷射混凝土（≤ 24m）
			钢拱架（≤ 24m）
			模板（≤ 24m）
			现浇混凝土（≤ 24m）
	回填注浆		回填注浆（≤ 24m）
明洞工程	开挖		明洞开挖（每个明洞）
	衬砌		钢筋（每个明洞）
			模板（每个明洞）
			现浇混凝土（每个明洞）
	回填		明洞回填（每个明洞）
防水和排水	洞口防排水		洞口防排水（每个明洞）
	洞内防排水		洞内排水沟（槽）（每 200m）
			防水板防水（≤ 24m）
			涂料防水层防水（≤ 24m）
			径向注浆防水（每个注浆作业）
			施工缝防水（每 2 个浇筑段）
			变形缝防水（每处）
附属工程	混凝土台阶		混凝土台阶（单一坡面并少于 50 台）
	台阶扶手		台阶扶手（单一坡面并少于 100m）
	预埋钢构件		预埋钢构件（不应大于 20 处）
	管道混凝土支墩		管道混凝土支墩（同一坡段或每 20 个）
	错车道回填		错车道回填（每处）
弃渣工程	渣场布置		渣场布置（每处）
	渣场挡墙		渣场挡墙（每处）
	渣场防、排水		渣场防、排水（每处）

表 1.2.6.14 油气输送管道钻爆隧道管道安装工程划分的模块

分部工程	分项工程	检验批
管道安装工程	管道支撑与连接结构	管道钢支座（构件数量的 10%）
		钢构件涂装防腐（构件数量的 10%）
		钢构件黏弹体防腐（构件数量的 10%）
	管道组对与焊接	管道组对（洞内单一坡段或洞外单侧段）
		管道焊接（洞内单一坡段或洞外单侧段）
	管道防腐（保温）补口、补伤	石油沥青防腐层现场补口补伤工程（洞内段、单侧洞外段）
		液体环氧涂料防腐层现场补口补伤工程（洞内段、单侧洞外段）
		聚乙烯防腐层现场补口补伤工程（洞内段、单侧洞外段）
		聚乙烯硬质聚氨酯泡沫塑料防腐保温层现场补口补伤工程（洞内段、单侧洞外段）
		聚乙烯胶黏带防腐层现场补口补伤工程（洞内段、单侧洞外段）
		黏弹体胶带现场补口、补伤（洞内段、单侧洞外段）
	清管、测径及试压	清管、测径（单段）
		管道水压试验（单次）
	管道干燥	管道干燥（单段）
	管沟开挖与回填	洞内回填管道侧挡墙与截土墙（不大于 200m）
		洞内管道回填（不大于 200m）
		洞外预留沟（槽）开挖（单侧）
		洞外管道回填（单侧）
	管道补偿与锚固	管道补偿（单侧）
		管道固定墩（单个）
	管道连头	管道连头（单次）
	附属工程	通信硅芯管安装（不大于 200m）
		三桩工程（单侧）
		洞外管道水工保护（单个结构体）
阴极保护工程	牺牲阳极保护	管道牺牲阳极保护（不大于 20 处）
	强制电流保护	强制电流阴极保护（单个隧道）

表 1.2.6.15　油气输送管道水平定向钻穿越工程划分的模块

分部工程	分项工程	检验批
成孔与回拖工程	导向孔钻进	导向孔钻进（单次）
	扩孔	扩孔（单次）
	管道回拖	管道回拖（单次）
管道安装工程	组对焊接	管口组对（单段）
		管道焊接（单段）
	清管测径及试压	管道清管测径（单段）
		管道试压（单段）
	管道防腐补口、补伤	热收缩带（套）现场补口（单段）
		聚乙烯三层结构（3LPE）现场补伤（单段）
		无溶剂液体环氧涂料现场补口补伤（单段）
	防腐层防护	环氧玻璃钢防护（单段）
		环氧耐磨涂料防护（单段）
	阴极保护	阴极保护（每处）
附属（辅助）工程	地层处理	不良地层开挖处理（每处）
		套管隔离（每处）
		地质注浆改良（每处）
	管道连头	管道连头（每处）
	三桩埋设	三桩埋设（单段）
	地貌恢复	地貌恢复（单段）

表 1.2.6.16　油气管道水域隧道穿越工程划分的模块

分部工程	分项工程	检验批
沉井工程	沉井制作	沉井模板
		沉井钢筋
		沉井混凝土
		预埋件
		预留洞
	沉井下沉	沉井下沉
	沉井封底	沉井封底
	底板工程	底板钢筋
		底板混凝土
	防水工程	沉井防水

续表

分部工程	分项工程	检验批
地下连续墙工程	导墙工程	导墙模板
		导墙钢筋
		导墙混凝土
	连续墙墙体	墙体钢筋笼
		墙体混凝土
		预埋件
		预留洞
	环梁、内衬	环梁、内衬模板
		环梁、内衬钢筋
		环梁、内衬混凝土
	底板工程	底板钢筋
		底板混凝土
	防水工程	地下连续墙防水
逆作竖井工程	锁口盘	锁口盘模板
		锁口盘钢筋
		锁口盘混凝土
	开挖工程	开挖
	初支	锚杆工程
		钢筋网
		喷射混凝土
	衬砌	衬砌模板
		衬砌钢筋
		衬砌混凝土
		预埋件
		预留洞
	底板工程	底板钢筋
		底板混凝土
	防水工程	逆作竖井防水
盾构掘进工程	盾构掘进	盾构掘进
	管片拼装	管片拼装
	隧道防水	盾构隧道防水
	壁后注浆	壁后注浆

续表

分部工程	分项工程	检验批
顶管工程	顶管顶进	顶管顶进
	隧道防水	顶管隧道防水
	壁后注浆	壁后注浆
管道安装工程	组对焊接	管口组对
		管道焊接
	管道安装就位	小车发送管道安装
		滚轮发送管道安装
		固定支座管道安装
		竖井内管道安装
	清管、测径、试压	管道清管、测径
		管道试压
	管道防腐补口、补伤	压敏胶型热收缩材料现场补口
		黏弹体胶带 + 聚乙（丙）烯胶黏带现场补口
		黏弹体胶带 + 压敏胶型热收缩材料现场补口
附属（辅助）工程	地质改良	高压旋喷桩
		深层搅拌桩
	隧道垫层	混凝土垫层
	竖井内管道支撑	管卡
		竖井内钢支撑
	固定墩	固定墩
	防洪井圈	防洪井圈
	隧道充填及充水	隧道充填及充水
	竖井井盖	竖井井盖
	通信工程	通信工程
	不充水隧道内设施	洞内永久照明
		洞内永久排水
		洞内泄漏检测
	地貌恢复	地貌恢复
	渣场防护	渣场防护
	井外附属工程	围栏与大门
		三桩工程

表 1.2.6.17 油气管道水域开挖穿越工程划分的模块

分部工程	分项工程	检验批
土建工程	管沟开挖	不带水管沟开挖
		带水管沟开挖
	管沟回填	不带水管沟回填
		带水管沟回填
	稳管工程	混凝土配重块（装配式配重块）
		平衡压袋
		混凝土连续浇筑
		混凝土连续覆盖
管道安装工程	组对焊接	管口组对
		管道焊接
	管道下沟	不带水管沟管道下沟
		带水管沟管道下沟
	清管、测径、试压	管道清管、测径
		管道试压
	管道连头	管道连头
	管道防腐补口、补伤	热收缩带（套）现场补口
		聚乙烯三层结构（3LPE）现场补伤
		无溶剂液体环氧涂料现场补口补伤
	阴极保护	阴极保护
附属工程	三桩埋设	三桩埋设
	防护工程	基槽开挖
		墙式护坡（岸）
		坡式护坡（岸）
		石笼护底（护脚）
		柔性混凝土护板护脚
		地下防冲墙
		截排水沟

表 1.2.6.18　油气管道悬索式跨越工程划分的模块

分部工程	分项工程	检验批
土建工程	基坑开挖工程	基坑开挖
	钢筋工程	钢筋
	模板工程	模板
	预应力工程	预应力
	锚固墩工程	锚固墩
	基桩工程	钢桩
		混凝土灌注桩
	墩台工程	墩台
	混凝土塔架工程	混凝土塔架工程
缆索及钢结构工程	缆索安装	成品索安装
		半成品索安装
	索夹、索鞍、锚头及连接件	索夹、索鞍、锚头及连接件
	钢塔架工程	钢塔架
	桥面结构	桥面结构制作
		桥面结构安装
	人行道板、栏杆、护栏	人行道板、栏杆、护栏
	钢结构防腐	钢结构防腐
管道安装工程	组对焊接	管道组对
		管道焊接
	清管、测径、试压	管道清管、测径
		管道试压
	管道连头	管道连头
	管道防腐补口、补伤和保温	管道防腐补口、补伤
		管道保温
	阴极保护工程	阴极保护工程
附属工程	附属工程	附属工程

表 1.2.6.19 油气管道斜拉索式跨越工程划分的模块

分部工程	分项工程	检验批
土建工程	基坑开挖工程	基坑开挖
	钢筋工程	钢筋
	模板工程	模板
	预应力工程	预应力
	锚固墩工程	锚固墩
	基桩工程	钢桩
		混凝土灌注桩
	墩台工程	墩台
	混凝土塔架工程	混凝土塔架
缆索及钢结构工程	斜拉索安装	斜拉索安装
	索夹、索鞍、锚头及连接件	索夹、索鞍、锚头及连接件
	钢塔架工程	钢塔架
	桥面结构	桥面结构制作
		桥面结构安装
	人行道板、栏杆、护栏	人行道板、栏杆、护栏
	钢结构防腐	钢结构防腐
管道安装工程	组对焊接	管道组对
		管道焊接
	清管、测径、试压	管道清管、测径
		管道试压
	管道连头	管道连头
	管道防腐补口、补伤和保温	管道防腐补口、补伤
		管道保温
	阴极保护工程	阴极保护工程
附属工程	附属工程	附属工程

表 1.2.6.20 油气管道桁架跨越工程划分的模块

分部工程	分项工程	检验批
土建工程	基坑开挖工程	基坑开挖
	钢筋工程	钢筋
	模板工程	模板
	基桩工程	钢桩
		混凝土灌注桩
	墩台工程	墩台

续表

分部工程	分项工程	检验批
钢结构工程	钢桁架制作	钢桁架制作
	桁架结构安装	桁架结构安装
	钢结构防腐	钢结构防腐
管道安装工程	组对焊接	管道组对
		管道焊接
	清管、测径、试压	管道清管、测径
		管道试压
	管道连头	管道连头
	管道防腐补口、补伤和保温	管道防腐补口、补伤
		管道保温
	阴极保护工程	阴极保护工程
附属工程	附属工程	附属工程

表 1.2.6.21　油气管道拱式跨越工程划分的模块

分部工程	分项工程	检验批
土建工程	基坑开挖工程	基坑开挖
	钢筋工程	钢筋
	模板工程	模板
	基桩工程	钢桩
		混凝土灌注桩
	墩台工程	墩台
钢结构工程	单管拱	单管拱
	桁架拱	桁架拱
	钢结构防腐	钢结构防腐
管道安装工程	组对焊接	管道组对
		管道焊接
	清管、测径、试压	管道清管、测径
		管道试压
	管道连头	管道连头
	管道防腐补口、补伤和保温	管道防腐补口、补伤
		管道保温
	阴极保护工程	阴极保护工程
附属工程	附属工程	附属工程

表 1.2.6.22 油气管道轻型托架跨越工程划分的模块

分部工程	分项工程	检验批
土建工程	基坑开挖工程	基坑开挖
	钢筋工程	钢筋
	模板工程	模板
	基桩工程	钢桩
		混凝土灌注桩
	墩台工程	墩台
缆索及钢结构工程	托架拉索制作	托架拉索制作
	托架结构安装	托架结构安装
	钢结构防腐	钢结构防腐
管道安装工程	组对焊接	管道组对
		管道焊接
	清管、测径、试压	管道清管、测径
		管道试压
	管道连头	管道连头
	管道防腐补口、补伤和保温	管道防腐补口、补伤
		管道保温
	阴极保护工程	阴极保护工程
附属工程	附属工程	附属工程

表 1.2.6.23 油气管道梁式直跨跨越工程划分的模块

分部工程	分项工程	检验批
土建工程	基坑开挖工程	基坑开挖
	钢筋工程	钢筋
	模板工程	模板
	基桩工程	钢桩
		混凝土灌注桩
	墩台工程	墩台
钢结构工程	梁体安装	梁体安装
	钢结构防腐	钢结构防腐
管道安装工程	组对焊接	管道组对
		管道焊接
	清管、测径、试压	管道清管、测径
		管道试压

续表

分部工程	分项工程	检验批
管道安装工程	管道连头	管道连头
	管道防腐补口、补伤和保温	管道防腐补口、补伤
		管道保温
	阴极保护工程	阴极保护工程
附属工程	附属工程	附属工程

表 1.2.6.24 油气田站场（厂）内外非金属工程划分的模块

分部工程		分项工程	检验批
站外	管道工程（按每一条管道或每一个区段为一个分部工程）	管道下料与加工	管道下料与加工
		管道安装	热塑性塑料管道安装
			高压玻璃纤维管道安装
			塑料合金防腐蚀复合管道安装
			钢骨架聚乙烯复合管道安装
			钢骨架增强塑料复合连续管道和柔性复合高压输送管道安装
		管道保温及补口	管道保温
			管道补口
		管沟开挖、下沟及回填	管沟开挖
			管道下沟及回填
		管道系统试压及吹扫	管道系统试压及吹扫
		小型穿越	小型穿越
		小型跨越	小型跨越
	管道附属工程	里程桩、转角桩	里程桩、转角桩
		管道保护构筑物	管道保护构筑物
站内	工艺管道工程	管道下料和管件加工	管道下料和管件加工
		管道支、吊架及附件安装	管道支、吊架及附件安装
		工艺管道安装	工艺管道安装
		管道系统试压及吹扫	管道系统试压及吹扫
		管沟开挖、下沟及回填	管沟开挖
			管道下沟及回填
		管道保温及补口	管道保温
			管道补口

表 1.2.6.25 石油天然气建设项目滩海海堤工程划分的模块

分部工程	分项工程	检验批
基础工程	清基	清基
	砂石垫层	砂石垫层
	土工合成材料加筋垫层	土工合成材料加筋垫层
	抛石挤淤地基	抛石挤淤地基
	深层搅拌桩	深层搅拌桩
	砂桩	砂桩
	塑料排水板	塑料排水板
堤身工程	土方海堤填筑	土方海堤填筑
	抛石海堤填筑	抛石海堤填筑
	土工织物充填袋筑堤	土工织物充填袋筑堤
防护工程	护坡砂石垫层	护坡砂石垫层
	土工织物滤层	土工织物滤层
	抛石护坡	抛石护坡
	干砌块石护坡	干砌块石护坡
	浆砌块石护坡	浆砌块石护坡
	现浇混凝土护坡	现浇混凝土护坡
	人工块体护坡	人工块体预制
		人工块体安装
	蘑菇石护坡	蘑菇石护坡
	栅栏板护坡	栅栏板预制
		栅栏板安装
	抛石护脚（底）	抛石护脚（底）
	人工块体护脚（底）	人工块体护脚（底）
	混凝土管桩护脚	混凝土管桩护脚
	浆砌石挡浪墙	浆砌石挡浪墙
	现浇混凝土挡浪墙	现浇混凝土挡浪墙

表 1.2.6.26　石油天然气建设项目道路工程划分的模块

分部工程	分项工程	检验批
路基工程	土方路基	每 500m 或 500m 以内的土方路基
	石方路基	每 500m 或 500m 以内的石方路基
	软土地基	每 500m 或 500m 以内的砂砾垫层、袋装砂井、塑料排水板、碎石桩（砂桩）粉喷桩等
	土工合成材料处置层	每 500m 或 500m 以内的土工合成材料处置层
砌筑防护工程	挡土墙	每 500m 或 500m 以内的砌体挡土墙、悬臂式、扶壁式、加筋土挡土墙
	护坡工程	每 500m 或 500m 以内的护坡
	挡土墙墙背填土（石灰土、二灰土等）	每 500m 或 500m 以内的挡土墙墙背填土
排水工程	排水沟	每 500m 或 500m 以内的土沟（排水沟）工程、浆（干）砌边沟（排水沟）工程、水泥混凝土边沟（排水沟）
	盲沟	每 500m 或 500m 以内的盲沟
	管道基础及钢筋混凝土排水管安装	每 200m 或 200m 以内的管道基础及钢筋混凝土排水管安装
	聚乙烯缠绕结构壁排水管安装	每 200m 或 200m 以内的聚乙烯缠绕结构壁排水管安装
	检查井（雨水口）砌筑	每 5 个检查井（雨水口）砌筑
	拦水带、急流槽	每 500m 或 500m 以内的拦水带、急流槽
	开挖沟槽工程、沟槽回填	每 500m 或 500m 以内的开挖沟槽工程、沟槽回填
路面基层、底基层工程	石灰稳定土基层和底基层	每 500m 或 500m 以内的石灰稳定土基层和底基层
	石灰稳定粒料（级配碎石、级配砾石、砂砾、矿渣）基层和底基层	每 500m 或 500m 以内的石灰稳定粒料（级配碎石、级配砾石、砂砾、矿渣）基层和底基层
	泥（灰）结碎（砾）石基层	每 500m 或 500m 以内的泥（灰）结碎（砾）石基层
	水泥稳定土基层和底基层	每 500m 或 500m 以内的水泥稳定土基层和底基层
	水泥稳定粒料（级配碎石、级配砾石、砂砾、矿渣）基层和底基层	每 500m 或 500m 以内的水泥稳定粒料（级配碎石、级配砾石、砂砾、矿渣）基层和底基层
	石灰粉煤灰土基层和底基层	每 500m 或 500m 以内的石灰粉煤灰土基层和底基层工程

续表

分部工程	分项工程	检验批
路面基层、底基层工程	石灰粉煤灰稳定粒料（级配碎石、级配砾石、砂砾、矿渣）基层和底基层	每 500m 或 500m 以内的石灰粉煤灰稳定粒料（级配碎石、级配砾石、砂砾、矿渣）基层和底基层
	水泥粉煤灰土基层和底基层	每 500m 或 500m 以内的水泥粉煤灰土基层和底基层
	水泥粉煤灰稳定粒料（级配碎石、级配砾石、砂砾、矿渣）基层和底基层	每 500m 或 500m 以内的水泥粉煤灰稳定粒料（级配碎石、级配砾石、砂砾、矿渣）基层和底基层
	沥青路面就地冷再生基层和底基层	每 500m 或 500m 以内的沥青路面就地冷再生基层和底基层
	级配碎（砾）石基层和底基层	每 500m 或 500m 以内的级配碎（砾）石基层和底基层
	填隙碎石基层和底基层	每 500m 或 500m 以内的填隙碎石基层和底基层
路面面层工程	水泥混凝土面层	每 500m 或 500m 以内的水泥混凝土面层
	沥青混凝土面层工程、沥青碎（砾）石面层	每 500m 或 500m 以内的沥青混凝土面层工程和沥青碎（砾）石面层
	沥青贯入式面层	每 500m 或 500m 以内的沥青贯入式面层
	沥青表面处置面层、封层	每 500m 或 500m 以内的沥青表面处置面层、封层
	泥（灰）结碎（砾）石面层	每 500m 或 500m 以内的泥（灰）结碎（砾）石面层
	混凝土路面砖人行道	每 $2000m^2$ 或 $2000m^2$ 以内的混凝土路面砖人行道
	混凝土路面砖、石材地面砖广场、停车场	每 $2000m^2$ 或 $2000m^2$ 以内的混凝土路面砖、石材地面砖广场、停车场
	路缘石	每 500m 或 500m 以内的路缘石铺设
	路肩	每 500m 或 500m 以内的路肩
	砂石路面	每 500m 或 500m 以内的砂石路面
交通安全设施及绿化工程	分部工程和分项工程划分执行现行行业标准 JTG F80/1—2011《公路工程质量检验评定标准 第一册 土建工程》的有关规定	
桥涵工程	分项工程和检验批应符合现行行业标准 SY/T 4211—2019《石油天然气建设工程施工质量验收规范 桥梁工程》的有关规定	
道路路灯照明工程	分项工程和检验批可参照现行行业标准 SY/T 4206—2019《石油天然气建设工程施工质量验收规范 电气工程》和其他相关标准执行	

表 1.2.6.27　石油天然气建设项目桥梁工程划分的模块

分部工程	子分部工程	分项工程	检验批
基础及下部构造	柱基础	钢筋加工及安装	钢筋加工及安装
		钻（挖）孔灌注桩	钻（挖）孔灌注桩
		沉桩	沉桩
	基础	钢筋加工及安装	钢筋加工及安装
		基坑开挖	基坑开挖
		扩大基础	支架、拱架及模板安装
			圬工扩大基础
		地下连续墙	地下连续墙
		沉井	支架、拱架及模板安装
			沉井
		承台及系梁	支架、拱架及模板安装
			承台及系梁
	下部构造	钢筋加工及安装	钢筋加工及安装
		预应力筋的加工和张拉	预应力筋制作与安装
			后张法张拉、灌浆与封锚
		混凝土墩台身	支架、拱架及模板安装
			混凝土墩台身
		砌体墩台身及侧墙身	砌体墩台身
			砌体侧墙身
		墩台帽或盖梁	支架、拱架及模板安装
			墩台帽或盖梁
		支座垫石和挡块	支座垫石和挡块
		支座安装	支座安装
		拱桥组合桥台	支架、拱架及模板安装
			拱桥组合桥台
		砌体拱圈	砌体拱圈
		台背填土	台背填土
上部构造	上部构造预制和安装	钢筋加工及安装	钢筋加工及安装
		预应力筋的加工和张拉	预应力筋制作与安装
			先张法张拉
			后张法张拉、灌浆与封锚

续表

分部工程	子分部工程	分项工程	检验批
上部构造	上部构造预制和安装	预制梁板及拱圈	支架、拱架及模板安装
			预制梁板
			预制拱圈
		梁板安装	梁板安装
		拱的安装	拱的安装
		钢管拱肋制作	钢管拱肋制作
		拱吊杆和系杆	拱吊杆和系杆
		钢梁制作与防护	钢梁制作
			钢梁防护
		钢梁安装	钢梁安装
	上部构造现场浇筑	预应力筋的加工和张拉	预应力筋制作与安装
			后张法张拉、灌浆与封锚
		支架上浇注梁板	支架、拱架及模板安装
			支架上浇注梁板
		悬臂施工梁	支架、拱架及模板安装
			悬臂浇筑梁
			悬臂拼装梁
		现场浇注拱圈	支架、拱架及模板安装
			现场浇注拱圈
		钢管混凝土拱	钢管混凝土拱
总体、桥面系和附属工程	桥梁总体	桥梁总体	桥梁总体
	桥面系	钢筋加工及安装	钢筋加工及安装
		桥面混凝土现浇层	桥面混凝土现浇层
		桥面板上防水黏结层	桥面板上防水黏结层
		伸缩缝安装	伸缩缝安装
		人行道铺设	人行道铺设
		栏杆	栏杆
		混凝土防撞护栏	支架、拱架及模板安装
			混凝土防撞护栏
	附属工程	钢筋加工及安装	钢筋加工及安装
		混凝土小型构件预制	混凝土小型构件预制
		桥头搭板	桥头搭板
		锥坡、护坡	锥坡、护坡

续表

<table>
<tr><th>分部工程</th><th>子分部工程</th><th>分项工程</th><th>检验批</th></tr>
<tr><td rowspan="14">涵洞工程</td><td rowspan="14">涵洞（每道）</td><td>钢筋加工及安装</td><td>钢筋加工及安装</td></tr>
<tr><td>基坑开挖</td><td>基坑开挖</td></tr>
<tr><td>基础、涵台浇筑（砌筑）</td><td>基础、涵台浇筑（砌筑）</td></tr>
<tr><td rowspan="2">盖板制作、安装</td><td>盖板制作</td></tr>
<tr><td>盖板安装</td></tr>
<tr><td>拱涵浇筑（砌筑）</td><td>拱涵浇筑（砌筑）</td></tr>
<tr><td>管座及涵管安装</td><td>管座及涵管安装</td></tr>
<tr><td>倒虹吸竖井、集水井砌筑（浇筑）</td><td>倒虹吸竖井、集水井砌筑（浇筑）</td></tr>
<tr><td>箱涵浇筑</td><td>箱涵浇筑</td></tr>
<tr><td>台背填土</td><td>台背填土</td></tr>
<tr><td>一字墙和八字墙</td><td>一字墙和八字墙</td></tr>
<tr><td>锥坡、护坡</td><td>锥坡、护坡</td></tr>
<tr><td>涵洞总体</td><td>涵洞总体</td></tr>
</table>

表 1.2.6.28 油气管道地质灾害治理工程划分的模块

分部工程	分项工程	检验批
滑坡治理工程	截排水工程	截排水沟、排水盲沟、排水井（孔）
	预应力锚索工程	锚索钻孔、锚索制作及安装、浆液灌注、张拉锁定及封锚
	格构锚固工程	锚杆、格构、喷射混凝土
	抗滑桩工程	桩孔成型、钢筋笼制作安装、桩身混凝土
	抗滑挡墙工程	基槽开挖、石砌挡墙、混凝土挡墙
	减载与压脚工程	削坡减载、填方压脚
崩塌治理工程	缓冲层工程	缓冲层
	被动拦挡工程	拦石网与拦石桩（柱）、拦石墙、防崩（落）石槽（台）
	主动防护工程	危岩清除、主动防护网、锚杆、锚索、支撑与封填
泥石流治理工程	排导工程	排导工程
	拦挡工程	基槽开挖、防冲墙、防冲墩、拦砂坝、重力式拦挡坝
	护坡工程	护坡垫层、砌石护坡、石笼护坡
	坡面治理工程	削坡、生物治理、截排水沟
岩溶塌陷治理工程	治水工程	截排水沟、排水涵洞
	填垫工程	填垫
	注浆工程	钻孔、注浆

续表

分部工程	分项工程	检验批
采空区塌陷治理工程	注浆工程	钻孔、注浆
	砌筑支撑工程	砌筑支撑
	开挖回填工程	开挖、回填
	强夯工程	强夯

表 1.2.6.29 天然气处理厂（净化厂）工程划分的模块

单位工程	分部工程	子分部工程	分项工程	检验批	执行标准
脱硫装置	设备基础	地基	素土，灰土地基，砂和砂石地基，土工合成材料地基，粉煤灰地基，强夯地基，注浆地基，预压地基，砂石桩复合地基，高压旋喷注浆地基，水泥土搅拌桩地基，土和灰土挤密桩复合地基，水泥粉煤灰碎石桩复合地基，夯实水泥土桩复合地基		GB 50300—2013、GB 50202—2018
		基础	无筋扩展基础，钢筋混凝土扩展基础，钢结构基础，钢管混凝土结构基础，型钢混凝土结构基础，钢筋混凝土预制桩基础，泥浆护壁成孔灌注桩基础，干作业成孔桩基础，长螺旋钻孔压灌桩基础，沉管灌注桩基础，钢桩基础，锚杆静压桩基础，岩石锚杆基础，沉井与沉箱基础		
		基坑支护	灌注桩排桩围护墙，板桩围护墙，咬合桩围护墙，型钢水泥土搅拌墙，土钉墙，地下连续墙，水泥土重力式挡墙，内支撑，锚杆，与主体结构相结合的基坑支护		
		地下水控制	降水与排水，回灌		
		土方	土方开挖，土方回填		
		边坡	喷锚支护，挡土墙，边坡开挖		
		地下防水	土体结构防水，细部构造防水，特殊施工法结构防水，排水，注浆		GB 50300—2013 GB 50208—2011
		混凝土	模板，钢筋、混凝土，预应力，现浇结构		GB 50300—2013 GB 50204—2015
		沥青砂垫层	沥青砂垫层工程		SY/T 4202—2019
		混凝土构筑物防腐	构筑物外壁防腐，构筑物外壁防腐		SY/T 4209—2016
		装饰	一般抹灰，饰面板（砖）		

续表

单位工程	分部工程	子分部工程	分项工程	检验批	执行标准
脱硫装置	钢结构	钢结构制作安装	钢结构焊接，紧固件连接，钢零部件加工，钢构件组装及预拼装，钢管结构安装，单层钢结构安装，多层及高层钢结构安装，防腐涂料涂装，防火涂料涂装		GB 50300—2013 GB 50205—2020
			梯子，平台，栏杆制作安装	梯子，平台，栏杆制作安装	SY 4202—2019
	混凝土框架	混凝土框架	模板，钢筋、混凝土，预应力，现浇结构		GB 50204—2015
	设备安装	塔安装	塔体安装	塔体安装	SY/T 4201.2—2019
			塔内件安装及压力试验	塔内件安装及压力试验、清扫与封闭	
			安全附件安装	安全附件安装	SY/T 4201.2—2019
			设备平台，梯子安装	设备平台，梯子安装	SY/T 4202—2019
			防腐保温涂装	防腐，保温，涂装	SY/T 4209—2016
		静设备安装	整装容器安装	容器安装，附件安装	SY/T 4201.3—2019
				换热器安装	SY/T 4209—2016
			防腐保温涂漆	防腐，保温，涂漆	SY/T 4209—2016
		动设备安装	泵安装	离心泵安装，轴流泵安装，齿轮泵安装，螺杆泵安装等	SY/T 4201.1—2019
		橇块安装	橇块安装	橇块安装	SY/T 4201.3—2019
		立式储罐	储罐预制作	底板预制，壁板预制，固定顶预制，构件预制等	SY/T 4202—2019
			储罐组装，焊接	罐底组装，罐底焊接，罐壁组装，罐壁焊接，固定顶组装，固定顶焊接，附件安装，总体验收	
			梯子、平台、栏杆制作安装		
			涂装工程	外防腐涂料涂装，内防腐涂料涂装，防火涂料涂装	
			绝热工程	绝热	

续表

单位工程	分部工程	子分部工程	分项工程	检验批	执行标准
脱硫装置	管道安装	管道安装	钢管下料和管件加工	钢管下料和管件加工	SY/T 4203—2019
			管道安装	管道安装	SY/T 4203—2019
			管道组对和焊接	管道组对，管道焊接	
			管沟开挖，下沟和回填	管沟开挖，下沟和管沟回填	SY/T 4203—2019
			管道系统吹扫和试压	管道吹扫和试压	SY/T 4203—2019
			管道防腐和保温	管道防腐，管道保温	SY/T 4203—2019
	装置照明	装置照明	照明配电箱安装	照明配电箱安装	SY/T 4206—2019
			电线（缆）敷设	电线（缆）敷设	
			穿线管敷设	穿线管敷设	
			防爆灯具安装	防爆灯具安装	
			接地安装	接地安装	
脱二氧化碳装置	设备基础	设备基础	同脱硫装置		
	钢结构	钢结构	同脱硫装置		
	混凝土框架	混凝土框架	同脱硫装置		
	设备安装	塔安装	同脱硫装置		
		静设备安装			
		动设备安装			
		橇块安装			
		立式储罐			
	管道安装	管道安装	同脱硫装置		
	装置照明	装置照明	同脱硫装置		
脱水装置	设备基础	设备基础	同脱硫装置		
	钢结构	钢结构	同脱硫装置		
	混凝土框架	混凝土框架	同脱硫装置		
	设备安装	塔安装	同脱硫装置		
		静设备安装			
		动设备安装			
		橇块安装			
		立式储罐	同脱硫装置		
	管道安装	管道安装	同脱硫装置		
	装置照明	装置照明	同脱硫装置		

续表

<table>
<tr><th>单位工程</th><th>分部工程</th><th>子分部工程</th><th>分项工程</th><th>检验批</th><th>执行标准</th></tr>
<tr><td rowspan="24">硫磺回收装置</td><td rowspan="8">液硫池</td><td rowspan="4">液硫池</td><td>土方，基坑，桩基础，地基处理</td><td>土方，基坑，桩基础，地基处理</td><td>GB 50202—2018</td></tr>
<tr><td>混凝土</td><td>模板，钢筋，混凝土</td><td>GB 50204—2015</td></tr>
<tr><td>混凝土构筑物防腐</td><td>构筑物外壁防腐，构筑物内壁防腐</td><td>SY/T 4209—2016</td></tr>
<tr><td>液硫池隔热</td><td>液硫池隔热</td><td>SY/T 4209—2016</td></tr>
<tr><td rowspan="4">加热盘管</td><td>钢管下料和管件加工</td><td>钢管下料和管件加工</td><td rowspan="4">SY/T 4203—2019</td></tr>
<tr><td>管道安装</td><td>管道安装</td></tr>
<tr><td>管道组对和焊接</td><td>管道组对，管道焊接</td></tr>
<tr><td>管道吹扫试压</td><td>管道吹扫试压</td></tr>
<tr><td>设备基础</td><td>设备基础</td><td colspan="3">同脱硫装置</td></tr>
<tr><td>钢结构</td><td>钢结构</td><td colspan="3">同脱硫装置</td></tr>
<tr><td>混凝土框架</td><td>混凝土框架</td><td colspan="3">同脱硫装置</td></tr>
<tr><td rowspan="6">设备安装</td><td rowspan="2">静设备安装</td><td>反应器安装</td><td>反应器安装</td><td>SY/T 4209—2016</td></tr>
<tr><td colspan="3">其余同脱硫装置</td></tr>
<tr><td>动设备安装</td><td colspan="3">同脱硫装置</td></tr>
<tr><td>橇块安装</td><td colspan="3">同脱硫装置</td></tr>
<tr><td rowspan="2">立式储罐</td><td colspan="3">储罐的制作安装同脱硫装置</td></tr>
<tr><td colspan="3">盘管同液硫池加热盘管</td></tr>
<tr><td rowspan="3">炉类安装</td><td rowspan="3">工业炉安装</td><td rowspan="2">工业炉安装</td><td>工业炉安装，筑炉与衬里</td><td>SY/T 4209—2016</td></tr>
<tr><td>烘炉及试运，附件安装</td><td>SY/T 4201.4—2019</td></tr>
<tr><td>防腐保温涂装</td><td>防腐，保温，涂装</td><td>SY/T 4209—2016</td></tr>
<tr><td rowspan="2">管道安装</td><td rowspan="2">管道安装</td><td>硫磺—蒸汽夹套管安装</td><td>硫磺—蒸汽夹套管制作与安装</td><td>SY/T 4209—2016</td></tr>
<tr><td colspan="3">其余同脱硫装置</td></tr>
<tr><td rowspan="2">硫磺成型</td><td rowspan="2">硫磺设备安装</td><td>硫磺成型机安装</td><td>硫磺成型机安装</td><td rowspan="2">SY/T 4209—2016</td></tr>
<tr><td>硫磺输送机安装</td><td>硫磺输送机安装</td></tr>
</table>

续表

单位工程	分部工程	子分部工程	分项工程	检验批	执行标准
硫磺回收装置	硫磺成型	通风与除尘系统	通风系统	风管与配件制作，部件制作，风管系统安装，空气处理设备安装，风管与设备防腐，风机安装，系统调试	GB 50300—2013 GB 50243—2016
			除尘系统	风管与配件制作，部件制作，风管系统安装，除尘器与排污设备安装，风管与设备防腐，风机安装，系统调试	
	装置照明	装置照明	同脱硫装置		
酸气提浓装置	设备基础	设备基础	同脱硫装置		
	钢结构	钢结构	同脱硫装置		
	混凝土框架	混凝土框架	同脱硫装置		
	设备安装	塔安装	同脱硫装置		
		静设备安装	同脱硫装置		
		动设备安装	压缩机安装	压缩机安装	SY/T 4201.1—2019
			其余同脱硫装置		
		橇块安装	同脱硫装置		
		立式储罐	同脱硫装置		
	通风系统安装	送风系统	风管与配件制作，部件制作，风管系统安装，空气处理设备安装，风管与设备防腐，风机安装，系统调试		GB 50300—2013 GB 50243—2016
		排风系统			
		防排烟系统			
	管道安装	管道安装	同脱硫装置		
	装置照明	装置照明	同脱硫装置		
尾气处理	设备基础	设备基础	同脱硫装置		
	钢结构	钢结构	同脱硫装置		
	设备安装	静设备安装	反应器安装	炉体安装	SY/T 4201.4—2019
				筑炉与衬里	SY/T 4209—2016
				烘炉及试运，附件安装	SY/T 4201.4—2019
			其余同脱硫装置		
		动设备安装	同脱硫装置		

续表

<table>
<tr><th>单位工程</th><th>分部工程</th><th>子分部工程</th><th>分项工程</th><th>检验批</th><th>执行标准</th></tr>
<tr><td rowspan="7">尾气处理</td><td>管道安装</td><td>管道安装</td><td colspan="3">同脱硫装置</td></tr>
<tr><td>尾气烟囱安装</td><td></td><td>火炬烟囱塔架安装</td><td>火炬烟囱塔架安装</td><td>SY/T 4209—2016</td></tr>
<tr><td>装置照明</td><td>装置照明</td><td colspan="3">同脱硫装置</td></tr>
<tr><td rowspan="4">炉类安装</td><td rowspan="4">炉类安装</td><td rowspan="3">焚烧炉</td><td>炉体安装</td><td>SY/T 4201.4—2019</td></tr>
<tr><td>筑炉与衬里</td><td>SY/T 4209—2016</td></tr>
<tr><td>烘炉及试运，附件安装</td><td>SY/T 4201.4—2019</td></tr>
<tr><td>防腐保温涂漆</td><td>防腐，保温，涂漆</td><td>SY/T 4209—2016</td></tr>
<tr><td rowspan="8">火炬放空区</td><td>设备基础</td><td>设备基础</td><td colspan="3">同脱硫装置</td></tr>
<tr><td>钢结构</td><td>钢结构</td><td colspan="3">同脱硫装置</td></tr>
<tr><td>火炬安装</td><td>火炬安装</td><td>火炬烟囱塔架安装</td><td>火炬烟囱塔架安装</td><td>SY/T 4209—2016</td></tr>
<tr><td>管道安装</td><td>管道安装</td><td colspan="3">同脱硫装置</td></tr>
<tr><td rowspan="3">设备安装</td><td>动设备安装</td><td colspan="3">同脱硫装置</td></tr>
<tr><td rowspan="2">静设备安装</td><td>放空分液罐</td><td>放空分液罐</td><td>SY/T 4201.3—2019</td></tr>
<tr><td colspan="3">其余同脱硫装置</td></tr>
<tr><td>装置照明</td><td>装置照明</td><td colspan="3">同脱硫装置</td></tr>
<tr><td rowspan="10">丙烷制冷系统</td><td>设备基础</td><td>设备基础</td><td colspan="3">同脱硫装置</td></tr>
<tr><td>钢结构</td><td>钢结构</td><td colspan="3">同脱硫装置</td></tr>
<tr><td rowspan="6">设备安装</td><td rowspan="2">静设备安装</td><td>附件安装</td><td>附件安装</td><td>SY/T 4201.3—2019</td></tr>
<tr><td colspan="3">其余同脱硫装置</td></tr>
<tr><td rowspan="2">动设备安装</td><td>压缩机安装</td><td>压缩机安装</td><td>SY/T 4201.1—2013</td></tr>
<tr><td colspan="3">其余同脱硫装置</td></tr>
<tr><td>立式储罐</td><td colspan="3">同脱硫装置</td></tr>
<tr><td>橇块安装</td><td colspan="3">同脱硫装置</td></tr>
<tr><td>管道安装</td><td>管道安装</td><td colspan="3">同脱硫装置</td></tr>
<tr><td>装置照明</td><td>装置照明</td><td colspan="3">同脱硫装置</td></tr>
</table>

续表

单位工程	分部工程	子分部工程	分项工程	检验批	执行标准
凝析油装置	设备基础	设备基础	同脱硫装置		
	钢结构	钢结构	同脱硫装置		
	混凝土框架	混凝土框架	同脱硫装置		
	设备安装	塔安装	同脱硫装置		
		静设备安装	同脱硫装置		
		动设备安装	同脱硫装置		
		橇块安装	同脱硫装置		
		立式储罐	同脱硫装置		
	管道安装	管道安装	同脱硫装置		
	装置照明	装置照明	同脱硫装置		
供热站	构筑物	管（电缆）沟	土方，地基，混凝土，砌体等	按 GB 50202—2019、GB 50203—2019、GB 50204—2015、GB 50208—2011、GB 50209—2010 施工质量验收规范的规定执行	
	设备基础	设备基础	同脱硫装置		
	钢结构	钢结构	同脱硫装置		
	设备安装	静设备安装	同脱硫装置		
		动设备安装	同脱硫装置		
		热源及辅助设备安装	锅炉安装，辅助设备及管道安装，安全附件安装，烘炉，煮炉和试运行，换热站安装，防腐，绝热		GB 50300—2013 GB 50242—2002
		橇块安装	同脱硫装置		
		立式储罐	同脱硫装置		
	管道安装	管道安装	同脱硫装置		
	装置照明	装置照明	同脱硫装置		
工艺管网	管架基础	管架基础	土方，地基，混凝土	按 GB 50202—2018、GB 50204—2015 施工质量验收规范的规定执行	
	管沟	管沟	土方，地基，混凝土，砌体	按 GB 50202—2018、GB 50203—2019、GB 50204—2015 施工质量验收规范的规定执行	
	框架、管廊安装	框架、管廊制作	同脱硫装置钢结构		
		框架、管廊安装	框架、管廊安装		SY/T 4209—2016
	管道安装	管道安装	同脱硫装置		

续表

单位工程	分部工程	子分部工程	分项工程	检验批	执行标准
循环水系统	设备基础及坑池	设备基础	同脱硫装置		
		坑池	土方，地基，混凝土，砌体，地下防水，排水管沟与井池	按 GB 50202—2018、GB 50203—2019、GB 50204—2015、GB 50208—2011、GB 50209—2010、GB 50242—2002 施工质量验收规范的规定执行	
		井室			
		排水管道管沟			
	设备安装	静设备安装	同脱硫装置		
		动设备安装			
		橇块安装			
	立式储罐	立式储罐	按 SY/T 4202—2019 施工质量验收规范的规定执行		
	冷却塔安装	冷却塔安装	风机安装	风机安装	SY/T 4201.1—2019
			凉水塔安装	凉水塔安装	SY/T 4209—2016
			梯子，平台，栏杆制作安装	梯子，平台，栏杆制作安装	SY/T 4202—2019
			防腐保温涂装	防腐、涂装	SY/T 4209—2016
	管道安装	管道安装	金属管道安装	同脱硫装置	
			非金属管道安装	按 GB 50242 施工质量验收规范的规定执行	GB 50242—2002
	装置照明	装置照明	同脱硫装置		
厂区给排水系统	土方工程	土方工程	沟槽土方（沟槽开挖、沟槽回填），基坑土方（基坑开挖，基坑支护，基坑）	按 GB 50268—2008、GB 50202—2018 施工质量验收规范的规定执行	
	给（排）水管道安装	金属类管、混凝土类管、预应力钢筒混凝土管、化学建材管	管道基础，管道接口连接，管道铺设，管道防腐层（管道内防腐层，钢管外防腐层），钢管阴极保护	按 GB 50268—2008、GB 50202—2018 施工质量验收规范的规定执行	
		现浇钢筋混凝土管渠、装配式混凝土管渠、砌筑管渠	管道基础，现浇混凝土管渠（钢筋，模板，混凝土，变形缝），装配式混凝土管渠（预制构件安装，变形缝），管道内防腐层、管廊内管道安装	按 GB 50268—2008、GB 50202—2018、GB 50204—2015 施工质量验收规范的规定执行	

续表

单位工程	分部工程	子分部工程	分项工程	检验批	执行标准
厂区给排水系统	附属构筑物工程	附属构筑物工程	井室（现浇混凝土结构，砖砌结构，预制拼装结构），雨水口及支连管，支墩	按 GB 50268—2008、GB 50202—2018、GB 50204—2015、GB 50208—2011、GB 50141—2008 施工质量验收规范的规定执行	
回注系统	污水池	检修污水池	土方，地基处理，混凝土，砌体，地下防水，排水管沟与井池	按 GB 50202—2018、GB 50203—2019、GB 50204—2015、GB 50208—2011、GB 50209—2010、GB 50242—2002 施工质量验收规范的规定执行	
		事故污水池			
		调节池			
		沉淀池			
		反渗透池			
		生物池			
	设备安装	静设备安装	同脱硫装置		
		动设备安装	同脱硫装置		
	立式储罐	立式储罐	按 SY/T 4202—2019 施工质量验收规范的规定执行		
	管道安装	管道安装	同脱硫装置		
	设备基础	设备基础	同脱硫装置		
	设备安装	静设备安装	同脱硫装置		
		动设备安装	同脱硫装置		
		橇块安装	同脱硫装置		
	管道安装	管道安装	同脱硫装置		
空氮站安装工程	设备基础	设备基础	同脱硫装置		
	设备安装	静设备安装	同脱硫装置		
		动设备安装	同脱硫装置		
		橇块安装	同脱硫装置		
	管道安装	管道安装	同脱硫装置		
	装置照明	装置照明	同脱硫装置		
甲醇再生装置	设备基础	设备基础	同脱硫装置		
	钢结构	钢结构	同脱硫装置		
	混凝土框架	混凝土框架	同脱硫装置		

续表

单位工程	分部工程	子分部工程	分项工程	检验批	执行标准
甲醇再生装置	设备安装	塔安装	同脱硫装置		
		静设备安装			
		动设备安装			
		橇块安装			
		立式储罐			
	管道安装	管道安装	同脱硫装置		
	装置照明	装置照明	同脱硫装置		
集配气站	设备基础	设备基础	同脱硫装置		
	设备安装	静设备安装	同脱硫装置		
		橇块安装			
	管道安装	管道安装	同脱硫装置		
	阴极保护	阴极保护	牺牲阳极阴极保护工程	牺牲阳极阴极保护工程	SY/T 4208—2016
			外加电流阴极保护工程	外加电流阴极保护工程	
	站区照明	站区照明	同脱硫装置		
供水站安装工程	设备基础	设备基础	同脱硫装置		
	设备安装	静设备安装	同脱硫装置		
		动设备安装			
		橇块安装			
	立式储罐	立式储罐	按 SY/T 4202—2019 施工质量验收规范的规定执行		
	高位水池	高位水池	土方，地基处理，混凝土，砌体，排水管沟与井池	按 GB 50202—2018、GB 50203—2019、GB 50204—2015、GB 50208—2011、GB 50209—2010、GB 50242—2002 施工质量验收规范的规定执行	
			混凝土构筑物防腐	混凝土构筑物外防腐，混凝土构筑物内防腐	SY/T 4209—2016
	管道安装	管道安装	同脱硫装置		
	站区照明	站区照明	同脱硫装置		
消防系统工程	自动喷水灭火系统安装	供水设施安装与施工	消防水泵和稳压泵安装，消防水箱安装和消防池施工，消防气压给水设备安装，消防水泵接合器安装		GB 50261—2017
		管网及系统组件安装	管网安装，喷头安装，报警阀组安装，其他组件安装		GB 50261—2017

续表

<table>
<tr><th>单位工程</th><th>分部工程</th><th>子分部工程</th><th>分项工程</th><th>检验批</th><th>执行标准</th></tr>
<tr><td rowspan="7">消防系统工程</td><td rowspan="2">自动喷水灭火系统安装</td><td>系统试压和冲洗</td><td colspan="2">水压试验，气压试验，冲洗</td><td>GB 50261—2017</td></tr>
<tr><td>系统调试</td><td colspan="2">水源测试，消防水泵调试，稳压泵调试，报警阀组调试，排水装置调试，连动试验</td><td>GB 50261—2017</td></tr>
<tr><td rowspan="4">泡沫灭火系统安装</td><td>进厂检验</td><td colspan="2">材料进场检验，系统组件进厂检验</td><td>GB 50151—2021</td></tr>
<tr><td>系统施工</td><td colspan="2">消防泵的安装，泡沫液储罐的安装，泡沫比例混合器的安装，管道阀门和泡沫消火栓的安装，泡沫产生装置的安装</td><td>GB 50151—2021</td></tr>
<tr><td>系统调试</td><td colspan="2">动力源和备用动力源切换试验，消防泵试验，泡沫比例混合器的调试，泡沫产生装置的调试，泡沫消火栓喷水的试验，泡沫灭火系统的调试</td><td>GB 50151—2021</td></tr>
<tr><td>系统验收</td><td colspan="2">泡沫灭火系统施工质量验收，泡沫灭火系统功能验收</td><td>GB 50151—2021</td></tr>
<tr><td>站区照明</td><td>站区照明</td><td colspan="2">同脱硫装置</td><td>SY/T 4206—2019</td></tr>
<tr><td rowspan="12">总图</td><td rowspan="2">围墙、厕所</td><td>围墙</td><td colspan="3">按 GB 50300—2013、GB 50202—2018、GB 50203—2019、GB 50204—2015、GB 50208—2011、GB 50210—2018 施工质量验收规范的规定执行</td></tr>
<tr><td>厕所</td><td>单体建筑面积小于 100m^2 建筑工程</td><td>地基，砌体，钢筋混凝土，装饰装修，屋面，电气安装</td><td>SY/T 4209—2016</td></tr>
<tr><td>堡坎（护坡）</td><td>堡坎（护坡）</td><td colspan="3" rowspan="3">按 GB 50300—2013、GB 50202—2018、GB 50203—2019、GB 50204—2015、GB 50208—2011、GB 50242—2018 施工质量验收规范的规定执行</td></tr>
<tr><td>电缆沟</td><td>电缆沟</td></tr>
<tr><td>管沟、排水沟</td><td>管沟、排水沟</td></tr>
<tr><td>大门值班室</td><td>大门值班室</td><td>单体建筑面积小于 100m^2 建筑工程</td><td>地基，砌体，钢筋混凝土，装饰装修，屋面，水暖安装，电气安装</td><td>SY/T 4209—2016</td></tr>
<tr><td rowspan="5">装置区地坪</td><td rowspan="5">装置区地坪</td><td colspan="2">土方地基工程</td><td>GB 50202—2018</td></tr>
<tr><td colspan="2">砂石垫层工程</td><td>GB 50202—2018</td></tr>
<tr><td colspan="2">混凝土地面工程</td><td>GB 50209—2010</td></tr>
<tr><td colspan="2">检查井工程</td><td>GB 50203—2019</td></tr>
<tr><td colspan="2">铺装块工程</td><td>GB 50209—2010</td></tr>
<tr><td>厂区装置照明</td><td>厂区装置照明</td><td colspan="3">按 GB 50303—2015、SY/T 4206—2019 施工质量验收规范的规定执行</td></tr>
</table>

续表

单位工程	分部工程	子分部工程	分项工程	检验批	执行标准
变电所（站）	按 GB 50300—2013 系列，SY/T 4206—2019 施工质量验收规范的规定执行				GB 50300—2013 SY/T 4206—2019
厂区电气	执行 SY/T 4206—2019 施工质量验收规范的规定				SY/T 4206—2019
厂区自动化仪表	执行 SY/T 4205—2019 施工质量验收规范的规定				SY/T 4205—2019
厂区通信	按相关质量验收规范的规定执行				
厂区道路	按 SY/T 4210—2019 施工质量验收规范的规定执行				
中控室	按 GB 50300—2013 系列施工质量验收规范的规定执行				
化验室	按 GB 50300—2013 系列施工质量验收规范的规定执行				
增压站	按 GB 50300—2013 系列施工质量验收规范的规定执行				
维修工房	按 GB 50300—2013 系列施工质量验收规范的规定执行				
空氮站建筑工程	按 GB 50300—2013 系列施工质量验收规范的规定执行				
供水站建筑工程	按 GB 50300—2013 系列施工质量验收规范的规定执行				
供热站建筑工程	按 GB 50300—2013 系列施工质量验收规范的规定执行				
采出水处理间	按 GB 50300—2013 系列施工质量验收规范的规定执行				
办公楼	按 GB 50300—2013 系列施工质量验收规范的规定执行				
消防基地	按 GB 50300—2013 系列施工质量验收规范的规定执行				
自备电站	按 GB 50300—2013 系列施工质量验收规范的规定执行				
库房	按 GB 50300—2013 系列施工质量验收规范的规定执行				

表 1.2.6.30　石油天然气建设项目建筑工程划分的模块

分部工程	子分部工程	分项工程
地基与基础	土方工程	土方开挖，土方回填，场地平整
	基坑支护	排桩，重力式挡土墙，型钢水泥土搅拌墙，土钉墙与复合土钉墙，地下连续墙，沉井与沉箱，钢或混凝土支撑，锚杆，降水与排水
	地基处理	灰土地基、砂和砂石地基、土工合成材料地基，粉煤灰地基，强夯地基，注浆地基，预压地基，振冲地基，高压喷射注浆地基，水泥土搅拌桩地基，土和灰土挤密桩地基，水泥粉煤灰碎石桩地基，夯实水泥土桩地基，砂桩地基
	桩基础	先张法预应力管桩，混凝土预制桩，钢桩，混凝土灌注桩

续表

分部工程	子分部工程	分项工程
地基与基础	地下防水	防水混凝土，水泥砂浆防水层，卷材防水层，涂料防水层，塑料防水板防水层，金属板防水层，膨润土防水材料防水层；细部构造；锚喷支护，地下连续墙，盾构隧道，沉井，逆筑结构；渗排水、盲沟排水，隧道排水，坑道排水，塑料排水板排水；预注浆、后注浆，结构裂缝注浆
	混凝土基础	模板、钢筋、混凝土，后浇带混凝土，混凝土结构缝处理
	砌体基础	砖砌体，混凝土小型空心砌块砌体，石砌体，配筋砌体
	型钢、钢管混凝土基础	型钢、钢管焊接与螺栓连接，型钢、钢管与钢筋连接，浇筑混凝土
	钢结构基础	钢结构制作，钢结构安装，钢结构涂装
主体结构	混凝土结构	模板，钢筋，混凝土，预应力、现浇结构，装配式结构
	砌体结构	砖砌体，混凝土小型空心砌块砌体，石砌体，配筋砌体，填充墙砌体
	钢结构	钢结构焊接，紧固件连接，钢零部件加工，钢构件组装及预拼装，单层钢结构安装，多层及高层钢结构安装，空间格构钢结构制作，空间格构钢结构安装，压型金属板，防腐涂料涂装，防火涂料涂装、天沟安装、雨棚安装
	型钢、钢管混凝土结构	型钢、钢管现场拼装，柱脚锚固，构件安装，焊接、螺栓连接，钢筋骨架安装，型钢、钢管与钢筋连接，浇筑混凝土
	轻钢结构	钢结构制作，钢结构安装，墙面压型板，屋面压型板
	索膜结构	膜支撑构件制作，膜支撑构件安装，索安装，膜单元及附件制作，膜单元及附件安装
	铝合金结构	铝合金焊接，紧固件连接，铝合金零部件加工，铝合金构件组装，铝合金构件预拼装，单层及多层铝合金结构安装，空间格构铝合金结构安装，铝合金压型板，防腐处理，防火隔热
	木结构	方木和原木结构，胶合木结构，轻型木结构，木结构防护
建筑装饰装修	地面	基层，整体面层，板块面层，地毯面层，地面防水，垫层及找平层
	抹灰	一般抹灰，装饰抹灰，清水砌体勾缝
	门窗	木门窗制作与安装，金属门窗安装，塑料门窗安装，特种门安装，门窗玻璃安装
	吊顶	暗龙骨吊顶，明龙骨吊顶
	轻质隔墙	板材隔墙，骨架隔墙，活动隔墙，玻璃隔墙
	饰面板	石材安装，瓷板安装，木板安装，金属板安装，塑料板安装、玻璃板安装

续表

分部工程	子分部工程	分项工程
建筑装饰装修	饰面砖	外墙饰面砖黏贴，内墙饰面砖黏贴
	幕墙	玻璃幕墙，金属幕墙，石材幕墙
	涂饰	水性涂料涂饰，溶剂型涂料涂饰，美术涂饰
	裱糊与软包	裱糊、软包
	细部	橱柜制作与安装，窗帘盒、窗台板和暖气罩制作与安装，门窗套制作与安装，护栏和扶手制作与安装，花饰制作与安装
	金属幕墙	构件与组件加工制作，构架安装，金属幕墙安装
	石材与陶板幕墙	构件与组件加工制作，构架安装，石材与陶板幕墙安装
	玻璃幕墙	构件与组件加工制作，构架安装，玻璃幕墙安装
屋面工程	基层与保护	找平层，找坡层，隔汽层，隔离层，保护层
	保温与隔热	板状材料保温层，纤维材料保温层，喷涂硬泡沫聚氨酯保温层，现浇泡沫混凝土保温层，种植隔热层，架空隔热层，蓄水隔热层
	防水与密封	卷材防水层，涂膜防水层，复合防水层，接缝密封防水
	瓦面与板面	烧结瓦与混凝土瓦铺设，沥青瓦铺装，金属板铺装，玻璃采光顶铺装
	细部构造	檐口，檐沟和天沟，女儿墙与山墙，落水口，变形缝，伸出屋面管道，屋面处入口，反水过水孔，设施基座，屋脊，屋顶窗
建筑给水、排水及采暖	室内给水系统	给水管道及配件安装，给水设备安装，室内消火栓系统安装，消防喷淋系统安装，管道防腐，绝热
	室内排水系统	排水管道及配件安装，雨水管道及配件安装，防腐
	室内热水供应系统	管道及配件安装，辅助设备安装，防腐，绝热
	卫生器具安装	卫生器具安装，卫生器具给水配件安装，卫生器具排水管道安装
	室内采暖系统	管道及配件安装，辅助设备及散热器安装，金属辐射板安装，低温热水地板辐射采暖系统安装，系统水压试验及调试，防腐，绝热
	室外给水管网	给水管道安装，消防水泵接水器及室外消火栓安装，管沟及井室
	室外排水管网	排水管道安装，排水管沟与井池
	室外供热管网	管道及配件安装，系统水压试验及调试，防腐，绝热
	建筑中水系统及游泳池系统	建筑中水系统管道及辅助设备安装，游泳池水系统安装
	供热锅炉及辅助设备安装	锅炉安装，辅助设备及管道安装，安全附件安装，烘炉、煮炉和试运行，换热站安装，防腐，绝热
	太阳能热水系统	预埋件及后置锚栓安装和封堵，基座、支架、集热器安装，接地装置安装，电线、电缆敷设，辅助设备及管道安装，防腐，绝热

续表

分部工程	子分部工程	分项工程
通风与空调	送排风系统	风管与配件制作，部件制作，风管系统安装，空气处理设备安装，消声设备制作与安装，风管与设备防腐，风机安装，系统调试
	防排烟系统	风管与配件制作，部件制作，风管系统安装，防排烟风口、常闭正压风口与设备安装，风管与设备防腐，风机安装，系统调试
	除尘系统	风管与配件制作，部件制作，风管系统安装，除尘器与排污设备安装，风管与设备防腐，风机安装，系统调试
	空调风系统	风管与配件制作，部件制作，风管系统安装，空气处理设备安装，消声设备制作与安装，风管与设备防腐，风机安装，风管与设备绝热，系统调试
	空气能量回收系统	空气能量热回收装置安装，新风导入管道安装，排风管道安装，空气过滤系统的安装。空气能量回收装置系统，运行试验及调试
	净化空调系统	空气质量控制系统，风管与配件制作，部件制作，风管系统安装，空气处理设备安装，消声设备制作与安装，风管与设备防腐，风机安装，风管与设备绝热，高效过滤器安装，系统调试
	制冷设备系统	制冷机组安装，制冷剂管道及配件安装，制冷附属设备安装，管道及设备的防腐与绝热，系统调试
	空调水系统	管道冷热（媒）水系统安装，冷却水系统安装，冷凝水系统安装，阀门及部件安装，冷却塔安装，水泵及附属设备安装，管道与设备的防腐与绝热，系统调试
	地源热泵系统	地埋管换热系统，地下水换热系统，地表水换热系统，建筑物内系统，整体运转、调试
建筑电气	室外电气	架空线路及杆上电气设备安装，变压器、箱式变电所安装，成套配电柜、控制柜（屏、台）和动力、照明配电箱（盘）及控制柜安装，电线、电缆导管和线槽敷设，电线、电缆穿管和线槽敷设，电缆头制作、导线连接和线路电气试验，建筑物外部装饰灯具、航空障碍标志灯安装，庭院路灯安装，建筑照明通电试运行，接地装置安装
	变配电室	变压器、箱式变电所安装，成套配电柜、控制柜（屏、台）和动力、照明配电箱（盘）安装，裸母线、封闭母线、插接式母线安装，电缆沟内和电缆竖井内电缆敷设，电缆头制作、导线连接和线路电气试验，接地装置安装，避雷引下线和变配电室接地干线敷设
	供电干线	裸母线、封闭母线、插接式母线安装，桥架安装和桥架内电缆敷设，电缆沟内和电缆竖井电缆敷设，电线、电缆导管和线槽敷设，电线，电缆穿管和线槽敷线，电缆头制作、导线连接和线路电气试验

续表

分部工程	子分部工程	分项工程
建筑电气	电气动力	成套配电柜、控制柜（屏、台）和动力、照明配电箱（盘）及控制柜安装，低压电动机，电加热器及电动执行机构检查、接线，低压气动力设备检测、试验和空载试运行，桥架安装和桥架内电缆敷设，电线、电缆导管和线槽敷设，电线、电缆穿管和线槽敷线，电缆头制作、导线连接和线路电气试验，插座、开关、风扇安装
	电气照明安装	成套配电柜、控制柜（屏、台）和动力、照明配电箱（盘）安装，电线、电缆导管和线槽敷设，电线、电缆导管和线槽敷设，电线、电缆导管和线槽敷线，槽板配线，钢索配线，电缆头制作，导线连接和线路气试验，普通灯具安装，专用灯具安装，插座、开关、风扇安装，建筑照明通电试运行
	备用和不间断电源安装	成套配电柜、控制柜（屏、台）和动力、照明配电箱（盘）安装、柴油发电机安装、不间断电源的其他功能单元安装、裸母线、封闭母线、插接式母线安装、电线、电缆导管和线槽敷设、电线、电缆导管和线槽敷线、电缆头制作、导线连接和线路气试验、接地装置安装
	防雷及接地安装	接地装置安装、避雷引下线和变配电室接地干线敷设、建筑物等电位连接、接闪器安装
建筑智能化	通信网络系统	通信系统，卫星及有线电视系统，公共广播系统，视频会议系统
	计算机网络系统	信息平台及办公自动化应用软件，网络安全系统
	建筑设备监控系统	空调与通风系统，空气能量回收系统，室内空气质量控制系统，变配电系统，照明系统，给排水系统，热源和系统热交换系统，冷冻和冷却系统，电梯和自动扶梯系统，中央管理工作站与操作分站，子系统通信接口
	火灾报警及消防联动系统	火灾和可燃气体探测系统，火灾报警控制系统，消防联动系统
	会议系统与信息导航系统	会议系统、信息导航系统
	专业应用系统	专业应用系统
	安全防范系统	电视监控系统，入侵报警系统，巡更系统，出入口控制（门禁）系统，停车管理系统，智能卡应用系统
	综合布线系统	缆线敷设和终接，机柜、机架、配线架的安装，信息插座和光缆芯线终端的安装
	智能化集成系统	集成系统网络，实时数据库，信息安全，功能接口
	电源与接地	智能建筑电源，防雷及接地

续表

分部工程	子分部工程	分项工程
建筑智能化	计算机机房工程	路由交换系统，服务器系统，空间环境，室内外空气能量交换系统，室内空调环境，视觉照明环境，电磁环境
	住宅（小区）智能化系统	火灾自动报警及消防联动系统，安全防范系统（含电视监控系统、入侵报警系统、巡更系统、门禁系统、楼宇对讲系统、住户对讲呼救系统、停车管理系统），物业能化系统管理系统（多表现场计量及与远程传输系统、建筑设备监控系统、公共广播系统、小区网络及信息服务系统、物业办公自动化系统），智能家庭信息平台
建筑节能	围护系统节能	墙体节能、幕墙节能、门窗节能、屋面节能、地面节能
	供暖空调设备及管网节能	供暖节能、通风与空调设备节能，空调与供暖系统冷热源节能，空调与供暖系统管网节能
	电气动力节能	配电节能、照明节能
	监控系统节能	监测系统节能、控制系统节能
	可再生能源	太阳能系统、地源热泵系统
电梯	电力驱动的曳引式或强制式电梯安装	设备进场验收，土建交接检验，驱动主机，导轨，门系轿厢，对重，安全部件，悬挂装置，随行电缆，补电梯安装偿装置，电气装置，整机安装验收
	液压电梯安装	设备进场验收，土建交接检验，液压系统，导轨，门系统，轿厢，对重，安全部件，悬挂装置，随行电缆，电气装置，整机安装验收
	自动扶梯、自动人行道安装	设备进场验收，土建交接检验，整机安装验收

表 1.2.6.31　石油天然气建设项目建筑室外工程划分的模块

单位工程	子单位工程	分部（子分部）工程
室外设施	道路	路基、基层、面层、广场与停车场、人行道、人行地道、挡土墙、附属构筑物
	边坡	土石方、挡土墙、支护
附属建筑及室外环境	附属建筑	车棚，围墙，大门，挡土墙
	室外环境	建筑小品，亭台，水景，连廊，花坛，场坪绿化，景观桥
室外安装	给排水与采暖	室外给水系统，室外排水系统
	供热	室外供热系统
	供冷	供冷管道安装
	电气	室外供电系统，室外照明系统

表 1.2.6.32 项目划分备案表

<table>
<tr><td>项目划分备案表</td></tr>
<tr><td>______（项目监督部）：
按照《石油天然气建设工程质量监督管理规范》要求，工程项目划分已经完成，特申请予以备案。
附录：______工程项目划分
建设单位 / 监理单位代表：
建设单位 / 监理单位
（盖章）
年 月 日</td></tr>
<tr><td>总监督工程师：
年 月 日</td></tr>
</table>

1.3 施工质量验收组织

石油天然气建设工程施工质量验收是施工阶段质量控制的重要组成部分。施工质量验收应按检验批、分项工程、分部（子分部）工程和单位（子单位）工程依次进行验收，质量验收等级分为合格与不合格两个等级。

1.3.1 施工质量验收依据及合格条件

1.3.1.1 验收依据

（1）GB/T 51317—2019《石油天然气工程施工质量验收统一标准》及配套的专业施工质量验收标准的规定。

（2）设计文件等。

1.3.1.2 合格条件

（1）检验批质量验收合格条件：

① 主控项目经抽样检验，应全数符合石油天然气行业相关专业施工质量验收标准的规定；

② 一般项目的质量经抽样检验有 80% 及其以上的检查点（处、件）应符合石油天然气行业相关施工质量验收标准的规定，其余检查点（处、件）也应基本接近相应专业工程施工质量验收标准的规定；

③ 应具有完整的施工操作依据和质量验收记录。

（2）分项工程质量验收合格应符合下列规定：

① 分项工程所含检验批的质量均应验收合格；

② 分项工程所含检验批的质量验收记录应完整。

（3）分部（子分部）工程质量验收合格应符合下列规定：

① 分部（子分部）工程所含分项工程的质量均应验收合格；

② 质量控制资料应完整。

（4）单位（子单位）工程质量验收合格应符合下列规定：

① 单位（子单位）工程所含分部（子分部）工程的质量均应验收合格；

② 质量控制资料应完整；

③预试运行应合格。

1.3.2 施工质量验收组织程序

1.3.2.1 检验批质量验收

施工单位完成检验批工作量后，由专业质量检查员按检验批内容逐项检查评定，核对质量控制资料（施工依据、检查记录），确认合格后，向项目监理机构申报（未委托监理时，向建设单位申报）。项目监理机构（建设单位）应在 24h 内派监理工程师（建设单位项目代表）组织施工单位质量负责人或技术负责人进行验收。验收合格后，相关人员签字确认。

1.3.2.2　分项工程质量验收

分项工程中检验批全数验收合格后，由施工单位专业质量（技术）负责人对分项工程的检验批验收记录及质量控制资料进行收集整理、汇总，向项目监理机构申报（未委托监理时，向建设单位申报）。项目监理机构（建设单位）应在24h内派总监理工程师代表（建设单位代表）组织施工单位专业质量（技术）负责人进行验收。验收合格后，相关人员签字确认。

若项目监理机构未设总监理工程师代表时，应由总监理工程师组织分项工程的验收。

1.3.2.3　分部（子分部）工程质量验收

分部（子分部）工程中全数分项工程验收合格后，由施工单位项目技术负责人、质量负责人对检验批、分项工程的验收记录、质量控制资料进行收集整理、汇总，向项目监理机构申报（未委托监理时，向建设单位申报）。总监理工程师（建设单位项目技术负责人）应在24h内组织施工单位项目技术负责人和有关部门技术、质量负责人等进行检查验收。验收合格后，相关人员签字确认。

1.3.2.4　单位（子单位）工程质量验收

单位（子单位）工程完工后，施工单位应自行组织有关人员进行检查验收，检查验收合格后向建设单位提交单位（子单位）工程质量交工验收申请报告。建设单位收到单位（子单位）工程质量验收申请报告后，应由建设单位项目负责人组织施工（含分包单位）、设计、监理等单位项目负责人进行单位（子单位）工程质量验收。验收合格后，相关人员签字确认。工程质量监督机构应对单位（子单位）工程质量验收进行监督。

当单位（子单位）工程有分包单位时，分包单位对所承包的工程项目按本标准规定的程序进行检查验收，总包单位应派人参加。分包工程完工后，应将完整的工程有关资料移交总包单位。单位（子单位）工程质量验收由总包单位负责向建设单位申请。

1.3.2.5　单位（子单位）工程交工验收

单位（子单位）工程质量验收合格后，由工程质量监督机构在单位（子单位）工程交工（接）证书上填写工程质量验收意见，作为交工验收的依据。当参加验收各方对工程质量验收意见不一致时，由建设主管部门和工程质量监督机构共同协调处理。

1.3.2.6　不合格工程的处置

当石油天然气建设工程质量不符合有关规定时，应按下列规定进行处理：

（1）经返工、返修或更换流体管道、器具、装置和设备的检验批，应重新进行验收。

（2）经有资质的检测单位检测鉴定能够达到设计要求的检验批，应予以验收。

（3）经有资质的检测单位检测鉴定达不到设计要求、但经原设计单位核算认可能够满足结构安全和使用功能的检验批，可予以验收。

（4）经返修或加固处理的分项、分部（子分部）工程，虽然改变外形尺寸但仍能满足结构安全和使用要求时，可按技术处理方案和协商文件的要求予以验收。

（5）通过返工返修或加固处理仍不能满足安全、消防、节能、环境保护、重要使用要求的分部（子分部）工程及单位（子单位）工程，严禁验收。

2

石油天然气建设工程质量资料和施工文件填写范例

石油天然气建设工程施工文件主要包含交施工管理文件、施工技术文件、施工进度及造价文件、施工物资质量证明及进场检测材料、施工记录、施工试验记录及检测报告、施工质量验收文件、施工验收文件、无损检查文件等。

2.1 质量验收记录填写

质量验收记录主要包括施工现场质量管理检查记录、检验批质量验收记录、分项工程质量验收记录、分部（子分部）工程质量验收记录、单位（子单位）工程质量验收记录、单位（子单位）工程质量控制资料核查记录、单位（子单位）工程质量交工验收申请报告等。

2.1.1 施工现场质量管理检查记录

《施工现场质量管理检查记录》应由施工单位进行检查记录，总监理工程师（建设单位项目负责人）按照下列内容检查，并在记录表（表 2.1）中填上检查结论。

2.1.1.1 项目质量管理体系

（1）质量责任制。

依据《建设工程质量管理条例》第二十六条规定，检查施工单位是否建立质量责任制。施工现场应有以下主要质量管理制度：图纸会审制度；设计交底制度；施工组织设计编审程序；技术交底制度；质量“三检”制度；质量检查评定制度；质量例会制度；培训上岗制度；工程质量问题处理和质量事故报告制度等。同时对质量责任人的考核及奖罚制度制定齐全。

（2）组织机构。

施工现场应有质量管理框图，理顺施工现场质量管理关系和分工；有明确公司负责人、现场项目经理、项目技术负责人、班组长、专职质量检查员、现场操作人员、材料设备采购人员的岗位质量责任；质量管理体系组织机构设置合理、人员配置满足工程需要。

（3）质量目标。

质量目标的制定应具有持续改进、提高质量、使顾客满意的属性；质量目标的制定应能确保质量目标的落实和实现；质量目标应具有可测量性。

（4）质量检验计划。

质量检验计划对检验工作所涉及的总体和具体的检验活动、程序、资源等做出的安排具有规范性、合理性、科学经济性，便于指导检验活动，且避免漏检和重复检验。

2.1.1.2 持证上岗工种

依据中华人民共和国劳动和社会保障部令第 6 号的规定，对参与石油天然气建设工程建设的相关持职业资格证书就业的工种一般包括：焊工、无损检测人员、电工、仪表工、土石方机械操作工、砌筑工、混凝土工、钢筋工、架子工、防水工、电气设备安装工、锅炉设备安装工、变电设备安装工、起重装卸机械操作工、防腐蚀工、管工、爆破工等。结合工程实际，查验所需工种的资格证书或上岗操作证书。

2.1.1.3 施工图审查（会审）

依据《建设工程质量管理条例》第十一条“建设单位应将施工图设计文件报县级以上人民政府建设行政主管部门或者其他有关部门审查。施工图设计文件未经审查批准的，不得使用”的规定，检查施工图设计文件是否经相关部门审查，查验施工图审查批准书或施工图设计文件会审会议纪要等。建筑等工程设计图一般进行图纸审查，但石油天然气建设工程通常以设计图纸会审代替施工图审查。

（1）审查原则：

①施工图审查一般情况下不对重大工艺方案和工艺路线进行审查和修改。当审查中认为确要修改的应报上级主管部门审查。

②对厂区及装置区的平面布置不得做大的变动。

③施工图审查过程中审查出的各类问题，应按程序汇总上报，个人不得与设计或施工单位联系、随意表态。

④图纸审查必须按规范、标准或各类专业规定要求进行。

（2）施工图会审：

①施工图审阅应按专业进行，由各专业组组长分配任务。

②施工图审阅人员应在规定的时间内完成图纸审阅任务。

③施工图审阅人员应本着对国家、对工程负责的态度，对每一张图纸进行认真审阅，并提出审阅意见。

④在每一单项工程图纸审查完后，各专业组组长应及时汇总审阅结果，对审出的问题进行统一讨论和研究，如发现有超出本专业范围的问题，则应及时通报相关专业组长，并同时向会审领导小组组长汇报，以便尽快召集相关专业协商解决。

⑤各专业组组长应及时向会审领导小组汇报图纸审阅中审出的各种问题。

⑥会审领导小组组长应定期召开各专业组组长会议，研究图纸审阅中审出的各种问题。

⑦参加施工图审阅人员应准时参加各专业的施工图会审交底会议。

⑧施工图会审小组审查的问题，由工程设计单位负责落实。

2.1.1.4 设计交底

设计单位按照相关程序对设计图纸进行交底后，施工单位应予以确认。

2.1.1.5 施工组织设计、施工方案及审批

依据《监督工作指南》第三项“有经过批准的施工组织设计或施工方案并能贯彻执行”规定，检查施工单位是否结合工程实际组织有关人员按规定编制施工组织设计或主要施工方案，并经施工单位技术负责人审查批准，报项目监理机构审核批准后实施。

2.1.1.6 施工技术标准配备

依据《建设工程质量管理条例》第二十八条“施工单位必须按照工程设计图纸和施工技术标准施工，不得擅自修改工程设计，不得偷工减料”规定，检查施工单位项目管理机构配备的施工技术标准，能否满足工程施工需要，且施工技术标准应为有效版本，不得使用作废技术标准。

2.1.1.7 计量器具的检定与校准

凡是在工程检查中使用的计量器具必须经过法定的检定计量决定机构检定，并在有效的检定周期内。属于自行校准仪器，应按使用说明书的要求或校准规程进行校准后，方能进行检测使用。

2.1.1.8 现场的材料、设备存放与管理

依据《建设工程质量管理条例》第二十九条“施工单位必须按照工程设计要求、施工技术标准和合同约定，对材料、构配件、设备和商品混凝土进行检验，检验应当有书面记录和专人签字；未经检验或者检验不合格的，不得使用”规定，对现场的材料、设备存放与管理应建立相应的措施和制度，确保材料、设备存放完好无损坏。

2.1.1.9 综合施工质量水平评定考核制度

依据《建设工程质量管理条例》第三十条“施工单位必须建立、健全施工质量的检验制度，严格工序管理，做好隐蔽工程的质量检查和记录”和第六十四条“施工技术标准施工的其他行为的，责令改正；造成建设工程质量不符合质量标准规定的，负责返工、修理，并赔偿因此造成的损失；情节严重的，责令停业整顿，降低资质等级或者吊销资质证书”规定。检查施工单位是否按照技术标准施工；是否建立并执行班组自检、互检、交接检制度；是否按标准规定进行检测，而未进行检测或检测不合格按合格使用的；是否未及时进行分项工程评定、检验评定不真实的，质量保证资料整理不及时、真实性、完整性等。

表 2.1 施工现场质量管理检查记录

开工日期： GL-01

<table>
<tr><td colspan="2">工程名称</td><td colspan="2"></td><td colspan="2">开工报告</td><td colspan="2"></td></tr>
<tr><td colspan="2">建设单位</td><td colspan="2"></td><td colspan="2">项目负责人</td><td colspan="2"></td></tr>
<tr><td colspan="2">设计单位</td><td colspan="2"></td><td colspan="2">项目负责人</td><td colspan="2"></td></tr>
<tr><td colspan="2">监理单位</td><td colspan="2"></td><td colspan="2">总监理工程师</td><td colspan="2"></td></tr>
<tr><td colspan="2">施工单位</td><td colspan="2"></td><td>项目经理</td><td></td><td>项目技术负责人</td><td></td></tr>
<tr><td>序号</td><td colspan="4"></td><td colspan="3">检查情况</td></tr>
<tr><td rowspan="4">1</td><td rowspan="4" colspan="2">质量管理体系</td><td colspan="2">质量责任制</td><td colspan="3">图纸会审、技术交底、质量“三检”等制度齐全；责任明确、落实到人</td></tr>
<tr><td colspan="2">组织机构</td><td colspan="3">（质量管理体系）组织机构设置合理、人员配置齐全、满足工程施工需要</td></tr>
<tr><td colspan="2">项目目标</td><td colspan="3">目标确定科学、合理、实际，具备可测量性</td></tr>
<tr><td colspan="2">质量检验计划</td><td colspan="3">质量检验计划编制规范、合理、科学、经济，便于指导检验活动。审批符合要求</td></tr>
<tr><td>2</td><td colspan="4">持证上岗工种情况</td><td colspan="3">焊工、无损检测人员、电工、仪表工、土石方机械操作工、砌筑工、混凝土工、钢筋工、架子工、防水工、起重装卸机械操作工、防腐蚀工、管工、爆破工的资格证书或上岗操作证书齐全，均在有效期内，符合要求</td></tr>
<tr><td>3</td><td colspan="4">施工图（会）审查情况</td><td colspan="3">施工图设计文件已经 ×× 部门组织（会）审查，××× 设计院（公司）进行了设计交底，××× 建设公司已确认</td></tr>
</table>

施工现场质量管理检查记录（续表）

4	施工组织设计、施工方案及审批	施工组织设计、主要施工方案编制审批齐全
5	施工技术标准配备情况	国家标准 ×× 项，行业标准 ×× 项，企业 ×× 项，满足工程建设需要
6	计量器具的检定与校准	按施工组织设计配备齐全，均检定合格，在有效期内
7	现场的材料、设备存放与管理	按材料、设备性能要求制定了管理措施、制度，其存放符合施工组织设计的要求
8	综合施工质量水平评定考核制度	施工质量水平评定考核制度已建立、健全，考核制度落实
自检结果： 符合要求 （公章） 施工单位项目负责人： 年 月 日		检查结论：经检查，上述项目符合要求 （公章） 总监理工程师 （建设单位项目负责人） 年 月 日

2.1.2 检验批质量验收记录

检验批施工质量验收记录由施工单位项目专业质量检查员填写，监理工程师（建设单位项目代表）组织施工单位项目专业质量检查员等进行验收，并做出验收结论。

一个检验批，包括施工单位对主控项目的检查评定和一般项目的检查评定，监理（建设）单位专业人员对主控项目和一般项目的验收。分项工程中检验批验收完成也就是分项工程验收完成。

检验批合格的条件包括：主控项目、一般项目和施工资料检查三方面的内容。其中，主控项目应全数符合有关专业工程施工质量验收规范的规定，不得有不符合要求的检验结果。否则该检验批不合格。也就是说，主控项目的检查具有否决权，是对检验批基本质量起决定性作用的检验项目；一般项目的合格与主控项目不同，规定有 80% 及以上的检查点（处、件）符合相应专业工程施工质量规范的规定即可，但其余检查点（处、件）也应基本接近相应专业工程施工质量验收规范的规定。也就是说对一般项目合格的条件有两方面要求：一是指一般项目中每一个检查项目所检查合格点（处、件）数达到 80% 及以上即可；二是指一般项目中每一个检查项目允许存在不合格点（处、件），但对不合格点（处、件）的检查数据偏离合格数据的程度做了一定限制，其限制值原则上不能超过规定值或允许偏差值的 120%，否则应进行处理，直至达到要求。施工资料检查包括：施工操作依据、质量检查记录，工程中所使用的原材料种类是否满足质量要求，是否按技术要求使用等，以及是否在工序中按相应的技术方案使用，必须具有相应的操作依据及相应的检查记录。施工资料完整也是检验批合格的条件之一。

在一般项目中的定量检查项目，其“检查评定记录”应填写实测值；定性检查项目应采取“√”“×”的记录方式，其中“√”代表合格点（处、件），“×”代表不合格点（处、件）。

2.1.2.1 混凝土施工检验批质量验收记录示例　GB 50204①

<table>
<tr><td colspan="2">工程名称</td><td>××倒班点综合楼工程</td><td>分项工程名称</td><td>混凝土分项</td><td>验收部位</td><td>×××</td></tr>
<tr><td colspan="2">施工单位</td><td>×××建筑工程公司</td><td>专业负责人</td><td>×××</td><td>项目经理</td><td>×××</td></tr>
<tr><td colspan="3">施工执行标准名称及编号</td><td>×××</td><td>检验批编号</td><td colspan="2">×××</td></tr>
<tr><td colspan="3">施工质量验收规范的规定</td><td colspan="2">施工单位检查评定记录</td><td colspan="2">监理（建设）单位验收记录</td></tr>
<tr><td>主控项目</td><td>1</td><td>混凝土的强度等级必须符合设计要求。用于检验混凝土强度的试件应在浇筑地点随机抽取</td><td colspan="2">试验合格，试验编号×××</td><td colspan="2">混凝土的强度等级和抽取符合设计和规范要求</td></tr>
<tr><td rowspan="2">一般项目</td><td>1</td><td>后浇带的留设位置应符合设计要求，后浇带和施工缝的留设及处理方法应符合施工方案要求</td><td colspan="2"></td><td colspan="2"></td></tr>
<tr><td>2</td><td>混凝土浇筑完毕后应及时进行养护，养护时间以及养护方法应符合施工方案要求</td><td colspan="2">符合要求，见混凝土养护记录×××</td><td colspan="2">养护时间以及养护方法符合施工方案要求</td></tr>
<tr><td colspan="2">施工单位检查评定结果</td><td colspan="5">经检查，主控项目、一般项目均符合设计和 GB 50204—2015《混凝土结构工程施工质量验收规范》的规定，评定合格。

项目专业质量检查员：×××
××××年××月××日</td></tr>
<tr><td colspan="2">监理（建设）单位验收结论</td><td colspan="5">同意施工单位评定结果，该检验批验收合格，同意进行下道工序施工。

监理工程师
（建设单位项目代表）：×××
××××年××月××日</td></tr>
</table>

① 表示依据为 GB 50204—2015《混凝土结构工程施工质量验收规范》。

2.1.2.2 杆塔接地工程检验批质量验收记录示例 SY/T 4206[1]

<table>
<tr><td colspan="2">工程名称</td><td colspan="2">××35kV 电力线路工程</td><td colspan="3">分项工程名称</td><td colspan="2">杆塔接地</td><td>验收部位</td><td>×××</td></tr>
<tr><td colspan="2">施工单位</td><td colspan="2">×× 送变电公司</td><td colspan="3">专业负责人</td><td colspan="2">×××</td><td>项目经理</td><td>×××</td></tr>
<tr><td colspan="3">施工执行标准名称及编号</td><td colspan="4">×××</td><td colspan="2">检验批编号</td><td colspan="2">×××</td></tr>
<tr><td colspan="4">质量验收规范规定</td><td colspan="6">施工单位检查评定记录</td><td>监理（建设）单位验收记录</td></tr>
<tr><td rowspan="3">主控项目</td><td>1</td><td colspan="2">接地体、接地线的数量、规格、型号应符合设计文件要求，并具有产品质量证明文件</td><td colspan="6">接地体材料质量证明文件齐全，规格镀锌方式符合设计要求，埋设符合设计规定，实测接地电阻值符合设计要求</td><td rowspan="3">接地材料材质、规格质量证明文件齐全，接地电阻和埋深符合设计和规范要求</td></tr>
<tr><td>2</td><td colspan="2">接地装置连接应可靠，接地电阻值应符合设计文件要求</td><td colspan="6">接地装置采用焊接连接，断接卡处用螺栓连接，接触面涂电力复合脂</td></tr>
<tr><td>3</td><td colspan="2">接地装置的埋深应符合设计文件要求</td><td colspan="6">接地装置的埋深符合设计文件要求</td></tr>
<tr><td rowspan="8">一般项目</td><td>1</td><td colspan="2">接地体、接地线的防腐层检查应完好</td><td>√</td><td>√</td><td>√</td><td>√</td><td>√</td><td>√</td><td rowspan="8">一般项目检查符合设计和施工验收规范的要求</td></tr>
<tr><td rowspan="2">2</td><td rowspan="2">接地体安装</td><td>水平敷设的接地体遇倾斜地形宜沿等高线敷设，两接地体的平行距离不应小于 5m，接地体铺设应平直</td><td>√</td><td>√</td><td></td><td></td><td></td><td></td></tr>
<tr><td>采用垂直接地体时，应垂直打入，并应与土壤保持良好接触</td><td>/</td><td></td><td></td><td></td><td></td><td></td></tr>
<tr><td rowspan="5">3</td><td rowspan="5">接地装置连接</td><td>扁钢的搭接长度不应小于宽度的 2 倍，应四面施焊</td><td>√</td><td>√</td><td>√</td><td></td><td></td><td></td></tr>
<tr><td>圆钢的搭接长度不应小于其直径的 6 倍，应双面施焊</td><td>√</td><td>√</td><td></td><td></td><td></td><td></td></tr>
<tr><td>圆钢与扁钢连接时，其搭接长度不应小于圆钢直径的 6 倍，应双面施焊</td><td>√</td><td></td><td></td><td></td><td></td><td></td></tr>
<tr><td>扁钢与钢管、扁钢与角钢焊接时，除应在其接触部位两侧进行焊接外，并应辅以由钢带弯成的弧形或直角形，应与钢管或角钢焊接</td><td>√</td><td>√</td><td></td><td></td><td></td><td></td></tr>
<tr><td>所有焊接部位均应进行防腐处理</td><td>√</td><td>√</td><td>√</td><td>√</td><td>√</td><td>√</td></tr>
</table>

① 表示依据为 SY/T 4206—2019《石油天然气建设工程施工质量验收规范电气工程》。

杆塔接地工程检验批质量验收记录示例（续表） SY/T 4206

<table>
<tr><td colspan="2">工程名称</td><td>× ×35kV 电力线路工程</td><td colspan="2">分项工程名称</td><td colspan="2">杆塔接地</td><td colspan="2">验收部位</td><td>× × ×</td></tr>
<tr><td colspan="2">施工单位</td><td>× × 送变电公司</td><td colspan="2">专业负责人</td><td colspan="2">× × ×</td><td colspan="2">项目经理</td><td>× × ×</td></tr>
<tr><td colspan="3">施工执行标准名称及编号</td><td colspan="2">× × ×</td><td colspan="2">检验批编号</td><td colspan="3">× × ×</td></tr>
<tr><td colspan="3">质量验收规范规定</td><td colspan="6">施工单位检查评定记录</td><td>监理（建设）单位验收记录</td></tr>
<tr><td>一般项目</td><td>4</td><td>当接地圆钢采用液压压接方式连接时，其接续管尺寸应与所压圆钢相匹配，接续管壁厚不应小于 3mm，搭接时接续管的长度不应小于圆钢直径的 10 倍，对接时接续管的长度不应小于圆钢直径 的 20 倍</td><td>/</td><td></td><td></td><td></td><td></td><td></td><td></td></tr>
<tr><td colspan="2">施工单位检查评定结果</td><td colspan="8">经检查，主控项目、一般项目均符合设计和 SY 4206—2019《石油天然气建设工程施工质量验收规范 电气工程》的规定，评定合格。

项目专业质量检查员：× × ×　　　　× × × × 年 × × 月 × × 日</td></tr>
<tr><td colspan="2">监理（建设）单位验收结论</td><td colspan="8">同意施工单位评定结果，该检验批验收合格，同意进行下道工序施工。

监理工程师
（建设单位项目代表）：× × ×　　　　× × × × 年 × × 月 × × 日</td></tr>
</table>

2.1.2.3 压缩机安装工程检验批质量验收记录示例 SY/T 4201.1①

工程名称	××油气处理厂工程	分项工程名称	闪蒸气压缩机安装1＃	验收部位	闪蒸气压缩机1＃
施工单位	×××安装工程公司	专业负责人	×××	项目经理	×××
施工执行标准名称及编号	×××			检验批编号	×××

		质量验收规范规定			施工单位检查记录	监理（建设）单位验收意见
主控项目	1	压缩机的型号、规格及技术参数等应符合设计文件要求，并具有质量证明文件			压缩机随机技术文件齐全，验收记录编号×××	压缩机的验收、试运转及安装经检验合格，有完整的施工操作依据、质量检查记录，符合设计及施工质量验收规范的规定
	2	平行度允许偏差	$v<3000$（r/min）	≤ $D/1000$	压缩机无应力连接进出口管道的配对法兰的平行度、同轴度，及法兰在自由状态下的间距符合要求，验收记录编号×××	
			$3000 \leqslant v<6000$（r/min）	≤ 0.15mm		
			$v \geqslant 6000$（r/min）	≤ 0.1mm		
		同轴度允许偏差	$v<3000$（r/min）	全部螺栓顺利穿入		
			$3000 \leqslant v<6000$（r/min）	≤ 0.5mm		
			$v \geqslant 6000$（r/min）	≤ 0.2mm		
		法兰面在自由状态下的间距	顺利插入垫片的最小距离			
	3	管道吹扫及清洗应符合设计文件及设备技术文件的规定；无规定时，应按SY/T 4111—2018《天然气压缩机组安装工程施工技术规范》的有关规定执行			管道内部已清理合格，记录编号×××	
	4	润滑油系统试运行应符合设备技术文件的规定；无规定时，应按SY/T 4111—2018《天然气压缩机组安装工程施工技术规范》的有关规定执行			润滑油系统试运行合格，油运记录编号×××	
	5	无负荷试运转	应启动冷却系统、润滑系统，其运转应正常		无负荷试运转合格，试运转记录编号×××	
			应检查盘车装置，应处于压缩机（组）启动所要求的位置			
			运转中润滑油压不得小于0.10MPa，曲轴箱或机身内润滑油的温度不应高于70℃			
			各级冷却水排水温度应符合随机技术文件的规定；无规定时，各级冷却水排水温度不应高于45℃			
			运转中各运动部件应无异常声响，各紧固件应无松动			
	6	负荷试运转	升压运转的程序、压力和运转时间应符合随机技术文件的规定；无规定时，且排气压力为额定压力的1/4时，应连续运转1h；排气压力为额定压力的1/2时，应连续运转2h；排气压力为额定压力的3/4时，应连续运转2h；在额定压力下连续运转不应小于3h；升压运转过程中，应在前一级压力下运转无异常现象后再将压力逐渐升高		负荷试运转合格，试运转记录编号×××	

① 表示依据为SY/T 4201.1—2019《石油天然气建设工程施工质量验收规范 设备安装工程 第1部分：机泵类》。

压缩机安装工程检验批质量验收记录示例（续表 1） SY/T 4201.1

<table>
<tr><td colspan="3">工程名称</td><td>××油气处理厂工程</td><td colspan="3">分项工程名称</td><td colspan="2">闪蒸气压缩机安装 1 #</td><td colspan="3">验收部位</td><td>闪蒸气压缩机 1 #</td></tr>
<tr><td colspan="3">施工单位</td><td>×××安装工程公司</td><td colspan="3">专业负责人</td><td colspan="2">×××</td><td colspan="3">项目经理</td><td>×××</td></tr>
<tr><td colspan="3">施工执行标准名称及编号</td><td colspan="6">×××</td><td colspan="3">检验批编号</td><td>×××</td></tr>
<tr><td colspan="4">质量验收规范规定</td><td colspan="8">施工单位检查记录</td><td>监理（建设）单位验收意见</td></tr>
<tr><td rowspan="5">主控项目</td><td rowspan="5">6</td><td rowspan="5">负荷试运转</td><td>压缩介质不是空气的压缩机，当采用空气进行负荷试运转时，其最高排气压力应符合随机技术文件的规定</td><td colspan="8" rowspan="5"></td><td rowspan="5"></td></tr>
<tr><td>一级吸气压力、各级排气温度和末级排气压力应符合随机技术文件的规定</td></tr>
<tr><td>运转中润滑油压不得低于 0.10MPa；曲轴箱或机身内润滑油的温度不应高于 70℃</td></tr>
<tr><td>各级冷却水排水温度应符合随机技术文件的规定；无规定时，各级冷却水排水温度不应高于 45℃</td></tr>
<tr><td>压缩机运转时的振动速度有效值或峰一峰值应符合随机技术文件的规定</td></tr>
<tr><td rowspan="8">一般项目</td><td rowspan="3">1</td><td rowspan="3">地脚螺栓安装</td><td>螺栓应垂直</td><td>√</td><td>√</td><td>√</td><td>√</td><td>√</td><td>√</td><td>√</td><td>√</td><td rowspan="8"></td></tr>
<tr><td>地脚螺栓上的油污和氧化皮应清除干净，螺纹部分应涂少量油脂</td><td>√</td><td>√</td><td>√</td><td>√</td><td>√</td><td>√</td><td>√</td><td>√</td></tr>
<tr><td>应使地脚螺栓离预留孔底或任意孔壁的距离均不应小于 20mm</td><td>√</td><td>√</td><td>√</td><td>√</td><td>√</td><td>√</td><td>√</td><td>√</td></tr>
<tr><td rowspan="5">2</td><td rowspan="5">垫铁安装</td><td>相邻两垫铁组间的距离宜为 500~1000mm</td><td>600</td><td>600</td><td>800</td><td>800</td><td>650</td><td>650</td><td>800</td><td>800</td></tr>
<tr><td rowspan="2">垫铁组应由代号相同的平垫铁和斜垫铁组成，斜垫铁应成对使用，且斜垫铁斜度应相同，搭接长度不应小于全长的 3/4，其相互间的偏斜角不应大于 3°；承受重负荷或有较强连续振动的设备，宜使用平垫铁</td><td>√</td><td>√</td><td>√</td><td>√</td><td>√</td><td>√</td><td>√</td><td>√</td></tr>
<tr><td>√</td><td>√</td><td>√</td><td>√</td><td>√</td><td>√</td><td>√</td><td>√</td></tr>
<tr><td>每一垫铁组的块数不宜超过 5 块，垫铁组的高度宜为 30 ~ 70mm</td><td>√</td><td>√</td><td>√</td><td>√</td><td>√</td><td>√</td><td>√</td><td>√</td></tr>
<tr><td>找正调平后，垫铁端面应露出设备底面外缘，平垫铁宜露出 10~30mm，斜垫铁宜露出 10~50mm。垫铁组伸入设备底座底面的长度应超过 设备地脚螺栓的中心</td><td>√</td><td>√</td><td>√</td><td>√</td><td>√</td><td>√</td><td>√</td><td>√</td></tr>
</table>

压缩机安装工程检验批质量验收记录示例（续表 2） SY/T 4201.1

工程名称	××油气处理厂工程	分项工程名称	闪蒸气压缩机安装 1 #	验收部位	闪蒸气压缩机 1 #
施工单位	×××安装工程公司	专业负责人	×××	项目经理	×××
施工执行标准名称及编号	×××			检验批编号	×××

质量验收规范规定							施工单位检查记录								监理（建设）单位验收意见
一般项目	2	垫铁安装	找正调平后，每组垫铁均应压紧，并应用手锤逐组轻击听音检查；对高速运转的设备垫铁组，当采用 0.05mm 塞尺检查垫铁之间及垫铁与底座面之间的间隙时，在垫铁同一断面处以两侧塞入的长度总和不得超过垫铁长度或宽度的 1/3				√	√	√	√	√	√	√	√	
			找正调平检查合格后，除铸铁垫铁外，各垫铁相互间应用定位焊焊牢，垫铁与设备底座之间不得焊接				√	√	√	√	√	√	√	√	
	3	无垫铁安装	垫板安装允许偏差	水平（mm/m）		2	/								
				标高（mm）		±2	/								
			机器底板上无调节螺栓的压缩机安装时，可用自制螺栓千斤顶进行机组找平、找正。在留出螺栓千斤顶位置以后，可采用无收缩水泥砂浆、微膨胀水泥砂浆、环氧砂浆或专用成品灌浆材料进行二次灌浆，待二次灌浆层达到设计要求强度 75% 以上时，方可取出螺栓千斤顶，随后补灌空洞部分				/								
	4	中心线位置允许偏差（mm）	整体			5	3	2							
			分体			2	/								
		标高允许偏差（mm）	整体			±5	4	5							
			分体			±1	/								
		与建筑轴线距离允许偏差（mm）				20	8	6							
	5	水平度允许偏差（mm/m）	往复式	机身	纵向	0.05	0.03	0.04							
					横向	0.05	0.02	0.03							
				曲轴	纵向	0.1	0.1	0.1							

压缩机安装工程检验批质量验收记录示例（续表 3） SY/T 4201.1

<table>
<tr><td colspan="3">工程名称</td><td colspan="3">××油气处理厂工程</td><td colspan="2">分项工程名称</td><td colspan="3">闪蒸气压缩机安装 1 #</td><td colspan="3">验收部位</td><td>闪蒸气压缩机 1 #</td></tr>
<tr><td colspan="3">施工单位</td><td colspan="3">×××安装工程公司</td><td colspan="2">专业负责人</td><td colspan="3">×××</td><td colspan="3">项目经理</td><td>×××</td></tr>
<tr><td colspan="4">施工执行标准名称及编号</td><td colspan="7">×××</td><td colspan="3">检验批编号</td><td>×××</td></tr>
<tr><td colspan="6">质量验收规范规定</td><td colspan="8">施工单位检查记录</td><td>监理（建设）单位验收意见</td></tr>
<tr><td rowspan="5">一般项目</td><td rowspan="4">5</td><td rowspan="4">水平度允许偏差（mm/m）</td><td rowspan="2">离心式</td><td>纵向</td><td>0.05</td><td>/</td><td></td><td></td><td></td><td></td><td></td><td></td><td></td><td rowspan="5"></td></tr>
<tr><td>横向</td><td>0.1</td><td>/</td><td></td><td></td><td></td><td></td><td></td><td></td><td></td></tr>
<tr><td rowspan="2">螺杆式</td><td>纵向</td><td>0.2</td><td>/</td><td></td><td></td><td></td><td></td><td></td><td></td><td></td></tr>
<tr><td>横向</td><td>0.2</td><td>/</td><td></td><td></td><td></td><td></td><td></td><td></td><td></td></tr>
<tr><td>6</td><td colspan="4">压缩机安装对中及驱动机轴线端面偏差应符合设备技术文件的规定；无规定时，应按 GB 50275—2010《风机、压缩机、泵安装工程施工及验收规范》的有关规定执行</td><td>0.01</td><td>0.02</td><td></td><td></td><td></td><td></td><td></td><td></td></tr>
<tr><td colspan="2">施工单位检查评定结果</td><td colspan="13">经检查，主控项目、一般项目均符合设计文件要求和 SY 4201.1—2019《石油天然气建设工程施工质量验收规范　设备安装工程　第 1 部分：机泵类设备》的规定，评定合格。

项目专职质量检查员：×××　　　　××××年××月××日</td></tr>
<tr><td colspan="2">监理（建设）单位验收结论</td><td colspan="13">同意施工单位评定结果，该检验批验收合格，同意进行下道工序施工。

监理工程师（建设单位项目代表）：×××　　　　××××年××月××日</td></tr>
</table>

2.1.2.4 管道组对检验批质量验收记录表示例 SY/T 4203①

<table>
<tr><td>工程名称</td><td colspan="4">× × 增压点工程</td><td colspan="4">分项工程名称</td><td colspan="3">管道组对</td><td colspan="2">验收部位</td><td>× × ×</td></tr>
<tr><td>施工单位</td><td colspan="4">× × 建筑安装公司</td><td colspan="4">专业负责人</td><td colspan="3">× × ×</td><td colspan="2">项目经理</td><td>× × ×</td></tr>
<tr><td colspan="4">施工执行标准名称及编号</td><td colspan="8">× × ×</td><td colspan="2">检验批编号</td><td>× × ×</td></tr>
<tr><td colspan="4">质量验收规范规定</td><td colspan="10">施工单位
检查记录</td><td>监理（建设）
单位验收意见</td></tr>
<tr><td>主控项目</td><td colspan="3">管道材质、规格、型号应符合设计要求，质量证明文件应齐全</td><td colspan="10">钢材质量证明文件，进场质量检验记录齐全，自检记录编号 × × × 号</td><td>产品质量证明文件齐全、进场检验记录等符合设计和标准要求</td></tr>
<tr><td rowspan="7">一般项目</td><td rowspan="2">1</td><td rowspan="2">相邻两道焊缝的距离</td><td>当 DN 小于 300mm 时，不应小于 1 倍管道公称直径，且不应小于 150mm</td><td>√</td><td>√</td><td>√</td><td>√</td><td>√</td><td>√</td><td>√</td><td>√</td><td>√</td><td>√</td><td rowspan="7">施工质量经抽样检查合格，具有完整的操作依据、质量检查记录，符合设计及施工质量验收规范要求。</td></tr>
<tr><td>当 DN 不小于 300mm 时，不应小于 300mm</td><td>/</td><td></td><td></td><td></td><td></td><td></td><td></td><td></td><td></td><td></td></tr>
<tr><td>2</td><td colspan="2">焊缝距离支吊架应大于 50mm，需要热处理的焊缝距离支吊架应大于 300mm</td><td>60</td><td>80</td><td>75</td><td>100</td><td>120</td><td>180</td><td>85</td><td>220</td><td>55</td><td>95</td></tr>
<tr><td rowspan="2">3</td><td rowspan="2">管子公称直径</td><td>小于 100mm 时，管道对口平直度允许偏差为 1mm，但全长允许偏差均为 10mm</td><td>1</td><td>0.5</td><td>1</td><td>1</td><td>1</td><td>0.6</td><td>0</td><td>1</td><td>0.8</td><td>1</td></tr>
<tr><td>不小于 100mm 时，管道对口平直度允许偏差值为 2mm，但全长允许偏差均为 10mm</td><td>1</td><td>2</td><td>1.5</td><td>0.5</td><td>1</td><td>2</td><td>1</td><td>1</td><td>1</td><td>1</td></tr>
<tr><td>4</td><td colspan="2">管口组对间隙和错边量应符合焊接工艺规程规定和 GB 50540—2009《石油天然气站内工艺管道工程施工规范（2012 年版）》的规定</td><td>√</td><td>√</td><td>√</td><td>√</td><td>√</td><td>√</td><td>√</td><td>√</td><td>√</td><td>√</td></tr>
<tr><td colspan="14"></td></tr>
<tr><td>施工单位检查验收结果</td><td colspan="14">经检查，主控项目、一般项目均符合设计和 SY/T 4203—2019《石油天然气建设工程施工质量验收规范 站内工艺管道工程》的规定，评定合格。

项目专业质量检查员：× × × × × × × 年 × × 月 × × 日</td></tr>
<tr><td>监理（建设）单位验收结论</td><td colspan="14">同意施工单位评定结果，该检验批验收合格，同意进行下道工序施工。

监理工程师
（建设单位项目代表）：× × × × × × × 年 × × 月 × × 日</td></tr>
</table>

① 表示依据为 SY/T 4203—2019《石油天然气建设工程施工质量验收规范 站内工艺管道工程》。

2.1.3 分项工程质量验收记录

分项工程质量验收记录由施工单位专业质量检查员填写，总监理工程师代表（建设单位代表）组织施工单位项目专业技术质量检查员等进行验收，并填写验收结论。

2.1.3.1 <u>电缆敷设</u>分项工程质量验收记录示例

<table>
<tr><td colspan="2">工程名称</td><td colspan="3">× × 增压点工程</td><td>检验批数</td><td>2</td></tr>
<tr><td colspan="2">施工单位</td><td>× × 安装公司</td><td>项目经理</td><td>× × ×</td><td>专业技术负责人</td><td>× × ×</td></tr>
<tr><td>序号</td><td colspan="2">检验批编号</td><td colspan="2">施工单位检查结果</td><td colspan="2">监理（建设）单位验收结论</td></tr>
<tr><td>1</td><td colspan="2">× × ×</td><td colspan="2">检验批合格</td><td colspan="2">验收合格</td></tr>
<tr><td>2</td><td colspan="2">× × ×</td><td colspan="2">检验批合格</td><td colspan="2">验收合格</td></tr>
<tr><td></td><td colspan="2"></td><td colspan="2"></td><td colspan="2"></td></tr>
<tr><td></td><td colspan="2"></td><td colspan="2"></td><td colspan="2"></td></tr>
<tr><td>施工单位检查评定结果</td><td colspan="6">各检验批均合格，分项工程合格

项目技术负责人：× × ×　　　　× × × × 年 × × 月 × × 日</td></tr>
<tr><td>监理（建设）单位验收结论</td><td colspan="6">验收合格

总监理工程师代表
（建设单位项目代表）：× × ×　　　　× × × × 年 × × 月 × × 日</td></tr>
</table>

2.1.4 分部（子分部）工程质量验收记录

分部（子分部）工程质量验收记录由施工单位专职质量检查员填写，总监理工程师（建设单位项目技术负责人）组织施工单位项目技术负责人和有关单位项目负责人等进行检查验收，并作出验收意见。对影响结构安全的分部（子分部）工程验收，勘察、设计单位必须参加，其他分部（子分部）工程验收，勘察、设计单位可不参加。

2.1.4.1 电气工程 分部（子分部）工程质量验收记录示例

<table>
<tr><td>工程名称</td><td colspan="3">××增压点工程</td><td>分项工程数</td><td>6</td></tr>
<tr><td>施工单位</td><td>××建筑安装公司</td><td>技术部门负责人</td><td>×××</td><td>质量部门负责人</td><td>×××</td></tr>
<tr><td>分包单位</td><td>/</td><td>分包单位负责人</td><td>/</td><td>分包单位技术负责人</td><td>/</td></tr>
<tr><td>序号</td><td>分项工程名称</td><td>检验批数</td><td>施工单位检查结果</td><td colspan="2">验收意见</td></tr>
<tr><td>1</td><td>电缆敷设工程</td><td>2</td><td>分项工程合格</td><td colspan="2" rowspan="6">验收合格</td></tr>
<tr><td>2</td><td>接地装置安装工程</td><td>2</td><td>分项工程合格</td></tr>
<tr><td>3</td><td>盘柜安装工程</td><td>1</td><td>分项工程合格</td></tr>
<tr><td>4</td><td>变压器安装工程</td><td>1</td><td>分项工程合格</td></tr>
<tr><td>5</td><td>母线安装工程</td><td>1</td><td>分项工程合格</td></tr>
<tr><td>6</td><td>照明灯具安装工程</td><td>2</td><td>分项工程合格</td></tr>
<tr><td colspan="2">质量控制资料</td><td colspan="2">共 25 项 98 份，符合 25 项 98 份</td><td colspan="2">核查 25 项 98 份，符合 25 项 98 份</td></tr>
<tr><td rowspan="5">验收单位</td><td>分包单位</td><td colspan="4">项目经理：　年 月 日</td></tr>
<tr><td>施工单位</td><td colspan="4">项目经理：×××　××××年××月××日</td></tr>
<tr><td>勘察单位</td><td colspan="4">项目负责人：　年 月 日</td></tr>
<tr><td>设计单位</td><td colspan="4">项目负责人：×××　××××年××月××日</td></tr>
<tr><td>监理（建设）单位</td><td colspan="4">验收合格，同意进行下道工序施工。
总监理工程师
（建设单位项目技术负责人）：×××
××××年××月××日</td></tr>
</table>

2.1.5 单位（子单位）工程质量验收记录

单位（子单位）工程质量验收记录由施工单位项目技术负责人填写，建设单位（项目）负责人组织施工（含分包单位）、设计、监理等单位（项目）负责人进行单位（子单位）工程质量验收。验收合格后，在单位工程施工质量验收记录中填写验收结论。工程质量监督机构应参加工程质量验收。

2.1.5.1 ××执勤点 单位（子单位）工程质量验收记录示例

<table>
<tr><td colspan="2">工程名称</td><td colspan="3">××执勤点工程</td><td>分部工程数</td><td>6</td></tr>
<tr><td colspan="2">施工单位</td><td>××建筑安装公司</td><td>技术负责人</td><td>×××</td><td>开工日期</td><td>××××.××.××</td></tr>
<tr><td colspan="2">项目经理</td><td>×××</td><td>项目技术负责人</td><td>×××</td><td>交工日期</td><td>××××.××.××</td></tr>
<tr><td>序号</td><td colspan="2">项目</td><td colspan="2">验收记录</td><td colspan="2">验收结论</td></tr>
<tr><td>1</td><td colspan="2">分部（子分部）工程</td><td colspan="2">共6分部，经检查6分部，符合标准及设计要求6分部</td><td colspan="2">符合要求</td></tr>
<tr><td>2</td><td colspan="2">质量控制资料</td><td colspan="2">共35项，经审查符合要求35项，经核定符合规范要求0项</td><td colspan="2">符合要求</td></tr>
<tr><td>3</td><td colspan="2">预试运情况</td><td colspan="2">合格</td><td colspan="2">符合要求</td></tr>
<tr><td colspan="3">综合验收结论</td><td colspan="4">合格，同意验收</td></tr>
<tr><td rowspan="2">验收单位</td><td>施工单位</td><td>设计单位</td><td>监理单位</td><td>建设单位</td><td colspan="2">工程质量监督机构</td></tr>
<tr><td>（公章）
单位（项目）负责人：×××
××××年××月××日</td><td>（公章）
单位（项目）负责人：×××
××××年××月××日</td><td>（公章）
总监理工程师：×××
××××年××月××日</td><td>（公章）
单位（项目）负责人：×××
××××年××月××日</td><td colspan="2">（公章）
单位（项目）负责人：×××
××××年××月××日</td></tr>
</table>

2.1.6 单位（子单位）工程质量控制资料核查记录

单位（子单位）工程质量控制资料核查记录由施工单位项目技术负责人填写，总监理工程师（建设单位项目技术负责人）组织有关专业监理工程师（专业技术人员）按照各专业施工质量验收规范的规定进行单位（子单位）工程控制资料核查，并作出核查意见。工程质量监督机构对单位（子单位）工程质量控制资料进行抽查确认。

2.1.6.1 ×××倒班点 单位（子单位）工程质量控制资料核查记录示例

工程名称		×××倒班点综合楼工程	施工单位	×××建筑工程公司		
序号	项目	资料名称		份数	核查意见	核查人
1	综合	图纸会审记录、工程变更单、工程洽商记录		16	符合要求	×××
2		工程定位测量、放线记录		8	符合要求	×××
3		材料和附件出厂质量合格证、进场检（试）验报告		48	符合要求	×××
4		新技术论证、备案及施工记录		2	符合要求	×××
5		检验批、分项、分部工程质量验收记录		46	符合要求	×××
6	建筑与结构	施工试验报告及见证检测报告		36	符合要求	×××
7		隐蔽工程记录		38	符合要求	×××
8		施工记录		68	符合要求	×××
9		地基、基础、主体结构检验及抽样检测资料		6	符合要求	×××
10		地基承载力检验报告		2	符合要求	×××
11		桩基承载力检验报告		2	符合要求	×××
12		混凝土强度试验报告		16	符合要求	×××
13		砂浆强度试验报告		16	符合要求	×××
14		主体结构尺寸、位置抽查记录		12	符合要求	×××
15		屋面淋水或蓄水实验记录		6	符合要求	×××
16		有防水要求的地面蓄水试验记录		6	符合要求	×××
17		外窗气密性、水密性、耐风压检测报告		2	符合要求	×××
18		节能、保温测试记录		2	符合要求	×××
19	给排水及供暖	管道、设备强度试验、严密性试验记录		24	符合要求	×××
20		隐蔽工程验收记录		26	符合要求	×××
21		系统清洗、灌水、通水、通球试验记录		8	符合要求	×××
22		施工记录		24	符合要求	×××

续表

工程名称		×××倒班点综合楼工程	施工单位	×××建筑工程公司		
序号	项目	资料名称	份数	核查意见	核查人	
23	通风与空调	制冷、空调、水管道强度、严密性实验记录	9	符合要求	×××	
24		隐蔽工程验收记录	20	符合要求	×××	
25		冷设备运行调试记录	12	符合要求	×××	
26		通风、空调系统调试记录	24	符合要求	×××	
27		施工记录	20	符合要求	×××	
28		风量、测温测试记录	8	符合要求	×××	
29		空气能量回收装置测试记录	/	/	×××	
30	建筑电气	设备调试记录	12	符合要求	×××	
31		接地、绝缘电阻测试记录	36	符合要求	×××	
32		隐蔽工程验收记录	38	符合要求	×××	
33		施工记录	36	符合要求	×××	
34		照明全负荷实验记录	3	符合要求	×××	
35		避雷接地电阻测试	26	符合要求	×××	
36		线路、插座、开关接地检验记录	26	符合要求	×××	
37	建筑节能	隐蔽工程验收记录	20	符合要求	×××	
38		施工记录	10	符合要求	×××	
39		外窗、外墙节能检测报告	3	符合要求	×××	
40		设备系统节能性能检查记录	3	符合要求	×××	

结论：

抽查质量控制资料 39 项，符合要求 39 项。

监理工程师：×××

施工单位	监理（建设）单位	质量监督机构
项目负责人： ××× ××××年××月××日	总监理工程师 （建设单位项目负责人）： ××× ××××年××月××日	抽查情况： 经对质量控制资料“第 26 和第 35”项抽查，基本符合有关要求，见抽查确认监督记录。 代表：××× ××××年××月××日

2.1.7 单位（子单位）工程质量交工验收申请报告

单位（子单位）工程质量交工验收申请报告由施工单位填写，提交建设单位。

2.1.7.1 ×××（建设单位名称）单位（子单位）工程质量交工验收申请报告示例

下列单位（子单位）工程已完工，预试运合格，根据国家标准和行业工程施工质量验收标准的规定，以列单位（子单位）工程质量检查评定合格，质量控制资料符合要求。特申请下列单位（子单位）工程质量验收。

<table>
<tr><td>序号</td><td>单位工程名称及编号</td><td>自评结果</td><td>备　注</td></tr>
<tr><td>1</td><td>×××增压点工程</td><td>合格</td><td></td></tr>
<tr><td>2</td><td>×××10kV 电力线路工程</td><td>合格</td><td></td></tr>
<tr><td></td><td></td><td></td><td></td></tr>
<tr><td></td><td></td><td></td><td></td></tr>
<tr><td></td><td></td><td></td><td></td></tr>
<tr><td>施工单位</td><td colspan="3">（公章）
单位（项目）负责人：×××
单位盖章　××××年××月××日</td></tr>
<tr><td>监理单位意见</td><td colspan="3">该工程已完工，资料齐全、完整，工程质量达到交工验收条件，同意组织交工验收
（公章）
总监理工程师：
单位盖章　××××年××月××日</td></tr>
<tr><td>建设单位意见</td><td colspan="3">同意组织交工验收
（公章）
项目代表：×××
单位盖章　××××年××月××日</td></tr>
</table>

2.2 施工记录填写

施工技术文件主要包括施工通用类记录、理化试验类、土建、站内工艺、集输管道、电气、自控、路桥等施工技术记录，本章所列范例以站内工艺、集输管道、电气、自控、路桥等专业施工技术记录为主，应依据设计文件、标准规范，结合工程实际认真填写，本范例仅供参考。

2.2.1 集输管道

集输管道安装符合规范要求，其记录表格填写见 2.2.1.1 至 2.2.1.10。

2.2.1.1 管道试压记录示例

<table>
<tr><td colspan="2">工程名称</td><td colspan="2">××采油厂20××年产建</td><td colspan="2">工程编号</td><td colspan="2">××</td></tr>
<tr><td colspan="2">单位工程名称</td><td colspan="2">××区块注水工程</td><td colspan="2">管材规格</td><td colspan="2">ϕ114×14</td></tr>
<tr><td colspan="2">管道名称</td><td colspan="2">××注水干管</td><td colspan="2">管道长度</td><td colspan="2">5km</td></tr>
<tr><td colspan="2">设计压力</td><td colspan="2">16MPa</td><td colspan="2">图纸档案号</td><td colspan="2">注-××××</td></tr>
<tr><td colspan="2">试压介质</td><td colspan="2">洁净水</td><td colspan="2">环境温度</td><td colspan="2">20℃</td></tr>
<tr><td colspan="2">试压起止时间</td><td colspan="6">×月×日×时×分至×月×日×时×分</td></tr>
<tr><td rowspan="2">强度试压</td><td>压力（MPa）</td><td>稳压时间</td><td>压降</td><td rowspan="2">严密性试压</td><td>压力（MPa）</td><td>稳压时间</td><td>压降</td></tr>
<tr><td>24</td><td>4h</td><td>0</td><td>16</td><td>24h</td><td>0</td></tr>
<tr><td colspan="8">试压情况概述：
将管道内充满洁净水，然后对管道进行缓慢升压，强度试压使用压力表精度等级为0.4级，量程为0~40MPa。严密性试压使用压力表精度为0.4级，量程为0~25MPa。分别升至试验压力的30%（即8MPa）和60%（即16MPa）时，各稳压30分钟，检查管道无异常，继续升压至强度试验压力24MPa，稳压时间4h。升压速度为0.05MPa/min。进行检查，管道无断裂、目测无变形、无渗漏、无压降为合格。然后将压力降至16MPa进行严密性试验，稳压24h进行检查，以无渗漏、无压降为合格。</td></tr>
<tr><td colspan="8">结论：符合设计及GB 50819—2013《油气田集输管道施工规范》规范的要求，试压合格。</td></tr>
<tr><td colspan="4">施工单位</td><td colspan="4">监理（建设）单位</td></tr>
<tr><td colspan="4">施工记录人：×××
试压负责人：×××
项目技术负责人：×××
××××年××月××日</td><td colspan="4">专业监理工程师
（建设单位项目代表）：×××
××××年××月××日</td></tr>
</table>

说明：本表适用于集输管道试压；“结论”栏要注明施工执行的标准、规范。

2.2.1.2 管沟开挖施工验收记录示例

<table>
<tr><td colspan="2">工程名称</td><td colspan="2">× × 采油厂 × × × × 年产建</td><td colspan="2">工程编号</td><td colspan="2">× ×</td></tr>
<tr><td colspan="2">单位工程名称</td><td colspan="2">× × 区块注水工程</td><td colspan="2">管道名称</td><td colspan="2">注水管道干线（ϕ114 × 14）</td></tr>
<tr><td colspan="8">检 查 内 容</td></tr>
<tr><td>起止位置里程</td><td>土壤类别</td><td>管沟深度（mm）</td><td>沟底宽度（mm）</td><td>变坡点位移（mm）</td><td>转角点位置偏移（mm）</td><td>曲线段曲率半径（m）</td><td>备注</td></tr>
<tr><td>0~100m</td><td>黏土</td><td>1420</td><td>840</td><td>/</td><td>/</td><td>180</td><td></td></tr>
<tr><td>100~200m</td><td>黏土</td><td>1470</td><td>820</td><td>/</td><td>60</td><td>/</td><td></td></tr>
<tr><td>200~300m</td><td>黏土</td><td>1390</td><td>810</td><td>/</td><td>/</td><td>/</td><td></td></tr>
<tr><td>300~400m</td><td>黏土</td><td>1400</td><td>830</td><td>560</td><td>/</td><td>/</td><td></td></tr>
<tr><td>400~500m</td><td>黏土</td><td>1460</td><td>835</td><td>/</td><td>/</td><td>/</td><td></td></tr>
<tr><td></td><td></td><td></td><td></td><td></td><td></td><td></td><td></td></tr>
<tr><td></td><td></td><td></td><td></td><td></td><td></td><td></td><td></td></tr>
<tr><td></td><td></td><td></td><td></td><td></td><td></td><td></td><td></td></tr>
<tr><td></td><td></td><td></td><td></td><td></td><td></td><td></td><td></td></tr>
<tr><td></td><td></td><td></td><td></td><td></td><td></td><td></td><td></td></tr>
<tr><td></td><td></td><td></td><td></td><td></td><td></td><td></td><td></td></tr>
<tr><td colspan="8">检查验收意见：管沟开挖尺寸符合设计及规范要求。</td></tr>
<tr><td colspan="4">施工单位</td><td colspan="4">监理（建设）单位</td></tr>
<tr><td colspan="4">施工记录人：× × ×
专用技术负责人：× × ×
× × × × 年 × × 月 × × 日</td><td colspan="4">专业监理工程师
（建设单位代表）：× × ×
× × × × 年 × × 月 × × 日</td></tr>
</table>

说明：“检查验收意见”一栏由监理人员填写。

2.2.1.3 管道里程、转角、测试、标志桩埋设记录示例

工程名称	××采油厂××××年产建		工程编号	××		
单位工程名称	××区块集输管道工程		管道名称	接转站至联合站输油管道（ϕ219×7）		
序号	桩名	埋设位置	埋设日期	桩体结构	埋深	备 注
1	里程桩 GX001	中 206 接转站起点	2011.8.10	混凝土	0.8m	
2	里程桩 GX002	起点 0.1km 处	2011.8.10	混凝土	0.8m	

施工单位	监理（建设）单位
施工记录人：××× 专业技术负责人：××× ××××年××月××日	专业监理工程师 （建设单位代表）：××× ××××年××月××日

2.2.1.4 防腐补口剥离强度试验记录示例

工程名称	××采油厂20××年产建					工程编号	××		
单位工程名称	××区块集输管道工程					管道名称	增压站至接转站集油管道		
日期	实验区段	管口号	试验宽度（mm）	试验长度（mm）	试验温度	剥离强度（N/cm^2）	试验结果	施工单位专业技术负责人	专业监理工程师（建设单位代表）
××××.××.××	××增压站至××接转站集油管道	W10-X2JYGD-CS1-001	20	100	25℃	73	合格	×××	×××

2.2.1.5 防腐绝缘层电火花检测记录示例

<table>
<tr><td>工程名称</td><td>××采油厂××××年产建</td><td>工程编号</td><td>××</td></tr>
<tr><td>单位工程名称</td><td>××联合站至××接转站集输管道工程</td><td>管道名称</td><td>联合站至接转站集油管道</td></tr>
</table>

<table>
<tr><td>检件名称</td><td>防腐区段</td><td>防腐等级</td><td>防腐层结构
（配合比）</td></tr>
<tr><td>308GX 管道</td><td>308GX021—308GX040</td><td>普通级</td><td>环氧粉末＋聚乙烯防腐层</td></tr>
<tr><td rowspan="3">防腐厚度（mm）</td><td>管道主体：2.2</td><td rowspan="5">检测电压（kV）</td><td>管道主体：25</td></tr>
<tr><td rowspan="2">补口：2.2</td><td>补口：15</td></tr>
<tr><td>补伤：15</td></tr>
<tr><td>设计要求补口厚度
（mm）</td><td>实际补口厚度
（mm）</td><td>其他：/</td></tr>
<tr><td>2.2</td><td>2.5</td><td></td></tr>
</table>

<table>
<tr><td colspan="6">检　测　结　果</td></tr>
<tr><td>漏点部位</td><td>检测值
（kV）</td><td>复测结果</td><td>漏点部位</td><td>检测值
（kV）</td><td>复测结果</td></tr>
<tr><td>308GX022</td><td>15</td><td>无漏点</td><td>308GX032</td><td>15</td><td>无漏点</td></tr>
<tr><td>308GX023</td><td>15</td><td>无漏点</td><td>308GX037</td><td>15</td><td>无漏点</td></tr>
<tr><td></td><td></td><td></td><td></td><td></td><td></td></tr>
<tr><td></td><td></td><td></td><td></td><td></td><td></td></tr>
<tr><td></td><td></td><td></td><td></td><td></td><td></td></tr>
<tr><td></td><td></td><td></td><td></td><td></td><td></td></tr>
<tr><td></td><td></td><td></td><td></td><td></td><td></td></tr>
</table>

<table>
<tr><td>施工单位</td><td>监理（建设）单位</td></tr>
<tr><td>施工检测人：×××
专业技术负责人：×××

××××年××月××日</td><td>专业监理工程师
（建设单位代表）：×××

××××年××月××日</td></tr>
</table>

2.2.1.6 阴极保护工程施工记录示例

<table>
<tr><td>工程名称</td><td>× × 采油厂 × × × × 年产建</td><td>工程编号</td><td>× ×</td></tr>
<tr><td>单位工程名称</td><td>× × 区块集输管道工程</td><td>管道名称</td><td>× × 接转站至 × × 联合站集油管道</td></tr>
<tr><td>施工图号</td><td>× ×</td><td>施工地点</td><td>× × 县（采油五厂）</td></tr>
<tr><td colspan="4">工程内容：
× × 联合站站外采用强制电流阴极保护，安装 2 座 TT–Ti–0.5/6–60 组合式深井钛材料阳极地床装置，2 套 TT–T 多功能微机管埋电位仪。每座地床设 5 组钛材料阳极，阳极埋设前按照产品性能指标验收，阳极与引出导线接头绝缘密封良好，表面检查无缝隙，阳极表面无明显缺陷。阳极地床井口直径 400mm，井深 60m，安装位置按图腐 –51481/1 施工。</td></tr>
<tr><td colspan="4">施工说明及简图：
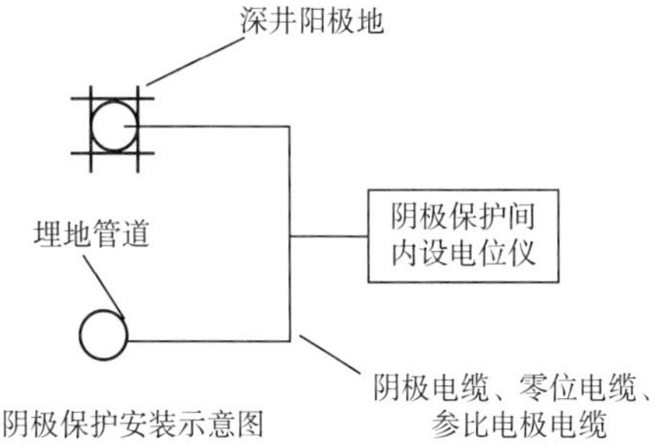

阴极保护安装示意图</td></tr>
<tr><td colspan="4">施工标准及施工质量：符合 SY/T 4206—2019《石油天然气建设工程施工质量验收规范　电气工程》的要求，质量合格。</td></tr>
<tr><td colspan="2">施工单位</td><td colspan="2">监理（建设）单位</td></tr>
<tr><td colspan="2">施工记录人：× × ×
施工班（组）长：× × ×
专业技术负责人：× × ×

× × × × 年 × × 月 × × 日</td><td colspan="2">专业监理工程师
（建设单位项目代表）：× × ×

× × × × 年 × × 月 × × 日</td></tr>
</table>

2.2.1.7 顶管穿越顶进套管检查记录示例

工程名称	×× 采油厂 ×××× 年产建	工程编号	××
单位工程名称	×× 区块注水管道工程	套管规格（mm × mm）	ϕ114 × 14
工程部位	×× 二级公路	顶管机型号	DXY60T/2
电 流		电 压	
主千斤顶油压		中继间油压	
泥浆压力		地下水压	
最大推力（tf）	60	顶进速度（mm/min）	60
开始顶进时间	××:××	结束时间	××:××
顶进管原编号	Z308-1	顶进套管序号	T08
顶进套管长度（m）	2	累计长度（m）	16
现场情况： ××注水管道穿越××二级公路套管顶管施工采用千斤顶管施工。顶进套管全长 16m，分段顶进，每段 2m，T08 号套管顶进中心水平偏差为 10mm。套管全长累计水平偏差为 60mm，标高偏差为 40mm。			
备 注：			
施工单位		监理（建设）单位	
记 录 人：××× 检 查 人：××× 项目技术负责人：××× ××××年××月××日		监理工程师 （建设单位项目代表）：××× ××××年××月××日	

2.2.1.8 管道穿越工程隐蔽检查记录示例

工程名称	××采油厂××××年产建	工程编号	××
单位工程名称	××区块注水管道工程	穿越地点	××二级公路
桩号、里程（m）	JS01005	管道规格（mm）	ϕ114×14
套管规格	ϕ159×6	穿越长度（m）	16
管道实长（m）	640	套管实长（m）	18

检 查 内 容

管道焊口质量	合格			管道焊口数量（个）	1
防腐涂层材料	R–PP 沥青	防腐层检漏电压（V）	15000	管道绝缘支撑方式	圆木
防腐结构等级	加强级	管道防腐层漏点	0	主套管间绝缘电阻（MΩ）	2.5
焊接材料牌号	J506	管道保温材料规格		管道穿越深度（mm）	–1800
焊接材料规格	ϕ3.2	保温结构及厚度（mm）		轴线平面位置偏移（mm）	30
补口材料规格	500×600	套管接口材料	焊接	管道穿越段土质情况	黏土
补口厚度（mm）	7	接口防腐措施	沥青补口 毡补口	管道稳管措施	
除锈方法及等级	机械 ST3	牺牲阳极材料		套管两端密封方式	细黏土
补口材料黏接力	105N/cm	管道保护电位（V）		地貌恢复情况	良好

说明或平面示意图：

××ϕ114×14注水管道穿越××二级公路，所加套管规格为ϕ159×6，长度为18m，按照集–5338钢顶Ⅱ型单管穿越施工。套管内管道支架采用圆木，安置在管道下方两侧45°位置。管道穿越后检查管道与套管之间的绝缘电阻，合格后按照设计要求用细黏土封堵管道与套管端部的环形空间，封堵长度为300mm。

检查意见及结论：符合设计及规范要求，施工质量合格。

施工单位	监理（建设）单位
记 录 人：××× 检 查 人：××× 专业技术负责人：××× ××××年××月××日	专业监理工程师 （建设单位项目代表）：××× ××××年××月××日

2.2.1.9 跨越管道就位检查测量记录示例

<table>
<tr><td colspan="2">工程名称</td><td>× × 采油厂 × × × × 年产建</td><td colspan="2">工程编号</td><td>× ×</td></tr>
<tr><td colspan="2">单位工程名称</td><td>× × 区块输油管道工程</td><td colspan="2">管道规格</td><td>ϕ219 × 7</td></tr>
<tr><td colspan="2">跨越管道长度（m）</td><td>30</td><td colspan="2">跨越型式</td><td>桁架式跨越</td></tr>
<tr><td colspan="6">检 查 内 容</td></tr>
<tr><td rowspan="2">序号</td><td rowspan="2">项目</td><td colspan="3">管道就位检查（mm）</td><td rowspan="2">备 注</td></tr>
<tr><td>设计值</td><td>实测值</td><td>差 值</td></tr>
<tr><td>1</td><td>垂直度</td><td></td><td></td><td></td><td></td></tr>
<tr><td>2</td><td>最大挠度</td><td></td><td></td><td></td><td></td></tr>
<tr><td>3</td><td>标高（中间）</td><td></td><td></td><td></td><td></td></tr>
<tr><td>4</td><td>标高（上游）</td><td></td><td></td><td></td><td></td></tr>
<tr><td>5</td><td>标高（下游）</td><td></td><td></td><td></td><td></td></tr>
<tr><td>6</td><td>吊索间距</td><td></td><td></td><td></td><td></td></tr>
<tr><td>7</td><td>管道中心位置偏差</td><td>20</td><td>12</td><td>8</td><td></td></tr>
<tr><td>8</td><td>管道标高偏差</td><td>10</td><td>6</td><td>4</td><td></td></tr>
<tr><td colspan="6">平面位移图示或说明：
× × 站 ϕ219 × 7 原油管道跨越 × × 冲沟，采用桁架式管桥跨越，管道就位后检查管道中心位置偏差最大为 12mm，检查管道标高最大偏差为 6mm。</td></tr>
<tr><td colspan="6">检查结论及意见：
检查缝合设计及规范要求，质量合格。</td></tr>
<tr><td colspan="3">施工单位</td><td colspan="3">监理（建设）单位</td></tr>
<tr><td colspan="3">记 录 人：× × ×
检 查 人：× × ×
专业技术负责人：× × ×
× × × × 年 × × 月 × × 日</td><td colspan="3">专业监理工程师
（建设单位项目代表）：× × ×
× × × × 年 × × 月 × × 日</td></tr>
</table>

2.2.1.10 管道清管记录示例

<table>
<tr><td>工程名称</td><td>× × 采气厂 × × × × 年产建</td><td>工程编号</td><td>× ×</td></tr>
<tr><td>单位工程名称</td><td>× × 区块输气管道工程</td><td>管道名称</td><td>× × 天然气管道</td></tr>
<tr><td>桩号、区间</td><td>× × × ×</td><td>清管长度</td><td>5000m</td></tr>
<tr><td>清管球（器）外径</td><td>220mm</td><td>最大过盈量</td><td>6%</td></tr>
<tr><td>管道规格</td><td>ϕ219 × 7</td><td>通球（器）时间</td><td>2h</td></tr>
<tr><td colspan="4">通球（器）情况记录：

本次清管使用 DN200 实心厚壁橡胶球，管道两端设置临时收发球装置。清管时，将清管球放入发球筒，缓慢注入压缩空气，清管球速度控制在 1.2m/s，清管球接近收球筒时，发球端降低排气量，使清管球缓慢进入收球筒。通球 2 次，检查收球端无杂物排出，封闭管道两端，拆除临时设施。</td></tr>
<tr><td colspan="4">结论：管道清洗符合 GB/T 50819—2013《油气田集输管道施工规范》的要求。</td></tr>
<tr><td colspan="2">施工单位</td><td colspan="2">监理（建设）单位</td></tr>
<tr><td colspan="2">施工记录人：× × ×

清管负责人：× × ×

专业技术负责人：× × ×

× × × × 年 × × 月 × × 日</td><td colspan="2">专业监理工程师
（建设单位项目代表）：× × ×

× × × × 年 × × 月 × × 日</td></tr>
</table>

说明：“结论”栏要注明施工执行的标准、规范。

2.2.2 立式储罐

立式储罐安装符合规范要求，其记录表格填写见 2.2.2.1。

2.2.2.1 储罐总体试验记录示例

<table>
<tr><td colspan="2">工程名称</td><td colspan="2">× × 采油厂 20× × 年产建</td><td>工程编号</td><td colspan="2">× ×</td></tr>
<tr><td colspan="2">单位工程名称</td><td colspan="5">× × 联合站 1# 储罐</td></tr>
<tr><td colspan="2">储罐名称</td><td colspan="3">1# 原油罐</td><td>储罐位号</td><td>1#</td></tr>
<tr><td colspan="2">结构形式</td><td>固定顶立式储罐</td><td>储罐内径</td><td>ϕ m</td><td>管壁高度</td><td>m</td></tr>
<tr><td colspan="3">试验项目</td><td>试验方法</td><td>试验结果</td><td colspan="2">日 期</td></tr>
<tr><td rowspan="2">罐底</td><td colspan="2">严密性试验</td><td>真空箱法（53）kPa</td><td>合格</td><td colspan="2">× × × × 年 × × 月 × × 日</td></tr>
<tr><td colspan="2">严密性试验</td><td>充水试验</td><td>合格</td><td colspan="2">× × × × 年 × × 月 × × 日</td></tr>
<tr><td>开孔</td><td colspan="2">补强板焊缝严密性试验</td><td>充气（150）kPa</td><td>合格</td><td colspan="2">× × × × 年 × × 月 × × 日</td></tr>
<tr><td>罐壁</td><td colspan="2">强度及严密性试验</td><td>充水试验</td><td>合格</td><td colspan="2">× × × × 年 × × 月 × × 日</td></tr>
<tr><td rowspan="2">固定顶</td><td colspan="2">强度及严密性试验</td><td>充水试验最高液位充水升压（ ）kPa</td><td>合格</td><td colspan="2">× × × × 年 × × 月 × × 日</td></tr>
<tr><td colspan="2">稳定性试验</td><td>充水试验最高液位充水负压（ ）kPa</td><td>合格</td><td colspan="2">× × × × 年 × × 月 × × 日</td></tr>
<tr><td rowspan="5">浮顶或内浮顶</td><td colspan="2">浮顶底板严密性试验</td><td>真空箱法（ ）kPa</td><td>/</td><td colspan="2"></td></tr>
<tr><td colspan="2">单盘板严密性试验</td><td>真空箱法（ ）kPa</td><td>/</td><td colspan="2"></td></tr>
<tr><td colspan="2">浮舱焊缝严密性试验</td><td>煤油试漏法</td><td>/</td><td colspan="2"></td></tr>
<tr><td colspan="2">浮舱气密性试验</td><td>充气（ ）kPa</td><td>/</td><td colspan="2"></td></tr>
<tr><td colspan="2">升降试验</td><td>充水时观察检查</td><td>/</td><td colspan="2"></td></tr>
<tr><td colspan="3" rowspan="3">浮顶排水管严密性试验</td><td>充水前水压试验（ ）kPa</td><td>/</td><td colspan="2"></td></tr>
<tr><td>充水时观察检查</td><td>/</td><td colspan="2"></td></tr>
<tr><td>充水后水压试验（ ）kPa</td><td>/</td><td colspan="2"></td></tr>
<tr><td colspan="7">说明：
（1）用真空箱法对罐底板焊缝进行负压试验，试压负值为 53kPa，检查无渗漏为合格。
（2）船舱底板、内外边缘板及隔板的焊缝进行煤油渗透试验，经过 2 小时的观察，无渗漏为合格。
（3）固定顶的强度及严密性试验，罐内水位在最高设计液位下 1m 时进行缓慢充水升压，当升至试验压力时，罐顶无异常变形，焊缝无渗漏为合格。试验后，应立即使储罐内部与大气相通，恢复到常压。
（4）检查标准为 GB 50128—2014《立式圆筒形钢制焊接储罐施工规范》和设计文件。</td></tr>
<tr><td colspan="4">施工单位</td><td colspan="3">监理（建设）单位</td></tr>
<tr><td colspan="4">班（组）长：× × ×
质量检查员：× × ×
专业技术负责人：× × ×
× × × × 年 × × 月 × × 日</td><td colspan="3">专业监理工程师
（建设单位代表）：× × ×
× × × × 年 × × 月 × × 日</td></tr>
</table>

2.2.3 站内工艺

站内工艺管道安装符合规范要求，其记录表格填写见 2.2.3.1 至 2.2.3.6。

2.2.3.1 阀门试压记录示例

<table>
<tr><td colspan="2">工程名称</td><td colspan="2"></td><td colspan="2">工 程 编号</td><td>× ×</td><td colspan="2">单位工程名称</td><td colspan="5">× × × ×</td></tr>
<tr><td rowspan="2">名 称</td><td rowspan="2">型号规格</td><td rowspan="2">数量</td><td rowspan="2">公称压力（MPa）</td><td colspan="3">壳体压力试验</td><td colspan="3">密 封 试 验</td><td colspan="3">上密封试验</td><td rowspan="2">结论</td></tr>
<tr><td>介质</td><td>压力（MPa）</td><td>时间（min）</td><td>介质</td><td>压力（MPa）</td><td>时间（min）</td><td>介质</td><td>压力（MPa）</td><td>时间（min）</td></tr>
<tr><td>闸阀</td><td>Z41H-16CDN200</td><td>5</td><td>1.6</td><td>水</td><td>2.4</td><td>5</td><td>水</td><td>1.6</td><td>15</td><td>/</td><td>/</td><td>/</td><td>合格</td></tr>
<tr><td></td><td></td><td></td><td></td><td></td><td></td><td></td><td></td><td></td><td></td><td></td><td></td><td></td><td></td></tr>
<tr><td></td><td></td><td></td><td></td><td></td><td></td><td></td><td></td><td></td><td></td><td></td><td></td><td></td><td></td></tr>
<tr><td colspan="8">试压单位</td><td colspan="6">监理（建设）单位</td></tr>
<tr><td colspan="8">试验人：× × ×
专业技术负责人：× × ×

× × × × 年 × × 月 × × 日</td><td colspan="6">专业监理工程师
（建设单位代表）：× × ×

× × × × 年 × × 月 × × 日</td></tr>
</table>

说明：本记录由阀门试压单位填写。

备注：设计文件要求进行上密封试验时，应按设计文件的要求进行试验，并填写记录。

2.2.3.2 管道焊接工作记录示例

工程名称	××××		工程编号		××		单位工程名称		××××	
管道号	管道规格	材质	焊缝编号	焊接材料	焊工编号	焊接方法	预热温度（℃）	层间温度（℃）	后热温度 / 时间（℃ /min）	热处理记录单号
BF01	ϕ 219×6	L245N	BF01-001	J427	××	手工电弧焊	/	140	/	RCL B01-001
施工班（组）长：××× 专业技术负责人：××× ××××年××月××日						项目技术负责人：××× ××××年××月××日				

说明：本记录由施工单位填写。

2.2.3.3 通风、排风管道施工记录

工程名称	××采油厂产能建设项目工程	工程编号	××
单位工程名称	××增压站		

编号	名称	规格（断面尺寸×厚）（mm×mm）	材质	长度（m）	制作平整度及椭圆度	安装			外层漆色	质量鉴定
						垂直偏差（mm）	水平偏差（mm）	密封垫片材料		
TF01	通风管	500×0.6	镀锌钢板	20	符合要求	4	5	闭孔海绵	黑色	合格

施工单位	监理（建设）单位
施工班（组）长：××× ××××年××月××日	专业监理工程师 （建设单位代表）：××× ××××年××月××日

说明：本表用于压缩机、风机风管以及通风设备风管安装。

2.2.3.4 管道补偿器安装记录示例

工程名称	×× 采油厂产能建设项目工程					工程编号	××			
单位工程名称	×× 管道安装公司									
管道规格	ϕ426×7					管线编号	CQ025			
补偿器序号	形式	规格（mm）	材质	固定支架间距（m）	设计压力（MPa）	设计温度（℃）	环境温度（℃）	安装预拉预压值		备注
								允许值（mm）	实测值（mm）	
001	波纹管	DN400	1Gr18Ni9Ti	60	1.0	50	20	±5	2	

简图及安装质量说明：

技术文件要求预压为 32mm，允许偏差为 ±5mm，补偿器预压符合技术文件要求。

施工单位	监理（建设）单位
施工班组长：××× 专业技术负责人：××× ××××年××月××日	专业监理工程师 （建设单位代表）：××× ××××年××月××日

说明：由施工单位填写。要求补偿器预拉伸、预压缩量测量准确。

2.2.3.5 管道试压检查记录示例

<table>
<tr><td>工程名称</td><td colspan="2">××采油厂产能建设项目工程</td><td>工程编号</td><td>××</td></tr>
<tr><td>单位工程名称</td><td colspan="2">××增压站</td><td>管道规格</td><td>ϕ219×5</td></tr>
<tr><td>管线编号</td><td colspan="2">泵房工艺管道 01</td><td>管道长度</td><td>103m</td></tr>
<tr><td>工作压力</td><td colspan="2">1.0MPa</td><td>设计压力</td><td>1.64MPa</td></tr>
<tr><td>试压介质</td><td colspan="2">清水</td><td>试验压力</td><td>2.5MPa</td></tr>
<tr><td>环境温度</td><td colspan="4">20℃</td></tr>
<tr><td>吹扫时间</td><td colspan="4">2010年5月25日9时40分至2010年5月25日9时55分</td></tr>
<tr><td rowspan="7">试压记录</td><td>时　　间</td><td>表压（MPa）</td><td>稳压时间</td><td>检查情况</td></tr>
<tr><td>5月25日10时30分</td><td>0</td><td>时　分</td><td></td></tr>
<tr><td>5月25日11时40分</td><td>2.5</td><td>时　分</td><td>无渗漏，无变形</td></tr>
<tr><td>5月25日16时00分</td><td>2.5</td><td>4时20分</td><td>无渗漏，无变形</td></tr>
<tr><td>5月25日16时10分</td><td>1.64</td><td>时　分</td><td>无渗漏，无变形</td></tr>
<tr><td>5月26日16时20分</td><td>1.64</td><td>24时10分</td><td>无压降</td></tr>
<tr><td>月　　日　　时　　分</td><td></td><td>时　分</td><td></td></tr>
<tr><td colspan="5">其他说明：
强度试压使用压力表精度等级为1.5级，量程为0~4MPa。试压压力分段升至强度试验压力2.5MPa，稳压4h检查管道无异常，然后将压力降至1.64MPa进行严密性试压，稳压24h，检查管道无渗漏、无压降。</td></tr>
<tr><td colspan="5">结果：合格</td></tr>
<tr><td colspan="3">施工单位</td><td colspan="2">监理（建设）单位</td></tr>
<tr><td colspan="3">记录人：×××
试压负责人：×××
专业技术负责人：×××

××××年××月××日</td><td colspan="2">专业监理工程师
（建设单位项目代表）：×××

××××年××月××日</td></tr>
</table>

说明：本表适用于站内管道试压检查；结果一栏由监理人员填写，其余内容由施工单位填写。

2.2.3.6 工艺管道吹扫（清洗）记录示例

工程名称	×× 采油厂产能建设项目工程	工程编号	011
单位工程名称	×× 增压站		
安装地点	×× 站场区	管道编号	GQ002
工作介质	干气	工作温度	25℃
吹扫（清洗）介质	压缩空气	检查方法	靶板法
吹扫（清洗）检查情况及结论： 对 ×× 站场区 ϕ114mm×4mm 干气管线进行吹扫，用 0.5MPa 压缩空气对管道进行吹扫，吹扫时气体在管道中流速为于 25m/s；在排出口用白布靶板检查，靶板上无铁锈、尘土、石块与水等杂物。管道吹扫符合 GB 50540—2009《石油天然气站内工艺管道工程施工规范（2012 年版）》要求，吹扫合格。			
施工单位		监理（建设）单位	
施工班（组）长：××× 专业技术负责人：××× ××××年××月××日		专业监理工程师 （建设单位项目代表）：××× ××××年××月××日	

说明：用于现场已安装设备管道的吹扫、清洗，由施工单位填写。

2.2.4 设备安装

设备安装符合规范要求，其记录表格填写见 2.2.4.1 至 2.2.4.4。

2.2.4.1 卧式设备安装记录示例

<table>
<tr><td>工程名称</td><td colspan="3">××采油厂产能建设项目工程</td><td>工程编号</td><td>06</td></tr>
<tr><td>单位工程名称</td><td colspan="5">××增压站</td></tr>
<tr><td>设备名称</td><td>缓冲罐</td><td>位号</td><td>1#</td><td>型号及规格</td><td>ϕ3600　L=9000</td></tr>
</table>

图示：

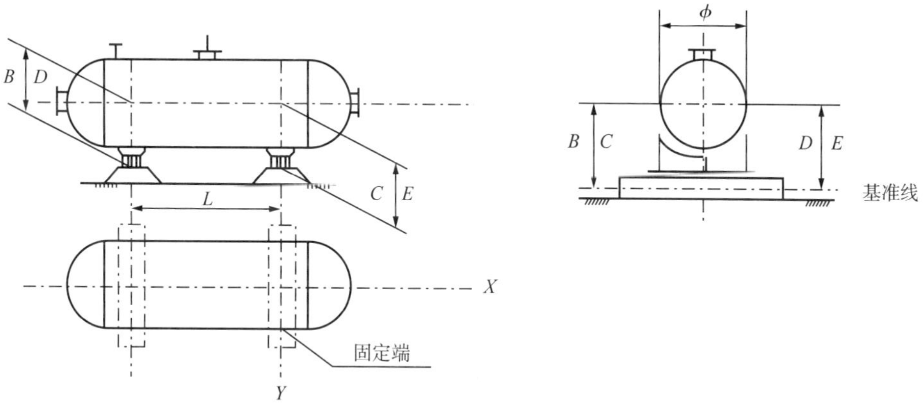

注：（1）图中 $BCDE$ 分别为设备筒体上基准中心点到基础标高基准线的相对标高值。
（2）轴向水平偏差应低向排液口方向，L 为两测点间的距离（mm）。

<table>
<tr><td colspan="4">滑动端鞍座滑动裕量、螺栓松动核验结果：
合格
核验人：　　　年　月　日</td><td>项目</td><td>测量部位</td><td>允许值（mm）</td><td>实测值（mm）</td></tr>
<tr><td rowspan="2">项　目</td><td rowspan="2">测量部位</td><td rowspan="2">允许值（mm）</td><td rowspan="2">实测值（mm）</td><td rowspan="2">中心线偏差</td><td>X 轴</td><td>±5</td><td>4</td></tr>
<tr><td>Y 轴</td><td>±5</td><td>3</td></tr>
<tr><td rowspan="4">安装标高偏差</td><td>B</td><td>±5</td><td>4</td><td rowspan="2">轴向水平</td><td>B–C</td><td>≤ L/1000</td><td>8</td></tr>
<tr><td>C</td><td>±5</td><td>2</td><td>D–E</td><td>≤ L/1000</td><td>7</td></tr>
<tr><td>D</td><td>±5</td><td>4</td><td rowspan="2">径向水平</td><td>B–D</td><td>≤ 2D/1000</td><td>3</td></tr>
<tr><td>E</td><td>±5</td><td>3</td><td>C–E</td><td>≤ 2D/1000</td><td>3</td></tr>
<tr><td colspan="8">结论：符合 SY 4201.3—2019《石油天然气建设工程施工质量验收规范设备安装工程　第 3 部分：容器类》的要求。</td></tr>
</table>

<table>
<tr><td>施工单位</td><td>监理（建设）单位</td></tr>
<tr><td>施工班（组）长：×××
专业技术负责人：×××

××××年××月××日</td><td>专业监理工程师
（建设单位项目代表）：×××

××××年××月××日</td></tr>
</table>

说明：适用于油气田地面工程各类卧式设备的安装记录。

2.2.4.2 设备填充记录示例

工程名称	××采油厂产能建设项目工程		工程编号	××	
单位工程名称			××污水处理站		
设备名称	一级含油污水处理装置	位号	1#	型号及规格	ϕ4.0m
分段编号	填料名称	填料规格		填料高度（m）	备注
1层	砾石	8~16		0.1	202005210023
2层	磁铁矿	4~8		0.1	202005210024
3层	磁铁矿	2~4		0.1	202005210025
4层	磁铁矿	1~2		0.1	202005210026
5层	磁铁矿	0.5~1		0.05	202005210027
6层	磁铁矿	0.4~0.8		0.4	202005210027
7层	石英砂	0.8~1.2		0.4	202005210029

结论：
符合设计及规范要求。

施工单位	监理（建设）单位
施工班（组）长：××× 专业技术负责人：××× ××××年××月××日	专业监理工程师 （建设单位项目代表）：××× ××××年××月××日

说明：适用于有填充物料的设备。

2.2.4.3 设备清理检查封闭记录示例

工程名称	××采油厂产能建设项目工程	工程编号	03
单位工程名称	××接转站	安装地点	甘肃庆阳
设备名称	缓冲罐	设备位号	1#
规格型号	700m^3	工作介质	含油污水
内件装配	齐全完好	充填情况	无

清理结果：

铁锈、泥沙、灰尘、木块、边角料、焊条头等杂物均清理干净。

封闭前检查：

（1）罐内无泥沙、边角料等杂物，内壁光洁。

（2）罐内壁及工艺管道及防腐按照图制 –4796、腐 –14825 设计施工完毕。

封闭方法：

（1）清扫孔、人孔封闭，垫片为耐油石棉板 δ=3mm，螺栓按要求安装完毕。

（2）仪表开孔接管法兰直接安装仪表。

（3）工艺管道开孔接管法兰，根据水 –7666 图纸要求直接安装阀门。

结论：

符合设计及规范要求。

备注：

施工单位	监理（建设）单位
施工班（组）长：××× 专业技术负责人：××× ××××年××月××日	专业监理工程师 （建设单位项目代表）：××× ××××年××月××日

说明：适用于设备安装后进行设备清理、检查、封闭。

2.2.4.4 设备 / 管道防腐、保温、保冷、涂漆施工记录示例

<table>
<tr><td colspan="2">工程名称</td><td colspan="2">× × 采油厂产能建设项目工程</td><td colspan="2">工 程 编 号</td><td>× ×</td><td colspan="4">单位工程名称</td><td colspan="5">× × 接转站</td></tr>
<tr><td rowspan="3">位号
或线号</td><td rowspan="3">名 称</td><td rowspan="3">规 格
（mm × mm）</td><td rowspan="3">数 量
台
（m）</td><td colspan="3">防 腐 与 衬 里</td><td colspan="3">保 温 或 保 冷</td><td colspan="6">涂 漆</td></tr>
<tr><td rowspan="2">材料
名称</td><td rowspan="2">层次
/ 厚度
（μm）</td><td rowspan="2">试验
结果</td><td rowspan="2">材料
名称</td><td rowspan="2">厚度
（mm）</td><td rowspan="2">保护层
材料</td><td colspan="2">底 层</td><td colspan="2">中间层</td><td colspan="2">面 层</td></tr>
<tr><td>材料
名称</td><td>道数</td><td>材料
名称</td><td>道数</td><td>材料
名称</td><td>道数</td></tr>
<tr><td>5#</td><td>排水器</td><td>ϕ 426 × 2100</td><td>1</td><td>特种纳米内防腐漆</td><td>2/100</td><td>符合要求</td><td>聚氨酯管壳</td><td>30</td><td>镀锌铁皮</td><td>防锈底漆</td><td>2</td><td>/</td><td>/</td><td>特种纳米防腐漆</td><td>2</td></tr>
<tr><td></td><td></td><td></td><td></td><td></td><td></td><td></td><td></td><td></td><td></td><td></td><td></td><td></td><td></td><td></td><td></td></tr>
<tr><td></td><td></td><td></td><td></td><td></td><td></td><td></td><td></td><td></td><td></td><td></td><td></td><td></td><td></td><td></td><td></td></tr>
<tr><td></td><td></td><td></td><td></td><td></td><td></td><td></td><td></td><td></td><td></td><td></td><td></td><td></td><td></td><td></td><td></td></tr>
<tr><td></td><td></td><td></td><td></td><td></td><td></td><td></td><td></td><td></td><td></td><td></td><td></td><td></td><td></td><td></td><td></td></tr>
<tr><td colspan="7">施工单位</td><td colspan="9">监理（建设）单位</td></tr>
<tr><td colspan="7">施工班（组）长：× × ×
专业技术负责人：× × ×

× × × × 年 × × 月 × × 日</td><td colspan="9">专业监理工程师
（建设单位项目代表）：× × ×

× × × × 年 × × 月 × × 日</td></tr>
</table>

2.2.5 电气仪表

管道试压记录亦如实填写，试压过程符合规范要求，分段升压检查，强度、严密稳压时间符合规定。其记录表格填写见 2.2.5.1 至 2.2.5.10。

2.2.5.1 接地装置安装检查记录示例

<table>
<tr><td>工程名称</td><td>××采油厂产能建设项目工程</td><td>工程编号</td><td>××</td></tr>
<tr><td>单位工程名称</td><td>××接转站</td><td>施工图号</td><td>电 -2862</td></tr>
<tr><td colspan="4">绘图并简述接地装置情况（接地种类、接地极及接地连线材质、规格、长度、埋入深度、数量、连接方法、接地网尺寸以及施工执行标准等）：
接地描述：
（1）变压器工作接地极共 6 根，形成环形接地网。实测接地电阻值 3Ω，小于 4Ω，符合设计要求；
（2）接地极规格 ϕ50×2500，接地线 -40×4 均采用热镀锌；
（3）埋地线深度 -0.7m；
（4）钢管和扁钢、扁钢和扁钢之间采用电焊搭接 3 面施焊，搭接长度大于 80mm，焊接处采用环氧煤沥青防腐处理；
（5）接地极间距为 5m，接地网与被保护体的距离不小于 3m；
（6）施工执行规范为 GB 50169—2006《电气装置安装工程接地装置施工验收规范》。
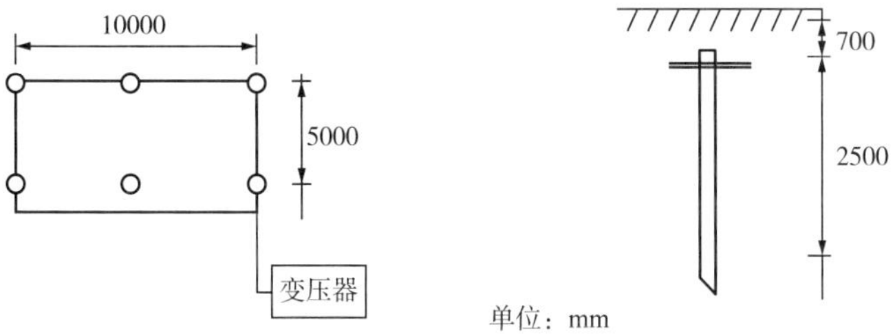

单位：mm</td></tr>
<tr><td colspan="4">检查意见：
经检查符合 GB 50169—2016《电气装置安装工程接地装置施工验收规范》施工及验收规范要求。</td></tr>
<tr><td colspan="2">施工单位</td><td colspan="2">监理（建设）单位</td></tr>
<tr><td colspan="2">施工班（组）长：×××
专业技术负责人：×××
××××年××月××日</td><td colspan="2">专业监理工程师
（建设单位项目代表）：×××
××××年××月××日</td></tr>
</table>

说明：本表由施工单位负责填写；适用于各类工作和保护接地装置的安装检查。

2.2.5.2 照明线路绝缘检查及试照记录示例

<table>
<tr><td colspan="2">工程名称</td><td colspan="3">××采油厂产能建设项目工程</td><td colspan="2">工程编号</td><td>013</td></tr>
<tr><td colspan="2">单位工程名称</td><td colspan="3">××接转站</td><td colspan="2">施工图号</td><td>电 -258</td></tr>
<tr><td colspan="2">照明盘编号</td><td></td><td colspan="2">照明盘型号</td><td></td><td>回路数</td><td></td></tr>
<tr><td rowspan="11">绝缘电阻检查记录</td><td>回路号</td><td>线数 × 截面积（mm²）</td><td colspan="5">绝 缘 电 阻（MΩ）</td></tr>
<tr><td>Z1-1</td><td>2×2.5</td><td>120</td><td>120</td><td></td><td></td><td></td></tr>
<tr><td>Z1-2</td><td>2×2.5</td><td>125</td><td>105</td><td></td><td></td><td></td></tr>
<tr><td>Z1-3</td><td>2×2.5</td><td>115</td><td>110</td><td></td><td></td><td></td></tr>
<tr><td>FSZM</td><td>2×4</td><td>120</td><td>115</td><td></td><td></td><td></td></tr>
<tr><td>1TGD</td><td>4×6</td><td>115</td><td>130</td><td></td><td></td><td></td></tr>
<tr><td>2TGD</td><td>4×6</td><td>130</td><td>125</td><td></td><td></td><td></td></tr>
<tr><td>3TGD</td><td>4×6</td><td>125</td><td>135</td><td></td><td></td><td></td></tr>
<tr><td></td><td></td><td></td><td></td><td></td><td></td><td></td></tr>
<tr><td></td><td></td><td></td><td></td><td></td><td></td><td></td></tr>
<tr><td></td><td></td><td></td><td></td><td></td><td></td><td></td></tr>
<tr><td rowspan="9">照明试照记录</td><td colspan="2">回路号（或房间名称）</td><td>灯具数</td><td>插座数</td><td>开关数</td><td>试照时间</td><td></td></tr>
<tr><td colspan="2">Z1-1　注水泵房照明</td><td>10</td><td>/</td><td>1</td><td>24h</td><td></td></tr>
<tr><td colspan="2">Z1-2　注水泵房照明</td><td>10</td><td></td><td>1</td><td>24h</td><td></td></tr>
<tr><td colspan="2">Z1-3　注水泵房配电室照明</td><td>11</td><td></td><td>1</td><td>24h</td><td></td></tr>
<tr><td colspan="2">FSZM　罐间阀室照明</td><td>1</td><td></td><td>1</td><td>24h</td><td></td></tr>
<tr><td colspan="2">1TGD　厂区投光灯</td><td>2</td><td></td><td>1</td><td>24h</td><td></td></tr>
<tr><td colspan="2"></td><td></td><td></td><td></td><td></td><td></td></tr>
<tr><td colspan="2"></td><td></td><td></td><td></td><td></td><td></td></tr>
<tr><td colspan="2"></td><td></td><td></td><td></td><td></td><td></td></tr>
<tr><td colspan="4">施工单位</td><td colspan="4">监理（建设）单位</td></tr>
<tr><td colspan="4">施工班（组）长：×××
专业技术负责人×××：
××××年××月××日</td><td colspan="4">专业监理工程师
（建设单位项目代表）：×××
××××年××月××日</td></tr>
</table>

说明：本表由施工单位负责填写；其中“绝缘电阻栏”填写线间、线对地绝缘电阻。

2.2.5.3 隔离（负荷）开关安装调整记录示例

<table>
<tr><td colspan="2">工程名称</td><td colspan="2">××采油厂产能建设项目工程</td><td colspan="2">工程编号</td><td colspan="2">××</td></tr>
<tr><td colspan="2">单位工程名称</td><td colspan="2">××接转站</td><td colspan="2">安装地点</td><td colspan="2">陕西定边</td></tr>
<tr><td rowspan="2">铭 牌</td><td>型 号</td><td colspan="2"></td><td colspan="2">电压（kV）</td><td>电流（A）</td><td></td></tr>
<tr><td>制造厂</td><td colspan="2"></td><td colspan="2">操作机构型号</td><td colspan="2"></td></tr>
<tr><td colspan="2">位号 / 出厂号</td><td colspan="3">1#</td><td colspan="3"></td></tr>
<tr><td colspan="2">检查调整项目 \ 相别</td><td>L_1</td><td>L_2</td><td>L_3</td><td>L_1</td><td>L_2</td><td>L_3</td></tr>
<tr><td colspan="2">三相不同期相差值（mm）</td><td>5.1</td><td>5.2</td><td>5.0</td><td></td><td></td><td></td></tr>
<tr><td colspan="2">导电接触面紧密程度（用塞尺测量）（mm）</td><td>1.9</td><td>1.5</td><td>1.8</td><td></td><td></td><td></td></tr>
<tr><td colspan="2">分闸状态触头拉开角度（mm）</td><td>3.1</td><td>3.0</td><td>3.0</td><td></td><td></td><td></td></tr>
<tr><td colspan="2">分闸状态触头间距离（mm）</td><td>1800</td><td>1800</td><td>1800</td><td></td><td></td><td></td></tr>
<tr><td colspan="2">绝缘电阻（MΩ）</td><td colspan="3">10000</td><td colspan="3"></td></tr>
<tr><td colspan="2">接地刀刃检查</td><td colspan="3">动作灵活可靠</td><td colspan="3"></td></tr>
<tr><td colspan="2">灭弧触头检查</td><td colspan="3">/</td><td colspan="3"></td></tr>
<tr><td colspan="2">闭锁装置检查</td><td colspan="3">动作灵活、可靠</td><td colspan="3"></td></tr>
<tr><td colspan="2">辅助开关检查</td><td colspan="3">接触良好</td><td colspan="3"></td></tr>
<tr><td colspan="2">操动机构、传动装置检查</td><td colspan="3">良好</td><td colspan="3"></td></tr>
<tr><td colspan="2">接地检查</td><td colspan="3">良好</td><td colspan="3"></td></tr>
<tr><td colspan="8">结论：
符合设计图纸及 GB 50147—2010《电气装置安装工程　高压电器施工及验收规范》施工规范要求。</td></tr>
<tr><td colspan="4">施工单位</td><td colspan="4">监理（建设）单位</td></tr>
<tr><td colspan="4">施工班（组）长：×××
专业技术负责人：×××
××××年××月××日</td><td colspan="4">专业监理工程师
（建设单位项目代表）：×××
××××年××月××日</td></tr>
</table>

说明：本表由施工单位负责填写；适用于各种不同电压等级的隔离开关、负荷开关的安装和调整。

2.2.5.4 电气盘（屏）、柜安装检查记录示例

<table>
<tr><td>工程名称</td><td colspan="3">××采油厂产能建设项目工程</td><td>工程编号</td><td colspan="2">××</td></tr>
<tr><td>单位工程名称</td><td colspan="3">××接转站</td><td>施工图号</td><td colspan="2"></td></tr>
<tr><td>型　号</td><td colspan="3"></td><td>制造厂</td><td colspan="2">长城电气股份公司</td></tr>
<tr><td>外观检查</td><td colspan="6">良好</td></tr>
<tr><td>基础型钢安装检查</td><td colspan="6">合格</td></tr>
<tr><td>盘柜内部电器检查</td><td colspan="6">合格</td></tr>
<tr><td>内部母线、绝缘子检查</td><td colspan="6">合格</td></tr>
<tr><td>一次、二次回路检查</td><td colspan="6">良好</td></tr>
<tr><td rowspan="2">成列柜（盘）
顶部水平度</td><td>允许偏差（mm）</td><td colspan="2">实测偏差（mm）</td><td rowspan="2">成列盘面
平整度</td><td>允许偏差（mm）</td><td>实测偏差（mm）</td></tr>
<tr><td>＜5</td><td colspan="2">2</td><td>＜5</td><td>3</td></tr>
<tr><td rowspan="2">垂　直　度</td><td>允许偏差（mm）</td><td colspan="2">实测偏差（mm）</td><td rowspan="2">盘间接缝</td><td>允许偏差（mm）</td><td>实测偏差（mm）</td></tr>
<tr><td>＜1.5</td><td colspan="2">1</td><td>＜2</td><td>1</td></tr>
<tr><td>抽屉小车检查</td><td>灵活</td><td>良好</td><td>闭锁</td><td>良好</td><td>接触</td><td>良好</td></tr>
<tr><td>接地检查</td><td colspan="6">良好</td></tr>
<tr><td>备注</td><td colspan="6">盘（屏）柜平面布置简图：<table><tr><td>#5
进线柜</td><td>#6
变频器柜</td><td>#7
变频器柜</td><td>#8
母联柜</td><td>#9
馈线柜</td><td>#10
馈线柜</td><td>#11
进线柜</td></tr></table></td></tr>
<tr><td colspan="4">施工单位</td><td colspan="3">监理（建设）单位</td></tr>
<tr><td colspan="4">施工班（组）长：×××
专业技术负责人：×××

××××年××月××日</td><td colspan="3">专业监理工程师
（建设单位项目代表）：×××

××××年××月××日</td></tr>
</table>

说明：本表由施工单位负责填写；适用于各类高压开关柜、低压配电盘、MCC电机控制中心，以及控制、保护、计量、信号、联锁、直流等盘（柜）的安装和检查。

2.2.5.5 变压器安装检查记录示例

<table>
<tr><td colspan="2">工程名称</td><td colspan="2">××采油厂产能建设项目工程</td><td>工程编号</td><td colspan="2">09</td></tr>
<tr><td colspan="2">单位工程名称</td><td colspan="2">××接转站</td><td>施工图号</td><td colspan="2"></td></tr>
<tr><td rowspan="3">铭牌</td><td>型号</td><td>S11-M-315</td><td>额定容量（kV·A）</td><td>315</td><td>相 数</td><td>3</td></tr>
<tr><td>额定电压（kV）</td><td>10</td><td>额定电流（A）</td><td></td><td>频率（Hz）</td><td>50</td></tr>
<tr><td>制造厂</td><td>渭南电力变压器厂</td><td>产品编号</td><td>652381</td><td>出厂日期</td><td>2012.10</td></tr>
<tr><td colspan="3">检 查 项 目</td><td colspan="4">安 装 检 查 情 况</td></tr>
<tr><td rowspan="3">外观检查</td><td colspan="2">技术文件</td><td colspan="4">齐 全</td></tr>
<tr><td colspan="2">整体密封检查</td><td colspan="4">良 好</td></tr>
<tr><td colspan="2">核对部件</td><td colspan="4">完 整</td></tr>
<tr><td rowspan="13">变压器组装</td><td colspan="2">本体就位</td><td colspan="4">位置正确、安装牢固</td></tr>
<tr><td colspan="2">散热器安装</td><td colspan="4">良好</td></tr>
<tr><td colspan="2">储油柜安装</td><td colspan="4">良好</td></tr>
<tr><td colspan="2">密封垫</td><td colspan="4">安装正确、无扭曲、变形、裂纹</td></tr>
<tr><td colspan="2">绝缘套管</td><td colspan="4">表面无裂纹、伤痕</td></tr>
<tr><td colspan="2">气体继电器</td><td colspan="4">安装正确、与连通管的连接密封良好</td></tr>
<tr><td colspan="2">温度计</td><td colspan="4">校验合格，信号接点动作正确</td></tr>
<tr><td colspan="2">风扇电动机</td><td colspan="4">转向正确、转动灵活</td></tr>
<tr><td colspan="2">箱体接地</td><td colspan="4">良好</td></tr>
<tr><td colspan="2">油 位</td><td colspan="4">正确</td></tr>
<tr><td colspan="2">干燥器</td><td colspan="4">无变色现象</td></tr>
<tr><td colspan="2"></td><td colspan="4"></td></tr>
<tr><td colspan="2"></td><td colspan="4"></td></tr>
<tr><td colspan="4">施工单位</td><td colspan="3">监理（建设）单位</td></tr>
<tr><td colspan="4">施工班（组）长：×××
专业技术负责人：×××
××××年××月××日</td><td colspan="3">专业监理工程师
（建设单位项目代表）：×××
××××年××月××日</td></tr>
</table>

说明：本表由施工单位负责填写；适用于各种型号的电力变压器、整流变压器、调压器、油浸电抗器、炉用变压器及其他变电设备的本件及附件的安装检查。

2.2.5.6　变压器器身检查记录示例

<table>
<tr><td>工程名称</td><td colspan="2">××采油厂产能建设项目工程</td><td>工程编号</td><td colspan="2">××</td></tr>
<tr><td>单位工程名称</td><td colspan="2">××接转站</td><td>安装地点</td><td colspan="2">陕西安塞</td></tr>
<tr><td>型号</td><td>S11–M–315</td><td>接线组别</td><td></td><td>冷却方式</td><td>油冷</td></tr>
<tr><td>容量（kV·A）</td><td>315</td><td>总质量（kg）</td><td></td><td>制造厂</td><td>渭南电力变压器厂</td></tr>
<tr><td>电压（kV）</td><td>10</td><td>器身质量（kg）</td><td></td><td>出厂日期</td><td>××××.××</td></tr>
<tr><td>电流（A）</td><td></td><td>油质量（kg）</td><td></td><td>出厂编号</td><td>6228212</td></tr>
<tr><td rowspan="4">铁芯检查</td><td colspan="5">铁芯、轭铁、夹件状况：铁芯无变形，轭铁及夹件绝缘良好</td></tr>
<tr><td colspan="5">夹紧螺栓的绝缘、紧固状况：夹紧螺栓的绝缘良好、紧固可靠</td></tr>
<tr><td colspan="5">铁芯接地点检查：铁芯无多点接地</td></tr>
<tr><td colspan="5">穿心螺栓绝缘电阻：符合规范要求</td></tr>
<tr><td rowspan="5">线圈检查</td><td colspan="5">线圈绝缘层状况：完整，无缺损、变形现象</td></tr>
<tr><td colspan="5">线圈排列及间隙状况：排列整齐，间隙均匀</td></tr>
<tr><td colspan="5">线圈间隙绝缘垫、压钉的紧固：绝缘垫绝缘良好，压钉紧固</td></tr>
<tr><td colspan="5">线圈绝缘电阻：符合规范要求</td></tr>
<tr><td colspan="5">线圈引出线检查：密封良好</td></tr>
<tr><td colspan="6">电压切换装置检查：连接正确，牢固</td></tr>
<tr><td colspan="6">瓷套管及引出线检查：瓷套管绝缘良好，引出线包扎紧固，无破损、拧弯现象</td></tr>
<tr><td colspan="6">箱体、阀门及散热器检查：箱体无绣蚀及机械损伤，阀门开闭灵活，指示正确，散热器无渗漏</td></tr>
<tr><td colspan="6">油枕、油位指示器及干燥器检查：油枕动作灵活，油位指示正确，绝缘良好，干燥器密封良好</td></tr>
<tr><td colspan="6">清洗及注油：用检验合格的变压器油进行清洗，采用真空注油</td></tr>
<tr><td colspan="6">注油后检查密封情况：无漏油现象</td></tr>
<tr><td colspan="6">检查日期：9 月 8 日 12 时 10 分开始，至 9 月 8 日 12 时 40 分结束</td></tr>
<tr><td colspan="6">天气情况：温度（℃）25　相对湿度（%）30</td></tr>
<tr><td>结论</td><td colspan="5">符合设计图纸及 GB 50148—2010 施工规范要求。</td></tr>
<tr><td colspan="3">施工单位</td><td colspan="3">监理（建设）单位</td></tr>
<tr><td colspan="3">施工班（组）长：×××

专业技术负责人：×××

××××年××月××日</td><td colspan="3">专业监理工程师
（建设单位项目代表）：×××

××××年××月××日</td></tr>
</table>

说明：本表由施工单位负责填写；适用于各种型号的电力变压器、整流变压器、调压器、油浸电抗器、炉用变压器及其他变电设备的器身检查。

2.2.5.7 母线安装检查记录示例

工程名称	×× 采油厂产能建设项目工程	工程编号	
单位工程名称	×× 接转站	施工图号	
电压等级（kV）	××	安装地点	××35kV 变电所变压器

1. 一般检查：外观完好，尺寸符合要求。

序号	安装检查项目	安装检查结果
1	母线型号、规格、材质核对	符合要求
2	绝缘子、穿墙套管检查	符合要求
3	绝缘支架制作安装	符合要求
4	母线安装检查	符合要求
5	连接螺栓、垫圈检查	符合要求
6	母线接触面	符合要求
7	硬母线焊接检查	
8	软母线架设检查	–

2. 母线接触面连接紧密检查：符合要求

螺栓规格（mm）	紧固力矩值（N·m）		螺栓规格（mm）	紧固力矩值（N·m）		螺栓规格（mm）	紧固力矩值（N·m）	
	允许值	实测值		允许值	实测值		允许值	实测值
M12	31.4~39.2	34						

3. 软母线弧垂：/

软母线规格型号：/

设计弧垂（mm）					
实测弧垂（mm）					

检查项目 \ 母线类别	主母线	分支母线
实测最小相间距离（mm）	120	/
实测最小对地距离（mm）	1500	/

结　论	符合设计及 GB 50149—2010 施工规范要求
备　注	

施工单位	监理（建设）单位
施工班（组）长：××× 专业技术负责人：××× ××××年××月××日	专业监理工程师 （建设单位项目代表）：××× ××××年××月××日

说明：本表由施工单位负责填写；适用于各种类型硬、软母线、母线桥（槽）的安装和检查。

2.2.5.8　电缆敷设施工检查记录示例

工程名称		××采油厂产能建设项目工程		工程编号	××		
单位工程名称		××接转站		施工日期	××××.××	温度（℃）	20
序号	编号	型号规格	起 点	终 点	长度（m）	敷设方式	中间接头数量
1	1JX	YJLV22-8.7/10 3x95	站外1#电缆终端杆	注水站1#变压器	100	埋地敷设	无

施工单位	监理（建设）单位
施工班（组）长：××× 专业技术负责人：××× ××××年××月××日	专业监理工程师 （建设单位项目代表）：××× ××××年××月××日

说明：本表由施工单位负责填写；适用于各种动力、控制电缆敷设施工检查。

2.2.5.9 电缆绝缘电阻测试记录示例

工程名称	×× 采油厂产能建设项目工程	工程编号	13
单位工程名称	×× 接转站	测试日期	××××.××
测试仪器型号	ZC25-3	温度（℃）	22

序号	电缆编号	电缆型号规格	规定阻值（MΩ）		实测最小阻值（MΩ）		备注
			线间	对地	线间	对地	
1	RHX	YJLV-0.6/1 4×10	＞1	＞1	120	115	

结论	符合设计图纸及 GB 50168—2018《电气装置安装工程 电缆线路施工及验收标准》施工规范要求。

施工单位	监理（建设）单位
施工班（组）长：××× 专业技术负责人：××× ××××年××月××日	专业监理工程师 （建设单位项目代表）：××× ××××年××月××日

说明：本表由施工单位负责填写；适用于各种低压电力电缆、控制电缆的绝缘电阻测试。

2.2.5.10 交流电动机检查试运转记录示例

工程名称		××采油厂产能建设项目工程		工程编号	22	
单位工程名称		××接转站		电机位号	3#	
铭牌	型号	JR/JS	额定功率（kW）	55	接法	Y
	额定电压（V）	380	额定电流（A）		制造厂	上海电机厂
	功率因数	0.8	绝缘等级	IP23	出厂日期	××××.××
	频率（Hz）	50	转速（r/min）	1000	出厂编号	
试运前检查内容	定子绕组绝缘电阻（MΩ）	800	转子绕组绝缘电阻（MΩ）	900	温度（℃）	50
	轴承及润滑脂（油）检查：轴承转动灵活，无松动，润滑油无变色，变质					
	电刷、换向器、集电环检查：光滑清洁，无伤痕和锈蚀现象					
	电动机接线检查：连接紧密，固定牢靠，相位正确					
	电动机控制、保护回路检查：接线正确					
	盘车检查：转动灵活，无碰卡等现象					
	接地检查：连接紧密，接触良好					
	检查日期：××××.××.××				检查人员：×××	
空载试运记录	主回路绝缘电阻：115 （MΩ）			控制回路绝缘电阻：120 （MΩ）		
	定子电流（A）	转子电流（A）	电机温度（℃）	轴承温度（℃）	环境温度（℃）	旋转方向
	8	/	29	30	20	正转
	其　他					
	试车日期：××××.××.××		试车时间：2		试车人：　李明	
负荷试车记录	定子电流（A）	转子电流（A）	电机温度（℃）	轴承温度（℃）	环境温度（℃）	功率因数
	25	/	48	51	21	0.89
	其　他					
	试车日期：××××.××.××		试车时间：4		试车人：×××	
结论	符合设计图纸及GB 50170—2018《电气装置安装工程　旋转电机施工及验收标准》施工规范要求。					
施工单位				监理（建设）单位		
施工班（组）长：××× 专业技术负责人：××× ××××年××月××日				专业监理工程师 （建设单位项目代表）：××× ××××年××月××日		

说明：本表由施工单位负责填写；当电动机转子为绕线式转子时，填写“转子绕组绝缘电阻，电刷、换向器、集电环检查，转子电流”。

3

石油天然气建设工程检验批质量验收记录

3.1 设备安装工程

3.1.1 机泵类设备安装工程①

3.1.1.1 泵组安装工程检验批质量验收记录 SY/T 4201.1

<table>
<tr><td colspan="2">工程名称</td><td colspan="2"></td><td>分项工程名称</td><td></td><td>验收部位</td><td></td></tr>
<tr><td colspan="2">施工单位</td><td colspan="2"></td><td>专业负责人</td><td></td><td>项目经理</td><td></td></tr>
<tr><td colspan="3">施工执行标准名称及编号</td><td colspan="3"></td><td>检验批编号</td><td></td></tr>
<tr><td colspan="4">质量验收规范规定</td><td colspan="3">施工单位检查记录</td><td>监理（建设）单位验收意见</td></tr>
<tr><td rowspan="8">主控项目</td><td>1</td><td colspan="2">泵组的型号、规格及技术参数等应符合设计文件要求，并具有质量证明文件</td><td colspan="3" rowspan="8"></td><td rowspan="8"></td></tr>
<tr><td rowspan="7">2</td><td rowspan="7">试运转通用要求</td><td>试运转的介质宜采用清水；当泵组输送介质不是清水时，应按介质的密度、相对密度折算为清水进行试运转，流量不应小于额定值的 20%；电流不得超过电动机的额定电流</td></tr>
<tr><td>润滑油不得有渗漏和雾状喷油；轴承、轴承箱和油池润滑油的温升不应超过环境温度 40℃，滑动轴承的温度不应高于 70℃；滚动轴承的温度不应高于 80℃</td></tr>
<tr><td>各固定连接部位不应有松动；各运动部件运转应正常，不得有异常声响和摩擦；附属系统的运转应正常；管道连接应牢固、无渗漏</td></tr>
<tr><td>轴承的振动速度有效值应在额定转速、最高排出压力和无气蚀条件下检测，检测及其限值应符合随机技术文件的规定；无规定时，应符合 GB 50275—2010《风机、压缩机、泵安装工程施工及验收规范》附录 A 的规定</td></tr>
<tr><td>泵组的静密封应无泄漏，填料函和轴密封的泄漏量不应超过随机技术文件的规定</td></tr>
<tr><td>润滑、液压、加热和冷却系统的工作应无异常现象</td></tr>
<tr><td>泵组的安全保护和电控装置及各部分仪表应灵敏、正确、可靠</td></tr>
</table>

① 本部分的“SY/T 4201.1”代表依据为 SY/T 4201.1—2019《石油天然气建设工程施工质量验收规范设备安装工程 第 1 部分 机泵类》。

泵组安装工程检验批质量验收记录（续表 1） SY/T 4201.1

<table>
<tr><td colspan="4">工程名称</td><td></td><td>分项工程名称</td><td>验收部位</td><td></td></tr>
<tr><td colspan="4">施工单位</td><td></td><td>专业负责人</td><td>项目经理</td><td></td></tr>
<tr><td colspan="4">施工执行标准名称及编号</td><td colspan="2"></td><td>检验批编号</td><td></td></tr>
<tr><td colspan="6">质量验收规范规定</td><td>施工单位检查记录</td><td>监理（建设）单位验收意见</td></tr>
<tr><td rowspan="11">主控项目</td><td rowspan="5">2</td><td rowspan="5">试运转通用要求</td><td rowspan="4">轴功率对应的连续试运转时间（min）</td><td>＜ 50kW</td><td>30</td><td rowspan="5"></td><td rowspan="11"></td></tr>
<tr><td>50~100kW</td><td>60</td></tr>
<tr><td>100~400kW</td><td>90</td></tr>
<tr><td>≥ 400kW</td><td>120</td></tr>
<tr><td></td><td colspan="2">高速泵组及特殊要求的泵组试运转时间应符合随机技术文件的规定</td></tr>
<tr><td rowspan="6">3</td><td colspan="2" rowspan="2">离心泵组试运转</td><td colspan="2">机械密封的泄漏量不应大于 5mL/h，填料密封的泄漏量不应大于 SY/T 4201.1—2019《石油天然气建设工程施工质量验收规范设备安装工程　第 1 部分　机泵类》中表 4.2.3–1 的规定，且温升应正常；输送有毒、有害、易燃等介质的泵组，密封的泄漏量不应大于设计文件的规定值</td><td rowspan="2"></td></tr>
<tr><td colspan="2">工作介质相对密度小于 1 的离心泵组用水进行试运转时，控制电动机的电流不得超过额定值，且水流量不应小于额定值的 20%；用于有毒、有害、易燃、易爆颗粒等介质进行运转的泵组，其试运转应符合随机技术文件的规定</td></tr>
<tr><td colspan="2">输油泵组试运转</td><td colspan="2">填料函的温升应正常，普通软填料可有少量泄漏，输送轻质油不应大于 20 滴 /min，输送原油不应大于 10 滴 /min；机械密封、螺旋密封平均泄漏量不应超过 3 滴 /min</td><td></td></tr>
<tr><td colspan="2" rowspan="3">长轴深井泵组试运转</td><td colspan="2">电动机与泵组传动装置的润滑应正常，工作时油温和轴承处的油温均不应大于 75℃</td><td rowspan="3"></td></tr>
<tr><td colspan="2">在泵组座填料处温升正常时，轴封泄漏量不应大于 SY/T 4201.1—2019《石油天然气建设工程施工质量验收规范设备安装工程　第 1 部分　机泵类》中表 4.2.3– 2 的规定</td></tr>
<tr><td colspan="2">泵组在额定转速和最大流量下连续运转时间不应少于 2h</td></tr>
</table>

泵组安装工程检验批质量验收记录（续表 2） SY/T 4201.1

<table>
<tr><td colspan="3">工程名称</td><td></td><td>分项工程名称</td><td></td><td>验收部位</td><td></td></tr>
<tr><td colspan="3">施工单位</td><td></td><td>专业负责人</td><td></td><td>项目经理</td><td></td></tr>
<tr><td colspan="4">施工执行标准名称及编号</td><td colspan="2"></td><td>检验批编号</td><td></td></tr>
<tr><td colspan="4">质量验收规范规定</td><td colspan="3">施工单位检查记录</td><td>监理（建设）单位验收意见</td></tr>
<tr><td rowspan="14">主控项目</td><td rowspan="14">3</td><td rowspan="4">井用潜水泵组试运转</td><td>压力、流量应正常，电流不应大于额定值</td><td colspan="3" rowspan="4"></td><td rowspan="14"></td></tr>
<tr><td>安全保护装置及仪表均应安全、正确、可靠</td></tr>
<tr><td>扬水管应无异常的振动</td></tr>
<tr><td>在额定转速和最大流量下，连续运转时间不应少于 2h</td></tr>
<tr><td rowspan="3">轴流泵组试运转</td><td>滚动轴承温升不应超过 35℃，其最高温度不应超过 75℃</td><td colspan="3" rowspan="3"></td></tr>
<tr><td>齿轮箱内油的温升应正常；油池的油位应保持在规定的刻度范围内，并不得漏油</td></tr>
<tr><td>填函处的温升应正常，泄漏量应符合随机技术文件的规定</td></tr>
<tr><td>齿轮泵组试运行</td><td>轴封泄漏量应符合随机技术文件的规定；无规定时，轴封泄漏量应符合 SY/T 4201.1—2019《石油天然气建设工程施工质量验收规范设备安装工程　第 1 部分　机泵类》中表 4.2.3 -3 的规定</td><td colspan="3"></td></tr>
<tr><td>螺杆泵组试运转</td><td>轴承温升不应超过环境温度 35℃，并不应超过输送介质温度 20℃；外装式轴承表面温升不应超过环境温度 40℃；轴承最高温度不应超过 80℃</td><td colspan="3"></td></tr>
<tr><td rowspan="2">往复泵组试运转</td><td>泵组的润滑油压及油位应在规定范围内，油池、油箱的油温不应超过 75℃，轴承和十字头导轨孔的温度不应超过 85℃</td><td colspan="3" rowspan="2"></td></tr>
<tr><td>填函的泄漏量不应大于泵组额定流量的 0.01%；当泵组额定流量小于 $10m^3/h$ 时，其填函的泄漏量不应大于 1L/h；各静密封面不应泄漏</td></tr>
</table>

泵组安装工程检验批质量验收记录（续表 3） SY/T 4201.1

工程名称		分项工程名称		验收部位	
施工单位		专业负责人		项目经理	
施工执行标准名称及编号				检验批编号	

质量验收规范规定				施工单位检查记录	监理（建设）单位验收意见
一般项目	1	地脚螺栓、螺母、垫圈的材质、规格应符合泵组随机技术文件或设计文件要求			
	2	地脚螺栓安装	螺栓应垂直		
			地脚螺栓上的油污和氧化皮应清除干净，螺纹部分应涂少量油脂		
			地脚螺栓与孔壁距离不宜小于 15mm		
			地脚螺栓底端不应碰孔底		
	3	地脚螺栓预留孔灌浆	灌浆前，应对灌浆处清洗洁净		
			灌浆宜采用细碎石混凝土，其强度应比基础混凝土强度高一等级		
			灌浆时应捣实，不应使地脚螺栓倾斜和影响设备的安装精度		
	4	泵组调平常用的斜垫铁和平垫铁应符合泵组随机技术文件规定的要求			
		无规定时	斜垫铁的材料宜采用普通碳素钢，平垫铁的材料可采用普通碳素钢或铸铁		
			垫铁的厚度不应小于 2mm，斜垫铁的斜度宜为 1/10~1/20；对振动较大、重心较高或安装精度要求较高的设备的垫铁斜度宜为 1/40		
	5	垫铁安装	垫铁组在能放稳和不影响灌浆的条件下，应放在靠近地脚螺栓和底座主要受力部位下方		
			在地脚螺栓两侧各放置一组，应使垫铁靠近地脚螺栓，当地脚螺栓间距小于 300mm 时，可在各地脚螺栓的同一侧放置一组垫铁，且应均匀布置		
			相邻两垫铁组间的距离宜为 500~1000mm		
			设备底座有接缝处的两侧，应各安装一组垫铁		
			每一垫铁组的最小面积应能承受泵组的分布负荷，其面积应按 SY/T 0403—2014《输油泵组合安装技术规范》的有关规定计算		

泵组安装工程检验批质量验收记录（续表 4） SY/T 4201.1

<table>
<tr><td colspan="3">工程名称</td><td></td><td>分项工程名称</td><td></td><td>验收部位</td><td></td></tr>
<tr><td colspan="3">施工单位</td><td></td><td>专业负责人</td><td></td><td>项目经理</td><td></td></tr>
<tr><td colspan="4">施工执行标准名称及编号</td><td colspan="2"></td><td>检验批编号</td><td></td></tr>
<tr><td colspan="4">质量验收规范规定</td><td colspan="3">施工单位检查记录</td><td>监理（建设）单位验收意见</td></tr>
<tr><td rowspan="9">一般项目</td><td rowspan="6">5</td><td rowspan="6">垫铁安装</td><td>垫铁组应由代号相同的平垫铁和斜垫铁组成，斜垫铁应成对使用，且斜垫铁斜度应相同，搭接长度不应小于全长的 3/4，其相互间的偏斜角不应大于 3°；承受重负荷或有较强连续振动的设备，宜使用平垫铁</td><td colspan="3"></td><td rowspan="9"></td></tr>
<tr><td>垫铁组应安放平稳整齐，垫铁之间应接触良好；斜垫铁应放置在平垫铁上面，放置平垫铁时，厚的宜放在下面，薄的宜放在中间</td><td colspan="3"></td></tr>
<tr><td>每一垫铁组的块数不宜超过 5 块，垫铁组的高度宜为 30~70mm</td><td colspan="3"></td></tr>
<tr><td>泵组找正调平后，垫铁端面应露出设备底面外缘，平垫铁宜露出 10~30mm，斜垫铁宜露出 10~50mm。垫铁组伸入设备底座底面的长度应超过设备地脚螺栓的中心</td><td colspan="3"></td></tr>
<tr><td>泵组找正调平后，每组垫铁均应压紧，并应用手锤逐组轻击听音检查；对高速运转的设备垫铁组，当采用 0.05mm 塞尺检查垫铁之间及垫铁与底座面之间的间隙时，在垫铁同一断面处以两侧塞入的长度总和不得超过垫铁长度或宽度的 1/3</td><td colspan="3"></td></tr>
<tr><td>泵组找正调平检查合格后，除铸铁垫铁外，各垫铁相互间应用定位焊焊牢，垫铁与设备底座之间不得焊接</td><td colspan="3"></td></tr>
<tr><td>6</td><td colspan="2">预留孔中的混凝土达到设计强度的 75% 以上时，方可拧紧地脚螺栓。螺母与垫圈、垫圈与设备底座间的接触均应紧密，螺母拧紧后螺纹露出螺母长度应为 2~3 个螺距</td><td colspan="3"></td></tr>
<tr><td>7</td><td colspan="2">基础与设备底座面之间二次灌浆前，外模板至设备底座外缘的间距不应小于 80mm；灌浆后，设备外缘的灌浆层应平整，灌浆层高出设备底座底面的高度值不应小于 10mm</td><td colspan="3"></td></tr>
<tr><td>8</td><td colspan="2">泵组采用无垫铁安装时，二次灌浆层达到设计强度的 75% 以上后，方可松掉顶丝或取出支撑件</td><td colspan="3"></td></tr>
</table>

泵组安装工程检验批质量验收记录（续表5） SY/T 4201.1

工程名称		分项工程名称		验收部位	
施工单位		专业负责人		项目经理	
施工执行标准名称及编号				检验批编号	

质量验收规范规定						施工单位检查记录	监理（建设）单位验收意见
一般项目	9	中心线位置允许偏差（mm）			10		
		标高允许偏差（mm）			-10~+20		
	10	电动机底座上部的垫板与机爪间的接触面应达到75%以上，用0.05mm塞尺检查，大中型电动机不得塞入5mm，小型电动机不得塞入10mm					
	11	水平允许偏差	整体安装	纵向	≤ 0.1mm/m		
				横向	≤ 0.2mm/m		
			大中型泵组机组	纵向	≤ 0.05mm/m		
				横向	≤ 0.05mm/m		
				机组轴系纵向安装水平的方向应相同且使轴系形成平滑的轴线，横向安装水平方向不宜相反			
	12	长轴深井泵组装	传动轴以螺纹联轴器连接时，两轴端面应紧密贴合，两轴旋入联轴器的深度应相等				
			泵组座与扬水管连接后应放在基础上，当泵组座底面与基础上平面不平行时，应在泵组座与基础间的间隙中以楔形垫铁填实，不得单独校正泵组座的水平				
			电动机与底座应紧密贴合，其间不得加垫；当电动机轴与电动机空心轴不同轴时，应在泵组座与基础间加斜垫铁调整				
	13	井用潜水泵组的安装	扬水管采用螺纹连接时，螺纹部分应加润滑油，不应填入麻丝铅油，两管旋入连管器的深度应相等；扬水管采用法兰连接时螺栓的拧紧力矩应均匀，法兰端面密封应严密、无渗漏				
			泵组座安装水平允许偏差	纵向	0.1mm/m		
				横向	0.1mm/m		
			电动机定子绕组的冷态绝缘电阻、耐电压试验和电动机腔及密封装置的严密性试验，应符合GB 50275—2010《压缩机、风机、泵安装工程施工及验收规范》的有关规定				

泵组安装工程检验批质量验收记录（续表 6） SY/T 4201.1

工程名称		分项工程名称		验收部位	
施工单位		专业负责人		项目经理	
施工执行标准名称及编号				检验批编号	

质量验收规范规定					施工单位检查记录	监理（建设）单位验收意见
一般项目	14	轴流泵组水平度	卧式泵组的安装水平允许偏差为0.2mm/m			
			立式具有单层基础的泵组，驱动机与泵组的安装水平允许偏差为0.2mm/m			
			具有双层基础的泵组，驱动机和泵组的安装水平允许偏差为0.05mm/m，且倾斜方向应一致			
			泵组座轴线与进水管道轴线的同轴度应为 ϕ 2mm			
	15	往复泵组水平度允许偏差	纵向	0.5mm/m		
			横向	0.5mm/m		
	16	泵组找正	联轴器连接	联轴器的装配允许偏差应符合设备技术文件的规定；无规定时，应按 GB 50231—2017《机械设备安装工程施工及验收通用规范》的有关规定执行		
				叠片挠性联轴器对中偏差应符合设计文件的规定；无规定时，应按 SH/T 3538—2017《石油化工机器设备安装工程施工及验收通用规范》的有关规定执行		
			皮带连接	带轮两轮轮宽的中央平面应在同一平面上，其偏移值允许偏差为0.5mm		
				两轴平行度的偏差 tan θ 值，允许偏差为其中心距的0.15%		
施工单位检查评定结果	项目专业质量检查员： 年 月 日					
监理（建设）单位验收结论	监理工程师： （建设单位项目代表） 年 月 日					

3.1.1.2 压缩机安装工程检验批质量验收记录 SY/T 4201.1

工程名称		分项工程名称		验收部位	
施工单位		专业负责人		项目经理	
施工执行标准名称及编号				检验批编号	

<table>
<tr><td colspan="5">质量验收规范规定</td><td>施工单位检查记录</td><td>监理（建设）单位验收意见</td></tr>
<tr><td rowspan="16">主控项目</td><td>1</td><td colspan="3">压缩机的型号、规格及技术参数等应符合设计文件要求，并具有质量证明文件</td><td rowspan="8"></td><td rowspan="16"></td></tr>
<tr><td rowspan="7">2</td><td rowspan="3">平行度允许偏差（mm）</td><td>$v < 3000$r/min</td><td>≤ D/1000</td></tr>
<tr><td>3000r/min ≤ v < 6000r/min</td><td>≤ 0.15</td></tr>
<tr><td>v ≥ 6000r/min</td><td>≤ 0.1</td></tr>
<tr><td rowspan="3">同轴度允许偏差（mm）</td><td>$v < 3000$ r/min</td><td>全部螺栓顺利穿入</td></tr>
<tr><td>3000r/min ≤ v < 6000r/min</td><td>≤ 0.5</td></tr>
<tr><td>v ≥ 6000r/min</td><td>≤ 0.2</td></tr>
<tr><td>法兰面在自由状态下的间距</td><td colspan="2">顺利插入垫片的最小距离</td></tr>
<tr><td>3</td><td colspan="3">管道吹扫及清洗应符合设计文件及设备技术文件的规定；无规定时，应按 SY/T 4111—2018《天然气压缩机组安装工程施工技术规范》的有关规定执行</td><td></td></tr>
<tr><td>4</td><td colspan="3">润滑油系统试运行应符合设备技术文件的规定；无规定时，应按 SY/T 4111—2018《天然气压缩机组安装工程施工技术规范》的有关规定执行</td><td></td></tr>
<tr><td rowspan="5">5</td><td rowspan="5">无负荷试运转</td><td colspan="2">应启动冷却系统、润滑系统，其运转应正常</td><td rowspan="5"></td></tr>
<tr><td colspan="2">应检查盘车装置，应处于压缩机（组）启动所要求的位置</td></tr>
<tr><td colspan="2">运转中润滑油压不得小于 0.10MPa，曲轴箱或机身内润滑油的温度不应高于 70℃</td></tr>
<tr><td colspan="2">各级冷却水排水温度应符合随机技术文件的规定；无规定时，各级冷却水排水温度不应高于 45℃</td></tr>
<tr><td colspan="2">运转中各运动部件应无异常声响，各紧固件应无松动</td></tr>
<tr><td>6</td><td>负荷试运转</td><td colspan="2">升压运转的程序、压力和运转时间应符合随机技术文件的规定；无规定时，且排气压力为额定压力的 1/4 时，应连续运转 1h；排气压力为额定压力的 1/2 时，应连续运转 2h；排气压力为额定压力的 3/4 时，应连续运转 2h；在额定压力下连续运转不应小于 3h；升压运转过程中，应在前一级压力下运转无异常现象后再将压力逐渐升高</td><td></td></tr>
</table>

压缩机安装工程检验批质量验收记录（续表 1） SY/T 4201.1

工程名称			分项工程名称		验收部位	
施工单位			专业负责人		项目经理	
施工执行标准名称及编号					检验批编号	

质量验收规范规定				施工单位检查记录	监理（建设）单位验收意见
主控项目	6	负荷试运转	压缩介质不是空气的压缩机，当采用空气进行负荷试运转时，其最高排气压力应符合随机技术文件的规定		
			一级吸气压力、各级排气温度和末级排气压力应符合随机技术文件的规定		
			运转中润滑油压不得低于 0.10MPa；曲轴箱或机身内润滑油的温度不应高于 70℃		
			各级冷却水排水温度应符合随机技术文件的规定；无规定时，各级冷却水排水温度不应高于 45℃		
			压缩机运转时的振动速度有效值或峰—峰值应符合随机技术文件的规定		
一般项目	1	地脚螺栓安装	螺栓应垂直		
			地脚螺栓上的油污和氧化皮应清除干净，螺纹部分应涂少量油脂		
			应使地脚螺栓离预留孔底或任意孔壁的距离均不应小于 20mm		
	2	垫铁安装	相邻两垫铁组间的距离宜为 500~1000mm		
			垫铁组应由代号相同的平垫铁和斜垫铁组成，斜垫铁应成对使用，且斜垫铁斜度应相同，搭接长度不应小于全长的 3/4，其相互间的偏斜角不应大于 3°；承受重负荷或有较强连续振动的设备，宜使用平垫铁		
			每一垫铁组的块数不宜超过 5 块，垫铁组的高度宜为 30~70mm		
			找正调平后，垫铁端面应露出设备底面外缘，平垫铁宜露出 10~30mm，斜垫铁宜露出 10~50mm。垫铁组伸入设备底座底面的长度应超过设备地脚螺栓的中心		

压缩机安装工程检验批质量验收记录（续表 2） SY/T 4201.1

工程名称				分项工程名称		验收部位	
施工单位				专业负责人		项目经理	
施工执行标准名称及编号						检验批编号	
质量验收规范规定						施工单位检查记录	监理（建设）单位验收意见
一般项目	2	垫铁安装	找正调平后，每组垫铁均应压紧，并应用手锤逐组轻击听音检查；对高速运转的设备垫铁组，当采用 0.05mm 塞尺检查垫铁之间及垫铁与底座面之间的间隙时，在垫铁同一断面处以两侧塞入的长度总和不得超过垫铁长度或宽度的 1/3				
			找正调平检查合格后，除铸铁垫铁外，各垫铁相互间应用定位焊焊牢，垫铁与设备底座之间不得焊接				
	3	无垫铁安装	垫板安装允许偏差	水平（mm/m）	2		
				标高（mm）	± 2		
			机器底板上无调节螺栓的压缩机安装时，可用自制螺栓千斤顶进行机组找平、找正。在留出螺栓千斤顶位置以后，可采用无收缩水泥砂浆、微膨胀水泥砂浆、环氧砂浆或专用成品灌浆材料进行二次灌浆，待二次灌浆层达到设计要求强度 75% 以上时，方可取出螺栓千斤顶，随后补灌空洞部分				
	4	中心线位置允许偏差（mm）		整体	5		
				分体	2		
		标高允许偏差（mm）		整体	± 5		
				分体	± 1		
		与建筑轴线距离允许偏差（mm）			20		
	5	水平度允许偏差（mm/m）	往复式 机身	纵向	0.05		
			往复式 机身	横向	0.05		
			往复式 曲轴	纵向	0.1		

压缩机安装工程检验批质量验收记录（续表 3） SY/T 4201.1

<table>
<tr><td colspan="4">工程名称</td><td colspan="3"></td><td colspan="4">分项工程名称</td><td colspan="4"></td><td>验收部位</td><td></td></tr>
<tr><td colspan="4">施工单位</td><td colspan="3"></td><td colspan="4">专业负责人</td><td colspan="4"></td><td>项目经理</td><td></td></tr>
<tr><td colspan="5">施工执行标准名称及编号</td><td colspan="10"></td><td>检验批编号</td><td></td></tr>
<tr><td colspan="6">质量验收规范规定</td><td colspan="10">施工单位检查记录</td><td>监理（建设）单位验收意见</td></tr>
<tr><td rowspan="5">一般项目</td><td rowspan="4">5</td><td rowspan="4">水平度允许偏差（mm/m）</td><td rowspan="2">离心式</td><td>纵向</td><td>0.05</td><td></td><td></td><td></td><td></td><td></td><td></td><td></td><td></td><td colspan="2"></td><td rowspan="5"></td></tr>
<tr><td>横向</td><td>0.1</td><td></td><td></td><td></td><td></td><td></td><td></td><td></td><td></td><td colspan="2"></td></tr>
<tr><td rowspan="2">螺杆式</td><td>纵向</td><td>0.2</td><td></td><td></td><td></td><td></td><td></td><td></td><td></td><td></td><td colspan="2"></td></tr>
<tr><td>横向</td><td>0.2</td><td></td><td></td><td></td><td></td><td></td><td></td><td></td><td></td><td colspan="2"></td></tr>
<tr><td>6</td><td colspan="4">压缩机安装对中及驱动机轴线端面偏差应符合设备技术文件的规定；无规定时，应按 GB 50275—2010《压缩机、风机、泵安装工程施工及验收规范》的有关规定执行</td><td></td><td></td><td></td><td></td><td></td><td></td><td></td><td></td><td colspan="2"></td></tr>
<tr><td colspan="2">施工单位检查评定结果</td><td colspan="15">项目专业质量检查员：　　　　年　月　日</td></tr>
<tr><td colspan="2">监理（建设）单位验收结论</td><td colspan="15">监理工程师：
（建设单位项目代表）　　　　年　月　日</td></tr>
</table>

3.1.1.3 燃气轮机安装工程检验批质量验收记录 SY/T 4201.1

工程名称		分项工程名称		验收部位	
施工单位		专业负责人		项目经理	
施工执行标准名称及编号				检验批编号	

质量验收规范规定				施工单位检查记录	监理（建设）单位验收意见
主控项目	1		燃气轮机的型号、规格及技术参数等应符合设计文件要求，并具有质量证明文件		
	2		润滑油、控制油、液压油系统系统，冷却与密封空气系统，加热与通风系统，冷却水系统，可调导叶系统，燃料系统等应调试合格		
	3	试运行	所有附属设备及各有关系统应调试合格		
			启动过程中的各启动操作，应按设备技术文件的规定进行		
			燃气轮机通过临界转速时应平稳迅速，各轴承的振动值应符合出厂随机技术文件的要求，正常运行时的极限振动值应符合 SY/T 4201.1—2019《石油天然气建设工程施工质量验收规范设备安装工程 第 1 部分 机泵类》中表 6.2.3 的规定		
			超速试验时提升的最高转速不得超过出厂随机技术文件最大检查转速，且不得超过 101% 的跳闸转速，超速试验应满足主机试验的有关要求		
			负荷运行应在无负荷试运合格后进行，负荷连续运行不应少于 24h，负荷运行的各个阶段应做好试运记录		
一般项目	1	地脚螺栓安装	螺栓应垂直		
			地脚螺栓上的油污和氧化皮应清除干净，螺纹部分应涂少量油脂		
			地脚螺栓与孔壁距离不宜小于 15mm		
			地脚螺栓底端不应碰孔底		
			应在二次灌浆后对称紧固地脚螺栓，拧紧力矩应符合设备技术文件的规定		
	2	垫铁安装	相邻两垫铁组间的距离宜为 500~1000mm		
			垫铁组应由代号相同的平垫铁和斜垫铁组成，斜垫铁应成对使用，且斜垫铁斜度应相同，搭接长度不应小于全长的 3/4，其相互间的偏斜角不应大于 3°；承受重负荷或有较强连续振动的设备，宜使用平垫铁		
			每一垫铁组的块数不宜超过 5 块，垫铁组的高度宜为 30~70mm		

燃气轮机安装工程检验批质量验收记录（续表 1） SY/T 4201.1

工程名称		分项工程名称		验收部位	
施工单位		专业负责人		项目经理	
施工执行标准名称及编号				检验批编号	

质量验收规范规定						施工单位检查记录	监理（建设）单位验收意见
一般项目	2	垫铁安装	找正调平后，垫铁端面应露出设备底面外缘，平垫铁宜露出 10~30mm，斜垫铁宜露出 10~50mm。垫铁组伸入设备底座底面的长度应超过设备地脚螺栓的中心				
			找正调平后，每组垫铁均应压紧，并应用手锤逐组轻击听音检查；对高速运转的设备垫铁组，当采用 0.05mm 塞尺检查垫铁之间及垫铁与底座面之间的间隙时，在垫铁同一断面处以两侧塞入的长度总和不得超过垫铁长度或宽度的 1/3				
			找正调平检查合格后，除铸铁垫铁外，各垫铁相互间应用定位焊焊牢，执铁与设备底座之间不得焊接				
	3	无垫铁安装	垫铁安装允许偏差	水平（mm/m）	2		
				标高（mm/m）	±2		
			机器底板上无调节螺栓的燃气轮机安装时，可用自制螺栓千斤顶进行机组找平、找正。在留出螺栓千斤顶位置以后，可采用无收缩水泥砂浆、微膨胀水泥砂浆、环氧砂浆或专用成品灌浆材料进行二次灌浆，待二次灌浆层达到设计要求强度 75% 以上时，方可取出螺栓千斤顶，随后补灌空洞部分				
	4	中心线位置允许偏差（mm）			5		
		标高允许偏差（mm）			±5		
		机身水平度允许偏差		纵向（mm/m）	0.05		
				横向（mm/m）	0.05		
	5	底盘与机壳各支承座的配合平面应光洁并且接触严密，接触面积应大于 75% 并分布均匀。其局部间隙应小于 0.05mm，底盘的水平度应符合制造厂图纸的技术要求					
	6	轴承座油管及油孔应畅通、清洁					
		轴承座油箱应作灌油试验，灌油高度不应低于回油管上壁，24h 内应无渗漏					

燃气轮机安装工程检验批质量验收记录（续表 2） SY/T 4201.1

<table>
<tr><td>工程名称</td><td colspan="4"></td><td>分项工程名称</td><td></td><td>验收部位</td><td></td></tr>
<tr><td>施工单位</td><td colspan="4"></td><td>专业负责人</td><td></td><td>项目经理</td><td></td></tr>
<tr><td colspan="2">施工执行标准名称及编号</td><td colspan="5"></td><td>检验批编号</td><td></td></tr>
<tr><td colspan="6">质量验收规范规定</td><td colspan="2">施工单位检查记录</td><td>监理（建设）单位验收意见</td></tr>
<tr><td rowspan="10">一般项目</td><td>6</td><td colspan="4">轴承座与轴承盖的水平结合面，拧紧螺栓后，局部间隙应小于 0.05mm，通过压力油的油孔四周应连续接触</td><td colspan="2"></td><td rowspan="10"></td></tr>
<tr><td rowspan="9">7</td><td colspan="4">联轴器应按制造厂提供的找正图表或冷态对中数据进行对中</td><td colspan="2"></td></tr>
<tr><td colspan="4">联轴器上部件不应松动，键、锁紧螺钉、螺母等均应锁紧</td><td colspan="2"></td></tr>
<tr><td colspan="4">联轴器法兰端面应光洁、无毛刺</td><td colspan="2"></td></tr>
<tr><td rowspan="6">同心度允许偏差</td><td rowspan="2">刚性与刚性</td><td>径向（mm）</td><td>0.04</td><td colspan="2"></td></tr>
<tr><td>轴向（mm/m）</td><td>0.05</td><td colspan="2"></td></tr>
<tr><td rowspan="2">刚性与半挠性</td><td>径向（mm）</td><td>0.05</td><td colspan="2"></td></tr>
<tr><td>轴向（mm/m）</td><td>0.20</td><td colspan="2"></td></tr>
<tr><td rowspan="2">齿式或爪式</td><td>径向（mm）</td><td>0.10</td><td colspan="2"></td></tr>
<tr><td>轴向（mm/m）</td><td>0.20</td><td colspan="2"></td></tr>
<tr><td>施工单位检查评定结果</td><td colspan="8">项目专业质量检查员： 年 月 日</td></tr>
<tr><td>监理（建设）单位验收结论</td><td colspan="8">监理工程师：
（建设单位项目代表） 年 月 日</td></tr>
</table>

3.1.1.4 电动机安装工程检验批质量验收记录 SY/T 4201.1

工程名称		分项工程名称		验收部位	
施工单位		专业负责人		项目经理	
施工执行标准名称及编号				检验批编号	

质量验收规范规定				施工单位检查记录	监理（建设）单位验收意见
主控项目	1	电动机的型号、规格及技术参数等应符合设计文件要求，并具有质量证明文件			
	2	电动机的调试，应符合GB 50150—2016《电气装置安装工程电气设备交换试验标准》的有关规定			
	3	电动机的保护、控制、测量、信号等回路的调试应合格，动作应正常			
	4	润滑油系统试运	润滑油的选用必须符合设备技术文件的要求		
			油系统应无渗漏现象，高油位和低油位信号应调整正确		
			油质检验应符合规范要求		
	5	冷却系统试运	循环冷却系统的介质必须符合技术文件的规定		
			介质管路应畅通且无泄漏		
	6	试运	电动机的旋转方向应符合要求，应无异响		
			检查电动机各部温度，严禁超过产品技术文件的规定		
			滑动轴承温度不应超过80℃，滚动轴承温度不应超过95℃		
			电动机振动的双倍振幅值不应大于SY/T 4201.1—2019《石油天然气建设工程施工质量验收规范 设备安装工程 第1部分 机泵类》中表7.2.6的规定		
一般项目	1	地脚螺栓安装	螺栓应垂直		
			地脚螺栓上的油污和氧化皮应清除干净，螺纹部分应涂少量油脂		
			地脚螺栓与孔壁距离不宜小于15mm		
			地脚螺栓底端不应碰孔底		
			应在二次灌浆后对称紧固地脚螺栓，拧紧力矩应符合设备技术文件的规定		

电动机安装工程检验批质量验收记录（续表 1） SY/T 4201.1

工程名称		分项工程名称		验收部位	
施工单位		专业负责人		项目经理	
施工执行标准名称及编号				检验批编号	

质量验收规范规定				施工单位检查记录	监理（建设）单位验收意见
一般项目	2	垫铁安装	相邻两垫铁组间的距离宜为 500~1000mm		
			垫铁组应由代号相同的平垫铁和斜热铁组成，斜垫铁应成对使用，且斜垫铁斜度应相同，搭接长度不应小于全长的 3/4，其相互间的偏斜角不应大于 3°；承受重负荷或有较强连续振动的设备，宜使用平垫铁		
			每一垫铁组的块数不宜超过 5 块，垫铁组的高度宜为 30~70mm		
			找正调平后，垫铁端面应露出设备底面外缘，平垫铁宜露出 10~30mm，斜垫铁宜露出 10~50mm。垫铁组伸入设备底座底面的长度应超过设备地脚螺栓的中心		
			找正调平后，每组垫铁均应压紧，并应用手锤逐组轻击听音检查；对高速运转的设备垫铁组，当采用 0.05mm 塞尺检查垫铁之间及垫铁与底座面之间的间隙时，在垫铁同一断面处以两侧塞入的长度总和不得超过垫铁长度或宽度的 1/3		
			找正调平检查合格后，除铸铁垫铁外，各垫铁相互间应用定位焊焊牢，垫铁与设备底座之间不得焊接		
	3	无垫铁安装	垫铁安装允许偏差：水平（mm/m） 2		
			垫铁安装允许偏差：标高（mm/m） ± 2		
			机器底板上无调节螺栓的燃气轮机安装时，可用自制螺栓千斤顶进行机组找平、找正。在留出螺栓千斤顶位置以后，可采用无收缩水泥砂浆、微膨胀水泥砂浆、环氧砂浆或专用成品灌浆材料进行二次灌浆，待二次灌浆层达到设计要求强度 75% 以上时，方可取出螺栓千斤顶，随后补灌空洞部分		

电动机安装工程检验批质量验收记录（续表 2） SY/T 4201.1

<table>
<tr><td colspan="3">工程名称</td><td colspan="2"></td><td>分项工程名称</td><td colspan="3"></td><td>验收部位</td><td colspan="4"></td></tr>
<tr><td colspan="3">施工单位</td><td colspan="2"></td><td>专业负责人</td><td colspan="3"></td><td>项目经理</td><td colspan="4"></td></tr>
<tr><td colspan="4">施工执行标准名称及编号</td><td colspan="5"></td><td>检验批编号</td><td colspan="4"></td></tr>
<tr><td colspan="5">质量验收规范规定</td><td colspan="8">施工单位检查记录</td><td>监理（建设）单位验收意见</td></tr>
<tr><td rowspan="8">一般项目</td><td rowspan="3">4</td><td rowspan="3">地脚螺栓预留孔灌浆</td><td colspan="2">灌浆前，应对灌浆处清洗洁净</td><td></td><td></td><td></td><td></td><td></td><td></td><td></td><td></td><td rowspan="8"></td></tr>
<tr><td colspan="2">灌浆宜采用细碎石混凝土，其强度应比基础混凝土强度高一等级</td><td></td><td></td><td></td><td></td><td></td><td></td><td></td><td></td></tr>
<tr><td colspan="2">灌浆时应捣实，不应使地脚螺栓倾斜和影响设备的安装精度</td><td></td><td></td><td></td><td></td><td></td><td></td><td></td><td></td></tr>
<tr><td rowspan="4">5</td><td colspan="2">中心线位置允许偏差（mm）</td><td>5</td><td></td><td></td><td></td><td></td><td></td><td></td><td></td><td></td></tr>
<tr><td colspan="2">标高允许偏差（mm）</td><td>±5</td><td></td><td></td><td></td><td></td><td></td><td></td><td></td><td></td></tr>
<tr><td colspan="2">机身纵向水平度允许偏差（mm/m）</td><td>0.05</td><td></td><td></td><td></td><td></td><td></td><td></td><td></td><td></td></tr>
<tr><td colspan="2">机身横向水平度允许偏差（mm/m）</td><td>0.05</td><td></td><td></td><td></td><td></td><td></td><td></td><td></td><td></td></tr>
<tr><td>6</td><td colspan="3">联轴器安装应符合被驱动设备联轴器的安装精确度要求</td><td></td><td></td><td></td><td></td><td></td><td></td><td></td><td></td></tr>
<tr><td colspan="2">施工单位检查评定结果</td><td colspan="12">项目专业质量检查员： 年 月 日</td></tr>
<tr><td colspan="2">监理（建设）单位验收结论</td><td colspan="12">监理工程师：
（建设单位项目代表） 年 月 日</td></tr>
</table>

3.1.1.5 往复式内燃发动机安装工程检验批质量验收记录 SY/T 4201.1

<table>
<tr><td colspan="3">工程名称</td><td></td><td colspan="4">分项工程名称</td><td colspan="4"></td><td>验收部位</td><td></td></tr>
<tr><td colspan="3">施工单位</td><td></td><td colspan="4">专业负责人</td><td colspan="4"></td><td>项目经理</td><td></td></tr>
<tr><td colspan="4">施工执行标准名称及编号</td><td colspan="8"></td><td>检验批编号</td><td></td></tr>
<tr><td colspan="4">质量验收规范规定</td><td colspan="8">施工单位检查记录</td><td>监理（建设）单位验收意见</td></tr>
<tr><td rowspan="7">主控项目</td><td>1</td><td colspan="2">往复式内燃发动机的型号、规格及技术参数等应符合设计文件要求，并具有质量证明文件</td><td colspan="8"></td><td rowspan="7"></td></tr>
<tr><td rowspan="6">2</td><td rowspan="6">空载运行</td><td>机油压力、耦合器工作油压力等应符合设备技术文件的规定</td><td colspan="8" rowspan="6"></td></tr>
<tr><td>冷却液循环应正常</td></tr>
<tr><td>不得有漏油、漏水和漏气现象</td></tr>
<tr><td>各零部件应牢固，发动机应无异常</td></tr>
<tr><td>排气颜色应正常，呼吸器逸气应正常</td></tr>
<tr><td>油底壳内的机油量、耦合器油箱工作油量等应满足要求</td></tr>
<tr><td rowspan="9">一般项目</td><td rowspan="5">1</td><td rowspan="5">地脚螺栓安装</td><td>螺栓应垂直</td><td></td><td></td><td></td><td></td><td></td><td></td><td></td><td></td><td rowspan="9"></td></tr>
<tr><td>地脚螺栓上的油污和氧化皮应清除干净，螺纹部分应涂少量油脂</td><td colspan="8"></td></tr>
<tr><td>地脚螺栓与孔壁距离不宜小于 15mm</td><td colspan="8"></td></tr>
<tr><td>地脚螺栓底端不应碰孔底</td><td colspan="8"></td></tr>
<tr><td>应在二次灌浆后对称紧固地脚螺栓，拧紧力矩应符合设备技术文件的规定</td><td colspan="8"></td></tr>
<tr><td rowspan="4">2</td><td rowspan="4">垫铁安装</td><td>相邻两垫铁组间的距离宜为 500~1000mm</td><td colspan="8"></td></tr>
<tr><td>垫铁组应由代号相同的平垫铁和斜热铁组成，斜垫铁应成对使用，且斜垫铁斜度应相同，搭接长度不应小于全长的 3/4，其相互间的偏斜角不应大于 3°；承受重负荷或有较强连续振动的设备，宜使用平垫铁</td><td colspan="8"></td></tr>
<tr><td>每一垫铁组的块数不宜超过 5 块，垫铁组的高度宜为 30~70mm</td><td colspan="8"></td></tr>
<tr><td>找正调平后，垫铁端面应露出设备底面外缘，平垫铁宜露出 10~30mm，斜垫铁宜露出 10~50mm。垫铁组伸入设备底座底面的长度应超过设备地脚螺栓的中心</td><td colspan="8"></td></tr>
</table>

往复式内燃发动机安装工程检验批质量验收记录（续表 1） SY/T 4201.1

工程名称			分项工程名称			验收部位	
施工单位			专业负责人			项目经理	
施工执行标准名称及编号						检验批编号	
质量验收规范规定						施工单位检查记录	监理（建设）单位验收意见
一般项目	2	垫铁安装	找正调平后，每组垫铁均应压紧，并应用手锤逐组轻击听音检查；对高速运转的设备垫铁组，当采用 0.05mm 塞尺检查垫铁之间及垫铁与底座面之间的间隙时，在垫铁同一断面处以两侧塞入的长度总和不得超过垫铁长度或宽度的 1/3				
			找正调平检查合格后，除铸铁垫铁外，各垫铁相互间应用定位焊焊牢，垫铁与设备底座之间不得焊接				
	3	无垫铁安装	垫铁安装允许偏差	水平（mm/m）	2		
				标高（mm/m）	±2		
			机器底板上无调节螺栓的燃气轮机安装时，可用自制螺栓千斤顶进行机组找平、找正。在留出螺栓千斤顶位置以后，可采用无收缩水泥砂浆、微膨胀水泥砂浆、环氧砂浆或专用成品灌浆材料进行二次灌浆，待二次灌浆层达到设计要求强度 75% 以上时，方可取出螺栓千斤顶，随后补灌空洞部分				
	4	地脚螺栓预留孔灌浆	灌浆前，应对灌浆处清洗洁净				
			灌浆宜采用细碎石混凝土，其强度应比基础混凝土强度高一等级				
			灌浆时应捣实，不应使地脚螺栓倾斜和影响设备的安装精度				
	5	找平、找正	发动机找平、找正应符合随机技术文件规定的要求				
			无规定时	中心线位置允许偏差（mm）	5		
				标高允许偏差（mm）	±5		
				机身纵向水平度允许偏差（mm/m）	0.05		
				机身横向水平度允许偏差（mm/m）	0.05		

往复式内燃发动机安装工程检验批质量验收记录（续表2） SY/T 4201.1

<table>
<tr><td colspan="3">工程名称</td><td colspan="2"></td><td colspan="3">分项工程名称</td><td colspan="2"></td><td colspan="2">验收部位</td><td></td></tr>
<tr><td colspan="3">施工单位</td><td colspan="2"></td><td colspan="3">专业负责人</td><td colspan="2"></td><td colspan="2">项目经理</td><td></td></tr>
<tr><td colspan="4">施工执行标准名称及编号</td><td colspan="8"></td><td>检验批编号</td></tr>
<tr><td colspan="4">质量验收规范规定</td><td colspan="8">施工单位检查记录</td><td>监理（建设）单位验收意见</td></tr>
<tr><td rowspan="3">一般项目</td><td>6</td><td colspan="2">联轴器安装应符合被驱动设备联轴器的安装精度要求</td><td></td><td></td><td></td><td></td><td></td><td></td><td></td><td></td><td rowspan="3"></td></tr>
<tr><td rowspan="2">7</td><td rowspan="2">外接管路和系统的安装</td><td>外接管路内部应清洁、畅通，安装排列应整齐，连接应牢固，密封应良好，不得泄漏</td><td></td><td></td><td></td><td></td><td></td><td></td><td></td><td></td></tr>
<tr><td>消声器及排气管道不得有焊渣等杂质</td><td></td><td></td><td></td><td></td><td></td><td></td><td></td><td></td></tr>
<tr><td colspan="2">施工单位检查评定结果</td><td colspan="11">项目专业质量检查员：　　　　年　月　日</td></tr>
<tr><td colspan="2">监理（建设）单位验收结论</td><td colspan="11">监理工程师：
（建设单位项目代表）　　　　年　月　日</td></tr>
</table>

3.1.1.6 风机安装工程检验批质量验收记录 SY/T 4201.1

工程名称		分项工程名称		验收部位	
施工单位		专业负责人		项目经理	
施工执行标准名称及编号				检验批编号	

类别	序号	项目	质量验收规范规定	施工单位检查记录	监理（建设）单位验收意见
主控项目	1		风机的型号、规格及技术参数等应符合设计文件要求，并具有质量证明文件		
主控项目	2		风机的试运转应符合设备技术文件或 GB 50275—2010《风机、压缩机、泵安装工程施工及验收规范》的有关规定		
一般项目	1	地脚螺栓安装	螺栓应垂直		
			地脚螺栓上的油污和氧化皮应清除干净，螺纹部分应涂少量油脂		
			地脚螺栓与孔壁距离不宜小于 15mm		
			地脚螺栓底端不应碰孔底		
	2	垫铁安装	相邻两垫铁组间的距离宜为 500~1000mm		
			垫铁组应安放平稳整齐，垫铁之间应接触良好；斜垫铁应放置在平垫铁上面，放置平垫铁时，厚的宜放在下面，薄的宜放在中间		
			每一垫铁组的块数不宜超过 5 块，垫铁组的高度宜为 30~70mm		
			找正调平后，垫铁端面应露出设备底面外缘，平垫铁宜露出 10~30mm，斜垫铁宜露出 10~50mm。垫铁组伸入设备底座底面的长度应超过设备地脚螺栓的中心		
			找正调平检查合格后，除铸铁垫铁外，各垫铁相互间应用定位焊焊牢，垫铁与设备底座之间不得焊接		
	3	平皮带轮	两平面相对轴向位移量允许偏差为 1.5mm		
		三角皮带轮	两平面相对轴向位移量允许偏差为 1.0mm		
			两轴平行度允许偏差为 0.5mm/m		
			皮带轮的张力应适当，松紧程度一致，转子灵活		
			轴流式风机主题风筒上部接缝、前后风筒和扩散筒的连接法兰应接合严密，前后风筒与扩散筒应与基础连接牢固		

风机安装工程检验批质量验收记录（续表） SY/T 4201.1

<table>
<tr><td colspan="2">工程名称</td><td></td><td>分项工程名称</td><td colspan="4"></td><td colspan="3">验收部位</td><td></td></tr>
<tr><td colspan="2">施工单位</td><td></td><td>专业负责人</td><td colspan="4"></td><td colspan="3">项目经理</td><td></td></tr>
<tr><td colspan="3">施工执行标准名称及编号</td><td colspan="5"></td><td colspan="3">检验批编号</td><td></td></tr>
<tr><td colspan="4">质量验收规范规定</td><td colspan="8">施工单位检查记录</td><td>监理（建设）单位验收意见</td></tr>
<tr><td rowspan="5">一般项目</td><td rowspan="4">4</td><td>与建筑轴线距离允许偏差（mm）</td><td>20</td><td></td><td></td><td></td><td></td><td></td><td></td><td></td><td></td><td rowspan="5"></td></tr>
<tr><td>设备就位后，设备中心线位置允许偏差（mm）</td><td>10</td><td></td><td></td><td></td><td></td><td></td><td></td><td></td><td></td></tr>
<tr><td>设备标高允许偏差（mm）</td><td>−10~+20</td><td></td><td></td><td></td><td></td><td></td><td></td><td></td><td></td></tr>
<tr><td colspan="2">机身、轴承箱等的安装纵横水平度应符合随机文件的规定；无规定时，应按 GB 50275—2010《风机、压缩机、泵安装工程施工及验收规范》的有关规定</td><td></td><td></td><td></td><td></td><td></td><td></td><td></td><td></td></tr>
<tr><td>5</td><td colspan="2">联轴器的同轴度、端面间隙均应符合设备技术文件的规定；无规定时，应按 GB 50231—2017《机械设备安装工程施工及验收通用规范》的有关规定执行</td><td></td><td></td><td></td><td></td><td></td><td></td><td></td><td></td></tr>
<tr><td colspan="2">施工单位检查评定结果</td><td colspan="11">项目专业质量检查员： 年 月 日</td></tr>
<tr><td colspan="2">监理（建设）单位验收结论</td><td colspan="11">监理工程师：
（建设单位项目代表） 年 月 日</td></tr>
</table>

3.1.1.7 抽油机安装工程检验批质量验收记录 SY/T 4201.1

工程名称		分项工程名称		验收部位	
施工单位		专业负责人		项目经理	
施工执行标准名称及编号				检验批编号	

质量验收规范规定				施工单位检查记录	监理（建设）单位验收意见
主控项目	1	抽油机的型号、规格及技术参数等应符合设计文件要求，并具有质量证明文件			
	2	游梁氏抽油机试运行	利用平衡块的惯性断续启动抽油机，检查应无卡杆、无偏磨井口填料盒等现象		
			滚动轴承温升不得超过 40℃，最高温度不得超过 70℃		
			连杆等构件的焊缝处不得出现裂纹		
			各密封处不得有漏油现象		
			各连接件和紧固件应牢固，不松动		
			抽油机整机应运行平稳，无异常响声，无明显振动		
			当断电后，曲柄在任何位置时，刹车装置制动应可靠、平稳		
	3	无游梁氏抽油机试运行	运行应平稳，不应有冲击、振动和异常响声		
			悬吊机构让位应灵活、无卡阻		
			在切断动力源后，配重箱在任何位置时，刹车装置制动均应平稳、可靠		
一般项目	1	抽油机底座就位找正后，底座中心与基础就位基准控制线的位置允许偏差为 2mm			
	2	地脚螺栓安装	螺栓应垂直		
			地脚螺栓上的油污和氧化皮应清除干净，螺纹部分应涂少量油脂		
			地脚螺栓与孔壁距离不宜小于 15mm		
			地脚螺栓底端不应碰孔底		
	3	垫铁安装	相邻两垫铁组间的距离宜为 500~1000mm		
			垫铁组应安放平稳整齐，垫铁之间应接触良好；斜垫铁应放置在平垫铁上面，放置平垫铁时，厚的宜放在下面，薄的宜放在中间		
			每一垫铁组的块数不宜超过 5 块，垫铁组的高度宜为 30~70mm		
			找正调平后，垫铁端面应露出设备底面外缘，平垫铁宜露出 10~30mm，斜垫铁宜露出 10~50mm。垫铁组伸入设备底座底面的长度应超过设备地脚螺栓的中心		

抽油机安装工程检验批质量验收记录（续表） SY/T 4201.1

<table>
<tr><td>工程名称</td><td colspan="4"></td><td>分项工程名称</td><td></td><td>验收部位</td><td></td></tr>
<tr><td>施工单位</td><td colspan="4"></td><td>专业负责人</td><td></td><td>项目经理</td><td></td></tr>
<tr><td colspan="2">施工执行标准名称及编号</td><td colspan="5"></td><td>检验批编号</td><td></td></tr>
<tr><td colspan="6">质量验收规范规定</td><td colspan="2">施工单位检查记录</td><td>监理（建设）单位验收意见</td></tr>
<tr><td rowspan="9"></td><td>3</td><td>垫铁安装</td><td colspan="3">找正调平检查合格后，除铸铁垫铁外，各垫铁相互间应用定位焊焊牢，垫铁与设备底座之间不得焊接</td><td colspan="2"></td><td rowspan="9"></td></tr>
<tr><td>4</td><td colspan="4">抽油机曲柄、连杆、平衡块等安装的质量验收应符合设备技术文件的规定</td><td colspan="2"></td></tr>
<tr><td rowspan="3">5</td><td rowspan="3">底座水平度允许偏差</td><td colspan="3">纵横两个方向的水平度应符合设备的技术文件的规定</td><td colspan="2"></td></tr>
<tr><td rowspan="2">无规定时</td><td>纵向（mm/m）</td><td>2</td><td colspan="2"></td></tr>
<tr><td>横向（mm/m）</td><td>0.5</td><td colspan="2"></td></tr>
<tr><td>6</td><td colspan="4">安装支架时，应使支架中心与其在底座的投影中心重合，其偏差量应符合设备技术文件规定，调整支架顶平面处于水平位置，其水平度允许偏差为1mm/m</td><td colspan="2"></td></tr>
<tr><td>7</td><td colspan="4">悬绳器中心与井口中心应对中，其同心度允许偏差为1.5mm</td><td colspan="2"></td></tr>
<tr><td>8</td><td colspan="4">电动机皮带轮端面与减速器皮带轮端面应在同一平面内，且应保证两轴相互平行，以减速器皮带轮端面为基准，电动机皮带轮端面的拉线距离不应大于1mm</td><td colspan="2"></td></tr>
<tr><td>9</td><td colspan="4">无游梁式抽油机的滚筒、平台、机架、底座、悬绳器、配重箱等的安装应符合制造厂技术文件的规定</td><td colspan="2"></td></tr>
<tr><td>施工单位检查评定结果</td><td colspan="8">项目专业质量检查员：　　　　年　月　日</td></tr>
<tr><td>监理（建设）单位验收结论</td><td colspan="8">监理工程师：
（建设单位项目代表）　　　　年　月　日</td></tr>
</table>

3.1.1.8 搅拌器安装工程检验批质量验收记录 SY/T 4201.1

<table>
<tr><td colspan="3">工程名称</td><td colspan="3"></td><td colspan="4">分项工程名称</td><td colspan="3"></td><td>验收部位</td><td></td></tr>
<tr><td colspan="3">施工单位</td><td colspan="3"></td><td colspan="4">专业负责人</td><td colspan="3"></td><td>项目经理</td><td></td></tr>
<tr><td colspan="4">施工执行标准名称及编号</td><td colspan="9"></td><td>检验批编号</td><td></td></tr>
<tr><td colspan="4">质量验收规范规定</td><td colspan="10">施工单位检查记录</td><td>监理（建设）单位验收意见</td></tr>
<tr><td rowspan="2">主控项目</td><td>1</td><td colspan="2">搅拌器的型号、规格及技术参数等应符合设计文件要求，并具有质量证明文件</td><td colspan="10"></td><td rowspan="2"></td></tr>
<tr><td>2</td><td colspan="2">搅拌器的试运转应符合设备技术文件的规定；无规定时，应在空转正常的情况下，再逐渐加载运转。试运转中设备应运行平稳，无异常振动</td><td colspan="10"></td></tr>
<tr><td rowspan="3">一般项目</td><td>1</td><td colspan="2">法兰结合面应清洁、无毛刺，密封应良好</td><td></td><td></td><td></td><td></td><td></td><td></td><td></td><td colspan="3"></td><td rowspan="3"></td></tr>
<tr><td>2</td><td colspan="2">搅拌传动装置与搅拌容器安装面的连接应紧固牢靠</td><td></td><td></td><td></td><td></td><td></td><td></td><td></td><td colspan="3"></td></tr>
<tr><td>3</td><td colspan="2">搅拌器与容器口连接的配对法兰的水平度允许偏差为 0.15mm/m</td><td></td><td></td><td></td><td></td><td></td><td></td><td></td><td colspan="3"></td></tr>
<tr><td colspan="2">施工单位检查评定结果</td><td colspan="13">项目专业质量检查员：　　　　年　月　日</td></tr>
<tr><td colspan="2">监理（建设）单位验收结论</td><td colspan="13">监理工程师：
（建设单位项目代表）　　　　年　月　日</td></tr>
</table>

3.1.2 塔类设备安装工程[①]

3.1.2.1 塔体安装检验批质量验收记录 SY/T 4201.2

<table>
<tr><td colspan="3">工程名称</td><td colspan="2"></td><td colspan="4">分项工程名称</td><td colspan="4"></td><td>验收部位</td><td></td></tr>
<tr><td colspan="3">施工单位</td><td colspan="2"></td><td colspan="4">专业负责人</td><td colspan="4"></td><td>项目经理</td><td></td></tr>
<tr><td colspan="4">施工执行标准名称及编号</td><td colspan="9"></td><td>检验批编号</td><td></td></tr>
<tr><td colspan="5">质量验收规范规定</td><td colspan="9">施工单位检查评定记录</td><td>监理（建设）单位验收意见</td></tr>
<tr><td rowspan="8">主控项目</td><td>1</td><td colspan="3">塔类设备及附件的规格、型号、技术参数等应符合设计文件要求，具有质量证明文件</td><td colspan="9"></td><td rowspan="8"></td></tr>
<tr><td>2</td><td colspan="3">地脚螺栓的规格和材质应符合设计文件要求</td><td colspan="9"></td></tr>
<tr><td rowspan="3">3</td><td colspan="3">安全阀安装前，应经有资质的检验机构校验合格</td><td colspan="9" rowspan="3"></td></tr>
<tr><td colspan="3">爆破片装置应符合 GB/T 567.1~4《爆炸片安全装置　第 1 部分　基本要求 ~ 第 4 部分　型式试验》的要求，爆破片安装后不得翘曲或凹陷</td></tr>
<tr><td colspan="3">压力表、液位计、测量仪表等安装前应经检定合格，安全附件安装应朝向便于观察的位置</td></tr>
<tr><td>4</td><td colspan="3">塔的耐压试验应符合设计文件要求及 GB 50461—2008《石油化工静设备安装工程施工质量验收规范》的有关规定</td><td colspan="9"></td></tr>
<tr><td>5</td><td colspan="3">在塔基础上做液压试验时，基础沉降应均匀，沉降量应符合设计文件的规定</td><td colspan="9"></td></tr>
<tr><td colspan="13"></td></tr>
<tr><td rowspan="6">一般项目</td><td rowspan="6">1</td><td rowspan="6">到货的塔类设备外观质量</td><td colspan="2">应无损伤、变形及锈蚀</td><td></td><td></td><td></td><td></td><td></td><td></td><td></td><td></td><td></td><td rowspan="6"></td></tr>
<tr><td colspan="2">工装卡具的焊疤应已清除</td><td></td><td></td><td></td><td></td><td></td><td></td><td></td><td></td><td></td></tr>
<tr><td colspan="2">设备管口应封闭</td><td></td><td></td><td></td><td></td><td></td><td></td><td></td><td></td><td></td></tr>
<tr><td colspan="2">不锈钢及复合钢板材质的塔类设备的防腐蚀面，低温塔类设备表面不应有刻痕和各类钢印标记</td><td></td><td></td><td></td><td></td><td></td><td></td><td></td><td></td><td></td></tr>
<tr><td colspan="2">奥氏体不锈钢材质的塔类设备表面应无铁离子污染</td><td></td><td></td><td></td><td></td><td></td><td></td><td></td><td></td><td></td></tr>
<tr><td colspan="2">防腐蚀涂料应无流坠、脱落和返锈</td><td></td><td></td><td></td><td></td><td></td><td></td><td></td><td></td><td></td></tr>
</table>

① 本部分的“SY/T 4201.2”代表依据为 SY/T 4201.2—2019《石油天然气建设工程施工质量验收规范　设备安装工程　第 2 部分　塔类》

塔体安装检验批质量验收记录（续表 1） SY/T 4201.2

工程名称				分项工程名称				验收部位				
施工单位				专业负责人				项目经理				
施工执行标准名称及编号								检验批编号				
质量验收规范规定				施工单位检查评定记录								监理（建设）单位验收意见
一般项目	2	地脚螺栓安装	地脚螺栓的螺纹应无损坏、无锈蚀，且应有保护措施									
			预留孔地脚螺栓埋设时，地脚螺栓在预留孔中应垂直；地脚螺栓任一部位与孔壁的距离不应小于 15mm，与孔底的距离应大于 50mm									
		地脚螺栓安装	预留孔中的混凝土达到设计强度后，方可拧紧地脚螺栓									
			地脚螺栓的螺母和垫圈齐全，锁紧螺母与螺母、螺母与垫圈、垫圈与设备底座间的接触应良好；紧固后螺纹露出螺母不应少于 2 个螺距；螺纹外露部分应涂防锈脂									
	3	垫铁安装	垫铁的规格应符合 SY/T 4201.2—2019《石油天然气建设工程施工质量验收规范 设备安装工程 第 2 部分 塔类》中附录 D 的要求									
			每个地脚螺栓近旁至少应有 1 组垫铁，有加强筋的塔底座，垫铁应垫在加强筋下；相邻两垫铁组的中心距不应大于 500mm									
			每组垫铁的块数不应超过 5 块，斜垫铁下面应有平垫铁；放置平垫铁时，最厚的放在下面，薄的放在中间；斜垫铁应成对相向使用，搭接长度不应小于全长的 3/4，相互间的偏斜角度不应超过 3°；垫铁组高度宜为 30~80mm									
			垫铁直接放置在基础上，与基础接触应均匀，其接触面积应大于 50%									
			设备找正后，各组垫铁均应被压紧，垫铁之间和垫铁与支座之间应均匀接触，垫铁应露出设备支座底板外缘 10~30mm，垫铁组伸入支座底板长度应超过地脚螺栓，垫铁组层间应进行焊接固定									

塔体安装检验批质量验收记录（续表 2） SY/T 4201.2

工程名称		分项工程名称		验收部位	
施工单位		专业负责人		项目经理	
施工执行标准名称及编号				检验批编号	

质量验收规范规定						施工单位检查评定记录								监理（建设）单位验收意见
一般项目	4	塔体安装允许偏差（mm）	支座纵、横轴线位置	$D_0 \leqslant 2000$	5									
				$D_0 > 2000$	10									
			标高	±5										
			垂直度	$H \leqslant 3000$	$H/1000$									
				$H > 3000$	$H/1000$ 且$\leqslant 50$									
			方位	$D_0 \leqslant 2000$	10									
				$D_0 > 2000$	15									

施工单位检查评定结果	项目专业质量检查员： 年 月 日
监理（建设）单位验收结论	监理工程师： （建设单位项目代表） 年 月 日

3.1.2.2 塔体分段组焊检验批质量验收记录 SY/T 4201.2

工程名称		分项工程名称		验收部位	
施工单位		专业负责人		项目经理	
施工执行标准名称及编号				检验批编号	

质量验收规范规定			施工单位检查评定记录	监理（建设）单位验收意见
主控项目	1	分段到货塔类设备及附件的规格、型号、技术参数等应符合设计文件要求，具有合格的质量证明文件		
	2	分段到货塔类设备筒体坡口表面不得有裂纹、分层、夹渣等缺陷；低温钢、标准抗拉强度下限值不小于540MPa钢及铬铝钢经火焰切割的坡口表面，应进行磁粉检测或渗透检测；磁粉检测和渗透检测按NB/T 47013—2015《承压设备无损检测》的有关规定进行质量评定，合格级别为Ⅰ级		
	3	焊接材料性能应符合设计或焊接工艺文件的要求，并有质量证明文件		
	4	现场组焊的塔类设备焊接前应按NB/T 47014—2011《承压设备焊接工艺评定》的要求进行焊接工艺评定，施焊前应根据经批准的焊接工艺评定报告编制焊接工艺规程		
	5	属于压力容器的塔类设备现场组焊时应按TSG 21—2016《固定式压力容器安全技术监察规程》的要求制备产品焊接试件；产品焊接试件的尺寸、试样截取和数量、试验项目、合格标准和复验要求应符合设计文件和现行行业标准NB/T 47016—2011《承压设备产品焊接试件的力学性能检验》的有关规定		
	6	属于压力容器的塔类设备，其焊接头外观质量应符合SY/T 4201.2—2019《石油天然气建设工程施工质量验收规范　设备安装工程　第2部分　塔类》第5.2.6条规定		
	7	常压塔类设备的焊接接头不得有裂纹、未焊透、未熔合、表面气孔、外露夹渣、未焊满		
	8	现场组焊塔类设备的焊缝需要进行焊后热处理时，应按设计文件及相关规范要求编制热处理工艺文件，并严格按热处理工艺控制热处理过程；热处理结束后，应形成完整的热处理记录，热处理结果应符合设计文件规定		
	9	现场组焊塔类设备的焊缝无损检测应符合设计文件要求和GB 50461—2008《石油化工静设备安装工程施工质量验收规范》的相关规定		

塔体分段组焊检验批质量验收记录（续表 1） SY/T 4201.2

工程名称			分项工程名称		验收部位		
施工单位			专业负责人		项目经理		
施工执行标准名称及编号					检验批编号		
质量验收规范规定						施工单位检查评定记录	监理（建设）单位验收意见
	10	焊缝返修应按评定合格的焊接工艺进行；压力容器同一部位焊缝返修次数不宜超过 2 次；如超过 2 次，返修措施应经制造单位技术负责人批准，并应将返修次数、部位和返修情况等记入设备的质量证明文件					
	11	有耐腐蚀要求的奥氏体不锈钢和复合钢设备现场组焊焊缝应进行酸洗钝化处理，焊缝的酸洗钝化应在 无损检测和热处理后进行，宜采用酸洗钝化膏一次性完成酸洗和钝化过程					
一般项目	1	分段到货塔类设备半成品验收应对照设备排板图检查分段位置、筒体组装标记					
	2	分段到货塔类设备半成品外形尺寸允许偏差（mm）	筒体圆度	承受内压	≤ D_i/100，且≤ 25		
				承受外压	≤ 0.5 D_i/100，且≤ 25		
				常压	≤ D_i/100，且≤ 30		
			筒体凹凸处凹入深度		以母线为基准测量，不超过该凹凸处长度或宽度的 1%		
			分段处外圆周长	公称直径< DN800	± 5		
				DN800~DN1200	± 7		
				DN1300~DN1600	± 9		
				DN1700~DN2400	± 11		
				DN2600~DN3000	± 13		
				DN3200~DN4000	± 15		
				DN4200~DN6000	± 18		
				DN6200~DN7600	± 21		
				公称直径> DN7600	± 24		

塔体分段组焊检验批质量验收记录（续表 2） SY/T 4201.2

工程名称		分项工程名称		验收部位	
施工单位		专业负责人		项目经理	
施工执行标准名称及编号				检验批编号	

项目	序号	质量验收规范规定				允许偏差	施工单位检查评定记录	监理（建设）单位验收意见
一般项目	2	分段到货塔类设备半成品外形尺寸允许偏差（mm）	分段处端面不平度			≤ D_i/1000，且≤ 2		
			每段筒体高度及各段筒体累计高度	上下两封头焊缝之间的距离 H	≤ 30m	±1.3H/1000，且不超过±20		
					＞ 30m	±40		
				底座环底面至筒体下封头于筒体链接焊缝的距离 H_4		±2.5H_4/1000，且不超过 ±6		
			每段筒体直线度	任意 3000 长度		3		
				全长 H ≤ 15000		H/1000		
				全长 H ＞ 15000		0.5H/1000+8		
	3	分段到货塔类设备筒体环向焊缝组对错边量允许偏差（mm）	δ ≤ 20			≤ 1/4δ		
			20 ＜ δ ≤ 40			≤ 5		
			40 ＜ δ ≤ 50			≤ 1/8δ		
			δ ＞ 50			≤ 1/8δ，且≤ 20		
			单面焊接			≤ 2		
			复合钢板			复层表面为基准，≤复层厚度的 50%，且≤ 2		
	4	定位焊缝焊接时应执行正式的焊接工艺，并由合格焊工施焊						
		定位焊缝尺寸（mm）	δ ≤ 20			厚度≤ 6、长度≥ 30、间距 300~400		
			δ ＞ 20			厚度≤ 8、长度≥ 50、间距 400~500		

塔体分段组焊检验批质量验收记录（续表 3） SY/T 4201.2

<table>
<tr><td colspan="2">工程名称</td><td colspan="3"></td><td>分项工程名称</td><td></td><td>验收部位</td><td></td></tr>
<tr><td colspan="2">施工单位</td><td colspan="3"></td><td>专业负责人</td><td></td><td>项目经理</td><td></td></tr>
<tr><td colspan="3">施工执行标准名称及编号</td><td colspan="4"></td><td>检验批编号</td><td></td></tr>
<tr><td colspan="6">质量验收规范规定</td><td colspan="2">施工单位检查评定记录</td><td>监理（建设）单位验收意见</td></tr>
<tr><td rowspan="12">一般项目</td><td rowspan="3">5</td><td colspan="4">要求焊前预热的焊缝，预热温度及层间温度应符合焊接工艺文件的规定</td><td colspan="2"></td><td rowspan="12"></td></tr>
<tr><td colspan="2" rowspan="2">预热时加热范围</td><td colspan="2">碳素钢和低合金钢对口中心线两侧，每侧≥ 3 倍壁厚</td><td colspan="2"></td></tr>
<tr><td colspan="2">标准抗拉强度下限值≥ 540MPa 钢及铬钼钢对口中心线两侧，每侧≥ 3 倍壁厚，且≥ 100mm</td><td colspan="2"></td></tr>
<tr><td>6</td><td colspan="4">属于压力容器的塔类设备，其焊接接头焊缝余高应符合 SY/T 4201.2—2019《石油天然气建设工程施工质量验收规范 设备安装工程 第 2 部分 塔类》第 5.3.6 条的规定</td><td colspan="2"></td></tr>
<tr><td rowspan="2">7</td><td colspan="2" rowspan="2">预热时加热范围</td><td colspan="2">碳素钢和低合金钢对口中心线两侧，每侧≥ 3 倍壁厚</td><td colspan="2"></td></tr>
<tr><td colspan="2">标准抗拉强度下限值≥ 540MPa 钢及铬钼钢对口中心线两侧，每侧≥ 3 倍壁厚，且≥ 100mm</td><td colspan="2"></td></tr>
<tr><td rowspan="6">8</td><td rowspan="6">塔类设备现场组焊完毕后设备总体形状尺寸允许偏差（mm）</td><td rowspan="3">筒体圆度</td><td>承受内压</td><td>≤ D_i/100，且≤ 25</td><td colspan="2"></td></tr>
<tr><td>承受外压</td><td>≤ 0.5D_i/100，且≤ 25</td><td colspan="2"></td></tr>
<tr><td>常压</td><td>≤ D_i/100，且≤ 30</td><td colspan="2"></td></tr>
<tr><td rowspan="3">筒体直线度</td><td>任意 3000 长度</td><td>3</td><td colspan="2"></td></tr>
<tr><td>全长 $H \leq 15000$</td><td>H/1000</td><td colspan="2"></td></tr>
<tr><td>全长 $H > 15000$</td><td>0.5H/1000+8</td><td colspan="2"></td></tr>
</table>

塔体分段组焊检验批质量验收记录（续表 4） SY/T 4201.2

<table>
<tr><td>工程名称</td><td colspan="4"></td><td colspan="2">分项工程名称</td><td colspan="3"></td><td colspan="4">验收部位</td><td></td></tr>
<tr><td>施工单位</td><td colspan="4"></td><td colspan="2">专业负责人</td><td colspan="3"></td><td colspan="4">项目经理</td><td></td></tr>
<tr><td colspan="3">施工执行标准名称及编号</td><td colspan="7"></td><td colspan="4">检验批编号</td><td></td></tr>
<tr><td colspan="7">质量验收规范规定</td><td colspan="7">施工单位检查评定记录</td><td>监理（建设）单位验收意见</td></tr>
<tr><td rowspan="3">一般项目</td><td rowspan="3">8</td><td rowspan="3">塔类设备现场组焊完毕后设备总体形状尺寸允许偏差（mm）</td><td rowspan="3">筒体高度</td><td rowspan="2">上下两封头焊缝之间的距离 H</td><td>≤ 30m</td><td>± 1.3H/1000，且不超过 ± 20</td><td></td><td></td><td></td><td></td><td></td><td></td><td></td><td rowspan="3"></td></tr>
<tr><td>> 30m</td><td>± 40</td><td></td><td></td><td></td><td></td><td></td><td></td><td></td></tr>
<tr><td colspan="2">底座环底面至筒体下封头于筒体链接焊缝的距离 H_4</td><td>± 2.5H_4/1000，且不超过 ± 6</td><td></td><td></td><td></td><td></td><td></td><td></td><td></td></tr>
<tr><td colspan="2">施工单位检查评定结果</td><td colspan="13">项目专业质量检查员：　　　　　　年　月　日</td></tr>
<tr><td colspan="2">监理（建设）单位验收结论</td><td colspan="13">监理工程师：
（建设单位项目代表）　　　　　　年　月　日</td></tr>
</table>

3.1.2.3 塔内件安装检验批质量验收记录 SY/T 4201.2

<table>
<tr><td colspan="3">工程名称</td><td colspan="3"></td><td colspan="2">分项工程名称</td><td colspan="4"></td><td colspan="3">验收部位</td><td></td></tr>
<tr><td colspan="3">施工单位</td><td colspan="3"></td><td colspan="2">专业负责人</td><td colspan="4"></td><td colspan="3">项目经理</td><td></td></tr>
<tr><td colspan="4">施工执行标准名称及编号</td><td colspan="8"></td><td colspan="3">检验批编号</td><td></td></tr>
<tr><td colspan="7">质量验收规范规定</td><td colspan="8">施工单位检查评定记录</td><td>监理（建设）单位验收意见</td></tr>
<tr><td rowspan="5">主控项目</td><td>1</td><td colspan="5">塔内件应符合设计文件要求，并具有出厂质量证明文件及安装说明等技术文件</td><td colspan="8"></td><td rowspan="5"></td></tr>
<tr><td rowspan="4">2</td><td rowspan="4">塔盘安装</td><td colspan="4">浮阀、浮舌、浮动喷射塔板的浮动板应上、下活动灵活</td><td colspan="8" rowspan="4"></td></tr>
<tr><td colspan="4">浮舌、舌片方向应符合设计文件规定</td></tr>
<tr><td colspan="4">浮动喷射塔板的浮动板应闭合严密</td></tr>
<tr><td colspan="4">同一层塔盘板的泡罩位置应在同一水平面上并紧固均匀、牢固</td></tr>
<tr><td rowspan="13">一般项目</td><td>1</td><td colspan="5">塔内件表面不应有油污、挂渣、铁锈、泥沙及毛刺等杂物</td><td></td><td></td><td></td><td></td><td></td><td></td><td></td><td></td><td rowspan="13"></td></tr>
<tr><td rowspan="12">2</td><td rowspan="12">塔类设备内部支撑件安装允许偏差（mm）</td><td rowspan="6">支撑圈和支撑梁水平度</td><td colspan="2">$D_i \leqslant 1600$</td><td>3</td><td></td><td></td><td></td><td></td><td></td><td></td><td></td><td></td></tr>
<tr><td colspan="2">$1600 < D_i \leqslant 4000$</td><td>5</td><td></td><td></td><td></td><td></td><td></td><td></td><td></td><td></td></tr>
<tr><td colspan="2">$4000 < D_i \leqslant 6000$</td><td>6</td><td></td><td></td><td></td><td></td><td></td><td></td><td></td><td></td></tr>
<tr><td colspan="2">$6000 < D_i \leqslant 8000$</td><td>8</td><td></td><td></td><td></td><td></td><td></td><td></td><td></td><td></td></tr>
<tr><td colspan="2">$8000 < D_i \leqslant 10000$</td><td>10</td><td></td><td></td><td></td><td></td><td></td><td></td><td></td><td></td></tr>
<tr><td colspan="2">$D_i > 10000$</td><td>12</td><td></td><td></td><td></td><td></td><td></td><td></td><td></td><td></td></tr>
<tr><td rowspan="2">支撑圈间距</td><td colspan="2">相邻两层之间</td><td>±3</td><td></td><td></td><td></td><td></td><td></td><td></td><td></td><td></td></tr>
<tr><td colspan="2">20层中任两层之间</td><td>±10</td><td></td><td></td><td></td><td></td><td></td><td></td><td></td><td></td></tr>
<tr><td rowspan="3">支撑梁</td><td rowspan="2">平面度</td><td>300m 范围内</td><td>1</td><td></td><td></td><td></td><td></td><td></td><td></td><td></td><td></td></tr>
<tr><td>全长范围内</td><td>$L/1000$，且≤5</td><td></td><td></td><td></td><td></td><td></td><td></td><td></td><td></td></tr>
<tr><td colspan="2">中心线</td><td>2</td><td></td><td></td><td></td><td></td><td></td><td></td><td></td><td></td></tr>
<tr><td colspan="3">填料支撑结构件安装水平度</td><td>$2D_i/1000$，且≤4</td><td></td><td></td><td></td><td></td><td></td><td></td><td></td><td></td></tr>
</table>

塔内件安装检验批质量验收记录（续表 1） SY/T 4201.2

工程名称		分项工程名称		验收部位	
施工单位		专业负责人		项目经理	
施工执行标准名称及编号				检验批编号	

类别	序号	项目	检查内容	条件	允许偏差	施工单位检查评定记录	监理（建设）单位验收意见
质量验收规范规定						施工单位检查评定记录	监理（建设）单位验收意见
一般项目	3	降液板的支持板安装允许偏差（mm）	螺栓孔水平间距 A		≤ 3		
一般项目	3	降液板的支持板安装允许偏差（mm）	支持板安装部位 B		≤ ±2B/100		
一般项目	3	降液板的支持板安装允许偏差（mm）	支持板倾斜度 Q		≤ ±2G/100		
一般项目	3	降液板的支持板安装允许偏差（mm）	支持板安装位置 R_1		≤ ±5R_1/1000，且 ≤ ±6		
一般项目	3	降液板的支持板安装允许偏差（mm）	支持板安装位置 R_2		≤ ±5R_2/1000，且 ≤ ±12		
一般项目	4	降液板、塔盘支撑件安装允许偏差（mm）	底部与受液盘上表面距离 K		±3		
一般项目	4	降液板、塔盘支撑件安装允许偏差（mm）	立边与受液盘立边的距离 D		+5，−3		
一般项目	4	降液板、塔盘支撑件安装允许偏差（mm）	中间降液板间距 B		±6		
一般项目	4	降液板、塔盘支撑件安装允许偏差（mm）	通过设备中心至塔内壁的距离 A		±6		
一般项目	4	降液板、塔盘支撑件安装允许偏差（mm）	固定在降液板上的塔盘支撑件与支持圈的水平度偏差		+1，−0.5		
一般项目	4	降液板、塔盘支撑件安装允许偏差（mm）	固定在降液板上的塔盘支撑件间的距离 E		±3		
一般项目	5	塔盘安装允许偏差（mm）	塔盘板、受液盘 300mm 范围内的水平度		2		
一般项目	5	塔盘安装允许偏差（mm）	塔盘上表面水平度	$D_i \leqslant 1600$	4		
一般项目	5	塔盘安装允许偏差（mm）	塔盘上表面水平度	$1600 < D_i \leqslant 4000$	6		
一般项目	5	塔盘安装允许偏差（mm）	塔盘上表面水平度	$4000 < D_i \leqslant 6000$	9		
一般项目	5	塔盘安装允许偏差（mm）	塔盘上表面水平度	$6000 < D_i \leqslant 8000$	12		
一般项目	5	塔盘安装允许偏差（mm）	塔盘上表面水平度	$8000 < D_i \leqslant 10000$	15		
一般项目	5	塔盘安装允许偏差（mm）	塔盘上表面水平度	$D_i > 10000$	17		
一般项目	5	塔盘安装允许偏差（mm）	溢流堰 堰高	$D_i \leqslant 3000$	±1.5		
一般项目	5	塔盘安装允许偏差（mm）	溢流堰 堰高	$D_i > 3000$	±3		

塔内件安装检验批质量验收记录（续表 2） SY/T 4201.2

工程名称		分项工程名称		验收部位	
施工单位		专业负责人		项目经理	
施工执行标准名称及编号				检验批编号	

质量验收规范规定							施工单位检查评定记录	监理（建设）单位验收意见
一般项目	5	塔盘安装允许偏差（mm）	溢流堰	上表面水平度	$D_i \leq 1500$	3		
					$1500 < D_i \leq 2500$	4.5		
					$D_i > 2500$	6		
			浮动喷射塔盘	梯形孔底面水平度		$2D_i/1000$		
				托板、浮动板平面度		1		
			圆形、条形跑罩	与升气管同心度		3		
				齿根到塔盘上表面距离		±1.5		
	6	塔盘固定螺栓应紧固，卡子安装位置应准确，密封垫垫片搭接应均匀						
	7	塔盘气液分布元件的安装应符合技术文件规定						
	8	颗粒调料安装	颗粒填料应干净，不得含有泥沙、油污和污物，并清除破碎填料					
			规则排列颗粒填料应靠塔壁逐圈整齐排列，排列位置允许偏差为其外径的 1/4					
			随意堆填颗粒填料应均匀填平，且不得出现架桥					
			颗粒填料的质量、高度和填充体积应符合设计文件要求					
	9	丝网波纹填料安装	丝网波纹填料波纹片的波纹方向应符合设计文件的要求					
			丝网波纹填料与塔中心线的夹角，其允许偏差为 ±5°					
			网块与筒体内壁、网块与网块应相互紧贴，无缝隙					
			丝网波纹填料的质量、填充体积应符合设计要求					

塔内件安装检验批质量验收记录（续表 3） SY/T 4201.2

工程名称		分项工程名称		验收部位	
施工单位		专业负责人		项目经理	
施工执行标准名称及编号				检验批编号	

质量验收规范规定								施工单位检查评定记录	监理（建设）单位验收意见
一般项目	10	液体分布装置安装	喷雾孔径（液流管）的大小和距离应符合设计文件要求						
			溢流槽支管开口下缘（尺底）应在同一水平面上，允许偏差为 ±2mm						
			液体分布装置安装允许偏差（mm）	分布盘、分布管	水平度	$D_i \leq 1500$	3		
						$D_i > 1500$	4		
					中心线	3			
					安装高度	±3			
				莲蓬喷头、宝塔喷头	水平度	安装轴线偏斜最大不超过 1			
					中心线	3			
					安装高度	±3			
				溢流堰、溢流槽	水平度	$D_i/1000$，且≤4			
					中心线	5			
					安装高度	±10			
	11	除沫器安装的中心标高及水平度应符合设计文件的规定							
施工单位检查评定结果	项目专业质量检查员： 年 月 日								
监理（建设）单位验收结论	监理工程师： （建设单位项目代表） 年 月 日								

3.1.3 容器类设备安装工程①

3.1.3.1 容器安装工程检验批质量验收记录 SY/T 4201.3

工程名称		分项工程名称		验收部位	
施工单位		专业负责人		项目经理	
施工执行标准名称及编号				检验批编号	

质量验收规范规定						施工单位检查记录	监理（建设）单位验收意见
主控项目	1	容器的规格、型号和开口位置应符合设计文件要求，并具有质量证明文件					
	2	容器试压后，因工艺需要打开人孔或手孔时，应在容器投产前重新进行严密性试验，试验应符合设计文件要求					
一般项目	1	地脚螺栓安装	螺栓应垂直无歪斜，螺纹无损伤				
			螺栓光杆部分应无油污和氧化皮，螺纹部分应涂少量油脂				
			螺栓上的任意部位离孔壁距离不得小于20mm，与孔底的距离应大于20mm				
			螺母紧固后，螺纹露出螺母不应小于两个螺距				
			螺母与垫圈、垫圈与底座间的接触均应良好				
	2	垫铁组安装	裙式、鞍式支座相邻两垫铁组的中心距离不应大于500mm				
			垫铁组高度宜为30~80mm				
	3	容器找正后，垫铁之间和垫铁与支座之间应均匀接触，垫铁应露出设备支座地板外边缘10~30mm，垫铁组深入支座底座长度应超过地脚螺栓，垫铁组间应进行焊接固定					
	4	支柱式容器每组垫铁的块数不应超过三块，其他容器每组垫铁块数不应超过5块。斜垫铁下面应有平垫铁没斜垫铁应成对相应使用，搭接长度应不小于全长的3/4					
	5	与不锈钢容器底座直接接触的垫铁组，上面应放置一块尺寸与垫铁相同规格的不锈钢制垫板或涂刷中性涂料隔离					
	6	容器安装尺寸允许偏差（mm）	项目		立式	卧式	—	
			中心线位置	$D \leqslant 2000$	5	5		
				$D > 2000$	10			
			标高		±5	±5		

① 本部分的“SY/T 4201.3”代表依据为SY/T 4201.3—2019《石油天然气建设工程施工质量验收规范 设备安装工程 第3部分 容器类》

容器安装工程检验批质量验收记录（续表） SY/T 4201.3

工程名称			分项工程名称			验收部位		
施工单位			专业负责人			项目经理		
施工执行标准名称及编号						检验批编号		
质量验收规范规定							施工单位检查记录	监理（建设）单位验收意见
一般项目	6	容器安装尺寸允许偏差	项目		立式	卧式		
			圆筒式水平度	轴向（L–支座距离）	—	≤ L/1000		
				径向（D–容器外径）		≤ 2D/1000		
			箱槽式水平度	纵向（L–容器长度）	≤ L/1000，且≤ 10mm	—		
				横向（B–容器宽度）	≤ B/1000，且≤ 5mm			
			垂直度（H–立式容器高度）		≤ H/1000，且≤ 25mm	—		
			方位（沿底环圆周测量）（mm）	D ≤ 2000	≤ 10	—		
				D ＞ 2000	≤ 15			
			成排同型断面平行度（mm）			＜ 15		
			成排同型间距（mm）			± 20		
	7	容器基础抹面应平整、光滑，高度应略低于容器底座下表面						
施工单位检查评定结果	项目专业质量检查员： 年 月 日							
监理（建设）单位验收结论	监理工程师： （建设单位项目代表） 年 月 日							

3.1.3.2 容器附件安装工程检验批质量验收记录 SY/T 4201.3

<table>
<tr><td colspan="3">工程名称</td><td></td><td colspan="3">分项工程名称</td><td colspan="2"></td><td colspan="3">验收部位</td><td></td></tr>
<tr><td colspan="3">施工单位</td><td></td><td colspan="3">专业负责人</td><td colspan="2"></td><td colspan="3">项目经理</td><td></td></tr>
<tr><td colspan="4">施工执行标准名称及编号</td><td colspan="5"></td><td colspan="3">检验批编号</td><td></td></tr>
<tr><td colspan="4">质量验收规范规定</td><td colspan="8">施工单位检查记录</td><td>监理（建设）单位验收意见</td></tr>
<tr><td rowspan="3">主控项目</td><td>1</td><td colspan="2">容器类设备附件规格、型号应符合设计文件要求，并具有质量证明文件</td><td colspan="8"></td><td rowspan="3"></td></tr>
<tr><td>2</td><td colspan="2">容器类设备压力表、液位计等附件安装前应根据规范要求进行检定，安装应符合设计文件要求</td><td colspan="8"></td></tr>
<tr><td>3</td><td colspan="2">安全阀安装前应按设计文件规定经有资质检测单位进行校验，安装应符合设计文件要求</td><td colspan="8"></td></tr>
<tr><td rowspan="5">一般项目</td><td>1</td><td colspan="2">与容器类设备连接的管件安装应符合设计文件要求</td><td></td><td></td><td></td><td></td><td></td><td></td><td></td><td></td><td rowspan="5"></td></tr>
<tr><td rowspan="4">2</td><td rowspan="4">容器类设备内部填装填料</td><td>应符合设计图样或技术文件要求</td><td></td><td></td><td></td><td></td><td></td><td></td><td></td><td></td></tr>
<tr><td>填料填装前应对容器内部进行检查和清理</td><td></td><td></td><td></td><td></td><td></td><td></td><td></td><td></td></tr>
<tr><td>填料支承的安装应平稳、牢固，填料应干净，无泥沙及污物</td><td></td><td></td><td></td><td></td><td></td><td></td><td></td><td></td></tr>
<tr><td>填料应均匀，高度、层次应符合设计要求</td><td></td><td></td><td></td><td></td><td></td><td></td><td></td><td></td></tr>
<tr><td colspan="2">施工单位检查评定结果</td><td colspan="11">项目专业质量检查员：　　　　年　月　日</td></tr>
<tr><td colspan="2">监理（建设）单位验收结论</td><td colspan="11">监理工程师：
（建设单位项目代表）　　　　年　月　日</td></tr>
</table>

3.1.3.3　橇装设备安装工程检验批质量验收记录　SY/T 4201.3

工程名称		分项工程名称		验收部位	
施工单位		专业负责人		项目经理	
施工执行标准名称及编号				检验批编号	
质量验收规范规定				施工单位检查记录	监理（建设）单位验收意见
主控项目	1		橇装设备规格、型号应符合设计文件要求，应具有质量证明文件		
主控项目	2		橇装设备基础的位置、尺寸和标高应符合设计文件要求		
一般项目	1		橇装设备底座及基础预埋件采用焊接连接时，连接件的厚度不宜小于5mm，应满焊、连接牢固		
一般项目	2	螺栓安装	螺栓应垂直无歪斜、螺纹无损伤		
一般项目	2	螺栓安装	螺栓光杆部分应无油污和氧化皮，螺纹部分应涂少量油脂		
一般项目	2	螺栓安装	螺栓不应碰孔底、螺栓上的任意部位离孔壁距离不得小于20mm，与孔底的距离应大于20mm		
一般项目	2	螺栓安装	螺母紧固后，螺纹露出螺母不应少于2个螺距		
一般项目	2	螺栓安装	螺母与垫圈、垫圈与底座间的接触均匀良好		
一般项目	3	垫铁安装	橇装设备安装采用垫铁组找正、找平时，垫铁规格符合要求		
一般项目	3	垫铁安装	裙式支座每个地脚螺栓近旁应至少设置1组垫铁		
一般项目	3	垫铁安装	鞍式支座、耳式支座每个地脚螺栓应对称设置2组垫铁		
一般项目	3	垫铁安装	支柱式支座每个地脚螺栓近旁宜放置1组垫铁		
一般项目	3	垫铁安装	有加强筋的设备支座、垫铁应垫在加强筋下		
一般项目	3	垫铁安装	裙式、鞍式支座相邻两垫铁组的中心距不应大于500mm		
一般项目	3	垫铁安装	垫铁组高度宜为30~80mm		
一般项目	3	垫铁安装	容器找正后，垫铁之间和垫铁与支座之间应均匀接触，垫铁应露出设备支座地板外边缘10~30mm，垫铁组深入支座底座长度应超过地脚螺栓，垫铁组间应进行焊接固定		

橇装设备安装工程检验批质量验收记录（续表） SY/T 4201.3

<table>
<tr><td colspan="3">工程名称</td><td colspan="3"></td><td colspan="4">分项工程名称</td><td colspan="3"></td><td colspan="2">验收部位</td><td></td></tr>
<tr><td colspan="3">施工单位</td><td colspan="3"></td><td colspan="4">专业负责人</td><td colspan="3"></td><td colspan="2">项目经理</td><td></td></tr>
<tr><td colspan="4">施工执行标准名称及编号</td><td colspan="11"></td><td>检验批编号</td><td></td></tr>
<tr><td colspan="6">质量验收规范规定</td><td colspan="8">施工单位检查记录</td><td colspan="3">监理（建设）单位验收意见</td></tr>
<tr><td rowspan="7">一般项目</td><td rowspan="2">3</td><td rowspan="2">垫铁安装</td><td colspan="3">支柱式容器每组垫铁的块数不应超过 3 块，其他容器每组垫铁数不应超过 5 块。斜垫铁下面应该有平垫铁，斜垫铁应成对相向使用，塔接长度应不小于全长的 3/4</td><td></td><td></td><td></td><td></td><td></td><td></td><td></td><td></td><td colspan="3" rowspan="7"></td></tr>
<tr><td colspan="3">与不锈钢容器底座直接接触的垫铁组，上面应放置一块尺寸与垫铁相同规格的不锈钢制垫板或涂刷中性涂料隔离</td><td></td><td></td><td></td><td></td><td></td><td></td><td></td><td></td></tr>
<tr><td rowspan="5">4</td><td rowspan="5">橇装设备安装允许偏差（mm）</td><td>标高</td><td colspan="2">±5</td><td></td><td></td><td></td><td></td><td></td><td></td><td></td><td></td></tr>
<tr><td rowspan="2">水平度（L– 设备长度、B– 设备宽度）</td><td>纵向</td><td>≤ L/1000，且 ≤ 10</td><td></td><td></td><td></td><td></td><td></td><td></td><td></td><td></td></tr>
<tr><td>横向</td><td>≤ B/1000，且 ≤ 5</td><td></td><td></td><td></td><td></td><td></td><td></td><td></td><td></td></tr>
<tr><td>轴线位移</td><td colspan="2">≤ 15</td><td></td><td></td><td></td><td></td><td></td><td></td><td></td><td></td></tr>
<tr><td colspan="3"></td><td></td><td></td><td></td><td></td><td></td><td></td><td></td><td></td></tr>
<tr><td>施工单位检查评定结果</td><td colspan="16">项目专业质量检查员： 年 月 日</td></tr>
<tr><td>监理（建设）单位验收结论</td><td colspan="16">监理工程师：
（建设单位项目代表） 年 月 日</td></tr>
</table>

3.1.4 炉类设备安装工程①

3.1.4.1 锅炉本体安装工程检验批质量验收记录 SY/T 4201.4

<table>
<tr><td colspan="2">工程名称</td><td colspan="2"></td><td>分项工程名称</td><td></td><td>验收部位</td><td></td></tr>
<tr><td colspan="2">施工单位</td><td colspan="2"></td><td>专业负责人</td><td></td><td>项目经理</td><td></td></tr>
<tr><td colspan="3">施工执行标准名称及编号</td><td colspan="3"></td><td>检验批编号</td><td></td></tr>
<tr><td colspan="4">质量验收规范规定</td><td colspan="3">施工单位检查评定记录</td><td>监理（建设）单位验收意见</td></tr>
<tr><td rowspan="2">主控项目</td><td>1</td><td colspan="2">油田注汽锅炉的规格、型号、技术参数应符合设计文件要求，并有质量证明文件</td><td colspan="3"></td><td rowspan="2"></td></tr>
<tr><td>2</td><td colspan="2">油田注汽锅炉及各系统管道安装完毕后，应按现行行业标准 SY/T 0441—2018《油田注汽锅炉制造安装技术规范》的要求进行整体压力试验，压力试验合格</td><td colspan="3"></td></tr>
<tr><td rowspan="9">一般项目</td><td rowspan="5">1</td><td rowspan="4">锅炉安装尺寸允许偏差</td><td>整体水平度≤ 10mm</td><td colspan="3"></td><td rowspan="9"></td></tr>
<tr><td>标高 ±10mm</td><td colspan="3"></td></tr>
<tr><td>中心位移≤ 10mm</td><td colspan="3"></td></tr>
<tr><td>烟囱垂直度≤ H/1000 且≤ 20mm</td><td colspan="3"></td></tr>
<tr><td>垫铁</td><td>相邻垫铁组间距宜为 500~1000mm；找平后垫铁组两侧应进行层间点焊固定，但垫铁与橇座间不得焊接</td><td colspan="3"></td></tr>
<tr><td rowspan="3">2</td><td colspan="2">法兰连接时，法兰对应的螺栓孔中心允许偏差为 ±2mm</td><td colspan="3"></td></tr>
<tr><td colspan="2">焊接连接时，对口处中心允许偏差为 ±3mm</td><td colspan="3"></td></tr>
<tr><td colspan="2">橇座分段处应采用螺栓连接牢固，且定位销不得少于 2 个</td><td colspan="3"></td></tr>
<tr><td>3</td><td colspan="2">车载式油田注汽锅炉现场安装质量应符合现行行业标准 SY/T 0441—2018《油田注汽锅炉制造安装技术规范》要求</td><td colspan="3"></td></tr>
<tr><td>施工单位检查评定结果</td><td colspan="7">项目专业质量检查员：　　　　年　月　日</td></tr>
<tr><td>监理（建设）单位验收结论</td><td colspan="7">监理工程师：
（建设单位项目代表）　　　　年　月　日</td></tr>
</table>

① 本部分的“SY/T 4201.4”代表依据为 SY/T 4201.4—2019《石油天然气建设工程施工质量验收规范 设备安装工程 第 4 部分 炉类》。

3.1.4.2 辅机、附件安装工程检验批质量验收记录表 SY/T 4201.4

<table>
<tr><td colspan="3">工程名称</td><td></td><td>分项工程名称</td><td></td><td>验收部位</td><td></td></tr>
<tr><td colspan="3">施工单位</td><td></td><td>专业负责人</td><td></td><td>项目经理</td><td></td></tr>
<tr><td colspan="4">施工执行标准名称及编号</td><td colspan="2"></td><td>检验批编号</td><td></td></tr>
<tr><td colspan="4">质量验收规范规定</td><td colspan="3">施工单位检查评定记录</td><td>监理（建设）单位验收意见</td></tr>
<tr><td rowspan="5">主控项目</td><td>1</td><td colspan="2">辅机、附件和材料的型号、规格、性能及技术参数等应符合设计文件要求</td><td colspan="3"></td><td rowspan="5"></td></tr>
<tr><td>2</td><td colspan="2">蒸汽管道无损检测应符合设计文件的规定。当设计文件无规定时，应按现行行业标准NB/T 47013.2—2015《承压设备无损检测　第2部分：射线检测》的规定进行射线检测，检测比例为100%，Ⅱ级为合格</td><td colspan="3"></td></tr>
<tr><td rowspan="2">3</td><td rowspan="2">油田注汽锅炉各系统管道吹扫</td><td>吹扫介质应为空气，吹扫压力不应大于管道设计压力，流速不应小于20m/s</td><td colspan="3"></td></tr>
<tr><td>用设置在排气口前300mm处的白布或涂白漆靶板检查，5min后靶板上无铁锈、尘土、水及其他脏物为吹扫合格</td><td colspan="3"></td></tr>
<tr><td>4</td><td colspan="2">燃气管道无损检测及压力试验应符合设计文件的规定。当设计文件无规定时，应符合现行国家标准GB 50235—2010《工业金属管道工程施工规范》的规定</td><td colspan="3"></td></tr>
<tr><td rowspan="3">一般项目</td><td>1</td><td colspan="2">管道采用法兰连接时，应保持平行，其允许偏差不得大于法兰外径的1.5/1000且不大于2mm</td><td colspan="3"></td><td rowspan="3"></td></tr>
<tr><td rowspan="2">2</td><td rowspan="2">管道采用焊接连接</td><td>焊缝及热影响区的表面外观不得有裂纹、气孔、弧坑、夹渣、飞溅、焊瘤等缺陷</td><td colspan="3"></td></tr>
<tr><td>焊缝咬边深度不得大于0.5mm，焊缝两侧咬边总长度不得超过焊缝长度的20%且不大于40mm</td><td colspan="3"></td></tr>
</table>

辅机、附件安装工程检验批质量验收记录表（续表） SY/T 4201.4

<table>
<tr><td colspan="3">工程名称</td><td></td><td>分项工程名称</td><td colspan="4"></td><td colspan="4">验收部位</td><td></td></tr>
<tr><td colspan="3">施工单位</td><td></td><td>专业负责人</td><td colspan="4"></td><td colspan="4">项目经理</td><td></td></tr>
<tr><td colspan="4">施工执行标准名称及编号</td><td colspan="5"></td><td colspan="4">检验批编号</td><td></td></tr>
<tr><td colspan="4">质量验收规范规定</td><td colspan="9">施工单位检查评定记录</td><td>监理（建设）单位验收意见</td></tr>
<tr><td rowspan="2">一般项目</td><td rowspan="2">2</td><td rowspan="2">管道采用焊接连接</td><td colspan="2">焊缝表面余高应小于或等于 0.1 倍焊缝宽度加 1mm，但局部不得大于 3mm</td><td></td><td></td><td></td><td></td><td></td><td></td><td></td><td></td><td rowspan="2" colspan="2"></td></tr>
<tr><td colspan="2">机械损伤或打磨焊缝表面缺陷后的厚度不应小于母材的厚度</td><td></td><td></td><td></td><td></td><td></td><td></td><td></td><td></td></tr>
<tr><td>施工单位检查评定结果</td><td colspan="13">项目专业质量检查员：　　　　年　月　日</td></tr>
<tr><td>监理（建设）单位验收结论</td><td colspan="13">监理工程师：
（建设单位项目代表）　　　　年　月　日</td></tr>
</table>

3.1.4.3 调试和试运检验批质量验收记录表 SY/T 4201.4

<table>
<tr><td colspan="3">工程名称</td><td></td><td>分项工程名称</td><td></td><td>验收部位</td><td></td></tr>
<tr><td colspan="3">施工单位</td><td></td><td>专业负责人</td><td></td><td>项目经理</td><td></td></tr>
<tr><td colspan="4">施工执行标准名称及编号</td><td colspan="2"></td><td>检验批编号</td><td></td></tr>
<tr><td colspan="4">质量验收规范规定</td><td colspan="3">施工单位检查评定记录</td><td>监理（建设）单位验收意见</td></tr>
<tr><td rowspan="8">主控项目</td><td>1</td><td colspan="2">油田注汽锅炉主要参数调试应符合设计文件和随机技术文件要求</td><td colspan="3"></td><td rowspan="8"></td></tr>
<tr><td rowspan="4">2</td><td rowspan="4">自控系统调试</td><td>控制电路应止常，元器件安装牢固</td><td colspan="3"></td></tr>
<tr><td>控制程序应正确，各控制开关和按钮动作灵敏可靠</td><td colspan="3"></td></tr>
<tr><td>现场仪表和控制系统调试应合格</td><td colspan="3"></td></tr>
<tr><td>各动力元件无负载运行时动作应正确，模拟点火试验合格</td><td colspan="3"></td></tr>
<tr><td rowspan="2">3</td><td rowspan="2">锅炉运行</td><td>连续满负荷试运行 72h</td><td colspan="3"></td></tr>
<tr><td>连续试运行期间，锅炉的额定蒸发量、额定蒸汽压力、蒸汽温度、蒸汽干度或过热度、排烟温度、热效率均应达到设计文件要求</td><td colspan="3"></td></tr>
<tr><td colspan="3"></td><td colspan="3"></td></tr>
<tr><td rowspan="5">一般项目</td><td rowspan="3">1</td><td rowspan="3">锅炉点火</td><td>辅机检查及试运合格</td><td colspan="3"></td><td rowspan="5"></td></tr>
<tr><td>工艺流程、阀门开启正确</td><td colspan="3"></td></tr>
<tr><td>控制系统安全保护装置工作正常</td><td colspan="3"></td></tr>
<tr><td rowspan="2">2</td><td rowspan="2">锅炉烘炉</td><td>水系统充满水</td><td colspan="3"></td></tr>
<tr><td>烘炉时先中小火运行 2h，再中大火运行 2h 或按技术文件要求进行</td><td colspan="3"></td></tr>
<tr><td>施工单位检查评定结果</td><td colspan="7">项目专业质量检查员： 年 月 日</td></tr>
<tr><td>监理（建设）单位验收结论</td><td colspan="7">监理工程师：
（建设单位项目代表） 年 月 日</td></tr>
</table>

3.1.4.4 加热炉安装工程检验批质量验收记录表 SY/T 4201.4

<table>
<tr><td colspan="3">工程名称</td><td></td><td colspan="4">分项工程名称</td><td colspan="2"></td><td colspan="2">验收部位</td><td></td></tr>
<tr><td colspan="3">施工单位</td><td></td><td colspan="4">专业负责人</td><td colspan="2"></td><td colspan="2">项目经理</td><td></td></tr>
<tr><td colspan="4">施工执行标准名称及编号</td><td colspan="6"></td><td colspan="2">检验批编号</td><td></td></tr>
<tr><td colspan="4">质量验收规范规定</td><td colspan="8">施工单位检查评定记录</td><td>监理（建设）单位验收意见</td></tr>
<tr><td rowspan="4">主控项目</td><td>1</td><td colspan="2">加热炉的规格、型号、技术参数应符合设计文件要求，并应有质量证明文件</td><td colspan="8"></td><td rowspan="4"></td></tr>
<tr><td>2</td><td colspan="2">现场组装的加热炉，水压试验应符合现行行业标准 SY/T 0404—2016《加热炉安装工程施工规范》的有关规定</td><td colspan="8"></td></tr>
<tr><td>3</td><td colspan="2">加热炉安装完毕后应按现行行业标准 SY/T 0404—2016《加热炉安装工程施工规范》的有关规定进行烘炉</td><td colspan="8"></td></tr>
<tr><td>4</td><td colspan="2">加热炉在设计参数下应连续试运行 24h，运行参数应达到设计文件要求</td><td colspan="8"></td></tr>
<tr><td rowspan="7">一般项目</td><td rowspan="3">1</td><td rowspan="3">预留地脚螺栓安装</td><td>预留地脚螺栓安装时，地脚螺栓在预留孔中应垂直</td><td></td><td></td><td></td><td></td><td></td><td></td><td></td><td></td><td rowspan="7"></td></tr>
<tr><td>预留地脚螺栓任一部位与孔壁的距离不应小于 15mm，与孔底的距离应大于 50mm</td><td></td><td></td><td></td><td></td><td></td><td></td><td></td><td></td></tr>
<tr><td>预留地脚螺栓的螺母和垫圈齐全，锁紧螺母与螺母、螺母与垫圈、垫圈与设备底座间的接触良好。紧固后螺纹露出螺母不应少于 2 个螺距。螺纹外露部分应涂防锈脂</td><td></td><td></td><td></td><td></td><td></td><td></td><td></td><td></td></tr>
<tr><td rowspan="4">2</td><td rowspan="4">垫铁安装</td><td>垫铁安装时每个地脚螺栓应对称设置 2 组垫铁，有加强筋的设备支座，垫铁应垫在加强筋下</td><td></td><td></td><td></td><td></td><td></td><td></td><td></td><td></td></tr>
<tr><td>相邻两垫铁组的中心距离不应大于 500mm</td><td></td><td></td><td></td><td></td><td></td><td></td><td></td><td></td></tr>
<tr><td>垫铁组的高度宜为 30~80mm</td><td></td><td></td><td></td><td></td><td></td><td></td><td></td><td></td></tr>
<tr><td>设备找正后，各组垫铁均应被压紧，垫铁之间和垫铁与支座之间应均匀接触，垫铁应露出设备支座底板外缘 10~30mm，垫铁组伸入支座底板长度应超过地脚螺栓。垫铁组层间应进行焊接固定</td><td></td><td></td><td></td><td></td><td></td><td></td><td></td><td></td></tr>
</table>

加热炉安装工程检验批质量验收记录表（续表） SY/T 4201.4

<table>
<tr><td colspan="3">工程名称</td><td colspan="3"></td><td colspan="2">分项工程名称</td><td colspan="3"></td><td colspan="3">验收部位</td><td colspan="2"></td></tr>
<tr><td colspan="3">施工单位</td><td colspan="3"></td><td colspan="2">专业负责人</td><td colspan="3"></td><td colspan="3">项目经理</td><td colspan="2"></td></tr>
<tr><td colspan="4">施工执行标准名称及编号</td><td colspan="10"></td><td>检验批编号</td><td></td></tr>
<tr><td colspan="7">质量验收规范规定</td><td colspan="8">施工单位检查评定记录</td><td>监理（建设）单位验收意见</td></tr>
<tr><td rowspan="10">一般项目</td><td rowspan="10">3</td><td rowspan="10">加热炉中心尺寸允许偏差</td><td colspan="2">检查部位</td><td>立式</td><td>卧式</td><td></td><td></td><td></td><td></td><td></td><td></td><td></td><td></td><td rowspan="10"></td></tr>
<tr><td rowspan="2">中心线位置（mm）</td><td>$D \leqslant 2000$</td><td>5</td><td>5</td><td></td><td></td><td></td><td></td><td></td><td></td><td></td><td></td></tr>
<tr><td>$D > 2000$</td><td>10</td><td>5</td><td></td><td></td><td></td><td></td><td></td><td></td><td></td><td></td></tr>
<tr><td colspan="2">标高（mm）</td><td>±5</td><td>±5</td><td></td><td></td><td></td><td></td><td></td><td></td><td></td><td></td></tr>
<tr><td colspan="2" rowspan="2">水平度</td><td rowspan="2">—</td><td>横向：$L/1000$</td><td></td><td></td><td></td><td></td><td></td><td></td><td></td><td></td></tr>
<tr><td>径向：$2D/1000$</td><td></td><td></td><td></td><td></td><td></td><td></td><td></td><td></td></tr>
<tr><td colspan="2">垂直度</td><td>$\leqslant H/1000$ 且$\leqslant$ 25mm</td><td>—</td><td></td><td></td><td></td><td></td><td></td><td></td><td></td><td></td></tr>
<tr><td rowspan="2">方位（mm）</td><td>$D \leqslant 2000$</td><td>10</td><td>—</td><td></td><td></td><td></td><td></td><td></td><td></td><td></td><td></td></tr>
<tr><td>$D > 2000$</td><td>15</td><td>—</td><td></td><td></td><td></td><td></td><td></td><td></td><td></td><td></td></tr>
<tr><td colspan="2">施工单位检查评定结果</td><td colspan="14">项目专业质量检查员： 年 月 日</td></tr>
<tr><td colspan="2">监理（建设）单位验收结论</td><td colspan="14">监理工程师：
（建设单位项目代表） 年 月 日</td></tr>
</table>

3.1.4.5 附件安装工程检验批质量验收记录表 SY/T 4201.4

<table>
<tr><td colspan="2">工程名称</td><td colspan="2"></td><td>分项工程名称</td><td></td><td>验收部位</td><td></td></tr>
<tr><td colspan="2">施工单位</td><td colspan="2"></td><td>专业负责人</td><td></td><td>项目经理</td><td></td></tr>
<tr><td colspan="3">施工执行标准名称及编号</td><td colspan="3"></td><td>检验批编号</td><td></td></tr>
<tr><td colspan="4">质量验收规范规定</td><td colspan="3">施工单位检查评定记录</td><td>监理（建设）单位验收意见</td></tr>
<tr><td rowspan="9">主控项目</td><td>1</td><td colspan="2">附件的规格、型号、技术参数应符合设计文件要求，并应有质量证明文件</td><td colspan="3"></td><td rowspan="9"></td></tr>
<tr><td rowspan="3">2</td><td rowspan="3">燃烧器的安装</td><td>燃烧器安装调整后应将固定螺栓拧紧，并将其与墙板内侧焊牢</td><td colspan="3"></td></tr>
<tr><td>燃烧器的喷嘴及供气、供油系统的管路应畅通无阻；连接部位应严密、无泄漏；一次风门、二次风门等调节机构应准确，转动灵活</td><td colspan="3"></td></tr>
<tr><td>燃烧器安装位置偏差应小于 8mm</td><td colspan="3"></td></tr>
<tr><td rowspan="4">3</td><td rowspan="4">自动控制系统</td><td>控制电路应正常，元器件安装牢固</td><td colspan="3"></td></tr>
<tr><td>控制程序应正确，各控制开关和按钮动作灵敏可靠</td><td colspan="3"></td></tr>
<tr><td>现场仪表和控制系统调试应合格</td><td colspan="3"></td></tr>
<tr><td>各动力元件无负载运行时动作应正确，模拟点火试验合格</td><td colspan="3"></td></tr>
<tr><td colspan="0"></td></tr>
<tr><td rowspan="4">一般项目</td><td>1</td><td colspan="2">鼓风机、燃料泵、热媒泵等设备的安装应符合现行行业标准 SY/T 4201.1—2019《石油天然气建设工程施工质量验收规范设备安装工程 第1部分 机泵类》的规定</td><td colspan="3"></td><td rowspan="4"></td></tr>
<tr><td rowspan="3">2</td><td rowspan="3">烟囱安装</td><td>烟囱垂直度不大于长度的 3/1000 且不大于 20mm</td><td colspan="3"></td></tr>
<tr><td>烟囱法兰与支座法兰连接时，接触面应用耐热材料加以密封</td><td colspan="3"></td></tr>
<tr><td>烟囱拉绳与地面宜成 60°，三个耳环互成 120° 均布</td><td colspan="3"></td></tr>
<tr><td colspan="2">施工单位检查评定结果</td><td colspan="6">项目专业质量检查员： 年 月 日</td></tr>
<tr><td colspan="2">监理（建设）单位验收结论</td><td colspan="6">监理工程师：
（建设单位项目代表） 年 月 日</td></tr>
</table>

3.2 储罐安装工程[①]

3.2.1 立式储罐基础沥青砂垫层工程检验批质量验收记录 SY/T 4202

<table>
<tr><td colspan="3">工程名称</td><td></td><td>分项工程名称</td><td></td><td>验收部位</td><td></td></tr>
<tr><td colspan="3">施工单位</td><td></td><td>专业负责人</td><td></td><td>项目经理</td><td></td></tr>
<tr><td colspan="3">施工执行标准及编号</td><td colspan="2"></td><td colspan="2">检验批编号</td><td></td></tr>
<tr><td colspan="5">质量验收规范规定</td><td colspan="2">施工单位检查验收记录</td><td>监理（建设）单位验收记录</td></tr>
<tr><td rowspan="3">主控项目</td><td>1</td><td colspan="3">沥青砂垫层所用材料的质量和沥青砂配合比，应符合设计要求或SH/T 3528—2014《石油化工钢制储罐地基与基础施工及验收规范》的有关规定</td><td colspan="2"></td><td rowspan="3"></td></tr>
<tr><td>2</td><td colspan="3">沥青砂垫层压实质量应符合设计要求或SH/T 3528—2014《石油化工钢制储罐地基与基础施工及验收规范》的有关规定</td><td colspan="2"></td></tr>
<tr><td>3</td><td colspan="3">沥青砂垫层不应有贯穿裂纹</td><td colspan="2"></td></tr>
<tr><td rowspan="6">一般项目</td><td>1</td><td colspan="3">沥青砂垫层的表面应密实平整，黏接牢固，色泽一致，无明显相辊印</td><td colspan="2"></td><td rowspan="6"></td></tr>
<tr><td rowspan="4">2</td><td rowspan="4">沥青砂垫层允许偏差</td><td colspan="2">半径尺寸允许偏差 ±30mm</td><td colspan="2"></td></tr>
<tr><td colspan="2">基础中心标局允许偏差 ±20mm</td><td colspan="2"></td></tr>
<tr><td rowspan="2">表面凹凸度</td><td>罐直径小于25m，允许偏差±25mm</td><td colspan="2"></td></tr>
<tr><td>罐直径不小于25m，允许偏差±12mm</td><td colspan="2"></td></tr>
<tr><td>3</td><td colspan="3">沥青砂垫层表面坡度应符合设计要求</td><td colspan="2"></td></tr>
<tr><td>施工单位检查验收结果</td><td colspan="7">项目专业质量检查员：　　　　年　月　日</td></tr>
<tr><td>监理（建设）单位验收结论</td><td colspan="7">监理工程师：
（建设单位项目专业技术负责人）　　　　年　月　日</td></tr>
</table>

① 本部分的“SY/T 4202”代表依据为SY/T 4202—2019《石油天然气建设工程施工质量验收规范　储罐工程》。

3.2.2 球罐半成品进场验收检验批质量验收记录 SY/T 4202

<table>
<tr><td colspan="3">工程名称</td><td></td><td>分项工程名称</td><td></td><td>验收部位</td><td></td></tr>
<tr><td colspan="3">施工单位</td><td></td><td>专业负责人</td><td></td><td>项目经理</td><td></td></tr>
<tr><td colspan="3">施工执行标准及编号</td><td colspan="3"></td><td>检验批编号</td><td></td></tr>
<tr><td colspan="5">质量验收规范规定</td><td colspan="2">施工单位检查验收记录</td><td>监理（建设）单位验收记录</td></tr>
<tr><td rowspan="8">主控项目</td><td>1</td><td colspan="3">球罐的球壳板、人孔、接管、法兰、补强件、支柱及拉杆等零部件所用的材料及制造质量应符合设计文件和有关法规及标准的规定</td><td colspan="2"></td><td rowspan="8"></td></tr>
<tr><td>2</td><td colspan="3">球壳的结构形式应符合设计文件要求；每块球壳板均不应拼接，且表面不应有裂纹、气泡、结疤、折叠、夹杂、分层等缺陷</td><td colspan="2"></td></tr>
<tr><td>3</td><td colspan="3">应对球壳板厚度进行抽查，实测厚度应符合设计文件的要求。抽查若有不合格，应加倍抽查；若仍有不合格，应对球壳板逐张检查</td><td colspan="2"></td></tr>
<tr><td>4</td><td colspan="3">球壳板曲率检查所用的样板及球壳与样板允许间隙，应符合 SY/T 4202—2019《石油天然气建设工程施工质量验收规范　储罐工程》表 5.1.7 的规定</td><td colspan="2"></td></tr>
<tr><td>5</td><td colspan="3">球壳板几何尺寸允许偏差应符合 SY/T 4202—2019《石油天然气建设工程施工质量验收规范　储罐工程》表 5.1.8 的规定</td><td colspan="2"></td></tr>
<tr><td>6</td><td colspan="3">球壳板应超声检测抽查，检测方法应符合 NB/T 47013.3—2015《承压设备无损检测　第 3 部分：超声检测》的有关规定，合格等级应符合设计文件的要求。若有不允许的缺陷，应加倍抽查；若仍有不允许的缺陷，应全部检测</td><td colspan="2"></td></tr>
<tr><td>7</td><td colspan="3">对低温球罐，当板厚大于 20mm 时，应按 SY/T 4202—2019《石油天然气建设工程施工质量验收规范　储罐工程》第 5.1.9 条的规定对球壳板进行超声检测抽查</td><td colspan="2"></td></tr>
<tr><td>8</td><td colspan="3">支柱及支柱组焊质量应符合 SY/T 4202—2019《石油天然气建设工程施工质量验收规范　储罐工程》第 5.1.11 条规定</td><td colspan="2"></td></tr>
<tr><td rowspan="5">一般项目</td><td rowspan="5">1</td><td rowspan="5">球壳板焊接坡口表面质量</td><td colspan="2">平面度应小于或等于球壳名义厚度的 0.04 倍，且不应大于 1mm</td><td colspan="2"></td><td rowspan="5"></td></tr>
<tr><td colspan="2">表面应平滑，表面粗糙度（Ra）应不大于 25μm</td><td colspan="2"></td></tr>
<tr><td colspan="2">缺陷间的极限间距应不小于 500mm</td><td colspan="2"></td></tr>
<tr><td colspan="2">熔渣与氧化皮应清除干净，坡口表面不应有裂纹和分层等缺陷</td><td colspan="2"></td></tr>
<tr><td colspan="2">用标准抗拉强度下限值大于或等于 540N/mm^2 的钢材制造的球壳板，坡口表面应经磁粉或渗透检查，不应有裂纹、分层和夹渣等缺陷</td><td colspan="2"></td></tr>
</table>

球罐半成品进场验收检验批质量验收记录（续表） SY/T 4202

<table>
<tr><td colspan="3">工程名称</td><td></td><td>分项工程名称</td><td></td><td>验收部位</td><td></td></tr>
<tr><td colspan="3">施工单位</td><td></td><td>专业负责人</td><td></td><td>项目经理</td><td></td></tr>
<tr><td colspan="3">施工执行标准及编号</td><td colspan="3"></td><td>检验批编号</td><td></td></tr>
<tr><td colspan="5">质量验收规范规定</td><td colspan="2">施工单位检查验收记录</td><td>监理（建设）单位验收记录</td></tr>
<tr><td rowspan="5">一般项目</td><td rowspan="2">2</td><td rowspan="2">球壳板焊接坡口几何尺寸允许偏差</td><td colspan="2">坡口角度的允许偏差为 ±2.5°</td><td colspan="2"></td><td rowspan="5"></td></tr>
<tr><td colspan="2">坡口钝边及坡口深度的允许偏差为 ±1.5mm</td><td colspan="2"></td></tr>
<tr><td>3</td><td colspan="3">当相邻板的厚度差大于或等于其中的薄板厚度的 1/4 时，厚板边缘应削成斜边，削边后的端部厚度应等于薄板厚度</td><td colspan="2"></td></tr>
<tr><td>4</td><td colspan="3">人孔、接管位置及外伸长度的允许偏差不大于 5mm</td><td colspan="2"></td></tr>
<tr><td>5</td><td colspan="3">球壳板及零部件的除锈、涂漆应符合设计文件的要求</td><td colspan="2"></td></tr>
<tr><td colspan="2">施工单位检查验收结果</td><td colspan="6">项目专业质量检查员： 年 月 日</td></tr>
<tr><td colspan="2">监理（建设）单位验收结论</td><td colspan="6">监理工程师：
（建设单位项目专业技术负责人） 年 月 日</td></tr>
</table>

3.2.3 球壳板组装检验批质量验收记录 SY/T 4202

工程名称		分项工程名称		验收部位	
施工单位		专业负责人		项目经理	
施工执行标准及编号				检验批编号	

<table>
<tr><td colspan="4">质量验收规范规定</td><td>施工单位检查验收记录</td><td>监理（建设）单位验收记录</td></tr>
<tr><td rowspan="10">主控项目</td><td rowspan="2">1</td><td rowspan="2">球壳板组对错边量、棱角</td><td>组对错边量不应大于球壳板名义厚度的 1/4，且不应大于 3mm，当两板厚度不等时，可不计入两板的差值</td><td></td><td rowspan="10"></td></tr>
<tr><td>棱角值不应大于 7mm</td><td></td></tr>
<tr><td rowspan="3">2</td><td rowspan="3">相邻焊缝的边缘距离不应小于球壳板厚度的 3 倍，且不应小于 100mm</td><td>相邻两带的纵焊缝</td><td></td></tr>
<tr><td>支柱与球壳的角焊缝至球壳板的对接焊缝</td><td></td></tr>
<tr><td>人孔、接管、补强圈和连接板等与球壳的连接焊缝至球壳板的对接焊缝及其相互之间的焊缝</td><td></td></tr>
<tr><td>3</td><td colspan="2">拉杆安装时应对称均匀拧紧，拉杆中部的挠度应符合拉杆中部挠度计算公式的计算值，拉杆中部挠度的测量应符合 SY/T 4202—2019《石油天然气建设工程施工质量验收规范 储罐工程》中图 5.2.8 所示。在整体热处理完成后应测量并调整支柱垂直度和拉杆挠度。
拉杆中部挠度计算公式：
$\Delta=5.42\times10^{-4}(L^{4}\cos\theta)^{1/3}$</td><td></td></tr>
<tr><td>4</td><td colspan="2">支柱用垫铁找正时，垫铁的规格应符合设计文件或工艺文件的要求，每组垫铁的高度不应小于 25mm，且不宜多于 3 块。斜垫铁应成对使用，接触紧密。找正完毕后，垫铁间应点焊牢固</td><td></td></tr>
<tr><td rowspan="2">5</td><td rowspan="2">球罐组装时应对球罐的最大直径与最小直径之差进行控制，两极间的内直径、赤道截面的最大内直径和最小内直径之间相互之差，均应小于设计内径的 3‰，并应符合</td><td>$5000m^3$ 以下的球罐不应大于 50mm</td><td></td></tr>
<tr><td>$5000m^3$ 及以上的球罐不应大于 70mm</td><td></td></tr>
</table>

球壳板组装检验批质量验收记录（续表） SY/T 4202

<table>
<tr><td colspan="3">工程名称</td><td></td><td>分项工程名称</td><td></td><td>验收部位</td><td></td></tr>
<tr><td colspan="3">施工单位</td><td></td><td>专业负责人</td><td></td><td>项目经理</td><td></td></tr>
<tr><td colspan="3">施工执行标准及编号</td><td colspan="3"></td><td>检验批编号</td><td></td></tr>
<tr><td colspan="5">质量验收规范规定</td><td colspan="2">施工单位检查验收记录</td><td>监理（建设）单位验收记录</td></tr>
<tr><td rowspan="6">一般项目</td><td>1</td><td colspan="3">赤道带组装后，每块球壳板的赤道线水平误差不宜大于 2mm，相邻两块球壳板的赤道线水平误差不宜大于 3mm，任意两块球壳板的赤道线水平误差不宜大于 6mm</td><td colspan="2"></td><td rowspan="6"></td></tr>
<tr><td rowspan="3">2</td><td rowspan="3">球壳板组对间隙应符合焊接工艺规程或下列规定</td><td colspan="2">采用焊条电弧焊时，组对间隙宜为 2mm ± 2mm</td><td colspan="2"></td></tr>
<tr><td colspan="2">采用熔化极气体保护焊时，组对间隙宜为 3mm ± 1mm</td><td colspan="2"></td></tr>
<tr><td colspan="2">采用其他焊接方法时，组对间隙由施工单位按焊接工艺规程确定</td><td colspan="2"></td></tr>
<tr><td rowspan="2">3</td><td rowspan="2">支柱的垂直度</td><td colspan="2">当支柱高度不大于 8m 时，垂直度允许偏差不大于 12mm</td><td colspan="2"></td></tr>
<tr><td colspan="2">当支柱高度大于 8m 时，垂直度允许偏差为支柱高度的 1.5‰，且不大于 15mm</td><td colspan="2"></td></tr>
<tr><td>施工单位检查验收结果</td><td colspan="7">项目专业质量检查员：　　　　年　月　日</td></tr>
<tr><td>监理（建设）单位验收结论</td><td colspan="7">监理工程师：
（建设单位项目专业技术负责人）　　　　年　月　日</td></tr>
</table>

3.2.4 球罐零部件安装检验批质量验收记录 SY/T 4202

<table>
<tr><td>工程名称</td><td colspan="3"></td><td>分项工程名称</td><td></td><td>验收部位</td><td></td></tr>
<tr><td>施工单位</td><td colspan="3"></td><td>专业负责人</td><td></td><td>项目经理</td><td></td></tr>
<tr><td>施工执行标准及编号</td><td colspan="5"></td><td>检验批编号</td><td></td></tr>
<tr><td colspan="4">质量验收规范规定</td><td colspan="2">施工单位检查验收记录</td><td colspan="2">监理（建设）单位验收记录</td></tr>
<tr><td rowspan="6">主控项目</td><td></td><td colspan="2">（自行设定）</td><td colspan="2"></td><td colspan="2" rowspan="6"></td></tr>
<tr><td></td><td colspan="2"></td><td colspan="2"></td></tr>
<tr><td></td><td colspan="2"></td><td colspan="2"></td></tr>
<tr><td></td><td colspan="2"></td><td colspan="2"></td></tr>
<tr><td></td><td colspan="2"></td><td colspan="2"></td></tr>
<tr><td></td><td colspan="2"></td><td colspan="2"></td></tr>
<tr><td rowspan="6">一般项目</td><td>1</td><td colspan="2">开孔位置的允许偏差不大于 5mm</td><td colspan="2"></td><td colspan="2" rowspan="6"></td></tr>
<tr><td>2</td><td colspan="2">开孔直径宜比安装的接管直径大 2~5mm</td><td colspan="2"></td></tr>
<tr><td>3</td><td colspan="2">接管外伸长度及位置允许偏差不大于 5mm</td><td colspan="2"></td></tr>
<tr><td>4</td><td colspan="2">除设计规定外，接管法兰面应与接管中心轴线 垂直，且应使法兰面水平或垂直，其偏差不应超过法兰外径的 1%，且不应大于 3mm，法兰外径小于 100mm 时，应按 100mm 计</td><td colspan="2"></td></tr>
<tr><td>5</td><td colspan="2">球壳板上的连接板应与球壳紧密贴合。当连接板与球壳的角焊缝是连续焊缝时，应在不宜流进雨水的部位留出 10mm 的通气孔不焊</td><td colspan="2"></td></tr>
<tr><td>6</td><td colspan="2">球壳板上的连接板安装位置允许偏差不大于 10mm</td><td colspan="2"></td></tr>
<tr><td>施工单位检查验收结果</td><td colspan="7">项目专业质量检查员： 年 月 日</td></tr>
<tr><td>监理（建设）单位验收结论</td><td colspan="7">监理工程师：
（建设单位项目专业技术负责人） 年 月 日</td></tr>
</table>

3.2.5 球罐焊接及热处理检验批质量验收记录 SY/T 4202

<table>
<tr><td colspan="2">工程名称</td><td></td><td>分项工程名称</td><td></td><td>验收部位</td><td></td></tr>
<tr><td colspan="2">施工单位</td><td></td><td>专业负责人</td><td></td><td>项目经理</td><td></td></tr>
<tr><td colspan="2">施工执行标准及编号</td><td colspan="3"></td><td>检验批编号</td><td></td></tr>
<tr><td colspan="4">质量验收规范规定</td><td colspan="2">施工单位检查验收记录</td><td>监理（建设）单位验收记录</td></tr>
<tr><td rowspan="5">主控项目</td><td>1</td><td colspan="2">焊接工艺评定应符合 NB/T 47014—2011《承压设备焊接工艺评定》的规定并经批准，焊接工艺规程应符合 NB/T 47015—2011《压力容器焊接规程》的规定</td><td colspan="2"></td><td rowspan="5"></td></tr>
<tr><td>2</td><td colspan="2">焊接材料应符合 SY/T 4202—2019《石油天然气建设工程施工质量验收规范 储罐工程》第 5.4.14 条的规定</td><td colspan="2"></td></tr>
<tr><td>3</td><td colspan="2">焊缝内部缺陷的返修应符合 SY/T 4202—2019《石油天然气建设工程施工质量验收规范 储罐工程》第 5.4.15 条的规定</td><td colspan="2"></td></tr>
<tr><td>4</td><td colspan="2">产品焊接试件及试样的制备和试验应符合 SY/T 4202—2019《石油天然气建设工程施工质量验收规范 储罐工程》第 5.4.16 条的规定</td><td colspan="2"></td></tr>
<tr><td>5</td><td colspan="2">整体热处理恒温温度、恒温时间、400℃以上球壳表面任意两测温点的温差及升 / 降温速度应符合设计文件或 GB 50094—2010《球形储罐施工规范》的有关规定</td><td colspan="2"></td></tr>
<tr><td rowspan="2">一般项目</td><td>1</td><td colspan="2">焊接材料的使用应符合 SY/T 4202—2019《石油天然气建设工程施工质量验收规范 储罐工程》第 5.4.18 条的规定</td><td colspan="2"></td><td rowspan="2"></td></tr>
<tr><td>2</td><td colspan="2">整体热处理时，测温设施性能、测温点的数量和布置、保温材料质量及保温层敷设质量、柱脚移动、保温层表面温差应符合 GB 50094—2010《球形储罐施工规范》的有关规定</td><td colspan="2"></td></tr>
<tr><td colspan="2">施工单位检查验收结果</td><td colspan="5">项目专业质量检查员： 年 月 日</td></tr>
<tr><td colspan="2">监理（建设）单位验收结论</td><td colspan="5">监理工程师：
（建设单位项目专业技术负责人） 年 月 日</td></tr>
</table>

3.2.6 球罐组焊检验及试验检验批质量验收记录 SY/T 4202

<table>
<tr><td colspan="3">工程名称</td><td></td><td>分项工程名称</td><td></td><td>验收部位</td><td></td></tr>
<tr><td colspan="3">施工单位</td><td></td><td>专业负责人</td><td></td><td>项目经理</td><td></td></tr>
<tr><td colspan="3">施工执行标准及编号</td><td colspan="3"></td><td>检验批编号</td><td></td></tr>
<tr><td colspan="4">质量验收规范规定</td><td colspan="2">施工单位检查验收记录</td><td colspan="2">监理（建设）单位验收记录</td></tr>
<tr><td rowspan="7">主控项目</td><td>1</td><td colspan="2">焊缝和热影响区及工卡具去除后的表面不应有裂纹、气孔</td><td colspan="2"></td><td colspan="2" rowspan="7"></td></tr>
<tr><td rowspan="2">2</td><td rowspan="2">焊接后，应检查球壳两极间及赤道截面的内直径，并应符合</td><td>两极间的内直径、赤道截面的最大内直径和最小内直径之间相互之差均应小于设计内径的 7‰，并应符合 SY/T 4202—2019《石油天然气建设工程施工质量验收规范　储罐工程》第 5.5.4 条的规定</td><td colspan="2"></td></tr>
<tr><td>两极间的内直径、赤道截面的最大内直径和最小内直径与设计内直径之差，均应小于设计内径的 7‰，并应符合本 SY/T 4202—2019《石油天然气建设工程施工质量验收规范　储罐工程》第 5.5.4 条的规定</td><td colspan="2"></td></tr>
<tr><td>3</td><td colspan="2">球罐支柱垂直度的检查及偏差应符合 SY/T 4202—2019《石油天然气建设工程施工质量验收规范　储罐工程》第 5.2.13 条的规定</td><td colspan="2"></td></tr>
<tr><td>4</td><td colspan="2">无损检测方法、无损检测比例及扩探、无损检测结果合格判定应符合设计文件或 GB 50094—2010《球形储罐施工规范》的有关规定</td><td colspan="2"></td></tr>
<tr><td>5</td><td colspan="2">压力试验、气密性试验所用介质、介质温度、升压降压程序步骤、试验压力及试验结果应符合 GB 50094—2010《球形储罐施工规范》和设计文件的规定</td><td colspan="2"></td></tr>
<tr><td>6</td><td colspan="2">球罐在充水、放水过程中，应按规定对基础的沉降进行观测和记录。观测阶段及观察结果应符合 SY/T 4202—2019《石油天然气建设工程施工质量验收规范　储罐工程》第 5.5.8 条的规定</td><td colspan="2"></td></tr>
<tr><td rowspan="3">一般项目</td><td>1</td><td colspan="2">焊缝及其两侧表面不应有咬边、夹渣、凹坑、未焊满、熔渣和飞溅物等缺陷</td><td colspan="2"></td><td colspan="2" rowspan="3"></td></tr>
<tr><td>2</td><td colspan="2">角焊缝焊脚尺寸、对接焊缝余高应符合 SY/T 4202—2019《石油天然气建设工程施工质量验收规范　储罐工程》第 5.5.10 条的规定</td><td colspan="2"></td></tr>
<tr><td>3</td><td colspan="2">检查球壳焊缝棱角，棱角值不大于 10mm</td><td colspan="2"></td></tr>
<tr><td>施工单位检查验收结果</td><td colspan="7">项目专业质量检查员：　　　　　　　　　　　　年　月　日</td></tr>
<tr><td>监理（建设）单位验收结论</td><td colspan="7">监理工程师：
（建设单位项目专业技术负责人）　　　　　　　　年　月　日</td></tr>
</table>

3.2.7 立式储罐底板预制检验批质量验收记录 SY/T 4202

<table>
<tr><td colspan="3">工程名称</td><td colspan="2"></td><td>分项工程名称</td><td></td><td>验收部位</td><td></td></tr>
<tr><td colspan="3">施工单位</td><td colspan="2"></td><td>专业负责人</td><td></td><td>项目经理</td><td></td></tr>
<tr><td colspan="3">施工执行标准及编号</td><td colspan="4"></td><td>检验批编号</td><td></td></tr>
<tr><td colspan="7">质量验收规范规定</td><td>施工单位检查验收记录</td><td>监理（建设）单位验收记录</td></tr>
<tr><td rowspan="2">主控项目</td><td>1</td><td colspan="5">用于立式储砺板的材料和附件，应符合设计文件要求和国家现行有关标准的规定，并具有质量证明文件</td><td></td><td rowspan="2"></td></tr>
<tr><td>2</td><td colspan="5">厚度大于或等于 12mm 的环形边缘板，应在其两短边各 100mm 范围内按 NB/T 47013.3—2015《承压设备无损检测 第 3 部分：超声检测》的有关规定进行超声检查，Ⅲ级合格。如采用火焰切割坡口，应按 SY/T 4202—2019《石油天然气建设工程施工质量验收规范 储罐工程》第 6.1.7 条的规定对坡口表面进行检测</td><td></td></tr>
<tr><td rowspan="11">一般项目</td><td rowspan="5">1</td><td rowspan="5">罐底排板</td><td colspan="4">罐底的排板直径，宜按设计直径放大 0.1%~0.15%</td><td></td><td rowspan="11"></td></tr>
<tr><td colspan="4">环形边缘板沿罐底半径方向的最小尺寸不应小于 700mm；边缘板最小直边尺寸不应小于 700mm</td><td></td></tr>
<tr><td colspan="4">环形边缘板的对接接头宜采用 不等间隙。外侧间隙 e_1 宜为 6~7mm，内侧间隙 e_2 宜为 8~12mm: 当采用气体保护焊时，外侧间隙 e_1 宜为 3~5mm，内侧间隙 e_2 宜为 6~8mm</td><td></td></tr>
<tr><td colspan="4">中幅板的宽度不应小于 1000mm，长度不应小于 2000mm；与环形边缘板连接的不规则中幅板最小直边尺寸，不应小于 700mm</td><td></td></tr>
<tr><td colspan="4">底板任意相邻焊缝之间的距离，不应小于 300mm</td><td></td></tr>
<tr><td rowspan="6">2</td><td rowspan="6">中幅板加工的尺寸允许偏差</td><td colspan="2">测量部位</td><td>板长 AB（CD）≥ 10m</td><td>板长 AB（CD）< 10m</td><td></td></tr>
<tr><td colspan="2">宽度 AC、BD、EF</td><td>± 1.5mm</td><td>± 1mm</td><td></td></tr>
<tr><td colspan="2">长度 AB、CD</td><td>± 2mm</td><td>± 1.5mm</td><td></td></tr>
<tr><td colspan="2">对角线之差 $|AD-BC|$</td><td>≤ 3mm</td><td>≤ 2mm</td><td></td></tr>
<tr><td rowspan="2">直线度</td><td>AC、BD</td><td>≤ 1mm</td><td>≤ 1mm</td><td></td></tr>
<tr><td>AB、CD</td><td>≤ 2mm</td><td>≤ 2mm</td><td></td></tr>
</table>

立式储罐底板预制检验批质量验收记录（续表） SY/T 4202

<table>
<tr><td colspan="3">工程名称</td><td></td><td>分项工程名称</td><td colspan="2"></td><td>验收部位</td><td></td></tr>
<tr><td colspan="3">施工单位</td><td></td><td>专业负责人</td><td colspan="2"></td><td>项目经理</td><td></td></tr>
<tr><td colspan="3">施工执行标准及编号</td><td colspan="4"></td><td>检验批编号</td><td></td></tr>
<tr><td colspan="5">质量验收规范规定</td><td colspan="2">施工单位检查验收记录</td><td colspan="2">监理（建设）单位验收记录</td></tr>
<tr><td rowspan="3">一般项目</td><td rowspan="3">3</td><td rowspan="3">环形边缘板加工的尺寸允许偏差</td><td colspan="2">长度 AB、CD 允许偏差为 ±2mm</td><td colspan="2" rowspan="3"></td><td colspan="2" rowspan="3"></td></tr>
<tr><td colspan="2">宽度 AC、BD、EF 允许偏差为 ±2mm</td></tr>
<tr><td colspan="2">对角线之差 $|AD-BC|$ 允许偏差为≤ 3mm</td></tr>
<tr><td colspan="2">施工单位检查验收结果</td><td colspan="7">

项目专业质量检查员：　　　　年　月　日</td></tr>
<tr><td colspan="2">监理（建设）单位验收结论</td><td colspan="7">

监理工程师：
（建设单位项目专业技术负责人）　　　　年　月　日</td></tr>
</table>

3.2.8 立式储罐壁板预制检验批质量验收记录 SY/T 4202

工程名称		分项工程名称		验收部位	
施工单位		专业负责人		项目经理	
施工执行标准及编号				检验批编号	

<table>
<tr><td colspan="7">质量验收规范规定</td><td>施工单位检查验收记录</td><td>监理（建设）单位验收记录</td></tr>
<tr><td rowspan="4">主控项目</td><td>1</td><td colspan="5">用于立式储罐壁板的材料和附件，应符合设计文件要求和国家现行有关标准的规定，并具有质量证明文件</td><td></td><td></td></tr>
<tr><td rowspan="3">2</td><td rowspan="3" colspan="2">开孔接管与罐壁板、补强板焊接完并经检验合格后，均应进行整体消除应力热处理；热处理应符合 NB/T 47015—2011《压力容器焊接规程》的规定</td><td colspan="3">罐壁钢板的标准屈服强度下限值小于或等于 390MPa、板厚大于 32mm 且接管公称直径大于 300mm</td><td rowspan="3"></td><td rowspan="3"></td></tr>
<tr><td colspan="3">罐壁钢板的标准屈服强度下限值大于 390MPa、板厚大于 12mm 且接管公称直径大于 50mm</td></tr>
<tr><td colspan="3">齐平型清扫孔</td></tr>
<tr><td rowspan="9">一般项目</td><td>1</td><td colspan="5">立式储罐壁板预制前应绘制排板图，其排板应符合 GB 50128—2014《立式圆筒形钢制焊接储罐施工规范》的规定</td><td></td><td rowspan="9"></td></tr>
<tr><td rowspan="7">2</td><td rowspan="7">壁板的切割加工</td><td colspan="2">测量部位</td><td>板长 AB（CD）≥ 10m</td><td>板长 AB（CD）< 10m</td><td></td></tr>
<tr><td colspan="2">宽度 AC、BD、EF</td><td>± 1.5mm</td><td>± 1mm</td><td></td></tr>
<tr><td colspan="2">长度 AB、CD</td><td>± 2mm</td><td>± 1.5mm</td><td></td></tr>
<tr><td colspan="2">对角线之差 |AD–BG|</td><td>≤ 3mm</td><td>≤ 2mm</td><td></td></tr>
<tr><td rowspan="2">直线度</td><td>AC、BD</td><td>≤ 1mm</td><td>≤ 1mm</td><td></td></tr>
<tr><td>AB、CD</td><td>≤ 2mm</td><td>≤ 2mm</td><td></td></tr>
<tr><td colspan="0" style="display:none"></td></tr>
<tr><td>3</td><td colspan="5">壁板滚制后，垂直方向上用直线样板检查，其间隙不应大于 2mm；水平方向上用弧形样板检查，其间隙不应大于 4mm</td><td></td></tr>
<tr><td colspan="2">施工单位检查验收结果</td><td colspan="7">项目专业质量检查员：　　　　年　月　日</td></tr>
<tr><td colspan="2">监理（建设）单位验收结论</td><td colspan="7">监理工程师：
（建设单位项目专业技术负责人）　　　　年　月　日</td></tr>
</table>

3.2.9 立式储罐浮顶预制检验批质量验收记录 SY/T 4202

<table>
<tr><td colspan="2">工程名称</td><td colspan="3"></td><td>分项工程名称</td><td>验收部位</td><td></td></tr>
<tr><td colspan="2">施工单位</td><td colspan="3"></td><td>专业负责人</td><td>项目经理</td><td></td></tr>
<tr><td colspan="3">施工执行标准及编号</td><td colspan="4"></td><td>检验批编号</td></tr>
<tr><td colspan="6">质量验收规范规定</td><td>施工单位检查验收记录</td><td>监理（建设）单位验收记录</td></tr>
<tr><td>主控项目</td><td colspan="5">用于立式储罐浮顶的材料和附件，应符合设计文件要求和国家现行有关标准的规定，并具有质量证明文件</td><td></td><td></td></tr>
<tr><td rowspan="8">一般项目</td><td>1</td><td colspan="4">浮顶预制前应绘制排板图，其排板应符合 SY/T 4202—2019《石油天然气建设工程施工质量验收规范 储罐工程》第 6.2.3 条的相关规定</td><td></td><td rowspan="8"></td></tr>
<tr><td>2</td><td colspan="4">船舱边缘板的预制应符合 SY/T 4202—2019《石油天然气建设工程施工质量验收规范 储罐工程》第 6.2.4 条和第 6.3.4 条的规定。船舱底板及顶板预制后，其平面度不应大于 4mm</td><td></td></tr>
<tr><td rowspan="6">3</td><td rowspan="6">单盘式浮顶进行分段预制时允许偏差值</td><td colspan="3">船舱底板、顶板平面度不应大于 5mm</td><td rowspan="6"></td></tr>
<tr><td colspan="3">船舱内外边缘板用弧形样板检查，间隙不应大于 10mm</td></tr>
<tr><td rowspan="4">船舱几何尺寸</td><td>测量部位</td><td>允许偏差</td></tr>
<tr><td>高度 AE、BF、CG、DH</td><td>± 1mm</td></tr>
<tr><td>弦长 AB、EF、CD、GH</td><td>± 4mm</td></tr>
<tr><td>对角线之差 |AD–BC|、|EH–FG| 和 |CH–DG|</td><td>≤ 6mm</td></tr>
<tr><td>施工单位检查验收结果</td><td colspan="7">项目专业质量检查员： 年 月 日</td></tr>
<tr><td>监理（建设）单位验收结论</td><td colspan="7">监理工程师：
（建设单位项目专业技术负责人） 年 月 日</td></tr>
</table>

3.2.10 立式储罐固定顶预制检验批质量验收记录 SY/T 4202

<table>
<tr><td colspan="2">工程名称</td><td></td><td>分项工程名称</td><td></td><td>验收部位</td><td></td></tr>
<tr><td colspan="2">施工单位</td><td></td><td>专业负责人</td><td></td><td>项目经理</td><td></td></tr>
<tr><td colspan="2">施工执行标准及编号</td><td colspan="3"></td><td>检验批编号</td><td></td></tr>
<tr><td colspan="4">质量验收规范规定</td><td>施工单位检查验收记录</td><td colspan="2">监理（建设）单位验收记录</td></tr>
<tr><td>主控项目</td><td colspan="3">用于立式储罐固定顶的材料和附件，应符合设计文件要求和国家现行有关标准的规定，并具有质量证明文件</td><td></td><td colspan="2"></td></tr>
<tr><td rowspan="4">一般项目</td><td rowspan="2">1</td><td rowspan="2">固定顶顶板预制排板图检查</td><td>顶板任意相邻焊缝的间距不应小于 200mm</td><td></td><td colspan="2" rowspan="4"></td></tr>
<tr><td>单块顶板本身的拼接宜采用对接</td><td></td></tr>
<tr><td>2</td><td colspan="2">加强肋加工成型后，用样板检查，其间隙不应大于 2mm</td><td></td></tr>
<tr><td>3</td><td colspan="2">固定顶的顶板成型后，用样板检查，其间隙不应大于 10mm</td><td></td></tr>
<tr><td>施工单位检查验收结果</td><td colspan="6">项目专业质量检查员： 年 月 日</td></tr>
<tr><td>监理（建设）单位验收结论</td><td colspan="6">监理工程师：
（建设单位项目专业技术负责人） 年 月 日</td></tr>
</table>

3.2.11 立式储罐构件预制检验批质量验收记录 SY/T 4202

<table>
<tr><td colspan="2">工程名称</td><td></td><td>分项工程名称</td><td></td><td>验收部位</td><td></td></tr>
<tr><td colspan="2">施工单位</td><td></td><td>专业负责人</td><td></td><td>项目经理</td><td></td></tr>
<tr><td colspan="3">施工执行标准及编号</td><td colspan="2"></td><td>检验批编号</td><td></td></tr>
<tr><td colspan="4">质量验收规范规定</td><td>施工单位检查验收记录</td><td colspan="2">监理（建设）单位验收记录</td></tr>
<tr><td>主控项目</td><td colspan="3">预制构件所选用的材料和附件，应符合设计文件要求和国家现行有关标准的规定，并具有质量证明文件</td><td></td><td colspan="2"></td></tr>
<tr><td rowspan="5">一般项目</td><td>1</td><td colspan="2">抗风圈、加强圈、包边角钢、抗压环、抗拉环等弧形构件加工成型后，用样板检查，其间隙不应大于 2mm。其翘曲变形不应超过构件长度的 0.1%，且不应大于 6mm</td><td></td><td colspan="2" rowspan="5"></td></tr>
<tr><td rowspan="4">2</td><td rowspan="4">罐壁开孔的补强板预制</td><td>补强板的材质应与开孔处罐壁板的材质相同</td><td></td></tr>
<tr><td>补强板的切割表面应光滑平整并将棱角倒圆；曲率应与该处壁板的曲率一致，允许偏差应符合 SY/T 4202—2019《石油天然气建设工程施工质量验收规范 储罐工程》第 6.3.5 条的规定</td><td></td></tr>
<tr><td>拼接补强板的对接焊缝应采用全熔透 焊缝</td><td></td></tr>
<tr><td>补强板应有信号孔。整块钢板制造的补强板应有一个信号孔；拼接的补强板，每一拼接段上应有 1 个信号孔。信号孔宜为 M6~M10、位于开孔水平中心线上的螺孔</td><td></td></tr>
<tr><td colspan="2">施工单位检查验收结果</td><td colspan="5">

项目专业质量检查员： 年 月 日</td></tr>
<tr><td colspan="2">监理（建设）单位验收结论</td><td colspan="5">

监理工程师：
（建设单位项目专业技术负责人） 年 月 日</td></tr>
</table>

3.2.12 立式储罐罐底组装检验批质量验收记录 SY/T 4202

<table>
<tr><td>工程名称</td><td></td><td>分项工程名称</td><td></td><td>验收部位</td><td></td></tr>
<tr><td>施工单位</td><td></td><td>专业负责人</td><td></td><td>项目经理</td><td></td></tr>
<tr><td colspan="2">施工执行标准及编号</td><td colspan="2"></td><td>检验批编号</td><td></td></tr>
<tr><td colspan="3">质量验收规范规定</td><td>施工单位检查验收记录</td><td colspan="2">监理（建设）单位验收记录</td></tr>
<tr><td>主控项目</td><td colspan="2">搭接接头三层钢板重叠部分，应将上层底板切角，切角长度应为搭接宽度的 2 倍，其宽度应为搭接宽度的 2/3</td><td></td><td colspan="2"></td></tr>
<tr><td rowspan="5">一般项目</td><td>1</td><td>罐底组装应符合排板图的规定</td><td></td><td colspan="2" rowspan="5"></td></tr>
<tr><td>2</td><td>罐底采用带垫板的对接接头时，垫板应与对接的两块底板贴紧，并点焊固定，其缝隙不应大于 1mm。罐底板对接接头间隙，应符合焊接作业指导书要求或参照 SY/T 4202—2019《石油天然气建设工程施工质量验收规范 储罐工程》中表 7.2.3 的规定</td><td></td></tr>
<tr><td>3</td><td>中幅板采用搭接接头时，其搭接宽度符合设计要求，允许偏差为 ±5mm，搭接间隙不应大于 1mm</td><td></td></tr>
<tr><td>4</td><td>中幅板与环形边缘板之间采用搭接接头时，中幅板应搭在环形边缘板的上面，搭接宽度不应小于 60mm</td><td></td></tr>
<tr><td>5</td><td>对接接头的错边量均不应大于板厚的 0.2 倍，且不大于 2mm。自动焊时，均不应大于 1.5mm</td><td></td></tr>
<tr><td>施工单位检查验收结果</td><td colspan="5">项目专业质量检查员： 年 月 日</td></tr>
<tr><td>监理（建设）单位验收结论</td><td colspan="5">监理工程师：
（建设单位项目专业技术负责人） 年 月 日</td></tr>
</table>

3.2.13 立式储罐罐底焊接及检测检验批质量验收记录 SY/T 4202

工程名称		分项工程名称		验收部位	
施工单位		专业负责人		项目经理	
施工执行标准及编号				检验批编号	

			质量验收规范规定	施工单位检查验收记录	监理（建设）单位验收记录
主控项目	1		焊接工艺评定应符合设计文件和国家现行标准 NB/T 47014—2011《承压设备焊接工艺评定》的有关规定		
	2		焊条、焊剂、药芯焊丝等在使用前，应按其产品说明书及焊接工艺文件的规定进行烘干和存放		
	3		焊缝表面及热影响区不应有裂纹、气孔		
	4		罐底所有焊缝应采用真空箱法进行严密性试验，试验负压值不应低于 53kPa，无渗漏为合格		
	5	罐底焊后无损检测	标准屈服强度下限值大于 390MPa 的边缘板对接焊缝，在根部焊道焊接完毕后，应进行渗透检测，在最后一层焊接完毕后，应再次进行渗透或磁粉检测		
			厚度不小于 10mm 的罐底边缘板，每条对接焊缝外端 300mm 应进行射线检测，厚度小于 10mm 的罐底边缘板，每个焊工施焊的焊缝，应按上述方法至少抽查一条		
			底板三层钢板重叠部分的搭接接头焊缝和对接罐底板的 T 形焊缝的根部焊道焊完后，在沿三个方向各 200mm 范围内进行渗透检测或磁粉检测		
一般项目	1	焊缝外观	对接焊缝的咬边深度，不应大于 0.5mm，咬边的连续长度，不应大于 100mm，焊缝两侧咬边的总长度，不应超过该焊缝长度的 10%，罐壁钢板的标准屈服强度下限值大于 390MPa 或厚度大于 25mm 的低合金钢的底圈壁板纵缝不应存在咬边		
			罐底对接焊缝低于母材表面的凹陷深度，不应大于 0.5mm。凹陷的连续长度，不应大于 100mm。凹陷的总长度，不应大于该焊缝长度的 10%		
			对接焊缝的余高，当板厚 $\delta \leq 12$mm 时，其焊缝余高应不大于 2mm；当板厚 $12\text{mm} < \delta \leq 25$mm 时，其焊缝余高应不大于 3mm		
	2		焊缝应外形均匀、成型良好，焊道与母材过渡应平滑，焊渣和飞溅物清除干净，不应有夹渣、弧坑、电弧擦伤、焊瘤和未焊满等缺陷		
施工单位检查验收结果	项目专业质量检查员： 年 月 日				
监理（建设）单位验收结论	监理工程师： （建设单位项目专业技术负责人） 年 月 日				

3.2.14 立式储罐罐壁组装检验批质量验收记录 SY/T 4202

<table>
<tr><td colspan="3">工程名称</td><td colspan="2"></td><td colspan="1">分项工程名称</td><td></td><td>验收部位</td><td></td></tr>
<tr><td colspan="3">施工单位</td><td colspan="2"></td><td>专业负责人</td><td></td><td>项目经理</td><td></td></tr>
<tr><td colspan="3">施工执行标准及编号</td><td></td><td></td><td></td><td></td><td>检验批编号</td><td></td></tr>
<tr><td colspan="6">质量验收规范规定</td><td colspan="2">施工单位检查验收记录</td><td>监理（建设）单位验收记录</td></tr>
<tr><td>主控项目</td><td colspan="5">壁板组装时，安装的每圈板应符合排板图的要求</td><td colspan="2"></td><td></td></tr>
<tr><td rowspan="9">一般项目</td><td rowspan="3">1</td><td rowspan="3">底圈壁板或倒装法施工的顶圈壁板</td><td colspan="3">相邻两壁板上口水平的允许偏差不应大于 2mm；在整个圆周上任意两点水平的允许偏差不应大于 6mm</td><td colspan="2" rowspan="3"></td><td rowspan="9"></td></tr>
<tr><td colspan="3">壁板的垂直度不应大于 3mm</td></tr>
<tr><td colspan="3">组装焊接后，壁板的内表面任意点半径的允许偏差，应符合 SY/T 4202—2019《石油天然气建设工程施工质量验收规范 储罐工程》中表 7.4.2 的规定</td></tr>
<tr><td>2</td><td>其他各圈壁板</td><td colspan="3">垂直度允许偏差不应大于该圈壁板高度的 0.3%</td><td colspan="2"></td></tr>
<tr><td>3</td><td>组装间隙</td><td colspan="3">当设计文件无要求时，按 SY/T 4202—2019《石油天然气建设工程施工质量验收规范 储罐工程》中表 7.4.4-1 和表 7.4.4-2 的规定检查</td><td colspan="2"></td></tr>
<tr><td>4</td><td>罐壁板组对错边量</td><td colspan="3">纵向焊缝：采用焊条电弧焊，当壁板厚度小于或等于 10mm 时，错边量不应大于 1mm；当壁板厚度大于 10mm 时，错边量不应大于板厚的 0.1 倍，且不应大于 1.5mm；采用自动焊时，错边量均不应大于 1mm</td><td colspan="2"></td></tr>
<tr><td>4</td><td>罐壁板组对错边量</td><td colspan="3">环向焊缝：采用焊条电弧焊时，当上圈壁板厚度小于或等于 8mm 时，任何一点的错边量均不应大于 1.5mm；当上圈壁板厚度大于 8mm 时，任何一点的错边量均不应大于板厚的 0.2 倍，且不应大于 2mm；采用自动焊时，错边量不应大于 1.5mm</td><td colspan="2"></td></tr>
<tr><td>5</td><td>棱角度</td><td colspan="3">组装焊接后，纵焊缝和环焊缝的棱角度应符合 SY/T 4202—2019《石油天然气建设工程施工质量验收规范 储罐工程》中表 7.4.6 的规定</td><td colspan="2"></td></tr>
<tr><td>6</td><td>凹凸变形</td><td colspan="3">组装焊接后，罐壁的局部凹凸变形应平缓，不应有突然起伏，且应符合 SY/T 4202—2019《石油天然气建设工程施工质量验收规范 储罐工程》中表 7.4.7 的规定</td><td colspan="2"></td></tr>
<tr><td>施工单位检查验收结果</td><td colspan="8">项目专业质量检查员： 年 月 日</td></tr>
<tr><td>监理（建设）单位验收结论</td><td colspan="8">监理工程师：
（建设单位项目专业技术负责人） 年 月 日</td></tr>
</table>

3.2.15 立式储罐罐壁焊接及检测检验批质量验收记录 SY/T 4202

<table>
<tr><td colspan="2">工程名称</td><td></td><td>分项工程名称</td><td></td><td>验收部位</td><td></td></tr>
<tr><td colspan="2">施工单位</td><td></td><td>专业负责人</td><td></td><td>项目经理</td><td></td></tr>
<tr><td colspan="2">施工执行标准及编号</td><td colspan="3"></td><td>检验批编号</td><td></td></tr>
<tr><td colspan="4">质量验收规范规定</td><td>施工单位检查验收记录</td><td colspan="2">监理（建设）单位验收记录</td></tr>
<tr><td rowspan="6">主控项目</td><td>1</td><td colspan="2">焊接工艺评定的要求符合现行国家标准 GB 50128—2014《立式圆筒形钢制焊接储罐施工规范》的有关规定。</td><td></td><td colspan="2" rowspan="6"></td></tr>
<tr><td>2</td><td colspan="2">焊接材料的使用要求符合 SY/T 4202—2019《石油天然气建设工程施工质量验收规范　储罐工程》第 7.3.2 条的规定</td><td></td></tr>
<tr><td>3</td><td colspan="2">焊缝表面及热影响区，不应有裂纹、气孔；罐壁纵向对接焊缝不应有低于母材表面的凹陷；标准屈服强度下限值大于 390MPa 或厚度大于 25mm 的低合金钢的底圈壁板纵缝如有咬边，应打磨圆滑</td><td></td></tr>
<tr><td>4</td><td colspan="2">标准屈服强度下限值大于 390MPa 的钢板，其表面焊疤的处理及检验要求应符合 SY/T 4202—2019《石油天然气建设工程施工质量验收规范　储罐工程》第 7.1.7 条的规定</td><td></td></tr>
<tr><td>5</td><td colspan="2">罐壁焊缝无损检测应符合设计文件和现行国家标准 GB 50128—2014《立式圆筒形钢制焊接储罐施工规范》的有关规定</td><td></td></tr>
<tr><td>6</td><td colspan="2">T 形接头焊脚尺寸应符合设计文件规定；当边缘板的厚度不小于 10mm 时，底圈壁板与边缘板的 T 形接头罐内角焊缝靠罐底一侧的边缘，应平缓过渡，且不应有咬边）其无损检测应按 SY/T 4202—2019《石油天然气建设工程施工质量验收规范　储罐工程》第 7.5.6 条规定进行，合格标准应符合 SY/T 4202—2019《石油天然气建设工程施工质量验收规范　储罐工程》第 7.1.7 条的规定</td><td></td></tr>
<tr><td rowspan="4">一般项目</td><td>1</td><td colspan="2">根据设计和焊接工艺，需后热消氢处理的焊缝，应在焊接完毕后立即进行消氢处理。消氢处理的加热温度宜为 200~350℃，保温的时间不宜小于 0.5h</td><td></td><td colspan="2" rowspan="4"></td></tr>
<tr><td rowspan="3">2</td><td rowspan="3">焊缝表面</td><td>罐壁对接焊缝的咬边深度和长度要求符合 SY/T 4202—2019《石油天然气建设工程施工质量验收规范　储罐工程》第 7.3.6 条第 1 款的规定</td><td></td></tr>
<tr><td>罐壁环向对接焊缝低于母材表面的凹陷深度不应大于 0.5mm，凹陷的连续长度不应大于 100mm，凹陷的总长度，不应大于该焊缝长度的 10%</td><td></td></tr>
<tr><td>浮顶及内浮顶罐壁内侧焊缝的余高不应大于 1mm。其他储罐对接焊缝的余高应符合 SY/T 4202—2019《石油天然气建设工程施工质量验收规范　储罐工程》中表 7.5.8 的规定</td><td></td></tr>
</table>

立式储罐罐壁焊接及检测检验批质量验收记录（续表） SY/T 4202

<table>
<tr><td>工程名称</td><td></td><td>分项工程名称</td><td></td><td>验收部位</td><td></td></tr>
<tr><td>施工单位</td><td></td><td>专业负责人</td><td></td><td>项目经理</td><td></td></tr>
<tr><td colspan="2">施工执行标准及编号</td><td colspan="2"></td><td>检验批编号</td><td></td></tr>
<tr><td colspan="4">质量验收规范规定</td><td>施工单位检查验收记录</td><td>监理（建设）单位验收记录</td></tr>
<tr><td rowspan="4">一般项目</td><td rowspan="3">3</td><td rowspan="3">预热</td><td>预热范围不小于焊缝两侧各三倍的板厚且不小于100mm</td><td></td><td rowspan="4"></td></tr>
<tr><td>预热温度：规定值：　℃</td><td></td></tr>
<tr><td>层间温度：规定值：　℃</td><td></td></tr>
<tr><td>4</td><td colspan="2">罐壁焊缝表面质量的要求及检查数量和方法应符合SY/T 4202—2019《石油天然气建设工程施工质量验收规范　储罐工程》中第7.5.3条的规定</td><td></td></tr>
<tr><td>施工单位检查验收结果</td><td colspan="5">项目专业质量检查员：　　　　年　月　日</td></tr>
<tr><td>监理（建设）单位验收结论</td><td colspan="5">监理工程师：
（建设单位项目专业技术负责人）　　　　年　月　日</td></tr>
</table>

3.2.16　立式储罐固定顶组装检验批质量验收记录　SY/T 4202

<table>
<tr><td>工程名称</td><td></td><td>分项工程名称</td><td></td><td>验收部位</td><td></td></tr>
<tr><td>施工单位</td><td></td><td>专业负责人</td><td></td><td>项目经理</td><td></td></tr>
<tr><td colspan="2">施工执行标准及编号</td><td colspan="2"></td><td>检验批编号</td><td></td></tr>
<tr><td colspan="3">质量验收规范规定</td><td>施工单位检查
验收记录</td><td colspan="2">监理（建设）
单位验收记录</td></tr>
<tr><td rowspan="2">主控项目</td><td>1</td><td>对采购的固定顶半成品按设计文件或技术协议进行验收，合格后方可使用</td><td></td><td colspan="2" rowspan="2"></td></tr>
<tr><td>2</td><td>钢网架结构固定顶和铝顶结构固定顶组装质量应符合设计文件规定</td><td></td></tr>
<tr><td rowspan="4">一般项目</td><td>1</td><td>固定顶安装前，应按 SY/T 4202—2019《石油天然气建设工程施工质量验收规范　储罐工程》表 7.4.2 的规定检查包边角钢的半径偏差</td><td></td><td colspan="2" rowspan="4"></td></tr>
<tr><td>2</td><td>罐顶支撑柱的垂直度允许偏差，不应大于柱高的 0.1%，且不应大于 10mm</td><td></td></tr>
<tr><td>3</td><td>顶板应按画好的等分线对称组装，顶板搭接宽度允许偏差为 ±5mm</td><td></td></tr>
<tr><td>4</td><td>对接接头的错边量要求及检查数量、检验方法应符合 SY/T 4202—2019《石油天然气建设工程施工质量验收规范　储罐工程》第 7.4.5 条的规定</td><td></td></tr>
<tr><td>施工单位检查验收结果</td><td colspan="5">项目专业质量检查员：　　　　年　月　日</td></tr>
<tr><td>监理（建设）单位验收结论</td><td colspan="5">监理工程师：
（建设单位项目专业技术负责人）　　　　年　月　日</td></tr>
</table>

3.2.17 立式储罐固定顶焊接及检测检验批质量验收记录 SY/T 4202

<table>
<tr><td colspan="2">工程名称</td><td></td><td>分项工程名称</td><td></td><td>验收部位</td><td></td></tr>
<tr><td colspan="2">施工单位</td><td></td><td>专业负责人</td><td></td><td>项目经理</td><td></td></tr>
<tr><td colspan="3">施工执行标准及编号</td><td colspan="2"></td><td>检验批编号</td><td></td></tr>
<tr><td colspan="3">质量验收规范规定</td><td colspan="2">施工单位检查
验收记录</td><td colspan="2">监理（建设）
单位验收记录</td></tr>
<tr><td rowspan="3">主控项目</td><td>1</td><td colspan="2">焊接工艺评定的要求应符合 SY/T 4202—2019《石油天然气建设工程施工质量验收规范　储罐工程》第 7.3.1 条的规定</td><td></td><td colspan="2" rowspan="3"></td></tr>
<tr><td>2</td><td colspan="2">焊接材料的使用要求应符合 SY/T 4202—2019《石油天然气建设工程施工质量验收规范　储罐工程》第 7.3.2 条的规定</td><td></td></tr>
<tr><td>3</td><td colspan="2">焊缝表面及热影响区的质量要求及检查数量、检验方法应符合 SY/T 4202—2019《石油天然气建设工程施工质量验收规范　储罐工程》第 7.5.3 条的规定</td><td></td></tr>
<tr><td>一般项目</td><td colspan="3">焊缝咬边、凹陷及焊缝的余高要求及检查数量、检验方法应符合 SY/T 4202—2019《石油天然气建设工程施工质量验收规范　储罐工程》第 7.5.8 条的规定</td><td></td><td colspan="2"></td></tr>
<tr><td>施工单位检查验收结果</td><td colspan="6">项目专业质量检查员：　　　　年　月　日</td></tr>
<tr><td>监理（建设）单位验收结论</td><td colspan="6">监理工程师：
（建设单位项目专业技术负责人）　　　　年　月　日</td></tr>
</table>

3.2.18 立式储罐浮顶及内浮顶组装检验批质量验收记录 SY/T 4202

<table>
<tr><td colspan="3">工程名称</td><td></td><td>分项工程名称</td><td>验收部位</td><td></td></tr>
<tr><td colspan="3">施工单位</td><td></td><td>专业负责人</td><td>项目经理</td><td></td></tr>
<tr><td colspan="4">施工执行标准及编号</td><td></td><td>检验批编号</td><td></td></tr>
<tr><td colspan="4">质量验收规范规定</td><td>施工单位检查验收记录</td><td colspan="2">监理（建设）单位验收记录</td></tr>
<tr><td rowspan="2">主控项目</td><td>1</td><td colspan="2">对采购的浮顶、内浮顶半成品按设计文件或技术协议进行验收，合格后方可使用</td><td></td><td colspan="2" rowspan="2"></td></tr>
<tr><td>2</td><td colspan="2">铝合金内浮顶、玻璃钢内浮顶的组装质量应符合设计文件要求和技术协议</td><td></td></tr>
<tr><td rowspan="6">一般项目</td><td>1</td><td colspan="2">浮顶板的搭接宽度允许偏差应为 ±5mm</td><td></td><td colspan="2" rowspan="6"></td></tr>
<tr><td>2</td><td colspan="2">浮顶应与底圈壁板同心，浮顶外边缘板与底圈罐壁间隙允许偏差为 ±15mm</td><td></td></tr>
<tr><td rowspan="3">3</td><td rowspan="3">浮顶内、外边缘板的组装</td><td>内边缘板、外边缘板对接接头的错边量不应大于板厚的 0.15 倍，且不应大于 1.5mm</td><td></td></tr>
<tr><td>外边缘板垂直度的允许偏差，不应大于 3mm</td><td></td></tr>
<tr><td>内边缘板、外边缘板的凹凸变形，局部间隙不应大于 10mm</td><td></td></tr>
<tr><td>4</td><td colspan="2">浮顶其他对接接头的错边量要求及检查数量、检验方法应符合 SY/T 4202—2019《石油天然气建设工程施工质量验收规范 储罐工程》第 7.4.5 条的规定</td><td></td></tr>
<tr><td colspan="2">施工单位检查验收结果</td><td colspan="5">项目专业质量检查员： 年 月 日</td></tr>
<tr><td colspan="2">监理（建设）单位验收结论</td><td colspan="5">监理工程师：
（建设单位项目专业技术负责人） 年 月 日</td></tr>
</table>

3.2.19 立式储罐浮顶焊接及检测检验批质量验收记录 SY/T 4202

<table>
<tr><td>工程名称</td><td></td><td>分项工程名称</td><td></td><td>验收部位</td><td></td></tr>
<tr><td>施工单位</td><td></td><td>专业负责人</td><td></td><td>项目经理</td><td></td></tr>
<tr><td colspan="2">施工执行标准及编号</td><td colspan="2"></td><td>检验批编号</td><td></td></tr>
<tr><td colspan="3">质量验收规范规定</td><td>施工单位检查验收记录</td><td colspan="2">监理（建设）单位验收记录</td></tr>
<tr><td rowspan="7">主控项目</td><td>1</td><td>焊接工艺评定的要求应符合 SY/T 4202—2019《石油天然气建设工程施工质量验收规范 储罐工程》第 7.3.1 条的规定</td><td></td><td colspan="2" rowspan="10"></td></tr>
<tr><td>2</td><td>焊接材料的使用要求应符合 SY/T 4202—2019《石油天然气建设工程施工质量验收规范 储罐工程》第 7.3.2 条的规定</td><td></td></tr>
<tr><td>3</td><td>焊缝表面及热影响区的质量要求及检查数量、检验方法应符合 SY/T 4202—2019《石油天然气建设工程施工质量验收规范 储罐工程》第 7.5.3 条的规定</td><td></td></tr>
<tr><td>4</td><td>当浮顶底板、一单盘板采用单面连续焊缝时，应采用真空箱送进行密封性试验，试验负压值不得低于 53kPa，保持时间不应低于 5s，以无渗漏为合格</td><td></td></tr>
<tr><td>5</td><td>当浮顶底板采用双面连续焊缝时，应在上部焊缝焊完按 SY/T 4202—2019《石油天然气建设工程施工质量验收规范 储罐工程》第 7.9.4 条的要求检查合格后再焊接下部的连续焊缝；全部焊完后可采用煤油试漏法进行检测，以无渗漏为合格</td><td></td></tr>
<tr><td>6</td><td>浮舱的环板及隔舱板的焊缝，应用煤油试漏法进行严密性试验。浮舱顶板的焊缝，应采用真空箱法进行密封性试验或逐舱鼓入压力为 785Pa（80mm 水柱）的压缩空气进行严密性试验，稳压时间不应小于 5min，均以无渗漏为合格</td><td></td></tr>
<tr><td>7</td><td>单盘式浮顶的所有浮舱和双盘式浮顶具有密封结构的浮舱，应逐舱鼓入压力为 785Pa（80mm 水柱）的压缩空气进行严密性试验，稳压时间不应小于 5min，均以无渗漏为合格</td><td></td></tr>
<tr><td rowspan="3">一般项目</td><td>1</td><td>浮顶焊缝咬边、凹陷及焊缝的余高要求及检查数量、检验方法应符合 SY/T 4202—2019《石油天然气建设工程施工质量验收规范 储罐工程》第 7.5.8 条的规定</td><td></td></tr>
<tr><td>2</td><td>对浮顶焊缝及热影响区表面质量要求及检查数量、检验方法应符合 SY/T 4202—2019《石油天然气建设工程施工质量验收规范 储罐工程》第 7.5.3 条的规定</td><td></td></tr>
<tr><td>3</td><td>浮顶支柱和其他刚性较大的构件周围 300mm 范围内，搭接焊缝内侧、外侧均应采用连续满角焊</td><td></td></tr>
<tr><td>施工单位检查验收结果</td><td colspan="5">项目专业质量检查员：　　　　年　月　日</td></tr>
<tr><td>监理（建设）单位验收结论</td><td colspan="5">监理工程师：
（建设单位项目专业技术负责人）　　　　年　月　日</td></tr>
</table>

3.2.20 立式储罐附件安装检验批质量验收记录 SY/T 4202

<table>
<tr><td colspan="2">工程名称</td><td colspan="2"></td><td>分项工程名称</td><td></td><td>验收部位</td><td></td></tr>
<tr><td colspan="2">施工单位</td><td colspan="2"></td><td>专业负责人</td><td></td><td>项目经理</td><td></td></tr>
<tr><td colspan="3">施工执行标准及编号</td><td colspan="3"></td><td>检验批编号</td><td></td></tr>
<tr><td colspan="5">质量验收规范规定</td><td colspan="2">施工单位检查验收记录</td><td>监理（建设）单位验收记录</td></tr>
<tr><td rowspan="3">主控项目</td><td>1</td><td colspan="3">附件应按设计文件进行验收合格后方可组装；需重新校正时，应防止损伤。安装质量应符合设计文件的规定</td><td colspan="2"></td><td rowspan="3"></td></tr>
<tr><td>2</td><td colspan="3">罐壁钢板的标准屈服强度下限值大于 390MPa，或厚度大于 25mm 的碳素钢及低合金钢罐壁上的接管角焊缝和补强板角焊缝，应在焊完后或消除应力热处理后及充水试验后进行渗透检测或磁粉检测</td><td colspan="2"></td></tr>
<tr><td>3</td><td colspan="3">开孔的补强板焊完后，由信号孔通入 100~200kPa 压缩空气，检查焊缝严密性，无渗漏为合格</td><td colspan="2"></td></tr>
<tr><td rowspan="8">一般项目</td><td>1</td><td colspan="3">密封装置在运输和安装过程中应注意保护，不应损伤橡胶制品，安装时应注意防火</td><td colspan="2"></td><td rowspan="8"></td></tr>
<tr><td rowspan="3">2</td><td rowspan="3">罐体的开孔接管</td><td colspan="2">开孔接管的中心位置偏差，不应大于 10mm；接管外伸长度的允许偏差为 ±5mm</td><td colspan="2"></td></tr>
<tr><td colspan="2">开孔补强板的曲率，应与罐体外径曲率一致</td><td colspan="2"></td></tr>
<tr><td colspan="2">开孔接管法兰的密封面不应有焊瘤和划痕，法兰的密封面应与接管的轴线垂直，且应保证法兰面垂直或水平，倾斜不应大于法兰外径的 1%，且不应大于 3mm，法兰的螺栓孔应跨中安装</td><td colspan="2"></td></tr>
<tr><td>3</td><td colspan="3">量油管和导向管的垂直度允许偏差，不应大于管高的 0.1%，且不应大于 10mm</td><td colspan="2"></td></tr>
<tr><td>4</td><td colspan="3">浮顶排水管制作完毕后，应进行严密性试验，设计无要求时在立式储罐充水前进行 390kPa 的水压试验，保压 30min，以无渗漏为合格</td><td colspan="2"></td></tr>
<tr><td>5</td><td colspan="3">刮蜡板应紧贴罐壁，局部的最大间隙不应超过 5mm</td><td colspan="2"></td></tr>
<tr><td>6</td><td colspan="3">转动浮梯中心线的水平投影，应与轨道中心线重合，允许偏差不应大于 10mm</td><td colspan="2"></td></tr>
<tr><td>施工单位检查验收结果</td><td colspan="7">项目专业质量检查员： 年 月 日</td></tr>
<tr><td>监理（建设）单位验收结论</td><td colspan="7">监理工程师：
（建设单位项目专业技术负责人） 年 月 日</td></tr>
</table>

3.2.21 立式储罐总体检验质量验收记录 SY/T 4202

<table>
<tr><td colspan="3">工程名称</td><td></td><td>分项工程名称</td><td></td><td>验收部位</td><td></td></tr>
<tr><td colspan="3">施工单位</td><td></td><td>专业负责人</td><td></td><td>项目经理</td><td></td></tr>
<tr><td colspan="3">施工执行标准及编号</td><td colspan="3"></td><td>检验批编号</td><td></td></tr>
<tr><td colspan="4">质量验收规范规定</td><td colspan="2">施工单位检查验收记录</td><td colspan="2">监理（建设）单位验收记录</td></tr>
<tr><td rowspan="9">主控项目</td><td>1</td><td colspan="2">罐底充水时的严密性试验，应以罐底无渗漏为合格</td><td colspan="2"></td><td colspan="2" rowspan="9"></td></tr>
<tr><td>2</td><td colspan="2">罐壁的强度和严密性试验，应在充水到设计最高液位并保持48h后以罐壁无渗漏、无异常变形为合格．</td><td colspan="2"></td></tr>
<tr><td>3</td><td colspan="2">固定顶的强度及严密性试验，以罐顶无异常变形、焊缝无渗漏为合格</td><td colspan="2"></td></tr>
<tr><td>4</td><td colspan="2">固定顶的稳定性试验，以罐顶无异常变形为合格</td><td colspan="2"></td></tr>
<tr><td>5</td><td colspan="2">浮顶及内浮顶充水升降试验，应以浮顶及内浮顶升降平稳，导向机构、密封装置、刮蜡机构及自动通气阀、支柱无卡涩现象，扶梯转动灵活，浮顶及其附件与罐体上的其他附件无干扰，浮顶与液面接触部分无渗漏为合格</td><td colspan="2"></td></tr>
<tr><td>6</td><td colspan="2">在浮顶的升降过程中，浮顶排水管的出口应保持开启状态。储罐充水试验后，应重新按SY/T 4202—2019《石油天然气建设工程施工质量验收规范　储罐工程》第7.10.7条的要求进行严密性试验</td><td colspan="2"></td></tr>
<tr><td rowspan="3">7</td><td rowspan="3">基础沉降观测试验</td><td>储罐基础直径方向上的沉降差，不应超过SY/T 4202—2019《石油天然气建设工程施工质量验收规范　储罐工程》中表7.11.11的许可值</td><td colspan="2"></td></tr>
<tr><td>支撑罐壁的基础部分不应发生沉降突变</td><td colspan="2"></td></tr>
<tr><td>沿罐壁圆周方向任意10m弧长内的沉降差不应大于25mm</td><td colspan="2"></td></tr>
<tr><td rowspan="5">一般项目</td><td rowspan="5">1</td><td rowspan="5">罐壁组装焊接后，几何形状和尺寸</td><td>罐壁高度允许偏差不应大于设计高度的0.5%</td><td colspan="2"></td><td colspan="2" rowspan="5"></td></tr>
<tr><td>罐壁垂直度的允许偏差不应大于罐壁高度的0.4%，且不应大于50mm</td><td colspan="2"></td></tr>
<tr><td>罐壁焊缝角变形和罐壁的局部凹凸变形，应分别符合SY/T 4202—2019《石油天然气建设工程施工质量验收规范　储罐工程》第7.4.6条和第7.4.7条的规定</td><td colspan="2"></td></tr>
<tr><td>底圈壁板内表面半径的允许偏差，应在底圈壁板1m高处测量，符合SY/T 4202—2019《石油天然气建设工程施工质量验收规范　储罐工程》第7.4.2条第3款的规定</td><td colspan="2"></td></tr>
<tr><td>罐壁上的工卡具焊迹应清除干净，焊疤应打磨平滑</td><td colspan="2"></td></tr>
</table>

立式储罐总体检验质量验收记录（续表） SY/T 4202

<table>
<tr><td colspan="3">工程名称</td><td></td><td>分项工程名称</td><td></td><td>验收部位</td><td></td></tr>
<tr><td colspan="3">施工单位</td><td></td><td>专业负责人</td><td></td><td>项目经理</td><td></td></tr>
<tr><td colspan="3">施工执行标准及编号</td><td colspan="3"></td><td>检验批编号</td><td></td></tr>
<tr><td colspan="6">质量验收规范规定</td><td>施工单位检查验收记录</td><td>监理（建设）单位验收记录</td></tr>
<tr><td rowspan="4">一般项目</td><td>2</td><td colspan="4">罐底焊接后，其局部凹凸变形的深度，不应大于变形长度的2%，且不大于50mm，单面倾斜式罐底不大于40mm</td><td></td><td rowspan="4"></td></tr>
<tr><td rowspan="2">3</td><td rowspan="2">单盘、双盘浮顶及内浮顶局部凹凸变形</td><td colspan="3">船舱顶板的局部凹凸变形，不应大于15mm</td><td></td></tr>
<tr><td colspan="3">浮盘的局部凹凸变形，不应明显影响外观及浮顶排水</td><td></td></tr>
<tr><td>4</td><td colspan="4">固定顶的局部凹凸变形，用样板检查其间隙不应大于15mm</td><td></td></tr>
<tr><td colspan="2">施工单位检查验收结果</td><td colspan="6">项目专业质量检查员： 年 月 日</td></tr>
<tr><td colspan="2">监理（建设）单位验收结论</td><td colspan="6">监理工程师：
（建设单位项目专业技术负责人） 年 月 日</td></tr>
</table>

3.2.22 外防腐涂料涂装工程检验批质量验收记录 SY/T 4202

<table>
<tr><td colspan="2">工程名称</td><td></td><td>分项工程名称</td><td></td><td>验收部位</td><td></td></tr>
<tr><td colspan="2">施工单位</td><td></td><td>专业负责人</td><td></td><td>项目经理</td><td></td></tr>
<tr><td colspan="3">施工执行标准及编号</td><td colspan="2"></td><td>检验批编号</td><td></td></tr>
<tr><td colspan="3">质量验收规范规定</td><td colspan="2">施工单位检查验收记录</td><td colspan="2">监理（建设）单位验收记录</td></tr>
<tr><td rowspan="3">主控项目</td><td>1</td><td>涂料的品种、颜色、质量应符合设计文件的要求和国家现行相关标准的规定，并应有质量证明文件</td><td colspan="2"></td><td colspan="2" rowspan="3"></td></tr>
<tr><td>2</td><td>涂装前钢材表面除锈应符合设计要求和 GB/T 8923.1—2011《涂覆涂料前钢材表面处理表面清洁度的目视评定 第 1 部分：未涂覆过的钢材表面和全面清除原有涂层后的钢材表面的锈蚀等级和处理等级》及相关油漆产品的规定。处理后的钢材表面不应有焊渣、焊疤、灰尘、油污、水和毛刺等</td><td colspan="2"></td></tr>
<tr><td>3</td><td>涂层的厚度应均匀一致，涂装遍数、涂层厚度均应符合设计要求。涂层厚度小于设计规定厚度的测点数，不应大于 10%，且测点处的实测厚度不应小于设计规定厚度的 90%</td><td colspan="2"></td></tr>
<tr><td rowspan="2">一般项目</td><td>1</td><td>表面不应误涂、漏涂，涂层不应脱皮和返锈等。涂层应均匀，无明显皱皮、流坠、针眼和气泡等</td><td colspan="2"></td><td colspan="2" rowspan="2"></td></tr>
<tr><td>2</td><td>在设计有要求时，应进行涂层附着力测试，涂层附着力应符合设计要求</td><td colspan="2"></td></tr>
<tr><td colspan="2">施工单位检查验收结果</td><td colspan="5">项目专业质量检查员： 年 月 日</td></tr>
<tr><td colspan="2">监理（建设）单位验收结论</td><td colspan="5">监理工程师：
（建设单位项目专业技术负责人） 年 月 日</td></tr>
</table>

3.2.23 储罐内防腐工程检验批质量验收记录 SY/T 4202

<table>
<tr><td colspan="2">工程名称</td><td></td><td>分项工程名称</td><td></td><td>验收部位</td><td></td></tr>
<tr><td colspan="2">施工单位</td><td></td><td>专业负责人</td><td></td><td>项目经理</td><td></td></tr>
<tr><td colspan="3">施工执行标准及编号</td><td colspan="2"></td><td>检验批编号</td><td></td></tr>
<tr><td colspan="3">质量验收规范规定</td><td colspan="2">施工单位
检查验收记录</td><td colspan="2">监理（建设）
单位验收记录</td></tr>
<tr><td rowspan="5">主控项目</td><td>1</td><td>涂料的品种、颜色、质量应符合设计文件的要求和国家现行相关标准的规定，并应有质量证明文件</td><td colspan="2"></td><td colspan="2" rowspan="5"></td></tr>
<tr><td>2</td><td>涂装前钢材表面除锈应符合设计要求和 GB/T 8923.1—2011《涂覆涂料前钢材表面处理 表面清洁度的目视评定 第 1 部分：未涂覆过的钢材表面和全面清除原有涂层后的钢材表面的锈蚀等级和处理等级》的规定</td><td colspan="2"></td></tr>
<tr><td>3</td><td>涂层黏结力检验以涂层呈脆性点状断裂、不出现成片挑起或剥离现象为合格</td><td colspan="2"></td></tr>
<tr><td>4</td><td>非防静电涂料漏点检查，以不打火花为合格。内防腐层检漏电压应符合 SY/T 0319—2012《钢制储罐液体涂料内防腐层技术标准》的有关规定</td><td colspan="2"></td></tr>
<tr><td>5</td><td>防静电涂料应按 GB/T 16906—1997《石油罐导静电涂料电阻率测定法》的规定进行涂层电性能检查，涂层电性能测试结果均应小于 $10^9\Omega$，且每一测试结果均应在同一数量级之内</td><td colspan="2"></td></tr>
<tr><td rowspan="2">一般项目</td><td>1</td><td>涂层表面应平整、光滑，无漏涂、发黏、脱皮、气泡和斑痕等现象</td><td colspan="2"></td><td colspan="2" rowspan="2"></td></tr>
<tr><td>2</td><td>涂层厚度应符合设计要求，且最小厚度应符合 SY/T 0319—2012《钢制储罐液体涂料内防腐层技术标准》的有关规定</td><td colspan="2"></td></tr>
<tr><td>施工单位检查验收结果</td><td colspan="6">

项目专业质量检查员：　　　　　　　　年　月　日</td></tr>
<tr><td>监理（建设）单位验收结论</td><td colspan="6">

监理工程师：
（建设单位项目专业技术负责人）　　　　　　　　年　月　日</td></tr>
</table>

3.2.24 防火涂料涂装工程检验批质量验收记录 SY/T 4202

<table>
<tr><td colspan="2">工程名称</td><td></td><td>分项工程名称</td><td></td><td>验收部位</td><td></td></tr>
<tr><td colspan="2">施工单位</td><td></td><td>专业负责人</td><td></td><td>项目经理</td><td></td></tr>
<tr><td colspan="3">施工执行标准及编号</td><td colspan="2"></td><td>检验批编号</td><td></td></tr>
<tr><td colspan="3">质量验收规范规定</td><td colspan="2">施工单位
检查验收记录</td><td colspan="2">监理（建设）
单位验收记录</td></tr>
<tr><td rowspan="6">主控项目</td><td>1</td><td>涂料的品种、颜色、质量应符合设计文件的要求和国家现行相关标准的规定，并应有质量证明文件</td><td colspan="2"></td><td colspan="2" rowspan="6"></td></tr>
<tr><td>2</td><td>防火涂料涂装前，钢材表面除锈应符合设计要求和国家现行有关标准的规定</td><td colspan="2"></td></tr>
<tr><td>3</td><td>防火涂料涂装前，防锈底漆涂装应符合设计要求和国家现行有关标准的规定</td><td colspan="2"></td></tr>
<tr><td>4</td><td>防火涂料的黏结强度、抗压强度应符合设计文件或产品说明书的规定</td><td colspan="2"></td></tr>
<tr><td>5</td><td>薄涂型防火涂料的涂层厚度应符合有关耐火极限的设计要求。厚涂型防火涂料涂层厚度，80% 及以上面积应符合有关耐火极限的设计要求，且最薄处厚度不应低于设计要求的 85%</td><td colspan="2"></td></tr>
<tr><td>6</td><td>薄涂型防火涂料涂层表面裂纹宽度不应大于 0.5mm；厚涂型防火涂料涂层表面裂纹宽度不应大于 1mm</td><td colspan="2"></td></tr>
<tr><td rowspan="2">一般项目</td><td>1</td><td>防火涂料涂装基层不应有油污、灰尘和泥砂等污垢</td><td colspan="2"></td><td colspan="2" rowspan="2"></td></tr>
<tr><td>2</td><td>防火涂料不应有误涂、漏涂，涂层应闭合无脱层、空鼓、明显凹陷、粉化松散和浮浆等外观缺陷，乳突应已剔除</td><td colspan="2"></td></tr>
<tr><td>施工单位检查验收结果</td><td colspan="6">项目专业质量检查员： 年 月 日</td></tr>
<tr><td>监理（建设）单位验收结论</td><td colspan="6">监理工程师：
（建设单位项目专业技术负责人） 年 月 日</td></tr>
</table>

3.2.25 绝热工程检验批质量验收记录 SY/T 4202

<table>
<tr><td colspan="2">工程名称</td><td colspan="2"></td><td>分项工程名称</td><td></td><td>验收部位</td><td></td></tr>
<tr><td colspan="2">施工单位</td><td colspan="2"></td><td>专业负责人</td><td></td><td>项目经理</td><td></td></tr>
<tr><td colspan="3">施工执行标准及编号</td><td colspan="3"></td><td>检验批编号</td><td></td></tr>
<tr><td colspan="6">质量验收规范规定</td><td>施工单位检查验收记录</td><td>监理（建设）单位验收记录</td></tr>
<tr><td rowspan="6">主控项目</td><td>1</td><td colspan="4">绝热材料及其制品的性能和尺寸符合设计要求或 GB 50126—2008《工业设备及管道绝热工程施工规范》的有关规定</td><td></td><td rowspan="6"></td></tr>
<tr><td>2</td><td colspan="4">防潮层和保护层材料及其制品的质量符合设计要求或 GB 50126—2008《工业设备及管道绝热工程施工规范》的有关规定</td><td></td></tr>
<tr><td>3</td><td colspan="4">绝热层伸缩缝的留设及伸缩缝的填充应符合设计要求或 GB/T 50185—2019《工业设备及管道绝热工程施工质量验收规范》的有关规定</td><td></td></tr>
<tr><td>4</td><td colspan="4">防潮层厚度应符合设计要求或 GB/T 50185—2019《工业设备及管道绝热工程施工质量验收规范》的有关规定</td><td></td></tr>
<tr><td>5</td><td colspan="4">绝热层的容重和厚度应符合 SY/T 4202—2019《石油天然气建设工程施工质量验收规范 储罐工程》中表 9.0.11 的规定</td><td></td></tr>
<tr><td>6</td><td colspan="4">保护层的搭接尺寸符合设计要求或 GB/T 50185—2019《工业设备及管道绝热工程施工质量验收规范》的有关规定</td><td></td></tr>
<tr><td rowspan="7">一般项目</td><td rowspan="5">1</td><td rowspan="5">固定件、支承件制作及安装质量</td><td colspan="3">钩钉、销钉、螺栓、支撑件的材质、规格应符合设计要求或 GB 50126—2008《工业设备及管道绝热工程施工规范》的规定</td><td></td><td rowspan="7"></td></tr>
<tr><td colspan="3">支撑件、钩钉、销钉和螺栓的连接应牢固，其间距、高度应符合设计要求或 GB/T 50185—2019《工业设备及管道绝热工程施工质量验收规范》的规定</td><td></td></tr>
<tr><td colspan="3">支承件的连接应牢固，其规格、尺寸、安装方法及间距符合设计要求或 GB/T 50185—2019《工业设备及管道绝热工程施工质量验收规范》的有关规定</td><td></td></tr>
<tr><td colspan="3">自锁紧板，不产生向外滑动</td><td></td></tr>
<tr><td colspan="3">保冷结构的支、吊、托架等用的木垫块，应浸渍沥青防腐</td><td></td></tr>
<tr><td rowspan="2">2</td><td rowspan="2">防潮层施工质量</td><td colspan="3">所有接头及层次应密实、连续，无漏设和机械损伤</td><td></td></tr>
<tr><td colspan="3">表面平整，无气泡、翘口、脱层、开裂等缺陷。对有金属保护层的防潮层，其表面平整度偏差不大于 5mm</td><td></td></tr>
</table>

绝热工程检验批质量验收记录（续表） SY/T 4202

<table>
<tr><td colspan="3">工程名称</td><td colspan="2"></td><td>分项工程名称</td><td></td><td>验收部位</td><td></td></tr>
<tr><td colspan="3">施工单位</td><td colspan="2"></td><td>专业负责人</td><td></td><td>项目经理</td><td></td></tr>
<tr><td colspan="4">施工执行标准及编号</td><td colspan="3"></td><td>检验批编号</td><td></td></tr>
<tr><td colspan="7">质量验收规范规定</td><td>施工单位检查验收记录</td><td>监理（建设）单位验收记录</td></tr>
<tr><td rowspan="6">一般项目</td><td rowspan="3">3</td><td rowspan="3">绝热层施工质量</td><td colspan="4">绝热层各层间贴合紧密、填充饱满、表面平整、圆弧均匀</td><td rowspan="3"></td><td rowspan="6"></td></tr>
<tr><td colspan="4">绝热层无断裂和松弛</td></tr>
<tr><td colspan="4">成型制品同层错缝，上下层压缝，接缝填充饱满</td></tr>
<tr><td rowspan="3">4</td><td rowspan="3">保护层的施工质量</td><td colspan="4">抹面层无酥松、干裂，表面轮廓整齐无铁丝露头，断缝符合设计要求或 GB/T 50185—2019《工业设备及管道绝热工程施工质量验收规范》的有关规定</td><td rowspan="3"></td></tr>
<tr><td colspan="4">表面平整光洁，金属层平整度≤ 4mm，抹面层及包缠层平整度≤ 5mm</td></tr>
<tr><td colspan="4">包缠层和金属保护层无松脱、翻边、豁口、翘缝和明显的凹坑</td></tr>
<tr><td colspan="2">施工单位检查验收结果</td><td colspan="7">项目专业质量检查员： 年 月 日</td></tr>
<tr><td colspan="2">监理（建设）单位验收结论</td><td colspan="7">监理工程师：
（建设单位项目专业技术负责人） 年 月 日</td></tr>
</table>

3.2.26 梯子、平台、栏杆制作安装工程检验批质量验收记录 SY/T 4202

<table>
<tr><td colspan="3">工程名称</td><td></td><td>分项工程名称</td><td></td><td>验收部位</td><td></td></tr>
<tr><td colspan="3">施工单位</td><td></td><td>专业负责人</td><td></td><td>项目经理</td><td></td></tr>
<tr><td colspan="4">施工执行标准及编号</td><td colspan="2"></td><td>检验批编号</td><td></td></tr>
<tr><td colspan="4">质量验收规范规定</td><td colspan="2">施工单位
检查验收记录</td><td colspan="2">监理（建设）
单位验收记录</td></tr>
<tr><td rowspan="5">主控项目</td><td>1</td><td colspan="2">所用材料的规格、型号应符合设计要求，质量应符合相关标准的规定</td><td colspan="2"></td><td colspan="2" rowspan="5"></td></tr>
<tr><td rowspan="4">2</td><td rowspan="4">焊缝质量</td><td>焊接牢固，焊缝及热影响区表面不应有裂纹、夹渣、气孔等缺陷</td><td colspan="2" rowspan="4"></td></tr>
<tr><td>焊缝长度及间距符合设计要求</td></tr>
<tr><td>焊波均匀，焊肉饱满</td></tr>
<tr><td>角焊缝焊脚尺寸符合设计文件规定，且应与母材平滑过渡</td></tr>
<tr><td rowspan="7">一般项目</td><td rowspan="4">1</td><td rowspan="4">构件及其安装质量</td><td>构件应平直，弧形构件应圆滑、无锐角</td><td colspan="2"></td><td colspan="2" rowspan="7"></td></tr>
<tr><td>构件表面无毛刺、焊瘤、焊疤和焊接飞溅</td><td colspan="2"></td></tr>
<tr><td>构件安装位置正确</td><td colspan="2"></td></tr>
<tr><td>平台板平整、不积水</td><td colspan="2"></td></tr>
<tr><td rowspan="3">2</td><td rowspan="3">螺栓连接质量</td><td>螺栓拧紧后，外露螺纹应为 2~5 扣</td><td colspan="2"></td></tr>
<tr><td>安装孔不应使用气割扩孔</td><td colspan="2"></td></tr>
<tr><td>垫片的使用应符合规定</td><td colspan="2"></td></tr>
<tr><td colspan="2">施工单位检查验收结果</td><td colspan="6">项目专业质量检查员： 年 月 日</td></tr>
<tr><td colspan="2">监理（建设）单位验收结论</td><td colspan="6">监理工程师：
（建设单位项目专业技术负责人） 年 月 日</td></tr>
</table>

3.3 站内工艺管道工程①

3.3.1 钢管下料和管件加工检验批质量验收记录表 SY/T 4203

工程名称		分项工程名称		验收部位	
施工单位		专业负责人		项目经理	
施工执行标准名称及编号			检验批编号		

质量验收规范规定							施工单位检查记录	监理（建设）单位验收意见
主控项目	1	钢管及管件材质、规格、型号应符合设计要求及相应规范规定，质量证明文件应齐全						
	2	管道及管件表面应无裂纹、重皮、凹陷等缺陷						
一般项目	1	管端坡口加工应符合焊接工艺规程规定						
	2	切口表面应平整、无裂纹、重皮、毛刺、凹凸、缩口、熔渣、氧化物、铁屑等；切口端面倾斜允许偏差 Δ_1 不应大于管子外径的1%，且最大不应超过3mm						
	3	卷管加工、管口翻边、夹套管加工及其质量应符合GB 50235—2010《工业金属管道施工规范》的有关规定						
	4	弯管表面应无裂纹、过烧、分层、皱纹等缺陷						
	5	平面度允许偏差 Δ_2	π形弯管的长度		< 500	≤ 3mm		
					500~1000	≤ 4mm		
					1000~1500	≤ 6mm		
					> 1500	≤ 10mm		
	6	汇管采用骑坐式连接时，母管的开孔直径应比支管内径小2mm						
	7	骑座式汇管支管坡口及角接接头	接头夹角	90°~105°	支管与鞍口的角度 β	45°		
					坡口角度 α	45°~60°		
					根部间隙 b（mm）	1.5~2.5		
					钝边 p（mm）	0~1.5		

① 本部分的“SY/T 4203”代表依据为SY/T 4203—2019《石油天然气建设工程施工质量验收规范 站内工艺管道工程》。

钢管下料和管件加工检验批质量验收记录表（续表） SY/T 4203

工程名称		分项工程名称		验收部位	
施工单位		专业负责人		项目经理	
施工执行标准名称及编号				检验批编号	

质量验收规范规定					施工单位检查记录	监理（建设）单位验收意见
一般项目	7	骑座式汇管支管坡口及角接接头	接头夹角 105°~150° 支管与鞍口的角度 β	45°~90°		
			接头夹角 105°~150° 坡口角度 α	60°		
			接头夹角 105°~150° 根部间隙 b（mm）	1.5~2.5		
			接头夹角 105°~150° 钝边 p（mm）	0~1.5		
	8	汇管采用插入式连接	在母管上开孔并加工坡口			
			坡口角度应为 45° ~60° ，其允许偏差 ± 2.5°，孔与支管外径间隙 0.5~2mm			
			支管插入深度不应超过母管内壁			
	9	汇管组对的允许偏差（mm）	母管总长	± 3		
			支管间距	± 1		
			支管与母管两中心线的相对偏移	± 1.5		
			支管法兰接管长度	± 1.5		
			法兰水平度或垂直度 支管直径 ≤ 300	≤ 1		
			法兰水平度或垂直度 支管直径 ＞ 300	≤ 2		
			母管直线度（L 为母管长度） 母管公称直径 ≤ 100	≤ L/1000，最大 15		
			母管直线度（L 为母管长度） 母管公称直径 ＞ 100	≤ 2L/1000，最大 15		

施工单位检查验收结果	项目专业质量检查员： 年 月 日
监理（建设）单位验收结论	监理工程师：（建设单位项目代表） 年 月 日

3.3.2 管道安装检验批质量验收记录表 SY/T 4203

<table>
<tr><td>工程名称</td><td></td><td>分项工程名称</td><td></td><td>验收部位</td><td></td></tr>
<tr><td>施工单位</td><td></td><td>专业负责人</td><td></td><td>项目经理</td><td></td></tr>
<tr><td colspan="2">施工执行标准名称及编号</td><td colspan="2"></td><td>检验批编号</td><td></td></tr>
</table>

<table>
<tr><td colspan="6">质量验收规范规定</td><td>施工单位检查记录</td><td>监理（建设）单位验收意见</td></tr>
<tr><td rowspan="3">主控项目</td><td>1</td><td colspan="4">管道及管件材质、规格、型号应符合设计要求和规范规定，质量证明文件应齐全</td><td></td><td rowspan="3"></td></tr>
<tr><td>2</td><td colspan="4">安全阀校验应符合设计要求</td><td></td></tr>
<tr><td>3</td><td colspan="4">阀门试验记录应齐全，阀门安装位置及方向应符合设计文件要求</td><td></td></tr>
<tr><td rowspan="17">一般项目</td><td>1</td><td colspan="4">π 形管道和 Ω 形管道补偿器安装前，应按设计规定进行预拉伸（预压缩），其允许偏差为 ±10mm</td><td></td><td rowspan="17"></td></tr>
<tr><td rowspan="6">2</td><td rowspan="6">管道支、吊架安装</td><td colspan="3">管道支架、托架、吊架、管卡的类型、规格应符合设计要求</td><td></td></tr>
<tr><td colspan="3">管道支、吊架安装方位、标高应正确，安装应平整、牢固，与管道接触良好</td><td></td></tr>
<tr><td colspan="3">导向支架或滑动支架的滑动面应清洁平整，不应有歪斜、卡涩现象</td><td></td></tr>
<tr><td colspan="3">管道与支吊架焊接时，焊缝外形应平整饱满，不应有咬边、烧穿现象</td><td></td></tr>
<tr><td colspan="3">滑动支架应保证沿轴向滑动无阻，且不发生横向偏移</td><td></td></tr>
<tr><td colspan="3">临时支架焊接不应伤及主材</td><td></td></tr>
<tr><td>3</td><td colspan="4">法兰密封面应与管子中心垂直。当公称直径不大于 300mm 时，在法兰外径上的允许偏差 Δ_3 为 ±1mm；当公称直径大于 300mm 时，在法兰外径上的允许偏差 Δ_3 为 ±2mm</td><td></td></tr>
<tr><td>4</td><td colspan="4">安全阀安装时应保持垂直，且应符合设计图纸要求</td><td></td></tr>
<tr><td>5</td><td colspan="4">阀门安装前应进行外观检查、阀门启闭检查</td><td></td></tr>
<tr><td rowspan="6">6</td><td rowspan="6">管道安装允许偏差</td><td rowspan="3">坐标</td><td>架空</td><td>±10mm</td><td></td></tr>
<tr><td>地沟</td><td>±7mm</td><td></td></tr>
<tr><td>埋地</td><td>±20mm</td><td></td></tr>
<tr><td rowspan="3">标高</td><td>架空</td><td>±10mm</td><td></td></tr>
<tr><td>地沟</td><td>±7mm</td><td></td></tr>
<tr><td>埋地</td><td>±20mm</td><td></td></tr>
</table>

管道安装检验批质量验收记录表（续表 1） SY/T 4203

工程名称		分项工程名称		验收部位	
施工单位		专业负责人		项目经理	
施工执行标准名称及编号				检验批编号	

质量验收规范规定						施工单位检查记录	监理（建设）单位验收意见
一般项目	6	管道安装允许偏差	平直度	DN ≤ 100mm	≤ 2*L*/1000，最大 40mm		
				DN ＞ 100mm	≤ 3*L*/1000，最大 70mm		
			铅垂度		≤ 3*H*/1000，最大 25mm		
			成排	在同一平面上的间距	± 10mm		
			交叉	管外壁或保温层的间距	± 7mm		
	7	管道在地沟中安装	管道外防护层与地沟壁、地沟面的距离应符合设计文件要求				
			设计无要求时	公称直径 ≤ 125mm	与地沟壁的距离 ≥ 85mm		
					与地沟壁的距离 ≥ 200mm		
				125mm ＜ 公称直径 ≤ 200mm	与地沟壁的距离 ≥ 90mm		
					与地沟壁的距离 ≥ 200mm		
				200mm ＜ 公称直径 ≤ 250mm	与地沟壁的距离 ≥ 95mm		
					与地沟壁的距离 ≥ 200mm		
				250mm ＜ 公称直径 ≤ 300mm	与地沟壁的距离 ≥ 95mm		
					与地沟壁的距离 ≥ 250mm		
				300mm ＜ 公称直径 ≤ 350mm	与地沟壁的距离 ≥ 110mm		
					与地沟壁的距离 ≥ 250mm		
				350mm ＜ 公称直径 ≤ 400mm	与地沟壁的距离 ≥ 135mm		
					与地沟壁的距离 ≥ 250mm		
				公称直径 ＞ 400mm	与地沟壁的距离 ≥ 150mm		
					与地沟壁的距离 ≥ 250mm		

管道安装检验批质量验收记录表（续表 2） SY/T 4203

<table>
<tr><td colspan="2">工程名称</td><td colspan="2"></td><td colspan="4">分项工程名称</td><td colspan="3"></td><td>验收部位</td><td></td></tr>
<tr><td colspan="2">施工单位</td><td colspan="2"></td><td colspan="4">专业负责人</td><td colspan="3"></td><td>项目经理</td><td></td></tr>
<tr><td colspan="4">施工执行标准名称及编号</td><td colspan="4"></td><td colspan="3">检验批编号</td><td colspan="2"></td></tr>
<tr><td colspan="4">质量验收规范规定</td><td colspan="8">施工单位检查记录</td><td>监理（建设）单位验收意见</td></tr>
<tr><td rowspan="7">一般项目</td><td>8</td><td colspan="2">油气管道用法兰连接时，每对法兰间电阻应不大于 0.03Ω</td><td></td><td></td><td></td><td></td><td></td><td></td><td></td><td></td><td rowspan="7"></td></tr>
<tr><td rowspan="6">9</td><td rowspan="6">法兰连接</td><td>法兰连接时应保持平行，其偏差不应大于法兰外径的 1.5‰，且应大于 2mm</td><td></td><td></td><td></td><td></td><td></td><td></td><td></td><td></td></tr>
<tr><td>法兰螺栓拧紧后，两个密封面应相互平行，用直角尺对称检查，其间隙允许偏差应小于 0.5mm</td><td></td><td></td><td></td><td></td><td></td><td></td><td></td><td></td></tr>
<tr><td>管端与平焊法兰密封面的距离应为钢管壁厚加 2~3mm</td><td></td><td></td><td></td><td></td><td></td><td></td><td></td><td></td></tr>
<tr><td>垫片应放在法兰密封面中心，不应倾斜或突入管内，梯槽或凹凸密封面的法兰，其垫片应放入凹槽内部</td><td></td><td></td><td></td><td></td><td></td><td></td><td></td><td></td></tr>
<tr><td>法兰连接应与管道保持同轴，其螺栓孔中心偏差不应超过孔径的 5%，并应保持螺栓自由穿入</td><td></td><td></td><td></td><td></td><td></td><td></td><td></td><td></td></tr>
<tr><td>法兰螺栓拧紧后应露出螺母外 0~3 个螺距</td><td></td><td></td><td></td><td></td><td></td><td></td><td></td><td></td></tr>
<tr><td colspan="2">施工单位检查验收结果</td><td colspan="11">项目专业质量检查员：　　　　年　月　日</td></tr>
<tr><td colspan="2">监理（建设）单位验收结论</td><td colspan="11">监理工程师：
（建设单位项目代表）　　　　年　月　日</td></tr>
</table>

3.3.3 管道组对检验批质量验收记录表 SY/T 4203

<table>
<tr><td colspan="2">工程名称</td><td colspan="2"></td><td colspan="2">分项工程名称</td><td colspan="4"></td><td colspan="2">验收部位</td><td></td></tr>
<tr><td colspan="2">施工单位</td><td colspan="2"></td><td colspan="2">专业负责人</td><td colspan="4"></td><td colspan="2">项目经理</td><td></td></tr>
<tr><td colspan="4">施工执行标准名称及编号</td><td colspan="2"></td><td colspan="2">检验批编号</td><td colspan="5"></td></tr>
<tr><td colspan="4">质量验收规范规定</td><td colspan="8">施工单位
检查记录</td><td>监理（建设）
单位验收意见</td></tr>
<tr><td>主控项目</td><td colspan="3">管道材质、规格、型号应符合设计要求，质量证明文件应齐全</td><td colspan="8"></td><td></td></tr>
<tr><td rowspan="7">一般项目</td><td rowspan="2">1</td><td rowspan="2">相邻两道焊缝的距离</td><td>当 DN 小于 300mm 时，不应小于 1 倍管道公称直径，且不应小于 150mm</td><td></td><td></td><td></td><td></td><td></td><td></td><td></td><td></td><td rowspan="7"></td></tr>
<tr><td>当 DN 不小于 300mm 时，不应小于 300mm</td><td></td><td></td><td></td><td></td><td></td><td></td><td></td><td></td></tr>
<tr><td>2</td><td colspan="2">焊缝距离支吊架应大于 50mm，需要热处理的焊缝距离支吊架应大于 300mm</td><td></td><td></td><td></td><td></td><td></td><td></td><td></td><td></td></tr>
<tr><td rowspan="2">3</td><td rowspan="2">管子公称直径</td><td>小于 100mm 时，管道对口平直度允许偏差为 1mm，但全长允许偏差均为 10mm</td><td></td><td></td><td></td><td></td><td></td><td></td><td></td><td></td></tr>
<tr><td>不小于 100mm 时，管道对口平直度允许偏差值为 2mm，但全长允许偏差均为 10mm</td><td></td><td></td><td></td><td></td><td></td><td></td><td></td><td></td></tr>
<tr><td>4</td><td colspan="2">管口组对间隙和错边量应符合焊接工艺规程规定和 GB 50540—2009《石油天然气站内工艺管道工程施工规范》的规定</td><td></td><td></td><td></td><td></td><td></td><td></td><td></td><td></td></tr>
<tr><td colspan="11"></td></tr>
<tr><td colspan="2">施工单位检查验收结果</td><td colspan="11">项目专业质量检查员：　　　　　　　　年　月　日</td></tr>
<tr><td colspan="2">监理（建设）单位验收结论</td><td colspan="11">监理工程师：
（建设单位项目代表）　　　　　　　　年　月　日</td></tr>
</table>

3.3.4 管道焊接检验批质量验收记录表 SY/T 4203

<table>
<tr><td>工程名称</td><td></td><td colspan="2">分项工程名称</td><td></td><td>验收部位</td><td></td></tr>
<tr><td>施工单位</td><td></td><td colspan="2">专业负责人</td><td></td><td>项目经理</td><td></td></tr>
<tr><td colspan="2">施工执行标准名称及编号</td><td colspan="2"></td><td>检验批编号</td><td colspan="2"></td></tr>
<tr><td colspan="4">质量验收规范规定</td><td colspan="2">施工单位检查记录</td><td>监理（建设）单位验收意见</td></tr>
<tr><td rowspan="3">主控项目</td><td>1</td><td colspan="2">焊接工艺规程应具有有效性和适用性</td><td colspan="2"></td><td rowspan="3"></td></tr>
<tr><td>2</td><td colspan="2">焊材应符合工艺规程的规定</td><td colspan="2"></td></tr>
<tr><td>3</td><td colspan="2">管道焊缝无损检测应符合设计要求和规范规定</td><td colspan="2"></td></tr>
<tr><td rowspan="7">一般项目</td><td>1</td><td colspan="2">焊缝上的焊渣及周围飞溅物应清除干净，焊缝表面应均匀整齐，不应存在有害的焊瘤、凹坑、裂纹、裂纹未熔合、气孔、夹渣、引弧痕迹及夹具焊点等缺陷</td><td colspan="2"></td><td rowspan="7"></td></tr>
<tr><td>2</td><td colspan="2">焊缝宽度应符合焊接工艺规程的要求；无要求时，为坡口上两侧各加宽 0.5~2mm</td><td colspan="2"></td></tr>
<tr><td>3</td><td colspan="2">焊缝余高应为 0~2mm，局部不应大于 3mm 且长度不大于 50mm</td><td colspan="2"></td></tr>
<tr><td rowspan="3">4</td><td rowspan="3">焊缝咬边</td><td>咬边深度不应大于管壁厚的 12.5%，且不应超过 0.5mm</td><td colspan="2"></td></tr>
<tr><td>咬边深度小于 0.3mm 时，任何长度均为合格</td><td colspan="2"></td></tr>
<tr><td>咬边深度在 0.3~0.5mm 之间，单个长度不应超过 30mm，在焊缝任何 300mm 连续长度内，咬边累计长度不应大于 50mm，累计长度不应大于焊缝周长的 15%</td><td colspan="2"></td></tr>
<tr><td>5</td><td colspan="2">角焊缝的边缘应平缓过渡，焊缝的凹度和凸度不应大于 1.5mm，两焊脚高度差不宜大于 3mm</td><td colspan="2"></td></tr>
<tr><td>施工单位检查验收结果</td><td colspan="6">项目专业质量检查员： 年 月 日</td></tr>
<tr><td>监理（建设）单位验收结论</td><td colspan="6">监理工程师：
（建设单位项目代表） 年 月 日</td></tr>
</table>

3.3.5 管沟开挖检验批质量验收记录表 SY/T 4203

<table>
<tr><td colspan="2">工程名称</td><td></td><td colspan="3">分项工程名称</td><td colspan="3"></td><td colspan="2">验收部位</td><td></td></tr>
<tr><td colspan="2">施工单位</td><td></td><td colspan="3">专业负责人</td><td colspan="3"></td><td colspan="2">项目经理</td><td></td></tr>
<tr><td colspan="3">施工执行标准名称及编号</td><td colspan="6"></td><td colspan="2">检验批编号</td><td></td></tr>
<tr><td colspan="3">质量验收规范规定</td><td colspan="8">施工单位
检查记录</td><td>监理（建设）
单位验收意见</td></tr>
<tr><td rowspan="2">主控项目</td><td>1</td><td>管沟中心线允许偏差为 ±100mm</td><td></td><td></td><td></td><td></td><td></td><td></td><td></td><td></td><td rowspan="2"></td></tr>
<tr><td>2</td><td>沟底标高允许偏差为 -100~0mm</td><td></td><td></td><td></td><td></td><td></td><td></td><td></td><td></td></tr>
<tr><td rowspan="2">一般项目</td><td>1</td><td>管沟沟底宽度允许偏差为 ±100mm</td><td></td><td></td><td></td><td></td><td></td><td></td><td></td><td></td><td rowspan="2"></td></tr>
<tr><td>2</td><td>管沟超挖回填密实度不应小于 90%</td><td></td><td></td><td></td><td></td><td></td><td></td><td></td><td></td></tr>
<tr><td colspan="2">施工单位检查验收结果</td><td colspan="10">项目专业质量检查员： 年 月 日</td></tr>
<tr><td colspan="2">监理（建设）单位验收结论</td><td colspan="10">监理工程师：
（建设单位项目代表） 年 月 日</td></tr>
</table>

3.3.6 管道下沟和管沟回填检验批质量验收记录表 SY/T 4203

<table>
<tr><td>工程名称</td><td colspan="9"></td><td colspan="2">分项工程名称</td><td></td><td>验收部位</td><td></td></tr>
<tr><td>施工单位</td><td colspan="9"></td><td colspan="2">专业负责人</td><td></td><td>项目经理</td><td></td></tr>
<tr><td colspan="3">施工执行标准名称及编号</td><td colspan="10"></td><td>检验批编号</td><td></td></tr>
<tr><td colspan="3">质量验收规范规定</td><td colspan="8">施工单位
检查记录</td><td colspan="4">监理（建设）
单位验收意见</td></tr>
<tr><td rowspan="2">主控项目</td><td>1</td><td>管顶以上300mm内采用人工回填；回填土应分层夯实，每层200~300mm，夯实后的土壤密实度应符合设计要求和GB 50540—2009《石油天然气站内工艺管道工程施工规范》的要求</td><td></td><td></td><td></td><td></td><td></td><td></td><td></td><td></td><td colspan="4" rowspan="2"></td></tr>
<tr><td>2</td><td>石方段管沟回填应符合设计文件要求；无要求时，管道周围300mm范围内，应采用细土回填</td><td></td><td></td><td></td><td></td><td></td><td></td><td></td><td></td></tr>
<tr><td rowspan="2">一般项目</td><td>1</td><td>沟底的水平度或坡比应符合设计文件规定</td><td></td><td></td><td></td><td></td><td></td><td></td><td></td><td></td><td colspan="4" rowspan="2"></td></tr>
<tr><td>2</td><td>管道与沟底应紧贴，悬空段应用细土或砂塞填</td><td></td><td></td><td></td><td></td><td></td><td></td><td></td><td></td></tr>
<tr><td>施工单位检查验收结果</td><td colspan="14">

项目专业质量检查员： 年 月 日</td></tr>
<tr><td>监理（建设）单位验收结论</td><td colspan="14">

监理工程师：
（建设单位项目代表） 年 月 日</td></tr>
</table>

3.3.7 管道吹扫、试压检验批质量验收记录表 SY/T 4203

工程名称			分项工程名称		验收部位	
施工单位			专业负责人		项目经理	
施工执行标准名称及编号				检验批编号		
质量验收规范规定			施工单位检查记录		监理（建设）单位验收意见	
主控项目	1	管道强度试验和严密性试验介质应设计文件要求				
	2	试验压力应符合设计文件要求				
	3	站场内管道系统扫水应以站场最低点排放口无明水排出为合格				
一般项目	1	奥氏体不锈钢试压所用的洁净水所含氯离子浓度不应超过 25mg/L；试压后，应立即将水清除干净，试压用水的温度不应低于 5℃				
	2	管道系统在空气或蒸汽吹扫过程中，应在排出口用白布或涂白色油漆的靶板检查，在 5min 内，靶板无铁锈、尘土、水及其他杂物为合格				
施工单位检查验收结果	项目专业质量检查员：　　　　年　月　日					
监理（建设）单位验收结论	监理工程师： （建设单位项目代表）　　　　年　月　日					

3.4 油气田集输管道工程①

3.4.1 管道预制检验批质量验收记录 SY/T 4204

<table>
<tr><td>工程名称</td><td colspan="2"></td><td colspan="4">分项工程名称</td><td colspan="2"></td><td colspan="3">验收部位</td><td></td></tr>
<tr><td>施工单位</td><td colspan="2"></td><td colspan="4">专业负责人</td><td colspan="2"></td><td colspan="3">项目经理</td><td></td></tr>
<tr><td colspan="3">施工执行标准名称及编号</td><td colspan="9"></td><td>检验批编号</td><td></td></tr>
<tr><td colspan="3">质量验收规范规定</td><td colspan="8">施工单位检查验收记录</td><td>监理（建设）单位验收记录</td></tr>
<tr><td rowspan="2">主控项目</td><td>1</td><td>管道元件的规格、型号及材质应符合设计要求及国家现行标准的要求</td><td colspan="8"></td><td rowspan="2"></td></tr>
<tr><td>2</td><td>热煨弯管和冷弯管不应在切割后使用</td><td colspan="8"></td></tr>
<tr><td rowspan="4">一般项目</td><td>1</td><td>直管相邻环焊缝间距应大于管道公称直径的1.5倍，且不应小于100mm</td><td></td><td></td><td></td><td></td><td></td><td></td><td></td><td></td><td rowspan="4"></td></tr>
<tr><td>2</td><td>管端坡口加工后管口应平齐，其平整度偏差不应大于1mm</td><td></td><td></td><td></td><td></td><td></td><td></td><td></td><td></td></tr>
<tr><td>3</td><td>管口的端面倾斜偏差不应大于钢管外径的1%，且不应超过3mm</td><td></td><td></td><td></td><td></td><td></td><td></td><td></td><td></td></tr>
<tr><td>4</td><td>坡口表面不应有裂纹、夹层、重皮、凹凸、熔渣和毛刺等</td><td></td><td></td><td></td><td></td><td></td><td></td><td></td><td></td></tr>
<tr><td>施工单位检查验收结果</td><td colspan="11">项目专业质量检查员：　　　　年　月　日</td></tr>
<tr><td>监理（建设）单位验收结论</td><td colspan="11">监理工程师：
（建设单位代表）　　　　年　月　日</td></tr>
</table>

① 本部分的“SY/T 4204”代表依据为SY/T 4204—2019《石油天然气建设工程施工质量验收规范　油气田集输管道工程》。

3.4.2 管道组对检验批质量验收记录 SY/T 4204

<table>
<tr><td colspan="2">工程名称</td><td colspan="2"></td><td colspan="3">分项工程名称</td><td colspan="2"></td><td colspan="3">验收部位</td><td></td></tr>
<tr><td colspan="2">施工单位</td><td colspan="2"></td><td colspan="3">专业负责人</td><td colspan="2"></td><td colspan="3">项目经理</td><td></td></tr>
<tr><td colspan="3">施工执行标准名称及编号</td><td colspan="6"></td><td colspan="3">检验批编号</td><td></td></tr>
<tr><td colspan="4">质量验收规范规定</td><td colspan="8">施工单位检查验收记录</td><td>监理（建设）单位验收记录</td></tr>
<tr><td>主控项目</td><td>1</td><td colspan="2">管道元件的规格、型号及材质应符合设计要求及现行国家标准的要求</td><td colspan="8"></td><td></td></tr>
<tr><td rowspan="10">一般项目</td><td rowspan="4">1</td><td rowspan="4">管道接头的坡口型式及组对尺寸应符合焊接工艺规定的规定</td><td>坡口型式</td><td></td><td></td><td></td><td></td><td></td><td></td><td></td><td></td><td rowspan="10"></td></tr>
<tr><td>坡口角度</td><td></td><td></td><td></td><td></td><td></td><td></td><td></td><td></td></tr>
<tr><td>钝 边</td><td></td><td></td><td></td><td></td><td></td><td></td><td></td><td></td></tr>
<tr><td>间 隙</td><td></td><td></td><td></td><td></td><td></td><td></td><td></td><td></td></tr>
<tr><td rowspan="3">2</td><td rowspan="3">对口错边量应符合下列规定</td><td>管道壁厚 $\delta \leqslant 5$mm 时，错边量 $b \leqslant 0.5$mm</td><td></td><td></td><td></td><td></td><td></td><td></td><td></td><td></td></tr>
<tr><td>管道壁厚 5mm $< \delta \leqslant 16$mm 时，错边量 $b \leqslant 10\%\delta$</td><td></td><td></td><td></td><td></td><td></td><td></td><td></td><td></td></tr>
<tr><td>管道壁厚 $\delta > 16$mm 时，错边量 $b \leqslant 10\%\delta$，且 $\leqslant 2$mm，局部错边不应大于 3mm</td><td></td><td></td><td></td><td></td><td></td><td></td><td></td><td></td></tr>
<tr><td>3</td><td colspan="2">制管焊缝错开间距不应小于 100mm 的外弧长（焊缝边缘的最小间距）</td><td></td><td></td><td></td><td></td><td></td><td></td><td></td><td></td></tr>
<tr><td>4</td><td colspan="2">补偿器安装前的预拉伸（压缩）量应符合设计或产品说明书的要求，允许偏差为 ±10mm</td><td></td><td></td><td></td><td></td><td></td><td></td><td></td><td></td></tr>
<tr><td colspan="2">施工单位检查验收结果</td><td colspan="11">项目专业质量检查员： 年 月 日</td></tr>
<tr><td colspan="2">监理（建设）单位验收结论</td><td colspan="11">监理工程师：
（建设单位代表） 年 月 日</td></tr>
</table>

3.4.3 管道焊接检验批质量验收记录 SY/T 4204

工程名称		分项工程名称		验收部位	
施工单位		专业负责人		项目经理	
施工执行标准名称及编号				检验批编号	

质量验收规范规定			施工单位检查验收记录								监理（建设）单位验收记录
主控项目	1	焊接材料的规格及型号应符合焊接工艺规程的规定及现行国家标准的规定									
	2	管道焊接应符合焊接工艺规程的规定									
	3	焊口无损检测结果应符合设计或SY/T 4204—2019《石油天然气建设工程施工质量验收规范　油气田集输管道工程》第6.1.10条的规定									
	4	焊缝返修应按返修工艺规程执行，且应符合SY/T 4204—2019《石油天然气建设工程施工质量验收规范　油气田集输管道工程》第6.1.11条的规定									
一般项目	1	施焊前，坡口表面及其两侧至少20mm范围内的铁锈、水分、油污和灰尘等应清除干净									
	2	焊缝表面应无裂纹、气孔、夹渣、熔合性飞溅及凹陷等缺陷									
	3	咬边深度不应大于管道壁厚的12.5%，且不超过0.5mm。在焊接任何300mm的连续长度中，累计咬边长度不应大于50mm									
	4	焊缝宽度每侧应超出坡口1~2mm									

管道焊接检验批质量验收记录（续表） SY/T 4204

<table>
<tr><td colspan="2">工程名称</td><td></td><td colspan="3">分项工程名称</td><td colspan="3"></td><td colspan="2">验收部位</td><td></td></tr>
<tr><td colspan="2">施工单位</td><td></td><td colspan="3">专业负责人</td><td colspan="3"></td><td colspan="2">项目经理</td><td></td></tr>
<tr><td colspan="3">施工执行标准名称及编号</td><td colspan="8"></td><td>检验批编号</td><td></td></tr>
<tr><td colspan="3">质量验收规范规定</td><td colspan="8">施工单位检查验收记录</td><td>监理（建设）单位验收记录</td></tr>
<tr><td rowspan="2">一般项目</td><td>5</td><td>焊缝余高：焊缝表面不应低于母材，当采用上向焊时，焊缝余高不应超过 3mm；当采用下向焊时，余高不应超过 2mm，局部不应超过 3mm，连续长度不应大于 50mm，余高超过 3mm 时，应进行打磨，打磨后应与母材圆滑过渡，但不应伤及母材</td><td></td><td></td><td></td><td></td><td></td><td></td><td></td><td></td><td rowspan="2"></td></tr>
<tr><td>6</td><td>焊缝错边量：当管道壁厚不大于 5mm 时，不应大于 0.5mm；当管道壁厚大于 5mm 且不大于 16mm 时，不应大于壁厚的 10%；当管道壁厚大于 16mm 时，不应大于壁厚的 10%，且不应大于 2mm，局部不应大于 3mm</td><td></td><td></td><td></td><td></td><td></td><td></td><td></td><td></td></tr>
<tr><td colspan="2">施工单位检查验收结果</td><td colspan="10">项目专业质量检查员：　　　　　　年　月　日</td></tr>
<tr><td colspan="2">监理（建设）单位验收结论</td><td colspan="10">监理工程师：
（建设单位代表）　　　　　　年　月　日</td></tr>
</table>

3.4.4 焊后热处理检验批质量验收记录 SY/T 4204

<table>
<tr><td colspan="2">工程名称</td><td></td><td colspan="2">分项工程名称</td><td colspan="3"></td><td colspan="3">验收部位</td><td></td></tr>
<tr><td colspan="2">施工单位</td><td></td><td colspan="2">专业负责人</td><td colspan="3"></td><td colspan="3">项目经理</td><td></td></tr>
<tr><td colspan="3">施工执行标准名称及编号</td><td colspan="8"></td><td>检验批编号</td><td></td></tr>
<tr><td colspan="3">质量验收规范规定</td><td colspan="8">施工单位检查验收记录</td><td>监理（建设）单位验收记录</td></tr>
<tr><td>主控项目</td><td>1</td><td>热处理后的焊缝硬度检测值应符合设计文件或焊接工艺规程的规定</td><td colspan="8"></td><td></td></tr>
<tr><td rowspan="2">一般项目</td><td>1</td><td>热处理工艺参数应符合热处理工艺规程的规定</td><td></td><td></td><td></td><td></td><td></td><td></td><td></td><td></td><td rowspan="2"></td></tr>
<tr><td>2</td><td>热处理后焊缝外观应无过烧、裂纹和变形等</td><td></td><td></td><td></td><td></td><td></td><td></td><td></td><td></td></tr>
<tr><td colspan="2">施工单位检查验收结果</td><td colspan="10">项目专业质量检查员：　　　　年　月　日</td></tr>
<tr><td colspan="2">监理（建设）单位验收结论</td><td colspan="10">监理工程师：
（建设单位代表）　　　　年　月　日</td></tr>
</table>

3.4.5 管道防腐层补口检验批质量验收记录 SY/T 4204

<table>
<tr><td colspan="2">工程名称</td><td colspan="2"></td><td colspan="3">分项工程名称</td><td colspan="3"></td><td colspan="2">验收部位</td><td></td></tr>
<tr><td colspan="2">施工单位</td><td colspan="2"></td><td colspan="3">专业负责人</td><td colspan="3"></td><td colspan="2">项目经理</td><td></td></tr>
<tr><td colspan="3">施工执行标准名称及编号</td><td colspan="7"></td><td colspan="2">检验批编号</td><td></td></tr>
<tr><td colspan="3">质量验收规范规定</td><td colspan="8">施工单位检查验收记录</td><td colspan="2">监理（建设）单位验收记录</td></tr>
<tr><td rowspan="3">主控项目</td><td>1</td><td>补口补伤所用材料的规格、型号及材质应符合设计要求及现行国家标准的规定</td><td colspan="8"></td><td rowspan="3" colspan="2"></td></tr>
<tr><td>2</td><td>防腐层补口补伤后不应有漏点</td><td></td><td></td><td></td><td></td><td></td><td></td><td></td><td></td></tr>
<tr><td>3</td><td>补口补伤防腐剥离强度结果应符合相应防腐标准的规定</td><td></td><td></td><td></td><td></td><td></td><td></td><td></td><td></td></tr>
<tr><td>一般项目</td><td>1</td><td>补口补伤后应表面平整，粘接严密，不应有气泡与皱褶等缺陷，接茬处应粘接牢固、衔接平整</td><td></td><td></td><td></td><td></td><td></td><td></td><td></td><td></td><td colspan="2"></td></tr>
<tr><td colspan="2">施工单位检查验收结果</td><td colspan="11">

项目专业质量检查员：　　　　年　月　日</td></tr>
<tr><td colspan="2">监理（建设）单位验收结论</td><td colspan="11">

监理工程师：
（建设单位代表）　　　　年　月　日</td></tr>
</table>

3.4.6 管道保温检验批质量验收记录 SY/T 4204

<table>
<tr><td colspan="2">工程名称</td><td colspan="2"></td><td colspan="4">分项工程名称</td><td colspan="2"></td><td colspan="2">验收部位</td><td></td></tr>
<tr><td colspan="2">施工单位</td><td colspan="2"></td><td colspan="4">专业负责人</td><td colspan="2"></td><td colspan="2">项目经理</td><td></td></tr>
<tr><td colspan="3">施工执行标准名称及编号</td><td colspan="7"></td><td colspan="2">检验批编号</td><td></td></tr>
<tr><td colspan="4">质量验收规范规定</td><td colspan="8">施工单位检查验收记录</td><td>监理（建设）单位验收记录</td></tr>
<tr><td>主控项目</td><td>1</td><td colspan="2">保温材料的规格、型号及材质应符合设计及现行国家标准的规定</td><td colspan="8"></td><td></td></tr>
<tr><td rowspan="9">一般项目</td><td rowspan="5">1</td><td rowspan="5">硬质和半硬质保温层的外观质量</td><td>长度允许偏差 ±4mm</td><td></td><td></td><td></td><td></td><td></td><td></td><td></td><td></td><td rowspan="9"></td></tr>
<tr><td>厚度允许偏差 −1.5~3.0mm</td><td></td><td></td><td></td><td></td><td></td><td></td><td></td><td></td></tr>
<tr><td>缺棱长度不应超过 30mm，深度不应超过 7mm；棱角长度不应超过 20mm，深度不应超过 10mm</td><td></td><td></td><td></td><td></td><td></td><td></td><td></td><td></td></tr>
<tr><td>管壳制品端部垂直度偏差不应超过全长的 2%</td><td></td><td></td><td></td><td></td><td></td><td></td><td></td><td></td></tr>
<tr><td>不应有贯穿性裂纹</td><td></td><td></td><td></td><td></td><td></td><td></td><td></td><td></td></tr>
<tr><td rowspan="4">2</td><td rowspan="4">其他保温层外观质量</td><td>铁丝绑扎应牢固，充填应密实，无严重凹凸现象</td><td></td><td></td><td></td><td></td><td></td><td></td><td></td><td></td></tr>
<tr><td>金属薄板保护层咬缝应牢固，包裹应紧凑</td><td></td><td></td><td></td><td></td><td></td><td></td><td></td><td></td></tr>
<tr><td>防水材料及管壳保温的接缝应错开，防水材料搭接长度应大于 50mm，水平管道的防水保温管接缝不应在管道的上半部分</td><td></td><td></td><td></td><td></td><td></td><td></td><td></td><td></td></tr>
<tr><td>保温层玻璃布缠绕应紧密，采用外防腐不应露出玻璃布纹</td><td></td><td></td><td></td><td></td><td></td><td></td><td></td><td></td></tr>
<tr><td colspan="2">施工单位检查验收结果</td><td colspan="11">项目专业质量检查员：　　　　年　月　日</td></tr>
<tr><td colspan="2">监理（建设）单位验收结论</td><td colspan="11">监理工程师：
（建设单位代表）　　　　年　月　日</td></tr>
</table>

3.4.7 管沟开挖检验批质量验收记录 SY/T 4204

<table>
<tr><td colspan="2">工程名称</td><td colspan="4"></td><td colspan="3">分项工程名称</td><td colspan="2"></td><td>验收部位</td><td></td></tr>
<tr><td colspan="2">施工单位</td><td colspan="4"></td><td colspan="3">专业负责人</td><td colspan="2"></td><td>项目经理</td><td></td></tr>
<tr><td colspan="3">施工执行标准名称及编号</td><td colspan="8"></td><td>检验批编号</td><td></td></tr>
<tr><td colspan="3">质量验收规范规定</td><td colspan="9">施工单位检查验收记录</td><td>监理（建设）单位验收记录</td></tr>
<tr><td rowspan="2">主控项目</td><td>1</td><td>管沟深度应符合设计要求，允许偏差为 −50~100mm</td><td></td><td></td><td></td><td></td><td></td><td></td><td></td><td></td><td></td><td rowspan="2"></td></tr>
<tr><td>2</td><td>管沟转角点位置应符合设计规定，偏移不应大于 100mm</td><td></td><td></td><td></td><td></td><td></td><td></td><td></td><td></td><td></td></tr>
<tr><td rowspan="2">一般项目</td><td>1</td><td>多管道同沟敷设时，管沟底宽应为两边管道外缘各加 250mm</td><td></td><td></td><td></td><td></td><td></td><td></td><td></td><td></td><td></td><td rowspan="2"></td></tr>
<tr><td>2</td><td>石方段管沟应加深 200mm，布管前应用细土回填</td><td></td><td></td><td></td><td></td><td></td><td></td><td></td><td></td><td></td></tr>
<tr><td colspan="2">施工单位检查验收结果</td><td colspan="11">项目专业质量检查员：　　　　年　月　日</td></tr>
<tr><td colspan="2">监理（建设）单位验收结论</td><td colspan="11">监理工程师：
（建设单位代表）　　　　年　月　日</td></tr>
</table>

3.4.8 管道下沟及回填检验批质量验收记录 SY/T 4204

工程名称		分项工程名称		验收部位	
施工单位		专业负责人		项目经理	
施工执行标准名称及编号				检验批编号	

质量验收规范规定			施工单位检查验收记录								监理（建设）单位验收记录
主控项目	1	管道回填前，应对防腐层进行电火花检查并无漏点									
	2	管道下沟回填沉降后应用音频检漏仪检测防腐层，每 10km 漏点不超过 5 处									
	3	管道埋深应符合设计要求									
一般项目	1	管道下沟后，应采用细土填实压紧，不应有悬空									
	2	石方沟底应先回填 200mm 厚细软土垫层									
	3	管道回填应分两次进行，第一次用最大粒径不超过 10mm 细土回填，且应高出管顶部 300mm；第二次用其他土回填。农田地带表层应用耕植土回填，回填土应高出自然地面 300mm。石方段表层可回填原土石方，但石头的最大粒径不应超过 250mm									

施工单位检查验收结果	项目专业质量检查员： 年 月 日
监理（建设）单位验收结论	监理工程师： （建设单位代表） 年 月 日

3.4.9 管道清扫及试压检验批质量验收记录 SY/T 4204

<table>
<tr><td colspan="2">工程名称</td><td colspan="2"></td><td colspan="4">分项工程名称</td><td colspan="2"></td><td colspan="2">验收部位</td><td></td></tr>
<tr><td colspan="2">施工单位</td><td colspan="2"></td><td colspan="4">专业负责人</td><td colspan="2"></td><td colspan="2">项目经理</td><td></td></tr>
<tr><td colspan="3">施工执行标准名称及编号</td><td colspan="9"></td><td>检验批编号</td></tr>
<tr><td colspan="3">质量验收规范规定</td><td colspan="8">施工单位检查验收记录</td><td colspan="2">监理（建设）单位验收记录</td></tr>
<tr><td>主控项目</td><td>1</td><td>管道试验压力应符合 SY/T 4204—2019《石油天然气建设工程施工质量验收规范 油气田集输管道工程》第 9.1.6 条的规定，升压过程应符合 SY/T 4204—2019《石油天然气建设工程施工质量验收规范 油气田集输管道工程》第 9.1.11 条的规定，压降应符合 SY/T 4204—2019《石油天然气建设工程施工质量验收规范 油气田集输管道工程》第 9.1.12 条的规定</td><td colspan="8"></td><td colspan="2"></td></tr>
<tr><td rowspan="2">一般项目</td><td>1</td><td>管道吹扫应使吹出的气体无铁锈、尘土、石块、水等杂物</td><td></td><td></td><td></td><td></td><td></td><td></td><td></td><td></td><td colspan="2" rowspan="2"></td></tr>
<tr><td>2</td><td>管道通球清管应符合 SY/T 4204—2019《石油天然气建设工程施工质量验收规范 油气田集输管道工程》第 9.1.4 条的规定。无卡球和球面严重损伤现象</td><td></td><td></td><td></td><td></td><td></td><td></td><td></td><td></td></tr>
<tr><td colspan="2">施工单位检查验收结果</td><td colspan="11">项目专业质量检查员： 年 月 日</td></tr>
<tr><td colspan="2">监理（建设）单位验收结论</td><td colspan="11">监理工程师：
（建设单位代表） 年 月 日</td></tr>
</table>

3.4.10 输气管道干燥检验批质量验收记录 SY/T 4204

<table>
<tr><td>工程名称</td><td></td><td>分项工程名称</td><td colspan="3"></td><td colspan="3">验收部位</td><td></td></tr>
<tr><td>施工单位</td><td></td><td>专业负责人</td><td colspan="3"></td><td colspan="3">项目经理</td><td></td></tr>
<tr><td colspan="2">施工执行标准名称及编号</td><td colspan="4"></td><td colspan="3">检验批编号</td><td></td></tr>
<tr><td colspan="2">质量验收规范规定</td><td colspan="8">施工单位检查验收记录</td><td>监理（建设）单位验收记录</td></tr>
<tr><td>主控项目</td><td>当采用空气干燥法和真空干燥法时，管内空气水露点应符合设计文件要求</td><td></td><td></td><td></td><td></td><td></td><td></td><td></td><td></td><td></td></tr>
<tr><td>一般项目</td><td>干燥前管道内游离水应清扫干净，并应符合设计要求</td><td></td><td></td><td></td><td></td><td></td><td></td><td></td><td></td><td></td></tr>
<tr><td>施工单位检查验收结果</td><td colspan="10">项目专业质量检查员：　　　年　月　日</td></tr>
<tr><td>监理（建设）单位验收结论</td><td colspan="10">监理工程师：
（建设单位代表）　　　年　月　日</td></tr>
</table>

3.5 自动化仪表工程①

3.5.1 仪表盘（柜、台、箱）安装检验批质量验收记录　SY/T 4205

<table>
<tr><td colspan="2">工程名称</td><td colspan="2"></td><td>分项工程名称</td><td></td><td>验收部位</td><td></td></tr>
<tr><td colspan="2">施工单位</td><td colspan="2"></td><td>专业负责人</td><td></td><td>项目经理</td><td></td></tr>
<tr><td colspan="3">施工执行标准名称及编号</td><td colspan="3"></td><td>检验批编号</td><td></td></tr>
<tr><td colspan="6">质量验收规范规定</td><td>施工单位检查验收记录</td><td>监理（建设）单位验收意见</td></tr>
<tr><td rowspan="12">主控项目</td><td>1</td><td colspan="4">仪表盘（柜、台、箱）的产品技术文件和质量证明文件应齐全，铭牌、防爆标识、防护等级、型号、位号、数量、外表尺寸、安装孔尺寸、内外表面涂层等应符合设计文件规定</td><td></td><td rowspan="12"></td></tr>
<tr><td rowspan="3">2</td><td colspan="4">仪表盘（柜、台）的安装位置和平面布置应符合设计文件规定</td><td></td></tr>
<tr><td colspan="4">仪表盘（柜、台、箱）之间及内部各设备之间的连接应牢固</td><td></td></tr>
<tr><td colspan="4">仪表盘（柜、台、箱）应无变形和表面涂层损伤</td><td></td></tr>
<tr><td rowspan="2">3</td><td colspan="4">当仪表管道引入安装在有爆炸和火灾危险、有毒及有腐蚀性物质环境的仪表盘（柜、台、箱）时，其管道引入孔处应做密封处理</td><td></td></tr>
<tr><td colspan="4">仪表盘（柜、台、箱）内部的仪表线路接线应正确牢固，导通和绝缘检查合格，线端应有编号</td><td></td></tr>
<tr><td>4</td><td colspan="4">仪表供电系统的安装应符合设计文件规定</td><td></td></tr>
<tr><td rowspan="5">5</td><td colspan="4">防爆、密封措施符合设计文件规定</td><td rowspan="2"></td></tr>
<tr><td colspan="4">内部本质安全电路敷设配线应与非本质安全电路分开；两者接线端子的间距，不得小于 50mm，否则应采用高于端子的绝缘板隔离</td></tr>
<tr><td colspan="4">工作接地系统应符合设计文件规定</td><td></td></tr>
<tr><td colspan="4">保护接地系统应符合设计文件规定</td><td></td></tr>
<tr><td colspan="4">屏蔽接地应符合设计文件规定</td><td></td></tr>
<tr><td rowspan="5">一般项目</td><td rowspan="5">1</td><td rowspan="4">型钢底座的允许偏差</td><td rowspan="2">制作</td><td>直线度（mm/m）</td><td>1</td><td></td><td rowspan="5"></td></tr>
<tr><td>底座＞5m（mm）</td><td>5</td><td></td></tr>
<tr><td rowspan="2">安装</td><td>上表面水平度（mm/m）</td><td>1</td><td></td></tr>
<tr><td>长度＞5m（mm）</td><td>5</td><td></td></tr>
<tr><td colspan="4">型钢底座应进行防腐处理</td><td></td></tr>
</table>

① 本部分的“SY/T 4205”代表依据为 SY/T 4205—2019《石油天然气建设工程施工质量验收规范　自动化仪表工程》。

仪表盘（柜、台、箱）安装检验批质量验收记录（续表） SY/T 4205

<table>
<tr><td colspan="3">工程名称</td><td colspan="2"></td><td>分项工程名称</td><td colspan="4"></td><td colspan="4">验收部位</td><td></td></tr>
<tr><td colspan="3">施工单位</td><td colspan="2"></td><td>专业负责人</td><td colspan="4"></td><td colspan="4">项目经理</td><td></td></tr>
<tr><td colspan="4">施工执行标准名称及编号</td><td colspan="2"></td><td colspan="8">检验批编号</td><td></td></tr>
<tr><td colspan="6">质量验收规范规定</td><td colspan="8">施工单位检查验收记录</td><td>监理（建设）单位验收意见</td></tr>
<tr><td rowspan="14">一般项目</td><td rowspan="9">2</td><td rowspan="9">仪表盘（柜、台、箱）的允许偏差</td><td rowspan="2">单独安装</td><td>垂直度（mm/m）</td><td>1.5</td><td></td><td></td><td></td><td></td><td></td><td></td><td></td><td></td><td rowspan="14"></td></tr>
<tr><td>水平度（mm/m）</td><td>1</td><td></td><td></td><td></td><td></td><td></td><td></td><td></td><td></td></tr>
<tr><td rowspan="7">成排安装</td><td>垂直度（mm/m）</td><td>1.5</td><td></td><td></td><td></td><td></td><td></td><td></td><td></td><td></td></tr>
<tr><td>水平度（mm/m）</td><td>1</td><td></td><td></td><td></td><td></td><td></td><td></td><td></td><td></td></tr>
<tr><td>同一系列顶部高度偏差（mm）</td><td>2</td><td></td><td></td><td></td><td></td><td></td><td></td><td></td><td></td></tr>
<tr><td>同一系列连接处超过2处时顶部高度最大偏差（mm）</td><td>5</td><td></td><td></td><td></td><td></td><td></td><td></td><td></td><td></td></tr>
<tr><td>正面平面度偏差（mm）</td><td>1</td><td></td><td></td><td></td><td></td><td></td><td></td><td></td><td></td></tr>
<tr><td>连接处超过5处时正面的平面度偏差（mm）</td><td>5</td><td></td><td></td><td></td><td></td><td></td><td></td><td></td><td></td></tr>
<tr><td>接缝间隙（mm）</td><td>2</td><td></td><td></td><td></td><td></td><td></td><td></td><td></td><td></td></tr>
<tr><td rowspan="5">3</td><td colspan="4">仪表管道应固定牢固，并应与仪表线路分开敷设</td><td></td><td></td><td></td><td></td><td></td><td></td><td></td><td></td></tr>
<tr><td colspan="4">内部的线路敷设和接线应符合 GB 50093—2013《自动化仪表工程施工及质量验收规范》的规定</td><td></td><td></td><td></td><td></td><td></td><td></td><td></td><td></td></tr>
<tr><td colspan="4">多股线芯端头宜采用接线端子压接</td><td></td><td></td><td></td><td></td><td></td><td></td><td></td><td></td></tr>
<tr><td colspan="4">备用芯线应接在备用端子上，或按使用的最大长度预留，并应按设计文件规定标注线号</td><td></td><td></td><td></td><td></td><td></td><td></td><td></td><td></td></tr>
<tr><td colspan="4">内部及室内地板下、电缆沟内应无异物</td><td></td><td></td><td></td><td></td><td></td><td></td><td></td><td></td></tr>
<tr><td colspan="2">施工单位检查结果</td><td colspan="13">项目专业质量检查员：　　　　年　月　日</td></tr>
<tr><td colspan="2">监理（建设）单位验收结论</td><td colspan="13">监理工程师：
（建设单位项目代表）　　　　年　月　日</td></tr>
</table>

3.5.2 温度检测仪表安装检验批质量验收记录 SY/T 4205

<table>
<tr><td>工程名称</td><td></td><td>分项工程名称</td><td></td><td>验收部位</td><td></td></tr>
<tr><td>施工单位</td><td></td><td>专业负责人</td><td></td><td>项目经理</td><td></td></tr>
<tr><td colspan="2">施工执行标准名称及编号</td><td colspan="2"></td><td>检验批编号</td><td></td></tr>
</table>

<table>
<tr><td colspan="3">质量验收规范规定</td><td colspan="8">施工单位检查验收记录</td><td>监理（建设）单位验收意见</td></tr>
<tr><td rowspan="9">主控项目</td><td>1</td><td>温度取源部件、温度检测仪表的型号、规格、材质、测量范围、压力等级等应符合设计文件规定，质量证明文件齐全</td><td colspan="8"></td><td rowspan="9"></td></tr>
<tr><td>2</td><td>温度取源部件的安装位置应符合设计文件的规定</td><td colspan="8"></td></tr>
<tr><td rowspan="3">3</td><td>仪表的安装位置应符合设计文件规定，安装应牢固，不应承受非正常外力</td><td colspan="8"></td></tr>
<tr><td>表面温度计的感温面与被测对象表面应接触紧密并固定牢固</td><td colspan="8"></td></tr>
<tr><td>压力式温度计的温包应全部浸入被测对象中</td><td colspan="8"></td></tr>
<tr><td>4</td><td>仪表的接线应正确牢固，导通和绝缘检查合格</td><td colspan="8"></td></tr>
<tr><td rowspan="2">5</td><td>防爆和接地措施应符合设计文件规定</td><td colspan="8"></td></tr>
<tr><td>毛细管的敷设应有保护措施，弯曲半径应不小于50mm，周围温度变化剧烈时应采取隔热措施</td><td colspan="8"></td></tr>
<tr style="display:none"></tr>
<tr><td rowspan="8">一般项目</td><td rowspan="5">1</td><td>仪表的外观完整、附件齐全，安装位置应便于观察和操作维护</td><td></td><td></td><td></td><td></td><td></td><td></td><td></td><td></td><td rowspan="8"></td></tr>
<tr><td>仪表铭牌、位号和标识应齐全、牢固、清晰</td><td></td><td></td><td></td><td></td><td></td><td></td><td></td><td></td></tr>
<tr><td>安装支架的规格、材质、制作、防腐应符合设计文件规定</td><td></td><td></td><td></td><td></td><td></td><td></td><td></td><td></td></tr>
<tr><td>保温箱、保护箱的安装标高应符合设计文件规定，固定牢固、平正</td><td></td><td></td><td></td><td></td><td></td><td></td><td></td><td></td></tr>
<tr><td>集中安装的仪表、保温箱、保护箱应排列整齐、美观</td><td></td><td></td><td></td><td></td><td></td><td></td><td></td><td></td></tr>
<tr><td rowspan="3">2</td><td>在多粉尘部位安装的测温元件，应有防止磨损的保护措施</td><td></td><td></td><td></td><td></td><td></td><td></td><td></td><td></td></tr>
<tr><td>在易受被测物料强烈冲击或被测温度大于700℃时，应有防弯曲的保护措施</td><td></td><td></td><td></td><td></td><td></td><td></td><td></td><td></td></tr>
<tr><td>振动场所安装的测温元件，应有减震措施</td><td></td><td></td><td></td><td></td><td></td><td></td><td></td><td></td></tr>
<tr><td>施工单位检查结果</td><td colspan="11">项目专业质量检查员：　　　　年　月　日</td></tr>
<tr><td>监理（建设）单位验收结论</td><td colspan="11">监理工程师：
（建设单位项目代表）　　　　年　月　日</td></tr>
</table>

3.5.3 压力检测仪表安装检验批质量验收记录 SY/T 4205

工程名称			分项工程名称		验收部位	
施工单位			专业负责人		项目经理	
施工执行标准名称及编号					检验批编号	
质量验收规范规定				施工单位检查验收记录	监理（建设）单位验收意见	
主控项目	1	压力取源部件、压力检测仪表的型号、规格、材质、测量范围、压力等级等应符合设计文件规定，质量证明文件齐全				
	2	压力取源部件的安装位置应符合设计文件规定				
	3	仪表的安装位置应符合设计文件规定，安装应牢固、平正，不应承受非正常外力				
	4	仪表管道的型号、规格、材质等应符合设计文件规定，质量证明文件齐全				
		当仪表管道与仪表设备连接时，应连接严密，且不应使仪表设备和仪表管道承受机械应力				
		仪表管道的安装、压力试验和泄漏性试验应符合设计文件规定				
		接线应正确牢固，导通和绝缘检查合格				
	5	防爆、接地、隔离和吹洗措施应符合设计文件规定				
		毛细管的敷设应有保护措施，弯曲半径应不小于 50mm，周围温度变化剧烈时应采取隔热措施				
		测量高压的压力仪表安装在操作岗位附近时，安装位置和防护措施应符合设计文件规定和安全操作要求				

压力检测仪表安装检验批质量验收记录（续表） SY/T 4205

<table>
<tr><td colspan="3">工程名称</td><td></td><td>分项工程名称</td><td colspan="4"></td><td colspan="4">验收部位</td><td></td></tr>
<tr><td colspan="3">施工单位</td><td></td><td>专业负责人</td><td colspan="4"></td><td colspan="4">项目经理</td><td></td></tr>
<tr><td colspan="4">施工执行标准名称及编号</td><td colspan="5"></td><td colspan="4">检验批编号</td><td></td></tr>
<tr><td colspan="5">质量验收规范规定</td><td colspan="8">施工单位检查验收记录</td><td>监理（建设）单位验收意见</td></tr>
<tr><td rowspan="6">一般项目</td><td rowspan="5">1</td><td colspan="3">仪表的外观完整、附件齐全，安装位置应便于观察、操作维护</td><td></td><td></td><td></td><td></td><td></td><td></td><td></td><td></td><td rowspan="6"></td></tr>
<tr><td colspan="3">仪表铭牌、位号和标识应齐全、牢固、清晰</td><td></td><td></td><td></td><td></td><td></td><td></td><td></td><td></td></tr>
<tr><td colspan="3">仪表支架的规格、材质、制作、防腐应符合设计文件规定</td><td></td><td></td><td></td><td></td><td></td><td></td><td></td><td></td></tr>
<tr><td colspan="3">保温箱、保护箱的安装标高应符合设计文件规定，固定牢固、平正</td><td></td><td></td><td></td><td></td><td></td><td></td><td></td><td></td></tr>
<tr><td colspan="3">集中安装的仪表、保温箱、保护箱排列整齐、美观</td><td></td><td></td><td></td><td></td><td></td><td></td><td></td><td></td></tr>
<tr><td>2</td><td colspan="3">低压测量用压力仪表的安装高度宜与取压点的高度一致或采取补偿措施</td><td></td><td></td><td></td><td></td><td></td><td></td><td></td><td></td></tr>
<tr><td colspan="2">施工单位检查结果</td><td colspan="12">项目专业质量检查员：　　　　年　月　日</td></tr>
<tr><td colspan="2">监理（建设）单位验收结论</td><td colspan="12">监理工程师：
（建设单位项目代表）　　　　年　月　日</td></tr>
</table>

3.5.4 流量检测仪表安装检验批质量验收记录 SY/T 4205

<table>
<tr><td colspan="2">工程名称</td><td></td><td>分项工程名称</td><td></td><td>验收部位</td><td></td></tr>
<tr><td colspan="2">施工单位</td><td></td><td>专业负责人</td><td></td><td>项目经理</td><td></td></tr>
<tr><td colspan="3">施工执行标准名称及编号</td><td colspan="2"></td><td>检验批编号</td><td></td></tr>
<tr><td colspan="4">质量验收规范规定</td><td>施工单位检查验收记录</td><td colspan="2">监理（建设）单位验收意见</td></tr>
<tr><td rowspan="11">主控项目</td><td rowspan="2">1</td><td colspan="2">流量取源部件、流量检测仪表的型号、规格、材质、测量范围、压力等级等应符合设计文件规定，质量证明文件齐全</td><td></td><td colspan="2" rowspan="11"></td></tr>
<tr><td colspan="2">孔板的入口和喷嘴的出口边缘应无毛刺、圆角或可见损伤，并应按设计数据或制造标准验证其制造尺寸</td><td></td></tr>
<tr><td rowspan="5">2</td><td colspan="2">流量取源部件的安装位置应符合设计文件规定</td><td></td></tr>
<tr><td colspan="2">流量取源部件上游、下游直管段的最小长度应符合设计文件规定</td><td></td></tr>
<tr><td colspan="2">在规定的直管段最小长度范围内，不得设置其他取源部件或检测元件，直管段内壁应清洁，无凹坑和凸出物</td><td></td></tr>
<tr><td colspan="2">在节流件的上游安装温度仪表时，温度仪表与节流元件的直管段距离应符合 GB 50093—2013《自动化仪表工程施工及质量验收规范》的规定；在节流件的下游安装温度仪表时，温度仪表与节流件间的直管段距离不应小于 5 倍管道内径</td><td></td></tr>
<tr><td colspan="2">节流装置取压口的方位应符合设计文件或 GB 50093—2013《自动化仪表工程施工及质量验收规范》的规定</td><td></td></tr>
<tr><td rowspan="4">3</td><td colspan="2">仪表的安装位置应符合设计文件规定，安装应牢固、平正，不应承受非正常外力</td><td></td></tr>
<tr><td colspan="2">水平和倾斜的管道上安装的孔板或喷嘴、排泄孔的位置应符合 GB 50093—2013《自动化仪表工程施工及质量验收规范》的规定</td><td></td></tr>
<tr><td colspan="2">节流件上“+”号的一侧应在被测流体流向的上游测，当用箭头标明流向时，箭头的指向应与被测流体的流向一致</td><td></td></tr>
<tr><td colspan="2">差压式仪表正负压室与测量管道的连接应正确，测量管道倾斜方向和坡度，以及过滤器、消气器、隔离器、冷凝器、沉降器、集气器的安装应符合设计文件的规定</td><td></td></tr>
</table>

流量检测仪表安装检验批质量验收记录（续表 1） SY/T 4205

<table>
<tr><td colspan="3">工程名称</td><td></td><td>分项工程名称</td><td></td><td>验收部位</td><td></td></tr>
<tr><td colspan="3">施工单位</td><td></td><td>专业负责人</td><td></td><td>验收部位</td><td></td></tr>
<tr><td colspan="4">施工执行标准名称及编号</td><td colspan="2"></td><td>检验批编号</td><td></td></tr>
<tr><td colspan="5">质量验收规范规定</td><td colspan="2">施工单位检查
验收记录</td><td>监理（建设）
单位验收意见</td></tr>
<tr><td rowspan="15">主控项目</td><td rowspan="9">3</td><td colspan="3">转子流量计应安装在无振动的管道上，其中心线与铅垂线间的夹角不应超过 2°，垂直安装时被测流体流向应为自下而上，上游侧直管段长度不宜小于管道直径的 2 倍</td><td colspan="2"></td><td rowspan="15"></td></tr>
<tr><td colspan="3">靶式流量计的靶中心应与管道轴线同心，靶面应迎着被测流体流向且与管道轴线垂直，上游、下游直管段长度应符合设计文件规定</td><td colspan="2"></td></tr>
<tr><td colspan="3">涡轮（涡街）流量计信号线应使用屏蔽线，上、下游直管段的长度应符合设计文件规定</td><td colspan="2"></td></tr>
<tr><td colspan="3">涡街流量计信号线应使用屏蔽线，上游、下游直管段的长度应符合设计文件规定</td><td colspan="2"></td></tr>
<tr><td colspan="3">电磁流量计的安装应符合 GB 50093—2013《自动化仪表工程施工及质量验收规范》的规定</td><td colspan="2"></td></tr>
<tr><td colspan="3">椭圆齿轮流量计的刻度盘面应处于垂直平面内。在垂直管道上安装时，管道内流体流向应自下而上</td><td colspan="2"></td></tr>
<tr><td colspan="3">超声波流量计的上游、下游直管段的长度应符合设计文件规定。对于水平管道，换能器的位置应在与水平直线成 45° 夹角的范围内。被测管道内壁不应有影响测量准确度的结垢层或涂层</td><td colspan="2"></td></tr>
<tr><td colspan="3">均速管流量计的上、下游直管段的长度应符合设计文件规定</td><td colspan="2"></td></tr>
<tr><td colspan="3">质量流量计的安装应符合 GB 50093—2013《自动化仪表工程施工及质量验收规范》的规定</td><td colspan="2"></td></tr>
<tr><td rowspan="4">4</td><td colspan="3">仪表管道的型号、规格、材质等应符合设计文件规定，质量证明文件齐全</td><td colspan="2"></td></tr>
<tr><td colspan="3">当仪表管道与仪表设备连接时，应连接严密，且不应使仪表设备和仪表管道承受机械应力</td><td colspan="2"></td></tr>
<tr><td colspan="3">仪表管道的安装、压力试验和泄漏性试验应符合设计文件规定</td><td colspan="2"></td></tr>
<tr><td colspan="3">接线应正确牢固，导通和绝缘检查合格</td><td colspan="2"></td></tr>
<tr><td rowspan="2">5</td><td colspan="3">防爆、接地、隔离和吹洗措施应符合设计文件规定</td><td colspan="2"></td></tr>
<tr><td colspan="3">毛细管的敷设应有保护措施，弯曲半径应不小于 50mm，周围温度变化剧烈时应采取隔热措施</td><td colspan="2"></td></tr>
</table>

流量检测仪表安装检验批质量验收记录（续表 2） SY/T 4205

工程名称			分项工程名称		验收部位	
施工单位			专业负责人		项目经理	
施工执行标准名称及编号					检验批编号	
质量验收规范规定				施工单位检查验收记录		监理（建设）单位验收意见
一般项目	1	仪表的外观完整、附件齐全，安装位置应便于观察和操作维护				
		仪表铭牌、位号和标识应齐全、牢固、清晰				
		安装支架的规格、材质、制作、防腐应符合设计文件规定				
		保温箱、保护箱的安装标高应符合设计文件规定，固定牢固、平正				
		集中安装的仪表、保温箱、保护箱应排列整齐、美观				
	2	节流件应在管道吹洗后安装				
施工单位检查结果	项目专业质量检查员： 年 月 日					
监理（建设）单位验收结论	监理工程师： （建设单位项目代表） 年 月 日					

3.5.5 物位检测仪表安装检验批质量验收记录 SY/T 4205

工程名称		分项工程名称		验收部位	
施工单位		专业负责人		项目经理	
施工执行标准名称及编号				检验批编号	

		质量验收规范规定	施工单位检查验收记录	监理（建设）单位验收意见
主控项目	1	物位取源部件、物位检测仪表的型号、规格、材质、测量范围、压力等级等应符合设计文件规定，质量证明文件齐全		
	2	物位取源部件的安装位置应符合设计文件规定		
		内浮筒液位计和浮球液位计采用导向管或其他导向装置时，导向管或导向装置应垂直安装，导向管内液流应畅通		
		双室平衡容器应垂直安装，中心点应与正常液位相重合；其制造尺寸应符合设计文件规定		
		单室平衡容器的安装标高应符合设计文件规定		
		补偿式平衡容器安装固定时应有防止热膨胀的措施		
	3	仪表的安装位置应符合设计文件规定，安装应牢固、平正，不应承受非正常外力		
		浮筒液位计的安装应使浮筒呈垂直状态，垂直度允许偏差为 2mm/m；浮筒中心应处于正常操作液位或分界液位的高度		
		钢带液位计的导向管应垂直安装，钢带应处于导向管的中心并滑动自如		
		雷达物位计不应安装在进料口的上方，传感器应垂直于物料表面		
		射频导纳物位计不应安装在进料口的上方，传感器的中心探杆和屏蔽层与容器壁（或安装管）不得接触，应绝缘良好，安装螺纹（或法兰）与容器应连接牢固、电气接触良好		
	4	仪表管道的型号、规格、材质等应符合设计文件规定，质量证明文件齐全		
		当仪表管道与仪表设备连接时，应连接严密，且不应使仪表设备和仪表管道承受机械应力		

物位检测仪表安装检验批质量验收记录（续表） SY/T 4205

<table>
<tr><td>工程名称</td><td colspan="3"></td><td>分项工程名称</td><td></td><td>验收部位</td><td></td></tr>
<tr><td>施工单位</td><td colspan="3"></td><td>专业负责人</td><td></td><td>项目经理</td><td></td></tr>
<tr><td colspan="3">施工执行标准名称及编号</td><td colspan="3"></td><td>检验批编号</td><td></td></tr>
<tr><td colspan="5">质量验收规范规定</td><td colspan="2">施工单位检查验收记录</td><td>监理（建设）单位验收意见</td></tr>
<tr><td rowspan="4">主控项目</td><td rowspan="2">4</td><td colspan="3">仪表管道的安装、压力试验和泄漏性试验应符合设计文件规定</td><td colspan="2"></td><td rowspan="4"></td></tr>
<tr><td colspan="3">接线应正确牢固，导通和绝缘检查合格</td><td colspan="2"></td></tr>
<tr><td rowspan="2">5</td><td colspan="3">防爆、接地、隔离和吹洗措施应符合设计文件规定</td><td colspan="2"></td></tr>
<tr><td colspan="3">毛细管的敷设应有保护措施，弯曲半径应不小于 50mm，周围温度变化剧烈时应采取隔热措施</td><td colspan="2"></td></tr>
<tr><td rowspan="6">一般项目</td><td rowspan="5">1</td><td colspan="3">仪表的外观完整、附件齐全，安装位置应便于观察和操作维护</td><td colspan="2"></td><td rowspan="6"></td></tr>
<tr><td colspan="3">仪表铭牌、位号和标识应齐全、牢固、清晰</td><td colspan="2"></td></tr>
<tr><td colspan="3">安装支架的规格、材质、制作、防腐应符合设计文件规定</td><td colspan="2"></td></tr>
<tr><td colspan="3">保温箱、保护箱的安装标高应符合设计文件规定，固定牢固、平正</td><td colspan="2"></td></tr>
<tr><td colspan="3">集中安装的仪表、保温箱、保护箱应排列整齐、美观</td><td colspan="2"></td></tr>
<tr><td>2</td><td colspan="3">用压差式仪表测量液位时，仪表安装高度不应高于下部取压口</td><td colspan="2"></td></tr>
<tr><td colspan="2">施工单位检查结果</td><td colspan="6">项目专业质量检查员：　　　　年　月　日</td></tr>
<tr><td colspan="2">监理（建设）单位验收结论</td><td colspan="6">监理工程师：
（建设单位项目代表）　　　　年　月　日</td></tr>
</table>

3.5.6 成分分析和物性检测仪表安装检验批质量验收记录 SY/T 4205

<table>
<tr><td colspan="2">工程名称</td><td></td><td>分项工程名称</td><td></td><td>验收部位</td><td></td></tr>
<tr><td colspan="2">施工单位</td><td></td><td>专业负责人</td><td></td><td>项目经理</td><td></td></tr>
<tr><td colspan="3">施工执行标准名称及编号</td><td colspan="2"></td><td>检验批编号</td><td></td></tr>
<tr><td colspan="3">质量验收规范规定</td><td colspan="2">施工单位检查验收记录</td><td>监理（建设）单位验收意见</td><td></td></tr>
<tr><td rowspan="13">主控项目</td><td>1</td><td>分析取源部件、分析仪表的型号、规格、材质、测量范围、压力等级等应符合设计文件规定，质量证明文件齐全</td><td colspan="2"></td><td rowspan="13" colspan="2"></td></tr>
<tr><td rowspan="2">2</td><td>分析取源部件的安装位置应符合设计文件规定</td><td colspan="2"></td></tr>
<tr><td>被分析的气体内含有异相杂质时，取源部件的轴线与水平线之间的仰角应大于 15°</td><td colspan="2"></td></tr>
<tr><td rowspan="4">3</td><td>仪表的安装位置应符合设计文件规定，安装应牢固、平正，不应承受非正常外力</td><td colspan="2"></td></tr>
<tr><td>分析样品的排放设施的安装应符合设计文件规定</td><td colspan="2"></td></tr>
<tr><td>分析样品排放设施的安装应符合设计文件规定</td><td colspan="2"></td></tr>
<tr><td>当被检测气体的密度大于空气密度时，可燃性气体检测器和有毒气体检测器距离地面的安装位置应符合设计文件规定；密度小于空气密度时，检测器应安装在泄漏区域的上方</td><td colspan="2"></td></tr>
<tr><td rowspan="4">4</td><td>仪表管道的型号、规格、材质等级等应符合设计文件规定，质量证明文件齐全</td><td colspan="2"></td></tr>
<tr><td>当仪表管道与仪表设备连接时，应连接严密，且不应使仪表设备和仪表管道承受机械应力</td><td colspan="2"></td></tr>
<tr><td>仪表管道的安装、压力试验和泄漏性试验应符合设计文件规定</td><td colspan="2"></td></tr>
<tr><td>接线应正确牢固，导通和绝缘检查合格</td><td colspan="2"></td></tr>
<tr><td>5</td><td>成分分析和物性检测仪表的防爆、接地、脱脂、隔离和吹洗措施应符合设计文件规定</td><td colspan="2"></td></tr>
</table>

成分分析和物性检测仪表安装检验批质量验收记录（续表） SY/T 4205

<table>
<tr><td colspan="2">工程名称</td><td></td><td colspan="4">分项工程名称</td><td colspan="4"></td><td>验收部位</td><td></td></tr>
<tr><td colspan="2">施工单位</td><td></td><td colspan="4">专业负责人</td><td colspan="4"></td><td>项目经理</td><td></td></tr>
<tr><td colspan="3">施工执行标准名称及编号</td><td colspan="8"></td><td>检验批编号</td><td></td></tr>
<tr><td colspan="3">质量验收规范规定</td><td colspan="8">施工单位检查验收记录</td><td colspan="2">监理（建设）单位验收意见</td></tr>
<tr><td rowspan="7">一般项目</td><td rowspan="5">1</td><td>仪表的外观完整、附件齐全，安装位置应便于观察和操作维护</td><td></td><td></td><td></td><td></td><td></td><td></td><td></td><td></td><td colspan="2" rowspan="7"></td></tr>
<tr><td>仪表铭牌、位号和标识应齐全、牢固、清晰</td><td></td><td></td><td></td><td></td><td></td><td></td><td></td><td></td></tr>
<tr><td>安装支架的规格、材质、制作、防腐应符合设计文件规定</td><td></td><td></td><td></td><td></td><td></td><td></td><td></td><td></td></tr>
<tr><td>保温箱、保护箱的安装标高应符合设计文件规定，固定牢固、平正</td><td></td><td></td><td></td><td></td><td></td><td></td><td></td><td></td></tr>
<tr><td>集中安装的仪表、保温箱、保护箱应排列整齐、美观</td><td></td><td></td><td></td><td></td><td></td><td></td><td></td><td></td></tr>
<tr><td rowspan="2">2</td><td>取样装置、预处理装置、分析器之间应安装紧凑，管道敷设宜简短</td><td></td><td></td><td></td><td></td><td></td><td></td><td></td><td></td></tr>
<tr><td>取样管道的隔热措施应能够保证被测介质物性的稳定</td><td></td><td></td><td></td><td></td><td></td><td></td><td></td><td></td></tr>
<tr><td>施工单位检查结果</td><td colspan="12">

项目专业质量检查员：　　　　年　月　日</td></tr>
<tr><td>监理（建设）单位验收结论</td><td colspan="12">

监理工程师：
（建设单位项目代表）　　　　年　月　日</td></tr>
</table>

3.5.7 机械量和其他检测仪表安装检验批质量验收记录 SY/T 4205

<table>
<tr><td>工程名称</td><td colspan="2"></td><td>分项工程名称</td><td></td><td>验收部位</td><td></td></tr>
<tr><td>施工单位</td><td colspan="2"></td><td>专业负责人</td><td></td><td>项目经理</td><td></td></tr>
<tr><td colspan="2">施工执行标准名称及编号</td><td colspan="3"></td><td>检验批编号</td><td></td></tr>
<tr><td colspan="4">质量验收规范规定</td><td colspan="2">施工单位检查验收记录</td><td>监理（建设）单位验收意见</td></tr>
<tr><td rowspan="11">主控项目</td><td>1</td><td colspan="2">仪表的型号、规格、材质、测量范围、压力等级等应符合设计文件规定，质量证明文件齐全</td><td colspan="2"></td><td rowspan="11"></td></tr>
<tr><td rowspan="4">2</td><td colspan="2">仪表的安装位置应符合设计文件规定，安装应牢固、平正，不应承受非正常外力</td><td colspan="2"></td></tr>
<tr><td colspan="2">电阻应变式称重仪表的安装应符合 GB 50093—2013《自动化仪表工程施工及质量验收规范》的有关规定</td><td colspan="2"></td></tr>
<tr><td colspan="2">测量位移、振动、速度等机械量仪表的安装应符合 GB 50093—2013《自动化仪表工程施工及质量验收规范》的有关规定</td><td colspan="2"></td></tr>
<tr><td colspan="2">安装辐射式火焰探测器时，其探头上的小孔应对准火焰</td><td colspan="2"></td></tr>
<tr><td rowspan="4">3</td><td colspan="2">仪表管道的型号、规格、材质等应符合设计文件规定，质量证明文件齐全</td><td colspan="2"></td></tr>
<tr><td colspan="2">当仪表管道与仪表设备连接时，应连接严密，且不应使仪表设备和仪表管道承受机械应力</td><td colspan="2"></td></tr>
<tr><td colspan="2">仪表管道的安装、压力试验和泄漏性试验应符合设计文件规定</td><td colspan="2"></td></tr>
<tr><td colspan="2">接线应正确牢固，导通和绝缘检查合格</td><td colspan="2"></td></tr>
<tr><td>4</td><td colspan="2">仪表的防爆、接地、隔离和吹洗措施应符合设计文件规定</td><td colspan="2"></td></tr>
</table>

机械量和其他检测仪表安装检验批质量验收记录（续表） SY/T 4205

<table>
<tr><td colspan="2">工程名称</td><td></td><td>分项工程名称</td><td colspan="4"></td><td colspan="4">验收部位</td><td></td></tr>
<tr><td colspan="2">施工单位</td><td></td><td>专业负责人</td><td colspan="4"></td><td colspan="4">项目经理</td><td></td></tr>
<tr><td colspan="3">施工执行标准名称及编号</td><td colspan="5"></td><td colspan="4">检验批编号</td><td></td></tr>
<tr><td colspan="3">质量验收规范规定</td><td colspan="8">施工单位检查验收记录</td><td colspan="2">监理（建设）单位验收意见</td></tr>
<tr><td rowspan="8">一般项目</td><td rowspan="5">1</td><td>仪表的外观完整、附件齐全，安装位置应便于观察和操作维护</td><td></td><td></td><td></td><td></td><td></td><td></td><td></td><td></td><td colspan="2" rowspan="8"></td></tr>
<tr><td>仪表铭牌、位号和标识应齐全、牢固、清晰</td><td></td><td></td><td></td><td></td><td></td><td></td><td></td><td></td></tr>
<tr><td>安装支架的规格、材质、制作、防腐应符合设计文件规定</td><td></td><td></td><td></td><td></td><td></td><td></td><td></td><td></td></tr>
<tr><td>保温箱、保护箱的安装标高应符合设计文件规定，固定牢固、平正</td><td></td><td></td><td></td><td></td><td></td><td></td><td></td><td></td></tr>
<tr><td>集中安装的仪表、保温箱、保护箱应排列整齐、美观</td><td></td><td></td><td></td><td></td><td></td><td></td><td></td><td></td></tr>
<tr><td rowspan="3">2</td><td>电子皮带秤的安装位置与落料点的距离应符合设计文件规定</td><td></td><td></td><td></td><td></td><td></td><td></td><td></td><td></td></tr>
<tr><td>测力仪表的安装应使被测力均匀作用到传感器受力面上</td><td></td><td></td><td></td><td></td><td></td><td></td><td></td><td></td></tr>
<tr><td>噪声测量仪表的传声器的安装位置应有防止外部磁场、机械冲击和风力干扰的措施</td><td></td><td></td><td></td><td></td><td></td><td></td><td></td><td></td></tr>
<tr><td colspan="2">施工单位检查结果</td><td colspan="11">项目专业质量检查员： 年 月 日</td></tr>
<tr><td colspan="2">监理（建设）单位验收结论</td><td colspan="11">监理工程师：
（建设单位项目代表） 年 月 日</td></tr>
</table>

3.5.8 执行器安装检验批质量验收记录 SY/T 4205

工程名称			分项工程名称		验收部位	
施工单位			专业负责人		项目经理	
施工执行标准名称及编号					检验批编号	
质量验收规范规定				施工单位检查验收记录		监理（建设）单位验收意见
主控项目	1	执行器的型号、规格、材质、压力等级等应符合设计文件规定，产品技术文件和质量证明文件齐全				
	2	控制阀的安装位置应符合设计文件规定，便于观察、操作维护				
		执行机构应固定牢固，操作手轮应处在便于操作的位置				
		执行机构的机械传动应灵活，并应无松动和卡涩现象				
		执行机构应保证调节机构在全开到全关的范围内动作灵活、平稳				
		气（液）动执行机构的连接管道应有伸缩余度，不应妨碍执行机构的动作				
		电磁阀线圈与阀体间的绝缘电阻应符合产品技术文件的要求，安装时进出口方位应正确				
	3	仪表管道的型号、规格、材质等应符合设计文件规定，质量证明文件齐全				
		当仪表管道与仪表设备连接时，应连接严密，且不应使仪表设备和仪表管道承受机械应力				
		仪表管道的安装、压力试验和泄漏性试验应符合设计文件规定				
		接线应正确牢固，导通和绝缘检查合格				
	4	执行器的防爆、接地和隔离措施应符合设计文件规定				

执行器安装检验批质量验收记录（续表） SY/T 4205

<table>
<tr><td>工程名称</td><td colspan="2"></td><td>分项工程名称</td><td></td><td>验收部位</td><td></td></tr>
<tr><td>施工单位</td><td colspan="2"></td><td>专业负责人</td><td></td><td>项目经理</td><td></td></tr>
<tr><td colspan="2">施工执行标准名称及编号</td><td colspan="3"></td><td>检验批编号</td><td></td></tr>
<tr><td colspan="4">质量验收规范规定</td><td colspan="2">施工单位检查验收记录</td><td>监理（建设）单位验收意见</td></tr>
<tr><td rowspan="6">一般项目</td><td rowspan="3">1</td><td colspan="2">仪表的外观完整、附件齐全，安装位置应便于观察和维护</td><td colspan="2"></td><td rowspan="6"></td></tr>
<tr><td colspan="2">仪表铭牌、位号和标识应齐全、牢固、清晰</td><td colspan="2"></td></tr>
<tr><td colspan="2">安装支架的规格、材质、制作、防腐应符合设计文件规定</td><td colspan="2"></td></tr>
<tr><td rowspan="3">2</td><td colspan="2">螺纹连接的小口径控制阀安装时，应装有可拆卸的活动连接件</td><td colspan="2"></td></tr>
<tr><td colspan="2">当调节机构随同工艺管道产生热位移时，执行机构与调节机构的相对位置应保持不变</td><td colspan="2"></td></tr>
<tr><td colspan="2">液动执行机构的安装位置应低于控制器或使用适当的仪表附属设备</td><td colspan="2"></td></tr>
<tr><td>施工单位检查结果</td><td colspan="6">项目专业质量检查员：　　　　年　月　日</td></tr>
<tr><td>监理（建设）单位验收结论</td><td colspan="6">监理工程师：
（建设单位项目代表）　　　　年　月　日</td></tr>
</table>

3.5.9 仪表线路安装检验批质量验收记录 SY/T 4205

工程名称		分项工程名称		验收部位	
施工单位		专业负责人		项目经理	
施工执行标准名称及编号			检验批编号		

质量验收规范规定			施工单位检查验收记录	监理（建设）单位验收意见
主控项目	1	当仪表线路有隔热措施和防火措施要求时，应按设计文件执行		
		本质安全型仪表线路的敷设、接线应符合设计文件规定		
		电缆桥架、电缆沟或电缆导管通过不同防爆等级区域分隔间的墙壁时，充填密封措施应符合设计文件要求		
		仪表线路从室外进入室内时，防水和封堵措施应符合设计文件要求；仪表线路进入室外的盘（柜、箱）时，宜从底部进入，防水密封措施应符合设计文件要求		
	2	支架的规格、材质、结构形式应符合设计文件规定，安装应符合 GB 50093—2013《自动化仪表工程施工及质量验收规范》的有关规定		
	3	电缆桥架的型号、规格、材质等应符合设计文件规定		
		电缆桥架的内外表面应平整，内部应光洁、无毛刺，尺寸应准确，配件应齐全		
		金属电缆桥架应保持接地连续性，接地连接点不少于 2 处，接地电阻应符合设计文件规定		
	4	电缆导管的型号、规格、材质等应符合设计文件规定		
		电缆导管应无变形或裂缝，内部应清洁、无毛刺，管口应光滑、无锐边		
	5	电缆、电线、光缆的型号、规格应符合设计文件规定		
		电缆电线的绝缘电阻试验应采用直流 500V 兆欧表测量，100V 以下的仪表线路应采用直流 250V 兆欧表测量，电阻值不应小于 5MΩ		
		仪表线路应排列整齐，固定时应松紧适当		
		仪表线路及其绝缘层应无损伤		
		光缆的连接应符合 GB 50093—2013《自动化仪表工程施工及质量验收规范》的有关规定		
	6	仪表接线箱的型号、规格、材质等应符合设计文件规定		
	7	仪表电伴热带的敷设、固定应符合设计文件和 GB 50093—2013《自动化仪表工程施工及质量验收规范》的有关规定		

仪表线路安装检验批质量验收记录（续表 1） SY/T 4205

工程名称		分项工程名称		验收部位	
施工单位		专业负责人		项目经理	
施工执行标准名称及编号				检验批编号	

质量验收规范规定			施工单位检查验收记录	监理（建设）单位验收意见
一般项目	1	仪表线路的安装位置应合理，不应影响操作、通行和设备维修；与绝热的设备和管道绝热层之间的距离应大于 200mm，与其他设备和管道表面之间的距离应大于 150mm		
		仪表线路的敷设应有明显标识		
	2	电缆桥架和电缆导管安装时，金属支架之间的间距宜为 1.5~3.0m，在拐弯处、终端处及其他需要的位置应增设支架		
		直接敷设电缆的支架间距当水平敷设时宜为 0.8m；当垂直敷设时宜为 1.0m		
	3	电缆桥架应采用平滑的半圆头螺栓连接和固定，螺母应在电缆桥架的外侧，固定应牢固		
		当钢制电缆桥架的直线长度大于 30m、铝合金或玻璃钢电缆桥架的直线长度大于 15m 时，宜采取热膨胀补偿措施		
		电缆桥架的安装应横平竖直，排列整齐；成排拐弯时弧度应一致		
		电缆桥架的开孔应采用机械方法，电缆引出位置应有护口		
		电缆桥架垂直段大于 2m 时，应在垂直段上端、下端桥架内增设固定电缆用的支架，当垂直段大于 4m 时，还应在其中部增设支架		
	4	电缆导管的安装应横平竖直，固定牢固，电缆引出位置应有护口		
		电缆导管弯曲后的角度不应小于 90°，弯曲处不应有凹陷、裂缝和明显的弯扁；单根电缆导管的直角弯不宜超过 2 个		
		当架空电缆导管有可能受到雨水或潮湿气体浸入时，应在最低点采取排水措施		
		在有粉尘、液体、蒸汽、腐蚀性或潮湿气体位置敷设的电缆导管，其两端管口应密封		
		电缆导管的引出口宜低于现场仪表或仪表附属设备的进线口 200mm；埋设的电缆导管引出地面时，管口宜高出地面 200mm；从地下引入落地式仪表盘（柜、台）时，宜高出盘（柜、台）内地面 50mm		

仪表线路安装检验批质量验收记录（续表 2） SY/T 4205

<table>
<tr><td colspan="2">工程名称</td><td></td><td>分项工程名称</td><td></td><td>验收部位</td><td></td></tr>
<tr><td colspan="2">施工单位</td><td></td><td>专业负责人</td><td></td><td>项目经理</td><td></td></tr>
<tr><td colspan="3">施工执行标准名称及编号</td><td colspan="2"></td><td>检验批编号</td><td></td></tr>
<tr><td colspan="3">质量验收规范规定</td><td colspan="3">施工单位检查验收记录</td><td>监理（建设）单位验收意见</td></tr>
<tr><td rowspan="9">一般项目</td><td rowspan="7">5</td><td>在电缆桥架内，交流电源线路和信号线路的隔离应符合设计文件的规定</td><td colspan="3"></td><td rowspan="9"></td></tr>
<tr><td>电缆不应有中间接头，当需要时，应在接线箱或接线盒内接线，接头宜采用压接；当采用焊接时，应采用无腐蚀性的焊药；补偿导线应采用压接；同轴电缆和高频电缆应采用专用接头</td><td colspan="3"></td></tr>
<tr><td>明敷设的仪表信号线路与具有强电磁场的电气设备之间的净距离，宜大于 1.5m；当采用屏蔽电缆或穿金属电缆导管及在带盖的金属电缆桥架内敷设时，净距离宜大于 0.8m</td><td colspan="3"></td></tr>
<tr><td>当仪表电缆与电力电缆交叉敷设时，宜成直角；仪表电缆与电力电缆的间距应符合设计文件规定</td><td colspan="3"></td></tr>
<tr><td>电缆的弯曲半径不应小于其外径的 10 倍，光缆的弯曲半径不应小于其外径的 15 倍</td><td colspan="3"></td></tr>
<tr><td>电缆、电线、光缆在两端、拐弯、伸缩缝、沉降缝、电缆井等部位应有补偿措施</td><td colspan="3"></td></tr>
<tr><td>光缆敷设时应保持松弛弧形，应无扭结现象；敷设完毕时，光缆端头应做密封防潮处理</td><td colspan="3"></td></tr>
<tr><td rowspan="2">6</td><td>仪表接线箱的安装位置应符合设计文件规定，不应影响操作、通行和设备维修</td><td colspan="3"></td></tr>
<tr><td>仪表接线箱应标明编号，箱内接线应标明线号；采取密封措施，引入口不宜朝上</td><td colspan="3"></td></tr>
<tr><td colspan="2">施工单位检查结果</td><td colspan="5">项目专业质量检查员： 年 月 日</td></tr>
<tr><td colspan="2">监理（建设）单位验收结论</td><td colspan="5">监理工程师：
（建设单位项目代表） 年 月 日</td></tr>
</table>

3.5.10　仪表管道安装检验批质量验收记录　SY/T 4205

工程名称		分项工程名称	验收部位	
施工单位		专业负责人	项目经理	
施工执行标准名称及编号			检验批编号	
质量验收规范规定			施工单位检查验收记录	监理（建设）单位验收意见
主控项目	1	仪表管道及阀门、管配件的型号、规格、材质应符合设计文件规定		
		仪表管道的焊接质量应符合 GB 50236—2011《现场设备、工业管道焊接工程施工规范》的有关规定		
		仪表管道连接应轴线一致，装配正确，与设备或其他管道连接时不应使仪表管道承受其他机械应力		
		隔离容器应垂直安装，成对隔离容器的安装标高应一致		
	2	测量管道的敷设应符合设计文件的规定，不应敷设在有可能积聚异相介质的部位		
		高温、低温测量管道敷设时应采取膨胀补偿措施		
	3	气源管道采用镀锌钢管时，应采用螺纹连接并密封良好，拐弯处应采用弯头		
	4	油压管道不得平行敷设在高温设备和管道上方，与热表面绝热层的距离应大于 150mm		
		仪表供液系统的安装应符合产品技术文件的规定		
	5	仪表管道压力试验应符合 GB 50093—2011《自动化仪表工程施工及质量验收规范》的有关规定		
	6	需要脱脂的仪表管道应经脱脂合格		
		仪表管道埋地敷设时，应经试压合格和防腐处理后方可埋入；直接埋地的管道连接时应采用焊接，在穿过道路、沟道及进出地面处应加保护套管		
		仪表管道穿越墙体、楼板或不同防爆等级区域的分隔间壁时，应加装保护套管，套管内应无接头，并应采取充填密封措施		
一般项目	1	仪表管道的弯曲半径：高压钢管宜大于管道外径的 5 倍，其他金属管宜大于管道外径的 3.5 倍，塑料管宜大于管道外径的 4.5 倍，弯制后应无裂纹和凹陷		
		仪表管道成排安装时，应排列整齐，间距均匀，固定牢固		
		不锈钢管道固定时，不应与碳钢直接接触		

仪表管道安装检验批质量验收记录（续表） SY/T 4205

工程名称		分项工程名称		验收部位	
施工单位		专业负责人		项目经理	
施工执行标准名称及编号				检验批编号	

质量验收规范规定			施工单位检查验收记录	监理（建设）单位验收意见
一般项目	1	仪表管道支架应固定牢固、间距均匀，并应满足管路坡度的要求		
		仪表管道试验完毕，应恢复完好，并保持畅通		
	2	测量管道与工艺管道或设备、建筑物之间的距离不应小于50mm		
		测量油类和易燃易爆物质的仪表管道与热表面的距离不应小于150mm		
		测量管道与微压计之间软管连接处应高于仪表接头150~200mm		
	3	气动信号管道的材质应符合设计文件的规定		
		气动信号管道不宜有中间接头，必需设置时，应采用卡套式中间接头；管道终端连接件应便于拆装		
		管缆外观应无变形和损伤，敷设后应留有余量		
	4	贮液箱的安装位置应低于回液集管，回液集管与贮液箱上的回液接头间的最小高差，宜为0.3~0.5m		
		接至液压控制器的液压管道，不应有环形弯和曲折弯		
	5	仪表的伴热形式应符合设计文件规定，伴热管道的连接宜采用焊接，固定不应过紧，能自由伸缩		
施工单位检查结果	项目专业质量检查员：　　　　年　月　日			
监理（建设）单位验收结论	监理工程师： （建设单位项目代表）　　　　年　月　日			

3.5.11 仪表单体调校检验批质量验收记录 SY/T 4205

<table>
<tr><td>工程名称</td><td colspan="2"></td><td>分项工程名称</td><td></td><td>验收部位</td><td></td></tr>
<tr><td>施工单位</td><td colspan="2"></td><td>专业负责人</td><td></td><td>项目经理</td><td></td></tr>
<tr><td colspan="3">施工执行标准名称及编号</td><td colspan="2"></td><td>检验批编号</td><td></td></tr>
<tr><td colspan="4">质量验收规范规定</td><td colspan="2">施工单位检查验收记录</td><td>监理（建设）单位验收意见</td></tr>
<tr><td rowspan="3">主控项目</td><td>1</td><td colspan="2">仪表校验的单位和人员应取得相应资质和资格</td><td colspan="2"></td><td rowspan="3"></td></tr>
<tr><td>2</td><td colspan="2">仪表校准和试验用的标准仪器仪表，应具备有效的计量检定合格证明，其基本误差的绝对值不宜超过被校准仪表基本误差绝对值的 1/3</td><td colspan="2"></td></tr>
<tr><td>3</td><td colspan="2">仪表的单体调校应符合 GB 50093—2013《自动化仪表工程施工及质量验收规范》的有关规定</td><td colspan="2"></td></tr>
<tr><td rowspan="2">一般项目</td><td>1</td><td colspan="2">仪表面板应清洁，刻度和字迹清晰</td><td colspan="2"></td><td rowspan="2"></td></tr>
<tr><td>2</td><td colspan="2">仪表在安装和使用前外观应完整</td><td colspan="2"></td></tr>
<tr><td>施工单位检查结果</td><td colspan="6">项目专业质量检查员： 年 月 日</td></tr>
<tr><td>监理（建设）单位验收结论</td><td colspan="6">监理工程师：
（建设单位项目代表） 年 月 日</td></tr>
</table>

3.5.12 仪表联校检验批质量验收记录 SY/T 4205

<table>
<tr><td>工程名称</td><td colspan="2"></td><td>分项工程名称</td><td></td><td>验收部位</td><td></td></tr>
<tr><td>施工单位</td><td colspan="2"></td><td>专业负责人</td><td></td><td>项目经理</td><td></td></tr>
<tr><td colspan="2">施工执行标准名称及编号</td><td colspan="3"></td><td>检验批编号</td><td></td></tr>
<tr><td colspan="4">质量验收规范规定</td><td colspan="2">施工单位检查验收记录</td><td>监理（建设）单位验收意见</td></tr>
<tr><td rowspan="16">主控项目</td><td rowspan="3">1</td><td colspan="2">电源设备的带电部分与金属外壳之间的绝缘电阻，采用500V兆欧表测量，不应小于5MΩ</td><td colspan="2"></td><td rowspan="16"></td></tr>
<tr><td colspan="2">电源输出稳定电压及带负载能力应符合设计文件规定</td><td colspan="2"></td></tr>
<tr><td colspan="2">不间断电源应进行自动切换性能试验，并应符合设计文件规定</td><td colspan="2"></td></tr>
<tr><td>2</td><td colspan="2">可编程序控制器、分散控制系统、现场总线控制系统的硬件试验和软件试验应符合GB 50093—2013《自动化仪表工程施工及质量验收规范》的有关规定</td><td colspan="2"></td></tr>
<tr><td rowspan="9">3</td><td colspan="2">在检测回路的信号输入端输入模拟被测变量的标准信号，回路误差应符合规定</td><td colspan="2"></td></tr>
<tr><td colspan="2">在温度检测回路的检测元件的输出端向回路输入电阻值或毫伏值模拟信号，回路误差应符合规定</td><td colspan="2"></td></tr>
<tr><td colspan="2">在控制回路中，通过控制器或操作站向执行器发送控制信号，检查执行器的全行程动作方向和位置应正确</td><td colspan="2"></td></tr>
<tr><td colspan="2">控制回路的执行器带定位器时应同时试验</td><td colspan="2"></td></tr>
<tr><td colspan="2">当控制回路中的控制器或操作站上有执行器的开度和起点信号、终点信号显示时，应同时检查试验开度和起点信号、终点信号的正确性</td><td colspan="2"></td></tr>
<tr><td colspan="2">有报警信号的仪表设备、检测报警开关等报警输出点，应根据设计文件规定的设定值进行整定</td><td colspan="2"></td></tr>
<tr><td colspan="2">在报警回路的信号发生端模拟输入信号，检查报警灯光、音响和屏幕显示应正确</td><td colspan="2"></td></tr>
<tr><td colspan="2">报警的消音、复位和记录功能应正确</td><td colspan="2"></td></tr>
<tr><td colspan="2"></td><td colspan="2"></td></tr>
<tr><td rowspan="3">4</td><td colspan="2">程序控制系统和联锁系统有关装置的硬件和软件功能试验、系统相关的回路试验应已完成</td><td colspan="2"></td></tr>
<tr><td colspan="2">系统中的各相关仪表和部件的动作设定值的整定应符合设计文件规定</td><td colspan="2"></td></tr>
<tr><td colspan="2">程序控制系统的试验应按照程序设计的步骤逐步检查试验，其条件评定、逻辑关系、动作时间和输出状态等应符合设计文件规定</td><td colspan="2"></td></tr>
</table>

仪表联校检验批质量验收记录（续表） SY/T 4205

<table>
<tr><td>工程名称</td><td colspan="2"></td><td>分项工程名称</td><td></td><td>验收部位</td><td></td></tr>
<tr><td>施工单位</td><td colspan="2"></td><td>专业负责人</td><td></td><td>项目经理</td><td></td></tr>
<tr><td colspan="3">施工执行标准名称及编号</td><td colspan="2"></td><td>检验批编号</td><td></td></tr>
<tr><td colspan="3">质量验收规范规定</td><td colspan="3">施工单位检查验收记录</td><td>监理（建设）单位验收意见</td></tr>
<tr><td rowspan="3">主控项目</td><td rowspan="3">5</td><td>通电检查全部探测器、区域报警控制器、集中报警控制器、火灾警报装置和消防控制设备等工作状态应符合设计文件规定，运行正常</td><td colspan="3"></td><td rowspan="3"></td></tr>
<tr><td>系统的自检功能、消音、复位功能、故障报警功能、火灾优先功能、报警记忆功能等应符合设计文件规定</td><td colspan="3"></td></tr>
<tr><td>系统的各项检测、控制和联动功能应符合设计文件规定</td><td colspan="3"></td></tr>
<tr><td rowspan="2">一般项目</td><td>1</td><td>组成回路的各仪表的单位校验已经完成，安装正确、牢固</td><td colspan="3"></td><td rowspan="2"></td></tr>
<tr><td>2</td><td>仪表线路和仪表管路的连接应正确、完整；回路电源、气源和液压源的供给应符合仪表运行的需要</td><td colspan="3"></td></tr>
<tr><td colspan="2">施工单位检查结果</td><td colspan="5">项目专业质量检查员：　　年　月　日</td></tr>
<tr><td colspan="2">监理（建设）单位验收结论</td><td colspan="5">监理工程师：
（建设单位项目代表）　　年　月　日</td></tr>
</table>

3.6 电气安装工程①

3.6.1 电缆线路敷设检验批质量验收记录 SY/T 4206

工程名称		分项工程名称		验收部位	
施工单位		专业负责人		项目经理	
施工执行标准名称及编号				检验批编号	
质量验收规范规定			施工单位检查评定记录		监理（建设）单位验收意见
主控项目	1	电缆及附件规格、型号应符合设计文件要求，并具有产品技术质量证明文件，电缆具有“CCC”强制性产品认证			
主控项目	2	电缆交接试验应符合 GB 50150—2016《电气装置安装工程　电气设备交接试验标准》的规定			
主控项目	3	电缆敷设时，不应有扭绞、压扁、保护层断裂和表面严重划伤等现象；直埋电缆严禁平行敷设在管道上方、下方，与各种工艺管线较差跨越距离及与易燃易爆气体管道、热力管道的距离应符合 GB 50168—2018《电气装置安装工程　电缆线路施工及验收标准》或 GB 50303—2015《建筑电气工程施工质量验收规范》的规定			
主控项目	4	金属电缆支架全长均应良好的接地、接地电阻值符合设计文件规定			
主控项目	5	交流单芯电缆或分相后的每根电缆不应单独穿于钢导管内，固定的夹具和支架不应形成闭合磁路			
主控项目	6	当电缆穿过零序电流互感器时，电缆金属护层和接地线应对地绝缘。对穿过零序电流互感器后制作的电缆终端，其电缆接地线应回穿互感器后接地；对尚未穿过零序电流互感器的电缆接地线应在零序电流互感器前直接接地			
主控项目	7	梯架、托盘或槽盒全场不应大于 30m 时，不应少于两处与保护导体可靠连接；全场大于 30m 时，每隔 20~30m 应增加一个连结点，起始段和终点段均应可靠接地。非镀锌梯架、托盘或槽盒本体之间的两段应跨接保护联结导体，保护联结导体截面积应符合设计文件要求。镀锌梯架、托盘或槽盒本体之间不跨接保护联结导体时，连接板每端应有不少于 2 个有防松螺帽或防松垫圈的连接固定螺栓			

① 本部分的“SY/T 4206”代表依据为 SY/T 4206—2019《石油天然气建设工程施工质量验收规范　电气工程》。

电缆线路敷设检验批质量验收记录（续表 1） SY/T 4206

<table>
<tr><td colspan="3">工程名称</td><td></td><td colspan="4">分项工程名称</td><td colspan="4"></td><td>验收部位</td><td></td></tr>
<tr><td colspan="3">施工单位</td><td></td><td colspan="4">专业负责人</td><td colspan="4"></td><td>项目经理</td><td></td></tr>
<tr><td colspan="4">施工执行标准名称及编号</td><td colspan="8"></td><td>检验批编号</td><td></td></tr>
<tr><td colspan="4">质量验收规范规定</td><td colspan="8">施工单位检查评定记录</td><td colspan="2">监理（建设）单位验收意见</td></tr>
<tr><td rowspan="13">一般项目</td><td rowspan="5">1</td><td rowspan="5">电缆支架、托架安装规定</td><td>支架、托架焊接应牢固，横平竖直，无明显变化</td><td></td><td></td><td></td><td></td><td></td><td></td><td></td><td></td><td colspan="2" rowspan="13"></td></tr>
<tr><td>支架、托架切口应无卷边、毛刺，其长度一致</td><td></td><td></td><td></td><td></td><td></td><td></td><td></td><td></td></tr>
<tr><td>支架层间距及支架距离应符合设计文件及 GB 50303—2015《建筑电气工程施工质量验收规范》的要求，成排安装的电缆支架高差不应大于 5mm</td><td></td><td></td><td></td><td></td><td></td><td></td><td></td><td></td></tr>
<tr><td>支架、托架防腐处理应完整，油漆完好，颜色一致</td><td></td><td></td><td></td><td></td><td></td><td></td><td></td><td></td></tr>
<tr><td>支架、托架全长均应接地良好</td><td></td><td></td><td></td><td></td><td></td><td></td><td></td><td></td></tr>
<tr><td rowspan="6">2</td><td rowspan="6">电缆桥架安装规定</td><td>桥架安装位置应正确，且安装牢固</td><td></td><td></td><td></td><td></td><td></td><td></td><td></td><td></td></tr>
<tr><td>拐角内侧应无直角，成排弧度一致</td><td></td><td></td><td></td><td></td><td></td><td></td><td></td><td></td></tr>
<tr><td>应按照设计文件要求及 GB 50303—2015《建筑电气工程施工质量验收规范》针对不同材质的桥架设置伸缩节，电缆桥架跨越建筑物变形缝处应设置补偿装置</td><td></td><td></td><td></td><td></td><td></td><td></td><td></td><td></td></tr>
<tr><td>桥架盖板应安装固定，拆卸方便</td><td></td><td></td><td></td><td></td><td></td><td></td><td></td><td></td></tr>
<tr><td>螺栓连接应紧固无遗漏，螺母应在槽外侧</td><td></td><td></td><td></td><td></td><td></td><td></td><td></td><td></td></tr>
<tr><td>应按照设计文件要求及 GB 50303—2015《建筑电气工程施工质量验收规范》针对不同材质的桥架进行接地连接，当铝合金、不锈钢桥架与钢支架固定时，应有相互绝缘的防电化腐蚀措施</td><td></td><td></td><td></td><td></td><td></td><td></td><td></td><td></td></tr>
<tr><td>3</td><td>电缆敷设规定</td><td>电缆敷设应排列整齐，固定牢固，不宜交叉，并设置标识牌，并留有余量，电缆进入电缆沟、隧道、建筑物及穿管进入口采取防火后密封措施。电缆穿越公路、建筑物时应装设导管</td><td></td><td></td><td></td><td></td><td></td><td></td><td></td><td></td></tr>
</table>

电缆线路敷设检验批质量验收记录（续表 2） SY/T 4206

工程名称		分项工程名称		验收部位	
施工单位		专业负责人		项目经理	
施工执行标准名称及编号				检验批编号	

质量验收规范规定				施工单位检查评定记录	监理（建设）单位验收意见
一般项目	3	电缆敷设规定	直埋电缆的上、下部应铺以厚度不小于100mm的软土或沙层，并加盖保护板，其覆盖宽度应超过电缆两侧各50mm，保护板可采用混凝土盖板或砖块。软土或沙子中不应有石块或其他硬质杂物。直埋电缆回填土时，应分层夯实。直埋电缆在直线段每隔10~50m处、电缆接头处、拐弯处、进入建筑物等处应设置明显的方位标志桩		
			水底电缆敷设的质量要求应符合SY/T 4206—2019《石油天然气建筑工程施工质量验收规范　电气工程》第4.3.3第3款的规定		
			爆炸、火灾危险环境电缆敷设的质量要求应符合SY/T 4206—2019《石油天然气建筑工程施工质量验收规范　电气工程》第4.3.3第4款的规定		
			电缆最小允许弯曲半径与电缆外径的比值：控制电缆与橡皮绝缘电力电缆、聚氯乙烯绝缘电力电缆不应小于10；多芯交联聚乙烯绝缘电力电缆不应小于15，单芯交联聚乙烯绝缘电力电缆不应小于20		
	4	电缆终端制作制定	电缆终端芯线应连接紧密，相位一致		
			冷缩电缆头、热缩电缆头制作应符合产品技术要求		
			电缆终端固定应牢固，排列应整齐，金属护层接地应良好		
			三芯电力电缆终端处的金属互层必须接地良好，塑料电缆每相铜屏蔽和钢铠应锡焊接地线。单芯电力电缆金属护层接地应符合设计文件要求		
			在爆炸危险区域使用填料函时，填料函的选用规格应核实，电缆的金属防护层与填料函之间应压紧		
			电线、电缆的回路标记应清晰，编号应准确		

电缆线路敷设检验批质量验收记录（续表 3） SY/T 4206

<table>
<tr><td colspan="3">工程名称</td><td></td><td>分项工程名称</td><td colspan="8"></td><td>验收部位</td><td></td></tr>
<tr><td colspan="3">施工单位</td><td></td><td>专业负责人</td><td colspan="8"></td><td>项目经理</td><td></td></tr>
<tr><td colspan="4">施工执行标准名称及编号</td><td colspan="9"></td><td>检验批编号</td><td></td></tr>
<tr><td colspan="5">质量验收规范规定</td><td colspan="9">施工单位检查评定记录</td><td>监理（建设）单位验收意见</td></tr>
<tr><td rowspan="3">一般项目</td><td rowspan="3">5</td><td rowspan="3">中间电缆接头制作规定</td><td colspan="2">连接管压模尺寸应与芯线规格相符，外观应完好</td><td></td><td></td><td></td><td></td><td></td><td></td><td></td><td></td><td></td><td rowspan="3"></td></tr>
<tr><td colspan="2">三芯电力电缆接头两侧电缆的金属屏蔽层（或金属套）、铠装层应分别连接良好，不应终端。直埋电缆接头的金属外壳及电缆的金属护套应做防腐处理</td><td></td><td></td><td></td><td></td><td></td><td></td><td></td><td></td><td></td></tr>
<tr><td colspan="2">接地线于电缆屏蔽层、铠装层连接应符合 GB 50168—2018《电气装置安装工程　电缆线路施工及验收标准》的要求，锡焊外观应平整、无毛刺</td><td></td><td></td><td></td><td></td><td></td><td></td><td></td><td></td><td></td></tr>
<tr><td colspan="2">施工单位检查评定结果</td><td colspan="13">项目专业质量检查员：　　　　年　月　日</td></tr>
<tr><td colspan="2">监理（建设）单位验收结论</td><td colspan="13">监理工程师：
（建设单位项目代表）　　　　年　月　日</td></tr>
</table>

3.6.2 管配线安装检验批质量验收记录 SY/T 4206

<table>
<tr><td colspan="2">工程名称</td><td colspan="2"></td><td>分项工程名称</td><td></td><td>验收部位</td><td></td></tr>
<tr><td colspan="2">施工单位</td><td colspan="2"></td><td>专业负责人</td><td></td><td>项目经理</td><td></td></tr>
<tr><td colspan="3">施工执行标准名称及编号</td><td colspan="3"></td><td>检验批编号</td><td></td></tr>
<tr><td colspan="5">质量验收规范规定</td><td colspan="2">施工单位检查评定记录</td><td>监理（建设）单位验收意见</td></tr>
<tr><td rowspan="6">主控项目</td><td>1</td><td colspan="3">管配线的型号、规格、材质、适用场所及连接应符合设计及GB 50303—2015《建筑电气工程施工质量验收规范》和GB 50757—2010《1kV及以下配线工程施工与验收规范》的要求。爆炸、火灾等危险环境导管与设备、导管与导管的连接应采用相应等级的防爆产品</td><td colspan="2"></td><td rowspan="6"></td></tr>
<tr><td>2</td><td colspan="3">爆炸、火灾等危险环境隔离密封的制作与安装应符合GB 50257—2014《电气装置安装工程 爆炸和火灾危险环境电气装置施工及验收规范》的要求</td><td colspan="2"></td></tr>
<tr><td>3</td><td colspan="3">配线工程的电线线芯界面剂不应低于设计值，进场时应对其导体电阻值进行见证取样送检。配线工程施工后。线缆绝缘电阻符合GB 50150—2016《电气装置安装工程 电气设备交接试验标准》的规定</td><td colspan="2"></td></tr>
<tr><td>4</td><td colspan="3">金属导管不应对口熔焊连接；镀锌钢导管或壁厚不大于2mm的钢导管，不应采用套管熔焊连接</td><td colspan="2"></td></tr>
<tr><td>5</td><td colspan="3">管配线工程中非带点的金属部分的保护接地应符合设计文件的要求</td><td colspan="2"></td></tr>
<tr><td>6</td><td colspan="3">建筑物、构筑物内配线工程的安装应符合GB 50757—2010《1kV及以下配线工程施工与验收规范》的规定</td><td colspan="2"></td></tr>
<tr><td rowspan="5">一般项目</td><td rowspan="5">1</td><td rowspan="5">金属导管应与保护导体可靠连接</td><td colspan="2">当非镀锌钢管采用螺纹连接时，连接处的两端应熔焊焊接保护联结导体</td><td colspan="2"></td><td rowspan="5"></td></tr>
<tr><td colspan="2">镀锌钢道馆、可弯曲金属导管和金属柔性导管连接处的两端采用专用接地卡固定保护联结导体</td><td colspan="2"></td></tr>
<tr><td colspan="2">机械连接的金属导管，管与管、管与盒（箱）的连接配件应选用配套部件</td><td colspan="2"></td></tr>
<tr><td colspan="2">金属导管与技术梯架、托盘连接时，镀锌材质的连接端宜用专用接地卡固定保护联结导体，非镀锌材质的连接端应熔焊焊接保护联结导体</td><td colspan="2"></td></tr>
<tr><td colspan="2">以专用接地卡固定的保护联结导体应为铜芯软导线，截面积不应小于4mm^2；以熔焊焊接保护联结导体宜为圆钢，直径不应小于6mm，其搭接长度应为圆钢直径的6倍</td><td colspan="2"></td></tr>
</table>

管配线安装检验批质量验收记录（续表 1） SY/T 4206

工程名称		分项工程名称		验收部位	
施工单位		专业负责人		项目经理	
施工执行标准名称及编号				检验批编号	

质量验收规范规定				施工单位检查评定记录	监理（建设）单位验收意见
一般项目	2	电缆（线）导管安装规定	支架排列应整齐，安装应牢固		
			导管敷设应横平竖直，固定牢固，并列敷设时管口应高低一致		
			每根电缆管的弯头不应超过三个，直角弯不应超过两个。电缆管在弯制后，不应有裂缝和显著的凹瘪现象，其弯曲程度不宜大于管子外径的 10%，弯曲半径不应小于所穿电缆最小弯曲半径		
			金属管口应无毛刺、尖锐棱角		
			钢导管或刚性塑料导管跨越建筑物变形缝处应设置补偿装置		
			电缆管的内径至少是电缆外径的 1.5 倍；混凝土管、陶土管、石棉水泥管内径除应满足上述要求外，且内径不宜小于 100mm		
			非镀锌钢质导管应在外表涂防腐漆或涂沥青，镀锌管锌层剥落处也应涂防腐漆		
			除设计要求外，对于暗配的导管，导管表面埋设深度与建筑物、构筑物表面的距离不应小于 15mm。塑料导管在砌体上剔槽埋设时，应采用强度等级不小于 M10 的水泥砂浆抹面保护，保护层厚度不应小于 15mm		
	3	导管连接规定	钢导管采用套接焊接时，套管的长度不应小于导管外径的 2.2 倍，管与管的对口应位于套管的中心，焊接密实，外观饱满		
			硬质塑料管在套接或插接时，其插入深度宜为管子内径的 1.1~1.8 倍。在插接面上应涂以胶合剂黏牢密封；采用套接时套管两段应封焊		
			钢导管采用螺纹连接时，管端螺纹长度不应小于管接头的 1/2；连接后，其螺纹宜外露 2~3 扣。螺纹连接不应采用倒扣连接		
			明配导管的弯曲半径不宜小于管外径的 6 倍，当两个接线盒间只有一个弯曲时，其弯曲半径不宜小于管外径的 4 倍		

管配线安装检验批质量验收记录（续表 2） SY/T 4206

<table>
<tr><td colspan="3">工程名称</td><td></td><td colspan="4">分项工程名称</td><td colspan="2"></td><td colspan="2">验收部位</td><td></td></tr>
<tr><td colspan="3">施工单位</td><td></td><td colspan="4">专业负责人</td><td colspan="2"></td><td colspan="2">项目经理</td><td></td></tr>
<tr><td colspan="4">施工执行标准名称及编号</td><td colspan="6"></td><td colspan="2">检验批编号</td><td></td></tr>
<tr><td colspan="4">质量验收规范规定</td><td colspan="8">施工单位检查评定记录</td><td>监理（建设）单位验收意见</td></tr>
<tr><td rowspan="12">一般项目</td><td>3</td><td>导管连接规定</td><td>埋设于混凝土内的导管的弯曲半径不宜小于管外径的 6 倍，当直埋于地下时，其弯曲半径不宜小于管外径的 10 倍</td><td></td><td></td><td></td><td></td><td></td><td></td><td></td><td></td><td rowspan="12"></td></tr>
<tr><td rowspan="3">4</td><td rowspan="3">塑料导管敷设规定</td><td>管口应平整光滑，管与管、管与盒（箱）等器件采用插入法连接时，其插入深度宜为管子内径的 1.1~1.8 倍。连接处结合面应涂专用胶合剂，接口处应牢固密封</td><td></td><td></td><td></td><td></td><td></td><td></td><td></td><td></td></tr>
<tr><td>直埋于地下或楼板内的刚性塑料导管，在穿出楼地面板的一段应有高度大于 500mm 的防机械撞击损伤的保护措施</td><td></td><td></td><td></td><td></td><td></td><td></td><td></td><td></td></tr>
<tr><td>沿建筑物、构筑物表面和在支架上敷设的刚性塑料导管，在直管部分，每隔 30m 宜加装伸缩接头或其他温度补偿装置</td><td></td><td></td><td></td><td></td><td></td><td></td><td></td><td></td></tr>
<tr><td rowspan="3">5</td><td rowspan="3">导管明敷的质量要求</td><td>导管应排列整齐、固定点间距均匀、安装固定；导管支持点间的距离，应符合设计文件规定。当设计无规定时，不宜超过 3m，中间直线段固定管卡间的最大距离应符合 GB 50303—2015《建筑电气工程施工质量验收规范》的规定</td><td></td><td></td><td></td><td></td><td></td><td></td><td></td><td></td></tr>
<tr><td>在距终端、弯头中点或柜、台、箱、盘等边缘 150~500mm 范围内应设有固定管卡</td><td></td><td></td><td></td><td></td><td></td><td></td><td></td><td></td></tr>
<tr><td>明配管采用的接线或过渡盒（箱）应选用明装盒（箱）</td><td></td><td></td><td></td><td></td><td></td><td></td><td></td><td></td></tr>
<tr><td rowspan="3">6</td><td rowspan="3">可弯曲金属软管与柔性导管敷设规定</td><td>刚性导管经柔性导管与电气设备、器具连接时，柔性导管的长度在动力工程中不宜大于 0.8m，在照明工程中不宜大于 1.2m</td><td></td><td></td><td></td><td></td><td></td><td></td><td></td><td></td></tr>
<tr><td>可弯曲金属导管或柔性导管与刚性导管或电气设备、器具间的连接应用专用接头；防液型可弯曲金属导管或柔性导管的连接处应密封良好，防液覆盖层应完整无损</td><td></td><td></td><td></td><td></td><td></td><td></td><td></td><td></td></tr>
<tr><td>当可弯曲金属导管有可能受重物压力或明显机械撞击时，应采取保护装置</td><td></td><td></td><td></td><td></td><td></td><td></td><td></td><td></td></tr>
</table>

管配线安装检验批质量验收记录（续表 3） SY/T 4206

<table>
<tr><td colspan="3">工程名称</td><td></td><td colspan="2">分项工程名称</td><td colspan="2"></td><td colspan="4">验收部位</td><td></td></tr>
<tr><td colspan="3">施工单位</td><td></td><td colspan="2">专业负责人</td><td colspan="2"></td><td colspan="4">项目经理</td><td></td></tr>
<tr><td colspan="3">施工执行标准名称及编号</td><td colspan="5"></td><td colspan="4">检验批编号</td><td></td></tr>
<tr><td colspan="4">质量验收规范规定</td><td colspan="8">施工单位检查评定记录</td><td>监理（建设）单位验收意见</td></tr>
<tr><td rowspan="6">一般项目</td><td rowspan="2">6</td><td rowspan="2">可弯曲金属软管与柔性导管敷设规定</td><td>明配的金属、非金属柔性导管固定点间距应均匀，不应大于 1m，管卡与设备、器具、弯头中点、管端等边缘的距离应小于 0.3m</td><td></td><td></td><td></td><td></td><td></td><td></td><td></td><td></td><td rowspan="6"></td></tr>
<tr><td>可弯曲金属导管和金属柔性导管不应作为保护导体的接续导体</td><td></td><td></td><td></td><td></td><td></td><td></td><td></td><td></td></tr>
<tr><td rowspan="4">7</td><td rowspan="4">爆炸、火灾危险环境配管规定</td><td>对于有防爆要求的场所，导管与灯具、接线盒、开关等的螺纹连接处应紧密牢固，在螺纹上应涂以电力复合脂或导电性防锈脂</td><td></td><td></td><td></td><td></td><td></td><td></td><td></td><td></td></tr>
<tr><td>金属导管应可靠接地，除设计有特殊规定外，镀锌导管连接处不做跨接线</td><td></td><td></td><td></td><td></td><td></td><td></td><td></td><td></td></tr>
<tr><td>管路之间不得采用倒扣连接；当连接有困难时，应采用防爆活接头，其结合面应密贴</td><td></td><td></td><td></td><td></td><td></td><td></td><td></td><td></td></tr>
<tr><td>金属导管的接地及连接应符合 GB 50303—2015《建筑电气工程施工质量验收规范》的要求</td><td></td><td></td><td></td><td></td><td></td><td></td><td></td><td></td></tr>
<tr><td colspan="2">施工单位检查评定结果</td><td colspan="11">

项目专业质量检查员：　　　　　　　　　　　　年　月　日</td></tr>
<tr><td colspan="2">监理（建设）单位验收结论</td><td colspan="11">

监理工程师：
（建设单位项目代表）　　　　　　　　　　　　年　月　日</td></tr>
</table>

3.6.3 滑触线安装检验批质量验收记录 SY/T 4206

<table>
<tr><td colspan="2">工程名称</td><td colspan="2"></td><td>分项工程名称</td><td></td><td>验收部位</td><td></td></tr>
<tr><td colspan="2">施工单位</td><td colspan="2"></td><td>专业负责人</td><td></td><td>项目经理</td><td></td></tr>
<tr><td colspan="3">施工执行标准名称及编号</td><td colspan="3"></td><td>检验批编号</td><td></td></tr>
<tr><td colspan="4">质量验收规范规定</td><td colspan="3">施工单位检查评定记录</td><td>监理（建设）单位验收意见</td></tr>
<tr><td rowspan="3">主控项目</td><td>1</td><td colspan="2">滑触线型号、规格、材料应符合设计文件要求，并具有产品质量证明文件</td><td colspan="3"></td><td rowspan="3"></td></tr>
<tr><td>2</td><td colspan="2">滑触线各相间和对地的绝缘电阻值应大于 1MΩ</td><td colspan="3"></td></tr>
<tr><td>3</td><td colspan="2">设备的可接近裸露导体（PE）连接完成后，经检查合格后方能进行试验</td><td colspan="3"></td></tr>
<tr><td rowspan="11">一般项目</td><td rowspan="3">1</td><td rowspan="3">滑触线的布置规定</td><td>滑触线距离地面的高度不得低于 3.5m；在有汽车通过部分，滑触线距离地面的高度不得低于 6m</td><td colspan="3"></td><td rowspan="11"></td></tr>
<tr><td>与设备和氧气管道的距离，不得小于 1.5m；与易燃气体、液体管道的距离，不得小于 3m；与一般管道的距离，不得小于 1m</td><td colspan="3"></td></tr>
<tr><td>裸露式滑触线在靠近走梯、过道等行人可触及的部分，必须有遮拦保护</td><td colspan="3"></td></tr>
<tr><td rowspan="3">2</td><td rowspan="3">支架及绝缘子安装规定</td><td>支架安装应牢固，并应在同一水平面或垂直面</td><td colspan="3"></td></tr>
<tr><td>绝缘子、绝缘套应清洁，不应有机械损伤；表面应清洁</td><td colspan="3"></td></tr>
<tr><td>滑触线支架应可靠接地</td><td colspan="3"></td></tr>
<tr><td rowspan="5">3</td><td rowspan="5">滑触线安装规定</td><td>型钢滑触线安装应平直，固定牢靠</td><td colspan="3"></td></tr>
<tr><td>滑触线连接处应平滑，滑接面不应锈蚀</td><td colspan="3"></td></tr>
<tr><td>型钢滑触线长度超过 50m 或跨越建筑物伸缩缝处的滑触线应有补偿装置</td><td colspan="3"></td></tr>
<tr><td>额定电压为 0.5kV 以下的相邻滑触线导电部分和导电部分对地间净距不应小于 30mm</td><td colspan="3"></td></tr>
<tr><td>滑触线的中心线与起动机轨道中心线之间的平行度、各相滑触线之间的平行度不应大于长度的 1‰，且不大于 10mm</td><td colspan="3"></td></tr>
</table>

滑触线安装检验批质量验收记录（续表 1） SY/T 4206

工程名称			分项工程名称			验收部位	
施工单位			专业负责人			项目经理	
施工执行标准名称及编号						检验批编号	
质量验收规范规定				施工单位检查评定记录			监理（建设）单位验收意见
一般项目	3	滑触线安装规定	分段供电滑触线安装应符合 SY/T 4206—2019《石油天然气建设工程施工质量验收规范 电气工程》第 6.3.3 条第 6 款的规定	1）	2）	3）	
			3kV 及以上滑触线高压绝缘子及固定装置构建的安装应符合 SY/T 4206—2019《石油天然气建设工程施工质量验收规范 电气工程》第 6.3.3 条第 7 款的规定	1）	2）		
			伸缩补偿装置的安装应符合 SY/T 4206—2019《石油天然气建设工程施工质量验收规范 电气工程》第 6.3.3 条第 8 款的规定	1）	2）		
	4	滑触线连接规定	滑触线连接后应有足够的机械强度，连接应牢固，且无明显变形				
			型钢滑触线焊接连接时应附连接托班；用螺栓连接时，应加跨接软线				
			导线与滑触线连接时，滑触线接头处应镀锡或焊有导电镀层				
			滑触线接头接触面应平直光滑，其高度差不应大于 0.5mm				
	5	滑触线安装规定	滑接器应沿滑触线全长可靠地接触，接触面应平滑、光滑，无锈蚀				
			在任何部位滑接器的中心线（宽面）不应越出滑触线的边缘				
			导线引线固定应牢固，滑块可动部分应灵活无卡阻				
			自由悬吊滑触线的轮式滑接器，安装后应高出滑触线中心托架，并不应小于 10mm				

滑触线安装检验批质量验收记录（续表 2） SY/T 4206

<table>
<tr><td colspan="3">工程名称</td><td></td><td colspan="5">分项工程名称</td><td colspan="5"></td><td>验收部位</td><td></td></tr>
<tr><td colspan="3">施工单位</td><td></td><td colspan="5">专业负责人</td><td colspan="5"></td><td>项目经理</td><td></td></tr>
<tr><td colspan="4">施工执行标准名称及编号</td><td colspan="10"></td><td>检验批编号</td><td></td></tr>
<tr><td colspan="4">质量验收规范规定</td><td colspan="11">施工单位检查评定记录</td><td>监理（建设）单位验收意见</td></tr>
<tr><td rowspan="2">一般项目</td><td rowspan="2">6</td><td rowspan="2">接地与防腐的质量要求</td><td>接地线连接应紧密牢固，且接触良好</td><td></td><td></td><td></td><td></td><td></td><td></td><td></td><td></td><td></td><td></td><td></td><td rowspan="2"></td></tr>
<tr><td>防腐处理应平整，油漆应完好。色标应正确，涂刷时不应污染瓷件和建筑物</td><td></td><td></td><td></td><td></td><td></td><td></td><td></td><td></td><td></td><td></td><td></td></tr>
<tr><td colspan="2">施工单位检查评定结果</td><td colspan="14">

项目专业质量检查员：　　　　年　月　日</td></tr>
<tr><td colspan="2">监理（建设）单位验收结论</td><td colspan="14">

监理工程师：
（建设单位项目代表）　　　　年　月　日</td></tr>
</table>

3.6.4 母线安装检验批质量验收记录 SY/T 4206

工程名称		分项工程名称		验收部位	
施工单位		专业负责人		项目经理	
施工执行标准名称及编号				检验批编号	

质量验收规范规定				施工单位检查评定记录	监理（建设）单位验收意见
主控项目	1	母线规格、型号应符合设计文件要求，高压绝缘子和穿墙套管的电气试验应符合 GB 50150—2016《电气装置安装工程 电气设备交接试验标准》的规定，且应有产品技术质量证明文件			
	2	母线支架和封闭、插接式母线的外壳接地（PE）连接完成，母线绝缘电阻测试和交流工频耐压试验合格			
	3	母线槽的金属外壳等外露可导电部分应与保护导体可靠连接，并应符合 SY/T 4206—2019《石油天然气建设工程施工质量验收规范 电气工程》第 7.2.3 条的规定			
	4	成套供应的金属封闭母线、母线槽的各段应标志清晰、附件齐全，外壳应无变形，内部应无损伤			
	5	当设计将母线槽的金属外壳作为保护接地（PE）时，其外壳导体应具有连续性，且应符合 GB/T 7251.1—2013《低压成套开关设备和控制设备 第 1 部分：总则》的规定			
	6	母线与母线或母线与电器接线端子，当采用螺栓连接时，搭接面与搭接尺寸应符合 GB 50149—2010《电气装置安装工程 母线装置施工及验收规范》的规定			
	7	室内、室外裸母线安全净距应符合 GB 50149—2010《电气装置安装工程 母线装置施工及验收规范》的规定			
	8	母线搭接螺栓的拧紧力矩应符合 GB 50149—2010《电气装置安装工程 母线装置施工及验收规范》的规定			
	9	支柱绝缘子底座、套管的法兰、保护网罩等不带电的金属构件，应按 GB 50169—2016《电气装置安装工程 接地装置施工及验收规范》的有关规定进行接地			
一般项目	1	支架及绝缘子安装规定	金属支架焊接应良好，不应有砂眼、气孔等缺陷		
			绝缘子固定应牢靠，安装应横平竖直		
			成排排列的绝缘子应排列整齐、间距均匀		
			防腐处理应完整，油漆应完好		
			绝缘子应清洁，无裂纹		

母线安装检验批质量验收记录（续表 1） SY/T 4206

工程名称		分项工程名称		验收部位	
施工单位		专业负责人		项目经理	
施工执行标准名称及编号				检验批编号	

质量验收规范规定				施工单位检查评定记录	监理（建设）单位验收意见
一般项目	2	硬母线安装规定	母线应光洁、平整，不应有裂纹、凹坑、缺肉等缺陷		
一般项目	2	硬母线安装规定	母线安装应平直、整齐，线间距应一致		
一般项目	2	硬母线安装规定	母线固定金具与支柱绝缘子间的规定应平整固定，不应使其所制成的母线受到额外应力，交流母线的规定金具或其他支持金具不应构成闭合磁路		
一般项目	2	硬母线安装规定	母线按设计要求应安装伸缩节，伸缩节应无裂纹、断股		
一般项目	2	硬母线安装规定	母线弯曲处不应有裂纹和折皱，多片母线其弯曲程度应一致		
一般项目	2	硬母线安装规定	母线相色应正确		
一般项目	3	软母线安装规定	软母线不应有扭结、松股、断股、损伤及严重锈蚀等缺陷		
一般项目	3	软母线安装规定	软母线配套金具规格应项目，零配件应齐全		
一般项目	3	软母线安装规定	软母线和组合导线在档距内不应有接头		
一般项目	3	软母线安装规定	同一档距内，三相母线驰度应一致		
一般项目	4	母线焊接规定	焊接材料应与母材匹配，焊接材料和母材坡口两侧表面 30~50mm 范围内应清洁无氧化层		
一般项目	4	母线焊接规定	焊后母线的弯折度应不应大于母线全长的 0.2%		
一般项目	4	母线焊接规定	焊缝外观应良好，焊缝加强高度为 2~4mm		
一般项目	5	母线搭接规定	铜与铜：室外、高温且潮湿或对母线有腐蚀性气体的室内，应搪锡；在干燥的室内可直接连接		
一般项目	5	母线搭接规定	铝与铝：直接连接		
一般项目	5	母线搭接规定	钢与钢：应搪锡或镀锌，不应直接连接		
一般项目	5	母线搭接规定	铜与铝：在干燥的室内，铜导体应搪锡，室外或空气相对湿度接近 100% 的室内，应采用铜铝过渡板，铜端应搪锡		
一般项目	5	母线搭接规定	钢与铜或铝：钢搭接面应搪锡		
一般项目	5	母线搭接规定	封闭母线螺栓固定搭接面应镀银		

母线安装检验批质量验收记录（续表2） SY/T 4206

<table>
<tr><td colspan="3">工程名称</td><td></td><td>分项工程名称</td><td></td><td>验收部位</td><td></td></tr>
<tr><td colspan="3">施工单位</td><td></td><td>专业负责人</td><td></td><td>项目经理</td><td></td></tr>
<tr><td colspan="4">施工执行标准名称及编号</td><td colspan="2"></td><td>检验批编号</td><td></td></tr>
<tr><td colspan="5">质量验收规范规定</td><td colspan="2">施工单位检查评定记录</td><td>监理（建设）单位验收意见</td></tr>
<tr><td rowspan="7">一般项目</td><td>6</td><td colspan="3">当设计无要求时，母线的相序排列及涂色规定符合GB 50149—2010《电气装置安装工程　母线装置施工及验收规范》的规定</td><td colspan="2"></td><td rowspan="7"></td></tr>
<tr><td>7</td><td colspan="3">金属封闭母线的安装与调整应符合GB 50149—2010《电气装置安装工程　母线装置施工及验收规范》的规定。穿墙板与封闭母线外壳间应采用橡胶条密封，并应保持穿墙板与封闭母线外壳间绝缘</td><td colspan="2"></td></tr>
<tr><td>8</td><td colspan="3">金属封闭母线设计有伴热装置时，伴热电缆的固定应保证与母线及外壳的电气安全距离，并应密封伴热装置在封闭母线上的孔洞</td><td colspan="2"></td></tr>
<tr><td rowspan="4">9</td><td rowspan="4">接地与防腐规定</td><td colspan="2">母线支架、构架及非带电金属部件，接地连接应紧密牢固，接触良好</td><td colspan="2"></td></tr>
<tr><td colspan="2">防腐处理应完整，油漆应完好</td><td colspan="2"></td></tr>
<tr><td colspan="2">色标应正确，涂刷时不应污染瓷件和建筑物</td><td colspan="2"></td></tr>
<tr><td colspan="2">金属封闭母线的接地应符合GB 50149—2010《电气装置安装工程　母线装置施工及验收规范》的规定</td><td colspan="2"></td></tr>
<tr><td>施工单位检查评定结果</td><td colspan="7">项目专业质量检查员：　　　　年　月　日</td></tr>
<tr><td>监理（建设）单位验收结论</td><td colspan="7">监理工程师：
（建设单位项目代表）　　　　年　月　日</td></tr>
</table>

3.6.5 电力变压器安装检验批质量验收记录 SY/T 4206

<table>
<tr><td colspan="2">工程名称</td><td colspan="2"></td><td>分项工程名称</td><td></td><td>验收部位</td><td></td></tr>
<tr><td colspan="2">施工单位</td><td colspan="2"></td><td>专业负责人</td><td></td><td>项目经理</td><td></td></tr>
<tr><td colspan="3">施工执行标准名称及编号</td><td colspan="3"></td><td>检验批编号</td><td></td></tr>
<tr><td colspan="4">质量验收规范规定</td><td colspan="3">施工单位检查评定记录</td><td>监理（建设）单位验收意见</td></tr>
<tr><td rowspan="5">主控项目</td><td>1</td><td colspan="2">变压器及其附件应有铭牌、安装使用说明书、出厂试验报告及合格证件等资料，并应符合设计文件及合同技术协议的规定</td><td colspan="3"></td><td rowspan="11"></td></tr>
<tr><td>2</td><td colspan="2">变压器及其附件的试验应符合 GB 50150—2016《电气装置安装工程　电气设备交接试验标准》</td><td colspan="3"></td></tr>
<tr><td>3</td><td colspan="2">变压器身检查应符合 GB 50148—2010《电气装置安装工程　电力变压器、油浸电抗器、互感器施工及验收规范》</td><td colspan="3"></td></tr>
<tr><td>4</td><td colspan="2">变压器用绝缘油应符合 GB 50150—2016《电气装置安装工程　电气设备交接试验标准》的规定</td><td colspan="3"></td></tr>
<tr><td>5</td><td colspan="2">变压器箱体、干式变压器的支架或外壳应接地（PE），所有连接应可靠，且不少于 2 处，中性点应单独接地。紧固件及防松零件应齐全</td><td colspan="3"></td></tr>
<tr><td rowspan="6">一般项目</td><td rowspan="4">1</td><td rowspan="4">油浸变压器本体安装规定</td><td>安装位置应正确，附件齐全，装有气体继电器的变压器，除制造厂规定不需要设置安装坡度者外，应使其顶盖沿气体继电器气流方向有 1%~1.5% 的升高坡度。当与封闭母线连接时，其套管中心线应与封闭母线中心线的尺寸相符</td><td colspan="3"></td></tr>
<tr><td>变压器油加注时应符合 GB 50148—2010《电气装置安装工程　电力变压器、油浸电抗器、互感器施工及验收规范》的有关要求，加注油标号应正确，油位指示应符合要求，无渗油现象</td><td colspan="3"></td></tr>
<tr><td>器身应干净，无渗油，油漆应完好，装有滚轮的变压器就位后，应将滚轮用能拆卸的制动部件固定</td><td colspan="3"></td></tr>
<tr><td>变压器本体应两点接地。中性点接地引出后，应有两根接地引线与主接地地网的不同干线连接，其规格应满足设计文件要求</td><td colspan="3"></td></tr>
<tr><td rowspan="2">2</td><td rowspan="2">油浸变压器附件安装规定</td><td>与器身直接连通的附件内部应清洗干净，安装固定</td><td colspan="3"></td></tr>
<tr><td>有载调压开关的传动部分润滑应良好，动作应灵活，点动给定位置与开关实际位置应一致，自动调节应符合产品的技术文件要求</td><td colspan="3"></td></tr>
</table>

电力变压器安装检验批质量验收记录（续表） SY/T 4206

<table>
<tr><td colspan="3">工程名称</td><td></td><td>分项工程名称</td><td></td><td>验收部位</td><td></td></tr>
<tr><td colspan="3">施工单位</td><td></td><td>专业负责人</td><td></td><td>项目经理</td><td></td></tr>
<tr><td colspan="4">施工执行标准名称及编号</td><td colspan="2"></td><td>检验批编号</td><td></td></tr>
<tr><td colspan="4">质量验收规范规定</td><td colspan="3">施工单位检查评定记录</td><td>监理（建设）单位验收意见</td></tr>
<tr><td rowspan="8">一般项目</td><td rowspan="3">2</td><td rowspan="3">油浸变压器附件安装规定</td><td>冷却装置试运行应正常，联动正确；强迫油循环的变压器应启动全数检查冷却装置应无渗漏，应循环 4h 以上，排完残留空气</td><td colspan="3"></td><td rowspan="8"></td></tr>
<tr><td>绝缘件应无裂纹、缺损和瓷件瓷釉损坏等缺陷，外表应清洁</td><td colspan="3"></td></tr>
<tr><td>测温仪表指示应准确，测温装置动作应准确</td><td colspan="3"></td></tr>
<tr><td rowspan="3">3</td><td rowspan="3">干式变压器安装规定</td><td>安装应符合产品技术要求，本体固定应牢靠</td><td colspan="3"></td></tr>
<tr><td>温控装置动作应可靠，指示应正确；风机固定应牢靠，转向应正确，转动应灵活</td><td colspan="3"></td></tr>
<tr><td>相色标志应齐全、正确</td><td colspan="3"></td></tr>
<tr><td rowspan="2">4</td><td rowspan="2">变压器线路连接规定</td><td>线路与套管连接应紧密，螺栓锁紧装置应齐全，瓷套管不应承受外力</td><td colspan="3"></td></tr>
<tr><td>器身各附件间连接导线应排列整齐，且有保护措施，接线盒应密封良好</td><td colspan="3"></td></tr>
<tr><td colspan="2">施工单位检查评定结果</td><td colspan="6">项目专业质量检查员： 年 月 日</td></tr>
<tr><td colspan="2">监理（建设）单位验收结论</td><td colspan="6">监理工程师：
（建设单位项目代表） 年 月 日</td></tr>
</table>

3.6.6 盘、柜安装检验批质量验收记录 SY/T 4206

<table>
<tr><td colspan="3">工程名称</td><td></td><td colspan="4">分项工程名称</td><td colspan="3"></td><td>验收部位</td><td></td></tr>
<tr><td colspan="3">施工单位</td><td></td><td colspan="4">专业负责人</td><td colspan="3"></td><td>项目经理</td><td></td></tr>
<tr><td colspan="4">施工执行标准名称及编号</td><td colspan="7"></td><td>检验批编号</td><td></td></tr>
<tr><td colspan="4">质量验收规范规定</td><td colspan="8">施工单位检查评定记录</td><td>监理（建设）单位验收意见</td></tr>
<tr><td rowspan="3">主控项目</td><td>1</td><td colspan="2">盘、柜及盘、柜内的元件的型号和规格应符合设计文件要求，并且应有产品技术质量证明文件</td><td colspan="8"></td><td rowspan="3"></td></tr>
<tr><td>2</td><td colspan="2">盘柜内保护接地导体（PE）排应有裸露的连接外部保护接地导体的端子，并应可靠连接。成列开关柜的接地母线应与主接地网连接可靠，高压成列开关柜应有两处明显的与接地网可靠连结点</td><td colspan="8"></td></tr>
<tr><td>3</td><td colspan="2">高低压成套配电柜必须交接试验，符合 GB 50150—2016《电气装置安装工程　电气设备交接试验标准》的规定</td><td colspan="8"></td></tr>
<tr><td rowspan="7">一般项目</td><td rowspan="5">1</td><td rowspan="5">基础型钢安装的质量要求</td><td>基础型钢不直度每米允许偏差应小于 1mm，全长允许偏差应小于 5mm</td><td></td><td></td><td></td><td></td><td></td><td></td><td></td><td></td><td rowspan="7"></td></tr>
<tr><td>基础型钢水平度每米允许偏差应小于 1mm，全长允许偏差应小于 5mm</td><td></td><td></td><td></td><td></td><td></td><td></td><td></td><td></td></tr>
<tr><td>位置误差及不平行度全长允许偏差应小于 5mm</td><td></td><td></td><td></td><td></td><td></td><td></td><td></td><td></td></tr>
<tr><td>基础型钢顶部宜高出抹平地面 10~20mm；手车式成套柜按产品技术要求执行</td><td></td><td></td><td></td><td></td><td></td><td></td><td></td><td></td></tr>
<tr><td>基础型钢应有明显不少于两点的可靠接地</td><td></td><td></td><td></td><td></td><td></td><td></td><td></td><td></td></tr>
<tr><td rowspan="2">2</td><td rowspan="2">盘、柜安装规定</td><td>控制保护盘、柜和自动装置盘不宜与基础型钢焊死，应采用螺栓连接</td><td></td><td></td><td></td><td></td><td></td><td></td><td></td><td></td></tr>
<tr><td>盘、柜正面标志牌模拟线应齐全，回路标志应正确，字迹应清晰、工整。金属柜门应采用截面积不小于 $4mm^2$，且端部压接有终端附件的多股软铜导线与接地的金属构架可靠连接</td><td></td><td></td><td></td><td></td><td></td><td></td><td></td><td></td></tr>
</table>

盘、柜安装检验批质量验收记录（续表 1） SY/T 4206

<table>
<tr><td colspan="3">工程名称</td><td colspan="2"></td><td colspan="4">分项工程名称</td><td colspan="4"></td><td>验收部位</td><td></td></tr>
<tr><td colspan="3">施工单位</td><td colspan="2"></td><td colspan="4">专业负责人</td><td colspan="4"></td><td>项目经理</td><td></td></tr>
<tr><td colspan="4">施工执行标准名称及编号</td><td colspan="9"></td><td>检验批编号</td><td></td></tr>
<tr><td colspan="4">质量验收规范规定</td><td colspan="10">施工单位检查评定记录</td><td>监理（建设）单位验收意见</td></tr>
<tr><td rowspan="15">一般项目</td><td rowspan="5">2</td><td rowspan="5">盘、柜安装规定</td><td>盘、柜内母线安装应符合本规范母线安装的有关规定</td><td></td><td></td><td></td><td></td><td></td><td></td><td></td><td></td><td></td><td></td><td rowspan="15"></td></tr>
<tr><td>垂直度偏差每米应小于 1.5mm</td><td></td><td></td><td></td><td></td><td></td><td></td><td></td><td></td><td></td><td></td></tr>
<tr><td>相邻两盘边偏差应小于 1mm，高压开关柜成列盘面应小于 1mm，其他盘柜成列盘面偏差应小于 5mm</td><td></td><td></td><td></td><td></td><td></td><td></td><td></td><td></td><td></td><td></td></tr>
<tr><td>相邻两盘顶部偏差应小于 2mm，高压开关柜成列盘顶部水平偏差应小于 2mm，其他成列盘顶部水平偏差应小于 5mm</td><td></td><td></td><td></td><td></td><td></td><td></td><td></td><td></td><td></td><td></td></tr>
<tr><td>盘简接缝应小于 2mm</td><td></td><td></td><td></td><td></td><td></td><td></td><td></td><td></td><td></td><td></td></tr>
<tr><td rowspan="5">3</td><td rowspan="5">抽屉式配电柜安装规定</td><td>抽屉推拉应灵活、轻便，无卡阻、碰撞，同型号规格的抽屉应能互换</td><td></td><td></td><td></td><td></td><td></td><td></td><td></td><td></td><td></td><td></td></tr>
<tr><td>抽屉机械或电气连锁装置动作应正确、可靠</td><td></td><td></td><td></td><td></td><td></td><td></td><td></td><td></td><td></td><td></td></tr>
<tr><td>抽屉与柜体间的二次回路连接插件应接触良好</td><td></td><td></td><td></td><td></td><td></td><td></td><td></td><td></td><td></td><td></td></tr>
<tr><td>抽屉与柜体间的接触及柜体、框架的接地应良好</td><td></td><td></td><td></td><td></td><td></td><td></td><td></td><td></td><td></td><td></td></tr>
<tr><td>机械闭锁、电气闭锁应动作准确、可靠</td><td></td><td></td><td></td><td></td><td></td><td></td><td></td><td></td><td></td><td></td></tr>
<tr><td rowspan="4">4</td><td rowspan="4">手车式柜安装规定</td><td>手车推拉应灵活、轻便，无卡阻、碰撞，同型号、规格手车应能互换</td><td></td><td></td><td></td><td></td><td></td><td></td><td></td><td></td><td></td><td></td></tr>
<tr><td>手车推入工作位置后，动触头顶部与静触头底部间隙应符合产品技术要求</td><td></td><td></td><td></td><td></td><td></td><td></td><td></td><td></td><td></td><td></td></tr>
<tr><td>手车和柜体间的二次回路连接插体应接触良好</td><td></td><td></td><td></td><td></td><td></td><td></td><td></td><td></td><td></td><td></td></tr>
<tr><td>安全隔板随手车的进出而相应动作开启灵活</td><td></td><td></td><td></td><td></td><td></td><td></td><td></td><td></td><td></td><td></td></tr>
</table>

盘、柜安装检验批质量验收记录（续表 2） SY/T 4206

<table>
<tr><td colspan="3">工程名称</td><td></td><td colspan="4">分项工程名称</td><td colspan="2"></td><td colspan="2">验收部位</td><td></td></tr>
<tr><td colspan="3">施工单位</td><td></td><td colspan="4">专业负责人</td><td colspan="2"></td><td colspan="2">项目经理</td><td></td></tr>
<tr><td colspan="4">施工执行标准名称及编号</td><td colspan="6"></td><td colspan="2">检验批编号</td><td></td></tr>
<tr><td colspan="4">质量验收规范规定</td><td colspan="8">施工单位检查评定记录</td><td>监理（建设）单位验收意见</td></tr>
<tr><td rowspan="5">一般项目</td><td rowspan="5">4</td><td rowspan="5">手车式柜安装规定</td><td>手车与柜体间的接地出头应接触紧密，开断程序应正确</td><td></td><td></td><td></td><td></td><td></td><td></td><td></td><td></td><td rowspan="5"></td></tr>
<tr><td>机械闭锁装置动作应准确、可靠</td><td></td><td></td><td></td><td></td><td></td><td></td><td></td><td></td></tr>
<tr><td>盘、柜的正面及背面各电器、端子排应标明编号、名称、用途及操作位置，且字迹清晰、工整、不易脱色</td><td></td><td></td><td></td><td></td><td></td><td></td><td></td><td></td></tr>
<tr><td>回路中的电子元件不应参与交流工频耐压试验，50V 及以下回路可不做交流工频耐压试验</td><td></td><td></td><td></td><td></td><td></td><td></td><td></td><td></td></tr>
<tr><td>机械闭锁，电气闭锁应动作准确、可靠</td><td></td><td></td><td></td><td></td><td></td><td></td><td></td><td></td></tr>
<tr><td colspan="2">施工单位检查评定结果</td><td colspan="11">项目专业质量检查员：　　　　年　月　日</td></tr>
<tr><td colspan="2">监理（建设）单位验收结论</td><td colspan="11">监理工程师：
（建设单位项目代表）　　　　年　月　日</td></tr>
</table>

3.6.7 断路器安装检验批质量验收记录 SY/T 4206

工程名称		分项工程名称		验收部位	
施工单位		专业负责人		项目经理	
施工执行标准名称及编号				检验批编号	

			质量验收规范规定	施工单位检查评定记录	监理（建设）单位验收意见
主控项目	1		断路器型号及规格应符合设计文件要求，并且应有产品技术质量证明文件		
主控项目	2		断路器的电气试验调整结果应符合 GB 50150—2016《电气装置安装工程　电气设备交接试验标准》的规定		
主控项目	3		断路器及其操动机构的联动应正常，无卡阻现象；分闸、合闸指示应正确；辅助开关动作应正确可靠。密度继电器的报警、闭锁值应符合产品技术文件的要求，电气回路传动应正确		
主控项目	4		注入断路器的绝缘油应合格		
主控项目	5		六氟化硫气体压、泄漏率和含水量应符合 GB 50150—2016《电气装置安装工程　电气设备交接试验标准》的规定		
一般项目	1	六氟化硫断路器安装规定	应按产品部件编号组装，不得混装。应按产品技术文件要求涂抹防水胶		
一般项目	1	六氟化硫断路器安装规定	密度继电器报警、闭锁定值应符合 GB 50150—2016《电气装置安装工程　电气设备交接试验标准》的规定。电气回路传动应正确。断路器的固定应符合产品技术文件要求且牢固可靠，支架或底架与基础的垫片不宜超过 3 片，其总厚度不应大于 10mm；各垫片尺寸应与基座相符且连接牢固		
一般项目	1	六氟化硫断路器安装规定	瓷套应完整无损，表面应清洁，密封槽面应清洁，无划伤痕迹		
一般项目	1	六氟化硫断路器安装规定	联动前，应充有额定压力的六氟化硫气体，泄漏率和含水量应符合 GB 50150—2016《电气装置安装工程　电气设备交接试验标准》及产品技术文件的规定。各部件的安装位置正确，并按照产品技术文件要求保持其应有的水平或垂直位置		

断路器安装检验批质量验收记录（续表1） SY/T 4206

工程名称		分项工程名称		验收部位	
施工单位		专业负责人		项目经理	
施工执行标准名称及编号				检验批编号	

质量验收规范规定				施工单位检查评定记录	监理（建设）单位验收意见
一般项目	1	六氟化硫断路器安装规定	位置指示器动作应正确。可靠，分闸、合闸位置应符合断路器实际分合状态。所有安装螺栓的力矩值应符合产品技术文件要求		
			油漆应完整，相色标志应正确		
	2	真空断路器安装规定	外观检查应无裂纹、无变色。灭弧装置、瓷套与铁件间应黏合牢固，无裂纹及破损。绝缘部件无变形、受潮		
			安装应垂直，固定应牢固，相间支持瓷套应在同一水平面上		
			三相联动连杆的拐臂应在同一水平面上，拐臂角度应一致		
			绝缘部件、瓷件应完整无损。真空断路器的行程，压缩行程在现场能够测量时，其测量值应符合产品技术文件要求；三相同期应符合产品技术文件要求		
			导电回路的接触电阻值，应符合产品技术文件要求		
			设备接线端子的他截面和螺栓紧固力矩，应符合GB 50149—2010《电气装置安装工程 母线装置施工及验收规范》的规定		
	3	操动机构安装规定	操动机构应固定牢靠，外表应清洁、完整，操动机构零部件应齐全，各转动部分应涂以适合当地气候条件的润滑脂。应固定牢靠，并与断路器底座标高相配合，底座或支架与基础间的垫片不宜超过3片，总厚度不应超过10mm，各垫片尺寸与基座相符且连接牢靠		

断路器安装检验批质量验收记录（续表 2） SY/T 4206

<table>
<tr><td colspan="3">工程名称</td><td></td><td colspan="4">分项工程名称</td><td colspan="4"></td><td>验收部位</td><td></td></tr>
<tr><td colspan="3">施工单位</td><td></td><td colspan="4">专业负责人</td><td colspan="4"></td><td>项目经理</td><td></td></tr>
<tr><td colspan="3">施工执行标准名称及编号</td><td colspan="9"></td><td>检验批编号</td><td></td></tr>
<tr><td colspan="4">质量验收规范规定</td><td colspan="9">施工单位检查评定记录</td><td>监理（建设）单位验收意见</td></tr>
<tr><td rowspan="7">一般项目</td><td rowspan="4">3</td><td rowspan="4">操动机构安装规定</td><td>各种接触器、继电器、微动开关、压力开关、压力表、加热装置和辅助开关的动作应准确、可靠，接点应接触良好、无烧损或锈蚀。电气连接应可靠，且接触良好</td><td></td><td></td><td></td><td></td><td></td><td></td><td></td><td></td><td></td><td rowspan="7"></td></tr>
<tr><td>液压系统应无渗油，油位应正常；空气系统应无漏气；安全阀等动作应可靠；压力表指示应正确</td><td></td><td></td><td></td><td></td><td></td><td></td><td></td><td></td><td></td></tr>
<tr><td>操动机构与断路器的联动应正常，无卡阻；分闸、合闸指示应正确；压力辅助开关动作应准确</td><td></td><td></td><td></td><td></td><td></td><td></td><td></td><td></td><td></td></tr>
<tr><td>操动机构箱的密封垫应完整，电缆管口、洞口应予封闭</td><td></td><td></td><td></td><td></td><td></td><td></td><td></td><td></td><td></td></tr>
<tr><td rowspan="3">4</td><td rowspan="3">接地、防腐规定</td><td>设备及支架接地线固定应可靠，接触应良好</td><td></td><td></td><td></td><td></td><td></td><td></td><td></td><td></td><td></td></tr>
<tr><td>支架及接地线防腐应完整、无遗漏</td><td></td><td></td><td></td><td></td><td></td><td></td><td></td><td></td><td></td></tr>
<tr><td>油漆应完好，色标应正确</td><td></td><td></td><td></td><td></td><td></td><td></td><td></td><td></td><td></td></tr>
<tr><td colspan="2">施工单位检查评定结果</td><td colspan="12">项目专业质量检查员：　　　　年　月　日</td></tr>
<tr><td colspan="2">监理（建设）单位验收结论</td><td colspan="12">监理工程师：
（建设单位项目代表）　　　　年　月　日</td></tr>
</table>

3.6.8 隔离开关、负荷开关及高压熔断器安装检验批质量验收记录 SY/T 4206

<table>
<tr><td colspan="3">工程名称</td><td></td><td>分项工程名称</td><td></td><td>验收部位</td><td></td></tr>
<tr><td colspan="3">施工单位</td><td></td><td>专业负责人</td><td></td><td>项目经理</td><td></td></tr>
<tr><td colspan="4">施工执行标准名称及编号</td><td colspan="2"></td><td>检验批编号</td><td></td></tr>
<tr><td colspan="5">质量验收规范规定</td><td colspan="2">施工单位检查评定记录</td><td>监理（建设）单位验收意见</td></tr>
<tr><td rowspan="3">主控项目</td><td>1</td><td colspan="3">隔离开关、负荷开关及高压熔断器的型号、规格应符合设计文件要求。产品技术文件应齐全</td><td colspan="2"></td><td rowspan="3"></td></tr>
<tr><td>2</td><td colspan="3">隔离开关、符合开关及高压熔断器的电气试验调整应符合 GB 50150—2016《电气装置安装工程 电气设备交接试验标准》的规定</td><td colspan="2"></td></tr>
<tr><td>3</td><td colspan="3">隔离开关、符合开关机高压熔断器的支架或外壳应接地（PE），所有连接应可靠</td><td colspan="2"></td></tr>
<tr><td rowspan="9">一般项目</td><td rowspan="5">1</td><td rowspan="5">隔离开关安装规定</td><td colspan="2">各支柱绝缘子间应连接牢固；相间连杆应在同一水平线上，触头应相互对准，接触应良好</td><td colspan="2"></td><td rowspan="9"></td></tr>
<tr><td colspan="2">绝缘子应清洁，无裂纹破损、焊接残留斑点等缺陷，瓷瓶与金属法兰胶装部位应牢固密实。支柱绝缘子表面应无裂纹、损伤</td><td colspan="2"></td></tr>
<tr><td colspan="2">220kV 及以下隔离开关安装相间距离允许偏差为 10mm</td><td colspan="2"></td></tr>
<tr><td colspan="2">均压环（罩）和屏蔽环（罩）应安装牢固、平整</td><td colspan="2"></td></tr>
<tr><td colspan="2">三相隔离开关触头接触时，不同期数值应符合产品技术文件要求。当无规定时，最大值不得超过 20mm</td><td colspan="2"></td></tr>
<tr><td rowspan="4">2</td><td rowspan="4">负荷开关安装规定</td><td colspan="2">合闸时，主固定触头应可靠地与主刀刃接触；分闸时，三相灭弧刀片应同时跳离固定灭弧触头</td><td colspan="2"></td></tr>
<tr><td colspan="2">灭弧筒内有机绝缘物应完整无裂纹，灭弧触头与灭弧筒的间隙应符合产品技术文件要求</td><td colspan="2"></td></tr>
<tr><td colspan="2">三相触头接触的同期性和分闸状态时的触头间净距及拉开角度，应符合产品技术文件要求</td><td colspan="2"></td></tr>
<tr><td colspan="2">带油的负荷开关的外露部分及油箱内外清洁，油箱内应注宜合格油并应无渗漏</td><td colspan="2"></td></tr>
</table>

隔离开关、负荷开关及高压熔断器安装检验批质量验收记录（续表1） SY/T 4206

工程名称		分项工程名称		验收部位	
施工单位		专业负责人		项目经理	
施工执行标准名称及编号				检验批编号	

质量验收规范规定				施工单位检查评定记录	监理（建设）单位验收意见
一般项目	3	传动装置安装规定	传动部件安装位置应正确，固定牢靠；拉杆与带电部分的距离应符合 GB 50149—2010《电气装置安装工程　母线装置施工及验收规范》的有关规定。拉杆的内径应与操动机构轴的直径相配合，两者间的间隙不应大于1mm；连接部分的销子不应松动		
			齿轮应咬合准确，操作轻便灵活		
			所有传动部分应涂适合当地气候的润滑脂		
			定位螺钉应按产品技术文件要求进行调整并加以固定		
			隔离开关、接地开关平衡弹簧应调整到操作力矩最小并加以固定；接地开关垂直连杆上应涂以黑色油漆标识		
	4	操作机构安装规定	机构安装应牢固，同一轴线上的机构安装位置应一致		
			电动操作前，应先进行多次分闸、合闸，机构动作应正确、平稳，无卡阻、冲击等异常情况		
			限位装置应准确、可靠，位置正确，到达规定分闸、合闸极限位置时应可靠切除电源		
			隔离开关过死点、动静触头间相对位置、备用行程及动触头状态，应符合产品技术文件要求		
			隔离开关分闸、合闸定位螺钉，应按产品技术文件要求进行调整并加以固定		
	5	导电部分规定	触头表面应平整、清洁，并应涂以薄层中性凡士林		
			载流部分表现应无凹陷及锈蚀		
			触头间应解除紧密，两侧的接触压力应均匀且符合产品技术要求		
			设备接线端子应涂薄层电力复合脂		

隔离开关、负荷开关及高压熔断器安装检验批质量验收记录（续表 2） SY/T 4206

<table>
<tr><td colspan="3">工程名称</td><td colspan="2"></td><td>分项工程名称</td><td></td><td>验收部位</td><td></td></tr>
<tr><td colspan="3">施工单位</td><td colspan="2"></td><td>专业负责人</td><td></td><td>项目经理</td><td></td></tr>
<tr><td colspan="4">施工执行标准名称及编号</td><td colspan="3"></td><td>检验批编号</td><td></td></tr>
<tr><td colspan="5">质量验收规范规定</td><td colspan="3">施工单位检查评定记录</td><td>监理（建设）单位验收意见</td></tr>
<tr><td rowspan="7">一般项目</td><td rowspan="3">6</td><td rowspan="3">闭锁装置安装规定</td><td colspan="2">闭锁装置应动作灵活，准确可靠</td><td colspan="3"></td><td rowspan="7"></td></tr>
<tr><td colspan="2">辅助切换接点安装应牢固，动作应准确，接触应良好</td><td colspan="3"></td></tr>
<tr><td colspan="2">带接地刀刃的隔离开关，接地刀刃与主触头间闭锁应准确可靠</td><td colspan="3"></td></tr>
<tr><td rowspan="4">7</td><td rowspan="4">高压熔断器安装规定</td><td colspan="2">带钳口的熔断器，其熔丝管应紧密地插入钳口内</td><td colspan="3"></td></tr>
<tr><td colspan="2">装有动作指示器的熔断器，应便于检查指示器动作情况</td><td colspan="3"></td></tr>
<tr><td colspan="2">跌落式熔断器的有机绝缘物应无裂纹、变形。熔管轴线与铅垂线的夹角应为15°~30°；跌落时不应碰及其他物体而损坏熔管</td><td colspan="3"></td></tr>
<tr><td colspan="2">熔断器熔丝应符合设计文件要求</td><td colspan="3"></td></tr>
<tr><td colspan="2">施工单位检查评定结果</td><td colspan="7">项目专业质量检查员： 年 月 日</td></tr>
<tr><td colspan="2">监理（建设）单位验收结论</td><td colspan="7">监理工程师：
（建设单位项目代表） 年 月 日</td></tr>
</table>

3.6.9 GIS装置安装检验批质量验收记录 SY/T 4206

工程名称			分项工程名称	验收部位	
施工单位			专业负责人	项目经理	
施工执行标准名称及编号				检验批编号	
质量验收规范规定				施工单位检查评定记录	监理（建设）单位验收意见
主控项目	1		GIS装置的规格、型号应符合设计文件要求，并具有产品技术质量证明文件，电气试验应符合GB 50150—2016《电气装置安装工程 电气设备交接试验标准》的规定		
	2		GIS中的断路器、隔离开关、接地开关及其操动机构的联动应平常，无卡阻现象。分闸、合闸指示应正确。辅助开关及电气闭锁应动作正确、可靠		
	3		密度继电器的报警、闭锁值应符合产品技术文件的要求，电气回路传动应正确		
	4		六氟化硫气体漏气率和含水量、接地电阻测试应符合GB 50150—2016《电气装置安装工程 电气设备交接试验标准》及产品技术文件的规定		
一般项目	1	支架安装质量规定	外观检查应无机械损伤		
			固定螺栓应牢固		
			接地应牢固，且导通良好		
			防腐层检查应完整		
	2	设备、元件及附件检查规定	设备、元件及附件应齐全，无损伤、锈蚀；元件内部应清洁，无杂物		
			绝缘部件检查应清洁，无受潮、无变形及破损		
			元件接线端子、插接件及载流部分应光洁，无锈蚀		
			组装用的螺栓、密封垫、清洁剂、润滑脂、密封脂和擦拭材料应符合产品技术文件要求		
			紧固螺栓应齐全，无松动		
			支架及接地引线应无锈蚀、损伤		
			母线及气室筒内壁应平整，无毛刺		
			导电部件镀银层应良好、表面光滑、无脱落		
			密封槽及法兰面应光洁、无伤痕		
	3	元件组装规定	母线连接插件的触头中心应对准插口，不应卡阻，插入深度符合产品技术文件要求		
			吸附剂应干燥		
			法兰连接应导销无卡阻。连接螺栓应对称均匀用力，紧固力矩应符合产品技术文件要求		

GIS 装置安装检验批质量验收记录（续表） SY/T 4206

工程名称		分项工程名称		验收部位	
施工单位		专业负责人		项目经理	
施工执行标准名称及编号				检验批编号	

项目	序号	类别	质量验收规范规定	施工单位检查评定记录	监理（建设）单位验收意见
一般项目	4	设备安装质量规定	GIS 中汇控柜、机构箱、二次接线箱的安装应符合 GB 50147—2010《电气装置安装工程高压电器施工及验收规范》的有关规定		
			GIS 中断路器调整后的各项动作参数应符合产品技术文件要求		
			隔离开关和接地开关中的传动装置的安装和调整，应符合产品技术文件要求		
			隔离开关和接地开关在电动操作前，气室内六氟化硫气体压力应符合产品技术文件要求，电动操作前应先进行多次手感分闸、合闸。在联合动作前，断路器内应充有额定压力的六氟化硫气体		
			隔离开关和接地开关的限位装置应准确、可靠		
	5	六氟化硫气体充注规定	充气前充气设备及管路检查应洁净，无水分、油污		
			充气前 GIS 内部真空度及保持时间应符合产品技术文件要求		
			六氟化硫气体压力应符合制造厂规定		
	6	接地线安装规定	接地线检查应无锈蚀、损伤		
			GIS 本体和接地网应采用螺栓连接，搭接面长度应符合产品技术文件要求		
			连接螺栓应紧固，搭接面应接触良好		
			各元件法兰连接处应跨接可靠，导通性良好		
			接地连接应牢固，导通性良好		

施工单位检查评定结果	项目专业质量检查员： 年 月 日
监理（建设）单位验收结论	监理工程师： （建设单位项目代表） 年 月 日

3.6.10 电抗器及消弧线圈安装检验批质量验收记录 SY/T 4206

<table>
<tr><td colspan="2">工程名称</td><td colspan="2"></td><td>分项工程名称</td><td></td><td>验收部位</td><td></td></tr>
<tr><td colspan="2">施工单位</td><td colspan="2"></td><td>专业负责人</td><td></td><td>项目经理</td><td></td></tr>
<tr><td colspan="3">施工执行标准名称及编号</td><td colspan="3"></td><td>检验批编号</td><td></td></tr>
<tr><td colspan="5">质量验收规范规定</td><td colspan="2">施工单位检查评定记录</td><td>监理（建设）单位验收意见</td></tr>
<tr><td rowspan="3">主控项目</td><td>1</td><td colspan="3">电抗器、消弧线圈型号和贵和应符合设计文件要求，并有产品技术质量证明文件</td><td colspan="2"></td><td rowspan="3"></td></tr>
<tr><td>2</td><td colspan="3">电抗器、消弧线圈的试验应符合 GB 50150—2016《电气装置安装工程　电气设备交接试验标准》的规定，交接试验合格后才能通电</td><td colspan="2"></td></tr>
<tr><td>3</td><td colspan="3">电抗器、消弧线圈的接地应符合设计文件按要求</td><td colspan="2"></td></tr>
<tr><td rowspan="11">一般项目</td><td rowspan="4">1</td><td rowspan="4">电抗器外观的质量规定</td><td colspan="2">支柱绝缘子应无损伤和裂纹，附件应齐全，固定应牢靠</td><td colspan="2"></td><td rowspan="11"></td></tr>
<tr><td colspan="2">线圈应无变形、无损伤，绝缘应完好</td><td colspan="2"></td></tr>
<tr><td colspan="2">混凝土电抗器的风道应清洁无杂物</td><td colspan="2"></td></tr>
<tr><td colspan="2">各部油漆应完好，无脱落</td><td colspan="2"></td></tr>
<tr><td rowspan="3">2</td><td rowspan="3">设备连接、间隔规定</td><td colspan="2">当额定电流为 1500A 及以上时，设备与母线的连接螺栓应为非磁性金属材料</td><td colspan="2"></td></tr>
<tr><td colspan="2">电抗器间隔内，所有磁性材料的部件应固定可靠</td><td colspan="2"></td></tr>
<tr><td colspan="2">干式空心电抗器的基础内钢筋、底层绝缘子的接地线及采用金属围栏时，金属围栏应设明显断开点，不应通过自身和接地线构成闭合回路</td><td colspan="2"></td></tr>
<tr><td rowspan="4">3</td><td rowspan="4">电抗器的支柱绝缘子接地规定</td><td colspan="2">上下重叠安装时，底层的所有支柱绝缘子均应接地，其余的不接地</td><td colspan="2"></td></tr>
<tr><td colspan="2">每相单独安装时，每相支柱绝缘子均应接地</td><td colspan="2"></td></tr>
<tr><td colspan="2">支柱绝缘子的接地线不应构成闭合环路</td><td colspan="2"></td></tr>
<tr><td colspan="2">支柱绝缘子应无损伤和裂纹，支柱绝缘子及其附件应齐全</td><td colspan="2"></td></tr>
</table>

电抗器及消弧线圈安装检验批质量验收记录（续表） SY/T 4206

<table>
<tr><td colspan="3">工程名称</td><td></td><td>分项工程名称</td><td></td><td>验收部位</td><td></td></tr>
<tr><td colspan="3">施工单位</td><td></td><td>专业负责人</td><td></td><td>项目经理</td><td></td></tr>
<tr><td colspan="4">施工执行标准名称及编号</td><td colspan="2"></td><td>检验批编号</td><td></td></tr>
<tr><td colspan="4">质量验收规范规定</td><td colspan="2">施工单位检查评定记录</td><td colspan="2">监理（建设）单位验收意见</td></tr>
<tr><td rowspan="4">一般项目</td><td rowspan="4">4</td><td rowspan="4">干式电抗器安装规定</td><td>基础内部钢筋制作应符合设计文件要求，自身没有且不应通过接地线构成闭合回路</td><td colspan="2"></td><td colspan="2" rowspan="4"></td></tr>
<tr><td>干式空心电抗器应按其编号进行安装。三相垂直排列时，中间一相线圈的绕向应与上下两相相反，各相中心线应一致；两相重叠一相并列时，重叠的两相绕向应相反，另一相应与上面的一相绕向相同；三相水平排列时，三相绕向应相同</td><td colspan="2"></td></tr>
<tr><td>干式空心电抗器附近安装的二次电缆的接地线不应构成闭合回路</td><td colspan="2"></td></tr>
<tr><td>干式空心电抗器的各部位固定应牢靠，螺栓应紧固，铁芯应一点接地</td><td colspan="2"></td></tr>
<tr><td colspan="2">施工单位检查评定结果</td><td colspan="6">项目专业质量检查员： 年 月 日</td></tr>
<tr><td colspan="2">监理（建设）单位验收结论</td><td colspan="6">监理工程师：
（建设单位项目代表） 年 月 日</td></tr>
</table>

3.6.11 避雷器安装检验批质量验收记录 SY/T 4206

工程名称		分项工程名称		验收部位	
施工单位		专业负责人		项目经理	
施工执行标准名称及编号				检验批编号	

质量验收规范规定				施工单位检查评定记录	监理（建设）单位验收意见
主控项目	1		避雷器型号、规格应符合设计文件要求，并有产品技术质量证明文件		
	2		避雷器的电气试验应符合 GB 50150—2016《电气装置安装工程 电气设备交接试验标准》的规定，交接试验合格后方可通电		
	3		避雷器的接地应符合设计文件要求，接地引线应连接、固定牢靠		
一般项目	1	避雷器外观规定	采用瓷套时，瓷套与铁法兰间的黏合应牢固，并应涂有性能良好的防水胶，且无裂纹、破损。才用硅橡胶外套时，外观不得有裂纹、损伤和变形。金属法兰结合面应平整，无外伤或铸造砂眼，法兰泄水孔应通畅		
			磁吹阀式避雷器的防爆片应无损坏和裂纹		
			避雷器的安全装置应完整无损		
	2	避雷器安装规定	带自闭阀的避雷器宜进行压力检查，压力值应符合产品技术文件要求		
			并列安装的避雷器三相中心应在同一直线上，相间中心距离允许偏差为 10mm；铭牌座应位于易于观察的同一侧		
			避雷器安装应垂直，其垂直度应符合产品技术文件要求		
			组合单元应经试验合格，底座和拉紧绝缘子绝缘应良好。避雷器的排气通道应通畅，排气通道口不得朝向巡检通道，排气通道口不得朝向巡检通道，排出的气体不致引起相间或对地闪络，并不得喷及其他电气设备		
	3	均压环与监测仪的安装规定	均压环应无划痕、毛刺，安装应牢固、平整，无变形；在最低处宜打排水孔		
			监测仪应密封良好、动作可靠，并应按产品技术文件要求连接；安装位置一致，以便于观察		
			监测仪接地应可靠；计数器应调至同一值		

避雷器安装检验批质量验收记录（续表） SY/T 4206

<table>
<tr><td colspan="3">工程名称</td><td></td><td>分项工程名称</td><td></td><td>验收部位</td><td></td></tr>
<tr><td colspan="3">施工单位</td><td></td><td>专业负责人</td><td></td><td>项目经理</td><td></td></tr>
<tr><td colspan="4">施工执行标准名称及编号</td><td colspan="2"></td><td>检验批编号</td><td></td></tr>
<tr><td colspan="5">质量验收规范规定</td><td colspan="2">施工单位检查评定记录</td><td>监理（建设）单位验收意见</td></tr>
<tr><td rowspan="4">一般项目</td><td rowspan="4">4</td><td rowspan="4">中性点放电间隙安装规定</td><td colspan="2">放电间隙电极的制作应符合设计文件要求，钢质材料制作的电极应镀锌</td><td colspan="2"></td><td rowspan="4"></td></tr>
<tr><td colspan="2">放电间隙宜水平安装，安装应牢固</td><td colspan="2"></td></tr>
<tr><td colspan="2">放电间隙距离应符合设计文件要求</td><td colspan="2"></td></tr>
<tr><td colspan="2">接地应符合设计文件要求，并应采用双根接地引下线与接地网不同接地干线连接</td><td colspan="2"></td></tr>
<tr><td colspan="2">施工单位检查评定结果</td><td colspan="6">项目专业质量检查员：　　年　月　日</td></tr>
<tr><td colspan="2">监理（建设）单位验收结论</td><td colspan="6">监理工程师：
（建设单位项目代表）　　年　月　日</td></tr>
</table>

3.6.12 电容器安装检验批质量验收记录 SY/T 4206

<table>
<tr><td colspan="2">工程名称</td><td></td><td>分项工程名称</td><td></td><td>验收部位</td><td></td></tr>
<tr><td colspan="2">施工单位</td><td></td><td>专业负责人</td><td></td><td>项目经理</td><td></td></tr>
<tr><td colspan="3">施工执行标准名称及编号</td><td colspan="2"></td><td>检验批编号</td><td></td></tr>
<tr><td colspan="4">质量验收规范规定</td><td>施工单位检查评定记录</td><td colspan="2">监理（建设）单位验收意见</td></tr>
<tr><td rowspan="3">主控项目</td><td>1</td><td colspan="2">电容器型号、规格应符合设计文件要求要求，并有产品技术质量证明文件。成组安装的电容器三相电容量最大与最小的差值应符合设计文件规定。当设计无规定时，不应超过三相平均电容值的 5%</td><td></td><td colspan="2" rowspan="3"></td></tr>
<tr><td>2</td><td colspan="2">电容器得到电气试验应符合 GB 50150—2016《电气装置安装工程　电气设备交接试验标准》的规定，交接试验合格后才能通电</td><td></td></tr>
<tr><td>3</td><td colspan="2">电容器的接地应符合设计文件要求</td><td></td></tr>
<tr><td rowspan="7">一般项目</td><td rowspan="3">1</td><td rowspan="3">电容器外观</td><td>套管、芯棒应无弯曲或滑扣</td><td></td><td colspan="2" rowspan="7"></td></tr>
<tr><td>引出线端连接用螺母垫圈应齐全</td><td></td></tr>
<tr><td>外壳应无显著变形、锈蚀，所有接缝不应有裂缝或渗油</td><td></td></tr>
<tr><td rowspan="4">2</td><td rowspan="4">电容器组安装规定</td><td>支架应保持其应有的水平及垂直位置，无明显变形，固定应牢靠，防腐应完好</td><td></td></tr>
<tr><td>配置应使铭牌面向通道一侧，并应有顺序编号</td><td></td></tr>
<tr><td>一次接线应正确，并符合设计文件要求，对称一致，整齐美观；母线及分支线应标以相色</td><td></td></tr>
<tr><td>凡不与地绝缘的每个电容器的外壳及电容器的构架均应接地；凡与地绝缘的电容器的外壳均应与支架一起可靠连接到固定的电位上</td><td></td></tr>
</table>

电容器安装检验批质量验收记录（续表） SY/T 4206

<table>
<tr><td>工程名称</td><td colspan="3"></td><td>分项工程名称</td><td></td><td>验收部位</td><td></td></tr>
<tr><td>施工单位</td><td colspan="3"></td><td>专业负责人</td><td></td><td>项目经理</td><td></td></tr>
<tr><td colspan="2">施工执行标准名称及编号</td><td colspan="4"></td><td>检验批编号</td><td></td></tr>
<tr><td colspan="4">质量验收规范规定</td><td colspan="3">施工单位检查评定记录</td><td>监理（建设）单位验收意见</td></tr>
<tr><td rowspan="4">一般项目</td><td rowspan="3">3</td><td rowspan="3">耦合电容器安装的规定</td><td>安装应平正，外壳应清洁，无渗漏，无裂纹和缺损</td><td colspan="3"></td><td rowspan="4"></td></tr>
<tr><td>顶盖螺栓不应松动，电容器端子不应超过大横向拉力</td><td colspan="3"></td></tr>
<tr><td>两节或多节耦合电容器叠装时，应按制造厂编号顺序排列</td><td colspan="3"></td></tr>
<tr><td>4</td><td colspan="2">串联补偿装置的安装应符合 GB 50147—2010《电气装置安装工程　高压电器施工及验收规范》的规定；串联补偿装置平台强度、斜拉绝缘子的预拉力应符合产品技术文件要求，平台上设备连接应正确、可靠</td><td colspan="3"></td></tr>
<tr><td colspan="2">施工单位检查评定结果</td><td colspan="6">项目专业质量检查员：　　　　年　月　日</td></tr>
<tr><td colspan="2">监理（建设）单位验收结论</td><td colspan="6">监理工程师：
（建设单位项目代表）　　　　年　月　日</td></tr>
</table>

3.6.13　互感器安装检验批质量验收记录　SY/T 4206

工程名称		分项工程名称		验收部位	
施工单位		专业负责人		项目经理	
施工执行标准名称及编号				检验批编号	

质量验收规范规定				施工单位检查评定记录	监理（建设）单位验收意见
主控项目	1	互感器型号、规格应符合设计文件要求，并有产品技术质量证明文件			
	2	互感器电气试验应符合 GB 50150—2016《电气装置安装工程　电气设备交接试验标准》的规定，交接试合格后方可通电。互感器补油时，应按产品技术文件要求进行，注入互感器的变压器油应合格			
	3	气体绝缘互感器的气体压力或密度应符合产品技术文件的要求。六氟化硫气体含水量应符合 GB 50150—2016《电气装置安装工程　电气设备交接试验标准》的要求。气体密度表、继电器应经核对性检查合格			
	4	互感器接地应符合 SY/T 4206—2019《石油天然气建设工程施工质量验收规范　电气工程》第 16.2.4 条的规定			
一般项目	1	互感器外观	外观应完整，附件应齐全，无锈蚀或机械损伤		
			油浸式互感器油位应正常，密封应严密，无渗油现象		
			电容式电压互感器的电磁装置和谐振阻尼器的封铅应完好		
			气体绝缘互感器内的气体压力，应符合产品技术文件的要求		
	2	互感器安装规定	互感器的变比分接头的位置和极性应先短路后接地		
			备用的电流互感器二次绕组端子应先短路后接地		
			二次接线板应完整，引线端子应连接牢固，绝缘应符合产品技术文件的要求		
			隔膜和金属膨胀器应完整无损，顶盖螺栓应紧固		
			互感器安装面应水平，并列安装时排列应整齐，同组极性方向应一致		
			油漆应完好，相色应正确，接地应良好		

互感器安装检验批质量验收记录（续表） SY/T 4206

<table>
<tr><td colspan="4">工程名称</td><td colspan="2"></td><td colspan="3">分项工程名称</td><td colspan="3"></td><td>验收部位</td><td></td></tr>
<tr><td colspan="4">施工单位</td><td colspan="2"></td><td colspan="3">专业负责人</td><td colspan="3"></td><td>项目经理</td><td></td></tr>
<tr><td colspan="5">施工执行标准名称及编号</td><td colspan="7"></td><td>检验批编号</td><td></td></tr>
<tr><td colspan="5">质量验收规范规定</td><td colspan="8">施工单位检查评定记录</td><td>监理（建设）单位验收意见</td></tr>
<tr><td rowspan="3">一般项目</td><td rowspan="3">3</td><td rowspan="3">不同形式互感器安装规定</td><td colspan="2">电容式电压互感器应按产品组件编号进行安装，不应互换</td><td></td><td></td><td></td><td></td><td></td><td></td><td></td><td></td><td rowspan="3"></td></tr>
<tr><td colspan="2">具有均压环的互感器，均压环应安装水平，方向正确</td><td></td><td></td><td></td><td></td><td></td><td></td><td></td><td></td></tr>
<tr><td colspan="2">零序电流互感器安装不应使构架或其他导磁体与铁芯直接接触或与其构成分磁回路</td><td></td><td></td><td></td><td></td><td></td><td></td><td></td><td></td></tr>
<tr><td colspan="2">施工单位检查评定结果</td><td colspan="12">项目专业质量检查员：　　　　年　月　日</td></tr>
<tr><td colspan="2">监理（建设）单位验收结论</td><td colspan="12">监理工程师：
（建设单位项目代表）　　　　年　月　日</td></tr>
</table>

3.6.14 蓄电池安装检验批质量验收记录 SY/T 4206

<table>
<tr><td colspan="3">工程名称</td><td></td><td>分项工程名称</td><td></td><td>验收部位</td><td></td></tr>
<tr><td colspan="3">施工单位</td><td></td><td>专业负责人</td><td></td><td>项目经理</td><td></td></tr>
<tr><td colspan="4">施工执行标准名称及编号</td><td colspan="2"></td><td>检验批编号</td><td></td></tr>
<tr><td colspan="4">质量验收规范规定</td><td colspan="3">施工单位检查评定记录</td><td>监理（建设）单位验收意见</td></tr>
<tr><td rowspan="2">主控项目</td><td>1</td><td colspan="2">蓄电池型号、规格应符合设计文件要求，并有产品技术质量证明文件</td><td colspan="3"></td><td rowspan="2"></td></tr>
<tr><td>2</td><td colspan="2">蓄电池的绝缘电阻应不小于 0.5MΩ</td><td colspan="3"></td></tr>
<tr><td rowspan="14">一般项目</td><td rowspan="5">1</td><td rowspan="5">蓄电池外观检查</td><td>蓄电池外壳应无裂纹、损伤、渗漏，容器内应无严重沉淀</td><td colspan="3"></td><td rowspan="14"></td></tr>
<tr><td>蓄电池正负端柱应无变形，防酸栓、催化栓部件应无损伤</td><td colspan="3"></td></tr>
<tr><td>透明蓄电池槽的极板应无严重受潮和变形，槽内部件应齐全无损伤</td><td colspan="3"></td></tr>
<tr><td>连接条、螺栓、螺母应齐全</td><td colspan="3"></td></tr>
<tr><td>液面高度应在上下液面线之间</td><td colspan="3"></td></tr>
<tr><td rowspan="5">2</td><td rowspan="5">蓄电池安装规定</td><td>安装应平稳，间距应均匀，同排电池高低应一致，排列应整齐</td><td colspan="3"></td></tr>
<tr><td>连接条及抽头连线应正确，接头处应涂电力复合脂，螺母应紧固</td><td colspan="3"></td></tr>
<tr><td>有抗震要求时，其抗震设施应符合设计文件规定，并牢固可靠</td><td colspan="3"></td></tr>
<tr><td>温度计、密度计、液面线应放在易检查一侧</td><td colspan="3"></td></tr>
<tr><td>镉镍蓄电池、免维护蓄电池应符合产品技术文件要求</td><td colspan="3"></td></tr>
<tr><td rowspan="4">3</td><td rowspan="4">蓄电池母线安装规定</td><td>母线及其支架应平整，固定牢靠，母线弯曲程度应均匀一致，并应采取防腐措施</td><td colspan="3"></td></tr>
<tr><td>母线穿墙接线板固定应牢靠，密封应良好</td><td colspan="3"></td></tr>
<tr><td>母线接触面应连接紧密，螺栓紧固</td><td colspan="3"></td></tr>
<tr><td>电缆引出线应标明正负极性</td><td colspan="3"></td></tr>
</table>

蓄电池安装检验批质量验收记录（续表） SY/T 4206

<table>
<tr><td colspan="3">工程名称</td><td></td><td>分项工程名称</td><td></td><td>验收部位</td><td></td></tr>
<tr><td colspan="3">施工单位</td><td></td><td>专业负责人</td><td></td><td>项目经理</td><td></td></tr>
<tr><td colspan="4">施工执行标准名称及编号</td><td colspan="2"></td><td>检验批编号</td><td></td></tr>
<tr><td colspan="4">质量验收规范规定</td><td colspan="3">施工单位检查评定记录</td><td>监理（建设）单位验收意见</td></tr>
<tr><td rowspan="4">一般项目</td><td rowspan="4">4</td><td rowspan="4">端电池切换器安装规定</td><td>端电池切换器的底板应绝缘良好</td><td colspan="3"></td><td rowspan="4"></td></tr>
<tr><td>接触刷应转动灵活，并与固定触头接触紧密</td><td colspan="3"></td></tr>
<tr><td>接线端子与端电池的连接应正确可靠，接触刷子的并联电阻应良好</td><td colspan="3"></td></tr>
<tr><td>切换过程中不应有开路和短路现象</td><td colspan="3"></td></tr>
<tr><td colspan="2">施工单位检查评定结果</td><td colspan="6">项目专业质量检查员：　　　　　　年　月　日</td></tr>
<tr><td colspan="2">监理（建设）单位验收结论</td><td colspan="6">监理工程师：
（建设单位项目代表）　　　　　　年　月　日</td></tr>
</table>

3.6.15 照明器具及配电箱（板）安装检验批质量验收记录 SY/T 4206

工程名称		分项工程名称		验收部位	
施工单位		专业负责人		项目经理	
施工执行标准名称及编号				检验批编号	

质量验收规范规定				施工单位检查评定记录	监理（建设）单位验收意见
主控项目	1	照明器具的规格、型号、防爆等级应符合设计文件要求，并有产品技术质量证明文件			
	2	大（重）型灯具安装用的吊钩、预埋件应埋设牢固，吊杆及其销杆的防松、防震装置应齐全、可靠。吊钩圆钢直径不应小于灯具挂销直径，且不应小于6mm。并应按灯具质量的2倍做过载试验。质量大于10kg的灯具，固定装置及悬挂装置应按灯具质量的5倍恒定均布载荷做强度试验，且持续时间不得少于15min			
	3	当灯具距地面高度小于2.4m时，灯具的可接近裸露导体应接地（PE）可靠，并应有专用接地螺栓和标识。普通灯具的Ⅰ类灯具外露可到店部分必须采用铜芯软导线与保护导体可靠连接，连接处应设置接地标识，铜芯软导线的截面积应与进入灯具的电源线截面积相同			
	4	电气器具及线路绝缘电阻测试合格后方可通电试验			
	5	单相两孔插座，面对插座的右孔或上孔与相线连接，左控或下孔与中性线（N）连接；单相三孔插座、面对插座的右孔应与相线连接，左孔应与中性线（N）连接。单相三孔、三相四孔及三相五孔插座的保护接地导体（PE）应接在上孔；插座的保护接地导体端子不得与中性导体端子连接；同一场所的三相插座，其接线相序应一致。保护接地导体（PE）在插座之间不得串联连接。相线与中性导体（N）不得利用插座本体的接线端子转接供电			
一般项目	1	灯具、开关、插座安装规定	灯具及支架安装应牢固、端正，位置正确、高度一致，清洁、整齐		
			暗设插座、开关、盖板应端正，紧贴墙面，安装牢固，表面光滑整洁、无碎裂、划伤		
			高、低压配电盘、柜及母线正上方不应安装灯具		
			吊链灯具的灯线不应受力		
			灯具配件应齐全，应无机械损伤、变形、油漆脱落		
			相同型号并列安装、同一室内开关安装高度应一致，且控制有序不错位		

照明器具及配电箱（板）安装检验批质量验收记录（续表） SY/T 4206

<table>
<tr><td colspan="3">工程名称</td><td></td><td>分项工程名称</td><td colspan="4"></td><td colspan="4">验收部位</td><td></td></tr>
<tr><td colspan="3">施工单位</td><td></td><td>专业负责人</td><td colspan="4"></td><td colspan="4">项目经理</td><td></td></tr>
<tr><td colspan="4">施工执行标准名称及编号</td><td colspan="5"></td><td colspan="4">检验批编号</td><td></td></tr>
<tr><td colspan="5">质量验收规范规定</td><td colspan="8">施工单位检查评定记录</td><td>监理（建设）单位验收意见</td></tr>
<tr><td rowspan="9">一般项目</td><td rowspan="4">2</td><td rowspan="4">配电箱（板）安装规定</td><td colspan="2">位置应正确，配件应齐全，箱体开孔应合适，切口应整齐，油漆应完好</td><td></td><td></td><td></td><td></td><td></td><td></td><td></td><td></td><td rowspan="9"></td></tr>
<tr><td colspan="2">暗配式箱盖应紧贴墙面，四周无缝隙</td><td></td><td></td><td></td><td></td><td></td><td></td><td></td><td></td></tr>
<tr><td colspan="2">箱、板内结线应整齐，回路编号应齐全、正确，绝缘良好</td><td></td><td></td><td></td><td></td><td></td><td></td><td></td><td></td></tr>
<tr><td colspan="2">照明工程的剩余电流保护装置应做模拟动作试验，剩余电流保护装置额定动作电流不应大于 30mA，动作时间不应大于 0.1s</td><td></td><td></td><td></td><td></td><td></td><td></td><td></td><td></td></tr>
<tr><td rowspan="5">3</td><td rowspan="5">导线连接规定</td><td colspan="2">连接应牢固。紧密，不应伤芯线和断股，压头应压紧</td><td></td><td></td><td></td><td></td><td></td><td></td><td></td><td></td></tr>
<tr><td colspan="2">相线应经开关控制和螺口灯头相线应接在中心触点</td><td></td><td></td><td></td><td></td><td></td><td></td><td></td><td></td></tr>
<tr><td colspan="2">导线进入器具内，应留有适当余量，绝缘保护应良好</td><td></td><td></td><td></td><td></td><td></td><td></td><td></td><td></td></tr>
<tr><td colspan="2">同一端子上导线连接不应多于 2 根，防松垫圈等零件应齐全防爆区域当导线的终端连接时，导线如果为绞线，其终端应采用定型段子或接线鼻子进行连接</td><td></td><td></td><td></td><td></td><td></td><td></td><td></td><td></td></tr>
<tr><td colspan="2">防爆区域当导线的终端连接时，导线如果为绞线，其终端应采用定型段子或接线鼻子进行连接</td><td></td><td></td><td></td><td></td><td></td><td></td><td></td><td></td></tr>
<tr><td>施工单位检查评定结果</td><td colspan="13">项目专业质量检查员：　　　　年　月　日</td></tr>
<tr><td>监理（建设）单位验收结论</td><td colspan="13">监理工程师：
（建设单位项目代表）　　　　年　月　日</td></tr>
</table>

3.6.16 电动机的电气检查和接线检验批质量验收记录 SY/T 4206

<table>
<tr><td colspan="2">工程名称</td><td colspan="2"></td><td>分项工程名称</td><td></td><td>验收部位</td><td></td></tr>
<tr><td colspan="2">施工单位</td><td colspan="2"></td><td>专业负责人</td><td></td><td>项目经理</td><td></td></tr>
<tr><td colspan="3">施工执行标准名称及编号</td><td colspan="3"></td><td>检验批编号</td><td></td></tr>
<tr><td colspan="5">质量验收规范规定</td><td colspan="2">施工单位检查评定记录</td><td>监理（建设）单位验收意见</td></tr>
<tr><td rowspan="4">主控项目</td><td>1</td><td colspan="3">电动机的型号、规格应符合设计文件要求，并有产品质量证明文件</td><td colspan="2"></td><td rowspan="4"></td></tr>
<tr><td>2</td><td colspan="3">电动机的电气交接试验应符合 GB 50150—2016《电气装置安装工程　电气设备交接试验标准》的规定</td><td colspan="2"></td></tr>
<tr><td>3</td><td colspan="3">电动机试运行前，其保护、控制、测量、信号灯回路的调试应已完成，且动作正常</td><td colspan="2"></td></tr>
<tr><td>4</td><td colspan="3">电动机的外露可导电部分必须与保护导体可靠连接</td><td colspan="2"></td></tr>
<tr><td rowspan="11">一般项目</td><td>1</td><td colspan="3">电动机及其附件、备件的外观质量应完好，电动机的附件、备件应齐全，产品出厂技术资料应齐全</td><td colspan="2"></td><td rowspan="11"></td></tr>
<tr><td>2</td><td colspan="3">在有爆炸或火灾危险性的场所装设电动机时，应符合 GB 50257—2014《电气装置安装工程　爆炸和火灾危险环境电气装置施工及验收规范》的有关规定</td><td colspan="2"></td></tr>
<tr><td rowspan="6">3</td><td rowspan="6">电动机安装规定</td><td colspan="2">电动机安装应牢固、螺栓及防松零件齐全，不松动</td><td colspan="2"></td></tr>
<tr><td colspan="2">盘动转子应灵活，不应有碰卡声</td><td colspan="2"></td></tr>
<tr><td colspan="2">润滑脂无变色、变质及变硬等现象</td><td colspan="2"></td></tr>
<tr><td colspan="2">电动机的引出线应相序正确，固定牢固，连接紧密，裸露带电部分的电气间隙应符合国家有关产品标准的规定</td><td colspan="2"></td></tr>
<tr><td colspan="2">电动机电源线与出线端子接触应良好、清洁</td><td colspan="2"></td></tr>
<tr><td colspan="2">应满足 SY/T 4206—2019《石油天然气建设工程施工质量验收规范　电气工程》第 19.3.3 条、第 19.3.4 条的规定</td><td colspan="2"></td></tr>
<tr><td>4</td><td colspan="2">多速电动机安装规定</td><td>应满足 SY/T 4206—2019《石油天然气建设工程施工质量验收规范　电气工程》第 19.3.3 条、第 19.3.4 条的规定</td><td colspan="2"></td></tr>
<tr><td>5</td><td colspan="3">有规定转向要求的电动机，试车前必须检查电动机与电源的相序并一致</td><td colspan="2"></td></tr>
<tr><td>6</td><td colspan="3">防水防潮电动机的接线入口及接线盒盖等应做密封处理</td><td colspan="2"></td></tr>
</table>

电动机的电气检查和接线检验批质量验收记录（续表） SY/T 4206

<table>
<tr><td colspan="3">工程名称</td><td colspan="2"></td><td colspan="4">分项工程名称</td><td colspan="2"></td><td colspan="2">验收部位</td><td></td></tr>
<tr><td colspan="3">施工单位</td><td colspan="2"></td><td colspan="4">专业负责人</td><td colspan="2"></td><td colspan="2">项目经理</td><td></td></tr>
<tr><td colspan="4">施工执行标准名称及编号</td><td colspan="7"></td><td colspan="2">检验批编号</td><td></td></tr>
<tr><td colspan="5">质量验收规范规定</td><td colspan="8">施工单位检查评定记录</td><td>监理（建设）单位验收意见</td></tr>
<tr><td rowspan="9">一般项目</td><td rowspan="9">7</td><td rowspan="9">发电机安装规定</td><td colspan="2">发电机安装应牢固，螺栓及防松零件齐全，不松动</td><td></td><td></td><td></td><td></td><td></td><td></td><td></td><td></td><td rowspan="9"></td></tr>
<tr><td colspan="2">引线及出线的接触面应良好、清洁、无油污，镀银层不应锉磨</td><td></td><td></td><td></td><td></td><td></td><td></td><td></td><td></td></tr>
<tr><td colspan="2">引线及出现的连接应紧固</td><td></td><td></td><td></td><td></td><td></td><td></td><td></td><td></td></tr>
<tr><td colspan="2">发电机出口母线应设有防止漏水、油、金属及其他物体掉落等设施</td><td></td><td></td><td></td><td></td><td></td><td></td><td></td><td></td></tr>
<tr><td colspan="2">盘动发电机转子时应转动灵活，无碰卡现象</td><td></td><td></td><td></td><td></td><td></td><td></td><td></td><td></td></tr>
<tr><td colspan="2">发电机引出线应相序正确，固定牢固，连接紧密</td><td></td><td></td><td></td><td></td><td></td><td></td><td></td><td></td></tr>
<tr><td colspan="2">发电机馈电线路连接后，两端相序应与原供电系统相序一致</td><td></td><td></td><td></td><td></td><td></td><td></td><td></td><td></td></tr>
<tr><td colspan="2">当发电机并列运行时，应保证其电压、频率和相位一致</td><td></td><td></td><td></td><td></td><td></td><td></td><td></td><td></td></tr>
<tr><td colspan="2">发电机组随机的配电柜、控制柜接线应正确，安装应牢靠，紧固件紧固状态良好，无遗漏、脱落</td><td></td><td></td><td></td><td></td><td></td><td></td><td></td><td></td></tr>
<tr><td colspan="2">施工单位检查评定结果</td><td colspan="12">项目专业质量检查员：　　　　年　月　日</td></tr>
<tr><td colspan="2">监理（建设）单位验收结论</td><td colspan="12">监理工程师：
（建设单位项目代表）　　　　年　月　日</td></tr>
</table>

3.6.17 二次回路接线检验批质量验收记录 SY/T 4206

工程名称		分项工程名称		验收部位	
施工单位		专业负责人		项目经理	
施工执行标准名称及编号				检验批编号	

质量验收规范规定				施工单位检查评定记录	监理（建设）单位验收意见
主控项目	1	导线型号、规格应符合设计文件要求，并有产品质量证明文件			
	2	二次回路的电源回路送电前，应检查绝缘，其绝缘电阻值不应小于 1MΩ，潮湿地区不应小于 0.5MΩ			
一般项目	1	二次回路接线规定	应按有效图纸施工，接线应正确，配线应整齐、美观，导线绝缘应良好，无损伤		
			导线与电气元件间应采用螺栓连接、插接、焊接或压接等，且均应牢固可靠		
			盘、柜内的导线不应有接头，导线芯线应无损伤		
			多股导线与端子、设备连接应压终端附件		
			配线应整齐、清晰、美观，导线绝缘应良好		
			电缆芯线及所配导线的端部均应标明其回路编号，编号应正确，字迹应清晰，不易脱色		
			每个接线端子的每侧接线宜为 1 根，不应超过 2 根，对于插接式端子，不同截面的两根导线不应接在同一端子中，螺栓连接端子接两根导线时，中间应加平垫片		
	2	引入盘、柜内的电缆及芯线规定	电缆、导线不应有中间接头，接头应接触良好、牢固，不承受机械拉力，并应保证原有的绝缘水平；屏蔽电缆应保证其原有的屏蔽电气连接作用		
			电缆排列应整齐，编号清晰，避免交叉，固定牢固，不应使所接的端子承受机械应力		
			铠装电缆进入盘、柜后，应将钢带切断，切断处应扎紧，钢带应在盘柜侧一点接地		
			屏蔽电缆的屏蔽层应接地良好		
			橡胶电缆芯线应外套绝缘管保护		
			盘、柜内的电缆芯线接线应牢固、排列整齐，并应留有适当裕度；备用芯线应引至盘、柜顶部或线槽末端，并应标明备用标识，芯线导体不应外露		

二次回路接线检验批质量验收记录（续表） SY/T 4206

<table>
<tr><td colspan="3">工程名称</td><td></td><td>分项工程名称</td><td></td><td>验收部位</td><td></td></tr>
<tr><td colspan="3">施工单位</td><td></td><td>专业负责人</td><td></td><td>项目经理</td><td></td></tr>
<tr><td colspan="4">施工执行标准名称及编号</td><td colspan="2"></td><td>检验批编号</td><td></td></tr>
<tr><td colspan="4">质量验收规范规定</td><td colspan="3">施工单位检查评定记录</td><td>监理（建设）单位验收意见</td></tr>
<tr><td rowspan="7">一般项目</td><td rowspan="2">2</td><td rowspan="2">引入盘、柜内的电缆及芯线规定</td><td>电缆芯线及绝缘不应有损伤；单股芯线不应因弯曲半径过小而损坏芯线及绝缘。单股芯线弯圈接线时，其弯曲方向应与螺栓紧固方向一致；多股软线与端子连接时，应压接相应规格的终端附件</td><td colspan="3"></td><td rowspan="7"></td></tr>
<tr><td>强电回路、弱电回路不应使用同一根电缆，线芯应分别成束排列</td><td colspan="3"></td></tr>
<tr><td rowspan="4">3</td><td rowspan="4">导线用于连接门上的电器、控制台板等可动部位的规</td><td>可动部位应采用多股软线，敷设长度应有适当余量</td><td colspan="3"></td></tr>
<tr><td>可动部位线束应有外套塑料管缠绕管保护</td><td colspan="3"></td></tr>
<tr><td>可动部位的线与电器连接时，端部应压接终端附件</td><td colspan="3"></td></tr>
<tr><td>可移动部位两端应用卡子固定</td><td colspan="3"></td></tr>
<tr><td>4</td><td colspan="2">二次回路接地连接应牢固可靠，且应符合GB 50171—2012《电气装置安装工程　盘柜及二次回路接线施工及验收规范》的规定</td><td colspan="3"></td></tr>
<tr><td colspan="2">施工单位检查评定结果</td><td colspan="6">
项目专业质量检查员：　　　　　　　　年　月　日</td></tr>
<tr><td colspan="2">监理（建设）单位验收结论</td><td colspan="6">
监理工程师：
（建设单位项目代表）　　　　　　　　年　月　日</td></tr>
</table>

3.6.18 电伴热带安装检验批质量验收记录 SY/T 4206

工程名称		分项工程名称		验收部位	
施工单位		专业负责人		项目经理	
施工执行标准名称及编号				检验批编号	

质量验收规范规定			施工单位检查评定记录	监理（建设）单位验收意见
主控项目	1	电伴热带型号、规格、防爆等级应符合设计文件要求，并有产品技术质量证明文件		
	2	绝缘测试应符合产品技术要求		
一般项目	1	电伴热带外观应清洁、无绝缘破损、弯折现象		
	2	特殊管件部分及设备处（如阀门、法兰、管支架、仪表、机泵设备、容器、直管段等）电伴热带的缠绕比例及缠绕长度应符合设计文件要求		
	3	电伴热带敷设及附件安装方法与安装工艺应符合产品技术要求，爆炸危险区域的附件使用及安装应符合设计文件要求		
	4	保温层施工前电伴热带应试送电检查正常。有电伴热带的管道外护层表面上应有相应警示标志		
	5	电伴热回路剩余电流动作断路器动作应准确		
	6	金属外护层应接地可靠，一次回路接线正确		
施工单位检查评定结果		项目专业质量检查员：　　　　年　月　日		
监理（建设）单位验收结论		监理工程师： （建设单位项目代表）　　　　年　月　日		

3.6.19 接地装置及接闪杆（带、网）安装检验批质量验收记录 SY/T 4206

<table>
<tr><td colspan="3">工程名称</td><td></td><td>分项工程名称</td><td></td><td>验收部位</td><td></td></tr>
<tr><td colspan="3">施工单位</td><td></td><td>专业负责人</td><td></td><td>项目经理</td><td></td></tr>
<tr><td colspan="4">施工执行标准名称及编号</td><td colspan="2"></td><td>检验批编号</td><td></td></tr>
<tr><td colspan="4">质量验收规范规定</td><td colspan="3">施工单位检查评定记录</td><td>监理（建设）单位验收意见</td></tr>
<tr><td rowspan="5">主控项目</td><td>1</td><td colspan="2">接地装置及接闪杆等材料的规格、型号、数量应符合设计文件要求，并应具有产品质量证明文件</td><td colspan="3"></td><td rowspan="5"></td></tr>
<tr><td>2</td><td colspan="2">接地装置的接地电阻等参数测试应符合 GB 50150—2016《电气装置安装工程　电气设备交接试验标准》的规定</td><td colspan="3"></td></tr>
<tr><td>3</td><td colspan="2">接闪器与防雷引下线必须采用焊接或卡接器连接，防雷引下线与接地装置必须采用焊接或螺栓连接</td><td colspan="3"></td></tr>
<tr><td>4</td><td colspan="2">电气装置的接地必须单独与接地母线或接地网相连接，严禁在一条接地线中串接两个及两个以上需要接地的电气装置。接地极的连接应采用焊接，接地线与接地极的连接应采用焊接</td><td colspan="3"></td></tr>
<tr><td>5</td><td colspan="2">接地网的埋设深度和间距应符合设计文件要求。当无具体规定时，接地极顶面埋深不宜小于 0.8m，水平接地极的间距不宜小于 5m，垂直接地极的间距不宜小于其长度的 2 倍</td><td colspan="3"></td></tr>
<tr><td rowspan="6">一般项目</td><td rowspan="4">1</td><td rowspan="4">接地网敷设的质量要求</td><td>接地网的布置应符合设计文件要求，接地网外缘应闭合，外缘各角应呈圆弧形，圆弧的半径不宜小于临近均压带间距的一半</td><td colspan="3"></td><td rowspan="6"></td></tr>
<tr><td>接地网内应敷设水平均压带，可按等间距或不等间距布置</td><td colspan="3"></td></tr>
<tr><td>35kV 及以上发电厂、变电站接地网边缘有人出入的走道处，应铺设碎石、沥青路面或在地下装设两条与接地网相连的均压带</td><td colspan="3"></td></tr>
<tr><td>接地线应采取防止发生机械损伤和化学腐蚀的措施。接地线在穿过新建构筑物处，可绕过基础或在其下方穿过，不应断开或浇筑在混凝土中</td><td colspan="3"></td></tr>
<tr><td rowspan="2">2</td><td rowspan="2">接地极（线）连接的质量要求</td><td>接地连接应牢靠；异种金属接地极之间连接时接头处应采取防止电化学腐蚀的措施</td><td colspan="3"></td></tr>
<tr><td>电气设备上的接地线，应采用热镀锌螺栓连接；有色金属接地线不能采用焊接时，可用螺栓连接</td><td colspan="3"></td></tr>
</table>

接地装置及接闪杆（带、网）安装检验批质量验收记录（续表 1） SY/T 4206

工程名称		分项工程名称		验收部位	
施工单位		专业负责人		项目经理	
施工执行标准名称及编号				检验批编号	

质量验收规范规定				施工单位检查评定记录	监理（建设）单位验收意见
一般项目	2	接地极（线）连接的质量要求	热镀锌钢材焊接时，在焊痕处最小100mm范围内应采取可靠的防腐处理。在做防腐处理前，表面应除锈并去除焊接处残留的焊渣		
			接地线、接地极采用电弧焊连接时应采用搭接焊，其搭接长度应符合下列规定： （1）扁钢应为其宽度的2倍且不得少于3个棱边焊接； （2）圆钢应为其直径的6倍； （3）圆钢与扁钢连接时，其长度应为圆钢直径的6倍； （4）扁钢与钢管、扁钢与角钢焊接时，除应在其接触部位两侧进行焊接外，还应由钢带或钢带弯成的卡子与钢管或角钢焊接		
			接地极（线）的连接工艺采用放热焊接时，其焊接接头应符合下列规定： （1）被连接的导体截面应完全包裹在接头内； （2）接头的表面应平滑； （3）被连接的导体接头表面应完全熔合； （4）接头应无贯穿性的气孔		
			采用金属绞线作接地线引下时，宜采用压接端子与接地极连接		
			采用各种金属构件、金属管道为接地线时，连接处应保证有可靠的电气连接		
	3	明敷接地线的安装的质量要求	接地线的安装位置应合理，便于检查，不应妨碍设备检修和运行巡视		
			接地线的连接应可靠，不应因加工造成接地线截面减小，强度减弱或锈蚀等问题		
			接地线支撑件间的距离，在水平直线部分宜为0.5~1.5m，垂直部分宜为1.5~3.0m，转弯部分宜为0.3~0.5m		
			接地线应水平或垂直敷设，或可与建筑物倾斜结构平行敷设；在直线段上，不应有高低起伏及弯曲等现象		

接地装置及接闪杆（带、网）安装检验批质量验收记录（续表 2） SY/T 4206

工程名称		分项工程名称		验收部位	
施工单位		专业负责人		项目经理	
施工执行标准名称及编号				检验批编号	

质量验收规范规定				施工单位检查评定记录	监理（建设）单位验收意见
一般项目	3	明敷接地线的安装的质量要求	接地线沿建筑物墙壁水平敷设时，离地面距离宜为 250~300mm；接地线与建筑物墙壁间的间隙宜为 10~15mm		
			在接地线跨越建筑物伸缩缝、沉降缝处时，应设置补偿器。补偿器可用接地线本身呈弧状代替		
			明敷接地线，在导体的全长度或区间段及每个连接部位附近的表面，应涂以 15~100mm 宽度相等的绿色和黄色相间的条纹标识。当使用胶带时，应使用双色胶带。中性线宜涂淡蓝色标识		
	4	爆炸危险环境的接地装置安装的质量规定	在爆炸危险环境的电气设备的金属外壳、金属构架、安装在已接地的金属结构上的设备、金属配线管及其配件、电缆保护管、电缆的金属护套等非带电的裸露金属部分，均应接地		
			在爆炸危险环境中接地干线已在不同方向与接地体相连，连接处不得少于两处		
			在爆炸危险环境中接地干线通过与其他环境共用的隔墙或楼板时，应采用钢管保护		
			在爆炸危险环境内的电气设备与接地线的连接，宜采用多股软绞线，其铜线最小截面积不得小于 $4mm^2$		
			爆炸危险环境内接地或接零用的螺栓应有防松装置，接地线紧固前，其接地端子及紧固件，均应涂电力复合脂		
			生产、贮存和装卸液化石油气、可燃气体、易燃液体的设备、贮罐、管道、机组等的防静电接地装置与防止直接雷击的独立避雷针的接地装置应分开设置，与装设在建筑物上防止直接雷击的避雷针的接地装置可合并设置；防静电的接地装置、防感应雷和电气设备的接地装置可共同设置		

接地装置及接闪杆（带、网）安装检验批质量验收记录（续表3） SY/T 4206

工程名称		分项工程名称		验收部位	
施工单位		专业负责人		项目经理	
施工执行标准名称及编号				检验批编号	
质量验收规范规定				施工单位检查评定记录	监理（建设）单位验收意见
一般项目	4	爆炸危险环境的接地装置安装的质量规定	引入爆炸危险环境的金属管道、配线的钢管、电缆的铠装及金属外壳，必须在危险区域的进口处接地		
			防静电接地线的安装，应与设备、机组、贮罐等固定接地端子或螺栓连接，连接螺栓不应小于M10，并应有防松装置和涂以电力复合脂		
	5	接闪杆（带、网）安装的质量规定	固定接闪导线的固定支架应固定可靠，固定支架应均匀安装，并应符合设计文件和GB 50601—2010《建筑物防雷工程施工与质量验收规范》的规定。接闪杆和接闪带与接地线之间的连接应可靠		
			接闪杆和接闪带的接地线及接地装置使用的紧固件均应使用镀锌制品。当采用非镀锌地脚螺栓时，应采取防腐措施		
			构筑物上的防雷设施接地线，应设置断接卡		
			装有接闪杆的金属筒体，当其厚度不小于4mm时，可作接闪杆的接地线。筒体底部应至少有2处于接地极对称连接		
			独立接闪杆及其接地装置与道路或建筑物的出入口等的距离应大于3m；当小于3m时，应采取均压措施或铺设卵石或沥青地面		
			独立接闪杆和接闪线应设置独立的集中接地装置，其与接地网的地中距离不应小于3m。当小于3m时，在满足接闪杆与主接地网的地下连接点至35kV及以下设备与主接地网的地下连接点间沿接地极的长度不小于15m的情况下，该接地装置可与接地网连接		
			发电厂、变电站配电装置的架构或屋顶上的接闪杆及悬挂避雷线的构架应在其接地线处装设集中接地装置，并应与接地网连接		
			接闪杆（带、网）安装布置应符合设计文件要求		

接地装置及接闪杆（带、网）安装检验批质量验收记录（续表 4） SY/T 4206

<table>
<tr><td colspan="3">工程名称</td><td></td><td>分项工程名称</td><td></td><td>验收部位</td><td></td></tr>
<tr><td colspan="3">施工单位</td><td></td><td>专业负责人</td><td></td><td>项目经理</td><td></td></tr>
<tr><td colspan="4">施工执行标准名称及编号</td><td colspan="2"></td><td>检验批编号</td><td></td></tr>
<tr><td colspan="4">质量验收规范规定</td><td colspan="3">施工单位检查评定记录</td><td>监理（建设）单位验收意见</td></tr>
<tr><td rowspan="9">一般项目</td><td>6</td><td>防腐的质量规定</td><td>防腐漆色标志应清晰、正确，防腐应完整，无遗漏</td><td colspan="3"></td><td rowspan="9"></td></tr>
<tr><td rowspan="4">7</td><td rowspan="4">等电位联结的质量规定</td><td>建筑物等电位联结的范围、形式、方法、部位应符合设计文件要求</td><td colspan="3"></td></tr>
<tr><td>需做等电位联结的外露可导电部分或外界可导电部分的连接应可靠</td><td colspan="3"></td></tr>
<tr><td>需做等电位联结的卫生间内金属部件或零件的外界可导电部分，应设置专用接线螺栓与等电位联结导体连接，并应设置标识，连接处螺帽应紧固、防松零件应齐全</td><td colspan="3"></td></tr>
<tr><td>当等电位联结导体在地下暗敷时，其导体间的连接不应采用螺栓压接</td><td colspan="3"></td></tr>
<tr><td>8</td><td colspan="2">继电保护及安全自动装置的接地应符合 GB 50169—2016《电气装置安装工程　接地装置施工及验收规范》的规定</td><td colspan="3"></td></tr>
<tr><td rowspan="2">9</td><td rowspan="2">接地装置回填土的质量规定</td><td>回填土内不应夹有石块和建筑垃圾等，外取的土壤不应有较强腐蚀性；在回填土时应分层夯实，室外接地沟回填宜有100~300mm 高的防沉层</td><td colspan="3"></td></tr>
<tr><td>在山区石质地段或电阻率较高的土质区段的土沟中敷设接地极，回填不应少于100mm 厚的净土垫层，并应用净土分层夯实回填</td><td colspan="3"></td></tr>
<tr><td colspan="8"></td></tr>
<tr><td colspan="2">施工单位检查评定结果</td><td colspan="6">项目专业质量检查员：　　　　年　月　日</td></tr>
<tr><td colspan="2">监理（建设）单位验收结论</td><td colspan="6">监理工程师：
（建设单位项目代表）　　　　年　月　日</td></tr>
</table>

3.6.20 UPS 及 EPS 安装检验批质量验收记录 SY/T 4206

工程名称		分项工程名称		验收部位
施工单位		专业负责人		项目经理
施工执行标准名称及编号				检验批编号
质量验收规范规定			施工单位检查评定记录	监理（建设）单位验收意见
主控项目	1	UPS 的整流、逆变、静态开关、储能电池或蓄电池组的规格、型号应符合设计文件要求并具有产品技术质量证明文件		
	2	UPS 及 EPS 的内部接线应正确、可靠不松动。紧固件应齐全极性应正确，输入、输出各级保护系统的动作和输出的电压稳定性、波形畸变系数及频率、相位、静态开关的动作等各项技术性能指标试验调整应符合产品技术文件要求，当以现场的最终试验替代出厂验证时，应根据产品技术文件进行试验调整，且应符合设计文件要求		
	3	EPS 应按设计或产品技术文件的要求按照 SY/T 4206—2019《石油天然气建设工程施工质量验收规范 电气工程》第 23.2.3 条检查		
	4	UPS 及 EPS 的绝缘电阻值应符合 SY/T 4206—2019《石油天然气建设工程施工质量验收规范 电气工程》第 23.2.4 条的规定		
	5	UPS 输出端的系统接地连接方式应符合设计文件要求		
一般项目	1	安放 UPS 的机架或金属底座的组装应横平竖直，紧固件齐全，水平度、垂直度允许偏差不应大于 1.5‰		
	2	引入或引出 UPS 及 EPS 的主回路绝缘导线、电缆和控制绝缘导线、电缆应分别穿钢导管保护，当在电缆支架上或在梯架、托盘和线槽内平行敷设时，其分隔间距应符合设计文件要求；绝缘导线、电缆的屏蔽护套接地应连接可靠、紧固件齐全，与接地干线应就近连接		

UPS 及 EPS 安装检验批质量验收记录（续表） SY/T 4206

<table>
<tr><td colspan="3">工程名称</td><td colspan="4"></td><td colspan="3">分项工程名称</td><td colspan="3"></td><td>验收部位</td><td></td></tr>
<tr><td colspan="3">施工单位</td><td colspan="4"></td><td colspan="3">专业负责人</td><td colspan="3"></td><td>项目经理</td><td></td></tr>
<tr><td colspan="3">施工执行标准名称及编号</td><td colspan="10"></td><td>检验批编号</td><td></td></tr>
<tr><td colspan="3">质量验收规范规定</td><td colspan="8">施工单位检查评定记录</td><td colspan="4">监理（建设）单位验收意见</td></tr>
<tr><td rowspan="2">一般项目</td><td>3</td><td>UPS 及 EPS 的外露可导电部分应与保护导体可靠连接，并应有标识</td><td></td><td></td><td></td><td></td><td></td><td></td><td></td><td></td><td colspan="4" rowspan="2"></td></tr>
<tr><td>4</td><td>UPS 正常运行时产生的 A 声级噪声应符合产品技术文件的要求</td><td></td><td></td><td></td><td></td><td></td><td></td><td></td><td></td></tr>
<tr><td>施工单位检查评定结果</td><td colspan="14">项目专业质量检查员：　　　　年　月　日</td></tr>
<tr><td>监理（建设）单位验收结论</td><td colspan="14">监理工程师：
（建设单位项目代表）　　　　年　月　日</td></tr>
</table>

3.6.21 电气装置试运行检验批质量验收记录 SY/T 4206

工程名称		分项工程名称		验收部位	
施工单位		专业负责人		项目经理	
施工执行标准名称及编号				检验批编号	

质量验收规范规定				施工单位检查评定记录	监理（建设）单位验收意见
主控项目	1	电气设备的冲击送电合闸次数、持续时间应符合 GB 50150—2016《电气装置安装工程 电气设备交接试验标准》的规定			
	2	投运前主变储油柜、冷却装置、净油装置等油系统上的阀门已全数检查打开			
	3	电机试运行有关规定	空载试运行时间宜为 2h，机身和轴承的温升、电压和电流等应符合设备或工艺装置的空载状态运行要求，并应记录电流、电压、温度、运行时间等有关数据		
			空载状态下可启动次数及间隔时间应符合产品技术文件的要求；无要求时，连续启动 2 次的时间间隔不应小于 5min，并应在电机冷却至常温下进行再次启动		
一般项目	1	电气设备带电后运行状态检查	保护投入及送电顺序应符合 GB 50303—2015《建筑电气工程施工质量验收规范》和 DL 408—1991《电业安全工作规程（发电厂和变电所电气部分）》有关规定		
			设备无异常音响		
			计量、测量及监控信号正确		
			保护动作正确及报文信息正确		
			一次和二次核相合格，相序正确		
			设备或装置无渗漏		
	2	电动执行机构的动作方向及指示应与工艺装置的设计要求保持一致			
施工单位检查评定结果	项目专业质量检查员： 年 月 日				
监理（建设）单位验收结论	监理工程师：（建设单位项目代表） 年 月 日				

3.6.22　土石方施工检验批质量验收记录　SY/T 4206

工程名称		分项工程名称		验收部位	
施工单位		专业负责人		项目经理	
施工执行标准名称及编号				检验批编号	

质量验收规范规定			施工单位检查评定记录	监理（建设）单位验收意见
主控项目	1	掏挖基础和岩石基础的尺寸及拉线基础的坑深不应有负偏差，其他形式基础的坑深允许偏差应为 −50~100mm		
	2	接地沟开挖的长度和深度应符合设计文件要求且不应有负偏差		
一般项目	1	在允许偏差范围内，同基基础坑应按最深基坑操平		
	2	塔杆基础坑及拉线基础坑的回填应分层夯实，回填后坑口上应筑防沉层，其上部边宽不应小于坑口边宽，工程移交时回填土不应低于地面		
	3	石坑应以石子与土按 3∶1 的比例掺和后回填夯实，回填过程中石块不应相互叠加		
	4	泥水坑应排出坑内积水后回填夯实		
	5	冻土坑回填前应将坑内冰雪清除干净，把土块捣碎、冰雪清除后回填夯实		
	6	接地沟宜选取未掺有石块及其他杂物的泥土回填并应夯实，回填后应筑防沉层，工程移交时回填土不应低于地面		
施工单位检查评定结果	项目专业质量检查员：　　　　年　月　日			
监理（建设）单位验收结论	监理工程师： （建设单位项目代表）　　　　年　月　日			

3.6.23 现场浇筑基础施工检验批质量验收记录 SY/T 4206

<table>
<tr><td colspan="2">工程名称</td><td colspan="3"></td><td colspan="3">分项工程名称</td><td colspan="2"></td><td>验收部位</td><td></td></tr>
<tr><td colspan="2">施工单位</td><td colspan="3"></td><td colspan="3">专业负责人</td><td colspan="2"></td><td>项目经理</td><td></td></tr>
<tr><td colspan="3">施工执行标准名称及编号</td><td colspan="7"></td><td>检验批编号</td><td></td></tr>
<tr><td colspan="10">质量验收规范规定</td><td>施工单位检查评定记录</td><td>监理（建设）单位验收意见</td></tr>
<tr><td rowspan="3">主控项目</td><td>1</td><td colspan="8">钢筋、地脚螺栓的规格、型号应符合设计文件要求，并具有产品质量证明文件，对有复验要求的还应提供复验报告</td><td></td><td rowspan="3"></td></tr>
<tr><td>2</td><td colspan="8">基础浇筑前，应按 JGJ 55—2011《普通混凝土配合比设计规程》进行试配，确定混凝土配合比。混凝土原材料的规格、型号应符合设计文件要求和配合比单，并具有产品质量证明文件及复试报告</td><td></td></tr>
<tr><td>3</td><td colspan="8">基础混凝土强度以试块强度为依据，试块数量应符合设计文件及 GB 50173—2014《电气装置安装工程 66kV 及以下架空电力线路施工及验收规范》和 GB 50233—2014《110kV~750kV 架空输电线路施工及验收规范》的有关规定，应有试块强度检测报告</td><td></td></tr>
<tr><td rowspan="8">一般项目</td><td>1</td><td colspan="8">原材料外观质量应符合设计文件要求及 GB 50173—2014《电气装置安装工程 66kV 及以下架空电力线路施工及验收规范》和 GB 50233—2014《110kV~750kV 架空输电线路施工及验收规范》的有关要求</td><td></td><td rowspan="8"></td></tr>
<tr><td>2</td><td colspan="8">地脚螺栓及预埋件应安装牢固，安装前应除去浮锈，螺纹部分应予以保护</td><td></td></tr>
<tr><td>3</td><td colspan="8">混凝土浇筑过程中应控制水灰比，每班日或不同日浇筑每个基础腿应检查两次及以上坍落度</td><td></td></tr>
<tr><td>4</td><td colspan="8">混凝土表面应平整，无蜂窝麻面等缺陷</td><td></td></tr>
<tr><td rowspan="4">5</td><td rowspan="4">整基铁塔基础回填土夯实后尺寸允许偏差</td><td colspan="2" rowspan="2">项目</td><td colspan="2">地脚螺栓式</td><td colspan="2">主角铁插入式</td><td>高塔基础</td><td></td></tr>
<tr><td>直线</td><td>转角</td><td>直线</td><td>转角</td><td>—</td><td></td></tr>
<tr><td rowspan="2">整基基础中心与中心桩之间位移</td><td>横线路方向（mm）</td><td>30</td><td>30</td><td>30</td><td>30</td><td>30</td><td></td></tr>
<tr><td>顺线路方向（mm）</td><td>—</td><td>30</td><td>—</td><td>30</td><td>—</td><td></td></tr>
</table>

现场浇筑基础施工检验批质量验收记录（续表） SY/T 4206

<table>
<tr><td colspan="3">工程名称</td><td colspan="4"></td><td colspan="3">分项工程名称</td><td colspan="3"></td><td colspan="4">验收部位</td><td></td></tr>
<tr><td colspan="3">施工单位</td><td colspan="4"></td><td colspan="3">专业负责人</td><td colspan="3"></td><td colspan="4">项目经理</td><td></td></tr>
<tr><td colspan="4">施工执行标准名称及编号</td><td colspan="9"></td><td colspan="4">检验批编号</td><td></td></tr>
<tr><td colspan="9">质量验收规范规定</td><td colspan="8">施工单位检查评定记录</td><td>监理（建设）单位验收意见</td></tr>
<tr><td rowspan="5">一般项目</td><td rowspan="5">5</td><td rowspan="5">整基铁塔基础回填土夯实后尺寸允许偏差</td><td rowspan="2">项目</td><td colspan="2">地脚螺栓式</td><td colspan="2">主角铁插入式</td><td>高塔基础</td><td></td><td></td><td></td><td></td><td></td><td></td><td></td><td></td><td rowspan="5"></td></tr>
<tr><td>直线</td><td>转角</td><td>直线</td><td>转角</td><td>—</td><td></td><td></td><td></td><td></td><td></td><td></td><td></td><td></td></tr>
<tr><td>基础根开及对角线尺寸（‰）</td><td colspan="2">± 2</td><td colspan="2">± 1</td><td>± 0.7</td><td></td><td></td><td></td><td></td><td></td><td></td><td></td><td></td></tr>
<tr><td>基础顶面间或主角钢操平印记间的相对高差（mm）</td><td colspan="2">5</td><td colspan="2">5</td><td>5</td><td></td><td></td><td></td><td></td><td></td><td></td><td></td><td></td></tr>
<tr><td>整基基础扭转（′）</td><td colspan="2">10</td><td colspan="2">10</td><td>5</td><td></td><td></td><td></td><td></td><td></td><td></td><td></td><td></td></tr>
<tr><td colspan="2">施工单位检查评定结果</td><td colspan="16">项目专业质量检查员：　　　　年　月　日</td></tr>
<tr><td colspan="2">监理（建设）单位验收结论</td><td colspan="16">监理工程师：
（建设单位项目代表）　　　　年　月　日</td></tr>
</table>

3.6.24 灌注桩基础施工检验批质量验收记录 SY/T 4206

工程名称		分项工程名称		验收部位	
施工单位		专业负责人		项目经理	
施工执行标准名称及编号				检验批编号	

质量验收规范规定				施工单位检查评定记录	监理（建设）单位验收意见
主控项目	1	钢筋、地脚螺栓的规格、型号应符合设计文件要求，并具有产品质量证明文件，对有复验要求的还应提供复验报告			
	2	基础浇筑前，应按 JGJ 55—2011《普通混凝土配合比设计规程》进行试配，确定混凝土配合比。混凝土原材料的规格、型号应符合设计文件要求和配合比单，并具有产品质量证明文件及复试报告			
	3	基础混凝土强度以试块强度为依据，试块数量应符合设计文件及 GB 50173—2014《电气装置安装工程 66kV 及以下架空电力线路施工及验收规范》和 GB 50233—2014《110kV~750kV 架空输电线路施工及验收规范》的有关规定，应有试块强度检测报告			
	4	灌注桩应按设计文件和 JGJ 94—2008《建筑桩基技术规范》的有关规定进行验桩			
一般项目	1	原材料外观质量应符合设计文件要求和 GB 50173—2014《电气装置安装工程 66kV 及以下架空电力线路施工及验收规范》和 GB 50233—2014《110kV~750kV 架空输电线路施工及验收规范》的有关要求			
	2	钢筋笼制作规定	主筋间距允许偏差为 ±10mm		
			箍筋间距允许偏差为 ±20mm		
			钢筋骨架直径允许偏差为 ±10mm		
			钢筋骨架长度允许偏差为 ±50mm		
	3	连梁钢筋安装允许偏差应符合 GB 50204—2015《混凝土结构工程施工质量验收规范》和 JGJ 94—2008《建筑桩基技术规范》的有关规定			
	4	钢筋焊缝外观质量应良好，接头焊缝位置应符合设计文件及 GB 50204—2015《混凝土结构工程施工质量验收规范》和 JGJ 94—2008《建筑桩基技术规范》的有关规定要求			
	5	桩孔深不应小于设计深度			
	6	桩孔径负偏差不应大于 50mm			
	7	桩孔垂直度应小于桩长 1%			

灌注桩基础施工检验批质量验收记录（续表） SY/T 4206

工程名称		分项工程名称		验收部位	
施工单位		专业负责人		项目经理	
施工执行标准名称及编号				检验批编号	

质量验收规范规定				施工单位检查评定记录	监理（建设）单位验收意见
一般项目	8	连梁（承台）标高应符合设计文件要求			
	9	模板接缝应严密，与混凝土接触面应平整、清洁。桩头模板与灌注桩直径应吻合			
	10	坍落度检测应符合 GB 50173—2014《电气装置安装工程 66kV 及以下架空电力线路施工及验收规范》和 GB 50233—2014《110kV~750kV 架空输电线路施工及验收规范》有关要求			
	11	混凝土浇灌到地面后应清楚桩顶部浮浆层			
	12	混凝土表面应平整，无蜂窝麻面等缺陷			
	13	桩钢筋保护层厚度应符合设计文件要求			
	14	连梁（承台）钢筋保护层厚度应符合设计文件要求			
	15	连梁（承台）钢筋保护层厚度应符合设计文件要求			
	16	整基基础中心偏移（地脚螺栓式）允许偏差	直线塔横线路方向为 30mm		
			转角塔横线路方向为 30mm，顺线路方向为 30mm		
	17	地脚螺栓式整基基础扭转允许偏差为 10′			
	18	基础根开及对角线尺寸偏差（地脚螺栓式）：±2‰			
	19	基础顶面间高差（地脚螺栓式）允许偏差为 5mm			
	20	地脚螺栓应及时进行防锈养护，并对螺纹进行保护			
施工单位检查评定结果	项目专业质量检查员：　　　　年　月　日				
监理（建设）单位验收结论	监理工程师：（建设单位项目代表）　　　　年　月　日				

3.6.25 装配式预制基础施工检验批质量验收记录 SY/T 4206

<table>
<tr><td colspan="3">工程名称</td><td></td><td>分项工程名称</td><td></td><td>验收部位</td><td></td></tr>
<tr><td colspan="3">施工单位</td><td></td><td>专业负责人</td><td></td><td>项目经理</td><td></td></tr>
<tr><td colspan="3">施工执行标准名称及编号</td><td colspan="3"></td><td>检验批编号</td><td></td></tr>
<tr><td colspan="4">质量验收规范规定</td><td colspan="3">施工单位检查评定记录</td><td>监理（建设）单位验收意见</td></tr>
<tr><td rowspan="2">主控项目</td><td>1</td><td colspan="2">装配式预制基础的规格、型号应符合设计文件要求，并具有产品质量证明文件</td><td colspan="3"></td><td rowspan="2"></td></tr>
<tr><td>2</td><td colspan="2">底盘、拉线盘的埋设深度应符合设计文件要求</td><td colspan="3"></td></tr>
<tr><td rowspan="6">一般项目</td><td>1</td><td colspan="2">装配式预制基础的外观质量应外号，无蜂窝麻面等缺陷</td><td colspan="3"></td><td rowspan="6"></td></tr>
<tr><td>2</td><td colspan="2">底盘安装后，圆槽面应与电杆轴线垂直</td><td colspan="3"></td></tr>
<tr><td>3</td><td colspan="2">装配式预制基础的底座与立柱连接的螺栓、铁件及找平用的垫铁应采取有效的防锈措施</td><td colspan="3"></td></tr>
<tr><td rowspan="3">4</td><td rowspan="3">拉线盘、卡盘安装的规定</td><td>混凝土电杆的卡盘，安装位置与方向应符合设计文件规定，安装深度允许偏差不应超过 ±50mm</td><td colspan="3"></td></tr>
<tr><td>卡盘抱箍的螺母应紧固，卡盘弧面与电杆接触处应紧密</td><td colspan="3"></td></tr>
<tr><td>拉线盘的埋设位置应符合设计文件要求及 GB 50173—2014《电气装置安装工程 66kV 及以下架空电力线路施工及验收规范》和 GB 50233—2011《110kV~750kV 架空输电线路施工及验收规范》的有关规定</td><td colspan="3"></td></tr>
<tr><td>施工单位检查评定结果</td><td colspan="7">项目专业质量检查员： 年 月 日</td></tr>
<tr><td>监理（建设）单位验收结论</td><td colspan="7">监理工程师：
（建设单位项目代表） 年 月 日</td></tr>
</table>

3.6.26 岩石基础施工检验批质量验收记录 SY/T 4206

工程名称			分项工程名称		验收部位
施工单位			专业负责人		项目经理
施工执行标准名称及编号					检验批编号
质量验收规范规定				施工单位检查评定记录	监理（建设）单位验收意见
主控项目	1	岩石基础所浇筑的混凝土或砂浆材料，应在基础浇筑前按 JGJ 55—2011《普通混凝土配合比设计规程》进行试配，确定配合比。混凝土、砂浆、地脚螺栓、锚筋等原材料的规格、型号应符合设计文件要求，并具有产品质量证明文件及复验报告			
	2	岩石基础锚筋或地脚螺栓的埋入深度不应小于设计值，安装后应有可靠的固定措施			
	3	混凝土或砂浆留置试块的数量应符合设计文件及 GB 50173—2014《电气装置安装工程 66kV 及以下架空电力线路施工及验收规范》和 GB 50233—2014《110kV~750kV 架空输电线路施工及验收规范》的有关规定，应有试块强度检测报告			
一般项目	1	原材料外观质量应符合设计文件要求和 GB 50173—2014《电气装置安装工程 66kV 及以下架空电力线路施工及验收规范和 GB 50233—2014《110kV~750kV 架空输电线路施工及验收规范》的有关要求			
	2	混凝土或砂浆浇筑的规定	浇筑时应分层浇捣密实，并应按现场浇筑基础的规定进行养护		
			孔洞中浇灌混凝土或砂浆的数量不应小于设计文件要求		
			对浇灌钻孔式岩石基础，应采取减少混凝土收缩量的措施		
		岩石基础的施工允许偏差规定	成孔深度不应小于设计值		
			钻孔式基础成孔的孔径允许正偏差为 20mm，不应有负偏差。嵌固式基础的成孔横截面尺寸不应小于设计值，且锥度应符合设计文件规定		
施工单位检查评定结果	项目专业质量检查员：				年 月 日
监理（建设）单位验收结论	监理工程师：（建设单位项目代表）				年 月 日

3.6.27 杆塔组立检验批质量验收记录 SY/T 4206

工程名称		分项工程名称		验收部位	
施工单位		专业负责人		项目经理	
施工执行标准名称及编号				检验批编号	

质量验收规范规定				施工单位检查评定记录	监理（建设）单位验收意见
主控项目	1	杆塔及横担、配件等的规格及型号应符合设计文件要求、并且应具有产品质量证明文件			
主控项目	2	铁塔组立后，各相邻节点间主材弯曲度不应超过 1/750			
一般项目	1	杆塔、横担及配件外观质量应符合 GB 50233—2014《110kV~750kV 架空输电线路施工及验收规范》和 GB 50173—2014《电气装置安装工程 66kV 及以下架空电力线路施工及验收规范》的有关规定			
一般项目	2	杆塔及各部件安装规定	组装应紧密牢固，方向位置应正确，交叉处有空隙时，应加相应厚度垫片		
			螺栓应与构件平面垂直，螺栓头与构件间的接触处不应有空隙		
			螺栓紧固后，单螺母露扣不应少于 2 个螺距，双螺母露扣可与螺母相平		
			螺栓加垫时，每端不宜超过 2 个垫圈		
			螺栓穿向应符合 GB 50233—2014《110kV~750kV 架空输电线路施工及验收规范》和 GB 50173—2014《电气装置安装工程 66kV 及以下架空电力线路施工及验收规范》的规定		
			杆塔连接螺栓在组立结束时应全数检查紧固一次，检查扭矩值合格后方可架线		
			自立式转角、终端耐张塔组立后，应向受力反方向预倾斜，预倾斜值应符合设计文件要求		
	3	杆塔组立后杆塔结构的允许偏差	结构根开：110kV，±30mm；220kV，±5‰S；66kV 及以下拉线门型塔，±2.5‰S；66kV 及以下混凝土双杆，±30mm		
			横线路方向扭转：110kV，30mm；220kV，1‰S；66kV 及以下拉线门型塔，±4‰S；66kV 及以下混凝土双杆迈步，30mm		
			悬垂杆塔结构倾斜：10~220kV，3‰H；10kV 及以下架空电力线路直线单杆杆顶的倾斜，$\phi/2$		
			悬垂杆塔结构中心与中心桩间横线路方向位移：66kV 及以下、110~220kV，50mm		
			转角杆塔结构中心与中心桩间横线路、顺线路方向位移：66kV 及以下、110~220kV，50mm		

杆塔组立检验批质量验收记录（续表） SY/T 4206

<table>
<tr><td colspan="3">工程名称</td><td></td><td>分项工程名称</td><td></td><td>验收部位</td><td></td></tr>
<tr><td colspan="3">施工单位</td><td></td><td>专业负责人</td><td></td><td>项目经理</td><td></td></tr>
<tr><td colspan="4">施工执行标准名称及编号</td><td colspan="2"></td><td>检验批编号</td><td></td></tr>
<tr><td colspan="4">质量验收规范规定</td><td colspan="3">施工单位检查评定记录</td><td>监理（建设）单位验收意见</td></tr>
<tr><td rowspan="11">一般项目</td><td rowspan="5">4</td><td rowspan="5">混凝土电杆规定</td><td>钢圈连接的混凝土电杆，宜采用电弧焊接，焊缝高度、宽度及焊外观质量应符合 GB 50173—2014《电气装置安装工程 66kV 及以下架空电力线路施工及验收规范》和 GB 50233—2014《110kV~750kV 架空输电线路施工及验收规范》的有关规定</td><td colspan="3"></td><td rowspan="11"></td></tr>
<tr><td>电杆焊接后、放置地平面检查时，分段及整根电杆弯曲不应超过其对应长度的 2‰</td><td colspan="3"></td></tr>
<tr><td>钢圈焊接接头焊完后应及时将表面铁锈、焊渣及氧化层清理干净，并按设计规定防锈处理</td><td colspan="3"></td></tr>
<tr><td>混凝土电杆上端应封堵</td><td colspan="3"></td></tr>
<tr><td>横担安装应平正，其安装位置和安装偏差应符合 GB 50233—2014《110kV~750kV 架空输电线路施工及验收规范》和 GB 50173—2014《电气装置安装工程 66kV 及以下架空电力线路施工及验收规范》的规定</td><td colspan="3"></td></tr>
<tr><td rowspan="2">5</td><td rowspan="2">钢管杆组立质量规定</td><td>钢管电杆连接后，其分段及整根电杆弯曲不应超过其对应长度的 2‰</td><td colspan="3"></td></tr>
<tr><td>架线后，直线电杆的倾斜不应超过杆高的 5‰</td><td colspan="3"></td></tr>
<tr><td rowspan="3">6</td><td rowspan="3">塔脚板与保护帽有关规定</td><td>铁塔组立后，塔脚板应与基础面接触良好，有空隙时应垫铁片，并浇筑水泥砂浆</td><td colspan="3"></td></tr>
<tr><td>混凝土保护帽尺寸应符合设计文件要求</td><td colspan="3"></td></tr>
<tr><td>混凝土保护帽与塔座结合应严密，无裂缝</td><td colspan="3"></td></tr>
<tr><td>7</td><td colspan="2">杆塔螺栓防松，防盗应符合设计文件要求</td><td colspan="3"></td></tr>
<tr><td>施工单位检查评定结果</td><td colspan="7">项目专业质量检查员：　　　　　　　　年　月　日</td></tr>
<tr><td>监理（建设）单位验收结论</td><td colspan="7">监理工程师：
（建设单位项目代表）　　　　　　　　年　月　日</td></tr>
</table>

3.6.28 拉线安装检验批质量验收记录 SY/T 4206

工程名称		分项工程名称		验收部位	
施工单位		专业负责人		项目经理	
施工执行标准名称及编号				检验批编号	

质量验收规范规定				施工单位检查评定记录	监理（建设）单位验收意见
主控项目	1		拉线安装工程所使用的金具及镀锌钢管绞线及顶（撑）杆的型号、规格应符合设计文件要求，并应具有产品质量证明文件		
	2		拉线安装后，承力拉线应与线路方向的中心线对正，分角拉线应与线路分角线方向对正，防风拉线应与线路方向垂直		
一般项目	1		拉线安装工程所使用的的金具及镀锌钢绞线及顶（撑）杆外观质量应符合 GB 50173—2014《电气装置安装工程 66kV 及以下架空电力线路施工及验收规范》和 GB 50233—2014《110kV~750kV 架空输电线路施工及验收规范》的有关规定		
	2	拉线安装规定	拉线与拉线棒应呈同一直线		
			X 形拉线交叉点处应留有足够的空隙		
			35~220kV 线路拉线对地水平，夹角允许偏差应为 ±1°，10kV 及以下线路拉线对地平面夹角允许偏差为 3°		
			组合拉线的各根拉线应受力均匀		
			拉线棒外露地面部分的长度应为 500~700mm		
	3	采用 UT 型及楔形线夹固定安装的拉线规定	线夹舌板与拉线接触应紧密，线夹凸肚在尾线侧		
			拉线弯曲部分不应有明显松股		
			尾线应与主线用镀锌铁线扎牢		
			楔形线夹处露出的尾线长度应为 200~300mm，楔形 UT 型线夹处露出的尾线长度应为 300~500mm		
			66kV 及以下线路 NUT 型线夹带螺母后的螺杆应露出螺纹，并应留有不小于 1/2 螺杆丝扣长度可供调紧；110~220kV 线路 NUT 型线夹螺纹在装好双螺母及防卸装置后宜露出螺纹 3~5 道		
			当同一组拉线使用双线夹并采用连板时，其尾线端的方向应统一		

拉线安装检验批质量验收记录（续表） SY/T 4206

<table>
<tr><td colspan="2">工程名称</td><td colspan="2"></td><td colspan="3">分项工程名称</td><td colspan="2"></td><td colspan="3">验收部位</td><td></td></tr>
<tr><td colspan="2">施工单位</td><td colspan="2"></td><td colspan="3">专业负责人</td><td colspan="2"></td><td colspan="3">项目经理</td><td></td></tr>
<tr><td colspan="3">施工执行标准名称及编号</td><td colspan="9"></td><td colspan="2">检验批编号</td><td></td></tr>
<tr><td colspan="4">质量验收规范规定</td><td colspan="8">施工单位检查评定记录</td><td>监理（建设）单位验收意见</td></tr>
<tr><td rowspan="4">一般项目</td><td rowspan="3">4</td><td rowspan="3">顶（撑）杆的安装规定</td><td>顶杆底部埋深不宜小于0.5m，且设有防沉措施</td><td></td><td></td><td></td><td></td><td></td><td></td><td></td><td></td><td rowspan="4"></td></tr>
<tr><td>与主杆之间夹角应满足设计文件要求，允许偏差为 ±5°</td><td></td><td></td><td></td><td></td><td></td><td></td><td></td><td></td></tr>
<tr><td>与主杆连接应紧密、牢固</td><td></td><td></td><td></td><td></td><td></td><td></td><td></td><td></td></tr>
<tr><td>5</td><td colspan="2">拉线应避免设在通道处，当无法避免时应在拉线下部设反光标志，且拉线上部应设绝缘子</td><td></td><td></td><td></td><td></td><td></td><td></td><td></td><td></td></tr>
<tr><td>施工单位检查评定结果</td><td colspan="12">项目专业质量检查员：　　　　年　月　日</td></tr>
<tr><td>监理（建设）单位验收结论</td><td colspan="12">监理工程师：
（建设单位项目代表）　　　　年　月　日</td></tr>
</table>

3.6.29 导线架设检验批质量验收记录 SY/T 4206

工程名称		分项工程名称		验收部位	
施工单位		专业负责人		项目经理	
施工执行标准名称及编号				检验批编号	

			质量验收规范规定	施工单位检查评定记录	监理（建设）单位验收意见
主控项目	1		导线架设工程所使用的导线及避雷线的规格、型号应符合设计文件要求，并应具有产品质量证明文件		
	2		不同金属、不同规格、不同绞制方向的导线或架空地线严禁在一个耐张段内连接		
	3		架线施工前应由有资质的检测单位对试件进行连接后的握着强度试验。试件不应少于3组。试件握着强度试验结果不应少于3组。试件握着强度试验结果应符合GB 50173—2014《电气装置安装工程 66kV及以下架空电力线路施工及验收规范》或GB 50233—2014《110kV~750kV架空输电线路施工及验收规范》的有关规定		
一般项目	1		导线和地线的外观质量应完好		
	2	导线或避雷线架设规定	导线的固定应牢固，允许损伤程度及修补处理应符合GB 50173—2014《电气装置安装工程 66kV及以下架空电力线路施工及验收规范》和GB 50233—2014《110kV~750kV架空输电线路施工及验收规范》的规定		
			接续管及耐张管压后应平直无裂纹		
			在同一档距内，每根导线或架空地线不应超过一个接续管和三个补修管（张力放线时不应超过两个补修管），接头位置应符合SY/T 4206—2019《石油天然气建筑工程施工质量验收规范 电气工程》第32.3.2条第3款的规定		
			紧线弧垂在挂线后应随即在观测档检查，其允许偏差应符合SY/T 4206—2019《石油天然气建筑工程施工质量验收规范 电气工程》第32.3.2条第4款的规定		
			相分裂导线同相子导线的弧垂应力求一致，在满足以上弧垂允许偏差标准时，其相对偏差应符合SY/T 4206—2019《石油天然气建筑工程施工质量验收规范 电气工程》第32.3.2条第5款的规定		
			架线后导线对被跨越物的净空距离换算到最大弧垂时应符合设计文件要求		

导线架设检验批质量验收记录（续表） SY/T 4206

<table>
<tr><td colspan="3">工程名称</td><td colspan="2"></td><td colspan="8">分项工程名称</td><td></td><td>验收部位</td><td></td></tr>
<tr><td colspan="3">施工单位</td><td colspan="2"></td><td colspan="8">专业负责人</td><td></td><td>项目经理</td><td></td></tr>
<tr><td colspan="4">施工执行标准名称及编号</td><td colspan="11"></td><td>检验批编号</td><td></td></tr>
<tr><td colspan="4">质量验收规范规定</td><td colspan="8">施工单位检查评定记录</td><td colspan="4">监理（建设）单位验收意见</td></tr>
<tr><td rowspan="8">一般项目</td><td rowspan="5">3</td><td rowspan="5">绝缘导线架设规定</td><td>绝缘导线的连接不应缠绕，应采用专用的线夹、接续管连接</td><td></td><td></td><td></td><td></td><td></td><td></td><td></td><td></td><td colspan="4" rowspan="8"></td></tr>
<tr><td>绝缘导线连接后应进行绝缘处理，其全部端头、接头应进行绝缘护封，不应有导线、接头裸露，防止进水、进潮</td><td></td><td></td><td></td><td></td><td></td><td></td><td></td><td></td></tr>
<tr><td>绝缘导线接头应进行屏蔽处理</td><td></td><td></td><td></td><td></td><td></td><td></td><td></td><td></td></tr>
<tr><td>新建线路在一个档距内，每根导线不应超过一个接头</td><td></td><td></td><td></td><td></td><td></td><td></td><td></td><td></td></tr>
<tr><td>导线接头距导线固定点不应小于 0.5m</td><td></td><td></td><td></td><td></td><td></td><td></td><td></td><td></td></tr>
<tr><td rowspan="3">4</td><td rowspan="3">引流线安装规定</td><td>连接处应紧密、牢固，连接方式、绑扎或压接尺寸应符合设计文件按要求</td><td></td><td></td><td></td><td></td><td></td><td></td><td></td><td></td></tr>
<tr><td>三相弧垂应一致</td><td></td><td></td><td></td><td></td><td></td><td></td><td></td><td></td></tr>
<tr><td>引流线对杆塔及拉线等的电气间隙应符合设计文件规定</td><td></td><td></td><td></td><td></td><td></td><td></td><td></td><td></td></tr>
<tr><td colspan="2">施工单位检查评定结果</td><td colspan="15">项目专业质量检查员：　　　　年　月　日</td></tr>
<tr><td colspan="2">监理（建设）单位验收结论</td><td colspan="15">监理工程师：
（建设单位项目代表）　　　　年　月　日</td></tr>
</table>

3.6.30 光纤符合架空地线（OPGW）架设检验批质量验收记录 SY/T 4206

<table>
<tr><td colspan="3">工程名称</td><td></td><td>分项工程名称</td><td></td><td>验收部位</td><td></td></tr>
<tr><td colspan="3">施工单位</td><td></td><td>专业负责人</td><td></td><td>项目经理</td><td></td></tr>
<tr><td colspan="4">施工执行标准名称及编号</td><td colspan="2"></td><td>检验批编号</td><td></td></tr>
<tr><td colspan="4">质量验收规范规定</td><td colspan="3">施工单位检查评定记录</td><td>监理（建设）单位验收意见</td></tr>
<tr><td rowspan="4">主控项目</td><td>1</td><td colspan="2">OPGW 光缆及附件的规格、型号应符合设计文件要求，并具有产品质量证明文件</td><td colspan="3"></td><td rowspan="14"></td></tr>
<tr><td>2</td><td colspan="2">架设前应对每盘光缆进行光纤衰耗值测试，并应有测试报告</td><td colspan="3"></td></tr>
<tr><td>3</td><td colspan="2">光纤熔接后应进行接头光纤衰耗值测试，并应有测试报告</td><td colspan="3"></td></tr>
<tr><td>4</td><td colspan="2">光缆施工完成后应进行全程测试，并有测试报告</td><td colspan="3"></td></tr>
<tr><td rowspan="10">一般项目</td><td rowspan="5">1</td><td rowspan="5">架设规定</td><td>OPGW 光缆及附件外观质量应完好无损</td><td colspan="3"></td></tr>
<tr><td>施工过程中，OPGW 光缆的曲率半径不应小于设计文件要求和制造厂的规定</td><td colspan="3"></td></tr>
<tr><td>牵引光缆时应控制放线张力和速度，并有防捻措施</td><td colspan="3"></td></tr>
<tr><td>光缆架设后不应出现光缆外层明显单丝损伤、扭曲、折弯、挤压、松股、“鸟笼”等现象</td><td colspan="3"></td></tr>
<tr><td>紧线弧垂允许偏差应符合设计文件要求和规范要求</td><td colspan="3"></td></tr>
<tr><td rowspan="5">2</td><td rowspan="5">附件安装规定</td><td>引下线应顺直、圆滑，不应有硬弯、折角</td><td colspan="3"></td></tr>
<tr><td>金具上的螺栓、穿钉及弹簧销子的穿向应符合设计文件和规范要求</td><td colspan="3"></td></tr>
<tr><td>熔接时应防止光纤接线盒内有潮气或水分进入，安装接线盒时螺栓应紧固，橡皮封条应安装到位</td><td colspan="3"></td></tr>
<tr><td>防震锤安装距离应符合设计文件要求</td><td colspan="3"></td></tr>
<tr><td>余缆盘绕应整齐有序</td><td colspan="3"></td></tr>
<tr><td colspan="2">施工单位检查评定结果</td><td colspan="6">项目专业质量检查员： 年 月 日</td></tr>
<tr><td colspan="2">监理（建设）单位验收结论</td><td colspan="6">监理工程师：
（建设单位项目代表） 年 月 日</td></tr>
</table>

3.6.31 附件安装检验批质量验收记录 SY/T 4206

<table>
<tr><td>工程名称</td><td></td><td>分项工程名称</td><td></td><td>验收部位</td><td></td></tr>
<tr><td>施工单位</td><td></td><td>专业负责人</td><td></td><td>项目经理</td><td></td></tr>
<tr><td colspan="2">施工执行标准名称及编号</td><td colspan="2"></td><td>检验批编号</td><td></td></tr>
</table>

<table>
<tr><td colspan="4">质量验收规范规定</td><td>施工单位检查评定记录</td><td>监理（建设）单位验收意见</td></tr>
<tr><td rowspan="2">主控项目</td><td>1</td><td colspan="2">金具及绝缘子的型号与规格应符合设计文件要求，并具有产品质量证明文件</td><td></td><td rowspan="2"></td></tr>
<tr><td>2</td><td colspan="2">绝缘子电气交接试验应符合 GB 50150—2016《电气装置安装工程　电气设备交接试验标准》的规定</td><td></td></tr>
<tr><td rowspan="8">一般项目</td><td rowspan="8">1</td><td rowspan="8">金具安装规定</td><td>金具镀锌层应完好，缺损处应补刷防锈漆</td><td></td><td rowspan="8"></td></tr>
<tr><td>绝缘子串、导线及架空地线上各种金具上的螺栓、穿钉及弹簧销子除有固定穿向外，其余穿向应统一，并应符合 GB 50173—2014《电气装置安装工程　66kV 及以下架空电力线路施工及验收规范》及 GB 50233—2014《110kV~750kV 架空输电线路施工及验收规范》的规定</td><td></td></tr>
<tr><td>铝质绞线与金具线夹夹紧时，除并沟线夹及使用预绞丝护线条外，安装时应在铝股外缠绕铝包带，所缠铝包带应露出线夹不超过 10mm，其端头应回缠绕于线夹内压住，铝包带应缠绕紧密，缠绕方向应与外层铝股的绞制方向一致</td><td></td></tr>
<tr><td>铝质引流连板及并沟线夹的连接面应平整、光洁，安装应符合 GB 50173—2014《电气装置安装工程　66kV 及以下架空电力线路施工及验收规范》或 GB 50233—2014《110kV~750kV 架空输电线路施工及验收规范》的规定</td><td></td></tr>
<tr><td>安装预绞丝护线条时，每条的中心与线夹中心应重合，对导线包裹应紧密</td><td></td></tr>
<tr><td>各相间隔棒安装位置应一致，分裂导线的间隔棒的结构面应与导线垂直，杆塔两侧第一个间隔棒的安装距离允许偏差应为端次档距的 ±1.5%，其余应为次档距的 ±3%，各相间隔棒宜处于同一竖直面</td><td></td></tr>
<tr><td>防震锤、阻尼线与被连接的导线或架空地线应在同一铅垂面内，其安装距离允许偏差应为 ±30mm</td><td></td></tr>
</table>

附件安装检验批质量验收记录（续表） SY/T 4206

<table>
<tr><td>工程名称</td><td colspan="3"></td><td colspan="4">分项工程名称</td><td colspan="3"></td><td>验收部位</td><td></td></tr>
<tr><td>施工单位</td><td colspan="3"></td><td colspan="4">专业负责人</td><td colspan="3"></td><td>项目经理</td><td></td></tr>
<tr><td colspan="4">施工执行标准名称及编号</td><td colspan="7"></td><td>检验批编号</td><td></td></tr>
<tr><td colspan="4">质量验收规范规定</td><td colspan="8">施工单位检查评定记录</td><td>监理（建设）单位验收意见</td></tr>
<tr><td rowspan="3">一般项目</td><td rowspan="3">2</td><td rowspan="3">绝缘子安装规定</td><td>绝缘子表面应洁净、无损伤</td><td></td><td></td><td></td><td></td><td></td><td></td><td></td><td></td><td rowspan="3"></td></tr>
<tr><td>悬垂线夹安装后，绝缘子串应竖直，顺线路方向与竖直位置的偏移角不应超过 5°，且最大偏移值不应超过 200mm</td><td></td><td></td><td></td><td></td><td></td><td></td><td></td><td></td></tr>
<tr><td>针式绝缘子及瓷横担安装应牢固，瓷横担直立安装时，顶端顺线路歪斜不应大于 10mm，水平安装时顶端顺线路歪斜不应大于 20mm，其顶端宜向上翘起 5°~15°</td><td></td><td></td><td></td><td></td><td></td><td></td><td></td><td></td></tr>
<tr><td colspan="2">施工单位检查评定结果</td><td colspan="11">项目专业质量检查员：　　　　年　月　日</td></tr>
<tr><td colspan="2">监理（建设）单位验收结论</td><td colspan="11">监理工程师：
（建设单位项目代表）　　　　年　月　日</td></tr>
</table>

3.6.32 杆上电气设备及接户线安装检验批质量验收记录 SY/T 4206

工程名称		分项工程名称		验收部位	
施工单位		专业负责人		项目经理	
施工执行标准名称及编号				检验批编号	

质量验收规范规定				施工单位检查评定记录	监理（建设）单位验收意见
主控项目	1	杆上电气设备及附件的型号、规格应符合设计文件要求，并具有产品质量证明文件			
主控项目	2	杆上电气设备电气连接应解除紧密，不同金属连接，应有过渡措施			
主控项目	3	杆上电气设备的电气试验应符合 GB 50150—2016《电气装置安装工程 电气设备交接试验标准》的规定			
一般项目	1	杆上电气设备安装规定	安装应牢固可靠		
一般项目	1	杆上电气设备安装规定	绝缘件应表面光洁，无裂缝、破损等		
一般项目	2	杆上变压器及变压器台安装规定	变压器外观检查完好		
一般项目	2	杆上变压器及变压器台安装规定	水平倾斜不应大于台架根开的 1/100		
一般项目	2	杆上变压器及变压器台安装规定	一次和二次引线应排列整齐、绑扎牢固		
一般项目	2	杆上变压器及变压器台安装规定	油枕、油位应正常，外壳应干净		
一般项目	2	杆上变压器及变压器台安装规定	接地应可靠		
一般项目	2	杆上变压器及变压器台安装规定	套管压线螺栓等部件应齐全		
一般项目	2	杆上变压器及变压器台安装规定	呼吸孔道应通畅，吸湿剂应有效		
一般项目	3	跌落式熔断器安装规定	各部分零件应完整。熔丝规格应正确，熔丝两端应压紧、弹力适中，无损伤		
一般项目	3	跌落式熔断器安装规定	转轴应光滑灵活，铸件不应有裂纹、砂眼、锈蚀		
一般项目	3	跌落式熔断器安装规定	绝缘件应完好，熔丝管不应有吸潮膨胀或弯曲现象		
一般项目	3	跌落式熔断器安装规定	熔断器应安装牢固、排列整齐，熔管轴线与地面的垂线夹角为 15°~30°。熔断器水平相间距离不应小于 500mm		
一般项目	3	跌落式熔断器安装规定	操作应灵活可靠、接触紧密。合熔丝管时上触头应有一定的压缩行程		
一般项目	3	跌落式熔断器安装规定	线路导线线径与熔断器接线端子应匹配，且连接紧密、可靠		

杆上电气设备及接户线安装检验批质量验收记录（续表1） SY/T 4206

<table>
<tr><td colspan="3">工程名称</td><td></td><td>分项工程名称</td><td></td><td>验收部位</td><td></td></tr>
<tr><td colspan="3">施工单位</td><td></td><td>专业负责人</td><td></td><td>项目经理</td><td></td></tr>
<tr><td colspan="4">施工执行标准名称及编号</td><td colspan="2"></td><td>检验批编号</td><td></td></tr>
<tr><td colspan="4">质量验收规范规定</td><td colspan="3">施工单位检查评定记录</td><td>监理（建设）单位验收意见</td></tr>
<tr><td rowspan="21">一般项目</td><td rowspan="4">4</td><td rowspan="4">杆上断路器和负荷开关安装规定</td><td>外观完好无损，水平倾斜不应大于托架长度的1/100</td><td colspan="3"></td><td rowspan="21"></td></tr>
<tr><td>密封应良好，不应有漏油或漏气现象，油压或气压应正常</td><td colspan="3"></td></tr>
<tr><td>操作应灵活，分合位置指示应正确</td><td colspan="3"></td></tr>
<tr><td>外壳应接地可靠</td><td colspan="3"></td></tr>
<tr><td rowspan="5">5</td><td rowspan="5">杆上隔离开关安装规定</td><td>分相安装的隔离开关水平相间距离应符合设计文件要求</td><td colspan="3"></td></tr>
<tr><td>外观完好无损，操作机构动作应灵活</td><td colspan="3"></td></tr>
<tr><td>合闸时动静触头应接触紧密，分闸时应可靠到位</td><td colspan="3"></td></tr>
<tr><td>安装的隔离开关，分闸时，宜使静触头带电</td><td colspan="3"></td></tr>
<tr><td>三相连动隔离开关的分闸、合闸同期性应满足产品技术要求</td><td colspan="3"></td></tr>
<tr><td rowspan="6">6</td><td rowspan="6">杆上避雷器的安装规定</td><td>外观完好无损，避雷器的水平相间距离应符合设计文件要求</td><td colspan="3"></td></tr>
<tr><td>避雷器与地面垂直距离应符合设计文件要求，66kV及以下杆上避雷器与地面垂直距离不宜小于4.5m</td><td colspan="3"></td></tr>
<tr><td>引线应短而直，采用绝缘线时，其截面应符合设计文件要求</td><td colspan="3"></td></tr>
<tr><td>监测仪应密封良好，动作可靠，便于观察</td><td colspan="3"></td></tr>
<tr><td>所有安装部位螺栓应紧固</td><td colspan="3"></td></tr>
<tr><td>接地应可靠</td><td colspan="3"></td></tr>
<tr><td rowspan="3">7</td><td rowspan="3">杆上低压交流配线箱的安装规定</td><td>低压交流配线箱的安装托架应具有无法借助其攀登变压器台架的结构，且安装牢固、可靠</td><td colspan="3"></td></tr>
<tr><td>箱内接线应正确，电线线芯破口应在箱内，进出线孔洞应封堵</td><td colspan="3"></td></tr>
<tr><td>当低压空气断路器带剩余电流保护功能时，应使馈出线端的低压空气断路器的剩余电流保护功能投入运行</td><td colspan="3"></td></tr>
</table>

杆上电气设备及接户线安装检验批质量验收记录（续表 2） SY/T 4206

<table>
<tr><td colspan="2">工程名称</td><td colspan="2"></td><td colspan="4">分项工程名称</td><td colspan="3"></td><td colspan="1">验收部位</td><td></td></tr>
<tr><td colspan="2">施工单位</td><td colspan="2"></td><td colspan="4">专业负责人</td><td colspan="3"></td><td colspan="1">项目经理</td><td></td></tr>
<tr><td colspan="3">施工执行标准名称及编号</td><td colspan="8"></td><td colspan="1">检验批编号</td><td></td></tr>
<tr><td colspan="4">质量验收规范规定</td><td colspan="8">施工单位检查评定记录</td><td>监理（建设）单位验收意见</td></tr>
<tr><td rowspan="6">一般项目</td><td rowspan="5">8</td><td rowspan="5">接户线架设规定</td><td>各相间弧度应一致</td><td></td><td></td><td></td><td></td><td></td><td></td><td></td><td></td><td rowspan="6"></td></tr>
<tr><td>异种金属连接应有过渡措施</td><td></td><td></td><td></td><td></td><td></td><td></td><td></td><td></td></tr>
<tr><td>档距内不应有接头</td><td></td><td></td><td></td><td></td><td></td><td></td><td></td><td></td></tr>
<tr><td>采用绝缘线时，裸露部分应进行绝缘处理</td><td></td><td></td><td></td><td></td><td></td><td></td><td></td><td></td></tr>
<tr><td>接户线各部的电气距离应符合设计文件要求，双电源引入的接户线应相序一致</td><td></td><td></td><td></td><td></td><td></td><td></td><td></td><td></td></tr>
<tr><td>9</td><td colspan="2">进户支架安装应位置正确、固定、牢靠，且油漆完好</td><td></td><td></td><td></td><td></td><td></td><td></td><td></td><td></td></tr>
<tr><td colspan="2">施工单位检查评定结果</td><td colspan="11">

项目专业质量检查员：　　　　年　月　日</td></tr>
<tr><td colspan="2">监理（建设）单位验收结论</td><td colspan="11">

监理工程师：
（建设单位项目代表）　　　　年　月　日</td></tr>
</table>

3.6.33 杆塔接地安装检验批质量验收记录 SY/T 4206

<table>
<tr><td colspan="3">工程名称</td><td></td><td>分项工程名称</td><td></td><td>验收部位</td><td></td></tr>
<tr><td colspan="3">施工单位</td><td></td><td>专业负责人</td><td></td><td>项目经理</td><td></td></tr>
<tr><td colspan="4">施工执行标准名称及编号</td><td colspan="2"></td><td>检验批编号</td><td></td></tr>
<tr><td colspan="4">质量验收规范规定</td><td colspan="3">施工单位检查评定记录</td><td>监理（建设）单位验收意见</td></tr>
<tr><td rowspan="3">主控项目</td><td>1</td><td colspan="2">接地体、接地线的数量、规格、型号应符合设计文件要求，并具有产品质量证明文件</td><td colspan="3"></td><td rowspan="3"></td></tr>
<tr><td>2</td><td colspan="2">接地装置连接应可靠，接地电阻值应符合设计文件要求</td><td colspan="3"></td></tr>
<tr><td>3</td><td colspan="2">接地装置的埋深应符合设计文件要求</td><td colspan="3"></td></tr>
<tr><td rowspan="6">一般项目</td><td>1</td><td colspan="2">接地体、接地线的防腐层检查应完好</td><td colspan="3"></td><td rowspan="6"></td></tr>
<tr><td rowspan="2">2</td><td rowspan="2">接地体安装规定</td><td>水平敷设的接地体与倾斜地形宜沿等高线敷设，两接地体的平行距离不应小于5m，接地体铺设应平直</td><td colspan="3"></td></tr>
<tr><td>采用垂直接地体时，应垂直打入，并应与土壤保持良好接触</td><td colspan="3"></td></tr>
<tr><td rowspan="3">3</td><td rowspan="3">接地装置连接规定</td><td>连接前应清除连接部位的浮锈</td><td colspan="3"></td></tr>
<tr><td>接地引下线应靠杆身，并应每隔一定距离与杆身固定</td><td colspan="3"></td></tr>
<tr><td>（1）扁钢的搭接长度不应小于宽度的2倍，应四面施焊；
（2）圆钢的搭接长度不应小于其直径的6倍，应双面施焊；
（3）圆钢与扁钢连接时，其搭接长度不应小于圆钢直径的6倍，应双面施焊；
（4）扁钢与钢管、扁钢与角钢焊接时，除应在其接触部位两侧进行焊接外，并应辅以由钢带弯成的弧形或直角形，应与钢管或角钢焊接；
（5）所有焊接部位均应进行防腐处理</td><td colspan="3"></td></tr>
</table>

杆塔接地安装检验批质量验收记录（续表） SY/T 4206

<table>
<tr><td colspan="3">工程名称</td><td colspan="3"></td><td colspan="4">分项工程名称</td><td colspan="2"></td><td>验收部位</td><td></td></tr>
<tr><td colspan="3">施工单位</td><td colspan="3"></td><td colspan="4">专业负责人</td><td colspan="2"></td><td>项目经理</td><td></td></tr>
<tr><td colspan="4">施工执行标准名称及编号</td><td colspan="8"></td><td>检验批编号</td><td></td></tr>
<tr><td colspan="4">质量验收规范规定</td><td colspan="8">施工单位检查评定记录</td><td colspan="2">监理（建设）单位验收意见</td></tr>
<tr><td>一般项目</td><td>4</td><td colspan="2">当接地圆钢采用液压压接方式连接时，其续接管尺寸应与所压圆钢相匹配，接续管壁厚不应小于3mm，搭接时接续管的长度不应小于圆钢直径的10倍，对接时接续管的长度不应小于圆钢直径的20倍</td><td></td><td></td><td></td><td></td><td></td><td></td><td></td><td></td><td colspan="2"></td></tr>
<tr><td colspan="2">施工单位检查评定结果</td><td colspan="12">项目专业质量检查员：　　　　年　月　日</td></tr>
<tr><td colspan="2">监理（建设）单位验收结论</td><td colspan="12">监理工程师：
（建设单位项目代表）　　　　年　月　日</td></tr>
</table>

3.7 管道穿跨越工程 ①

3.7.1 导流围堰管沟开挖检验批质量验收记录 SY 4207

<table>
<tr><td colspan="2">工程名称</td><td colspan="3"></td><td colspan="4">分项工程名称</td><td colspan="3"></td><td colspan="3">验收部位</td><td></td></tr>
<tr><td colspan="2">施工单位</td><td colspan="3"></td><td colspan="4">专业负责人</td><td colspan="3"></td><td colspan="3">项目经理</td><td></td></tr>
<tr><td colspan="3">施工执行标准名称及编号</td><td colspan="6"></td><td colspan="3">检验批编号</td><td colspan="4"></td></tr>
<tr><td colspan="5">质量验收规范规定</td><td colspan="10">施工单位检查评定记录</td><td>监理（建设）单位验收意见</td></tr>
<tr><td rowspan="3">主控项目</td><td>1</td><td colspan="3">围堰内管沟沟底应平直，开挖深度允许偏差为 ±200mm</td><td colspan="10"></td><td rowspan="3"></td></tr>
<tr><td>2</td><td colspan="3">管沟位置应符合设计要求</td><td colspan="10"></td></tr>
<tr><td>3</td><td colspan="3">管沟坡度符合设计要求</td><td colspan="10"></td></tr>
<tr><td rowspan="4">一般项目</td><td rowspan="4">沟底宽度（m）</td><td>淤泥、粉细砂</td><td>±0.6</td><td>D[1]+[2]4（8）[3]</td><td></td><td></td><td></td><td></td><td></td><td></td><td></td><td></td><td></td><td></td><td rowspan="4"></td></tr>
<tr><td>中粗砂、乱砾</td><td>±0.5</td><td>D+3（6）</td><td></td><td></td><td></td><td></td><td></td><td></td><td></td><td></td><td></td><td></td></tr>
<tr><td>砂土与黏土</td><td>±0.5</td><td>D+2（5）</td><td></td><td></td><td></td><td></td><td></td><td></td><td></td><td></td><td></td><td></td></tr>
<tr><td>岩石</td><td>±0.5</td><td>D+2</td><td></td><td></td><td></td><td></td><td></td><td></td><td></td><td></td><td></td><td></td></tr>
<tr><td colspan="2">施工单位检查评定结果</td><td colspan="14">项目专业质量检查员：　　年　月　日</td></tr>
<tr><td colspan="2">监理（建设）单位验收结论</td><td colspan="14">监理工程师
（建设单位项目代表）：　　年　月　日</td></tr>
<tr><td colspan="16">注：D 为钢管直径。( ) 内为管子沟下组焊规定值。“+”为欠挖，“—”为超挖。</td></tr>
</table>

① 本部分的“SY 4207”代表依据为 SY 4207—2007《石油天然气建设工程施工质量验收规范　管道穿跨越工程》。

3.7.2　水下管沟开挖检验批质量验收记录　SY 4207

<table>
<tr><td colspan="2">工程名称</td><td colspan="3"></td><td colspan="4">分项工程名称</td><td colspan="4"></td><td colspan="2">验收部位</td><td></td></tr>
<tr><td colspan="2">施工单位</td><td colspan="3"></td><td colspan="4">专业负责人</td><td colspan="4"></td><td colspan="2">项目经理</td><td></td></tr>
<tr><td colspan="3">施工执行标准名称及编号</td><td colspan="6"></td><td colspan="3">检验批编号</td><td colspan="4"></td></tr>
<tr><td colspan="5">质量验收规范规定</td><td colspan="10">施工单位检查评定记录</td><td>监理（建设）单位验收意见</td></tr>
<tr><td rowspan="2">主控项目</td><td>1</td><td colspan="3">管沟位置应符合设计要求</td><td colspan="10"></td><td rowspan="2"></td></tr>
<tr><td>2</td><td colspan="3">管沟开挖深度满足设计要求</td><td colspan="10"></td></tr>
<tr><td rowspan="4">一般项目</td><td rowspan="4">沟底宽度（m）</td><td>淤泥、粉细砂</td><td>±0.8</td><td>D+5</td><td></td><td></td><td></td><td></td><td></td><td></td><td></td><td></td><td></td><td></td><td rowspan="4"></td></tr>
<tr><td>中粗砂、乱砾</td><td>±0.6</td><td>D+4</td><td></td><td></td><td></td><td></td><td></td><td></td><td></td><td></td><td></td><td></td></tr>
<tr><td>砂土与黏土</td><td>±0.6</td><td>D+3</td><td></td><td></td><td></td><td></td><td></td><td></td><td></td><td></td><td></td><td></td></tr>
<tr><td>岩石</td><td>±0.6</td><td>D+2</td><td></td><td></td><td></td><td></td><td></td><td></td><td></td><td></td><td></td><td></td></tr>
<tr><td>施工单位检查评定结果</td><td colspan="15">项目专业质量检查员：　　年　月　日</td></tr>
<tr><td>监理（建设）单位验收结论</td><td colspan="15">监理工程师
（建设单位项目代表）：　　年　月　日</td></tr>
<tr><td colspan="16">注：D 为钢管直径。</td></tr>
</table>

3.7.3 沉管法管沟开挖检验批质量验收记录 SY 4207

<table>
<tr><td colspan="2">工程名称</td><td></td><td>分项工程名称</td><td></td><td>验收部位</td><td></td></tr>
<tr><td colspan="2">施工单位</td><td></td><td>专业负责人</td><td></td><td>项目经理</td><td></td></tr>
<tr><td colspan="3">施工执行标准名称及编号</td><td colspan="2"></td><td>检验批编号</td><td></td></tr>
<tr><td colspan="3">质量验收规范规定</td><td colspan="3">施工单位检查评定记录</td><td>监理（建设）单位验收意见</td></tr>
<tr><td rowspan="3">主控项目</td><td>1</td><td>沉管开挖深度允许偏差为 ±0.3m</td><td colspan="3"></td><td rowspan="3"></td></tr>
<tr><td>2</td><td>沟底平直</td><td colspan="3"></td></tr>
<tr><td>3</td><td>管沟位置应符合设计要求</td><td colspan="3"></td></tr>
<tr><td>一般项目</td><td colspan="2">沉管法管沟开挖宽度允许偏差为 ±0.6m</td><td colspan="3"></td><td></td></tr>
<tr><td>施工单位检查评定结果</td><td colspan="6">项目专业质量检查员： 年 月 日</td></tr>
<tr><td>监理（建设）单位验收结论</td><td colspan="6">监理工程师
（建设单位项目代表）： 年 月 日</td></tr>
</table>

3.7.4 混凝土压重块稳管检验批质量验收记录 SY 4207

<table>
<tr><td>工程名称</td><td colspan="2"></td><td>分项工程名称</td><td></td><td>验收部位</td><td></td></tr>
<tr><td>施工单位</td><td colspan="2"></td><td>专业负责人</td><td></td><td>项目经理</td><td></td></tr>
<tr><td colspan="3">施工执行标准名称及编号</td><td></td><td>检验批编号</td><td colspan="2"></td></tr>
<tr><td colspan="3">质量验收规范规定</td><td colspan="3">施工单位检查评定记录</td><td>监理（建设）单位验收意见</td></tr>
<tr><td rowspan="6">主控项目</td><td>1</td><td>稳管工程所用钢筋、水泥的品种、规格、性能等应符合现行国家产品标准和设计要求</td><td colspan="3"></td><td rowspan="6"></td></tr>
<tr><td>2</td><td>压重块混凝土的强度等级和密度应符合设计要求</td><td colspan="3"></td></tr>
<tr><td>3</td><td>压重块重量应符合设计要求</td><td colspan="3"></td></tr>
<tr><td>4</td><td>稳管后管道不应发生漂浮和滚动</td><td colspan="3"></td></tr>
<tr><td>5</td><td>压块的数量与布设间距应符合设计要求</td><td colspan="3"></td></tr>
<tr><td>6</td><td>安装压重块不应破坏防腐绝缘层</td><td colspan="3"></td></tr>
<tr><td>一般项目</td><td colspan="2">混凝土压重块的外观质量符合设计要求</td><td colspan="3"></td><td></td></tr>
<tr><td>施工单位检查评定结果</td><td colspan="6">项目专业质量检查员：　　　　年　月　日</td></tr>
<tr><td>监理（建设）单位验收结论</td><td colspan="6">监理工程师
（建设单位项目代表）：　　　　年　月　日</td></tr>
</table>

3.7.5 混凝土连续覆盖层稳管检验批质量验收记录 SY 4207

<table>
<tr><td colspan="2">工程名称</td><td></td><td>分项工程名称</td><td></td><td>验收部位</td><td></td></tr>
<tr><td colspan="2">施工单位</td><td></td><td>专业负责人</td><td></td><td>项目经理</td><td></td></tr>
<tr><td colspan="3">施工执行标准名称及编号</td><td></td><td>检验批编号</td><td colspan="2"></td></tr>
<tr><td colspan="3">质量验收规范规定</td><td colspan="2">施工单位检查评定记录</td><td colspan="2">监理（建设）单位验收意见</td></tr>
<tr><td rowspan="3">主控项目</td><td>1</td><td>稳管工程所用钢筋、水泥的品种、规格、性能等应符合现行国家产品标准和设计要求</td><td colspan="2"></td><td colspan="2" rowspan="3"></td></tr>
<tr><td>2</td><td>连续覆盖层混凝土的强度等级和密度应符合设计要求</td><td colspan="2"></td></tr>
<tr><td>3</td><td>稳管后管道不应发生漂浮和滚动</td><td colspan="2"></td></tr>
<tr><td>一般项目</td><td colspan="2">混凝土连续覆盖层厚度不应低于设计要求</td><td colspan="2"></td><td colspan="2"></td></tr>
<tr><td colspan="2">施工单位检查评定结果</td><td colspan="5">项目专业质量检查员： 年 月 日</td></tr>
<tr><td colspan="2">监理（建设）单位验收结论</td><td colspan="5">监理工程师
（建设单位项目代表）： 年 月 日</td></tr>
</table>

3.7.6 回填工程检验批质量验收记录 SY 4207

<table>
<tr><td colspan="2">工程名称</td><td></td><td>分项工程名称</td><td></td><td>验收部位</td><td></td></tr>
<tr><td colspan="2">施工单位</td><td></td><td>专业负责人</td><td></td><td>项目经理</td><td></td></tr>
<tr><td colspan="3">施工执行标准名称及编号</td><td></td><td>检验批编号</td><td colspan="2"></td></tr>
<tr><td colspan="3">质量验收规范规定</td><td colspan="2">施工单位检查评定记录</td><td colspan="2">监理（建设）单位验收意见</td></tr>
<tr><td rowspan="2">一般项目</td><td>1</td><td>管沟回填土的质量符合设计要求</td><td colspan="2"></td><td colspan="2" rowspan="2"></td></tr>
<tr><td>2</td><td>水上管沟回填高度符合设计要求</td><td colspan="2"></td></tr>
<tr><td colspan="2">施工单位检查评定结果</td><td colspan="5">项目专业质量检查员： 年 月 日</td></tr>
<tr><td colspan="2">监理（建设）单位验收结论</td><td colspan="5">监理工程师
（建设单位项目代表）： 年 月 日</td></tr>
</table>

3.7.7 护岸工程检验批质量验收记录 SY 4207

<table>
<tr><td>工程名称</td><td></td><td>分项工程名称</td><td></td><td>验收部位</td><td></td></tr>
<tr><td>施工单位</td><td></td><td>专业负责人</td><td></td><td>项目经理</td><td></td></tr>
<tr><td colspan="2">施工执行标准名称及编号</td><td></td><td>检验批编号</td><td colspan="2"></td></tr>
<tr><td colspan="3">质量验收规范规定</td><td colspan="2">施工单位检查评定记录</td><td>监理（建设）单位验收意见</td></tr>
<tr><td rowspan="3">主控项目</td><td>1</td><td>护岸工程所用材料的品种、规格、性能等应符合现行国家产品标准和设计要求</td><td colspan="2"></td><td rowspan="3"></td></tr>
<tr><td>2</td><td>护岸工程混凝土强度等级应符合设计要求</td><td colspan="2"></td></tr>
<tr><td>3</td><td>护岸工程的断面构造（垫层、排水孔、反滤层等）应符合设计要求</td><td colspan="2"></td></tr>
<tr><td>一般项目</td><td colspan="2">护岸工程各项尺寸不应小于设计值</td><td colspan="2"></td><td></td></tr>
<tr><td>施工单位检查评定结果</td><td colspan="5">项目专业质量检查员：　　　　年　月　日</td></tr>
<tr><td>监理（建设）单位验收结论</td><td colspan="5">监理工程师
（建设单位项目代表）：　　　　年　月　日</td></tr>
</table>

3.7.8 组对焊接检验批质量验收记录 SY 4207

工程名称		分项工程名称		验收部位	
施工单位		专业负责人		项目经理	
施工执行标准名称及编号			检验批编号		
质量验收规范规定				施工单位检查评定记录	监理（建设）单位验收意见
主控项目	1	穿越管段的焊接材料的品种、规格、性能等应符合现行国家产品标准和设计要求			
	2	穿越管段的焊接质量应符合设计要求			
一般项目	1	焊缝余高	0~3mm		
	2	管子对接不直度偏差	＜3°		
施工单位检查评定结果	项目专业质量检查员： 年 月 日				
监理（建设）单位验收结论	监理工程师（建设单位项目代表）： 年 月 日				

3.7.9 防腐补口检验批质量验收记录 SY 4207

<table>
<tr><td>工程名称</td><td colspan="2"></td><td>分项工程名称</td><td></td><td>验收部位</td><td></td></tr>
<tr><td>施工单位</td><td colspan="2"></td><td>专业负责人</td><td></td><td>项目经理</td><td></td></tr>
<tr><td colspan="2">施工执行标准名称及编号</td><td colspan="2"></td><td>检验批编号</td><td colspan="2"></td></tr>
<tr><td colspan="3">质量验收规范规定</td><td colspan="3">施工单位检查评定记录</td><td>监理（建设）单位验收意见</td></tr>
<tr><td>主控项目</td><td colspan="2">防腐补口的剥离强度应符合设计要求</td><td colspan="3"></td><td></td></tr>
<tr><td>一般项目</td><td colspan="2">防腐补口表面应平整、无气泡、皱褶等缺陷</td><td colspan="3"></td><td></td></tr>
<tr><td>施工单位检查评定结果</td><td colspan="6">项目专业质量检查员： 年 月 日</td></tr>
<tr><td>监理（建设）单位验收结论</td><td colspan="6">监理工程师
（建设单位项目代表）： 年 月 日</td></tr>
</table>

3.7.10 阴极保护检验批质量验收记录 SY 4207

<table>
<tr><td colspan="2">工程名称</td><td></td><td>分项工程名称</td><td></td><td>验收部位</td><td></td></tr>
<tr><td colspan="2">施工单位</td><td></td><td>专业负责人</td><td></td><td>项目经理</td><td></td></tr>
<tr><td colspan="3">施工执行标准名称及编号</td><td>检验批编号</td><td colspan="3"></td></tr>
<tr><td colspan="3">质量验收规范规定</td><td colspan="3">施工单位检查评定记录</td><td>监理（建设）单位验收意见</td></tr>
<tr><td rowspan="2">主控项目</td><td>1</td><td>管段的防腐绝缘应符合设计要求</td><td colspan="3"></td><td rowspan="2"></td></tr>
<tr><td>2</td><td>管段的阴极保护应符合设计要求</td><td colspan="3"></td></tr>
<tr><td colspan="2">施工单位检查评定结果</td><td colspan="5">项目专业质量检查员：　　　　年　月　日</td></tr>
<tr><td colspan="2">监理（建设）单位验收结论</td><td colspan="5">监理工程师
（建设单位项目代表）：　　　　年　月　日</td></tr>
</table>

3.7.11 清管、试压检验批质量验收记录 SY 4207

<table>
<tr><td>工程名称</td><td colspan="2"></td><td>分项工程名称</td><td></td><td>验收部位</td><td></td></tr>
<tr><td>施工单位</td><td colspan="2"></td><td>专业负责人</td><td></td><td>项目经理</td><td></td></tr>
<tr><td colspan="2">施工执行标准名称及编号</td><td colspan="2"></td><td>检验批编号</td><td colspan="2"></td></tr>
<tr><td colspan="3">质量验收规范规定</td><td colspan="3">施工单位检查评定记录</td><td>监理（建设）单位验收意见</td></tr>
<tr><td>主控项目</td><td colspan="2">穿越管段的清管、试压应符合设计要求</td><td colspan="3"></td><td></td></tr>
<tr><td>施工单位检查评定结果</td><td colspan="6">项目专业质量检查员：　　　　年　月　日</td></tr>
<tr><td>监理（建设）单位验收结论</td><td colspan="6">监理工程师
（建设单位项目代表）：　　　　年　月　日</td></tr>
</table>

3.7.12 管道下沟检验批质量验收记录 SY 4207

<table>
<tr><td colspan="3">工程名称</td><td colspan="2"></td><td colspan="4">分项工程名称</td><td colspan="4"></td><td>验收部位</td><td></td></tr>
<tr><td colspan="3">施工单位</td><td colspan="2"></td><td colspan="4">专业负责人</td><td colspan="4"></td><td>项目经理</td><td></td></tr>
<tr><td colspan="4">施工执行标准名称及编号</td><td colspan="5"></td><td colspan="4">检验批编号</td><td colspan="2"></td></tr>
<tr><td colspan="4">质量验收规范规定</td><td colspan="10">施工单位检查评定记录</td><td>监理（建设）单位验收意见</td></tr>
<tr><td>主控项目</td><td colspan="3">管道埋设深度应符合设计要求</td><td colspan="10"></td><td></td></tr>
<tr><td rowspan="2">一般项目</td><td>1</td><td colspan="2">管道下沟后管底与沟底不宜悬空，局部悬空段应采取措施填实</td><td colspan="10"></td><td rowspan="2"></td></tr>
<tr><td>2</td><td>管道下沟中心偏移（mm）</td><td>距沟壁不小于10</td><td></td><td></td><td></td><td></td><td></td><td></td><td></td><td></td><td></td><td></td></tr>
<tr><td colspan="2">施工单位检查评定结果</td><td colspan="13">项目专业质量检查员： 年 月 日</td></tr>
<tr><td colspan="2">监理（建设）单位验收结论</td><td colspan="13">监理工程师
（建设单位项目代表）： 年 月 日</td></tr>
</table>

3.7.13 导向孔钻进检验批质量验收记录 SY 4207

<table>
<tr><td colspan="2">工程名称</td><td colspan="3"></td><td colspan="4">分项工程名称</td><td colspan="4"></td><td colspan="3">验收部位</td><td></td></tr>
<tr><td colspan="2">施工单位</td><td colspan="3"></td><td colspan="4">专业负责人</td><td colspan="4"></td><td colspan="3">项目经理</td><td></td></tr>
<tr><td colspan="4">施工执行标准名称及编号</td><td colspan="6"></td><td colspan="3">检验批编号</td><td colspan="4"></td></tr>
<tr><td colspan="6">质量验收规范规定</td><td colspan="10">施工单位检查评定记录</td><td>监理（建设）单位验收意见</td></tr>
<tr><td rowspan="6">主控项目</td><td>1</td><td colspan="4">导向孔钻进曲线的曲率半径应符合设计要求</td><td colspan="10"></td><td rowspan="6"></td></tr>
<tr><td>2</td><td colspan="4">入土点坐标符合设计要求</td><td colspan="10"></td></tr>
<tr><td rowspan="2">3</td><td colspan="2" rowspan="2">导向孔曲线与设计曲线的偏移量（m）</td><td>深度</td><td>≤ 1</td><td></td><td></td><td></td><td></td><td></td><td></td><td></td><td></td><td></td><td></td></tr>
<tr><td>横向</td><td>≤ 2</td><td></td><td></td><td></td><td></td><td></td><td></td><td></td><td></td><td></td><td></td></tr>
<tr><td rowspan="2">4</td><td rowspan="2">出土点（m）</td><td>纵向</td><td colspan="2">≤ L/100 且 ≤ 10</td><td></td><td></td><td></td><td></td><td></td><td></td><td></td><td></td><td></td><td></td></tr>
<tr><td>横向</td><td colspan="2">≤ L/500 且 ≤ 2</td><td></td><td></td><td></td><td></td><td></td><td></td><td></td><td></td><td></td><td></td></tr>
<tr><td colspan="2">施工单位检查评定结果</td><td colspan="15">项目专业质量检查员：　　　　　　　　年　月　日</td></tr>
<tr><td colspan="2">监理（建设）单位验收结论</td><td colspan="15">监理工程师
（建设单位项目代表）：　　　　　　　　年　月　日</td></tr>
<tr><td colspan="17">注：L 为穿越长度。</td></tr>
</table>

3.7.14　导向孔扩孔检验批质量验收记录　SY 4207

<table>
<tr><td>工程名称</td><td colspan="2"></td><td>分项工程名称</td><td></td><td>验收部位</td><td></td></tr>
<tr><td>施工单位</td><td colspan="2"></td><td>专业负责人</td><td></td><td>项目经理</td><td></td></tr>
<tr><td colspan="2">施工执行标准名称及编号</td><td colspan="2"></td><td>检验批编号</td><td colspan="2"></td></tr>
<tr><td colspan="3">质量验收规范规定</td><td colspan="2">施工单位检查评定记录</td><td colspan="2">监理（建设）单位验收意见</td></tr>
<tr><td>主控项目</td><td colspan="2">扩孔的孔径应满足管道回拖要求。一般情况下，穿越管段直径不大于219mm时，最小扩孔直径宜比管径大100mm；穿越管段直径大于219mm且小于610mm时，最小扩孔直径宜为管径的1.5倍；穿越管段直径不小于610mm时，最小扩孔直径宜比管径大300mm</td><td colspan="2"></td><td colspan="2"></td></tr>
<tr><td>施工单位检查评定结果</td><td colspan="6">项目专业质量检查员：　　　　年　月　日</td></tr>
<tr><td>监理（建设）单位验收结论</td><td colspan="6">监理工程师
（建设单位项目代表）：　　　　年　月　日</td></tr>
</table>

3.7.15 管道回拖检验批质量验收记录 SY 4207

<table>
<tr><td>工程名称</td><td colspan="2"></td><td>分项工程名称</td><td></td><td>验收部位</td><td></td></tr>
<tr><td>施工单位</td><td colspan="2"></td><td>专业负责人</td><td></td><td>项目经理</td><td></td></tr>
<tr><td colspan="2">施工执行标准名称及编号</td><td colspan="2"></td><td>检验批编号</td><td colspan="2"></td></tr>
<tr><td colspan="3">质量验收规范规定</td><td colspan="3">施工单位检查评定记录</td><td>监理（建设）单位验收意见</td></tr>
<tr><td>主控项目</td><td colspan="2">穿越管段回拖前应对管道防腐层及补口进行检查</td><td colspan="3"></td><td></td></tr>
<tr><td>施工单位检查评定结果</td><td colspan="6">项目专业质量检查员：　　　　　　　　　　年　月　日</td></tr>
<tr><td>监理（建设）单位验收结论</td><td colspan="6">监理工程师
（建设单位项目代表）：　　　　　　　　　　年　月　日</td></tr>
</table>

3.7.16 隧道开挖检验批质量验收记录 SY 4207

<table>
<tr><td colspan="2">工程名称</td><td colspan="3"></td><td colspan="4">分项工程名称</td><td colspan="4"></td><td colspan="2">验收部位</td><td></td></tr>
<tr><td colspan="2">施工单位</td><td colspan="3"></td><td colspan="4">专业负责人</td><td colspan="4"></td><td colspan="2">项目经理</td><td></td></tr>
<tr><td colspan="4">施工执行标准名称及编号</td><td colspan="5"></td><td colspan="4">检验批编号</td><td colspan="3"></td></tr>
<tr><td colspan="5">质量验收规范规定</td><td colspan="10">施工单位检查评定记录</td><td>监理（建设）单位验收意见</td></tr>
<tr><td rowspan="3">主控项目</td><td>1</td><td colspan="3">隧道开挖时不应欠挖</td><td colspan="10"></td><td rowspan="3"></td></tr>
<tr><td>2</td><td colspan="3">隧道轴线、进出口定位准确。</td><td colspan="10"></td></tr>
<tr><td>3</td><td colspan="3">隧道坡度应符合设计要求</td><td colspan="10"></td></tr>
<tr><td rowspan="6">一般项目</td><td rowspan="4">1</td><td rowspan="3">拱部开挖（mm）</td><td>Ⅰ级围岩</td><td>平均 100
最大 200</td><td></td><td></td><td></td><td></td><td></td><td></td><td></td><td></td><td></td><td></td><td rowspan="6"></td></tr>
<tr><td>Ⅱ级～Ⅲ级围岩</td><td>平均 150
最大 250</td><td></td><td></td><td></td><td></td><td></td><td></td><td></td><td></td><td></td><td></td></tr>
<tr><td>Ⅳ级～Ⅵ级围岩</td><td>平均 100
最大 150</td><td></td><td></td><td></td><td></td><td></td><td></td><td></td><td></td><td></td><td></td></tr>
<tr><td colspan="2">边墙、仰拱、隧底（mm）</td><td>平均 100</td><td></td><td></td><td></td><td></td><td></td><td></td><td></td><td></td><td></td><td></td></tr>
<tr><td rowspan="2">2</td><td rowspan="2">隧道碰头位置（mm）</td><td>平面位置</td><td>± 30</td><td></td><td></td><td></td><td></td><td></td><td></td><td></td><td></td><td></td><td></td></tr>
<tr><td>高程</td><td>± 20</td><td></td><td></td><td></td><td></td><td></td><td></td><td></td><td></td><td></td><td></td></tr>
<tr><td colspan="2">施工单位检查评定结果</td><td colspan="14">

项目专业质量检查员： 年 月 日</td></tr>
<tr><td colspan="2">监理（建设）单位验收结论</td><td colspan="14">

监理工程师
（建设单位项目代表）： 年 月 日</td></tr>
</table>

3.7.17 锚杆支护检验批质量验收记录 SY 4207

<table>
<tr><td colspan="2">工程名称</td><td colspan="3"></td><td colspan="4">分项工程名称</td><td colspan="3"></td><td colspan="2">验收部位</td><td colspan="2"></td></tr>
<tr><td colspan="2">施工单位</td><td colspan="3"></td><td colspan="4">专业负责人</td><td colspan="3"></td><td colspan="2">项目经理</td><td colspan="2"></td></tr>
<tr><td colspan="4">施工执行标准名称及编号</td><td colspan="5"></td><td colspan="3">检验批编号</td><td colspan="4"></td></tr>
<tr><td colspan="5">质量验收规范规定</td><td colspan="10">施工单位检查评定记录</td><td>监理（建设）单位验收意见</td></tr>
<tr><td rowspan="2">主控项目</td><td>1</td><td colspan="3">锚杆抗拔力应满足设计要求，同一批试件锚杆抗拔力平均值不应小于设计锚固力的 90%</td><td colspan="10"></td><td rowspan="2"></td></tr>
<tr><td>2</td><td colspan="3">锚杆、垫板、锚固剂的品种、规格、性能等应符合现行国家产品标准和设计要求</td><td colspan="10"></td></tr>
<tr><td rowspan="11">一般项目</td><td>1</td><td colspan="3">锚杆分布应均匀，并垂直于临空面，并应加设垫板</td><td colspan="10"></td><td rowspan="11"></td></tr>
<tr><td>2</td><td colspan="2">锚杆孔位（mm）</td><td>± 150</td><td></td><td></td><td></td><td></td><td></td><td></td><td></td><td></td><td></td><td></td></tr>
<tr><td rowspan="4">3</td><td rowspan="4">锚杆孔径（mm）</td><td>水泥砂浆锚杆</td><td>D+15</td><td></td><td></td><td></td><td></td><td></td><td></td><td></td><td></td><td></td><td></td></tr>
<tr><td>树脂锚杆</td><td>D+15</td><td></td><td></td><td></td><td></td><td></td><td></td><td></td><td></td><td></td><td></td></tr>
<tr><td>楔缝式锚杆</td><td>+2</td><td></td><td></td><td></td><td></td><td></td><td></td><td></td><td></td><td></td><td></td></tr>
<tr><td>胀壳式锚杆</td><td>−3~−1</td><td></td><td></td><td></td><td></td><td></td><td></td><td></td><td></td><td></td><td></td></tr>
<tr><td rowspan="4">4</td><td rowspan="4">钻孔深度（mm）</td><td>水泥砂浆锚杆</td><td>± 50</td><td></td><td></td><td></td><td></td><td></td><td></td><td></td><td></td><td></td><td></td></tr>
<tr><td>树脂锚杆</td><td>± 50</td><td></td><td></td><td></td><td></td><td></td><td></td><td></td><td></td><td></td><td></td></tr>
<tr><td>楔缝式锚杆</td><td>0~30</td><td></td><td></td><td></td><td></td><td></td><td></td><td></td><td></td><td></td><td></td></tr>
<tr><td>胀壳式锚杆</td><td>0~50</td><td></td><td></td><td></td><td></td><td></td><td></td><td></td><td></td><td></td><td></td></tr>
<tr><td colspan="2">施工单位检查评定结果</td><td colspan="14">项目专业质量检查员： 年 月 日</td></tr>
<tr><td colspan="2">监理（建设）单位验收结论</td><td colspan="14">监理工程师
（建设单位项目代表）： 年 月 日</td></tr>
<tr><td colspan="16">注：D 为锚杆直径。</td></tr>
</table>

3.7.18 钢架支护检验批质量验收记录 SY 4207

<table>
<tr><td colspan="2">工程名称</td><td colspan="3"></td><td colspan="4">分项工程名称</td><td colspan="3"></td><td colspan="3">验收部位</td><td></td></tr>
<tr><td colspan="2">施工单位</td><td colspan="3"></td><td colspan="4">专业负责人</td><td colspan="3"></td><td colspan="3">项目经理</td><td></td></tr>
<tr><td colspan="4">施工执行标准名称及编号</td><td colspan="5"></td><td colspan="3">检验批编号</td><td colspan="4"></td></tr>
<tr><td colspan="5">质量验收规范规定</td><td colspan="10">施工单位检查评定记录</td><td>监理（建设）单位验收意见</td></tr>
<tr><td rowspan="3">主控项目</td><td>1</td><td colspan="3">钢架所用钢材、焊接材料的品种、规格、性能等应符合现行国家产品标准和设计要求</td><td colspan="10"></td><td rowspan="3"></td></tr>
<tr><td>2</td><td colspan="3">钢构件的搭接长度、焊缝尺寸应符合设计要求</td><td colspan="10"></td></tr>
<tr><td>3</td><td colspan="3">钢架间连接应平顺、牢固，钢架定位应符合设计要求</td><td colspan="10"></td></tr>
<tr><td rowspan="9">一般项目</td><td rowspan="5">1</td><td rowspan="5">拱架制作（mm）</td><td>拱架矢高</td><td>0~20</td><td></td><td></td><td></td><td></td><td></td><td></td><td></td><td></td><td></td><td></td><td rowspan="9"></td></tr>
<tr><td>拱架弧长</td><td>0~20</td><td></td><td></td><td></td><td></td><td></td><td></td><td></td><td></td><td></td><td></td></tr>
<tr><td>墙架高度</td><td>± 20</td><td></td><td></td><td></td><td></td><td></td><td></td><td></td><td></td><td></td><td></td></tr>
<tr><td>总宽度</td><td>0~10</td><td></td><td></td><td></td><td></td><td></td><td></td><td></td><td></td><td></td><td></td></tr>
<tr><td>总高度</td><td>0~10</td><td></td><td></td><td></td><td></td><td></td><td></td><td></td><td></td><td></td><td></td></tr>
<tr><td rowspan="4">2</td><td rowspan="4">拱架安装</td><td>横向（mm）</td><td>± 30</td><td></td><td></td><td></td><td></td><td></td><td></td><td></td><td></td><td></td><td></td></tr>
<tr><td>纵向（mm）</td><td>± 50</td><td></td><td></td><td></td><td></td><td></td><td></td><td></td><td></td><td></td><td></td></tr>
<tr><td>高程（mm）</td><td>± 30</td><td></td><td></td><td></td><td></td><td></td><td></td><td></td><td></td><td></td><td></td></tr>
<tr><td>垂直度（°）</td><td>± 2</td><td></td><td></td><td></td><td></td><td></td><td></td><td></td><td></td><td></td><td></td></tr>
<tr><td colspan="2">施工单位检查评定结果</td><td colspan="14">项目专业质量检查员： 年 月 日</td></tr>
<tr><td colspan="2">监理（建设）单位验收结论</td><td colspan="14">监理工程师
（建设单位项目代表）： 年 月 日</td></tr>
</table>

3.7.19 喷射混凝土支护检验批质量验收记录 SY 4207

<table>
<tr><td>工程名称</td><td colspan="2"></td><td>分项工程名称</td><td></td><td>验收部位</td><td></td></tr>
<tr><td>施工单位</td><td colspan="2"></td><td>专业负责人</td><td></td><td>项目经理</td><td></td></tr>
<tr><td colspan="2">施工执行标准名称及编号</td><td colspan="2"></td><td>检验批编号</td><td colspan="2"></td></tr>
</table>

<table>
<tr><td colspan="5">质量验收规范规定</td><td colspan="10">施工单位检查评定记录</td><td>监理（建设）单位验收意见</td></tr>
<tr><td rowspan="2">主控项目</td><td>1</td><td colspan="3">喷射混凝土支护所用的水泥、添加剂的品种、规格、性能等应符合现行国家产品标准和设计要求</td><td colspan="10"></td><td rowspan="2"></td></tr>
<tr><td>2</td><td colspan="3">喷射混凝土强度等级及钢筋网布置应满足设计要求</td><td colspan="10"></td></tr>
<tr><td rowspan="14">一般项目</td><td>1</td><td colspan="3">喷射混凝土质量的匀质性应符合设计要求</td><td colspan="10"></td><td rowspan="14"></td></tr>
<tr><td>2</td><td colspan="3">支护面不应有漏喷、离鼓现象</td><td colspan="10"></td></tr>
<tr><td>3</td><td colspan="3">支护面不应有尚在扩展或危及安全的裂缝</td><td colspan="10"></td></tr>
<tr><td>4</td><td colspan="3">钢架保护层应符合设计要求，锚杆尾端不应外露</td><td colspan="10"></td></tr>
<tr><td>5</td><td colspan="3">钢筋网的制作安装符合设计要求</td><td colspan="10"></td></tr>
<tr><td rowspan="5">6</td><td rowspan="5">喷射混凝土支护厚度（mm）</td><td>检查厚度小于设计的点数</td><td>小于检查总数 40%</td><td></td><td></td><td></td><td></td><td></td><td></td><td></td><td></td><td></td><td></td></tr>
<tr><td>检查最小厚度</td><td>大于设计厚度的 1/2</td><td></td><td></td><td></td><td></td><td></td><td></td><td></td><td></td><td></td><td></td></tr>
<tr><td>平均厚度</td><td>不应小于设计厚度</td><td></td><td></td><td></td><td></td><td></td><td></td><td></td><td></td><td></td><td></td></tr>
<tr><td>平整度</td><td>± 30mm，且矢玄比> 1/6</td><td></td><td></td><td></td><td></td><td></td><td></td><td></td><td></td><td></td><td></td></tr>
<tr><td>总厚度</td><td>+10</td><td></td><td></td><td></td><td></td><td></td><td></td><td></td><td></td><td></td><td></td></tr>
<tr><td rowspan="4">7</td><td rowspan="4">断面尺寸允许偏差（mm）</td><td>宽度</td><td>± 30</td><td></td><td></td><td></td><td></td><td></td><td></td><td></td><td></td><td></td><td></td></tr>
<tr><td>墙高</td><td>± 30</td><td></td><td></td><td></td><td></td><td></td><td></td><td></td><td></td><td></td><td></td></tr>
<tr><td>拱高</td><td>± 30</td><td></td><td></td><td></td><td></td><td></td><td></td><td></td><td></td><td></td><td></td></tr>
<tr><td>总高度</td><td>± 40</td><td></td><td></td><td></td><td></td><td></td><td></td><td></td><td></td><td></td><td></td></tr>
<tr><td colspan="2">施工单位检查评定结果</td><td colspan="14">项目专业质量检查员： 年 月 日</td></tr>
<tr><td colspan="2">监理（建设）单位验收结论</td><td colspan="14">监理工程师
（建设单位项目代表）： 年 月 日</td></tr>
</table>

3.7.20 浇筑（预制）混凝土支护检验批质量验收记录 SY 4207

<table>
<tr><td colspan="2">工程名称</td><td colspan="3"></td><td colspan="4">分项工程名称</td><td colspan="3"></td><td colspan="3">验收部位</td><td></td></tr>
<tr><td colspan="2">施工单位</td><td colspan="3"></td><td colspan="4">专业负责人</td><td colspan="3"></td><td colspan="3">项目经理</td><td></td></tr>
<tr><td colspan="4">施工执行标准名称及编号</td><td colspan="5"></td><td colspan="3">检验批编号</td><td colspan="4"></td></tr>
<tr><td colspan="5">质量验收规范规定</td><td colspan="10">施工单位检查评定记录</td><td>监理（建设）单位验收意见</td></tr>
<tr><td rowspan="2">主控项目</td><td>1</td><td colspan="3">浇筑（预制）混凝土支护所用钢筋、水泥、添加剂的品种、规格、性能等符合现行国家产品标准和设计要求</td><td colspan="10"></td><td rowspan="2"></td></tr>
<tr><td>2</td><td colspan="3">混凝土强度等级应满足设计要求</td><td colspan="10"></td></tr>
<tr><td rowspan="18">一般项目</td><td>1</td><td colspan="3">支护表面应平整密实</td><td colspan="10"></td><td rowspan="18"></td></tr>
<tr><td>2</td><td colspan="3">蜂窝、麻面不应超过面积的 1%</td><td colspan="10"></td></tr>
<tr><td>3</td><td colspan="3">裂缝宽度不应大于设计要求</td><td colspan="10"></td></tr>
<tr><td>4</td><td colspan="3">钢筋保护层厚度应符合设计要求</td><td colspan="10"></td></tr>
<tr><td rowspan="3">5</td><td rowspan="3">高程允许偏差（mm）</td><td>底板高程</td><td>± 10</td><td></td><td></td><td></td><td></td><td></td><td></td><td></td><td></td><td></td><td></td></tr>
<tr><td>顶板高程</td><td>-10~30</td><td></td><td></td><td></td><td></td><td></td><td></td><td></td><td></td><td></td><td></td></tr>
<tr><td>预埋件</td><td>± 5</td><td></td><td></td><td></td><td></td><td></td><td></td><td></td><td></td><td></td><td></td></tr>
<tr><td rowspan="4">6</td><td rowspan="4">平面位置允许偏差（mm）</td><td>内墙</td><td>± 10</td><td></td><td></td><td></td><td></td><td></td><td></td><td></td><td></td><td></td><td></td></tr>
<tr><td>变形缝</td><td>± 20</td><td></td><td></td><td></td><td></td><td></td><td></td><td></td><td></td><td></td><td></td></tr>
<tr><td>预埋件</td><td>± 10</td><td></td><td></td><td></td><td></td><td></td><td></td><td></td><td></td><td></td><td></td></tr>
<tr><td>预留孔洞</td><td>± 20</td><td></td><td></td><td></td><td></td><td></td><td></td><td></td><td></td><td></td><td></td></tr>
<tr><td rowspan="3">7</td><td rowspan="3">平整度允许偏差（mm）</td><td>内墙</td><td>15</td><td></td><td></td><td></td><td></td><td></td><td></td><td></td><td></td><td></td><td></td></tr>
<tr><td>底板</td><td>15</td><td></td><td></td><td></td><td></td><td></td><td></td><td></td><td></td><td></td><td></td></tr>
<tr><td>拱部</td><td>15</td><td></td><td></td><td></td><td></td><td></td><td></td><td></td><td></td><td></td><td></td></tr>
<tr><td rowspan="4">8</td><td rowspan="4">断面尺寸允许偏差（mm）</td><td>内墙高度</td><td>± 10</td><td></td><td></td><td></td><td></td><td></td><td></td><td></td><td></td><td></td><td></td></tr>
<tr><td>拱部高度</td><td>± 10</td><td></td><td></td><td></td><td></td><td></td><td></td><td></td><td></td><td></td><td></td></tr>
<tr><td>总高度</td><td>± 20</td><td></td><td></td><td></td><td></td><td></td><td></td><td></td><td></td><td></td><td></td></tr>
<tr><td>宽度</td><td>± 20</td><td></td><td></td><td></td><td></td><td></td><td></td><td></td><td></td><td></td><td></td></tr>
<tr><td colspan="2">施工单位检查评定结果</td><td colspan="14">项目专业质量检查员： 年 月 日</td></tr>
<tr><td colspan="2">监理（建设）单位验收结论</td><td colspan="14">监理工程师
（建设单位项目代表）： 年 月 日</td></tr>
</table>

3.7.21 钢筋工程检验批质量验收记录 SY 4207

工程名称		分项工程名称		验收部位	
施工单位		专业负责人		项目经理	
施工执行标准名称及编号				检验批编号	

质量验收规范规定					施工单位检查评定记录	监理（建设）单位验收意见
主控项目	钢筋及焊接材料的品种、规格、性能等应符合现行国家产品标准和设计要求					
一般项目	1	焊缝或搭接长度应符合设计要求				
	2	钢筋绑扎、焊接牢靠、不变形或开焊				
	3	钢筋保护层厚度应满足设计要求				
	4	钢筋加工	调直后局部弯曲	D/4（长度5mm之内）		
			受力钢筋顺长度方向全长尺寸	±10		
			弯起成型钢筋 弯起点位置（mm）	±10		
			弯起成型钢筋 弯起高度（mm）	-10~0		
			弯起成型钢筋 弯起角度（°）	2		
			弯起成型钢筋 钢筋宽度（mm）	±10		
			箍筋高度（mm）	-10		
			箍筋宽度（mm）	+5		
	5	焊接骨架尺寸（mm）	钢筋骨架高度	+5		
			钢筋骨架宽度	±10		
			主筋间距	±10		
			箍筋间距	±10		
			钢筋网片长和宽	±10		
			钢筋网眼尺寸	±10		

钢筋工程检验批质量验收记录（续表） SY 4207

<table>
<tr><td colspan="2">工程名称</td><td colspan="4"></td><td colspan="4">分项工程名称</td><td colspan="4"></td><td colspan="2">验收部位</td><td></td></tr>
<tr><td colspan="2">施工单位</td><td colspan="4"></td><td colspan="4">专业负责人</td><td colspan="4"></td><td colspan="2">项目经理</td><td></td></tr>
<tr><td colspan="4">施工执行标准名称及编号</td><td colspan="6"></td><td colspan="4">检验批编号</td><td colspan="3"></td></tr>
<tr><td colspan="6">质量验收规范规定</td><td colspan="10">施工单位检查评定记录</td><td>监理（建设）单位验收意见</td></tr>
<tr><td rowspan="7">一般项目</td><td rowspan="7">6</td><td rowspan="7">钢筋定位（mm）</td><td rowspan="2">主筋间距</td><td>列间距</td><td>±10</td><td></td><td></td><td></td><td></td><td></td><td></td><td></td><td></td><td></td><td></td><td rowspan="7"></td></tr>
<tr><td>层间距</td><td>+5</td><td></td><td></td><td></td><td></td><td></td><td></td><td></td><td></td><td></td><td></td></tr>
<tr><td colspan="2">箍筋间距</td><td>±10</td><td></td><td></td><td></td><td></td><td></td><td></td><td></td><td></td><td></td><td></td></tr>
<tr><td colspan="2">钢筋弯起点位移</td><td>±10</td><td></td><td></td><td></td><td></td><td></td><td></td><td></td><td></td><td></td><td></td></tr>
<tr><td colspan="2">受力钢筋保护层</td><td>+5</td><td></td><td></td><td></td><td></td><td></td><td></td><td></td><td></td><td></td><td></td></tr>
<tr><td rowspan="2">预埋件</td><td>中心线位移</td><td>±10</td><td></td><td></td><td></td><td></td><td></td><td></td><td></td><td></td><td></td><td></td></tr>
<tr><td>水平及高程</td><td>+5</td><td></td><td></td><td></td><td></td><td></td><td></td><td></td><td></td><td></td><td></td></tr>
<tr><td colspan="2">施工单位检查评定结果</td><td colspan="15">项目专业质量检查员：　　　　年　月　日</td></tr>
<tr><td colspan="2">监理（建设）单位验收结论</td><td colspan="15">监理工程师
（建设单位项目代表）：　　　　年　月　日</td></tr>
<tr><td colspan="17">注：D 为钢筋直径</td></tr>
</table>

3.7.22 沉井施工检验批质量验收记录 SY 4207

<table>
<tr><td colspan="2">工程名称</td><td colspan="4"></td><td colspan="4">分项工程名称</td><td colspan="3"></td><td colspan="3">验收部位</td><td></td></tr>
<tr><td colspan="2">施工单位</td><td colspan="4"></td><td colspan="4">专业负责人</td><td colspan="3"></td><td colspan="3">项目经理</td><td></td></tr>
<tr><td colspan="4">施工执行标准名称及编号</td><td colspan="6"></td><td colspan="3">检验批编号</td><td colspan="4"></td></tr>
<tr><td colspan="6">质量验收规范规定</td><td colspan="10">施工单位检查评定记录</td><td>监理（建设）单位验收意见</td></tr>
<tr><td rowspan="4">主控项目</td><td>1</td><td colspan="4">沉井所用钢筋、水泥、添加剂的品种、规格、性能等应符合现行国家产品标准和设计要求</td><td colspan="10"></td><td rowspan="4"></td></tr>
<tr><td>2</td><td colspan="4">混凝土强度等级应满足设计要求</td><td colspan="10"></td></tr>
<tr><td>3</td><td colspan="4">触变泥浆等辅助下沉材料质量应符合设计要求</td><td colspan="10"></td></tr>
<tr><td>4</td><td colspan="4">竖井中心定位参数应符合设计要求及规定</td><td colspan="10"></td></tr>
<tr><td rowspan="12">一般项目</td><td>1</td><td colspan="4">钢筋加工、制作、安装符合设计要求</td><td colspan="10"></td><td rowspan="12"></td></tr>
<tr><td>2</td><td colspan="4">蜂窝、麻面不应超过面积的 1%</td><td colspan="10"></td></tr>
<tr><td>3</td><td colspan="4">裂缝宽度不应大于设计要求</td><td colspan="10"></td></tr>
<tr><td>4</td><td colspan="4">沉井下沉破土对称、均匀，不发生突然沉降</td><td colspan="10"></td></tr>
<tr><td>5</td><td colspan="4">沉井封底、回填施工符合设计要求与规范规定</td><td colspan="10"></td></tr>
<tr><td>6</td><td colspan="4">沉井的防水等级应符合设计要求</td><td colspan="10"></td></tr>
<tr><td rowspan="6">7</td><td rowspan="6">沉井制作允许偏差</td><td rowspan="3">断面尺寸（mm）</td><td>长、宽</td><td>±0.5%，且不应大于 100</td><td></td><td></td><td></td><td></td><td></td><td></td><td></td><td></td><td></td><td></td></tr>
<tr><td>半径</td><td>±0.5%，且不应大于 50</td><td></td><td></td><td></td><td></td><td></td><td></td><td></td><td></td><td></td><td></td></tr>
<tr><td>对角线长度</td><td>对角线长度的 1%</td><td></td><td></td><td></td><td></td><td></td><td></td><td></td><td></td><td></td><td></td></tr>
<tr><td colspan="2">井壁厚度（mm）</td><td>±15</td><td></td><td></td><td></td><td></td><td></td><td></td><td></td><td></td><td></td><td></td></tr>
<tr><td colspan="2">井壁、隔墙垂直度</td><td>$H/100$</td><td></td><td></td><td></td><td></td><td></td><td></td><td></td><td></td><td></td><td></td></tr>
<tr><td colspan="2">预埋件、预留孔位移（mm）</td><td>±20</td><td></td><td></td><td></td><td></td><td></td><td></td><td></td><td></td><td></td><td></td></tr>
</table>

沉井施工检验批质量验收记录（续表） SY 4207

<table>
<tr><td colspan="3">工程名称</td><td colspan="2"></td><td colspan="4">分项工程名称</td><td colspan="4"></td><td colspan="2">验收部位</td><td></td></tr>
<tr><td colspan="3">施工单位</td><td colspan="2"></td><td colspan="4">专业负责人</td><td colspan="4"></td><td colspan="2">项目经理</td><td></td></tr>
<tr><td colspan="4">施工执行标准名称及编号</td><td></td><td colspan="4"></td><td colspan="4">检验批编号</td><td colspan="3"></td></tr>
<tr><td colspan="5">质量验收规范规定</td><td colspan="10">施工单位检查评定记录</td><td>监理（建设）单位验收意见</td></tr>
<tr><td rowspan="3">一般项目</td><td rowspan="3">8</td><td rowspan="3">沉井下沉允许偏差</td><td>刃脚平均标高</td><td>H/100</td><td></td><td></td><td></td><td></td><td></td><td></td><td></td><td></td><td></td><td></td><td rowspan="3"></td></tr>
<tr><td>沉井水平位移</td><td>H/100，且≤100mm</td><td></td><td></td><td></td><td></td><td></td><td></td><td></td><td></td><td></td><td></td></tr>
<tr><td>刃脚底面四角任何两角的高差</td><td>两角间水平距离的1/100，且≤300mm</td><td></td><td></td><td></td><td></td><td></td><td></td><td></td><td></td><td></td><td></td></tr>
<tr><td colspan="2">施工单位检查评定结果</td><td colspan="14">项目专业质量检查员：　　　　年　月　日</td></tr>
<tr><td colspan="2">监理（建设）单位验收结论</td><td colspan="14">监理工程师
（建设单位项目代表）：　　　　年　月　日</td></tr>
</table>

3.7.23 预注浆帷幕支护竖井检验批质量验收记录 SY 4207

<table>
<tr><td colspan="2">工程名称</td><td colspan="3"></td><td>分项工程名称</td><td></td><td>验收部位</td><td></td></tr>
<tr><td colspan="2">施工单位</td><td colspan="3"></td><td>专业负责人</td><td></td><td>项目经理</td><td></td></tr>
<tr><td colspan="3">施工执行标准名称及编号</td><td colspan="3"></td><td>检验批编号</td><td colspan="2"></td></tr>
<tr><td colspan="5">质量验收规范规定</td><td colspan="3">施工单位检查评定记录</td><td>监理（建设）单位验收意见</td></tr>
<tr><td rowspan="4">主控项目</td><td>1</td><td colspan="3">竖井所用钢筋、水泥、添加剂的品种、规格、性能等应符合现行国家产品标准和设计要求</td><td colspan="3"></td><td rowspan="4"></td></tr>
<tr><td>2</td><td colspan="3">混凝土强度等级应符合设计要求</td><td colspan="3"></td></tr>
<tr><td>3</td><td colspan="3">成桩的抗压强度、抗渗等级应符合设计要求</td><td colspan="3"></td></tr>
<tr><td>4</td><td colspan="3">竖井中心定位参数应符合设计要求及规定</td><td colspan="3"></td></tr>
<tr><td rowspan="9">一般项目</td><td>1</td><td colspan="3">成桩数量、直径和成桩深度达到设计要求</td><td colspan="3"></td><td rowspan="9"></td></tr>
<tr><td>2</td><td colspan="3">施工中注浆的控制压力和进浆量符合设计及预先确定的参数</td><td colspan="3"></td></tr>
<tr><td>3</td><td colspan="3">注浆施工中应注意环境保护，控制浆液不溢出地面和超出有效注浆范围</td><td colspan="3"></td></tr>
<tr><td>4</td><td colspan="3">钢筋层保护厚度应符合设计要求</td><td colspan="3"></td></tr>
<tr><td>5</td><td colspan="3">蜂窝、麻面不应超过面积 1%。钢筋加工、制作、安装符合设计要求</td><td colspan="3"></td></tr>
<tr><td>6</td><td colspan="3">防水施工达到设计要求及规范规定</td><td colspan="3"></td></tr>
<tr><td>7</td><td colspan="2">桩位偏差（mm）</td><td>50</td><td colspan="3"></td></tr>
<tr><td rowspan="2">8</td><td rowspan="2">垂直度偏差</td><td>深度 $L<10\text{m}$</td><td>$L/100$</td><td colspan="3"></td></tr>
<tr><td>深度 $L\geqslant 10\text{m}$</td><td>$L/200$</td><td colspan="3"></td></tr>
<tr><td colspan="2">施工单位检查评定结果</td><td colspan="7">项目专业质量检查员：　　　　年　月　日</td></tr>
<tr><td colspan="2">监理（建设）单位验收结论</td><td colspan="7">监理工程师
（建设单位项目代表）：　　　　年　月　日</td></tr>
</table>

3.7.24 地下连续墙检验批质量验收记录 SY 4207

工程名称		分项工程名称		验收部位	
施工单位		专业负责人		项目经理	
施工执行标准名称及编号			检验批编号		

质量验收规范规定				施工单位检查评定记录	监理（建设）单位验收意见
主控项目	1	竖井所用钢筋、水泥、添加剂的品种、规格、性能等应符合现行国家产品标准和设计要求			
	2	混凝土强度等级和抗渗等级应符合设计要求			
	3	竖井中心定位参数应符合设计要求及规定			
一般项目	1	钢筋加工、制作、安装应符合设计要求			
	2	混凝土浇筑前沉渣厚度不应大于100mm			
	3	钢筋笼浸泡泥浆时间不超过10h			
	4	钢筋层保护厚度不应小于70mm			
	5	蜂窝、麻面不应超过面积2%，露筋面积不应大于1%，且不应有漏石和夹泥现象			
	6	地下连续墙和内衬结构连接处，应凿毛并清理干净，必要时应作特殊的防水处理			
	7	墙面垂直度	小于墙身的1/250		
	8	墙面平整度：临时支护墙体	100mm		
		墙面平整度：单一或符合墙体	50mm		
施工单位检查评定结果	项目专业质量检查员：			年 月 日	
监理（建设）单位验收结论	监理工程师（建设单位项目代表）：			年 月 日	

3.7.25 钻爆法开挖竖井施工检验批质量验收记录 SY 4207

工程名称		分项工程名称		验收部位	
施工单位		专业负责人		项目经理	
施工执行标准名称及编号		检验批编号			

质量验收规范规定					施工单位检查评定记录	监理（建设）单位验收意见
主控项目	1	竖井所用钢筋、水泥、添加剂的品种、规格、性能等应符合现行国家产品标准和设计要求				
主控项目	2	混凝土强度等级、抗渗等级应符合设计要求				
主控项目	3	竖井中心定位参数应符合设计要求及规定				
一般项目	1	竖井开挖		平均 100mm，但最大小于 200mm，并不应欠挖		
一般项目	2	混凝土支护允许偏差	断面尺寸 长、宽	±0.5%，且不应大于 100mm		
一般项目	2	混凝土支护允许偏差	断面尺寸 半径	±0.5%，且不应大于 50mm		
一般项目	2	混凝土支护允许偏差	断面尺寸 对角线长度	对角线长度的 1%		
一般项目	2	混凝土支护允许偏差	坑（井）壁厚度	±15mm		
一般项目	2	混凝土支护允许偏差	坑（井）壁垂直度	H/100		
一般项目	2	混凝土支护允许偏差	预埋件、预留孔位移	±20mm		
一般项目	3	表面平整度		50mm		
施工单位检查评定结果	项目专业质量检查员： 年 月 日					
监理（建设）单位验收结论	监理工程师（建设单位项目代表）： 年 月 日					

注：H 为开挖竖井的深度，单位为 m。

3.7.26 工作坑施工检验批质量验收记录 SY 4207

<table>
<tr><td colspan="2">工程名称</td><td colspan="4"></td><td colspan="4">分项工程名称</td><td colspan="3"></td><td colspan="3">验收部位</td><td></td></tr>
<tr><td colspan="2">施工单位</td><td colspan="4"></td><td colspan="4">专业负责人</td><td colspan="3"></td><td colspan="3">项目经理</td><td></td></tr>
<tr><td colspan="4">施工执行标准名称及编号</td><td colspan="4"></td><td colspan="4">检验批编号</td><td colspan="5"></td></tr>
<tr><td colspan="6">质量验收规范规定</td><td colspan="10">施工单位检查评定记录</td><td>监理（建设）单位验收意见</td></tr>
<tr><td rowspan="3">主控项目</td><td>1</td><td colspan="4">工作坑所用钢筋、水泥、添加剂的品种、规格、性能等应符合现行国家产品标准和设计要求</td><td colspan="10"></td><td rowspan="3"></td></tr>
<tr><td>2</td><td colspan="4">混凝土强度等级及钢筋布置应符合设计要求</td><td colspan="10"></td></tr>
<tr><td>3</td><td colspan="4">竖井中心定位参数应符合设计要求及规定</td><td colspan="10"></td></tr>
<tr><td rowspan="12">一般项目</td><td>1</td><td colspan="4">钢筋加工应符合设计要求</td><td colspan="10"></td><td rowspan="12"></td></tr>
<tr><td>2</td><td colspan="4">蜂窝、麻面不应超过面积的 1%</td><td colspan="10"></td></tr>
<tr><td>3</td><td colspan="4">工作坑定位应符合设计要求</td><td colspan="10"></td></tr>
<tr><td>4</td><td colspan="4">工作坑防水应符合设计要求</td><td colspan="10"></td></tr>
<tr><td rowspan="6">5</td><td rowspan="6">混凝土井壁允许偏差</td><td rowspan="3">断面尺寸</td><td>长、宽</td><td>±0.5% 且不应大于 100mm</td><td></td><td></td><td></td><td></td><td></td><td></td><td></td><td></td><td></td><td></td></tr>
<tr><td>半径</td><td>±0.5% 且不应大于 50mm</td><td></td><td></td><td></td><td></td><td></td><td></td><td></td><td></td><td></td><td></td></tr>
<tr><td>对角线长度</td><td>对角线长度的 1%</td><td></td><td></td><td></td><td></td><td></td><td></td><td></td><td></td><td></td><td></td></tr>
<tr><td colspan="2">坑（井）壁厚度（mm）</td><td>±15</td><td></td><td></td><td></td><td></td><td></td><td></td><td></td><td></td><td></td><td></td></tr>
<tr><td colspan="2">坑（井）壁垂直度</td><td>$H/100$</td><td></td><td></td><td></td><td></td><td></td><td></td><td></td><td></td><td></td><td></td></tr>
<tr><td colspan="2">预埋件、预留孔位移（mm）</td><td>±20</td><td></td><td></td><td></td><td></td><td></td><td></td><td></td><td></td><td></td><td></td></tr>
<tr><td rowspan="2">6</td><td rowspan="2">装配式后背墙</td><td colspan="2">垂直度</td><td>$H/1000$</td><td></td><td></td><td></td><td></td><td></td><td></td><td></td><td></td><td></td><td></td></tr>
<tr><td colspan="2">水平扭转度</td><td>$L/1000$</td><td></td><td></td><td></td><td></td><td></td><td></td><td></td><td></td><td></td><td></td></tr>
<tr><td colspan="2">施工单位检查评定结果</td><td colspan="15">项目专业质量检查员：　　　　年　月　日</td></tr>
<tr><td colspan="2">监理（建设）单位验收结论</td><td colspan="15">监理工程师
（建设单位项目代表）：　　　　年　月　日</td></tr>
<tr><td colspan="17">注：H 为装配式后背墙高度，单位为 mm；L 为装配式后背墙长度，单位为 mm。</td></tr>
</table>

3.7.27 隧道复合式衬砌防水检验批质量验收记录 SY 4207

<table>
<tr><td colspan="2">工程名称</td><td></td><td>分项工程名称</td><td></td><td>验收部位</td><td></td></tr>
<tr><td colspan="2">施工单位</td><td></td><td>专业负责人</td><td></td><td>项目经理</td><td></td></tr>
<tr><td colspan="3">施工执行标准名称及编号</td><td></td><td>检验批编号</td><td colspan="2"></td></tr>
<tr><td colspan="3">质量验收规范规定</td><td colspan="3">施工单位检查评定记录</td><td>监理（建设）单位验收意见</td></tr>
<tr><td rowspan="3">主控项目</td><td>1</td><td>塑料防水板、土工复合材料和内衬混凝土原材料应符合现行国家产品标准和设计要求</td><td colspan="3"></td><td rowspan="3"></td></tr>
<tr><td>2</td><td>混凝土强度等级和抗渗等级应符合设计要求</td><td colspan="3"></td></tr>
<tr><td>3</td><td>施工缝、变形缝、穿墙管道等部位的防水构造作法应符合设计要求</td><td colspan="3"></td></tr>
<tr><td rowspan="2">一般项目</td><td>1</td><td>衬砌混凝土渗漏水量应控制在设计防水等级要求的范围内</td><td colspan="3"></td><td rowspan="2"></td></tr>
<tr><td>2</td><td>衬砌混凝土表面应坚实、平整，不应有裂缝、露筋、蜂窝等缺陷</td><td colspan="3"></td></tr>
<tr><td colspan="2">施工单位检查评定结果</td><td colspan="5">项目专业质量检查员：　　　　年　月　日</td></tr>
<tr><td colspan="2">监理（建设）单位验收结论</td><td colspan="5">监理工程师
（建设单位项目代表）：　　　　年　月　日</td></tr>
</table>

3.7.28 隧道锚喷支护防水检验批质量验收记录 SY 4207

<table>
<tr><td colspan="2">工程名称</td><td></td><td>分项工程名称</td><td></td><td>验收部位</td><td></td></tr>
<tr><td colspan="2">施工单位</td><td></td><td>专业负责人</td><td></td><td>项目经理</td><td></td></tr>
<tr><td colspan="3">施工执行标准名称及编号</td><td></td><td>检验批编号</td><td colspan="2"></td></tr>
<tr><td colspan="3">质量验收规范规定</td><td colspan="3">施工单位检查评定记录</td><td>监理（建设）单位验收意见</td></tr>
<tr><td rowspan="2">主控项目</td><td>1</td><td>锚喷支护所用钢筋、水泥、锚杆、添加剂的品种、规格、性能等应符合现行国家产品标准和设计要求</td><td colspan="3"></td><td rowspan="2"></td></tr>
<tr><td>2</td><td>混凝土强度等级、抗渗等级应符合设计要求</td><td colspan="3"></td></tr>
<tr><td rowspan="4">一般项目</td><td>1</td><td>衬砌混凝土渗漏水量应控制在设计等级防水要求的范围内</td><td colspan="3"></td><td rowspan="4"></td></tr>
<tr><td>2</td><td>喷层与围岩及喷层之间应黏结紧密，不应有空鼓现象</td><td colspan="3"></td></tr>
<tr><td>3</td><td>喷层厚度有 60% 不小于设计厚度，平均厚度不应小于设计厚度，最小厚度不应小于设计厚度的 50%</td><td colspan="3"></td></tr>
<tr><td>4</td><td>喷射混凝土应密实、平整，无裂缝、陀螺、漏喷、露筋、空鼓和渗漏水等缺陷</td><td colspan="3"></td></tr>
<tr><td colspan="2">施工单位检查评定结果</td><td colspan="5">项目专业质量检查员：　　　　年　月　日</td></tr>
<tr><td colspan="2">监理（建设）单位验收结论</td><td colspan="5">监理工程师
（建设单位项目代表）：　　　　年　月　日</td></tr>
</table>

3.7.29 支架（墩）制作（浇筑）检验批质量验收记录 SY 4207

工程名称		分项工程名称		验收部位	
施工单位		专业负责人		项目经理	
施工执行标准名称及编号			检验批编号		

质量验收规范规定				施工单位检查评定记录	监理（建设）单位验收意见
主控项目	1	支架（墩）所用材料的品种、规格、性能应符合现行国家产品标准和设计要求			
	2	预埋件的埋设位置、锚固长度应符合设计要求			
	3	支架结构尺寸、构件规格、焊缝尺寸应符合设计要求			
	4	混凝土强度等级应符合设计要求			
一般项目	1	墩台裂缝宽度应符合设计要求，钢筋不外露			
	2	混凝土表面蜂窝、麻面面积不应超过同侧面积的 1%			
	3	钢筋绑扎、布设应符合设计要求			
	4	预埋件及连接钢板的防腐应符合设计要求			
	5	顶面标高（mm）	±15		
	6	轴线偏移（mm）	15		
	7	预埋件位置（mm）	5		
	8	跨径（度）（mm）	±100		
	9	基础嵌入基岩深度（mm）	−50		

施工单位检查评定结果	项目专业质量检查员： 年 月 日
监理（建设）单位验收结论	监理工程师 （建设单位项目代表）： 年 月 日

3.7.30 管道安装就位检验批质量验收记录 SY 4207

<table>
<tr><td colspan="2">工程名称</td><td colspan="2"></td><td>分项工程名称</td><td colspan="3"></td><td colspan="3">验收部位</td><td colspan="2"></td></tr>
<tr><td colspan="2">施工单位</td><td colspan="2"></td><td>专业负责人</td><td colspan="3"></td><td colspan="3">项目经理</td><td colspan="2"></td></tr>
<tr><td colspan="4">施工执行标准名称及编号</td><td colspan="2"></td><td colspan="3">检验批编号</td><td colspan="5"></td></tr>
<tr><td colspan="4">质量验收规范规定</td><td colspan="9">施工单位检查评定记录</td><td>监理（建设）单位验收意见</td></tr>
<tr><td>主控项目</td><td colspan="3">管道安装所用材料的品种、规格、性能等应符合现行国家产品标准和设计要求</td><td colspan="9"></td><td></td></tr>
<tr><td rowspan="6">一般项目</td><td>1</td><td colspan="2">管道支座型式、发送方案应符合设计要求</td><td colspan="9"></td><td rowspan="6"></td></tr>
<tr><td>2</td><td colspan="2">管道、支座、支墩连接牢固</td><td colspan="9"></td></tr>
<tr><td>3</td><td colspan="2">安装就为后防腐绝缘应完好无损</td><td colspan="9"></td></tr>
<tr><td>4</td><td>管道中心平面位置（mm）</td><td>±20</td><td></td><td></td><td></td><td></td><td></td><td></td><td></td><td></td><td></td></tr>
<tr><td>5</td><td>管道中心高程（mm）</td><td>±30</td><td></td><td></td><td></td><td></td><td></td><td></td><td></td><td></td><td></td></tr>
<tr><td>6</td><td>管道单跨跨度（mm）</td><td>±50</td><td></td><td></td><td></td><td></td><td></td><td></td><td></td><td></td><td></td></tr>
<tr><td colspan="2">施工单位检查评定结果</td><td colspan="12">项目专业质量检查员： 年 月 日</td></tr>
<tr><td colspan="2">监理（建设）单位验收结论</td><td colspan="12">监理工程师
（建设单位项目代表）： 年 月 日</td></tr>
</table>

3.7.31 管道埋设检验批质量验收记录 SY 4207

<table>
<tr><td colspan="2">工程名称</td><td colspan="2"></td><td>分项工程名称</td><td></td><td>验收部位</td><td></td></tr>
<tr><td colspan="2">施工单位</td><td colspan="2"></td><td>专业负责人</td><td></td><td>项目经理</td><td></td></tr>
<tr><td colspan="4">施工执行标准名称及编号</td><td></td><td>检验批编号</td><td colspan="2"></td></tr>
<tr><td colspan="4">质量验收规范规定</td><td colspan="3">施工单位检查评定记录</td><td>监理（建设）单位验收意见</td></tr>
<tr><td>主控项目</td><td colspan="3">管道安装所用材料的品种、规格、性能应符合现行国家产品标准和设计要求</td><td colspan="3"></td><td></td></tr>
<tr><td rowspan="5">一般项目</td><td>1</td><td colspan="2">管道挖深应符合设计要求</td><td colspan="3"></td><td rowspan="5"></td></tr>
<tr><td>2</td><td colspan="2">管沟内不应有石块</td><td colspan="3"></td></tr>
<tr><td>3</td><td colspan="2">管堤砌筑应符合设计要求</td><td colspan="3"></td></tr>
<tr><td>4</td><td>管道中心平面位置（mm）</td><td>± 50</td><td colspan="3"></td></tr>
<tr><td>5</td><td>管道埋深（mm）</td><td>± 100</td><td colspan="3"></td></tr>
<tr><td colspan="2">施工单位检查评定结果</td><td colspan="6">项目专业质量检查员：　　　　年　月　日</td></tr>
<tr><td colspan="2">监理（建设）单位验收结论</td><td colspan="6">监理工程师
（建设单位项目代表）：　　　　年　月　日</td></tr>
</table>

3.7.32 盾构环片制作检验批质量验收记录 SY 4207

<table>
<tr><td colspan="2">工程名称</td><td colspan="3"></td><td colspan="5">分项工程名称</td><td colspan="3"></td><td colspan="2">验收部位</td><td></td></tr>
<tr><td colspan="2">施工单位</td><td colspan="3"></td><td colspan="5">专业负责人</td><td colspan="3"></td><td colspan="2">项目经理</td><td></td></tr>
<tr><td colspan="3">施工执行标准名称及编号</td><td colspan="6"></td><td colspan="2">检验批编号</td><td colspan="5"></td></tr>
<tr><td colspan="5">质量验收规范规定</td><td colspan="10">施工单位检查评定记录</td><td>监理（建设）单位验收意见</td></tr>
<tr><td rowspan="2">主控项目</td><td>1</td><td colspan="3">盾构环片所用钢筋、水泥、添加剂的品种、规格、性能应符合现行国家产品标准和设计要求</td><td colspan="10"></td><td rowspan="2"></td></tr>
<tr><td>2</td><td colspan="3">混凝土强度等级、抗渗等级应符合设计要求</td><td colspan="10"></td></tr>
<tr><td rowspan="17">一般项目</td><td>1</td><td colspan="3">环片尺寸应符合设计要求</td><td colspan="10"></td><td rowspan="17"></td></tr>
<tr><td>2</td><td colspan="3">钢筋保护层厚度应符合设计要求</td><td colspan="10"></td></tr>
<tr><td>3</td><td colspan="3">环片质地均匀、密实，外观棱角清晰</td><td colspan="10"></td></tr>
<tr><td rowspan="9">4</td><td rowspan="9">钢筋制作允许偏差（mm）</td><td>网片长、宽</td><td>± 10</td><td></td><td></td><td></td><td></td><td></td><td></td><td></td><td></td><td></td><td></td></tr>
<tr><td>网片间距</td><td>± 10</td><td></td><td></td><td></td><td></td><td></td><td></td><td></td><td></td><td></td><td></td></tr>
<tr><td>分布筋长度</td><td>± 10</td><td></td><td></td><td></td><td></td><td></td><td></td><td></td><td></td><td></td><td></td></tr>
<tr><td>分布筋间距</td><td>± 5</td><td></td><td></td><td></td><td></td><td></td><td></td><td></td><td></td><td></td><td></td></tr>
<tr><td>骨架长尺寸</td><td>± 5</td><td></td><td></td><td></td><td></td><td></td><td></td><td></td><td></td><td></td><td></td></tr>
<tr><td>骨架宽、高尺寸</td><td>−10</td><td></td><td></td><td></td><td></td><td></td><td></td><td></td><td></td><td></td><td></td></tr>
<tr><td>主筋保护层</td><td>+5，−3</td><td></td><td></td><td></td><td></td><td></td><td></td><td></td><td></td><td></td><td></td></tr>
<tr><td>箍筋间距</td><td>± 10</td><td></td><td></td><td></td><td></td><td></td><td></td><td></td><td></td><td></td><td></td></tr>
<tr><td>环纵向螺栓孔</td><td>畅通、内圆面平整</td><td></td><td></td><td></td><td></td><td></td><td></td><td></td><td></td><td></td><td></td></tr>
<tr><td rowspan="4">5</td><td rowspan="4">单块环片外形尺寸允许偏差（mm）</td><td>宽度</td><td>± 1</td><td></td><td></td><td></td><td></td><td></td><td></td><td></td><td></td><td></td><td></td></tr>
<tr><td>弧长</td><td>± 1</td><td></td><td></td><td></td><td></td><td></td><td></td><td></td><td></td><td></td><td></td></tr>
<tr><td>弦长</td><td>± 1</td><td></td><td></td><td></td><td></td><td></td><td></td><td></td><td></td><td></td><td></td></tr>
<tr><td>厚度</td><td>+3，−1</td><td></td><td></td><td></td><td></td><td></td><td></td><td></td><td></td><td></td><td></td></tr>
</table>

盾构环片制作检验批质量验收记录（续表） SY 4207

工程名称					分项工程名称					验收部位					
施工单位					专业负责人					项目经理					
施工执行标准名称及编号								检验批编号							
质量验收规范规定					施工单位检查评定记录										监理（建设）单位验收意见
一般项目	6	环片水平拼装允许偏差（mm）	环缝间隙	2											
			纵缝间隙	2											
			成环后内径	±2											
			成环后外径	±2											
			纵、环向螺栓全部穿进	$d_{孔}-d_{螺}<2$											
施工单位检查评定结果	项目专业质量检查员： 年 月 日														
监理（建设）单位验收结论	监理工程师（建设单位项目代表）： 年 月 日														
注：$d_{孔}$为螺孔直径，$d_{螺}$为螺栓杆直径。															

3.7.33 盾构隧道掘进检验批质量验收记录 SY 4207

<table>
<tr><td colspan="2">工程名称</td><td colspan="3"></td><td colspan="3">分项工程名称</td><td colspan="4"></td><td colspan="3">验收部位</td><td></td></tr>
<tr><td colspan="2">施工单位</td><td colspan="3"></td><td colspan="3">专业负责人</td><td colspan="4"></td><td colspan="3">项目经理</td><td></td></tr>
<tr><td colspan="4">施工执行标准名称及编号</td><td colspan="4"></td><td colspan="4">检验批编号</td><td colspan="4"></td></tr>
<tr><td colspan="5">质量验收规范规定</td><td colspan="10">施工单位检查评定记录</td><td>监理（建设）单位验收意见</td></tr>
<tr><td rowspan="2">主控项目</td><td>1</td><td rowspan="2">允许偏差（mm）</td><td>隧道轴线平面位置</td><td>±100</td><td></td><td></td><td></td><td></td><td></td><td></td><td></td><td></td><td></td><td></td><td rowspan="2"></td></tr>
<tr><td>2</td><td>隧道轴线高程</td><td>±100</td><td></td><td></td><td></td><td></td><td></td><td></td><td></td><td></td><td></td><td></td></tr>
<tr><td>一般项目</td><td colspan="4">严格控制超挖，避免出现较大的地面沉陷</td><td colspan="10"></td><td></td></tr>
<tr><td colspan="2">施工单位检查评定结果</td><td colspan="14">项目专业质量检查员：　　　　年　月　日</td></tr>
<tr><td colspan="2">监理（建设）单位验收结论</td><td colspan="14">监理工程师
（建设单位项目代表）：　　　　年　月　日</td></tr>
</table>

3.7.34 盾构环片拼装检验批质量验收记录 SY 4207

<table>
<tr><td colspan="2">工程名称</td><td colspan="3"></td><td colspan="4">分项工程名称</td><td colspan="4"></td><td colspan="2">验收部位</td><td></td></tr>
<tr><td colspan="2">施工单位</td><td colspan="3"></td><td colspan="4">专业负责人</td><td colspan="4"></td><td colspan="2">项目经理</td><td></td></tr>
<tr><td colspan="3">施工执行标准名称及编号</td><td colspan="6"></td><td colspan="4">检验批编号</td><td colspan="3"></td></tr>
<tr><td colspan="5">质量验收规范规定</td><td colspan="10">施工单位检查评定记录</td><td>监理（建设）单位验收意见</td></tr>
<tr><td rowspan="2">主控项目</td><td>1</td><td colspan="3">盾构环片拼装所用密封材料、注浆材料的品种、规格、性能应符合现行国家产品标准和设计要求</td><td colspan="10"></td><td rowspan="2"></td></tr>
<tr><td>2</td><td colspan="3">连接件尺寸、材质、规格、性能符合现行国家产品标准和设计要求</td><td colspan="10"></td></tr>
<tr><td rowspan="8">一般项目</td><td>1</td><td colspan="3">密封材料与环片应粘贴密实</td><td colspan="10"></td><td rowspan="8"></td></tr>
<tr><td>2</td><td colspan="3">环片拼装应按设计排列要求进行</td><td colspan="10"></td></tr>
<tr><td>3</td><td colspan="3">纵横向连接件应全部穿进、牢固</td><td colspan="10"></td></tr>
<tr><td>4</td><td colspan="3">注浆质量应控制在各工程环境保护要求的规定内</td><td colspan="10"></td></tr>
<tr><td rowspan="2">5</td><td rowspan="2">平整度</td><td>环向相邻环片（mm）</td><td>± 15</td><td></td><td></td><td></td><td></td><td></td><td></td><td></td><td></td><td></td><td></td></tr>
<tr><td>纵向相邻环片（mm）</td><td>± 15</td><td></td><td></td><td></td><td></td><td></td><td></td><td></td><td></td><td></td><td></td></tr>
<tr><td>6</td><td colspan="2">衬砌圆环直径椭圆度</td><td>± 5‰ D</td><td></td><td></td><td></td><td></td><td></td><td></td><td></td><td></td><td></td><td></td></tr>
<tr><td>7</td><td colspan="2">环片纵缝（mm）</td><td>± 2</td><td></td><td></td><td></td><td></td><td></td><td></td><td></td><td></td><td></td><td></td></tr>
<tr><td colspan="2">施工单位检查评定结果</td><td colspan="14">项目专业质量检查员： 年 月 日</td></tr>
<tr><td colspan="2">监理（建设）单位验收结论</td><td colspan="14">监理工程师
（建设单位项目代表）： 年 月 日</td></tr>
<tr><td colspan="16">注：D 为盾构环片内径。</td></tr>
</table>

3.7.35 盾构隧道防水检验批质量验收记录 SY 4207

<table>
<tr><td colspan="2">工程名称</td><td></td><td>分项工程名称</td><td></td><td>验收部位</td><td></td></tr>
<tr><td colspan="2">施工单位</td><td></td><td>专业负责人</td><td></td><td>项目经理</td><td></td></tr>
<tr><td colspan="3">施工执行标准名称及编号</td><td></td><td>检验批编号</td><td colspan="2"></td></tr>
<tr><td colspan="3">质量验收规范规定</td><td colspan="3">施工单位检查评定记录</td><td>监理（建设）单位验收意见</td></tr>
<tr><td rowspan="2">主控项目</td><td>1</td><td>盾构法隧道所用防水材料的品种、规格、性能应符合现行国家产品标准和设计要求</td><td colspan="3"></td><td rowspan="2"></td></tr>
<tr><td>2</td><td>钢筋混凝土环片的抗压强度和抗渗等级应符合设计要求</td><td colspan="3"></td></tr>
<tr><td rowspan="3">一般项目</td><td>1</td><td>隧道的漏水量应控制在设计防水等级要求的范围内。衬砌接缝不应有线流和漏泥砂现象</td><td colspan="3"></td><td rowspan="3"></td></tr>
<tr><td>2</td><td>环片拼装接缝防水应符合设计要求</td><td colspan="3"></td></tr>
<tr><td>3</td><td>环向及纵向螺栓应全部穿进并拧紧，衬砌内表面的外露铁件防腐处理应符合设计要求</td><td colspan="3"></td></tr>
<tr><td colspan="2">施工单位检查评定结果</td><td colspan="5">项目专业质量检查员：　　　　年　月　日</td></tr>
<tr><td colspan="2">监理（建设）单位验收结论</td><td colspan="5">监理工程师
（建设单位项目代表）：　　　　年　月　日</td></tr>
</table>

3.7.36 钢套管制作与组对检验批质量验收记录 SY 4207

<table>
<tr><td colspan="2">工程名称</td><td colspan="3"></td><td colspan="4">分项工程名称</td><td colspan="4"></td><td colspan="2">验收部位</td><td></td></tr>
<tr><td colspan="2">施工单位</td><td colspan="3"></td><td colspan="4">专业负责人</td><td colspan="4"></td><td colspan="2">项目经理</td><td></td></tr>
<tr><td colspan="3">施工执行标准名称及编号</td><td colspan="6"></td><td colspan="4">检验批编号</td><td colspan="3"></td></tr>
<tr><td colspan="4">质量验收规范规定</td><td colspan="10">施工单位检查评定记录</td><td>监理（建设）单位验收意见</td></tr>
<tr><td rowspan="2">主控项目</td><td>1</td><td colspan="2">钢管的品种、规格、性能等应符合现行国家产品标准和设计要求</td><td colspan="10"></td><td rowspan="2"></td></tr>
<tr><td>2</td><td colspan="2">焊接材料的品种、规格、性能应符合设计要求</td><td colspan="10"></td></tr>
<tr><td rowspan="5">一般项目</td><td>1</td><td colspan="2">两钢管的对接焊缝错开不应少于100mm</td><td colspan="10"></td><td rowspan="5"></td></tr>
<tr><td>2</td><td>钝边（mm）</td><td>± 0.8</td><td></td><td></td><td></td><td></td><td></td><td></td><td></td><td></td><td></td><td></td></tr>
<tr><td>3</td><td>坡口角度（°）</td><td>± 5</td><td></td><td></td><td></td><td></td><td></td><td></td><td></td><td></td><td></td><td></td></tr>
<tr><td>4</td><td>间隙（mm）</td><td>± 0.8</td><td></td><td></td><td></td><td></td><td></td><td></td><td></td><td></td><td></td><td></td></tr>
<tr><td>5</td><td>错边（mm）</td><td>0</td><td></td><td></td><td></td><td></td><td></td><td></td><td></td><td></td><td></td><td></td></tr>
<tr><td>施工单位检查评定结果</td><td colspan="14">项目专业质量检查员： 年 月 日</td></tr>
<tr><td>监理（建设）单位验收结论</td><td colspan="14">监理工程师
（建设单位项目代表）： 年 月 日</td></tr>
</table>

3.7.37 混凝土套管组对检验批质量验收记录 SY 4207

<table>
<tr><td>工程名称</td><td colspan="2"></td><td>分项工程名称</td><td></td><td>验收部位</td><td></td></tr>
<tr><td>施工单位</td><td colspan="2"></td><td>专业负责人</td><td></td><td>项目经理</td><td></td></tr>
<tr><td colspan="3">施工执行标准名称及编号</td><td></td><td>检验批编号</td><td colspan="2"></td></tr>
<tr><td colspan="3">质量验收规范规定</td><td colspan="3">施工单位检查评定记录</td><td>监理（建设）单位验收意见</td></tr>
<tr><td rowspan="3">主控项目</td><td>1</td><td>混凝土套管的抗压强度、抗渗等级等应符合设计要求</td><td colspan="3"></td><td rowspan="3"></td></tr>
<tr><td>2</td><td>节间接缝应按设计要求进行防水处理</td><td colspan="3"></td></tr>
<tr><td>3</td><td>接头处的平整度应符合设计要求</td><td colspan="3"></td></tr>
<tr><td>一般项目</td><td colspan="2">混凝土套管组对应顺直，沿套管轴向最大矢高不应大于套管直径的0.2%</td><td colspan="3"></td><td></td></tr>
<tr><td>施工单位检查评定结果</td><td colspan="6">项目专业质量检查员：　　　　年　月　日</td></tr>
<tr><td>监理（建设）单位验收结论</td><td colspan="6">监理工程师
（建设单位项目代表）：　　　　年　月　日</td></tr>
</table>

3.7.38 套管顶进检验批质量验收记录 SY 4207

<table>
<tr><td colspan="2">工程名称</td><td colspan="2"></td><td>分项工程名称</td><td colspan="5"></td><td colspan="3">验收部位</td><td></td></tr>
<tr><td colspan="2">施工单位</td><td colspan="2"></td><td>专业负责人</td><td colspan="5"></td><td colspan="3">项目经理</td><td></td></tr>
<tr><td colspan="3">施工执行标准名称及编号</td><td colspan="3"></td><td colspan="4">检验批编号</td><td colspan="4"></td></tr>
<tr><td colspan="4">质量验收规范规定</td><td colspan="10">施工单位检查评定记录</td><td>监理（建设）单位验收意见</td></tr>
<tr><td rowspan="4">主控项目</td><td>1</td><td>横向贯通偏差（mm）</td><td>±100</td><td></td><td></td><td></td><td></td><td></td><td></td><td></td><td></td><td></td><td></td><td rowspan="4"></td></tr>
<tr><td>2</td><td>高程贯通偏差（mm）</td><td>±50</td><td></td><td></td><td></td><td></td><td></td><td></td><td></td><td></td><td></td><td></td></tr>
<tr><td>3</td><td>地面隆起最大极限（mm）</td><td>+30</td><td></td><td></td><td></td><td></td><td></td><td></td><td></td><td></td><td></td><td></td></tr>
<tr><td>4</td><td>地面沉降最大极限（mm）</td><td>-30</td><td></td><td></td><td></td><td></td><td></td><td></td><td></td><td></td><td></td><td></td></tr>
<tr><td colspan="2">施工单位检查评定结果</td><td colspan="13">项目专业质量检查员： 年 月 日</td></tr>
<tr><td colspan="2">监理（建设）单位验收结论</td><td colspan="13">监理工程师
（建设单位项目代表）： 年 月 日</td></tr>
<tr><td colspan="15">注：两边对顶时，错口允许偏差为50mm。</td></tr>
</table>

3.7.39 顶管隧道防水检验批质量验收记录 SY 4207

<table>
<tr><td>工程名称</td><td colspan="2"></td><td>分项工程名称</td><td></td><td>验收部位</td><td></td></tr>
<tr><td>施工单位</td><td colspan="2"></td><td>专业负责人</td><td></td><td>项目经理</td><td></td></tr>
<tr><td colspan="3">施工执行标准名称及编号</td><td></td><td>检验批编号</td><td colspan="2"></td></tr>
<tr><td colspan="3">质量验收规范规定</td><td colspan="2">施工单位检查评定记录</td><td colspan="2">监理（建设）单位验收意见</td></tr>
<tr><td>主控项目</td><td colspan="2">顶管隧道所用防水材料的品种、规格、性能等应符合现行国家产品标准和设计要求</td><td colspan="2"></td><td colspan="2"></td></tr>
<tr><td rowspan="2">一般项目</td><td>1</td><td>隧道的漏水量应控制在设计的防水等级要求的范围内。接缝处不应有线流和漏泥砂现象</td><td colspan="2"></td><td colspan="2" rowspan="2"></td></tr>
<tr><td>2</td><td>套管拼装接缝防水应符合设计要求</td><td colspan="2"></td></tr>
<tr><td>施工单位检查评定结果</td><td colspan="6">项目专业质量检查员： 年 月 日</td></tr>
<tr><td>监理（建设）单位验收结论</td><td colspan="6">监理工程师
（建设单位项目代表）： 年 月 日</td></tr>
</table>

3.7.40 基坑开挖工程检验批质量验收记录 SY 4207

<table>
<tr><td colspan="2">工程名称</td><td colspan="3"></td><td colspan="3">分项工程名称</td><td colspan="3"></td><td colspan="3">验收部位</td><td></td></tr>
<tr><td colspan="2">施工单位</td><td colspan="3"></td><td colspan="3">专业负责人</td><td colspan="3"></td><td colspan="3">项目经理</td><td></td></tr>
<tr><td colspan="4">施工执行标准名称及编号</td><td colspan="4"></td><td colspan="3">检验批编号</td><td colspan="4"></td></tr>
<tr><td colspan="5">质量验收规范规定</td><td colspan="10">施工单位检查评定记录</td><td>监理（建设）单位验收意见</td></tr>
<tr><td rowspan="4">主控项目</td><td colspan="4">基坑无积水</td><td colspan="10"></td><td rowspan="4"></td></tr>
<tr><td colspan="4">基坑平面尺寸符合设计要求</td><td colspan="10"></td></tr>
<tr><td colspan="4">基底土不扰动、不浸泡（若为回填夯实，应达到设计承载要求）</td><td colspan="10"></td></tr>
<tr><td colspan="4">基底平整</td><td colspan="10"></td></tr>
<tr><td rowspan="3">一般项目</td><td>1</td><td colspan="2">轴线偏移（mm）</td><td>≤ 50</td><td></td><td></td><td></td><td></td><td></td><td></td><td></td><td></td><td></td><td></td><td rowspan="3"></td></tr>
<tr><td rowspan="2">2</td><td rowspan="2">基坑标高（mm）</td><td>土质</td><td>-50</td><td></td><td></td><td></td><td></td><td></td><td></td><td></td><td></td><td></td><td></td></tr>
<tr><td>岩质</td><td>-150</td><td></td><td></td><td></td><td></td><td></td><td></td><td></td><td></td><td></td><td></td></tr>
<tr><td colspan="2">施工单位检查评定结果</td><td colspan="14">项目专业质量检查员　　　　年　月　日</td></tr>
<tr><td colspan="2">监理（建设）单位验收结论</td><td colspan="14">监理工程师
（建设单位项目代表）：　　　　年　月　日</td></tr>
<tr><td colspan="16">注：“–”为超挖。</td></tr>
</table>

3.7.41 锚固墩检验批质量验收记录 SY 4207

<table>
<tr><td colspan="2">工程名称</td><td colspan="2"></td><td colspan="4">分项工程名称</td><td colspan="4"></td><td colspan="2">验收部位</td><td></td></tr>
<tr><td colspan="2">施工单位</td><td colspan="2"></td><td colspan="4">专业负责人</td><td colspan="4"></td><td colspan="2">项目经理</td><td></td></tr>
<tr><td colspan="3">施工执行标准名称及编号</td><td colspan="5"></td><td colspan="4">检验批编号</td><td colspan="3"></td></tr>
<tr><td colspan="4">质量验收规范规定</td><td colspan="10">施工单位检查评定记录</td><td>监理（建设）单位验收意见</td></tr>
<tr><td rowspan="6">主控项目</td><td>1</td><td colspan="2">锚固墩所用材料的品种、规格、性能等应符合现行国家产品标准和设计要求</td><td colspan="10"></td><td rowspan="10"></td></tr>
<tr><td>2</td><td colspan="2">锚固墩混凝土强度等级应符合设计要求</td><td colspan="10"></td></tr>
<tr><td>3</td><td>顶面标高（mm）</td><td>± 30</td><td></td><td></td><td></td><td></td><td></td><td></td><td></td><td></td><td></td><td></td></tr>
<tr><td>4</td><td>轴线偏移（mm）</td><td>30</td><td></td><td></td><td></td><td></td><td></td><td></td><td></td><td></td><td></td><td></td></tr>
<tr><td>5</td><td>一般预埋件位置（mm）</td><td>5</td><td></td><td></td><td></td><td></td><td></td><td></td><td></td><td></td><td></td><td></td></tr>
<tr><td>6</td><td>地脚螺栓（mm）</td><td>2</td><td></td><td></td><td></td><td></td><td></td><td></td><td></td><td></td><td></td><td></td></tr>
<tr><td rowspan="4">一般项目</td><td>1</td><td colspan="2">裂缝尺寸不应大于设计规范的规定</td><td colspan="10"></td></tr>
<tr><td>2</td><td colspan="2">蜂窝、麻面不应超过同侧面积的 1%</td><td colspan="10"></td></tr>
<tr><td>3</td><td colspan="2">钢筋布设应符合设计要求</td><td colspan="10"></td></tr>
<tr><td>4</td><td colspan="2">断面各向尺寸应符合设计要求</td><td colspan="10"></td></tr>
<tr><td colspan="2">施工单位检查评定结果</td><td colspan="13">项目专业质量检查员　　　　年　月　日</td></tr>
<tr><td colspan="2">监理（建设）单位验收结论</td><td colspan="13">监理工程师
（建设单位项目代表）：　　　　年　月　日</td></tr>
</table>

3.7.42 扩大基础检验批质量验收记录 SY 4207

工程名称		分项工程名称		验收部位	
施工单位		专业负责人		项目经理	
施工执行标准名称及编号		检验批编号			

		质量验收规范规定				施工单位检查评定记录	监理（建设）单位验收意见
主控项目	1	扩大基础所用材料的品种、规格、性能等应符合现行国家产品标准和设计要求					
	2	混凝土强度等级应符合设计要求					
	1	允许偏差（mm）	顶面标高	承台	±15		
				（柱）墩台身	±10		
	2		轴线偏移	承台	15		
				墩台身	10		
				柱式墩台	10		
				墩台帽	10		
	3		预埋件位置		5		
	4		柱式墩台帽相邻间距		±15		
	5		跨径（度）	大型	$\pm L_0/3000$		
				中小型	±30		
一般项目	1	墩台裂缝宽度应小于设计要求					
	2	蜂窝、麻面不超过同侧面积的1%					
	3	承台、墩帽无掉边、掉角					
	4	表面平整密实					
	5	允许偏差（mm）	断面尺寸	承台	±20		
				墩台身	±15		
				墩台帽	±10		
	6		垂直或斜坡	墩台身	$H/500$		
				柱式墩台	$H/300$ 且 ≤20		
施工单位检查评定结果	项目专业质量检查员： 年 月 日						
监理（建设）单位验收结论	监理工程师（建设单位项目代表）： 年 月 日						

注：H 为结构高度。L_0 为设计单跨长度。

3.7.43 钢管桩检验批质量验收记录 SY 4207

<table>
<tr><td colspan="2">工程名称</td><td colspan="4"></td><td colspan="3">分项工程名称</td><td colspan="4"></td><td colspan="2">验收部位</td><td colspan="2"></td></tr>
<tr><td colspan="2">施工单位</td><td colspan="4"></td><td colspan="3">专业负责人</td><td colspan="4"></td><td colspan="2">项目经理</td><td colspan="2"></td></tr>
<tr><td colspan="4">施工执行标准名称及编号</td><td colspan="5"></td><td colspan="4">检验批编号</td><td colspan="4"></td></tr>
<tr><td colspan="6">质量验收规范规定</td><td colspan="10">施工单位检查评定记录</td><td>监理（建设）单位验收意见</td></tr>
<tr><td>主控项目</td><td colspan="5">钢管桩制作及其所用的材料的品种、规格、性能等应符合现行国家产品标准和设计要求</td><td colspan="10"></td><td></td></tr>
<tr><td rowspan="11">一般项目</td><td>1</td><td colspan="4">管节对口焊接不应有表面裂纹、气孔和未熔合等缺陷</td><td colspan="10"></td><td rowspan="11"></td></tr>
<tr><td>2</td><td colspan="4">钢管桩起吊、运输与堆放不应有管身变形和损伤、涂层破损</td><td colspan="10"></td></tr>
<tr><td>3</td><td colspan="4">防腐涂层及现场补伤应符合设计要求</td><td colspan="10"></td></tr>
<tr><td rowspan="2">4</td><td rowspan="8">允许偏差（mm）</td><td rowspan="2">桩中轴线偏差率</td><td>竖直桩</td><td>1%</td><td></td><td></td><td></td><td></td><td></td><td></td><td></td><td></td><td></td><td></td></tr>
<tr><td>斜桩倾斜度</td><td>$1.5\tan\theta$</td><td></td><td></td><td></td><td></td><td></td><td></td><td></td><td></td><td></td><td></td></tr>
<tr><td rowspan="2">5</td><td rowspan="2">承台底群桩平面位置</td><td>边桩</td><td>$0.25d$</td><td></td><td></td><td></td><td></td><td></td><td></td><td></td><td></td><td></td><td></td></tr>
<tr><td>中间桩</td><td>$0.5d$</td><td></td><td></td><td></td><td></td><td></td><td></td><td></td><td></td><td></td><td></td></tr>
<tr><td rowspan="2">6</td><td rowspan="2">帽梁底排架桩平面位置</td><td>沿帽梁轴线</td><td>50</td><td></td><td></td><td></td><td></td><td></td><td></td><td></td><td></td><td></td><td></td></tr>
<tr><td>垂直帽梁轴线</td><td>40</td><td></td><td></td><td></td><td></td><td></td><td></td><td></td><td></td><td></td><td></td></tr>
<tr><td rowspan="2">7</td><td rowspan="2">承台边缘至边桩净距</td><td>桩径 ≤ 1m</td><td>≥ $0.5d$ 且 ≥ 250</td><td></td><td></td><td></td><td></td><td></td><td></td><td></td><td></td><td></td><td></td></tr>
<tr><td>桩径 > 1m</td><td>≥ $0.3d$ 且 ≥ 500</td><td></td><td></td><td></td><td></td><td></td><td></td><td></td><td></td><td></td><td></td></tr>
<tr><td>施工单位检查评定结果</td><td colspan="16">项目专业质量检查员：　　　　年　月　日</td></tr>
<tr><td>监理（建设）单位验收结论</td><td colspan="16">监理工程师
（建设单位项目代表）：　　　　年　月　日</td></tr>
<tr><td colspan="17">注：d 为桩的直径或短边尺寸。θ 为桩纵轴线与垂直线间夹角。</td></tr>
</table>

3.7.44 混凝土预制桩检验批质量验收记录 SY 4207

工程名称				分项工程名称		验收部位	
施工单位				专业负责人		项目经理	
施工执行标准名称及编号						检验批编号	

质量验收规范规定					施工单位检查评定记录	监理（建设）单位验收意见
主控项目	1	混凝土预制桩的品种、规格、性能等应符合现行国家产品标准和设计要求				
	2	预制桩施工完毕后对单桩承载力进行检测及桩体质量进行检查				
一般项目	1	桩尖与桩顶标高应符合设计要求				
	2	施工完毕后，桩顶无隆起				
	3	混凝土预制桩桩身施工完毕后不应有开裂				
	4	桩中轴线偏斜率	竖直桩	1%		
			斜桩倾斜度	$0.15\tan\theta$		
	5	承台底群桩平面位置（mm）	边桩	$0.25d$		
			中间桩	$0.5d$		
	6	帽梁底排架桩平面位置（mm）	沿帽梁轴线	50		
			垂直帽梁轴线	40		
	7	承台边缘至边桩净距（mm）	桩径≤1m	≥$0.5d$且≥250		
			桩径＞1m	≥$0.3d$且≥500		
施工单位检查评定结果	项目专业质量检查员： 年 月 日					
监理（建设）单位验收结论	监理工程师（建设单位项目代表）： 年 月 日					

注：d为桩的直径或短边尺寸。θ为桩纵轴线与垂直线间夹角。

3.7.45 混凝土灌注桩检验批质量验收记录 SY 4207

工程名称		分项工程名称		验收部位	
施工单位		专业负责人		项目经理	
施工执行标准名称及编号				检验批编号	

质量验收规范规定					施工单位检查评定记录	监理（建设）单位验收意见
主控项目	1	混凝土灌注桩所用材料的品种、规格、性能等应符合现行国家产品标准和设计要求				
主控项目	2	混凝土强度等级应符合设计要求				
主控项目	3	钢筋骨架配筋和定位应符合设计要求				
主控项目	4	清孔及孔底标高应符合设计要求				
主控项目	5	灌注桩施工完毕后应对单桩承载力进行检测及桩体质量进行检查				
主控项目	6	孔径允许偏差（mm）		≥ d		
主控项目	7	孔深（mm）	摩擦桩	≥设计值		
			端承桩	≥ 50+设计值		
一般项目	1	孔的中心位置（mm）	群桩	≤ 100		
			单排桩	≤ 50		
一般项目	2	倾斜度（mm）	直桩	< 1/100		
			斜桩	< ±2.5% 设计斜度		
一般项目	3	孔内沉淀土的厚度（mm）	摩擦桩	≤ 0.4~0.6d		
			端承桩	≤设计规定值		
一般项目	4	清孔后砂浆指标（mm）	相对密度	1.05~1.2		
			黏度、含砂率	17~20s，< 4%		

施工单位检查评定结果	项目专业质量检查员： 年 月 日
监理（建设）单位验收结论	监理工程师（建设单位项目代表）： 年 月 日

注：d 为设计桩直径。

3.7.46 混凝土墩台检验批质量验收记录 SY 4207

工程名称			分项工程名称		验收部位	
施工单位			专业负责人		项目经理	
施工执行标准名称及编号				检验批编号		
质量验收规范规定					施工单位检查评定记录	监理（建设）单位验收意见
主控项目	1	墩台工程所用材料的品种、规格、性能等应符合现行国家产品标准和设计要求				
	2	混凝土强度等级应符合设计要求				
	3	断面尺寸（mm）	承台	±20		
			墩台身	±15		
			墩台帽	±10		
	4	垂直或斜坡（mm）	墩台身	0.2%H		
	5	顶面标高（mm）	承台	±15		
			墩台	±10		
	6	轴线偏移（mm）	承台	15		
			墩台身	10		
			墩台帽	10		
	7	预埋件位置（mm）		5		
	8	跨径（度）（mm）	中小型	±30		
			大型	±L_0/3000		
一般项目	1	墩台裂缝宽度小于设计要求与规范的规定				
	2	蜂窝、麻面不超过同侧面积的1%				
	3	承台、墩帽无掉边、掉角及蜂窝麻面				
	4	表面平整密实				
施工单位检查评定结果	项目专业质量检查员： 年 月 日					
监理（建设）单位验收结论	监理工程师（建设单位项目代表）： 年 月 日					
注：H为结构高度。L_0为设计单跨长度。						

3.7.47　柱式墩台检验批质量验收记录　SY 4207

工程名称			分项工程名称		验收部位	
施工单位			专业负责人		项目经理	
施工执行标准名称及编号				检验批编号		
质量验收规范规定					施工单位检查评定记录	监理（建设）单位验收意见
主控项目	1	墩台工程所用材料的品种、规格、性能等应符合现行国家产品标准和设计要求				
	2	混凝土强度等级应符合设计要求				
	3	断面尺寸（mm）	承台	±20		
			墩台身	±15		
			墩台帽	±10		
	4	垂直或斜坡（mm）	柱式墩台	0.3%H 且≤20		
	5	顶面标高（mm）	承台	±15		
			柱式墩台身	±10		
	6	轴线偏移（mm）	柱式承台	10		
			柱式墩台身	10		
			墩台帽	10		
	7	预埋件位置（mm）		5		
	8	相邻墩台柱间距（mm）		±15		
	9	跨径（度）（mm）	中小型	±30		
			大型	$\pm L_0/3000$		
一般项目	1	墩台裂缝宽度小于设计要求与规范的规定				
	2	蜂窝、麻面不超过同侧面积的1%				
	3	承台、墩帽无掉边、掉角及蜂窝麻面				
	4	表面平整密实				
施工单位检查评定结果	项目专业质量检查员：　　　年　月　日					
监理（建设）单位验收结论	监理工程师（建设单位项目代表）：　　　年　月　日					
注：H为结构高度。L_0为设计单跨长度。						

3.7.48 混凝土索塔检验批质量验收记录 SY 4207

<table>
<tr><td colspan="2">工程名称</td><td colspan="2"></td><td colspan="4">分项工程名称</td><td colspan="3"></td><td colspan="3">验收部位</td><td></td></tr>
<tr><td colspan="2">施工单位</td><td colspan="2"></td><td colspan="4">专业负责人</td><td colspan="3"></td><td colspan="3">项目经理</td><td></td></tr>
<tr><td colspan="3">施工执行标准名称及编号</td><td colspan="5"></td><td colspan="3">检验批编号</td><td colspan="4"></td></tr>
<tr><td colspan="4">质量验收规范规定</td><td colspan="10">施工单位检查评定记录</td><td>监理（建设）单位验收意见</td></tr>
<tr><td rowspan="2">主控项目</td><td>1</td><td colspan="2">混凝土索塔所用材料的品种、规格、性能等应符合现行国家产品标准和设计要求</td><td colspan="10"></td><td rowspan="2"></td></tr>
<tr><td>2</td><td colspan="2">索支点（座）在索塔上的安放位置应符合设计要求，并且安放牢固</td><td colspan="10"></td></tr>
<tr><td rowspan="9">一般项目</td><td>1</td><td colspan="2">索道孔及锚箱位置、锚固面与水平面交角控制准确</td><td colspan="10"></td><td rowspan="9"></td></tr>
<tr><td>2</td><td colspan="2">混凝土表面平整，线形顺直</td><td colspan="10"></td></tr>
<tr><td>3</td><td colspan="2">锚箱混凝土不应有蜂窝</td><td colspan="10"></td></tr>
<tr><td>4</td><td colspan="2">塔身混凝土蜂窝麻面不应超过同侧面积的 0.5%</td><td colspan="10"></td></tr>
<tr><td>5</td><td>轴线偏移（mm）</td><td>±10</td><td></td><td></td><td></td><td></td><td></td><td></td><td></td><td></td><td></td><td></td></tr>
<tr><td>6</td><td>断面尺寸（mm）</td><td>±20</td><td></td><td></td><td></td><td></td><td></td><td></td><td></td><td></td><td></td><td></td></tr>
<tr><td>7</td><td>倾斜度（mm）</td><td>H/1500</td><td></td><td></td><td></td><td></td><td></td><td></td><td></td><td></td><td></td><td></td></tr>
<tr><td>8</td><td>预埋螺栓中心位置（mm）</td><td>±2</td><td></td><td></td><td></td><td></td><td></td><td></td><td></td><td></td><td></td><td></td></tr>
<tr><td>9</td><td>塔顶标高（mm）</td><td>±10</td><td></td><td></td><td></td><td></td><td></td><td></td><td></td><td></td><td></td><td></td></tr>
<tr><td colspan="2">施工单位检查评定结果</td><td colspan="13">项目专业质量检查员：　　　　年　月　日</td></tr>
<tr><td colspan="2">监理（建设）单位验收结论</td><td colspan="13">监理工程师
（建设单位项目代表）：　　　　年　月　日</td></tr>
<tr><td colspan="15">注：H 为混凝土索塔设计高度。</td></tr>
</table>

3.7.49 钢筋工程检验批质量验收记录 SY 4207

<table>
<tr><td colspan="2">工程名称</td><td colspan="3"></td><td colspan="3">分项工程名称</td><td colspan="4"></td><td colspan="3">验收部位</td><td></td></tr>
<tr><td colspan="2">施工单位</td><td colspan="3"></td><td colspan="3">专业负责人</td><td colspan="4"></td><td colspan="3">项目经理</td><td></td></tr>
<tr><td colspan="3">施工执行标准名称及编号</td><td colspan="5"></td><td colspan="3">检验批编号</td><td colspan="5"></td></tr>
<tr><td colspan="5">质量验收规范规定</td><td colspan="10">施工单位检查评定记录</td><td>监理（建设）单位验收意见</td></tr>
<tr><td rowspan="3">主控项目</td><td>1</td><td colspan="3">钢筋、焊条材料的品种、规格、性能等应符合现行国家产品标准和设计要求</td><td colspan="10"></td><td rowspan="3"></td></tr>
<tr><td>2</td><td colspan="3">钢筋的位置应符合设计要求</td><td colspan="10"></td></tr>
<tr><td>3</td><td colspan="3">钢筋的搭接长度及弯钩的设置应符合设计要求</td><td colspan="10"></td></tr>
<tr><td rowspan="5">一般项目</td><td>1</td><td colspan="2">受力钢筋的排距（mm）</td><td>±5</td><td></td><td></td><td></td><td></td><td></td><td></td><td></td><td></td><td></td><td></td><td rowspan="5"></td></tr>
<tr><td>2</td><td colspan="2">同排受力钢筋的间距（mm）</td><td>±20</td><td></td><td></td><td></td><td></td><td></td><td></td><td></td><td></td><td></td><td></td></tr>
<tr><td>3</td><td colspan="2">箍筋、横向水平钢筋、螺旋筋间距（mm）</td><td>-20，0</td><td></td><td></td><td></td><td></td><td></td><td></td><td></td><td></td><td></td><td></td></tr>
<tr><td rowspan="2">4</td><td rowspan="2">混凝土保护层厚度（mm）</td><td>柱、梁</td><td>±5</td><td></td><td></td><td></td><td></td><td></td><td></td><td></td><td></td><td></td><td></td></tr>
<tr><td>基础、墩台</td><td>±10</td><td></td><td></td><td></td><td></td><td></td><td></td><td></td><td></td><td></td><td></td></tr>
<tr><td colspan="2">施工单位检查评定结果</td><td colspan="14">项目专业质量检查员： 年 月 日</td></tr>
<tr><td colspan="2">监理（建设）单位验收结论</td><td colspan="14">监理工程师
（建设单位项目代表）： 年 月 日</td></tr>
</table>

3.7.50 预埋件检验批质量验收记录 SY 4207

<table>
<tr><td colspan="2">工程名称</td><td colspan="2"></td><td colspan="4">分项工程名称</td><td colspan="4"></td><td colspan="3">验收部位</td><td></td></tr>
<tr><td colspan="2">施工单位</td><td colspan="2"></td><td colspan="4">专业负责人</td><td colspan="4"></td><td colspan="3">项目经理</td><td></td></tr>
<tr><td colspan="3">施工执行标准名称及编号</td><td colspan="5"></td><td colspan="4">检验批编号</td><td colspan="4"></td></tr>
<tr><td colspan="4">质量验收规范规定</td><td colspan="10">施工单位检查评定记录</td><td colspan="2">监理（建设）单位验收意见</td></tr>
<tr><td rowspan="3">主控项目</td><td>1</td><td colspan="2">预埋件材料的品种、规格、性能等符合现行国家产品标准和设计要求</td><td colspan="10"></td><td colspan="2" rowspan="3"></td></tr>
<tr><td>2</td><td colspan="2">预埋件的埋设位置符合设计要求</td><td colspan="10"></td></tr>
<tr><td>3</td><td colspan="2">预埋件的锚筋长度或锚固螺栓长度应符合设计要求</td><td colspan="10"></td></tr>
<tr><td rowspan="3">一般项目</td><td>1</td><td>预埋件中心位置（mm）</td><td>± 10</td><td></td><td></td><td></td><td></td><td></td><td></td><td></td><td></td><td></td><td></td><td colspan="2" rowspan="3"></td></tr>
<tr><td>2</td><td>预埋件的锚筋长度或锚固螺栓长度（mm）</td><td>± 20</td><td></td><td></td><td></td><td></td><td></td><td></td><td></td><td></td><td></td><td></td></tr>
<tr><td>3</td><td>预埋件的标高（mm）</td><td>± 5</td><td></td><td></td><td></td><td></td><td></td><td></td><td></td><td></td><td></td><td></td></tr>
<tr><td colspan="2">施工单位检查评定结果</td><td colspan="14">项目专业质量检查员：　　　　年　月　日</td></tr>
<tr><td colspan="2">监理（建设）单位验收结论</td><td colspan="14">监理工程师
（建设单位项目代表）：　　　　年　月　日</td></tr>
</table>

3.7.51 钢索检验批质量验收记录 SY 4207

<table>
<tr><td colspan="2">工程名称</td><td colspan="2"></td><td>分项工程名称</td><td colspan="10"></td><td>验收部位</td><td></td></tr>
<tr><td colspan="2">施工单位</td><td colspan="2"></td><td>专业负责人</td><td colspan="10"></td><td>项目经理</td><td></td></tr>
<tr><td colspan="4">施工执行标准名称及编号</td><td></td><td colspan="10">检验批编号</td><td colspan="2"></td></tr>
<tr><td colspan="5">质量验收规范规定</td><td colspan="10">施工单位检查评定记录</td><td colspan="2">监理（建设）单位验收意见</td></tr>
<tr><td>主控项目</td><td colspan="4">钢索所用材料的品种、规格、性能等应符合现行国家产品标准和设计要求。</td><td colspan="10"></td><td colspan="2"></td></tr>
<tr><td rowspan="4">一般项目</td><td>1</td><td colspan="3">无锈蚀、无断丝、无扭结</td><td colspan="10"></td><td rowspan="4" colspan="2"></td></tr>
<tr><td>2</td><td colspan="3">防腐绝缘良好</td><td colspan="10"></td></tr>
<tr><td>3</td><td colspan="3">钢索调整应符合设计要求</td><td colspan="10"></td></tr>
<tr><td>4</td><td colspan="2">轴线偏移允许偏差（mm）</td><td>± 20</td><td></td><td></td><td></td><td></td><td></td><td></td><td></td><td></td><td></td><td></td></tr>
<tr><td>施工单位检查评定结果</td><td colspan="16">项目专业质量检查员：　　　　　　年　月　日</td></tr>
<tr><td>监理（建设）单位验收结论</td><td colspan="16">监理工程师
（建设单位项目代表）：　　　　　　年　月　日</td></tr>
</table>

3.7.52 锚具及连接件检验批质量验收记录 SY 4207

工程名称		分项工程名称		验收部位	
施工单位		专业负责人		项目经理	
施工执行标准名称及编号			检验批编号		

质量验收规范规定				施工单位检查评定记录	监理（建设）单位验收意见
主控项目	1	锚具及连接件所用材料的品种、规格、性能等应符合现行国家产品标准和设计要求			
	2	锚具及连接件的防腐符合设计要求			
一般项目	1	无裂纹、夹渣和分层			
	2	防腐层良好，无金属外露			

一般项目	序号	项目	允许偏差											监理（建设）单位验收意见
	3	锚具的长度和宽度（mm）	±3											
	4	局部缺口深度（mm）	±1											
	5	螺栓孔直径（mm）	+1											
	6	圆度（mm）	+2											

施工单位检查评定结果	项目专业质量检查员： 年 月 日
监理（建设）单位验收结论	监理工程师（建设单位项目代表）： 年 月 日

3.7.53　钢制索塔检验批质量验收记录　SY 4207

<table>
<tr><td colspan="2">工程名称</td><td colspan="2"></td><td colspan="4">分项工程名称</td><td colspan="3"></td><td colspan="2">验收部位</td><td colspan="2"></td></tr>
<tr><td colspan="2">施工单位</td><td colspan="2"></td><td colspan="4">专业负责人</td><td colspan="3"></td><td colspan="2">项目经理</td><td colspan="2"></td></tr>
<tr><td colspan="4">施工执行标准名称及编号</td><td colspan="4"></td><td colspan="3">检验批编号</td><td colspan="4"></td></tr>
<tr><td colspan="4">质量验收规范规定</td><td colspan="10">施工单位检查评定记录</td><td>监理（建设）单位验收意见</td></tr>
<tr><td rowspan="3">主控项目</td><td>1</td><td colspan="2">钢制索塔所用材料的品种、规格、性能等应符合现行国家产品标准和设计要求</td><td colspan="10"></td><td rowspan="3"></td></tr>
<tr><td>2</td><td colspan="2">钢制索塔支座与基础应紧贴接触平稳、位置正确</td><td colspan="10"></td></tr>
<tr><td>3</td><td colspan="2">索支点（座）在索塔上的安放位置应符合设计要求，并且安放牢固</td><td colspan="10"></td></tr>
<tr><td rowspan="10">一般项目</td><td>1</td><td colspan="2">节点焊接无裂纹、夹渣、未熔透等缺陷</td><td colspan="10"></td><td rowspan="10"></td></tr>
<tr><td>2</td><td colspan="2">杆件装运、堆放不应损坏和变形，合格后组装</td><td colspan="10"></td></tr>
<tr><td>3</td><td colspan="2">塔支座制作与安装应满足设计要求</td><td colspan="10"></td></tr>
<tr><td>4</td><td colspan="2">塔架防腐涂层做到 100% 外露面覆盖</td><td colspan="10"></td></tr>
<tr><td>5</td><td>轴线偏移（mm）</td><td>≤ 10</td><td></td><td></td><td></td><td></td><td></td><td></td><td></td><td></td><td></td><td></td></tr>
<tr><td>6</td><td>横隔面对角线差值（mm）</td><td>5</td><td></td><td></td><td></td><td></td><td></td><td></td><td></td><td></td><td></td><td></td></tr>
<tr><td>7</td><td>塔身垂直度</td><td>H/1500</td><td></td><td></td><td></td><td></td><td></td><td></td><td></td><td></td><td></td><td></td></tr>
<tr><td>8</td><td>塔身横向挠曲</td><td>H/1000</td><td></td><td></td><td></td><td></td><td></td><td></td><td></td><td></td><td></td><td></td></tr>
<tr><td>9</td><td>塔身高度（mm）</td><td>± 10</td><td></td><td></td><td></td><td></td><td></td><td></td><td></td><td></td><td></td><td></td></tr>
<tr><td>10</td><td>主索锚固点标高（mm）</td><td>± 10</td><td></td><td></td><td></td><td></td><td></td><td></td><td></td><td></td><td></td><td></td></tr>
<tr><td colspan="2">施工单位检查评定结果</td><td colspan="13">项目专业质量检查员：　　　　年　月　日</td></tr>
<tr><td colspan="2">监理（建设）单位验收结论</td><td colspan="13">监理工程师
（建设单位项目代表）：　　　　年　月　日</td></tr>
<tr><td colspan="15">注：H 为混凝土索塔设计高度，单位为 mm。</td></tr>
</table>

3.7.54 桥面结构的制作检验批质量验收记录 SY 4207

<table>
<tr><td colspan="2">工程名称</td><td colspan="2"></td><td colspan="4">分项工程名称</td><td colspan="4"></td><td colspan="2">验收部位</td><td></td></tr>
<tr><td colspan="2">施工单位</td><td colspan="2"></td><td colspan="4">专业负责人</td><td colspan="4"></td><td colspan="2">项目经理</td><td></td></tr>
<tr><td colspan="3">施工执行标准名称及编号</td><td colspan="5"></td><td colspan="4">检验批编号</td><td colspan="3"></td></tr>
<tr><td colspan="4">质量验收规范规定</td><td colspan="10">施工单位检查评定记录</td><td>监理（建设）单位验收意见</td></tr>
<tr><td rowspan="2">主控项目</td><td>1</td><td colspan="2">桥面结构制作所用的钢材、焊接材料、紧固件等主要原材料及成品应按 GB 50205—2020《钢结构工程施工质量验收标准》的相关规定进场验收和检验</td><td colspan="10"></td><td rowspan="2"></td></tr>
<tr><td>2</td><td colspan="2">桥面结构尺寸、构件规格、焊缝尺寸应符合设计要求</td><td colspan="10"></td></tr>
<tr><td rowspan="5">一般项目</td><td>1</td><td colspan="2">一级焊缝、二级焊缝质量等级、缺陷分级应符合 GB 50205—2020《钢结构工程施工质量验收标准》的相关规定</td><td colspan="10"></td><td rowspan="5"></td></tr>
<tr><td>2</td><td colspan="2">一级焊缝、二级焊缝不应有表面气孔、加渣、弧坑裂纹、电弧擦伤等缺陷。且一级焊缝不应有咬边、未焊满、根部收缩等缺陷</td><td colspan="10"></td></tr>
<tr><td>3</td><td>局部缺口深度（mm）</td><td>±1</td><td></td><td></td><td></td><td></td><td></td><td></td><td></td><td></td><td></td><td></td></tr>
<tr><td>4</td><td>螺栓孔直径（mm）</td><td>+1</td><td></td><td></td><td></td><td></td><td></td><td></td><td></td><td></td><td></td><td></td></tr>
<tr><td>5</td><td>圆度（mm）</td><td>+2</td><td></td><td></td><td></td><td></td><td></td><td></td><td></td><td></td><td></td><td></td></tr>
<tr><td colspan="2">施工单位检查评定结果</td><td colspan="13">项目专业质量检查员：　　年　月　日</td></tr>
<tr><td colspan="2">监理（建设）单位验收结论</td><td colspan="13">监理工程师
（建设单位项目代表）：　　年　月　日</td></tr>
</table>

3.7.55 桥面结构安装检验批质量验收记录 SY 4207

<table>
<tr><td colspan="2">工程名称</td><td colspan="2"></td><td colspan="4">分项工程名称</td><td colspan="3"></td><td colspan="3">验收部位</td><td></td></tr>
<tr><td colspan="2">施工单位</td><td colspan="2"></td><td colspan="4">专业负责人</td><td colspan="3"></td><td colspan="3">项目经理</td><td></td></tr>
<tr><td colspan="3">施工执行标准名称及编号</td><td colspan="5"></td><td colspan="3">检验批编号</td><td colspan="4"></td></tr>
<tr><td colspan="4">质量验收规范规定</td><td colspan="10">施工单位检查评定记录</td><td>监理（建设）单位验收意见</td></tr>
<tr><td rowspan="7">主控项目</td><td>1</td><td colspan="2">索夹应经过验收合格方能安装，螺栓的紧固力和紧固次数应符合设计要求</td><td colspan="10"></td><td rowspan="7"></td></tr>
<tr><td>2</td><td>钢梁或钢桁架桥面轴线偏移（mm）</td><td>±20</td><td></td><td></td><td></td><td></td><td></td><td></td><td></td><td></td><td></td><td></td></tr>
<tr><td>3</td><td>钢梁或钢桁架桥面侧向弯曲矢高</td><td>$L/1000$</td><td></td><td></td><td></td><td></td><td></td><td></td><td></td><td></td><td></td><td></td></tr>
<tr><td>4</td><td>管桥预拱度</td><td>$F_P/100$</td><td></td><td></td><td></td><td></td><td></td><td></td><td></td><td></td><td></td><td></td></tr>
<tr><td>5</td><td>桥面上吊点的侧向偏移（mm）</td><td>±10</td><td></td><td></td><td></td><td></td><td></td><td></td><td></td><td></td><td></td><td></td></tr>
<tr><td>6</td><td>每一组吊索的相对高差（mm）</td><td>±20</td><td></td><td></td><td></td><td></td><td></td><td></td><td></td><td></td><td></td><td></td></tr>
<tr><td>7</td><td>断面尺寸（mm）</td><td>±20</td><td></td><td></td><td></td><td></td><td></td><td></td><td></td><td></td><td></td><td></td></tr>
<tr><td>一般项目</td><td colspan="3">桥面结构应平直，无扭曲、变形</td><td colspan="10"></td><td></td></tr>
<tr><td colspan="2">施工单位检查评定结果</td><td colspan="13">项目专业质量检查员：　　　　年　月　日</td></tr>
<tr><td colspan="2">监理（建设）单位验收结论</td><td colspan="13">监理工程师
（建设单位项目代表）：　　　　年　月　日</td></tr>
<tr><td colspan="15">注：L 为桥面长度。F_P 为设计预拱度值。</td></tr>
</table>

3.7.56 人行道板、栏杆、护栏检验批质量验收记录 SY 4207

工程名称		分项工程名称		验收部位	
施工单位		专业负责人		项目经理	
施工执行标准名称及编号		检验批编号			

质量验收规范规定				施工单位检查评定记录	监理（建设）单位验收意见
主控项目	1	人行道板、栏杆、护栏所用材料的品种、规格、性能等应符合现行国家产品标准和设计要求			
	2	人行道板、栏杆、护栏焊接应符合设计要求			
一般项目	1	人行道板、栏杆、护栏安装应牢固，线条顺直，不应歪斜、扭曲			
	2	与扶手连接焊缝应打磨光滑			
	3	人行道板的平整度（mm）	±5		
	4	栏杆柱纵横向垂直（mm）	±10		
	5	栏杆的扶手高差（mm）	±5		
施工单位检查评定结果	项目专业质量检查员：　年　月　日				
监理（建设）单位验收结论	监理工程师（建设单位项目代表）：　年　月　日				

3.7.57 钢结构防腐检验批质量验收记录 SY 4207

<table>
<tr><td colspan="2">工程名称</td><td></td><td>分项工程名称</td><td></td><td>验收部位</td><td></td></tr>
<tr><td colspan="2">施工单位</td><td></td><td>专业负责人</td><td></td><td>项目经理</td><td></td></tr>
<tr><td colspan="3">施工执行标准名称及编号</td><td colspan="2"></td><td>检验批编号</td><td></td></tr>
<tr><td colspan="3">质量验收规范规定</td><td colspan="3">施工单位检查评定记录</td><td>监理（建设）单位验收意见</td></tr>
<tr><td rowspan="3">主控项目</td><td>1</td><td>防腐涂料的性能应符合现行国家产品标准和设计要求</td><td colspan="3"></td><td rowspan="3"></td></tr>
<tr><td>2</td><td>防腐涂装前钢材表面应进行除锈，除锈等级应符合设计要求</td><td colspan="3"></td></tr>
<tr><td>3</td><td>涂装遍数、涂层厚度应符合设计要求</td><td colspan="3"></td></tr>
<tr><td rowspan="2">一般项目</td><td>1</td><td>除锈处理后的钢材表面不应有焊疤、焊渣、灰尘、油污、水和毛刺等</td><td colspan="3"></td><td rowspan="2"></td></tr>
<tr><td>2</td><td>涂装表面均匀，不应有误涂、漏涂、皱纹、流坠、针眼、气泡、脱皮、和返锈的现象</td><td colspan="3"></td></tr>
<tr><td colspan="2">施工单位检查评定结果</td><td colspan="5">项目专业质量检查员：　　　　年　月　日</td></tr>
<tr><td colspan="2">监理（建设）单位验收结论</td><td colspan="5">监理工程师
（建设单位项目代表）：　　　　年　月　日</td></tr>
</table>

3.7.58 管道安装就位检验批质量验收记录 SY 4207

工程名称		分项工程名称		验收部位	
施工单位		专业负责人		项目经理	
施工执行标准名称及编号		检验批编号			

质量验收规范规定				施工单位检查评定记录	监理（建设）单位验收意见
主控项目	管道安装所用材料的品种、规格、性能等应符合现行国家产品标准和设计要求				
一般项目	1	安装构件应符合设计要求			
	2	防腐质量应符合设计要求			
	3	管道中心平面位置（mm）	±20		
	4	管道标高（mm）	＜10		
	5	锚具的长度和宽度（mm）	±3		
	6	局部缺口深度（mm）	±1		
	7	螺栓孔直径（mm）	+1		
	8	圆度（mm）	+2		
施工单位检查评定结果	项目专业质量检查员：　　　　年　月　日				
监理（建设）单位验收结论	监理工程师（建设单位项目代表）：　　　　年　月　日				

3.7.59 单管拱检验批质量验收记录 SY 4207

<table>
<tr><td colspan="2">工程名称</td><td colspan="2"></td><td colspan="5">分项工程名称</td><td colspan="3"></td><td colspan="2">验收部位</td><td></td></tr>
<tr><td colspan="2">施工单位</td><td colspan="2"></td><td colspan="5">专业负责人</td><td colspan="3"></td><td colspan="2">项目经理</td><td></td></tr>
<tr><td colspan="3">施工执行标准名称及编号</td><td colspan="6"></td><td colspan="3">检验批编号</td><td colspan="3"></td></tr>
<tr><td colspan="4">质量验收规范规定</td><td colspan="10">施工单位检查评定记录</td><td>监理（建设）单位验收意见</td></tr>
<tr><td rowspan="4">主控项目</td><td>1</td><td colspan="2">混凝土支座的位置符合设计要求</td><td colspan="10"></td><td rowspan="4"></td></tr>
<tr><td>2</td><td colspan="2">管道的轴线位置符合设计要求</td><td colspan="10"></td></tr>
<tr><td>3</td><td>管拱的曲率半径（mm）</td><td>±20</td><td></td><td></td><td></td><td></td><td></td><td></td><td></td><td></td><td></td><td></td></tr>
<tr><td>4</td><td>跨度（mm）</td><td>±20</td><td></td><td></td><td></td><td></td><td></td><td></td><td></td><td></td><td></td><td></td></tr>
<tr><td>一般项目</td><td colspan="2">单管拱的拱基础标高允许偏差（mm）</td><td>±20</td><td></td><td></td><td></td><td></td><td></td><td></td><td></td><td></td><td></td><td></td><td></td></tr>
<tr><td colspan="2">施工单位检查评定结果</td><td colspan="13">项目专业质量检查员： 年 月 日</td></tr>
<tr><td colspan="2">监理（建设）单位验收结论</td><td colspan="13">监理工程师
（建设单位项目代表）： 年 月 日</td></tr>
</table>

3.7.60　桁架拱检验批质量验收记录　SY 4207

<table>
<tr><td colspan="2">工程名称</td><td colspan="2"></td><td colspan="4">分项工程名称</td><td colspan="3"></td><td colspan="3">验收部位</td><td></td></tr>
<tr><td colspan="2">施工单位</td><td colspan="2"></td><td colspan="4">专业负责人</td><td colspan="3"></td><td colspan="3">项目经理</td><td></td></tr>
<tr><td colspan="3">施工执行标准名称及编号</td><td colspan="5"></td><td colspan="3">检验批编号</td><td colspan="4"></td></tr>
<tr><td colspan="4">质量验收规范规定</td><td colspan="10">施工单位检查评定记录</td><td>监理（建设）单位验收意见</td></tr>
<tr><td rowspan="6">主控项目</td><td>1</td><td colspan="2">桁架拱所用材料的品种、规格、性能等应符合现行国家产品标准和设计要求</td><td colspan="10"></td><td rowspan="6"></td></tr>
<tr><td>2</td><td colspan="2">钢结构焊接等级及焊缝尺寸应符合设计要求</td><td colspan="10"></td></tr>
<tr><td>3</td><td colspan="2">桁架拱混凝土支座的位置应符合设计要求</td><td colspan="10"></td></tr>
<tr><td>4</td><td>桁架拱曲率半径（mm）</td><td>± 10</td><td></td><td></td><td></td><td></td><td></td><td></td><td></td><td></td><td></td><td></td></tr>
<tr><td>5</td><td>桁架拱跨度（mm）</td><td>± 20</td><td></td><td></td><td></td><td></td><td></td><td></td><td></td><td></td><td></td><td></td></tr>
<tr><td>6</td><td>桁架拱轴线偏移（mm）</td><td>± 10</td><td></td><td></td><td></td><td></td><td></td><td></td><td></td><td></td><td></td><td></td></tr>
<tr><td rowspan="2">一般项目</td><td>1</td><td>拱基础标高（mm）</td><td>± 20</td><td></td><td></td><td></td><td></td><td></td><td></td><td></td><td></td><td></td><td></td><td rowspan="2"></td></tr>
<tr><td>2</td><td>每一组吊杆点的相对高差（mm）</td><td>± 10</td><td></td><td></td><td></td><td></td><td></td><td></td><td></td><td></td><td></td><td></td></tr>
<tr><td colspan="2">施工单位检查评定结果</td><td colspan="13">项目专业质量检查员：　　　年　月　日</td></tr>
<tr><td colspan="2">监理（建设）单位验收结论</td><td colspan="13">监理工程师
（建设单位项目代表）：　　　年　月　日</td></tr>
</table>

3.7.61 桁架制作检验批质量验收记录 SY 4207

<table>
<tr><td colspan="2">工程名称</td><td colspan="3"></td><td colspan="3">分项工程名称</td><td colspan="4"></td><td colspan="3">验收部位</td><td></td></tr>
<tr><td colspan="2">施工单位</td><td colspan="3"></td><td colspan="3">专业负责人</td><td colspan="4"></td><td colspan="3">项目经理</td><td></td></tr>
<tr><td colspan="3">施工执行标准名称及编号</td><td colspan="5"></td><td colspan="4">检验批编号</td><td colspan="4"></td></tr>
<tr><td colspan="5">质量验收规范规定</td><td colspan="10">施工单位检查评定记录</td><td>监理（建设）单位验收意见</td></tr>
<tr><td rowspan="10">主控项目</td><td>1</td><td colspan="3">桁架制作所用钢材、焊接材料、紧固件等主要原材料及成品按 GB 50205—2020《钢结构工程施工质量验收标准》的相关规定进场验收和检验</td><td colspan="10"></td><td rowspan="10"></td></tr>
<tr><td>2</td><td colspan="3">桁架结构尺寸、构件规格、焊缝尺寸应符合设计要求</td><td colspan="10"></td></tr>
<tr><td>3</td><td colspan="3">一级焊缝、二级焊缝质量等级、缺陷分级应符合 GB 50205—2020《钢结构工程施工质量验收标准》的相关规定</td><td colspan="10"></td></tr>
<tr><td>4</td><td colspan="3">焊缝表面不应有裂纹、焊瘤等缺陷。一级焊缝、二级焊缝不应有表面气孔、加渣、弧坑裂纹、电弧擦伤等缺陷。且一级焊缝不应有咬边、未焊满、根部收缩等缺陷</td><td colspan="10"></td></tr>
<tr><td rowspan="2">5</td><td rowspan="2">桁架跨度（mm）</td><td>$L \leq 24$</td><td>+3，−7</td><td></td><td></td><td></td><td></td><td></td><td></td><td></td><td></td><td></td><td></td></tr>
<tr><td>$L > 24$</td><td>+5，−10</td><td></td><td></td><td></td><td></td><td></td><td></td><td></td><td></td><td></td><td></td></tr>
<tr><td>6</td><td colspan="2">桁架跨中高度（mm）</td><td>±10</td><td></td><td></td><td></td><td></td><td></td><td></td><td></td><td></td><td></td><td></td></tr>
<tr><td rowspan="2">7</td><td rowspan="2">桁架跨中拱度（mm）</td><td>设计要求起拱</td><td>$\pm L/5000$</td><td></td><td></td><td></td><td></td><td></td><td></td><td></td><td></td><td></td><td></td></tr>
<tr><td>设计未要求起拱</td><td>+10，−5</td><td></td><td></td><td></td><td></td><td></td><td></td><td></td><td></td><td></td><td></td></tr>
<tr><td>8</td><td colspan="2">桁架构件轴线交点错位（mm）</td><td>±3</td><td></td><td></td><td></td><td></td><td></td><td></td><td></td><td></td><td></td><td></td></tr>
<tr><td rowspan="2">一般项目</td><td>1</td><td colspan="3">焊缝感观达到：外形均匀、成型较好，焊渣和飞溅物基本清除干净</td><td colspan="10"></td><td rowspan="2"></td></tr>
<tr><td>2</td><td colspan="3">设计要求顶紧的节点，其顶紧接触面应有 75% 以上面积紧贴</td><td colspan="10"></td></tr>
<tr><td colspan="2">施工单位检查评定结果</td><td colspan="14">项目专业质量检查员：　　　　年　月　日</td></tr>
<tr><td colspan="2">监理（建设）单位验收结论</td><td colspan="14">监理工程师
（建设单位项目代表）：　　　　年　月　日</td></tr>
<tr><td colspan="16">注：L 为桁架的跨度。</td></tr>
</table>

3.7.62 桥面结构安装检验批质量验收记录 SY 4207

工程名称		分项工程名称		验收部位	
施工单位		专业负责人		项目经理	
施工执行标准名称及编号			检验批编号		

质量验收规范规定					施工单位检查评定记录	监理（建设）单位验收意见
主控项目	1	桁架安装的地脚螺栓规格及其紧固等应符合设计要求				
	2	桥面结构安装焊缝的质量等级及检验标准应符合设计要求				
	3	支承面（mm）	标高	±3		
			水平度	$L/1000$		
	4	地脚螺栓（锚栓）中心偏移（mm）		5		
	5	预留螺栓孔中心偏移（mm）		10		
	6	地脚螺栓（锚栓）露出长度（mm）		+30		
	7	地脚螺栓（锚栓）螺纹长度（mm）		+30		
	8	桁架定位轴线（mm）		±10		
	9	桁架跨中垂直度		$h/250$ 且≤15mm		
	10	桁架侧向弯曲失高（mm）	$L\leq30$m	$L/1000$ 且≤10		
			30m＜$L\leq60$m	$L/1000$ 且≤30		
			$L>60$m	$L/1000$ 且≤50		
一般项目	1	桥面底与其支承面要紧贴平稳，其顶紧接触面不应小于70%，且边缘最大间隙不应大于0.8mm				
	2	爬梯、栏杆、走道板安装应牢固、线条垂直，不应歪斜、扭曲				
	3	桥面结构的表面应干净，主要表面不应有疤痕、油污、泥沙等污垢				

桥面结构安装检验批质量验收记录（续表） SY 4207

<table>
<tr><td colspan="2">工程名称</td><td colspan="3"></td><td colspan="5">分项工程名称</td><td colspan="3"></td><td colspan="2">验收部位</td><td></td></tr>
<tr><td colspan="2">施工单位</td><td colspan="3"></td><td colspan="5">专业负责人</td><td colspan="3"></td><td colspan="2">项目经理</td><td></td></tr>
<tr><td colspan="4">施工执行标准名称及编号</td><td colspan="6"></td><td colspan="3">检验批编号</td><td colspan="3"></td></tr>
<tr><td colspan="5">质量验收规范规定</td><td colspan="10">施工单位检查评定记录</td><td>监理（建设）单位验收意见</td></tr>
<tr><td rowspan="4">一般项目</td><td>4</td><td colspan="2">支座底板四角相对高差（mm）</td><td>2</td><td></td><td></td><td></td><td></td><td></td><td></td><td></td><td></td><td></td><td></td><td rowspan="4"></td></tr>
<tr><td>5</td><td colspan="2">支座底板预留螺栓孔中心偏移（mm）</td><td>±1.5</td><td></td><td></td><td></td><td></td><td></td><td></td><td></td><td></td><td></td><td></td></tr>
<tr><td rowspan="2">6</td><td rowspan="2">防护栏杆（mm）</td><td>高度</td><td>±15</td><td></td><td></td><td></td><td></td><td></td><td></td><td></td><td></td><td></td><td></td></tr>
<tr><td>立柱间距</td><td>±15</td><td></td><td></td><td></td><td></td><td></td><td></td><td></td><td></td><td></td><td></td></tr>
<tr><td colspan="2">施工单位检查评定结果</td><td colspan="14">项目专业质量检查员：　　　　年　月　日</td></tr>
<tr><td colspan="2">监理（建设）单位验收结论</td><td colspan="14">监理工程师
（建设单位项目代表）：　　　　年　月　日</td></tr>
<tr><td colspan="16">注：h 为桁架的高度。L 为桁架的跨度。</td></tr>
</table>

3.7.63 托架拉索检验批质量验收记录 SY 4207

<table>
<tr><td colspan="2">工程名称</td><td colspan="2"></td><td>分项工程名称</td><td></td><td>验收部位</td><td></td></tr>
<tr><td colspan="2">施工单位</td><td colspan="2"></td><td>专业负责人</td><td></td><td>项目经理</td><td></td></tr>
<tr><td colspan="3">施工执行标准名称及编号</td><td colspan="2"></td><td>检验批编号</td><td colspan="2"></td></tr>
<tr><td colspan="4">质量验收规范规定</td><td colspan="3">施工单位检查评定记录</td><td>监理（建设）单位验收意见</td></tr>
<tr><td rowspan="3">主控项目</td><td>1</td><td colspan="2">托架拉索所用材料的品种、规格、性能等应符合现行国家产品标准和设计要求</td><td colspan="3"></td><td rowspan="3"></td></tr>
<tr><td>2</td><td colspan="2">托架拉索的预拉伸应符合设计要求</td><td colspan="3"></td></tr>
<tr><td>3</td><td colspan="2">托架拉索的锚头制作应符合设计要求</td><td colspan="3"></td></tr>
<tr><td rowspan="4">一般项目</td><td>1</td><td colspan="2">托架拉索无锈蚀、无断丝、无扭结</td><td colspan="3"></td><td rowspan="4"></td></tr>
<tr><td>2</td><td colspan="2">拉索防腐绝缘良好</td><td colspan="3"></td></tr>
<tr><td>3</td><td>预拉伸应力允许偏差（mm）</td><td>±5%</td><td colspan="3"></td></tr>
<tr><td>4</td><td>下料长度允许偏差（mm）</td><td>±5</td><td colspan="3"></td></tr>
<tr><td colspan="2">施工单位检查评定结果</td><td colspan="6">项目专业质量检查员：　　　　年　月　日</td></tr>
<tr><td colspan="2">监理（建设）单位验收结论</td><td colspan="6">监理工程师
（建设单位项目代表）：　　　　年　月　日</td></tr>
</table>

3.7.64 托架及桥面结构检验批质量验收记录 SY 4207

工程名称		分项工程名称		验收部位	
施工单位		专业负责人		项目经理	
施工执行标准名称及编号		检验批编号			

质量验收规范规定				施工单位检查评定记录	监理（建设）单位验收意见
主控项目	1	托架及桥面结构制作所用材料的品种、规格、性能等应符合现行国家产品标准和设计要求			
	2	托架结构尺寸、杆件规格、节点连接构造、支座型式应符合设计要求			
	3	托架焊缝质量等级、焊缝尺寸应符合设计要求			
	4	托架跨度（mm）	+5，−10		
	5	托架高度（mm）	± 10		
	6	托架上弦跨中拱度（mm）	+10，−5		
一般项目	1	托架应横平竖直，爬梯、栏杆、走道板等安装应牢固，线条顺直，不应歪斜、扭曲			
	2	焊缝表面不应有裂纹、焊瘤等缺陷，焊道外形均匀，过渡平滑，焊渣飞溅清除干净			
	3	轴线偏移（mm）	± 20		
	4	支承面标高（mm）	± 10		
	5	拉索预应力值	± 5%		
施工单位检查评定结果	项目专业质量检查员： 年 月 日				
监理（建设）单位验收结论	监理工程师 （建设单位项目代表）： 年 月 日				

3.7.65 梁体及桥面构件安装检验批质量验收记录 SY 4207

<table>
<tr><td colspan="2">工程名称</td><td colspan="2"></td><td>分项工程名称</td><td colspan="5"></td><td colspan="3">验收部位</td><td></td></tr>
<tr><td colspan="2">施工单位</td><td colspan="2"></td><td>专业负责人</td><td colspan="5"></td><td colspan="3">项目经理</td><td></td></tr>
<tr><td colspan="3">施工执行标准名称及编号</td><td colspan="5"></td><td colspan="3">检验批编号</td><td colspan="3"></td></tr>
<tr><td colspan="4">质量验收规范规定</td><td colspan="10">施工单位检查评定记录</td><td>监理（建设）单位验收意见</td></tr>
<tr><td rowspan="3">主控项目</td><td>1</td><td>轴线偏移（mm）</td><td>± 20</td><td></td><td></td><td></td><td></td><td></td><td></td><td></td><td></td><td></td><td></td><td rowspan="3"></td></tr>
<tr><td>2</td><td>梁体跨度（mm）</td><td>± 50</td><td></td><td></td><td></td><td></td><td></td><td></td><td></td><td></td><td></td><td></td></tr>
<tr><td>3</td><td>支承面标高（mm）</td><td>± 10</td><td></td><td></td><td></td><td></td><td></td><td></td><td></td><td></td><td></td><td></td></tr>
<tr><td rowspan="2">一般项目</td><td>1</td><td colspan="2">桥面构件安装应横平竖直，焊接牢固，不应歪斜、扭曲</td><td colspan="10"></td><td rowspan="2"></td></tr>
<tr><td>2</td><td colspan="2">梁体支座安装应符合设计要求</td><td colspan="10"></td></tr>
<tr><td>施工单位检查评定结果</td><td colspan="14">项目专业质量检查员： 年 月 日</td></tr>
<tr><td>监理（建设）单位验收结论</td><td colspan="14">监理工程师
（建设单位项目代表）： 年 月 日</td></tr>
</table>

3.8 长输管道管道线路工程[①]

3.8.1 管沟开挖检验批质量验收记录 SY/T 4208

<table>
<tr><td colspan="2">工程名称</td><td></td><td colspan="3">分项工程名称</td><td colspan="4"></td><td colspan="3">验收部位</td><td></td></tr>
<tr><td colspan="2">施工单位</td><td></td><td colspan="3">专业负责人</td><td colspan="4"></td><td colspan="3">项目经理</td><td></td></tr>
<tr><td colspan="3">施工执行标准名称及编号</td><td colspan="3"></td><td colspan="4">检验批编号</td><td colspan="4"></td></tr>
<tr><td colspan="3">质量验收规范规定</td><td colspan="10">施工单位检查评定记录</td><td>监理（建设）单位验收意见</td></tr>
<tr><td rowspan="2">主控项目</td><td>1</td><td>管沟中心线偏移应小于 150mm</td><td></td><td></td><td></td><td></td><td></td><td></td><td></td><td></td><td></td><td></td><td rowspan="2"></td></tr>
<tr><td>2</td><td>沟底标高 -100~50mm</td><td></td><td></td><td></td><td></td><td></td><td></td><td></td><td></td><td></td><td></td></tr>
<tr><td rowspan="5">一般项目</td><td>1</td><td>沟底宽度允许偏差为 -100mm</td><td></td><td></td><td></td><td></td><td></td><td></td><td></td><td></td><td></td><td></td><td rowspan="5"></td></tr>
<tr><td>2</td><td>变坡点位移应小于 1000mm</td><td></td><td></td><td></td><td></td><td></td><td></td><td></td><td></td><td></td><td></td></tr>
<tr><td>3</td><td>直线段管沟应顺直</td><td></td><td></td><td></td><td></td><td></td><td></td><td></td><td></td><td></td><td></td></tr>
<tr><td>4</td><td>曲线段管沟应圆滑过渡，并应保证设计要求的曲率半径</td><td></td><td></td><td></td><td></td><td></td><td></td><td></td><td></td><td></td><td></td></tr>
<tr><td>5</td><td>石方段管沟沟壁不得有欲坠的石头，沟底不应有石块</td><td></td><td></td><td></td><td></td><td></td><td></td><td></td><td></td><td></td><td></td></tr>
<tr><td colspan="2">施工单位检查评定结果</td><td colspan="12">项目专业质量检查员：　　　　年　月　日</td></tr>
<tr><td colspan="2">监理（建设）单位验收结论</td><td colspan="12">监理工程师：
（建设单位项目代表）　　　　年　月　日</td></tr>
</table>

① 本部分的“SY/T 4208”代表依据为 SY/T 4208—2016《石油天然气建设工程施工质量验收规范　长输管道线路工程》。

3.8.2 管口组对检验批质量验收记录 SY/T 4208

工程名称		分项工程名称		验收部位	
施工单位		专业负责人		项目经理	
施工执行标准名称及编号		检验批编号			

<table>
<tr><td colspan="3">质量验收规范规定</td><td colspan="10">施工单位检查评定记录</td><td>监理（建设）单位验收意见</td></tr>
<tr><td rowspan="2">主控项目</td><td>1</td><td>防腐管、管件的材质、规格及质量应符合 GB 50369—2014《油气长输管道工程施工及验收规范》的规定和设计要求</td><td></td><td></td><td></td><td></td><td></td><td></td><td></td><td></td><td></td><td></td><td rowspan="2"></td></tr>
<tr><td>2</td><td>管口组对的破口型式应符合焊接工艺规程的规定</td><td></td><td></td><td></td><td></td><td></td><td></td><td></td><td></td><td></td><td></td></tr>
<tr><td rowspan="7">一般项目</td><td>1</td><td>管内应清扫无污物</td><td></td><td></td><td></td><td></td><td></td><td></td><td></td><td></td><td></td><td></td><td rowspan="7"></td></tr>
<tr><td>2</td><td>管口应完好无损，管口清理（10mm 范围内）应无铁锈、油污、油漆、毛刺</td><td></td><td></td><td></td><td></td><td></td><td></td><td></td><td></td><td></td><td></td></tr>
<tr><td>3</td><td>端部 10mm 范围内余高打磨掉，并平缓过渡；采用自动超声波检测时，端部不少于 150mm 范围内余高应打磨掉</td><td></td><td></td><td></td><td></td><td></td><td></td><td></td><td></td><td></td><td></td></tr>
<tr><td>4</td><td>两管口螺旋焊缝或直缝间距错开应不小于 100mm</td><td></td><td></td><td></td><td></td><td></td><td></td><td></td><td></td><td></td><td></td></tr>
<tr><td>5</td><td>两管口错边和错边校正要求小于或等于壁厚的八分之一，且连续 50mm 范围内局部最大不应大于 3mm，错边应沿周围均匀分布</td><td></td><td></td><td></td><td></td><td></td><td></td><td></td><td></td><td></td><td></td></tr>
<tr><td>6</td><td>钢管短节长度不应小于管子外径值，且不应小于 0.5m</td><td></td><td></td><td></td><td></td><td></td><td></td><td></td><td></td><td></td><td></td></tr>
<tr><td>7</td><td>管子对接偏差不应大于 3°</td><td></td><td></td><td></td><td></td><td></td><td></td><td></td><td></td><td></td><td></td></tr>
<tr><td>施工单位检查评定结果</td><td colspan="13">项目专业质量检查员：　　年　月　日</td></tr>
<tr><td>监理（建设）单位验收结论</td><td colspan="13">监理工程师：
（建设单位项目代表）　　年　月　日</td></tr>
</table>

3.8.3 管道焊接检验批质量验收记录 SY/T 4208

<table>
<tr><td colspan="3">工程名称</td><td></td><td>分项工程名称</td><td></td><td>验收部位</td><td></td></tr>
<tr><td colspan="3">施工单位</td><td></td><td>专业负责人</td><td></td><td>项目经理</td><td></td></tr>
<tr><td colspan="4">施工执行标准名称及编号</td><td></td><td>检验批编号</td><td colspan="2"></td></tr>
<tr><td colspan="5">质量验收规范规定</td><td colspan="2">施工单位检查评定记录</td><td>监理（建设）单位验收意见</td></tr>
<tr><td rowspan="5">主控项目</td><td>1</td><td colspan="3">焊接作业应符合相应的焊接工艺规程的要求</td><td colspan="2"></td><td rowspan="5"></td></tr>
<tr><td>2</td><td colspan="3">焊接材料和规格应符合相关国家标准和设计要求</td><td colspan="2"></td></tr>
<tr><td>3</td><td colspan="3">焊缝及其热影响区表面应无裂纹、气孔及未熔合</td><td colspan="2"></td></tr>
<tr><td>4</td><td colspan="3">焊缝无损检测应符合 GB 50369—2014《油气长输管道工程施工及验收规范》、GB/T 50818—2013《石油天然气管道工程全自动超声波检测技术规范》的相关规定和设计要求</td><td colspan="2"></td></tr>
<tr><td>5</td><td colspan="3">焊缝返修处理应符合 GB 50369—2014《油气长输管道工程施工及验收规范》的相关规定</td><td colspan="2"></td></tr>
<tr><td rowspan="5">一般项目</td><td>1</td><td colspan="3">焊缝外观成型应均匀一致，焊缝及其热影响区表面上不应有夹渣、飞溅、夹具焊点等缺陷</td><td colspan="2"></td><td rowspan="5"></td></tr>
<tr><td>2</td><td colspan="3">焊缝表面不应低于母材表面，焊缝余高应在 0~3mm 范围内，向母材的过渡应平滑</td><td colspan="2"></td></tr>
<tr><td rowspan="3">3</td><td rowspan="3">咬边的最大尺寸</td><td colspan="2">不大于 0.4mm，不大于管壁厚的 6%，取二者中的较小值，任何长度均为合格</td><td colspan="2"></td></tr>
<tr><td colspan="2">大于 0.4mm 不大于 0.8mm，大于管壁厚的 6% 不大于 12.5%，取二者中的较小值，在焊缝任何 300mm 连续长度上不超过 50mm，或焊缝长度的 1/6，取二者中的较小值</td><td colspan="2"></td></tr>
<tr><td colspan="2">大于 0.8mm 或大于 12.5% 管壁厚，取两者中的较小值，任何长度均不合格</td><td colspan="2"></td></tr>
<tr><td>施工单位检查评定结果</td><td colspan="7">

项目专业质量检查员：　　　　　　　　年　月　日</td></tr>
<tr><td>监理（建设）单位验收结论</td><td colspan="7">

监理工程师：
（建设单位项目代表）　　　　　　　　年　月　日</td></tr>
</table>

3.8.4 石油沥青防腐层现场补口补伤检验批质量验收记录 SY/T 4208

工程名称		分项工程名称		验收部位	
施工单位		专业负责人		项目经理	
施工执行标准名称及编号		检验批编号			

质量验收规范规定			施工单位检查评定记录	监理（建设）单位验收意见
主控项目	1	补口、补伤所用材料的品种、规格、性能应符合 SY/T 0420—1997《埋地钢质管道石油沥青防腐层技术标准》的规定和设计要求		
	2	补口、补伤处的防腐等级和结构应应符合 SY/T 0420—1997《埋地钢质管道石油沥青防腐层技术标准》的规定和设计要求		
	3	补口、补伤处钢管表面不应有浮锈、油污及其他杂物，除锈质量应符合 GB/T 8923.1—2011《涂覆料前钢材表面处理 表面清洁度的目视评定第 1 部分：未涂敷过的钢材表面和全面清除原有涂层后的钢材表面的锈蚀等级和处理等级》规定的 Sa2 级或 St3 级和设计要求		
	4	黏结力检查应符合 SY/T 0420—1997《埋地钢质管道石油沥青防腐层技术标准》的规定和设计要求		
	5	防腐涂层的连续完整性检查应符合 SY/T 0420—1997《埋地钢质管道石油沥青防腐层技术标准》的规定和设计要求		
一般项目	1	表面应平整，无明显气泡、麻面、皱纹、凸痕等缺陷		
	2	普通级厚度应不小于 4mm，加强级厚度应不小于 5.5mm，特加强级厚度应大于或等于 7mm		
	3	外保护层压边均匀、无褶皱		
	4	外保护层压边宽度应为 20~30mm		
	5	外保护层与原防腐层搭接长度应为 100~150mm		
施工单位检查评定结果		项目专业质量检查员： 年 月 日		
监理（建设）单位验收结论		监理工程师：（建设单位项目代表） 年 月 日		

3.8.5 液体环氧涂料防腐层现场补口补伤检验批质量验收记录 SY/T 4208

工程名称			分项工程名称							验收部位	
施工单位			专业负责人							项目经理	
施工执行标准名称及编号								检验批编号			
质量验收规范规定			施工单位检查评定记录								监理（建设）单位验收意见
主控项目	1	补口、补伤所用材料的品种、规格、性能应符合 SY/T 6854—2012《埋地钢质管道液体环氧外防腐层技术标准》的规定和设计要求									
	2	补口、补伤处的防腐等级和结构应符合 SY/T 6854—2012《埋地钢质管道液体环氧外防腐层技术标准》的规定和设计要求									
	3	补口、补伤处钢管表面不应有浮锈、油污及其他杂物，除锈质量应符合现行国家标准 GB/T 8923.1—2011《涂覆料前钢材表面处理 表面清洁度的目视评定 第 1 部分：未涂敷过的钢材表面和全面清除原有涂层后的钢材表面的锈蚀等级和处理等级》规定的 Sa2 级或 St3 级和设计要求									
	4	附着力检查应符合现行行业标准 SY/T 6854—2012《埋地钢质管道液体环氧外防腐层技术标准》的规定和设计要求									
	5	电火花检漏应符合现行行业标准 SY/T 6854—2012《埋地钢质管道液体环氧外防腐层技术标准》的规定和设计要求									
一般项目	1	液体环氧防腐层厚度应符合设计要求									
	2	液体环氧防腐层表面应平整、光滑无漏涂、无流挂、无划痕、无气泡及针孔等外观缺陷									
施工单位检查评定结果	项目专业质量检查员：　　　　年　月　日										
监理（建设）单位验收结论	监理工程师： （建设单位项目代表）　　　　年　月　日										

3.8.6 聚乙烯防腐层现场补口补伤检验批质量验收记录 SY/T 4208

<table>
<tr><td colspan="2">工程名称</td><td></td><td>分项工程名称</td><td></td><td>验收部位</td><td></td></tr>
<tr><td colspan="2">施工单位</td><td></td><td>专业负责人</td><td></td><td>项目经理</td><td></td></tr>
<tr><td colspan="3">施工执行标准名称及编号</td><td></td><td>检验批编号</td><td colspan="2"></td></tr>
<tr><td colspan="4">质量验收规范规定</td><td colspan="2">施工单位检查评定记录</td><td>监理（建设）单位验收意见</td></tr>
<tr><td rowspan="5">主控项目</td><td>1</td><td colspan="2">补口、补伤所用材料的品种、规格、性能应符合 GB/T 23257—2017《埋地钢质管道聚乙烯防腐层》的规定和设计要求</td><td colspan="2"></td><td rowspan="5"></td></tr>
<tr><td>2</td><td colspan="2">补口、补伤处的防腐等级和结构应应符合 GB/T 23257—2017《埋地钢质管道聚乙烯防腐层》的规定和设计要求</td><td colspan="2"></td></tr>
<tr><td>3</td><td colspan="2">补口、补伤处钢管表面不应有浮锈、油污及其他杂物，除锈质量应符合 GB/T 8923.1—2012《涂覆料前钢材表面处理 表面清洁度的目视评定 第 1 部分：未涂敷过的钢材表面和全面清除原有涂层后的钢材表面的锈蚀等级和处理等级》规定的 Sa21/2 级和设计要求</td><td colspan="2"></td></tr>
<tr><td>4</td><td colspan="2">黏结力检查应符合 GB/T 23257—2017《埋地钢质管道聚乙烯防腐层》的规定和设计要求</td><td colspan="2"></td></tr>
<tr><td>5</td><td colspan="2">防腐涂层的连续完整性检查应符合 GB/T 23257—2017《埋地钢质管道聚乙烯防腐层》的规定和设计要求</td><td colspan="2"></td></tr>
<tr><td rowspan="6">一般项目</td><td>1</td><td colspan="2">防腐层表面应平整，无皱折、无气泡、无空鼓、无鼓包、无烧焦炭化等现象</td><td colspan="2"></td><td rowspan="6"></td></tr>
<tr><td>2</td><td colspan="2">热收缩带（套）周向应有胶黏剂均匀溢出</td><td colspan="2"></td></tr>
<tr><td>3</td><td colspan="2">补口搭接部位的聚乙烯层应打磨至表面粗糙，粗糙程度应符合热收缩带（套）使用说明书的要求</td><td colspan="2"></td></tr>
<tr><td>4</td><td colspan="2">防腐层各向收缩应均匀</td><td colspan="2"></td></tr>
<tr><td>5</td><td colspan="2">防腐层热收缩带（套）与聚乙烯层搭接宽度应不小于 100mm</td><td colspan="2"></td></tr>
<tr><td>6</td><td colspan="2">采用热收缩带时，应采用固定片固定，周向搭接宽度应不小于 80mm</td><td colspan="2"></td></tr>
<tr><td colspan="2">施工单位检查评定结果</td><td colspan="5">项目专业质量检查员：　　　　年　月　日</td></tr>
<tr><td colspan="2">监理（建设）单位验收结论</td><td colspan="5">监理工程师：
（建设单位项目代表）　　　　年　月　日</td></tr>
</table>

3.8.7 聚乙烯硬质聚氨酯泡沫塑料防腐保温层现场补口补伤检验批质量验收记录 SY/T 4208

<table>
<tr><td colspan="3">工程名称</td><td></td><td>分项工程名称</td><td colspan="4"></td><td colspan="4">验收部位</td><td></td></tr>
<tr><td colspan="3">施工单位</td><td></td><td>专业负责人</td><td colspan="4"></td><td colspan="4">项目经理</td><td></td></tr>
<tr><td colspan="4">施工执行标准名称及编号</td><td></td><td colspan="4">检验批编号</td><td colspan="5"></td></tr>
<tr><td colspan="3">质量验收规范规定</td><td colspan="10">施工单位检查评定记录</td><td>监理（建设）单位验收意见</td></tr>
<tr><td rowspan="4">主控项目</td><td>1</td><td>补口、补伤所用材料的品种、规格、性能应符合相关技术标准的规定和设计要求</td><td colspan="10"></td><td rowspan="4"></td></tr>
<tr><td>2</td><td>补口、补伤处的防腐等级和结构应符合相关技术标准的规定和设计要求</td><td colspan="10"></td></tr>
<tr><td>3</td><td>补口、补伤处钢管表面不应有浮锈、油污及其他杂物，除锈质量应符合 GB/T 8923.1—2011《涂覆料前钢材表面处理 表面清洁度的目视评定 第 1 部分：未涂敷过的钢材表面和全面清除原有涂层后的钢材表面的锈蚀等级和处理等级》规定的 Sa2 级或 St3 级和设计要求</td><td colspan="10"></td></tr>
<tr><td>4</td><td>破坏性检验应符合 SY/T 0415—1996《埋地钢质管道硬质聚氨酯泡沫塑料防腐保温层技术标准》的规定和设计要求</td><td colspan="10"></td></tr>
<tr><td rowspan="7">一般项目</td><td>1</td><td>泡沫保温层应无空洞、发酥、软缩、泡孔不均、烧芯等缺陷</td><td></td><td></td><td></td><td></td><td></td><td></td><td></td><td></td><td colspan="2"></td><td rowspan="7"></td></tr>
<tr><td>2</td><td>泡沫保温层厚度应与管体防腐保温层厚度一致，无凹凸、表面平直</td><td></td><td></td><td></td><td></td><td></td><td></td><td></td><td></td><td colspan="2"></td></tr>
<tr><td>3</td><td>外防护层黏接应紧密牢固</td><td></td><td></td><td></td><td></td><td></td><td></td><td></td><td></td><td colspan="2"></td></tr>
<tr><td>4</td><td>外防护层表面应无烧焦、空鼓、皱纹、翘边，接口处应有少量胶均匀溢出</td><td></td><td></td><td></td><td></td><td></td><td></td><td></td><td></td><td colspan="2"></td></tr>
<tr><td>5</td><td>管径不大于 200mm 的管道防腐保温层泡沫厚度允许偏差为 ±3mm；管径大于 200mm、小于 400mm 的管道防腐保温层泡沫厚度允许偏差为 ±4mm；管径不小于 400mm 的管道防腐保温层泡沫厚度允许偏差为 ±5mm</td><td></td><td></td><td></td><td></td><td></td><td></td><td></td><td></td><td colspan="2"></td></tr>
<tr><td>6</td><td>管道防腐保温层防护层厚度允许偏差为 ±0.2mm</td><td></td><td></td><td></td><td></td><td></td><td></td><td></td><td></td><td colspan="2"></td></tr>
<tr><td>7</td><td>外防护层与原管搭接长度应不小于 100mm</td><td></td><td></td><td></td><td></td><td></td><td></td><td></td><td></td><td colspan="2"></td></tr>
<tr><td colspan="2">施工单位检查评定结果</td><td colspan="12">项目专业质量检查员：
年 月 日</td></tr>
<tr><td colspan="2">监理（建设）单位验收结论</td><td colspan="12">监理工程师：
（建设单位项目代表）
年 月 日</td></tr>
</table>

3.8.8 聚乙烯胶黏带防腐层现场补口补伤检验批质量验收记录 SY/T 4208

工程名称		分项工程名称		验收部位	
施工单位		专业负责人		项目经理	
施工执行标准名称及编号			检验批编号		

质量验收规范规定			施工单位检查评定记录	监理（建设）单位验收意见
主控项目	1	补口、补伤所用材料的品种、规格、性能应符合 SY/T 0414—2017《钢质管道聚烯烃胶黏带防腐层技术标准》的规定和设计要求		
	2	补口、补伤处的防腐等级和结构应符合 SY/T 0414—2017《钢质管道聚烯烃胶黏带防腐层技术标准》的规定和设计要求		
	3	补口、补伤处钢管表面不应有浮锈、油污及其他杂物，除锈质量应符合 GB/T 8923.1—2011《涂覆料前钢材表面处理 表面清洁度的目视评定 第 1 部分：未涂敷过的钢材表面和全面清除原有涂层后的钢材表面的锈蚀等级和处理等级》规定的 Sa21/2 级或 St3 级和设计要求		
	4	剥离强度检查应符合 SY/T 0414—2017《钢质管道聚烯烃胶黏带防腐层技术标准》的规定和设计要求		
	5	电火花检漏应符合 SY/T 0414—2017《钢质管道聚烯烃胶黏带防腐层技术标准》的规定和设计要求		
一般项目	1	防腐层表面应平整、搭接均匀，无永久性气泡、皱褶和破损		
	2	普通级防腐层厚度应不小于 0.7mm；加强级防腐层厚度应不小于 1.0mm；特加强级防腐层厚度应不小于 1.4mm		
	3	胶黏带缠绕时搭接缝应平行，搭接宽度符合设计规定且不小于 25mm		
	4	与原防腐层搭接长度应不小于 100mm		
	5	胶黏带始末端搭接长度应大于或等于 1/4 管周长，且不小于 100mm		
施工单位检查评定结果	项目专业质量检查员： 年 月 日			
监理（建设）单位验收结论	监理工程师： （建设单位项目代表） 年 月 日			

3.8.9 管道下沟检验批质量验收记录 SY/T 4208

工程名称		分项工程名称		验收部位	
施工单位		专业负责人		项目经理	
施工执行标准名称及编号				检验批编号	

质量验收规范规定			施工单位检查评定记录	监理（建设）单位验收意见
主控项目	1	管道防腐层的电火花检漏结果应符合设计要求		
	2	管顶标高应符合设计要求		
一般项目	1	下沟前，应复查管沟深度，清除沟内塌方、石块、积水、冰雪等		
	2	石方、戈壁段管沟应预先在沟底垫 300mm 细土，细土最大粒径不应超过 20mm		
	3	管道应放置到管沟中心位置，距离沟中心线的偏差应小于 150mm，管道壁和管沟壁之间的间隙不应小于 150mm		
	4	管子应与沟底充分结合，局部悬空应用细土填塞密实		
施工单位检查评定结果		项目专业质量检查员：　　　　年　月　日		
监理（建设）单位验收结论		监理工程师： （建设单位项目代表）　　　　年　月　日		

3.8.10 管沟回填检验批质量验收记录 SY/T 4208

<table>
<tr><td colspan="2">工程名称</td><td></td><td>分项工程名称</td><td></td><td>验收部位</td><td></td></tr>
<tr><td colspan="2">施工单位</td><td></td><td>专业负责人</td><td></td><td>项目经理</td><td></td></tr>
<tr><td colspan="3">施工执行标准名称及编号</td><td></td><td>检验批编号</td><td colspan="2"></td></tr>
<tr><td colspan="4">质量验收规范规定</td><td colspan="2">施工单位检查评定记录</td><td>监理（建设）单位验收意见</td></tr>
<tr><td rowspan="2">主控项目</td><td>1</td><td colspan="2">管道埋深应符合设计要求</td><td colspan="2"></td><td rowspan="2"></td></tr>
<tr><td>2</td><td colspan="2">地面检漏结果应符合设计要求</td><td colspan="2"></td></tr>
<tr><td rowspan="5">一般项目</td><td>1</td><td colspan="2">设计无要求时，石方段管沟细土应回填至管顶上方 300mm，细土的最大粒径不应超过 10mm 或符合设计要求。然后回填原土石方，但石头的最大粒径不得超过 250mm</td><td colspan="2"></td><td rowspan="5"></td></tr>
<tr><td>2</td><td colspan="2">黄土塬地段管沟回填应按设计要求做好垫层及夯实。陡坡地段管沟回填宜采取袋装土分段回填</td><td colspan="2"></td></tr>
<tr><td>3</td><td colspan="2">管沟回填土宜高出地面 0.3m 以上，覆土应与管沟中心线一致，其宽度为管沟上开口宽度。管道最小覆土层厚度应符合设计要求</td><td colspan="2"></td></tr>
<tr><td>4</td><td colspan="2">管道稳管设施的安装应符合设计要求</td><td colspan="2"></td></tr>
<tr><td>5</td><td colspan="2">管沟回填后，应恢复原地貌，防止水土流失和积水。地貌恢复应符合设计要求</td><td colspan="2"></td></tr>
<tr><td colspan="2">施工单位检查评定结果</td><td colspan="5">项目专业质量检查员：　　　　年　月　日</td></tr>
<tr><td colspan="2">监理（建设）单位验收结论</td><td colspan="5">监理工程师：
（建设单位项目代表）　　　　年　月　日</td></tr>
</table>

3.8.11 管道穿越地下设施、管道、线缆检验批质量验收记录 SY/T 4208

<table>
<tr><td colspan="2">工程名称</td><td></td><td>分项工程名称</td><td></td><td>验收部位</td><td></td></tr>
<tr><td colspan="2">施工单位</td><td></td><td>专业负责人</td><td></td><td>项目经理</td><td></td></tr>
<tr><td colspan="3">施工执行标准名称及编号</td><td></td><td>检验批编号</td><td colspan="2"></td></tr>
<tr><td colspan="4">质量验收规范规定</td><td colspan="2">施工单位检查评定记录</td><td>监理（建设）单位验收意见</td></tr>
<tr><td rowspan="2">主控项目</td><td>1</td><td colspan="2">管道穿越其他地下管道时，其净距应不小于0.3m。如果受到条件限制，净距达不到0.3m时，两管间应设置坚固的绝缘隔离物</td><td colspan="2"></td><td rowspan="2"></td></tr>
<tr><td>2</td><td colspan="2">管道与线缆交叉时，其净距应不小于0.5m</td><td colspan="2"></td></tr>
<tr><td rowspan="2">一般项目</td><td>1</td><td colspan="2">管道与其他构筑物端点之间，净距不宜小于0.3m</td><td colspan="2"></td><td rowspan="2"></td></tr>
<tr><td>2</td><td colspan="2">管道与非金属管的净距不宜小于50mm</td><td colspan="2"></td></tr>
<tr><td colspan="2">施工单位检查评定结果</td><td colspan="5">项目专业质量检查员：　　　　年　月　日</td></tr>
<tr><td colspan="2">监理（建设）单位验收结论</td><td colspan="5">监理工程师：
（建设单位项目代表）　　　　年　月　日</td></tr>
</table>

3.8.12 管道清管、测径检验批质量验收记录 SY/T 4208

<table>
<tr><td colspan="2">工程名称</td><td></td><td>分项工程名称</td><td></td><td>验收部位</td><td></td></tr>
<tr><td colspan="2">施工单位</td><td></td><td>专业负责人</td><td></td><td>项目经理</td><td></td></tr>
<tr><td colspan="3">施工执行标准名称及编号</td><td colspan="2"></td><td>检验批编号</td><td></td></tr>
<tr><td colspan="4">质量验收规范规定</td><td colspan="2">施工单位检查评定记录</td><td>监理（建设）单位验收意见</td></tr>
<tr><td>主控项目</td><td>1</td><td colspan="2">清管合格后应在试压前后分别进行测径。测量时宜采用铝质测量时径板，直径为试压段中最大壁厚钢管或者弯头内径的90%，当测径板通过管段后，无变形、褶皱可判为合格</td><td colspan="2"></td><td></td></tr>
<tr><td>一般项目</td><td>1</td><td colspan="2">分段试压前，应采用清管球（器）进行清管，清管介质应用空气。清管次数不应少于两次，以收球端不再排出杂物为合格</td><td colspan="2"></td><td></td></tr>
<tr><td>施工单位检查评定结果</td><td colspan="6">项目专业质量检查员：　　　　　　　　　　年　月　日</td></tr>
<tr><td>监理（建设）单位验收结论</td><td colspan="6">监理工程师：
（建设单位项目代表）　　　　　　　　　　年　月　日</td></tr>
</table>

3.8.13 管道水压试验检验批质量验收记录 SY/T 4208

<table>
<tr><td colspan="3">工程名称</td><td></td><td>分项工程名称</td><td></td><td>验收部位</td><td></td></tr>
<tr><td colspan="3">施工单位</td><td></td><td>专业负责人</td><td></td><td>项目经理</td><td></td></tr>
<tr><td colspan="4">施工执行标准名称及编号</td><td></td><td>检验批编号</td><td colspan="2"></td></tr>
<tr><td colspan="5">质量验收规范规定</td><td colspan="2">施工单位检查评定记录</td><td>监理（建设）单位验收意见</td></tr>
<tr><td rowspan="2">主控项目</td><td>1</td><td colspan="3">水压强度试验，应无变形、无泄漏</td><td colspan="2"></td><td rowspan="2"></td></tr>
<tr><td>2</td><td colspan="3">水压严密性试验，压降不应大于1%试验压力值，且不大于0.1MPa</td><td colspan="2"></td></tr>
<tr><td rowspan="2">一般项目</td><td>1</td><td colspan="3">水压试验应使用洁净水</td><td colspan="2"></td><td rowspan="2"></td></tr>
<tr><td>2</td><td colspan="3">试压合格后，应将管段内积水清扫干净，应以不排出游离水为合格</td><td colspan="2"></td></tr>
<tr><td colspan="2">施工单位检查评定结果</td><td colspan="6">项目专业质量检查员： 年 月 日</td></tr>
<tr><td colspan="2">监理（建设）单位验收结论</td><td colspan="6">监理工程师：
（建设单位项目代表） 年 月 日</td></tr>
</table>

3.8.14 管道气压试验检验批质量验收记录 SY/T 4208

<table>
<tr><td>工程名称</td><td></td><td>分项工程名称</td><td></td><td>验收部位</td><td></td></tr>
<tr><td>施工单位</td><td></td><td>专业负责人</td><td></td><td>项目经理</td><td></td></tr>
<tr><td colspan="2">施工执行标准名称及编号</td><td></td><td>检验批编号</td><td colspan="2"></td></tr>
<tr><td colspan="3">质量验收规范规定</td><td colspan="2">施工单位检查评定记录</td><td>监理（建设）单位验收意见</td></tr>
<tr><td rowspan="2">主控项目</td><td>1</td><td>气压强度试验不应破裂、无泄漏</td><td colspan="2"></td><td></td></tr>
<tr><td>2</td><td>气压严密性试验，压降不大于1%试验压力值，且不大于0.1MPa</td><td colspan="2"></td><td></td></tr>
<tr><td>施工单位检查评定结果</td><td colspan="5">项目专业质量检查员：　　　　年　月　日</td></tr>
<tr><td>监理（建设）单位验收结论</td><td colspan="5">监理工程师：
（建设单位项目代表）　　　　年　月　日</td></tr>
</table>

3.8.15 输气管道干燥检验批质量验收记录 SY/T 4208

<table>
<tr><td colspan="2">工程名称</td><td></td><td>分项工程名称</td><td></td><td>验收部位</td><td></td></tr>
<tr><td colspan="2">施工单位</td><td></td><td>专业负责人</td><td></td><td>项目经理</td><td></td></tr>
<tr><td colspan="3">施工执行标准名称及编号</td><td colspan="2"></td><td>检验批编号</td><td></td></tr>
<tr><td colspan="3">质量验收规范规定</td><td colspan="2">施工单位检查评定记录</td><td colspan="2">监理（建设）单位验收意见</td></tr>
<tr><td rowspan="3">主控项目</td><td>1</td><td>当采用干燥剂时，干燥后管道末端排出的混合液中，干燥剂含水量的质量分数小于 20% 为合格</td><td colspan="2"></td><td colspan="2" rowspan="3"></td></tr>
<tr><td>2</td><td>当采用干空气时，密闭试验 4h 后，在管道末端对水露点温度进行检查，管道内水露点升高不应超过 3℃，且不高于设计要求的水露点温度为合格</td><td colspan="2"></td></tr>
<tr><td>3</td><td>当采用真空法时，当管内压力降到 0.1kPa（管内气体对应的露点温度为 -20℃）时，应关闭真空泵组，密闭 24h，观察管道内压力的变化，如压力的变化值小于 0.6kPa，即为合格</td><td colspan="2"></td></tr>
<tr><td>一般项目</td><td>1</td><td>管道干燥后氮气填充应符合设计要求</td><td colspan="2"></td><td colspan="2"></td></tr>
<tr><td>施工单位检查评定结果</td><td colspan="6">项目专业质量检查员：　　　　　　年　月　日</td></tr>
<tr><td>监理（建设）单位验收结论</td><td colspan="6">监理工程师：
（建设单位项目代表）　　　　　　年　月　日</td></tr>
</table>

3.8.16 管道连头检验批质量验收记录 SY/T 4208

<table>
<tr><td colspan="2">工程名称</td><td></td><td>分项工程名称</td><td></td><td>验收部位</td><td></td></tr>
<tr><td colspan="2">施工单位</td><td></td><td>专业负责人</td><td></td><td>项目经理</td><td></td></tr>
<tr><td colspan="3">施工执行标准名称及编号</td><td></td><td>检验批编号</td><td colspan="2"></td></tr>
<tr><td colspan="4">质量验收规范规定</td><td colspan="2">施工单位检查评定记录</td><td>监理（建设）单位验收意见</td></tr>
<tr><td rowspan="4">主控项目</td><td>1</td><td colspan="2">连头处所用防腐管、焊接材料、防腐补口材料应符合 GB 50369—2014《油气长输管道工程施工及验收规范》的规定和设计要求</td><td colspan="2"></td><td rowspan="4"></td></tr>
<tr><td>2</td><td colspan="2">连头处的管道焊接应执行相应的焊接工艺规程</td><td colspan="2"></td></tr>
<tr><td>3</td><td colspan="2">连头焊接完成后应进行 100% 超声检测和 100% 射线检测</td><td colspan="2"></td></tr>
<tr><td>4</td><td colspan="2">分段试压合格后，连接各管段的连头焊缝不再进行试压，预制件及连头管段应在安装之前预先试压</td><td colspan="2"></td></tr>
<tr><td rowspan="4">一般项目</td><td>1</td><td colspan="2">连头处管段坡口角度、钝边应符合焊接工艺规程要求</td><td colspan="2"></td><td rowspan="4"></td></tr>
<tr><td>2</td><td colspan="2">连头处焊缝应符合 SY/T 4208—2016《石油天然气建设工程施工质量验收规范长输管道线路工程》第 4.2 节的规定</td><td colspan="2"></td></tr>
<tr><td>3</td><td colspan="2">连头处防腐补口补伤外观质量应符合 SY/T 4208—2016《石油天然气建设工程施工质量验收规范长输管道线路工程》第 5 章的规定</td><td colspan="2"></td></tr>
<tr><td>4</td><td colspan="2">连头处管沟回填应符合 SY/T 4208—2016《石油天然气建设工程施工质量验收规范长输管道线路工程》第 6.2 节的规定</td><td colspan="2"></td></tr>
<tr><td colspan="2">施工单位检查评定结果</td><td colspan="5">

项目专业质量检查员： 年 月 日</td></tr>
<tr><td colspan="2">监理（建设）单位验收结论</td><td colspan="5">

监理工程师：
（建设单位项目代表） 年 月 日</td></tr>
</table>

3.8.17 桩墩工程检验批质量验收记录 SY/T 4208

<table>
<tr><td colspan="3">工程名称</td><td></td><td>分项工程名称</td><td></td><td>验收部位</td><td></td></tr>
<tr><td colspan="3">施工单位</td><td></td><td>专业负责人</td><td></td><td>项目经理</td><td></td></tr>
<tr><td colspan="4">施工执行标准名称及编号</td><td colspan="2"></td><td>检验批编号</td><td></td></tr>
<tr><td colspan="5">质量验收规范规定</td><td colspan="2">施工单位检查评定记录</td><td>监理（建设）单位验收意见</td></tr>
<tr><td rowspan="4">主控项目</td><td>1</td><td colspan="3">三桩的材质应符合设计要求</td><td colspan="2"></td><td rowspan="4"></td></tr>
<tr><td>2</td><td colspan="3">混凝土强度应符合设计要求</td><td colspan="2"></td></tr>
<tr><td>3</td><td colspan="3">管道防腐层电火花检漏和锚固墩防腐应符合SY/T 4208—2016《石油天然气建设工程施工质量验收规范长输管道线路工程》第6章的规定和设计要求</td><td colspan="2"></td></tr>
<tr><td>4</td><td colspan="3">三桩的埋设位置和标记内容应符合SY/T 6064—2017《油气管道线路标识设置技术规范》的有关规定和设计要求</td><td colspan="2"></td></tr>
<tr><td rowspan="6">一般项目</td><td>1</td><td colspan="3">三桩表面应光滑平整、无缺棱掉角，其尺寸允许偏差为 ±10mm</td><td colspan="2"></td><td rowspan="6"></td></tr>
<tr><td>2</td><td colspan="3">三桩埋深允许偏差为 ±30mm</td><td colspan="2"></td></tr>
<tr><td>3</td><td colspan="3">锚固墩预制件的尺寸、规格应符合设计要求</td><td colspan="2"></td></tr>
<tr><td rowspan="3">4</td><td rowspan="3">警示带敷设应符合下列规定和设计要求</td><td colspan="2">敷设警示带使用的材料、规格、颜色、用语、字体等应符合设计要求</td><td colspan="2"></td></tr>
<tr><td colspan="2">警示带应平整地敷设在管道的正上方，距管顶的距离宜为0.5m，敷设时字面应向上</td><td colspan="2"></td></tr>
<tr><td colspan="2">警示带的敷设应连续，不应出现漏接</td><td colspan="2"></td></tr>
<tr><td>施工单位检查评定结果</td><td colspan="7">
项目专业质量检查员： 年 月 日</td></tr>
<tr><td>监理（建设）单位验收结论</td><td colspan="7">
监理工程师：
（建设单位项目代表） 年 月 日</td></tr>
</table>

3.8.18 线路保护构筑物工程检验批质量验收记录 SY/T 4208

工程名称		分项工程名称		验收部位	
施工单位		专业负责人		项目经理	
施工执行标准名称及编号			检验批编号		

质量验收规范规定			施工单位检查评定记录	监理（建设）单位验收意见
主控项目	1	工程所用的原材料应符合相关规范的规定和设计要求，并应在施工前进行配合比设计		
	2	砌筑砂浆和现浇混凝土工程的试块强度应符合设计要求		
一般项目	1	基坑开挖及回填应符合设计要求		
	2	砌体应符合 GB 50203—2011《砌体结构工程施工质量验收规范》的有关规定和设计要求		
	3	钢筋绑扎应符合 GB 50204—2015《混凝土结构工程施工质量验收规范》的有关规定和设计要求		
	4	混凝土感官质量应符合 GB 50204—2015《混凝土结构工程施工质量验收规范》的有关规定		
	5	构件安装应符合设计要求		
	6	位置偏移允许偏差应为 ±20mm		
	7	标高允许偏差应为 ±25mm		

施工单位检查评定结果	项目专业质量检查员： 年 月 日
监理（建设）单位验收结论	监理工程师： （建设单位项目代表） 年 月 日

3.8.19 管道安装检验批质量验收记录 SY/T 4208

<table>
<tr><td colspan="2">工程名称</td><td></td><td colspan="4">分项工程名称</td><td colspan="2"></td><td colspan="2">验收部位</td><td></td></tr>
<tr><td colspan="2">施工单位</td><td></td><td colspan="4">专业负责人</td><td colspan="2"></td><td colspan="2">项目经理</td><td></td></tr>
<tr><td colspan="3">施工执行标准名称及编号</td><td colspan="4">检验批编号</td><td colspan="5"></td></tr>
<tr><td colspan="3">质量验收规范规定</td><td colspan="8">施工单位检查评定记录</td><td>监理（建设）单位验收意见</td></tr>
<tr><td rowspan="3">主控项目</td><td>1</td><td>管材、管件、焊材、防腐材料规格、材质等应符合设计要求</td><td colspan="8"></td><td rowspan="3"></td></tr>
<tr><td>2</td><td>焊缝无损检测和管道试压应符合设计要求</td><td colspan="8"></td></tr>
<tr><td>3</td><td>防腐层火花检漏应符合 SY/T 4208—2016《石油天然气建设工程施工质量验收规范长输管道线路工程》第 5 章的规定和设计要求</td><td colspan="8"></td></tr>
<tr><td rowspan="9">一般项目</td><td>1</td><td>管道组对应符合 GB 50369—2014《油气长输管道工程施工及验收规范》的规定和设计要求</td><td></td><td></td><td></td><td></td><td></td><td></td><td></td><td></td><td rowspan="9"></td></tr>
<tr><td>2</td><td>焊缝外观应符合 GB 50369—2014《油气长输管道工程施工及验收规范》的规定和设计要求</td><td></td><td></td><td></td><td></td><td></td><td></td><td></td><td></td></tr>
<tr><td>3</td><td>管道补口应符合 GB 50369—2014《油气长输管道工程施工及验收规范》的规定和设计要求</td><td></td><td></td><td></td><td></td><td></td><td></td><td></td><td></td></tr>
<tr><td>4</td><td>管道标高，架空时允许标高偏差为 ±10m，埋地时允许偏差为 ±20mm</td><td></td><td></td><td></td><td></td><td></td><td></td><td></td><td></td></tr>
<tr><td>5</td><td>对接管制管焊缝错开应大于 100mm</td><td></td><td></td><td></td><td></td><td></td><td></td><td></td><td></td></tr>
<tr><td>6</td><td>管道间距允许偏差为 ±2mm，且全长允许偏差为 ±10mm</td><td></td><td></td><td></td><td></td><td></td><td></td><td></td><td></td></tr>
<tr><td>7</td><td>管道组对平直度允许偏差为 ±10mm</td><td></td><td></td><td></td><td></td><td></td><td></td><td></td><td></td></tr>
<tr><td>8</td><td>管道安装平直度应不大于 3L/1000 且最大值小于 70mm</td><td></td><td></td><td></td><td></td><td></td><td></td><td></td><td></td></tr>
<tr><td>9</td><td>放空立管安装应符合规范及设计要求</td><td></td><td></td><td></td><td></td><td></td><td></td><td></td><td></td></tr>
<tr><td colspan="2">施工单位检查评定结果</td><td colspan="10">项目专业质量检查员：　　　　年　月　日</td></tr>
<tr><td colspan="2">监理（建设）单位验收结论</td><td colspan="10">监理工程师：
（建设单位项目代表）　　　　年　月　日</td></tr>
</table>

3.8.20 阀门安装工程检验批质量验收记录 SY/T 4208

<table>
<tr><td colspan="2">工程名称</td><td></td><td colspan="3">分项工程名称</td><td colspan="3"></td><td colspan="3">验收部位</td><td></td></tr>
<tr><td colspan="2">施工单位</td><td></td><td colspan="3">专业负责人</td><td colspan="3"></td><td colspan="3">项目经理</td><td></td></tr>
<tr><td colspan="3">施工执行标准名称及编号</td><td colspan="3"></td><td colspan="3">检验批编号</td><td colspan="4"></td></tr>
<tr><td colspan="3">质量验收规范规定</td><td colspan="8">施工单位检查评定记录</td><td>监理（建设）单位验收意见</td></tr>
<tr><td rowspan="3">主控项目</td><td>1</td><td>阀门、绝缘法兰（接头）的规格、型号等应符合设计要求</td><td colspan="8"></td><td rowspan="3"></td></tr>
<tr><td>2</td><td>阀门安装前应进行外观检查、阀门启闭检查及水压试验应有关规定和设计要求</td><td colspan="8"></td></tr>
<tr><td>3</td><td>绝缘法兰（接头）安装前应进行试压和绝缘性能测试，绝缘电阻应大于 2MΩ</td><td colspan="8"></td></tr>
<tr><td rowspan="2">一般项目</td><td>1</td><td>阀门安装应符合 SY/T 4102—2013《阀门检验与安装规范》的有关规定和设计要求</td><td></td><td></td><td></td><td></td><td></td><td></td><td></td><td></td><td rowspan="2"></td></tr>
<tr><td>2</td><td>绝缘法兰（接头）安装前应符合 GB 50540—2009《石油天然气站内工艺管道工程施工规范 2012 年版》的有关规定和设计要求</td><td></td><td></td><td></td><td></td><td></td><td></td><td></td><td></td></tr>
<tr><td>施工单位检查评定结果</td><td colspan="12">项目专业质量检查员： 年 月 日</td></tr>
<tr><td>监理（建设）单位验收结论</td><td colspan="12">监理工程师：
（建设单位项目代表） 年 月 日</td></tr>
</table>

3.8.21 牺牲阳极阴极保护检验批质量验收记录 SY/T 4208

<table>
<tr><td colspan="2">工程名称</td><td></td><td colspan="6">分项工程名称</td><td></td><td>验收部位</td><td></td></tr>
<tr><td colspan="2">施工单位</td><td></td><td colspan="6">专业负责人</td><td></td><td>项目经理</td><td></td></tr>
<tr><td colspan="3">施工执行标准名称及编号</td><td colspan="6"></td><td>检验批编号</td><td colspan="2"></td></tr>
<tr><td colspan="3">质量验收规范规定</td><td colspan="7">施工单位检查评定记录</td><td colspan="2">监理（建设）单位验收记录</td></tr>
<tr><td rowspan="2">主控项目</td><td>1</td><td>牺牲阳极保护所用的牺牲阳极种类、型号、数量及各种电气材料和防腐材料及绝缘测试应符合 GB/T 21448—2017《埋地钢制管道阴极保护技术规范》的有关规定和设计要求</td><td colspan="7"></td><td colspan="2" rowspan="2"></td></tr>
<tr><td>2</td><td>填包料的成分和配制应符合 GB/T 21448—2017《埋地钢制管道阴极保护技术规范》的有关规定和设计要求</td><td colspan="7"></td></tr>
<tr><td rowspan="3">一般项目</td><td>1</td><td>所有焊接连接点应无虚焊、气孔等缺陷</td><td></td><td></td><td></td><td></td><td></td><td></td><td></td><td colspan="2" rowspan="3"></td></tr>
<tr><td>2</td><td>袋装牺牲阳极使用时应确保回填材料密实</td><td></td><td></td><td></td><td></td><td></td><td></td><td></td></tr>
<tr><td>3</td><td>带状牺牲阳极埋设应符合设计要求</td><td></td><td></td><td></td><td></td><td></td><td></td><td></td></tr>
<tr><td colspan="2">施工单位检查评定结果</td><td colspan="10">项目专业质量检查员：　　　　年　月　日</td></tr>
<tr><td colspan="2">监理（建设）单位验收结论</td><td colspan="10">监理工程师
（建设单位项目代表）：　　　　年　月　日</td></tr>
</table>

3.8.22 强制电流阴极保护检验批质量验收记录 SY/T 4208

<table>
<tr><td colspan="2">工程名称</td><td></td><td>分项工程名称</td><td></td><td>验收部位</td><td></td></tr>
<tr><td colspan="2">施工单位</td><td></td><td>专业负责人</td><td></td><td>项目经理</td><td></td></tr>
<tr><td colspan="3">施工执行标准名称及编号</td><td></td><td>检验批编号</td><td colspan="2"></td></tr>
<tr><td colspan="4">质量验收规范规定</td><td colspan="2">施工单位检查评定记录</td><td>监理（建设）单位验收记录</td></tr>
<tr><td rowspan="3">主控项目</td><td>1</td><td colspan="2">强制电流阴极保护的电源设备及各种电料、器材应符合 GB/T 21448—2017《埋地钢制管道阴极保护技术规范》的有关规定和设计要求</td><td colspan="2"></td><td rowspan="3"></td></tr>
<tr><td>2</td><td colspan="2">管道保护电位、绝缘法兰（接头）处的绝缘电阻值应符合 GB/T 21448—2017《埋地钢制管道阴极保护技术规范》的有关规定和设计要求</td><td colspan="2"></td></tr>
<tr><td>3</td><td colspan="2">测试桩规格、材质、数量应符合设计要求</td><td colspan="2"></td></tr>
<tr><td rowspan="8">一般项目</td><td>1</td><td colspan="2">整流器外壳应可靠接地</td><td colspan="2"></td><td rowspan="8"></td></tr>
<tr><td>2</td><td colspan="2">电缆与整流器的连接应牢固且导电良好</td><td colspan="2"></td></tr>
<tr><td>3</td><td colspan="2">主电缆与阳极引线之间的连接应牢固且导电良好。连接点应进行防水密封</td><td colspan="2"></td></tr>
<tr><td>4</td><td colspan="2">辅助阳极应按设计要求埋设。回填料应保证阳极周围均匀且没有空隙</td><td colspan="2"></td></tr>
<tr><td>5</td><td colspan="2">阳极床的位置、布置、数量均应符合设计要求</td><td colspan="2"></td></tr>
<tr><td>6</td><td colspan="2">测试引线与管道的连接应牢固且导电良好</td><td colspan="2"></td></tr>
<tr><td>7</td><td colspan="2">检查片埋深应与管底相比，且与管道外壁距离应大于或等于 0.3m</td><td colspan="2"></td></tr>
<tr><td>8</td><td colspan="2">辅助阳极接地电阻应小于 1Ω</td><td colspan="2"></td></tr>
<tr><td colspan="2">施工单位检查评定结果</td><td colspan="5">项目专业质量检查员： 年 月 日</td></tr>
<tr><td colspan="2">监理（建设）单位验收结论</td><td colspan="5">监理工程师
（建设单位项目代表）： 年 月 日</td></tr>
</table>

3.9 天然气净化厂建设工程①

3.9.1 硫磺—蒸汽夹套制作与安装检验批质量验收记录 SY/T 4209

<table>
<tr><td colspan="2">工程名称</td><td colspan="2"></td><td>分项工程名称</td><td></td><td>验收部位</td><td></td></tr>
<tr><td colspan="2">施工单位</td><td colspan="2"></td><td>专业负责人</td><td></td><td>项目经理</td><td></td></tr>
<tr><td colspan="3">施工执行标准名称及编号</td><td colspan="2"></td><td>检验批编号</td><td colspan="2"></td></tr>
<tr><td colspan="5">质量验收规范规定</td><td colspan="2">施工单位检查评定记录</td><td>监理（建设）单位验收意见</td></tr>
<tr><td rowspan="4">主控项目</td><td>1</td><td colspan="3">夹套管道及支、吊、托架使用的材质、规格应符合设计要求和 SY/T 0460—2018《天然气净化装置设备与管道安装工程施工技术规范》的有关规定</td><td colspan="2"></td><td rowspan="4"></td></tr>
<tr><td>2</td><td colspan="3">套管与主管间隙应均匀，并应按设计文件规定焊接定位板；材质应与主管相同，应牢固焊接在内管外壁</td><td colspan="2"></td></tr>
<tr><td>3</td><td colspan="3">夹套管道的环向焊缝无损检测应符合设计要求和 SY/T 4209—2016《石油天然气建设工程施工质量验收规范 天然气净化厂建设工程》的规定</td><td colspan="2"></td></tr>
<tr><td>4</td><td colspan="3">夹套管道的压力试验应符合设计要求和 SY/T 4209—2016《石油天然气建设工程施工质量验收规范 天然气净化厂建设工程》的规定</td><td colspan="2"></td></tr>
<tr><td rowspan="10">一般项目</td><td rowspan="4">1</td><td rowspan="4">夹套管制作的允许偏差</td><td colspan="2">夹套管制作的调节裕量应为 50~100mm</td><td colspan="2"></td><td rowspan="10"></td></tr>
<tr><td colspan="2">焊接定位板与内管外壁间距应为 3~4mm</td><td colspan="2"></td></tr>
<tr><td colspan="2">焊接定位板与端部法兰距离应在 1~1.5m 内</td><td colspan="2"></td></tr>
<tr><td colspan="2">直管段上的焊接定位板间距不应大于 3m</td><td colspan="2"></td></tr>
<tr><td rowspan="2">2</td><td rowspan="2">夹套管道法兰连接</td><td colspan="2">法兰连接应与管道同心，螺栓穿入自由，法兰平行度偏差应不大于法兰外径的 1.5‰，且≤ 2mm</td><td colspan="2"></td></tr>
<tr><td colspan="2">螺栓受力均匀，外露螺纹应为 0~3 扣，长短、方向应一致</td><td colspan="2"></td></tr>
<tr><td rowspan="4">3</td><td rowspan="4">夹套管道阀门安装</td><td colspan="2">操作机构动作应灵活</td><td colspan="2" rowspan="4"></td></tr>
<tr><td colspan="2">安装位置应正确</td></tr>
<tr><td colspan="2">阀门与管道连接使用单头螺栓时，应方向一致，外露螺纹应为 0~3 扣</td></tr>
<tr><td colspan="2">阀门填料规格和材质应符合产品相关标准的规定，填装后应有足够调节余量</td></tr>
</table>

① 本部分的“SY/T 4209”代表依据为 SY/T4209—2016《石油天然气建设工程施工质量验收规范 天然气净化厂建设工程》。

硫磺—蒸汽夹套制作与安装检验批质量验收记录（续表）SY/T 4209

<table>
<tr><td colspan="3">工程名称</td><td colspan="2"></td><td colspan="4">分项工程名称</td><td colspan="4"></td><td>验收部位</td><td></td></tr>
<tr><td colspan="3">施工单位</td><td colspan="2"></td><td colspan="4">专业负责人</td><td colspan="4"></td><td>项目经理</td><td></td></tr>
<tr><td colspan="4">施工执行标准名称及编号</td><td colspan="5"></td><td colspan="4">检验批编号</td><td colspan="2"></td></tr>
<tr><td colspan="5">质量验收规范规定</td><td colspan="9">施工单位检查评定记录</td><td>监理（建设）单位验收意见</td></tr>
<tr><td rowspan="10">一般项目</td><td>4</td><td colspan="3">支、吊、托架的安装位置正确、牢固，与管道接触紧密，滑动面与支承面应接触良好，移动灵活。螺栓孔不应用电焊、气焊切割，焊缝不应有漏焊、裂纹、变形等缺陷</td><td colspan="9"></td><td rowspan="10"></td></tr>
<tr><td rowspan="3">5</td><td rowspan="3">夹套管安装</td><td colspan="2">坡向和坡度符合设计要求</td><td colspan="9"></td></tr>
<tr><td colspan="2">内外管焊缝上不应开孔或连接直管段</td><td colspan="9"></td></tr>
<tr><td colspan="2">夹套蒸汽出口应从夹套阀底部引出液体，且不应形成U形密封</td><td colspan="9"></td></tr>
<tr><td rowspan="6">6</td><td rowspan="6">夹套管道安装允许偏差（mm）</td><td>坐标</td><td>±10</td><td></td><td></td><td></td><td></td><td></td><td></td><td></td><td></td><td></td></tr>
<tr><td>标高</td><td>±5</td><td></td><td></td><td></td><td></td><td></td><td></td><td></td><td></td><td></td></tr>
<tr><td>环向焊缝距管架间距</td><td>> 100</td><td></td><td></td><td></td><td></td><td></td><td></td><td></td><td></td><td></td></tr>
<tr><td rowspan="2">支、吊、托架焊缝表面咬边</td><td>深度≤0.5</td><td></td><td></td><td></td><td></td><td></td><td></td><td></td><td></td><td></td></tr>
<tr><td>连续长度≤100</td><td></td><td></td><td></td><td></td><td></td><td></td><td></td><td></td><td></td></tr>
<tr><td colspan="2">内外管直管段对接焊缝间距应大于管径，且不小于100</td><td></td><td></td><td></td><td></td><td></td><td></td><td></td><td></td><td></td></tr>
<tr><td colspan="2">施工单位检查评定结果</td><td colspan="13">项目专业质量检查员：　　　　年　月　日</td></tr>
<tr><td colspan="2">监理（建设）单位验收结论</td><td colspan="13">监理工程师：
（建设单位项目代表）　　　　年　月　日</td></tr>
</table>

3.9.2 工业炉和反应器安装检验批质量验收记录 SY/T 4209

工程名称				分项工程名称		验收部位	
施工单位				专业负责人		项目经理	
施工执行标准名称及编号					检验批编号		
质量验收规范规定				施工单位检查评定记录		监理（建设）单位验收意见	
主控项目	1	工业炉、反应器进场的型号、规格、外观及结构尺寸应符合设计要求，且表面无划伤及外力冲击破损					
主控项目	2	工业炉和反应器有关的技术文件和质量证明文件、特种设备监检证书、零部件、专用工具应符合到货清单、制造图及合同文件的要求					
一般项目	1	预留孔地脚螺栓安装质量要求	地脚螺栓在预留孔中应垂直				
			地脚螺栓在预留孔任何部位离孔壁的距离均大于15mm，地脚螺栓低端不应碰触孔底				
			地脚螺栓上的油污和氧化物等杂物应清除干净，螺纹部分应涂上油脂保护				
			预留孔中混凝土强度达到设计强度时，方可拧紧地脚螺栓，各地脚螺栓拧紧力应均匀				
			紧固后螺母与垫圈、垫圈与设备底座间应接触良好				
			拧紧螺母后，螺栓应露出螺母0~3扣				
	2	垫铁组安装的质量要求	地脚螺栓两侧应各放置一组垫铁，垫铁组应尽量靠近地脚螺栓。有立筋的设备底座，垫铁应放置在立筋部位下方				
			相邻两组垫铁之间的距离不得超过500mm				
			斜垫铁应配对使用。每组垫铁不应超过三块，垫铁组高度宜为30~80mm。放置平垫铁时厚垫铁应放置在最底层，薄垫铁应放置在厚平垫铁与斜垫铁之间				
			垫铁组安装应整齐、平稳，接触良好，在垫铁同一断面处从两侧塞入长度总和不得超过垫铁总长度的1/3				
			垫铁端面应露出设备底座外缘10~30mm，垫铁组伸入长度应超过设备地脚螺栓所在位置，设备找平、找正后应将垫铁组进行层间点焊固定				
			与不锈钢、钛、镍、锆、铝制设备底座环直接接触的垫铁组，上面应有一块尺寸与垫铁相同的不锈钢、钛、镍、锆、铝制垫板或涂刷中性涂料隔离				

工业炉和反应器安装检验批质量验收记录（续表） SY/T 4209

工程名称		分项工程名称		验收部位	
施工单位		专业负责人		项目经理	
施工执行标准名称及编号			检验批编号		

质量验收规范规定							施工单位检查评定记录	监理（建设）单位验收意见
一般项目	3	基础灌浆质量要求	灌浆前设备基础混混凝土强度应达到设计强度的75%以上。预留地脚螺栓孔或基础与设备底座之间的灌浆应一次完成					
一般项目	3	基础灌浆质量要求	灌浆应采用其强度比原基础混凝土高一等级的细石混凝土，无垫铁安装二次灌浆应采用微胀混凝土，并应制作同条件试块					
一般项目	3	基础灌浆质量要求	混凝土养护期间，当环境温度低于5℃时，应采取防冻措施					
一般项目	4	有滑动支座的设备安装质量要求	安装时滑动支座底部与基础顶部预埋整片钢板滑动面间应清理干净，并应涂上润滑脂					
一般项目	4	有滑动支座的设备安装质量要求	地脚螺栓与长圆孔两端的间距应符合膨胀要求					
一般项目	4	有滑动支座的设备安装质量要求	设备安装后应松动滑动端地脚螺栓的螺母间隙应为1~2扣，并应安装锁紧螺母					
一般项目	4	有滑动支座的设备安装质量要求	若有扩孔时，扩孔方案应经设计单位批准，现场不得随意对设备底座滑动长圆孔进行扩孔来满足滑动要求					
一般项目	5	工业炉和反应器工艺接口和仪表接口质量要求	工业炉和反应器工艺接口和仪表接口的连接形式、方位和规格应符合设计要求，法兰接口、法兰水平度、垂直度偏差值不得超过法兰外径1%且不得大于3mm，其中法兰外径小于100mm时应按100mm计					
一般项目	6	设备调整后安装尺寸的允许偏差（mm）	不与机器连接	立式	中心线	$D_1 \leq 2000$，±5		
一般项目	6	设备调整后安装尺寸的允许偏差（mm）	不与机器连接	立式	标高	$D_1 > 2000$，±10		
一般项目	6	设备调整后安装尺寸的允许偏差（mm）	不与机器连接	立式	垂直度	±5		
一般项目	6	设备调整后安装尺寸的允许偏差（mm）	不与机器连接	立式	方位	$H/1000$ 且 ≤ 50		
一般项目	6	设备调整后安装尺寸的允许偏差（mm）	不与机器连接	立式	方位	$D_1 \leq 2000$，≤ 10		
一般项目	6	设备调整后安装尺寸的允许偏差（mm）	不与机器连接	卧式	中心线	±5		
一般项目	6	设备调整后安装尺寸的允许偏差（mm）	不与机器连接	卧式	标高	±5		
一般项目	6	设备调整后安装尺寸的允许偏差（mm）	不与机器连接	卧式	水平度	$L/1000$	$L/1000$	
一般项目	6	设备调整后安装尺寸的允许偏差（mm）	不与机器连接	卧式	水平度	$D_1/500$	$D_1/500$	

施工单位检查评定结果	项目专业质量检查员： 年 月 日
监理（建设）单位验收结论	监理工程师（建设单位项目代表）： 年 月 日

3.9.3 换热器安装检验批质量验收记录 SY/T 4209

<table>
<tr><td colspan="2">工程名称</td><td colspan="2"></td><td>分项工程名称</td><td></td><td>验收部位</td><td></td></tr>
<tr><td colspan="2">施工单位</td><td colspan="2"></td><td>专业负责人</td><td></td><td>项目经理</td><td></td></tr>
<tr><td colspan="4">施工执行标准名称及编号</td><td></td><td>检验批编号</td><td colspan="2"></td></tr>
<tr><td colspan="5">质量验收规范规定</td><td colspan="2">施工单位检查评定记录</td><td>监理（建设）单位验收意见</td></tr>
<tr><td rowspan="2">主控项目</td><td>1</td><td colspan="3">换热设备的型号、规格、外观及结构尺寸应符合设计要求，且表面无划伤及外力冲击破损</td><td colspan="2"></td><td rowspan="2"></td></tr>
<tr><td>2</td><td colspan="3">换热设备有关技术文件和质量合格证明文件、特种设备监检证书、零部件、专用工具应符合到货清单、制造图及合同文件的要求</td><td colspan="2"></td></tr>
<tr><td rowspan="13">一般项目</td><td rowspan="6">1</td><td rowspan="6">地脚螺栓安装质量要求</td><td colspan="2">地脚螺栓在预留孔中应垂直</td><td colspan="2"></td><td rowspan="13"></td></tr>
<tr><td colspan="2">地脚螺栓在预留孔任何部位离孔壁的距离均大于 15mm，地脚螺栓低端不应碰触孔底</td><td colspan="2"></td></tr>
<tr><td colspan="2">地脚螺栓上的油污和氧化物等杂物应清除干净，螺纹部分应涂上油脂保护</td><td colspan="2"></td></tr>
<tr><td colspan="2">预留孔中混凝土强度达到设计强度时，方可拧紧地脚螺栓，各地脚螺栓拧紧力应均匀</td><td colspan="2"></td></tr>
<tr><td colspan="2">紧固后螺母与垫圈、垫圈与设备底座间应接触良好</td><td colspan="2"></td></tr>
<tr><td colspan="2">拧紧螺母后，螺栓应露出螺母 0~3 扣</td><td colspan="2"></td></tr>
<tr><td rowspan="7">2</td><td rowspan="7">垫铁组安装质量要求</td><td colspan="2">地脚螺栓两侧应各放置一组垫铁，垫铁组应尽量靠近地脚螺栓。有立筋的设备底座，垫铁应放在立筋部位下方</td><td colspan="2"></td></tr>
<tr><td colspan="2">相邻两组垫铁之间的距离不得超过 500mm</td><td colspan="2"></td></tr>
<tr><td colspan="2">斜垫铁应配对使用。每组垫铁不应超过三块，垫铁组高度宜为 30~80mm。放置平垫铁时厚垫铁应放置在最底层，薄垫铁应放置在厚平垫铁与斜垫铁之间</td><td colspan="2"></td></tr>
<tr><td colspan="2">垫铁组安装应整齐、平稳，接触良好，在垫铁同一断面处从两侧塞入长度总和不得超过垫铁总长度的 1/3</td><td colspan="2"></td></tr>
<tr><td colspan="2">垫铁端面应露出设备底座外缘 10~30mm，垫铁组伸入长度应超过设备地脚螺栓所在位置，设备找平、找正后应将垫铁组进行层间点焊固定</td><td colspan="2"></td></tr>
<tr><td colspan="2">与不锈钢、钛、镍、锆、铝制设备底座环直接接触的垫铁组，上面应有一块尺寸与垫铁相同的不锈钢、钛、镍、锆、铝制垫板或涂刷中性涂料隔离</td><td colspan="2"></td></tr>
</table>

换热器安装检验批质量验收记录（续表 1） SY/T 4209

工程名称		分项工程名称		验收部位	
施工单位		专业负责人		项目经理	
施工执行标准名称及编号				检验批编号	

质量验收规范规定						施工单位检查评定记录	监理（建设）单位验收意见
一般项目	3	基础灌浆质量要求	灌浆前设备基础混混凝土强度应达到设计强度的 75% 以上。预留地脚螺栓孔或基础与设备底座之间的灌浆应一次完成				
			灌浆应采用其强度比原基础混凝土高一等级的细石混凝土，无垫铁安装二次灌浆应采用微胀混凝土，并应制作同条件试块				
			砼养护期间，当环境温度低于 5℃时，应采取防冻措施				
	4	滑动支座的设备安装质量要求	安装时滑动支座底部与基础顶部预理整片钢板滑动面间应清理干净，并应涂上润滑脂				
			地脚螺栓与长圆孔两端的间距应符合膨胀要求				
			设备安装后应松动滑动端地脚螺栓的螺母间隙应为 1~2 扣，并应安装锁紧螺母				
			若有扩孔时，扩孔方案应经设计单位批准，现场不得随意对设备底座滑动长圆孔进行扩孔来满足滑动要求				
	5	立式换热器	支座纵、横轴线位置（mm）	$D_0 \leqslant 2000$	5		
				$D_0 > 2000$	10		
			标高（mm）		± 5		
			垂直度	$H \leqslant 30000$	$H/1\,000$		
				$H > 30\,000$	$\leqslant H/1\,000$ 且 $\leqslant 50$mm		
			方位（mm）	$D_0 \leqslant 2000$	10		
				$D_0 > 2000$	15		
	6	卧式换热器	支座纵、横轴线位置		5		
			标高（mm）		± 5		
			水平度（mm）	轴向	$L/1000$		
				径向	$2D_0/1000$		

换热器安装检验批质量验收记录（续表 2） SY/T 4209

<table>
<tr><td colspan="3">工程名称</td><td colspan="2"></td><td>分项工程名称</td><td></td><td>验收部位</td><td></td></tr>
<tr><td colspan="3">施工单位</td><td colspan="2"></td><td>专业负责人</td><td></td><td>项目经理</td><td></td></tr>
<tr><td colspan="4">施工执行标准名称及编号</td><td colspan="2"></td><td>检验批编号</td><td colspan="2"></td></tr>
<tr><td colspan="6">质量验收规范规定</td><td colspan="2">施工单位检查评定记录</td><td>监理（建设）单位验收意见</td></tr>
<tr><td rowspan="14">一般项目</td><td rowspan="2">7</td><td rowspan="2">管壳式换热器</td><td colspan="3">换热器重叠安装时，应按制造厂的标识进行组装</td><td colspan="2"></td><td rowspan="14"></td></tr>
<tr><td colspan="3">重叠支座间的调整垫板应在试压合格后焊在下层换热设备的支座上</td><td colspan="2"></td></tr>
<tr><td>8</td><td>套管式换热器</td><td colspan="3">换热器安装时应保证整体水平，测定水平度应以换热器顶层换热管的上表面为基准</td><td colspan="2"></td></tr>
<tr><td rowspan="6">9</td><td rowspan="6">板片式换热器</td><td colspan="3">组装时，应按产品技术文件的规定进行</td><td colspan="2"></td></tr>
<tr><td colspan="3">换热器上（下）导杆的滑动表面应清洗干净，并涂润滑脂</td><td colspan="2"></td></tr>
<tr><td colspan="3">压紧板上的滚动轴承应清洁、转动灵活。检查合格后，应加润滑脂；在防爆环境中，应加防爆润滑脂</td><td colspan="2"></td></tr>
<tr><td colspan="3">组装后，管片侧面板边端应平齐</td><td colspan="2"></td></tr>
<tr><td rowspan="2">安装后两压紧板的平行度（mm）</td><td colspan="2">$L_3 < 1000$ 时 $\delta \leqslant 2$</td><td colspan="2"></td></tr>
<tr><td colspan="2">$L_3 \geqslant 1000$ 时 $\delta < 3L_3/1000$ 且不大于 4</td><td colspan="2"></td></tr>
<tr><td rowspan="3">10</td><td rowspan="3">板翘式换热器</td><td colspan="3">在换热器支座与钢构架之间应按设计要求设置隔离垫块</td><td colspan="2"></td></tr>
<tr><td colspan="3">有脱脂要求的换热器，在气密性试验后，必须进行脱脂处理</td><td colspan="2"></td></tr>
<tr><td colspan="3">换热器安装完毕，且各通道干燥后，应用 0.02MPa 的干燥氮气密封</td><td colspan="2"></td></tr>
</table>

换热器安装检验批质量验收记录（续表 3） SY/T 4209

工程名称		分项工程名称		验收部位	
施工单位		专业负责人		项目经理	
施工执行标准名称及编号				检验批编号	

<table>
<tr><td colspan="9">质量验收规范规定</td><td>施工单位检查评定记录</td><td>监理（建设）单位验收意见</td></tr>
<tr><td rowspan="17">一般项目</td><td rowspan="17">11</td><td rowspan="17">空冷式换热器安装</td><td rowspan="14">空冷器构架安装质量要求</td><td colspan="5">构架的平面对角线之差应不大于 10mm</td><td></td><td rowspan="17"></td></tr>
<tr><td colspan="5">构架顶横梁水平度允许偏差为横梁长度的 1/1000</td><td></td></tr>
<tr><td rowspan="4">立柱安装质量要求</td><td colspan="2">柱脚底座中心线与定位轴线的偏移（mm）</td><td colspan="2">5</td><td></td></tr>
<tr><td colspan="2">各立柱柱顶标高（mm）</td><td colspan="2">8</td><td></td></tr>
<tr><td colspan="2">立柱挠曲矢高（mm）</td><td colspan="2">H/1000 且不大于 15</td><td></td></tr>
<tr><td colspan="2">立柱垂直度</td><td colspan="2">H/1000</td><td></td></tr>
<tr><td rowspan="7">风筒安装质量要求</td><td rowspan="6">允许偏差值（mm）</td><td rowspan="2">检查项目</td><td colspan="3">风机叶轮直径 d</td><td rowspan="2"></td></tr>
<tr><td>1800 < d ≤ 2000</td><td>2000 < d ≤ 3000</td><td>3000 < d ≤ 5000</td></tr>
<tr><td>风筒直径</td><td>±2</td><td>±3</td><td>±4</td><td></td></tr>
<tr><td>两端法兰盘平行度</td><td>4</td><td>5</td><td>6</td><td></td></tr>
<tr><td>不圆度</td><td>2</td><td>3</td><td>4</td><td></td></tr>
<tr><td>风筒内壁与风机叶片尖端的间距</td><td>2~6</td><td>3~8</td><td>4~12</td><td></td></tr>
<tr><td colspan="5">风机电动机座中心线位置偏差不得超过 2mm</td><td></td></tr>
<tr><td colspan="6">空冷器管束安装翅片不应有开裂、压弯等缺陷，安装后应松开侧梁上的滑动螺栓</td><td></td></tr>
<tr><td rowspan="2">空冷器管束安装质量要求</td><td colspan="3">管束纵、横向中心位置（mm）</td><td colspan="2">10</td><td></td></tr>
<tr><td colspan="3">空冷器管束与构架顶横梁漏气间隙（mm）</td><td colspan="2">≤ 10</td><td></td></tr>
</table>

施工单位检查评定结果	项目专业质量检查员： 年 月 日
监理（建设）单位验收结论	监理工程师（建设单位项目代表）： 年 月 日

3.9.4 凉水塔安装检验批质量验收记录 SY/T 4209

<table>
<tr><td colspan="3">工程名称</td><td></td><td>分项工程名称</td><td></td><td>验收部位</td><td></td></tr>
<tr><td colspan="3">施工单位</td><td></td><td>专业负责人</td><td></td><td>项目经理</td><td></td></tr>
<tr><td colspan="4">施工执行标准名称及编号</td><td></td><td>检验批编号</td><td colspan="2"></td></tr>
<tr><td colspan="5">质量验收规范规定</td><td colspan="2">施工单位检查评定记录</td><td>监理（建设）单位验收意见</td></tr>
<tr><td rowspan="2">主控项目</td><td>1</td><td colspan="3">凉水塔塔体及格栅、波纹板、喷淋头等主要附件的型号、规格应符合设计要求和产品相关标准</td><td colspan="2"></td><td rowspan="2"></td></tr>
<tr><td>2</td><td colspan="3">凉水塔的试运行应符合设计要求和产品说明书要求</td><td colspan="2"></td></tr>
<tr><td rowspan="13">一般项目</td><td rowspan="6">1</td><td rowspan="6">地脚螺栓安装的质量要求</td><td colspan="2">地脚螺栓在预留孔中应垂直</td><td colspan="2"></td><td rowspan="13"></td></tr>
<tr><td colspan="2">地脚螺栓在预留孔任何部位离孔壁的距离均大于15mm，地脚螺栓低端不应碰触孔底</td><td colspan="2"></td></tr>
<tr><td colspan="2">地脚螺栓上的油污和氧化物等杂物应清除干净，螺纹部分应涂上油脂保护</td><td colspan="2"></td></tr>
<tr><td colspan="2">预留孔中混凝土强度达到设计强度时，方可拧紧地脚螺栓，各地脚螺栓拧紧力应均匀</td><td colspan="2"></td></tr>
<tr><td colspan="2">紧固后螺母与垫圈、垫圈与设备底座间应接触良好</td><td colspan="2"></td></tr>
<tr><td colspan="2">拧紧螺母后，螺栓应露出螺母0~3扣</td><td colspan="2"></td></tr>
<tr><td rowspan="7">2</td><td rowspan="7">垫铁安装的质量要求</td><td colspan="2">地脚螺栓两侧应各放置一组垫铁，垫铁组应尽量靠近地脚螺栓。有立筋的设备底座，垫铁应放置在立筋部位下方</td><td colspan="2"></td></tr>
<tr><td colspan="2">相邻两组垫铁之间的距离不得超过500mm</td><td colspan="2"></td></tr>
<tr><td colspan="2">斜垫铁应配对使用。每组垫铁不应超过三块，垫铁组高度宜为30~80mm。放置平垫铁时厚垫铁应放置在最底层，薄垫铁应放置在厚平垫铁与斜垫铁之间</td><td colspan="2"></td></tr>
<tr><td colspan="2">垫铁组安装应整齐、平稳，接触良好，在垫铁同一断面处从两侧塞入长度总和不得超过垫铁总长度的1/3</td><td colspan="2"></td></tr>
<tr><td colspan="2">垫铁端面应露出设备底座外缘10~30mm，垫铁组伸入长度应超过设备地脚螺栓所在位置，设备找平、找正后应将垫铁组进行层间点焊固定</td><td colspan="2"></td></tr>
<tr><td colspan="2">与不锈钢、钛、镍、锆、铝制设备底座环直接接触的垫铁组，上面应有一块尺寸与垫铁相同的不锈钢、钛、镍、锆、铝制垫板或涂刷中性涂料隔离</td><td colspan="2"></td></tr>
</table>

凉水塔安装检验批质量验收记录（续表）　SY/T 4209

<table>
<tr><td colspan="3">工程名称</td><td colspan="3"></td><td>分项工程名称</td><td></td><td>验收部位</td><td></td></tr>
<tr><td colspan="3">施工单位</td><td colspan="3"></td><td>专业负责人</td><td></td><td>项目经理</td><td></td></tr>
<tr><td colspan="4">施工执行标准名称及编号</td><td colspan="3"></td><td>检验批编号</td><td colspan="2"></td></tr>
<tr><td colspan="7">质量验收规范规定</td><td colspan="2">施工单位检查评定记录</td><td>监理（建设）单位验收意见</td></tr>
<tr><td rowspan="14">一般项目</td><td rowspan="3">3</td><td rowspan="3">基础灌浆质量要求</td><td colspan="4">灌浆前设备基础混混凝土强度应达到设计强度的 75% 以上。预留地脚螺栓孔或基础与设备底座之间的灌浆应一次完成</td><td colspan="2"></td><td rowspan="14"></td></tr>
<tr><td colspan="4">灌浆应采用其强度比原基础混凝土高一等级的细石混凝土；无垫铁安装时，二次灌浆应采用微胀混凝土，并应制作同条件试块</td><td colspan="2"></td></tr>
<tr><td colspan="4">混凝土养护期间，当环境温度低于 5℃时，应采取防冻措施</td><td colspan="2"></td></tr>
<tr><td rowspan="2">4</td><td rowspan="2">凉水塔风机试运行</td><td colspan="4">风机叶片安装位置正确，连接牢固，无卡涩现象</td><td colspan="2"></td></tr>
<tr><td colspan="4">转动应平稳、灵活、无异常响声</td><td colspan="2"></td></tr>
<tr><td rowspan="3">5</td><td rowspan="3">附件安装质量要求</td><td colspan="4">波纹板不应有折损，布置应均匀</td><td colspan="2"></td></tr>
<tr><td colspan="4">喷淋头表面应完好，无变形，涂层应无脱落</td><td colspan="2"></td></tr>
<tr><td colspan="4">钢结构焊接的焊缝表面应无裂纹、无气孔、焊缝应饱满</td><td colspan="2"></td></tr>
<tr><td rowspan="5">6</td><td rowspan="5">凉水塔安装允许偏差</td><td rowspan="3">凉水塔塔体</td><td rowspan="2">坐标</td><td>位置（mm）</td><td>± 10</td><td colspan="2"></td></tr>
<tr><td>标高（mm）</td><td>± 5</td><td colspan="2"></td></tr>
<tr><td colspan="2">水平度</td><td>$2An^a/1000$</td><td colspan="2"></td></tr>
<tr><td rowspan="2">喷淋头</td><td colspan="2">中心线位置（mm）</td><td>± 10</td><td colspan="2"></td></tr>
<tr><td colspan="2">标高（mm）</td><td>± 5</td><td colspan="2"></td></tr>
<tr><td colspan="2">施工单位检查评定结果</td><td colspan="8">项目专业质量检查员：　　　　年　月　日</td></tr>
<tr><td colspan="2">监理（建设）单位验收结论</td><td colspan="8">监理工程师
（建设单位项目代表）：　　　　年　月　日</td></tr>
</table>

3.9.5 硫磺成型机安装检验批质量验收记录 SY/T 4209

<table>
<tr><td colspan="2">工程名称</td><td colspan="2"></td><td>分项工程名称</td><td></td><td>验收部位</td><td></td></tr>
<tr><td colspan="2">施工单位</td><td colspan="2"></td><td>专业负责人</td><td></td><td>项目经理</td><td></td></tr>
<tr><td colspan="3">施工执行标准名称及编号</td><td colspan="2"></td><td>检验批编号</td><td colspan="2"></td></tr>
<tr><td colspan="5">质量验收规范规定</td><td colspan="2">施工单位检查评定记录</td><td>监理（建设）单位验收意见</td></tr>
<tr><td rowspan="2">主控项目</td><td>1</td><td colspan="3">硫磺成型机规格、型号应符合设计要求</td><td colspan="2"></td><td rowspan="2"></td></tr>
<tr><td>2</td><td colspan="3">冷却水系统水压试验应符合设计文件要求和 SY/T 4209—2016《石油天然气建设工程施工质量验收规范 天然气净化厂建设工程》的规定</td><td colspan="2"></td></tr>
<tr><td rowspan="11">一般项目</td><td rowspan="6">1</td><td rowspan="6">地脚螺栓安装的质量要求</td><td colspan="2">地脚螺栓在预留孔中应垂直</td><td colspan="2" rowspan="6"></td><td rowspan="11"></td></tr>
<tr><td colspan="2">地脚螺栓在预留孔任何部位离孔壁的距离均大于 15mm，地脚螺栓低端不应碰触孔底</td></tr>
<tr><td colspan="2">地脚螺栓上的油污和氧化物等杂物应清除干净，螺纹部分应涂上油脂保护</td></tr>
<tr><td colspan="2">预留孔中混凝土强度达到设计强度时，方可拧紧地脚螺栓，各地脚螺栓拧紧力应均匀</td></tr>
<tr><td colspan="2">紧固后螺母与垫圈、垫圈与设备底座间应接触良好</td></tr>
<tr><td colspan="2">拧紧螺母后，螺栓应露出螺母 0~3 扣</td></tr>
<tr><td rowspan="5">2</td><td rowspan="5">垫铁安装的质量要求</td><td colspan="2">地脚螺栓两侧应各放置一组垫铁，垫铁组应尽量靠近地脚螺栓。有立筋的设备底座，垫铁应放置在立筋部位下方</td><td colspan="2" rowspan="5"></td></tr>
<tr><td colspan="2">相邻两组垫铁之间的距离不得超过 500mm</td></tr>
<tr><td colspan="2">斜垫铁应配对使用。每组垫铁不应超过三块，垫铁组高度宜为 30~80mm。放置平垫铁时，厚垫铁应放置在最底层，薄垫铁应放置在厚平垫铁与斜垫铁之间</td></tr>
<tr><td colspan="2">垫铁组安装应整齐、平稳，接触良好，在垫铁同一断面处从两侧塞入长度总和不得超过垫铁总长度的 1/3</td></tr>
<tr><td colspan="2">垫铁端面应露出设备底座外缘 10~30mm，垫铁组伸入长度应超过设备地脚螺栓所在位置，设备找平、找正后应将垫铁组进行层间点焊固定</td></tr>
</table>

硫磺成型机安装检验批质量验收记录（续表） SY/T 4209

<table>
<tr><td colspan="3">工程名称</td><td colspan="2"></td><td>分项工程名称</td><td></td><td>验收部位</td><td></td></tr>
<tr><td colspan="3">施工单位</td><td colspan="2"></td><td>专业负责人</td><td></td><td>项目经理</td><td></td></tr>
<tr><td colspan="4">施工执行标准名称及编号</td><td colspan="2"></td><td>检验批编号</td><td colspan="2"></td></tr>
<tr><td colspan="6">质量验收规范规定</td><td colspan="2">施工单位检查评定记录</td><td>监理（建设）单位验收意见</td></tr>
<tr><td rowspan="8">一般项目</td><td>2</td><td>垫铁安装的质量要求</td><td colspan="3">与不锈钢、钛、镍、锆、铝制设备底座环直接接触的垫铁组，上面应有一块尺寸与垫铁相同的不锈钢、钛、镍、锆、铝制垫板或涂刷中性涂料隔离</td><td colspan="2"></td><td rowspan="8"></td></tr>
<tr><td rowspan="3">3</td><td rowspan="3">基础灌浆质量要求</td><td colspan="3">灌浆前设备基础混混凝土强度应达到设计强度的75%以上。预留地脚螺栓孔或基础与设备底座之间的灌浆应一次完成</td><td colspan="2" rowspan="3"></td></tr>
<tr><td colspan="3">灌浆应采用其强度比原基础混凝土高一等级的细石混凝土；无垫铁安装时，二次灌浆应采用微胀混凝土，并应制作同条件试块</td></tr>
<tr><td colspan="3">混凝土养护期间，当环境温度低于5 ℃时，应采取防冻措施</td></tr>
<tr><td rowspan="2">4</td><td rowspan="2">硫磺成型机安装的质量要求</td><td colspan="3">转动应平稳、灵活、无异常响声</td><td colspan="2"></td></tr>
<tr><td colspan="3">喷淋管各孔畅通无阻塞，喷淋水流应均匀</td><td colspan="2"></td></tr>
<tr><td rowspan="2">5</td><td rowspan="2">硫磺成型机安装允许偏差</td><td>坐标位置（mm）</td><td colspan="2">±10</td><td colspan="2"></td></tr>
<tr><td>标高（mm）</td><td colspan="2">+20，−10</td><td colspan="2"></td></tr>
<tr><td colspan="2">施工单位检查评定结果</td><td colspan="7">
项目专业质量检查员：　　　　年　月　日</td></tr>
<tr><td colspan="2">监理（建设）单位验收结论</td><td colspan="7">
监理工程师
（建设单位项目代表）：　　　　年　月　日</td></tr>
</table>

3.9.6 硫磺输送机安装检验批质量验收记录 SY/T 4209

<table>
<tr><td colspan="2">工程名称</td><td colspan="2"></td><td>分项工程名称</td><td></td><td>验收部位</td><td></td></tr>
<tr><td colspan="2">施工单位</td><td colspan="2"></td><td>专业负责人</td><td></td><td>项目经理</td><td></td></tr>
<tr><td colspan="3">施工执行标准名称及编号</td><td colspan="2"></td><td>检验批编号</td><td colspan="2"></td></tr>
<tr><td colspan="5">质量验收规范规定</td><td colspan="2">施工单位检查评定记录</td><td>监理（建设）单位验收意见</td></tr>
<tr><td rowspan="2">主控项目</td><td>1</td><td colspan="3">输送机型号、规格应符合设计要求</td><td colspan="2"></td><td rowspan="2"></td></tr>
<tr><td>2</td><td colspan="3">输送机空负荷、负荷运转应符合设计文件要求和 SY/T 4209—2016《石油天然气建设工程施工质量验收规范 天然气净化厂建设工程》规定</td><td colspan="2"></td></tr>
<tr><td rowspan="14">一般项目</td><td rowspan="6">1</td><td rowspan="6">地脚螺栓安装质量要求</td><td colspan="2">地脚螺栓在预留孔中应垂直</td><td colspan="2"></td><td rowspan="14"></td></tr>
<tr><td colspan="2">地脚螺栓在预留孔任何部位离孔壁的距离均大于 15mm，地脚螺栓低端不应碰触孔底</td><td colspan="2"></td></tr>
<tr><td colspan="2">地脚螺栓上的油污和氧化物等杂物应清除干净，螺纹部分应涂上油脂保护</td><td colspan="2"></td></tr>
<tr><td colspan="2">预留孔中混凝土强度达到设计强度时，方可拧紧地脚螺栓，各地脚螺栓拧紧力应均匀</td><td colspan="2"></td></tr>
<tr><td colspan="2">紧固后螺母与垫圈、垫圈与设备底座间应接触良好</td><td colspan="2"></td></tr>
<tr><td colspan="2">拧紧螺母后，螺栓应露出螺母 0~3 扣</td><td colspan="2"></td></tr>
<tr><td rowspan="7">2</td><td rowspan="7">垫铁安装质量要求</td><td colspan="2">地脚螺栓两侧应各放置一组垫铁，垫铁组应尽量靠近地脚螺栓。有立筋的设备底座，垫铁应放置在立筋部位下方</td><td colspan="2"></td></tr>
<tr><td colspan="2">相邻两组垫铁之间的距离不得超过 500mm</td><td colspan="2"></td></tr>
<tr><td colspan="2">斜垫铁应配对使用。每组垫铁不应超过三块，垫铁组高度宜为 30~80mm。放置平垫铁时厚垫铁应放置在最底层，薄垫铁应放置在厚平垫铁与斜垫铁之间</td><td colspan="2"></td></tr>
<tr><td colspan="2">垫铁组安装应整齐、平稳，接触良好，在垫铁同一断面处从两侧塞入长度总和不得超过垫铁总长度的 1/3</td><td colspan="2"></td></tr>
<tr><td colspan="2">垫铁端面应露出设备底座外缘 10~30mm，垫铁组伸入长度应超过设备地脚螺栓所在位置，设备找平、找正后应将垫铁组进行层间点焊固定</td><td colspan="2"></td></tr>
<tr><td colspan="2">与不锈钢、钛、镍、锆、铝制设备底座环直接接触的垫铁组，上面应有一块尺寸与垫铁相同的不锈钢、钛、镍、锆、铝制垫板或涂刷中性涂料隔离</td><td colspan="2"></td></tr>
<tr><td colspan="4" style="display:none"></td></tr>
<tr><td>3</td><td>基础灌浆质量要求</td><td colspan="2">灌浆前设备基础混混凝土强度应达到设计强度的 75% 以上。预留地脚螺栓孔或基础与设备底座之间的灌浆应一次完成</td><td colspan="2"></td><td></td></tr>
</table>

硫磺输送机安装检验批质量验收记录（续表 1） SY/T 4209

工程名称		分项工程名称		验收部位	
施工单位		专业负责人		项目经理	
施工执行标准名称及编号			检验批编号		

质量验收规范规定						施工单位检查评定记录	监理（建设）单位验收意见
一般项目	3	基础灌浆质量要求	灌浆应采用其强度比原基础混凝土高一等级的细石混凝土；无垫铁安装时，二次灌浆应采用微胀混凝土，并应制作同条件试块				
			混凝土养护期间，当环境温度低于 5 ℃时，应采取防冻措施				
	4	输送机安装的质量要求	输送带的连接应符合有关规定				
			安全装置和制动装置应灵活、可靠				
			托辊、滚轮、棍子装配后手动应能运转灵活				
			驱动装置运转平稳				
			运动部件与壳体应无摩擦和撞击现象				
	5	输送机安装的允许偏差	平面位置（mm）		± 10		
			标高（mm）		+20，−10		
			机架中心	与输送机中心重合度（mm）	≤ 3		
				直线度在任意 25m 长度内（mm）	≤ 5		
			中间架	间距（mm）	± 1.5		
				高低差	≤ 2*L*‰		
			机架接头	左右偏移（mm）	1		
				高低差（mm）	1		
			机架横截面对角线之差		≤ 3‰ *l*		
			机架支腿垂直度		≤ 2‰		
			带式输送机	纵向中心：与滚筒横向中心线重合度（mm）	≤ 2		
				纵向中心：与滚筒轴线的垂直度	≤ 2‰		
				双驱动的两滚筒轴线水平度（mm）	≤ 0.4		
				滚筒轴线水平度	≤ 1‰		
				托辊横向与输送机纵向中心线重合度（mm）	≤ 3		
				清扫装置的刮板或胶带接触长度	＞ 85%		

硫磺输送机安装检验批质量验收记录（续表 2） SY/T 4209

<table>
<tr><td colspan="4">工程名称</td><td colspan="2"></td><td colspan="4">分项工程名称</td><td colspan="4">验收部位</td><td></td></tr>
<tr><td colspan="4">施工单位</td><td colspan="2"></td><td colspan="4">专业负责人</td><td colspan="4">项目经理</td><td></td></tr>
<tr><td colspan="5">施工执行标准名称及编号</td><td></td><td colspan="4">检验批编号</td><td colspan="5"></td></tr>
<tr><td colspan="6">质量验收规范规定</td><td colspan="8">施工单位检查评定记录</td><td>监理（建设）单位验收意见</td></tr>
<tr><td rowspan="4">一般项目</td><td rowspan="4">5</td><td rowspan="4">输送机安装的允许偏差</td><td rowspan="4">板式输送机</td><td>导轨与输送机中心线重合度（mm）</td><td>≤ 1</td><td></td><td></td><td></td><td></td><td></td><td></td><td></td><td></td><td rowspan="4"></td></tr>
<tr><td>轨距（mm）</td><td>± 2</td><td></td><td></td><td></td><td></td><td></td><td></td><td></td><td></td></tr>
<tr><td>接头间隙（mm）</td><td>≤ 2</td><td></td><td></td><td></td><td></td><td></td><td></td><td></td><td></td></tr>
<tr><td>导向面铅垂度</td><td>10‰</td><td></td><td></td><td></td><td></td><td></td><td></td><td></td><td></td></tr>
<tr><td colspan="2">施工单位检查评定结果</td><td colspan="13">项目专业质量检查员：　　　　年　月　日</td></tr>
<tr><td colspan="2">监理（建设）单位验收结论</td><td colspan="13">监理工程师
（建设单位项目代表）：　　　　年　月　日</td></tr>
</table>

3.9.7 筑炉与衬里安装检验批质量验收记录 SY/T 4209

<table>
<tr><td colspan="2">工程名称</td><td colspan="3"></td><td>分项工程名称</td><td></td><td>验收部位</td></tr>
<tr><td colspan="2">施工单位</td><td colspan="3"></td><td>专业负责人</td><td></td><td>项目经理</td></tr>
<tr><td colspan="4">施工执行标准名称及编号</td><td colspan="2"></td><td>检验批编号</td><td></td></tr>
<tr><td colspan="6">质量验收规范规定</td><td>施工单位检查评定记录</td><td>监理（建设）单位验收意见</td></tr>
<tr><td rowspan="5">主控项目</td><td>1</td><td colspan="4">与耐火砖或混凝土接触的钢结构或设备的表面应进行喷砂除锈，除锈质量应符合设计要求或现行行业标准 SY/T 0407—2012《涂装前钢材表面处理规范》中规定的 Sa2.5 级</td><td></td><td rowspan="5"></td></tr>
<tr><td>2</td><td colspan="4">耐火材料和其他筑炉材料应符合设计要求和国家现行有关标准的有关规定</td><td></td></tr>
<tr><td>3</td><td colspan="4">现场浇筑混凝土试件取样与试件留置应符合 SY/T 0460—2018《天然气净化装置设备与管道安装工程施工技术规范》的有关规定</td><td></td></tr>
<tr><td>4</td><td colspan="4">耐火砖规格、型号及性能指标应符合设计文件要求和国家现行有关标准规定</td><td></td></tr>
<tr><td>5</td><td colspan="4">工业炉的烘炉应符合设计要文件求和 SY/T 0460—2018《天然气净化装置设备与管道安装工程施工技术规范》的有关规定</td><td></td></tr>
<tr><td rowspan="18">一般项目</td><td>1</td><td colspan="4">锚固件及附件的质量及安装应符合设计文件要求或 SY/T 0407—2012《涂装前钢材表面处理规范》的规定</td><td></td><td rowspan="18"></td></tr>
<tr><td rowspan="4">2</td><td rowspan="4">隔热耐火层外观质量要求</td><td colspan="3">表面不得有贯穿性裂纹、蜂窝、麻面等缺陷，炉衬表面裂纹宽度不应大于 5mm</td><td></td></tr>
<tr><td colspan="3">表面不平度偏差值不应大于 8mm</td><td></td></tr>
<tr><td colspan="3">衬里层长度尺寸偏差值不应大于 10mm</td><td></td></tr>
<tr><td colspan="3">衬里层表明轮廓度不应大于 8mm</td><td></td></tr>
<tr><td rowspan="13">3</td><td rowspan="13">筑炉与衬里允许偏差</td><td rowspan="2">砌体和混凝土</td><td>砌体和砼轴线位移（mm）</td><td>≤ 10</td><td></td></tr>
<tr><td>砌体和砼标高（mm）</td><td>± 15</td><td></td></tr>
<tr><td rowspan="5">轻质耐火混凝土块砌体</td><td>缝宽（mm）</td><td>≤ 3</td><td></td></tr>
<tr><td>墙面垂直度（每米）（mm）</td><td>≤ 3</td><td></td></tr>
<tr><td>墙面全高垂直度（mm）</td><td>≤ 15</td><td></td></tr>
<tr><td>墙面平面度（mm）</td><td>≤ 7</td><td></td></tr>
<tr><td>表面裂纹宽度（mm）</td><td>≤ 1</td><td></td></tr>
<tr><td rowspan="4">浇灌轻质耐火混凝土</td><td>厚度（mm）</td><td>-5~8</td><td></td></tr>
<tr><td>圆度（mm）</td><td>≤ 8</td><td></td></tr>
<tr><td>中心位置（mm）</td><td>≤ 5</td><td></td></tr>
<tr><td>立面墙垂直度（mm）</td><td>≤ 8</td><td></td></tr>
</table>

筑炉与衬里安装检验批质量验收记录（续表） SY/T 4209

<table>
<tr><td colspan="3">工程名称</td><td colspan="2"></td><td colspan="3">分项工程名称</td><td colspan="4"></td><td colspan="3">验收部位</td><td></td></tr>
<tr><td colspan="3">施工单位</td><td colspan="2"></td><td colspan="3">专业负责人</td><td colspan="4"></td><td colspan="3">项目经理</td><td></td></tr>
<tr><td colspan="4">施工执行标准名称及编号</td><td colspan="3"></td><td colspan="4">检验批编号</td><td colspan="5"></td></tr>
<tr><td colspan="6">质量验收规范规定</td><td colspan="8">施工单位检查评定记录</td><td>监理（建设）单位验收意见</td></tr>
<tr><td rowspan="13">一般项目</td><td rowspan="13">3</td><td rowspan="13">筑炉与衬里允许偏差</td><td rowspan="5">浇灌轻质耐火混凝土</td><td>表面裂纹宽度（mm）</td><td>≤ 1</td><td></td><td></td><td></td><td></td><td></td><td></td><td></td><td></td><td rowspan="13"></td></tr>
<tr><td>厚度（mm）</td><td>-5~8</td><td></td><td></td><td></td><td></td><td></td><td></td><td></td><td></td></tr>
<tr><td>圆度（mm）</td><td>≤ 8</td><td></td><td></td><td></td><td></td><td></td><td></td><td></td><td></td></tr>
<tr><td>中心位置（mm）</td><td>≤ 5</td><td></td><td></td><td></td><td></td><td></td><td></td><td></td><td></td></tr>
<tr><td>立面墙垂直度（mm）</td><td>≤ 8</td><td></td><td></td><td></td><td></td><td></td><td></td><td></td><td></td></tr>
<tr><td rowspan="5">可塑耐火层</td><td>表面裂纹（mm）</td><td>≤ 1</td><td></td><td></td><td></td><td></td><td></td><td></td><td></td><td></td></tr>
<tr><td>厚度（mm）</td><td>-5~8</td><td></td><td></td><td></td><td></td><td></td><td></td><td></td><td></td></tr>
<tr><td>圆度（mm）</td><td>≤ 8</td><td></td><td></td><td></td><td></td><td></td><td></td><td></td><td></td></tr>
<tr><td>中心位置（mm）</td><td>≤ 5</td><td></td><td></td><td></td><td></td><td></td><td></td><td></td><td></td></tr>
<tr><td>立面墙垂直度（mm）</td><td>≤ 8</td><td></td><td></td><td></td><td></td><td></td><td></td><td></td><td></td></tr>
<tr><td rowspan="3">挡火墙砌体</td><td>砖缝厚度（mm）</td><td>-0.5~0</td><td></td><td></td><td></td><td></td><td></td><td></td><td></td><td></td></tr>
<tr><td>垂直度（每米）（mm）</td><td>≤ 3</td><td></td><td></td><td></td><td></td><td></td><td></td><td></td><td></td></tr>
<tr><td>平整度（mm）</td><td>≤ 5</td><td></td><td></td><td></td><td></td><td></td><td></td><td></td><td></td></tr>
<tr><td colspan="2">施工单位检查评定结果</td><td colspan="13">项目专业质量检查员：　　　　年　月　日</td></tr>
<tr><td colspan="2">监理（建设）单位验收结论</td><td colspan="13">监理工程师
（建设单位项目代表）：　　　　年　月　日</td></tr>
</table>

3.9.8 火炬（烟囱、塔架）检验批质量验收记录 SY/T 4209

<table>
<tr><td colspan="3">工程名称</td><td></td><td>分项工程名称</td><td></td><td>验收部位</td><td></td></tr>
<tr><td colspan="3">施工单位</td><td></td><td>专业负责人</td><td></td><td>项目经理</td><td></td></tr>
<tr><td colspan="4">施工执行标准名称及编号</td><td></td><td>检验批编号</td><td colspan="2"></td></tr>
<tr><td colspan="4">质量验收规范规定</td><td colspan="2">施工单位检查评定记录</td><td colspan="2">监理（建设）单位验收意见</td></tr>
<tr><td rowspan="2">主控项目</td><td>1</td><td colspan="2">火炬、烟囱、塔架安装用的材料、规格、型号应符合设计要求和国家现行标准的规定</td><td colspan="2"></td><td colspan="2" rowspan="2"></td></tr>
<tr><td>2</td><td colspan="2">当烟筒法兰间使用陶纤毡作为垫片时，应安装金属跨接线</td><td colspan="2"></td></tr>
<tr><td rowspan="11">一般项目</td><td rowspan="6">1</td><td rowspan="6">地脚螺栓安装质量要求</td><td>地脚螺栓在预留孔中应垂直</td><td colspan="2"></td><td colspan="2" rowspan="11"></td></tr>
<tr><td>地脚螺栓在预留孔任何部位离孔壁的距离均大于15mm，地脚螺栓低端不应碰触孔底</td><td colspan="2"></td></tr>
<tr><td>地脚螺栓上的油污和氧化物等杂物应清除干净，螺纹部分应涂上油脂保护</td><td colspan="2"></td></tr>
<tr><td>预留孔中混凝土强度达到设计强度时，方可拧紧地脚螺栓，各地脚螺栓拧紧力应均匀</td><td colspan="2"></td></tr>
<tr><td>紧固后螺母与垫圈、垫圈与设备底座间应接触良好</td><td colspan="2"></td></tr>
<tr><td>拧紧螺母后，螺栓应露出螺母0~3个螺距</td><td colspan="2"></td></tr>
<tr><td rowspan="5">2</td><td rowspan="5">垫铁组安装质量要求</td><td>地脚螺栓两侧应各放置一组垫铁，垫铁组应尽量靠近地脚螺栓。有立筋的设备底座，垫铁应放置在立筋部位下方</td><td colspan="2"></td></tr>
<tr><td>相邻两组垫铁之间的距离不得超过500mm</td><td colspan="2"></td></tr>
<tr><td>斜垫铁应配对使用。立式设备每组垫铁不应超过三块，其他设备每组垫铁不应超过五块，垫铁组高度宜为30~80mm。放置平垫铁时厚的应放在下面，薄的放在厚平垫铁与斜垫铁之间</td><td colspan="2"></td></tr>
<tr><td>垫铁组应放置整齐、平稳，接触良好。调平后每组垫铁均应压紧，并用手锤逐组轻击听声音检查。动设备还应采用0.05mm塞规检查垫铁之间和垫铁与底座之间的间隙，在垫铁同一断面处从两侧塞入长度总和不得超过垫铁长度的1/3</td><td colspan="2"></td></tr>
<tr><td>垫铁端面应露出设备底座外缘10~30mm，垫铁组伸入长度应超过设备地脚螺栓所在位置，设备找平、找正后应将垫铁组进行层间点焊固定，但垫铁与设备调平后，其垫铁应与金属结构定位焊牢</td><td colspan="2"></td></tr>
</table>

火炬（烟囱、塔架）检验批质量验收记录（续表） SY/T 4209

工程名称		分项工程名称		验收部位	
施工单位		专业负责人		项目经理	
施工执行标准名称及编号			检验批编号		

质量验收规范规定						施工单位检查评定记录	监理（建设）单位验收意见
一般项目	2	垫铁组安装质量要求	与不锈钢、钛、镍、锆、铝制设备底座环直接接触的垫铁组，上面应有一块尺寸与垫铁相同的不锈钢、钛、镍、锆、铝制垫板或涂刷中性涂料隔离				
	3	塔架分段拼装允许偏差值	上下结合面长度差、宽度差（mm）		5		
			上下结合面对角线长度差（mm）		10		
			竖面对角线长度差（mm）		10		
			截面对角线长度差（mm）		10		
			塔架分段高（长）差（mm）		±5		
			塔架分段主肢顶面相对高差（mm）		2		
	4	火炬烟囱塔架安装允许偏差	坐标（mm）		≤15		
			底标高（mm）		±10		
			塔架	塔架的总高度（mm）	±20		
			塔架	塔架上下端截面尺寸（mm）	±5		
			塔架	塔架第一节中心偏差（mm）	≤5		
			塔架	中心线垂直度	≤*H*/1000且≤30mm		
			烟囱（筒）	组装连接的直线度（mm）	≤*L*/1000		
			烟囱（筒）	组装连接的全长直线度（mm）	≤30		
			烟囱（筒）	内衬里的裂纹宽度（mm）	≤1		
			火炬烟囱	中心线垂直度	≤*H*/1000且≤30mm		
			火炬烟囱	顶高度 火炬（mm）	±20		
			火炬烟囱	顶高度 烟囱（mm）	±20		
			火炬烟囱	中心位置 火炬（mm）	≤10		
			火炬烟囱	中心位置 烟囱（mm）	≤10		

施工单位检查评定结果	项目专业质量检查员：　　　　年　月　日
监理（建设）单位验收结论	监理工程师 （建设单位项目代表）：　　　　年　月　日

3.9.9 框架管廊安装检验批质量验收记录 SY/T 4209

工程名称		分项工程名称		验收部位	
施工单位		专业负责人		项目经理	
施工执行标准名称及编号			检验批编号		

质量验收规范规定						施工单位检查评定记录								监理（建设）单位验收意见
主控项目	1	框架、管廊安装材料、规格、型号应符合设计要求和产品相关标准												
	2	框架、管廊安装位置应符合设计要求												
一般项目	1	基础几何尺寸允许偏差值	管廊柱子基础支承面中心（mm）		3									
			管廊相邻两柱子中心间距（mm）		±3									
			地脚螺栓	螺栓中心距（在根部及顶部两处测量）（mm）	±2									
				螺栓中心对基础轴线距离（mm）	±2									
				顶端标高（mm）	+20，0									
				螺纹长度（mm）	+20，0									
	2	框架、管廊拼装的允许偏差值	高度（mm）		±15									
			梁水平度		l/1000 且 ≤ 20mm									
			支柱垂直度		l/1000 且 ≤ 15mm									
			承重梁侧向弯曲		l/1000 且 ≤ 10mm									
			直梯垂直度		l/1000 且 ≤ 15mm									
			斜梯踏步水平度（mm）		5									
			栏杆高度（mm）		±5									
			栏杆立柱间距（mm）		±10									
	3	框架、管廊安装允许偏差值	柱轴线对行、列定位轴线的平行偏移和扭转偏移（mm）		3									
			柱实测标高与设计标高之差（mm）		±3									
			柱直线度		H/1000，且 ≤ 10mm									

框架管廊安装检验批质量验收记录（续表） SY/T 4209

工程名称		分项工程名称		验收部位	
施工单位		专业负责人		项目经理	
施工执行标准名称及编号			检验批编号		

质量验收规范规定						施工单位检查评定记录	监理（建设）单位验收意见
一般项目	4	框架、管廊安装允许偏差值	相邻层间两柱对角线长度差（mm）		5		
			相邻两柱间距（mm）		±3		
			梁标高（mm）		±3		
			梁水平度		l/1000，且≤5mm		
			梁中心位置偏移（mm）		2		
			相邻梁间距（mm）		±4		
			竖面对角线长度差（mm）		15		
			任一截面对角线长度差（mm）		15		
			柱垂直度	H＜12000	H/1000且≤15mm		
				12000≤H＜24000	H/1000且≤20mm		
				24000≤H＜36000	H/1000且≤25mm		
				36000≤H＜48000	≤30mm		
				48000≤H	≤35mm		
施工单位检查评定结果	项目专业质量检查员：　　　　年　月　日						
监理（建设）单位验收结论	监理工程师（建设单位项目代表）：　　　　年　月　日						

3.9.10 防腐工程检验批质量验收记录 SY/T 4209

<table>
<tr><td colspan="3">工程名称</td><td></td><td>分项工程名称</td><td></td><td>验收部位</td><td></td></tr>
<tr><td colspan="3">施工单位</td><td></td><td>专业负责人</td><td></td><td>项目经理</td><td></td></tr>
<tr><td colspan="4">施工执行标准名称及编号</td><td></td><td>检验批编号</td><td colspan="2"></td></tr>
<tr><td colspan="5">质量验收规范规定</td><td>施工单位检查评定记录</td><td colspan="2">监理（建设）单位验收意见</td></tr>
<tr><td rowspan="5">主控项目</td><td>1</td><td colspan="3">防腐材料应符合设计要求及国家现行标准的相关规定</td><td></td><td colspan="2" rowspan="5"></td></tr>
<tr><td>2</td><td colspan="3">防腐前钢材表面除锈应达到 SY/T 0407—2012《涂装前钢材表面处理规范》中规定的 Sa2.5 级或 St3 级</td><td></td></tr>
<tr><td>3</td><td colspan="3">防腐层结构应符合设计要求</td><td></td></tr>
<tr><td>4</td><td colspan="3">埋地管道防腐层电火花检漏应符合设计要求和国家现行标准的相关规定</td><td></td></tr>
<tr><td>5</td><td colspan="3">埋地管道防腐层黏结力或剥离强度应符合设计要求和国家现行标准的规定</td><td></td></tr>
<tr><td rowspan="9">一般项目</td><td>1</td><td colspan="3">防腐层应无脱落、裂纹、气泡、流痕、透底等</td><td></td><td colspan="2" rowspan="9"></td></tr>
<tr><td>2</td><td colspan="3">防腐层厚度应符合设计文件要求</td><td></td></tr>
<tr><td rowspan="6">3</td><td rowspan="6">涂层质量</td><td colspan="2">涂层应均匀、颜色一致</td><td></td></tr>
<tr><td colspan="2">涂层应附着牢固，无剥落、皱纹、气泡、针孔等缺陷</td><td></td></tr>
<tr><td colspan="2">涂层应完整、无损坏、无流淌</td><td></td></tr>
<tr><td colspan="2">色环间距应均匀</td><td></td></tr>
<tr><td colspan="2">损坏的涂层应补刷完整、且应与原色一致</td><td></td></tr>
<tr><td colspan="2">不应误涂、漏涂、涂层应无脱落和透底</td><td></td></tr>
<tr><td>4</td><td colspan="3">涂层厚度应符合设计文件要求</td><td></td></tr>
<tr><td colspan="2">施工单位检查评定结果</td><td colspan="6">项目专业质量检查员：　　　　年　月　日</td></tr>
<tr><td colspan="2">监理（建设）单位验收结论</td><td colspan="6">监理工程师
（建设单位项目代表）：　　　　年　月　日</td></tr>
</table>

3.9.11 绝热工程检验批质量验收记录 SY/T 4209

<table>
<tr><td colspan="2">工程名称</td><td colspan="3"></td><td colspan="2">分项工程名称</td><td></td><td>验收部位</td><td></td></tr>
<tr><td colspan="2">施工单位</td><td colspan="3"></td><td colspan="2">专业负责人</td><td></td><td>项目经理</td><td></td></tr>
<tr><td colspan="4">施工执行标准名称及编号</td><td colspan="3"></td><td>检验批编号</td><td colspan="2"></td></tr>
<tr><td colspan="7">质量验收规范规定</td><td colspan="2">施工单位检查评定记录</td><td>监理（建设）单位验收意见</td></tr>
<tr><td rowspan="2">主控项目</td><td>1</td><td colspan="5">绝热材料应符合设计要求和国家现行标准的规定</td><td colspan="2"></td><td rowspan="2"></td></tr>
<tr><td>2</td><td colspan="5">绝热层结构应符合设计要求</td><td colspan="2"></td></tr>
<tr><td rowspan="8">一般项目</td><td>1</td><td colspan="5">设备管道支、托架处的绝热层，不应妨碍设备管道的膨胀位移，且不损坏绝热层</td><td colspan="2"></td><td rowspan="8"></td></tr>
<tr><td>2</td><td colspan="5">相邻预制块接缝应错开</td><td colspan="2"></td></tr>
<tr><td>3</td><td colspan="5">绝热层厚度应均匀，绑扎应牢固，充填应密实，表面应平整</td><td colspan="2"></td></tr>
<tr><td>4</td><td colspan="5">玻璃布保护层缠绕应紧密，表面应平整，无皱纹和空鼓。玻璃布压边宽度应为30~40mm，搭接头长度不应小于100mm，表面涂漆应均匀覆盖玻璃布</td><td colspan="2"></td></tr>
<tr><td>5</td><td colspan="5">金属保护层紧贴绝热层，搭接口应向下成顺水方向；固定件安装牢固，无松动和脱落，搭接尺寸正确，外观整齐、美观</td><td colspan="2"></td></tr>
<tr><td rowspan="3">6</td><td rowspan="3">绝热层质量</td><td rowspan="2">表面平整度（mm）</td><td>涂抹</td><td colspan="2">±10</td><td colspan="2"></td></tr>
<tr><td>金属保护层</td><td colspan="2">±5</td><td colspan="2"></td></tr>
<tr><td>厚度</td><td colspan="3">-5%δ~10%δ</td><td colspan="2"></td></tr>
<tr><td colspan="2">施工单位检查评定结果</td><td colspan="8">项目专业质量检查员：　　　　年　月　日</td></tr>
<tr><td colspan="2">监理（建设）单位验收结论</td><td colspan="8">监理工程师（建设单位项目代表）：　　　　年　月　日</td></tr>
</table>

3.9.12 构筑物外壁防腐检验批质量验收记录 SY/T 4209

<table>
<tr><td colspan="2">工程名称</td><td colspan="2"></td><td>分项工程名称</td><td></td><td>验收部位</td><td></td></tr>
<tr><td colspan="2">施工单位</td><td colspan="2"></td><td>专业负责人</td><td></td><td>项目经理</td><td></td></tr>
<tr><td colspan="3">施工执行标准名称及编号</td><td colspan="2"></td><td>检验批编号</td><td colspan="2"></td></tr>
<tr><td colspan="5">质量验收规范规定</td><td colspan="2">施工单位检查评定记录</td><td>监理（建设）单位验收意见</td></tr>
<tr><td rowspan="2">主控项目</td><td>1</td><td colspan="3">防腐层材料应符合设计文件要求和国家现行标准的规定</td><td colspan="2"></td><td rowspan="2"></td></tr>
<tr><td>2</td><td colspan="3">防腐层结构应符合设计文件要求</td><td colspan="2"></td></tr>
<tr><td rowspan="5">一般项目</td><td rowspan="4">1</td><td rowspan="4">混凝土构筑物防腐层表面质量要求</td><td colspan="2">基层表面平整、密实、洁净</td><td colspan="2"></td><td rowspan="5"></td></tr>
<tr><td colspan="2">基层表面应涂满冷底子油，干燥</td><td colspan="2"></td></tr>
<tr><td colspan="2">防腐层表面不应有鼓包、翘边、皱折、流淌等现象</td><td colspan="2"></td></tr>
<tr><td colspan="2">防腐层高度应符合设计文件要求</td><td colspan="2"></td></tr>
<tr><td>2</td><td colspan="3">混凝土构筑物防腐层厚度应符合设计要求</td><td colspan="2"></td></tr>
<tr><td colspan="2">施工单位检查评定结果</td><td colspan="6">项目专业质量检查员： 年 月 日</td></tr>
<tr><td colspan="2">监理（建设）单位验收结论</td><td colspan="6">监理工程师
（建设单位项目代表）： 年 月 日</td></tr>
</table>

3.9.13 构筑物内壁防腐检验批质量验收记录 SY/T 4209

<table>
<tr><td colspan="2">工程名称</td><td colspan="2"></td><td>分项工程名称</td><td></td><td>验收部位</td><td></td></tr>
<tr><td colspan="2">施工单位</td><td colspan="2"></td><td>专业负责人</td><td></td><td>项目经理</td><td></td></tr>
<tr><td colspan="3">施工执行标准名称及编号</td><td colspan="2"></td><td>检验批编号</td><td colspan="2"></td></tr>
<tr><td colspan="5">质量验收规范规定</td><td colspan="2">施工单位检查评定记录</td><td>监理（建设）单位验收意见</td></tr>
<tr><td rowspan="4">主控项目</td><td>1</td><td colspan="3">防腐层材料应符合设计文件要求和国家现行标准的规定，并具有质量证明文件</td><td colspan="2"></td><td rowspan="4"></td></tr>
<tr><td>2</td><td colspan="3">混凝土基层不得有起砂、脱壳、裂缝、蜂窝、麻面等现象</td><td colspan="2"></td></tr>
<tr><td>3</td><td colspan="3">防腐层结构应符合设计文件要求</td><td colspan="2"></td></tr>
<tr><td>4</td><td colspan="3">块材结合层和灰缝应饱满密实、黏接牢固；灰缝均匀整齐、平整一致，不得有空鼓、疏松；铺砌的块材不得出现通缝、重叠缝等缺陷</td><td colspan="2"></td></tr>
<tr><td rowspan="12">一般项目</td><td rowspan="5">1</td><td rowspan="5">混凝土内防腐基层质量要求</td><td colspan="2">洁净度应符合设计规定，表面应无析出物、油迹、污染物、水泥渣、水泥皮等附着物</td><td colspan="2"></td><td rowspan="12"></td></tr>
<tr><td colspan="2">在基层表面进行块材施工时，基层的阴阳角应做成直角；进行其他种类防腐蚀施工时，基层的阴阳角应做成圆角或45°斜面</td><td colspan="2"></td></tr>
<tr><td colspan="2">底面坡度应符合设计文件规定，其允许偏差应为坡长的 ±0.2%，最大偏差应小于30mm</td><td colspan="2"></td></tr>
<tr><td rowspan="2">平整度</td><td>防腐层厚度不小于5mm时，允许空隙应不大于4mm</td><td colspan="2"></td></tr>
<tr><td>防腐层厚度小于5mm时，允许空隙应小于或等于2mm</td><td colspan="2"></td></tr>
<tr><td rowspan="7">2</td><td rowspan="7">防腐层质量要求</td><td colspan="2">坡度应符合设计文件规定，其允许偏差应为坡长的 ±0.2%，最大偏差应小于30mm</td><td colspan="2"></td></tr>
<tr><td rowspan="3">块材间高差</td><td>耐酸砖、耐酸耐温砖应为1mm</td><td colspan="2" rowspan="3"></td></tr>
<tr><td>厚度小于或等于30mm的机械切割天然石材应为2mm</td></tr>
<tr><td>厚度大于30mm的人工加工或机械刨光天然石材应为3mm</td></tr>
<tr><td rowspan="3">表面平整度</td><td>耐酸砖、耐酸耐温砖应为4mm</td><td colspan="2" rowspan="3"></td></tr>
<tr><td>厚度小于或等于30mm的机械切割天然石材应为4mm</td></tr>
<tr><td>厚度大于30mm的人工加工或机械刨光天然石材应为6mm</td></tr>
<tr><td colspan="2">施工单位检查评定结果</td><td colspan="6">项目专业质量检查员： 年 月 日</td></tr>
<tr><td colspan="2">监理（建设）单位验收结论</td><td colspan="6">监理工程师：
（建设单位项目代表） 年 月 日</td></tr>
</table>

3.9.14 液硫池隔热检验批质量验收记录 SY/T 4209

工程名称		分项工程名称		验收部位	
施工单位		专业负责人		项目经理	
施工执行标准名称及编号			检验批编号		
质量验收规范规定				施工单位检查评定记录	监理（建设）单位验收意见
主控项目	1	隔热材料应有产品合格证书和性能检测报告，材料的品种、规格、性能等应符合现行国家产品标准和设计要求			
	2	隔热材料的厚度必须符合设计要求			
一般项目	1	隔热层与基层及各构造层之间的黏接或连接必须牢固，黏接强度和连接方式应符合设计要求			
	2	隔热层表面平整度的允许偏差（mm）	5		
施工单位检查评定结果	项目专业质量检查员：　　年　月　日				
监理（建设）单位验收结论	监理工程师（建设单位项目代表）：　　年　月　日				

3.9.15 地基检验批质量验收记录 SY/T 4209

工程名称		分项工程名称		验收部位	
施工单位		专业负责人		项目经理	
施工执行标准名称及编号			检验批编号		

质量验收规范规定			施工单位检查评定记录	监理（建设）单位验收意见
主控项目	1	基坑尺寸应符合设计要求		
	2	地基承载力应符合设计要求		
	3	压实系数应符合设计文件要求		
	4	土工材料的配合比应符合设计文件要求		
一般项目	1	石灰粒径不大于 5mm		
	2	土颗粒粒径不大于 15mm		
	3	分层厚度 ±50mm		

施工单位检查评定结果	项目专业质量检查员： 年 月 日
监理（建设）单位验收结论	监理工程师（建设单位项目代表）： 年 月 日

3.9.16 砌体检验批质量验收记录 SY/T 4209

工程名称		分项工程名称		验收部位	
施工单位		专业负责人		项目经理	
施工执行标准名称及编号			检验批编号		

质量验收规范规定						施工单位检查评定记录	监理（建设）单位验收意见
主控项目	1	砌体所用的材料应符合设计要求和国家现行标准的相关规定					
	2	砌体用的砂浆配合比应满足设计强度等级的要求					
	3	砌体用的砂浆试块留置数量、试验强度值应符合设计要求和国家现行标准相关规定					
一般项目	1	基础砌筑前，应校核放线尺寸，放线尺寸的允许偏差为 ±10mm。					
	2	砖砌的灰缝应横平竖直，厚薄均匀。水平灰缝厚度宜为 10mm，但不应小于 8mm，也不应大于 12mm					
	3	砖砌体的一般尺寸允许偏差	顶面标高（mm）		±15		
			表面平整度（mm）	清水墙、柱	5		
				混水墙、柱	8		
			门窗洞口高、宽（mm）		±5		
			水平灰缝平直度（mm）	清水墙	7		
				混水墙	10		
			垂直度（mm）		5		
施工单位检查评定结果	项目专业质量检查员： 年 月 日						
监理（建设）单位验收结论	监理工程师（建设单位项目代表）： 年 月 日						

3.9.17 钢筋混凝土检验批质量验收记录 SY/T 4209

工程名称		分项工程名称		验收部位	
施工单位		专业负责人		项目经理	
施工执行标准名称及编号			检验批编号		

质量验收规范规定						施工单位检查评定记录	监理（建设）单位验收意见
主控项目	1	钢筋混凝土所用的材料应符合设计文件要求和国家现行标准的相关规定					
	2	混凝土用的配合比应符合设计要求					
	3	凝土的强度等级应符合设计要求。混凝土试块留置数量、试验强度值应符合国家现行标准的规定					
一般项目	1	钢筋安装位置允许偏差（mm）	绑扎钢筋网	长、宽	±10		
				网眼尺寸	±20		
			绑扎钢筋骨架	长	±10		
				宽、高	±5		
			受力钢筋	间距	±10		
				排距	±5		
				保护层厚度 基础	±10		
				保护层厚度 柱、梁	±5		
				保护层厚度 板、墙、壳	±3		
			绑扎箍筋、横向钢筋间距		±20		
			钢筋弯起点位置		20		
			预埋件	中心线位置	5		
				水平高差	+3，0		
	2	现浇结构拆模后的尺寸偏差（mm）	轴线位置	基础	15		
				墙、柱、梁	8		
			垂直度	小于5m	8		
				大于5m	10		
			标高		±10		
			截面尺寸		+8，−5		
			表面平整度		8		

施工单位检查评定结果	项目专业质量检查员： 年 月 日
监理（建设）单位验收结论	监理工程师：（建设单位项目代表） 年 月 日

3.9.18 装饰装修检验批质量验收记录 SY/T 4209

工程名称		分项工程名称		验收部位	
施工单位		专业负责人		项目经理	
施工执行标准名称及编号		检验批编号			

质量验收规范规定					施工单位检查评定记录	监理（建设）单位验收意见
主控项目	1	装饰装修、门窗、地面、散水工程所用的材料应符合设计要求和国家现行标准的相关规定				
主控项目	2	砂浆用的配合比应满足设计强度等级的要求				
主控项目	3	砂浆试块留置数量、试验强度值应符合设计要求和国家现行标准的相关规定				
一般项目	1	抹灰表面应光滑、洁净、颜色均匀、无抹纹，分格缝和灰线应清晰、美观				
一般项目	2	抹灰分格缝的设置应符合设计要求，宽度和深度应均匀，表面应光滑，棱角应整齐				
一般项目	3	滴水槽宽度和深度均不应小于 10mm				
一般项目	4	一般抹灰工程质量允许偏差（mm）	立面垂直度	4		
			表面平整度	4		
			阴阳角方正	4		
			分格条（缝）直线度	4		
			墙裙、勒脚上口直线度	4		
一般项目	5	饰面砖安装的允许偏差（mm）	立面垂直度	2		
			表面平整度	3		
			阴阳角方正	3		
			接缝直线度	2		
			墙裙、勒脚上口直线度	2		
			接缝高低差	0.5		
			接缝宽度	1		
一般项目	6	地面砖应接缝平整，无空鼓、无裂纹、掉角缺楞等缺陷				
一般项目	7	门窗开启方向、安装位置、连接方式及填嵌密封处理应符合设计要求及国家现行标准的要求				

施工单位检查评定结果	项目专业质量检查员： 年 月 日
监理（建设）单位验收结论	监理工程师： （建设单位项目代表） 年 月 日

3.9.19 屋面检验批质量验收记录 SY/T 4209

工程名称			分项工程名称		验收部位	
施工单位			专业负责人		项目经理	
施工执行标准名称及编号				检验批编号		
质量验收规范规定				施工单位检查评定记录		监理（建设）单位验收意见
主控项目	1	屋面工程所采用的防水、保温隔热材料应符合设计要求和国家现行标准的规定				
	2	屋面找坡层和找平层的排水坡度及方向应符合设计要求				
	3	屋面保温层厚度应符合设计要求				
	4	卷材防水层在天沟、檐沟、檐口、水落口、泛水、变形缝和伸出屋面管道的防水构造应符合设计要求				
	5	屋面防水工程完工后，应按有关规定对细部构造、接缝、保护层等进行外观质量检查和雨后观察，或进行淋水、蓄水试验，试验后不应有渗漏或积水现象				
一般项目	1	水泥砂浆、细石混凝土找平层应平整、压光，不得有酥松、起砂、起皮现象				
	2	找平层表面平整度的允许偏差值应为 7mm				
	3	卷材搭接宽度的允许偏差值应为 -10mm				
	4	卷材防水层的搭接缝应黏（焊）结牢固，密封严密，不应有皱折、翘边和鼓泡等缺陷；防水层的收头应与基层黏结并固定牢固，缝口封严，不应翘边				
施工单位检查评定结果	项目专业质量检查员： 年 月 日					
监理（建设）单位验收结论	监理工程师：（建设单位项目代表） 年 月 日					

3.9.20 水暖安装检验批质量验收记录 SY/T 4209

<table>
<tr><td colspan="2">工程名称</td><td></td><td>分项工程名称</td><td></td><td>验收部位</td><td></td></tr>
<tr><td colspan="2">施工单位</td><td></td><td>专业负责人</td><td></td><td>项目经理</td><td></td></tr>
<tr><td colspan="3">施工执行标准名称及编号</td><td></td><td>检验批编号</td><td colspan="2"></td></tr>
<tr><td colspan="4">质量验收规范规定</td><td colspan="2">施工单位检查评定记录</td><td>监理（建设）单位验收意见</td></tr>
<tr><td rowspan="3">主控项目</td><td>1</td><td colspan="2">水暖工程所用的材料设备、配件、支架品种、规格型号、性能等应符合设计要求和国家现行产品标准</td><td colspan="2"></td><td rowspan="3"></td></tr>
<tr><td>2</td><td colspan="2">散热器组对后，以及整组出厂的散热器在安装之前应做水压试验。试验压力如设计无要求时应为工作压力的 1.5 倍，但不小于 0.6MPa, 试验时间 2~3min，压力不降，且不渗不漏</td><td colspan="2"></td></tr>
<tr><td>3</td><td colspan="2">承压管道和设备应做水压试验，非承压管道和设备应做灌水试验，其水压试验、灌水试验应符合设计要求和国家现行标准的相关规定</td><td colspan="2"></td></tr>
<tr><td rowspan="5">一般项目</td><td>1</td><td colspan="2">管道安装坡度应符合设计要求</td><td colspan="2"></td><td rowspan="5"></td></tr>
<tr><td>2</td><td colspan="2">散热器支架、托架安装，位置应准确，埋设牢固。散热器支架、托架数量，应符合设计或产品说明书要求</td><td colspan="2"></td></tr>
<tr><td>3</td><td colspan="2">铸铁或钢制散热器表面的防腐及面漆应附着良好，色泽应均匀，并应无脱落、起泡、流淌和漏涂缺陷</td><td colspan="2"></td></tr>
<tr><td>4</td><td colspan="2">雨水管应安装牢固、顺直，其伸缩节安装应符合设计要求</td><td colspan="2"></td></tr>
<tr><td>5</td><td colspan="2">雨水斗管的连接应固定在屋面承重结构上。雨水斗与屋面连处应严密不漏。连接管管径当设计无要求时，不得小于 100mm</td><td colspan="2"></td></tr>
<tr><td colspan="2">施工单位检查评定结果</td><td colspan="5">项目专业质量检查员： 年 月 日</td></tr>
<tr><td colspan="2">监理（建设）单位验收结论</td><td colspan="5">监理工程师：
（建设单位项目代表） 年 月 日</td></tr>
</table>

3.9.21 电气安装检验批质量验收记录 SY/T 4209

<table>
<tr><td colspan="2">工程名称</td><td></td><td>分项工程名称</td><td></td><td>验收部位</td><td></td></tr>
<tr><td colspan="2">施工单位</td><td></td><td>专业负责人</td><td></td><td>项目经理</td><td></td></tr>
<tr><td colspan="3">施工执行标准名称及编号</td><td></td><td>检验批编号</td><td colspan="2"></td></tr>
<tr><td colspan="4">质量验收规范规定</td><td colspan="2">施工单位检查评定记录</td><td>监理（建设）单位验收意见</td></tr>
<tr><td rowspan="3">主控项目</td><td>1</td><td colspan="2">电气工程所用的材料设备、配件、支架品种、规格型号、性能等应符合设计要求和国家现行标准的规定</td><td colspan="2"></td><td rowspan="3"></td></tr>
<tr><td>2</td><td colspan="2">人工接地装置或利用建筑物基础钢筋的接地装置必须在地面以上按设计要求位置设测试点</td><td colspan="2"></td></tr>
<tr><td>3</td><td colspan="2">建筑物顶部的避雷针、避雷带等必须与顶部不外露的其他金属物体联成一个整体的电气通路，且与避雷引下线连接可靠</td><td colspan="2"></td></tr>
<tr><td rowspan="2">一般项目</td><td>1</td><td colspan="2">暗配的导管，埋设深度与建筑物表面的距离不应小于 15mm；明配的导管应排列整齐，固定点间距均匀</td><td colspan="2"></td><td rowspan="2"></td></tr>
<tr><td>2</td><td colspan="2">接地线在穿越墙壁、楼板和地坪处应加套钢管或其他坚固的保护套管，钢套管应与接地线做电气连通</td><td colspan="2"></td></tr>
<tr><td colspan="2">施工单位检查评定结果</td><td colspan="5">项目专业质量检查员：　　　　年　月　日</td></tr>
<tr><td colspan="2">监理（建设）单位验收结论</td><td colspan="5">监理工程师：
（建设单位项目代表）　　　　年　月　日</td></tr>
</table>

3.10 道路工程[①]

3.10.1 土方路基工程检验批质量验收记录 SY/T 4210

工程名称			分项工程名称				验收部位	
施工单位			专业负责人				项目经理	
施工执行标准名称及标准号							检验批编号	
施工质量验收规范规定							施工单位检查评定记录	监理（建设）单位验收记录
项目	序号	检查内容	规定值或允许偏差					
主控项目	1	路基用土	符合设计标准和 JTG/T 3610—2019《公路路基施工技术规范》的规定					
	2	压实度（%）	填挖类型	路床顶面以下深度	主干道次干道	支道	$\overline{K}$=	
			零填及挖方	0~0.3m	≥ 95	≥ 94		
			填方	0~0.8m	≥ 95	≥ 94		
				0.8~1.5m	≥ 94	≥ 93		
				＞ 1.5m	≥ 92	≥ 90		
	3	弯沉（0.01mm）	不大于设计规定值					
一般项目	1	纵段高程（mm）	+10，−20					
	2	中位偏线（mm）	≤ 100					
	3	宽度（mm）	不小于设计值					
	4	平整度（mm）	≤ 20					
	5	横坡（%）	± 0.5					
	6	边坡（%）	不陡于设计值					
	7	路堑段上边坡应平整稳定						
	8	路基表面应平整，边线直顺，曲线圆滑；路基边坡坡面平顺、稳定						
	9	取土坑、弃土堆、护坡道、碎落台的位置适当，外形应整齐						
施工单位检查评定结果	项目专业质量检查员： 年 月 日							
监理（建设）单位验收结论	监理工程师（建设单位项目代表）： 年 月 日							

① 本部分的“SY/T 4210”代表依据为 SY/T 4210—2017《石油天然气建设工程施工质量验收规范　道路工程》。

3.10.2 石方路基工程检验批质量验收记录 SY/T 4210

<table>
<tr><td colspan="2">工程名称</td><td></td><td>分项工程名称</td><td></td><td>验收部位</td><td></td></tr>
<tr><td colspan="2">施工单位</td><td></td><td>专业负责人</td><td></td><td>项目经理</td><td></td></tr>
<tr><td colspan="3">施工执行标准名称及标准号</td><td></td><td>检验批编号</td><td colspan="2"></td></tr>
<tr><td colspan="4">施工质量验收规范规定</td><td rowspan="2" colspan="2">施工单位检查评定记录</td><td rowspan="2">监理（建设）单位验收记录</td></tr>
<tr><td>项目</td><td>序号</td><td>检查内容</td><td>规定值或允许偏差</td></tr>
<tr><td>主控项目</td><td>1</td><td>石方路基压实</td><td>20t 以上压路机振压两遍，标高差异 5mm 以内</td><td colspan="2"></td><td></td></tr>
<tr><td rowspan="9">一般项目</td><td>1</td><td>路基用石</td><td>符合设计标准和 JTG/T 3610—2019 的规定</td><td colspan="2"></td><td rowspan="9"></td></tr>
<tr><td>2</td><td>纵段高程（mm）</td><td>+10，−30</td><td colspan="2"></td></tr>
<tr><td>3</td><td>中位偏线（mm）</td><td>≤ 100</td><td colspan="2"></td></tr>
<tr><td>4</td><td>宽度（mm）</td><td>不小于设计值</td><td colspan="2"></td></tr>
<tr><td>5</td><td>平整度（mm）</td><td>≤ 30</td><td colspan="2"></td></tr>
<tr><td>6</td><td>横坡（%）</td><td>± 0.5</td><td colspan="2"></td></tr>
<tr><td>7</td><td>边坡（%）</td><td>不陡于设计值</td><td colspan="2"></td></tr>
<tr><td>8</td><td colspan="2">路基表面应平整、稳定，无推移、浮石；路基边坡应稳定、平顺</td><td colspan="2"></td></tr>
<tr><td>9</td><td>土石混填路基材料</td><td>符合设计要求</td><td colspan="2"></td></tr>
<tr><td colspan="2">施工单位检查评定结果</td><td colspan="5">项目专业质量检查员： 年 月 日</td></tr>
<tr><td colspan="2">监理（建设）单位验收结论</td><td colspan="5">监理工程师
（建设单位项目代表）： 年 月 日</td></tr>
</table>

3.10.3 软土地基处治：砂砾垫层检验批质量验收记录 SY/T 4210

<table>
<tr><td colspan="2">工程名称</td><td colspan="2"></td><td>分项工程名称</td><td></td><td>验收部位</td><td></td></tr>
<tr><td colspan="2">施工单位</td><td colspan="2"></td><td>专业负责人</td><td></td><td>项目经理</td><td></td></tr>
<tr><td colspan="3">施工执行标准名称及标准号</td><td colspan="2"></td><td>检验批编号</td><td colspan="2"></td></tr>
<tr><td colspan="4">施工质量验收规范规定</td><td colspan="3" rowspan="2">施工单位检查评定记录</td><td rowspan="2">监理（建设）单位验收记录</td></tr>
<tr><td>项目</td><td>序号</td><td>检查内容</td><td>规定值或允许偏差</td></tr>
<tr><td rowspan="3">主控项目</td><td>1</td><td>砂砾的规格和质量</td><td>符合设计要求</td><td colspan="3"></td><td rowspan="3"></td></tr>
<tr><td>2</td><td>砂砾垫层厚度</td><td>不小于设计值</td><td colspan="3"></td></tr>
<tr><td>3</td><td>压实度</td><td>≥ 90%</td><td colspan="3"></td></tr>
<tr><td rowspan="3">一般项目</td><td>1</td><td>砂砾垫层宽度</td><td>不小于设计值</td><td colspan="3"></td><td rowspan="3"></td></tr>
<tr><td>2</td><td>反滤层设置</td><td>符合设计要求</td><td colspan="3"></td></tr>
<tr><td>3</td><td colspan="2">砂砾垫层表面应平整，无坑洼</td><td colspan="3"></td></tr>
<tr><td colspan="2">施工单位检查评定结果</td><td colspan="6">项目专业质量检查员：　　　　年　月　日</td></tr>
<tr><td colspan="2">监理（建设）单位验收结论</td><td colspan="6">监理工程师
（建设单位项目代表）：　　　　年　月　日</td></tr>
</table>

3.10.4 软土地基处治：袋装砂井、塑料排水板检验批质量验收记录 SY/T 4210

<table>
<tr><td>工程名称</td><td colspan="3"></td><td>分项工程名称</td><td></td><td>验收部位</td><td></td></tr>
<tr><td>施工单位</td><td colspan="3"></td><td>专业负责人</td><td></td><td>项目经理</td><td></td></tr>
<tr><td colspan="3">施工执行标准名称及标准号</td><td colspan="2"></td><td>检验批编号</td><td colspan="2"></td></tr>
<tr><td colspan="5">施工质量验收规范规定</td><td colspan="2" rowspan="2">施工单位检查评定记录</td><td rowspan="2">监理（建设）单位验收记录</td></tr>
<tr><td>项目</td><td>序号</td><td colspan="2">检查内容</td><td>规定值或允许偏差</td></tr>
<tr><td rowspan="2">主控项目</td><td>1</td><td colspan="2">砂的规格、质量、砂袋织物质量和塑料排水板质量</td><td>符合设计要求</td><td colspan="2"></td><td rowspan="2"></td></tr>
<tr><td>2</td><td colspan="2">井（板）长度（m）</td><td>不小于设计值</td><td colspan="2"></td></tr>
<tr><td rowspan="5">一般项目</td><td>1</td><td colspan="2">井（板）间距（mm）</td><td>±150</td><td colspan="2"></td><td rowspan="5"></td></tr>
<tr><td>2</td><td colspan="2">竖直度（%）</td><td>≤1.5</td><td colspan="2"></td></tr>
<tr><td>3</td><td colspan="2">砂井直径（mm）</td><td>+10，-0</td><td colspan="2"></td></tr>
<tr><td>4</td><td colspan="2">灌砂量（%）</td><td>-5</td><td colspan="2"></td></tr>
<tr><td>5</td><td colspan="3">砂袋织物和塑料排水板应完好，无破损现象</td><td colspan="2"></td></tr>
<tr><td colspan="2">施工单位检查评定结果</td><td colspan="6">项目专业质量检查员：　　　　年　月　日</td></tr>
<tr><td colspan="2">监理（建设）单位验收结论</td><td colspan="6">监理工程师
（建设单位项目代表）：　　　　年　月　日</td></tr>
</table>

3.10.5 软土地基处治：碎石桩（砂桩）检验批质量验收记录 SY/T 4210

<table>
<tr><td>工程名称</td><td colspan="2"></td><td>分项工程名称</td><td></td><td>验收部位</td><td></td></tr>
<tr><td>施工单位</td><td colspan="2"></td><td>专业负责人</td><td></td><td>项目经理</td><td></td></tr>
<tr><td colspan="3">施工执行标准名称及标准号</td><td></td><td>检验批编号</td><td colspan="2"></td></tr>
<tr><td colspan="4">施工质量验收规范规定</td><td colspan="2" rowspan="2">施工单位检查评定记录</td><td rowspan="2">监理（建设）单位验收记录</td></tr>
<tr><td>项目</td><td>序号</td><td>检查内容</td><td>规定值或允许偏差</td></tr>
<tr><td rowspan="2">主控项目</td><td>1</td><td>碎石桩（砂桩）中碎石（砂）材料</td><td>符合设计要求</td><td colspan="2"></td><td rowspan="2"></td></tr>
<tr><td>2</td><td>桩长（m）</td><td>不小于设计值</td><td colspan="2"></td></tr>
<tr><td rowspan="4">一般项目</td><td>1</td><td>桩距（mm）</td><td>± 150</td><td colspan="2"></td><td rowspan="4"></td></tr>
<tr><td>2</td><td>桩径（mm）</td><td>不小于设计值</td><td colspan="2"></td></tr>
<tr><td>3</td><td>竖直度（%）</td><td>≤ 1.5</td><td colspan="2"></td></tr>
<tr><td>4</td><td>灌石（砂）量</td><td>不小于设计值</td><td colspan="2"></td></tr>
<tr><td colspan="2">施工单位检查评定结果</td><td colspan="5">项目专业质量检查员：　　　　年　月　日</td></tr>
<tr><td colspan="2">监理（建设）单位验收结论</td><td colspan="5">监理工程师
（建设单位项目代表）：　　　　年　月　日</td></tr>
</table>

3.10.6　软土地基处治：粉喷桩检验批质量验收记录　SY/T 4210

工程名称		分项工程名称		验收部位	
施工单位		专业负责人		项目经理	
施工执行标准名称及标准号				检验批编号	
施工质量验收规范规定				施工单位检查评定记录	监理（建设）单位验收记录
项目	序号	检查内容	规定值或允许偏差		
主控项目	1	水泥材料	符合设计要求		
	2	单桩粉喷量	符合设计要求		
	3	桩长（m）	不小于设计值		
	4	强度（kPa）	不小于设计值		
一般项目	1	桩距（mm）	±100		
	2	桩径（mm）	不小于设计值		
	3	竖直度（%）	≤1.5		
施工单位检查评定结果	项目专业质量检查员：　　　　年　月　日				
监理（建设）单位验收结论	监理工程师（建设单位项目代表）：　　　　年　月　日				

3.10.7 土工合成材料处治层检验批质量验收记录 SY/T 4210

<table>
<tr><td colspan="2">工程名称</td><td colspan="2"></td><td>分项工程名称</td><td></td><td>验收部位</td><td></td></tr>
<tr><td colspan="2">施工单位</td><td colspan="2"></td><td>专业负责人</td><td></td><td>项目经理</td><td></td></tr>
<tr><td colspan="4">施工执行标准名称及标准号</td><td></td><td>检验批编号</td><td colspan="2"></td></tr>
<tr><td colspan="4">施工质量验收规范规定</td><td colspan="3" rowspan="2">施工单位检查评定记录</td><td rowspan="2">监理（建设）单位验收记录</td></tr>
<tr><td>项目</td><td>序号</td><td>检查内容</td><td>规定值或允许偏差</td></tr>
<tr><td>主控项目</td><td>1</td><td>土工合成材料质量</td><td>符合设计要求，无老化、破损和污染现象</td><td colspan="3"></td><td></td></tr>
<tr><td rowspan="4">一般项目</td><td>1</td><td>搭接宽度（mm）</td><td>+50，-0</td><td colspan="3"></td><td rowspan="4"></td></tr>
<tr><td>2</td><td>搭接缝错开距离（mm）</td><td>符合设计要求</td><td colspan="3"></td></tr>
<tr><td>3</td><td colspan="2">土工合成材料无松动、重叠、皱折不平顺现象</td><td colspan="3"></td></tr>
<tr><td>4</td><td colspan="2">土工合成材料固定处应牢固，无松动</td><td colspan="3"></td></tr>
<tr><td colspan="2">施工单位检查评定结果</td><td colspan="6">项目专业质量检查员：　　　　年　月　日</td></tr>
<tr><td colspan="2">监理（建设）单位验收结论</td><td colspan="6">监理工程师
（建设单位项目代表）：　　　　年　月　日</td></tr>
</table>

3.10.8 盲沟工程检验批质量验收记录 SY/T 4210

<table>
<tr><td colspan="2">工程名称</td><td></td><td>分项工程名称</td><td colspan="4"></td><td colspan="4">验收部位</td><td></td></tr>
<tr><td colspan="2">施工单位</td><td></td><td>专业负责人</td><td colspan="4"></td><td colspan="4">项目经理</td><td></td></tr>
<tr><td colspan="3">施工执行标准名称及标准号</td><td></td><td colspan="4">检验批编号</td><td colspan="5"></td></tr>
<tr><td colspan="4">施工质量验收规范规定</td><td colspan="8" rowspan="2">施工单位检查评定记录</td><td rowspan="2">监理（建设）单位验收记录</td></tr>
<tr><td>项目</td><td>序号</td><td>检查内容</td><td>规定值或允许偏差</td></tr>
<tr><td>主控项目</td><td>1</td><td>盲沟的材料规格、质量</td><td>符合设计要求</td><td colspan="8"></td><td></td></tr>
<tr><td rowspan="3">一般项目</td><td>1</td><td>沟底高程（mm）</td><td>± 15</td><td></td><td></td><td></td><td></td><td></td><td></td><td></td><td></td><td rowspan="3"></td></tr>
<tr><td>2</td><td>断面尺寸（mm）</td><td>不小于设计值</td><td></td><td></td><td></td><td></td><td></td><td></td><td></td><td></td></tr>
<tr><td>3</td><td colspan="2">反滤层应层次分明，进出水口应排水通畅</td><td colspan="8"></td></tr>
<tr><td colspan="2">施工单位检查评定结果</td><td colspan="11">项目专业质量检查员： 年 月 日</td></tr>
<tr><td colspan="2">监理（建设）单位验收结论</td><td colspan="11">监理工程师
（建设单位项目代表）： 年 月 日</td></tr>
</table>

3.10.9 护坡工程检验批质量验收记录 SY/T 4210

<table>
<tr><td colspan="2">工程名称</td><td></td><td>分项工程名称</td><td colspan="4"></td><td colspan="4">验收部位</td><td></td></tr>
<tr><td colspan="2">施工单位</td><td></td><td>专业负责人</td><td colspan="4"></td><td colspan="4">项目经理</td><td></td></tr>
<tr><td colspan="3">施工执行标准名称及标准号</td><td></td><td colspan="4">检验批编号</td><td colspan="5"></td></tr>
<tr><td colspan="4">施工质量验收规范规定</td><td colspan="8" rowspan="2">施工单位检查评定记录</td><td rowspan="2">监理（建设）单位验收记录</td></tr>
<tr><td>项目</td><td>序号</td><td>检查内容</td><td>规定值或允许偏差</td></tr>
<tr><td rowspan="4">主控项目</td><td>1</td><td>片（块）石、混凝土预制块的质量</td><td>符合设计要求</td><td colspan="8"></td><td rowspan="4"></td></tr>
<tr><td>2</td><td>砂浆所用水泥、砂的质量</td><td>符合 JGJ/T 98—2010《砌筑砂浆配合比设计规程》的规定</td><td colspan="8"></td></tr>
<tr><td>3</td><td>砂浆配合比</td><td>符合 JGJ/T 98—2010《砌筑砂浆配合比设计规程》的规定</td><td colspan="8"></td></tr>
<tr><td>4</td><td>砌筑砂浆强度（MPa）</td><td>符合设计要求</td><td colspan="8"></td></tr>
<tr><td rowspan="5">一般项目</td><td>1</td><td>顶面高程（mm）</td><td>± 50</td><td></td><td></td><td></td><td></td><td></td><td></td><td></td><td></td><td rowspan="5"></td></tr>
<tr><td>2</td><td>表面平整度（mm）</td><td>≤ 30</td><td></td><td></td><td></td><td></td><td></td><td></td><td></td><td></td></tr>
<tr><td>3</td><td>坡度</td><td>不陡于设计值</td><td></td><td></td><td></td><td></td><td></td><td></td><td></td><td></td></tr>
<tr><td>4</td><td>厚度（mm）</td><td>不小于设计值</td><td></td><td></td><td></td><td></td><td></td><td></td><td></td><td></td></tr>
<tr><td>5</td><td>底面高程（mm）</td><td>± 50</td><td></td><td></td><td></td><td></td><td></td><td></td><td></td><td></td></tr>
<tr><td colspan="2">施工单位检查评定结果</td><td colspan="11">项目专业质量检查员： 年 月 日</td></tr>
<tr><td colspan="2">监理（建设）单位验收结论</td><td colspan="11">监理工程师
（建设单位项目代表）： 年 月 日</td></tr>
</table>

3.10.10 砌体挡土墙工程检验批质量验收记录 SY/T 4210

<table>
<tr><td colspan="2">工程名称</td><td colspan="2"></td><td>分项工程名称</td><td colspan="4"></td><td colspan="4">验收部位</td><td></td></tr>
<tr><td colspan="2">施工单位</td><td colspan="2"></td><td>专业负责人</td><td colspan="4"></td><td colspan="4">项目经理</td><td></td></tr>
<tr><td colspan="3">施工执行标准名称及标准号</td><td colspan="2"></td><td colspan="4">检验批编号</td><td colspan="5"></td></tr>
<tr><td colspan="5">施工质量验收规范规定</td><td colspan="8" rowspan="2">施工单位检查评定记录</td><td rowspan="2">监理（建设）单位验收记录</td></tr>
<tr><td>项目</td><td>序号</td><td colspan="2">检查内容</td><td>规定值或允许偏差</td></tr>
<tr><td rowspan="4">主控项目</td><td>1</td><td colspan="2">石料或混凝土预制块的强度、规格和质量</td><td>符合设计要求</td><td colspan="8"></td><td rowspan="4"></td></tr>
<tr><td>2</td><td colspan="2">砂浆所用的水泥、砂的质量</td><td>符合 JGJ/T 98—2010《砌筑砂浆配合比设计规程》的规定</td><td colspan="8"></td></tr>
<tr><td>3</td><td colspan="2">砂浆配合比</td><td>符合 JGJ/T 98—2010《砌筑砂浆配合比设计规程》的规定</td><td colspan="8"></td></tr>
<tr><td>4</td><td colspan="2">砌筑砂浆强度（MPa）</td><td>符合设计要求</td><td colspan="8"></td></tr>
<tr><td rowspan="10">一般项目</td><td>1</td><td colspan="2">平面位置（mm）</td><td>≤ 50</td><td></td><td></td><td></td><td></td><td></td><td></td><td></td><td></td><td rowspan="10"></td></tr>
<tr><td>2</td><td colspan="2">顶面高程（mm）</td><td>± 20</td><td></td><td></td><td></td><td></td><td></td><td></td><td></td><td></td></tr>
<tr><td>3</td><td colspan="2">竖直度或坡度（%）</td><td>≤ 0.5</td><td></td><td></td><td></td><td></td><td></td><td></td><td></td><td></td></tr>
<tr><td>4</td><td colspan="2">断面尺寸（mm）</td><td>不小于设计值</td><td></td><td></td><td></td><td></td><td></td><td></td><td></td><td></td></tr>
<tr><td>5</td><td colspan="2">底面高程（mm）</td><td>± 50</td><td></td><td></td><td></td><td></td><td></td><td></td><td></td><td></td></tr>
<tr><td rowspan="3">6</td><td rowspan="3">表面平整度（mm）</td><td>块石</td><td>≤ 20</td><td></td><td></td><td></td><td></td><td></td><td></td><td></td><td></td></tr>
<tr><td>片石</td><td>≤ 30</td><td></td><td></td><td></td><td></td><td></td><td></td><td></td><td></td></tr>
<tr><td>混凝土块、料石</td><td>≤ 10</td><td></td><td></td><td></td><td></td><td></td><td></td><td></td><td></td></tr>
<tr><td>7</td><td colspan="3">砌体表面应平整，砌缝应完好、不应有开裂现象，勾缝应平顺，无脱落</td><td colspan="8"></td></tr>
<tr><td>8</td><td colspan="3">泄水孔坡度向外，不应有堵塞现象；沉降缝整齐、垂直，上下贯通</td><td colspan="8"></td></tr>
<tr><td colspan="2">施工单位检查评定结果</td><td colspan="12">项目专业质量检查员：　　　　年　月　日</td></tr>
<tr><td colspan="2">监理（建设）单位验收结论</td><td colspan="12">监理工程师
（建设单位项目代表）：　　　　年　月　日</td></tr>
</table>

3.10.11 悬臂式和扶臂式挡土墙工程检验批质量验收记录 SY/T 4210

<table>
<tr><td colspan="2">工程名称</td><td colspan="2"></td><td>分项工程名称</td><td colspan="4"></td><td colspan="4">验收部位</td><td></td></tr>
<tr><td colspan="2">施工单位</td><td colspan="2"></td><td>专业负责人</td><td colspan="4"></td><td colspan="4">项目经理</td><td></td></tr>
<tr><td colspan="3">施工执行标准名称及标准号</td><td colspan="2"></td><td colspan="4">检验批编号</td><td colspan="5"></td></tr>
<tr><td colspan="5">施工质量验收规范规定</td><td colspan="8" rowspan="2">施工单位检查评定记录</td><td rowspan="2">监理（建设）单位验收记录</td></tr>
<tr><td>项目</td><td>序号</td><td>检查内容</td><td colspan="2">规定值或允许偏差</td></tr>
<tr><td rowspan="3">主控项目</td><td>1</td><td>混凝土的水泥、碎石、砂的质量</td><td colspan="2">符合设计要求</td><td colspan="8"></td><td rowspan="3"></td></tr>
<tr><td>2</td><td>混凝土配合比</td><td colspan="2">符合 JGJ 55—2011《普通混凝土配合比设计规程》的规定</td><td colspan="8"></td></tr>
<tr><td>3</td><td>混凝土强度（MPa）</td><td colspan="2">符合设计要求</td><td colspan="8"></td></tr>
<tr><td rowspan="9">一般项目</td><td>1</td><td>平面位置（mm）</td><td colspan="2">≤ 30</td><td></td><td></td><td></td><td></td><td></td><td></td><td></td><td></td><td rowspan="9"></td></tr>
<tr><td>2</td><td>顶面高程（mm）</td><td colspan="2">± 20</td><td></td><td></td><td></td><td></td><td></td><td></td><td></td><td></td></tr>
<tr><td>3</td><td>竖直度或坡度（%）</td><td colspan="2">≤ 0.3</td><td></td><td></td><td></td><td></td><td></td><td></td><td></td><td></td></tr>
<tr><td>4</td><td>断面尺寸（mm）</td><td colspan="2">不小于设计</td><td></td><td></td><td></td><td></td><td></td><td></td><td></td><td></td></tr>
<tr><td>5</td><td>底面高程 (mm)</td><td colspan="2">± 30</td><td></td><td></td><td></td><td></td><td></td><td></td><td></td><td></td></tr>
<tr><td>6</td><td>表面平整度（mm）</td><td colspan="2">≤ 5</td><td></td><td></td><td></td><td></td><td></td><td></td><td></td><td></td></tr>
<tr><td>7</td><td colspan="3">混凝土表面蜂窝和麻面面积不应超过该面面积的 0.5%</td><td colspan="8"></td></tr>
<tr><td>8</td><td colspan="3">混凝土施工缝应平顺，混凝土表面应不出现露筋、空洞和非受力裂缝现象</td><td colspan="8"></td></tr>
<tr><td>9</td><td colspan="3">泄水孔坡度向外，不应有堵塞现象；沉降缝整齐、垂直，上下贯通</td><td colspan="8"></td></tr>
<tr><td colspan="2">施工单位检查评定结果</td><td colspan="12">项目专业质量检查员： 年 月 日</td></tr>
<tr><td colspan="2">监理（建设）单位验收结论</td><td colspan="12">监理工程师
（建设单位项目代表）： 年 月 日</td></tr>
</table>

3.10.12 加筋土挡土墙工程检验批质量验收记录 SY/T 4210

工程名称		分项工程名称		验收部位	
施工单位		专业负责人		项目经理	
施工执行标准名称及标准号			检验批编号		
施工质量验收规范规定				施工单位检查评定记录	监理（建设）单位验收记录
项目	序号	检查内容	规定值或允许偏差		
主控项目	1	混凝土的水泥、碎石、砂的质量	符合设计要求		
	2	混凝土配合比	符合 JGJ 55—2011《普通混凝土配合比设计规程》的规定		
	3	混凝土强度 (MPa)	符合设计要求		
	4	筋带质量和规格	符合设计要求		
一般项目	1	顶面高程 (mm)	± 10		
	2	轴线偏位 (mm)	≤ 10		
	3	竖直度或坡度 (%)	+0,−0.5		
	4	表面平整度 (mm)	≤ 5		
	5	相邻面板错台 (mm)	≤ 5		
	6	筋带长度	不小于设计值		
	7	预制面板表面应平整光洁，线条应顺直美观，不应有破损翘曲、掉角、啃边等现象			
	8	预制面板蜂窝和麻面面积不应超过该面面积的 0.5%，混凝土表面不应出现非受力裂缝			
	9	墙面应直顺，线性顺适，板缝应均匀，伸缩缝应贯通垂直；露在面板外的锚头应封闭密实、牢固、整齐、美观			
施工单位检查评定结果	项目专业质量检查员： 年 月 日				
监理（建设）单位验收结论	监理工程师（建设单位项目代表）： 年 月 日				

3.10.13 挡土墙墙背填土工程检验批质量验收记录 SY/T 4210

<table>
<tr><td>工程名称</td><td colspan="2"></td><td>分项工程名称</td><td></td><td>验收部位</td><td></td></tr>
<tr><td>施工单位</td><td colspan="2"></td><td>专业负责人</td><td></td><td>项目经理</td><td></td></tr>
<tr><td colspan="2">施工执行标准名称及标准号</td><td colspan="2"></td><td>检验批编号</td><td colspan="2"></td></tr>
<tr><td colspan="4">施工质量验收规范规定</td><td colspan="2" rowspan="2">施工单位检查评定记录</td><td rowspan="2">监理（建设）单位验收记录</td></tr>
<tr><td>项目</td><td>序号</td><td>检查内容</td><td>规定值或允许偏差</td></tr>
<tr><td>主控项目</td><td>1</td><td>压实度</td><td>不小于设计值</td><td colspan="2">$\overline{K}=$</td><td></td></tr>
<tr><td rowspan="2">一般项目</td><td>1</td><td colspan="2">填土表面应平整，边线应直顺</td><td colspan="2"></td><td rowspan="2"></td></tr>
<tr><td>2</td><td colspan="2">边坡坡面应平顺稳定，不得亏坡，曲线应圆滑</td><td colspan="2"></td></tr>
<tr><td colspan="2">施工单位检查评定结果</td><td colspan="5">项目专业质量检查员：　　　　年　月　日</td></tr>
<tr><td colspan="2">监理（建设）单位验收结论</td><td colspan="5">监理工程师
（建设单位项目代表）：　　　　年　月　日</td></tr>
</table>

3.10.14 土沟（排水沟）工程检验批质量验收记录 SY/T 4210

工程名称		分项工程名称		验收部位	
施工单位		专业负责人		项目经理	
施工执行标准名称及标准号				检验批编号	
施工质量验收规范规定				施工单位检查评定记录	监理（建设）单位验收记录
项目	序号	检查内容	规定值或允许偏差		
主控项目	1	沟底高程（mm）	0，−30		
	2	边坡坡度（%）	不陡于设计值		
一般项目	1	断面尺寸（mm）	不小于设计值		
	2	边坡直顺度（mm）	≤ 50		
	3	土沟边坡平整、坚实、稳定			
	4	土沟沟底应平顺、整齐，不应有松散土和其他杂物，排水应畅通			
施工单位检查评定结果	项目专业质量检查员： 年 月 日				
监理（建设）单位验收结论	监理工程师（建设单位项目代表）： 年 月 日				

3.10.15 浆（干）砌边沟（排水沟）工程检验批质量验收记录 SY/T 4210

工程名称		分项工程名称		验收部位	
施工单位		专业负责人		项目经理	
施工执行标准名称及标准号				检验批编号	

施工质量验收规范规定				施工单位检查评定记录	监理（建设）单位验收记录
项目	序号	检查内容	规定值或允许偏差		
主控项目	1	片（块）石、混凝土预制块质量	符合设计要求		
	2	砂浆所用的水泥、砂质量	符合设计要求		
	3	砂浆配合比	符合 JGJ/T 98—2010《砌筑砂浆配合比设计规程》的规定		
	4	砂浆强度（MPa）	符合设计要求		
一般项目	1	轴线偏位（mm）	≤ 50		
	2	沟底高程（mm）	+15		
	3	墙面直顺度（mm）或坡度	≤ 30 或不陡于设计值		
	4	断面尺寸（mm）	± 30		
	5	铺砌厚度（mm）	不小于设计值		
	6	基础垫层宽、厚（mm）	不小于设计值		
	7	砌体内侧及沟底应平顺，沟底不应有杂物			
	8	浆砌体嵌缝应均匀、饱满、密实，缝宽均衡协调，砌体应咬扣紧密			
	9	抹面应平整、压光、直顺，无裂缝、空鼓现象			
施工单位检查评定结果	项目专业质量检查员： 年 月 日				
监理（建设）单位验收结论	监理工程师（建设单位项目代表）： 年 月 日				

3.10.16 水泥混凝土边沟（排水沟）工程检验批质量验收记录 SY/T 4210

工程名称		分项工程名称		验收部位	
施工单位		专业负责人		项目经理	
施工执行标准名称及标准号				检验批编号	
施工质量验收规范规定				施工单位检查评定记录	监理（建设）单位验收记录
项目	序号	检查内容	规定值或允许偏差		
主控项目	1	混凝土的水泥、碎石、砂质量	符合设计要求		
	2	混凝土配合比	符合 JGJ 55—2011《普通混凝土配合比设计规程》的规定		
	3	混凝土强度（MPa）	符合设计要求		
一般项目	1	轴线偏位（mm）	≤ 50		
	2	沟底高程（mm）	+15		
	3	墙面直顺度（mm）或坡度	≤ 30 或不陡于设计值		
	4	断面尺寸（mm）	± 30		
	5	铺砌厚度（mm）	不小于设计值		
	6	基础垫层宽、厚（mm）	不小于设计值		
	7	排水沟内侧及沟底应平顺，沟底不应有杂物			
	8	排水沟沉降缝宽度应均衡协调、填充紧密			
施工单位检查评定结果	项目专业质量检查员： 年 月 日				
监理（建设）单位验收结论	监理工程师（建设单位项目代表）： 年 月 日				

3.10.17 拦水带、急流槽工程检验批质量验收记录 SY/T 4210

<table>
<tr><td>工程名称</td><td colspan="2"></td><td>分项工程名称</td><td></td><td>验收部位</td><td></td></tr>
<tr><td>施工单位</td><td colspan="2"></td><td>专业负责人</td><td></td><td>项目经理</td><td></td></tr>
<tr><td colspan="3">施工执行标准名称及标准号</td><td></td><td>检验批编号</td><td colspan="2"></td></tr>
<tr><td colspan="4">施工质量验收规范规定</td><td rowspan="2">施工单位检查评定记录</td><td rowspan="2">监理（建设）单位验收记录</td></tr>
<tr><td>项目</td><td>序号</td><td>检查内容</td><td>规定值或允许偏差</td></tr>
<tr><td rowspan="4">主控项目</td><td>1</td><td>混凝土的水泥、碎石、砂质量</td><td>符合设计要求</td><td></td><td rowspan="4"></td></tr>
<tr><td>2</td><td>混凝土配合比</td><td>符合 JGJ 55—2011《普通混凝土配合比设计规程》的规定</td><td></td></tr>
<tr><td>3</td><td>混凝土强度（MPa）</td><td>符合设计要求</td><td></td></tr>
<tr><td>4</td><td>急流槽的位置、型式</td><td>符合设计要求</td><td></td></tr>
<tr><td rowspan="7">一般项目</td><td>1</td><td>拦水带轴线偏位（mm）</td><td>≤ 20</td><td></td><td rowspan="7"></td></tr>
<tr><td>2</td><td>急流槽底直顺度（mm）</td><td>≤ 30 并不陡于设计值</td><td></td></tr>
<tr><td>3</td><td>断面尺寸（mm） 拦水带</td><td>± 30</td><td></td></tr>
<tr><td>4</td><td>断面尺寸（mm） 急流槽</td><td>± 30</td><td></td></tr>
<tr><td>5</td><td>急流槽基础垫层宽、厚（mm）</td><td>不小于设计值</td><td></td></tr>
<tr><td>6</td><td colspan="2">拦水带应平顺</td><td></td></tr>
<tr><td>7</td><td colspan="2">急流槽内不应有杂物</td><td></td></tr>
<tr><td colspan="2">施工单位检查评定结果</td><td colspan="5">

项目专业质量检查员：　　　　　年　月　日</td></tr>
<tr><td colspan="2">监理（建设）单位验收结论</td><td colspan="5">

监理工程师
（建设单位项目代表）：　　　　　年　月　日</td></tr>
</table>

3.10.18 管道基础及钢筋混凝土排水管安装工程检验批质量验收记录 SY/T 4210

工程名称		分项工程名称		验收部位	
施工单位		专业负责人		项目经理	
施工执行标准名称及标准号				检验批编号	

施工质量验收规范规定					施工单位检查评定记录	监理（建设）单位验收记录
项目	序号	检查内容		规定值或允许偏差		
主控项目	1	管径、长度、壁厚、排水管强度、外观质量		符合设计要求		
	2	水泥、碎石、砂的质量		符合设计要求		
	3	混凝土配合比		符合 JGJ 55—2011《普通混凝土配合比设计规程》的规定		
	4	砂浆配合比		符合 JGJ/T 98—2010《砌筑砂浆配合比设计规程》的规定		
	5	混凝土抗压强度（MPa）		在合格标准内		
	6	砂浆强度（MPa）		在合格标准内		
一般项目	1	管轴线偏位（mm）		≤ 15		
	2	管内底高程（mm）		± 10		
	3	排水管接头处流水面高差（mm）		≤ 5		
	4	基础厚度（mm）		不小于设计值		
	5	管座	肩宽（mm）	+10，-5		
			肩高（mm）	± 10		
	6	抹带	宽度（mm）	不小于设计值		
			厚度（mm）	不小于设计值		

管道基础及钢筋混凝土排水管安装工程检验批质量验收记录（续表） SY/T 4210

工程名称			分项工程名称		验收部位	
施工单位			专业负责人		项目经理	
施工执行标准名称及标准号				检验批编号		
施工质量验收规范规定				施工单位检查评定记录		监理（建设）单位验收记录
项目	序号	检查内容	规定值或允许偏差			
一般项目	7	管道基础混凝土表面应平整、密实，侧面蜂窝不超过该表面积的1%，深度应不超过10mm				
	8	管节应铺设直顺，管口缝带圈应平整、密实，不应有开裂、脱皮现象				
	9	抹带接口表面应密实、光洁，不应有间断、裂缝、空鼓				
施工单位检查评定结果	项目专业质量检查员： 年 月 日					
监理（建设）单位验收结论	监理工程师（建设单位项目代表）： 年 月 日					

3.10.19 聚乙烯缠绕结构壁排水管安装工程检验批质量验收记录 SY/T 4210

<table>
<tr><td colspan="2">工程名称</td><td colspan="2"></td><td>分项工程名称</td><td colspan="4"></td><td colspan="4">验收部位</td><td></td></tr>
<tr><td colspan="2">施工单位</td><td colspan="2"></td><td>专业负责人</td><td colspan="4"></td><td colspan="4">项目经理</td><td></td></tr>
<tr><td colspan="3">施工执行标准名称及标准号</td><td colspan="2"></td><td colspan="4">检验批编号</td><td colspan="5"></td></tr>
<tr><td colspan="5">施工质量验收规范规定</td><td colspan="8" rowspan="2">施工单位检查评定记录</td><td rowspan="2">监理（建设）单位验收记录</td></tr>
<tr><td>项目</td><td>序号</td><td colspan="2">检查内容</td><td>规定值或允许偏差</td></tr>
<tr><td>主控项目</td><td>1</td><td colspan="2">管径、长度、壁厚、环刚度、外观及管套类型、规格</td><td>符合设计要求</td><td colspan="8"></td><td></td></tr>
<tr><td rowspan="5">一般项目</td><td>1</td><td colspan="2">基础厚度（mm）</td><td>不小于设计值</td><td></td><td></td><td></td><td></td><td></td><td></td><td></td><td></td><td rowspan="5"></td></tr>
<tr><td>2</td><td colspan="2">管轴线偏位（mm）</td><td>≤ 15</td><td></td><td></td><td></td><td></td><td></td><td></td><td></td><td></td></tr>
<tr><td>3</td><td colspan="2">管内底高程（mm）</td><td>± 10</td><td></td><td></td><td></td><td></td><td></td><td></td><td></td><td></td></tr>
<tr><td rowspan="2">4</td><td rowspan="2">两管对接</td><td>缝宽（mm）</td><td>≤ 3</td><td></td><td></td><td></td><td></td><td></td><td></td><td></td><td></td></tr>
<tr><td>错位（mm）</td><td>≤ 5</td><td></td><td></td><td></td><td></td><td></td><td></td><td></td><td></td></tr>
<tr><td colspan="2">施工单位检查评定结果</td><td colspan="12">项目专业质量检查员： 年 月 日</td></tr>
<tr><td colspan="2">监理（建设）单位验收结论</td><td colspan="12">监理工程师
（建设单位项目代表）： 年 月 日</td></tr>
</table>

3.10.20 检查井（雨水口）砌筑工程检验批质量验收记录 SY/T 4210

工程名称		分项工程名称		验收部位	
施工单位		专业负责人		项目经理	
施工执行标准名称及标准号				检验批编号	

施工质量验收规范规定				施工单位检查评定记录	监理（建设）单位验收记录
项目	序号	检查内容	规定值或允许偏差		
主控项目	1	砌筑用圬工材料质量	符合设计要求		
	2	水泥、砂 质量	符合设计要求		
	3	砂浆配合比	符合 JGJ/T 98—2010《砌筑砂浆配合比设计规程》的规定		
	4	砂浆强度（MPa）	符合设计要求		
一般项目	1	轴线偏位（mm）	≤ 50		
	2	圆井直径或方井长、宽（mm）	± 20		
	3	井底高程（mm）	± 15		
	4	井盖与相邻路面高差（mm）	+4，0		
	5	井圈与井墙偏位（mm）	≤ 10		
	6	雨水口与相邻路面高差（mm）	−5，−10		

检查井（雨水口）砌筑工程检验批质量验收记录（续表） SY/T 4210

<table>
<tr><td>工程名称</td><td colspan="2"></td><td>分项工程名称</td><td></td><td>验收部位</td><td></td></tr>
<tr><td>施工单位</td><td colspan="2"></td><td>专业负责人</td><td></td><td>项目经理</td><td></td></tr>
<tr><td colspan="3">施工执行标准名称及标准号</td><td></td><td>检验批编号</td><td colspan="2"></td></tr>
<tr><td colspan="4">施工质量验收规范规定</td><td colspan="2">施工单位检查评定记录</td><td>监理（建设）单位验收记录</td></tr>
<tr><td>项目</td><td>序号</td><td>检查内容</td><td>规定值或允许偏差</td><td colspan="2"></td><td></td></tr>
<tr><td rowspan="3">一般项目</td><td>7</td><td colspan="2">检查井井内砂浆抹面应光滑、密实，灰浆饱满，收分均匀，井壁应相互垂直，不应有通缝、空鼓、裂缝等现象</td><td colspan="2"></td><td rowspan="3"></td></tr>
<tr><td>8</td><td colspan="2">检查井井框、井盖应完整无损，安装平稳，位置准确</td><td colspan="2"></td></tr>
<tr><td>9</td><td colspan="2">雨水口位置应符合设计要求，不应歪扭，底座与连接管应设在坚实土质上。雨水口与检查井的连接应直顺、无错口，坡度应符合设计规定</td><td colspan="2"></td></tr>
<tr><td colspan="2">施工单位检查评定结果</td><td colspan="5">项目专业质量检查员：　　　　年　月　日</td></tr>
<tr><td colspan="2">监理（建设）单位验收结论</td><td colspan="5">监理工程师
（建设单位项目代表）：　　　　年　月　日</td></tr>
</table>

3.10.21 开挖沟槽工程检验批质量验收记录 SY/T 4210

<table>
<tr><td colspan="2">工程名称</td><td colspan="2"></td><td colspan="4">分项工程名称</td><td colspan="4"></td><td>验收部位</td><td></td></tr>
<tr><td colspan="2">施工单位</td><td colspan="2"></td><td colspan="4">专业负责人</td><td colspan="4"></td><td>项目经理</td><td></td></tr>
<tr><td colspan="3">施工执行标准名称及标准号</td><td></td><td colspan="4">检验批编号</td><td colspan="6"></td></tr>
<tr><td colspan="4">施工质量验收规范规定</td><td colspan="8" rowspan="2">施工单位检查评定记录</td><td rowspan="2">监理（建设）单位验收记录</td></tr>
<tr><td>项目</td><td>序号</td><td>检查内容</td><td>规定值或允许偏差</td></tr>
<tr><td rowspan="2">主控项目</td><td rowspan="2">1</td><td>开挖沟槽</td><td>不应超挖，扰动基面</td><td colspan="8" rowspan="2"></td><td rowspan="2"></td></tr>
<tr><td>基底处理</td><td>符合设计要求，槽底不应受水浸泡</td></tr>
<tr><td rowspan="5">一般项目</td><td>1</td><td>槽底高程（mm）</td><td>+30，-50</td><td></td><td></td><td></td><td></td><td></td><td></td><td></td><td></td><td rowspan="5"></td></tr>
<tr><td>2</td><td>轴线偏位（mm）</td><td>≤ 150</td><td></td><td></td><td></td><td></td><td></td><td></td><td></td><td></td></tr>
<tr><td>3</td><td>边坡坡度（%）</td><td>不陡于设计值</td><td></td><td></td><td></td><td></td><td></td><td></td><td></td><td></td></tr>
<tr><td>4</td><td colspan="2">开挖沟槽的槽底应平整，边坡应稳定</td><td colspan="8"></td></tr>
<tr><td>5</td><td colspan="2">沟槽顶边缘不得有弃土或重物堆积</td><td colspan="8"></td></tr>
<tr><td colspan="2">施工单位检查评定结果</td><td colspan="11">项目专业质量检查员：　　　　年　月　日</td></tr>
<tr><td colspan="2">监理（建设）单位验收结论</td><td colspan="11">监理工程师
（建设单位项目代表）：　　　　年　月　日</td></tr>
</table>

3.10.22 沟槽回填工程检验批质量验收记录 SY/T 4210

<table>
<tr><td>工程名称</td><td colspan="2"></td><td colspan="2">分项工程名称</td><td></td><td>验收部位</td><td></td></tr>
<tr><td>施工单位</td><td colspan="2"></td><td colspan="2">专业负责人</td><td></td><td>项目经理</td><td></td></tr>
<tr><td colspan="3">施工执行标准名称及标准号</td><td colspan="2"></td><td>检验批编号</td><td colspan="2"></td></tr>
<tr><td colspan="5">施工质量验收规范规定</td><td rowspan="2" colspan="2">施工单位检查评定记录</td><td rowspan="2">监理（建设）单位验收记录</td></tr>
<tr><td>项目</td><td>序号</td><td>检查内容</td><td colspan="2">规定值或允许偏差</td></tr>
<tr><td rowspan="2">主控项目</td><td rowspan="2">1</td><td rowspan="2">管道顶上铺设路面沟槽回填土压实度（%）</td><td>主干道、次干道</td><td>≥ 95</td><td colspan="2">$\overline{K}$=</td><td rowspan="2"></td></tr>
<tr><td>支道</td><td>≥ 93</td><td colspan="2">$\overline{K}$=</td></tr>
<tr><td rowspan="2">一般项目</td><td>1</td><td colspan="3">管道顶上恢复自然地面时，沟槽回填土应符合设计要求</td><td colspan="2"></td><td rowspan="2"></td></tr>
<tr><td>2</td><td colspan="3">填土表面应平整，无杂物</td><td colspan="2"></td></tr>
<tr><td colspan="2">施工单位检查评定结果</td><td colspan="6">项目专业质量检查员： 年 月 日</td></tr>
<tr><td colspan="2">监理（建设）单位验收结论</td><td colspan="6">监理工程师
（建设单位项目代表）： 年 月 日</td></tr>
</table>

3.10.23 水泥混凝土面层工程检验批质量验收记录 SY/T 4210

工程名称		分项工程名称		验收部位	
施工单位		专业负责人		项目经理	
施工执行标准名称及标准号				检验批编号	
施工质量验收规范规定				施工单位检查评定记录	监理（建设）单位验收记录
项目	序号	检查内容	规定值或允许偏差		
主控项目	1	水泥、粗细集料、接缝填缝料	符合设计要求和JTG/T F30—2014《公路水泥混凝土路面施工技术细则》的规定		
	2	混凝土中掺加外加剂的质量	符合GB 50119—2013《混凝土外加剂应用技术规范》的规定		
	3	钢筋品种、规格、数量、下料尺寸及质量	符合设计要求		
	4	施工配合比	符合设计要求和JTG/T F30—2014《公路水泥混凝土路面施工技术细则》的规定		
	5	水泥混凝土面层抗弯拉强度（MPa）	在合格标准内		
	6	板厚度（mm）	≤ -10		
一般项目	1	平整度 σ（mm）	≤ 2		
		平整度 最大间隙 *h*（mm）	≤ 5		
	2	相邻板高差（mm）	≤ 3		
	3	抗滑构造深度（mm）	0.5~1.0		
	4	纵缝、横缝顺直度（mm）	≤ 10		
	5	中线平面偏位（mm）	≤ 20		
	6	宽度（mm）	± 20		
	7	纵段高程（mm）	± 15		
	8	横坡（%）	± 0.25		

水泥混凝土面层工程检验批质量验收记录（续表） SY/T 4210

<table>
<tr><td>工程名称</td><td colspan="2"></td><td>分项工程名称</td><td></td><td>验收部位</td><td></td></tr>
<tr><td>施工单位</td><td colspan="2"></td><td>专业负责人</td><td></td><td>项目经理</td><td></td></tr>
<tr><td colspan="3">施工执行标准名称及标准号</td><td colspan="2"></td><td>检验批编号</td><td></td></tr>
<tr><td colspan="4">施工质量验收规范规定</td><td rowspan="2" colspan="2">施工单位检查评定记录</td><td rowspan="2">监理（建设）单位验收记录</td></tr>
<tr><td>项目</td><td>序号</td><td>检查内容</td><td>规定值或允许偏差</td></tr>
<tr><td rowspan="5">一般项目</td><td>9</td><td colspan="2">混凝土板的断裂块数，主干道、次干道不得超过评定路段混凝土板总块数0.3%，支道不得超过0.5%</td><td colspan="2"></td><td></td></tr>
<tr><td>10</td><td colspan="2">混凝土板表面的脱皮、印痕、裂纹和缺边掉角等现象，对于油田主干道、次干道，有上述缺陷的面积不得超过受检面积的0.2%，油田支道不得超过0.3%。对于连续配筋的混凝土路面和钢筋混凝土路面，不应出现干缩裂缝、温缩裂缝</td><td colspan="2"></td><td rowspan="4"></td></tr>
<tr><td>11</td><td colspan="2">路面侧石应直顺，曲线应圆滑</td><td colspan="2"></td></tr>
<tr><td>12</td><td colspan="2">切缝直线段应线直，曲线段应弯顺，不应有夹缝，灌缝不应有漏浆，接缝填筑饱满密实，不应污染路面</td><td colspan="2"></td></tr>
<tr><td>13</td><td colspan="2">伸缩缝应垂直，缝内不应有杂物，并应全部贯通，传力杆应与缝面垂直</td><td colspan="2"></td></tr>
<tr><td colspan="2">施工单位检查评定结果</td><td colspan="5">项目专业质量检查员： 年 月 日</td></tr>
<tr><td colspan="2">监理（建设）单位验收结论</td><td colspan="5">监理工程师
（建设单位项目代表）： 年 月 日</td></tr>
</table>

3.10.24 沥青混凝土面层和沥青碎石面层工程检验批质量验收记录 SY/T 4210

<table>
<tr><td colspan="2">工程名称</td><td colspan="2"></td><td>分项工程名称</td><td colspan="4"></td><td colspan="4">验收部位</td><td></td></tr>
<tr><td colspan="2">施工单位</td><td colspan="2"></td><td>专业负责人</td><td colspan="4"></td><td colspan="4">项目经理</td><td></td></tr>
<tr><td colspan="3">施工执行标准名称及标准号</td><td colspan="2"></td><td colspan="4">检验批编号</td><td colspan="5"></td></tr>
<tr><td colspan="5">施工质量验收规范规定</td><td colspan="8">施工单位检查评定记录</td><td>监理（建设）单位验收记录</td></tr>
<tr><td>项目</td><td>序号</td><td colspan="2">检查内容</td><td>规定值或允许偏差</td><td colspan="8"></td><td></td></tr>
<tr><td rowspan="5">主控项目</td><td>1</td><td colspan="2">沥青混合料的矿料质量、矿料级配、配合比设计</td><td>符合设计要求和JTG F 40—2004《公路沥青路面施工技术规范》规定</td><td colspan="8"></td><td rowspan="5"></td></tr>
<tr><td rowspan="2">2</td><td colspan="2" rowspan="2">压实度</td><td rowspan="2">试验室标准密度的96%</td><td colspan="8">$\overline{K}$=</td></tr>
<tr><td></td><td></td><td></td><td></td><td></td><td></td><td></td><td></td></tr>
<tr><td>3</td><td colspan="2">厚度 （mm）</td><td>不小于85%设计厚度</td><td></td><td></td><td></td><td></td><td></td><td></td><td></td><td></td></tr>
<tr><td>4</td><td colspan="2">弯沉值（0.01mm）</td><td>符合设计要求</td><td></td><td></td><td></td><td></td><td></td><td></td><td></td><td></td></tr>
<tr><td rowspan="6">一般项目</td><td rowspan="2">1</td><td rowspan="2">平整度（mm）</td><td>标准差 σ</td><td>≤ 2</td><td></td><td></td><td></td><td></td><td></td><td></td><td></td><td></td><td rowspan="6"></td></tr>
<tr><td>最大间隙</td><td>≤ 5</td><td></td><td></td><td></td><td></td><td></td><td></td><td></td><td></td></tr>
<tr><td>2</td><td colspan="2">纵断高程（mm）</td><td>± 20</td><td></td><td></td><td></td><td></td><td></td><td></td><td></td><td></td></tr>
<tr><td rowspan="2">3</td><td rowspan="2">宽度（mm）</td><td>有侧石</td><td>± 30</td><td></td><td></td><td></td><td></td><td></td><td></td><td></td><td></td></tr>
<tr><td>无侧石</td><td>不小于设计值</td><td></td><td></td><td></td><td></td><td></td><td></td><td></td><td></td></tr>
<tr><td>4</td><td colspan="2">横坡 （%）</td><td>± 0.5</td><td></td><td></td><td></td><td></td><td></td><td></td><td></td><td></td></tr>
</table>

沥青混凝土面层和沥青碎石面层工程检验批质量验收记录（续表） SY/T 4210

<table>
<tr><td colspan="2">工程名称</td><td></td><td>分项工程名称</td><td></td><td>验收部位</td><td></td></tr>
<tr><td colspan="2">施工单位</td><td></td><td>专业负责人</td><td></td><td>项目经理</td><td></td></tr>
<tr><td colspan="3">施工执行标准名称及标准号</td><td></td><td>检验批编号</td><td colspan="2"></td></tr>
<tr><td colspan="4">施工质量验收规范规定</td><td colspan="2">施工单位检查评定记录</td><td>监理（建设）单位验收记录</td></tr>
<tr><td>项目</td><td>序号</td><td>检查内容</td><td>规定值或允许偏差</td><td colspan="2"></td><td></td></tr>
<tr><td rowspan="3">一般项目</td><td>5</td><td colspan="2">面层与路缘石及其他构筑物应密贴、接顺，不应有积水现象</td><td colspan="2"></td><td rowspan="3"></td></tr>
<tr><td>6</td><td colspan="2">面层应平整、坚实，不应有松散、泛油脱落、裂缝、推挤、烂边和粗细料集中现象</td><td colspan="2"></td></tr>
<tr><td>7</td><td colspan="2">施工缝应密实平整，纵向接缝、横向接缝应紧密、平顺，烫缝不应枯焦</td><td colspan="2"></td></tr>
<tr><td colspan="2">施工单位检查评定结果</td><td colspan="5">项目专业质量检查员：　　　　年　月　日</td></tr>
<tr><td colspan="2">监理（建设）单位验收结论</td><td colspan="5">监理工程师
（建设单位项目代表）：　　　　年　月　日</td></tr>
</table>

3.10.25 沥青贯入式面层工程检验批质量验收记录 SY/T 4210

<table>
<tr><td colspan="2">工程名称</td><td colspan="2"></td><td>分项工程名称</td><td></td><td>验收部位</td><td></td></tr>
<tr><td colspan="2">施工单位</td><td colspan="2"></td><td>专业负责人</td><td></td><td>项目经理</td><td></td></tr>
<tr><td colspan="3">施工执行标准名称及标准号</td><td colspan="2"></td><td>检验批编号</td><td colspan="2"></td></tr>
<tr><td colspan="5">施工质量验收规范规定</td><td colspan="2" rowspan="2">施工单位检查评定记录</td><td rowspan="2">监理（建设）单位验收记录</td></tr>
<tr><td>项目</td><td>序号</td><td colspan="2">检查内容</td><td>规定值或允许偏差</td></tr>
<tr><td rowspan="4">主控项目</td><td>1</td><td colspan="2">沥青的各项指标</td><td>符合设计要求和 JTG F 40—2004《公路沥青路面施工技术规范》的规定</td><td colspan="2"></td><td rowspan="4"></td></tr>
<tr><td>2</td><td colspan="2">各类集料的规格和用量</td><td>符合设计要求和 JTG F 40—2004《公路沥青路面施工技术规范》的规定</td><td colspan="2"></td></tr>
<tr><td>3</td><td colspan="2">沥青用量（kg/m²）</td><td>± 0.5%</td><td colspan="2"></td></tr>
<tr><td>4</td><td colspan="2">厚度 (mm)</td><td>−10</td><td colspan="2"></td></tr>
<tr><td rowspan="8">一般项目</td><td>1</td><td colspan="2">平整度 (mm)</td><td>≤ 8</td><td colspan="2"></td><td rowspan="8"></td></tr>
<tr><td>2</td><td colspan="2">弯沉值 (0.01mm)</td><td>符合设计要求</td><td colspan="2"></td></tr>
<tr><td>3</td><td colspan="2">纵断高程 (mm)</td><td>± 20</td><td colspan="2"></td></tr>
<tr><td rowspan="2">4</td><td rowspan="2">宽度（mm）</td><td>有侧石</td><td>± 30</td><td colspan="2"></td></tr>
<tr><td>无侧石</td><td>不小于设计值</td><td colspan="2"></td></tr>
<tr><td>5</td><td colspan="2">横坡（%）</td><td>± 0.5</td><td colspan="2"></td></tr>
<tr><td>6</td><td colspan="3">对各种构造物外露部分，洒油时应加以遮盖，防止污染</td><td colspan="2"></td></tr>
<tr><td>7</td><td colspan="3">表面应平整、坚实，不得有松散、脱落、裂缝、推挤、烂边、粗细料集中、麻面、油包、油丁、波浪、泛油等现象</td><td colspan="2"></td></tr>
<tr><td colspan="2">施工单位检查评定结果</td><td colspan="6">项目专业质量检查员：　　　　年　月　日</td></tr>
<tr><td colspan="2">监理（建设）单位验收结论</td><td colspan="6">监理工程师
（建设单位项目代表）：　　　　年　月　日</td></tr>
</table>

3.10.26 沥青表面处治面层工程检验批质量验收记录 SY/T 4210

<table>
<tr><td colspan="2">工程名称</td><td colspan="2"></td><td colspan="2">分项工程名称</td><td colspan="4"></td><td colspan="4">验收部位</td><td></td></tr>
<tr><td colspan="2">施工单位</td><td colspan="2"></td><td colspan="2">专业负责人</td><td colspan="4"></td><td colspan="4">项目经理</td><td></td></tr>
<tr><td colspan="3">施工执行标准名称及标准号</td><td colspan="3"></td><td colspan="4">检验批编号</td><td colspan="5"></td></tr>
<tr><td colspan="4">施工质量验收规范规定</td><td colspan="10" rowspan="2">施工单位检查评定记录</td><td rowspan="2">监理（建设）单位验收记录</td></tr>
<tr><td>项目</td><td>序号</td><td>检查内容</td><td>规定值或允许偏差</td></tr>
<tr><td rowspan="3">主控项目</td><td>1</td><td>沥青的各项指标和集料的质量、规格</td><td>符合设计要求和JTG F 40—2004《公路沥青路面施工技术规范》的规定</td><td colspan="10"></td><td rowspan="3"></td></tr>
<tr><td>2</td><td>沥青的用量（kg/m²）</td><td>± 0.5%</td><td></td><td></td><td></td><td></td><td></td><td></td><td></td><td></td><td></td><td></td></tr>
<tr><td>3</td><td>厚度（mm）</td><td>−10</td><td></td><td></td><td></td><td></td><td></td><td></td><td></td><td></td><td></td><td></td></tr>
<tr><td rowspan="7">一般项目</td><td>1</td><td>平整度（mm）</td><td>≤ 10</td><td></td><td></td><td></td><td></td><td></td><td></td><td></td><td></td><td></td><td></td><td rowspan="7"></td></tr>
<tr><td>2</td><td>弯沉值（0.01mm）</td><td>符合设计要求</td><td></td><td></td><td></td><td></td><td></td><td></td><td></td><td></td><td></td><td></td></tr>
<tr><td>3</td><td>纵断高程（mm）</td><td>± 20</td><td></td><td></td><td></td><td></td><td></td><td></td><td></td><td></td><td></td><td></td></tr>
<tr><td>4</td><td>宽度（mm）</td><td>不小于设计值</td><td></td><td></td><td></td><td></td><td></td><td></td><td></td><td></td><td></td><td></td></tr>
<tr><td>5</td><td>横坡（%）</td><td>± 0.5</td><td></td><td></td><td></td><td></td><td></td><td></td><td></td><td></td><td></td><td></td></tr>
<tr><td>6</td><td colspan="2">表面应平整、密实，无明显碾压轮迹，不应有松散、麻面、裂缝、油包、油丁、波浪、泛油现象</td><td colspan="10"></td></tr>
<tr><td>7</td><td colspan="2">表面与其他构造物衔接平顺，不应有阻水现象</td><td colspan="10"></td></tr>
<tr><td colspan="2">施工单位检查评定结果</td><td colspan="13">项目专业质量检查员： 年 月 日</td></tr>
<tr><td colspan="2">监理（建设）单位验收结论</td><td colspan="13">监理工程师
（建设单位项目代表）： 年 月 日</td></tr>
</table>

3.10.27 砂石路面工程检验批质量验收记录 SY/T 4210

<table>
<tr><td>工程名称</td><td></td><td colspan="2">分项工程名称</td><td colspan="3"></td><td colspan="4">验收部位</td><td></td></tr>
<tr><td>施工单位</td><td></td><td colspan="2">专业负责人</td><td colspan="3"></td><td colspan="4">项目经理</td><td></td></tr>
<tr><td colspan="3">施工执行标准名称及标准号</td><td></td><td colspan="3">检验批编号</td><td colspan="5"></td></tr>
<tr><td colspan="4">施工质量验收规范规定</td><td colspan="7" rowspan="2">施工单位检查评定记录</td><td rowspan="2">监理（建设）单位验收记录</td></tr>
<tr><td>项目</td><td>序号</td><td>检查内容</td><td>规定值或允许偏差</td></tr>
<tr><td rowspan="4">主控项目</td><td>1</td><td>级配碎石、天然砂砾质量</td><td>符合设计要求和 SY/T 7038—2016《油气田及管道专用道路设计规范》的规定</td><td colspan="7"></td><td rowspan="4"></td></tr>
<tr><td rowspan="2">2</td><td rowspan="2">压实度（%）</td><td rowspan="2">≥ 94</td><td colspan="7">$\overline{K}$=</td></tr>
<tr><td></td><td></td><td></td><td></td><td></td><td></td><td></td></tr>
<tr><td>3</td><td>厚度（mm）</td><td>-10</td><td></td><td></td><td></td><td></td><td></td><td></td><td></td></tr>
<tr><td rowspan="5">一般项目</td><td>1</td><td>平整度（mm）</td><td>≤ 15</td><td></td><td></td><td></td><td></td><td></td><td></td><td></td><td rowspan="5"></td></tr>
<tr><td>2</td><td>纵断高程（mm）</td><td>+5，-15</td><td></td><td></td><td></td><td></td><td></td><td></td><td></td></tr>
<tr><td>3</td><td>宽度（mm）</td><td>不小于设计值</td><td></td><td></td><td></td><td></td><td></td><td></td><td></td></tr>
<tr><td>4</td><td>横坡（%）</td><td>± 0.5</td><td></td><td></td><td></td><td></td><td></td><td></td><td></td></tr>
<tr><td>5</td><td colspan="2">表面应平整密实，边线整齐</td><td colspan="7"></td></tr>
<tr><td colspan="2">施工单位检查评定结果</td><td colspan="10">项目专业质量检查员： 年 月 日</td></tr>
<tr><td colspan="2">监理（建设）单位验收结论</td><td colspan="10">监理工程师
（建设单位项目代表）： 年 月 日</td></tr>
</table>

3.10.28 泥（灰）结碎（砾）石面层、基层工程检验批质量验收记录 SY/T 4210

工程名称		分项工程名称		验收部位	
施工单位		专业负责人		项目经理	
施工执行标准名称及标准号				检验批编号	

施工质量验收规范规定				施工单位检查评定记录	监理（建设）单位验收记录
项目	序号	检查内容	规定值或允许偏差		
主控项目	1	碎（砾）石、石灰质量、规格、用量	符合设计要求		
	2	干密度（g/cm^3）	≥ 2		
	3	厚度（mm）	≤ −10		
一般项目	1	平整度（mm）	≤ 10		
	2	纵断高程（mm）	+5，−15		
	3	宽度（mm）	符合设计要求		
	4	横坡（%）	± 0.5		
	5	表面应平整、边线整齐，不应有明显轮迹，无松散、波浪、浮浆等现象			
	6	磨耗层、保护层撒铺应均匀			
施工单位检查评定结果	项目专业质量检查员： 年 月 日				
监理（建设）单位验收结论	监理工程师（建设单位项目代表）： 年 月 日				

3.10.29 水泥稳定土基层、底基层工程检验批质量验收记录 SY/T 4210

工程名称		分项工程名称		验收部位	
施工单位		专业负责人		项目经理	
施工执行标准名称及标准号			检验批编号		

施工质量验收规范规定					施工单位检查评定记录	监理（建设）单位验收记录
项目	序号	检查内容	规定值或允许偏差			
			基层	底基层		
主控项目	1	水泥、土质量	符合设计要求和JTG/T F20—2015《公路路面基层施工技术细则》的规定			
	2	水泥用量	符合设计要求和JTG/T F20—2015《公路路面基层施工技术细则》的规定			
	3	压实度（%）	≥95	≥93	$\overline{K}$=	
	4	强度（MPa）	在合格标准内			
	5	厚度（mm）	±10			
一般项目	1	平整度（mm）	≤15			
	2	纵断高程（mm）	+5，-15	+5，-20		
	3	宽度（mm）	不小于设计值			
	4	横坡（%）	±0.5			
	5	碾压后应无明显轮迹，表面应平整、密实，不应有坑洼和明显离析				
	6	施工接茬应平整、稳定				

施工单位检查评定结果	项目专业质量检查员： 年 月 日
监理（建设）单位验收结论	监理工程师（建设单位项目代表）： 年 月 日

3.10.30 水泥稳定粒料（级配碎石、级配砾石、砂砾、矿渣）基层和底基工程检验批质量验收记录 SY/T 4210

<table>
<tr><td colspan="2">工程名称</td><td colspan="2"></td><td>分项工程名称</td><td></td><td>验收部位</td><td></td></tr>
<tr><td colspan="2">施工单位</td><td colspan="2"></td><td>专业负责人</td><td></td><td>项目经理</td><td></td></tr>
<tr><td colspan="3">施工执行标准名称及标准号</td><td colspan="2"></td><td>检验批编号</td><td colspan="2"></td></tr>
<tr><td colspan="5">施工质量验收规范规定</td><td colspan="2" rowspan="3">施工单位检查评定记录</td><td rowspan="3">监理（建设）单位验收记录</td></tr>
<tr><td rowspan="2">项目</td><td rowspan="2">序号</td><td rowspan="2">检查内容</td><td colspan="2">规定值或允许偏差</td></tr>
<tr><td>基层</td><td>底基层</td></tr>
<tr><td rowspan="5">主控项目</td><td>1</td><td>水泥、粒料（级配碎石、级配砾石、砂砾、矿渣）质量</td><td colspan="2">符合设计要求和 JTG/T F20—2015《公路路面基层施工技术细则》的规定</td><td colspan="2"></td><td rowspan="5"></td></tr>
<tr><td>2</td><td>水泥用量</td><td colspan="2">符合设计要求和 JTG/T F20—2015《公路路面基层施工技术细则》的规定</td><td colspan="2"></td></tr>
<tr><td>3</td><td>压实度（%）</td><td>≥ 97</td><td>≥ 95</td><td colspan="2">$\overline{K}$=</td></tr>
<tr><td>4</td><td>强度（MPa）</td><td colspan="2">符合设计要求</td><td colspan="2"></td></tr>
<tr><td>5</td><td>厚度（mm）</td><td colspan="2">± 10</td><td colspan="2"></td></tr>
<tr><td rowspan="6">一般项目</td><td>1</td><td>平整度（mm）</td><td colspan="2">≤ 15</td><td colspan="2"></td><td rowspan="6"></td></tr>
<tr><td>2</td><td>纵断高程（mm）</td><td>+5，−15</td><td>+5，−20</td><td colspan="2"></td></tr>
<tr><td>3</td><td>宽度（mm）</td><td colspan="2">不小于设计值</td><td colspan="2"></td></tr>
<tr><td>4</td><td>横坡（%）</td><td colspan="2">± 0.5</td><td colspan="2"></td></tr>
<tr><td>5</td><td colspan="3">碾压后应无明显轮迹，表面应平整、密实，无坑洼、无明显离析</td><td colspan="2"></td></tr>
<tr><td>6</td><td colspan="3">施工接茬应平整、稳定</td><td colspan="2"></td></tr>
<tr><td colspan="2">施工单位检查评定结果</td><td colspan="6">项目专业质量检查员：　　　　年　月　日</td></tr>
<tr><td colspan="2">监理（建设）单位验收结论</td><td colspan="6">监理工程师
（建设单位项目代表）：　　　　年　月　日</td></tr>
</table>

3.10.31 石灰稳定土基层和底基层工程检验批质量验收记录 SY/T 4210

<table>
<tr><td>工程名称</td><td colspan="3"></td><td colspan="2">分项工程名称</td><td></td><td>验收部位</td><td></td></tr>
<tr><td>施工单位</td><td colspan="3"></td><td colspan="2">专业负责人</td><td></td><td>项目经理</td><td></td></tr>
<tr><td colspan="3">施工执行标准名称及标准号</td><td colspan="3"></td><td>检验批编号</td><td colspan="2"></td></tr>
<tr><td colspan="5">施工质量验收规范规定</td><td colspan="3" rowspan="3">施工单位检查评定记录</td><td rowspan="3">监理（建设）单位验收记录</td></tr>
<tr><td rowspan="2">项目</td><td rowspan="2">序号</td><td rowspan="2">检查内容</td><td colspan="2">规定值或允许偏差</td></tr>
<tr><td>基层</td><td>底基层</td></tr>
<tr><td rowspan="5">主控项目</td><td>1</td><td>石灰、土的质量</td><td colspan="2">符合设计要求和 JTG/T F20—2015《公路路面基层施工技术细则》的规定</td><td colspan="3"></td><td rowspan="5"></td></tr>
<tr><td>2</td><td>石灰用量</td><td colspan="2">符合设计要求和 JTG/T F20—2015《公路路面基层施工技术细则》的规定</td><td colspan="3"></td></tr>
<tr><td>3</td><td>压实度（%）</td><td>≥ 95</td><td>≥ 93</td><td colspan="3">$\overline{K}$=</td></tr>
<tr><td>4</td><td>强度（MPa）</td><td colspan="2">符合设计要求</td><td colspan="3"></td></tr>
<tr><td>5</td><td>厚度（mm）</td><td colspan="2">−10</td><td colspan="3"></td></tr>
<tr><td rowspan="6">一般项目</td><td>1</td><td>平整度（mm）</td><td colspan="2">≤ 15</td><td colspan="3"></td><td rowspan="6"></td></tr>
<tr><td>2</td><td>纵断高程（mm）</td><td>+5，−15</td><td>+5，−20</td><td colspan="3"></td></tr>
<tr><td>3</td><td>宽度（mm）</td><td colspan="2">不小于设计值</td><td colspan="3"></td></tr>
<tr><td>4</td><td>横坡（%）</td><td colspan="2">± 0.5</td><td colspan="3"></td></tr>
<tr><td>5</td><td colspan="3">表面应平整、密实，无坑洼</td><td colspan="3"></td></tr>
<tr><td>6</td><td colspan="3">施工接茬应平整、稳定</td><td colspan="3"></td></tr>
<tr><td colspan="2">施工单位检查评定结果</td><td colspan="7">项目专业质量检查员：　　　　年　月　日</td></tr>
<tr><td colspan="2">监理（建设）单位验收结论</td><td colspan="7">监理工程师
（建设单位项目代表）：　　　　年　月　日</td></tr>
</table>

3.10.32 石灰稳定粒料（级配碎石、级配砾石、砂砾、矿渣）基层和底基层工程检验批质量验收记录 SY/T 4210

<table>
<tr><td colspan="2">工程名称</td><td colspan="2"></td><td>分项工程名称</td><td></td><td>验收部位</td><td></td></tr>
<tr><td colspan="2">施工单位</td><td colspan="2"></td><td>专业负责人</td><td></td><td>项目经理</td><td></td></tr>
<tr><td colspan="3">施工执行标准名称及标准号</td><td colspan="2"></td><td>检验批编号</td><td colspan="2"></td></tr>
<tr><td colspan="5">施工质量验收规范规定</td><td colspan="2" rowspan="3">施工单位检查评定记录</td><td rowspan="3">监理（建设）单位验收记录</td></tr>
<tr><td rowspan="2">项目</td><td rowspan="2">序号</td><td rowspan="2">检查内容</td><td colspan="2">规定值或允许偏差</td></tr>
<tr><td>基层</td><td>底基层</td></tr>
<tr><td rowspan="5">主控项目</td><td>1</td><td>石灰、粒料（级配碎石、级配砾石、砂砾、矿渣）质量</td><td colspan="2">符合设计要求和 JTG/T F20—2015《公路路面基层施工技术细则》的规定</td><td colspan="2"></td><td rowspan="5"></td></tr>
<tr><td>2</td><td>石灰用量</td><td colspan="2">符合设计要求和 JTG/T F20—2015《公路路面基层施工技术细则》的规定</td><td colspan="2"></td></tr>
<tr><td>3</td><td>压实度（%）</td><td>≥ 97</td><td>≥ 95</td><td colspan="2">$\overline{K}$=</td></tr>
<tr><td>4</td><td>强度（MPa）</td><td colspan="2">符合设计要求</td><td colspan="2"></td></tr>
<tr><td>5</td><td>厚度（mm）</td><td colspan="2">± 10</td><td colspan="2"></td></tr>
<tr><td rowspan="6">一般项目</td><td>1</td><td>平整度（mm）</td><td colspan="2">≤ 15</td><td colspan="2"></td><td rowspan="6"></td></tr>
<tr><td>2</td><td>纵断高程（mm）</td><td>+5，−15</td><td>+5，−20</td><td colspan="2"></td></tr>
<tr><td>3</td><td>宽度（mm）</td><td colspan="2">不小于设计值</td><td colspan="2"></td></tr>
<tr><td>4</td><td>横坡（%）</td><td colspan="2">± 0.5</td><td colspan="2"></td></tr>
<tr><td>5</td><td colspan="3">表面应平整、密实，无坑洼</td><td colspan="2"></td></tr>
<tr><td>6</td><td colspan="3">施工接茬应平整、稳定</td><td colspan="2"></td></tr>
<tr><td colspan="2">施工单位检查评定结果</td><td colspan="6">项目专业质量检查员：　　　　年　月　日</td></tr>
<tr><td colspan="2">监理（建设）单位验收结论</td><td colspan="6">监理工程师
（建设单位项目代表）：　　　　年　月　日</td></tr>
</table>

3.10.33 水泥粉煤灰土基层和底基层工程检验批质量验收记录 SY/T 4210

工程名称			分项工程名称		验收部位	
施工单位			专业负责人		项目经理	
施工执行标准名称及标准号					检验批编号	
施工质量验收规范规定					施工单位检查评定记录	监理（建设）单位验收记录
项目	序号	检查内容	规定值或允许偏差			
			基层	底基层		
主控项目	1	水泥、粉煤灰、土的质量	符合设计要求和 JTG/T F20—2015《公路路面基层施工技术细则》的规定			
	2	水泥用量	符合设计要求和 JTG/T F20—2015《公路路面基层施工技术细则》的规定			
	3	压实度（%）	≥ 95	≥ 93	$\overline{K}$=	
	4	强度（MPa）	符合设计要求			
	5	厚度（mm）	± 10			
一般项目	1	平整度（mm）	≤ 15			
	2	纵断高程（mm）	+5，−15	+5，−20		
	3	宽度（mm）	不小于设计值			
	4	横坡（%）	± 0.5			
	5	碾压后不应有明显轮迹，表面应平整、密实，不应有坑洼和明显离析				
	6	施工接茬应平整、稳定				
施工单位检查评定结果	项目专业质量检查员： 年 月 日					
监理（建设）单位验收结论	监理工程师（建设单位项目代表）： 年 月 日					

3.10.34 水泥粉煤灰稳定粒料（级配碎石、级配砾石、砂砾、矿渣）基层和底基层工程检验批质量验收记录 SY/T 4210

工程名称			分项工程名称		验收部位	
施工单位			专业负责人		项目经理	
施工执行标准名称及标准号					检验批编号	
施工质量验收规范规定					施工单位检查评定记录	监理（建设）单位验收记录
项目	序号	检查内容	规定值或允许偏差			
			基层	底基层		
主控项目	1	水泥、粉煤灰、粒料（级配碎石、级配砾石、砂砾、矿渣）质量	符合设计要求和 JTG/T F20—2015《公路路面基层施工技术细则》的规定			
	2	水泥用量	符合设计要求和 JTG/T F20—2015《公路路面基层施工技术细则》的规定			
	3	压实度（%）	≥ 97	≥ 95	$\overline{K}$=	
	4	强度（MPa）	符合设计要求			
	5	厚度（mm）	± 10			
一般项目	1	平整度（mm）	≤ 15			
	2	纵断高程（mm）	+5，−15	+5，−20		
	3	宽度（mm）	不小于设计值			
	4	横坡（%）	± 0.5			
	5	碾压后不应有明显轮迹，表面应平整、密实，不应有坑洼和明显离析				
	6	施工接茬应平整、稳定				
施工单位检查评定结果	项目专业质量检查员： 年 月 日					
监理（建设）单位验收结论	监理工程师（建设单位项目代表）： 年 月 日					

3.10.35 石灰粉煤灰土基层和底基层工程检验批质量验收记录 SY/T 4210

工程名称		分项工程名称		验收部位	
施工单位		专业负责人		项目经理	
施工执行标准名称及标准号			检验批编号		

施工质量验收规范规定					施工单位检查评定记录	监理（建设）单位验收记录
项目	序号	检查内容	规定值或允许偏差			
			基层	底基层		
主控项目	1	石灰、粉煤灰、土的质量	符合设计要求和 JTG/T F20—2015《公路路面基层施工技术细则》的规定			
	2	石灰用量	符合设计要求和 JTG/T F20—2015《公路路面基层施工技术细则》的规定			
	3	压实度（%）	≥ 95	≥ 93	$\overline{K}$=	
	4	强度（MPa）	符合设计要求			
	5	厚度（mm）	± 10			
一般项目	1	平整度（mm）	≤ 15			
	2	纵断高程（mm）	+5，−15	+5，−20		
	3	宽度（mm）	不小于设计值			
	4	横坡（%）	± 0.5			
	5	表面应平整、密实，不应有坑洼、浮土、脱皮				
	6	施工接茬应平整、稳定				
施工单位检查评定结果	项目专业质量检查员： 年 月 日					
监理（建设）单位验收结论	监理工程师（建设单位项目代表）： 年 月 日					

3.10.36 石灰粉煤灰稳定粒料（级配碎石、级配砾石、砂砾、矿渣）基层和底基层工程检验批质量验收记录 SY/T 4210

工程名称		分项工程名称		验收部位	
施工单位		专业负责人		项目经理	
施工执行标准名称及标准号				检验批编号	

施工质量验收规范规定					施工单位检查评定记录	监理（建设）单位验收记录
项目	序号	检查内容	规定值或允许偏差			
			基层	底基层		
主控项目	1	石灰、粉煤灰、粒料（级配碎石、级配砾石、砂砾、矿渣）质量	符合设计要求和 JTG/T F20—2015《公路路面基层施工技术细则》的规定			
	2	石灰用量	符合设计要求和 JTG/T F20—2015《公路路面基层施工技术细则》的规定			
	3	压实度（%）	≥ 97	≥ 95	$\overline{K}$=	
	4	强度（MPa）	符合设计要求			
	5	厚度（mm）	± 10			
一般项目	1	平整度（mm）	≤ 15			
	2	纵断高程（mm）	+5，−15	+5，−20		
	3	宽度（mm）	不小于设计值			
	4	横坡（%）	± 0.5			
	5	表面应平整、密实，不应有坑洼、浮土、脱皮				
	6	施工接茬应平整、稳定				
施工单位检查评定结果	项目专业质量检查员： 年 月 日					
监理（建设）单位验收结论	监理工程师（建设单位项目代表）： 年 月 日					

3.10.37 级配碎（砾）石基层和底基层工程检验批质量验收记录 SY/T 4210

工程名称		分项工程名称		验收部位	
施工单位		专业负责人		项目经理	
施工执行标准名称及标准号			检验批编号		

施工质量验收规范规定					施工单位检查评定记录	监理（建设）单位验收记录
项目	序号	检查内容	规定值或允许偏差			
			基层	底基层		
主控项目	1	级配碎（砾）石质量	符合设计要求和 JTG/T F20—2015《公路路面基层施工技术细则》的规定			
	2	压实度（%）	≥ 98	≥ 96	$\overline{K}$=	
	3	厚度（mm）	± 10			
一般项目	1	平整度（mm）	≤ 15			
	2	纵断高程（mm）	+5，−15	+5，−20		
	3	宽度（mm）	不小于设计值			
	4	横坡（%）	± 0.5			
	5	表面应平整、密实，边线应整齐，无松散现象				

施工单位检查评定结果	项目专业质量检查员： 年 月 日
监理（建设）单位验收结论	监理工程师（建设单位项目代表）： 年 月 日

3.10.38 填隙碎石基层和底基层工程检验批质量验收记录 SY/T 4210

<table>
<tr><td>工程名称</td><td></td><td>分项工程名称</td><td></td><td>验收部位</td><td></td></tr>
<tr><td>施工单位</td><td></td><td>专业负责人</td><td></td><td>项目经理</td><td></td></tr>
<tr><td colspan="2">施工执行标准名称及标准号</td><td colspan="2"></td><td>检验批编号</td><td></td></tr>
</table>

<table>
<tr><td colspan="5">施工质量验收规范规定</td><td rowspan="3">施工单位检查评定记录</td><td rowspan="3">监理（建设）单位验收记录</td></tr>
<tr><td rowspan="2">项目</td><td rowspan="2">序号</td><td rowspan="2">检查内容</td><td colspan="2">规定值或允许偏差</td></tr>
<tr><td>基层</td><td>底基层</td></tr>
<tr><td rowspan="3">主控项目</td><td>1</td><td>填隙碎石质量</td><td colspan="2">符合设计要求和 JTG/T F20—2015《公路路面基层施工技术细则》的规定</td><td></td><td rowspan="3"></td></tr>
<tr><td>2</td><td>压实度（%）</td><td>≥ 98</td><td>≥ 96</td><td>$\overline{K}$=</td></tr>
<tr><td>3</td><td>厚度（mm）</td><td colspan="2">± 10</td><td></td></tr>
<tr><td rowspan="4">一般项目</td><td>1</td><td>平整度（mm）</td><td colspan="2">≤ 15</td><td></td><td rowspan="4"></td></tr>
<tr><td>2</td><td>纵断高程（mm）</td><td>+5，−15</td><td>+5，−20</td><td></td></tr>
<tr><td>3</td><td>宽度（mm）</td><td colspan="2">不小于设计值</td><td></td></tr>
<tr><td>4</td><td colspan="3">表面应平整、密实，边线应整齐，不应有松散现象</td><td></td></tr>
<tr><td colspan="2">施工单位检查评定结果</td><td colspan="5">项目专业质量检查员： 年 月 日</td></tr>
<tr><td colspan="2">监理（建设）单位验收结论</td><td colspan="5">监理工程师
（建设单位项目代表）： 年 月 日</td></tr>
</table>

3.10.39 沥青路面就地冷再生基层（底基层）工程检验批质量验收记录 SY/T 4210

<table>
<tr><td colspan="2">工程名称</td><td colspan="2"></td><td>分项工程名称</td><td></td><td>验收部位</td><td></td></tr>
<tr><td colspan="2">施工单位</td><td colspan="2"></td><td>专业负责人</td><td></td><td>项目经理</td><td></td></tr>
<tr><td colspan="3">施工执行标准名称及标准号</td><td colspan="2"></td><td>检验批编号</td><td colspan="2"></td></tr>
<tr><td colspan="5">施工质量验收规范规定</td><td colspan="2" rowspan="3">施工单位检查评定记录</td><td rowspan="3">监理（建设）单位验收记录</td></tr>
<tr><td rowspan="2">项目</td><td rowspan="2">序号</td><td rowspan="2">检查内容</td><td colspan="2">规定值或允许偏差</td></tr>
<tr><td>基层</td><td>底基层</td></tr>
<tr><td rowspan="5">主控项目</td><td>1</td><td>水泥（或石灰）质量</td><td colspan="2">符合设计要求</td><td colspan="2"></td><td rowspan="5"></td></tr>
<tr><td>2</td><td>水泥（或石灰）用量</td><td colspan="2">符合设计要求和 JTG/T F 20—2015《公路路面基层施工技术细则》的规定</td><td colspan="2"></td></tr>
<tr><td>3</td><td>压实度（%）</td><td>≥ 95</td><td>≥ 93</td><td colspan="2">$\overline{K}$=</td></tr>
<tr><td>4</td><td>强度（MPa）</td><td colspan="2">符合设计要求</td><td colspan="2"></td></tr>
<tr><td>5</td><td>厚度（mm）</td><td colspan="2">± 10</td><td colspan="2"></td></tr>
<tr><td rowspan="6">一般项目</td><td>1</td><td>平整度（mm）</td><td colspan="2">≤ 15</td><td colspan="2"></td><td rowspan="6"></td></tr>
<tr><td>2</td><td>纵断高程（mm）</td><td>+5，−15</td><td>+5，−20</td><td colspan="2"></td></tr>
<tr><td>3</td><td>宽度（mm）</td><td colspan="2">不小于设计值</td><td colspan="2"></td></tr>
<tr><td>4</td><td>横坡（%）</td><td colspan="2">± 0.5</td><td colspan="2"></td></tr>
<tr><td>5</td><td colspan="3">拌合应均匀，不应有明显轮迹，表面应平整、密实，无坑洼</td><td colspan="2"></td></tr>
<tr><td>6</td><td colspan="3">施工接茬应平整、稳定</td><td colspan="2"></td></tr>
<tr><td colspan="2">施工单位检查评定结果</td><td colspan="6">项目专业质量检查员： 年 月 日</td></tr>
<tr><td colspan="2">监理（建设）单位验收结论</td><td colspan="6">监理工程师
（建设单位项目代表）： 年 月 日</td></tr>
</table>

3.10.40 路缘石铺设工程检验批质量验收记录 SY/T 4210

<table>
<tr><td colspan="2">工程名称</td><td colspan="2"></td><td>分项工程名称</td><td colspan="4"></td><td colspan="4">验收部位</td><td></td></tr>
<tr><td colspan="2">施工单位</td><td colspan="2"></td><td>专业负责人</td><td colspan="4"></td><td colspan="4">项目经理</td><td></td></tr>
<tr><td colspan="3">施工执行标准名称及标准号</td><td colspan="2"></td><td colspan="4">检验批编号</td><td colspan="5"></td></tr>
<tr><td colspan="5">施工质量验收规范规定</td><td colspan="8" rowspan="2">施工单位检查评定记录</td><td rowspan="2">监理（建设）单位验收记录</td></tr>
<tr><td>项目</td><td>序号</td><td colspan="2">检查内容</td><td>规定值或 允许偏差</td></tr>
<tr><td rowspan="2">主控项目</td><td>1</td><td colspan="2">预制或加工缘石的规格、强度</td><td>符合设计要求</td><td colspan="8"></td><td rowspan="2"></td></tr>
<tr><td>2</td><td colspan="2">砌筑砂浆强度（MPa）</td><td>在合格标准内</td><td colspan="8"></td></tr>
<tr><td rowspan="7">一般项目</td><td>1</td><td colspan="2">直顺度（mm）</td><td>≤ 15</td><td></td><td></td><td></td><td></td><td></td><td></td><td></td><td></td><td rowspan="7"></td></tr>
<tr><td>2</td><td colspan="2">相邻块高差（mm）</td><td>≤ 3</td><td></td><td></td><td></td><td></td><td></td><td></td><td></td><td></td></tr>
<tr><td rowspan="2">3</td><td rowspan="2">缝宽（mm）</td><td>预制块</td><td>± 3</td><td></td><td></td><td></td><td></td><td></td><td></td><td></td><td></td></tr>
<tr><td>料石</td><td>± 5</td><td></td><td></td><td></td><td></td><td></td><td></td><td></td><td></td></tr>
<tr><td>4</td><td colspan="2">立缘石顶高程（mm）</td><td>± 10</td><td></td><td></td><td></td><td></td><td></td><td></td><td></td><td></td></tr>
<tr><td>5</td><td colspan="3">勾缝应密实、均匀，无杂物污染</td><td colspan="8"></td></tr>
<tr><td>6</td><td colspan="3">立缘石不应有破损，应与路面齐平；排水口应整齐、通畅，不应有阻水现象</td><td colspan="8"></td></tr>
<tr><td colspan="2">施工单位检查评定 结果</td><td colspan="12">项目专业质量检查员： 年 月 日</td></tr>
<tr><td colspan="2">监理（建设）单位验收结论</td><td colspan="12">监理工程师
（建设单位项目代表）： 年 月 日</td></tr>
</table>

3.10.41 混凝土路面砖人行道工程检验批质量验收记录 SY/T 4210

工程名称		分项工程名称		验收部位	
施工单位		专业负责人		项目经理	
施工执行标准名称及标准号				检验批编号	
施工质量验收规范规定				施工单位检查评定记录	监理（建设）单位验收记录
项目	序号	检查内容	规定值或允许偏差		
主控项目	1	混凝土路面砖的质量、规格尺寸	符合设计要求和 GB 28635—2012《混凝土路面砖》的规定		
	2	水泥、砂的质量	符合设计要求和 JTG/T F 20—2015《公路路面基层施工技术细则》的规定		
	3	砂浆配合比	符合 JGJ/T 98—2010《砌筑砂浆配合比设计规程》的规定		
	4	砌筑砂浆强度（MPa）	符合设计要求		
一般项目	1	平整度（mm）	≤ 5		
	2	横坡度（%）	± 0.3		
	3	纵缝直顺度（mm）	≤ 10		
	4	横缝直顺度（mm）	≤ 5		
	5	相邻块高差（mm）	≤ 3		
	6	井框与路面高差（mm）	≤ 5		
	7	混凝土路面砖铺砌应平整、稳定、直顺，曲线应圆滑，勾缝应饱满，缝隙宽窄应均匀，不应有翘动现象			
	8	人行道与其他建筑物应衔接平顺，不应有积水现象			
施工单位检查评定结果	项目专业质量检查员： 年 月 日				
监理（建设）单位验收结论	监理工程师（建设单位项目代表）： 年 月 日				

3.10.42 混凝土路面砖、石材地面砖广场或停车场工程检验批质量验收记录 SY/T 4210

<table>
<tr><td colspan="2">工程名称</td><td colspan="2"></td><td colspan="2">分项工程名称</td><td colspan="4"></td><td colspan="3">验收部位</td><td></td></tr>
<tr><td colspan="2">施工单位</td><td colspan="2"></td><td colspan="2">专业负责人</td><td colspan="4"></td><td colspan="3">项目经理</td><td></td></tr>
<tr><td colspan="3">施工执行标准名称及标准号</td><td colspan="2"></td><td colspan="4">检验批编号</td><td colspan="5"></td></tr>
<tr><td colspan="5">施工质量验收规范规定</td><td colspan="8" rowspan="3">施工单位检查评定记录</td><td rowspan="3">监理（建设）单位验收记录</td></tr>
<tr><td rowspan="2">项目</td><td rowspan="2">序号</td><td rowspan="2">检查内容</td><td colspan="2">规定值或允许偏差</td></tr>
<tr><td>混凝土砖</td><td>石材砖</td></tr>
<tr><td rowspan="4">主控项目</td><td>1</td><td>混凝土路面砖、石材地面砖的质量、规格尺寸</td><td colspan="2">符合设计要求</td><td colspan="8"></td><td rowspan="4"></td></tr>
<tr><td>2</td><td>水泥、砂的质量</td><td colspan="2">符合设计要求和JTG/T F 20—2015《公路路面基层施工技术细则》的规定</td><td colspan="8"></td></tr>
<tr><td>3</td><td>砂浆配合比</td><td colspan="2">符合JGJ/T 98—2010《砌筑砂浆配合比设计规范》的规定</td><td colspan="8"></td></tr>
<tr><td>4</td><td>砂浆强度（MPa）</td><td colspan="2">符合设计要求</td><td colspan="8"></td></tr>
<tr><td rowspan="8">一般项目</td><td>1</td><td>高程（mm）</td><td colspan="2">±5</td><td></td><td></td><td></td><td></td><td></td><td></td><td></td><td></td><td rowspan="8"></td></tr>
<tr><td>2</td><td>平整度（mm）</td><td>≤5</td><td>≤3</td><td></td><td></td><td></td><td></td><td></td><td></td><td></td><td></td></tr>
<tr><td>3</td><td>宽度（mm）</td><td colspan="2">不小于设计值</td><td></td><td></td><td></td><td></td><td></td><td></td><td></td><td></td></tr>
<tr><td>4</td><td>坡度（%）</td><td colspan="2">±0.3且不反坡</td><td></td><td></td><td></td><td></td><td></td><td></td><td></td><td></td></tr>
<tr><td>5</td><td>井框与面层高差（mm）</td><td>≤5</td><td>≤3</td><td></td><td></td><td></td><td></td><td></td><td></td><td></td><td></td></tr>
<tr><td>6</td><td>纵、横缝直顺度（mm）</td><td>≤8</td><td>≤5</td><td></td><td></td><td></td><td></td><td></td><td></td><td></td><td></td></tr>
<tr><td>7</td><td>相邻块高差（mm）</td><td>≤3</td><td>≤2</td><td></td><td></td><td></td><td></td><td></td><td></td><td></td><td></td></tr>
<tr><td>8</td><td>缝隙宽度，（mm）</td><td>±3</td><td>±2</td><td></td><td></td><td></td><td></td><td></td><td></td><td></td><td></td></tr>
</table>

混凝土路面砖、石材地面砖广场或停车场工程检验批质量验收记录（续表） SY/T 4210

<table>
<tr><td>工程名称</td><td colspan="2"></td><td colspan="2">分项工程名称</td><td></td><td>验收部位</td><td></td></tr>
<tr><td>施工单位</td><td colspan="2"></td><td colspan="2">专业负责人</td><td></td><td>项目经理</td><td></td></tr>
<tr><td colspan="3">施工执行标准名称及标准号</td><td colspan="2"></td><td>检验批编号</td><td colspan="2"></td></tr>
<tr><td colspan="5">施工质量验收规范规定</td><td rowspan="3" colspan="2">施工单位检查评定记录</td><td rowspan="3">监理（建设）单位验收记录</td></tr>
<tr><td rowspan="2">项目</td><td rowspan="2">序号</td><td rowspan="2">检查内容</td><td colspan="2">规定值或允许偏差</td></tr>
<tr><td>混凝土砖</td><td>石材砖</td></tr>
<tr><td rowspan="2">一般项目</td><td>9</td><td colspan="3">铺装图案应清晰、色泽均匀、表面平整、拼缝整齐、圆面光滑。板块不应有裂纹、掉角和缺棱等缺陷</td><td colspan="2"></td><td rowspan="2"></td></tr>
<tr><td>10</td><td colspan="3">面砖与粘结层的结合应牢固，无翘动、空鼓现象，表面应清洁，无砂浆残留物</td><td colspan="2"></td></tr>
<tr><td colspan="2">施工单位检查评定结果</td><td colspan="6">项目专业质量检查员：　　　　年　月　日</td></tr>
<tr><td colspan="2">监理（建设）单位验收结论</td><td colspan="6">监理工程师
（建设单位项目代表）：　　　　年　月　日</td></tr>
</table>

3.10.43 路肩工程检验批质量验收记录 SY/T 4210

<table>
<tr><td colspan="2">工程名称</td><td colspan="2"></td><td>分项工程名称</td><td colspan="4"></td><td colspan="4">验收部位</td><td></td></tr>
<tr><td colspan="2">施工单位</td><td colspan="2"></td><td>专业负责人</td><td colspan="4"></td><td colspan="4">项目经理</td><td></td></tr>
<tr><td colspan="3">施工执行标准名称及标准号</td><td colspan="2"></td><td colspan="4">检验批编号</td><td colspan="5"></td></tr>
<tr><td colspan="5">施工质量验收规范规定</td><td colspan="8" rowspan="3">施工单位检查评定记录</td><td rowspan="3">监理（建设）单位验收记录</td></tr>
<tr><td rowspan="2">项目</td><td rowspan="2">序号</td><td rowspan="2">检查内容</td><td colspan="2">规定值或允许偏差</td></tr>
<tr><td>土路肩</td><td>硬路肩</td></tr>
<tr><td rowspan="2">主控项目</td><td rowspan="2">1</td><td rowspan="2">压实度（%）</td><td colspan="2" rowspan="2">不小于设计值，无设计要求时≥ 85</td><td colspan="8">$\overline{K}$=</td><td rowspan="2"></td></tr>
<tr><td></td><td></td><td></td><td></td><td></td><td></td><td></td><td></td></tr>
<tr><td rowspan="5">一般项目</td><td>1</td><td>宽度（mm）</td><td colspan="2">不小于设计值</td><td></td><td></td><td></td><td></td><td></td><td></td><td></td><td></td><td rowspan="5"></td></tr>
<tr><td>2</td><td>平整度（mm）</td><td>≤ 20</td><td>≤ 10</td><td></td><td></td><td></td><td></td><td></td><td></td><td></td><td></td></tr>
<tr><td>3</td><td>横坡（%）</td><td colspan="2">± 1</td><td></td><td></td><td></td><td></td><td></td><td></td><td></td><td></td></tr>
<tr><td>4</td><td colspan="3">路肩应直顺，曲线应圆滑，不应有堆积物</td><td colspan="8"></td></tr>
<tr><td>5</td><td colspan="3">路肩表面应密实平整，横坡应平顺，不应有积水</td><td colspan="8"></td></tr>
<tr><td colspan="2">施工单位检查评定结果</td><td colspan="12">项目专业质量检查员：　　　　年　月　日</td></tr>
<tr><td colspan="2">监理（建设）单位验收结论</td><td colspan="12">监理工程师
（建设单位项目代表）：　　　　年　月　日</td></tr>
</table>

3.11 桥梁工程①

3.11.1 支架、拱架及模板安装检验批质量验收记录 SY/T 4211

<table>
<tr><td colspan="3">工程名称</td><td colspan="2"></td><td>分项工程名称</td><td colspan="4"></td><td colspan="4">验收部位</td><td></td></tr>
<tr><td colspan="3">施工单位</td><td colspan="2"></td><td>专业负责人</td><td colspan="4"></td><td colspan="4">项目经理</td><td></td></tr>
<tr><td colspan="4">施工执行标准名称及编号</td><td colspan="2"></td><td colspan="4">检验批编号</td><td colspan="5"></td></tr>
<tr><td colspan="6">质量验收规范规定</td><td colspan="8">施工单位检查验收记录</td><td>监理（建设）单位验收记录</td></tr>
<tr><td rowspan="6">主控项目</td><td>1</td><td colspan="4">模板及其支架拆除时的混凝土强度应符合设计文件要求；当设计文件无要求时，应符合下列规定</td><td colspan="8"></td><td></td></tr>
<tr><td rowspan="5">2</td><td rowspan="5">模板及其支架拆除时的混凝土强度要求</td><td>构件类型</td><td>构件跨度</td><td>混凝土强度要求</td><td colspan="8"></td><td rowspan="5"></td></tr>
<tr><td>非承重侧模板</td><td>—</td><td>2.5MPB</td><td colspan="8"></td></tr>
<tr><td>芯模和预留孔道内模</td><td>—</td><td>0.4~0.8MPB</td><td colspan="8"></td></tr>
<tr><td rowspan="2">承重模板、支架</td><td>≤ 4m</td><td>达到设计的混凝土抗压强度标准值的 75%</td><td colspan="8"></td></tr>
<tr><td>> 4m</td><td>达到设计的混凝土抗压强度标准值的 90%</td><td colspan="8"></td></tr>
<tr><td rowspan="10">一般项目</td><td rowspan="10">1</td><td rowspan="10">模板安装实测项目及允许偏差（mm）</td><td rowspan="3">模板标高</td><td>基础</td><td>± 15</td><td></td><td></td><td></td><td></td><td></td><td></td><td></td><td></td><td rowspan="10"></td></tr>
<tr><td>柱、墙和梁</td><td>± 10</td><td></td><td></td><td></td><td></td><td></td><td></td><td></td><td></td></tr>
<tr><td>墩台</td><td>± 10</td><td></td><td></td><td></td><td></td><td></td><td></td><td></td><td></td></tr>
<tr><td rowspan="3">模板内部尺寸</td><td>上部构造的所有构件</td><td>+5，0</td><td></td><td></td><td></td><td></td><td></td><td></td><td></td><td></td></tr>
<tr><td>基础</td><td>± 30</td><td></td><td></td><td></td><td></td><td></td><td></td><td></td><td></td></tr>
<tr><td>墩台</td><td>± 20</td><td></td><td></td><td></td><td></td><td></td><td></td><td></td><td></td></tr>
<tr><td rowspan="4">轴线偏位</td><td>基础</td><td>15</td><td></td><td></td><td></td><td></td><td></td><td></td><td></td><td></td></tr>
<tr><td>柱或墙</td><td>8</td><td></td><td></td><td></td><td></td><td></td><td></td><td></td><td></td></tr>
<tr><td>梁</td><td>10</td><td></td><td></td><td></td><td></td><td></td><td></td><td></td><td></td></tr>
<tr><td>墩台</td><td>10</td><td></td><td></td><td></td><td></td><td></td><td></td><td></td><td></td></tr>
</table>

① 本部分的“SY/T 4211”代表依据为 SY/T 4211—2019《石油天然气建设工程施工质量验收规范 桥梁工程》。

支架、拱架及模板安装检验批质量验收记录（续表） SY/T 4211

<table>
<tr><td colspan="3">工程名称</td><td colspan="2"></td><td colspan="4">分项工程名称</td><td colspan="3"></td><td colspan="2">验收部位</td><td></td></tr>
<tr><td colspan="3">施工单位</td><td colspan="2"></td><td colspan="4">专业负责人</td><td colspan="3"></td><td colspan="2">项目经理</td><td></td></tr>
<tr><td colspan="4">施工执行标准名称及编号</td><td colspan="2"></td><td colspan="2">检验批编号</td><td colspan="7"></td></tr>
<tr><td colspan="5">质量验收规范规定</td><td colspan="8">施工单位检查验收记录</td><td colspan="2">监理（建设）单位验收记录</td></tr>
<tr><td rowspan="6">一般项目</td><td rowspan="6">1</td><td rowspan="6">模板安装实测项目及允许偏差（mm）</td><td>装配式构件支承面的标高</td><td>+2，−5</td><td></td><td></td><td></td><td></td><td></td><td></td><td></td><td></td><td colspan="2" rowspan="6"></td></tr>
<tr><td>模板相邻两板表面高低差</td><td>2</td><td></td><td></td><td></td><td></td><td></td><td></td><td></td><td></td></tr>
<tr><td>模板表面平整</td><td>5</td><td></td><td></td><td></td><td></td><td></td><td></td><td></td><td></td></tr>
<tr><td>预埋件中心线位置</td><td>3</td><td></td><td></td><td></td><td></td><td></td><td></td><td></td><td></td></tr>
<tr><td>预留孔洞中心线位置</td><td>10</td><td></td><td></td><td></td><td></td><td></td><td></td><td></td><td></td></tr>
<tr><td>预留孔洞截面内部尺寸</td><td>+10，0</td><td></td><td></td><td></td><td></td><td></td><td></td><td></td><td></td></tr>
<tr><td colspan="2">施工单位检查验收结果</td><td colspan="13">项目专业质量检查员：　　　　年　月　日</td></tr>
<tr><td colspan="2">监理（建设）单位验收结论</td><td colspan="13">监理工程师
（建设单位项目代表）　　　　年　月　日</td></tr>
</table>

3.11.2 钢筋加工及安装检验批质量验收记录 SY/T 4211

<table>
<tr><td colspan="3">工程名称</td><td colspan="2"></td><td colspan="2">分项工程名称</td><td></td><td>验收部位</td><td></td></tr>
<tr><td colspan="3">施工单位</td><td colspan="2"></td><td colspan="2">专业负责人</td><td></td><td>项目经理</td><td></td></tr>
<tr><td colspan="4">施工执行标准名称及编号</td><td colspan="3"></td><td>检验批编号</td><td colspan="2"></td></tr>
<tr><td colspan="8">质量验收规范规定</td><td>施工单位检查验收记录</td><td>监理（建设）单位验收记录</td></tr>
<tr><td rowspan="12">主控项目</td><td>1</td><td colspan="6">钢筋工程所用的原材料应符合设计文件及国家现行有关标准的规定，并具有合格的质量证明文件</td><td></td><td rowspan="12"></td></tr>
<tr><td>2</td><td colspan="6">用热轧光圆钢筋制作的箍筋，其末端应做弯钩，弯钩的弯曲直径应大于受力主钢筋的直径，且不小于箍筋直径的 2.5 倍。弯钩平直部分的长度，一般结构不宜小于箍筋直径的 5 倍，有抗震要求的结构，不应小于箍筋直径的 10 倍</td><td></td></tr>
<tr><td>3</td><td colspan="6">纵向受力钢筋的连接方式应符合设计文件要求，设计无规定时应符合 JTG/T 3650—2020《公路桥涵施工技术规范》中有关钢筋连接的规定。</td><td></td></tr>
<tr><td>4</td><td colspan="6">钢筋连接接头应做力学性能试验，其质量应符合有关规程的规定</td><td></td></tr>
<tr><td rowspan="8">5</td><td rowspan="8">受力钢筋的弯钩和弯折的形状要求</td><td>弯曲角度</td><td>钢筋种类</td><td>公称直径</td><td>弯曲直径 D</td><td>平直段长度</td><td rowspan="8"></td></tr>
<tr><td>180°</td><td>HPB235、HPB300</td><td>6~22mm</td><td>≥ 2.5d</td><td>≥ 3d</td></tr>
<tr><td rowspan="6">135°</td><td rowspan="3">HRB335</td><td>6~25mm</td><td>≥ 3d</td><td rowspan="6">≥ 5d</td></tr>
<tr><td>28~40mm</td><td>≥ 4d</td></tr>
<tr><td>50mm</td><td>≥ 5d</td></tr>
<tr><td rowspan="3">HRB400</td><td>6~25mm</td><td>≥ 4d</td></tr>
<tr><td>28~40mm</td><td>≥ 5d</td></tr>
<tr><td>50mm</td><td>≥ 6d</td></tr>
</table>

钢筋加工及安装检验批质量验收记录（续表 1） SY/T 4211

<table>
<tr><td colspan="3">工程名称</td><td colspan="3"></td><td colspan="2">分项工程名称</td><td>验收部位</td><td></td></tr>
<tr><td colspan="3">施工单位</td><td colspan="3"></td><td colspan="2">专业负责人</td><td>项目经理</td><td></td></tr>
<tr><td colspan="4">施工执行标准名称及编号</td><td colspan="4"></td><td>检验批编号</td><td></td></tr>
<tr><td colspan="8">质量验收规范规定</td><td>施工单位检查验收记录</td><td>监理（建设）单位验收记录</td></tr>
<tr><td rowspan="11">主控项目</td><td rowspan="11">5</td><td rowspan="11">受力钢筋的弯钩和弯折的形状要求</td><td>弯曲角度</td><td>钢筋种类</td><td>公称直径</td><td>弯曲直径 D</td><td>平直段长度</td><td rowspan="11"></td><td rowspan="11"></td></tr>
<tr><td rowspan="2">135°</td><td rowspan="2">RRB400</td><td>8~25mm</td><td>≥ 3d</td><td rowspan="2">≥ 5d</td></tr>
<tr><td>28~40mm</td><td>≥ 4d</td></tr>
<tr><td rowspan="8">90°</td><td rowspan="3">HRB335</td><td>6~25mm</td><td>≥ 3d</td><td rowspan="8">≥ 10d</td></tr>
<tr><td>28~40mm</td><td>≥ 4d</td></tr>
<tr><td>50mm</td><td>≥ 5d</td></tr>
<tr><td rowspan="3">HRB400</td><td>6~25mm</td><td>≥ 4d</td></tr>
<tr><td>28~40mm</td><td>≥ 5d</td></tr>
<tr><td>50mm</td><td>≥ 6d</td></tr>
<tr><td rowspan="2">RRB400</td><td>8~25mm</td><td>≥ 3d</td></tr>
<tr><td>28~40mm</td><td>≥ 4d</td></tr>
<tr><td rowspan="6">一般项目</td><td>1</td><td colspan="6">钢筋应平直、无损伤，表面不得有裂纹、油污、颗粒状或片状老锈</td><td></td><td rowspan="6"></td></tr>
<tr><td>2</td><td colspan="6">受力钢筋焊接或绑扎接头应设置在内力较小处，并错开布置</td><td></td></tr>
<tr><td rowspan="4">3</td><td rowspan="4">钢筋安装实测项目及允许偏差（mm）</td><td rowspan="4">受力钢筋间距</td><td colspan="3">两排以上排距</td><td>± 5</td><td></td></tr>
<tr><td rowspan="2">同排</td><td colspan="2">梁、板、拱肋</td><td>± 10</td><td></td></tr>
<tr><td colspan="2">基础、锚碇、墩台、柱</td><td>± 20</td><td></td></tr>
<tr><td colspan="3">灌注桩</td><td>± 20</td><td></td></tr>
</table>

钢筋加工及安装检验批质量验收记录（续表 2） SY/T 4211

工程名称			分项工程名称		验收部位		
施工单位			专业负责人		项目经理		
施工执行标准名称及编号					检验批编号		
质量验收规范规定						施工单位检查验收记录	监理（建设）单位验收记录
一般项目	3	钢筋安装实测项目及允许偏差（mm）	箍筋、横向水平钢筋、螺旋筋间距		±20		
			钢筋骨架尺寸	长	±10		
				宽、高或直径	±5		
			弯起钢筋位置		±20		
			保护层厚度	柱、梁、拱肋	±5		
				基础、锚碇、墩台	±10		
				板	±3		
	4	预制桩钢筋安装实测项目及允许偏差（mm）	纵向钢筋间距		±5		
			箍筋、螺旋筋间距		±10		
			纵向钢筋保护层厚度		±5		
			桩顶钢筋网片位置		±5		
			桩尖纵向钢筋位置		±5		
	5	钢筋网实测项目及允许偏差（mm）	网的长、宽		±10		
			网眼尺寸		±10		
			对角线差		15		
施工单位检查验收结果	项目专业质量检查员： 年 月 日						
监理（建设）单位验收结论	监理工程师（建设单位项目代表） 年 月 日						

3.11.3 预应力筋制作与安装检验批质量验收记录 SY/T 4211

<table>
<tr><td colspan="2">工程名称</td><td></td><td>分项工程名称</td><td></td><td>验收部位</td><td></td></tr>
<tr><td colspan="2">施工单位</td><td></td><td>专业负责人</td><td></td><td>项目经理</td><td></td></tr>
<tr><td colspan="3">施工执行标准名称及编号</td><td></td><td>检验批编号</td><td colspan="2"></td></tr>
<tr><td colspan="4">质量验收规范规定</td><td colspan="2">施工单位检查验收记录</td><td>监理（建设）单位验收记录</td></tr>
<tr><td rowspan="3">主控项目</td><td>1</td><td colspan="2">预应力筋制作与安装工程所用的原材料应符合设计文件及国家现行标准的规定，并具有合格的质量证明文件</td><td colspan="2"></td><td rowspan="3"></td></tr>
<tr><td>2</td><td colspan="2">预应力混凝土用波纹管的尺寸、性能和外观应符合 JG/T 225—2020《预应力混凝土用金属波纹管》的规定</td><td colspan="2"></td></tr>
<tr><td>3</td><td colspan="2">预应力筋安装时，其品种、级别、规格、数量、位置、失效长度应符合设计文件要求</td><td colspan="2"></td></tr>
<tr><td rowspan="3">一般项目</td><td>1</td><td colspan="2">预应力筋使用前的外观检查，其质量应符合下列要求：有粘结预应力筋展开后应平顺，不应有弯折，表面不应有裂纹、小刺、机械损伤、氧化铁皮和油污等；无黏结预应力筋护套应光滑、无裂缝，无明显褶皱</td><td colspan="2"></td><td rowspan="3"></td></tr>
<tr><td>2</td><td colspan="2">预应力筋用锚具、夹具和连接器使用前应进行外观检查，其表面应无污物、锈蚀、机械损伤和裂纹</td><td colspan="2"></td></tr>
<tr><td>3</td><td colspan="2">后张法有粘结预应力筋预留孔道的规格、数量、位置和形状应符合设计文件要求</td><td colspan="2"></td></tr>
<tr><td colspan="2">施工单位检查验收结果</td><td colspan="5">项目专业质量检查员：　　　　年　月　日</td></tr>
<tr><td colspan="2">监理（建设）单位验收结论</td><td colspan="5">监理工程师
（建设单位项目代表）　　　　年　月　日</td></tr>
</table>

3.11.4 先张法张拉检验批质量验收记录 SY/T 4211

<table>
<tr><td colspan="3">工程名称</td><td colspan="2"></td><td>分项工程名称</td><td colspan="3"></td><td colspan="2">验收部位</td><td colspan="2"></td></tr>
<tr><td colspan="3">施工单位</td><td colspan="2"></td><td>专业负责人</td><td colspan="3"></td><td colspan="2">项目经理</td><td colspan="2"></td></tr>
<tr><td colspan="4">施工执行标准名称及编号</td><td colspan="2"></td><td colspan="2">检验批编号</td><td colspan="5"></td></tr>
<tr><td colspan="6">质量验收规范规定</td><td colspan="6">施工单位检查验收记录</td><td>监理（建设）单位验收记录</td></tr>
<tr><td rowspan="2">主控项目</td><td>1</td><td colspan="4">张拉应力值、伸长值应符合设计文件要求。当采用应力控制方法张拉时，应校核预应力筋的伸长值。伸长值设计无规定时，实际伸长值与理论伸长值的相对允许偏差为 ±6%</td><td colspan="6"></td><td rowspan="2"></td></tr>
<tr><td>2</td><td colspan="4">预应力钢丝、钢绞线束断裂或滑脱数量每束应小于或等于一根，且每断面不超过钢丝总数的 1%</td><td colspan="6"></td></tr>
<tr><td rowspan="7">一般项目</td><td rowspan="4">1</td><td rowspan="4">钢丝、钢绞线先张法实测项目及允许偏差</td><td rowspan="3">镦头钢丝同束长度相对差</td><td>L > 20m</td><td>L/5000 及 5mm</td><td></td><td></td><td></td><td></td><td></td><td></td><td rowspan="7"></td></tr>
<tr><td>6m ≤ L ≤ 20m</td><td>L/3000 及 5mm</td><td></td><td></td><td></td><td></td><td></td><td></td></tr>
<tr><td>L < 6m</td><td>2mm</td><td></td><td></td><td></td><td></td><td></td><td></td></tr>
<tr><td colspan="2">张拉伸长率</td><td>符合设计规定，设计未规定时 ±6%</td><td></td><td></td><td></td><td></td><td></td><td></td></tr>
<tr><td rowspan="3">2</td><td rowspan="3">粗钢筋先张法实测项目及允许偏差</td><td colspan="2">冷拉钢筋接头在同一平面内的轴线偏位</td><td>2mm 及 1/10 直径</td><td></td><td></td><td></td><td></td><td></td><td></td></tr>
<tr><td colspan="2">中心偏位</td><td>4% 短边，且不大于 5mm</td><td></td><td></td><td></td><td></td><td></td><td></td></tr>
<tr><td colspan="2">张拉伸长率</td><td>符合设计规定，设计未规定时 ±6%</td><td></td><td></td><td></td><td></td><td></td><td></td></tr>
<tr><td colspan="3">施工单位检查验收结果</td><td colspan="10">

项目专业质量检查员：　　　　　　　　　　　　年　月　日</td></tr>
<tr><td colspan="3">监理（建设）单位验收结论</td><td colspan="10">

监理工程师
（建设单位项目代表）　　　　　　　　　　　　年　月　日</td></tr>
</table>

3.11.5 后张法张拉、压浆与封锚检验批质量验收记录 SY/T 4211

<table>
<tr><td colspan="3">工程名称</td><td colspan="3"></td><td colspan="4">分项工程名称</td><td colspan="4"></td><td>验收部位</td><td></td></tr>
<tr><td colspan="3">施工单位</td><td colspan="3"></td><td colspan="4">专业负责人</td><td colspan="4"></td><td>项目经理</td><td></td></tr>
<tr><td colspan="4">施工执行标准名称及编号</td><td colspan="4"></td><td colspan="4">检验批编号</td><td colspan="4"></td></tr>
<tr><td colspan="6">质量验收规范规定</td><td colspan="8">施工单位检查验收记录</td><td colspan="2">监理（建设）单位验收记录</td></tr>
<tr><td rowspan="4">主控项目</td><td>1</td><td colspan="4">后张法张拉、压浆与封锚所用的原材料应符合设计文件及国家现行标准的规定，并具有合格的质量证明文件</td><td colspan="8"></td><td colspan="2" rowspan="4"></td></tr>
<tr><td>2</td><td colspan="4">张拉应力值、伸长值应符合设计文件要求。当采用应力控制方法张拉时，应校核预应力筋的伸长值。伸长值设计无规定时，实际伸长值与理论伸长值的相对允许偏差为 ±6%</td><td colspan="8"></td></tr>
<tr><td>3</td><td colspan="4">预应力钢丝、钢绞线束断裂或滑脱数量每束不大于一根，且每断面不超过钢丝总数的 1%</td><td colspan="8"></td></tr>
<tr><td>4</td><td colspan="4">压浆用的压浆料、压浆剂或水泥浆的抗压强度应符合设计文件要求，若设计文件无明确要求时，压浆材料的 28d 抗压强度应不小于混凝土结构的设计强度</td><td colspan="8"></td></tr>
<tr><td rowspan="7">一般项目</td><td rowspan="7">1</td><td rowspan="7">后张法实测项目及允许偏差</td><td rowspan="2">管道坐标</td><td>梁长方向</td><td>±30mm</td><td></td><td></td><td></td><td></td><td></td><td></td><td></td><td></td><td colspan="2" rowspan="7"></td></tr>
<tr><td>梁高、梁宽方向</td><td>±10mm</td><td></td><td></td><td></td><td></td><td></td><td></td><td></td><td></td></tr>
<tr><td rowspan="2">管道间距</td><td>同排</td><td>10mm</td><td></td><td></td><td></td><td></td><td></td><td></td><td></td><td></td></tr>
<tr><td>上下层</td><td>10mm</td><td></td><td></td><td></td><td></td><td></td><td></td><td></td><td></td></tr>
<tr><td colspan="2">张拉伸长率</td><td>6%</td><td></td><td></td><td></td><td></td><td></td><td></td><td></td><td></td></tr>
<tr><td rowspan="2">断丝滑丝数</td><td>钢束</td><td>每束 1 根，且每断面不超过钢丝总数的 1%</td><td></td><td></td><td></td><td></td><td></td><td></td><td></td><td></td></tr>
<tr><td>钢筋</td><td>不允许</td><td></td><td></td><td></td><td></td><td></td><td></td><td></td><td></td></tr>
<tr><td>施工单位检查验收结果</td><td colspan="15">项目专业质量检查员： 年 月 日</td></tr>
<tr><td>监理（建设）单位验收结论</td><td colspan="15">监理工程师
（建设单位项目代表） 年 月 日</td></tr>
</table>

3.11.6 钻（挖）孔灌注桩检验批质量验收记录 SY/T 4211

<table>
<tr><td colspan="3">工程名称</td><td colspan="2"></td><td colspan="2">分项工程名称</td><td colspan="4"></td><td colspan="4">验收部位</td><td></td></tr>
<tr><td colspan="3">施工单位</td><td colspan="2"></td><td colspan="2">专业负责人</td><td colspan="4"></td><td colspan="4">项目经理</td><td></td></tr>
<tr><td colspan="4">施工执行标准名称及编号</td><td colspan="3"></td><td colspan="4">检验批编号</td><td colspan="5"></td></tr>
<tr><td colspan="7">质量验收规范规定</td><td colspan="8">施工单位检查验收记录</td><td>监理（建设）单位验收记录</td></tr>
<tr><td rowspan="9">主控项目</td><td>1</td><td colspan="5">钻（挖）孔灌注桩所用的原材料及外加剂应符合设计文件及国家现行有关标准的规定，并具有合格的质量证明文件</td><td colspan="8"></td><td rowspan="9"></td></tr>
<tr><td>2</td><td colspan="5">混凝土应按 JGJ 55—2011《普通混凝土配合比设计规程》的有关规定，根据混凝土强度等级、耐久性和工作性等要求进行配合比设计，对有特殊要求的混凝土配合比设计还应符合国家有关标准的相关规定。结构混凝土的强度等级应符合设计文件要求。用于检查结构构件混凝土强度的试件，应在混凝土的浇筑地点随机抽取</td><td colspan="8"></td></tr>
<tr><td>3</td><td colspan="5">对桩身的完整性进行检验时，检测的数量和方法应符合设计要求。当设计无要求时，宜选择有代表性的桩采用无破损法进行检测，重要工程或重要部位的桩宜逐桩进行检测</td><td colspan="8"></td></tr>
<tr><td>4</td><td colspan="5">钻（挖）孔灌注桩应按设计文件要求进行承载力检测；当设计文件无要求时，地质条件复杂、桩施工质量可靠性低的桩，应进行承载力检测</td><td colspan="8"></td></tr>
<tr><td rowspan="5">5</td><td rowspan="5">钻（挖）孔灌注桩实测项目及允许偏差</td><td rowspan="3">桩位（mm）</td><td colspan="2">群桩</td><td>100</td><td></td><td></td><td></td><td></td><td></td><td></td><td></td><td></td></tr>
<tr><td rowspan="2">排架桩</td><td>允许</td><td>50</td><td></td><td></td><td></td><td></td><td></td><td></td><td></td><td></td></tr>
<tr><td>极值</td><td>100</td><td></td><td></td><td></td><td></td><td></td><td></td><td></td><td></td></tr>
<tr><td rowspan="2">孔深（m）</td><td colspan="2">摩擦桩</td><td>孔深不小于设计文件要求</td><td></td><td></td><td></td><td></td><td></td><td></td><td></td><td></td></tr>
<tr><td colspan="2">嵌岩桩</td><td>嵌岩深度不小于设计文件要求</td><td></td><td></td><td></td><td></td><td></td><td></td><td></td><td></td></tr>
</table>

钻（挖）孔灌注桩检验批质量验收记录（续表） SY/T 4211

<table>
<tr><td colspan="3">工程名称</td><td colspan="2"></td><td colspan="2">分项工程名称</td><td colspan="4"></td><td colspan="4">验收部位</td><td></td></tr>
<tr><td colspan="3">施工单位</td><td colspan="2"></td><td colspan="2">专业负责人</td><td colspan="4"></td><td colspan="4">项目经理</td><td></td></tr>
<tr><td colspan="4">施工执行标准名称及编号</td><td colspan="3"></td><td colspan="4">检验批编号</td><td colspan="5"></td></tr>
<tr><td colspan="7">质量验收规范规定</td><td colspan="8">施工单位检查验收记录</td><td>监理（建设）单位验收记录</td></tr>
<tr><td rowspan="4">主控项目</td><td rowspan="4">5</td><td rowspan="4">钻（挖）孔灌注桩实测项目及允许偏差</td><td>孔径</td><td colspan="3">不小于设计文件要求</td><td></td><td></td><td></td><td></td><td></td><td></td><td></td><td></td><td rowspan="4"></td></tr>
<tr><td rowspan="3">钻孔桩沉淀厚度</td><td rowspan="2">摩擦桩</td><td>桩径≤1.5m</td><td>≤200mm</td><td></td><td></td><td></td><td></td><td></td><td></td><td></td><td></td></tr>
<tr><td>桩径>1.5m</td><td>≤300mm</td><td></td><td></td><td></td><td></td><td></td><td></td><td></td><td></td></tr>
<tr><td colspan="2">端承桩</td><td>不大于设计要求，无设计要求时不大于50mm</td><td></td><td></td><td></td><td></td><td></td><td></td><td></td><td></td></tr>
<tr><td rowspan="5">一般项目</td><td>1</td><td colspan="5">钻（挖）孔灌注桩混凝土应符合SY/T 4211—2019《石油天然气建设工程施工质量验收规范　桥梁工程》第4.2.11条的规定</td><td colspan="8"></td><td rowspan="5"></td></tr>
<tr><td>2</td><td colspan="5">桩顶面应平整，桩柱连接处应平顺且无局部修补</td><td colspan="8"></td></tr>
<tr><td rowspan="3">3</td><td rowspan="3">钻（挖）孔灌注桩实测项目及允许偏差</td><td rowspan="2">孔的倾斜度</td><td colspan="2">钻孔桩</td><td>1%桩长，且不大于500mm</td><td></td><td></td><td></td><td></td><td></td><td></td><td></td><td></td></tr>
<tr><td colspan="2">挖孔桩</td><td>0.5%桩长，且不大于200mm</td><td></td><td></td><td></td><td></td><td></td><td></td><td></td><td></td></tr>
<tr><td colspan="3">钢筋骨架底面高程</td><td>±50mm</td><td></td><td></td><td></td><td></td><td></td><td></td><td></td><td></td></tr>
<tr><td colspan="2">施工单位检查验收结果</td><td colspan="14">项目专业质量检查员：　　　　年　月　日</td></tr>
<tr><td colspan="2">监理（建设）单位验收结论</td><td colspan="14">监理工程师
（建设单位项目代表）　　　　年　月　日</td></tr>
</table>

3.11.7 沉入桩检验批质量验收记录 SY/T 4211

工程名称		分项工程名称		验收部位	
施工单位		专业负责人		项目经理	
施工执行标准名称及编号		检验批编号			

质量验收规范规定			施工单位检查验收记录	监理（建设）单位验收记录
主控项目	1	沉入桩所用的原材料及外加剂应符合设计文件及国家现行标准的规定，并具有合格的质量证明文件		
	2	现场预制桩混凝土应按JGJ 55—2011《普通混凝土配合比设计规程》的有关规定，根据混凝土强度等级、耐久性和工作性等要求进行配合比设，对有特殊要求的混凝土配合比设计还应符合国家标准的相关规定。结构混凝土的强度等级应符合设计文件要求。用于检查结构构件混凝土强度的试件，应在混凝土的浇筑地点随机抽取		
	3	沉入桩的桩尖高程应符合设计文件要求		
	4	沉入桩的贯入度应符合设计文件要求		
	5	对桩身的完整性进行检验时，检测的数量和方法应符合设计要求。当设计无要求时，宜选择有代表性的桩采用无破损法进行检测，重要工程或重要部位的桩宜逐桩进行检测		
	6	沉入桩应按设计文件要求进行承载力检测；当设计文件无要求时，地质条件复杂、桩施工质量可靠性低的桩，应进行承载力检测		
一般项目	1	现场预制桩混凝土表面应平整，施工缝平顺、外露面应棱角线平直且色泽一致；蜂窝面积不应超过结构同侧面积的0.2%，深度不应超过骨料最大粒径；麻面面积下部结构不应超过结构同侧面积的1%，上部结构不应超过结构同侧面积的0.5%，且麻面不应集中		
	2	钢筋混凝土桩的横向收缩裂缝宽度不得大于0.2 mm，深度不得大于20mm，裂缝长度不得大于1/2桩宽；预应力混凝土桩不得有裂缝。桩的表面出现蜂窝麻面时，其深度不得大于5mm，蜂窝麻面的面积不得超过总面积的0.5%		

沉入桩检验批质量验收记录（续表） SY/T 4211

<table>
<tr><td colspan="3">工程名称</td><td colspan="3"></td><td>分项工程名称</td><td colspan="4"></td><td colspan="4">验收部位</td><td></td></tr>
<tr><td colspan="3">施工单位</td><td colspan="3"></td><td>专业负责人</td><td colspan="4"></td><td colspan="4">项目经理</td><td></td></tr>
<tr><td colspan="5">施工执行标准名称及编号</td><td colspan="2"></td><td colspan="4">检验批编号</td><td colspan="5"></td></tr>
<tr><td colspan="7">质量验收规范规定</td><td colspan="8">施工单位检查验收记录</td><td>监理（建设）单位验收记录</td></tr>
<tr><td rowspan="14">一般项目</td><td rowspan="8">3</td><td rowspan="8">预制桩实测项目及允许偏差</td><td colspan="3">长度</td><td>±50</td><td></td><td></td><td></td><td></td><td></td><td></td><td></td><td></td><td rowspan="14"></td></tr>
<tr><td rowspan="3">横截面（mm）</td><td colspan="2">桩的边长</td><td>±5</td><td></td><td></td><td></td><td></td><td></td><td></td><td></td><td></td></tr>
<tr><td colspan="2">空心桩空心（管芯）直径</td><td>±5</td><td></td><td></td><td></td><td></td><td></td><td></td><td></td><td></td></tr>
<tr><td colspan="2">空心中心与桩中心偏差</td><td>±5</td><td></td><td></td><td></td><td></td><td></td><td></td><td></td><td></td></tr>
<tr><td colspan="3">桩尖对桩的纵轴线（mm）</td><td>10</td><td></td><td></td><td></td><td></td><td></td><td></td><td></td><td></td></tr>
<tr><td colspan="3">桩纵轴线弯曲矢高</td><td>0.1% 桩长，且不大于 20mm</td><td></td><td></td><td></td><td></td><td></td><td></td><td></td><td></td></tr>
<tr><td colspan="3">桩顶面与桩纵轴线倾斜偏差</td><td>1% 桩径或边长且不大于 3mm</td><td></td><td></td><td></td><td></td><td></td><td></td><td></td><td></td></tr>
<tr><td colspan="3">接桩的接头平面与桩轴平面垂直度</td><td>0.5%H</td><td></td><td></td><td></td><td></td><td></td><td></td><td></td><td></td></tr>
<tr><td rowspan="6">4</td><td rowspan="6">沉入桩实测项目及允许偏差</td><td rowspan="4">桩位</td><td rowspan="2">群桩</td><td>中间桩</td><td>d/2 且不大于 250mm</td><td></td><td></td><td></td><td></td><td></td><td></td><td></td><td></td></tr>
<tr><td>外缘桩</td><td>d/4 且不大于 150mm</td><td></td><td></td><td></td><td></td><td></td><td></td><td></td><td></td></tr>
<tr><td rowspan="2">排架桩（mm）</td><td>顺桥方向</td><td>40</td><td></td><td></td><td></td><td></td><td></td><td></td><td></td><td></td></tr>
<tr><td>垂直桥轴方向</td><td>50</td><td></td><td></td><td></td><td></td><td></td><td></td><td></td><td></td></tr>
<tr><td rowspan="2">倾斜度</td><td colspan="2">直桩</td><td>1% 桩长</td><td></td><td></td><td></td><td></td><td></td><td></td><td></td><td></td></tr>
<tr><td colspan="2">斜桩</td><td>±15%tanθ</td><td></td><td></td><td></td><td></td><td></td><td></td><td></td><td></td></tr>
<tr><td colspan="2">施工单位检查验收结果</td><td colspan="14">项目专业质量检查员：　　　　年　月　日</td></tr>
<tr><td colspan="2">监理（建设）单位验收结论</td><td colspan="14">监理工程师
（建设单位项目代表）　　　　年　月　日</td></tr>
</table>

3.11.8 基坑开挖检验批质量验收记录 SY/T 4211

<table>
<tr><td colspan="3">工程名称</td><td colspan="2"></td><td>分项工程名称</td><td colspan="4"></td><td colspan="4">验收部位</td><td></td></tr>
<tr><td colspan="3">施工单位</td><td colspan="2"></td><td>专业负责人</td><td colspan="4"></td><td colspan="4">项目经理</td><td></td></tr>
<tr><td colspan="4">施工执行标准名称及编号</td><td colspan="2"></td><td colspan="4">检验批编号</td><td colspan="5"></td></tr>
<tr><td colspan="6">质量验收规范规定</td><td colspan="8">施工单位检查验收记录</td><td>监理（建设）单位验收记录</td></tr>
<tr><td>主控项目</td><td>1</td><td colspan="4">地基承载力应符合设计文件要求，基底的土质类别应与地质勘察报告相符</td><td colspan="8"></td><td></td></tr>
<tr><td rowspan="4">一般项目</td><td rowspan="4">1</td><td rowspan="4">基坑开挖实测项目及允许偏差</td><td colspan="2">长度、宽度（mm）</td><td>符合设计文件要求或施工方案要求</td><td></td><td></td><td></td><td></td><td></td><td></td><td></td><td></td><td rowspan="4"></td></tr>
<tr><td colspan="2">边坡</td><td>符合设计文件要求或施工方案要求</td><td></td><td></td><td></td><td></td><td></td><td></td><td></td><td></td></tr>
<tr><td rowspan="2">基础底面高程（mm）</td><td>土质</td><td>± 50</td><td></td><td></td><td></td><td></td><td></td><td></td><td></td><td></td></tr>
<tr><td>石质</td><td>+50，−200</td><td></td><td></td><td></td><td></td><td></td><td></td><td></td><td></td></tr>
<tr><td colspan="2">施工单位检查验收结果</td><td colspan="13">项目专业质量检查员： 年 月 日</td></tr>
<tr><td colspan="2">监理（建设）单位验收结论</td><td colspan="13">监理工程师
（建设单位项目代表） 年 月 日</td></tr>
</table>

3.11.9 圬工扩大基础（砌体）检验批质量验收记录 SY/T 4211

工程名称		分项工程名称		验收部位	
施工单位		专业负责人		项目经理	
施工执行标准名称及编号			检验批编号		

质量验收规范规定			施工单位检查验收记录	监理（建设）单位验收记录
主控项目	1	圬工扩大基础所用的原材料及外加剂应符合设计文件及国家现行标准的规定，并具有合格的质量证明文件		
	2	圬工扩大基础砌体砂浆试件强度验收时，同一检验批砂浆试件抗压强度平均值应不小于设计强度等级所对应的抗压强度的 1.10 倍；同一检验批砂浆试件抗压强度的最小一组平均值应不小于设计强度等级所对应的抗压强度的 0.85 倍		
	3	圬工扩大基础混凝土应按 JGJ 55—2011《普通混凝土配合比设计规程》的有关规定，根据混凝土强度等级、耐久性和工作性等要求进行配合比设计，对有特殊要求的混凝土配合比设计还应符合国家标准的相关规定。结构混凝土的强度等级应符合设计文件要求。用于检查结构构件混凝土强度的试件，应在混凝土的浇筑地点随机抽取。对有抗冻、抗渗要求的混凝土结构，其抗冻、抗渗等级应符合设计文件要求，其混凝土试件应在浇筑地点随机取样，取样方法应符合现行行业标准 JTG 3420—2020《公路工程水泥及水泥混凝土试验规程》的有关规定		
一般项目	1	圬工扩大基础砌体外观应平顺，表面应平整，勾缝应平顺。砌体勾缝应无空鼓和脱落现象。砌缝裂隙宽度不应超过 0.5mm		
	2	圬工扩大基础混凝土的初凝时间控制应大于分层浇筑时后层混凝土的运输、浇筑及间歇的全部时间，且混凝土强度不大于 C30，气温不高于 25℃时不宜小于 210min，气温高于 25℃时不宜小于 180min；混凝土强度大于 C30，气温不高于 25℃时不宜小于 180min，气温高于 25℃时不宜小于 150min。施工缝的位置及处理应符合设计文件和施工技术方案要求。后浇带的留置位置及后浇带混凝土浇筑应符合设计文件和施工方案要求。混凝土应表面平整，施工缝平顺、外露面应棱角线平直且色泽一致。混凝土表面蜂窝面积不应超过结构同侧面积的 0.2%，深度不应超过骨料最大粒径。麻面面积下部结构不应超过结构同侧面积的 1%，上部结构不应超过结构同侧面积的 0.5%，且麻面不应集中		

圬工扩大基础（砌体）检验批质量验收记录（续表） SY/T 4211

<table>
<tr><td colspan="3">工程名称</td><td colspan="2"></td><td>分项工程名称</td><td colspan="4"></td><td colspan="3">验收部位</td><td></td></tr>
<tr><td colspan="3">施工单位</td><td colspan="2"></td><td>专业负责人</td><td colspan="4"></td><td colspan="3">项目经理</td><td></td></tr>
<tr><td colspan="4">施工执行标准名称及编号</td><td colspan="2"></td><td colspan="2">检验批编号</td><td colspan="6"></td></tr>
<tr><td colspan="6">质量验收规范规定</td><td colspan="8">施工单位检查验收记录</td><td>监理（建设）单位验收记录</td></tr>
<tr><td rowspan="3">一般项目</td><td rowspan="3">3</td><td rowspan="3">扩大基础实测项目及允许偏差（mm）</td><td>平面尺寸</td><td>± 50</td><td></td><td></td><td></td><td></td><td></td><td></td><td></td><td></td><td rowspan="3"></td></tr>
<tr><td>基础顶面高程</td><td>± 30</td><td></td><td></td><td></td><td></td><td></td><td></td><td></td><td></td></tr>
<tr><td>轴线偏位</td><td>25</td><td></td><td></td><td></td><td></td><td></td><td></td><td></td><td></td></tr>
<tr><td>施工单位检查验收结果</td><td colspan="13">项目专业质量检查员：　　　　年　月　日</td></tr>
<tr><td>监理（建设）单位验收结论</td><td colspan="13">监理工程师
（建设单位项目代表）　　　　年　月　日</td></tr>
</table>

3.11.10 地下连续墙检验批质量验收记录 SY/T 4211

<table>
<tr><td colspan="2">工程名称</td><td colspan="2"></td><td>分项工程名称</td><td colspan="4"></td><td colspan="4">验收部位</td><td></td></tr>
<tr><td colspan="2">施工单位</td><td colspan="2"></td><td>专业负责人</td><td colspan="4"></td><td colspan="4">项目经理</td><td></td></tr>
<tr><td colspan="3">施工执行标准名称及编号</td><td colspan="2"></td><td colspan="4">检验批编号</td><td colspan="5"></td></tr>
<tr><td colspan="5">质量验收规范规定</td><td colspan="8">施工单位检查验收记录</td><td>监理（建设）单位验收记录</td></tr>
<tr><td rowspan="3">主控项目</td><td>1</td><td colspan="3">地下连续墙工程所用的原材料及外加剂应符合设计文件及国家现行标准的规定，并具有合格的质量证明文件</td><td colspan="8"></td><td rowspan="3"></td></tr>
<tr><td>2</td><td colspan="3">地下连续墙混凝土应按 JGJ 55—2011《普通混凝土配合比设计规程》的有关规定，根据混凝土强度等级、耐久性和工作性等要求进行配合比设计，对有特殊要求的混凝土配合比设计还应符合国家标准的相关规定。结构混凝土的强度等级应符合设计文件要求。用于检查结构构件混凝土强度的试件，应在混凝土的浇筑地点随机抽取</td><td colspan="8"></td></tr>
<tr><td>3</td><td colspan="3">沉淀厚度应符合设计文件要求</td><td colspan="8"></td></tr>
<tr><td rowspan="5">一般项目</td><td>1</td><td colspan="3">地下连续墙混凝土的初凝时间控制应大于分层浇筑时后层混凝土的运输、浇筑及间歇的全部时间，且混凝土强度不大于 C30，气温不高于 25℃时不宜小于 210min，气温高于 25℃时不宜小于 180min；混凝土强度大于 C30，气温不高于 25℃时不宜小于 180min，气温高于 25℃时不宜小于 150min</td><td colspan="8"></td><td rowspan="5"></td></tr>
<tr><td rowspan="4">2</td><td rowspan="4">地下连续墙实测项目及允许偏差</td><td>轴线位置</td><td>30mm</td><td></td><td></td><td></td><td></td><td></td><td></td><td></td><td></td></tr>
<tr><td>倾斜度</td><td>0.5% 墙深</td><td></td><td></td><td></td><td></td><td></td><td></td><td></td><td></td></tr>
<tr><td>外形尺寸</td><td>+30mm,0mm</td><td></td><td></td><td></td><td></td><td></td><td></td><td></td><td></td></tr>
<tr><td>顶面高程</td><td>± 10mm</td><td></td><td></td><td></td><td></td><td></td><td></td><td></td><td></td></tr>
<tr><td colspan="2">施工单位检查验收结果</td><td colspan="12">项目专业质量检查员：　　　　年　月　日</td></tr>
<tr><td colspan="2">监理（建设）单位验收结论</td><td colspan="12">监理工程师
（建设单位项目代表）　　　　年　月　日</td></tr>
</table>

3.11.11 沉井检验批质量验收记录 SY/T 4211

<table>
<tr><td colspan="2">工程名称</td><td></td><td>分项工程名称</td><td></td><td>验收部位</td><td></td></tr>
<tr><td colspan="2">施工单位</td><td></td><td>专业负责人</td><td></td><td>项目经理</td><td></td></tr>
<tr><td colspan="3">施工执行标准名称及编号</td><td></td><td>检验批编号</td><td colspan="2"></td></tr>
<tr><td colspan="4">质量验收规范规定</td><td colspan="2">施工单位检查验收记录</td><td>监理（建设）单位验收记录</td></tr>
<tr><td rowspan="2">主控项目</td><td>1</td><td colspan="2">沉井工程所用的原材料及外加剂应符合设计文件及国家现行有关标准的规定，并具有合格的质量证明文件</td><td colspan="2"></td><td rowspan="2"></td></tr>
<tr><td>2</td><td colspan="2">沉井混凝土应按 JGJ 55—2011《普通混凝土配合比设计规程》的有关规定，根据混凝土强度等级、耐久性和工作性等要求进行配合比设计，对有特殊要求的混凝土配合比设计还应符合国家标准的相关规定。结构混凝土的强度等级应符合设计文件要求。用于检查结构构件混凝土强度的试件，应在混凝土的浇筑地点随机抽取。对有抗冻、抗渗要求的混凝土结构，其抗冻、抗渗等级应符合设计文件要求，其混凝土试件应在浇筑地点随机取样</td><td colspan="2"></td></tr>
<tr><td rowspan="2">一般项目</td><td>1</td><td colspan="2">沉井混凝土的初凝时间控制应大于分层浇筑时后层混凝土的运输、浇筑及间歇的全部时间，且混凝土强度不大于 C30，气温不高于 25℃时不宜小于 210min，气温高于 25℃时不宜小于 180min；混凝土强度大于 C30，气温不高于 25℃时不宜小于 180min，气温高于 25℃时不宜小于 150min。施工缝的位置及处理应符合设计文件和施工技术方案要求。混凝土应表面平整，施工缝平顺，外露面应棱角线平直且色泽一致。混凝土表面蜂窝面积不应超过结构同侧面积的 0.2%，深度不应超过骨料最大粒径。麻面面积下部结构不应超过结构同侧面积的 1%，上部结构不应超过结构同侧面积的 0.5%，且麻面不应集中</td><td colspan="2"></td><td rowspan="2"></td></tr>
<tr><td>2</td><td colspan="2">沉井底面、顶面中心与设计中心的偏差应符合设计文件要求，当设计无要求时，其允许偏差纵横方向为沉井高度 1/50</td><td colspan="2"></td></tr>
</table>

沉井检验批质量验收记录（续表） SY/T 4211

工程名称		分项工程名称		验收部位	
施工单位		专业负责人		项目经理	
施工执行标准名称及编号				检验批编号	

质量验收规范规定						施工单位检查验收记录	监理（建设）单位验收记录
一般项目	3	沉井实测项目及允许偏差	沉井平面尺寸	长、宽	±0.5% 边长，大于 24m 时 ±120mm		
				半径	±0.5% 半径，大于 12m 时 ±60mm		
			井壁厚度	混凝土	+40mm，−30mm		
				钢壳和钢筋混凝土	±15mm		
			沉井刃脚高程		符合设计文件要求		
			沉井最大倾斜度（纵、横方向）		1/50 井高		
			平面扭转角	一般	1°		
				浮式	2°		
施工单位检查验收结果	项目专业质量检查员： 年 月 日						
监理（建设）单位验收结论	监理工程师（建设单位项目代表） 年 月 日						

3.11.12 承台及系梁检验批质量验收记录 SY/T 4211

<table>
<tr><td>工程名称</td><td colspan="2"></td><td>分项工程名称</td><td></td><td>验收部位</td><td></td></tr>
<tr><td>施工单位</td><td colspan="2"></td><td>专业负责人</td><td></td><td>项目经理</td><td></td></tr>
<tr><td colspan="2">施工执行标准名称及编号</td><td colspan="2"></td><td>检验批编号</td><td colspan="2"></td></tr>
<tr><td colspan="4">质量验收规范规定</td><td colspan="2">施工单位检查验收记录</td><td>监理（建设）单位验收记录</td></tr>
<tr><td rowspan="2">主控项目</td><td>1</td><td colspan="2">承台及系梁工程所用的原材料及外加剂应符合设计文件及国家现行标准的规定，并具有合格的质量证明文件</td><td colspan="2"></td><td rowspan="2"></td></tr>
<tr><td>2</td><td colspan="2">承台及系梁混凝土应按 JGJ 55—2011《普通混凝土配合比设计规程》的有关规定，根据混凝土强度等级、耐久性和工作性等要求进行配合比设计，对有特殊要求的混凝土配合比设计还应符合国家标准的相关规定。结构混凝土的强度等级应符合设计文件要求。用于检查结构构件混凝土强度的试件，应在混凝土的浇筑地点随机抽取。对有抗冻、抗渗要求的混凝土结构，其抗冻、抗渗等级应符合设计文件要求，其混凝土试件应在浇筑地点随机取样</td><td colspan="2"></td></tr>
<tr><td>一般项目</td><td>1</td><td colspan="2">承台及系梁混凝土的初凝时间控制应大于分层浇筑时后层混凝土的运输、浇筑及间歇的全部时间，且混凝土强度不大于 C30，气温不高于 25℃时不宜小于 210min，气温高于 25℃时不宜小于 180min；混凝土强度大于 C30，气温不高于 25℃时不宜小于 180min，气温高于 25℃时不宜小于 150min。施工缝的位置及处理应符合设计文件和施工技术方案要求。后浇带的留置位置及后浇带混凝土浇筑应符合设计文件和施工方案要求。混凝土应表面平整，施工缝平顺，外露面应棱角线平直且色泽一致。混凝土表面蜂窝面积不应超过结构同侧面积的 0.2%，深度不应超过骨料最大粒径。麻面面积下部结构不应超过结构同侧面积的 1%，上部结构不应超过结构同侧面积的 0.5%，且麻面不应集中</td><td colspan="2"></td><td></td></tr>
</table>

承台及系梁检验批质量验收记录（续表） SY/T 4211

<table>
<tr><td colspan="3">工程名称</td><td colspan="2"></td><td>分项工程名称</td><td colspan="4"></td><td colspan="4">验收部位</td><td></td></tr>
<tr><td colspan="3">施工单位</td><td colspan="2"></td><td>专业负责人</td><td colspan="4"></td><td colspan="4">项目经理</td><td></td></tr>
<tr><td colspan="4">施工执行标准名称及编号</td><td colspan="2"></td><td colspan="4">检验批编号</td><td colspan="5"></td></tr>
<tr><td colspan="6">质量验收规范规定</td><td colspan="8">施工单位检查验收记录</td><td>监理（建设）单位验收记录</td></tr>
<tr><td rowspan="5">一般项目</td><td rowspan="5">2</td><td rowspan="5">承台及系梁实测项目及允许偏差（mm）</td><td rowspan="2">尺寸</td><td>承台</td><td>± 30</td><td></td><td></td><td></td><td></td><td></td><td></td><td></td><td></td><td rowspan="5"></td></tr>
<tr><td>系梁</td><td>± 10</td><td></td><td></td><td></td><td></td><td></td><td></td><td></td><td></td></tr>
<tr><td colspan="2">承台顶面高程</td><td>± 20</td><td></td><td></td><td></td><td></td><td></td><td></td><td></td><td></td></tr>
<tr><td colspan="2">承台轴线偏位</td><td>15</td><td></td><td></td><td></td><td></td><td></td><td></td><td></td><td></td></tr>
<tr><td colspan="2">平整度</td><td>8</td><td></td><td></td><td></td><td></td><td></td><td></td><td></td><td></td></tr>
<tr><td colspan="2">施工单位检查验收结果</td><td colspan="13">项目专业质量检查员：　　年　月　日</td></tr>
<tr><td colspan="2">监理（建设）单位验收结论</td><td colspan="13">监理工程师
（建设单位项目代表）　　年　月　日</td></tr>
</table>

3.11.13 混凝土墩台身检验批质量验收记录 SY/T 4211

<table>
<tr><td>工程名称</td><td></td><td>分项工程名称</td><td></td><td>验收部位</td><td></td></tr>
<tr><td>施工单位</td><td></td><td>专业负责人</td><td></td><td>项目经理</td><td></td></tr>
<tr><td colspan="2">施工执行标准名称及编号</td><td></td><td>检验批编号</td><td colspan="2"></td></tr>
<tr><td colspan="3">质量验收规范规定</td><td colspan="2">施工单位检查验收记录</td><td>监理（建设）单位验收记录</td></tr>
<tr><td rowspan="2">主控项目</td><td>1</td><td>混凝土墩台身工程所用的原材料及外加剂应符合设计文件及国家现行标准的规定，并具有合格的质量证明文件</td><td colspan="2"></td><td rowspan="2"></td></tr>
<tr><td>2</td><td>墩台身混凝土应按 JGJ 55—2011《普通混凝土配合比设计规程》的有关规定，根据混凝土强度等级、耐久性和工作性等要求进行配合比设计，对有特殊要求的混凝土配合比设计还应符合国家标准的相关规定。结构混凝土的强度等级应符合设计文件要求。用于检查结构构件混凝土强度的试件，应在混凝土的浇筑地点随机抽取。对有抗冻、抗渗要求的混凝土结构，其抗冻、抗渗等级应符合设计文件要求，其混凝土试件应在浇筑地点随机取样</td><td colspan="2"></td></tr>
<tr><td>一般项目</td><td>1</td><td>墩台身混凝土的初凝时间控制应大于分层浇筑时后层混凝土的运输、浇筑及间歇的全部时间，且混凝土强度不大于 C30，气温不高于 25℃时不宜小于 210min，气温高于 25℃时不宜小于 180min；混凝土强度大于 C30，气温不高于 25℃时不宜小于 180min，气温高于 25℃时不宜小于 150min。施工缝的位置及处理应符合设计文件和施工技术方案要求。混凝土应表面平整，施工缝平顺，外露面应棱角线平直且色泽一致。混凝土表面蜂窝面积不应超过结构同侧面积的 0.2%，深度不应超过骨料最大粒径。麻面面积下部结构不应超过结构同侧面积的 1%，上部结构不应超过结构同侧面积的 0.5%，且麻面不应集中</td><td colspan="2"></td><td></td></tr>
</table>

混凝土墩台身检验批质量验收记录（续表） SY/T 4211

<table>
<tr><td colspan="3">工程名称</td><td colspan="2"></td><td>分项工程名称</td><td colspan="4"></td><td colspan="3">验收部位</td><td colspan="2"></td></tr>
<tr><td colspan="3">施工单位</td><td colspan="2"></td><td>专业负责人</td><td colspan="4"></td><td colspan="3">项目经理</td><td colspan="2"></td></tr>
<tr><td colspan="4">施工执行标准名称及编号</td><td colspan="2"></td><td colspan="4">检验批编号</td><td colspan="5"></td></tr>
<tr><td colspan="6">质量验收规范规定</td><td colspan="8">施工单位检查验收记录</td><td>监理（建设）单位验收记录</td></tr>
<tr><td rowspan="15">一般项目</td><td rowspan="8">2</td><td rowspan="8">墩台身实测项目及允许偏差</td><td>断面尺寸</td><td colspan="2">±20mm</td><td colspan="8"></td><td rowspan="15"></td></tr>
<tr><td rowspan="2">竖直度或斜度</td><td>H ≤ 30m</td><td>H/1500</td><td colspan="8"></td></tr>
<tr><td>H > 30m</td><td>H/3000 且不大于 30mm</td><td colspan="8"></td></tr>
<tr><td>顶面高程</td><td colspan="2">±10mm</td><td colspan="8"></td></tr>
<tr><td>轴线偏位</td><td colspan="2">10mm</td><td colspan="8"></td></tr>
<tr><td>节段间错台</td><td colspan="2">5mm</td><td colspan="8"></td></tr>
<tr><td>大面积平整度</td><td colspan="2">8mm</td><td colspan="8"></td></tr>
<tr><td>预埋件位置</td><td colspan="2">符合设计规定，设计未规定时：10mm</td><td colspan="8"></td></tr>
<tr><td rowspan="7">3</td><td rowspan="7">柱或双壁墩实测项目及允许偏差</td><td>相邻间距</td><td colspan="2">±20mm</td><td colspan="8"></td></tr>
<tr><td rowspan="2">竖直度</td><td>H ≤ 30m</td><td>H/1500</td><td colspan="8"></td></tr>
<tr><td>H > 30m</td><td>H/3000 且不大于 30mm</td><td colspan="8"></td></tr>
<tr><td>柱（墩）顶高程</td><td colspan="2">±10mm</td><td colspan="8"></td></tr>
<tr><td>轴线偏位</td><td colspan="2">10mm</td><td colspan="8"></td></tr>
<tr><td>断面尺寸</td><td colspan="2">±15mm</td><td colspan="8"></td></tr>
<tr><td>节段间错台</td><td colspan="2">3mm</td><td colspan="8"></td></tr>
<tr><td colspan="2">施工单位检查验收结果</td><td colspan="13">项目专业质量检查员：　　　　　　年　月　日</td></tr>
<tr><td colspan="2">监理（建设）单位验收结论</td><td colspan="13">监理工程师
（建设单位项目代表）　　　　　　年　月　日</td></tr>
</table>

3.11.14 砌体墩台身检验批质量验收记录 SY/T 4211

<table>
<tr><td colspan="2">工程名称</td><td colspan="4"></td><td colspan="3">分项工程名称</td><td colspan="3"></td><td colspan="2">验收部位</td><td></td></tr>
<tr><td colspan="2">施工单位</td><td colspan="4"></td><td colspan="3">专业负责人</td><td colspan="3"></td><td colspan="2">项目经理</td><td></td></tr>
<tr><td colspan="3">施工执行标准名称及编号</td><td colspan="5"></td><td colspan="3">检验批编号</td><td colspan="4"></td></tr>
<tr><td colspan="6">质量验收规范规定</td><td colspan="8">施工单位检查验收记录</td><td>监理（建设）单位验收记录</td></tr>
<tr><td rowspan="2">主控项目</td><td>1</td><td colspan="4">砌体墩台身工程所用的原材料及外加剂应符合设计文件及国家现行标准的规定，并具有合格的质量证明文件</td><td colspan="8"></td><td rowspan="2"></td></tr>
<tr><td>2</td><td colspan="4">墩台身砌体砂浆试件强度验收时，同一检验批砂浆试件抗压强度平均值应不小于设计强度等级所对应的抗压强度的 1.10 倍；同一检验批砂浆试件抗压强度的最小一组平均值应不小于设计强度等级所对应的抗压强度的 0.85 倍</td><td colspan="8"></td></tr>
<tr><td rowspan="11">一般项目</td><td>1</td><td colspan="4">墩台身砌体外观应直顺，表面应平整，勾缝应平顺；勾缝应无空鼓和脱落现象；砌缝裂隙宽度不应超过 0.5mm</td><td colspan="8"></td><td rowspan="11"></td></tr>
<tr><td rowspan="10">2</td><td rowspan="10">砌体墩台身实测项目及允许偏差</td><td colspan="2">轴线偏位</td><td>20</td><td></td><td></td><td></td><td></td><td></td><td></td><td></td><td></td></tr>
<tr><td rowspan="3">墩台长、宽（mm）</td><td>料石</td><td>+20，−10</td><td></td><td></td><td></td><td></td><td></td><td></td><td></td><td></td></tr>
<tr><td>块石</td><td>+30，−10</td><td></td><td></td><td></td><td></td><td></td><td></td><td></td><td></td></tr>
<tr><td>片石</td><td>+40，−10</td><td></td><td></td><td></td><td></td><td></td><td></td><td></td><td></td></tr>
<tr><td rowspan="2">竖直度或坡度</td><td>料石、块石</td><td>0.3%H</td><td></td><td></td><td></td><td></td><td></td><td></td><td></td><td></td></tr>
<tr><td>片石</td><td>0.5%H</td><td></td><td></td><td></td><td></td><td></td><td></td><td></td><td></td></tr>
<tr><td colspan="2">墩台顶面高程（mm）</td><td>± 10</td><td></td><td></td><td></td><td></td><td></td><td></td><td></td><td></td></tr>
<tr><td rowspan="3">大面积平整度（mm）</td><td>料石</td><td>10</td><td></td><td></td><td></td><td></td><td></td><td></td><td></td><td></td></tr>
<tr><td>块石</td><td>20</td><td></td><td></td><td></td><td></td><td></td><td></td><td></td><td></td></tr>
<tr><td>片石</td><td>30</td><td></td><td></td><td></td><td></td><td></td><td></td><td></td><td></td></tr>
<tr><td colspan="2">施工单位检查验收结果</td><td colspan="13">项目专业质量检查员：　　　　　　　　年　月　日</td></tr>
<tr><td colspan="2">监理（建设）单位验收结论</td><td colspan="13">监理工程师
（建设单位项目代表）　　　　　　　　年　月　日</td></tr>
</table>

3.11.15 砌体侧墙身检验批质量验收记录 SY/T 4211

<table>
<tr><td colspan="3">工程名称</td><td colspan="3"></td><td colspan="3">分项工程名称</td><td colspan="3"></td><td colspan="2">验收部位</td><td></td></tr>
<tr><td colspan="3">施工单位</td><td colspan="3"></td><td colspan="3">专业负责人</td><td colspan="3"></td><td colspan="2">项目经理</td><td></td></tr>
<tr><td colspan="4">施工执行标准名称及编号</td><td colspan="5"></td><td colspan="3">检验批编号</td><td colspan="3"></td></tr>
<tr><td colspan="6">质量验收规范规定</td><td colspan="8">施工单位检查验收记录</td><td>监理（建设）单位验收记录</td></tr>
<tr><td rowspan="2">主控项目</td><td>1</td><td colspan="4">砌体侧墙身工程所用的原材料及外加剂应符合设计文件及国家现行标准的规定，并具有合格的质量证明文件</td><td colspan="8"></td><td rowspan="2"></td></tr>
<tr><td>2</td><td colspan="4">侧墙身砌体砂浆试件强度验收时，同一检验批砂浆试件抗压强度平均值应不小于设计强度等级所对应的抗压强度的 1.10 倍；同一检验批砂浆试件抗压强度的最小一组平均值应不小于设计强度等级所对应的抗压强度的 0.85 倍</td><td colspan="8"></td></tr>
<tr><td rowspan="7">一般项目</td><td>1</td><td colspan="4">侧墙身砌体外观应直顺，表面应平整，勾缝应平顺；勾缝应无空鼓和脱落现象；砌缝裂隙宽度不应超过 0.5mm</td><td colspan="8"></td><td rowspan="7"></td></tr>
<tr><td rowspan="6">2</td><td rowspan="6">砌体侧墙身实测项目及允许偏差</td><td rowspan="2">砌体外侧平面偏位（mm）</td><td>无镶面</td><td>+30，−10</td><td></td><td></td><td></td><td></td><td></td><td></td><td></td><td></td></tr>
<tr><td>有镶面</td><td>+20，−10</td><td></td><td></td><td></td><td></td><td></td><td></td><td></td><td></td></tr>
<tr><td colspan="2">宽度（mm）</td><td>+40，−10</td><td></td><td></td><td></td><td></td><td></td><td></td><td></td><td></td></tr>
<tr><td colspan="2">顶面高程（mm）</td><td>± 10</td><td></td><td></td><td></td><td></td><td></td><td></td><td></td><td></td></tr>
<tr><td rowspan="2">竖直度或坡度</td><td>片石砌体</td><td>0.5%H</td><td></td><td></td><td></td><td></td><td></td><td></td><td></td><td></td></tr>
<tr><td>块石、粗料石、混凝土块镶面</td><td>0.3%H</td><td></td><td></td><td></td><td></td><td></td><td></td><td></td><td></td></tr>
<tr><td colspan="2">施工单位检查验收结果</td><td colspan="13">项目专业质量检查员：　　　　　　　　　　　　　　　　　　　　年　月　日</td></tr>
<tr><td colspan="2">监理（建设）单位验收结论</td><td colspan="13">监理工程师
（建设单位项目代表）　　　　　　　　　　　　　　　　　　　　年　月　日</td></tr>
</table>

3.11.16 墩台帽或盖梁检验批质量验收记录 SY/T 4211

<table>
<tr><td colspan="2">工程名称</td><td colspan="2"></td><td>分项工程名称</td><td colspan="4"></td><td colspan="4">验收部位</td><td></td></tr>
<tr><td colspan="2">施工单位</td><td colspan="2"></td><td>专业负责人</td><td colspan="4"></td><td colspan="4">项目经理</td><td></td></tr>
<tr><td colspan="3">施工执行标准名称及编号</td><td colspan="2"></td><td colspan="3">检验批编号</td><td colspan="6"></td></tr>
<tr><td colspan="5">质量验收规范规定</td><td colspan="8">施工单位检查验收记录</td><td>监理（建设）单位验收记录</td></tr>
<tr><td rowspan="4">主控项目</td><td>1</td><td colspan="3">墩台帽或盖梁及耳（背）墙工程所用的原材料及外加剂应符合设计文件及国家现行标准的规定，并具有合格的质量证明文件</td><td colspan="8"></td><td rowspan="4"></td></tr>
<tr><td>2</td><td colspan="3">墩台帽或盖梁及耳（背）墙混凝土应按 JGJ 55—2011《普通混凝土配合比设计规程》的有关规定，根据混凝土强度等级、耐久性和工作性等要求进行配合比设计，对有特殊要求的混凝土配合比设计还应符合国家标准的相关规定。结构混凝土的强度等级应符合设计文件要求。用于检查结构构件混凝土强度的试件，应在混凝土的浇筑地点随机抽取。对有抗冻、抗渗要求的混凝土结构，其抗冻、抗渗等级应符合设计文件要求，其混凝土试件应在浇筑地点随机取样</td><td colspan="8"></td></tr>
<tr><td rowspan="2">3</td><td rowspan="2">墩台帽或盖梁实测项目及允许偏差（mm）</td><td>轴线偏位</td><td>10</td><td></td><td></td><td></td><td></td><td></td><td></td><td></td><td></td></tr>
<tr><td>顶面高程</td><td>± 10</td><td></td><td></td><td></td><td></td><td></td><td></td><td></td><td></td></tr>
<tr><td>一般项目</td><td>1</td><td colspan="3">墩台帽或盖梁及耳（背）墙混凝土的初凝时间控制应大于分层浇筑时后层混凝土的运输、浇筑及间歇的全部时间，且混凝土强度不大于 C30，气温不高于 25℃时不宜小于 210min，气温高于 25℃时不宜小于 180min；混凝土强度大于 C30，气温不高于 25℃时不宜小于 180min，气温高于 25℃时不宜小于 150min。施工缝的位置及处理应符合设计文件和施工技术方案要求。混凝土应表面平整，施工缝平顺，外露面应棱角线平直且色泽一致。混凝土表面蜂窝面积不应超过结构同侧面积的 0.2%，深度不应超过骨料最大粒径。麻面面积下部结构不应超过结构同侧面积的 1%，上部结构不应超过结构同侧面积的 0.5%，且麻面不应集中</td><td colspan="8"></td><td></td></tr>
</table>

墩台帽或盖梁检验批质量验收记录（续表） SY/T 4211

<table>
<tr><td colspan="3">工程名称</td><td colspan="2"></td><td colspan="2">分项工程名称</td><td colspan="4"></td><td colspan="4">验收部位</td><td></td></tr>
<tr><td colspan="3">施工单位</td><td colspan="2"></td><td colspan="2">专业负责人</td><td colspan="4"></td><td colspan="4">项目经理</td><td></td></tr>
<tr><td colspan="4">施工执行标准名称及编号</td><td colspan="3"></td><td colspan="2">检验批编号</td><td colspan="7"></td></tr>
<tr><td colspan="7">质量验收规范规定</td><td colspan="8">施工单位检查验收记录</td><td>监理（建设）单位验收记录</td></tr>
<tr><td rowspan="3">一般项目</td><td rowspan="3">2</td><td rowspan="3" colspan="3">墩台帽或盖梁实测项目及允许偏差（mm）</td><td>断面尺寸</td><td>±20</td><td></td><td></td><td></td><td></td><td></td><td></td><td></td><td></td><td rowspan="3"></td></tr>
<tr><td>支座垫石预留位置</td><td>10</td><td></td><td></td><td></td><td></td><td></td><td></td><td></td><td></td></tr>
<tr><td>平整度</td><td>8</td><td></td><td></td><td></td><td></td><td></td><td></td><td></td><td></td></tr>
<tr><td colspan="2">施工单位检查验收结果</td><td colspan="14">项目专业质量检查员：　　　　年　月　日</td></tr>
<tr><td colspan="2">监理（建设）单位验收结论</td><td colspan="14">监理工程师
（建设单位项目代表）　　　　年　月　日</td></tr>
</table>

3.11.17 支座垫石和挡块检验批质量验收记录 SY/T 4211

工程名称		分项工程名称		验收部位	
施工单位		专业负责人		项目经理	
施工执行标准名称及编号				检验批编号	

质量验收规范规定					施工单位检查验收记录						监理（建设）单位验收记录
主控项目	1	支座垫石和挡块工程所用的原材料及外加剂应符合设计文件及国家现行标准的规定，并具有合格的质量证明文件									
	2	混凝土的强度等级应符合设计文件要求									
	3	支座垫石实测项目及允许偏差（mm）	轴线偏位	5							
			顶面高程	±2							
			顶面四角高差	1							
一般项目	1	支座垫石实测项目及允许偏差（mm）	断面尺寸	±5							
			预埋件位置	5							
	2	挡块实测项目及允许偏差（mm）	平面位置	5							
			断面尺寸	±10							
			顶面高程	±10							
			与梁体间隙	±5							

施工单位检查验收结果	项目专业质量检查员： 年 月 日
监理（建设）单位验收结论	监理工程师（建设单位项目代表） 年 月 日

3.11.18 支座安装检验批质量验收记录 SY/T 4211

<table>
<tr><td colspan="3">工程名称</td><td colspan="3"></td><td colspan="3">分项工程名称</td><td colspan="3"></td><td colspan="3">验收部位</td><td></td></tr>
<tr><td colspan="3">施工单位</td><td colspan="3"></td><td colspan="3">专业负责人</td><td colspan="3"></td><td colspan="3">项目经理</td><td></td></tr>
<tr><td colspan="4">施工执行标准名称及编号</td><td colspan="5"></td><td colspan="3">检验批编号</td><td colspan="4"></td></tr>
<tr><td colspan="7">质量验收规范规定</td><td colspan="8">施工单位检查验收记录</td><td>监理（建设）单位验收记录</td></tr>
<tr><td>主控项目</td><td>1</td><td colspan="5">支座的类型、规格和技术性能应符合设计文件要求及国家现行标准的规定，并具有合格的质量证明文件</td><td colspan="8"></td><td></td></tr>
<tr><td rowspan="8">一般项目</td><td>1</td><td colspan="5">支座表面应保持清洁，支座附近的杂物及灰尘应清除，不符合要求时应进行处理</td><td colspan="8"></td><td rowspan="8"></td></tr>
<tr><td>2</td><td colspan="5">支座不应发生偏斜和脱空现象。滑动面上的四氟滑板和不锈钢板不应刮伤，安装前应涂上硅脂油</td><td colspan="8"></td></tr>
<tr><td rowspan="6">3</td><td rowspan="6">支座安装实测项目及允许偏差（mm）</td><td colspan="2">支座中心与主梁中心线偏位</td><td>2</td><td></td><td></td><td></td><td></td><td></td><td></td><td></td><td></td></tr>
<tr><td colspan="2">支座顺桥向偏位</td><td>10</td><td></td><td></td><td></td><td></td><td></td><td></td><td></td><td></td></tr>
<tr><td colspan="2">支座高程</td><td>按设计规定，设计未规定时，±5</td><td></td><td></td><td></td><td></td><td></td><td></td><td></td><td></td></tr>
<tr><td rowspan="2">支座四角高差</td><td>承压力≤500kN</td><td>1</td><td></td><td></td><td></td><td></td><td></td><td></td><td></td><td></td></tr>
<tr><td>承压力>500kN</td><td>2</td><td></td><td></td><td></td><td></td><td></td><td></td><td></td><td></td></tr>
<tr><td colspan="12"></td></tr>
<tr><td colspan="2">施工单位检查验收结果</td><td colspan="14">项目专业质量检查员：　　　　　　　　年　月　日</td></tr>
<tr><td colspan="2">监理（建设）单位验收结论</td><td colspan="14">监理工程师
（建设单位项目代表）　　　　　　　　年　月　日</td></tr>
</table>

3.11.19 拱桥组合桥台检验批质量验收记录 SY/T 4211

工程名称		分项工程名称		验收部位	
施工单位		专业负责人		项目经理	
施工执行标准名称及编号		检验批编号			

<table>
<tr><td colspan="5">质量验收规范规定</td><td>施工单位检查验收记录</td><td>监理（建设）单位验收记录</td></tr>
<tr><td rowspan="5">主控项目</td><td>1</td><td colspan="3">拱桥组合桥台工程所用的原材料及外加剂应符合设计文件及国家现行标准的规定，并具有合格的质量证明文件</td><td></td><td rowspan="5"></td></tr>
<tr><td>2</td><td colspan="3">桥台的混凝土应按 JGJ 55—2011《普通混凝土配合比设计规程》的有关规定，根据混凝土强度等级、耐久性和工作性等要求进行配合比设计，对有特殊要求的混凝土配合比设计还应符合国家标准的相关规定。结构混凝土的强度等级应符合设计文件要求。用于检查结构构件混凝土强度的试件，应在混凝土的浇筑地点随机抽取。对有抗冻、抗渗要求的混凝土结构，其抗冻、抗渗等级应符合设计文件要求，其混凝土试件应在浇筑地点随机取样</td><td></td></tr>
<tr><td>3</td><td colspan="3">桥台砌体砂浆试件强度验收时，同一检验批砂浆试件抗压强度平均值应不小于设计强度等级所对应的抗压强度的 1.10 倍；同一检验批砂浆试件抗压强度的最小一组平均值应不小于设计强度等级所对应的抗压强度的 0.85 倍</td><td></td></tr>
<tr><td rowspan="2">4</td><td rowspan="2">拱桥组合桥台实测项目及允许偏差</td><td>架设拱圈前，台后填土完成量</td><td>90% 以上</td><td></td></tr>
<tr><td>拱桥建成后桥台水平位移</td><td>在设计允许值内</td><td></td></tr>
<tr><td>一般项目</td><td>1</td><td colspan="3">桥台混凝土的初凝时间控制应大于分层浇筑时后层混凝土的运输、浇筑及间歇的全部时间，且混凝土强度不大于 C30，气温不高于 25℃时不宜小于 210min，气温高于 25℃时不宜小于 180min；混凝土强度大于 C30，气温不高于 25℃时不宜小于 180min，气温高于 25℃时不宜小于 150min。施工缝的位置及处理应符合设计文件和施工技术方案要求。混凝土应表面平整，施工缝平顺，外露面应棱角线平直且色泽一致。混凝土表面蜂窝面积不应超过结构同侧面积的 0.2%，深度不应超过骨料最大粒径。麻面面积下部结构不应超过结构同侧面积的 1%，上部结构不应超过结构同侧面积的 0.5%，且麻面不应集中</td><td></td><td></td></tr>
</table>

拱桥组合桥台检验批质量验收记录（续表） SY/T 4211

<table>
<tr><td colspan="3">工程名称</td><td colspan="2"></td><td colspan="4">分项工程名称</td><td colspan="2"></td><td colspan="2">验收部位</td><td></td></tr>
<tr><td colspan="3">施工单位</td><td colspan="2"></td><td colspan="4">专业负责人</td><td colspan="2"></td><td colspan="2">项目经理</td><td></td></tr>
<tr><td colspan="4">施工执行标准名称及编号</td><td colspan="3"></td><td colspan="2">检验批编号</td><td colspan="5"></td></tr>
<tr><td colspan="5">质量验收规范规定</td><td colspan="8">施工单位检查验收记录</td><td>监理（建设）单位验收记录</td></tr>
<tr><td rowspan="4">一般项目</td><td>2</td><td colspan="3">桥台砌体外观应直顺，表面应平整，勾缝应平顺，勾缝应无空鼓和脱落现象，砌缝裂隙宽度不应超过0.5mm</td><td colspan="8"></td><td rowspan="4"></td></tr>
<tr><td>3</td><td colspan="3">桥台各组成部分接触面应平整</td><td colspan="8"></td></tr>
<tr><td rowspan="2">4</td><td rowspan="2">拱桥组合桥台实测项目及允许偏差</td><td>架设拱圈前，台后沉降完成量</td><td>设计值的85%以上</td><td></td><td></td><td></td><td></td><td></td><td></td><td></td><td></td></tr>
<tr><td>台身后倾率</td><td>1/250H</td><td></td><td></td><td></td><td></td><td></td><td></td><td></td><td></td></tr>
<tr><td colspan="2">施工单位检查验收结果</td><td colspan="12">项目专业质量检查员：　　　　　　年　月　日</td></tr>
<tr><td colspan="2">监理（建设）单位验收结论</td><td colspan="12">监理工程师
（建设单位项目代表）　　　　　　年　月　日</td></tr>
</table>

3.11.20 砌体拱圈检验批质量验收记录 SY/T 4211

<table>
<tr><td>工程名称</td><td></td><td>分项工程名称</td><td></td><td>验收部位</td><td></td></tr>
<tr><td>施工单位</td><td></td><td>专业负责人</td><td></td><td>项目经理</td><td></td></tr>
<tr><td colspan="2">施工执行标准名称及编号</td><td colspan="2"></td><td>检验批编号</td><td></td></tr>
</table>

<table>
<tr><td colspan="6">质量验收规范规定</td><td colspan="8">施工单位检查验收记录</td><td>监理（建设）单位验收记录</td></tr>
<tr><td rowspan="2">主控项目</td><td>1</td><td colspan="4">砌体拱圈工程所用的原材料及外加剂应符合设计文件及国家现行标准的规定，并具有合格的质量证明文件</td><td colspan="8"></td><td rowspan="2"></td></tr>
<tr><td>2</td><td colspan="4">拱圈砌体砂浆试件强度验收时，同一检验批砂浆试件抗压强度平均值应不小于设计强度等级所对应的抗压强度的 1.10 倍；同一检验批砂浆试件抗压强度的最小一组平均值应不小于设计强度等级所对应的抗压强度的 0.85 倍</td><td colspan="8"></td></tr>
<tr><td rowspan="7">一般项目</td><td>1</td><td colspan="4">拱圈砌体外观应直顺，表面应平整，勾缝应平顺；勾缝应无空鼓和脱落现象；砌缝裂隙宽度不应超过 0.5mm</td><td colspan="8"></td><td rowspan="7"></td></tr>
<tr><td>2</td><td colspan="4">浆砌粗料石和混凝土预制块拱圈的砌缝宽度应为 10~20mm，块石拱圈的砌缝宽度不应大于 30mm，片石拱圈的砌缝宽度不应大于 40mm；用细石混凝土灌砌块石时，不应大于 50mm</td><td colspan="8"></td></tr>
<tr><td rowspan="5">3</td><td rowspan="5">砌体拱圈实测项目及允许偏差</td><td rowspan="2">砌体外侧平面偏位</td><td>无镶面</td><td>+30mm，-10mm</td><td></td><td></td><td></td><td></td><td></td><td></td><td></td><td></td></tr>
<tr><td>有镶面</td><td>+20mm，-10mm</td><td></td><td></td><td></td><td></td><td></td><td></td><td></td><td></td></tr>
<tr><td colspan="2">拱圈厚度</td><td>+30mm，0</td><td></td><td></td><td></td><td></td><td></td><td></td><td></td><td></td></tr>
<tr><td rowspan="2">相邻镶面石砌块表层错位</td><td>料石、混凝土预制块</td><td>3mm</td><td></td><td></td><td></td><td></td><td></td><td></td><td></td><td></td></tr>
<tr><td>块石</td><td>5mm</td><td></td><td></td><td></td><td></td><td></td><td></td><td></td><td></td></tr>
</table>

砌体拱圈检验批质量验收记录（续表） SY/T 4211

<table>
<tr><td colspan="3">工程名称</td><td colspan="2"></td><td colspan="2">分项工程名称</td><td colspan="4"></td><td colspan="4">验收部位</td><td></td></tr>
<tr><td colspan="3">施工单位</td><td colspan="2"></td><td colspan="2">专业负责人</td><td colspan="4"></td><td colspan="4">项目经理</td><td></td></tr>
<tr><td colspan="4">施工执行标准名称及编号</td><td colspan="3"></td><td colspan="4">检验批编号</td><td colspan="5"></td></tr>
<tr><td colspan="7">质量验收规范规定</td><td colspan="8">施工单位检查验收记录</td><td>监理（建设）单位验收记录</td></tr>
<tr><td rowspan="3">一般项目</td><td rowspan="3">3</td><td rowspan="3">砌体拱圈实测项目及允许偏差</td><td rowspan="3">内弧线偏离设计弧线</td><td rowspan="2">跨径</td><td>≤ 30m</td><td>± 20mm</td><td></td><td></td><td></td><td></td><td></td><td></td><td></td><td></td><td rowspan="3"></td></tr>
<tr><td>> 30m</td><td>± L/1500跨径</td><td></td><td></td><td></td><td></td><td></td><td></td><td></td><td></td></tr>
<tr><td colspan="2">极值</td><td>拱腹四分点：允许偏差的2倍且反向</td><td></td><td></td><td></td><td></td><td></td><td></td><td></td><td></td></tr>
<tr><td colspan="2">施工单位检查验收结果</td><td colspan="14">项目专业质量检查员：　　　　年　月　日</td></tr>
<tr><td colspan="2">监理（建设）单位验收结论</td><td colspan="14">监理工程师
（建设单位项目代表）　　　　年　月　日</td></tr>
</table>

3.11.21 台背填土检验批质量验收记录 SY/T 4211

<table>
<tr><td colspan="2">工程名称</td><td></td><td>分项工程名称</td><td></td><td>验收部位</td><td></td></tr>
<tr><td colspan="2">施工单位</td><td></td><td>专业负责人</td><td></td><td>项目经理</td><td></td></tr>
<tr><td colspan="3">施工执行标准名称及编号</td><td></td><td>检验批编号</td><td colspan="2"></td></tr>
<tr><td colspan="4">质量验收规范规定</td><td colspan="2">施工单位检查验收记录</td><td>监理（建设）单位验收记录</td></tr>
<tr><td>主控项目</td><td>1</td><td colspan="2">台背填土压实度应符合设计文件要求</td><td colspan="2"></td><td></td></tr>
<tr><td rowspan="3">一般项目</td><td>1</td><td colspan="2">填土表面应平整，无较大颗粒、无弹簧，边线应直顺</td><td colspan="2"></td><td rowspan="3"></td></tr>
<tr><td>2</td><td colspan="2">边坡坡面平顺稳定，不应亏坡，曲线圆滑</td><td colspan="2"></td></tr>
<tr><td>3</td><td colspan="2">锥坡和台前溜坡应与台后填土同时填筑</td><td colspan="2"></td></tr>
<tr><td colspan="2">施工单位检查验收结果</td><td colspan="5">项目专业质量检查员：　　年　月　日</td></tr>
<tr><td colspan="2">监理（建设）单位验收结论</td><td colspan="5">监理工程师
（建设单位项目代表）　　年　月　日</td></tr>
</table>

3.11.22 预制梁板检验批质量验收记录 SY/T 4211

<table>
<tr><td colspan="3">工程名称</td><td colspan="2"></td><td>分项工程名称</td><td></td><td>验收部位</td><td></td></tr>
<tr><td colspan="3">施工单位</td><td colspan="2"></td><td>专业负责人</td><td></td><td>项目经理</td><td></td></tr>
<tr><td colspan="4">施工执行标准名称及编号</td><td colspan="2"></td><td>检验批编号</td><td colspan="2"></td></tr>
<tr><td colspan="6">质量验收规范规定</td><td colspan="2">施工单位检查验收记录</td><td>监理（建设）单位验收记录</td></tr>
<tr><td rowspan="5">主控项目</td><td>1</td><td colspan="4">预制梁板工程所用的原材料及外加剂应符合设计文件及国家现行标准的规定，并具有合格的质量证明文件</td><td colspan="2"></td><td rowspan="5"></td></tr>
<tr><td>2</td><td colspan="4">预制梁板混凝土应按 JGJ 55—2011《普通混凝土配合比设计规程》的有关规定，根据混凝土强度等级、耐久性和工作性等要求进行配合比设计，对有特殊要求的混凝土配合比设计还应符合国家标准的相关规定。结构混凝土的强度等级应符合设计文件要求。用于检查结构构件混凝土强度的试件，应在混凝土的浇筑地点随机抽取。对有抗冻、抗渗要求的混凝土结构，其抗冻、抗渗等级应符合设计文件要求，其混凝土试件应在浇筑地点随机取样</td><td colspan="2"></td></tr>
<tr><td rowspan="3">3</td><td rowspan="3" colspan="2">预制梁板的断面尺寸及允许偏差（mm）</td><td>顶板厚</td><td rowspan="3">+5，0</td><td colspan="2"></td></tr>
<tr><td>底板厚</td><td colspan="2"></td></tr>
<tr><td>腹板或梁肋</td><td colspan="2"></td></tr>
<tr><td>一般项目</td><td>1</td><td colspan="4">预制梁板凝土的初凝时间控制应大于分层浇筑时后层混凝土的运输、浇筑及间歇的全部时间，且混凝土强度不大于 C30，气温不高于 25℃时不宜小于 210min，气温高于 25℃时不宜小于 180min；混凝土强度大于 C30，气温不高于 25℃时不宜小于 180min，气温高于 25℃时不宜小于 150min。施工缝的位置及处理应符合设计文件和施工技术方案要求。混凝土应表面平整，施工缝平顺，外露面应棱角线平直且色泽一致。混凝土表面蜂窝面积不应超过结构同侧面积的 0.2%，深度不应超过骨料最大粒径。麻面面积下部结构不应超过结构同侧面积的 1%，上部结构不应超过结构同侧面积的 0.5%，且麻面不应集中</td><td colspan="2"></td><td></td></tr>
</table>

预制梁板检验批质量验收记录（续表） SY/T 4211

工程名称		分项工程名称		验收部位	
施工单位		专业负责人		项目经理	
施工执行标准名称及编号		检验批编号			

质量验收规范规定						施工单位检查验收记录								监理（建设）单位验收记录
一般项目	2	预制梁板实测项目及允许偏差（mm）	高度	梁、板	±5									
				箱梁	0，-5									
			梁（板）长度		+5，-10									
			宽度	干接缝（梁翼缘、板）	±10									
				湿接缝（梁翼缘、板）	±20									
				箱梁 顶宽	±30									
				箱梁 底宽	±20									
			平整度		5									
			横系梁及预埋件位置		5									

施工单位检查验收结果	项目专业质量检查员： 年 月 日
监理（建设）单位验收结论	监理工程师（建设单位项目代表） 年 月 日

3.11.23 预制拱圈检验批质量验收记录 SY/T 4211

<table>
<tr><td>工程名称</td><td></td><td>分项工程名称</td><td></td><td>验收部位</td><td></td></tr>
<tr><td>施工单位</td><td></td><td>专业负责人</td><td></td><td>项目经理</td><td></td></tr>
<tr><td colspan="2">施工执行标准名称及编号</td><td></td><td>检验批编号</td><td colspan="2"></td></tr>
</table>

<table>
<tr><td colspan="5">质量验收规范规定</td><td colspan="8">施工单位检查验收记录</td><td>监理（建设）单位验收记录</td></tr>
<tr><td rowspan="4">主控项目</td><td>1</td><td colspan="3">预制拱圈工程所用的原材料及外加剂应符合设计文件及国家现行标准的规定，并具有合格的质量证明文件</td><td colspan="8"></td><td rowspan="4"></td></tr>
<tr><td>2</td><td colspan="3">预制拱圈混凝土应按 JGJ 55—2011《普通混凝土配合比设计规程》的有关规定，根据混凝土强度等级、耐久性和工作性等要求进行配合比设计，对有特殊要求的混凝土配合比设计还应符合国家标准的相关规定。结构混凝土的强度等级应符合设计文件要求。用于检查结构构件混凝土强度的试件，应在混凝土的浇筑地点随机抽取。对有抗冻、抗渗要求的混凝土结构，其抗冻、抗渗等级应符合设计文件要求，其混凝土试件应在浇筑地点随机取样</td><td colspan="8"></td></tr>
<tr><td rowspan="2">3</td><td rowspan="2">预制拱圈的断面尺寸及允许偏差（mm）</td><td>顶、底、腹板厚</td><td>+10，0</td><td></td><td></td><td></td><td></td><td></td><td></td><td></td><td></td></tr>
<tr><td>宽度及高度</td><td>+5，−10</td><td></td><td></td><td></td><td></td><td></td><td></td><td></td><td></td></tr>
<tr><td>一般项目</td><td>1</td><td colspan="3">预制拱圈混凝土的初凝时间控制应大于分层浇筑时后层混凝土的运输、浇筑及间歇的全部时间，且混凝土强度不大于 C30，气温不高于 25℃时不宜小于 210min，气温高于 25℃时不宜小于 180min；混凝土强度大于 C30，气温不高于 25℃时不宜小于 180min，气温高于 25℃时不宜小于 150min。施工缝的位置及处理应符合设计文件和施工技术方案要求。混凝土应表面平整，施工缝平顺，外露面应棱角线平直且色泽一致。混凝土表面蜂窝面积不应超过结构同侧面积的 0.2%，深度不应超过骨料最大粒径。麻面面积下部结构不应超过结构同侧面积的 1%，上部结构不应超过结构同侧面积的 0.5%，且麻面不应集中</td><td colspan="8"></td><td></td></tr>
</table>

预制拱圈检验批质量验收记录（续表） SY/T 4211

<table>
<tr><td colspan="3">工程名称</td><td colspan="2"></td><td>分项工程名称</td><td colspan="4"></td><td colspan="4">验收部位</td><td></td></tr>
<tr><td colspan="3">施工单位</td><td colspan="2"></td><td>专业负责人</td><td colspan="4"></td><td colspan="4">项目经理</td><td></td></tr>
<tr><td colspan="4">施工执行标准名称及编号</td><td colspan="2"></td><td colspan="4">检验批编号</td><td colspan="5"></td></tr>
<tr><td colspan="6">质量验收规范规定</td><td colspan="8">施工单位检查验收记录</td><td>监理（建设）单位验收记录</td></tr>
<tr><td rowspan="7">一般项目</td><td rowspan="7">2</td><td rowspan="7">预制拱圈实测项目及允许偏差（mm）</td><td colspan="2">内弧偏离设计弧线</td><td>±5</td><td></td><td></td><td></td><td></td><td></td><td></td><td></td><td></td><td rowspan="7"></td></tr>
<tr><td colspan="2">每段拱箱内弧长</td><td>0，−10</td><td></td><td></td><td></td><td></td><td></td><td></td><td></td><td></td></tr>
<tr><td rowspan="2">平面度</td><td>肋拱</td><td>5</td><td></td><td></td><td></td><td></td><td></td><td></td><td></td><td></td></tr>
<tr><td>箱拱</td><td>10</td><td></td><td></td><td></td><td></td><td></td><td></td><td></td><td></td></tr>
<tr><td colspan="2">拱箱接头倾斜</td><td>±5</td><td></td><td></td><td></td><td></td><td></td><td></td><td></td><td></td></tr>
<tr><td rowspan="2">预埋件位置</td><td>肋拱</td><td>5</td><td></td><td></td><td></td><td></td><td></td><td></td><td></td><td></td></tr>
<tr><td>箱拱</td><td>10</td><td></td><td></td><td></td><td></td><td></td><td></td><td></td><td></td></tr>
<tr><td colspan="2">施工单位检查验收结果</td><td colspan="13">项目专业质量检查员：　　　　年　月　日</td></tr>
<tr><td colspan="2">监理（建设）单位验收结论</td><td colspan="13">监理工程师
（建设单位项目代表）　　　　年　月　日</td></tr>
</table>

3.11.24 梁板安装检验批质量验收记录 SY/T 4211

<table>
<tr><td colspan="2">工程名称</td><td colspan="3"></td><td colspan="2">分项工程名称</td><td colspan="4"></td><td colspan="3">验收部位</td><td></td></tr>
<tr><td colspan="2">施工单位</td><td colspan="3"></td><td colspan="2">专业负责人</td><td colspan="4"></td><td colspan="3">项目经理</td><td></td></tr>
<tr><td colspan="3">施工执行标准名称及编号</td><td colspan="3"></td><td colspan="3">检验批编号</td><td colspan="6"></td></tr>
<tr><td colspan="6">质量验收规范规定</td><td colspan="8">施工单位检查验收记录</td><td>监理（建设）单位验收记录</td></tr>
<tr><td rowspan="4">主控项目</td><td>1</td><td colspan="4">梁板安装工程所用的原材料及外加剂应符合设计文件及国家现行标准的规定，并具有合格的质量证明文件</td><td colspan="8"></td><td rowspan="4"></td></tr>
<tr><td>2</td><td colspan="4">预制梁的湿接头、湿接缝及铰缝的混凝土强度等级应符合设计文件要求</td><td colspan="8"></td></tr>
<tr><td rowspan="2">3</td><td rowspan="2">梁板安装的支座中心偏位实测项目及允许偏差（mm）</td><td rowspan="2">支座中心偏位</td><td>梁</td><td>5</td><td></td><td></td><td></td><td></td><td></td><td></td><td></td><td></td></tr>
<tr><td>板</td><td>10</td><td></td><td></td><td></td><td></td><td></td><td></td><td></td><td></td></tr>
<tr><td rowspan="4">一般项目</td><td>1</td><td colspan="4">梁、板的填缝应平整密实</td><td colspan="8"></td><td rowspan="4"></td></tr>
<tr><td rowspan="3">2</td><td rowspan="3">梁板安装实测项目及允许偏差（mm）</td><td colspan="2">倾斜度</td><td>1.2%H</td><td></td><td></td><td></td><td></td><td></td><td></td><td></td><td></td></tr>
<tr><td colspan="2">梁（板）顶面纵向高程</td><td>+8，−5</td><td></td><td></td><td></td><td></td><td></td><td></td><td></td><td></td></tr>
<tr><td colspan="2">相邻梁（板）顶面高差最大处</td><td>8</td><td></td><td></td><td></td><td></td><td></td><td></td><td></td><td></td></tr>
<tr><td colspan="2">施工单位检查验收结果</td><td colspan="13">项目专业质量检查员：　　　　年　月　日</td></tr>
<tr><td colspan="2">监理（建设）单位验收结论</td><td colspan="13">监理工程师
（建设单位项目代表）　　　　年　月　日</td></tr>
</table>

3.11.25 拱的安装检验批质量验收记录 SY/T 4211

工程名称				分项工程名称			验收部位	
施工单位				专业负责人			项目经理	
施工执行标准名称及编号							检验批编号	
质量验收规范规定							施工单位检查验收记录	监理（建设）单位验收记录
主控项目	1	装拱的安装工程所用的原材料及外加剂应符合设计文件及国家现行标准的规定，并具有合格的质量证明文件						
	2	主拱圈安装实测项目及允许偏差	轴线偏位		$L \leqslant 60$m	10mm		
					$L > 60$m	L/6000，且不大于 40mm		
			拱圈标高		$L \leqslant 60$m	± 20mm		
					$L > 60$m	± L/3000，且不大于 50mm		
			对称接头点相对高差	允许	$L \leqslant 60$m	20mm		
					$L > 60$m	L/3000，且不大于 40mm		
				极值	允许偏差的 2 倍，且反向			
一般项目	1	接头处应无因焊接或局部受力造成的混凝土开裂、缺损或露筋现象接头垫塞楔形钢板布置应均匀合理						
	2	节点应平整，接头两侧的杆件应无错位						
	3	桁架拱上下弦杆线形应顺畅，表面应平整						
	4	主拱圈安装实测项目及允许偏差	同跨各拱肋相对高差		$L \leqslant 60$m	20mm		
					$L > 60$m	L/3000，且不大于 30mm		
			同跨各拱肋间距			± 30mm		

拱的安装检验批质量验收记录（续表） SY/T 4211

<table>
<tr><td colspan="3">工程名称</td><td></td><td>分项工程名称</td><td colspan="4"></td><td colspan="4">验收部位</td><td></td></tr>
<tr><td colspan="3">施工单位</td><td></td><td>专业负责人</td><td colspan="4"></td><td colspan="4">项目经理</td><td></td></tr>
<tr><td colspan="4">施工执行标准名称及编号</td><td></td><td colspan="4">检验批编号</td><td colspan="5"></td></tr>
<tr><td colspan="5">质量验收规范规定</td><td colspan="8">施工单位检查验收记录</td><td>监理（建设）单位验收记录</td></tr>
<tr><td rowspan="3">一般项目</td><td rowspan="3">5</td><td rowspan="3">腹拱安装实测项目及允许偏差</td><td>轴线偏位（mm）</td><td>10</td><td></td><td></td><td></td><td></td><td></td><td></td><td></td><td></td><td rowspan="3"></td></tr>
<tr><td>起拱线高程（mm）</td><td>± 20</td><td></td><td></td><td></td><td></td><td></td><td></td><td></td><td></td></tr>
<tr><td>相邻块件高差（mm）</td><td>5</td><td></td><td></td><td></td><td></td><td></td><td></td><td></td><td></td></tr>
<tr><td colspan="2">施工单位检查验收结果</td><td colspan="12">项目专业质量检查员：　　　　年　月　日</td></tr>
<tr><td colspan="2">监理（建设）单位验收结论</td><td colspan="12">监理工程师
（建设单位项目代表）　　　　年　月　日</td></tr>
</table>

3.11.26 支架上浇筑梁板检验批质量验收记录 SY/T 4211

<table>
<tr><td colspan="3">工程名称</td><td colspan="2"></td><td>分项工程名称</td><td></td><td>验收部位</td><td></td></tr>
<tr><td colspan="3">施工单位</td><td colspan="2"></td><td>专业负责人</td><td></td><td>项目经理</td><td></td></tr>
<tr><td colspan="4">施工执行标准名称及编号</td><td colspan="3"></td><td>检验批编号</td><td></td></tr>
<tr><td colspan="7">质量验收规范规定</td><td>施工单位检查验收记录</td><td>监理（建设）单位验收记录</td></tr>
<tr><td rowspan="8">主控项目</td><td>1</td><td colspan="5">支架上浇筑梁板工程所用的原材料及外加剂应符合设计文件及国家现行标准的规定，并具有合格的质量证明文件</td><td></td><td rowspan="8"></td></tr>
<tr><td>2</td><td colspan="5">支架上浇筑梁板混凝土应按 JGJ 55—2011《普通混凝土配合比设计规程》的有关规定，根据混凝土强度等级、耐久性和工作性等要求进行配合比设计，对有特殊要求的混凝土配合比设计还应符合国家标准的相关规定。结构混凝土的强度等级应符合设计文件要求。用于检查结构构件混凝土强度的试件，应在混凝土的浇筑地点随机抽取。对有抗冻、抗渗要求的混凝土结构，其抗冻、抗渗等级应符合设计文件要求，其混凝土试件应在浇筑地点随机取样</td><td></td></tr>
<tr><td rowspan="6">3</td><td rowspan="6">支架上现浇梁板的轴线偏位、预埋件位置、断面尺寸实测项目及允许偏差（mm）</td><td colspan="2">轴线偏位</td><td>10</td><td></td><td></td></tr>
<tr><td colspan="2">预埋件位置</td><td>5</td><td></td><td></td></tr>
<tr><td rowspan="4">断面尺寸</td><td>高度</td><td>+5，−10</td><td></td><td></td></tr>
<tr><td>顶宽</td><td>± 30</td><td></td><td></td></tr>
<tr><td>箱梁底宽</td><td>± 20</td><td></td><td></td></tr>
<tr><td>顶、底、腹板或梁肋厚</td><td>+10，0</td><td></td><td></td></tr>
<tr><td>一般项目</td><td>1</td><td colspan="5">支架上浇筑梁板混凝土的初凝时间控制应大于分层浇筑时后层混凝土的运输、浇筑及间歇的全部时间，且混凝土强度不大于 C30，气温不高于 25℃时不宜小于 210min，气温高于 25℃时不宜小于 180min；混凝土强度大于 C30，气温不高于 25℃时不宜小于 180min，气温高于 25℃时不宜小于 150min。施工缝的位置及处理应符合设计文件和施工技术方案要求。混凝土应表面平整，施工缝平顺，外露面应棱角线平直且色泽一致。混凝土表面蜂窝面积不应超过结构同侧面积的 0.2%，深度不应超过骨料最大粒径。麻面面积下部结构不应超过结构同侧面积的 1%，上部结构不应超过结构同侧面积的 0.5%，且麻面不应集中</td><td></td><td></td></tr>
</table>

支架上浇筑梁板检验批质量验收记录（续表） SY/T 4211

<table>
<tr><td colspan="3">工程名称</td><td colspan="2"></td><td>分项工程名称</td><td colspan="4"></td><td colspan="4">验收部位</td><td></td></tr>
<tr><td colspan="3">施工单位</td><td colspan="2"></td><td>专业负责人</td><td colspan="4"></td><td colspan="4">项目经理</td><td></td></tr>
<tr><td colspan="4">施工执行标准名称及编号</td><td colspan="1"></td><td>检验批编号</td><td colspan="9"></td></tr>
<tr><td colspan="5">质量验收规范规定</td><td colspan="8">施工单位检查验收记录</td><td>监理（建设）单位验收记录</td></tr>
<tr><td rowspan="4">一般项目</td><td rowspan="4">2</td><td rowspan="4">支架上现浇梁板顶面高程、长度、平整度、横坡实测项目及允许偏差</td><td>梁（板）顶面高程（mm）</td><td>±10</td><td></td><td></td><td></td><td></td><td></td><td></td><td></td><td></td><td rowspan="4"></td></tr>
<tr><td>长度（mm）</td><td>+5，−10</td><td></td><td></td><td></td><td></td><td></td><td></td><td></td><td></td></tr>
<tr><td>平整度（mm）</td><td>8</td><td></td><td></td><td></td><td></td><td></td><td></td><td></td><td></td></tr>
<tr><td>横坡（%）</td><td>±0.15</td><td></td><td></td><td></td><td></td><td></td><td></td><td></td><td></td></tr>
<tr><td colspan="2">施工单位检查验收结果</td><td colspan="12">项目专业质量检查员：　　　　年　月　日</td></tr>
<tr><td colspan="2">监理（建设）单位验收结论</td><td colspan="12">监理工程师
（建设单位项目代表）　　　　年　月　日</td></tr>
</table>

3.11.27 悬臂浇筑梁检验批质量验收记录 SY/T 4211

<table>
<tr><td colspan="2">工程名称</td><td></td><td>分项工程名称</td><td></td><td>验收部位</td><td></td></tr>
<tr><td colspan="2">施工单位</td><td></td><td>专业负责人</td><td></td><td>项目经理</td><td></td></tr>
<tr><td colspan="3">施工执行标准名称及编号</td><td></td><td>检验批编号</td><td colspan="2"></td></tr>
<tr><td colspan="4">质量验收规范规定</td><td colspan="2">施工单位检查验收记录</td><td>监理（建设）单位验收记录</td></tr>
<tr><td rowspan="3">主控项目</td><td>1</td><td colspan="2">悬臂浇筑梁工程所用的原材料及外加剂应符合设计文件及国家现行标准的规定，并具有合格的质量证明文件</td><td colspan="2"></td><td rowspan="3"></td></tr>
<tr><td>2</td><td colspan="2">悬臂浇筑梁混凝土应按 JGJ 55—2011《普通混凝土配合比设计规程》的有关规定，根据混凝土强度等级、耐久性和工作性等要求进行配合比设计，对有特殊要求的混凝土配合比设计还应符合国家标准的相关规定。结构混凝土的强度等级应符合设计文件要求。用于检查结构构件混凝土强度的试件，应在混凝土的浇筑地点随机抽取。对有抗冻、抗渗要求的混凝土结构，其抗冻、抗渗等级应符合设计文件要求，其混凝土试件应在浇筑地点随机取样</td><td colspan="2"></td></tr>
<tr><td>3</td><td colspan="2">悬臂浇筑梁的节段张拉力应符合设计文件要求</td><td colspan="2"></td></tr>
<tr><td rowspan="3">一般项目</td><td>1</td><td colspan="2">悬臂浇筑梁混凝土的初凝时间控制应大于分层浇筑时后层混凝土的运输、浇筑及间歇的全部时间，且混凝土强度不大于 C30，气温不高于 25℃时不宜小于 210min，气温高于 25℃时不宜小于 180min；混凝土强度大于 C30，气温不高于 25℃时不宜小于 180min，气温高于 25℃时不宜小于 150min。施工缝的位置及处理应符合设计文件和施工技术方案要求。混凝土应表面平整，施工缝平顺，外露面应棱角线平直且色泽一致。混凝土表面蜂窝面积不应超过结构同侧面积的 0.2%，深度不应超过骨料最大粒径。麻面面积下部结构不应超过结构同侧面积的 1%，上部结构不应超过结构同侧面积的 0.5%，且麻面不应集中</td><td colspan="2"></td><td rowspan="3"></td></tr>
<tr><td>2</td><td colspan="2">线形应平顺，梁顶面应平整，各孔应无明显析变；相邻块件应色泽一致</td><td colspan="2"></td></tr>
<tr><td>3</td><td colspan="2">接缝平整应密实，无明显错台</td><td colspan="2"></td></tr>
</table>

悬臂浇筑梁检验批质量验收记录（续表） SY/T 4211

工程名称		分项工程名称		验收部位	
施工单位		专业负责人		项目经理	
施工执行标准名称及编号			检验批编号		

质量验收规范规定						施工单位检查验收记录								监理（建设）单位验收记录
一般项目	4	悬臂浇筑梁实测项目及允许偏差	轴线偏位（mm）	$L\leqslant100$m	10									
				$L>100$m	L/10000									
			断面尺寸（mm）	高度	+5，−10									
				顶宽	±30									
				底宽	±20									
				顶底腹板厚	+10,0									
			顶面高程（mm）	$L\leqslant100$m	±20									
				$L>100$m	±L/5000									
				相邻节段高差	10									
			合龙后同跨对称点高程差（mm）	$L\leqslant100$m	20									
				$L>100$m	L/5000									
			平整度		8									
			横坡		±0.15mm									

施工单位检查验收结果	项目专业质量检查员：　　　　年　月　日
监理（建设）单位验收结论	监理工程师（建设单位项目代表）　　　　年　月　日

3.11.28 悬臂拼装梁检验批质量验收记录 SY/T 4211

<table>
<tr><td colspan="3">工程名称</td><td colspan="2"></td><td>分项工程名称</td><td colspan="5"></td><td colspan="3">验收部位</td><td></td></tr>
<tr><td colspan="3">施工单位</td><td colspan="2"></td><td>专业负责人</td><td colspan="5"></td><td colspan="3">项目经理</td><td></td></tr>
<tr><td colspan="4">施工执行标准名称及编号</td><td colspan="2"></td><td colspan="3">检验批编号</td><td colspan="6"></td></tr>
<tr><td colspan="6">质量验收规范规定</td><td colspan="8">施工单位检查验收记录</td><td>监理（建设）单位验收记录</td></tr>
<tr><td rowspan="3">主控项目</td><td>1</td><td colspan="4">悬臂拼装梁工程所用的原材料及外加剂应符合设计文件及国家现行标准的规定，并具有合格的质量证明文件</td><td colspan="8"></td><td rowspan="3"></td></tr>
<tr><td>2</td><td colspan="4">合龙段混凝土应按 JGJ 55—2011《普通混凝土配合比设计规程》的有关规定，根据混凝土强度等级、耐久性和工作性等要求进行配合比设计，对有特殊要求的混凝土配合比设计还应符合国家标准的相关规定。结构混凝土的强度等级应符合设计文件要求。用于检查结构构件混凝土强度的试件，应在混凝土的浇筑地点随机抽取。对有抗冻、抗渗要求的混凝土结构，其抗冻、抗渗等级应符合设计文件要求，其混凝土试件应在浇筑地点随机取样</td><td colspan="8"></td></tr>
<tr><td>3</td><td colspan="4">悬臂拼装梁的节段张拉力应符合设计文件要求</td><td colspan="8"></td></tr>
<tr><td rowspan="7">一般项目</td><td rowspan="7">1</td><td rowspan="7">悬臂拼装梁实测项目及允许偏差（mm）</td><td rowspan="2">轴线偏位</td><td>$L \leq 100m$</td><td>10</td><td></td><td></td><td></td><td></td><td></td><td></td><td></td><td></td><td rowspan="7"></td></tr>
<tr><td>$L > 100m$</td><td>$L/10000$</td><td></td><td></td><td></td><td></td><td></td><td></td><td></td><td></td></tr>
<tr><td rowspan="3">顶面高程</td><td>$L \leq 100m$</td><td>±20</td><td></td><td></td><td></td><td></td><td></td><td></td><td></td><td></td></tr>
<tr><td>$L > 100m$</td><td>$\pm L/5000$</td><td></td><td></td><td></td><td></td><td></td><td></td><td></td><td></td></tr>
<tr><td>相邻节段高差</td><td>10</td><td></td><td></td><td></td><td></td><td></td><td></td><td></td><td></td></tr>
<tr><td rowspan="2">合龙后同跨对称点高程差</td><td>$L \leq 100m$</td><td>20</td><td></td><td></td><td></td><td></td><td></td><td></td><td></td><td></td></tr>
<tr><td>$L > 100m$</td><td>$L/5000$</td><td></td><td></td><td></td><td></td><td></td><td></td><td></td><td></td></tr>
<tr><td colspan="2">施工单位检查验收结果</td><td colspan="13">项目专业质量检查员：　　　　年　月　日</td></tr>
<tr><td colspan="2">监理（建设）单位验收结论</td><td colspan="13">监理工程师
（建设单位项目代表）　　　　年　月　日</td></tr>
</table>

3.11.29 现场浇筑拱圈检验批质量验收记录 SY/T 4211

<table>
<tr><td colspan="2">工程名称</td><td colspan="4"></td><td colspan="3">分项工程名称</td><td colspan="4"></td><td colspan="2">验收部位</td><td></td></tr>
<tr><td colspan="2">施工单位</td><td colspan="4"></td><td colspan="3">专业负责人</td><td colspan="4"></td><td colspan="2">项目经理</td><td></td></tr>
<tr><td colspan="4">施工执行标准名称及编号</td><td colspan="3"></td><td colspan="4">检验批编号</td><td colspan="5"></td></tr>
<tr><td colspan="7">质量验收规范规定</td><td colspan="8">施工单位检查验收记录</td><td>监理（建设）单位验收记录</td></tr>
<tr><td rowspan="2">主控项目</td><td>1</td><td colspan="5">现场浇筑拱圈工程所用的原材料及外加剂应符合设计文件及国家现行标准的规定，并具有合格的质量证明文件</td><td colspan="8"></td><td rowspan="2"></td></tr>
<tr><td>2</td><td colspan="5">现场浇筑拱圈混凝土应按 JGJ 55—2011《普通混凝土配合比设计规程》的有关规定，根据混凝土强度等级、耐久性和工作性等要求进行配合比设计，对有特殊要求的混凝土配合比设计还应符合国家标准的相关规定。结构混凝土的强度等级应符合设计文件要求。用于检查结构构件混凝土强度的试件，应在混凝土的浇筑地点随机抽取。对有抗冻、抗渗要求的混凝土结构，其抗冻、抗渗等级应符合设计文件要求，其混凝土试件应在浇筑地点随机取样</td><td colspan="8"></td></tr>
<tr><td rowspan="5">一般项目</td><td>1</td><td colspan="5">现场浇筑拱圈混凝土的初凝时间控制应大于分层浇筑时后层混凝土的运输、浇筑及间歇的全部时间，且混凝土强度不大于 C30，气温不高于 25℃时不宜小于 210min，气温高于 25℃时不宜小于 180min；混凝土强度大于 C30，气温不高于 25℃时不宜小于 180min，气温高于 25℃时不宜小于 150min。施工缝的位置及处理应符合设计文件和施工技术方案要求。混凝土应表面平整，施工缝平顺，外露面应棱角线平直且色泽一致。混凝土表面蜂窝面积不应超过结构同侧面积的 0.2%，深度不应超过骨料最大粒径。麻面面积下部结构不应超过结构同侧面积的 1%，上部结构不应超过结构同侧面积的 0.5%，且麻面不应集中</td><td colspan="8"></td><td rowspan="5"></td></tr>
<tr><td rowspan="4">2</td><td rowspan="4">现场浇筑拱圈实测项目及允许偏差（mm）</td><td rowspan="2">内弧线偏离设计弧线</td><td rowspan="2">跨径 L</td><td>≤ 30m</td><td>± 20</td><td></td><td></td><td></td><td></td><td></td><td></td><td></td><td></td></tr>
<tr><td>> 30m</td><td>± L/1500，且不超过 ± 40</td><td></td><td></td><td></td><td></td><td></td><td></td><td></td><td></td></tr>
<tr><td rowspan="2">断面尺寸</td><td colspan="2">高度</td><td>± 5</td><td></td><td></td><td></td><td></td><td></td><td></td><td></td><td></td></tr>
<tr><td colspan="2">顶、底、腹板厚度</td><td>+10，0</td><td></td><td></td><td></td><td></td><td></td><td></td><td></td><td></td></tr>
</table>

现场浇筑拱圈检验批质量验收记录（续表） SY/T 4211

<table>
<tr><td colspan="3">工程名称</td><td colspan="3"></td><td colspan="5">分项工程名称</td><td colspan="2"></td><td>验收部位</td><td></td></tr>
<tr><td colspan="3">施工单位</td><td colspan="3"></td><td colspan="5">专业负责人</td><td colspan="2"></td><td>项目经理</td><td></td></tr>
<tr><td colspan="5">施工执行标准名称及编号</td><td colspan="4"></td><td colspan="3">检验批编号</td><td colspan="3"></td></tr>
<tr><td colspan="6">质量验收规范规定</td><td colspan="8">施工单位检查验收记录</td><td>监理（建设）单位验收记录</td></tr>
<tr><td rowspan="5">一般项目</td><td rowspan="5">2</td><td rowspan="5">现场浇筑拱圈梁实测项目及允许偏差（mm）</td><td rowspan="2">轴线偏位</td><td>板拱</td><td>10</td><td></td><td></td><td></td><td></td><td></td><td></td><td></td><td></td><td rowspan="5"></td></tr>
<tr><td>肋拱</td><td>5</td><td></td><td></td><td></td><td></td><td></td><td></td><td></td><td></td></tr>
<tr><td rowspan="2">拱宽</td><td>板拱</td><td>± 20</td><td></td><td></td><td></td><td></td><td></td><td></td><td></td><td></td></tr>
<tr><td>肋拱</td><td>± 10</td><td></td><td></td><td></td><td></td><td></td><td></td><td></td><td></td></tr>
<tr><td colspan="2">拱肋间距</td><td>5</td><td></td><td></td><td></td><td></td><td></td><td></td><td></td><td></td></tr>
<tr><td>施工单位检查验收结果</td><td colspan="14">

项目专业质量检查员：　　　　　　　　　　　　　　　　年　月　日</td></tr>
<tr><td>监理（建设）单位验收结论</td><td colspan="14">

监理工程师
（建设单位项目代表）　　　　　　　　　　　　　　　　年　月　日</td></tr>
</table>

3.11.30 桥梁总体检验批质量验收记录 SY/T 4211

<table>
<tr><td colspan="2">工程名称</td><td colspan="2"></td><td colspan="2">分项工程名称</td><td colspan="4"></td><td colspan="4">验收部位</td><td></td></tr>
<tr><td colspan="2">施工单位</td><td colspan="2"></td><td colspan="2">专业负责人</td><td colspan="4"></td><td colspan="4">项目经理</td><td></td></tr>
<tr><td colspan="3">施工执行标准名称及编号</td><td colspan="3"></td><td colspan="4">检验批编号</td><td colspan="5"></td></tr>
<tr><td colspan="6">质量验收规范规定</td><td colspan="8">施工单位检查验收记录</td><td>监理（建设）单位验收记录</td></tr>
<tr><td rowspan="2">主控项目</td><td>1</td><td colspan="4">桥下净空不应小于设计文件要求</td><td colspan="8"></td><td rowspan="2"></td></tr>
<tr><td>2</td><td colspan="4">设计有特殊要求的承载能力需要验证的桥梁应进行荷载试验，试验结果应满足设计文件要求和符合相关技术规范的要求</td><td colspan="8"></td></tr>
<tr><td rowspan="10">一般项目</td><td>1</td><td colspan="4">桥梁的内外轮廓线条应顺滑清晰，无突变、明显折变或反复现象</td><td colspan="8"></td><td rowspan="10"></td></tr>
<tr><td>2</td><td colspan="4">栏杆、防护栏、灯柱和缘石的线形应顺滑流畅，无折弯现象</td><td colspan="8"></td></tr>
<tr><td>3</td><td colspan="4">桥面排水孔进水口的布置应符合设计文件要求</td><td colspan="8"></td></tr>
<tr><td>4</td><td colspan="4">桥面排水应畅通无积水</td><td colspan="8"></td></tr>
<tr><td rowspan="6">5</td><td rowspan="6">桥梁总体实测项目及允许偏差（mm）</td><td colspan="2">桥面中线偏位</td><td>20</td><td></td><td></td><td></td><td></td><td></td><td></td><td></td><td></td></tr>
<tr><td rowspan="2">桥宽</td><td>车行道</td><td>±10</td><td></td><td></td><td></td><td></td><td></td><td></td><td></td><td></td></tr>
<tr><td>人行道</td><td>±10</td><td></td><td></td><td></td><td></td><td></td><td></td><td></td><td></td></tr>
<tr><td colspan="2">桥长</td><td>+300，-100</td><td></td><td></td><td></td><td></td><td></td><td></td><td></td><td></td></tr>
<tr><td colspan="2">引道中心线与桥梁中心线的衔接</td><td>20</td><td></td><td></td><td></td><td></td><td></td><td></td><td></td><td></td></tr>
<tr><td colspan="2">桥头高程衔接</td><td>±3</td><td></td><td></td><td></td><td></td><td></td><td></td><td></td><td></td></tr>
<tr><td colspan="2">施工单位检查验收结果</td><td colspan="13">项目专业质量检查员：　　　　年　月　日</td></tr>
<tr><td colspan="2">监理（建设）单位验收结论</td><td colspan="13">监理工程师
（建设单位项目代表）　　　　年　月　日</td></tr>
</table>

3.11.31 桥面混凝土现浇层检验批质量验收记录 SY/T 4211

<table>
<tr><td colspan="2">工程名称</td><td colspan="2"></td><td colspan="2">分项工程名称</td><td colspan="5"></td><td colspan="4">验收部位</td><td></td></tr>
<tr><td colspan="2">施工单位</td><td colspan="2"></td><td colspan="2">专业负责人</td><td colspan="5"></td><td colspan="4">项目经理</td><td></td></tr>
<tr><td colspan="4">施工执行标准名称及编号</td><td colspan="2"></td><td colspan="5">检验批编号</td><td colspan="5"></td></tr>
<tr><td colspan="6">质量验收规范规定</td><td colspan="9">施工单位检查验收记录</td><td>监理（建设）单位验收记录</td></tr>
<tr><td rowspan="2">主控项目</td><td>1</td><td colspan="4">桥面混凝土现浇层工程所用的原材料及外加剂应符合设计文件及国家现行标准的规定，并具有合格的质量证明文件</td><td colspan="9"></td><td rowspan="7"></td></tr>
<tr><td>2</td><td colspan="4">桥面混凝土现浇层混凝土应按 JGJ 55—2011《普通混凝土配合比设计规程》的有关规定，根据混凝土强度等级、耐久性和工作性等要求进行配合比设计，对有特殊要求的混凝土配合比设计还应符合国家标准的相关规定。结构混凝土的强度等级应符合设计文件要求。用于检查结构构件混凝土强度的试件，应在混凝土的浇筑地点随机抽取。对有抗冻、抗渗要求的混凝土结构，其抗冻、抗渗等级应符合设计文件要求，其混凝土试件应在浇筑地点随机取样</td><td colspan="9"></td></tr>
<tr><td rowspan="5">一般项目</td><td>1</td><td colspan="4">桥面混凝土现浇层的初凝时间控制应大于分层浇筑时后层混凝土的运输、浇筑及间歇的全部时间，且混凝土强度不大于 C30，气温不高于 25℃时不宜小于 210min，气温高于 25℃时不宜小于 180min；混凝土强度大于 C30，气温不高于 25℃时不宜小于 180min，气温高于 25℃时不宜小于 150min。施工缝的位置及处理应符合设计文件和施工技术方案要求。混凝土应表面平整，施工缝平顺，外露面应棱角线平直且色泽一致</td><td colspan="9"></td></tr>
<tr><td>2</td><td colspan="4">桥面连续构造设置应符合设计文件要求</td><td colspan="9"></td></tr>
<tr><td rowspan="3">3</td><td rowspan="3" colspan="2">桥面混凝土现浇层实测项目及允许偏差</td><td>平整度（mm）</td><td>5</td><td></td><td></td><td></td><td></td><td></td><td></td><td></td><td></td><td></td></tr>
<tr><td>厚度（mm）</td><td>+20，−5</td><td></td><td></td><td></td><td></td><td></td><td></td><td></td><td></td><td></td></tr>
<tr><td>横坡（%）</td><td>±0.3</td><td></td><td></td><td></td><td></td><td></td><td></td><td></td><td></td><td></td></tr>
<tr><td colspan="2">施工单位检查验收结果</td><td colspan="14">项目专业质量检查员：　　　　年　月　日</td></tr>
<tr><td colspan="2">监理（建设）单位验收结论</td><td colspan="14">监理工程师
（建设单位项目代表）　　　　年　月　日</td></tr>
</table>

3.11.32 伸缩缝安装检验批质量验收记录 SY/T 4211

<table>
<tr><td colspan="3">工程名称</td><td colspan="2"></td><td>分项工程名称</td><td colspan="4"></td><td colspan="4">验收部位</td><td></td></tr>
<tr><td colspan="3">施工单位</td><td colspan="2"></td><td>专业负责人</td><td colspan="4"></td><td colspan="4">项目经理</td><td></td></tr>
<tr><td colspan="4">施工执行标准名称及编号</td><td colspan="2"></td><td colspan="4">检验批编号</td><td colspan="5"></td></tr>
<tr><td colspan="6">质量验收规范规定</td><td colspan="8">施工单位检查验收记录</td><td>监理（建设）单位验收记录</td></tr>
<tr><td rowspan="2">主控项目</td><td>1</td><td colspan="4">伸缩缝安装工程所用的原材料及外加剂应符合设计文件及国家现行标准的规定，并具有合格的质量证明文件</td><td colspan="8"></td><td rowspan="2"></td></tr>
<tr><td>2</td><td colspan="4">伸缩缝两侧混凝土应按 JGJ 55—2011《普通混凝土配合比设计规程》的有关规定，根据混凝土强度等级、耐久性和工作性等要求进行配合比设计，对有特殊要求的混凝土配合比设计还应符合国家标准的相关规定。结构混凝土的强度等级应符合设计文件要求。用于检查结构构件混凝土强度的试件，应在混凝土的浇筑地点随机抽取。对有抗冻、抗渗要求的混凝土结构，其抗冻、抗渗等级应符合设计文件要求，其混凝土试件应在浇筑地点随机取样</td><td colspan="8"></td></tr>
<tr><td rowspan="9">一般项目</td><td>1</td><td colspan="4">伸缩缝应锚固牢固，伸缩性能应有效</td><td colspan="8"></td><td rowspan="9"></td></tr>
<tr><td>2</td><td colspan="4">伸缩缝处不应积水</td><td colspan="8"></td></tr>
<tr><td>3</td><td colspan="4">伸缩缝不应有阻塞、渗漏、变形、开裂现象</td><td colspan="8"></td></tr>
<tr><td rowspan="6">4</td><td rowspan="6">伸缩缝安装实测项目及允许偏差</td><td colspan="2">缝宽</td><td>符合设计文件要求</td><td></td><td></td><td></td><td></td><td></td><td></td><td></td><td></td></tr>
<tr><td colspan="2">与桥面高差</td><td>2</td><td></td><td></td><td></td><td></td><td></td><td></td><td></td><td></td></tr>
<tr><td colspan="2">长度（mm）</td><td>符合设计文件要求</td><td></td><td></td><td></td><td></td><td></td><td></td><td></td><td></td></tr>
<tr><td rowspan="2">纵坡（%）</td><td>一般</td><td>±0.5</td><td></td><td></td><td></td><td></td><td></td><td></td><td></td><td></td></tr>
<tr><td>大型</td><td>±0.2</td><td></td><td></td><td></td><td></td><td></td><td></td><td></td><td></td></tr>
<tr><td colspan="2">横向平整度（mm）</td><td>3</td><td></td><td></td><td></td><td></td><td></td><td></td><td></td><td></td></tr>
<tr><td colspan="2">施工单位检查验收结果</td><td colspan="13">项目专业质量检查员：　　　　年　月　日</td></tr>
<tr><td colspan="2">监理（建设）单位验收结论</td><td colspan="13">监理工程师
（建设单位项目代表）　　　　年　月　日</td></tr>
</table>

3.11.33 人行道铺设检验批质量验收记录 SY/T 4211

工程名称		分项工程名称		验收部位	
施工单位		专业负责人		项目经理	
施工执行标准名称及编号		检验批编号			

质量验收规范规定					施工单位检查验收记录								监理（建设）单位验收记录
主控项目	1	人行道铺设工程所用的原材料及外加剂应符合设计文件及国家现行有关标准的规定，并具有合格的质量证明文件											
	2	悬臂式人行道构件应与主梁横向连接牢固，符合设计文件要求											
一般项目	1	铺砌的图案及镶贴应符合设计文件要求											
	2	人行道构件线形应直顺，表面应平整											
	3	人行道板与人行道构件应固定牢固											
	4	人行道铺设实测项目及允许偏差（mm）	人行道边缘平面偏位	5									
			纵向高程	+10,0									
			接缝两侧高差	2									
			横坡（%）	± 0.3									
			平整度	5									

施工单位检查验收结果	项目专业质量检查员： 年 月 日
监理（建设）单位验收结论	监理工程师（建设单位项目代表） 年 月 日

3.11.34 栏杆检验批质量验收记录 SY/T 4211

<table>
<tr><td colspan="2">工程名称</td><td colspan="3"></td><td>分项工程名称</td><td></td><td>验收部位</td><td></td></tr>
<tr><td colspan="2">施工单位</td><td colspan="3"></td><td>专业负责人</td><td></td><td>项目经理</td><td></td></tr>
<tr><td colspan="4">施工执行标准名称及编号</td><td colspan="2"></td><td>检验批编号</td><td colspan="2"></td></tr>
<tr><td colspan="5">质量验收规范规定</td><td colspan="3">施工单位检查验收记录</td><td>监理（建设）单位验收记录</td></tr>
<tr><td>主控项目</td><td>1</td><td colspan="3">栏杆工程所用的原材料及外加剂应符合设计文件及国家现行标准的规定，并具有合格的质量证明文件</td><td colspan="3"></td><td></td></tr>
<tr><td rowspan="8">一般项目</td><td>1</td><td colspan="3">栏杆安装应牢固，其杆件连接处的填缝料应饱满平整</td><td colspan="3"></td><td rowspan="8"></td></tr>
<tr><td>2</td><td colspan="3">采用现场预制混凝土栏杆时，其预制混凝土质量应表面平整，施工缝平顺、外露面应棱角线平直且色泽一致。混凝土表面蜂窝面积不应超过结构同侧面积的0.2%，深度不应超过骨料最大粒径。麻面面积下部结构不应超过结构同侧面积的1%，上部结构不应超过结构同侧面积的0.5%，且麻面不应集中</td><td colspan="3"></td></tr>
<tr><td>3</td><td colspan="3">栏杆杆件不应有弯曲或断裂现象，栏杆安装应直顺美观，杆件接缝处不应有开裂现象</td><td colspan="3"></td></tr>
<tr><td rowspan="5">4</td><td rowspan="5">栏杆安装实测项目及允许偏差（mm）</td><td>栏杆平面偏位</td><td>5</td><td colspan="3"></td></tr>
<tr><td>扶手高度</td><td>± 10</td><td colspan="3"></td></tr>
<tr><td>柱顶高差</td><td>4</td><td colspan="3"></td></tr>
<tr><td>接缝两侧扶手高差</td><td>3</td><td colspan="3"></td></tr>
<tr><td>竖杆或柱纵横向竖直度</td><td>4</td><td colspan="3"></td></tr>
<tr><td colspan="2">施工单位检查验收结果</td><td colspan="7">项目专业质量检查员：　　　　年　月　日</td></tr>
<tr><td colspan="2">监理（建设）单位验收结论</td><td colspan="7">监理工程师
（建设单位项目代表）　　　　年　月　日</td></tr>
</table>

3.11.35 混凝土防撞护栏检验批质量验收记录 SY/T 4211

<table>
<tr><td colspan="2">工程名称</td><td colspan="2"></td><td>分项工程名称</td><td></td><td>验收部位</td><td></td></tr>
<tr><td colspan="2">施工单位</td><td colspan="2"></td><td>专业负责人</td><td></td><td>项目经理</td><td></td></tr>
<tr><td colspan="3">施工执行标准名称及编号</td><td colspan="2"></td><td>检验批编号</td><td colspan="2"></td></tr>
<tr><td colspan="5">质量验收规范规定</td><td colspan="2">施工单位检查验收记录</td><td>监理（建设）单位验收记录</td></tr>
<tr><td rowspan="2">主控项目</td><td>1</td><td colspan="3">混凝土防撞护栏工程所用的原材料及外加剂应符合设计文件及国家现行标准的规定，并具有合格的质量证明文件</td><td colspan="2"></td><td rowspan="2"></td></tr>
<tr><td>2</td><td colspan="3">防撞护栏混凝土应按 JGJ 55—2011《普通混凝土配合比设计规程》的有关规定，根据混凝土强度等级、耐久性和工作性等要求进行配合比设计，对有特殊要求的混凝土配合比设计还应符合国家标准的相关规定。结构混凝土的强度等级应符合设计文件要求。用于检查结构构件混凝土强度的试件，应在混凝土的浇筑地点随机抽取。对有抗冻、抗渗要求的混凝土结构，其抗冻、抗渗等级应符合设计文件要求，其混凝土试件应在浇筑地点随机取样</td><td colspan="2"></td></tr>
<tr><td rowspan="7">一般项目</td><td>1</td><td colspan="3">防撞护栏上的钢构件焊接及防护应符合设计要求</td><td colspan="2"></td><td rowspan="7"></td></tr>
<tr><td>2</td><td colspan="3">防撞护栏混凝土的初凝时间控制应大于分层浇筑时后层混凝土的运输、浇筑及间歇的全部时间，且混凝土强度不大于 C30，气温不高于 25℃时不宜小于 210min，气温高于 25℃时不宜小于 180min；混凝土强度大于 C30，气温不高于 25℃时不宜小于 180min，气温高于 25℃时不宜小于 150min。施工缝的位置及处理应符合设计文件和施工技术方案要求。混凝土应表面平整，施工缝平顺，外露面应棱角线平直且色泽一致。混凝土表面蜂窝面积不应超过结构同侧面积的 0.2%，深度不应超过骨料最大粒径。麻面面积下部结构不应超过结构同侧面积的 1%，上部结构不应超过结构同侧面积的 0.5%，且麻面不应集中</td><td colspan="2"></td></tr>
<tr><td>3</td><td colspan="3">防撞护栏线形应直顺，浇筑节段间应平滑顺接</td><td colspan="2"></td></tr>
<tr><td rowspan="4">4</td><td rowspan="4">混凝土防撞护栏浇筑实测项目及允许偏差（mm）</td><td>平面偏位</td><td>4</td><td colspan="2"></td></tr>
<tr><td>断面尺寸</td><td>±5</td><td colspan="2"></td></tr>
<tr><td>竖直度</td><td>4</td><td colspan="2"></td></tr>
<tr><td>预埋件位置</td><td>5</td><td colspan="2"></td></tr>
<tr><td colspan="2">施工单位检查验收结果</td><td colspan="6">项目专业质量检查员：　　年　月　日</td></tr>
<tr><td colspan="2">监理（建设）单位验收结论</td><td colspan="6">监理工程师
（建设单位项目代表）　　年　月　日</td></tr>
</table>

3.11.36 混凝土小型构件预制检验批质量验收记录 SY/T 4211

<table>
<tr><td colspan="3">工程名称</td><td colspan="3"></td><td colspan="2">分项工程名称</td><td></td><td>验收部位</td><td></td></tr>
<tr><td colspan="3">施工单位</td><td colspan="3"></td><td colspan="2">专业负责人</td><td></td><td>项目经理</td><td></td></tr>
<tr><td colspan="4">施工执行标准名称及编号</td><td colspan="4"></td><td>检验批编号</td><td colspan="2"></td></tr>
<tr><td colspan="8">质量验收规范规定</td><td colspan="2">施工单位检查验收记录</td><td>监理（建设）单位验收记录</td></tr>
<tr><td rowspan="3">主控项目</td><td>1</td><td colspan="6">混凝土小型构件预制工程所用的原材料及外加剂应符合设计文件及国家现行标准的规定，并具有合格的质量证明文件</td><td colspan="2"></td><td rowspan="3"></td></tr>
<tr><td>2</td><td colspan="6">钢筋的数量、位置应符合设计文件要求</td><td colspan="2"></td></tr>
<tr><td>3</td><td colspan="6">小型构件预制混凝土应按 JGJ 55—2011《普通混凝土配合比设计规程》的有关规定，根据混凝土强度等级、耐久性和工作性等要求进行配合比设计，对有特殊要求的混凝土配合比设计还应符合国家标准的相关规定。结构混凝土的强度等级应符合设计文件要求。用于检查结构构件混凝土强度的试件，应在混凝土的浇筑地点随机抽取。对有抗冻、抗渗要求的混凝土结构，其抗冻、抗渗等级应符合设计文件要求，其混凝土试件应在浇筑地点随机取样</td><td colspan="2"></td></tr>
<tr><td rowspan="5">一般项目</td><td>1</td><td colspan="6">小型构件预制混凝土应表面平整，施工缝平顺、外露面应棱角线平直且色泽一致。混凝土表面蜂窝面积不应超过结构同侧面积的 0.2%，深度不应超过骨料最大粒径。麻面面积下部结构不应超过结构同侧面积的 1%，上部结构不应超过结构同侧面积的 0.5%，且麻面不应集中</td><td colspan="2"></td><td rowspan="5"></td></tr>
<tr><td>2</td><td colspan="6">构件外形轮廓清晰，线条直顺，不应有翘曲现象</td><td colspan="2"></td></tr>
<tr><td rowspan="3">3</td><td rowspan="3" colspan="2">混凝土小型构件实测项目及允许偏差（mm）</td><td rowspan="2">断面尺寸</td><td>≤ 80</td><td colspan="2">± 5</td><td colspan="2"></td></tr>
<tr><td>> 80</td><td colspan="2">± 10</td><td colspan="2"></td></tr>
<tr><td colspan="2">长度</td><td colspan="2">+5，−10</td><td colspan="2"></td></tr>
<tr><td colspan="2">施工单位检查验收结果</td><td colspan="9">项目专业质量检查员：　　　　年　月　日</td></tr>
<tr><td colspan="2">监理（建设）单位验收结论</td><td colspan="9">监理工程师
（建设单位项目代表）　　　　年　月　日</td></tr>
</table>

3.11.37 桥头搭板检验批质量验收记录 SY/T 4211

<table>
<tr><td colspan="3">工程名称</td><td colspan="3"></td><td colspan="3">分项工程名称</td><td colspan="3"></td><td colspan="2">验收部位</td><td></td></tr>
<tr><td colspan="3">施工单位</td><td colspan="3"></td><td colspan="3">专业负责人</td><td colspan="3"></td><td colspan="2">项目经理</td><td></td></tr>
<tr><td colspan="4">施工执行标准名称及编号</td><td colspan="5"></td><td colspan="3">检验批编号</td><td colspan="3"></td></tr>
<tr><td colspan="6">质量验收规范规定</td><td colspan="8">施工单位检查验收记录</td><td>监理（建设）单位验收记录</td></tr>
<tr><td rowspan="2">主控项目</td><td>1</td><td colspan="4">桥头搭板工程所用的原材料及外加剂应符合设计文件及国家现行标准的规定，并具有合格的质量证明文件</td><td colspan="8"></td><td rowspan="2"></td></tr>
<tr><td>2</td><td colspan="4">桥头搭板混凝土应按 JGJ 55—2011《普通混凝土配合比设计规程》的有关规定，根据混凝土强度等级、耐久性和工作性等要求进行配合比设计，对有特殊要求的混凝土配合比设计还应符合国家标准的相关规定。结构混凝土的强度等级应符合设计文件要求。用于检查结构构件混凝土强度的试件，应在混凝土的浇筑地点随机抽取。对有抗冻、抗渗要求的混凝土结构，其抗冻、抗渗等级应符合设计文件要求，其混凝土试件应在浇筑地点随机取样</td><td colspan="8"></td></tr>
<tr><td rowspan="4">一般项目</td><td>1</td><td colspan="4">桥头搭板混凝土的初凝时间控制应大于分层浇筑时后层混凝土的运输、浇筑及间歇的全部时间，且混凝土强度不大于 C30，气温不高于 25℃时不宜小于 210min，气温高于 25℃时不宜小于 180min；混凝土强度大于 C30，气温不高于 25℃时不宜小于 180min，气温高于 25℃时不宜小于 150min。施工缝的位置及处理应符合设计文件和施工技术方案要求。混凝土应表面平整，施工缝平顺，外露面应棱角线平直且色泽一致。混凝土表面蜂窝面积不应超过结构同侧面积的 0.2%，深度不应超过骨料最大粒径。麻面面积下部结构不应超过结构同侧面积的 1%，上部结构不应超过结构同侧面积的 0.5%，且麻面不应集中</td><td colspan="8"></td><td rowspan="4"></td></tr>
<tr><td>2</td><td colspan="4">板的表面应平整，板的边缘应顺直</td><td colspan="8"></td></tr>
<tr><td rowspan="2">3</td><td rowspan="2">桥头搭板实测项目及允许偏差</td><td rowspan="2">枕梁尺寸（mm）</td><td>宽、高</td><td>±20</td><td></td><td></td><td></td><td></td><td></td><td></td><td></td><td></td></tr>
<tr><td>长</td><td>±30</td><td></td><td></td><td></td><td></td><td></td><td></td><td></td><td></td></tr>
</table>

桥头搭板检验批质量验收记录（续表） SY/T 4211

<table>
<tr><td colspan="2">工程名称</td><td colspan="3"></td><td colspan="3">分项工程名称</td><td colspan="3"></td><td colspan="3">验收部位</td><td></td></tr>
<tr><td colspan="2">施工单位</td><td colspan="3"></td><td colspan="3">专业负责人</td><td colspan="3"></td><td colspan="3">项目经理</td><td></td></tr>
<tr><td colspan="4">施工执行标准名称及编号</td><td colspan="3"></td><td colspan="3">检验批编号</td><td colspan="5"></td></tr>
<tr><td colspan="7">质量验收规范规定</td><td colspan="8">施工单位检查验收记录</td><td>监理（建设）单位验收记录</td></tr>
<tr><td rowspan="4">一般项目</td><td rowspan="4">3</td><td rowspan="4">桥头搭板实测项目及允许偏差</td><td rowspan="2">板尺寸（mm）</td><td>长、宽</td><td>± 30</td><td></td><td></td><td></td><td></td><td></td><td></td><td></td><td></td><td rowspan="4"></td></tr>
<tr><td>厚</td><td>± 10</td><td></td><td></td><td></td><td></td><td></td><td></td><td></td><td></td></tr>
<tr><td colspan="2">顶面高程（mm）</td><td>± 5</td><td></td><td></td><td></td><td></td><td></td><td></td><td></td><td></td></tr>
<tr><td colspan="2">板顶纵坡（%）</td><td>± 0.3</td><td></td><td></td><td></td><td></td><td></td><td></td><td></td><td></td></tr>
<tr><td colspan="2">施工单位检查验收结果</td><td colspan="14">项目专业质量检查员：　　　　年　月　日</td></tr>
<tr><td colspan="2">监理（建设）单位验收结论</td><td colspan="14">监理工程师
（建设单位项目代表）　　　　年　月　日</td></tr>
</table>

3.11.38 锥坡、护坡检验批质量验收记录 SY/T 4211

<table>
<tr><td colspan="3">工程名称</td><td colspan="2"></td><td>分项工程名称</td><td></td><td>验收部位</td><td></td></tr>
<tr><td colspan="3">施工单位</td><td colspan="2"></td><td>专业负责人</td><td></td><td>项目经理</td><td></td></tr>
<tr><td colspan="4">施工执行标准名称及编号</td><td colspan="2"></td><td>检验批编号</td><td colspan="2"></td></tr>
<tr><td colspan="6">质量验收规范规定</td><td colspan="2">施工单位检查验收记录</td><td>监理（建设）单位验收记录</td></tr>
<tr><td rowspan="4">主控项目</td><td>1</td><td colspan="4">锥坡、护坡工程所用的原材料及外加剂应符合设计文件及国家现行标准的规定，并具有合格的质量证明文件</td><td colspan="2"></td><td rowspan="4"></td></tr>
<tr><td>2</td><td colspan="4">砌体沉降缝、伸缩缝、泄水孔及防水层的设置应符合设计文件要求</td><td colspan="2"></td></tr>
<tr><td>3</td><td colspan="4">锥坡、护坡的厚度不应小于设计文件要求</td><td colspan="2"></td></tr>
<tr><td>4</td><td colspan="4">锥坡、护坡砌体砂浆试件强度验收时，同一检验批砂浆试件抗压强度平均值应不小于设计强度等级所对应的抗压强度的 1.10 倍；同一检验批砂浆试件抗压强度的最小一组平均值应不小于设计强度等级所对应的抗压强度的 0.85 倍</td><td colspan="2"></td></tr>
<tr><td rowspan="4">一般项目</td><td rowspan="4">1</td><td rowspan="4">锥坡、护坡实测项目及允许偏差</td><td colspan="2">顶面高程（mm）</td><td>±50</td><td colspan="2"></td><td rowspan="4"></td></tr>
<tr><td colspan="2">表面平整度（mm）</td><td>30</td><td colspan="2"></td></tr>
<tr><td colspan="2">坡度（%）</td><td>不陡于设计文件要求</td><td colspan="2"></td></tr>
<tr><td colspan="2">底面高程（mm）</td><td>±50</td><td colspan="2"></td></tr>
<tr><td colspan="2">施工单位检查验收结果</td><td colspan="7">项目专业质量检查员： 年 月 日</td></tr>
<tr><td colspan="2">监理（建设）单位验收结论</td><td colspan="7">监理工程师
（建设单位项目代表） 年 月 日</td></tr>
</table>

3.11.39 基础、涵台浇筑（砌筑）检验批质量验收记录 SY/T 4211

<table>
<tr><td colspan="2">工程名称</td><td></td><td>分项工程名称</td><td></td><td>验收部位</td><td></td></tr>
<tr><td colspan="2">施工单位</td><td></td><td>专业负责人</td><td></td><td>项目经理</td><td></td></tr>
<tr><td colspan="3">施工执行标准名称及编号</td><td></td><td>检验批编号</td><td colspan="2"></td></tr>
<tr><td colspan="4">质量验收规范规定</td><td>施工单位检查验收记录</td><td colspan="2">监理（建设）单位验收记录</td></tr>
<tr><td rowspan="3">主控项目</td><td>1</td><td colspan="2">基础、涵台浇筑（砌筑）工程所用的原材料及外加剂应符合设计文件及国家现行标准的规定，并具有合格的质量证明文件</td><td></td><td colspan="2" rowspan="3"></td></tr>
<tr><td>2</td><td colspan="2">基础、涵台混凝土应按 JGJ 55—2011《普通混凝土配合比设计规程》的有关规定，根据混凝土强度等级、耐久性和工作性等要求进行配合比设计，对有特殊要求的混凝土配合比设计还应符合国家标准的相关规定。结构混凝土的强度等级应符合设计文件要求。用于检查结构构件混凝土强度的试件，应在混凝土的浇筑地点随机抽取。对有抗冻、抗渗要求的混凝土结构，其抗冻、抗渗等级应符合设计文件要求，其混凝土试件应在浇筑地点随机取样</td><td></td></tr>
<tr><td>3</td><td colspan="2">基础、涵台砌体砂浆试件强度验收时，同一检验批砂浆试件抗压强度平均值应不小于设计强度等级所对应的抗压强度的 1.10 倍；同一检验批砂浆试件抗压强度的最小一组平均值应不小于设计强度等级所对应的抗压强度的 0.85 倍</td><td></td></tr>
<tr><td rowspan="2">一般项目</td><td>1</td><td colspan="2">基础、涵台混凝土的初凝时间控制应大于分层浇筑时后层混凝土的运输、浇筑及间歇的全部时间，且混凝土强度不大于 C30，气温不高于 25℃时不宜小于 210min，气温高于 25℃时不宜小于 180min；混凝土强度大于 C30，气温不高于 25℃时不宜小于 180min，气温高于 25℃时不宜小于 150min。施工缝的位置及处理应符合设计文件和施工技术方案要求。混凝土应表面平整，施工缝平顺，外露面应棱角线平直且色泽一致。混凝土表面蜂窝面积不应超过结构同侧面积的 0.2%，深度不应超过骨料最大粒径。麻面面积下部结构不应超过结构同侧面积的 1%，上部结构不应超过结构同侧面积的 0.5%，且麻面不应集中</td><td></td><td colspan="2" rowspan="2"></td></tr>
<tr><td>2</td><td colspan="2">基础、涵台砌体外观应直顺，表面应平整，勾缝应平顺；勾缝应无空鼓和脱落现象；砌缝裂隙宽度不应超过 0.5mm</td><td></td></tr>
</table>

基础、涵台浇筑（砌筑）检验批质量验收记录（续表） SY/T 4211

<table>
<tr><td>工程名称</td><td colspan="4"></td><td colspan="2">分项工程名称</td><td colspan="4"></td><td colspan="4">验收部位</td><td></td></tr>
<tr><td>施工单位</td><td colspan="4"></td><td colspan="2">专业负责人</td><td colspan="4"></td><td colspan="4">项目经理</td><td></td></tr>
<tr><td colspan="3">施工执行标准名称及编号</td><td colspan="5"></td><td colspan="3">检验批编号</td><td colspan="5"></td></tr>
<tr><td colspan="7">质量验收规范规定</td><td colspan="8">施工单位检查验收记录</td><td>监理（建设）单位验收记录</td></tr>
<tr><td rowspan="5">一般项目</td><td rowspan="5">3</td><td rowspan="5">基础、涵台浇筑（砌筑）实测项目及允许偏差</td><td rowspan="2">涵台断面尺寸（mm）</td><td>片石砌体</td><td colspan="2">±20</td><td></td><td></td><td></td><td></td><td></td><td></td><td></td><td></td><td rowspan="5"></td></tr>
<tr><td>混凝土</td><td colspan="2">±15</td><td></td><td></td><td></td><td></td><td></td><td></td><td></td><td></td></tr>
<tr><td colspan="2">涵台竖直度或斜度</td><td colspan="2">0.5%H</td><td></td><td></td><td></td><td></td><td></td><td></td><td></td><td></td></tr>
<tr><td rowspan="2">顶面高程（mm）</td><td>基础</td><td colspan="2">±30</td><td></td><td></td><td></td><td></td><td></td><td></td><td></td><td></td></tr>
<tr><td>涵台</td><td colspan="2">±15</td><td></td><td></td><td></td><td></td><td></td><td></td><td></td><td></td></tr>
<tr><td colspan="2">施工单位检查验收结果</td><td colspan="14">项目专业质量检查员：　　　　年　月　日</td></tr>
<tr><td colspan="2">监理（建设）单位验收结论</td><td colspan="14">监理工程师
（建设单位项目代表）　　　　年　月　日</td></tr>
</table>

3.11.40 盖板制作检验批质量验收记录 SY/T 4211

<table>
<tr><td colspan="2">工程名称</td><td colspan="2"></td><td colspan="2">分项工程名称</td><td></td><td>验收部位</td><td></td></tr>
<tr><td colspan="2">施工单位</td><td colspan="2"></td><td colspan="2">专业负责人</td><td></td><td>项目经理</td><td></td></tr>
<tr><td colspan="3">施工执行标准名称及编号</td><td colspan="3"></td><td>检验批编号</td><td colspan="2"></td></tr>
<tr><td colspan="6">质量验收规范规定</td><td colspan="2">施工单位检查验收记录</td><td>监理（建设）单位验收记录</td></tr>
<tr><td rowspan="2">主控项目</td><td>1</td><td colspan="4">盖板制作工程所用的原材料及外加剂应符合设计文件及国家现行标准的规定，并具有合格的质量证明文件</td><td colspan="2"></td><td rowspan="2"></td></tr>
<tr><td>2</td><td colspan="4">盖板混凝土应按 JGJ 55—2011《普通混凝土配合比设计规程》的有关规定，根据混凝土强度等级、耐久性和工作性等要求进行配合比设计，对有特殊要求的混凝土配合比设计还应符合国家标准的相关规定。结构混凝土的强度等级应符合设计文件要求。用于检查结构构件混凝土强度的试件，应在混凝土的浇筑地点随机抽取。对有抗冻、抗渗要求的混凝土结构，其抗冻、抗渗等级应符合设计文件要求，其混凝土试件应在浇筑地点随机取样</td><td colspan="2"></td></tr>
<tr><td>一般项目</td><td>1</td><td colspan="4">盖板混凝土的初凝时间控制应大于分层浇筑时后层混凝土的运输、浇筑及间歇的全部时间，且混凝土强度不大于 C30，气温不高于 25℃时不宜小于 210min，气温高于 25℃时不宜小于 180min；混凝土强度大于 C30，气温不高于 25℃时不宜小于 180min，气温高于 25℃时不宜小于 150min。施工缝的位置及处理应符合设计文件和施工技术方案要求。混凝土应表面平整，施工缝平顺，外露面应棱角线平直且色泽一致。混凝土表面蜂窝面积不应超过结构同侧面积的 0.2%，深度不应超过骨料最大粒径。麻面面积下部结构不应超过结构同侧面积的 1%，上部结构不应超过结构同侧面积的 0.5%，且麻面不应集中</td><td colspan="2"></td><td></td></tr>
<tr><td rowspan="5">一般项目</td><td rowspan="5">2</td><td rowspan="5">盖板制作实测项目及允许偏差（mm）</td><td rowspan="2">板厚</td><td>明涵</td><td>+10，0</td><td colspan="2"></td><td rowspan="5"></td></tr>
<tr><td>暗涵</td><td>不小于设计值</td><td colspan="2"></td></tr>
<tr><td rowspan="2">宽度</td><td>现浇</td><td>± 20</td><td colspan="2"></td></tr>
<tr><td>预制</td><td>± 10</td><td colspan="2"></td></tr>
<tr><td colspan="2">长度</td><td>+20，−10</td><td colspan="2"></td></tr>
<tr><td colspan="3">施工单位检查验收结果</td><td colspan="6">项目专业质量检查员：　　　　年　月　日</td></tr>
<tr><td colspan="3">监理（建设）单位验收结论</td><td colspan="6">监理工程师
（建设单位项目代表）　　　　年　月　日</td></tr>
</table>

3.11.41 盖板安装检验批质量验收记录 SY/T 4211

<table>
<tr><td colspan="2">工程名称</td><td colspan="2"></td><td>分项工程名称</td><td colspan="3"></td><td colspan="4">验收部位</td><td colspan="4"></td></tr>
<tr><td colspan="2">施工单位</td><td colspan="2"></td><td>专业负责人</td><td colspan="3"></td><td colspan="4">项目经理</td><td colspan="4"></td></tr>
<tr><td colspan="4">施工执行标准名称及编号</td><td colspan="2"></td><td colspan="2">检验批编号</td><td colspan="8"></td></tr>
<tr><td colspan="6">质量验收规范规定</td><td colspan="8">施工单位检查验收记录</td><td>监理（建设）单位验收记录</td></tr>
<tr><td>主控项目</td><td>1</td><td colspan="4">盖板安装工程所用的原材料及外加剂应符合设计文件及国家现行标准的规定，并具有合格的质量证明文件</td><td colspan="8"></td><td></td></tr>
<tr><td rowspan="3">一般项目</td><td>1</td><td colspan="4">盖板就位后，板与支承面应密合，否则应重新安装</td><td colspan="8"></td><td rowspan="3"></td></tr>
<tr><td rowspan="2">2</td><td rowspan="2">盖板安装实测项目及允许偏差（mm）</td><td colspan="2">支撑面中心偏位</td><td>10</td><td></td><td></td><td></td><td></td><td></td><td></td><td></td><td></td></tr>
<tr><td colspan="2">相邻板最大高差</td><td>10</td><td></td><td></td><td></td><td></td><td></td><td></td><td></td><td></td></tr>
<tr><td colspan="2">施工单位检查验收结果</td><td colspan="13">项目专业质量检查员： 年 月 日</td></tr>
<tr><td colspan="2">监理（建设）单位验收结论</td><td colspan="13">监理工程师
（建设单位项目代表） 年 月 日</td></tr>
</table>

3.11.42 拱涵浇筑（砌筑）检验批质量验收记录 SY/T 4211

<table>
<tr><td>工程名称</td><td></td><td>分项工程名称</td><td></td><td>验收部位</td><td></td></tr>
<tr><td>施工单位</td><td></td><td>专业负责人</td><td></td><td>项目经理</td><td></td></tr>
<tr><td colspan="2">施工执行标准名称及编号</td><td></td><td>检验批编号</td><td colspan="2"></td></tr>
<tr><td colspan="3">质量验收规范规定</td><td colspan="2">施工单位检查验收记录</td><td>监理（建设）单位验收记录</td></tr>
<tr><td rowspan="3">主控项目</td><td>1</td><td>拱涵浇筑（砌筑）工程所用的原材料及外加剂应符合设计文件及国家现行标准的规定，并具有合格的质量证明文件</td><td colspan="2"></td><td rowspan="3"></td></tr>
<tr><td>2</td><td>拱涵混凝土应按 JGJ 55—2011《普通混凝土配合比设计规程》的有关规定，根据混凝土强度等级、耐久性和工作性等要求进行配合比设计，对有特殊要求的混凝土配合比设计还应符合国家标准的相关规定。结构混凝土的强度等级应符合设计文件要求。用于检查结构构件混凝土强度的试件，应在混凝土的浇筑地点随机抽取。对有抗冻、抗渗要求的混凝土结构，其抗冻、抗渗等级应符合设计文件要求，其混凝土试件应在浇筑地点随机取样</td><td colspan="2"></td></tr>
<tr><td>3</td><td>拱涵砌体砂浆试件强度验收时，同一检验批砂浆试件抗压强度平均值应不小于设计强度等级所对应的抗压强度的 1.10 倍；同一检验批砂浆试件抗压强度的最小一组平均值应不小于设计强度等级所对应的抗压强度的 0.85 倍</td><td colspan="2"></td></tr>
<tr><td rowspan="2">一般项目</td><td>1</td><td>拱涵混凝土的初凝时间控制应大于分层浇筑时后层混凝土的运输、浇筑及间歇的全部时间，且混凝土强度不大于 C30，气温不高于 25℃时不宜小于 210min，气温高于 25℃时不宜小于 180min；混凝土强度大于 C30，气温不高于 25℃时不宜小于 180min，气温高于 25℃时不宜小于 150min。施工缝的位置及处理应符合设计文件和施工技术方案要求。混凝土应表面平整，施工缝平顺，外露面应棱角线平直且色泽一致。混凝土表面蜂窝面积不应超过结构同侧面积的 0.2%，深度不应超过骨料最大粒径。麻面面积下部结构不应超过结构同侧面积的 1%，上部结构不应超过结构同侧面积的 0.5%，且麻面不应集中</td><td colspan="2"></td><td></td></tr>
<tr><td>2</td><td>拱涵砌体的砌缝应均匀，勾缝应平顺，不应有开裂和脱落现象</td><td colspan="2"></td><td></td></tr>
</table>

拱涵浇筑（砌筑）检验批质量验收记录（续表） SY/T 4211

<table>
<tr><td colspan="3">工程名称</td><td colspan="2"></td><td>分项工程名称</td><td colspan="4"></td><td colspan="3">验收部位</td><td colspan="2"></td></tr>
<tr><td colspan="3">施工单位</td><td colspan="2"></td><td>专业负责人</td><td colspan="4"></td><td colspan="3">项目经理</td><td colspan="2"></td></tr>
<tr><td colspan="4">施工执行标准名称及编号</td><td colspan="2"></td><td colspan="2">检验批编号</td><td colspan="7"></td></tr>
<tr><td colspan="6">质量验收规范规定</td><td colspan="8">施工单位检查验收记录</td><td>监理（建设）单位验收记录</td></tr>
<tr><td rowspan="3">一般项目</td><td rowspan="3">3</td><td rowspan="3">拱涵浇筑（砌筑）实测项目及允许偏差（mm）</td><td rowspan="2">拱圈厚度</td><td>砌体</td><td>± 20</td><td></td><td></td><td></td><td></td><td></td><td></td><td></td><td></td><td rowspan="3"></td></tr>
<tr><td>混凝土</td><td>± 15</td><td></td><td></td><td></td><td></td><td></td><td></td><td></td><td></td></tr>
<tr><td colspan="2">内弧线偏离设计弧线</td><td>± 20</td><td></td><td></td><td></td><td></td><td></td><td></td><td></td><td></td></tr>
<tr><td colspan="2">施工单位检查验收结果</td><td colspan="13">项目专业质量检查员： 年 月 日</td></tr>
<tr><td colspan="2">监理（建设）单位验收结论</td><td colspan="13">监理工程师
（建设单位项目代表） 年 月 日</td></tr>
</table>

3.11.43 管座及涵管安装检验批质量验收记录 SY/T 4211

<table>
<tr><td colspan="3">工程名称</td><td colspan="3"></td><td colspan="2">分项工程名称</td><td colspan="4"></td><td colspan="3">验收部位</td><td></td></tr>
<tr><td colspan="3">施工单位</td><td colspan="3"></td><td colspan="2">专业负责人</td><td colspan="4"></td><td colspan="3">项目经理</td><td></td></tr>
<tr><td colspan="5">施工执行标准名称及编号</td><td colspan="3"></td><td colspan="3">检验批编号</td><td colspan="5"></td></tr>
<tr><td colspan="7">质量验收规范规定</td><td colspan="8">施工单位检查验收记录</td><td>监理（建设）单位验收记录</td></tr>
<tr><td rowspan="2">主控项目</td><td>1</td><td colspan="5">管座及涵管安装工程所用的原材料、半成品应符合设计文件及国家现行标准的规定，并具有合格的质量证明文件</td><td colspan="8"></td><td rowspan="2"></td></tr>
<tr><td>2</td><td colspan="5">每节管底坡度均不应出现反坡</td><td colspan="8"></td></tr>
<tr><td rowspan="6">一般项目</td><td>1</td><td colspan="5">管座沉降缝应与涵管接头平齐，不应有错位现象</td><td colspan="8"></td><td rowspan="6"></td></tr>
<tr><td>2</td><td colspan="5">管节安装应顺直，接头填缝应饱满</td><td colspan="8"></td></tr>
<tr><td>3</td><td colspan="5">接缝填料嵌填应密实，接缝表面应平整，不应有间断、裂缝、空鼓现象</td><td colspan="8"></td></tr>
<tr><td rowspan="3">4</td><td rowspan="3">管座及涵管安装实测项目及允许偏差（mm）</td><td colspan="3">管座或垫层宽度、厚度</td><td>≥设计值</td><td></td><td></td><td></td><td></td><td></td><td></td><td></td><td></td></tr>
<tr><td rowspan="2">相邻管节底面错台</td><td rowspan="2">管径</td><td>≤1m</td><td>3</td><td></td><td></td><td></td><td></td><td></td><td></td><td></td><td></td></tr>
<tr><td>>1m</td><td>5</td><td></td><td></td><td></td><td></td><td></td><td></td><td></td><td></td></tr>
<tr><td colspan="2">施工单位检查验收结果</td><td colspan="14">

项目专业质量检查员： 年 月 日</td></tr>
<tr><td colspan="2">监理（建设）单位验收结论</td><td colspan="14">

监理工程师
（建设单位项目代表） 年 月 日</td></tr>
</table>

3.11.44 倒虹吸竖井、集水井砌筑（浇筑）检验批质量验收记录 SY/T 4211

工程名称		分项工程名称		验收部位	
施工单位		专业负责人		项目经理	
施工执行标准名称及编号				检验批编号	

质量验收规范规定			施工单位检查验收记录	监理（建设）单位验收记录
主控项目	1	倒虹吸竖井、集水井砌筑（浇筑）工程所用的原材料、半成品应符合设计文件及国家现行标准的规定，并具有合格的质量证明文件		
	2	砌体沉降缝、伸缩缝、泄水孔及防水层的设置，应符合设计文件要求		
	3	防渗漏的倒虹吸涵管应做渗漏试验，渗漏量应符合设计文件要求		
	4	倒虹吸竖井、集水井混凝土应按JGJ 55—2011《普通混凝土配合比设计规程》的有关规定，根据混凝土强度等级、耐久性和工作性等要求进行配合比设计，对有特殊要求的混凝土配合比设计还应符合国家标准的相关规定。结构混凝土的强度等级应符合设计文件要求。用于检查结构构件混凝土强度的试件，应在混凝土的浇筑地点随机抽取。对有抗冻、抗渗要求的混凝土结构，其抗冻、抗渗等级应符合设计文件要求，其混凝土试件应在浇筑地点随机取样		
	5	倒虹吸竖井、集水井砌体砂浆试件强度验收时，同一检验批砂浆试件抗压强度平均值应不小于设计强度等级所对应的抗压强度的1.10倍；同一检验批砂浆试件抗压强度的最小一组平均值应不小于设计强度等级所对应的抗压强度的0.85倍		
一般项目	1	接头填缝应平整密实、不漏水		
	2	井壁应平整、圆滑，抹面不应有麻面、裂缝		

倒虹吸竖井、集水井砌筑（浇筑）检验批质量验收记录（续表） SY/T 4211

<table>
<tr><td colspan="3">工程名称</td><td colspan="2"></td><td colspan="4">分项工程名称</td><td colspan="4"></td><td>验收部位</td><td></td></tr>
<tr><td colspan="3">施工单位</td><td colspan="2"></td><td colspan="4">专业负责人</td><td colspan="4"></td><td>项目经理</td><td></td></tr>
<tr><td colspan="4">施工执行标准名称及编号</td><td colspan="2"></td><td colspan="4">检验批编号</td><td colspan="5"></td></tr>
<tr><td colspan="6">质量验收规范规定</td><td colspan="8">施工单位检查验收记录</td><td>监理（建设）单位验收记录</td></tr>
<tr><td rowspan="4">一般项目</td><td rowspan="4">3</td><td rowspan="4">倒虹吸竖井砌筑（浇筑）实测项目及允许偏差（mm）</td><td colspan="2">井底高程</td><td>± 15</td><td></td><td></td><td></td><td></td><td></td><td></td><td></td><td></td><td rowspan="4"></td></tr>
<tr><td colspan="2">井口高程</td><td>± 20</td><td></td><td></td><td></td><td></td><td></td><td></td><td></td><td></td></tr>
<tr><td colspan="2">圆井直径或方井边长</td><td>± 20</td><td></td><td></td><td></td><td></td><td></td><td></td><td></td><td></td></tr>
<tr><td colspan="2">井壁、井底厚</td><td>+20，−5</td><td></td><td></td><td></td><td></td><td></td><td></td><td></td><td></td></tr>
<tr><td colspan="2">施工单位检查验收结果</td><td colspan="13">项目专业质量检查员：　　　　年　月　日</td></tr>
<tr><td colspan="2">监理（建设）单位验收结论</td><td colspan="13">监理工程师
（建设单位项目代表）　　　　年　月　日</td></tr>
</table>

3.11.45 箱涵浇筑检验批质量验收记录 SY/T 4211

<table>
<tr><td>工程名称</td><td colspan="2"></td><td>分项工程名称</td><td></td><td>验收部位</td><td></td></tr>
<tr><td>施工单位</td><td colspan="2"></td><td>专业负责人</td><td></td><td>项目经理</td><td></td></tr>
<tr><td colspan="2">施工执行标准名称及编号</td><td colspan="2"></td><td>检验批编号</td><td colspan="2"></td></tr>
<tr><td colspan="4">质量验收规范规定</td><td colspan="2">施工单位检查验收记录</td><td>监理（建设）单位验收记录</td></tr>
<tr><td rowspan="2">主控项目</td><td>1</td><td colspan="2">箱涵浇筑工程所用的原材料及外加剂应符合设计文件及国家现行标准的规定，并具有合格的质量证明文件</td><td colspan="2"></td><td rowspan="2"></td></tr>
<tr><td>2</td><td colspan="2">箱涵浇筑混凝土应按 JGJ 55—2011《普通混凝土配合比设计规程》的有关规定，根据混凝土强度等级、耐久性和工作性等要求进行配合比设计，对有特殊要求的混凝土配合比设计还应符合国家标准的相关规定。结构混凝土的强度等级应符合设计文件要求。用于检查结构构件混凝土强度的试件，应在混凝土的浇筑地点随机抽取。对有抗冻、抗渗要求的混凝土结构，其抗冻、抗渗等级应符合设计文件要求，其混凝土试件应在浇筑地点随机取样</td><td colspan="2"></td></tr>
<tr><td>一般项目</td><td>1</td><td colspan="2">箱涵浇筑混凝土的初凝时间控制应大于分层浇筑时后层混凝土的运输、浇筑及间歇的全部时间，且混凝土强度不大于 C30，气温不高于 25℃时不宜小于 210min，气温高于 25℃时不宜小于 180min；混凝土强度大于 C30，气温不高于 25℃时不宜小于 180min，气温高于 25℃时不宜小于 150min。施工缝的位置及处理应符合设计文件和施工技术方案要求。混凝土应表面平整，施工缝平顺，外露面应棱角线平直且色泽一致。混凝土表面蜂窝面积不应超过结构同侧面积的 0.2%，深度不应超过骨料最大粒径。麻面面积下部结构不应超过结构同侧面积的 1%，上部结构不应超过结构同侧面积的 0.5%，且麻面不应集中</td><td colspan="2"></td><td></td></tr>
</table>

箱涵浇筑检验批质量验收记录（续表） SY/T 4211

<table>
<tr><td colspan="3">工程名称</td><td colspan="2"></td><td>分项工程名称</td><td colspan="3"></td><td colspan="4">验收部位</td><td></td></tr>
<tr><td colspan="3">施工单位</td><td colspan="2"></td><td>专业负责人</td><td colspan="3"></td><td colspan="4">项目经理</td><td></td></tr>
<tr><td colspan="5">施工执行标准名称及编号</td><td colspan="3"></td><td colspan="4">检验批编号</td><td colspan="2"></td></tr>
<tr><td colspan="7">质量验收规范规定</td><td colspan="8">施工单位检查验收记录</td><td>监理（建设）单位验收记录</td></tr>
<tr><td rowspan="6">一般项目</td><td rowspan="6">2</td><td rowspan="6">箱涵浇筑实测项目及允许偏差（mm）</td><td colspan="2">净高度</td><td>+5，−10</td><td></td><td></td><td></td><td></td><td></td><td></td><td></td><td></td><td rowspan="6"></td></tr>
<tr><td colspan="2">净宽度</td><td>± 30</td><td></td><td></td><td></td><td></td><td></td><td></td><td></td><td></td></tr>
<tr><td rowspan="2">顶板厚</td><td>明涵</td><td>+10，0</td><td></td><td></td><td></td><td></td><td></td><td></td><td></td><td></td></tr>
<tr><td>暗涵</td><td>不小于设计值</td><td></td><td></td><td></td><td></td><td></td><td></td><td></td><td></td></tr>
<tr><td colspan="2">侧墙和底板厚</td><td>不小于设计值</td><td></td><td></td><td></td><td></td><td></td><td></td><td></td><td></td></tr>
<tr><td colspan="2">平整度</td><td>5</td><td></td><td></td><td></td><td></td><td></td><td></td><td></td><td></td></tr>
<tr><td colspan="2">施工单位检查验收结果</td><td colspan="14">项目专业质量检查员：　　　　年　月　日</td></tr>
<tr><td colspan="2">监理（建设）单位验收结论</td><td colspan="14">监理工程师
（建设单位项目代表）　　　　年　月　日</td></tr>
</table>

3.11.46 一字墙和八字墙检验批质量验收记录 SY/T 4211

工程名称			分项工程名称		验收部位	
施工单位			专业负责人		项目经理	
施工执行标准名称及编号				检验批编号		
质量验收规范规定				施工单位检查验收记录		监理（建设）单位验收记录
主控项目	1	一字墙和八字墙工程所用的原材料及外加剂应符合设计文件及国家现行标准的规定，并具有合格的质量证明文件				
	2	一字墙和八字墙浇筑混凝土应按 JGJ 55—2011《普通混凝土配合比设计规程》的有关规定，根据混凝土强度等级、耐久性和工作性等要求进行配合比设计，对有特殊要求的混凝土配合比设计还应符合国家标准的相关规定。结构混凝土的强度等级应符合设计文件要求。用于检查结构构件混凝土强度的试件，应在混凝土的浇筑地点随机抽取。对有抗冻、抗渗要求的混凝土结构，其抗冻、抗渗等级应符合设计文件要求，其混凝土试件应在浇筑地点随机取样				
	3	一字墙和八字墙砂浆试件强度验收时，同一检验批砂浆试件抗压强度平均值应不小于设计强度等级所对应的抗压强度的 1.10 倍；同一检验批砂浆试件抗压强度的最小一组平均值应不小于设计强度等级所对应的抗压强度的 0.85 倍				
一般项目	1	一字墙和八字墙混凝土的初凝时间控制应大于分层浇筑时后层混凝土的运输、浇筑及间歇的全部时间，且混凝土强度不大于 C30，气温不高于 25℃时不宜小于 210min，气温高于 25℃时不宜小于 180min；混凝土强度大于 C30，气温不高于 25℃时不宜小于 180min，气温高于 25℃时不宜小于 150min。施工缝的位置及处理应符合设计文件和施工技术方案要求。混凝土应表面平整，施工缝平顺，外露面应棱角线平直且色泽一致。混凝土表面蜂窝面积不应超过结构同侧面积的 0.2%，深度不应超过骨料最大粒径。麻面面积下部结构不应超过结构同侧面积的 1%，上部结构不应超过结构同侧面积的 0.5%，且麻面不应集中				
	2	一字墙和八字墙砌体外观应直顺，表面应平整，勾缝应平顺；勾缝应无空鼓和脱落现象；砌缝裂隙宽度不应超过 0.5mm				

一字墙和八字墙检验批质量验收记录（续表） SY/T 4211

<table>
<tr><td>工程名称</td><td colspan="3"></td><td>分项工程名称</td><td colspan="3"></td><td colspan="3">验收部位</td><td colspan="3"></td></tr>
<tr><td>施工单位</td><td colspan="3"></td><td>专业负责人</td><td colspan="3"></td><td colspan="3">项目经理</td><td colspan="3"></td></tr>
<tr><td colspan="4">施工执行标准名称及编号</td><td></td><td colspan="3">检验批编号</td><td colspan="6"></td></tr>
<tr><td colspan="5">质量验收规范规定</td><td colspan="8">施工单位检查验收记录</td><td>监理（建设）单位验收记录</td></tr>
<tr><td rowspan="6">一般项目</td><td>3</td><td colspan="3">砂浆抹面应平整、直顺，不应有麻面、裂缝，色泽应均匀</td><td colspan="8"></td><td rowspan="6"></td></tr>
<tr><td rowspan="5">4</td><td rowspan="5">一字墙和八字墙实测项目及允许偏差</td><td>平面位置（mm）</td><td>50</td><td></td><td></td><td></td><td></td><td></td><td></td><td></td><td></td></tr>
<tr><td>顶面高程（mm）</td><td>± 20</td><td></td><td></td><td></td><td></td><td></td><td></td><td></td><td></td></tr>
<tr><td>底面高程（mm）</td><td>± 50</td><td></td><td></td><td></td><td></td><td></td><td></td><td></td><td></td></tr>
<tr><td>竖直度或坡度（%）</td><td>± 0.5</td><td></td><td></td><td></td><td></td><td></td><td></td><td></td><td></td></tr>
<tr><td>断面尺寸（mm）</td><td>不小于设计值</td><td></td><td></td><td></td><td></td><td></td><td></td><td></td><td></td></tr>
<tr><td colspan="2">施工单位检查验收结果</td><td colspan="12">项目专业质量检查员：　　　　年　月　日</td></tr>
<tr><td colspan="2">监理（建设）单位验收结论</td><td colspan="12">监理工程师
（建设单位项目代表）　　　　年　月　日</td></tr>
</table>

3.11.47 涵洞总体检验批质量验收记录 SY/T 4211

<table>
<tr><td colspan="2">工程名称</td><td></td><td colspan="2">分项工程名称</td><td></td><td>验收部位</td><td></td></tr>
<tr><td colspan="2">施工单位</td><td></td><td colspan="2">专业负责人</td><td></td><td>项目经理</td><td></td></tr>
<tr><td colspan="3">施工执行标准名称及编号</td><td colspan="2"></td><td>检验批编号</td><td colspan="2"></td></tr>
<tr><td colspan="5">质量验收规范规定</td><td colspan="2">施工单位检查验收记录</td><td>监理（建设）单位验收记录</td></tr>
<tr><td rowspan="3">主控项目</td><td rowspan="3">1</td><td rowspan="3">涵洞的高程、孔径和净高实测项目及允许偏差（mm）</td><td>流水面高程</td><td>± 20</td><td colspan="2"></td><td rowspan="3"></td></tr>
<tr><td>孔径</td><td>± 20</td><td colspan="2"></td></tr>
<tr><td>净高</td><td>明涵 ± 20
暗涵 ± 50</td><td colspan="2"></td></tr>
<tr><td rowspan="7">一般项目</td><td>1</td><td colspan="3">接缝、沉降缝位置应正确，填缝不应有空鼓、裂缝、漏水现象</td><td colspan="2"></td><td rowspan="7"></td></tr>
<tr><td>2</td><td colspan="3">洞身应顺直，进出口、洞身、沟槽等衔接应平顺，不应有阻水现象</td><td colspan="2"></td></tr>
<tr><td>3</td><td colspan="3">帽石、一字墙或八字墙等应平直，与路线边坡、线形应匹配，棱角应分明</td><td colspan="2"></td></tr>
<tr><td>4</td><td colspan="3">外露混凝土表面应平整，色泽应一致</td><td colspan="2"></td></tr>
<tr><td rowspan="3">5</td><td rowspan="3">涵洞的轴线偏位、涵底铺砌厚度、长度实测项目及允许偏差（mm）</td><td>轴线偏位</td><td>明涵 20
暗涵 50</td><td colspan="2"></td></tr>
<tr><td>涵底铺砌厚度</td><td>+40，−10</td><td colspan="2"></td></tr>
<tr><td>长度</td><td>+100，−50</td><td colspan="2"></td></tr>
<tr><td colspan="2">施工单位检查验收结果</td><td colspan="6">

项目专业质量检查员：　　　　年　月　日</td></tr>
<tr><td colspan="2">监理（建设）单位验收结论</td><td colspan="6">

监理工程师
（建设单位项目代表）　　　　年　月　日</td></tr>
</table>

3.12 非金属管道管道工程①

3.12.1 管道下料与加工检验批质量验收记录 SY/T 4214

工程名称		分项工程名称		验收部位
施工单位		专业负责人		项目经理
施工执行标准名称及编号			检验批编号	
质量验收规范规定			施工单位检查评定记录	监理（建设）单位验收意见
主控项目	1	非金属管道的材质、规格、型号应符合设计及相关标准规范的规定		
	2	管道切口表面无裂纹、分层、缩口等缺陷		
一般项目	1	管道切口端面应与管子轴线垂直，切口端面倾斜偏差不应大于管子外径的1%，且不大于5mm		
	2	钢骨架聚乙烯塑料复合管加工后的管端宜采用封口机封口，封口处焊缝应平整均匀，外露钢骨架应完全遮盖		
施工单位检查评定结果	项目专业质量检查员：　　　　年　月　日			
监理（建设）单位验收结论	监理工程师 （建设单位项目代表）：　　　　年　月　日			

① 本部分的“SY/T 4214”代表依据为SY/T 4214—2017《石油天然气建设工程施工质量验收规范 油气田非金属管道工程》。

3.12.2 热塑性塑料管道安装检验批质量验收记录 SY/T 4214

工程名称			分项工程名称		验收部位	
施工单位			专业负责人		项目经理	
施工执行标准名称及编号				检验批编号		
质量验收规范规定				施工单位检查评定记录		监理（建设）单位验收意见
主控项目	1	管子和管件的型号、规格应符合设计要求及相关标准的规定				
	2	设计无规定时，套管两端伸出路基、路肩外不少于1m				
	3	路边有排水沟时，套管两端应各伸出排水沟外1m				
	4	套管距路面最小垂直距离不应小于0.5m				
	5	套管内径不应小于穿越管段上直径最大部位的外径加50mm				
	6	套管内穿越管段不宜有接头				
	7	对于有接头的穿越管道，应在穿越前对穿越部分进行压力试验，并办理隐蔽工程交接手续				
	8	对于塑料管道，套管内管段连接宜采用电熔连接				
	9	当采用热熔对接时，应对套管内所有接头进行翻边切除检查				
一般项目	1	非金属平垫片的周边应整齐，垫片尺寸应与法兰密封面相符				
		垫片内、外径尺寸允许偏差	管道外（直）径小于125mm时，垫片内径允许偏差为 −2.0mm			
			当管道外（直）径不小于125mm时，垫片内径允许偏差为 −3.5mm			
	2	直管段相邻接头间距	管外径不小于150mm时，间距不小于150mm			
			管外径小于150mm时，间距不小于管道外径且不小于50mm			

热塑性塑料管道安装检验批质量验收记录（续表） SY/T 4214

<table>
<tr><td colspan="2">工程名称</td><td></td><td>分项工程名称</td><td colspan="4"></td><td colspan="4">验收部位</td><td></td></tr>
<tr><td colspan="2">施工单位</td><td></td><td>专业负责人</td><td colspan="4"></td><td colspan="4">项目经理</td><td></td></tr>
<tr><td colspan="3">施工执行标准名称及编号</td><td></td><td colspan="4">检验批编号</td><td colspan="5"></td></tr>
<tr><td colspan="4">质量验收规范规定</td><td colspan="8">施工单位检查评定记录</td><td>监理（建设）单位验收意见</td></tr>
<tr><td>一般项目</td><td>3</td><td colspan="2">管道连接完成后，应进行接头标识，并应做好记录，标识用材料应对管道及其组成件无损害</td><td></td><td></td><td></td><td></td><td></td><td></td><td></td><td></td><td></td></tr>
<tr><td colspan="2">施工单位检查评定结果</td><td colspan="11">项目专业质量检查员： 年 月 日</td></tr>
<tr><td colspan="2">监理（建设）单位验收结论</td><td colspan="11">监理工程师
（建设单位项目代表）： 年 月 日</td></tr>
</table>

3.12.3 高压玻璃纤维管道安装检验批质量验收记录 SY/T 4214

<table>
<tr><td>工程名称</td><td colspan="2"></td><td>分项工程名称</td><td></td><td>验收部位</td><td></td></tr>
<tr><td>施工单位</td><td colspan="2"></td><td>专业负责人</td><td></td><td>项目经理</td><td></td></tr>
<tr><td colspan="3">施工执行标准名称及编号</td><td></td><td>检验批编号</td><td colspan="2"></td></tr>
<tr><td colspan="4">质量验收规范规定</td><td colspan="2">施工单位检查评定记录</td><td>监理（建设）单位验收意见</td></tr>
<tr><td rowspan="3">主控项目</td><td>1</td><td colspan="2">高压玻璃钢管道、管件及止推座的规格、型号应符合设计要求及相关标准的规定</td><td colspan="2"></td><td rowspan="3"></td></tr>
<tr><td>2</td><td colspan="2">玻璃钢管与钢管螺纹连接时，不应用钢短接的外螺纹与玻璃钢内螺纹直接连接</td><td colspan="2"></td></tr>
<tr><td>3</td><td colspan="2">止推座的安装位置、数量应符合设计文件规定</td><td colspan="2"></td></tr>
<tr><td rowspan="3">一般项目</td><td>1</td><td colspan="2">管道应按内螺纹端朝向介质源的方向进行排布</td><td colspan="2"></td><td rowspan="3"></td></tr>
<tr><td>2</td><td colspan="2">管道连接前应用毛刷在内螺纹、外螺纹上均匀涂抹生产厂提供的螺纹密封脂</td><td colspan="2"></td></tr>
<tr><td>3</td><td colspan="2">当连接时，管道的内螺纹、外螺纹应对直、对正，螺纹啮合应正确。当拧紧时，施加的扭矩应均匀且符合产品说明书要求</td><td colspan="2"></td></tr>
<tr><td colspan="2">施工单位检查评定结果</td><td colspan="5">项目专业质量检查员： 年 月 日</td></tr>
<tr><td colspan="2">监理（建设）单位验收结论</td><td colspan="5">监理工程师
（建设单位项目代表）： 年 月 日</td></tr>
</table>

3.12.4 塑料合金防腐蚀复合管道安装检验批质量验收记录 SY/T 4214

<table>
<tr><td colspan="2">工程名称</td><td></td><td>分项工程名称</td><td></td><td>验收部位</td><td></td></tr>
<tr><td colspan="2">施工单位</td><td></td><td>专业负责人</td><td></td><td>项目经理</td><td></td></tr>
<tr><td colspan="3">施工执行标准名称及编号</td><td></td><td>检验批编号</td><td colspan="2"></td></tr>
<tr><td colspan="4">质量验收规范规定</td><td colspan="2">施工单位检查评定记录</td><td>监理（建设）单位验收意见</td></tr>
<tr><td rowspan="3">主控项目</td><td>1</td><td colspan="2">管子和管件的规格、型号应符合设计要求及相关标准的规定</td><td colspan="2"></td><td rowspan="3"></td></tr>
<tr><td>2</td><td colspan="2">复合管之间应采用螺纹连接，当螺纹连接用于复合管与钢管连接时，应采用焊接转换接头</td><td colspan="2"></td></tr>
<tr><td>3</td><td colspan="2">复合管与阀门或钢管之间应采用法兰连接</td><td colspan="2"></td></tr>
<tr><td rowspan="2">一般项目</td><td>1</td><td colspan="2">当复合管与其他管道交叉敷设时，复合管宜从横管下面穿越，相互净距应大于150mm，且不应小于复合管径；当从横管上面穿越时，相互净距宜大于200mm</td><td colspan="2"></td><td rowspan="2"></td></tr>
<tr><td>2</td><td colspan="2">当复合管管道采用弹性敷设时，管子的弯曲半径应符合SY/T 4214—2017《石油天然气建设工程施工质量验收规范　油气田非金属管道工程》表8.1.3的规定</td><td colspan="2"></td></tr>
<tr><td colspan="2">施工单位检查评定结果</td><td colspan="5">

项目专业质量检查员：　　　　　　年　月　日</td></tr>
<tr><td colspan="2">监理（建设）单位验收结论</td><td colspan="5">

监理工程师
（建设单位项目代表）：　　　　　　年　月　日</td></tr>
</table>

3.12.5 钢骨架聚乙烯塑料复合管道安装检验批质量验收记录 SY/T 4214

<table>
<tr><td colspan="2">工程名称</td><td colspan="2"></td><td>分项工程名称</td><td></td></tr>
<tr><td colspan="2">施工单位</td><td colspan="2"></td><td>专业负责人</td><td></td></tr>
<tr><td colspan="2">验收部位</td><td colspan="2"></td><td>项目经理</td><td></td></tr>
<tr><td colspan="3">施工执行标准名称及编号</td><td></td><td>检验批编号</td><td></td></tr>
<tr><td colspan="4">质量验收规范规定</td><td>施工单位检查评定记录</td><td>监理（建设）单位验收意见</td></tr>
<tr><td rowspan="9">主控项目</td><td>1</td><td colspan="2">管子和管件的规格、型号应符合设计要求及相关标准的规定</td><td></td><td rowspan="9"></td></tr>
<tr><td rowspan="5">2</td><td rowspan="5">电熔接头</td><td>管子和管件应完好无损，无变形及变色</td><td></td></tr>
<tr><td>应能看到有少量熔融物溢出，但溢出熔融物不应呈流淌状，且不应变色</td><td></td></tr>
<tr><td>承插接头应满足深度标识的要求；塑料管道接头处不得有熔融物溢出，承插连接钢骨架聚乙烯复合管道电熔管件连接允许少量溢料；电熔管件内电阻丝不应挤出</td><td></td></tr>
<tr><td>鞍形接头管壁不应塌陷，熔融物不应从鞍形管件周边溢出</td><td></td></tr>
<tr style="display:none"></tr>
<tr><td rowspan="3">3</td><td rowspan="3">热熔接头</td><td>热熔接头对接接头翻边应沿整个外圆周平滑对称、尺寸均匀、饱满、圆润，不得有切口或者缺口状缺陷，不得有明显的海绵状浮渣和气孔等；对接接头翻边的中心高度应大于 0；对接接头接头处的错变量不得超过管子壁厚的 10%；输送有毒介质、可燃介质的管道奇热融对接接头应进行 10% 的翻边切除检查，且不少于 1 个接头</td><td></td></tr>
<tr><td>承插接头应满足深度标识的要求，从承口件核插口件之间挤出的熔融材料，应在整个外圆周上形成均匀凸缘，接头处不应出现杂质、缩孔、裂纹等缺陷和管壁塌陷等损伤</td><td></td></tr>
<tr><td>鞍形接头不应塌陷，从鞍形管件和管子之间挤出的熔融材料应形成均匀的凸缘</td><td></td></tr>
</table>

钢骨架聚乙烯塑料复合管道安装检验批质量验收记录（续表） SY/T 4214

<table>
<tr><td colspan="2">工程名称</td><td colspan="2"></td><td>分项工程名称</td><td></td><td>验收部位</td><td></td></tr>
<tr><td colspan="2">施工单位</td><td colspan="2"></td><td>专业负责人</td><td></td><td>项目经理</td><td></td></tr>
<tr><td colspan="4">施工执行标准名称及编号</td><td></td><td>检验批编号</td><td colspan="2"></td></tr>
<tr><td colspan="5">质量验收规范规定</td><td colspan="2">施工单位检查评定记录</td><td>监理（建设）单位验收意见</td></tr>
<tr><td rowspan="3">主控项目</td><td rowspan="3">3</td><td rowspan="3">缠绕接头</td><td colspan="2">加强层表面应平整、光滑，无气泡、裂纹、层间开裂、贫胶区和烧伤等缺陷</td><td colspan="2"></td><td rowspan="3"></td></tr>
<tr><td colspan="2">玻璃钢管道缠绕接头加强层长度应为0.8~1.5倍管道直径，且不小于100mm，加强层厚度不应小于管道壁厚的1.5倍</td><td colspan="2"></td></tr>
<tr><td colspan="2">玻璃钢塑料复合管道的对接—缠绕接头内层塑料管子错变量不得超过内层塑料管子壁厚的10%，接头表面应打磨平整，局部凸起高度不得大于1mm，表面不得有未熔合、气孔、过烧等缺陷，接头加强层长度应为0.8~1.5倍管道直径，且不小于110mm，接头加强层厚度不小于外层玻璃钢壁厚</td><td colspan="2"></td></tr>
<tr><td rowspan="5">一般项目</td><td>1</td><td colspan="3">复合管表面伤痕深度不应超过管壁厚的10%，且不大于0.5mm</td><td colspan="2"></td><td rowspan="5"></td></tr>
<tr><td>2</td><td colspan="3">复合管加工后封口处外露钢骨架应完全遮盖</td><td colspan="2"></td></tr>
<tr><td>3</td><td colspan="3">法兰连接平行度偏差不应大于法兰外径的1.5‰，且不大于2mm</td><td colspan="2"></td></tr>
<tr><td>4</td><td colspan="3">电熔连接时，电熔套与管子配合间隙不应大于管子外径的1%</td><td colspan="2"></td></tr>
<tr><td>5</td><td colspan="3">电熔承插连接件同心度允许偏差不大于2%</td><td colspan="2"></td></tr>
<tr><td colspan="2">施工单位检查评定结果</td><td colspan="6">项目专业质量检查员：　　　　年　月　日</td></tr>
<tr><td colspan="2">监理（建设）单位验收结论</td><td colspan="6">监理工程师
（建设单位项目代表）：　　　　年　月　日</td></tr>
</table>

3.12.6 钢骨架增强塑料复合连续管道和柔性复合高压输送管道安装检验批质量验收记录 SY/T 4214

<table>
<tr><td colspan="2">工程名称</td><td colspan="2"></td><td colspan="4">分项工程名称</td><td colspan="4"></td><td>验收部位</td><td></td></tr>
<tr><td colspan="2">施工单位</td><td colspan="2"></td><td colspan="4">专业负责人</td><td colspan="4"></td><td>项目经理</td><td></td></tr>
<tr><td colspan="3">施工执行标准名称及编号</td><td colspan="5"></td><td colspan="4">检验批编号</td><td colspan="2"></td></tr>
<tr><td colspan="4">质量验收规范规定</td><td colspan="8">施工单位检查评定记录</td><td colspan="2">监理（建设）单位验收意见</td></tr>
<tr><td rowspan="4">主控项目</td><td>1</td><td colspan="2">管子和管件的型号、规格应符合设计要求及相关标准的规定，且应按批次进行检查和验收</td><td colspan="8"></td><td colspan="2" rowspan="4"></td></tr>
<tr><td>2</td><td colspan="2">金属接头焊接的焊材材质应符合设计文件要求和规范规定</td><td colspan="8"></td></tr>
<tr><td>3</td><td colspan="2">管道内螺纹、外螺纹保护器必须覆盖内螺纹、外螺纹端整个螺纹长度</td><td colspan="8"></td></tr>
<tr><td>4</td><td colspan="2">金属接头焊缝部位应进行无损检测；无设计要求时，Ⅱ级及以上为合格</td><td colspan="8"></td></tr>
<tr><td rowspan="11">一般项目</td><td rowspan="2">1</td><td rowspan="2">弯曲半径</td><td>钢丝增强骨架不小于 25D</td><td></td><td></td><td></td><td></td><td></td><td></td><td></td><td></td><td colspan="2" rowspan="11"></td></tr>
<tr><td>钢带增强骨架不小于 5m</td><td></td><td></td><td></td><td></td><td></td><td></td><td></td><td></td></tr>
<tr><td>2</td><td colspan="2">连续管内胀量应大于 5mm</td><td></td><td></td><td></td><td></td><td></td><td></td><td></td><td></td></tr>
<tr><td>3</td><td colspan="2">连续管外扣量应大于 5mm</td><td></td><td></td><td></td><td></td><td></td><td></td><td></td><td></td></tr>
<tr><td>4</td><td colspan="2">金属接头焊缝外观质量应符合焊接工艺规程和标准的规定</td><td></td><td></td><td></td><td></td><td></td><td></td><td></td><td></td></tr>
<tr><td>5</td><td colspan="2">法兰连接时，螺栓应均匀对称紧固，紧固后的螺栓与螺母宜齐平或露出 1~2 倍螺距</td><td></td><td></td><td></td><td></td><td></td><td></td><td></td><td></td></tr>
<tr><td>6</td><td colspan="2">活螺纹连接的螺纹表面应无裂纹、损伤、毛刺等缺陷，在螺纹根部不应残留任何污物和液体</td><td></td><td></td><td></td><td></td><td></td><td></td><td></td><td></td></tr>
<tr><td rowspan="3">7</td><td colspan="2">法兰密封面应相互平行，且应与钢管中心垂直</td><td></td><td></td><td></td><td></td><td></td><td></td><td></td><td></td></tr>
<tr><td rowspan="2">法兰外径允许偏差</td><td>公称直径不大于 300mm 时为 ±1mm</td><td></td><td></td><td></td><td></td><td></td><td></td><td></td><td></td></tr>
<tr><td>公称直径大于 300mm 时为 ±2mm</td><td></td><td></td><td></td><td></td><td></td><td></td><td></td><td></td></tr>
<tr><td colspan="2">施工单位检查评定结果</td><td colspan="12">项目专业质量检查员： 年 月 日</td></tr>
<tr><td colspan="2">监理（建设）单位验收结论</td><td colspan="12">监理工程师
（建设单位项目代表）： 年 月 日</td></tr>
</table>

3.12.7　站内工艺管道安装检验批质量验收记录　SY/T 4214

<table>
<tr><td colspan="2">工程名称</td><td></td><td>分项工程名称</td><td></td><td>验收部位</td><td></td></tr>
<tr><td colspan="2">施工单位</td><td></td><td>专业负责人</td><td></td><td>项目经理</td><td></td></tr>
<tr><td colspan="3">施工执行标准名称及编号</td><td></td><td>检验批编号</td><td colspan="2"></td></tr>
<tr><td colspan="4">质量验收规范规定</td><td colspan="2">施工单位检查评定记录</td><td>监理（建设）单位验收意见</td></tr>
<tr><td rowspan="2">主控项目</td><td>1</td><td colspan="2">管道组成件的材质、规格、型号应符合设计文件要求和规范规定</td><td colspan="2"></td><td rowspan="2"></td></tr>
<tr><td>2</td><td colspan="2">阀门安装前，应按照设计文件核对其型号，并应按照介质流向确定其按照方向</td><td colspan="2"></td></tr>
<tr><td rowspan="17">一般项目</td><td rowspan="6">1</td><td colspan="2">穿墙套管长度不应小于墙厚</td><td colspan="2"></td><td rowspan="17"></td></tr>
<tr><td colspan="2">穿楼板套管应高出楼面 50mm</td><td colspan="2"></td></tr>
<tr><td colspan="2">穿过屋面的管道应有防水肩和防雨帽</td><td colspan="2"></td></tr>
<tr><td colspan="2">套管内径不应小于穿越管段的外径加 50mm</td><td colspan="2"></td></tr>
<tr><td colspan="2">套管内不应有接头</td><td colspan="2"></td></tr>
<tr><td colspan="2">套管中心位置的安装允许偏差为 10mm</td><td colspan="2"></td></tr>
<tr><td>2</td><td colspan="2">与转动机器连接的管道，其水平度或垂直度允许偏差应为 1mm/m</td><td colspan="2"></td></tr>
<tr><td>3</td><td colspan="2">与转动机器连接的管道法兰连接质量应符合设计文件或产品技术文件的规定，当设计文件和产品技术文件未规定时，法兰连接的允许偏差应符合 SY/T 4214—2017《石油天然气建设工程施工质量验收规范　油气田非金属管道工程》中表 11.1.10 的规定</td><td colspan="2"></td></tr>
<tr><td>4</td><td colspan="2">法兰螺栓拧紧后应露出螺母 0~3 个螺距</td><td colspan="2"></td></tr>
<tr><td rowspan="2">5</td><td rowspan="2">对接连接平直度允许偏差</td><td>管径小于 100mm 时，为 1mm</td><td colspan="2"></td></tr>
<tr><td>管径不小于 100mm 时，为 2mm</td><td colspan="2"></td></tr>
<tr><td>6</td><td colspan="2">采用对接的管道，管子连接时应做到内壁平齐，错边量不宜超过壁厚的 10%</td><td colspan="2"></td></tr>
<tr><td rowspan="2">7</td><td rowspan="2">对接连接直管段两接头中心间距</td><td>直径不小于 150mm 时，不小于 150mm</td><td colspan="2"></td></tr>
<tr><td>直径小于 150mm 时，不应小于管道外径，且不小于 50mm</td><td colspan="2"></td></tr>
</table>

站内工艺管道安装检验批质量验收记录（续表） SY/T 4214

工程名称		分项工程名称		验收部位	
施工单位		专业负责人		项目经理	
施工执行标准名称及编号			检验批编号		

质量验收规范规定						施工单位检查评定记录	监理（建设）单位验收意见
一般项目	8	高压玻璃纤维管线管、塑料合金防腐蚀复合管安装允许偏差	坐标（mm）	地上	15		
一般项目	8	高压玻璃纤维管线管、塑料合金防腐蚀复合管安装允许偏差	坐标（mm）	管沟	25		
一般项目	8	高压玻璃纤维管线管、塑料合金防腐蚀复合管安装允许偏差	坐标（mm）	埋地	60		
一般项目	8	高压玻璃纤维管线管、塑料合金防腐蚀复合管安装允许偏差	标高（mm）	地上	15		
一般项目	8	高压玻璃纤维管线管、塑料合金防腐蚀复合管安装允许偏差	标高（mm）	管沟	20		
一般项目	8	高压玻璃纤维管线管、塑料合金防腐蚀复合管安装允许偏差	标高（mm）	埋地	25		
一般项目	8	高压玻璃纤维管线管、塑料合金防腐蚀复合管安装允许偏差	地上平直度	$D \leqslant 100$mm	$2L/1000$，最大 50mm		
一般项目	8	高压玻璃纤维管线管、塑料合金防腐蚀复合管安装允许偏差	地上平直度	$D > 100$mm	$3L/1000$，最大 80mm		
一般项目	8	高压玻璃纤维管线管、塑料合金防腐蚀复合管安装允许偏差	地上立管垂直度		$5L/1000$，最大 30mm		
一般项目	8	高压玻璃纤维管线管、塑料合金防腐蚀复合管安装允许偏差	地上成排管道间尽距（mm）		15		
一般项目	8	高压玻璃纤维管线管、塑料合金防腐蚀复合管安装允许偏差	地上交叉管外壁或绝热层的间距（mm）		20		
一般项目	8	热塑性塑料管、钢骨架聚乙烯塑料复合管、钢骨架增强塑料复合连续管、柔性复合高压输送管安装允许偏差	坐标（mm）	地上	20		
一般项目	8	热塑性塑料管、钢骨架聚乙烯塑料复合管、钢骨架增强塑料复合连续管、柔性复合高压输送管安装允许偏差	坐标（mm）	管沟	30		
一般项目	8	热塑性塑料管、钢骨架聚乙烯塑料复合管、钢骨架增强塑料复合连续管、柔性复合高压输送管安装允许偏差	坐标（mm）	埋地	80		
一般项目	8	热塑性塑料管、钢骨架聚乙烯塑料复合管、钢骨架增强塑料复合连续管、柔性复合高压输送管安装允许偏差	标高（mm）	地上	20		
一般项目	8	热塑性塑料管、钢骨架聚乙烯塑料复合管、钢骨架增强塑料复合连续管、柔性复合高压输送管安装允许偏差	标高（mm）	管沟	25		
一般项目	8	热塑性塑料管、钢骨架聚乙烯塑料复合管、钢骨架增强塑料复合连续管、柔性复合高压输送管安装允许偏差	标高（mm）	埋地	25		
一般项目	8	热塑性塑料管、钢骨架聚乙烯塑料复合管、钢骨架增强塑料复合连续管、柔性复合高压输送管安装允许偏差	地上平直度	$D \leqslant 100$mm	$3L/1000$，最大 60mm		
一般项目	8	热塑性塑料管、钢骨架聚乙烯塑料复合管、钢骨架增强塑料复合连续管、柔性复合高压输送管安装允许偏差	地上平直度	$D >$ 100mm	$4L/1000$，最大 100mm		
一般项目	8	热塑性塑料管、钢骨架聚乙烯塑料复合管、钢骨架增强塑料复合连续管、柔性复合高压输送管安装允许偏差	地上立管垂直度		$5L/1000$，最大 40mm		
一般项目	8	热塑性塑料管、钢骨架聚乙烯塑料复合管、钢骨架增强塑料复合连续管、柔性复合高压输送管安装允许偏差	地上成排管道间净距（mm）		15		
一般项目	8	热塑性塑料管、钢骨架聚乙烯塑料复合管、钢骨架增强塑料复合连续管、柔性复合高压输送管安装允许偏差	地上交叉管外壁或绝热层间距（mm）		20		
施工单位检查评定结果	项目专业质量检查员： 年 月 日						
监理（建设）单位验收结论	监理工程师（建设单位项目代表）： 年 月 日						

3.12.8 管道支吊架及附件安装检验批质量验收记录 SY/T 4214

<table>
<tr><td colspan="2">工程名称</td><td colspan="2"></td><td>分项工程名称</td><td></td><td>验收部位</td><td></td></tr>
<tr><td colspan="2">施工单位</td><td colspan="2"></td><td>专业负责人</td><td></td><td>项目经理</td><td></td></tr>
<tr><td colspan="3">施工执行标准名称及编号</td><td colspan="2"></td><td>检验批编号</td><td colspan="2"></td></tr>
<tr><td colspan="5">质量验收规范规定</td><td colspan="2">施工单位检查评定记录</td><td>监理（建设）单位验收意见</td></tr>
<tr><td rowspan="2">主控项目</td><td>1</td><td colspan="3">管道支、吊架和附件使用的材质、规格应符合设计文件要求和相关标准规定</td><td colspan="2"></td><td rowspan="2"></td></tr>
<tr><td>2</td><td colspan="3">支吊架的形式和安装位置应符合设计文件及相关标准的要求</td><td colspan="2"></td></tr>
<tr><td rowspan="4">一般项目</td><td>1</td><td colspan="3">管道与支吊架之间应设置厚度不小于 3mm 的非金属软垫，避免线接触和点受载</td><td colspan="2"></td><td rowspan="4"></td></tr>
<tr><td>2</td><td colspan="3">对接连接处距支吊架边缘的净距，应大于管道直径，且不小于 100mm</td><td colspan="2"></td></tr>
<tr><td>3</td><td colspan="3">承插连接处距支吊架边缘的净距，应大于管道直径，且不小于 150mm</td><td colspan="2"></td></tr>
<tr><td>4</td><td colspan="3">与转动机器连接的管道及其支吊架安装完毕后，卸下设备接口处的法兰螺栓，在自由状态下所有螺栓应能从螺栓孔中顺利通过</td><td colspan="2"></td></tr>
<tr><td colspan="2">施工单位检查评定结果</td><td colspan="6">

项目专业质量检查员： 年 月 日</td></tr>
<tr><td colspan="2">监理（建设）单位验收结论</td><td colspan="6">

监理工程师
（建设单位项目代表）： 年 月 日</td></tr>
</table>

3.12.9 管道保温检验批质量验收记录 SY/T 4214

<table>
<tr><td colspan="2">工程名称</td><td></td><td>分项工程名称</td><td></td><td>验收部位</td><td></td></tr>
<tr><td colspan="2">施工单位</td><td></td><td>专业负责人</td><td></td><td>项目经理</td><td></td></tr>
<tr><td colspan="3">施工执行标准名称及编号</td><td></td><td>检验批编号</td><td colspan="2"></td></tr>
<tr><td colspan="4">质量验收规范规定</td><td colspan="2">施工单位检查评定记录</td><td>监理（建设）单位验收意见</td></tr>
<tr><td rowspan="3">主控项目</td><td>1</td><td colspan="2">保温材料的材质、规格、型号应符合设计文件要求和规范规定</td><td colspan="2"></td><td rowspan="3"></td></tr>
<tr><td>2</td><td colspan="2">保温层结构应符合设计文件和相关标准规范规定</td><td colspan="2"></td></tr>
<tr><td>3</td><td colspan="2">保温层厚度应符合设计要求</td><td colspan="2"></td></tr>
<tr><td rowspan="8">一般项目</td><td>1</td><td colspan="2">设备管道支架、吊架处的保温层，不应妨碍设备管道的膨胀位移，且不损坏保温层</td><td colspan="2"></td><td rowspan="8"></td></tr>
<tr><td>2</td><td colspan="2">保温层厚度应均匀，绑扎应牢固，填充应密实，表面应平整</td><td colspan="2"></td></tr>
<tr><td>3</td><td colspan="2">管壳预制块保温接缝应错开，水平管的接缝应在正侧面</td><td colspan="2"></td></tr>
<tr><td>4</td><td colspan="2">玻璃丝布保护层缠绕应紧密，表面应平整，无皱纹和空鼓</td><td colspan="2"></td></tr>
<tr><td rowspan="2">5</td><td colspan="2">玻璃丝布压边宽度应为 30~40mm</td><td colspan="2"></td></tr>
<tr><td colspan="2">玻璃丝布搭接长度不应小于 100mm</td><td colspan="2"></td></tr>
<tr><td>6</td><td colspan="2">玻璃丝布表面涂漆应均匀覆盖</td><td colspan="2"></td></tr>
<tr><td>7</td><td colspan="2">金属保护层紧贴保温层，搭接口应向下成顺水方向；固定件安装牢固，无松动和脱落，搭接尺寸正确，外观整齐、美观</td><td colspan="2"></td></tr>
<tr><td colspan="2">施工单位检查评定结果</td><td colspan="5">项目专业质量检查员： 年 月 日</td></tr>
<tr><td colspan="2">监理（建设）单位验收结论</td><td colspan="5">监理工程师
（建设单位项目代表）： 年 月 日</td></tr>
</table>

3.12.10 管道保温补口检验批质量验收记录 SY/T 4214

工程名称			分项工程名称		验收部位	
施工单位			专业负责人		项目经理	
施工执行标准名称及编号				检验批编号		
质量验收规范规定			施工单位检查评定记录		监理（建设）单位验收意见	
主控项目	1	保温补口材料的材质、规格、型号应符合设计文件要求和规范规定				
	2	保温补口结构应符合设计文件和相关标准规范的规定				
	3	保温补口层黏接力应符合设计文件及相关标准规范规定				
一般项目	1	保温补口层厚度应符合设计要求				
	2	保温补口层搭接宽度应符合设计要求				
	3	保温补口层表面应平整，无空鼓、褶皱、翘边				
	4	保温补口层端面溢胶应均匀，溢胶宽度应为5~8mm				
施工单位检查评定结果	项目专业质量检查员： 年 月 日					
监理（建设）单位验收结论	监理工程师（建设单位项目代表）： 年 月 日					

3.12.11 管沟开挖检验批质量验收记录 SY/T 4214

<table>
<tr><td colspan="2">工程名称</td><td colspan="2"></td><td>分项工程名称</td><td colspan="4"></td><td colspan="4">验收部位</td><td></td></tr>
<tr><td colspan="2">施工单位</td><td colspan="2"></td><td>专业负责人</td><td colspan="4"></td><td colspan="4">项目经理</td><td></td></tr>
<tr><td colspan="4">施工执行标准名称及编号</td><td></td><td colspan="4">检验批编号</td><td colspan="5"></td></tr>
<tr><td colspan="5">质量验收规范规定</td><td colspan="8">施工单位检查评定记录</td><td>监理（建设）单位验收意见</td></tr>
<tr><td rowspan="2">主控项目</td><td>1</td><td colspan="3">管沟深度应符合设计要求，沟底标高允许偏差为 0~100mm</td><td></td><td></td><td></td><td></td><td></td><td></td><td></td><td></td><td rowspan="2"></td></tr>
<tr><td>2</td><td colspan="3">在硬质土地区或岩石、砾石地段，沟槽应挖至设计管底标高以下至少 200mm，然后铺上砂或其他回填材料做垫层，并平整夯实至设计标高使管道与垫层形成紧密连续接触</td><td></td><td></td><td></td><td></td><td></td><td></td><td></td><td></td></tr>
<tr><td rowspan="3">一般项目</td><td>1</td><td colspan="3">多管道同沟敷设时，管沟底宽应为两边管道外缘各加 250mm</td><td></td><td></td><td></td><td></td><td></td><td></td><td></td><td></td><td rowspan="3"></td></tr>
<tr><td>2</td><td colspan="3">管沟中心线允许偏差为 ±50mm</td><td></td><td></td><td></td><td></td><td></td><td></td><td></td><td></td></tr>
<tr><td>3</td><td colspan="3">管沟沟底宽度允许偏差为 ±100mm</td><td></td><td></td><td></td><td></td><td></td><td></td><td></td><td></td></tr>
<tr><td colspan="2">施工单位检查评定结果</td><td colspan="12">项目专业质量检查员： 年 月 日</td></tr>
<tr><td colspan="2">监理（建设）单位验收结论</td><td colspan="12">监理工程师
（建设单位项目代表）： 年 月 日</td></tr>
</table>

3.12.12 管道下沟及回填检验批质量验收记录 SY/T 4214

<table>
<tr><td>工程名称</td><td colspan="2"></td><td>分项工程名称</td><td></td><td>验收部位</td><td></td></tr>
<tr><td>施工单位</td><td colspan="2"></td><td>专业负责人</td><td></td><td>项目经理</td><td></td></tr>
<tr><td colspan="2">施工执行标准名称及编号</td><td colspan="2"></td><td>检验批编号</td><td colspan="2"></td></tr>
<tr><td colspan="4">质量验收规范规定</td><td colspan="2">施工单位检查评定记录</td><td>监理（建设）单位验收意见</td></tr>
<tr><td rowspan="4">主控项目</td><td>1</td><td colspan="2">回填材料的种类应符合设计文件的要求，且不应有砖块、石块、冻土块、有机物及其他杂物，不应用无法压实的淤泥、腐殖土等不稳定土回填；当设计文件无要求时，回填材料应为原土</td><td colspan="2"></td><td rowspan="4"></td></tr>
<tr><td>2</td><td colspan="2">管道应均匀压在坚实稳定的垫层或沟槽底部。不应用永久性的垫块调平管道</td><td colspan="2"></td></tr>
<tr><td>3</td><td colspan="2">石方沟底应先回填 200mm 厚的细软土垫层</td><td colspan="2"></td></tr>
<tr><td>4</td><td colspan="2">回填压实不应使管道位移、损坏管道和接头</td><td colspan="2"></td></tr>
<tr><td rowspan="3">一般项目</td><td>1</td><td colspan="2">回填应在管道两侧逐层、对称进行，每层回填厚度不应大于 300mm</td><td colspan="2"></td><td rowspan="3"></td></tr>
<tr><td>2</td><td colspan="2">管道回填应分二次进行，第一次回填用最大粒径不超过 10mm 的细土回填，且应高出管顶部 300mm；第二次回填用其他土。农田地带表层应用耕植土回填，回填土应高出自然地面 300mm</td><td colspan="2"></td></tr>
<tr><td>3</td><td colspan="2">管沟回填应分层夯实，每层厚度 200~300mm</td><td colspan="2"></td></tr>
<tr><td colspan="2">施工单位检查评定结果</td><td colspan="5">项目专业质量检查员：　　　　年　月　日</td></tr>
<tr><td colspan="2">监理（建设）单位验收结论</td><td colspan="5">监理工程师
（建设单位项目代表）：　　　　年　月　日</td></tr>
</table>

3.12.13 管道试压及吹扫检验批质量验收记录 SY/T 4214

<table>
<tr><td colspan="2">工程名称</td><td></td><td>分项工程名称</td><td></td><td>验收部位</td><td></td></tr>
<tr><td colspan="2">施工单位</td><td></td><td>专业负责人</td><td></td><td>项目经理</td><td></td></tr>
<tr><td colspan="3">施工执行标准名称及编号</td><td></td><td>检验批编号</td><td colspan="2"></td></tr>
<tr><td colspan="4">质量验收规范规定</td><td colspan="2">施工单位检查评定记录</td><td>监理（建设）单位验收意见</td></tr>
<tr><td rowspan="5">主控项目</td><td>1</td><td colspan="2">试验压力值、试压介质应符合设计文件要求和相关标准的规定</td><td colspan="2"></td><td rowspan="5"></td></tr>
<tr><td rowspan="2">2</td><td colspan="2">强度试验压力值达到规定值，进入试压阶段时，稳压 4h，压降不大于试验压力的 1% 为合格</td><td colspan="2"></td></tr>
<tr><td colspan="2">强度试验合格后，降至设计压力进行严密性试验，稳压 24h，无压降为合格</td><td colspan="2"></td></tr>
<tr><td>3</td><td colspan="2">管道吹扫应符合设计文件和相关标准的规定</td><td colspan="2"></td></tr>
<tr><td>4</td><td colspan="2">管道系统排水时不应形成负压</td><td colspan="2"></td></tr>
<tr><td rowspan="2">一般项目</td><td>1</td><td colspan="2">管道吹扫时，吹出的气体无铁锈、尘土、石块、水等杂质为合格</td><td colspan="2"></td><td rowspan="2"></td></tr>
<tr><td>2</td><td colspan="2">空气吹扫压力不应超过容器和管道的设计压力，流速不宜小于 20m/s，且不应大于 40m/s</td><td colspan="2"></td></tr>
<tr><td colspan="2">施工单位检查评定结果</td><td colspan="5">项目专业质量检查员： 年 月 日</td></tr>
<tr><td colspan="2">监理（建设）单位验收结论</td><td colspan="5">监理工程师
（建设单位项目代表）： 年 月 日</td></tr>
</table>

石油天然气建设工程质量资料标准化管理手册

中　册

主　编：郭占春
副主编：贺　琦　毛升好　白金亮

石油工业出版社

内 容 提 要

中册由第三篇部分内容组成，共十四章。列出了按照石油天然气施工质量验收标准编制的通信工程共四个部分的检验批质量验收记录表格。同时包含了依据国家现行的 GB 50300《建筑工程施工质量验收统一标准》系列规范内容，编制的建筑地基与基础、砌体、混凝土结构、钢结构、屋面、地下防水、建筑地面、建筑装饰装修、建筑给水排水及采暖、建筑防腐蚀、建筑电气、建筑节能、建筑防雷等相关专业的检验批质量验收记录，完善了石油天然气建设工程中建（构）筑物检验批质量验收记录的内容，填补了石油天然气行业建（构）筑物工程无统一检验批验收记录的空白。

图书在版编目（CIP）数据

石油天然气建设工程质量资料标准化管理手册 / 郭占春主编 .—北京：石油工业出版社，2022.4
ISBN 978-7-5183-5127-5

Ⅰ . ①石…　Ⅱ . ①郭…　Ⅲ . ①石油工程－技术档案－档案管理－标准化管理－手册②天然气工程－技术档案－档案管理－标准化管理－手册　Ⅳ . ① G275.3-62

中国版本图书馆 CIP 数据核字（2021）第 259566 号

出版发行：石油工业出版社
（北京安定门外安华里 2 区 1 号楼　100011）
网　址：www. petropub. com
编辑部：（010）64523757　图书营销中心：（010）64523633
经　　销：全国新华书店
印　　刷：北京晨旭印刷厂

2022 年 4 月第 1 版　2022 年 4 月第 1 次印刷
787 × 1092 毫米　开本：1/16　印张：100.25
字数：2560 千字

定价：500.00 元（上中下）
（如出现印装质量问题，我社图书营销中心负责调换）

《石油天然气建设工程质量资料标准化管理手册》
编委会

主　　编：郭占春

副 主 编：贺　琦　毛升好　白金亮

编写人员：邓　军　周生来　饶旻久　李　波　宋养庆　齐　涛
朱　永　杨林兵　樊宁军　唐　勇　吴永峰　雷晓青
吕勇兵　谷晓鹏　苏大超　张　涛　梁　鹏　高　武
和莉园　温国志　张晓鹏　孙永忠　张玉芳　叶小黄
曾登高　王大文　刘保平　陈均涛

序
PREFACE

长庆油田经过50年的奋发拼搏，在横跨陕、甘、宁、蒙四省(区)的鄂尔多斯盆地上，开发建设了马岭、安塞、靖安、西峰、靖边、榆林、姬塬、苏里格等多个油气田，特别是近几年，紧密围绕高质量、高水平全面建设西部大庆这一战略目标，加快发展，依靠科技创新和管理创新，攻克“三低”(低渗、低压、低丰度)油气藏一系列技术难关，大力实施勘探开发一体化，施行“四化”(标准化设计、模块化建设、数字化管理、市场化运作)管理模式，以年净增长500万吨油气当量持续发展，相当于每年建成一个中型油气田，截止2020年底油气当量以跨越6000万吨大关。

随着发展速度的不断加快，面对油气藏复杂、开采难度大、工作量繁重的困难和建设项目点多、线长、面广的地域特征及建设规模大、建设速度快、技术创新强、参建单位多的特点，长庆油田地面工程建设系统不断完善推行标准化体系建设，以“标准化设计、模块化建设”为抓手，走市场化之路，强化质量管控，用数字化提升油田管理水平，大幅缩减了工程建设周期，实现了“工期、质量、安全、投资”各项控制目标，涌现出一批中国石油和国家优质工程。

展望未来，前景光明，任重道远。长庆油田制定了到2025年原油产量达到2800万吨，天然气产量达到450亿立方米，油气当量突破6300万吨的宏大目标。为实现更大发展，油气田地面工程大规模建设仍然将持续进行。安全为天，质量为本，石油天然气新建、扩建、改建工程质量是油气田实现本质安全生产的基础。石油天然气长庆工程质量监督站专业技术骨干结合油气田建设实际，本着监督与服务相结合的理念，开拓进取，总结提炼，以严格贯彻执行国家、中石油、行业的相关法律法规、标准规范为准则，编写了这套《石油天然气建设工程质量资料标准化管理手册》。希望该手册的应用能很好地确保地面工程建设各环节质量管理资料实现标准化，能够有益于进一步强化全员、全方位、全过程质量管控，有助于健全油气田地面工程建设标准化体系，为长庆油田攀登新高峰，高质量、高水平全面建成西部大庆发挥保障作用。

二〇二一年三月

前言

PREFACE

石油天然气建设工程形成的工程资料，是工程内在质量、本质安全的真实记载，是工程建设质量管理及技术管理的全面反映，是工程从开工到交工全部活动按规定要求实施并已达到规定结果的证明文件，也是对工程质量事故原因分析和质量责任追究的依据。工程资料满足“真实准确、全面系统、科学合理、合法有效、易于追溯、利于保存、便于查找”的要求，是工程建设标准化管理的具体体现。

为满足建设、监理、施工、检测等单位的需求，规范、统一石油天然气建设工程质量验收和工程质量资料的收集、整理和归档工作，达到服务建设工程的目的，长庆油田组织人员重新修订《石油天然气建设工程质量资料标准化管理手册（2013 版）》（以下简称《手册 2013 版》），基于以下三点：一是近年来施工验收规范大部分进行了修订，例如 SY 4200 系列标准全部进行了更新换代，GB 50300 系列标准也有 7 个进行了重新修订，所以对《手册（2013 版）》的修订编写势在必行；二是增添了新的内容，特别是以前部分工程无法做技术资料，例如通信工程、非金属管道工程、管道内防腐工程等，在《手册（2013 版）》中无工程技术资料表格，此次修订增加了相关内容，进一步完善了油气田工程资料的完整性；三是近两年在审核油气竣工工程资料过程中发现施工单位在使用《手册（2013 版）》编制资料时，检验批检查项目、技术参数多数依照旧版标准填写，并且一些检验批资料无标准格式，导致整体资料编制工作不严谨，基于以上考虑，对《手册（2013 版）》的修订是当务之急。

此次修订工作依然坚持“科学、全面、实用、高效”的原则，主要以 GB/T 51317—2019《石油天然气工程施工质量验收统一标准》、GB 50300—2013《建筑工程施工质量验收统一标准》及《油气田地面建设工程（项目）竣工验收手册（2017 版）》等技术规范为依据，将施工质量验收记录和交工技术文件，按照工程质量资料标准化要求进行了完善集成，提供了相应的样表及填写范例，以供参建各方结合工程实际选用。

《石油天然气建设工程质量资料标准化管理手册（2021 年修订版）》（以下简称本《手册》）共三册，由四篇 47 章构成。其中上册包含第一篇、第二篇及部分第三篇内容，共 17 章，主要叙述石油天然气建设工程划分、施工质量验收组织、质量验收记录填写、施工记录填写等内容。中册包含第三篇的 13 章内容，依据 GB/T 51317—2019《石油天然气工程施工质量验收统一标准》及相关系列标准的规定编制了石油天然气建设工程的相关专业检验批施工质量验收记录；同时，依据 GB 50300—2013《建筑工程施工质量验收统一标准》及相关专业标准的检查项目和检查内容，重点编制了建（构）筑工程检验批施工质量验收记录。下册包含第四篇 17 章内容，主要收集、补充、完善了不同专业的施工技术资料表格和无损检测、监理单位的资料用表等。

由于县级以上质量技术监督部门负责本行政区域内锅炉压力容器使用登记的监督管理工作，并对锅炉安装施工技术资料及表格做了相应的规定，因此本《手册》不做统一要求。另外，工程理化实验资料，由于受地域影响，实验报告表格较难统一，故以理化实验机构出具的实验报告为准，本《手册》也不做统一要求。

另外，需要注意的是：按照石油天然气行业质量验收标准编制的施工质量检验批验收记录标注有“SY/T 42××”字样；按照国家质量验收标准编制的施工质量检验批验收记录标注有“GB/T 50×××”字样。

鉴于编者水平有限，本《手册》中难免存在问题和错误，敬请同行、专家多提宝贵意见，以便改进。

目录
CONTENTS

中　　册

3　石油天然气建设工程检验批质量验收记录

3.13　通信工程……565
3.13.1　油气田通信系统工程……565
3.13.1.1　光电缆线路施工检验批质量验收记录……565
3.13.1.2　周界安防前端设备安装检验批质量验收记录……568
3.13.1.3　视频监控前端设备安装检验批质量验收记录……569
3.13.1.4　无线通信室外设备安装检验批质量验收记录……571
3.13.1.5　设备间及控制室设施安装检验批质量验收记录……573
3.13.1.6　设备间线缆敷设检验批质量验收记录……576
3.13.1.7　设备间空调安装及调试安装检验批质量验收记录……578
3.13.1.8　设备设施标识检验批质量验收记录……579
3.13.1.9　设备间防雷与接地检验批质量验收记录……580
3.13.1.10　设备调试检验批质量验收记录……582
3.13.2　通信光缆架空线路工程……585
3.13.2.1　路由复测检验批质量验收记录……585
3.13.2.2　电杆洞、拉线坑及撑杆洞的定位和开挖检验批质量验收记录……586
3.13.2.3　立杆及回填检验批质量验收记录……587
3.13.2.4　拉线、撑杆安装及回填检验批质量验收记录……588
3.13.2.5　架设吊线检验批质量验收记录……590
3.13.2.6　架设光缆检验批质量验收记录……591
3.13.2.7　接续及成端检验批质量验收记录……592
3.13.2.8　光缆测试检验批质量验收记录……593
3.13.2.9　线路防护检验批质量验收记录……594
3.13.2.10　号牌安装与线路数据采集检验批质量验收记录……595
3.13.3　油气田通信光缆地埋线路……596
3.13.3.1　路由复测及定位检验批质量验收记录……596
3.13.3.2　光缆沟开挖检验批质量验收记录……598

3.13.3.3 人（手）孔砌筑检验批质量验收记录 …… 600
3.13.3.4 保护管敷设及回填检验批质量验收记录 …… 601
3.13.3.5 光缆敷设及回填检验批质量验收记录 …… 603
3.13.3.6 光缆接续、成端及接头坑回填检验批质量验收记录 …… 605
3.13.3.7 防雷接地检验批质量验收记录 …… 606
3.13.3.8 线路防护及标识设置检验批质量验收记录 …… 607
3.13.3.9 光缆测试及数据采集检验批质量验收记录表 …… 609
3.13.4 长输管道站场通信 …… 610
3.13.4.1 光电缆线路施工检验批质量验收记录 …… 610
3.13.4.2 门禁及入侵报警前端设备安装检验批质量验收记录 …… 614
3.13.4.3 视频监控前端设备安装检验批质量验收记录 …… 615
3.13.4.4 卫星通信天馈系统安装检验批质量验收记录 …… 617
3.13.4.5 WLAN 设备安装检验批质量验收记录 …… 618
3.13.4.6 设备间及控制室设备安装检验批质量验收记录 …… 619
3.13.4.7 通信电源设备安装检验批质量验收记录 …… 621
3.13.4.8 设备间及控制室线缆敷设检验批质量验收记录 …… 622
3.13.4.9 标识检验批质量验收记录 …… 624
3.13.4.10 防雷与接地检验批质量验收记录 …… 625
3.13.4.11 设备调试检验批质量验收记录 …… 627
3.14 地基基础工程 …… 630
3.14.1 素土、灰土地基工程检验批质量验收记录 …… 630
3.14.2 砂和砂石地基工程检验批质量验收记录 …… 631
3.14.3 土工合成材料地基工程检验批质量验收记录 …… 632
3.14.4 粉煤灰地基工程检验批质量验收记录 …… 633
3.14.5 强夯地基工程检验批质量验收记录 …… 634
3.14.6 注浆地基工程检验批质量验收记录 …… 635
3.14.7 预压地基工程检验批质量验收记录 …… 636
3.14.8 砂石桩复合地基工程检验批质量验收记录 …… 637
3.14.9 高压喷射注浆复合地基工程检验批质量验收记录 …… 638
3.14.10 水泥土搅拌桩地基工程检验批质量验收记录 …… 639
3.14.11 土和灰土挤密桩复合地基工程检验批质量验收记录 …… 640
3.14.12 水泥粉煤灰碎石桩复合地基工程检验批质量验收记录 …… 641
3.14.13 夯实水泥土桩复合地基工程检验批质量验收记录 …… 642
3.14.14 无筋扩展基础工程检验批质量验收记录 …… 643
3.14.15 钢筋混凝土扩展基础工程检验批质量验收记录 …… 644
3.14.16 筏形和箱形基础工程检验批质量验收记录 …… 645
3.14.17 钢筋混凝土（锤击）预制桩工程检验批质量验收记录 …… 646

3.14.18 钢筋混凝土（静压）预制桩工程检验批质量验收记录 …… 647
3.14.19 泥浆护壁成孔灌注桩工程检验批质量验收记录 …… 648
3.14.20 干作业成孔灌注桩工程检验批质量验收记录 …… 650
3.14.21 长螺旋钻孔压灌桩工程检验批质量验收记录 …… 651
3.14.22 沉管灌注桩工程检验批质量验收记录 …… 652
3.14.23 钢桩工程检验批质量验收记录 …… 653
3.14.24 锚杆静压桩工程检验批质量验收记录 …… 655
3.14.25 岩石锚杆工程检验批质量验收记录 …… 657
3.14.26 沉井与沉箱工程检验批质量验收记录 …… 658
3.14.27 湿陷性黄土场地上素土、灰土地基工程检验批质量验收记录 …… 660
3.14.28 湿陷性黄土场地上强夯地基工程检验批质量验收记录 …… 661
3.14.29 湿陷性黄土场地上挤密地基工程检验批质量验收记录 …… 662
3.14.30 湿陷性黄土场地上预浸水法地基工程检验批质量验收记录 …… 663
3.14.31 冻土地区保温隔热地基工程检验批质量验收记录 …… 664
3.14.32 多年冻土地区钢筋混凝土预制桩工程检验批质量验收记录 …… 665
3.14.33 多年冻土地区混凝土灌注桩工程检验批质量验收记录 …… 666
3.14.34 多年冻土地区架空通风基础工程检验批质量验收记录 …… 667
3.14.35 膨胀土地区散水工程检验批质量验收记录 …… 668
3.14.36 盐渍土浸水预溶法地基工程检验批质量验收记录 …… 669
3.14.37 盐渍土盐化法地基工程检验批质量验收记录 …… 670
3.14.38 灌注桩排桩工程检验批质量验收记录 …… 671
3.14.39 单轴与双轴水泥土搅拌桩截水帷幕工程检验批质量验收记录 …… 672
3.14.40 三轴水泥土搅拌桩截水帷幕工程检验批质量验收记录 …… 673
3.14.41 渠式切割水泥土连续墙截水帷幕工程检验批质量验收记录 …… 674
3.14.42 高压喷射注浆截水帷幕工程检验批质量验收记录 …… 675
3.14.43 钢板桩围护墙工程检验批质量验收记录 …… 676
3.14.44 预制混凝土板桩围护墙工程检验批质量验收记录 …… 677
3.14.45 咬合桩围护墙导墙、钢套管检验批质量验收记录 …… 678
3.14.46 型钢水泥土搅拌墙内插型钢检验批质量验收记录 …… 679
3.14.47 土钉墙支护工程检验批质量验收记录 …… 680
3.14.48 地下连续墙钢筋笼制作与安装检验批质量验收记录 …… 681
3.14.49 地下连续墙成槽及墙体检验批质量验收记录 …… 682
3.14.50 水泥土搅拌桩工程检验批质量验收记录 …… 684
3.14.51 钢筋混凝土支撑工程检验批质量验收记录 …… 685
3.14.52 钢支撑工程检验批质量验收记录 …… 686
3.14.53 钢立柱工程检验批质量验收记录 …… 687
3.14.54 锚杆工程检验批质量验收记录 …… 688

3.14.55 竖向支撑桩柱工程检验批质量验收记录 …… 689
3.14.56 降水施工材料检验批质量验收记录 …… 690
3.14.57 轻型井点工程检验批质量验收记录 …… 691
3.14.58 喷射井点工程检验批质量验收记录 …… 692
3.14.59 管井工程检验批质量验收记录 …… 693
3.14.60 轻型井点、喷射井点、真空管井降水运行工程检验批质量验收记录 …… 694
3.14.61 减压降水管井运行工程检验批质量验收记录 …… 695
3.14.62 管井封井工程检验批质量验收记录 …… 696
3.14.63 回灌管井运行工程检验批质量验收记录 …… 697
3.14.64 柱基、基坑、基槽土方开挖工程检验批质量验收记录 …… 698
3.14.65 挖方场地平整土方开挖工程检验批质量验收记录 …… 699
3.14.66 管沟土方开挖工程检验批质量验收记录 …… 700
3.14.67 地（路）面基层土方开挖工程检验批质量验收记录 …… 701
3.14.68 柱基、基坑、基槽、管沟岩质基坑开挖工程检验批质量验收记录 …… 702
3.14.69 挖方场地平整岩土开挖工程检验批质量验收记录 …… 703
3.14.70 土石方堆放工程检验批质量验收记录 …… 704
3.14.71 柱基、基坑、基槽、管沟、地（路）面基础层填方工程检验批质量验收记录 …… 705
3.14.72 场地平整填方工程检验批质量验收记录 …… 706
3.14.73 边坡喷锚工程检验批质量验收记录 …… 707
3.14.74 挡土墙工程检验批质量验收记录 …… 708
3.14.75 边坡开挖工程检验批质量验收记录 …… 709
3.15 砌体工程 …… 710
3.15.1 砖砌体工程检验批质量验收记录 …… 710
3.15.2 混凝土小型空心砌块砌体工程检验批质量验收记录 …… 712
3.15.3 石砌体工程检验批质量验收记录 …… 714
3.15.4 配筋砌体工程检验批质量验收记录 …… 716
3.15.5 填充墙砌体工程检验批质量验收记录 …… 718
3.16 混凝土结构工程 …… 720
3.16.1 模板安装工程检验批质量验收记录 …… 720
3.16.2 预制构件模板安装检验批质量验收记录 …… 722
3.16.3 钢筋原材料检验批质量验收记录 …… 724
3.16.4 钢筋加工检验批质量验收记录 …… 725
3.16.5 钢筋连接工程检验批质量验收记录 …… 727
3.16.6 钢筋安装工程检验批质量验收记录 …… 728
3.16.7 预应力筋原材料检验批质量验收记录 …… 729

3.16.8 预应力筋制作与安装检验批质量验收记录 …… 730
3.16.9 预应力筋张拉和放张检验批质量验收记录 …… 731
3.16.10 预应力筋灌浆及封锚检验批质量验收记录 …… 732
3.16.11 混凝土原材料及配合比设计检验批质量验收记录 …… 733
3.16.12 混凝土拌合物检验批质量验收记录 …… 734
3.16.13 混凝土施工检验批质量验收记录 …… 735
3.16.14 现浇结构外观质量及尺寸偏差检验批质量验收记录 …… 736
3.16.15 现浇设备基础外观质量及尺寸偏差检验批质量验收记录 …… 737
3.16.16 装配式结构预制构件检验批质量验收记录 …… 738
3.16.17 装配式结构安装与连接检验批质量验收记录 …… 740
3.17 钢结构工程 …… 742
3.17.1 钢构件焊接工程检验批质量验收记录 …… 742
3.17.2 焊钉焊接工程检验批质量验收记录 …… 744
3.17.3 普通紧固件连接工程检验批质量验收记录 …… 745
3.17.4 高强度螺栓连接工程检验批质量验收记录 …… 746
3.17.5 零件及部件加工工程检验批质量验收记录 …… 747
3.17.6 构件组装工程检验批质量验收记录 …… 751
3.17.7 预拼装工程检验批质量验收记录 …… 756
3.17.8 单层结构安装工程检验批质量验收记录 …… 757
3.17.9 多层及高层结构安装检验批质量验收记录 …… 761
3.17.10 网架结构安装工程检验批质量验收记录 …… 766
3.17.11 钢管桁架结构工程检验批质量验收记录 …… 769
3.17.12 构预应力索杆及膜结构工程检验批质量验收 …… 774
3.17.13 压型金属板工程检验批质量验收记录 …… 776
3.17.14 防腐涂料涂装工程检验批质量验收记录 …… 780
3.17.15 防火涂料涂装工程检验批质量验收记录 …… 782
3.18 屋面工程 …… 783
3.18.1 基层与保护工程找坡层和找平层检验批质量验收记录 …… 783
3.18.2 基层与保护工程隔汽层检验批质量验收记录 …… 784
3.18.3 基层与保护工程隔离层检验批质量验收记录 …… 785
3.18.4 基层与保护工程保护层检验批质量验收记录 …… 786
3.18.5 保温与隔热工程板块材料保温层检验批质量验收记录 …… 787
3.18.6 保温与隔热工程纤维材料保温层检验批质量验收记录 …… 788
3.18.7 保温与隔热工程喷涂硬泡聚氨酯保温层检验批质量验收记录 …… 789
3.18.8 保温与隔热工程现浇泡沫混凝土保温层检验批质量验收记录 …… 790
3.18.9 保温与隔热工程种植隔热层检验批质量验收记录 …… 791
3.18.10 保温与隔热工程架空隔热层检验批质量验收记录 …… 792

3.18.11 保温与隔热工程蓄水隔热层检验批质量验收记录 …… 793
3.18.12 防水与密封工程卷材防水层检验批质量验收记录 …… 794
3.18.13 防水与密封工程涂膜防水层检验批质量验收记录 …… 795
3.18.14 防水与密封工程复合防水层检验批质量验收记录 …… 796
3.18.15 防水与密封工程接缝密封防水检验批质量验收记录 …… 797
3.18.16 瓦面与板面工程烧结瓦和混凝土瓦铺装检验批质量验收记录 …… 798
3.18.17 瓦面与板面工程沥青瓦铺装检验批质量验收记录 …… 799
3.18.18 瓦面与板面工程金属板铺装检验批质量验收记录 …… 800
3.18.19 瓦面与板面工程玻璃采光顶铺装检验批质量验收记录 …… 801
3.18.20 细部构造工程檐口检验批质量验收记录 …… 804
3.18.21 细部构造工程檐沟和天沟检验批质量验收记录 …… 805
3.18.22 细部构造工程女儿墙和山墙检验批质量验收记录 …… 806
3.18.23 细部构造工程水落口检验批质量验收记录 …… 807
3.18.24 细部构造工程变形缝检验批质量验收记录 …… 808
3.18.25 细部构造工程伸出屋面管道检验批质量验收记录 …… 809
3.18.26 细部构造工程屋面出入口检验批质量验收记录 …… 810
3.18.27 细部构造工程反梁过水孔检验批质量验收记录 …… 811
3.18.28 细部构造工程设施基座检验批质量验收记录 …… 812
3.18.29 细部构造工程屋脊检验批质量验收记录 …… 813
3.18.30 细部构造工程屋顶窗检验批质量验收记录 …… 814
3.19 地下防水工程 …… 815
3.19.1 主体结构防水工程防水混凝土检验批质量验收记录 …… 815
3.19.2 主体结构防水工程水泥砂浆防水层检验批质量验收记录 …… 816
3.19.3 主体结构防水工程卷材防水层检验批质量验收记录 …… 817
3.19.4 主体结构防水工程涂料防水层检验批质量验收记录 …… 818
3.19.5 主体结构防水工程塑料防水板防水层检验批质量验收记录 …… 819
3.19.6 主体结构防水工程金属板防水层检验批质量验收记录 …… 820
3.19.7 主体结构防水工程膨润土防水材料防水层检验批质量验收记录 …… 821
3.19.8 细部构造防水工程施工缝检验批质量验收记录 …… 822
3.19.9 细部构造防水工程变形缝检验批质量验收记录 …… 824
3.19.10 细部构造防水工程后浇带检验批质量验收记录 …… 825
3.19.11 细部构造防水工程穿墙管检验批质量验收记录 …… 827
3.19.12 细部构造防水工程埋设件检验批质量验收记录 …… 828
3.19.13 细部构造防水工程预留通道接头检验批质量验收记录 …… 829
3.19.14 细部构造防水工程桩头检验批质量验收记录 …… 831
3.19.15 细部构造防水工程孔口检验批质量验收记录 …… 832
3.19.16 细部构造防水工程坑、池检验批质量验收记录 …… 833

3.19.17 特殊施工法结构防水工程锚喷支护检验批质量验收记录 …… 834
3.19.18 特殊施工法结构防水工程地下连续墙检验批质量验收记录 …… 835
3.19.19 特殊施工法结构防水工程盾构隧道检验批质量验收记录 …… 836
3.19.20 特殊施工法结构防水工程沉井检验批质量验收记录 …… 837
3.19.21 特殊施工法结构防水工程逆筑结构检验批质量验收记 …… 838
3.19.22 排水工程渗排水、盲沟排水检验批质量验收记录 …… 840
3.19.23 排水工程隧道排水、坑道排水检验批质量验收记录 …… 841
3.19.24 排水工程塑料排水板排水检验批质量验收记录 …… 842
3.19.25 注浆工程预注浆、后注浆检验批质量验收记录 …… 843
3.19.26 注浆工程结构裂缝注浆检验批质量验收记录 …… 844

3.20 建筑地面工程 …… 845

3.20.1 基层铺设工程基土检验批质量验收记录 …… 845
3.20.2 基层铺设工程灰土垫层检验批质量验收记录 …… 846
3.20.3 基层铺设工程砂垫层和砂石垫层检验批质量验收记录 …… 847
3.20.4 基层铺设工程碎石垫层和碎砖垫层检验批质量验收记录 …… 848
3.20.5 基层铺设工程三合土垫层和四合土垫层检验批质量验收记录 …… 849
3.20.6 垫层检验批质量验收记录 …… 850
3.20.7 基层铺设工程水泥混凝土垫层和陶粒混凝土垫层检验批质量验收记录 …… 851
3.20.8 基层铺设工程找平层检验批质量验收记录 …… 852
3.20.9 基层铺设工程隔离层检验批质量验收记录 …… 854
3.20.10 基层铺设工程填充层检验批质量验收记录 …… 855
3.20.11 基层铺设工程绝热层检验批质量验收记录 …… 856
3.20.12 整体面层铺设工程水泥混凝土面层检验批质量验收记录 …… 857
3.20.13 整体面层铺设工程水泥砂浆面层检验批质量验收记录 …… 858
3.20.14 整体面层铺设工程水磨石面层检验批质量验收记录 …… 860
3.20.15 整体面层铺设工程硬化耐磨面层检验批质量验收记录 …… 862
3.20.16 整体面层铺设工程防油渗面层检验批质量验收记录 …… 863
3.20.17 整体面层铺设工程不发火（防爆）面层检验批质量验收记录 …… 864
3.20.18 整体面层铺设工程自流平面层检验批质量验收记录 …… 865
3.20.19 整体面层铺设工程涂料面层检验批质量验收记录 …… 866
3.20.20 整体面层铺设工程塑胶面层检验批质量验收记录 …… 867
3.20.21 整体面层铺设工程地面辐射供暖整体面层检验批质量验收记录 …… 868
3.20.22 板块面层铺设工程砖面层检验批质量验收记录 …… 870
3.20.23 板块面层铺设工程大理石和花岗石面层检验批质量验收记录 …… 872
3.20.24 板块面层铺设工程预制板块面层检验批质量验收记录 …… 874
3.20.25 板块面层铺设工程料石面层检验批质量验收记录 …… 876
3.20.26 板块面层铺设工程塑料板面层检验批质量验收记录 …… 877

3.20.27 板块面层铺设工程活动地板面层检验批质量验收记录 …… 878
3.20.28 板块面层铺设工程金属板面层检验批质量验收记录 …… 879
3.20.29 板块面层铺设工程地毯面层检验批质量验收记录 …… 880
3.20.30 板块面层铺设工程地面辐射供暖的板块面层检验批质量验收记录 …… 881
3.20.31 木面层、竹面层铺设工程实木地板、实木集成地板、竹地板面层检验批质量验收记录 …… 882
3.20.32 木面层、竹面层铺设工程实木复合地板面层检验批质量验收记录 …… 884
3.20.33 木面层、竹面层铺设工程浸渍纸层压木质地板面层检验批质量验收记录 …… 885
3.20.34 木面层、竹面层铺设工程软木类地板面层检验批质量验收记录 …… 886
3.20.35 木面层、竹面层铺设工程地面辐射供暖木板面层检验批质量验收记录 …… 887

3.21 建筑装饰装修工程 …… 888

3.21.1 一般抹灰工程检验批质量验收记录 …… 888
3.21.2 保温层薄抹灰工程检验批质量验收记录 …… 890
3.21.3 装饰抹灰工程检验批质量验收记录 …… 892
3.21.4 清水砌体勾缝工程检验批质量验收记录 …… 894
3.21.5 砂浆防水工程检验批质量验收记录 …… 895
3.21.6 涂膜防水工程检验批质量验收记录 …… 896
3.21.7 透气膜防水工程检验批质量验收记录 …… 897
3.21.8 木门窗安装工程检验批质量验收记录 …… 898
3.21.9 金属门窗安装工程检验批质量验收记录 …… 900
3.21.10 塑料门窗安装工程检验批质量验收记录 …… 903
3.21.11 特种门安装工程检验批质量验收记录 …… 906
3.21.12 门窗玻璃安装工程检验批质量验收记录 …… 908
3.21.13 整体面层吊顶工程检验批质量验收记录 …… 909
3.21.14 板块面层吊顶工程检验批质量验收记录 …… 911
3.21.15 格栅吊顶工程检验批质量验收记录 …… 913
3.21.16 板材隔墙工程检验批质量验收记录 …… 915
3.21.17 骨架隔墙工程检验批质量验收记录 …… 917
3.21.18 活动隔墙工程检验批质量验收记录 …… 919
3.21.19 玻璃隔墙工程检验批质量验收记录 …… 920
3.21.20 石板安装工程检验批质量验收记录 …… 922
3.21.21 陶瓷板安装工程检验批质量验收记录 …… 924
3.21.22 木板安装工程检验批质量验收记录 …… 925
3.21.23 金属板安装工程检验批质量验收记录 …… 926
3.21.24 塑料板安装工程检验批质量验收记录 …… 927

3.21.25 内墙饰面砖粘贴工程检验批质量验收记录 …… 928
3.21.26 外墙饰面砖粘贴检验批质量验收记录 …… 929
3.21.27 玻璃幕墙工程检验批质量验收记录 …… 931
3.21.28 金属幕墙工程检验批质量验收记录 …… 932
3.21.29 石材幕墙工程检验批质量验收记录 …… 933
3.21.30 人造板材幕墙工程检验批质量验收记录 …… 934
3.21.31 水性涂料涂饰工程检验批质量验收记录 …… 935
3.21.32 溶剂型涂料涂饰工程检验批质量验收记录 …… 938
3.21.33 美术涂饰工程检验批质量验收记录 …… 940
3.21.34 裱糊工程检验批质量验收记录 …… 941
3.21.35 软包工程检验批质量验收记录 …… 942
3.21.36 橱柜制作与安装工程检验批质量验收记录 …… 944
3.21.37 窗帘盒和窗台板制作与安装工程检验批质量验收记录 …… 945
3.21.38 门窗套制作与安装工程检验批质量验收记录 …… 946
3.21.39 护栏和扶手制作与安装工程检验批质量验收记录 …… 947
3.21.40 花饰制作与安装工程检验批质量验收记录 …… 948
3.22 建筑给水排水及采暖工程 …… 949
3.22.1 室内给水管道及配件安装检验批质量验收记录 …… 949
3.22.2 室内消火栓系统安装检验批质量验收记录 …… 951
3.22.3 室内给水设备安装检验批质量验收记录 …… 952
3.22.4 室内排水管道及配件安装检验批质量验收记录 …… 954
3.22.5 室内雨水管道及配件安装检验批质量验收记录 …… 958
3.22.6 室内热水供应管道及配件安装检验批质量验收记录 …… 960
3.22.7 室内供热辅助设备安装检验批质量验收记录 …… 962
3.22.8 卫生器具及给水配件安装检验批质量验收记录 …… 964
3.22.9 卫生器具排水管道安装检验批质量验收记录 …… 966
3.22.10 室内采暖管道及配件安装检验批质量验收记录 …… 968
3.22.11 室内辅助设备、散热器及金属辐射板安装检验批质量验收记录 …… 971
3.22.12 室内低温热水地板辐射采暖系统安装检验批质量验收记录 …… 973
3.22.13 室内采暖系统水压试验及调试检验批质量验收记录 …… 974
3.22.14 室外给水管道安装检验批质量验收记录 …… 975
3.22.15 室外消防水泵接合器及消火栓安装检验批质量验收记录 …… 978
3.22.16 室外给水管沟及井室检验批质量验收记录 …… 979
3.22.17 室外排水管道安装检验批质量验收记录 …… 981
3.22.18 室外排水管沟及井池安装检验批质量验收记录 …… 982
3.22.19 室外供热管道及配件安装检验批质量验收记录 …… 983
3.22.20 室外供热管网系统水压试验及调试检验批质量验收记录 …… 986

3.22.21 建筑中水系统管道、辅助设备及游泳池水系统水系统安装检验批质量验收记录 …… 987
3.22.22 供热锅炉安装检验批质量验收记录 …… 989
3.22.23 锅炉辅助设备及管道安装检验批质量验收记录 …… 993
3.22.24 锅炉安全附件安装检验批质量验收记录 …… 997
3.22.25 锅炉烘炉、煮炉和试运行检验批质量验收记录 …… 999
3.22.26 换热站安装检验批质量验收记录 …… 1000
3.23 建筑装饰装修工程 …… 1002
3.23.1 混凝土基层验收检验批质量验收记录 …… 1002
3.23.2 钢结构基层检验批质量验收记录 …… 1004
3.23.3 木质基层检验批质量验收记录 …… 1005
3.23.4 块材防腐蚀工程检验批质量验收记录 …… 1006
3.23.5 水玻璃类防腐蚀工程检验批质量验收记录 …… 1007
3.23.6 水玻璃胶泥、水玻璃砂浆铺砌的块材面层检验批质量验收记录 …… 1008
3.23.7 密实型钾水玻璃砂浆整体面层检验批质量验收记录 …… 1009
3.23.8 水玻璃混凝土检验批质量验收记录 …… 1010
3.23.9 树脂类防腐蚀工程检验批质量验收记录 …… 1011
3.23.10 树脂玻璃钢检验批质量验收记录 …… 1012
3.23.11 树脂胶泥、树脂砂浆铺砌的块材面层和树脂胶泥灌缝检验批质量验收记录 …… 1013
3.23.12 树脂稀胶泥、树脂砂浆、树脂玻璃鳞片胶泥整体面层检验批质量验收记录 …… 1014
3.23.13 沥青类防腐蚀工程检验批质量验收记录 …… 1015
3.23.14 沥青玻璃布卷材隔离层检验批质量验收记录 …… 1016
3.23.15 高聚物改性沥青卷材隔离层检验批质量验收记录 …… 1017
3.23.16 沥青胶泥铺砌的块材面层检验批质量验收记录 …… 1018
3.23.17 沥青砂浆和沥青混凝土整体面层检验批质量验收记录 …… 1019
3.23.18 碎石灌沥青垫层检验批质量验收记录 …… 1020
3.23.19 聚合物水泥砂浆防腐蚀工程检验批质量验收记录 …… 1021
3.23.20 聚合物水泥砂浆整体面层检验批质量验收记录 …… 1022
3.23.21 聚合物水泥砂浆铺砌的块材面层检验批质量验收记录 …… 1023
3.23.22 涂料类防腐蚀工程检验批质量验收记录 …… 1024
3.23.23 聚氯乙烯塑料板防腐蚀工程检验批质量验收记录 …… 1025
3.23.24 硬聚氯乙烯塑料板制作的池槽衬里检验批质量验收记录 …… 1026
3.23.25 软聚氯乙烯塑料板制作的池槽衬里或地面面层检验批质量验收记录 …… 1027
3.24 建筑节能工程 …… 1029
3.24.1 墙体节能工程检验批质量验收记录 …… 1029

3.24.2 幕墙节能工程检验批质量验收记录 …… 1032
3.24.3 门窗节能工程检验批质量验收记录 …… 1034
3.24.4 屋面节能工程检验批质量验收记录 …… 1035
3.24.5 地面节能工程检验批质量验收记录 …… 1037
3.24.6 供暖节能工程检验批质量验收记录 …… 1038
3.24.7 通风与空调节能工程检验批质量验收记录 …… 1040
3.24.8 空调与供暖系统冷（热）源及管网节能工程检验批质量验收记录 …… 1042
3.24.9 配电与照明节能工程检验批质量验收记录 …… 1044
3.24.10 监测与控制节能工程检验批质量验收记录 …… 1045
3.24.11 地源热泵换热系统节能工程检验批质量验收记录 …… 1047
3.24.12 太阳能光热系统节能工程检验批质量验收记录 …… 1049
3.24.13 太阳能光伏节能工程检验批质量验收记录 …… 1051
3.25 建筑物防雷工程 …… 1052
3.25.1 接地装置安装检验批质量验收记录 …… 1052
3.25.2 引下线安装检验批质量验收记录 …… 1054
3.25.3 接闪器安装检验批质量验收记录 …… 1057
3.25.4 等电位连接安装检验批质量验收记录 …… 1059
3.25.5 屏蔽装置安装检验批质量验收记录 …… 1060
3.25.6 综合布线安装检验批质量验收记录 …… 1061
3.25.7 电涌保护器安装检验批质量验收记录 …… 1062

3.13 通信工程①

3.13.1 油气田通信系统工程

3.13.1.1 光电缆线路施工检验批质量验收记录 SY/T 4217.1

<table>
<tr><td colspan="3">工程名称</td><td></td><td>分项工程名称</td><td></td><td>验收部位</td><td></td></tr>
<tr><td colspan="3">施工单位</td><td></td><td>专业负责人</td><td></td><td>项目经理</td><td></td></tr>
<tr><td colspan="4">施工执行标准名称及编号</td><td></td><td>检验批编号</td><td colspan="2"></td></tr>
<tr><td colspan="5">质量验收规范规定</td><td colspan="2">施工单位检查评定记录</td><td>监理（建设）单位验收意见</td></tr>
<tr><td rowspan="13">主控项目</td><td>1</td><td colspan="3">线缆、配线箱、桥架、导管、支架、连接器件等施工材料的规格型号应符合设计要求和相关标准的规定，且应具有质量合格证明文件</td><td colspan="2"></td><td rowspan="13"></td></tr>
<tr><td rowspan="2">2</td><td colspan="3">桥架安装位置及标高应符合设计要求</td><td colspan="2"></td></tr>
<tr><td colspan="3">金属桥架之间跨接地线应连接良好，接地电阻值应符合设计要求</td><td colspan="2"></td></tr>
<tr><td rowspan="3">3</td><td colspan="3">导管及过线盒安装位置及标高应符合设计要求</td><td colspan="2"></td></tr>
<tr><td colspan="3">在有防爆要求的区域，金属导管防爆密封措施应符合设计要求</td><td colspan="2"></td></tr>
<tr><td colspan="3">金属导管的接地方式及接地电阻值应符合设计要求</td><td colspan="2"></td></tr>
<tr><td rowspan="4">4</td><td colspan="3">线缆应无扭绞、背扣，绝缘保护层应无损伤</td><td colspan="2"></td></tr>
<tr><td colspan="3">当线缆直埋敷设时，其埋深、路由应符合设计要求</td><td colspan="2"></td></tr>
<tr><td colspan="3">光电缆在导管内敷设时应与电源线分管敷设，当与其他专业电缆同一桥架中敷设时，应用金属隔板隔开</td><td colspan="2"></td></tr>
<tr><td colspan="3">光电缆的屏蔽层、铠装层及加强钢芯接地方式和接地电阻值应符合设计要求</td><td colspan="2"></td></tr>
<tr><td rowspan="3">5</td><td colspan="3">光纤接口和纤序分配应符合设计要求</td><td colspan="2"></td></tr>
<tr><td colspan="3">线缆在直埋、桥架、导管、电缆沟道及室内不应有接头</td><td colspan="2"></td></tr>
<tr><td colspan="3">敷设完成的光电缆应进行测试，技术指标应符合设计要求</td><td colspan="2"></td></tr>
</table>

① 本部分的“SY/T 4217.1”代表依据为SY/T 4217.1—2018《石油天然气建设工程施工质量验收规范 通信工程 第1部分：油气田场站通信系统工程》。

光电缆线路施工检验批质量验收记录（续表 1） SY/T 4217.1

工程名称		分项工程名称		验收部位	
施工单位		专业负责人		项目经理	
施工执行标准名称及编号			检验批编号		

质量验收规范规定			施工单位检查评定记录								监理（建设）单位验收意见
一般项目	1	桥架、导管与其他专业线路并行间距应保持均匀，弯曲弧度应一致									
		桥架内应干净整洁、无杂物，盖板及隔板应固定牢固									
		桥架、导管及支架的防腐层应完整，无破损									
	2	安装位置左右偏差不应超过 50mm，水平度不应超过 2mm/m，垂直度偏差不应超过 3mm									
		桥架应安装牢固，配件安装应齐全，内部应无毛刺、锐边									
		桥架的连接螺栓应采用平滑的圆头螺栓，方向应由内向外穿出									
		桥架与导管的连接应用金属软管过渡，并应采用专用接头连接									
	3	导管安装应牢固，导管间连接应紧密，无毛刺、锐边，管口应加装护套									
		导管的弯曲角度不应小于 90°，导管弯曲部分应无裂缝及明显凹陷；弯曲半径不应小于所穿入缆线最小允许弯曲半径，并应符合 GB/T 50312—2016《综合布线系统工程验收规范》的有关规定									
		过线盒与接线盒的盒盖应防水、防尘和抗压，开启良好									
	4	穿越道路或其他设施时，应按设计要求采取套管等保护措施，管口处应无锐边、毛刺等，并封堵严密									
		当与其他弱电线路同沟直埋敷设时，线缆应平行排列，无重叠或交叉，缆间平行间距不应小于 100mm									
		在桥架的转角、伸缩缝及垂直部分等处敷设时应保持一定的松弛度。线缆绑扎间距应均匀，不宜过紧，垂直敷设时缆线的上端和间隔 1.5m 处应绑扎固定，水平敷设时缆线的首、尾、转角和每间隔 5~10m 处应绑扎固定									
		沟道内线缆在支架上应保持一定的松弛度，绑扎应牢固、整齐。与其他线缆的间距应符合设计要求									

光电缆线路施工检验批质量验收记录（续表 2） SY/T 4217.1

<table>
<tr><td colspan="2">工程名称</td><td></td><td>分项工程名称</td><td colspan="4"></td><td colspan="3">验收部位</td><td></td></tr>
<tr><td colspan="2">施工单位</td><td></td><td>专业负责人</td><td colspan="4"></td><td colspan="3">项目经理</td><td></td></tr>
<tr><td colspan="3">施工执行标准名称及编号</td><td colspan="4"></td><td colspan="2">检验批编号</td><td colspan="3"></td></tr>
<tr><td colspan="3">质量验收规范规定</td><td colspan="8">施工单位检查评定记录</td><td>监理（建设）单位验收意见</td></tr>
<tr><td rowspan="11">一般项目</td><td rowspan="2">4</td><td>在导管内穿放多条线缆时，其截面积利用率不应大于 55%~60%</td><td></td><td></td><td></td><td></td><td></td><td></td><td></td><td></td><td rowspan="11"></td></tr>
<tr><td>光电缆的弯曲半径应符合现行国家标准 GB/T 50312—2016《综合布线系统工程验收规范》有关的规定</td><td></td><td></td><td></td><td></td><td></td><td></td><td></td><td></td></tr>
<tr><td rowspan="5">5</td><td>线缆成端处应接触良好、连接牢固、无外力挤压</td><td></td><td></td><td></td><td></td><td></td><td></td><td></td><td></td></tr>
<tr><td>接入移动或转动设备的线缆，预留长度不应影响设备移动或转动</td><td></td><td></td><td></td><td></td><td></td><td></td><td></td><td></td></tr>
<tr><td>屏蔽电缆的屏蔽层与连接器件应用紧固器件可靠连接</td><td></td><td></td><td></td><td></td><td></td><td></td><td></td><td></td></tr>
<tr><td>对绞线在成端处应保持扭绞状态，卡接、压接应牢固，线序应准确</td><td></td><td></td><td></td><td></td><td></td><td></td><td></td><td></td></tr>
<tr><td>未使用的光纤连接器插头应配有合适的保护盖帽</td><td></td><td></td><td></td><td></td><td></td><td></td><td></td><td></td></tr>
<tr><td rowspan="4">6</td><td>配线箱和信息插座的安装方式、安装位置及标高应符合设计要求和相关标准的规定</td><td></td><td></td><td></td><td></td><td></td><td></td><td></td><td></td></tr>
<tr><td>箱体安装应牢固，门锁启闭应灵活、可靠，箱体表面不应有损伤和划痕</td><td></td><td></td><td></td><td></td><td></td><td></td><td></td><td></td></tr>
<tr><td>配线箱内的各部件应完整，线缆线序应准确，卡、插接应紧固，绑扎应整齐，配线图应准确、清晰。室外箱体应防水、防尘，引入线缆应采用下进线并制作防水弯</td><td></td><td></td><td></td><td></td><td></td><td></td><td></td><td></td></tr>
<tr><td>信息插座内模块安装应牢固，面板安装应牢固平整</td><td></td><td></td><td></td><td></td><td></td><td></td><td></td><td></td></tr>
<tr><td colspan="2">施工单位检查结果</td><td colspan="10">项目专业质量检查员：
年　月　日</td></tr>
<tr><td colspan="2">监理（建设）单位验收结论</td><td colspan="10">监理工程师：
（建设单位项目代表）
年　月　日</td></tr>
</table>

3.13.1.2 周界安防前端设备安装检验批质量验收记录 SY/T 4217.1

<table>
<tr><td colspan="2">工程名称</td><td></td><td>分项工程名称</td><td colspan="4"></td><td colspan="4">验收部位</td><td></td></tr>
<tr><td colspan="2">施工单位</td><td></td><td>专业负责人</td><td colspan="4"></td><td colspan="4">项目经理</td><td></td></tr>
<tr><td colspan="4">施工执行标准名称及编号</td><td colspan="8"></td><td>检验批编号</td><td></td></tr>
<tr><td colspan="4">质量验收规范规定</td><td colspan="8">施工单位检查评定记录</td><td>监理（建设）单位验收意见</td></tr>
<tr><td rowspan="4">主控项目</td><td>1</td><td colspan="2">周界安防系统、可视对讲及门禁系统的设备和线缆的规格、型号应符合设计要求，且应具有质量合格证明文件</td><td colspan="8"></td><td rowspan="4"></td></tr>
<tr><td>2</td><td colspan="2">电子围栏、激光及微波探测器、门禁及可视对讲设备安装位置、高度、角度及安装方式应符合设计要求</td><td colspan="8"></td></tr>
<tr><td>3</td><td colspan="2">振动传感光缆的敷设部位、方式及路由应符合设计要求</td><td colspan="8"></td></tr>
<tr><td>4</td><td colspan="2">周界安防前端设备的防雷接地方式及接地电阻值应符合设计要求</td><td colspan="8"></td></tr>
<tr><td rowspan="3">一般项目</td><td>1</td><td colspan="2">电子围栏、激光及微波探测器、门禁及可视对讲设备安装应牢固</td><td></td><td></td><td></td><td></td><td></td><td></td><td></td><td></td><td rowspan="3"></td></tr>
<tr><td>2</td><td colspan="2">振动传感光缆与附着物应紧密绑扎，配件安装应齐全</td><td></td><td></td><td></td><td></td><td></td><td></td><td></td><td></td></tr>
<tr><td>3</td><td colspan="2">线缆沿墙敷设时宜采用预埋管道敷设，无预埋管应加装保护管，信号线和电源线应分管敷设；地下敷设时引上部分应加装保护管，管口应采用防火胶封堵</td><td></td><td></td><td></td><td></td><td></td><td></td><td></td><td></td></tr>
<tr><td colspan="2">施工单位检查结果</td><td colspan="11">项目专业质量检查员：　　　　　　年　月　日</td></tr>
<tr><td colspan="2">监理（建设）单位验收结论</td><td colspan="11">监理工程师：
（建设单位项目代表）　　　　　　年　月　日</td></tr>
</table>

3.13.1.3 视频监控前端设备安装检验批质量验收记录 SY/T 4217.1

工程名称		分项工程名称		验收部位	
施工单位		专业负责人		项目经理	
施工执行标准名称及编号				检验批编号	

质量验收规范规定			施工单位检查评定记录	监理（建设）单位验收意见
主控项目	1	油气区视频监控系统的摄像机、云台、视频服务器、综合网络箱、混凝土电杆、钢立杆及横臂的规格型号应符合设计要求和相关标准的规定，且应具有质量合格证明文件		
	2	混凝土电杆的埋深、钢立杆混凝土基础尺寸应符合设计要求，并与接地体良好连接		
	3	安装位置、离地高度、安装方式及信号传输方式应符合设计要求		
		防爆摄像机的防爆等级及密封措施应符合设计要求		
	4	安装位置、离地高度、防爆等级应符合设计要求		
		综合箱体应防水、防尘，引入线缆应带防水锁扣并制作防水弯		
	5	避雷针、引下线、接地体、接地线及浪涌保护器的规格、型号应符合设计要求		
		接地体位置、埋深、阻值及避雷针的安装位置、垂直度偏差应符合设计要求		
		前端设备、天线等应安装于避雷针滚球半径或其5° 的安全保护范围之内		
		前端设备外壳、线缆屏蔽层、光缆金属加强构件、金属立杆、防雷器接地等应做等电位连接		
		前端设备接地电阻值应符合设计要求		
一般项目	1	钢立杆与基座应固定牢固，垂直度偏差不应大于1%，螺栓应露出螺帽两扣以上		
		钢杆件的外层应做好防腐蚀处理		
	2	当摄像机在墙上安装时，支架与墙、摄像机与支架固定应牢固		
		当摄像机在杆上安装时，应与支架或横臂连接牢固		
		辅助灯的安装应符合设计要求		
		摄像机镜头应避免强光直射和逆光安装，摄像机镜头应从照明光源方向对准监视目标，当需逆光安装时应降低监视区域的对比度		
		云台的水平、垂直转动角度及云台转动起点方向应符合设计要求		
		摄像机防护罩及罩内风扇、雨刷等安装应紧固完好		

视频监控前端设备安装检验批质量验收记录（续表 1） SY/T 4217.1

<table>
<tr><td colspan="2">工程名称</td><td></td><td colspan="4">分项工程名称</td><td colspan="2"></td><td colspan="2">验收部位</td><td></td></tr>
<tr><td colspan="2">施工单位</td><td></td><td colspan="4">专业负责人</td><td colspan="2"></td><td colspan="2">项目经理</td><td></td></tr>
<tr><td colspan="3">施工执行标准名称及编号</td><td colspan="6"></td><td colspan="2">检验批编号</td><td></td></tr>
<tr><td colspan="3">质量验收规范规定</td><td colspan="8">施工单位检查评定记录</td><td>监理（建设）单位验收意见</td></tr>
<tr><td rowspan="7">一般项目</td><td>2</td><td>摄像机的电缆和电源线应固定，不应由插头承受电缆的自重；连接电缆宜留有余量且不应影响摄像机和云台的转动</td><td></td><td></td><td></td><td></td><td></td><td></td><td></td><td></td><td rowspan="7"></td></tr>
<tr><td rowspan="3">3</td><td>箱体与立杆或墙面应连接牢固</td><td></td><td></td><td></td><td></td><td></td><td></td><td></td><td></td></tr>
<tr><td>箱内设备安装位置应布局合理、固定牢固</td><td></td><td></td><td></td><td></td><td></td><td></td><td></td><td></td></tr>
<tr><td>箱体内设备电源线与其他线缆应分开走线，绑扎应整齐，线缆接头安装应牢固，线头两端应粘贴对应标识。接线图应清晰、完整</td><td></td><td></td><td></td><td></td><td></td><td></td><td></td><td></td></tr>
<tr><td rowspan="3">4</td><td>摄像机电源线与信号线、控制线应分别引入；线缆与设备接口应连接紧固，并做防水弯处理</td><td></td><td></td><td></td><td></td><td></td><td></td><td></td><td></td></tr>
<tr><td>防爆摄像机接线时应使用防爆挠性管和防爆接线盒对接防护通道，进线口应用橡胶密封圈密封</td><td></td><td></td><td></td><td></td><td></td><td></td><td></td><td></td></tr>
<tr><td>当线缆沿墙安装时，保护管管卡固定间距不应大于 600mm，保护管、钢管及桥架膨胀螺丝固定间距不应大于 1000mm</td><td></td><td></td><td></td><td></td><td></td><td></td><td></td><td></td></tr>
<tr><td colspan="2">施工单位检查结果</td><td colspan="10">项目专业质量检查员：　　　　年　月　日</td></tr>
<tr><td colspan="2">监理（建设）单位验收结论</td><td colspan="10">监理工程师：
（建设单位项目代表）　　　　年　月　日</td></tr>
</table>

3.13.1.4 无线通信室外设备安装检验批质量验收记录 SY/T 4217.1

<table>
<tr><td colspan="2">工程名称</td><td></td><td colspan="3">分项工程名称</td><td colspan="2"></td><td colspan="3">验收部位</td><td></td></tr>
<tr><td colspan="2">施工单位</td><td></td><td colspan="3">专业负责人</td><td colspan="2"></td><td colspan="3">项目经理</td><td></td></tr>
<tr><td colspan="3">施工执行标准名称及编号</td><td colspan="3"></td><td colspan="3">检验批编号</td><td colspan="3"></td></tr>
<tr><td colspan="3">质量验收规范规定</td><td colspan="8">施工单位检查评定记录</td><td>监理（建设）单位验收意见</td></tr>
<tr><td rowspan="4">主控项目</td><td>1</td><td>无线通信室外设备、天线及抱杆、馈线的规格、型号应符合设计要求和相关标准的规定，且应具有质量合格证明文件</td><td colspan="8"></td><td rowspan="4"></td></tr>
<tr><td>2</td><td>室外设备及天馈线的安装位置、高度及安装方式应符合设计要求</td><td colspan="8"></td></tr>
<tr><td>3</td><td>卫星远端站安装位置应符合设计要求，天线对星方位角、仰角应准确，无干扰、无遮挡</td><td colspan="8"></td></tr>
<tr><td>4</td><td>无线前端设备的防雷接地应符合 SY/T 4217.1—2018《石油天然气建设工程施工质量验收规范通信工程 第 1 部分：油气田场站通信系统工程》第 7.2.5 条的规定</td><td colspan="8"></td></tr>
<tr><td rowspan="8">一般项目</td><td>1</td><td>室外设备、天馈线与支架或支撑物的连接应牢固</td><td></td><td></td><td></td><td></td><td></td><td></td><td></td><td></td><td rowspan="8"></td></tr>
<tr><td>2</td><td>天线抱杆安装应牢固，防腐层应完好</td><td></td><td></td><td></td><td></td><td></td><td></td><td></td><td></td></tr>
<tr><td rowspan="2">3</td><td>无线通信设备定向天线的方位角及偏差、俯仰角及偏差应符合设计要求</td><td></td><td></td><td></td><td></td><td></td><td></td><td></td><td></td></tr>
<tr><td>室外全向天线安装应与地面垂直，天线垂直偏差度及与金属抱杆重叠长度应符合设计要求</td><td></td><td></td><td></td><td></td><td></td><td></td><td></td><td></td></tr>
<tr><td rowspan="3">4</td><td>设备在室外墙面、塔桅或落地支架安装时载荷承重及加固方式应符合设计要求，安装应牢固</td><td></td><td></td><td></td><td></td><td></td><td></td><td></td><td></td></tr>
<tr><td>室外机柜安装时设备应在机柜内安装牢固，挂墙安装时应预留维护空间</td><td></td><td></td><td></td><td></td><td></td><td></td><td></td><td></td></tr>
<tr><td>设备接口与天线的连接线连接应紧固，防水帽应拧紧</td><td></td><td></td><td></td><td></td><td></td><td></td><td></td><td></td></tr>
<tr><td>5</td><td>室外无线设备安装位置应避开高温、潮湿和强磁场干扰区域，且应靠近其发射天线。备用接口应加装防水帽并紧固</td><td></td><td></td><td></td><td></td><td></td><td></td><td></td><td></td></tr>
</table>

无线通信室外设备安装检验批质量验收记录（续表） SY/T 4217.1

<table>
<tr><td colspan="3">工程名称</td><td></td><td>分项工程名称</td><td colspan="8"></td><td>验收部位</td><td></td></tr>
<tr><td colspan="3">施工单位</td><td></td><td>专业负责人</td><td colspan="8"></td><td>项目经理</td><td></td></tr>
<tr><td colspan="4">施工执行标准名称及编号</td><td></td><td colspan="8">检验批编号</td><td colspan="2"></td></tr>
<tr><td colspan="5">质量验收规范规定</td><td colspan="8">施工单位检查评定记录</td><td colspan="2">监理（建设）单位验收意见</td></tr>
<tr><td rowspan="3">一般项目</td><td rowspan="3">6</td><td colspan="3">馈线固定应牢固，无铜皮裸露现象，弯曲半径应符合最小弯曲半径的要求</td><td></td><td></td><td></td><td></td><td></td><td></td><td></td><td></td><td rowspan="3" colspan="2"></td></tr>
<tr><td colspan="3">室外设备馈线、电源线及各种外部接线端子应按设计要求做防水密封，进入设备及设备间前应有防水弯</td><td></td><td></td><td></td><td></td><td></td><td></td><td></td><td></td></tr>
<tr><td colspan="3">当信号线与强电设备交叉或经过大功率电器设备时，应穿金属管屏蔽干扰；当使用屏蔽网线时，应配合使用屏蔽水晶头，并应保证屏蔽水晶头接触的对端设备良好接地</td><td></td><td></td><td></td><td></td><td></td><td></td><td></td><td></td></tr>
<tr><td colspan="2">施工单位检查结果</td><td colspan="13">项目专业质量检查员：　　　　年　月　日</td></tr>
<tr><td colspan="2">监理（建设）单位验收结论</td><td colspan="13">监理工程师：
（建设单位项目代表）　　　　年　月　日</td></tr>
</table>

3.13.1.5 设备间及控制室设施安装检验批质量验收记录 SY/T 4217.1

工程名称		分项工程名称		验收部位	
施工单位		专业负责人		项目经理	
施工执行标准名称及编号				检验批编号	

质量验收规范规定			施工单位检查评定记录	监理（建设）单位验收意见
主控项目	1	设备机柜、机架、电源柜、监控显示屏、UPS、蓄电池、电池架、走线架的规格、型号、数量、铭牌、尺寸、安装孔尺寸应符合设计要求和相关标准的规定，且应具有质量合格证明文件		
	2	设备机柜、机架、电源柜、电池架、UPS、操作台安装排列位置、位号，走线架安装位置及高度应符合设计要求		
	3	电源柜内的刀闸、熔断器、开关模块、逆变元件、配电端子的安装应牢固、接触应良好		
		电源柜及门的接地应牢固可靠		
		交、直流电源电缆线径应符合设计要求，连接应可靠		
	4	设备间内环境监控、动力设备监控设施的型号、数量、安装位置应符合设计要求		
	5	监控显示屏安装方式、位置、高度应符合设计要求或设备技术文件要求		
一般项目	1	机柜、机架对地安装应牢固，机柜安装垂直偏差不应超过机架高度的1‰，水平误差不应大于2mm，相邻机柜中间缝隙不应大于3mm，同排机柜前门应在同一平面上，整体偏差不应大于3mm；悬挂式、壁挂机柜应安装在平整坚固的墙面上，距离地面应不小于300mm，垂直偏差应小于3mm		
		机柜、机架前后及头尾机柜距离墙体安装的维护空间应符合设计要求		
	2	活动地板上安装设备应加装钢质底座，底座应做防腐处理，螺母应有防松措施，同类螺栓露出长度应基本一致		

设备间及控制室设施安装检验批质量验收记录（续表 1） SY/T 4217.1

工程名称		分项工程名称		验收部位	
施工单位		专业负责人		项目经理	
施工执行标准名称及编号			检验批编号		

质量验收规范规定			施工单位检查评定记录	监理（建设）单位验收意见
一般项目	3	机架、机柜门开关应顺畅，并应无损伤、变形、掉漆等现象		
		机架门板、挡板、防静电手环、走线槽挡板、裙板、假面板、假拉手条等附件应安装齐全、牢固		
		所有紧固螺栓应拧紧		
		各种接头连接应牢固，单板固定螺钉应拧紧，定位卡应卡到位，并应无损坏		
		机架线缆出入口保护应完好并封闭		
		风扇进风口和出风口不应有遮挡		
		设备与底座连接应牢固，周边防静电地板应平整、稳固		
	4	柜内设备安装位置、间距应满足设计要求		
		设备、服务器、子架、托盘与机架应连接牢固		
		内部缆线、跳纤布放应无交叉，绑扎应整齐		
	5	备用信号电缆应绑扎或插接固定到预留位置		
		未使用的各类插头、插口应加装保护帽进行保护		
	6	蓄电池架应牢固可靠，架体应无损坏、变形和锈蚀		
		蓄电池标志应排在外侧，蓄电池间距偏差不应大于 5mm		
		蓄电池极性应连接正确，螺栓应连接可靠		
		蓄电池外壳不应有变形、损坏，滤气帽通气性能应良好		
		引出电缆线径应符合设计要求，正极性、负极性及颜色应正确		

设备间及控制室设施安装检验批质量验收记录（续表 2） SY/T 4217.1

<table>
<tr><td colspan="3">工程名称</td><td colspan="2"></td><td colspan="4">分项工程名称</td><td colspan="4"></td><td>验收部位</td><td></td></tr>
<tr><td colspan="3">施工单位</td><td colspan="2"></td><td colspan="4">专业负责人</td><td colspan="4"></td><td>项目经理</td><td></td></tr>
<tr><td colspan="4">施工执行标准名称及编号</td><td colspan="3"></td><td colspan="4">检验批编号</td><td colspan="4"></td></tr>
<tr><td colspan="3">质量验收规范规定</td><td colspan="8">施工单位检查评定记录</td><td>监理（建设）单位验收意见</td></tr>
<tr><td rowspan="4">一般项目</td><td rowspan="3">7</td><td>走线架、线槽应固定牢固，安装位置应符合设计要求，走线架横铁间隔应均匀</td><td></td><td></td><td></td><td></td><td></td><td></td><td></td><td></td><td rowspan="4"></td></tr>
<tr><td>水平度不应超过 2mm/m，垂直度总偏差不应超过 3mm</td><td></td><td></td><td></td><td></td><td></td><td></td><td></td><td></td></tr>
<tr><td>线槽应无扭曲变形，内壁应无毛刺，连接口处应紧密，槽盖应无翘角</td><td></td><td></td><td></td><td></td><td></td><td></td><td></td><td></td></tr>
<tr><td>8</td><td>监控显示屏安装应与墙体、地面、房顶连接牢固，屏幕拼接缝应符合设计要求或设备技术文件要求</td><td></td><td></td><td></td><td></td><td></td><td></td><td></td><td></td></tr>
<tr><td colspan="2">施工单位检查结果</td><td colspan="10">项目专业质量检查员：　　　　　　　　年　月　日</td></tr>
<tr><td colspan="2">监理（建设）单位验收结论</td><td colspan="10">监理工程师：
（建设单位项目代表）　　　　　　　　年　月　日</td></tr>
</table>

3.13.1.6 设备间线缆敷设检验批质量验收记录 SY/T 4217.1

<table>
<tr><td colspan="2">工程名称</td><td></td><td colspan="4">分项工程名称</td><td colspan="4"></td><td>验收部位</td><td></td></tr>
<tr><td colspan="2">施工单位</td><td></td><td colspan="4">专业负责人</td><td colspan="4"></td><td>项目经理</td><td></td></tr>
<tr><td colspan="3">施工执行标准名称及编号</td><td colspan="4"></td><td colspan="4">检验批编号</td><td colspan="2"></td></tr>
<tr><td colspan="3">质量验收规范规定</td><td colspan="8">施工单位检查评定记录</td><td>监理（建设）单位验收意见</td></tr>
<tr><td rowspan="5">主控项目</td><td>1</td><td>线缆及连接器件的规格、型号应符合设计要求和相关标准的规定，且应具有质量合格证明文件</td><td colspan="8"></td><td rowspan="5"></td></tr>
<tr><td rowspan="3">2</td><td>机柜间线缆敷设方式及路由走向应符合设计要求，线缆中间不应有接头</td><td colspan="8"></td></tr>
<tr><td>当交、直流电源线和信号线分架走线时，交直流电源线之间、直流电源线与非屏蔽信号线之间间距应不小于 50mm，交流电源线与非屏蔽信号线并行时间距应不小于 150mm。交流电源线、直流电源线和信号线同架敷设时应按设计要求进行隔离</td><td colspan="8"></td></tr>
<tr><td>当缆线穿越墙体或楼板时，应用防火材料堵封洞孔</td><td colspan="8"></td></tr>
<tr><td>3</td><td>截面积 10mm^2 以上设备电源线、接地线缆连接时应使用接线端子压接牢固</td><td colspan="8"></td></tr>
<tr><td rowspan="9">一般项目</td><td rowspan="7">1</td><td>机柜间线缆敷设路由应避开柜顶散热板</td><td></td><td></td><td></td><td></td><td></td><td></td><td></td><td></td><td rowspan="9"></td></tr>
<tr><td>线缆敷设应自然平直、无扭绞</td><td></td><td></td><td></td><td></td><td></td><td></td><td></td><td></td></tr>
<tr><td>机柜内线缆应分类沿机柜两侧和走线槽、理线架敷设</td><td></td><td></td><td></td><td></td><td></td><td></td><td></td><td></td></tr>
<tr><td>线缆的弯曲半径应符合现行国家标准 GB/T 50312—2016《综合布线系统工程验收规范》的有关规定</td><td></td><td></td><td></td><td></td><td></td><td></td><td></td><td></td></tr>
<tr><td>线缆表面应清洁，外皮应无老化、破损、扭伤</td><td></td><td></td><td></td><td></td><td></td><td></td><td></td><td></td></tr>
<tr><td>线缆端头接口应与设备端口或配线端子插接、卡接紧密</td><td></td><td></td><td></td><td></td><td></td><td></td><td></td><td></td></tr>
<tr><td>配线架端子板预留线应整齐，弧度、长度应一致</td><td></td><td></td><td></td><td></td><td></td><td></td><td></td><td></td></tr>
<tr><td rowspan="2">2</td><td>电缆应紧密靠拢绑扎，外观应平直、整齐</td><td></td><td></td><td></td><td></td><td></td><td></td><td></td><td></td></tr>
<tr><td>绑扎间距应均匀，线扣接头应齐根剪平朝向一致。横走线架上线扣间距不应超过走线架两倍的横档间距，垂直走线架上每根横档处均应绑扎，转弯处应在转角两侧分别绑扎</td><td></td><td></td><td></td><td></td><td></td><td></td><td></td><td></td></tr>
</table>

设备间线缆敷设检验批质量验收记录（续表） SY/T 4217.1

<table>
<tr><td colspan="3">工程名称</td><td colspan="3"></td><td colspan="3">分项工程名称</td><td colspan="2"></td><td>验收部位</td><td></td></tr>
<tr><td colspan="3">施工单位</td><td colspan="3"></td><td colspan="3">专业负责人</td><td colspan="2"></td><td>项目经理</td><td></td></tr>
<tr><td colspan="4">施工执行标准名称及编号</td><td colspan="4"></td><td colspan="3">检验批编号</td><td colspan="2"></td></tr>
<tr><td colspan="3">质量验收规范规定</td><td colspan="8">施工单位检查评定记录</td><td colspan="2">监理（建设）单位验收意见</td></tr>
<tr><td rowspan="9">一般项目</td><td rowspan="4">3</td><td>剖头处应有套管或缠绕绝缘胶带保护，颜色与线缆宜保持一致</td><td></td><td></td><td></td><td></td><td></td><td></td><td></td><td></td><td rowspan="9" colspan="2"></td></tr>
<tr><td>同类线缆剖头长度、套管或缠绕绝缘胶带长度宜保持一致</td><td></td><td></td><td></td><td></td><td></td><td></td><td></td><td></td></tr>
<tr><td>线缆剖头处芯线应无损伤，芯线与端子应贴合紧密，焊接或压接应牢固</td><td></td><td></td><td></td><td></td><td></td><td></td><td></td><td></td></tr>
<tr><td>线缆与端口的连接线序应正确，光缆成端接续损耗应符合设计要求</td><td></td><td></td><td></td><td></td><td></td><td></td><td></td><td></td></tr>
<tr><td rowspan="5">4</td><td>光纤配线架内引入光缆应固定牢固，接地可靠，光缆盘留长度宜为15~20m</td><td></td><td></td><td></td><td></td><td></td><td></td><td></td><td></td></tr>
<tr><td>尾纤、跳纤应有保护套管，套管应延伸至机架或尾纤槽内并固定，套管端口应有保护</td><td></td><td></td><td></td><td></td><td></td><td></td><td></td><td></td></tr>
<tr><td>尾纤、跳纤应采用软性材料绑扎，并可在线扣环中自由抽动</td><td></td><td></td><td></td><td></td><td></td><td></td><td></td><td></td></tr>
<tr><td>尾纤、跳纤盘绕应整齐</td><td></td><td></td><td></td><td></td><td></td><td></td><td></td><td></td></tr>
<tr><td>备用尾纤、跳纤连接头应配戴保护帽</td><td></td><td></td><td></td><td></td><td></td><td></td><td></td><td></td></tr>
<tr><td colspan="2">施工单位检查结果</td><td colspan="11">项目专业质量检查员：　　　　年　月　日</td></tr>
<tr><td colspan="2">监理（建设）单位验收结论</td><td colspan="11">监理工程师：
（建设单位项目代表）　　　　年　月　日</td></tr>
</table>

3.13.1.7 设备间空调安装及调试安装检验批质量验收记录 SY/T 4217.1

<table>
<tr><td colspan="2">工程名称</td><td></td><td>分项工程名称</td><td></td><td>验收部位</td><td></td></tr>
<tr><td colspan="2">施工单位</td><td></td><td>专业负责人</td><td></td><td>项目经理</td><td></td></tr>
<tr><td colspan="3">施工执行标准名称及编号</td><td></td><td>检验批编号</td><td colspan="2"></td></tr>
<tr><td colspan="3">质量验收规范规定</td><td colspan="2">施工单位检查评定记录</td><td colspan="2">监理（建设）单位验收意见</td></tr>
<tr><td rowspan="8">主控项目</td><td>1</td><td>空调及配件的规格、型号等应符合设计要求，且应具有质量合格证明文件</td><td colspan="2"></td><td colspan="2" rowspan="8"></td></tr>
<tr><td rowspan="4">2</td><td>空调安装位置应符合设计要求</td><td colspan="2"></td></tr>
<tr><td>空调和基座之间固定应牢靠，隔振措施应符合设计要求</td><td colspan="2"></td></tr>
<tr><td>室内、室外机连接管线及加湿装置、供水管路的安装应满足设计文件及设备技术文件要求</td><td colspan="2"></td></tr>
<tr><td>室内、室外机外壳接地应可靠</td><td colspan="2"></td></tr>
<tr><td rowspan="2">3</td><td>空调运转应正常，并无渗漏液、漏风、异响等现象</td><td colspan="2"></td></tr>
<tr><td>空调功能、温湿度控制范围及精度应满足设计文件及设备技术文件的要求</td><td colspan="2"></td></tr>
<tr><td colspan="4" style="display:none"></td></tr>
<tr><td rowspan="6">一般项目</td><td rowspan="5">1</td><td>外观应无划痕、损伤，附件安装应齐全、完整</td><td colspan="2"></td><td colspan="2" rowspan="6"></td></tr>
<tr><td>排水管道坡度应保证排水通畅，接头应密封严密，且无渗漏水现象</td><td colspan="2"></td></tr>
<tr><td>基座应做涂漆或镀锌防锈处理，表面应光滑，且应无脱落、气泡</td><td colspan="2"></td></tr>
<tr><td>当采用下送风方式时，送风口与底座、地板接缝处应密封良好</td><td colspan="2"></td></tr>
<tr><td>连接管道穿越墙体或楼板时应加套管，洞孔封堵应严密</td><td colspan="2"></td></tr>
<tr><td>2</td><td>空调室外机安全隔离设施安装应符合设计文件及设备技术文件的要求</td><td colspan="2"></td></tr>
<tr><td>施工单位检查结果</td><td colspan="6">项目专业质量检查员：　　　　　　　　　　年　月　日</td></tr>
<tr><td>监理（建设）单位验收结论</td><td colspan="6">监理工程师：
（建设单位项目代表）　　　　　　　　　　年　月　日</td></tr>
</table>

3.13.1.8 设备设施标识检验批质量验收记录 SY/T 4217.1

工程名称		分项工程名称		验收部位	
施工单位		专业负责人		项目经理	
施工执行标准名称及编号			检验批编号		

质量验收规范规定			施工单位检查评定记录	监理（建设）单位验收意见
主控项目	1	标识的材质、尺寸、样式、颜色应符合设计要求或使用要求		
	2	设备标识的内容应注明设备名称、型号、编号		
一般项目	1	标识内容字迹应工整、清晰		
	2	室外前端设备宜采用挂牌标识，并注明场站名称、设备编号等		
	3	直埋线路应采用地面标识桩标识，直线段埋设间隔应均匀，且应在起始点、转角处、终点处标识，标识桩位置、高度不应影响场站内通行		
	4	桥架、缆沟内线缆应采用挂牌标识，直线段标识间隔应均匀，且应在起始点、转角处、终点处挂牌标识		
	5	标识粘贴应牢固，同类型设备标签应粘贴在设备的同一位置，且不应遮盖住设备出厂标识		
		设备单板上不应粘贴标签		
	6	线缆标识宜采用环套型自粘式标签，在缆线上缠绕应不少于一圈		
		线缆标签内容应清楚标明两端起始对应关系		
		线缆标签应距离端头 20mm 处粘贴，位置应一致，粘贴应牢固		
		标签粘贴朝向应一致，表示线缆去向的一面应朝上或朝向维护操作面		
施工单位检查结果		项目专业质量检查员：　　　　年　月　日		
监理（建设）单位验收结论		监理工程师： （建设单位项目代表）　　　　年　月　日		

3.13.1.9 设备间防雷与接地检验批质量验收记录 SY/T 4217.1

<table>
<tr><td colspan="2">工程名称</td><td></td><td colspan="4">分项工程名称</td><td colspan="2"></td><td>验收部位</td><td></td></tr>
<tr><td colspan="2">施工单位</td><td></td><td colspan="4">专业负责人</td><td colspan="2"></td><td>项目经理</td><td></td></tr>
<tr><td colspan="3">施工执行标准名称及编号</td><td colspan="4">检验批编号</td><td colspan="4"></td></tr>
<tr><td colspan="3">质量验收规范规定</td><td colspan="7">施工单位检查评定记录</td><td>监理（建设）单位验收意见</td></tr>
<tr><td rowspan="11">主控项目</td><td>1</td><td>场站通信防雷接地的接闪器、接地体、接地排、浪涌保护器及线缆的规格、型号应符合设计要求和相关标准的规定，且应具有质量合格证明文件</td><td colspan="7"></td><td rowspan="11"></td></tr>
<tr><td>2</td><td>场站通信联合接地的方式应符合设计要求</td><td colspan="7"></td></tr>
<tr><td rowspan="4">3</td><td>接地体的埋设位置、间距和深度应符合设计要求</td><td colspan="7"></td></tr>
<tr><td>接地引入线引入位置和数量应符合设计要求</td><td colspan="7"></td></tr>
<tr><td>接地引入线在穿越墙壁、楼板时应加装保护套管，且应无机械损伤</td><td colspan="7"></td></tr>
<tr><td>接地电阻值应符合设计要求，当接地电阻值无法满足设计要求时，应采取物理或化学降阻措施</td><td colspan="7"></td></tr>
<tr><td rowspan="2">4</td><td>接闪器安装位置、高度及保护范围应符合设计要求</td><td colspan="7"></td></tr>
<tr><td>引下线的敷设位置应符合设计要求</td><td colspan="7"></td></tr>
<tr><td>5</td><td>接地排安装位置应符合设计要求</td><td colspan="7"></td></tr>
<tr><td>6</td><td>室外线缆、桥架或设备器件的接地应就近连接至室外联合接地排或屋面避雷带，不应与室内联合接地排相连接</td><td colspan="7"></td></tr>
<tr><td>7</td><td>设备间通信系统接地不应与油气工艺设备区防雷接地网相连，接地体间距应符合设计要求</td><td colspan="7"></td></tr>
<tr><td rowspan="4">一般项目</td><td rowspan="4">1</td><td>避雷针安装应垂直，且与立杆或基座的连接应牢固</td><td></td><td></td><td></td><td></td><td></td><td></td><td></td><td rowspan="4"></td></tr>
<tr><td>引下线与接闪器和接地体的焊接、接地体与接地引入线的焊接应牢固，接地排与设备接地线和接地引入线的压接或焊接应牢固，且应无虚焊、脱焊现象，并应采取防腐措施</td><td></td><td></td><td></td><td></td><td></td><td></td><td></td></tr>
<tr><td>接地排安装应平整、牢固，表面应无毛刺、伤痕、残余焊渣</td><td></td><td></td><td></td><td></td><td></td><td></td><td></td></tr>
<tr><td>接地端子与接地排之间应采用镀锌螺栓连接，且一个螺栓应压接一根地线</td><td></td><td></td><td></td><td></td><td></td><td></td><td></td></tr>
</table>

设备间防雷与接地检验批质量验收记录（续表） SY/T 4217.1

<table>
<tr><td colspan="2">工程名称</td><td></td><td>分项工程名称</td><td colspan="4"></td><td colspan="4">验收部位</td><td></td></tr>
<tr><td colspan="2">施工单位</td><td></td><td>专业负责人</td><td colspan="4"></td><td colspan="4">项目经理</td><td></td></tr>
<tr><td colspan="4">施工执行标准名称及编号</td><td colspan="4">检验批编号</td><td colspan="5"></td></tr>
<tr><td colspan="4">质量验收规范规定</td><td colspan="8">施工单位检查评定记录</td><td>监理（建设）单位验收意见</td></tr>
<tr><td rowspan="5">一般项目</td><td rowspan="4">2</td><td colspan="2">设备保护接地和直流电源工作接地应从室内接地排引入，交流配电屏严禁采用工作接地做保护接地</td><td></td><td></td><td></td><td></td><td></td><td></td><td></td><td></td><td rowspan="5"></td></tr>
<tr><td colspan="2">所有交直流配电设备的机壳、通信设备机柜前（后）门、走线架、电池架、防静电地板应通过接地线单独可靠连接到接地汇流排上，接地电阻值应符合设计要求</td><td></td><td></td><td></td><td></td><td></td><td></td><td></td><td></td></tr>
<tr><td colspan="2">空调等基础设施，应按设计要求引入保护地线</td><td></td><td></td><td></td><td></td><td></td><td></td><td></td><td></td></tr>
<tr><td colspan="2">设备接地线的敷设应短直、整齐、无盘绕，绑扎应均匀。</td><td></td><td></td><td></td><td></td><td></td><td></td><td></td><td></td></tr>
<tr><td>3</td><td colspan="2">浪涌保护器的安装位置及顺序应符合设计或产品技术要求，安装连接应牢固</td><td></td><td></td><td></td><td></td><td></td><td></td><td></td><td></td></tr>
<tr><td>施工单位检查结果</td><td colspan="12">项目专业质量检查员： 年 月 日</td></tr>
<tr><td>监理（建设）单位验收结论</td><td colspan="12">监理工程师：
（建设单位项目代表） 年 月 日</td></tr>
</table>

3.13.1.10 设备调试检验批质量验收记录 SY/T 4217.1

<table>
<tr><td colspan="2">工程名称</td><td></td><td colspan="4">分项工程名称</td><td colspan="3"></td><td>验收部位</td><td></td></tr>
<tr><td colspan="2">施工单位</td><td></td><td colspan="4">专业负责人</td><td colspan="3"></td><td>项目经理</td><td></td></tr>
<tr><td colspan="2">施工执行标准名称及编号</td><td></td><td colspan="4">检验批编号</td><td colspan="5"></td></tr>
<tr><td colspan="3">质量验收规范规定</td><td colspan="8">施工单位检查评定记录</td><td>监理（建设）单位验收意见</td></tr>
<tr><td rowspan="10">主控项目</td><td>1</td><td>设备、板件、端口等硬件规格、型号及数量应符合设计要求，且应具有质量合格证明文件</td><td colspan="8"></td><td rowspan="10"></td></tr>
<tr><td>2</td><td>设备运行软件的种类、版本、授权数应符合设计要求</td><td colspan="8"></td></tr>
<tr><td rowspan="4">3</td><td>设备指示灯显示正确，风扇运转正常</td><td colspan="8"></td></tr>
<tr><td>数据配置完整、准确</td><td colspan="8"></td></tr>
<tr><td>设备主要性能指标应符合设计要求，板件、端口工作运行状态正常</td><td colspan="8"></td></tr>
<tr><td>冗余板件倒换测试正常</td><td colspan="8"></td></tr>
<tr><td>4</td><td>周界安防设备报警控制主机的键盘布防、撤防、记录查询、与其他监控系统联动报警等功能及入侵检测报警误报率、告警时延等指标应符合设计要求，且应无漏报</td><td colspan="8"></td></tr>
<tr><td rowspan="3">5</td><td>设备之间通信正常</td><td colspan="8"></td></tr>
<tr><td>系统主要业务功能及设备网管应满足设计要求</td><td colspan="8"></td></tr>
<tr><td>告警功能正常</td><td colspan="8"></td></tr>
<tr><td rowspan="5">一般项目</td><td>1</td><td>电源设备电流电压等参数及蓄电池充放电、供电切换等功能应符合设计要求。设计无要求时应符合 GB 51199—2016《通信电源设备安装工程验收规范》的有关规定</td><td></td><td></td><td></td><td></td><td></td><td></td><td></td><td></td><td rowspan="5"></td></tr>
<tr><td>2</td><td>环境、动力设备监控系统数据采集应准确，系统功能应符合设计要求</td><td></td><td></td><td></td><td></td><td></td><td></td><td></td><td></td></tr>
<tr><td>3</td><td>门禁控制功能、视频对讲系统功能应符合设计要求，且对讲系统室外机和室内机双向通话、视频图像应清晰</td><td></td><td></td><td></td><td></td><td></td><td></td><td></td><td></td></tr>
<tr><td>4</td><td>摄像机遥控操作及延迟正常，监控范围、图像质量应符合设计要求</td><td></td><td></td><td></td><td></td><td></td><td></td><td></td><td></td></tr>
<tr><td></td><td>图像切换、报警联动、图像复核等功能应符合设计要求</td><td></td><td></td><td></td><td></td><td></td><td></td><td></td><td></td></tr>
</table>

设备调试检验批质量验收记录（续表 1） SY/T 4217.1

工程名称		分项工程名称		验收部位	
施工单位		专业负责人		项目经理	
施工执行标准名称及编号			检验批编号		
质量验收规范规定			施工单位检查评定记录		监理（建设）单位验收意见
一般项目	5	TD-LTE 基站、网桥、数传电台、局域网 AP 等无线发射设备的无线功率设定、频率设定、最小边界速率、组网结构应符合设计要求。TD-LTE 基站间、各 AP 间应实现无损伤切换			
	6	TD-LTE 无线终端设备的信号强度、链路信噪比（SNR）、误块率（BLER）、上（下）行吞吐量、时延等指标应符合设计要求			
	7	无线网桥设备的信号强度、链路信噪比（SNR）、丢包率及传输时延、无线传输带宽等指标应满足设计要求			
	8	数传电台信道速率、数据调制方式、误码率和数据接口类型、速率及校验方式、长发保护功能等指标应满足设计要求			
	9	无线局域网无线侧系统测试、网络侧系统测试、网管系统功能检查应满足设计要求。设计无要求时，应符合 YD 5215—2015《无线局域网工程验收规范》的有关规定			
	10	卫星通信信道速率、时延、误码率等指标应满足设计要求			
	11	SDH 设备的本机测试及功能检查、系统性能测试及功能检查应符合设计要求。设计无要求时应符合 YD 5044—2014《同步数字体系（SDH）光纤传输系统工程验收规范》的有关规定			
	12	PTN 设备的以太网接口性能、SDH 接口、系统性能、网管功能测试应符合应设计要求。设计无要求时应符合 YD 5200—2014《分组传送网（PTN）工程验收暂行规定》的有关规定			
	13	OTN 设备的本机测试、系统性能测试及系统功能检查、保护性能测试及功能检查、网管功能检查应符合设计要求。设计无要求时应符合 YD 5209—2014《光传送网（OTN）工程验收暂行规定》的有关规定			

设备调试检验批质量验收记录（续表 2） SY/T 4217.1

<table>
<tr><td colspan="2">工程名称</td><td></td><td>分项工程名称</td><td colspan="4"></td><td colspan="3">验收部位</td><td></td></tr>
<tr><td colspan="2">施工单位</td><td></td><td>专业负责人</td><td colspan="4"></td><td colspan="3">项目经理</td><td></td></tr>
<tr><td colspan="3">施工执行标准名称及编号</td><td colspan="5"></td><td colspan="3">检验批编号</td><td></td></tr>
<tr><td colspan="3">质量验收规范规定</td><td colspan="8">施工单位检查评定记录</td><td>监理（建设）单位验收意见</td></tr>
<tr><td rowspan="3">一般项目</td><td>14</td><td>xPON 设备的 ODN 测试、系统功能及性能测试、网管功能检查等均符合设计要求。设计无要求时应符合 YD 5207—2014《宽带光纤接入工程验收规范》的有关规定</td><td></td><td></td><td></td><td></td><td></td><td></td><td></td><td></td><td rowspan="3"></td></tr>
<tr><td>15</td><td>电话设备的语音或视频业务、调度业务、会议电话等业务测试、功能测试及性能测试应符合设计要求。设计无要求时应符合 GB/T 50623—2010《用户电话交换系统工程验收规范》或 YD 5077—2014《固定电话交换网工程验收规范》的有关规定</td><td></td><td></td><td></td><td></td><td></td><td></td><td></td><td></td></tr>
<tr><td>16</td><td>以太网交换机、路由器的连通性测试等内容应符合设计要求。设计无要求时应符合 YD/T 1287—2013《具有路由功能的以太网交换机测试方法》及 YD/T 1453—2014《IPv6 网络设备测试方法 边缘路由器》的有关规定</td><td></td><td></td><td></td><td></td><td></td><td></td><td></td><td></td></tr>
<tr><td>施工单位检查结果</td><td colspan="11">

项目专业质量检查员：　　　　　　　　年　月　日</td></tr>
<tr><td>监理（建设）单位验收结论</td><td colspan="11">

监理工程师：
（建设单位项目代表）　　　　　　　　年　月　日</td></tr>
</table>

3.13.2 通信光缆架空线路工程 ①

3.13.2.1 路由复测检验批质量验收记录 SY/T 4217.2

<table>
<tr><td colspan="2">工程名称</td><td></td><td>分项工程名称</td><td colspan="8"></td><td>验收部位</td><td></td></tr>
<tr><td colspan="2">施工单位</td><td></td><td>专业负责人</td><td colspan="8"></td><td>项目经理</td><td></td></tr>
<tr><td colspan="3">施工执行标准名称及编号</td><td colspan="9"></td><td>检验批编号</td><td></td></tr>
<tr><td colspan="3">质量验收规范规定</td><td colspan="9">施工单位检查评定记录</td><td colspan="2">监理（建设）单位验收意见</td></tr>
<tr><td rowspan="4">主控项目</td><td>1</td><td>光缆穿越铁路、公路、河流时，两边位置、长度、埋深、保护方法应符合设计要求</td><td colspan="9"></td><td colspan="2" rowspan="4"></td></tr>
<tr><td>2</td><td>光缆线路应避开输油或输气管道及跨越塔架，当无法避开时应保证垂直净距不小于 3m</td><td colspan="9"></td></tr>
<tr><td>3</td><td>架空线路与其他设施的最小水平净距及平行、交越时的架设高度应符合 SY/T 4217.2—2018《石油天然气建设工程施工质量验收规范通信工程 第 2 部分：通信光缆架空线路工程》中表 5.2.3 规定</td><td colspan="9"></td></tr>
<tr><td>4</td><td>架空通信线路交越其他电气设施的最小垂直净距应符合 SY/T 4217.2—2018《石油天然气建设工程施工质量验收规范通信工程 第 2 部分：通信光缆架空线路工程》中表 5.2.4 规定</td><td colspan="9"></td></tr>
<tr><td rowspan="2">一般项目</td><td>1</td><td>光缆线路在靠近油气场站时，路由宜选在上风方向</td><td colspan="2"></td><td></td><td></td><td></td><td></td><td></td><td></td><td></td><td colspan="2" rowspan="2"></td></tr>
<tr><td>2</td><td>光缆架空线路路由应选择在地质稳固、无汇水冲刷的地段</td><td colspan="2"></td><td></td><td></td><td></td><td></td><td></td><td></td><td></td></tr>
<tr><td colspan="2">施工单位检查评定结果</td><td colspan="12">项目专业质量检查员： 年 月 日</td></tr>
<tr><td colspan="2">监理（建设）单位验收结论</td><td colspan="12">监理工程师：
（建设单位项目代表） 年 月 日</td></tr>
</table>

① 本部分的“SY/T 4217.2”代表依据为 SY/T 4217.2—2018《石油天然气建设工程施工质量验收规范 通信工程 第 2 部分：通信光缆架空线路工程》。

3.13.2.2 电杆洞、拉线坑及撑杆洞的定位和开挖检验批质量验收记录 SY/T 4217.2

<table>
<tr><td colspan="2">工程名称</td><td></td><td>分项工程名称</td><td colspan="8"></td><td>验收部位</td><td></td></tr>
<tr><td colspan="2">施工单位</td><td></td><td>专业负责人</td><td colspan="8"></td><td>项目经理</td><td></td></tr>
<tr><td colspan="3">施工执行标准名称及编号</td><td colspan="9"></td><td>检验批编号</td><td></td></tr>
<tr><td colspan="4">质量验收规范规定</td><td colspan="8">施工单位检查评定记录</td><td colspan="2">监理（建设）单位验收意见</td></tr>
<tr><td rowspan="5">主控项目</td><td>1</td><td colspan="2">电杆洞应在复测标明的路由上进行定位，电杆之间的距离应符合设计要求，当设计未规定时，应符合 GB 51171—2016《通信线路工程验收规范》的有关规定</td><td></td><td></td><td></td><td></td><td></td><td></td><td></td><td></td><td colspan="2" rowspan="5"></td></tr>
<tr><td>2</td><td colspan="2">电杆洞深度应符合 SY/T 4217.2—2018《石油天然气建设工程施工质量验收规范　通信工程　第 2 部分：通信光缆架空线路工程》中表 6.2.2 规定，深度允许偏差为 ±50mm</td><td></td><td></td><td></td><td></td><td></td><td></td><td></td><td></td></tr>
<tr><td>3</td><td colspan="2">拉线坑深度应符合 SY/T 4217.2—2018《石油天然气建设工程施工质量验收规范　通信工程　第 2 部分：通信光缆架空线路工程》中表 6.2.3 规定，深度允许偏差为 ±50mm</td><td></td><td></td><td></td><td></td><td></td><td></td><td></td><td></td></tr>
<tr><td>4</td><td colspan="2">撑杆埋深应不小于 600mm，距高比不应小于 0.5，并应加设杆根装置</td><td></td><td></td><td></td><td></td><td></td><td></td><td></td><td></td></tr>
<tr><td>5</td><td colspan="2">电杆洞、拉线坑及撑杆洞不应设在油气设施安全距离内</td><td></td><td></td><td></td><td></td><td></td><td></td><td></td><td></td></tr>
<tr><td rowspan="2">一般项目</td><td>1</td><td colspan="2">电杆洞应在公路和铁路的边界外</td><td></td><td></td><td></td><td></td><td></td><td></td><td></td><td></td><td colspan="2" rowspan="2"></td></tr>
<tr><td>2</td><td colspan="2">电杆洞在地质不稳定的区域，可适当前移或后退，当移动后杆距超出规定的，应按长杆档处理</td><td></td><td></td><td></td><td></td><td></td><td></td><td></td><td></td></tr>
<tr><td colspan="2">施工单位检查评定结果</td><td colspan="12">项目专业质量检查员：　　　　年　月　日</td></tr>
<tr><td colspan="2">监理（建设）单位验收结论</td><td colspan="12">监理工程师：
（建设单位项目代表）　　　　年　月　日</td></tr>
</table>

3.13.2.3 立杆及回填检验批质量验收记录 SY/T 4217.2

工程名称		分项工程名称		验收部位	
施工单位		专业负责人		项目经理	
施工执行标准名称及编号				检验批编号	

		质量验收规范规定	施工单位检查评定记录	监理（建设）单位验收意见
主控项目	1	环形钢筋混凝土电杆、防腐油木电杆、底盘、卡盘的型号与规格应符合设计要求及相关标准的规定，且具有质量合格证明文件		
	2	防腐油木电杆防腐深度应符合设计要求。当设计未要求时，防腐深度应不小于 5mm		
	3	直线杆路的杆身应垂直。直线线路不应有“眉毛”弯和 S 形弯，杆根与路由中心线左右偏差应不应大于 50mm		
一般项目	1	防腐油木电杆杆身弯曲度不应大于 2%		
	2	木杆的接杆、水泥电杆和木杆的杆根装置应符合 GB 51171—2016《通信线路工程验收规范》的有关规定		
	3	木杆穿钉孔应正直，并在木杆的中心线上		
	4	角杆杆根在转角点应内移，水泥杆内移应为 100~150mm，木杆内移应为 200~300mm。拉线收紧后，杆梢应向外角倾斜，且置于两侧直线杆路杆梢连线的交叉处		
	5	终端杆杆梢应向拉线侧倾斜 100~200mm		
	6	电杆洞回填土应每隔 300mm 分层夯实，不应损伤横木和卡盘		
	7	杆根培土应高出地面 150~200mm		
施工单位检查评定结果		项目专业质量检查员：　　　　年　月　日		
监理（建设）单位验收结论		监理工程师： （建设单位项目代表）　　　　年　月　日		

3.13.2.4 拉线、撑杆安装及回填检验批质量验收记录 SY/T 4217.2

<table>
<tr><td>工程名称</td><td></td><td>分项工程名称</td><td></td><td>验收部位</td><td></td></tr>
<tr><td>施工单位</td><td></td><td>专业负责人</td><td></td><td>项目经理</td><td></td></tr>
<tr><td colspan="2">施工执行标准名称及编号</td><td colspan="2"></td><td>检验批编号</td><td></td></tr>
<tr><td colspan="3">质量验收规范规定</td><td colspan="8">施工单位检查评定记录</td><td>监理（建设）
单位验收意见</td></tr>
<tr><td rowspan="6">主控项目</td><td>1</td><td>环形钢筋混凝土电杆、防腐油木电杆、拉线盘、镀锌钢绞线、拉线抱箍、护杆板、护杆条、三眼单槽或双槽夹板、衬环、绝缘子、地锚钢柄等铁件的型号与规格应符合设计要求及相关标准的规定，且具有质量合格证明文件</td><td colspan="8"></td><td rowspan="6"></td></tr>
<tr><td>2</td><td>拉线的设置应符合设计要求，当设计无要求时，应在角杆、终端杆、抗风杆、跨越道路两侧的电杆，坡度大于 20% 的吊档杆，杆高大于 12m 的电杆，杆位不稳固的电杆上加装拉线</td><td></td><td></td><td></td><td></td><td></td><td></td><td></td><td></td></tr>
<tr><td>3</td><td>拉线上把的扎固方式应使用另缠法，绑扎牢固，并应符合 SY/T 4217.2—2018《石油天然气建设工程施工质量验收规范 通信工程 第 2 部分：通信光缆架空线路工程》中表 8.2.3 规定</td><td></td><td></td><td></td><td></td><td></td><td></td><td></td><td></td></tr>
<tr><td>4</td><td>拉线中把的扎固方式应采用夹板法和另缠法，绑扎牢固，并符合 SY/T 4217.2—2018《石油天然气建设工程施工质量验收规范 通信工程 第 2 部分：通信光缆架空线路工程》中表 8.2.4 规定</td><td></td><td></td><td></td><td></td><td></td><td></td><td></td><td></td></tr>
<tr><td>5</td><td>一般拉线地锚的出土长度应为 300~600mm，特殊拉线地锚的出土长度应为 500~800mm；角杆拉线地锚出土左右偏差应小于 50mm，抗风、防凌拉线出土点地面距离左右偏差不应大于 100mm</td><td></td><td></td><td></td><td></td><td></td><td></td><td></td><td></td></tr>
<tr><td>6</td><td>防腐油木电杆的拉线在杆头应缠绕 2~3 圈</td><td></td><td></td><td></td><td></td><td></td><td></td><td></td><td></td></tr>
</table>

拉线、撑杆安装及回填检验批质量验收记录（续表） SY/T 4217.2

<table>
<tr><td colspan="3">工程名称</td><td colspan="3"></td><td colspan="4">分项工程名称</td><td colspan="2"></td><td>验收部位</td><td></td></tr>
<tr><td colspan="3">施工单位</td><td colspan="3"></td><td colspan="4">专业负责人</td><td colspan="2"></td><td>项目经理</td><td></td></tr>
<tr><td colspan="3">施工执行标准名称及编号</td><td colspan="9"></td><td>检验批编号</td><td></td></tr>
<tr><td colspan="3">质量验收规范规定</td><td colspan="8">施工单位检查评定记录</td><td colspan="3">监理（建设）单位验收意见</td></tr>
<tr><td rowspan="6">一般项目</td><td>1</td><td>高桩拉线的副拉线、拉线中心线、正拉线、电杆中心线应成直线，任一点的偏差应小于 50mm</td><td></td><td></td><td></td><td></td><td></td><td></td><td></td><td></td><td colspan="3" rowspan="6"></td></tr>
<tr><td>2</td><td>水泥电杆拉线的距高比应为 1∶1，误差应为 ±0.25</td><td></td><td></td><td></td><td></td><td></td><td></td><td></td><td></td></tr>
<tr><td>3</td><td>拉线抱箍与吊线抱箍间距应为 100mm±20mm，终端杆的拉线抱箍与吊线抱箍为同一抱箍</td><td></td><td></td><td></td><td></td><td></td><td></td><td></td><td></td></tr>
<tr><td>4</td><td>抗风杆、防凌杆安装拉线的电杆间隔数应符合 SY/T 4217.2—2018《石油天然气建设工程施工质量验收规范　通信工程　第 2 部分：通信光缆架空线路工程》中表 8.3.4 规定</td><td></td><td></td><td></td><td></td><td></td><td></td><td></td><td></td></tr>
<tr><td>5</td><td>拉线坑和撑杆洞回填土应每隔 300mm 分层夯实，不应损伤横木和卡盘</td><td></td><td></td><td></td><td></td><td></td><td></td><td></td><td></td></tr>
<tr><td>6</td><td>拉线出土点和撑杆杆根培土应高出地面 150~200mm</td><td></td><td></td><td></td><td></td><td></td><td></td><td></td><td></td></tr>
<tr><td colspan="2">施工单位检查评定结果</td><td colspan="12">项目专业质量检查员：　　　　　　　　年　月　日</td></tr>
<tr><td colspan="2">监理（建设）单位验收结论</td><td colspan="12">监理工程师：
（建设单位项目代表）　　　　　　　　年　月　日</td></tr>
</table>

3.13.2.5 架设吊线检验批质量验收记录 SY/T 4217.2

<table>
<tr><td colspan="2">工程名称</td><td></td><td>分项工程名称</td><td></td><td>验收部位</td><td></td></tr>
<tr><td colspan="2">施工单位</td><td></td><td>专业负责人</td><td></td><td>项目经理</td><td></td></tr>
<tr><td colspan="3">施工执行标准名称及编号</td><td colspan="2"></td><td>检验批编号</td><td></td></tr>
<tr><td colspan="3">质量验收规范规定</td><td colspan="2">施工单位检查评定记录</td><td colspan="2">监理（建设）单位验收意见</td></tr>
<tr><td rowspan="5">主控项目</td><td>1</td><td>镀锌钢绞线、三眼单槽或双槽夹板、衬环、穿钉、吊线抱箍、绝缘子等型号与规格应符合设计要求及相关标准的规定，且具有质量合格证明文件</td><td colspan="2"></td><td colspan="2" rowspan="5"></td></tr>
<tr><td>2</td><td>架设吊线的原始安装垂度应符合 GB 51171—2016《通信线路工程验收规范》的相关规定</td><td colspan="2"></td></tr>
<tr><td>3</td><td>角杆的吊线辅助装置安装应符合 GB 51171—2016《通信线路工程验收规范》的相关规定</td><td colspan="2"></td></tr>
<tr><td>4</td><td>吊线在终端杆及角深大于 25m 的角杆上应做终结，终结的方式应符合 SY/T 4217.2—2018《石油天然气建设工程施工质量验收规范 通信工程 第 2 部分：通信光缆架空线路工程》中表 9.2.4 规定</td><td colspan="2"></td></tr>
<tr><td>5</td><td>正副吊线应按设计要求进行连接。当设计无要求时，应用三眼单槽夹板及钢板连接</td><td colspan="2"></td></tr>
<tr><td rowspan="2">一般项目</td><td>1</td><td>吊线抱箍距电杆顶的距离不宜小于 500mm，在特殊情况下不应小于 250mm</td><td colspan="2"></td><td colspan="2" rowspan="2"></td></tr>
<tr><td>2</td><td>当跨越大河、山谷等特殊地段采用飞线架设时，应按设计要求进行架设。当设计无要求时，应采用正副吊线跨越装置，辅助吊线宜选用 7/3.0 规格镀锌钢绞线。吊线和辅助吊线中间不应有接头</td><td colspan="2"></td></tr>
<tr><td colspan="2">施工单位检查评定结果</td><td colspan="5">项目专业质量检查员： 年 月 日</td></tr>
<tr><td colspan="2">监理（建设）单位验收结论</td><td colspan="5">监理工程师：
（建设单位项目代表） 年 月 日</td></tr>
</table>

3.13.2.6 架设光缆检验批质量验收记录 SY/T 4217.2

<table>
<tr><td colspan="2">工程名称</td><td></td><td>分项工程名称</td><td></td><td>验收部位</td><td></td></tr>
<tr><td colspan="2">施工单位</td><td></td><td>专业负责人</td><td></td><td>项目经理</td><td></td></tr>
<tr><td colspan="3">施工执行标准名称及编号</td><td colspan="2"></td><td>检验批编号</td><td></td></tr>
<tr><td colspan="3">质量验收规范规定</td><td colspan="2">施工单位检查评定记录</td><td colspan="2">监理（建设）单位验收意见</td></tr>
<tr><td rowspan="6">主控项目</td><td>1</td><td>光缆、光缆挂钩、镀锌钢管、塑料管等型号与规格应符合设计要求及相关标准的规定，且具有质量合格证明文件</td><td colspan="2"></td><td colspan="2" rowspan="6"></td></tr>
<tr><td rowspan="4">2</td><td>光缆外观无裂纹、无毛刺，粗细应均匀</td><td colspan="2"></td></tr>
<tr><td>光缆端头应封装完好，A 端、B 端标志应明显</td><td colspan="2"></td></tr>
<tr><td>光缆拨开后，金属加强构件应为高强度钢丝并位于光缆中心位置</td><td colspan="2"></td></tr>
<tr><td>光缆在架设前应进行单盘检测</td><td colspan="2"></td></tr>
<tr><td>3</td><td>光缆伸缩预留在电杆两侧的扎带间应下垂 200mm，伸缩预留弯在过杆处应安装保护管</td><td colspan="2"></td></tr>
<tr><td rowspan="6">一般项目</td><td>1</td><td>光缆配盘图应准确、完整</td><td colspan="2"></td><td colspan="2" rowspan="6"></td></tr>
<tr><td>2</td><td>光缆在架设时最小静态曲率半径应符合 SY/T 4217.2—2018《石油天然气建设工程施工质量验收规范　通信工程　第 2 部分：通信光缆架空线路工程》中表 10.3.2 规定</td><td colspan="2"></td></tr>
<tr><td>3</td><td>挂钩托板边沿与光缆接触的表面不应粗糙不平或有尖刺</td><td colspan="2"></td></tr>
<tr><td>4</td><td>光缆挂钩间距宜为 300~500mm，允许偏差应为 ±20mm</td><td colspan="2"></td></tr>
<tr><td>5</td><td>当采用卡钩敷设时，光缆应套塑料管保护；当采用钉固式敷设时，钉固螺钉应在光缆的同一侧。间距应与架空光缆的挂钩间距相同</td><td colspan="2"></td></tr>
<tr><td>6</td><td>在电杆两侧的第一只挂钩应各距电杆 250mm，允许偏差应为 ±20mm</td><td colspan="2"></td></tr>
<tr><td colspan="2">施工单位检查评定结果</td><td colspan="5">项目专业质量检查员：　　　　年　月　日</td></tr>
<tr><td colspan="2">监理（建设）单位验收结论</td><td colspan="5">监理工程师：
（建设单位项目代表）　　　　年　月　日</td></tr>
</table>

3.13.2.7 接续及成端检验批质量验收记录 SY/T 4217.2

<table>
<tr><td colspan="2">工程名称</td><td></td><td>分项工程名称</td><td></td><td>验收部位</td><td></td></tr>
<tr><td colspan="2">施工单位</td><td></td><td>专业负责人</td><td></td><td>项目经理</td><td></td></tr>
<tr><td colspan="3">施工执行标准名称及编号</td><td colspan="2"></td><td>检验批编号</td><td></td></tr>
<tr><td colspan="3">质量验收规范规定</td><td colspan="2">施工单位检查评定记录</td><td colspan="2">监理（建设）单位验收意见</td></tr>
<tr><td rowspan="4">主控项目</td><td>1</td><td>光缆接头盒、光缆终端盒、尾纤、光纤活动连接器、光缆预留架、光纤配线架的型号与规格应符合设计要求及相关标准的规定，且具有质量合格证明文件</td><td colspan="2"></td><td colspan="2" rowspan="4"></td></tr>
<tr><td>2</td><td>光缆加强芯在接头盒内应固定牢固，金属构件在接头处应为电气断开状态</td><td colspan="2"></td></tr>
<tr><td>3</td><td>光缆接头处两边的预留长度、预留架上的长度及成端前预留长度应符合设计要求，当设计无要求时，每处应预留15~25m</td><td colspan="2"></td></tr>
<tr><td>4</td><td>光纤接续或成端应按纤序色谱进行熔接</td><td colspan="2"></td></tr>
<tr><td rowspan="3">一般项目</td><td>1</td><td>光缆接头盒的安装及预留架的安装尺寸应符合 GB 51171—2016《通信线路工程验收规范》的相关规定</td><td colspan="2"></td><td colspan="2" rowspan="3"></td></tr>
<tr><td>2</td><td>光缆成端后，光缆的金属构件应可靠接至机架的保护接地装置，并应接触良好</td><td colspan="2"></td></tr>
<tr><td>3</td><td>光纤熔接后应用热熔套管保护，并应加热均匀。光纤在盘纤片上方向一致，无挤压、松动，不应有 S 形弯</td><td colspan="2"></td></tr>
<tr><td>施工单位检查评定结果</td><td colspan="6">项目专业质量检查员：　　　　年　月　日</td></tr>
<tr><td>监理（建设）单位验收结论</td><td colspan="6">监理工程师：
（建设单位项目代表）　　　　年　月　日</td></tr>
</table>

3.13.2.8 光缆测试检验批质量验收记录 SY/T 4217.2

<table>
<tr><td colspan="2">工程名称</td><td></td><td colspan="4">分项工程名称</td><td colspan="4"></td><td>验收部位</td><td></td></tr>
<tr><td colspan="2">施工单位</td><td></td><td colspan="4">专业负责人</td><td colspan="4"></td><td>项目经理</td><td></td></tr>
<tr><td colspan="3">施工执行标准名称及编号</td><td colspan="8"></td><td>检验批编号</td><td></td></tr>
<tr><td colspan="3">质量验收规范规定</td><td colspan="8">施工单位检查评定记录</td><td colspan="2">监理（建设）单位验收意见</td></tr>
<tr><td rowspan="3">主控项目</td><td>1</td><td>中继段光纤线路传输长度应符合设计要求</td><td colspan="8"></td><td colspan="2" rowspan="3"></td></tr>
<tr><td>2</td><td>光纤接头的衰减值应符合设计要求，当设计未规定时，应符合 SY/T 4217.2—2018《石油天然气建设工程施工质量验收规范 通信工程 第 2 部分：通信光缆架空线路工程》中表 12.2.2 规定</td><td></td><td></td><td></td><td></td><td></td><td></td><td></td><td></td></tr>
<tr><td>3</td><td>中继段光纤线路的总衰减值应符合设计要求，测试值应为双向测量的平均值</td><td colspan="8"></td></tr>
<tr><td rowspan="2">一般项目</td><td>1</td><td>中继段光纤后向散射曲线应有良好线形且无明显台阶，接头部位应无异常线形</td><td></td><td></td><td></td><td></td><td></td><td></td><td></td><td></td><td colspan="2" rowspan="2"></td></tr>
<tr><td>2</td><td>中继段光纤偏振模色散系数、色度色散应符合设计要求</td><td></td><td></td><td></td><td></td><td></td><td></td><td></td><td></td></tr>
<tr><td colspan="2">施工单位检查评定结果</td><td colspan="11">项目专业质量检查员： 年 月 日</td></tr>
<tr><td colspan="2">监理（建设）单位验收结论</td><td colspan="11">监理工程师：
（建设单位项目代表） 年 月 日</td></tr>
</table>

3.13.2.9 线路防护检验批质量验收记录 SY/T 4217.2

工程名称		分项工程名称		验收部位	
施工单位		专业负责人		项目经理	
施工执行标准名称及编号				检验批编号	

质量验收规范规定			施工单位检查评定记录	监理（建设）单位验收意见
主控项目	1	绝缘子、安全警示保护管、防锈漆的型号与规格应符合设计要求及相关标准的规定，且具有质量合格证明文件		
	2	光缆吊线应每隔 1km 左右加装绝缘子进行电气断开		
	3	电杆避雷线的安装方式及尺寸应符合 GB 51171—2016《通信线路工程验收规范》规定		
	4	靠近电力设施及市区繁华地段的拉线，应加装绝缘子隔离。绝缘子距地面垂直距离应在 2m 以上，2m 以下应加装警示保护管		
一般项目	1	跨越公路、铁路、沟壑、电力线的缆线应悬挂警示标识，且应清晰、醒目		
	2	拉线上把、中把、下把，吊线终端及吊线的终结、假终结、泄力结、仰俯角装置及外角杆吊线保护装置应涂刷防锈漆		
	3	光缆吊线的接地电阻应符合 SY/T 4217.2—2018《石油天然气建设工程施工质量验收规范 通信工程 第 2 部分：通信光缆架空线路工程》中表 13.3.3 规定		
	4	避雷线接地电阻值及地下部分延伸线长度应符合 SY/T 4217.2—2018《石油天然气建设工程施工质量验收规范 通信工程 第 2 部分：通信光缆架空线路工程》中表 13.3.4 规定		
	5	杆洞在沟、渠、水塘、水稻田、农田排水沟等易受水冲刷、岩石或其他电杆坑挖深不能满足要求的地段，应按设计要求对杆根进行保护。当设计未明确时，应采取加固措施		
施工单位检查评定结果	项目专业质量检查员：　　年　月　日			
监理（建设）单位验收结论	监理工程师：（建设单位项目代表）　　年　月　日			

3.13.2.10 号牌安装与线路数据采集检验批质量验收记录 SY/T 4217.2

<table>
<tr><td colspan="2">工程名称</td><td></td><td>分项工程名称</td><td colspan="8"></td><td>验收部位</td><td></td></tr>
<tr><td colspan="2">施工单位</td><td></td><td>专业负责人</td><td colspan="8"></td><td>项目经理</td><td></td></tr>
<tr><td colspan="3">施工执行标准名称及编号</td><td colspan="9"></td><td>检验批编号</td><td></td></tr>
<tr><td colspan="3">质量验收规范规定</td><td colspan="9">施工单位检查评定记录</td><td colspan="2">监理（建设）单位验收意见</td></tr>
<tr><td rowspan="2">主控项目</td><td>1</td><td colspan="2">架空光缆线路的定位数据记录表应包括地名、道路、河流、预留架、接头盒、吊线接头、交跨越电力线路、杆号、通信机房或油气设施等信息</td><td></td><td></td><td></td><td></td><td></td><td></td><td></td><td></td><td></td><td colspan="2" rowspan="2"></td></tr>
<tr><td>2</td><td colspan="2">号牌最底边缘应距地面高度 2.5m，当号牌处有障碍物时，应向上移动</td><td></td><td></td><td></td><td></td><td></td><td></td><td></td><td></td><td></td></tr>
<tr><td rowspan="3">一般项目</td><td>1</td><td colspan="2">一个中继段杆位的数据采集应从局端开始，依次采集至末尾杆结束</td><td></td><td></td><td></td><td></td><td></td><td></td><td></td><td></td><td></td><td colspan="2" rowspan="3"></td></tr>
<tr><td>2</td><td colspan="2">杆号应按光缆中继段进行编号，分歧杆号码前应加主杆杆号，再应依次进行编号；租用的杆路应沿用原杆路的编号，不用另编新的电杆号</td><td></td><td></td><td></td><td></td><td></td><td></td><td></td><td></td><td></td></tr>
<tr><td>3</td><td colspan="2">水泥电杆号牌喷涂的字体应端正醒目，无油漆下流和模糊不清现象。防腐油木电杆号牌字迹应明显，底色不易褪色</td><td></td><td></td><td></td><td></td><td></td><td></td><td></td><td></td><td></td></tr>
<tr><td>施工单位检查评定结果</td><td colspan="13">项目专业质量检查员：　　　　年　月　日</td></tr>
<tr><td>监理（建设）单位验收结论</td><td colspan="13">监理工程师：
（建设单位项目代表）　　　　年　月　日</td></tr>
</table>

3.13.3 油气田通信光缆地埋线路[①]

3.13.3.1 路由复测及定位检验批质量验收记录 SY/T 4217.3

<table>
<tr><td colspan="3">工程名称</td><td colspan="3"></td><td>分项工程名称</td><td></td><td>验收部位</td><td></td></tr>
<tr><td colspan="3">施工单位</td><td colspan="3"></td><td>专业负责人</td><td></td><td>项目经理</td><td></td></tr>
<tr><td colspan="4">施工执行标准名称及编号</td><td colspan="4"></td><td>检验批编号</td><td></td></tr>
<tr><td colspan="6">质量验收规范规定</td><td colspan="2">施工单位检查验收记录</td><td colspan="2">监理（建设）单位验收意见</td></tr>
<tr><td rowspan="15">主控项目</td><td>1</td><td colspan="4">光缆穿越铁路、公路、河流、大型沟渠、地下管线等障碍的位置应符合设计要求</td><td colspan="2"></td><td colspan="2" rowspan="15"></td></tr>
<tr><td rowspan="14">2</td><td rowspan="14">通信光缆地埋线路与其他建筑设施间的最小净距</td><td>名 称</td><td>平行时（m）</td><td>交越时（m）</td><td colspan="2"></td></tr>
<tr><td>通信管道边线（不包括人手孔）</td><td>0.75</td><td>0.25</td><td colspan="2"></td></tr>
<tr><td>非同沟的直埋通信光缆或电缆</td><td>0.5</td><td>0.25</td><td colspan="2"></td></tr>
<tr><td>埋式电力电缆（交流35kV以下）</td><td>0.5</td><td>0.5</td><td colspan="2"></td></tr>
<tr><td>埋式电力电缆（交流35kV及以上）</td><td>2.0</td><td>0.5</td><td colspan="2"></td></tr>
<tr><td>给水管（管径小于300mm）</td><td>0.5</td><td>0.5</td><td colspan="2"></td></tr>
<tr><td>给水管（管径300~500mm）</td><td>1.0</td><td>0.5</td><td colspan="2"></td></tr>
<tr><td>给水管（管径大于500mm）</td><td>1.5</td><td>0.5</td><td colspan="2"></td></tr>
<tr><td>高压油管、天然气管</td><td>10.0</td><td>0.5</td><td colspan="2"></td></tr>
<tr><td>热力、排水管</td><td>1.0</td><td>0.5</td><td colspan="2"></td></tr>
<tr><td>燃气管（压力小于300kPa）</td><td>1.0</td><td>0.5</td><td colspan="2"></td></tr>
<tr><td>燃气管（压力300kPa及以上）</td><td>2.0</td><td>0.5</td><td colspan="2"></td></tr>
<tr><td>其他通信线路</td><td>0.5</td><td>—</td><td colspan="2"></td></tr>
<tr><td>排水沟</td><td>0.8</td><td>0.5</td><td colspan="2"></td></tr>
</table>

① 本部分的“SY/T 4217.3”代表依据为SY/T 4217.3—2019《石油天然气建设工程施工质量验收规范 通信工程 第3部分：油气田通信光缆地埋线路》。

路由复测及定位检验批质量验收记录（续表） SY/T 4217.3

<table>
<tr><td colspan="3">工程名称</td><td colspan="3"></td><td>分项工程名称</td><td></td><td>验收部位</td><td></td></tr>
<tr><td colspan="3">施工单位</td><td colspan="3"></td><td>专业负责人</td><td></td><td>项目经理</td><td></td></tr>
<tr><td colspan="4">施工执行标准名称及编号</td><td colspan="4"></td><td>检验批编号</td><td></td></tr>
<tr><td colspan="6">质量验收规范规定</td><td colspan="2">施工单位检查验收记录</td><td colspan="2">监理（建设）单位验收意见</td></tr>
<tr><td rowspan="11">主控项目</td><td rowspan="6">2</td><td rowspan="6">通信光缆地埋线路与其他建筑设施间的最小净距</td><td>房屋建筑红线或基础</td><td>1.0</td><td>——</td><td colspan="2"></td><td colspan="2" rowspan="11"></td></tr>
<tr><td>树木（市内、村镇大树、果树、行道树）</td><td>0.75</td><td>——</td><td colspan="2"></td></tr>
<tr><td>树木（市外大树）</td><td>2.0</td><td>——</td><td colspan="2"></td></tr>
<tr><td>水井、坟墓</td><td>3.0</td><td>——</td><td colspan="2"></td></tr>
<tr><td>粪坑、积肥池、沼气池、氨水池等</td><td>3.0</td><td>——</td><td colspan="2"></td></tr>
<tr><td>架空杆路及拉线</td><td>1.5</td><td>——</td><td colspan="2"></td></tr>
<tr><td>3</td><td colspan="4">光缆（硅芯管）与输油（气）管道同沟敷设时的距离应符合设计要求，设计未规定时，最小净距不应小于 0.3m</td><td colspan="2"></td></tr>
<tr><td>4</td><td colspan="4">光缆（硅芯管）与管道同沟敷设穿（跨）越河流、建（构）筑物时，与管道及构筑物的间距应符合设计要求</td><td colspan="2"></td></tr>
<tr><td>5</td><td colspan="4">接头坑、人（手）孔的安装位置应符合设计文件规定，设计未明确时，应选择在地势较高、地质稳固之处，避开水塘、河流、河渠及道路</td><td colspan="2"></td></tr>
<tr><td>6</td><td colspan="4">在雷暴危害严重地区，光缆路由复测应避绕孤立大树、杆塔、高耸建筑、树林等易引雷体</td><td colspan="2"></td></tr>
<tr><td colspan="7" style="display:none"></td></tr>
<tr><td rowspan="2">一般项目</td><td>1</td><td colspan="4">光缆穿越各种地下管线时，应在管线下方通过并采取保护措施</td><td colspan="2"></td><td colspan="2" rowspan="2"></td></tr>
<tr><td>2</td><td colspan="4">路由复测时应确定光缆沟坎、护坎、护坡、挡土墙、固定墩等光缆保护的位置和数量并填写复测记录</td><td colspan="2"></td></tr>
<tr><td colspan="2">施工单位检查验收结果</td><td colspan="8">项目专业质量检查员：　　　　年　月　日</td></tr>
<tr><td colspan="2">监理（建设）单位验收结论</td><td colspan="8">监理工程师：
（建设单位项目代表）　　　　年　月　日</td></tr>
</table>

3.13.3.2　光缆沟开挖检验批质量验收记录　SY/T 4217.3

<table>
<tr><td colspan="3">工程名称</td><td colspan="2"></td><td colspan="2">分项工程名称</td><td></td><td>验收部位</td><td></td></tr>
<tr><td colspan="3">施工单位</td><td colspan="2"></td><td colspan="2">专业负责人</td><td></td><td>项目经理</td><td></td></tr>
<tr><td colspan="4">施工执行标准名称及编号</td><td colspan="4"></td><td>检验批编号</td><td></td></tr>
<tr><td colspan="7">质量验收规范规定</td><td colspan="2">施工单位检查验收记录</td><td>监理（建设）单位验收意见</td></tr>
<tr><td rowspan="14">主控项目</td><td rowspan="12">1</td><td rowspan="12">光缆沟深度</td><td colspan="2">类别</td><td>直埋光缆深度（m）</td><td>硅芯塑料管道埋深（m）</td><td colspan="2"></td><td rowspan="14"></td></tr>
<tr><td colspan="2">普通土、硬土、市郊、村镇、沟、渠、水塘及穿越铁路、公路</td><td>≥ 1.2</td><td>≥ 1.0</td><td colspan="2"></td></tr>
<tr><td colspan="2">砂砾土、软石</td><td>≥ 1.0</td><td>—</td><td colspan="2"></td></tr>
<tr><td colspan="2">半石质、高等级公路中央分隔带</td><td>—</td><td>≥ 0.8</td><td colspan="2"></td></tr>
<tr><td colspan="2">全石质、流沙、公路路肩</td><td>≥ 0.8</td><td>—</td><td colspan="2"></td></tr>
<tr><td colspan="2">全石质、流沙</td><td>—</td><td>≥ 0.6</td><td colspan="2"></td></tr>
<tr><td rowspan="2">公路边沟</td><td>石质</td><td>边沟设计深度以下0.4</td><td>—</td><td colspan="2"></td></tr>
<tr><td>其他土质</td><td>边沟设计深度以下0.8</td><td>—</td><td colspan="2"></td></tr>
<tr><td rowspan="2">市区街道</td><td>人行道</td><td>≥ 1.0</td><td>≥ 0.7</td><td colspan="2"></td></tr>
<tr><td>车行道</td><td>—</td><td>≥ 0.8</td><td colspan="2"></td></tr>
<tr><td colspan="2">河流</td><td>按水底光缆要求</td><td>按水底光缆要求</td><td colspan="2"></td></tr>
<tr><td colspan="4"></td><td colspan="2"></td></tr>
<tr><td>2</td><td colspan="5">光缆沟的沟底应平整，拐弯处的光缆沟应符合光缆最小曲率半径的规定</td><td colspan="2"></td></tr>
<tr><td>3</td><td colspan="5">爆破开挖的光缆沟，沟底宽度不应小于200mm，并在沟底垫100mm厚的碎土或沙土</td><td colspan="2"></td></tr>
</table>

光缆沟开挖检验批质量验收记录（续表） SY/T 4217.3

<table>
<tr><td>工程名称</td><td colspan="2"></td><td>分项工程名称</td><td colspan="8"></td><td>验收部位</td><td></td></tr>
<tr><td>施工单位</td><td colspan="2"></td><td>专业负责人</td><td colspan="8"></td><td>项目经理</td><td></td></tr>
<tr><td colspan="3">施工执行标准名称及编号</td><td colspan="9"></td><td>检验批编号</td><td></td></tr>
<tr><td colspan="3">质量验收规范规定</td><td colspan="9">施工单位检查验收记录</td><td colspan="2">监理（建设）单位验收意见</td></tr>
<tr><td rowspan="3">一般项目</td><td>1</td><td>开挖后的光缆沟应顺直，不应有蛇形弯，沟底应平整</td><td></td><td></td><td></td><td></td><td></td><td></td><td></td><td></td><td></td><td colspan="2" rowspan="3"></td></tr>
<tr><td>2</td><td>通过梯田、梗坎、水沟处的光缆沟沟底应开挖成缓坡，不得挖成直上直下成直角的沟底</td><td></td><td></td><td></td><td></td><td></td><td></td><td></td><td></td><td></td></tr>
<tr><td>3</td><td>在流动性沙漠地段开挖，光缆沟深度应符合设计要求，设计有固沙要求的按要求施工</td><td></td><td></td><td></td><td></td><td></td><td></td><td></td><td></td><td></td></tr>
<tr><td>施工单位检查验收结果</td><td colspan="13">项目专业质量检查员：　　　　年　月　日</td></tr>
<tr><td>监理（建设）单位验收结论</td><td colspan="13">监理工程师：
（建设单位项目代表）　　　　年　月　日</td></tr>
</table>

3.13.3.3 人（手）孔砌筑检验批质量验收记录 SY/T 4217.3

<table>
<tr><td colspan="2">工程名称</td><td></td><td>分项工程名称</td><td></td><td>验收部位</td><td></td></tr>
<tr><td colspan="2">施工单位</td><td></td><td>专业负责人</td><td></td><td>项目经理</td><td></td></tr>
<tr><td colspan="3">施工执行标准名称及编号</td><td colspan="2"></td><td>检验批编号</td><td></td></tr>
<tr><td colspan="3">质量验收规范规定</td><td colspan="2">施工单位检查验收记录</td><td colspan="2">监理（建设）单位验收意见</td></tr>
<tr><td rowspan="5">主控项目</td><td>1</td><td>水泥、口圈、井盖、钢筋等制作人（手）孔材料和复合人（手）孔的型号与规格应符合设计要求及相关标准的规定，且具有质量合格证明文件</td><td colspan="2"></td><td colspan="2" rowspan="5"></td></tr>
<tr><td>2</td><td>砖、沙等地材应进行见证取样检验合格，并经监理单位认可</td><td colspan="2"></td></tr>
<tr><td>3</td><td>人（手）孔基础的混凝土强度、配筋，砌筑墙体的水泥砂浆配比应符合设计文件规定</td><td colspan="2"></td></tr>
<tr><td>4</td><td>人（手）孔的结构尺寸、钢筋制作、配件安装位置、上覆浇灌厚度及口圈安装应符合设计要求</td><td colspan="2"></td></tr>
<tr><td>5</td><td>复合人（手）孔的基础、安装高度、垂直度及覆土应按设计要求进行处理</td><td colspan="2"></td></tr>
<tr><td rowspan="5">一般项目</td><td>1</td><td>人（手）孔砌筑结构应灰浆饱满、灰缝平直，没有通缝、瞎缝</td><td colspan="2"></td><td colspan="2" rowspan="5"></td></tr>
<tr><td>2</td><td>人（手）孔墙面粉刷应平整、光滑，无渗水、空鼓、裂缝等现象</td><td colspan="2"></td></tr>
<tr><td>3</td><td>人（手）孔回填后，应检查内壁无裂纹、移位现象</td><td colspan="2"></td></tr>
<tr><td>4</td><td>复合人（手）孔充沙应符合设计文件要求</td><td colspan="2"></td></tr>
<tr><td>5</td><td>砌筑墙体与基础应垂直、砌面应水平，砖层之间必须压茬，内外搭接，不得出现墙体扭曲，通缝现象，砖缝不应大于10mm</td><td colspan="2"></td></tr>
<tr><td colspan="2">施工单位检查验收结果</td><td colspan="5">项目专业质量检查员：　　　　年　月　日</td></tr>
<tr><td colspan="2">监理（建设）单位验收结论</td><td colspan="5">监理工程师：
（建设单位项目代表）　　　　年　月　日</td></tr>
</table>

3.13.3.4 保护管敷设及回填检验批质量验收记录 SY/T 4217.3

工程名称		分项工程名称		验收部位	
施工单位		专业负责人		项目经理	
施工执行标准名称及编号				检验批编号	
质量验收规范规定			施工单位检查验收记录	监理（建设）单位验收意见	
主控项目	1	保护管、硅芯管及接头件、镀锌钢管型号与规格，混凝土强度应符合设计要求及相关标准的规定，且具有质量合格证明文件			
	2	保护管与输油（气）管道同沟或采用顶管方式敷设穿越铁路、公路、建筑物时，地埋光缆保护管距主管道的距离、位置应符合设计要求			
	3	输油（气）管道穿越大型河流、山体、建筑物采用定向钻方式施工时，光缆保护管的型号、坐标应符合钻进和回拖的要求，保护管端口应密封			
	4	光缆保护管在隧道内敷设前应进行防腐，保护管距主管的距离、固定方式、固定间距应符合设计要求			
	5	输油（气）主管道采用盾构机穿越大江大河时，在隧道内固定光缆与输油（气）主管道共用的混凝土管墩，与主管道要求一致。专为光缆保护管固定设置的支吊架、混凝土管墩，混凝土强度及支吊架、固定螺栓等应符合设计及相关标准要求。			
	6	保护管、硅芯管进入人（手）孔的位置应符合设计要求			
	7	硅芯管与输油（气）主管道同沟敷设时，硅芯管与主管的距离和位置应符合设计及相关标准要求			
	8	硅芯管敷设段的位置、长度及接口应符合设计要求			

保护管敷设及回填检验批质量验收记录（续表） SY/T 4217.3

<table>
<tr><td colspan="2">工程名称</td><td></td><td>分项工程名称</td><td colspan="8"></td><td>验收部位</td><td></td></tr>
<tr><td colspan="2">施工单位</td><td></td><td>专业负责人</td><td colspan="8"></td><td>项目经理</td><td></td></tr>
<tr><td colspan="4">施工执行标准名称及编号</td><td colspan="8"></td><td>检验批编号</td><td></td></tr>
<tr><td colspan="4">质量验收规范规定</td><td colspan="8">施工单位检查验收记录</td><td colspan="2">监理（建设）
单位验收意见</td></tr>
<tr><td rowspan="5">一般项目</td><td>1</td><td colspan="2">保护管敷设的转弯半径应大于光缆敷设要求的曲率半径</td><td></td><td></td><td></td><td></td><td></td><td></td><td></td><td></td><td colspan="2" rowspan="5"></td></tr>
<tr><td>2</td><td colspan="2">保护管在进入人（手）孔前后，管口两端应堵抹严密，并做防水处理</td><td></td><td></td><td></td><td></td><td></td><td></td><td></td><td></td></tr>
<tr><td>3</td><td colspan="2">保护管敷设完成后，管道顶部 300mm 以上，回填土每回填 300mm 应夯实</td><td></td><td></td><td></td><td></td><td></td><td></td><td></td><td></td></tr>
<tr><td>4</td><td colspan="2">保护管在沟底应平整、顺直。敷设多根保护管，应每隔 10~15m 捆绑一次</td><td></td><td></td><td></td><td></td><td></td><td></td><td></td><td></td></tr>
<tr><td>5</td><td colspan="2">硅芯管的接口断面应垂直、无毛刺</td><td></td><td></td><td></td><td></td><td></td><td></td><td></td><td></td></tr>
<tr><td colspan="2">施工单位检查验收结果</td><td colspan="12">项目专业质量检查员： 年 月 日</td></tr>
<tr><td colspan="2">监理（建设）单位验收结论</td><td colspan="12">监理工程师：
（建设单位项目代表） 年 月 日</td></tr>
</table>

3.13.3.5 光缆敷设及回填检验批质量验收记录 SY/T 4217.3

<table>
<tr><td colspan="3">工程名称</td><td colspan="2"></td><td colspan="2">分项工程名称</td><td>验收部位</td><td></td></tr>
<tr><td colspan="3">施工单位</td><td colspan="2"></td><td colspan="2">专业负责人</td><td>项目经理</td><td></td></tr>
<tr><td colspan="4">施工执行标准名称及编号</td><td colspan="3"></td><td>检验批编号</td><td></td></tr>
<tr><td colspan="7">质量验收规范规定</td><td>施工单位检查验收记录</td><td>监理（建设）
单位验收意见</td></tr>
<tr><td rowspan="9">主控项目</td><td>1</td><td colspan="5">光缆的型号与规格应符合设计要求，且具有质量合格证明文件</td><td></td><td rowspan="9"></td></tr>
<tr><td rowspan="2">2</td><td colspan="2" rowspan="2">光缆的检查应符合规定</td><td colspan="3">光缆端头应封装完好，A端、B端标志应明显</td><td></td></tr>
<tr><td colspan="3">光缆在敷设前应进行单盘检测</td><td></td></tr>
<tr><td>3</td><td colspan="5">光缆敷设应放于沟底，不得腾空和拱起。同沟敷设多条光缆时应按设计要求顺序排列，布放顺直，不应交叉重叠</td><td></td></tr>
<tr><td>4</td><td colspan="5">光缆采用气压牵引穿硅芯管时，牵引长度应符合设计或经批准的施工技术措施要求</td><td></td></tr>
<tr><td>5</td><td colspan="5">光缆敷设穿越大型河流、山体、建筑物后应检测光缆指标，其性能参数应符合设计要求</td><td></td></tr>
<tr><td rowspan="3">6</td><td rowspan="3">光缆最小曲率半径</td><td>光缆外护层形式</td><td>无外护层或04型</td><td>53型、54型、33型、34型</td><td>333型、43型</td><td></td></tr>
<tr><td>静态弯曲</td><td>10D</td><td>12.5D</td><td>15D</td><td></td></tr>
<tr><td>动态弯曲</td><td>20D</td><td>25D</td><td>30D</td><td></td></tr>
</table>

光缆敷设及回填检验批质量验收记录（续表） SY/T 4217.3

<table>
<tr><td colspan="3">工程名称</td><td></td><td>分项工程名称</td><td></td><td>验收部位</td><td></td></tr>
<tr><td colspan="3">施工单位</td><td></td><td>专业负责人</td><td></td><td>项目经理</td><td></td></tr>
<tr><td colspan="4">施工执行标准名称及编号</td><td colspan="2"></td><td>检验批编号</td><td></td></tr>
<tr><td colspan="4">质量验收规范规定</td><td colspan="2">施工单位检查验收记录</td><td colspan="2">监理（建设）单位验收意见</td></tr>
<tr><td rowspan="5">一般项目</td><td>1</td><td colspan="2">光缆配盘图应准确完整</td><td colspan="2"></td><td colspan="2" rowspan="5"></td></tr>
<tr><td>2</td><td colspan="2">光缆采用牵引方式穿保护管时，应对管口进行保护，完成后封堵管口</td><td colspan="2"></td></tr>
<tr><td>3</td><td colspan="2">光缆穿越定向钻敷设或隧道内敷设的钢管时，光缆应按设计文件或批准的施工技术措施进行保护</td><td colspan="2"></td></tr>
<tr><td>4</td><td colspan="2">在坡度大于20°、坡长大于30m的斜坡上敷设光缆时，应采用S形敷设</td><td colspan="2"></td></tr>
<tr><td>5</td><td colspan="2">光缆沟应按设计要求进行回填，设计未明确时，应采用细土回填100mm，再回填原土。不得将石块、冻土等填入</td><td colspan="2"></td></tr>
<tr><td colspan="2">施工单位检查验收结果</td><td colspan="6">项目专业质量检查员：　　　　　　年　月　日</td></tr>
<tr><td colspan="2">监理（建设）单位验收结论</td><td colspan="6">监理工程师：
（建设单位项目代表）　　　　　　年　月　日</td></tr>
</table>

3.13.3.6 光缆接续、成端及接头坑回填检验批质量验收记录 SY/T 4217.3

<table>
<tr><td>工程名称</td><td></td><td>分项工程名称</td><td></td><td>验收部位</td><td></td></tr>
<tr><td>施工单位</td><td></td><td>专业负责人</td><td></td><td>项目经理</td><td></td></tr>
<tr><td colspan="2">施工执行标准名称及编号</td><td colspan="2"></td><td>检验批编号</td><td></td></tr>
<tr><td colspan="3">质量验收规范规定</td><td colspan="2">施工单位检查验收记录</td><td>监理（建设）单位验收意见</td></tr>
<tr><td rowspan="2">主控项目</td><td>1</td><td>光缆接头盒、光缆终端盒、尾纤、光纤活动连接器、光纤配线架、水泥盖板的型号与规格应符合设计要求及相关标准的规定，且具有质量合格证明文件</td><td colspan="2"></td><td rowspan="2"></td></tr>
<tr><td>2</td><td>光纤成端应按纤序色谱进行熔接，光纤熔接接头衰减值应符合设计要求</td><td colspan="2"></td></tr>
<tr><td rowspan="5">一般项目</td><td>1</td><td>光缆成端后，光缆的金属构件应接地，接地方式及接地电阻应符合设计文件规定</td><td colspan="2"></td><td rowspan="5"></td></tr>
<tr><td>2</td><td>光纤熔接后应用热熔套管保护，并应加热均匀。光纤在盘纤片上应方向一致，无挤压、松动，不应有S形弯</td><td colspan="2"></td></tr>
<tr><td>3</td><td>地埋光缆接头坑宽度不应小于2.5m，深度应与光缆沟深度一致，坑底应平整无碎石，满足放置接头盒及光缆盘留的弯曲半径要求，接头坑与光缆沟之间距离应不小于1m</td><td colspan="2"></td></tr>
<tr><td>4</td><td>光缆接头盒在人（手）孔内和接头坑内的安装方式、位置及光缆预留长度应符合设计要求。当设计无要求时，光缆在接头坑内宜预留5~10m，人（手）孔内宜预留15~25m</td><td colspan="2"></td></tr>
<tr><td>5</td><td>接头坑回填时应覆盖厚约200mm细土或沙土，盖上水泥盖板、砖或采用其他防机械损伤的措施保护</td><td colspan="2"></td></tr>
<tr><td>施工单位检查验收结果</td><td colspan="5">项目专业质量检查员：　　　　年　月　日</td></tr>
<tr><td>监理（建设）单位验收结论</td><td colspan="5">监理工程师：
（建设单位项目代表）　　　　年　月　日</td></tr>
</table>

3.13.3.7 防雷接地检验批质量验收记录 SY/T 4217.3

工程名称		分项工程名称		验收部位	
施工单位		专业负责人		项目经理	
施工执行标准名称及编号				检验批编号	

质量验收规范规定			施工单位检查验收记录	监理（建设）单位验收意见
主控项目	1	排流线的型号与规格应符合设计要求及相关标准的规定，且具有质量合格证明文件		
	2	地埋光缆金属外护层绝缘电阻不应小于 10MΩ·km		
	3	地埋光缆的防雷保护接地装置的接地电阻应符合设计文件规定		
一般项目	1	在雷暴严重地段，排流线的设置应符合设计要求，设计未明确时，排流线应敷设在光缆（保护管）上方 300mm 处，接头应连接牢固		
	2	排流线连续布放长度不应小于 2km		
施工单位检查验收结果	项目专业质量检查员：　　　年　月　日			
监理（建设）单位验收结论	监理工程师： （建设单位项目代表）　　　年　月　日			

3.13.3.8 线路防护及标识设置检验批质量验收记录 SY/T 4217.3

工程名称		分项工程名称		验收部位	
施工单位		专业负责人		项目经理	
施工执行标准名称及编号				检验批编号	

		质量验收规范规定	施工单位检查验收记录	监理（建设）单位验收意见
主控项目	1	标志带、标志宣传牌、电子标识牌、PVC管、硅芯管、水泥、环氧漆的型号与规格应符合设计要求及相关标准的规定，且具有质量合格证明文件		
	2	标石、测试标石、红砖、块石、中砂、石灰、碎石、压重块等地材应经见证取样且试验合格后方可使用		
	3	标志带的埋设深度应符合设计要求，在设计未要求时，标志带距光缆或保护管顶部不应小于300mm		
	4	在易发生水土流失地段的地埋光缆应按设计要求采取水工保护		
	5	穿越公路、铁路、水泥路面、碎石路、土路、小型或中型河流、沟渠、水塘时，应采用钢管保护硅芯管或PVC管；穿越有动土可能的机耕路时，应在光缆上方先覆盖300mm厚的细土，再采用铺砖或水泥盖板保护		
	6	标石应埋设在光缆的正上方，普通标石埋深600mm、出土400mm，长标石埋深800mm、出土700mm，回填土应夯实		
	7	电子标识牌埋设在光缆的正上方，埋设深度应符合设计要求		

线路防护及标识设置检验批质量验收记录（续表） SY/T 4217.3

<table>
<tr><td colspan="2">工程名称</td><td></td><td>分项工程名称</td><td colspan="8"></td><td>验收部位</td><td></td></tr>
<tr><td colspan="2">施工单位</td><td></td><td>专业负责人</td><td colspan="8"></td><td>项目经理</td><td></td></tr>
<tr><td colspan="4">施工执行标准名称及编号</td><td colspan="8"></td><td>检验批编号</td><td></td></tr>
<tr><td colspan="4">质量验收规范规定</td><td colspan="8">施工单位检查验收记录</td><td colspan="2">监理（建设）单位验收意见</td></tr>
<tr><td rowspan="4">一般项目</td><td>1</td><td colspan="2">光缆穿越河流、冲沟或其他水域时，应根据埋设深度内的不同地质情况按设计要求稳固保护管，设计未要求时，应采用压重方式进行稳固</td><td></td><td></td><td></td><td></td><td></td><td></td><td></td><td></td><td colspan="2" rowspan="4"></td></tr>
<tr><td>2</td><td colspan="2">标石的颜色、字体应符合设计要求</td><td></td><td></td><td></td><td></td><td></td><td></td><td></td><td></td></tr>
<tr><td>3</td><td colspan="2">标志宣传牌的规格、标识内容及安装地点应符合设计要求</td><td></td><td></td><td></td><td></td><td></td><td></td><td></td><td></td></tr>
<tr><td>4</td><td colspan="2">标石的符号、编号及埋设地点应符合设计要求，在设计未明确时，应在光缆起止点、接头点、排流线起止点、穿越输油气管线、障碍物处等主要地点埋设标石</td><td></td><td></td><td></td><td></td><td></td><td></td><td></td><td></td></tr>
<tr><td colspan="2">施工单位检查验收结果</td><td colspan="12">项目专业质量检查员：　　　　年　月　日</td></tr>
<tr><td colspan="2">监理（建设）单位验收结论</td><td colspan="12">监理工程师：
（建设单位项目代表）　　　　年　月　日</td></tr>
</table>

3.13.3.9 光缆测试及数据采集检验批质量验收记录表 SY/T 4217.3

工程名称		分项工程名称		验收部位	
施工单位		专业负责人		项目经理	
施工执行标准名称及编号				检验批编号	

质量验收规范规定			施工单位检查验收记录	监理（建设）单位验收意见
主控项目	1	中继段光纤线路传输长度应符合设计文件规定		
	2	光纤接头的衰减值应符合设计文件规定		
	3	中继段光纤线路的总衰减值应符合设计文件规定，测试值应为双向测量的平均值		
	4	数据采集记录表应包含地名、道路、河流、接头位置、转弯点、监测点、障碍点、人（手）孔、油气设施、穿越（水、油、气）管线、（电力、光缆）线缆、隧道、涵洞、通信机房等信息		
一般项目	1	中继段光纤后向散射曲线应有良好线形且无明显台阶，接头部位应无异常线形		
	2	中继段光纤偏振模色散系数、色度色散应符合设计文件规定		
	3	标石的数据采集应以光缆中继段为编号单元，按传输方向由A端至B端编排		
施工单位检查验收结果	项目专业质量检查员： 年 月 日			
监理（建设）单位验收结论	监理工程师： （建设单位项目代表） 年 月 日			

3.13.4 长输管道站场通信[①]

3.13.4.1 光电缆线路施工检验批质量验收记录 SY/T 4217.4

<table>
<tr><td>工程名称</td><td></td><td>分项工程名称</td><td></td><td>验收部位</td><td></td></tr>
<tr><td>施工单位</td><td></td><td>专业负责人</td><td></td><td>项目经理</td><td></td></tr>
<tr><td colspan="2">施工执行标准名称及编号</td><td colspan="2"></td><td>检验批编号</td><td></td></tr>
<tr><td colspan="3">质量验收规范规定</td><td colspan="2">施工单位检查验收记录</td><td>监理（建设）单位验收意见</td></tr>
<tr><td rowspan="15">主控项目</td><td>1</td><td>线缆、配线箱、信息插座、光缆交接箱、桥架、导管、支架、连接器件等施工材料的规格型号应符合设计要求和国家现行相关标准的规定，且应具有质量合格证明文件</td><td colspan="2"></td><td rowspan="15"></td></tr>
<tr><td>2</td><td>金属桥架接地电阻值应符合设计文件规定</td><td colspan="2"></td></tr>
<tr><td rowspan="3">3</td><td>导管及过线盒安装位置及标高应符合设计文件规定</td><td colspan="2"></td></tr>
<tr><td>在有防爆要求的区域，金属导管防爆密封措施应完好</td><td colspan="2"></td></tr>
<tr><td>金属导管的接地方式及接地电阻值应符合设计文件规定</td><td colspan="2"></td></tr>
<tr><td rowspan="3">4</td><td>当线缆直埋敷设时，其埋深、路由及保护措施应符合设计文件规定</td><td colspan="2"></td></tr>
<tr><td>光电缆在导管内敷设时应与电源线分管敷设，当与其他专业电缆同一桥架中敷设时，应用金属隔板隔开</td><td colspan="2"></td></tr>
<tr><td>光电缆的屏蔽层、铠装层及加强钢芯接地方式和接地电阻值应符合设计文件规定</td><td colspan="2"></td></tr>
<tr><td rowspan="2">5</td><td>光电缆与电力电缆在同一竖井内敷设时，不应与电力电缆在同侧敷设</td><td colspan="2"></td></tr>
<tr><td>桥架穿越建筑物变形缝处，应设补偿装置。在桥架穿过防火墙体或楼板位置，缆线布放完成后应采取防火封堵措施</td><td colspan="2"></td></tr>
<tr><td rowspan="3">6</td><td>光纤接口和纤序分配应符合设计文件要求</td><td colspan="2"></td></tr>
<tr><td>线缆在直埋、桥架、导管、电缆沟道及室内不应有接头</td><td colspan="2"></td></tr>
<tr><td>敷设完成的光电缆应进行测试，技术指标应符合设计文件规定</td><td colspan="2"></td></tr>
</table>

① 本部分的“SY/T 4217.4”代表依据为 SY/T 4217.4—2019《石油天然气建设工程施工质量验收规范　通信工程　第 4 部分：长输管道站场通信》。

光电缆线路施工检验批质量验收记录（续表 1） SY/T 4217.4

工程名称		分项工程名称		验收部位	
施工单位		专业负责人		项目经理	
施工执行标准名称及编号			检验批编号		

		质量验收规范规定	施工单位检查验收记录	监理（建设）单位验收意见
		桥架、导管与其他专业线路并行间距应保持均匀，弯曲弧度应一致		
	1	桥架内应干净整洁、无杂物，盖板及隔板应固定牢固		
		桥架、导管及支架的防腐层应完整、无破损		
		桥架安装位置及标高应符合设计文件规定		
		安装位置左右偏差不应超过 50mm，水平度每米偏差不应超过 2mm，垂直度偏差不应超过 3mm		
	2	桥架应安装牢固，配件安装应齐全，内部应无毛刺、锐边		
		桥架的连接螺栓应采用平滑的圆头螺栓，方向应由内向外穿出，金属桥架之间跨接地线应连接良好		
		桥架与导管的连接应用金属软管过渡，并应采用专用接头连接		
一般项目		导管安装应牢固，导管间连接应紧密，无毛刺、锐边，管口应加装护套		
	3	导管的弯曲角度不应小于 90°，导管弯曲部分应无裂缝及明显凹陷；弯曲半径不应小于所穿入缆线最小允许弯曲半径，并应符合 GB/T 50312—2016《综合布线系统工程验收规范》的有关规定		
		过线盒与接线盒盒盖应防水、防尘和抗压，开启良好		
		穿越道路或其他设施时，应按设计文件要求采取套管等保护措施，管口处应无锐边、毛刺等，并封堵严密		
	4	当与其他弱电线路同沟直埋敷设时，线缆应平行排列，无重叠或交叉，缆间平行间距不应小于 100mm		
		在桥架的转角、伸缩缝及垂直部分等处敷设时应保持一定的松弛度。线缆绑扎间距应均匀，不宜过紧，垂直敷设时缆线的上端和间隔 500~800mm 处应绑扎固定，水平敷设时缆线的首端、尾端、转角和每间隔 2~5m 处应绑扎固定		

光电缆线路施工检验批质量验收记录（续表 2） SY/T 4217.4

工程名称		分项工程名称		验收部位	
施工单位		专业负责人		项目经理	
施工执行标准名称及编号			检验批编号		

质量验收规范规定			施工单位检查验收记录	监理（建设）单位验收意见
一般项目	3	过线盒与接线盒盒盖应防水、防尘和抗压，开启良好		
	4	在导管内穿放多条线缆时，其截面积利用率不应超过 60%		
		线缆应无扭绞、背扣，绝缘保护层应无损伤；光电缆的弯曲半径应符合 GB/T 50312—2016《综合布线系统工程验收规范》有关的规定		
	5	暗管内敷设大对数电缆或 4 芯以上光缆时，直线管道的管径利用率不应超过 60%，弯导管的管径利用率不应超过 50%。穿放 4 对对绞电缆或 4 芯及以下光缆时，截面利用率不应超过 30%		
		线缆在线槽内的截面利用率不应超过 50%		
	6	线缆成端处应接触良好、连接牢固，无外力挤压		
		接入移动或转动设备的线缆，预留长度不应影响设备移动或转动		
		屏蔽电缆的屏蔽层与连接器件应用紧固器件可靠连接		
		对绞线在成端处应保持扭绞状态，卡接、压接应牢固，线序应准确		
		未使用的光纤连接器应配装相应规格的保护盖帽		
		光纤成端处应加以保护、固定，确保光纤不受外力		
		在盘纤盘中的光纤弯曲半径应满足产品标准的要求		
		光纤连接损耗值应满足设计文件的规定		
	7	配线箱和信息插座的安装方式、安装位置及标高应符合设计文件，在同一场所内的安装高度应分别保持一致		
		箱体安装应牢固，门锁启闭应灵活、可靠，箱体表面不应有损伤和划痕		
		配线箱内的各部件应完整，线缆线序应准确，卡接、插接应紧固，绑扎应整齐，配线图应准确、清晰。室外箱的防护等级应符合设计文件规定，引入线缆应采用下进线并制作防水弯		

光电缆线路施工检验批质量验收记录（续表 3） SY/T 4217.4

工程名称		分项工程名称		验收部位	
施工单位		专业负责人		项目经理	
施工执行标准名称及编号			检验批编号		
质量验收规范规定			施工单位检查验收记录		监理（建设）单位验收意见
一般项目	7	信息插座内模块安装应牢固，面板安装应牢固平整，标识准确、清楚			
一般项目	8	落地式光缆交接箱底座安装高度等尺寸应满足设计文件规定，箱体与底座连接应牢固			
一般项目	8	壁挂式光缆交接箱与墙壁连接应牢固，底部距地面高度应满足设计文件规定，交接箱箱体垂直允许偏差为 3mm			
一般项目	8	光缆、跳纤、适配器的安装位置及固定方式应符合产品说明书的要求，跳纤应布放合理、整齐、无接头，且不影响模块支架活动			
一般项目	8	室外交接箱箱体防水防尘应良好，引入线缆应采用下进线并制作防水弯			
一般项目	8	室外交接箱应单独设置接地装置，接地电阻不应大于 10Ω			
施工单位检查验收结果	项目专业质量检查员： 年 月 日				
监理（建设）单位验收结论	监理工程师：（建设单位项目代表） 年 月 日				

3.13.4.2 门禁及入侵报警前端设备安装检验批质量验收记录 SY/T 4217.4

<table>
<tr><td colspan="2">工程名称</td><td></td><td colspan="4">分项工程名称</td><td colspan="4"></td><td>验收部位</td><td></td></tr>
<tr><td colspan="2">施工单位</td><td></td><td colspan="4">专业负责人</td><td colspan="4"></td><td>项目经理</td><td></td></tr>
<tr><td colspan="3">施工执行标准名称及编号</td><td colspan="4"></td><td colspan="4">检验批编号</td><td colspan="2"></td></tr>
<tr><td colspan="3">质量验收规范规定</td><td colspan="9">施工单位检查验收记录</td><td>监理（建设）单位验收意见</td></tr>
<tr><td rowspan="5">主控项目</td><td>1</td><td>入侵报警系统、可视对讲及门禁系统的设备和线缆的规格、型号应符合设计文件要求和国家现行标准的规定，且应具有质量合格证明文件</td><td colspan="9"></td><td rowspan="5"></td></tr>
<tr><td>2</td><td>电子围栏、激光及微波探测器、门禁对讲设备安装位置、高度、角度及安装方式应符合设计文件规定或产品技术文件要求，电子围栏应间隔一定距离悬挂醒目的警示标识</td><td colspan="9"></td></tr>
<tr><td>3</td><td>振动传感光缆的敷设位置、方式及路由应符合设计文件要求</td><td colspan="9"></td></tr>
<tr><td>4</td><td>入侵报警前端设备的防雷接地方式及接地电阻值应符合设计文件规定</td><td colspan="9"></td></tr>
<tr><td>5</td><td>在长输管道穿跨越大中型河流、铁路、高速公路、大型输油气水管道及其他设施处入侵报警系统的安装方式、位置等应符合设计文件要求</td><td colspan="9"></td></tr>
<tr><td rowspan="3">一般项目</td><td>1</td><td>电子围栏、激光探测器、门禁及可视对讲设备安装应牢固</td><td></td><td></td><td></td><td></td><td></td><td></td><td></td><td></td><td></td><td rowspan="3"></td></tr>
<tr><td>2</td><td>振动传感光缆与附着物应紧密绑扎，配件安装应齐全</td><td></td><td></td><td></td><td></td><td></td><td></td><td></td><td></td><td></td></tr>
<tr><td>3</td><td>线缆沿墙敷设时，宜采用预埋管道敷设，无预埋管应加装保护管，信号线和电源线应分管敷设；地下敷设时，引上部分应加装保护管，管口应采用防水材料封堵</td><td></td><td></td><td></td><td></td><td></td><td></td><td></td><td></td><td></td></tr>
<tr><td>施工单位验收结果</td><td colspan="12">项目专业质量检查员： 年 月 日</td></tr>
<tr><td>监理（建设）单位验收结论</td><td colspan="12">监理工程师：
（建设单位项目代表） 年 月 日</td></tr>
</table>

3.13.4.3 视频监控前端设备安装检验批质量验收记录 SY/T 4217.4

工程名称		分项工程名称		验收部位	
施工单位		专业负责人		项目经理	
施工执行标准名称及编号				检验批编号	

质量验收规范规定			施工单位检查验收记录	监理（建设）单位验收意见
主控项目	1	长输管道视频监控系统的摄像机、云台、视频服务器、综合网络箱、混凝土电杆、钢立杆及横臂的规格型号应符合设计文件要求和国家相关标准的规定，且应具有质量合格证明文件		
	2	混凝土电杆的安装方式及埋深、钢立杆混凝土基础尺寸应符合设计文件规定，并与接地体良好连接		
	3	摄像机及配套装置安装位置、离地高度、安装方式及信号传输方式应符合设计文件规定		
		防爆摄像机防爆等级及密封措施应符合设计文件规定		
	4	综合箱安装位置、离地高度、防护及防爆等级应符合设计文件规定		
	5	避雷针、引下线、接地极、接地线及浪涌保护器的规格和型号应符合设计文件要求		
		避雷针的安装位置、垂直度偏差及接地体位置、埋深、接地电阻值应符合设计文件规定		
		前端设备应安装于防雷设施保护范围之内		
		前端设备外壳、线缆屏蔽层、光缆金属加强构件、金属立杆、浪涌保护器等接地电阻值应符合设计文件规定		
	6	在长输管道穿跨越大中型河流、铁路、高速公路、大型输油气水管道及其他设施处安装的视频监控前端设备，安装方式、位置等应符合设计文件要求		
一般项目	1	钢立杆与基座应固定牢固，垂直度偏差不应大于1‰，连接螺帽应采取防松动措施		
		钢杆件的外层应做好防腐蚀处理		
	2	当摄像机在墙上安装时，支架与墙、摄像机与支架固定应牢固		
		当摄像机在杆上安装时，应与支架或横臂连接牢固		
		摄像机镜头应避免强光直射和逆光安装，摄像机镜头应从照明光源方向对准监视目标，当需逆光安装时应降低监视区域的对比度		

视频监控前端设备安装检验批质量验收记录（续表） SY/T 4217.4

<table>
<tr><td colspan="3">工程名称</td><td colspan="2"></td><td colspan="4">分项工程名称</td><td colspan="4"></td><td colspan="1">验收部位</td><td></td></tr>
<tr><td colspan="3">施工单位</td><td colspan="2"></td><td colspan="4">专业负责人</td><td colspan="4"></td><td colspan="1">项目经理</td><td></td></tr>
<tr><td colspan="4">施工执行标准名称及编号</td><td colspan="1"></td><td colspan="4">检验批编号</td><td colspan="6"></td></tr>
<tr><td colspan="5">质量验收规范规定</td><td colspan="8">施工单位检查验收记录</td><td colspan="2">监理（建设）单位验收意见</td></tr>
<tr><td rowspan="12">一般项目</td><td rowspan="3">2</td><td colspan="3">云台的安装应牢固、无晃动，云台的水平和垂直转动角度及云台转动起点方向应符合设计文件规定</td><td></td><td></td><td></td><td></td><td></td><td></td><td></td><td></td><td colspan="2" rowspan="12"></td></tr>
<tr><td colspan="3">摄像机防护罩及罩内风扇、雨刷等安装应紧固完好、运转平稳，辅助灯的安装位置应能满足监视范围的亮度</td><td></td><td></td><td></td><td></td><td></td><td></td><td></td><td></td></tr>
<tr><td colspan="3">摄像机的电缆和电源线应固定，不应由插头承受电缆的自重；连接电缆宜留有余量且不应影响摄像机和云台的转动</td><td></td><td></td><td></td><td></td><td></td><td></td><td></td><td></td></tr>
<tr><td rowspan="9">3</td><td colspan="3">防爆摄像机腔体内应无任何填充物，紧固螺栓不得任意调换或缺少，其多余零部件必须保持出厂时密封状态</td><td></td><td></td><td></td><td></td><td></td><td></td><td></td><td></td></tr>
<tr><td colspan="3">综合网络箱的箱体与立杆或墙面应连接牢固</td><td></td><td></td><td></td><td></td><td></td><td></td><td></td><td></td></tr>
<tr><td colspan="3">箱内设备安装位置应布局合理、分别固定牢固</td><td></td><td></td><td></td><td></td><td></td><td></td><td></td><td></td></tr>
<tr><td colspan="3">室外综合箱体引入线缆应带防水锁扣并制作防水弯，固定膨胀螺丝接口处应做防水处理。箱体内设备电源线与数据线应分开走线，绑扎整齐，线缆接头安装应牢固，线头两端应粘贴对应标识。接线图应清晰、完整</td><td></td><td></td><td></td><td></td><td></td><td></td><td></td><td></td></tr>
<tr><td colspan="3">设备电源不应串接</td><td></td><td></td><td></td><td></td><td></td><td></td><td></td><td></td></tr>
<tr><td colspan="3">线缆与设备接口应连接紧固，并做防水弯处理</td><td></td><td></td><td></td><td></td><td></td><td></td><td></td><td></td></tr>
<tr><td colspan="3">摄像机进线口应用橡胶密封圈密封，防爆摄像机接线时应使用防爆挠性连接管和防爆接线盒</td><td></td><td></td><td></td><td></td><td></td><td></td><td></td><td></td></tr>
<tr><td colspan="3">线缆沿墙安装时，保护管采用管卡固定时的间距不应大于 600mm，保护管及桥架采用膨胀螺钉固定时的间距不应大于 1000mm</td><td></td><td></td><td></td><td></td><td></td><td></td><td></td><td></td></tr>
<tr><td colspan="3"></td><td colspan="8"></td></tr>
<tr><td>施工单位验收结果</td><td colspan="14">项目专业质量检查员：　　　　年　月　日</td></tr>
<tr><td>监理（建设）单位验收结论</td><td colspan="14">监理工程师：
（建设单位项目代表）　　　　年　月　日</td></tr>
</table>

3.13.4.4 卫星通信天馈系统安装检验批质量验收记录 SY/T 4217.4

<table>
<tr><td colspan="2">工程名称</td><td></td><td colspan="2">分项工程名称</td><td colspan="5"></td><td colspan="2">验收部位</td><td></td></tr>
<tr><td colspan="2">施工单位</td><td></td><td colspan="2">专业负责人</td><td colspan="5"></td><td colspan="2">项目经理</td><td></td></tr>
<tr><td colspan="3">施工执行标准名称及编号</td><td colspan="2"></td><td colspan="2">检验批编号</td><td colspan="6"></td></tr>
<tr><td colspan="3">质量验收规范规定</td><td colspan="9">施工单位检查验收记录</td><td>监理（建设）单位验收意见</td></tr>
<tr><td rowspan="5">主控项目</td><td>1</td><td>天馈线、室外单元等设备及材料的规格、型号、数量应符合设计文件和国家现行标准的规定，且应具有质量合格证明文件</td><td colspan="9"></td><td rowspan="5"></td></tr>
<tr><td>2</td><td>室外设备及天线的安装位置、高度及安装方式应符合设计文件规定</td><td colspan="9"></td></tr>
<tr><td>3</td><td>馈源极化方式应符合设计文件规定。天线对星方位角、俯仰角应准确，无干扰、无遮挡</td><td colspan="9"></td></tr>
<tr><td rowspan="2">4</td><td>天线应安装于防雷安全保护范围之内</td><td colspan="9"></td></tr>
<tr><td>设备外壳、线缆屏蔽层、光缆金属加强构件、金属立杆、浪涌保护器等接地电阻值应符合设计文件规定</td><td colspan="9"></td></tr>
<tr><td rowspan="6">一般项目</td><td>1</td><td>天线金属基础裸露地面部分应做防腐处理</td><td colspan="2"></td><td></td><td></td><td></td><td></td><td></td><td></td><td></td><td rowspan="6"></td></tr>
<tr><td>2</td><td>天线立柱安装应牢固，垂直度偏差不应超过1‰。防腐层完好</td><td colspan="2"></td><td></td><td></td><td></td><td></td><td></td><td></td><td></td></tr>
<tr><td>3</td><td>极化器调定后应固定，馈源各接口处应用销钉准确定位。密封圈安装正确，螺栓应配套齐全，螺帽紧固</td><td colspan="2"></td><td></td><td></td><td></td><td></td><td></td><td></td><td></td></tr>
<tr><td>4</td><td>室外单元、馈线接口应用防水胶带、密封泥等密封处理。馈线进入设备及设备间前应有防水弯</td><td colspan="2"></td><td></td><td></td><td></td><td></td><td></td><td></td><td></td></tr>
<tr><td>5</td><td>馈线应留足余量以适应天线的转动范围</td><td colspan="2"></td><td></td><td></td><td></td><td></td><td></td><td></td><td></td></tr>
<tr><td>6</td><td>布放馈线时，应保持其平直、整齐，绑扎均匀，松紧合适</td><td colspan="2"></td><td></td><td></td><td></td><td></td><td></td><td></td><td></td></tr>
<tr><td>施工单位验收结果</td><td colspan="12">项目专业质量检查员：　　　　　　　　年　月　日</td></tr>
<tr><td>监理（建设）单位验收结论</td><td colspan="12">监理工程师：
（建设单位项目代表）　　　　　　　　年　月　日</td></tr>
</table>

3.13.4.5 WLAN 设备安装检验批质量验收记录 SY/T 4217.4

工程名称		分项工程名称		验收部位	
施工单位		专业负责人		项目经理	
施工执行标准名称及编号			检验批编号		

		质量验收规范规定	施工单位检查验收记录	监理（建设）单位验收意见
主控项目	1	POE 交换机、AP、天线及天线抱杆的规格、型号应符合设计文件要求和国家现行标准的规定，且应具有质量合格证明文件		
	2	WLAN 室内、室外设备安装的位置、高度及安装方式应符合设计文件规定		
	3	WLAN 设备信号覆盖范围及强度应满足设计文件规定，相近 AP 应无干扰		
	4	WLAN 室外设备及天线应安装于防雷安全保护范围之内		
		设备外壳、线缆屏蔽层、光缆金属加强构件、金属立杆、浪涌保护器等接地电阻值应符合设计文件规定		
一般项目	1	室外设备、天馈线与支架或支撑物的连接应牢固		
	2	室内 AP 安装应与墙面或屋顶固定牢固		
		室外 AP 安装应与支架或立杆固定牢固		
	3	POE 交换机应固定良好		
	4	馈线固定应牢固，无铜皮裸露现象，弯曲半径应符合最小弯曲半径的要求		
		室外设备馈线、电源线及各种外部接线端子应按设计文件要求做防水密封，进入设备及设备箱前应有防水弯		
		当信号线与强电设备交叉或经过大功率电器设备时，应穿金属管屏蔽干扰；当使用屏蔽网线时，应配合使用屏蔽水晶头，并应保证屏蔽水晶头接触的对端设备良好接地		
施工单位验收结果		项目专业质量检查员： 年 月 日		
监理（建设）单位验收结论		监理工程师： （建设单位项目代表） 年 月 日		

3.13.4.6 设备间及控制室设备安装检验批质量验收记录 SY/T 4217.4

工程名称		分项工程名称		验收部位	
施工单位		专业负责人		项目经理	
施工执行标准名称及编号			检验批编号		

质量验收规范规定			施工单位检查验收记录	监理（建设）单位验收意见
主控项目	1	设备机柜、机架、壁挂机柜、监控显示屏、走线架的规格、型号、数量应符合设计文件规定和国家现行标准的规定，且应具有质量合格证明文件		
	2	设备机柜、机架、壁挂机柜、操作台安装排列位置、位号、走线架安装位置及高度应符合设计文件规定		
	3	设备间内环境监控、动力设备监控设施的型号、数量、安装位置应符合设计文件规定		
	4	监控显示屏安装方式、位置、高度应符合设计文件或设备技术文件规定		
一般项目	1	机柜、机架对地安装应牢固，安装位置符合设计文件要求，偏差不大于50mm，机柜安装垂直度偏差不超过1‰，相邻机柜中间缝隙不应大于3mm，同排机柜前门应在同一平面上，每米偏差不应大于3mm，全列偏差不应大于10mm		
		机柜、机架前后及头尾机柜距离墙体安装的维护空间应符合设计文件要求		
	2	悬挂式、壁挂机柜应安装在平整坚固的墙面上，距离地面距离应不小于300mm，垂直偏差应小于3mm		
		安装位置应避开电源线路		
		墙体上开孔应避免破坏墙体内管线，机柜与墙面应固定牢固		
	3	活动地板上安装设备应加装钢质底座，底座应做防腐处理，螺母应有防松措施，同类螺栓露出长度宜一致		
	4	机架、机柜门开关应顺畅，并应无损伤、变形、掉漆等现象		
		机架门板、挡板、防静电手环、走线槽挡板、裙板、假面板、假拉手条等附件应安装齐全、牢固		
		所有紧固螺栓应拧紧		

设备间及控制室设备安装检验批质量验收记录（续表） SY/T 4217.4

工程名称		分项工程名称		验收部位	
施工单位		专业负责人		项目经理	
施工执行标准名称及编号		检验批编号			

质量验收规范规定			施工单位检查验收记录	监理（建设）单位验收意见
一般项目	4	各种接头连接应牢固，单板固定螺钉应拧紧，定位卡应卡到位，并应无损坏		
		机架线缆出入口保护应完好并封闭		
		风扇进风口和出风口不应有遮挡		
		设备与底座连接应牢固，周边防静电地板应平整、稳固		
	5	综合柜内设备安装位置、间距应满足设计文件规定		
		设备、服务器、子架、托盘与机架应连接牢固，非 19″ 标准设备应固定在托盘上		
		抽拉式托架的导轨推拉应顺畅，无阻碍		
	6	备用信号电缆应绑扎或插接固定到预留位置		
		未使用的各类插头、插口应加装保护帽进行保护		
	7	走线架、线槽应固定牢固，安装位置应符合设计文件要求，走线架横铁间隔应均匀		
		水平度每米偏差不应超过 2mm，垂直度偏差不应超过 3mm		
		线槽应无扭曲变形，内壁应无毛刺，连接口处应紧密，槽盖应无翘角		
	8	监控显示屏安装应与墙体、地面、房顶连接牢固，屏幕拼接缝应符合设计文件或设备技术文件的要求		
施工单位验收结果		项目专业质量检查员： 年 月 日		
监理（建设）单位验收结论		监理工程师： （建设单位项目代表） 年 月 日		

3.13.4.7 通信电源设备安装检验批质量验收记录 SY/T 4217.4

工程名称		分项工程名称		验收部位	
施工单位		专业负责人		项目经理	
施工执行标准名称及编号			检验批编号		

质量验收规范规定			施工单位检查验收记录	监理（建设）单位验收意见
主控项目	1	电源柜、UPS、电池架、电缆的规格、型号、数量应符合设计文件规定和国家相关标准的规定，且应具有质量合格证明文件		
主控项目	2	电源柜、UPS、电池架安装排列位置及高度应符合设计文件规定		
主控项目	3	电源柜内的刀闸、熔断器、开关模块、逆变元件接触应可靠		
主控项目	3	电源柜及门的接地应牢固可靠		
主控项目	4	电源线正极、负极、工作地、保护地连接应符合设计文件要求		
主控项目	5	电源线中间严禁接头，并与信号线分开布放		
一般项目	1	UPS 安装应稳固，表面无锈蚀及损坏		
一般项目	1	UPS 各线缆接点螺栓应紧固，电缆连接可靠，芯线铜丝无外露		
一般项目	2	蓄电池架应牢固可靠，架体应无损坏、变形和锈蚀		
一般项目	2	电池标志应排在外侧，蓄电池间距偏差不应大于 5mm		
一般项目	2	蓄电池极性应连接正确，螺栓应连接可靠		
一般项目	2	电池外壳不应有变形、损坏		
一般项目	2	正极性、负极性及颜色应正确		
一般项目	3	蓄电池安全阀、滤气帽应无损坏、松动，滤气帽通气性能良好		
一般项目	4	电源线连接应可靠，外皮完整。电缆布放整齐、绑扎牢固		
施工单位验收结果	项目专业质量检查员： 年 月 日			
监理（建设）单位验收结论	监理工程师： （建设单位项目代表） 年 月 日			

3.13.4.8 设备间及控制室线缆敷设检验批质量验收记录 SY/T 4217.4

<table>
<tr><td colspan="2">工程名称</td><td></td><td>分项工程名称</td><td></td><td>验收部位</td><td></td></tr>
<tr><td colspan="2">施工单位</td><td></td><td>专业负责人</td><td></td><td>项目经理</td><td></td></tr>
<tr><td colspan="3">施工执行标准名称及编号</td><td></td><td>检验批编号</td><td colspan="2"></td></tr>
<tr><td colspan="4">质量验收规范规定</td><td colspan="2">施工单位检查验收记录</td><td>监理（建设）单位验收意见</td></tr>
<tr><td rowspan="5">主控项目</td><td>1</td><td colspan="2">线缆及连接器件的规格、型号应符合设计文件要求和国家现行标准的规定，且应具有质量合格证明文件</td><td colspan="2"></td><td rowspan="5"></td></tr>
<tr><td rowspan="3">2</td><td colspan="2">机柜间线缆敷设方式及路由走向应符合设计文件要求，线缆中间不应有接头</td><td colspan="2"></td></tr>
<tr><td colspan="2">当交、直流电源线和信号线一同走线时，交直流电源线之间、直流电源线与非屏蔽信号线之间间距应不小于 50mm，交流电源线与非屏蔽信号线并行时间距应不小于 150mm。交流电源线、直流电源线和信号线同架敷设时应按设计文件要求进行隔离</td><td colspan="2"></td></tr>
<tr><td colspan="2">当缆线穿越墙体或楼板时，应用防火材料堵封洞孔</td><td colspan="2"></td></tr>
<tr><td>3</td><td colspan="2">多股电源线及截面积 $6mm^2$ 以上的单股电源线端头应加装镀锡连接器</td><td colspan="2"></td></tr>
<tr><td rowspan="9">一般项目</td><td rowspan="7">1</td><td colspan="2">机柜间线缆敷设应避开柜顶散热板</td><td colspan="2"></td><td rowspan="9"></td></tr>
<tr><td colspan="2">线缆敷设应自然平直、无扭绞</td><td colspan="2"></td></tr>
<tr><td colspan="2">机柜内线缆应分类沿机柜两侧和走线槽、理线架敷设</td><td colspan="2"></td></tr>
<tr><td colspan="2">线缆的弯曲半径应符合 GB/T 50312—2016《综合布线系统工程验收规范》的有关规定</td><td colspan="2"></td></tr>
<tr><td colspan="2">线缆表面应清洁，外皮应无老化、破损、扭伤</td><td colspan="2"></td></tr>
<tr><td colspan="2">线缆端头接口应与设备端口或配线端子插接、卡接紧密</td><td colspan="2"></td></tr>
<tr><td colspan="2">配线架端子板预留线应整齐，弧度、长度应一致</td><td colspan="2"></td></tr>
<tr><td rowspan="2">2</td><td colspan="2">电缆应紧密靠拢绑扎，外观应平直整齐</td><td colspan="2"></td></tr>
<tr><td colspan="2">绑扎间距应均匀，线扣接头应齐根剪平且朝向一致。横走线架上线扣间距不应超过走线架两倍的横档间距，垂直走线架上每根横档处均应绑扎，转弯时应在转角两侧分别绑扎</td><td colspan="2"></td></tr>
</table>

设备间及控制室线缆敷设检验批质量验收记录（续表） SY/T 4217.4

<table>
<tr><td>工程名称</td><td></td><td>分项工程名称</td><td></td><td>验收部位</td><td></td></tr>
<tr><td>施工单位</td><td></td><td>专业负责人</td><td></td><td>项目经理</td><td></td></tr>
<tr><td colspan="2">施工执行标准名称及编号</td><td colspan="2"></td><td>检验批编号</td><td></td></tr>
<tr><td colspan="3">质量验收规范规定</td><td colspan="2">施工单位检查验收记录</td><td>监理（建设）单位验收意见</td></tr>
<tr><td rowspan="9">一般项目</td><td rowspan="4">3</td><td>剖头处应有套管或缠绕绝缘胶带保护，颜色与线缆宜保持一致</td><td colspan="2"></td><td rowspan="9"></td></tr>
<tr><td>同类线缆剖头长度、套管或缠绕绝缘胶带长度宜保持一致</td><td colspan="2"></td></tr>
<tr><td>线缆剖头处芯线应无损伤，芯线与端子应贴合紧密，焊接或压接应牢固</td><td colspan="2"></td></tr>
<tr><td>线缆与端口的连接线序应正确，光缆成端接续损耗应符合设计文件规定</td><td colspan="2"></td></tr>
<tr><td rowspan="5">4</td><td>光纤配线架内引入光缆应固定牢固，接地可靠，光缆盘留长度宜为15~20m</td><td colspan="2"></td></tr>
<tr><td>尾纤、跳纤应有保护套管，套管应延伸至机架或尾纤槽内并固定，套管端口应有保护</td><td colspan="2"></td></tr>
<tr><td>尾纤、跳纤应采用软性材料绑扎，并可在线扣环中自由抽动</td><td colspan="2"></td></tr>
<tr><td>尾纤、跳纤盘绕应整齐</td><td colspan="2"></td></tr>
<tr><td>备用尾纤、跳纤连接头应配戴保护帽</td><td colspan="2"></td></tr>
<tr><td>施工单位验收结果</td><td colspan="5">项目专业质量检查员：　　　　年　月　日</td></tr>
<tr><td>监理（建设）单位验收结论</td><td colspan="5">监理工程师：
（建设单位项目代表）　　　　年　月　日</td></tr>
</table>

3.13.4.9　标识检验批质量验收记录　SY/T 4217.4

工程名称		分项工程名称		验收部位	
施工单位		专业负责人		项目经理	
施工执行标准名称及编号			检验批编号		

<table>
<tr><td colspan="3">质量验收规范规定</td><td colspan="8">施工单位检查验收记录</td><td>监理（建设）单位验收意见</td></tr>
<tr><td rowspan="3">主控项目</td><td>1</td><td>标识的材质、尺寸、样式、颜色应符合设计文件要求或使用要求</td><td colspan="8"></td><td rowspan="3"></td></tr>
<tr><td>2</td><td>室外设备和线缆标识应齐全、正确、清晰，并进行防水、防脱落处理</td><td colspan="8"></td></tr>
<tr><td>3</td><td>设备标识的内容应包括设备名称、型号、编号等</td><td colspan="8"></td></tr>
<tr><td rowspan="9">一般项目</td><td>1</td><td>室外前端设备宜采用挂牌标识，并注明站场名称、设备编号等</td><td></td><td></td><td></td><td></td><td></td><td></td><td></td><td></td><td rowspan="9"></td></tr>
<tr><td>2</td><td>直埋线路应采用地面标识桩标识，直线段埋设间隔应均匀，且应在起始点、转角处、终点处标识，标识桩位置、高度不应影响站场内通行</td><td></td><td></td><td></td><td></td><td></td><td></td><td></td><td></td></tr>
<tr><td>3</td><td>桥架、缆沟内线缆应采用挂牌标识，直线段标识间隔应均匀，且应在起始点、转角处、终点处挂牌标识</td><td></td><td></td><td></td><td></td><td></td><td></td><td></td><td></td></tr>
<tr><td rowspan="2">4</td><td>标识粘贴应牢固，同类型设备标签应粘贴在设备的同一位置，且不应遮盖住设备出厂标识</td><td></td><td></td><td></td><td></td><td></td><td></td><td></td><td></td></tr>
<tr><td>设备单板上不应粘贴标签</td><td></td><td></td><td></td><td></td><td></td><td></td><td></td><td></td></tr>
<tr><td rowspan="4">5</td><td>线缆宜采用环套型自粘式标签，在缆线上缠绕应不少于一圈</td><td></td><td></td><td></td><td></td><td></td><td></td><td></td><td></td></tr>
<tr><td>线缆标签内容应清楚标明两端起始对应关系</td><td></td><td></td><td></td><td></td><td></td><td></td><td></td><td></td></tr>
<tr><td>线缆标签应距离端头 20mm 处粘贴，位置应一致，粘贴应牢固</td><td></td><td></td><td></td><td></td><td></td><td></td><td></td><td></td></tr>
<tr><td>标签粘贴朝向应一致，表示线缆去向的一面应朝上或朝向维护操作面</td><td></td><td></td><td></td><td></td><td></td><td></td><td></td><td></td></tr>
<tr><td>施工单位验收结果</td><td colspan="11">项目专业质量检查员：　　　　年　月　日</td></tr>
<tr><td>监理（建设）单位验收结论</td><td colspan="11">监理工程师：
（建设单位项目代表）　　　　年　月　日</td></tr>
</table>

3.13.4.10 防雷与接地检验批质量验收记录 SY/T 4217.4

工程名称		分项工程名称		验收部位	
施工单位		专业负责人		项目经理	
施工执行标准名称及编号			检验批编号		

		质量验收规范规定	施工单位检查验收记录	监理（建设）单位验收意见
主控项目	1	站场通信防雷接地的接闪器、接地体、接地排、浪涌保护器及接地线缆的规格、型号应符合设计文件要求和国家现行标准的规定，且应具有质量合格证明文件		
	2	站场通信联合接地的方式应符合设计文件要求		
	3	接地体的埋设位置、间距和深度应符合设计文件规定		
		接地引入线引入位置和数量应符合设计文件规定		
		接地引入线在穿越墙壁、楼板时应加装保护套管，且应无机械损伤		
		接地电阻值应符合设计文件规定，当接地电阻值无法满足设计文件规定时，应采取物理或化学降阻措施		
	4	接闪器安装位置、高度及保护范围应符合设计文件规定		
		引下线规格型号、敷设路由应符合设计文件要求		
	5	接地排规格、安装位置应符合设计文件要求		
	6	室外线缆、桥架或设备器件的接地应就近连接至室外联合接地排或屋面避雷带，不应与室内联合接地排相连接		
一般项目	1	避雷针安装应垂直，且与立杆或基座的连接应牢固		
		引下线与接闪器的焊接、接地体与接地引入线的焊接应牢固，接地排与设备接地线和接地引入线的压接或焊接应牢固，且应无虚焊、脱焊现象，并应采取防腐措施		
		接地排安装应平整、牢固，表面应无毛刺、伤痕、残余焊渣		

防雷与接地检验批质量验收记录（续表） SY/T 4217.4

<table>
<tr><td colspan="3">工程名称</td><td></td><td colspan="4">分项工程名称</td><td colspan="4"></td><td>验收部位</td><td></td></tr>
<tr><td colspan="3">施工单位</td><td></td><td colspan="4">专业负责人</td><td colspan="4"></td><td>项目经理</td><td></td></tr>
<tr><td colspan="3">施工执行标准名称及编号</td><td></td><td colspan="4">检验批编号</td><td colspan="6"></td></tr>
<tr><td colspan="4">质量验收规范规定</td><td colspan="8">施工单位检查验收记录</td><td colspan="2">监理（建设）单位验收意见</td></tr>
<tr><td rowspan="5">一般项目</td><td>1</td><td colspan="2">接地端子与接地排之间应采用镀锌螺栓连接，且一个螺栓应压接一根地线</td><td></td><td></td><td></td><td></td><td></td><td></td><td></td><td></td><td colspan="2" rowspan="5"></td></tr>
<tr><td rowspan="3">2</td><td colspan="2">设备保护接地和直流电源工作接地应从室内接地排引入，交流配电屏严禁采用工作接地做保护接地</td><td></td><td></td><td></td><td></td><td></td><td></td><td></td><td></td></tr>
<tr><td colspan="2">所有交直流配电设备的机壳、通信设备机柜前后门、走线架、电池架、防静电地板应通过接地线单独可靠连接到接地汇流排上，接地电阻值应符合设计文件规定</td><td></td><td></td><td></td><td></td><td></td><td></td><td></td><td></td></tr>
<tr><td colspan="2">设备接地线的敷设应短直、整齐、无盘绕，绑扎应均匀</td><td></td><td></td><td></td><td></td><td></td><td></td><td></td><td></td></tr>
<tr><td>3</td><td colspan="2">浪涌保护器的安装位置及顺序、接地阻值应符合设计文件规定或产品技术要求，安装连接应牢固</td><td></td><td></td><td></td><td></td><td></td><td></td><td></td><td></td></tr>
<tr><td>施工单位验收结果</td><td colspan="13">项目专业质量检查员：　　　　　　年　月　日</td></tr>
<tr><td>监理（建设）单位验收结论</td><td colspan="13">监理工程师：
（建设单位项目代表）　　　　　　年　月　日</td></tr>
</table>

3.13.4.11 设备调试检验批质量验收记录 SY/T 4217.4

工程名称		分项工程名称		验收部位	
施工单位		专业负责人		项目经理	
施工执行标准名称及编号			检验批编号		

质量验收规范规定			施工单位检查验收记录	监理（建设）单位验收意见
主控项目	1	设备、板件、端口等硬件规格、型号及数量应符合设计文件规定，且应具有质量合格证明文件		
	2	设备运行软件的种类、版本、授权数应符合设计文件要求		
	3	单机设备调试的主要性能指标、功能应符合设计文件规定和产品技术要求		
	4	系统联调测试的主要性能指标、功能应符合设计文件规定和产品技术要求		
一般项目	1	电源设备电流、电压等参数及蓄电池充放电、供电切换等功能应符合设计文件规定和产品技术要求。设计文件无要求时，应符合 GB 51199—2016《通信电源设备安装工程验收规范》的有关规定		
	2	设备指示灯显示正确，风扇运转正常		
		数据配置完整、准确，板件、端口工作运行状态正常		
		冗余板件倒换测试正常		
	3	设备之间通信正常		
		系统主要业务功能及设备网管应满足设计文件要求		
		告警功能正常		
	4	环境、动力设备监控系统的数据采集应正确，系统功能应符合设计文件规定和产品技术要求		
	5	门禁控制功能、视频对讲系统功能应符合设计文件规定和产品技术要求，且对讲系统室外机和室内机双向通话、视频图像应清晰		

设备调试检验批质量验收记录（续表 1） SY/T 4217.4

<table>
<tr><td colspan="2">工程名称</td><td></td><td>分项工程名称</td><td></td><td>验收部位</td><td></td></tr>
<tr><td colspan="2">施工单位</td><td></td><td>专业负责人</td><td></td><td>项目经理</td><td></td></tr>
<tr><td colspan="3">施工执行标准名称及编号</td><td></td><td>检验批编号</td><td colspan="2"></td></tr>
<tr><td colspan="4">质量验收规范规定</td><td colspan="2">施工单位检查验收记录</td><td>监理（建设）单位验收意见</td></tr>
<tr><td rowspan="9">一般项目</td><td>6</td><td colspan="2">入侵报警设备报警控制主机的键盘布防、撤防、记录查询、与其他监控系统联动报警等功能及入侵检测报警误报率、告警时延等指标均应符合设计文件规定，且应无漏报</td><td colspan="2"></td><td rowspan="9"></td></tr>
<tr><td rowspan="3">7</td><td colspan="2">摄像机遥控操作及延迟正常，监控范围应符合设计文件规定，监控图像质量不应低于五级损伤制评分分级中三级的要求</td><td colspan="2"></td></tr>
<tr><td colspan="2">图像切换、报警联动、图像复核等功能应符合设计文件要求</td><td colspan="2"></td></tr>
<tr><td colspan="2">系统兼容性应满足设备互换性要求，系统可扩展性应满足简单扩容和集成的要求</td><td colspan="2"></td></tr>
<tr><td>8</td><td colspan="2">卫星天线室外单元的中心频率、带宽及系统信道速率、时延、误码率等指标应符合设计文件规定和产品技术要求。设计文件无要求时应符合 YD/T 5017—2005《国内卫星通信地球站设备安装工程验收规范》的有关规定</td><td colspan="2"></td></tr>
<tr><td>9</td><td colspan="2">WLAN 无线侧系统测试、网络侧系统测试、网管系统功能检查应符合设计文件规定和产品技术要求。设计文件无要求时，应符合 YD 5215—2015《无线局域网工程验收规范》的有关规定</td><td colspan="2"></td></tr>
<tr><td>10</td><td colspan="2">SDH 设备的本机测试、系统性能测试及功能检查应符合设计文件规定和产品技术要求。设计文件无要求时，应符合 YD 5044—2014《同步数字体系（SDH）光纤传输系统工程验收规范》的有关规定</td><td colspan="2"></td></tr>
<tr><td>11</td><td colspan="2">PTN 设备的以太网接口性能、SDH 接口、系统性能、网管功能测试应符合设计文件规定和产品技术要求。设计文件无要求时，应符合 YD 5200—2014《分组传送网（PTN）工程验收暂行规定》的有关规定</td><td colspan="2"></td></tr>
</table>

设备调试检验批质量验收记录（续表2） SY/T 4217.4

<table>
<tr><td colspan="2">工程名称</td><td></td><td colspan="4">分项工程名称</td><td colspan="4"></td><td>验收部位</td><td></td></tr>
<tr><td colspan="2">施工单位</td><td></td><td colspan="4">专业负责人</td><td colspan="4"></td><td>项目经理</td><td></td></tr>
<tr><td colspan="3">施工执行标准名称及编号</td><td colspan="4"></td><td colspan="4">检验批编号</td><td colspan="2"></td></tr>
<tr><td colspan="3">质量验收规范规定</td><td colspan="8">施工单位检查验收记录</td><td colspan="2">监理（建设）单位验收意见</td></tr>
<tr><td rowspan="3">一般项目</td><td>12</td><td>OTN设备的本机测试、系统性能测试及系统功能检查、保护性能测试及功能检查、网管功能检查应符合设计文件规定和产品技术要求。设计文件无要求时，应符合YD 5209—2014《光传送网（OTN）工程验收暂行规定》的有关规定</td><td></td><td></td><td></td><td></td><td></td><td></td><td></td><td></td><td colspan="2" rowspan="3"></td></tr>
<tr><td>13</td><td>IAD或电话设备的语音或视频业务、调度业务、会议电话等业务测试、功能测试及性能测试应符合设计文件规定和产品技术要求。设计文件无要求时，应符合GB/T 50623—2010《用户电话交换系统工程验收规范》或YD 5077—2014《固定电话交换网工程验收规范》的有关规定</td><td></td><td></td><td></td><td></td><td></td><td></td><td></td><td></td></tr>
<tr><td>14</td><td>以太网交换机、路由器的连通性测试等内容应符合设计文件规定和产品技术要求。设计文件无要求时，应符合YD/T 1287—2013《具有路由功能的以太网交换机测试方法》及YD/T 1453—2014《IPv6网络设备测试方法　边缘路由器》的有关规定</td><td></td><td></td><td></td><td></td><td></td><td></td><td></td><td></td></tr>
<tr><td colspan="2">施工单位验收结果</td><td colspan="11">项目专业质量检查员：　　　　年　月　日</td></tr>
<tr><td colspan="2">监理（建设）单位验收结论</td><td colspan="11">监理工程师：
（建设单位项目代表）　　　　年　月　日</td></tr>
</table>

3.14 地基基础工程①

3.14.1 素土、灰土地基工程检验批质量验收记录 GB 50202

<table>
<tr><td colspan="2">工程名称</td><td colspan="2"></td><td colspan="2">分项工程名称</td><td colspan="2"></td><td colspan="2">验收部位</td><td></td></tr>
<tr><td colspan="2">施工单位</td><td colspan="2"></td><td colspan="2">专业负责人</td><td colspan="2"></td><td colspan="2">项目经理</td><td></td></tr>
<tr><td colspan="3">施工执行标准名称及编号</td><td colspan="3"></td><td colspan="2">检验批编号</td><td colspan="3"></td></tr>
<tr><td colspan="4">施工质量验收规范的规定</td><td colspan="6">施工单位检查评定记录</td><td>监理（建设）单位验收记录</td></tr>
<tr><td rowspan="3">主控项目</td><td>1</td><td colspan="2">地基承载力不小于设计值</td><td colspan="6"></td><td rowspan="3"></td></tr>
<tr><td>2</td><td colspan="2">配合比符合设计值</td><td colspan="6"></td></tr>
<tr><td>3</td><td colspan="2">压实系数不小于设计值</td><td colspan="6"></td></tr>
<tr><td rowspan="5">一般项目</td><td>1</td><td>石灰粒径（mm）</td><td>≤ 5</td><td></td><td></td><td></td><td></td><td></td><td></td><td rowspan="5"></td></tr>
<tr><td>2</td><td>土料有机质含量（%）</td><td>≤ 5</td><td></td><td></td><td></td><td></td><td></td><td></td></tr>
<tr><td>3</td><td>土颗粒粒径（mm）</td><td>≤ 15</td><td></td><td></td><td></td><td></td><td></td><td></td></tr>
<tr><td>4</td><td>含水量（%）</td><td>± 2（最优）</td><td></td><td></td><td></td><td></td><td></td><td></td></tr>
<tr><td>5</td><td>分层厚度（mm）</td><td>± 50</td><td></td><td></td><td></td><td></td><td></td><td></td></tr>
<tr><td colspan="2">施工单位检查评定结果</td><td colspan="9">项目专业质量检查员：　　　　年　月　日</td></tr>
<tr><td colspan="2">监理（建设）单位验收结论</td><td colspan="9">监理工程师：
（建设单位项目代表）　　　　年　月　日</td></tr>
</table>

① 本部分的“GB 50202”代表依据为 GB 50202—2018《建筑地基基础工程施工质量验收标准》。

3.14.2 砂和砂石地基工程检验批质量验收记录 GB 50202

<table>
<tr><td colspan="2">工程名称</td><td colspan="2"></td><td colspan="2">分项工程名称</td><td colspan="2"></td><td colspan="2">验收部位</td><td></td></tr>
<tr><td colspan="2">施工单位</td><td colspan="2"></td><td colspan="2">专业负责人</td><td colspan="2"></td><td colspan="2">项目经理</td><td></td></tr>
<tr><td colspan="3">施工执行标准名称及编号</td><td colspan="3"></td><td colspan="2">检验批编号</td><td colspan="3"></td></tr>
<tr><td colspan="4">施工质量验收规范的规定</td><td colspan="6">施工单位检查评定记录</td><td>监理（建设）单位验收记录</td></tr>
<tr><td rowspan="3">主控项目</td><td>1</td><td colspan="2">地基承载力不小于设计值</td><td colspan="6"></td><td rowspan="3"></td></tr>
<tr><td>2</td><td colspan="2">配合比符合设计值</td><td colspan="6"></td></tr>
<tr><td>3</td><td colspan="2">压实系数不小于设计值</td><td colspan="6"></td></tr>
<tr><td rowspan="4">一般项目</td><td>1</td><td>砂石料有机质含量（%）</td><td>≤ 5</td><td></td><td></td><td></td><td></td><td></td><td></td><td rowspan="4"></td></tr>
<tr><td>2</td><td>砂石料含泥量（%）</td><td>≤ 5</td><td></td><td></td><td></td><td></td><td></td><td></td></tr>
<tr><td>3</td><td>石料粒径（mm）</td><td>≤ 50</td><td></td><td></td><td></td><td></td><td></td><td></td></tr>
<tr><td>4</td><td>分层厚度（mm）</td><td>± 50</td><td></td><td></td><td></td><td></td><td></td><td></td></tr>
<tr><td colspan="2">施工单位检查评定结果</td><td colspan="9">项目专业质量检查员：　　　年　月　日</td></tr>
<tr><td colspan="2">监理（建设）单位验收结论</td><td colspan="9">监理工程师：
（建设单位项目代表）　　　年　月　日</td></tr>
</table>

3.14.3　土工合成材料地基工程检验批质量验收记录　GB 50202

<table>
<tr><td colspan="2">工程名称</td><td colspan="2"></td><td colspan="3">分项工程名称</td><td colspan="2"></td><td>验收部位</td><td></td></tr>
<tr><td colspan="2">施工单位</td><td colspan="2"></td><td colspan="3">专业负责人</td><td colspan="2"></td><td>项目经理</td><td></td></tr>
<tr><td colspan="4">施工执行标准名称及编号</td><td colspan="3"></td><td colspan="2">检验批编号</td><td colspan="2"></td></tr>
<tr><td colspan="4">施工质量验收规范的规定</td><td colspan="6">施工单位检查评定记录</td><td>监理（建设）单位验收记录</td></tr>
<tr><td rowspan="3">主控项目</td><td>1</td><td colspan="2">地基承载力不小于设计值</td><td></td><td></td><td></td><td></td><td></td><td></td><td rowspan="3"></td></tr>
<tr><td>2</td><td>土工合成材料强度（%）</td><td>≥ −5</td><td></td><td></td><td></td><td></td><td></td><td></td></tr>
<tr><td>3</td><td>土工合成材料延伸率（%）</td><td>≥ −3</td><td></td><td></td><td></td><td></td><td></td><td></td></tr>
<tr><td rowspan="4">一般项目</td><td>1</td><td>土工合成材料搭接长度（mm）</td><td>≥ 300</td><td></td><td></td><td></td><td></td><td></td><td></td><td rowspan="4"></td></tr>
<tr><td>2</td><td>土石料有机质含量（%）</td><td>≤ 5</td><td></td><td></td><td></td><td></td><td></td><td></td></tr>
<tr><td>3</td><td>层面平整度（mm）</td><td>± 20</td><td></td><td></td><td></td><td></td><td></td><td></td></tr>
<tr><td>4</td><td>分层厚度（mm）</td><td>± 25</td><td></td><td></td><td></td><td></td><td></td><td></td></tr>
<tr><td colspan="2">施工单位检查评定结果</td><td colspan="9">项目专业质量检查员：　　　　年　月　日</td></tr>
<tr><td colspan="2">监理（建设）单位验收结论</td><td colspan="9">监理工程师：
（建设单位项目代表）　　　　年　月　日</td></tr>
</table>

3.14.4 粉煤灰地基工程检验批质量验收记录 GB 50202

<table>
<tr><td colspan="2">工程名称</td><td colspan="3"></td><td colspan="3">分项工程名称</td><td colspan="2"></td><td>验收部位</td><td></td></tr>
<tr><td colspan="2">施工单位</td><td colspan="3"></td><td colspan="3">专业负责人</td><td colspan="2"></td><td>项目经理</td><td></td></tr>
<tr><td colspan="4">施工执行标准名称及编号</td><td colspan="4"></td><td colspan="2">检验批编号</td><td colspan="2"></td></tr>
<tr><td colspan="4">施工质量验收规范的规定</td><td colspan="6">施工单位检
查评定记录</td><td colspan="2">监理（建设）
单位验收记录</td></tr>
<tr><td rowspan="2">主控项目</td><td>1</td><td colspan="2">地基承载力不小于设计值</td><td colspan="6"></td><td colspan="2" rowspan="2"></td></tr>
<tr><td>2</td><td colspan="2">压实系数不小于设计值</td><td colspan="6"></td></tr>
<tr><td rowspan="5">一般项目</td><td>1</td><td>粉煤灰粒径（mm）</td><td>0.001~2.000</td><td></td><td></td><td></td><td></td><td></td><td></td><td colspan="2" rowspan="5"></td></tr>
<tr><td>2</td><td>氧化铝及二氧化硅含量（%）</td><td>≥ 70</td><td></td><td></td><td></td><td></td><td></td><td></td></tr>
<tr><td>3</td><td>烧失量（%）</td><td>≤ 12</td><td></td><td></td><td></td><td></td><td></td><td></td></tr>
<tr><td>4</td><td>分层厚度（mm）</td><td>± 50</td><td></td><td></td><td></td><td></td><td></td><td></td></tr>
<tr><td>5</td><td>含水量（%）</td><td>± 4（最优）</td><td></td><td></td><td></td><td></td><td></td><td></td></tr>
<tr><td colspan="2">施工单位检查评定结果</td><td colspan="10">项目专业质量检查员：　　　　年　月　日</td></tr>
<tr><td colspan="2">监理（建设）单位验收结论</td><td colspan="10">监理工程师：
（建设单位项目代表）　　　　年　月　日</td></tr>
</table>

3.14.5　强夯地基工程检验批质量验收记录　GB 50202

<table>
<tr><td>工程名称</td><td colspan="3"></td><td colspan="2">分项工程名称</td><td colspan="3"></td><td colspan="2">验收部位</td><td></td></tr>
<tr><td>施工单位</td><td colspan="3"></td><td colspan="2">专业负责人</td><td colspan="3"></td><td colspan="2">项目经理</td><td></td></tr>
<tr><td colspan="4">施工执行标准名称及编号</td><td colspan="3"></td><td colspan="2">检验批编号</td><td colspan="3"></td></tr>
<tr><td colspan="4">施工质量验收规范的规定</td><td colspan="7">施工单位检查评定记录</td><td>监理（建设）单位验收记录</td></tr>
<tr><td rowspan="3">主控项目</td><td>1</td><td colspan="2">地基承载力不小于设计值</td><td colspan="7"></td><td rowspan="3"></td></tr>
<tr><td>2</td><td colspan="2">处理后地基土的强度不小于设计值</td><td colspan="7"></td></tr>
<tr><td>3</td><td colspan="2">变形指标符合设计值</td><td colspan="7"></td></tr>
<tr><td rowspan="10">一般项目</td><td>1</td><td>夯锤落距（mm）</td><td>± 300</td><td></td><td></td><td></td><td></td><td></td><td></td><td></td><td rowspan="10"></td></tr>
<tr><td>2</td><td>夯锤质量（kg）</td><td>± 100</td><td></td><td></td><td></td><td></td><td></td><td></td><td></td></tr>
<tr><td>3</td><td colspan="2">夯击遍数不小于设计值</td><td colspan="7"></td></tr>
<tr><td>4</td><td colspan="2">夯击顺序符合设计要求</td><td colspan="7"></td></tr>
<tr><td>5</td><td colspan="2">夯击击数不小于设计值</td><td colspan="7"></td></tr>
<tr><td>6</td><td>夯点位置（mm）</td><td>± 500</td><td></td><td></td><td></td><td></td><td></td><td></td><td></td></tr>
<tr><td>7</td><td colspan="2">夯击范围（超出基础范围距离）符合设计要求</td><td colspan="7"></td></tr>
<tr><td>8</td><td colspan="2">前后两遍间歇时间符合设计值</td><td colspan="7"></td></tr>
<tr><td>9</td><td colspan="2">最后两击平均夯沉量符合设计值</td><td colspan="7"></td></tr>
<tr><td>10</td><td>场地平整度（mm）</td><td>± 100</td><td></td><td></td><td></td><td></td><td></td><td></td><td></td></tr>
<tr><td>施工单位检查评定结果</td><td colspan="11">项目专业质量检查员：　　　　年　月　日</td></tr>
<tr><td>监理（建设）单位验收结论</td><td colspan="11">监理工程师：
（建设单位项目代表）　　　　年　月　日</td></tr>
</table>

3.14.6 注浆地基工程检验批质量验收记录 GB 50202

工程名称		分项工程名称		验收部位	
施工单位		专业负责人		项目经理	
施工执行标准名称及编号				检验批编号	

施工质量验收规范的规定						施工单位检查评定记录	监理（建设）单位验收记录
主控项目	1	地基承载力不小于设计值					
	2	处理后地基土的强度不小于设计值					
	3	变性指标符合设计值					
一般项目	1	原材料检验	注浆用砂	粒径（mm）	＜2.5		
				细度模数	＜2.0		
				含泥量（%）	＜3		
				有机物含量（%）	＜3		
			注浆用黏土	塑性指数	＞14		
				黏料含量（%）	＞25		
				含砂率（%）	＜5		
				有机物含量（%）	＜3		
			粉煤灰	细度模数不粗于同时使用的水泥			
				烧失量（%）	＜3		
			水玻璃：模数		3.0~3.3		
			其他化学浆液符合设计值				
	2	注浆材料称量（%）			±3		
	3	注浆孔位（mm）			±50		
	4	注浆孔深（mm）			±100		
	5	注浆压力（%）			±10		
施工单位检查评定结果	项目专业质量检查员： 年 月 日						
监理（建设）单位验收结论	监理工程师：（建设单位项目代表） 年 月 日						

3.14.7 预压地基工程检验批质量验收记录 GB 50202

<table>
<tr><td>工程名称</td><td colspan="3"></td><td colspan="3">分项工程名称</td><td colspan="3"></td><td colspan="2">验收部位</td><td></td></tr>
<tr><td>施工单位</td><td colspan="3"></td><td colspan="3">专业负责人</td><td colspan="3"></td><td colspan="2">项目经理</td><td></td></tr>
<tr><td colspan="3">施工执行标准名称及编号</td><td colspan="4"></td><td colspan="3">检验批编号</td><td colspan="3"></td></tr>
<tr><td colspan="4">施工质量验收规范的规定</td><td colspan="6">施工单位检查评定记录</td><td colspan="3">监理（建设）单位验收记录</td></tr>
<tr><td rowspan="3">主控项目</td><td>1</td><td colspan="2">地基承载力不小于设计值</td><td colspan="6"></td><td colspan="3" rowspan="3"></td></tr>
<tr><td>2</td><td colspan="2">处理后地基土的强度不小于设计值</td><td colspan="6"></td></tr>
<tr><td>3</td><td colspan="2">变性指标符合设计值</td><td colspan="6"></td></tr>
<tr><td rowspan="10">一般项目</td><td>1</td><td>预压载荷（真空度）（%）</td><td>≥ −2</td><td></td><td></td><td></td><td></td><td></td><td></td><td colspan="3" rowspan="10"></td></tr>
<tr><td>2</td><td>固结度（%）</td><td>≥ −2</td><td></td><td></td><td></td><td></td><td></td><td></td></tr>
<tr><td>3</td><td>沉降速率（%）</td><td>± 10</td><td></td><td></td><td></td><td></td><td></td><td></td></tr>
<tr><td>4</td><td>水平位移（%）</td><td>± 10</td><td></td><td></td><td></td><td></td><td></td><td></td></tr>
<tr><td>5</td><td>竖向排水体位置（mm）</td><td>≤ 100</td><td></td><td></td><td></td><td></td><td></td><td></td></tr>
<tr><td>6</td><td>竖向排水体插入深度（mm）</td><td>2000</td><td></td><td></td><td></td><td></td><td></td><td></td></tr>
<tr><td>7</td><td>插入塑料排水带时的回带长度（mm）</td><td>≤ 500</td><td></td><td></td><td></td><td></td><td></td><td></td></tr>
<tr><td>8</td><td>竖向排水体高出砂垫层距离（mm）</td><td>≥ 100</td><td></td><td></td><td></td><td></td><td></td><td></td></tr>
<tr><td>9</td><td>插入塑料排水带的回带根数（%）</td><td>＜ 5</td><td></td><td></td><td></td><td></td><td></td><td></td></tr>
<tr><td>10</td><td>砂垫层材料的含泥量（%）</td><td>≤ 5</td><td></td><td></td><td></td><td></td><td></td><td></td></tr>
<tr><td>施工单位检查评定结果</td><td colspan="12">项目专业质量检查员：　　　　　年　月　日</td></tr>
<tr><td>监理（建设）单位验收结论</td><td colspan="12">监理工程师：
（建设单位项目代表）　　　　　年　月　日</td></tr>
</table>

3.14.8 砂石桩复合地基工程检验批质量验收记录 GB 50202

工程名称			分项工程名称		验收部位				
施工单位			专业负责人		项目经理				
施工执行标准名称及编号					检验批编号				
施工质量验收规范的规定				施工单位检查评定记录					监理（建设）单位验收记录
主控项目	1	复合地基承载力不小于设计值							
	2	桩体密实度不小于设计值							
	3	填料量（%）	≥ –5						
	4	孔深不小于设计值							
一般项目	1	填料的含泥量（%）	< 5						
	2	填料的有机质含量（%）	≤ 5						
	3	填料粒径符合设计要求							
	4	桩间土强度不小于设计值							
	5	桩位	≤ 0.3*D*						
	6	桩顶标高不小于设计值							
	7	密实电流符合设计值							
	8	留振时间符合设计值							
	9	褥垫层夯填度	≤ 0.9						
施工单位检查评定结果	项目专业质量检查员： 年 月 日								
监理（建设）单位验收结论	监理工程师： （建设单位项目代表） 年 月 日								

3.14.9 高压喷射注浆复合地基工程检验批质量验收记录 GB 50202

<table>
<tr><td colspan="2">工程名称</td><td colspan="2"></td><td colspan="2">分项工程名称</td><td colspan="2"></td><td colspan="2">验收部位</td><td></td></tr>
<tr><td colspan="2">施工单位</td><td colspan="2"></td><td colspan="2">专业负责人</td><td colspan="2"></td><td colspan="2">项目经理</td><td></td></tr>
<tr><td colspan="3">施工执行标准名称及编号</td><td colspan="3"></td><td colspan="2">检验批编号</td><td colspan="3"></td></tr>
<tr><td colspan="4">施工质量验收规范的规定</td><td colspan="6">施工单位检查评定记录</td><td>监理（建设）单位验收记录</td></tr>
<tr><td rowspan="5">主控项目</td><td>1</td><td colspan="2">复合地基承载力不小于设计值</td><td colspan="6"></td><td rowspan="5"></td></tr>
<tr><td>2</td><td colspan="2">单桩承载力不小于设计值</td><td colspan="6"></td></tr>
<tr><td>3</td><td colspan="2">水泥用量不小于设计值</td><td colspan="6"></td></tr>
<tr><td>4</td><td colspan="2">桩长不小于设计值</td><td colspan="6"></td></tr>
<tr><td>5</td><td colspan="2">桩身强度不小于设计值</td><td colspan="6"></td></tr>
<tr><td rowspan="10">一般项目</td><td>1</td><td colspan="2">水胶比符合设计值</td><td colspan="6"></td><td rowspan="10"></td></tr>
<tr><td>2</td><td>钻孔位置（mm）</td><td>≤ 50</td><td></td><td></td><td></td><td></td><td></td><td></td></tr>
<tr><td>3</td><td>钻孔垂直度</td><td>≤ 1/100</td><td></td><td></td><td></td><td></td><td></td><td></td></tr>
<tr><td>4</td><td>桩位</td><td>≤ 0.2D</td><td></td><td></td><td></td><td></td><td></td><td></td></tr>
<tr><td>5</td><td>桩径（mm）</td><td>≥ −50</td><td></td><td></td><td></td><td></td><td></td><td></td></tr>
<tr><td>6</td><td colspan="2">桩顶标高不小于设计值</td><td colspan="6"></td></tr>
<tr><td>7</td><td colspan="2">喷射压力符合设计值</td><td colspan="6"></td></tr>
<tr><td>8</td><td colspan="2">提升速度符合设计值</td><td colspan="6"></td></tr>
<tr><td>9</td><td colspan="2">旋转速度符合设计值</td><td colspan="6"></td></tr>
<tr><td>10</td><td>褥垫层夯填度</td><td>≤ 0.9</td><td></td><td></td><td></td><td></td><td></td><td></td></tr>
<tr><td colspan="2">施工单位检查评定结果</td><td colspan="9">项目专业质量检查员：　　　　年　月　日</td></tr>
<tr><td colspan="2">监理（建设）单位验收结论</td><td colspan="9">监理工程师：
（建设单位项目代表）　　　　年　月　日</td></tr>
</table>

3.14.10 水泥土搅拌桩地基工程检验批质量验收记录 GB 50202

工程名称		分项工程名称		验收部位	
施工单位		专业负责人		项目经理	
施工执行标准名称及编号			检验批编号		

施工质量验收规范的规定					施工单位检查评定记录	监理（建设）单位验收记录
主控项目	1	复合地基承载力不小于设计值				
	2	单桩承载力不小于设计值				
	3	水泥用量不小于设计值				
	4	搅拌叶回转直径（mm）		±20		
	5	桩长不小于设计值				
	6	桩身强度不小于设计值				
一般项目	1	水胶比符合设计值				
	2	提升速度符合设计值				
	3	下沉速度符合设计值				
	4	桩位	条基边桩沿轴线	≤1/4D		
			垂直轴线	≤1/6D		
			其他情况	≤2/5D		
	5	桩顶标高（mm）		±200		
	6	导向架垂直度		≤1/150		
	7	褥垫层夯填度		≤0.9		
施工单位检查评定结果	项目专业质量检查员：　　　　年　月　日					
监理（建设）单位验收结论	监理工程师： （建设单位项目代表）　　　　年　月　日					

3.14.11　土和灰土挤密桩复合地基工程检验批质量验收记录　GB 50202

工程名称		分项工程名称		验收部位	
施工单位		专业负责人		项目经理	
施工执行标准名称及编号				检验批编号	

施工质量验收规范的规定					施工单位检查评定记录						监理（建设）单位验收记录
主控项目	1	复合地基承载力不小于设计值									
	2	桩体填料平均压实系数		≥ 0.97							
	3	桩长不小于设计值									
一般项目	1	土料有机质含量（%）		≤ 5							
	2	含水量（%）		±2（最优）							
	3	石灰粒径（mm）		≤ 5							
	4	桩位	条基边桩沿轴线	≤ 1/4*D*							
			垂直轴线	≤ 1/6*D*							
			其他情况	≤ 2/5*D*							
	5	桩径（mm）		+50，0							
	6	桩顶标高（mm）		±200							
	7	垂直度		≤ 1/100							
	8	砂、碎石褥垫层夯填度		≤ 0.9							
	9	灰土垫层压实系数		≥ 0.95							
施工单位检查评定结果	项目专业质量检查员：　　　　年　月　日										
监理（建设）单位验收结论	监理工程师： （建设单位项目代表）　　　　年　月　日										

3.14.12 水泥粉煤灰碎石桩复合地基工程检验批质量验收记录 GB 50202

<table>
<tr><td colspan="2">工程名称</td><td colspan="3"></td><td colspan="2">分项工程名称</td><td colspan="2"></td><td colspan="2">验收部位</td><td></td></tr>
<tr><td colspan="2">施工单位</td><td colspan="3"></td><td colspan="2">专业负责人</td><td colspan="2"></td><td colspan="2">项目经理</td><td></td></tr>
<tr><td colspan="4">施工执行标准名称及编号</td><td colspan="3"></td><td colspan="2">检验批编号</td><td colspan="3"></td></tr>
<tr><td colspan="5">施工质量验收规范的规定</td><td colspan="6">施工单位检查评定记录</td><td>监理（建设）单位验收记录</td></tr>
<tr><td rowspan="6">主控项目</td><td>1</td><td colspan="3">复合地基承载力不小于设计值</td><td colspan="6"></td><td rowspan="6"></td></tr>
<tr><td>2</td><td colspan="3">单桩承载力不小于设计值</td><td colspan="6"></td></tr>
<tr><td>3</td><td colspan="3">桩长不小于设计值</td><td colspan="6"></td></tr>
<tr><td>4</td><td colspan="2">桩径（mm）</td><td>+50，0</td><td></td><td></td><td></td><td></td><td></td><td></td></tr>
<tr><td>5</td><td colspan="2">桩身完整性</td><td>—</td><td colspan="6"></td></tr>
<tr><td>6</td><td colspan="3">桩身强度不小于设计值</td><td colspan="6"></td></tr>
<tr><td rowspan="8">一般项目</td><td rowspan="3">1</td><td rowspan="3">桩位</td><td>条基边桩沿轴线</td><td>≤ 1/4D</td><td></td><td></td><td></td><td></td><td></td><td></td><td rowspan="8"></td></tr>
<tr><td>垂直轴线</td><td>≤ 1/6D</td><td></td><td></td><td></td><td></td><td></td><td></td></tr>
<tr><td>其他情况</td><td>≤ 2/5D</td><td></td><td></td><td></td><td></td><td></td><td></td></tr>
<tr><td>2</td><td colspan="2">桩顶标高（mm）</td><td>± 200</td><td></td><td></td><td></td><td></td><td></td><td></td></tr>
<tr><td>3</td><td colspan="2">桩垂直度</td><td>≤ 1/100</td><td></td><td></td><td></td><td></td><td></td><td></td></tr>
<tr><td>4</td><td colspan="2">混合料坍落度（mm）</td><td>160~220</td><td></td><td></td><td></td><td></td><td></td><td></td></tr>
<tr><td>5</td><td colspan="2">混合料充盈系数</td><td>≥ 1.0</td><td></td><td></td><td></td><td></td><td></td><td></td></tr>
<tr><td>6</td><td colspan="2">褥垫层夯填度</td><td>≤ 0.9</td><td></td><td></td><td></td><td></td><td></td><td></td></tr>
<tr><td colspan="2">施工单位检查评定结果</td><td colspan="10">项目专业质量检查员： 年 月 日</td></tr>
<tr><td colspan="2">监理（建设）单位验收结论</td><td colspan="10">监理工程师：
（建设单位项目代表） 年 月 日</td></tr>
</table>

3.14.13 夯实水泥土桩复合地基工程检验批质量验收记录 GB 50202

工程名称		分项工程名称		验收部位	
施工单位		专业负责人		项目经理	
施工执行标准名称及编号			检验批编号		

施工质量验收规范的规定					施工单位检查评定记录						监理（建设）单位验收记录
主控项目	1	复合地基承载力不小于设计值									
	2	桩体填料平均压实系数		≥ 0.97							
	3	桩长不小于设计值									
	4	桩身强度不小于设计要求									
一般项目	1	土料有机质含量（%）		≤ 5							
	2	含水量（%）		± 2（最优）							
	3	土料粒径（mm）		≤ 20							
	4	桩位	条基边桩沿轴线	≤ 1/4*D*							
			垂直轴线	≤ 1/6*D*							
			其他情况	≤ 2/5*D*							
	5	桩径（mm）		+50，0							
	6	桩顶标高（mm）		± 200							
	7	桩孔垂直度		≤ 1/100							
	8	褥垫层夯填度		≤ 0.9							

施工单位检查评定结果	项目专业质量检查员： 年 月 日
监理（建设）单位验收结论	监理工程师： （建设单位项目代表） 年 月 日

3.14.14 无筋扩展基础工程检验批质量验收记录 GB 50202

工程名称		分项工程名称		验收部位	
施工单位		专业负责人		项目经理	
施工执行标准名称及编号		检验批编号			

施工质量验收规范的规定						施工单位检查评定记录						监理（建设）单位验收记录
主控项目	1	轴线位置（mm）	砖基础		≤ 10							
			毛石基础	毛石砌体	≤ 20							
				料石砌体 毛料石	≤ 20							
				料石砌体 粗料石	≤ 15							
			混凝土基础		≤ 15							
	2	混凝土强度不小于设计值										
	3	砂浆强度不小于设计要求										
一般项目	1	*L*（或 *B*）≤ 30（mm）			± 5							
		30 < *L*（或 *B*）≤ 60（mm）			± 10							
		60 < *L*（或 *B*）≤ 90（mm）			± 15							
		L（或 *B*）> 90（mm）			± 20							
	2	基础顶面标高（mm）	砖基础		± 15							
			毛石基础	毛石砌体	± 25							
				料石砌体 毛料石	± 25							
				料石砌体 粗料石	± 15							
			混凝土基础		± 15							
	3	毛石砌体厚度（mm）	毛石砌体		+30，0							
			料石砌体	毛料石	+30，0							
				粗料石	+15，0							

施工单位检查评定结果	项目专业质量检查员： 年 月 日
监理（建设）单位验收结论	监理工程师： （建设单位项目代表） 年 月 日

3.14.15 钢筋混凝土扩展基础工程检验批质量验收记录 GB 50202

<table>
<tr><td colspan="3">工程名称</td><td colspan="3"></td><td colspan="2">分项工程名称</td><td></td><td>验收部位</td><td></td></tr>
<tr><td colspan="3">施工单位</td><td colspan="3"></td><td colspan="2">专业负责人</td><td></td><td>项目经理</td><td></td></tr>
<tr><td colspan="4">施工执行标准名称及编号</td><td colspan="4"></td><td>检验批编号</td><td colspan="2"></td></tr>
<tr><td colspan="4">施工质量验收规范的规定</td><td colspan="6">施工单位检查评定记录</td><td>监理（建设）单位验收记录</td></tr>
<tr><td rowspan="2">主控项目</td><td>1</td><td colspan="2">混凝土强度不小于设计值</td><td colspan="6"></td><td rowspan="2"></td></tr>
<tr><td>2</td><td>轴线位置（mm）</td><td>≤ 15</td><td></td><td></td><td></td><td></td><td></td><td></td></tr>
<tr><td rowspan="5">一般项目</td><td rowspan="2">1</td><td>L（或 B）≤ 30（mm）</td><td>± 5</td><td></td><td></td><td></td><td></td><td></td><td></td><td rowspan="5"></td></tr>
<tr><td>30 < L（或 B）≤ 60（mm）</td><td>± 10</td><td></td><td></td><td></td><td></td><td></td><td></td></tr>
<tr><td rowspan="3">2</td><td>60 < L（或 B）≤ 90（mm）</td><td>± 15</td><td></td><td></td><td></td><td></td><td></td><td></td></tr>
<tr><td>L（或 B）> 90（mm）</td><td>± 20</td><td></td><td></td><td></td><td></td><td></td><td></td></tr>
<tr><td>基础顶面标高（mm）</td><td>± 15</td><td></td><td></td><td></td><td></td><td></td><td></td></tr>
<tr><td colspan="2">施工单位检查评定结果</td><td colspan="9">项目专业质量检查员：　　　　年　月　日</td></tr>
<tr><td colspan="2">监理（建设）单位验收结论</td><td colspan="9">监理工程师：
（建设单位项目代表）　　　　年　月　日</td></tr>
</table>

3.14.16 筏形和箱形基础工程检验批质量验收记录 GB 50202

<table>
<tr><td colspan="2">工程名称</td><td colspan="2"></td><td colspan="3">分项工程名称</td><td colspan="2"></td><td>验收部位</td><td></td></tr>
<tr><td colspan="2">施工单位</td><td colspan="2"></td><td colspan="3">专业负责人</td><td colspan="2"></td><td>项目经理</td><td></td></tr>
<tr><td colspan="3">施工执行标准名称及编号</td><td colspan="4"></td><td colspan="2">检验批编号</td><td colspan="2"></td></tr>
<tr><td colspan="4">施工质量验收规范的规定</td><td colspan="6">施工单位检查评定记录</td><td>监理（建设）单位验收记录</td></tr>
<tr><td rowspan="2">主控项目</td><td>1</td><td colspan="2">混凝土强度不小于设计值</td><td colspan="6"></td><td rowspan="2"></td></tr>
<tr><td>2</td><td>轴线位置（mm）</td><td>≤ 15</td><td></td><td></td><td></td><td></td><td></td><td></td></tr>
<tr><td rowspan="5">一般项目</td><td>1</td><td>基础顶面标高（mm）</td><td>± 15</td><td></td><td></td><td></td><td></td><td></td><td></td><td rowspan="5"></td></tr>
<tr><td>2</td><td>平整度（mm）</td><td>± 10</td><td></td><td></td><td></td><td></td><td></td><td></td></tr>
<tr><td>3</td><td>尺寸（mm）</td><td>+15，−10</td><td></td><td></td><td></td><td></td><td></td><td></td></tr>
<tr><td>4</td><td>预埋件中心位置（mm）</td><td>≤ 10</td><td></td><td></td><td></td><td></td><td></td><td></td></tr>
<tr><td>5</td><td>预留洞中心线位置（mm）</td><td>≤ 15</td><td></td><td></td><td></td><td></td><td></td><td></td></tr>
<tr><td colspan="2">施工单位检查评定结果</td><td colspan="9">项目专业质量检查员： 年 月 日</td></tr>
<tr><td colspan="2">监理（建设）单位验收结论</td><td colspan="9">监理工程师：
（建设单位项目代表） 年 月 日</td></tr>
</table>

3.14.17 钢筋混凝土（锤击）预制桩工程检验批质量验收记录 GB 50202

<table>
<tr><td colspan="3">工程名称</td><td colspan="2"></td><td colspan="2">分项工程名称</td><td colspan="2"></td><td colspan="1">验收部位</td><td></td></tr>
<tr><td colspan="3">施工单位</td><td colspan="2"></td><td colspan="2">专业负责人</td><td colspan="2"></td><td colspan="1">项目经理</td><td></td></tr>
<tr><td colspan="4">施工执行标准名称及编号</td><td colspan="4"></td><td colspan="1">检验批编号</td><td colspan="2"></td></tr>
<tr><td colspan="4">施工质量验收规范的规定</td><td colspan="6">施工单位检查评定记录</td><td>监理（建设）单位验收记录</td></tr>
<tr><td rowspan="2">主控项目</td><td>1</td><td colspan="2">承载力不小于设计值</td><td colspan="6"></td><td rowspan="2"></td></tr>
<tr><td>2</td><td>桩身完整性</td><td>—</td><td colspan="6"></td></tr>
<tr><td rowspan="11">一般项目</td><td>1</td><td colspan="2">成品桩质量应表面平整，颜色均匀，掉角深度小于10mm，蜂窝面积小于总面积的0.5%</td><td colspan="6"></td><td rowspan="11"></td></tr>
<tr><td>2</td><td>桩位</td><td>参照GB 50202—2018《建筑地基基础工程施工质量验收标准》中表5.1.2</td><td colspan="6"></td></tr>
<tr><td>3</td><td colspan="2">电焊条质量符合设计要求</td><td colspan="6"></td></tr>
<tr><td rowspan="4">4</td><td>接桩：焊缝质量</td><td>参照GB 50202—2018《建筑地基基础工程施工质量验收标准》中表5.10.4</td><td colspan="6"></td></tr>
<tr><td>电焊结束后停歇时间（min）</td><td>≥8（3）</td><td></td><td></td><td></td><td></td><td></td><td></td></tr>
<tr><td>上下节平面偏差（mm）</td><td>≤10</td><td></td><td></td><td></td><td></td><td></td><td></td></tr>
<tr><td colspan="2">节点弯曲矢高同桩体弯曲要求</td><td colspan="6"></td></tr>
<tr><td>5</td><td colspan="2">收锤标准符合设计要求</td><td colspan="6"></td></tr>
<tr><td>6</td><td>桩顶标高（mm）</td><td>±50</td><td></td><td></td><td></td><td></td><td></td><td></td></tr>
<tr><td>7</td><td>垂直度</td><td>≤1/100</td><td></td><td></td><td></td><td></td><td></td><td></td></tr>
<tr><td colspan="2">施工单位检查评定结果</td><td colspan="9">项目专业质量检查员： 年 月 日</td></tr>
<tr><td colspan="2">监理（建设）单位验收结论</td><td colspan="9">监理工程师：
（建设单位项目代表） 年 月 日</td></tr>
</table>

3.14.18 钢筋混凝土（静压）预制桩工程检验批质量验收记录 GB 50202

<table>
<tr><td colspan="2">工程名称</td><td colspan="2"></td><td>分项工程名称</td><td></td><td>验收部位</td><td></td></tr>
<tr><td colspan="2">施工单位</td><td colspan="2"></td><td>专业负责人</td><td></td><td>项目经理</td><td></td></tr>
<tr><td colspan="3">施工执行标准名称及编号</td><td colspan="2"></td><td>检验批编号</td><td colspan="2"></td></tr>
<tr><td colspan="4">施工质量验收规范的规定</td><td colspan="3">施工单位检查评定记录</td><td>监理（建设）单位验收记录</td></tr>
<tr><td rowspan="2">主控项目</td><td>1</td><td colspan="2">承载力不小于设计值</td><td colspan="3"></td><td rowspan="2"></td></tr>
<tr><td>2</td><td>桩身完整性</td><td>—</td><td colspan="3"></td></tr>
<tr><td rowspan="12">一般项目</td><td>1</td><td colspan="2">成品桩应表面平整，颜色均匀，掉角深度小于 10mm，蜂窝面积小于总面积的 0.5%</td><td colspan="3"></td><td rowspan="12"></td></tr>
<tr><td>2</td><td>桩位</td><td>参照 GB 50202—2018《建筑地基基础工程施工质量验收规范》中表 5.1.2</td><td colspan="3"></td></tr>
<tr><td>3</td><td colspan="2">电焊条质量符合设计要求</td><td colspan="3"></td></tr>
<tr><td rowspan="4">4</td><td>接桩：焊缝质量</td><td>参照 GB 50202—2018《建筑地基基础工程施工质量验收规范》中表 5.10.4</td><td colspan="3"></td></tr>
<tr><td>电焊结束后停歇时间（min）</td><td>≥ 6（3）</td><td colspan="3"></td></tr>
<tr><td>上下节平面偏差（mm）</td><td>≤ 10</td><td colspan="3"></td></tr>
<tr><td colspan="2">节点弯曲矢高同桩体弯曲要求</td><td colspan="3"></td></tr>
<tr><td>5</td><td colspan="2">终压标准符合设计要求</td><td colspan="3"></td></tr>
<tr><td>6</td><td>桩顶标高（mm）</td><td>± 50</td><td colspan="3"></td></tr>
<tr><td>7</td><td>垂直度</td><td>≤ 1/100</td><td colspan="3"></td></tr>
<tr><td>8</td><td colspan="2">混凝土灌芯符合设计要求</td><td colspan="3"></td></tr>
<tr><td colspan="2">施工单位检查评定结果</td><td colspan="6">项目专业质量检查员：　　　　年　月　日</td></tr>
<tr><td colspan="2">监理（建设）单位验收结论</td><td colspan="6">监理工程师：
（建设单位项目代表）　　　　年　月　日</td></tr>
</table>

3.14.19 泥浆护壁成孔灌注桩工程检验批质量验收记录 GB 50202

<table>
<tr><td colspan="2">工程名称</td><td colspan="3"></td><td colspan="2">分项工程名称</td><td colspan="2"></td><td colspan="2">验收部位</td><td></td></tr>
<tr><td colspan="2">施工单位</td><td colspan="3"></td><td colspan="2">专业负责人</td><td colspan="2"></td><td colspan="2">项目经理</td><td></td></tr>
<tr><td colspan="4">施工执行标准名称及编号</td><td colspan="3"></td><td colspan="2">检验批编号</td><td colspan="3"></td></tr>
<tr><td colspan="5">施工质量验收规范的规定</td><td colspan="6">施工单位检查评定记录</td><td>监理（建设）单位验收记录</td></tr>
<tr><td rowspan="5">主控项目</td><td>1</td><td colspan="3">承载力不小于设计值</td><td colspan="6"></td><td rowspan="5"></td></tr>
<tr><td>2</td><td colspan="3">孔深不小于设计值</td><td colspan="6"></td></tr>
<tr><td>3</td><td colspan="2">桩身完整性</td><td>—</td><td colspan="6"></td></tr>
<tr><td>4</td><td colspan="3">混凝土强度不小于设计值</td><td colspan="6"></td></tr>
<tr><td>5</td><td colspan="3">嵌岩深度不小于设计值</td><td colspan="6"></td></tr>
<tr><td rowspan="15">一般项目</td><td>1</td><td colspan="2">垂直度</td><td rowspan="3">参照 GB 50202—2018《建筑地基基础工程施工质量验收规范》中表 5.1.4</td><td></td><td></td><td></td><td></td><td></td><td></td><td rowspan="15"></td></tr>
<tr><td>2</td><td colspan="2">孔径</td><td></td><td></td><td></td><td></td><td></td><td></td></tr>
<tr><td>3</td><td colspan="2">桩位</td><td></td><td></td><td></td><td></td><td></td><td></td></tr>
<tr><td rowspan="3">4</td><td rowspan="3">泥浆指标</td><td>相对密度（黏土或砂性土中）</td><td>1.10~1.25</td><td></td><td></td><td></td><td></td><td></td><td></td></tr>
<tr><td>含砂率（%）</td><td>≤ 8</td><td></td><td></td><td></td><td></td><td></td><td></td></tr>
<tr><td>黏度（mPa · s）</td><td>18~28</td><td></td><td></td><td></td><td></td><td></td><td></td></tr>
<tr><td>5</td><td colspan="2">泥浆面标高（高于地下水位）（m）</td><td>0.5~1.0</td><td></td><td></td><td></td><td></td><td></td><td></td></tr>
<tr><td rowspan="5">6</td><td rowspan="5">钢筋笼质量</td><td>主筋间距（mm）</td><td>± 10</td><td></td><td></td><td></td><td></td><td></td><td></td></tr>
<tr><td>长度（mm）</td><td>± 100</td><td></td><td></td><td></td><td></td><td></td><td></td></tr>
<tr><td colspan="2">钢筋材质检验符合设计要求</td><td colspan="6"></td></tr>
<tr><td>箍筋间距（mm）</td><td>± 20</td><td></td><td></td><td></td><td></td><td></td><td></td></tr>
<tr><td>笼直径（mm）</td><td>± 10</td><td></td><td></td><td></td><td></td><td></td><td></td></tr>
<tr><td rowspan="2">7</td><td rowspan="2">沉渣厚度（mm）</td><td>端承桩</td><td>≤ 50</td><td></td><td></td><td></td><td></td><td></td><td></td></tr>
<tr><td>摩擦桩</td><td>≤ 150</td><td></td><td></td><td></td><td></td><td></td><td></td></tr>
<tr><td>8</td><td colspan="2">混凝土坍落度（mm）</td><td>180~220</td><td></td><td></td><td></td><td></td><td></td><td></td></tr>
</table>

泥浆护壁成孔灌注桩工程检验批质量验收记录（续表） GB 50202

<table>
<tr><td>工程名称</td><td colspan="3"></td><td colspan="2">分项工程名称</td><td colspan="3"></td><td>验收部位</td><td></td></tr>
<tr><td>施工单位</td><td colspan="3"></td><td colspan="2">专业负责人</td><td colspan="3"></td><td>项目经理</td><td></td></tr>
<tr><td colspan="4">施工执行标准名称及编号</td><td colspan="4"></td><td>检验批编号</td><td colspan="2"></td></tr>
<tr><td colspan="5">施工质量验收规范的规定</td><td colspan="6">施工单位检查评定记录</td><td>监理（建设）单位验收记录</td></tr>
<tr><td rowspan="9">一般项目</td><td>9</td><td colspan="2">钢筋笼安装深度（mm）</td><td>+100，0</td><td></td><td></td><td></td><td></td><td></td><td></td><td rowspan="9"></td></tr>
<tr><td>10</td><td colspan="2">混凝土充盈系数</td><td>≥1</td><td></td><td></td><td></td><td></td><td></td><td></td></tr>
<tr><td>11</td><td colspan="2">桩顶标高（mm）</td><td>+30，−50</td><td></td><td></td><td></td><td></td><td></td><td></td></tr>
<tr><td rowspan="3">12</td><td rowspan="3">后注浆</td><td rowspan="2">注浆终止条件</td><td>注浆量不小于设计要求</td><td colspan="6"></td></tr>
<tr><td>注浆量不小于设计要求 80%，且注浆压力达到设计值</td><td colspan="6"></td></tr>
<tr><td colspan="2">水胶比符合设计值</td><td colspan="6"></td></tr>
<tr><td rowspan="2">13</td><td rowspan="2">扩底桩</td><td colspan="2">扩底直径不小于设计值</td><td colspan="6"></td></tr>
<tr><td colspan="2">扩底高度不小于设计值</td><td colspan="6"></td></tr>
<tr><td colspan="10"></td></tr>
<tr><td colspan="2">施工单位检查评定结果</td><td colspan="10">项目专业质量检查员：　　　　年　月　日</td></tr>
<tr><td colspan="2">监理（建设）单位验收结论</td><td colspan="10">监理工程师：
（建设单位项目代表）　　　　年　月　日</td></tr>
</table>

3.14.20 干作业成孔灌注桩工程检验批质量验收记录 GB 50202

工程名称		分项工程名称		验收部位	
施工单位		专业负责人		项目经理	
施工执行标准名称及编号		检验批编号			

施工质量验收规范的规定					施工单位检查评定记录						监理（建设）单位验收记录
主控项目	1	承载力不小于设计值									
	2	孔深及孔底土岩性不小于设计值									
	3	桩身完整性		—							
	4	混凝土强度不小于设计值									
	5	桩径		参照 GB 50202—2018《建筑地基基础工程施工质量验收规范》中表 5.1.4							
一般项目	1	桩位									
	2	垂直度									
	3	桩顶标高（mm）		+30，-50							
	4	混凝土坍落度（mm）		90~150							
	5	钢筋笼质量	主筋间距（mm）	± 10							
			长度（mm）	± 100							
			钢筋材质检验符合设计要求								
			箍筋间距（mm）	± 20							
			笼直径（mm）	± 10							
施工单位检查评定结果	项目专业质量检查员： 年 月 日										
监理（建设）单位验收结论	监理工程师： （建设单位项目代表） 年 月 日										

3.14.21 长螺旋钻孔压灌桩工程检验批质量验收记录 GB 50202

<table>
<tr><td>工程名称</td><td colspan="3"></td><td colspan="2">分项工程名称</td><td colspan="3"></td><td>验收部位</td><td></td></tr>
<tr><td>施工单位</td><td colspan="3"></td><td colspan="2">专业负责人</td><td colspan="3"></td><td>项目经理</td><td></td></tr>
<tr><td colspan="3">施工执行标准名称及编号</td><td colspan="5"></td><td>检验批编号</td><td colspan="2"></td></tr>
<tr><td colspan="4">施工质量验收规范的规定</td><td colspan="6">施工单位检查评定记录</td><td>监理（建设）单位验收记录</td></tr>
<tr><td rowspan="5">主控项目</td><td>1</td><td colspan="2">承载力不小于设计值</td><td colspan="6"></td><td rowspan="5"></td></tr>
<tr><td>2</td><td colspan="2">混凝土强度不小于设计值</td><td colspan="6"></td></tr>
<tr><td>3</td><td colspan="2">桩长不小于设计值</td><td colspan="6"></td></tr>
<tr><td>4</td><td colspan="2">桩径不小于设计值</td><td colspan="6"></td></tr>
<tr><td>5</td><td>桩身完整性</td><td>—</td><td colspan="6"></td></tr>
<tr><td rowspan="6">一般项目</td><td>1</td><td>混凝土坍落度（mm）</td><td>160~220</td><td></td><td></td><td></td><td></td><td></td><td></td><td rowspan="6"></td></tr>
<tr><td>2</td><td>混凝土充盈系数</td><td>≥ 1.0</td><td></td><td></td><td></td><td></td><td></td><td></td></tr>
<tr><td>3</td><td>垂直度</td><td>≤ 1/100</td><td></td><td></td><td></td><td></td><td></td><td></td></tr>
<tr><td>4</td><td>桩位</td><td>参照 GB 50202—2018《建筑地基基础工程施工质量验收规范》中表 5.1.4</td><td></td><td></td><td></td><td></td><td></td><td></td></tr>
<tr><td>5</td><td>桩顶标高（mm）</td><td>+30，−50</td><td></td><td></td><td></td><td></td><td></td><td></td></tr>
<tr><td>6</td><td>钢筋笼笼顶标高（mm）</td><td>± 100</td><td></td><td></td><td></td><td></td><td></td><td></td></tr>
<tr><td>施工单位检查评定结果</td><td colspan="10">项目专业质量检查员： 年 月 日</td></tr>
<tr><td>监理（建设）单位验收结论</td><td colspan="10">监理工程师：
（建设单位项目代表） 年 月 日</td></tr>
</table>

3.14.22 沉管灌注桩工程检验批质量验收记录 GB 50202

工程名称		分项工程名称		验收部位	
施工单位		专业负责人		项目经理	
施工执行标准名称及编号			检验批编号		

施工质量验收规范的规定				施工单位检查评定记录	监理（建设）单位验收记录
主控项目	1	承载力不小于设计值			
主控项目	2	混凝土强度不小于设计值			
主控项目	3	桩身完整性	—		
主控项目	4	桩长不小于设计值			
一般项目	1	桩径	参照 GB 50202—2018《建筑地基基础工程施工质量验收规范》中表 5.1.4		
一般项目	2	混凝土坍落度（mm）	80~100		
一般项目	3	垂直度	≤ 1/100		
一般项目	4	桩位	参照 GB 50202—2018《建筑地基基础工程施工质量验收规范》中表 5.1.4		
一般项目	5	拔管速度（m/min）	1.2~1.5		
一般项目	6	桩顶标高（mm）	+30，−50		
一般项目	7	钢筋笼笼顶标高（mm）	± 100		
施工单位检查评定结果	项目专业质量检查员： 年 月 日				
监理（建设）单位验收结论	监理工程师： （建设单位项目代表） 年 月 日				

3.14.23 钢桩工程检验批质量验收记录 GB 50202

<table>
<tr><td colspan="2">工程名称</td><td colspan="3"></td><td colspan="2">分项工程名称</td><td colspan="2"></td><td>验收部位</td><td colspan="2"></td></tr>
<tr><td colspan="2">施工单位</td><td colspan="3"></td><td colspan="2">专业负责人</td><td colspan="2"></td><td>项目经理</td><td colspan="2"></td></tr>
<tr><td colspan="3">施工执行标准名称及编号</td><td colspan="4"></td><td colspan="2">检验批编号</td><td colspan="3"></td></tr>
<tr><td colspan="5">施工质量验收规范的规定</td><td colspan="6">施工单位检查评定记录</td><td>监理（建设）单位验收记录</td></tr>
<tr><td rowspan="5">主控项目</td><td>1</td><td colspan="3">承载力不小于设计值</td><td colspan="6"></td><td rowspan="5"></td></tr>
<tr><td rowspan="2">2</td><td rowspan="2">钢桩外径或断面尺寸</td><td>桩端</td><td>$\leqslant 0.5\%D$</td><td colspan="6"></td></tr>
<tr><td>桩身</td><td>$\leqslant 0.1\%D$</td><td colspan="6"></td></tr>
<tr><td>3</td><td colspan="3">桩长不小于设计值</td><td colspan="6"></td></tr>
<tr><td>4</td><td colspan="2">矢高</td><td>$\leqslant 1‰ l$</td><td colspan="6"></td></tr>
<tr><td rowspan="12">一般项目</td><td>1</td><td colspan="2">桩位</td><td>参照 GB 50202—2018《建筑地基基础工程施工质量验收规范》中表 5.1.4</td><td></td><td></td><td></td><td></td><td></td><td></td><td rowspan="12"></td></tr>
<tr><td>2</td><td colspan="2">垂直度</td><td>≤ 1/100</td><td></td><td></td><td></td><td></td><td></td><td></td></tr>
<tr><td>3</td><td colspan="2">端部平整度（mm）</td><td>≤ 2（H 型桩 ≤ 1）</td><td></td><td></td><td></td><td></td><td></td><td></td></tr>
<tr><td rowspan="2">4</td><td colspan="2" rowspan="2">H 型钢桩的方正度（mm）
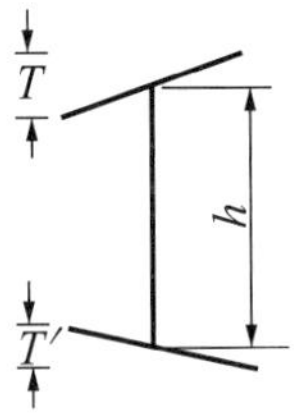</td><td>$h \geqslant 300$：$T+T' \leqslant 8$</td><td></td><td></td><td></td><td></td><td></td><td></td></tr>
<tr><td>H ＜ 300：$T+T' \leqslant 6$</td><td></td><td></td><td></td><td></td><td></td><td></td></tr>
<tr><td>5</td><td colspan="2">端部平面与桩身中心线的倾斜值（mm）</td><td>≤ 2</td><td></td><td></td><td></td><td></td><td></td><td></td></tr>
<tr><td rowspan="3">6</td><td rowspan="3">上下节桩错口（mm）</td><td>钢管桩外径 ≥ 700mm</td><td>≤ 3</td><td></td><td></td><td></td><td></td><td></td><td></td></tr>
<tr><td>钢管桩外径 ＜ 700mm</td><td>≤ 2</td><td></td><td></td><td></td><td></td><td></td><td></td></tr>
<tr><td>H 型钢桩</td><td>≤ 1</td><td></td><td></td><td></td><td></td><td></td><td></td></tr>
<tr><td rowspan="3">7</td><td rowspan="3">焊缝（mm）</td><td>咬边深度</td><td>≤ 0.5</td><td></td><td></td><td></td><td></td><td></td><td></td></tr>
<tr><td>加强层高度</td><td>≤ 2</td><td></td><td></td><td></td><td></td><td></td><td></td></tr>
<tr><td>加强层宽度</td><td>≤ 3</td><td></td><td></td><td></td><td></td><td></td><td></td></tr>
</table>

钢桩工程检验批质量验收记录（续表） GB 50202

工程名称		分项工程名称		验收部位	
施工单位		专业负责人		项目经理	
施工执行标准名称及编号				检验批编号	

施工质量验收规范的规定				施工单位检查评定记录						监理（建设）单位验收记录
一般项目	8	焊缝电焊质量外观应无气孔、焊瘤、裂缝								
	9	焊缝探伤检验符合设计要求								
	10	焊接结束后停歇时间（min）	≥ 1							
	11	节点弯曲矢高	< 1‰ l							
	12	桩顶标高（mm）	± 50							
	13	收锤标准符合设计要求								

施工单位检查评定结果	项目专业质量检查员： 年 月 日
监理（建设）单位验收结论	监理工程师： （建设单位项目代表） 年 月 日

3.14.24 锚杆静压桩工程检验批质量验收记录 GB 50202

<table>
<tr><td colspan="2">工程名称</td><td colspan="4"></td><td colspan="3">分项工程名称</td><td colspan="2"></td><td colspan="2">验收部位</td><td></td></tr>
<tr><td colspan="2">施工单位</td><td colspan="4"></td><td colspan="3">专业负责人</td><td colspan="2"></td><td colspan="2">项目经理</td><td></td></tr>
<tr><td colspan="4">施工执行标准名称及编号</td><td colspan="7"></td><td colspan="2">检验批编号</td><td></td></tr>
<tr><td colspan="7">施工质量验收规范的规定</td><td colspan="6">施工单位检查评定记录</td><td>监理（建设）单位验收记录</td></tr>
<tr><td rowspan="2">主控项目</td><td>1</td><td colspan="5">承载力不小于设计值</td><td colspan="6"></td><td rowspan="2"></td></tr>
<tr><td>2</td><td colspan="5">桩长不小于设计值</td><td colspan="6"></td></tr>
<tr><td rowspan="9">一般项目</td><td>1</td><td colspan="3">桩位≤1‰ l</td><td colspan="2">参照 GB 50202—2018《建筑地基基础工程施工质量验收规范》中表 5.1.4</td><td></td><td></td><td></td><td></td><td></td><td></td><td rowspan="9"></td></tr>
<tr><td>2</td><td colspan="3">垂直度</td><td colspan="2">≤1/100</td><td></td><td></td><td></td><td></td><td></td><td></td></tr>
<tr><td rowspan="3">3</td><td rowspan="3">成品桩质量</td><td rowspan="2">外观、外形尺寸</td><td>钢桩</td><td colspan="2">参照 GB 50202—2018《建筑地基基础工程施工质量验收规范》中表 5.10.4</td><td colspan="6"></td></tr>
<tr><td>钢筋混凝土预制桩</td><td colspan="2">参照 GB 50202—2018《建筑地基基础工程施工质量验收规范》中表 5.5.4–1</td><td colspan="6"></td></tr>
<tr><td colspan="4">强度不小于设计要求</td><td colspan="6"></td></tr>
<tr><td rowspan="3">4</td><td rowspan="3">接桩</td><td colspan="2">电焊接桩焊缝质量</td><td colspan="2">参照 GB 50202—2018《建筑地基基础工程施工质量验收规范》中表 5.10.4</td><td colspan="6"></td></tr>
<tr><td colspan="2" rowspan="2">焊接结束后停歇时间（min）</td><td>钢桩</td><td>≥1</td><td></td><td></td><td></td><td></td><td></td><td></td></tr>
<tr><td>钢筋混凝土预制桩</td><td>≥6（3）</td><td></td><td></td><td></td><td></td><td></td><td></td></tr>
<tr><td>5</td><td colspan="5">电焊条质量符合设计要求</td><td colspan="6"></td></tr>
</table>

锚杆静压桩工程检验批质量验收记录（续表） GB 50202

<table>
<tr><td colspan="2">工程名称</td><td colspan="2"></td><td colspan="3">分项工程名称</td><td colspan="2"></td><td>验收部位</td><td></td></tr>
<tr><td colspan="2">施工单位</td><td colspan="2"></td><td colspan="3">专业负责人</td><td colspan="2"></td><td>项目经理</td><td></td></tr>
<tr><td colspan="3">施工执行标准名称及编号</td><td colspan="4"></td><td colspan="2">检验批编号</td><td colspan="2"></td></tr>
<tr><td colspan="4">施工质量验收规范的规定</td><td colspan="6">施工单位检查评定记录</td><td>监理（建设）单位验收记录</td></tr>
<tr><td rowspan="4">一般项目</td><td>6</td><td>压桩压力设计有要求时（%）</td><td>± 5</td><td></td><td></td><td></td><td></td><td></td><td></td><td rowspan="4"></td></tr>
<tr><td rowspan="2">7</td><td>接桩时上下节平面偏差（mm）</td><td>≤ 10</td><td></td><td></td><td></td><td></td><td></td><td></td></tr>
<tr><td>接桩时节点弯曲矢高（mm）</td><td>≤ 1‰ l</td><td></td><td></td><td></td><td></td><td></td><td></td></tr>
<tr><td>8</td><td>桩顶标高（mm）</td><td>± 50</td><td></td><td></td><td></td><td></td><td></td><td></td></tr>
<tr><td colspan="2">施工单位检查评定结果</td><td colspan="9">项目专业质量检查员：　　　　年　月　日</td></tr>
<tr><td colspan="2">监理（建设）单位验收结论</td><td colspan="9">监理工程师：
（建设单位项目代表）　　　　年　月　日</td></tr>
</table>

3.14.25 岩石锚杆工程检验批质量验收记录 GB 50202

<table>
<tr><td colspan="3">工程名称</td><td colspan="4"></td><td colspan="2">分项工程名称</td><td></td><td>验收部位</td><td></td></tr>
<tr><td colspan="3">施工单位</td><td colspan="4"></td><td colspan="2">专业负责人</td><td></td><td>项目经理</td><td></td></tr>
<tr><td colspan="4">施工执行标准名称及编号</td><td colspan="5"></td><td>检验批编号</td><td colspan="2"></td></tr>
<tr><td colspan="4">施工质量验收规范的规定</td><td colspan="6">施工单位检查评定记录</td><td colspan="2">监理（建设）单位验收记录</td></tr>
<tr><td rowspan="3">主控项目</td><td>1</td><td colspan="2">抗拔承载力不小于设计值</td><td colspan="6"></td><td colspan="2" rowspan="3"></td></tr>
<tr><td>2</td><td colspan="2">孔深不小于设计值</td><td colspan="6"></td></tr>
<tr><td>3</td><td colspan="2">锚固体强度不小于设计值</td><td colspan="6"></td></tr>
<tr><td rowspan="6">一般项目</td><td>1</td><td>垂直度</td><td rowspan="2">参照 GB 50202—2018《建筑地基基础工程施工质量验收规范》中表 5.1.4</td><td></td><td></td><td></td><td></td><td></td><td></td><td colspan="2" rowspan="6"></td></tr>
<tr><td>2</td><td>孔位</td><td></td><td></td><td></td><td></td><td></td><td></td></tr>
<tr><td>3</td><td>孔径（mm）</td><td>± 10</td><td></td><td></td><td></td><td></td><td></td><td></td></tr>
<tr><td>4</td><td>杆体标高（mm）</td><td>+30，−50</td><td></td><td></td><td></td><td></td><td></td><td></td></tr>
<tr><td>5</td><td>锚固长度（mm）</td><td>+100，0</td><td></td><td></td><td></td><td></td><td></td><td></td></tr>
<tr><td>6</td><td colspan="2">注浆压力符合设计要求</td><td></td><td></td><td></td><td></td><td></td><td></td></tr>
<tr><td colspan="2">施工单位检查评定结果</td><td colspan="10">项目专业质量检查员：　　　　年　月　日</td></tr>
<tr><td colspan="2">监理（建设）单位验收结论</td><td colspan="10">监理工程师：
（建设单位项目代表）　　　　年　月　日</td></tr>
</table>

3.14.26 沉井与沉箱工程检验批质量验收记录 GB 50202

工程名称		分项工程名称		验收部位	
施工单位		专业负责人		项目经理	
施工执行标准名称及编号				检验批编号	

施工质量验收规范的规定						施工单位检查评定记录						监理（建设）单位验收记录
主控项目	1	混凝土强度不小于设计值										
	2	井（箱）壁厚度			± 15mm							
	3	封底前下沉速率			≤ 10mm/8h							
	4	终沉后	刃脚平均标高	沉井	± 100mm							
				沉箱	± 50mm							
	5		刃脚中心线位移	沉井 $H_3 \geqslant 10m$	$\leqslant 1\% H_3$							
				沉井 $H_3 < 10m$	≤ 100mm							
				沉箱 $H_3 \geqslant 10m$	$\leqslant 0.5\% H_3$							
				沉箱 $H_3 < 10m$	≤ 50mm							
	6		四角中任何两角高差	沉井 $L_2 \geqslant 10m$	$\leqslant 1\% L_2$ 且 ≤ 300mm							
				沉井 $L_2 < 10m$	≤ 100mm							
				沉箱 $L_2 \geqslant 10m$	$\leqslant 0.5\% L_2$ 且 ≤ 150mm							
				沉箱 $L_2 < 10m$	≤ 50mm							
一般项目	1	平面尺寸	长度		$\pm 0.5\% L_1$ 且 ≤ 50mm							
			宽度		$\pm 0.5\% B$ 且 ≤ 50mm							
			高度		± 30mm							
			直径（圆形沉箱）		$\pm 0.5\% D_1$ 且 ≤ 100mm							
			对角线		≤ 0.5% 线长且≤ 100mm							

沉井与沉箱工程检验批质量验收记录（续表） GB 50202

工程名称					分项工程名称				验收部位			
施工单位					专业负责人				项目经理			
施工执行标准名称及编号								检验批编号				
施工质量验收规范的规定						施工单位检查评定记录						监理（建设）单位验收记录
一般项目	2	垂直度			≤ 1/100							
	3	预埋件中心线位置			≤ 20mm							
	4	预留孔（洞）位移			≤ 20mm							
	5	下沉过程中	四角高差	沉井	≤（1.5%~2.0%）L_1 且 ≤ 500mm							
				沉箱	≤（1.0%~1.5%）L_1 且 ≤ 450mm							
	6		中心位移	沉井	≤ 1.5%H_2 且 ≤ 300mm							
				沉箱	≤ 1%H_2 且 ≤ 150mm							
施工单位检查评定结果	项目专业质量检查员： 年 月 日											
监理（建设）单位验收结论	监理工程师：（建设单位项目代表） 年 月 日											

3.14.27 湿陷性黄土场地上素土、灰土地基工程检验批质量验收记录 GB 50202

工程名称			分项工程名称			验收部位			
施工单位			专业负责人			项目经理			
施工执行标准名称及编号						检验批编号			
施工质量验收规范的规定				施工单位检查评定记录					监理（建设）单位验收记录
主控项目	1	地基承载力不小于设计值							
	2	配合比符合设计值							
	3	压实系数不小于设计值							
	4	外放尺寸不小于设计值							
一般项目	1	石灰粒径（mm）	≤ 5						
	2	土料有机质含量（%）	≤ 5						
	3	土颗粒粒径（mm）	≤ 15						
	4	含水量（%）	±2（最优）						
	5	分层厚度（mm）	±50						
	6	垫层总厚度不小于设计值							
施工单位检查评定结果	项目专业质量检查员：　　　　年　月　日								
监理（建设）单位验收结论	监理工程师： （建设单位项目代表）　　　　年　月　日								

3.14.28 湿陷性黄土场地上强夯地基工程检验批质量验收记录 GB 50202

工程名称		分项工程名称		验收部位	
施工单位		专业负责人		项目经理	
施工执行标准名称及编号			检验批编号		

施工质量验收规范的规定				施工单位检查评定记录						监理（建设）单位验收记录
主控项目	1	地基承载力不小于设计值								
	2	处理后地基土的强度不小于设计值								
	3	变形指标符合设计值								
	4	湿陷性符合设计要求								
一般项目	1	夯锤落距（mm）	±300							
	2	锤的质量（kg）	±100							
	3	夯击遍数不小于设计值								
	4	夯击顺序符合设计要求								
	5	夯击击数不小于设计值								
	6	夯点定位（mm）	≤500							
	7	夯击范围（超出基础范围距离）不小于设计值								
	8	前后两遍间歇时间不小于设计值								
	9	最后两击平均夯沉量不大于设计值								
	10	场地平整度（mm）	±100							
	11	起夯标高（mm）	±300							
	12	湿陷系数	＜0.015							
	13	压实系数不小于设计值								
施工单位检查评定结果	项目专业质量检查员： 年 月 日									
监理（建设）单位验收结论	监理工程师： （建设单位项目代表） 年 月 日									

3.14.29 湿陷性黄土场地上挤密地基工程检验批质量验收记录 GB 50202

<table>
<tr><td colspan="2">工程名称</td><td colspan="2"></td><td>分项工程名称</td><td colspan="3"></td><td>验收部位</td><td></td></tr>
<tr><td colspan="2">施工单位</td><td colspan="2"></td><td>专业负责人</td><td colspan="3"></td><td>项目经理</td><td></td></tr>
<tr><td colspan="4">施工执行标准名称及编号</td><td colspan="3"></td><td>检验批编号</td><td colspan="2"></td></tr>
<tr><td colspan="4">施工质量验收规范的规定</td><td colspan="5">施工单位检查评定记录</td><td>监理（建设）单位验收记录</td></tr>
<tr><td rowspan="4">主控项目</td><td>1</td><td colspan="2">复合地基承载力不小于设计值</td><td colspan="5"></td><td rowspan="4"></td></tr>
<tr><td>2</td><td colspan="2">桩长不小于设计值</td><td colspan="5"></td></tr>
<tr><td>3</td><td colspan="2">桩体填料平均压实系数不小于设计值</td><td colspan="5"></td></tr>
<tr><td>4</td><td colspan="2">复合土层湿陷性符合设计要求</td><td colspan="5"></td></tr>
<tr><td rowspan="9">一般项目</td><td>1</td><td>土料有机质含量（%）</td><td>≤ 5</td><td></td><td></td><td></td><td></td><td></td><td rowspan="9"></td></tr>
<tr><td>2</td><td>石灰粒径（mm）</td><td>≤ 5</td><td></td><td></td><td></td><td></td><td></td></tr>
<tr><td>3</td><td>桩位</td><td>≤ 0.25D</td><td></td><td></td><td></td><td></td><td></td></tr>
<tr><td>4</td><td colspan="2">桩径不小于设计值</td><td colspan="5"></td></tr>
<tr><td>5</td><td>垂直度</td><td>≤ 1/100</td><td></td><td></td><td></td><td></td><td></td></tr>
<tr><td>6</td><td colspan="2">桩顶垫层压实系数不小于设计值</td><td colspan="5"></td></tr>
<tr><td>7</td><td colspan="2">夯锤提升高度不小于设计值</td><td colspan="5"></td></tr>
<tr><td>8</td><td>桩间土湿陷系数</td><td>＜ 0.015</td><td colspan="5"></td></tr>
<tr><td>9</td><td colspan="2">桩间土平均挤密系数不小于设计要求</td><td colspan="5"></td></tr>
<tr><td colspan="2">施工单位检查评定结果</td><td colspan="8">项目专业质量检查员： 年 月 日</td></tr>
<tr><td colspan="2">监理（建设）单位验收结论</td><td colspan="8">监理工程师：
（建设单位项目代表） 年 月 日</td></tr>
</table>

3.14.30 湿陷性黄土场地上预浸水法地基工程检验批质量验收记录 GB 50202

<table>
<tr><td>工程名称</td><td colspan="3"></td><td colspan="3">分项工程名称</td><td colspan="2"></td><td>验收部位</td><td></td></tr>
<tr><td>施工单位</td><td colspan="3"></td><td colspan="3">专业负责人</td><td colspan="2"></td><td>项目经理</td><td></td></tr>
<tr><td colspan="3">施工执行标准名称及编号</td><td colspan="5"></td><td>检验批编号</td><td colspan="2"></td></tr>
<tr><td colspan="4">施工质量验收规范的规定</td><td colspan="6">施工单位检查评定记录</td><td>监理（建设）单位验收记录</td></tr>
<tr><td rowspan="2">主控项目</td><td>1</td><td>湿陷变形稳定标准（mm/d）</td><td>设计要求，按连续5d的平均值计算</td><td></td><td></td><td></td><td></td><td></td><td></td><td rowspan="2"></td></tr>
<tr><td>2</td><td colspan="2">浸水坑边长或直径不小于设计值</td><td colspan="6"></td></tr>
<tr><td rowspan="4">一般项目</td><td>1</td><td>浸水坑底标高（mm）</td><td>±150</td><td></td><td></td><td></td><td></td><td></td><td></td><td rowspan="4"></td></tr>
<tr><td>2</td><td colspan="2">浸水坑水头高度不小于设计要求</td><td colspan="6"></td></tr>
<tr><td>3</td><td>浸水孔深度（mm）</td><td>±200</td><td></td><td></td><td></td><td></td><td></td><td></td></tr>
<tr><td>4</td><td>浸水孔间距</td><td>≤0.1l</td><td></td><td></td><td></td><td></td><td></td><td></td></tr>
<tr><td>施工单位检查评定结果</td><td colspan="10">项目专业质量检查员：　　　　年　月　日</td></tr>
<tr><td>监理（建设）单位验收结论</td><td colspan="10">监理工程师：
（建设单位项目代表）　　　　年　月　日</td></tr>
</table>

3.14.31 冻土地区保温隔热地基工程检验批质量验收记录 GB 50202

<table>
<tr><td colspan="2">工程名称</td><td colspan="2"></td><td colspan="3">分项工程名称</td><td colspan="2"></td><td>验收部位</td><td></td></tr>
<tr><td colspan="2">施工单位</td><td colspan="2"></td><td colspan="3">专业负责人</td><td colspan="2"></td><td>项目经理</td><td></td></tr>
<tr><td colspan="3">施工执行标准名称及编号</td><td colspan="4"></td><td colspan="2">检验批编号</td><td colspan="2"></td></tr>
<tr><td colspan="4">施工质量验收规范的规定</td><td colspan="6">施工单位检查评定记录</td><td>监理（建设）单位验收记录</td></tr>
<tr><td rowspan="3">主控项目</td><td>1</td><td>材料强度（%）</td><td>≥ −5</td><td></td><td></td><td></td><td></td><td></td><td></td><td rowspan="3"></td></tr>
<tr><td>2</td><td>材料压缩性（%）</td><td>± 3</td><td></td><td></td><td></td><td></td><td></td><td></td></tr>
<tr><td>3</td><td colspan="2">地基承载力不小于设计值</td><td colspan="6"></td></tr>
<tr><td rowspan="3">一般项目</td><td>1</td><td colspan="2">材料接缝质量符合设计要求</td><td colspan="6"></td><td rowspan="3"></td></tr>
<tr><td>2</td><td>层面平整度（mm）</td><td>± 20</td><td></td><td></td><td></td><td></td><td></td><td></td></tr>
<tr><td>3</td><td>每层铺设厚度（mm）</td><td>± 1</td><td></td><td></td><td></td><td></td><td></td><td></td></tr>
<tr><td colspan="2">施工单位检查评定结果</td><td colspan="9">项目专业质量检查员：　　年　月　日</td></tr>
<tr><td colspan="2">监理（建设）单位验收结论</td><td colspan="9">监理工程师：
（建设单位项目代表）　　年　月　日</td></tr>
</table>

3.14.32 多年冻土地区钢筋混凝土预制桩工程检验批质量验收记录 GB 50202

<table>
<tr><td colspan="2">工程名称</td><td colspan="2"></td><td colspan="2">分项工程名称</td><td colspan="3"></td><td>验收部位</td><td></td></tr>
<tr><td colspan="2">施工单位</td><td colspan="2"></td><td colspan="2">专业负责人</td><td colspan="3"></td><td>项目经理</td><td></td></tr>
<tr><td colspan="3">施工执行标准名称及编号</td><td colspan="3"></td><td colspan="3">检验批编号</td><td colspan="2"></td></tr>
<tr><td colspan="4">施工质量验收规范的规定</td><td colspan="6">施工单位检查评定记录</td><td>监理（建设）单位验收记录</td></tr>
<tr><td rowspan="2">主控项目</td><td>1</td><td colspan="2">承载力不小于设计值</td><td colspan="6"></td><td rowspan="2"></td></tr>
<tr><td>2</td><td>建筑场地地温（℃）</td><td>±0.05</td><td></td><td></td><td></td><td></td><td></td><td></td></tr>
<tr><td rowspan="5">一般项目</td><td>1</td><td>桩孔直径（mm）</td><td>≥ −20</td><td></td><td></td><td></td><td></td><td></td><td></td><td rowspan="5"></td></tr>
<tr><td>2</td><td colspan="2">桩侧回填符合设计要求</td><td colspan="6"></td></tr>
<tr><td>3</td><td colspan="2">钻孔打入桩成孔直径不大于设计值</td><td colspan="6"></td></tr>
<tr><td>4</td><td colspan="2">钻孔打入桩钻孔深度不小于设计值</td><td colspan="6"></td></tr>
<tr><td>5</td><td colspan="2">钻孔插入桩成孔直径不大于设计值</td><td colspan="6"></td></tr>
<tr><td colspan="2">施工单位检查评定结果</td><td colspan="9">项目专业质量检查员：　　　　年　月　日</td></tr>
<tr><td colspan="2">监理（建设）单位验收结论</td><td colspan="9">监理工程师：
（建设单位项目代表）　　　　年　月　日</td></tr>
</table>

3.14.33 多年冻土地区混凝土灌注桩工程检验批质量验收记录 GB 50202

<table>
<tr><td colspan="2">工程名称</td><td colspan="2"></td><td colspan="3">分项工程名称</td><td colspan="3"></td><td>验收部位</td><td></td></tr>
<tr><td colspan="2">施工单位</td><td colspan="2"></td><td colspan="3">专业负责人</td><td colspan="3"></td><td>项目经理</td><td></td></tr>
<tr><td colspan="3">施工执行标准名称及编号</td><td colspan="4"></td><td colspan="3">检验批编号</td><td colspan="2"></td></tr>
<tr><td colspan="4">施工质量验收规范的规定</td><td colspan="6">施工单位检查评定记录</td><td colspan="2">监理（建设）单位验收记录</td></tr>
<tr><td rowspan="2">主控项目</td><td>1</td><td colspan="2">承载力不小于设计值</td><td colspan="6"></td><td colspan="2" rowspan="2"></td></tr>
<tr><td>2</td><td>场地地温（℃）</td><td>± 0.05</td><td></td><td></td><td></td><td></td><td></td><td></td></tr>
<tr><td rowspan="3">一般项目</td><td>1</td><td>混凝土灌注温度（℃）</td><td>5~10</td><td></td><td></td><td></td><td></td><td></td><td></td><td colspan="2" rowspan="3"></td></tr>
<tr><td>2</td><td colspan="2">桩侧防冻措施符合设计要求</td><td colspan="6"></td></tr>
<tr><td>3</td><td colspan="2">承台、基础梁下防冻措施符合设计要求</td><td colspan="6"></td></tr>
<tr><td colspan="2">施工单位检查评定结果</td><td colspan="10">项目专业质量检查员：　　　　年　月　日</td></tr>
<tr><td colspan="2">监理（建设）单位验收结论</td><td colspan="10">监理工程师：
（建设单位项目代表）　　　　年　月　日</td></tr>
</table>

3.14.34 多年冻土地区架空通风基础工程检验批质量验收记录 GB 50202

<table>
<tr><td colspan="2">工程名称</td><td colspan="2"></td><td colspan="3">分项工程名称</td><td colspan="2"></td><td colspan="2">验收部位</td><td></td></tr>
<tr><td colspan="2">施工单位</td><td colspan="2"></td><td colspan="3">专业负责人</td><td colspan="2"></td><td colspan="2">项目经理</td><td></td></tr>
<tr><td colspan="4">施工执行标准名称及编号</td><td colspan="4"></td><td colspan="2">检验批编号</td><td colspan="2"></td></tr>
<tr><td colspan="4">施工质量验收规范的规定</td><td colspan="6">施工单位检查评定记录</td><td colspan="2">监理（建设）单位验收记录</td></tr>
<tr><td rowspan="2">主控项目</td><td>1</td><td colspan="2">地基承载力或单桩承载力不小于设计值</td><td colspan="6"></td><td colspan="2" rowspan="2"></td></tr>
<tr><td>2</td><td>场地地温（℃）</td><td>± 0.05</td><td></td><td></td><td></td><td></td><td></td><td></td></tr>
<tr><td rowspan="7">一般项目</td><td>1</td><td colspan="2">保温材料性能符合设计要求</td><td colspan="6"></td><td colspan="2" rowspan="7"></td></tr>
<tr><td>2</td><td colspan="2">地基活动层内防冻张措施符合设计要求</td><td colspan="6"></td></tr>
<tr><td>3</td><td colspan="2">架空通风空间地面排水符合设计要求</td><td colspan="6"></td></tr>
<tr><td>4</td><td colspan="2">架空采暖水管线与架空下排水管保温</td><td colspan="6"></td></tr>
<tr><td>5</td><td>架空层高度（mm）</td><td>± 10</td><td></td><td></td><td></td><td></td><td></td><td></td></tr>
<tr><td>6</td><td>隐蔽式通风孔面积（%）</td><td>± 5</td><td></td><td></td><td></td><td></td><td></td><td></td></tr>
<tr><td>7</td><td>通风空间顶板底保温厚度（mm）</td><td>± 10</td><td></td><td></td><td></td><td></td><td></td><td></td></tr>
<tr><td colspan="2">施工单位检查评定结果</td><td colspan="10">项目专业质量检查员： 年 月 日</td></tr>
<tr><td colspan="2">监理（建设）单位验收结论</td><td colspan="10">监理工程师：
（建设单位项目代表） 年 月 日</td></tr>
</table>

3.14.35 膨胀土地区散水工程检验批质量验收记录 GB 50202

<table>
<tr><td colspan="2">工程名称</td><td colspan="2"></td><td colspan="3">分项工程名称</td><td colspan="2"></td><td>验收部位</td><td></td></tr>
<tr><td colspan="2">施工单位</td><td colspan="2"></td><td colspan="3">专业负责人</td><td colspan="2"></td><td>项目经理</td><td></td></tr>
<tr><td colspan="3">施工执行标准名称及编号</td><td colspan="4"></td><td colspan="2">检验批编号</td><td colspan="2"></td></tr>
<tr><td colspan="4">施工质量验收规范的规定</td><td colspan="6">施工单位检查评定记录</td><td>监理（建设）单位验收记录</td></tr>
<tr><td rowspan="4">主控项目</td><td>1</td><td>散水宽度（mm）</td><td>+100，0</td><td></td><td></td><td></td><td></td><td></td><td></td><td rowspan="4"></td></tr>
<tr><td>2</td><td>面层厚度（mm）</td><td>+20，0</td><td></td><td></td><td></td><td></td><td></td><td></td></tr>
<tr><td>3</td><td>垫层厚度（mm）</td><td>+20，0</td><td></td><td></td><td></td><td></td><td></td><td></td></tr>
<tr><td>4</td><td>隔热保温层厚度（mm）</td><td>+20，0</td><td></td><td></td><td></td><td></td><td></td><td></td></tr>
<tr><td rowspan="7">一般项目</td><td>1</td><td colspan="2">散水坡度符合设计值</td><td colspan="6"></td><td rowspan="7"></td></tr>
<tr><td>2</td><td colspan="2">垫层、隔热保温层配合比符合设计值</td><td colspan="6"></td></tr>
<tr><td>3</td><td colspan="2">垫层、隔热保温层压实系数不小于设计值</td><td colspan="6"></td></tr>
<tr><td>4</td><td>石灰粒径（mm）</td><td>≤ 5</td><td></td><td></td><td></td><td></td><td></td><td></td></tr>
<tr><td>5</td><td>土料有机质含量（%）</td><td>≤ 5</td><td></td><td></td><td></td><td></td><td></td><td></td></tr>
<tr><td>6</td><td>土颗粒粒径（mm）</td><td>≤ 15</td><td></td><td></td><td></td><td></td><td></td><td></td></tr>
<tr><td>7</td><td>土的含水量（%）</td><td>± 2（最优）</td><td></td><td></td><td></td><td></td><td></td><td></td></tr>
<tr><td>施工单位检查评定结果</td><td colspan="10">项目专业质量检查员： 年 月 日</td></tr>
<tr><td>监理（建设）单位验收结论</td><td colspan="10">监理工程师：
（建设单位项目代表） 年 月 日</td></tr>
</table>

3.14.36 盐渍土浸水预溶法地基工程检验批质量验收记录 GB 50202

<table>
<tr><td>工程名称</td><td colspan="2"></td><td>分项工程名称</td><td></td><td>验收部位</td><td></td></tr>
<tr><td>施工单位</td><td colspan="2"></td><td>专业负责人</td><td></td><td>项目经理</td><td></td></tr>
<tr><td colspan="3">施工执行标准名称及编号</td><td></td><td>检验批编号</td><td colspan="2"></td></tr>
<tr><td colspan="3">施工质量验收规范的规定</td><td colspan="2">施工单位检查评定记录</td><td colspan="2">监理（建设）单位验收记录</td></tr>
<tr><td rowspan="3">主控项目</td><td>1</td><td>浸水下沉量不小于设计值</td><td colspan="2"></td><td colspan="2" rowspan="3"></td></tr>
<tr><td>2</td><td>有效浸水影响深度不小于设计值</td><td colspan="2"></td></tr>
<tr><td>3</td><td>浸水坑的外放尺寸不小于设计值</td><td colspan="2"></td></tr>
<tr><td>一般项目</td><td>1</td><td>水头高度不小于设计值</td><td colspan="2"></td><td colspan="2"></td></tr>
<tr><td colspan="2">施工单位检查评定结果</td><td colspan="5">项目专业质量检查员： 年 月 日</td></tr>
<tr><td colspan="2">监理（建设）单位验收结论</td><td colspan="5">监理工程师：
（建设单位项目代表） 年 月 日</td></tr>
</table>

3.14.37 盐渍土盐化法地基工程检验批质量验收记录 GB 50202

<table>
<tr><td>工程名称</td><td colspan="2"></td><td>分项工程名称</td><td></td><td>验收部位</td><td></td></tr>
<tr><td>施工单位</td><td colspan="2"></td><td>专业负责人</td><td></td><td>项目经理</td><td></td></tr>
<tr><td colspan="3">施工执行标准名称及编号</td><td></td><td>检验批编号</td><td colspan="2"></td></tr>
<tr><td colspan="3">施工质量验收规范的规定</td><td colspan="2">施工单位检查评定记录</td><td colspan="2">监理（建设）单位验收记录</td></tr>
<tr><td rowspan="3">主控项目</td><td>1</td><td>含盐量不小于设计值</td><td colspan="2"></td><td colspan="2" rowspan="3"></td></tr>
<tr><td>2</td><td>浸水影响深度不大于设计值</td><td colspan="2"></td></tr>
<tr><td>3</td><td>浸盐坑的外放尺寸不小于设计值</td><td colspan="2"></td></tr>
<tr><td>一般项目</td><td>1</td><td>水头高度不小于设计值</td><td colspan="2"></td><td colspan="2"></td></tr>
<tr><td>施工单位检查评定结果</td><td colspan="6">项目专业质量检查员：　　　　年　月　日</td></tr>
<tr><td>监理（建设）单位验收结论</td><td colspan="6">监理工程师：
（建设单位项目代表）　　　　年　月　日</td></tr>
</table>

3.14.38 灌注桩排桩工程检验批质量验收记录 GB 50202

工程名称		分项工程名称		验收部位	
施工单位		专业负责人		项目经理	
施工执行标准名称及编号				检验批编号	

施工质量验收规范的规定				施工单位检查评定记录	监理（建设）单位验收记录
主控项目	1	孔深不小于设计值			
	2	桩身完整性符合设计要求			
	3	混凝土强度不小于设计值			
	4	嵌岩深度不小于设计值			
	5	钢筋笼主筋间距（mm）	±10		
一般项目	1	垂直度	≤1/100（≤1/200）		
	2	孔径不小于设计值			
	3	桩位（mm）	≤50		
	4	泥浆指标	参照 GB 50202—2018《建筑地基基础工程施工质量验收标准》第 5.6 节		
	5	钢筋笼质量：长度（mm）	±100		
		钢筋笼质量：钢筋连接质量符合设计要求			
		钢筋笼质量：箍筋直径（mm）	±20		
		钢筋笼质量：笼直径（mm）	±10		
	6	沉渣厚度（mm）	≤200		
	7	混凝土坍落度（mm）	180~220		
	8	钢筋笼安装深度（mm）	±100		
	9	混凝土充盈系数	≥1		
	10	桩顶标高（mm）	±50		

施工单位检查评定结果	项目专业质量检查员：　　年　月　日
监理（建设）单位验收结论	监理工程师：（建设单位项目代表）　　年　月　日

3.14.39 单轴与双轴水泥土搅拌桩截水帷幕工程检验批质量验收记录 GB 50202

<table>
<tr><td>工程名称</td><td colspan="3"></td><td colspan="3">分项工程名称</td><td colspan="2"></td><td>验收部位</td><td></td></tr>
<tr><td>施工单位</td><td colspan="3"></td><td colspan="3">专业负责人</td><td colspan="2"></td><td>项目经理</td><td></td></tr>
<tr><td colspan="3">施工执行标准名称及编号</td><td colspan="4"></td><td colspan="2">检验批编号</td><td colspan="2"></td></tr>
<tr><td colspan="4">施工质量验收规范的规定</td><td colspan="6">施工单位检查评定记录</td><td>监理（建设）单位验收记录</td></tr>
<tr><td rowspan="4">主控项目</td><td>1</td><td colspan="2">水泥用量不小于设计值</td><td colspan="6"></td><td rowspan="4"></td></tr>
<tr><td>2</td><td colspan="2">桩长不小于设计值</td><td colspan="6"></td></tr>
<tr><td>3</td><td>导向架垂直度</td><td>≤ 1/150</td><td></td><td></td><td></td><td></td><td></td><td></td></tr>
<tr><td>4</td><td>桩径（mm）</td><td>± 20</td><td></td><td></td><td></td><td></td><td></td><td></td></tr>
<tr><td rowspan="7">一般项目</td><td>1</td><td colspan="2">桩身强度不小于设计值</td><td colspan="6"></td><td rowspan="7"></td></tr>
<tr><td>2</td><td colspan="2">水胶比符合设计值</td><td colspan="6"></td></tr>
<tr><td>3</td><td colspan="2">提升速度符合设计值</td><td colspan="6"></td></tr>
<tr><td>4</td><td colspan="2">下沉速度符合设计值</td><td colspan="6"></td></tr>
<tr><td>5</td><td>桩位（mm）</td><td>≤ 20</td><td></td><td></td><td></td><td></td><td></td><td></td></tr>
<tr><td>6</td><td>桩顶标高（mm）</td><td>± 200</td><td></td><td></td><td></td><td></td><td></td><td></td></tr>
<tr><td>7</td><td>施工间歇（h）</td><td>≤ 24</td><td></td><td></td><td></td><td></td><td></td><td></td></tr>
<tr><td colspan="2">施工单位检查评定结果</td><td colspan="9">项目专业质量检查员：　　　　年　月　日</td></tr>
<tr><td colspan="2">监理（建设）单位验收结论</td><td colspan="9">监理工程师：
（建设单位项目代表）　　　　年　月　日</td></tr>
</table>

3.14.40 三轴水泥土搅拌桩截水帷幕工程检验批质量验收记录 GB 50202

工程名称		分项工程名称		验收部位	
施工单位		专业负责人		项目经理	
施工执行标准名称及编号			检验批编号		

施工质量验收规范的规定				施工单位检查评定记录						监理（建设）单位验收记录
主控项目	1	桩身强度不小于设计值								
	2	水泥用量不小于设计值								
	3	桩长不小于设计值								
	4	导向架垂直度	≤ 1/250							
	5	桩径（mm）	± 20							
一般项目	1	水胶比符合设计值								
	2	提升速度符合设计值								
	3	下沉速度符合设计值								
	4	桩位（mm）	≤ 50							
	5	桩顶标高（mm）	± 200							
	6	施工间歇（h）	≤ 24							
施工单位检查评定结果	项目专业质量检查员：　　　　年　月　日									
监理（建设）单位验收结论	监理工程师： （建设单位项目代表）　　　　年　月　日									

3.14.41　渠式切割水泥土连续墙截水帷幕工程检验批质量验收记录　GB 50202

<table>
<tr><td colspan="2">工程名称</td><td colspan="2"></td><td>分项工程名称</td><td colspan="3"></td><td>验收部位</td><td></td></tr>
<tr><td colspan="2">施工单位</td><td colspan="2"></td><td>专业负责人</td><td colspan="3"></td><td>项目经理</td><td></td></tr>
<tr><td colspan="3">施工执行标准名称及编号</td><td colspan="3"></td><td colspan="2">检验批编号</td><td colspan="2"></td></tr>
<tr><td colspan="4">施工质量验收规范的规定</td><td colspan="5">施工单位检查评定记录</td><td>监理（建设）单位验收记录</td></tr>
<tr><td rowspan="5">主控项目</td><td>1</td><td colspan="2">墙体强度不小于设计值</td><td colspan="5"></td><td rowspan="5"></td></tr>
<tr><td>2</td><td colspan="2">水泥用量不小于设计值</td><td colspan="5"></td></tr>
<tr><td>3</td><td colspan="2">墙体长度不小于设计值</td><td colspan="5"></td></tr>
<tr><td>4</td><td>垂直度</td><td>≤ 1/250</td><td></td><td></td><td></td><td></td><td></td></tr>
<tr><td>5</td><td>厚度（mm）</td><td>± 30</td><td></td><td></td><td></td><td></td><td></td></tr>
<tr><td rowspan="3">一般项目</td><td>1</td><td colspan="2">水胶比符合设计值</td><td colspan="5"></td><td rowspan="3"></td></tr>
<tr><td>4</td><td>中心线定位（mm）</td><td>± 25</td><td colspan="5"></td></tr>
<tr><td>5</td><td>墙顶标高（mm）</td><td>≥ −10</td><td></td><td></td><td></td><td></td><td></td></tr>
<tr><td colspan="2">施工单位检查评定结果</td><td colspan="8">项目专业质量检查员：　　　　年　月　日</td></tr>
<tr><td colspan="2">监理（建设）单位验收结论</td><td colspan="8">监理工程师：
（建设单位项目代表）　　　　年　月　日</td></tr>
</table>

3.14.42 高压喷射注浆截水帷幕工程检验批质量验收记录 GB 50202

<table>
<tr><td>工程名称</td><td colspan="3"></td><td colspan="3">分项工程名称</td><td colspan="2"></td><td>验收部位</td><td></td></tr>
<tr><td>施工单位</td><td colspan="3"></td><td colspan="3">专业负责人</td><td colspan="2"></td><td>项目经理</td><td></td></tr>
<tr><td colspan="3">施工执行标准名称及编号</td><td colspan="5"></td><td>检验批编号</td><td colspan="2"></td></tr>
<tr><td colspan="4">施工质量验收规范的规定</td><td colspan="6">施工单位检查评定记录</td><td>监理（建设）单位验收记录</td></tr>
<tr><td rowspan="4">主控项目</td><td>1</td><td colspan="2">水泥用量不小于设计值</td><td colspan="6"></td><td rowspan="4"></td></tr>
<tr><td>2</td><td colspan="2">桩长不小于设计值</td><td colspan="6"></td></tr>
<tr><td>3</td><td>钻孔垂直度</td><td>≤ 1/100</td><td></td><td></td><td></td><td></td><td></td><td></td></tr>
<tr><td>4</td><td colspan="2">桩身强度不小于设计值</td><td colspan="6"></td></tr>
<tr><td rowspan="7">一般项目</td><td>1</td><td colspan="2">水胶比符合设计值</td><td colspan="6"></td><td rowspan="7"></td></tr>
<tr><td>2</td><td colspan="2">提升速度符合设计值</td><td colspan="6"></td></tr>
<tr><td>3</td><td colspan="2">旋转速度符合设计值</td><td colspan="6"></td></tr>
<tr><td>4</td><td>桩位（mm）</td><td>± 20</td><td></td><td></td><td></td><td></td><td></td><td></td></tr>
<tr><td>5</td><td>桩顶标高（mm）</td><td>± 200</td><td></td><td></td><td></td><td></td><td></td><td></td></tr>
<tr><td>6</td><td colspan="2">注浆压力符合设计值</td><td colspan="6"></td></tr>
<tr><td>7</td><td>施工间歇（h）</td><td>≤ 24</td><td></td><td></td><td></td><td></td><td></td><td></td></tr>
<tr><td colspan="2">施工单位检查评定结果</td><td colspan="9">项目专业质量检查员： 年 月 日</td></tr>
<tr><td colspan="2">监理（建设）单位验收结论</td><td colspan="9">监理工程师：
（建设单位项目代表） 年 月 日</td></tr>
</table>

3.14.43 钢板桩围护墙工程检验批质量验收记录 GB 50202

<table>
<tr><td colspan="2">工程名称</td><td colspan="2"></td><td colspan="3">分项工程名称</td><td colspan="2"></td><td>验收部位</td><td></td></tr>
<tr><td colspan="2">施工单位</td><td colspan="2"></td><td colspan="3">专业负责人</td><td colspan="2"></td><td>项目经理</td><td></td></tr>
<tr><td colspan="3">施工执行标准名称及编号</td><td colspan="4"></td><td colspan="2">检验批编号</td><td colspan="2"></td></tr>
<tr><td colspan="4">施工质量验收规范的规定</td><td colspan="6">施工单位检查评定记录</td><td>监理（建设）单位验收记录</td></tr>
<tr><td rowspan="3">主控项目</td><td>1</td><td colspan="2">桩长不小于设计值</td><td colspan="6"></td><td rowspan="3"></td></tr>
<tr><td>2</td><td>桩身弯曲度</td><td>≤ 2%l</td><td></td><td></td><td></td><td></td><td></td><td></td></tr>
<tr><td>3</td><td>桩顶标高（mm）</td><td>± 100</td><td></td><td></td><td></td><td></td><td></td><td></td></tr>
<tr><td rowspan="4">一般项目</td><td>1</td><td colspan="2">齿槽平直度及光滑度应无电焊渣或毛刺</td><td colspan="6"></td><td rowspan="4"></td></tr>
<tr><td>2</td><td>沉桩垂直度</td><td>≤ 1/100</td><td></td><td></td><td></td><td></td><td></td><td></td></tr>
<tr><td>3</td><td>轴线位置（mm）</td><td>± 100</td><td></td><td></td><td></td><td></td><td></td><td></td></tr>
<tr><td>4</td><td colspan="2">齿槽咬合程度应紧密</td><td colspan="6"></td></tr>
<tr><td colspan="2">施工单位检查评定结果</td><td colspan="9">项目专业质量检查员：　　　　年　月　日</td></tr>
<tr><td colspan="2">监理（建设）单位验收结论</td><td colspan="9">监理工程师：
（建设单位项目代表）　　　　年　月　日</td></tr>
</table>

3.14.44 预制混凝土板桩围护墙工程检验批质量验收记录 GB 50202

工程名称			分项工程名称			验收部位		
施工单位			专业负责人			项目经理		
施工执行标准名称及编号						检验批编号		
施工质量验收规范的规定				施工单位检查评定记录				监理（建设）单位验收记录
主控项目	1	桩长不小于设计值						
	2	桩身弯曲度	≤ 0.1%l					
	3	桩身厚度（mm）	+10，0					
	4	凹凸槽尺寸（mm）	± 3					
	5	桩顶标高（mm）	± 100					
一般项目	1	保护层厚度（mm）	± 5					
	2	模截面相对两面之差（mm）	≤ 5					
	3	桩尖对桩轴线的位移（mm）	≤ 10					
	4	沉桩垂直度	≤ 1/100					
	5	轴线位置（mm）	≤ 100					
	6	板缝间隙（mm）	≤ 20					
施工单位检查评定结果	项目专业质量检查员： 年 月 日							
监理（建设）单位验收结论	监理工程师：（建设单位项目代表） 年 月 日							

3.14.45 咬合桩围护墙导墙、钢套管检验批质量验收记录 GB 50202

<table>
<tr><td>工程名称</td><td colspan="3"></td><td colspan="3">分项工程名称</td><td colspan="2"></td><td>验收部位</td><td></td></tr>
<tr><td>施工单位</td><td colspan="3"></td><td colspan="3">专业负责人</td><td colspan="2"></td><td>项目经理</td><td></td></tr>
<tr><td colspan="3">施工执行标准名称及编号</td><td colspan="4"></td><td colspan="2">检验批编号</td><td colspan="2"></td></tr>
<tr><td colspan="4">施工质量验收规范的规定</td><td colspan="6">施工单位检查评定记录</td><td>监理（建设）单位验收记录</td></tr>
<tr><td rowspan="6">主控项目</td><td>1</td><td>导墙定位孔孔径（mm）</td><td>±10</td><td></td><td></td><td></td><td></td><td></td><td></td><td rowspan="6"></td></tr>
<tr><td>2</td><td>导墙定位孔孔口定位（mm）</td><td>≤10</td><td></td><td></td><td></td><td></td><td></td><td></td></tr>
<tr><td>3</td><td>钢套管顺直度</td><td>≤1/500</td><td></td><td></td><td></td><td></td><td></td><td></td></tr>
<tr><td>4</td><td>成孔孔径（mm）</td><td>+30，0</td><td></td><td></td><td></td><td></td><td></td><td></td></tr>
<tr><td>5</td><td>成孔垂直度</td><td>≤1/300</td><td></td><td></td><td></td><td></td><td></td><td></td></tr>
<tr><td>6</td><td colspan="2">成孔孔深不小于设计值</td><td colspan="6"></td></tr>
<tr><td rowspan="8">一般项目</td><td>1</td><td>导墙面平整度（mm）</td><td>±5</td><td></td><td></td><td></td><td></td><td></td><td></td><td rowspan="8"></td></tr>
<tr><td>2</td><td>导墙平面位置（mm）</td><td>≤20</td><td></td><td></td><td></td><td></td><td></td><td></td></tr>
<tr><td>3</td><td>导墙顶面标高（mm）</td><td>±20</td><td></td><td></td><td></td><td></td><td></td><td></td></tr>
<tr><td>4</td><td>桩位（mm）</td><td>≤20</td><td></td><td></td><td></td><td></td><td></td><td></td></tr>
<tr><td>5</td><td>矩形钢筋笼长边（mm）</td><td>±10</td><td></td><td></td><td></td><td></td><td></td><td></td></tr>
<tr><td>6</td><td>矩形钢筋笼短边（mm）</td><td>0，−10</td><td></td><td></td><td></td><td></td><td></td><td></td></tr>
<tr><td>7</td><td>矩形钢筋笼转角（°）</td><td>≤5</td><td></td><td></td><td></td><td></td><td></td><td></td></tr>
<tr><td>8</td><td>钢筋笼安放位置（mm）</td><td>≤10</td><td></td><td></td><td></td><td></td><td></td><td></td></tr>
<tr><td colspan="2">施工单位检查评定结果</td><td colspan="9">项目专业质量检查员：　　　　年　月　日</td></tr>
<tr><td colspan="2">监理（建设）单位验收结论</td><td colspan="9">监理工程师：
（建设单位项目代表）　　　　年　月　日</td></tr>
</table>

3.14.46 型钢水泥土搅拌墙内插型钢检验批质量验收记录 GB 50202

<table>
<tr><td colspan="2">工程名称</td><td colspan="2"></td><td colspan="3">分项工程名称</td><td colspan="2"></td><td>验收部位</td><td></td></tr>
<tr><td colspan="2">施工单位</td><td colspan="2"></td><td colspan="3">专业负责人</td><td colspan="2"></td><td>项目经理</td><td></td></tr>
<tr><td colspan="3">施工执行标准名称及编号</td><td colspan="3"></td><td colspan="2">检验批编号</td><td colspan="3"></td></tr>
<tr><td colspan="5">施工质量验收规范的规定</td><td colspan="6">施工单位检查评定记录</td><td>监理（建设）单位验收记录</td></tr>
<tr><td rowspan="3">主控项目</td><td>1</td><td colspan="2">型钢截面高度（mm）</td><td>±5</td><td></td><td></td><td></td><td></td><td></td><td></td><td rowspan="3"></td></tr>
<tr><td>2</td><td colspan="2">型钢截面宽度（mm）</td><td>±3</td><td></td><td></td><td></td><td></td><td></td><td></td></tr>
<tr><td>3</td><td colspan="2">型钢长度（mm）</td><td>±10</td><td></td><td></td><td></td><td></td><td></td><td></td></tr>
<tr><td rowspan="7">一般项目</td><td>1</td><td colspan="2">型钢挠度（mm）</td><td>≤ l/500</td><td></td><td></td><td></td><td></td><td></td><td></td><td rowspan="7"></td></tr>
<tr><td>2</td><td colspan="2">型钢腹板厚度（mm）</td><td>≥ −1</td><td></td><td></td><td></td><td></td><td></td><td></td></tr>
<tr><td>3</td><td colspan="2">型钢翼缘板厚度（mm）</td><td>≥ −1</td><td></td><td></td><td></td><td></td><td></td><td></td></tr>
<tr><td>4</td><td colspan="2">型钢顶标高（mm）</td><td>±50</td><td></td><td></td><td></td><td></td><td></td><td></td></tr>
<tr><td rowspan="2">5</td><td rowspan="2">型钢平面位置（mm）</td><td>平行于基坑边线</td><td>≤ 50</td><td></td><td></td><td></td><td></td><td></td><td></td></tr>
<tr><td>垂直于基坑边线</td><td>≤ 10</td><td></td><td></td><td></td><td></td><td></td><td></td></tr>
<tr><td>6</td><td colspan="2">型钢形心转角（°）</td><td>≤ 3</td><td></td><td></td><td></td><td></td><td></td><td></td></tr>
<tr><td colspan="2">施工单位检查评定结果</td><td colspan="10">项目专业质量检查员： 年 月 日</td></tr>
<tr><td colspan="2">监理（建设）单位验收结论</td><td colspan="10">监理工程师：
（建设单位项目代表） 年 月 日</td></tr>
</table>

3.14.47　土钉墙支护工程检验批质量验收记录　GB 50202

工程名称		分项工程名称		验收部位	
施工单位		专业负责人		项目经理	
施工执行标准名称及编号			检验批编号		

施工质量验收规范的规定				施工单位检查评定记录						监理（建设）单位验收记录
主控项目	1	抗拔承载力不小于设计值								
	2	土钉长度不小于设计值								
	3	分层开挖厚度（mm）	±200							
一般项目	1	土钉位置（mm）	±100							
	2	土钉直径不小于设计值								
	3	土钉孔倾斜度（°）	≤3							
	4	水胶比符合设计值								
	5	注浆量不小于设计值								
	6	注浆压力符合设计值								
	7	浆体强度不小于设计值								
	8	钢筋网间距（mm）	±30							
	9	土钉面层厚度（mm）	±10							
	10	面层混凝土强度不小于设计值								
	11	预留土墩尺寸及间距（mm）	±500							
	12	微型桩桩位（mm）	≤50							
	13	微型桩垂直度	≤1/200							

施工单位检查评定结果	项目专业质量检查员：　　年　月　日
监理（建设）单位验收结论	监理工程师： （建设单位项目代表）　　年　月　日

3.14.48 地下连续墙钢筋笼制作与安装检验批质量验收记录 GB 50202

<table>
<tr><td>工程名称</td><td colspan="4"></td><td colspan="3">分项工程名称</td><td colspan="2"></td><td>验收部位</td><td></td></tr>
<tr><td>施工单位</td><td colspan="4"></td><td colspan="3">专业负责人</td><td colspan="2"></td><td>项目经理</td><td></td></tr>
<tr><td colspan="3">施工执行标准名称及编号</td><td colspan="5"></td><td colspan="2">检验批编号</td><td colspan="2"></td></tr>
<tr><td colspan="5">施工质量验收规范的规定</td><td colspan="6">施工单位检查评定记录</td><td>监理（建设）单位验收记录</td></tr>
<tr><td rowspan="5">主控项目</td><td>1</td><td colspan="2">钢筋笼长度（mm）</td><td>±100</td><td></td><td></td><td></td><td></td><td></td><td></td><td rowspan="5"></td></tr>
<tr><td>2</td><td colspan="2">钢筋笼宽度（mm）</td><td>0，−20</td><td></td><td></td><td></td><td></td><td></td><td></td></tr>
<tr><td rowspan="2">3</td><td rowspan="2">钢筋笼安装标高（mm）</td><td>临时结构</td><td>±20</td><td></td><td></td><td></td><td></td><td></td><td></td></tr>
<tr><td>永久结构</td><td>±15</td><td></td><td></td><td></td><td></td><td></td><td></td></tr>
<tr><td>4</td><td colspan="2">主筋间距（mm）</td><td>±10</td><td></td><td></td><td></td><td></td><td></td><td></td></tr>
<tr><td rowspan="6">一般项目</td><td>1</td><td colspan="2">分布筋间距（mm）</td><td>±20</td><td></td><td></td><td></td><td></td><td></td><td></td><td rowspan="6"></td></tr>
<tr><td rowspan="2">2</td><td rowspan="2">预埋件及槽底注浆管中心位置（mm）</td><td>临时结构</td><td>≤10</td><td></td><td></td><td></td><td></td><td></td><td></td></tr>
<tr><td>永久结构</td><td>≤5</td><td></td><td></td><td></td><td></td><td></td><td></td></tr>
<tr><td rowspan="2">3</td><td rowspan="2">预埋钢筋和接驳器中心位置（mm）</td><td>临时结构</td><td>≤10</td><td></td><td></td><td></td><td></td><td></td><td></td></tr>
<tr><td>永久结构</td><td>≤5</td><td></td><td></td><td></td><td></td><td></td><td></td></tr>
<tr><td>4</td><td colspan="2">钢筋笼制作平台平整度</td><td>±20</td><td></td><td></td><td></td><td></td><td></td><td></td></tr>
<tr><td>施工单位检查评定结果</td><td colspan="11">项目专业质量检查员：　　　　年　月　日</td></tr>
<tr><td>监理（建设）单位验收结论</td><td colspan="11">监理工程师：
（建设单位项目代表）　　　　年　月　日</td></tr>
</table>

3.14.49 地下连续墙成槽及墙体检验批质量验收记录 GB 50202

工程名称				分项工程名称					验收部位	
施工单位				专业负责人					项目经理	
施工执行标准名称及编号							检验批编号			
施工质量验收规范的规定				施工单位检查评定记录						监理（建设）单位验收记录
主控项目	1	墙体强度不小于设计值								
主控项目	2	槽壁垂直度	临时结构	≤ 1/200						
主控项目	2	槽壁垂直度	永久结构	≤ 1/300						
主控项目	3	槽段深度不小于设计值								
一般项目	1	导墙尺寸（mm）	宽度（设计墙厚 40mm）	± 10						
一般项目	1	导墙尺寸（mm）	垂直度	≤ 1/500						
一般项目	1	导墙尺寸（mm）	导墙顶面平整度	± 5						
一般项目	1	导墙尺寸（mm）	导墙平面定位	≤ 10						
一般项目	1	导墙尺寸（mm）	导墙顶标高	± 20						
一般项目	2	槽段宽度	临时结构不小于设计值							
一般项目	2	槽段宽度	永久结构不小于设计值							
一般项目	3	槽段位（mm）	临时结构	≤ 50						
一般项目	3	槽段位（mm）	永久结构	≤ 30						
一般项目	4	沉渣厚度（mm）	临时结构	≤ 150						
一般项目	4	沉渣厚度（mm）	永久结构	≤ 100						

地下连续墙成槽及墙体检验批质量验收记录（续表） GB 50202

<table>
<tr><td>工程名称</td><td colspan="4"></td><td colspan="3">分项工程名称</td><td colspan="2"></td><td>验收部位</td><td></td></tr>
<tr><td>施工单位</td><td colspan="4"></td><td colspan="3">专业负责人</td><td colspan="2"></td><td>项目经理</td><td></td></tr>
<tr><td colspan="3">施工执行标准名称及编号</td><td colspan="6"></td><td>检验批编号</td><td colspan="2"></td></tr>
<tr><td colspan="5">施工质量验收规范的规定</td><td colspan="6">施工单位检查评定记录</td><td>监理（建设）单位验收记录</td></tr>
<tr><td rowspan="8">一般项目</td><td>5</td><td colspan="2">混凝土坍落度（mm）</td><td>180~220</td><td></td><td></td><td></td><td></td><td></td><td></td><td rowspan="8"></td></tr>
<tr><td rowspan="3">6</td><td rowspan="3">地下连续墙表面平整度（mm）</td><td>临时结构</td><td>± 150</td><td></td><td></td><td></td><td></td><td></td><td></td></tr>
<tr><td>永久结构</td><td>± 100</td><td></td><td></td><td></td><td></td><td></td><td></td></tr>
<tr><td>预制地下连续墙</td><td>± 20</td><td></td><td></td><td></td><td></td><td></td><td></td></tr>
<tr><td>7</td><td colspan="2">预制墙顶标高（mm）</td><td>± 10</td><td></td><td></td><td></td><td></td><td></td><td></td></tr>
<tr><td>8</td><td colspan="2">预制墙中心位移（mm）</td><td>≤ 10</td><td></td><td></td><td></td><td></td><td></td><td></td></tr>
<tr><td>9</td><td colspan="3">永久结构的渗漏水应无渗漏、线流，且 ≤ 0.1L/（m^2·d）</td><td></td><td></td><td></td><td></td><td></td><td></td></tr>
<tr></tr>
<tr><td>施工单位检查评定结果</td><td colspan="11">项目专业质量检查员： 年 月 日</td></tr>
<tr><td>监理（建设）单位验收结论</td><td colspan="11">监理工程师：
（建设单位项目代表） 年 月 日</td></tr>
</table>

3.14.50 水泥土搅拌桩工程检验批质量验收记录 GB 50202

<table>
<tr><td>工程名称</td><td colspan="3"></td><td colspan="2">分项工程名称</td><td colspan="2"></td><td>验收部位</td><td></td></tr>
<tr><td>施工单位</td><td colspan="3"></td><td colspan="2">专业负责人</td><td colspan="2"></td><td>项目经理</td><td></td></tr>
<tr><td colspan="3">施工执行标准名称及编号</td><td colspan="2"></td><td colspan="2">检验批编号</td><td colspan="3"></td></tr>
<tr><td colspan="4">施工质量验收规范的规定</td><td colspan="6">施工单位检查评定记录</td><td>监理（建设）单位验收记录</td></tr>
<tr><td rowspan="3">主控项目</td><td>1</td><td colspan="2">桩身强度不小于设计值</td><td colspan="6"></td><td rowspan="3"></td></tr>
<tr><td>2</td><td colspan="2">水泥用量不小于设计值</td><td colspan="6"></td></tr>
<tr><td>3</td><td colspan="2">桩长不小于设计值</td><td colspan="6"></td></tr>
<tr><td rowspan="8">一般项目</td><td>1</td><td>桩径（mm）</td><td>± 10</td><td></td><td></td><td></td><td></td><td></td><td></td><td rowspan="8"></td></tr>
<tr><td>2</td><td colspan="2">水胶比符合设计值</td><td colspan="6"></td></tr>
<tr><td>3</td><td colspan="2">提升速度符合设计值</td><td colspan="6"></td></tr>
<tr><td>4</td><td colspan="2">下沉速度符合设计值</td><td colspan="6"></td></tr>
<tr><td>5</td><td>桩位（mm）</td><td>≤ 50</td><td></td><td></td><td></td><td></td><td></td><td></td></tr>
<tr><td>6</td><td>桩顶标高（mm）</td><td>± 200</td><td></td><td></td><td></td><td></td><td></td><td></td></tr>
<tr><td>7</td><td>导向架垂直度</td><td>≤ 1/100</td><td></td><td></td><td></td><td></td><td></td><td></td></tr>
<tr><td>8</td><td>施工间歇（h）</td><td>≤ 24</td><td></td><td></td><td></td><td></td><td></td><td></td></tr>
<tr><td colspan="2">施工单位检查评定结果</td><td colspan="9">项目专业质量检查员：　　　　年　月　日</td></tr>
<tr><td colspan="2">监理（建设）单位验收结论</td><td colspan="9">监理工程师：
（建设单位项目代表）　　　　年　月　日</td></tr>
</table>

3.14.51 钢筋混凝土支撑工程检验批质量验收记录 GB 50202

工程名称			分项工程名称				验收部位			
施工单位			专业负责人				项目经理			
施工执行标准名称及编号							检验批编号			
施工质量验收规范的规定				施工单位检查评定记录						监理（建设）单位验收记录
主控项目	1	混凝土强度不小于设计值								
	2	截面宽度（mm）	+20，0							
	3	截面高度（mm）	+20，0							
一般项目	1	标高（mm）	±20							
	2	轴线平面位置（mm）	≤20							
	3	支撑与垫层或模板的隔离措施符合设计要求								
施工单位检查评定结果	项目专业质量检查员：　　　　年　月　日									
监理（建设）单位验收结论	监理工程师： （建设单位项目代表）　　　　年　月　日									

3.14.52 钢支撑工程检验批质量验收记录 GB 50202

<table>
<tr><td>工程名称</td><td colspan="3"></td><td colspan="3">分项工程名称</td><td colspan="2"></td><td>验收部位</td><td></td></tr>
<tr><td>施工单位</td><td colspan="3"></td><td colspan="3">专业负责人</td><td colspan="2"></td><td>项目经理</td><td></td></tr>
<tr><td colspan="3">施工执行标准名称及编号</td><td colspan="4"></td><td colspan="2">检验批编号</td><td colspan="2"></td></tr>
<tr><td colspan="4">施工质量验收规范的规定</td><td colspan="6">施工单位检查评定记录</td><td>监理（建设）单位验收记录</td></tr>
<tr><td rowspan="2">主控项目</td><td>1</td><td>外轮廓尺寸（mm）</td><td>±5</td><td></td><td></td><td></td><td></td><td></td><td></td><td rowspan="2"></td></tr>
<tr><td>2</td><td>预加顶力（kN）</td><td>±10%</td><td></td><td></td><td></td><td></td><td></td><td></td></tr>
<tr><td rowspan="2">一般项目</td><td>1</td><td>轴线平面位置（mm）</td><td>≤30</td><td></td><td></td><td></td><td></td><td></td><td></td><td rowspan="2"></td></tr>
<tr><td>2</td><td colspan="2">连接质量符合设计要求</td><td colspan="6"></td></tr>
<tr><td colspan="2">施工单位检查评定结果</td><td colspan="9">项目专业质量检查员：　　　　年　月　日</td></tr>
<tr><td colspan="2">监理（建设）单位验收结论</td><td colspan="9">监理工程师：
（建设单位项目代表）　　　　年　月　日</td></tr>
</table>

3.14.53 钢立柱工程检验批质量验收记录 GB 50202

<table>
<tr><td>工程名称</td><td colspan="4"></td><td colspan="3">分项工程名称</td><td colspan="2"></td><td>验收部位</td><td></td></tr>
<tr><td>施工单位</td><td colspan="4"></td><td colspan="3">专业负责人</td><td colspan="2"></td><td>项目经理</td><td></td></tr>
<tr><td colspan="3">施工执行标准名称及编号</td><td colspan="5"></td><td colspan="2">检验批编号</td><td colspan="2"></td></tr>
<tr><td colspan="4">施工质量验收规范的规定</td><td colspan="6">施工单位检查评定记录</td><td colspan="2">监理（建设）单位验收记录</td></tr>
<tr><td rowspan="3">主控项目</td><td>1</td><td>截面尺寸（立柱）（mm）</td><td>≤ 5</td><td></td><td></td><td></td><td></td><td></td><td></td><td colspan="2" rowspan="3"></td></tr>
<tr><td>2</td><td>立柱长度（mm）</td><td>± 50</td><td></td><td></td><td></td><td></td><td></td><td></td></tr>
<tr><td>3</td><td>垂直度</td><td>≤ 1/200</td><td></td><td></td><td></td><td></td><td></td><td></td></tr>
<tr><td rowspan="7">一般项目</td><td>1</td><td>立柱挠度（mm）</td><td>≤ l/500</td><td></td><td></td><td></td><td></td><td></td><td></td><td colspan="2" rowspan="7"></td></tr>
<tr><td>2</td><td>截面尺寸（缀板或缀条）（mm）</td><td>≥ −1</td><td></td><td></td><td></td><td></td><td></td><td></td></tr>
<tr><td>3</td><td>缀板间距（mm）</td><td>± 20</td><td></td><td></td><td></td><td></td><td></td><td></td></tr>
<tr><td>4</td><td>钢板厚度（mm）</td><td>≥ −1</td><td></td><td></td><td></td><td></td><td></td><td></td></tr>
<tr><td>5</td><td>立柱顶标高（mm）</td><td>± 20</td><td></td><td></td><td></td><td></td><td></td><td></td></tr>
<tr><td>6</td><td>平面位置（mm）</td><td>≤ 20</td><td></td><td></td><td></td><td></td><td></td><td></td></tr>
<tr><td>7</td><td>平面转角（°）</td><td>≤ 5</td><td></td><td></td><td></td><td></td><td></td><td></td></tr>
<tr><td colspan="2">施工单位检查评定结果</td><td colspan="10">项目专业质量检查员： 年 月 日</td></tr>
<tr><td colspan="2">监理（建设）单位验收结论</td><td colspan="10">监理工程师：
（建设单位项目代表） 年 月 日</td></tr>
</table>

3.14.54 锚杆工程检验批质量验收记录 GB 50202

<table>
<tr><td colspan="2">工程名称</td><td colspan="2"></td><td colspan="3">分项工程名称</td><td colspan="2"></td><td colspan="2">验收部位</td><td></td></tr>
<tr><td colspan="2">施工单位</td><td colspan="2"></td><td colspan="3">专业负责人</td><td colspan="2"></td><td colspan="2">项目经理</td><td></td></tr>
<tr><td colspan="4">施工执行标准名称及编号</td><td colspan="5"></td><td colspan="2">检验批编号</td><td></td></tr>
<tr><td colspan="4">施工质量验收规范的规定</td><td colspan="6">施工单位检查评定记录</td><td colspan="2">监理（建设）单位验收记录</td></tr>
<tr><td rowspan="4">主控项目</td><td>1</td><td colspan="2">抗拔承载力不小于设计值</td><td colspan="6"></td><td colspan="2" rowspan="4"></td></tr>
<tr><td>2</td><td colspan="2">锚固体强度不小于设计值</td><td colspan="6"></td></tr>
<tr><td>3</td><td colspan="2">预加力不小于设计值</td><td colspan="6"></td></tr>
<tr><td>4</td><td colspan="2">锚杆长度不小于设计值</td><td colspan="6"></td></tr>
<tr><td rowspan="7">一般项目</td><td>1</td><td>钻孔孔位（mm）</td><td>≤ 100</td><td></td><td></td><td></td><td></td><td></td><td></td><td colspan="2" rowspan="7"></td></tr>
<tr><td>2</td><td colspan="2">锚杆直径不小于设计值</td><td colspan="6"></td></tr>
<tr><td>3</td><td>钻孔倾斜度（° ）</td><td>≤ 3</td><td></td><td></td><td></td><td></td><td></td><td></td></tr>
<tr><td>4</td><td colspan="2">水胶比（水泥砂浆配比）符合设计值</td><td colspan="6"></td></tr>
<tr><td>5</td><td colspan="2">注浆量不小于设计值</td><td colspan="6"></td></tr>
<tr><td>6</td><td colspan="2">注浆压力符合设计值</td><td colspan="6"></td></tr>
<tr><td>7</td><td>自由段套管长度（mm）</td><td>± 50</td><td></td><td></td><td></td><td></td><td></td><td></td></tr>
<tr><td colspan="2">施工单位检查评定结果</td><td colspan="10">项目专业质量检查员：　　　　年　月　日</td></tr>
<tr><td colspan="2">监理（建设）单位验收结论</td><td colspan="10">监理工程师：
（建设单位项目代表）　　　　年　月　日</td></tr>
</table>

3.14.55 竖向支撑桩柱工程检验批质量验收记录 GB 50202

<table>
<tr><td>工程名称</td><td colspan="4"></td><td colspan="3">分项工程名称</td><td colspan="2"></td><td colspan="2">验收部位</td><td></td></tr>
<tr><td>施工单位</td><td colspan="4"></td><td colspan="3">专业负责人</td><td colspan="2"></td><td colspan="2">项目经理</td><td></td></tr>
<tr><td colspan="3">施工执行标准名称及编号</td><td colspan="6"></td><td colspan="2">检验批编号</td><td colspan="2"></td></tr>
<tr><td colspan="5">施工质量验收规范的规定</td><td colspan="6">施工单位检查评定记录</td><td colspan="2">监理（建设）单位验收记录</td></tr>
<tr><td rowspan="2">主控项目</td><td>1</td><td>支撑桩位定位（mm）</td><td colspan="2">≤ 10</td><td></td><td></td><td></td><td></td><td></td><td></td><td colspan="2" rowspan="2"></td></tr>
<tr><td>2</td><td>支撑柱的垂直度</td><td colspan="2">≤ 1/300</td><td></td><td></td><td></td><td></td><td></td><td></td></tr>
<tr><td rowspan="2">一般项目</td><td>1</td><td>支撑桩成孔垂直度</td><td colspan="2">≤ 1/200</td><td></td><td></td><td></td><td></td><td></td><td></td><td colspan="2" rowspan="2"></td></tr>
<tr><td>2</td><td>支撑柱插入支撑桩的长度（mm）</td><td colspan="2">± 50</td><td></td><td></td><td></td><td></td><td></td><td></td></tr>
<tr><td colspan="2">施工单位检查评定结果</td><td colspan="11">项目专业质量检查员：　　　　年　月　日</td></tr>
<tr><td colspan="2">监理（建设）单位验收结论</td><td colspan="11">监理工程师：
（建设单位项目代表）　　　　年　月　日</td></tr>
</table>

3.14.56 降水施工材料检验批质量验收记录 GB 50202

<table>
<tr><td>工程名称</td><td colspan="3"></td><td colspan="3">分项工程名称</td><td></td><td>验收部位</td><td></td></tr>
<tr><td>施工单位</td><td colspan="3"></td><td colspan="3">专业负责人</td><td></td><td>项目经理</td><td></td></tr>
<tr><td colspan="4">施工执行标准名称及编号</td><td colspan="4"></td><td>检验批编号</td><td></td></tr>
<tr><td colspan="4">施工质量验收规范的规定</td><td colspan="6">施工单位检查评定记录</td><td>监理（建设）单位验收记录</td></tr>
<tr><td rowspan="4">主控项目</td><td>1</td><td colspan="2">井、滤管材质符合设计要求</td><td colspan="6"></td><td rowspan="4"></td></tr>
<tr><td>2</td><td colspan="2">滤管孔隙率符合设计值</td><td colspan="6"></td></tr>
<tr><td>3</td><td>滤料粒径</td><td>（6~12）d_{50}</td><td></td><td></td><td></td><td></td><td></td><td></td></tr>
<tr><td>4</td><td>滤料不均匀系数</td><td>≤ 3</td><td></td><td></td><td></td><td></td><td></td><td></td></tr>
<tr><td rowspan="3">一般项目</td><td>1</td><td>沉淀管长度（mm）</td><td>+50，0</td><td></td><td></td><td></td><td></td><td></td><td></td><td rowspan="3"></td></tr>
<tr><td>2</td><td colspan="2">封孔回填土质量符合设计要求</td><td colspan="6"></td></tr>
<tr><td>3</td><td colspan="2">挡砂网符合设计要求</td><td colspan="6"></td></tr>
<tr><td colspan="2">施工单位检查评定结果</td><td colspan="9">项目专业质量检查员：　　　　年　月　日</td></tr>
<tr><td colspan="2">监理（建设）单位验收结论</td><td colspan="9">监理工程师：
（建设单位项目代表）　　　　年　月　日</td></tr>
</table>

3.14.57 轻型井点工程检验批质量验收记录 GB 50202

工程名称			分项工程名称				验收部位			
施工单位			专业负责人				项目经理			
施工执行标准名称及编号							检验批编号			
施工质量验收规范的规定				施工单位检查评定记录						监理（建设）单位验收记录
主控项目	1	出水量不小于设计值								
一般项目	1	成孔孔径（mm）	± 20							
	2	成孔深度（mm）	+1000，−200							
	3	滤料回填量不小于设计计算体积的 95%								
	4	黏土封孔高度（mm）	≥ 1000							
	5	自由段套管长度（mm）	0.8~1.6							
施工单位检查评定结果	项目专业质量检查员：　　　　年　月　日									
监理（建设）单位验收结论	监理工程师： （建设单位项目代表）　　　　年　月　日									

3.14.58 喷射井点工程检验批质量验收记录 GB 50202

<table>
<tr><td colspan="3">工程名称</td><td colspan="3"></td><td colspan="2">分项工程名称</td><td colspan="2"></td><td>验收部位</td><td></td></tr>
<tr><td colspan="3">施工单位</td><td colspan="3"></td><td colspan="2">专业负责人</td><td colspan="2"></td><td>项目经理</td><td></td></tr>
<tr><td colspan="4">施工执行标准名称及编号</td><td colspan="4"></td><td colspan="2">检验批编号</td><td colspan="2"></td></tr>
<tr><td colspan="4">施工质量验收规范的规定</td><td colspan="6">施工单位检查评定记录</td><td colspan="2">监理（建设）单位验收记录</td></tr>
<tr><td>主控项目</td><td>1</td><td colspan="2">出水量不小于设计值</td><td colspan="6"></td><td colspan="2"></td></tr>
<tr><td rowspan="4">一般项目</td><td>1</td><td>成孔孔径（mm）</td><td>+50，0</td><td></td><td></td><td></td><td></td><td></td><td></td><td colspan="2" rowspan="4"></td></tr>
<tr><td>2</td><td>成孔深度（mm）</td><td>+1000，-200</td><td></td><td></td><td></td><td></td><td></td><td></td></tr>
<tr><td>3</td><td colspan="2">滤料回填量不小于设计计算体积的 95%</td><td colspan="6"></td></tr>
<tr><td>4</td><td>井点管间距（m）</td><td>2~3</td><td></td><td></td><td></td><td></td><td></td><td></td></tr>
<tr><td colspan="2">施工单位检查评定结果</td><td colspan="10">项目专业质量检查员：　　　　年　月　日</td></tr>
<tr><td colspan="2">监理（建设）单位验收结论</td><td colspan="10">监理工程师：
（建设单位项目代表）　　　　年　月　日</td></tr>
</table>

3.14.59 管井工程检验批质量验收记录 GB 50202

<table>
<tr><td colspan="2">工程名称</td><td colspan="3"></td><td colspan="3">分项工程名称</td><td colspan="2"></td><td colspan="2">验收部位</td><td></td></tr>
<tr><td colspan="2">施工单位</td><td colspan="3"></td><td colspan="3">专业负责人</td><td colspan="2"></td><td colspan="2">项目经理</td><td></td></tr>
<tr><td colspan="4">施工执行标准名称及编号</td><td colspan="4"></td><td colspan="2">检验批编号</td><td colspan="3"></td></tr>
<tr><td colspan="6">施工质量验收规范的规定</td><td colspan="6">施工单位检查评定记录</td><td>监理（建设）单位验收记录</td></tr>
<tr><td rowspan="4">主控项目</td><td>1</td><td colspan="3">泥浆比重</td><td>1.05~1.10</td><td></td><td></td><td></td><td></td><td></td><td></td><td rowspan="4"></td></tr>
<tr><td>2</td><td colspan="3">滤料回填高度</td><td>+10%，0</td><td></td><td></td><td></td><td></td><td></td><td></td></tr>
<tr><td>3</td><td colspan="4">封孔符合设计要求</td><td colspan="6"></td></tr>
<tr><td>4</td><td colspan="4">出水量不小于设计值</td><td colspan="6"></td></tr>
<tr><td rowspan="7">一般项目</td><td>1</td><td colspan="3">成孔孔径（mm）</td><td>± 50</td><td></td><td></td><td></td><td></td><td></td><td></td><td rowspan="7"></td></tr>
<tr><td>2</td><td colspan="3">成孔深度（mm）</td><td>± 20</td><td></td><td></td><td></td><td></td><td></td><td></td></tr>
<tr><td>3</td><td colspan="4">扶中器符合设计要求</td><td colspan="6"></td></tr>
<tr><td rowspan="2">4</td><td rowspan="2" colspan="2">活塞洗井</td><td>次数（次）</td><td>≥ 20</td><td></td><td></td><td></td><td></td><td></td><td></td></tr>
<tr><td>时间（h）</td><td>≥ 2</td><td></td><td></td><td></td><td></td><td></td><td></td></tr>
<tr><td>5</td><td colspan="3">沉淀物高度</td><td>≤ 5‰井深</td><td></td><td></td><td></td><td></td><td></td><td></td></tr>
<tr><td>6</td><td colspan="3">含砂量（体积比）</td><td>≤ 1/20000</td><td></td><td></td><td></td><td></td><td></td><td></td></tr>
<tr><td colspan="2">施工单位检查评定结果</td><td colspan="11">项目专业质量检查员： 年 月 日</td></tr>
<tr><td colspan="2">监理（建设）单位验收结论</td><td colspan="11">监理工程师：
（建设单位项目代表） 年 月 日</td></tr>
</table>

3.14.60 轻型井点、喷射井点、真空管井降水运行工程检验批质量验收记录 GB 50202

工程名称			分项工程名称				验收部位		
施工单位			专业负责人				项目经理		
施工执行标准名称及编号							检验批编号		
施工质量验收规范的规定				施工单位检查评定记录					监理（建设）单位验收记录
主控项目	1	降水效果符合设计要求							
一般项目	1	真空负压（MPa）	≥ 0.065						
	2	有效井点数（%）	≥ 90						
施工单位检查评定结果	项目专业质量检查员： 年 月 日								
监理（建设）单位验收结论	监理工程师： （建设单位项目代表） 年 月 日								

3.14.61 减压降水管井运行工程检验批质量验收记录 GB 50202

<table>
<tr><td>工程名称</td><td colspan="3"></td><td>分项工程名称</td><td></td><td>验收部位</td><td></td></tr>
<tr><td>施工单位</td><td colspan="3"></td><td>专业负责人</td><td></td><td>项目经理</td><td></td></tr>
<tr><td colspan="3">施工执行标准名称及编号</td><td colspan="2"></td><td>检验批编号</td><td colspan="2"></td></tr>
<tr><td colspan="4">施工质量验收规范的规定</td><td colspan="3">施工单位检查评定记录</td><td>监理（建设）单位验收记录</td></tr>
<tr><td>主控项目</td><td>1</td><td>观测井水位（%）</td><td>+10，0</td><td colspan="3"></td><td></td></tr>
<tr><td>一般项目</td><td>1</td><td colspan="2">安全操作平台符合设计及安全要求</td><td colspan="3"></td><td></td></tr>
<tr><td>施工单位检查评定结果</td><td colspan="7">项目专业质量检查员：　　　　年　月　日</td></tr>
<tr><td>监理（建设）单位验收结论</td><td colspan="7">监理工程师：
（建设单位项目代表）　　　　年　月　日</td></tr>
</table>

3.14.62　管井封井工程检验批质量验收记录　GB 50202

<table>
<tr><td colspan="2">工程名称</td><td colspan="2"></td><td colspan="3">分项工程名称</td><td colspan="2"></td><td colspan="2">验收部位</td><td></td></tr>
<tr><td colspan="2">施工单位</td><td colspan="2"></td><td colspan="3">专业负责人</td><td colspan="2"></td><td colspan="2">项目经理</td><td></td></tr>
<tr><td colspan="4">施工执行标准名称及编号</td><td colspan="5"></td><td colspan="2">检验批编号</td><td></td></tr>
<tr><td colspan="4">施工质量验收规范的规定</td><td colspan="6">施工单位检查评定记录</td><td colspan="2">监理（建设）单位验收记录</td></tr>
<tr><td rowspan="3">主控项目</td><td>1</td><td>注浆量（%）</td><td>+10，0</td><td></td><td></td><td></td><td></td><td></td><td></td><td rowspan="3" colspan="2"></td></tr>
<tr><td>2</td><td colspan="2">混凝土强度不小于设计值</td><td colspan="6"></td></tr>
<tr><td>3</td><td colspan="2">内止水钢板焊接应满焊、无缝隙</td><td colspan="6"></td></tr>
<tr><td rowspan="6">一般项目</td><td>1</td><td colspan="2">外止水钢板宽度、厚度、位置符合设计要求</td><td colspan="6"></td><td rowspan="6" colspan="2"></td></tr>
<tr><td>2</td><td>细石子粒径（mm）</td><td>5~10</td><td></td><td></td><td></td><td></td><td></td><td></td></tr>
<tr><td>3</td><td>细石子回填量（%）</td><td>+10，0</td><td></td><td></td><td></td><td></td><td></td><td></td></tr>
<tr><td>4</td><td>混凝土灌注量（%）</td><td>+10，0</td><td></td><td></td><td></td><td></td><td></td><td></td></tr>
<tr><td>5</td><td>24h 残存水高度（mm）</td><td>≤ 500</td><td></td><td></td><td></td><td></td><td></td><td></td></tr>
<tr><td>6</td><td colspan="2">砂浆封孔符合设计要求</td><td colspan="6"></td></tr>
<tr><td colspan="2">施工单位检查评定结果</td><td colspan="10">项目专业质量检查员：　　　　年　月　日</td></tr>
<tr><td colspan="2">监理（建设）单位验收结论</td><td colspan="10">监理工程师：
（建设单位项目代表）　　　　年　月　日</td></tr>
</table>

3.14.63 回灌管井运行工程检验批质量验收记录 GB 50202

<table>
<tr><td>工程名称</td><td colspan="3"></td><td colspan="3">分项工程名称</td><td colspan="2"></td><td>验收部位</td><td></td></tr>
<tr><td>施工单位</td><td colspan="3"></td><td colspan="3">专业负责人</td><td colspan="2"></td><td>项目经理</td><td></td></tr>
<tr><td colspan="3">施工执行标准名称及编号</td><td colspan="4"></td><td colspan="2">检验批编号</td><td colspan="2"></td></tr>
<tr><td colspan="4">施工质量验收规范的规定</td><td colspan="6">施工单位检查评定记录</td><td>监理（建设）单位验收记录</td></tr>
<tr><td rowspan="2">主控项目</td><td>1</td><td colspan="2">观测井水位符合设计值</td><td colspan="6"></td><td rowspan="2"></td></tr>
<tr><td>2</td><td colspan="2">回灌水质不低于目的层水质</td><td colspan="6"></td></tr>
<tr><td rowspan="3">一般项目</td><td>1</td><td>回灌量</td><td>+10%，0</td><td></td><td></td><td></td><td></td><td></td><td></td><td rowspan="3"></td></tr>
<tr><td>2</td><td>回灌压力</td><td>+5%，0</td><td></td><td></td><td></td><td></td><td></td><td></td></tr>
<tr><td>3</td><td colspan="2">回扬符合设计要求</td><td colspan="6"></td></tr>
<tr><td colspan="2">施工单位检查评定结果</td><td colspan="9">
项目专业质量检查员：　　　　年　月　日</td></tr>
<tr><td colspan="2">监理（建设）单位验收结论</td><td colspan="9">
监理工程师：
（建设单位项目代表）　　　　年　月　日</td></tr>
</table>

3.14.64 柱基、基坑、基槽土方开挖工程检验批质量验收记录 GB 50202

<table>
<tr><td colspan="2">工程名称</td><td colspan="2"></td><td colspan="3">分项工程名称</td><td colspan="2"></td><td>验收部位</td><td></td></tr>
<tr><td colspan="2">施工单位</td><td colspan="2"></td><td colspan="3">专业负责人</td><td colspan="2"></td><td>项目经理</td><td></td></tr>
<tr><td colspan="3">施工执行标准名称及编号</td><td colspan="3"></td><td colspan="2">检验批编号</td><td colspan="3"></td></tr>
<tr><td colspan="4">施工质量验收规范的规定</td><td colspan="6">施工单位检查评定记录</td><td>监理（建设）单位验收记录</td></tr>
<tr><td rowspan="3">主控项目</td><td>1</td><td>标高（mm）</td><td>0，-50</td><td></td><td></td><td></td><td></td><td></td><td></td><td rowspan="3"></td></tr>
<tr><td>2</td><td>长度、宽度（由设计中心线向两边量）（mm）</td><td>+200，-50</td><td></td><td></td><td></td><td></td><td></td><td></td></tr>
<tr><td>3</td><td colspan="2">坡率符合设计值</td><td colspan="6"></td></tr>
<tr><td rowspan="2">一般项目</td><td>1</td><td>表面平整度（mm）</td><td>±20</td><td></td><td></td><td></td><td></td><td></td><td></td><td rowspan="2"></td></tr>
<tr><td>2</td><td colspan="2">基底土性符合设计要求</td><td colspan="6"></td></tr>
<tr><td colspan="2">施工单位检查评定结果</td><td colspan="9">项目专业质量检查员： 年 月 日</td></tr>
<tr><td colspan="2">监理（建设）单位验收结论</td><td colspan="9">监理工程师：
（建设单位项目代表） 年 月 日</td></tr>
</table>

3.14.65 挖方场地平整土方开挖工程检验批质量验收记录 GB 50202

<table>
<tr><td>工程名称</td><td colspan="4"></td><td colspan="3">分项工程名称</td><td colspan="3"></td><td>验收部位</td><td></td></tr>
<tr><td>施工单位</td><td colspan="4"></td><td colspan="3">专业负责人</td><td colspan="3"></td><td>项目经理</td><td></td></tr>
<tr><td colspan="3">施工执行标准名称及编号</td><td colspan="6"></td><td colspan="2">检验批编号</td><td colspan="2"></td></tr>
<tr><td colspan="5">施工质量验收规范的规定</td><td colspan="6">施工单位检查评定记录</td><td colspan="2">监理（建设）单位验收记录</td></tr>
<tr><td rowspan="5">主控项目</td><td rowspan="2">1</td><td rowspan="2">标高（mm）</td><td>人工</td><td>± 30</td><td></td><td></td><td></td><td></td><td></td><td></td><td colspan="2" rowspan="5"></td></tr>
<tr><td>机械</td><td>± 50</td><td></td><td></td><td></td><td></td><td></td><td></td></tr>
<tr><td rowspan="2">2</td><td rowspan="2">长度、宽度（由设计中心线向两边量）（mm）</td><td>人工</td><td>+300
−100</td><td></td><td></td><td></td><td></td><td></td><td></td></tr>
<tr><td>机械</td><td>+500
−150</td><td></td><td></td><td></td><td></td><td></td><td></td></tr>
<tr><td>3</td><td colspan="3">坡率符合设计值</td><td colspan="6"></td></tr>
<tr><td rowspan="3">一般项目</td><td rowspan="2">1</td><td rowspan="2">表面平整度（mm）</td><td>人工</td><td>± 20</td><td></td><td></td><td></td><td></td><td></td><td></td><td colspan="2" rowspan="3"></td></tr>
<tr><td>机械</td><td>± 50</td><td></td><td></td><td></td><td></td><td></td><td></td></tr>
<tr><td>2</td><td colspan="3">基底土性符合设计要求</td><td colspan="6"></td></tr>
<tr><td colspan="2">施工单位检查评定结果</td><td colspan="11">项目专业质量检查员： 年 月 日</td></tr>
<tr><td colspan="2">监理（建设）单位验收结论</td><td colspan="11">监理工程师：
（建设单位项目代表） 年 月 日</td></tr>
</table>

3.14.66 管沟土方开挖工程检验批质量验收记录 GB 50202

<table>
<tr><td colspan="2">工程名称</td><td colspan="2"></td><td colspan="3">分项工程名称</td><td colspan="2"></td><td>验收部位</td><td></td></tr>
<tr><td colspan="2">施工单位</td><td colspan="2"></td><td colspan="3">专业负责人</td><td colspan="2"></td><td>项目经理</td><td></td></tr>
<tr><td colspan="3">施工执行标准名称及编号</td><td colspan="4"></td><td colspan="2">检验批编号</td><td colspan="2"></td></tr>
<tr><td colspan="4">施工质量验收规范的规定</td><td colspan="6">施工单位检查评定记录</td><td>监理（建设）单位验收记录</td></tr>
<tr><td rowspan="3">主控项目</td><td>1</td><td>标高（mm）</td><td>0，-50</td><td></td><td></td><td></td><td></td><td></td><td></td><td rowspan="3"></td></tr>
<tr><td>2</td><td>长度、宽度（由设计中心线向两边量）（mm）</td><td>+100，0</td><td></td><td></td><td></td><td></td><td></td><td></td></tr>
<tr><td>3</td><td colspan="2">坡率符合设计值</td><td colspan="6"></td></tr>
<tr><td rowspan="2">一般项目</td><td>1</td><td>表面平整度（mm）</td><td>± 20</td><td></td><td></td><td></td><td></td><td></td><td></td><td rowspan="2"></td></tr>
<tr><td>2</td><td colspan="2">基底土性符合设计要求</td><td colspan="6"></td></tr>
<tr><td colspan="2">施工单位检查评定结果</td><td colspan="9">项目专业质量检查员： 年 月 日</td></tr>
<tr><td colspan="2">监理（建设）单位验收结论</td><td colspan="9">监理工程师：
（建设单位项目代表） 年 月 日</td></tr>
</table>

3.14.67 地（路）面基层土方开挖工程检验批质量验收记录 GB 50202

工程名称			分项工程名称				验收部位			
施工单位			专业负责人				项目经理			
施工执行标准名称及编号							检验批编号			
施工质量验收规范的规定				施工单位检查评定记录						监理（建设）单位验收记录
主控项目	1	标高（mm）	0，−50							
	2	长度、宽度（由设计中心线向两边量）（mm）符合设计值								
	3	坡率符合设计值								
一般项目	1	表面平整度（mm）	± 20							
	2	基底土性符合设计要求								
施工单位检查评定结果	项目专业质量检查员：　　年　月　日									
监理（建设）单位验收结论	监理工程师：（建设单位项目代表）　　年　月　日									

3.14.68 柱基、基坑、基槽、管沟岩质基坑开挖工程检验批质量验收记录 GB 50202

<table>
<tr><td colspan="2">工程名称</td><td colspan="2"></td><td colspan="3">分项工程名称</td><td colspan="2"></td><td>验收部位</td><td></td></tr>
<tr><td colspan="2">施工单位</td><td colspan="2"></td><td colspan="3">专业负责人</td><td colspan="2"></td><td>项目经理</td><td></td></tr>
<tr><td colspan="4">施工执行标准名称及编号</td><td colspan="3"></td><td colspan="2">检验批编号</td><td colspan="2"></td></tr>
<tr><td colspan="5">施工质量验收规范的规定</td><td colspan="6">施工单位检查评定记录</td><td>监理（建设）单位验收记录</td></tr>
<tr><td rowspan="3">主控项目</td><td>1</td><td>标高（mm）</td><td colspan="2">0，-200</td><td></td><td></td><td></td><td></td><td></td><td></td><td rowspan="3"></td></tr>
<tr><td>2</td><td>长度、宽度（由设计中心线向两边量）（mm）</td><td colspan="2">+200，0</td><td></td><td></td><td></td><td></td><td></td><td></td></tr>
<tr><td>3</td><td colspan="3">坡率符合设计值</td><td colspan="6"></td></tr>
<tr><td rowspan="2">一般项目</td><td>1</td><td>表面平整度（mm）</td><td colspan="2">±100</td><td></td><td></td><td></td><td></td><td></td><td></td><td rowspan="2"></td></tr>
<tr><td>2</td><td colspan="3">基底岩（土）质符合设计要求</td><td colspan="6"></td></tr>
<tr><td colspan="2">施工单位检查评定结果</td><td colspan="10">项目专业质量检查员： 年 月 日</td></tr>
<tr><td colspan="2">监理（建设）单位验收结论</td><td colspan="10">监理工程师：
（建设单位项目代表） 年 月 日</td></tr>
</table>

3.14.69 挖方场地平整岩土开挖工程检验批质量验收记录 GB 50202

<table>
<tr><td colspan="2">工程名称</td><td colspan="2"></td><td>分项工程名称</td><td colspan="3"></td><td>验收部位</td><td></td></tr>
<tr><td colspan="2">施工单位</td><td colspan="2"></td><td>专业负责人</td><td colspan="3"></td><td>项目经理</td><td></td></tr>
<tr><td colspan="4">施工执行标准名称及编号</td><td colspan="3"></td><td>检验批编号</td><td colspan="3"></td></tr>
<tr><td colspan="4">施工质量验收规范的规定</td><td colspan="6">施工单位检查评定记录</td><td>监理（建设）单位验收记录</td></tr>
<tr><td rowspan="3">主控项目</td><td>1</td><td>标高（mm）</td><td>+100，−300</td><td></td><td></td><td></td><td></td><td></td><td></td><td rowspan="3"></td></tr>
<tr><td>2</td><td>长度、宽度（由设计中心线向两边量）（mm）</td><td>+400，−100</td><td></td><td></td><td></td><td></td><td></td><td></td></tr>
<tr><td>3</td><td colspan="2">坡率符合设计值</td><td colspan="6"></td></tr>
<tr><td rowspan="2">一般项目</td><td>1</td><td>表面平整度（mm）</td><td>± 100</td><td></td><td></td><td></td><td></td><td></td><td></td><td rowspan="2"></td></tr>
<tr><td>2</td><td colspan="2">基底岩（土）质符合设计要求</td><td colspan="6"></td></tr>
<tr><td colspan="2">施工单位检查评定结果</td><td colspan="9">项目专业质量检查员： 年 月 日</td></tr>
<tr><td colspan="2">监理（建设）单位验收结论</td><td colspan="9">监理工程师：
（建设单位项目代表） 年 月 日</td></tr>
</table>

3.14.70　土石方堆放工程检验批质量验收记录　GB 50202

工程名称			分项工程名称		验收部位	
施工单位			专业负责人		项目经理	
施工执行标准名称及编号				检验批编号		
施工质量验收规范的规定			施工单位检查评定记录		监理（建设）单位验收记录	
主控项目	1	总高度不大于设计值				
	2	长度、宽度符合设计值				
	3	堆放安全距离符合设计值				
	4	坡率符合设计值				
一般项目	1	防扬尘满足环境保护要求或施工组织设计要求				
施工单位检查评定结果	项目专业质量检查员：　　年　月　日					
监理（建设）单位验收结论	监理工程师：（建设单位项目代表）　　年　月　日					

3.14.71 柱基、基坑、基槽、管沟、地（路）面基础层填方工程检验批质量验收记录 GB 50202

工程名称			分项工程名称		验收部位	
施工单位			专业负责人		项目经理	
施工执行标准名称及编号					检验批编号	

施工质量验收规范的规定				施工单位检查评定记录						监理（建设）单位验收记录
主控项目	1	标高（mm）	+0，-50							
	2	分层压实系数不小于设计值								
一般项目	1	回填土料符合设计要求								
	2	分层厚度符合设计值								
	3	含水量（%）	±2（最优）							
	4	表面平整度（mm）	±20							
	5	有机质含量（%）	≤5							
	6	辗迹重叠长度（mm）	500~1000							

施工单位检查评定结果	项目专业质量检查员： 年 月 日
监理（建设）单位验收结论	监理工程师： （建设单位项目代表） 年 月 日

3.14.72 场地平整填方工程检验批质量验收记录 GB 50202

<table>
<tr><td colspan="2">工程名称</td><td colspan="3"></td><td colspan="3">分项工程名称</td><td colspan="2"></td><td>验收部位</td><td></td></tr>
<tr><td colspan="2">施工单位</td><td colspan="3"></td><td colspan="3">专业负责人</td><td colspan="2"></td><td>项目经理</td><td></td></tr>
<tr><td colspan="3">施工执行标准名称及编号</td><td colspan="5"></td><td colspan="2">检验批编号</td><td colspan="2"></td></tr>
<tr><td colspan="5">施工质量验收规范的规定</td><td colspan="6">施工单位检查评定记录</td><td>监理（建设）单位验收记录</td></tr>
<tr><td rowspan="3">主控项目</td><td rowspan="2">1</td><td rowspan="2">标高（mm）</td><td>人工</td><td>±30</td><td></td><td></td><td></td><td></td><td></td><td></td><td rowspan="3"></td></tr>
<tr><td>机械</td><td>±50</td><td></td><td></td><td></td><td></td><td></td><td></td></tr>
<tr><td>2</td><td colspan="3">分层压实系数不小于设计值</td><td colspan="6"></td></tr>
<tr><td rowspan="7">一般项目</td><td>1</td><td colspan="3">回填土料符合设计要求</td><td colspan="6"></td><td rowspan="7"></td></tr>
<tr><td>2</td><td colspan="3">分层厚度符合设计值</td><td colspan="6"></td></tr>
<tr><td>3</td><td>含水量（%）</td><td colspan="2">±4（最优）</td><td></td><td></td><td></td><td></td><td></td><td></td></tr>
<tr><td rowspan="2">4</td><td rowspan="2">表面平整度（mm）</td><td>人工</td><td>±20</td><td></td><td></td><td></td><td></td><td></td><td></td></tr>
<tr><td>机械</td><td>±30</td><td></td><td></td><td></td><td></td><td></td><td></td></tr>
<tr><td>5</td><td>有机质含量（%）</td><td colspan="2">≤5</td><td></td><td></td><td></td><td></td><td></td><td></td></tr>
<tr><td>6</td><td>辗迹重叠长度（mm）</td><td colspan="2">500~1000</td><td></td><td></td><td></td><td></td><td></td><td></td></tr>
<tr><td colspan="2">施工单位检查评定结果</td><td colspan="10">项目专业质量检查员：　　　　年　月　日</td></tr>
<tr><td colspan="2">监理（建设）单位验收结论</td><td colspan="10">监理工程师：
（建设单位项目代表）　　　　年　月　日</td></tr>
</table>

3.14.73 边坡喷锚工程检验批质量验收记录 GB 50202

工程名称		分项工程名称		验收部位	
施工单位		专业负责人		项目经理	
施工执行标准名称及编号				检验批编号	

施工质量验收规范的规定				施工单位检查评定记录						监理（建设）单位验收记录
主控项目	1	锚杆承载力不小于设计值								
	2	锚杆（索）锚固长度（mm）	± 50							
	3	喷锚混凝土强度不小于设计值								
	4	预应力锚杆（索）的张拉力、锚固力不小于设计值								
一般项目	1	锚孔位置（mm）	≤ 50							
	2	锚孔孔径（mm）	± 20							
	3	锚孔倾角（°）	≤ 1							
	4	锚孔深度不小于设计值								
	5	锚杆（索）长度（mm）	± 50							
	6	预应力锚杆（索）张拉伸长量（%）	± 6							
	7	锚固段注浆体强度不小于设计值								
	8	泄水孔直径、孔深（mm）	± 3							
	9	预应力锚杆（索）锚固后的外露长度（mm）	≥ 30							
	10	钢束断丝滑丝数（%）	≤ 1							
施工单位检查评定结果	项目专业质量检查员：　　　　年　月　日									
监理（建设）单位验收结论	监理工程师： （建设单位项目代表）　　　　年　月　日									

3.14.74　挡土墙工程检验批质量验收记录　GB 50202

<table>
<tr><td colspan="2">工程名称</td><td colspan="3"></td><td colspan="2">分项工程名称</td><td colspan="2"></td><td colspan="2">验收部位</td><td></td></tr>
<tr><td colspan="2">施工单位</td><td colspan="3"></td><td colspan="2">专业负责人</td><td colspan="2"></td><td colspan="2">项目经理</td><td></td></tr>
<tr><td colspan="4">施工执行标准名称及编号</td><td colspan="3"></td><td colspan="2">检验批编号</td><td colspan="3"></td></tr>
<tr><td colspan="5">施工质量验收规范的规定</td><td colspan="6">施工单位检查评定记录</td><td>监理（建设）单位验收记录</td></tr>
<tr><td rowspan="4">主控项目</td><td>1</td><td colspan="2">挡土墙埋置深度（mm）</td><td>±10</td><td></td><td></td><td></td><td></td><td></td><td></td><td rowspan="4"></td></tr>
<tr><td rowspan="2">2</td><td rowspan="2">墙身材料强度</td><td>石材（MPa）</td><td>≥30</td><td></td><td></td><td></td><td></td><td></td><td></td></tr>
<tr><td colspan="2">混凝土不小于设计值</td><td colspan="6"></td></tr>
<tr><td>3</td><td colspan="3">分层压实系数不小于设计值</td><td colspan="6"></td></tr>
<tr><td rowspan="10">一般项目</td><td>1</td><td colspan="2">平面位置（mm）</td><td>≤50</td><td></td><td></td><td></td><td></td><td></td><td></td><td rowspan="10"></td></tr>
<tr><td>2</td><td colspan="3">墙身、压顶断面尺寸不小于设计值</td><td colspan="6"></td></tr>
<tr><td>3</td><td colspan="2">压顶顶面高程（mm）</td><td>±10</td><td></td><td></td><td></td><td></td><td></td><td></td></tr>
<tr><td>4</td><td colspan="3">墙背加筋材料强度、延伸率不小于设计值</td><td colspan="6"></td></tr>
<tr><td>5</td><td colspan="2">泄水孔尺寸（mm）</td><td>±3</td><td></td><td></td><td></td><td></td><td></td><td></td></tr>
<tr><td>6</td><td colspan="3">泄水孔的坡度符合设计值</td><td colspan="6"></td></tr>
<tr><td>7</td><td colspan="2">伸缩缝、沉降缝宽度（mm）</td><td>+20，0</td><td></td><td></td><td></td><td></td><td></td><td></td></tr>
<tr><td>8</td><td colspan="2">轴线位置（mm）</td><td>≤30</td><td></td><td></td><td></td><td></td><td></td><td></td></tr>
<tr><td>9</td><td colspan="2">墙面倾斜率（%）</td><td>≤0.5</td><td></td><td></td><td></td><td></td><td></td><td></td></tr>
<tr><td>10</td><td colspan="2">墙表面平整度（混凝土）（mm）</td><td>±10</td><td></td><td></td><td></td><td></td><td></td><td></td></tr>
<tr><td colspan="2">施工单位检查评定结果</td><td colspan="10">项目专业质量检查员：　　　　年　月　日</td></tr>
<tr><td colspan="2">监理（建设）单位验收结论</td><td colspan="10">监理工程师：
（建设单位项目代表）　　　　年　月　日</td></tr>
</table>

3.14.75 边坡开挖工程检验批质量验收记录 GB 50202

<table>
<tr><td colspan="2">工程名称</td><td colspan="4"></td><td colspan="3">分项工程名称</td><td colspan="2"></td><td>验收部位</td><td></td></tr>
<tr><td colspan="2">施工单位</td><td colspan="4"></td><td colspan="3">专业负责人</td><td colspan="2"></td><td>项目经理</td><td></td></tr>
<tr><td colspan="3">施工执行标准名称及编号</td><td colspan="6"></td><td colspan="2">检验批编号</td><td colspan="2"></td></tr>
<tr><td colspan="6">施工质量验收规范的规定</td><td colspan="6">施工单位检查评定记录</td><td>监理（建设）单位验收记录</td></tr>
<tr><td rowspan="2">主控项目</td><td>1</td><td colspan="4">坡率符合设计值</td><td colspan="6"></td><td rowspan="2"></td></tr>
<tr><td>2</td><td colspan="2">坡底标高（mm）</td><td colspan="2">±100</td><td></td><td></td><td></td><td></td><td></td><td></td></tr>
<tr><td rowspan="9">一般项目</td><td rowspan="3">1</td><td rowspan="3">坡面平整度（mm）</td><td>土坡</td><td colspan="2">±100</td><td></td><td></td><td></td><td></td><td></td><td></td><td rowspan="9"></td></tr>
<tr><td rowspan="2">岩坡</td><td>软岩</td><td>±200</td><td></td><td></td><td></td><td></td><td></td><td></td></tr>
<tr><td>硬岩</td><td>±350</td><td></td><td></td><td></td><td></td><td></td><td></td></tr>
<tr><td rowspan="3">2</td><td rowspan="3">平台宽度（mm）</td><td>土坡</td><td colspan="2">+200，0</td><td></td><td></td><td></td><td></td><td></td><td></td></tr>
<tr><td rowspan="2">岩坡</td><td>软岩</td><td>+300</td><td></td><td></td><td></td><td></td><td></td><td></td></tr>
<tr><td>硬岩</td><td>+500</td><td></td><td></td><td></td><td></td><td></td><td></td></tr>
<tr><td rowspan="3">3</td><td rowspan="3">坡脚线偏位（mm）</td><td>土坡</td><td colspan="2">+500，−100</td><td></td><td></td><td></td><td></td><td></td><td></td></tr>
<tr><td rowspan="2">岩坡</td><td>软岩</td><td>+500，−200</td><td></td><td></td><td></td><td></td><td></td><td></td></tr>
<tr><td>硬岩</td><td>+800，−250</td><td></td><td></td><td></td><td></td><td></td><td></td></tr>
<tr><td colspan="2">施工单位检查评定结果</td><td colspan="11">项目专业质量检查员：　　　　年　月　日</td></tr>
<tr><td colspan="2">监理（建设）单位验收结论</td><td colspan="11">监理工程师：
（建设单位项目代表）　　　　年　月　日</td></tr>
</table>

3.15 砌体工程[①]

3.15.1 砖砌体工程检验批质量验收记录 GB 50203

<table>
<tr><td colspan="2">工程名称</td><td colspan="2"></td><td colspan="2">分项工程名称</td><td colspan="3"></td><td>验收部位</td><td></td></tr>
<tr><td colspan="2">施工单位</td><td colspan="2"></td><td colspan="2">专业负责人</td><td colspan="3"></td><td>项目经理</td><td></td></tr>
<tr><td colspan="3">施工执行标准名称及编号</td><td colspan="4"></td><td colspan="2">检验批编号</td><td colspan="2"></td></tr>
<tr><td colspan="4">施工质量验收规范的规定</td><td colspan="6">施工单位检查评定记录</td><td>监理（建设）单位验收记录</td></tr>
<tr><td rowspan="7">主控项目</td><td>1</td><td colspan="2">砖强度等级满足设计要求</td><td colspan="6"></td><td rowspan="7"></td></tr>
<tr><td>2</td><td colspan="2">砂浆强度等级满足设计要求</td><td colspan="6"></td></tr>
<tr><td>3</td><td colspan="2">在抗震设防烈度为 8 度及以上地区，对不能同时砌筑而又必须留置的临时间断处应砌成斜槎</td><td colspan="6"></td></tr>
<tr><td>4</td><td colspan="2">砖砌体的转角处和交接处应同时砌筑，严禁无可靠措施内外墙分砌施工</td><td colspan="6"></td></tr>
<tr><td>5</td><td colspan="2">非抗震设防及抗震设防烈度为 6 度、7 度地区的临时间断处，当不能留斜槎时，除转角处外，可留直槎，但直槎必须做成凸槎。留直槎处应加设拉结钢筋</td><td colspan="6"></td></tr>
<tr><td rowspan="2">6</td><td rowspan="2">砂浆饱满度（%）</td><td>≥ 80（墙）</td><td></td><td></td><td></td><td></td><td></td><td></td></tr>
<tr><td>≥ 90（柱）</td><td></td><td></td><td></td><td></td><td></td><td></td></tr>
<tr><td rowspan="8">一般项目</td><td>1</td><td>轴线位移（mm）</td><td>≤ 10</td><td></td><td></td><td></td><td></td><td></td><td></td><td rowspan="8"></td></tr>
<tr><td>2</td><td>（每层）垂直度（mm）</td><td>≤ 5</td><td></td><td></td><td></td><td></td><td></td><td></td></tr>
<tr><td rowspan="3">3</td><td colspan="2">砖砌体组砌方法应正确，内外搭砌，上下错缝</td><td colspan="6"></td></tr>
<tr><td colspan="2">清水墙、窗间墙无通缝；混水墙中不得有长度大于 300mm 的通缝，长度 200~300mm 的通缝每间不超过 3 处，且不得位于同一面墙体上</td><td colspan="6"></td></tr>
<tr><td colspan="2">砖柱不得采用包心砌法</td><td colspan="6"></td></tr>
<tr><td>4</td><td>水平灰缝厚度（mm）</td><td>8~12</td><td></td><td></td><td></td><td></td><td></td><td></td></tr>
<tr><td>5</td><td>竖向灰缝宽度（mm）</td><td>8~12</td><td></td><td></td><td></td><td></td><td></td><td></td></tr>
<tr><td>6</td><td>基础、墙、柱顶面标高（mm）</td><td>< ±15</td><td></td><td></td><td></td><td></td><td></td><td></td></tr>
</table>

① 本部分的“GB 50203”代表依据为 GB 50203—2011《砌体结构工程施工质量验收规范》。

砖砌体工程检验批质量验收记录（续表） GB 50203

<table>
<tr><td>工程名称</td><td colspan="4"></td><td colspan="3">分项工程名称</td><td colspan="2"></td><td colspan="2">验收部位</td><td></td></tr>
<tr><td>施工单位</td><td colspan="4"></td><td colspan="3">专业负责人</td><td colspan="2"></td><td colspan="2">项目经理</td><td></td></tr>
<tr><td colspan="4">施工执行标准名称及编号</td><td colspan="5"></td><td colspan="2">检验批编号</td><td colspan="2"></td></tr>
<tr><td colspan="5">施工质量验收规范的规定</td><td colspan="6">施工单位检查评定记录</td><td colspan="2">监理（建设）单位验收记录</td></tr>
<tr><td rowspan="7">一般项目</td><td rowspan="2">7</td><td rowspan="2">表面平整度（mm）</td><td>清水</td><td>≤ 5</td><td></td><td></td><td></td><td></td><td></td><td></td><td colspan="2" rowspan="7"></td></tr>
<tr><td>混水</td><td>≤ 8</td><td></td><td></td><td></td><td></td><td></td><td></td></tr>
<tr><td>8</td><td colspan="2">门窗洞口高、宽（后塞口）（mm）</td><td>± 10</td><td></td><td></td><td></td><td></td><td></td><td></td></tr>
<tr><td>9</td><td colspan="2">窗口偏移（mm）</td><td>≤ 20</td><td></td><td></td><td></td><td></td><td></td><td></td></tr>
<tr><td rowspan="2">10</td><td rowspan="2">水平灰缝平直度（mm）</td><td>清水</td><td>≤ 7</td><td></td><td></td><td></td><td></td><td></td><td></td></tr>
<tr><td>混水</td><td>≤ 10</td><td></td><td></td><td></td><td></td><td></td><td></td></tr>
<tr><td>11</td><td colspan="2">清水墙游丁走缝</td><td>≤ 20</td><td></td><td></td><td></td><td></td><td></td><td></td></tr>
<tr><td>施工单位检查评定结果</td><td colspan="12">项目专业质量检查员： 年 月 日</td></tr>
<tr><td>监理（建设）单位验收结论</td><td colspan="12">监理工程师：
（建设单位项目代表） 年 月 日</td></tr>
</table>

3.15.2 混凝土小型空心砌块砌体工程检验批质量验收记录 GB 50203

工程名称		分项工程名称		验收部位	
施工单位		专业负责人		项目经理	
施工执行标准名称及编号				检验批编号	

施工质量验收规范的规定					施工单位检查评定记录						监理（建设）单位验收记录
主控项目	1	小砌块强度等级满足设计要求									
	2	砂浆强度等级满足设计要求									
	3	混凝土强度等级满足设计要求									
	4	墙体转角处和纵横交接处应同时砌筑									
	5	临时间断处应砌成斜槎，斜槎水平投影长度不应小于斜槎高度									
	6	施工洞口可预留直槎，但在洞口砌筑和补砌时，应在直槎上下搭砌的小砌块空洞内用强度等级不低于C20的混凝土灌实									
	7	小砌块砌体的柱芯在楼盖处应贯通，不得消弱柱芯截面尺寸									
	8	柱芯混凝土不得漏灌									
	9	水平灰缝饱满度（%）		≥ 90							
	10	竖向灰缝饱满度（%）		≥ 90							
一般项目	1	轴线位移（mm）		≤ 10							
	2	（每层）垂直度（mm）		≤ 5							
	3	水平灰缝厚度（mm）		8~12							
	4	竖向灰缝宽度（mm）		8~12							
	5	基础、墙、柱顶面标高（mm）		±15							
	6	表面平整度（mm）	清水	≤ 5							
			混水	≤ 8							

混凝土小型空心砌块砌体工程检验批质量验收记录（续表） GB 50203

<table>
<tr><td colspan="2">工程名称</td><td colspan="3"></td><td colspan="2">分项工程名称</td><td colspan="2"></td><td>验收部位</td><td></td></tr>
<tr><td colspan="2">施工单位</td><td colspan="3"></td><td colspan="2">专业负责人</td><td colspan="2"></td><td>项目经理</td><td></td></tr>
<tr><td colspan="4">施工执行标准名称及编号</td><td colspan="4"></td><td colspan="2">检验批编号</td><td></td></tr>
<tr><td colspan="5">施工质量验收规范的规定</td><td colspan="5">施工单位检查评定记录</td><td>监理（建设）单位验收记录</td></tr>
<tr><td rowspan="4">一般项目</td><td>7</td><td colspan="2">门窗洞口高、宽（后塞口）（mm）</td><td>±10</td><td></td><td></td><td></td><td></td><td></td><td rowspan="4"></td></tr>
<tr><td>8</td><td colspan="2">窗口偏移（mm）</td><td>≤20</td><td></td><td></td><td></td><td></td><td></td></tr>
<tr><td rowspan="2">9</td><td rowspan="2">水平灰缝平直度（mm）</td><td>清水</td><td>≤7</td><td></td><td></td><td></td><td></td><td></td></tr>
<tr><td>混水</td><td>≤10</td><td></td><td></td><td></td><td></td><td></td></tr>
<tr><td colspan="2">施工单位检查评定结果</td><td colspan="9">项目专业质量检查员： 年 月 日</td></tr>
<tr><td colspan="2">监理（建设）单位验收结论</td><td colspan="9">监理工程师：
（建设单位项目代表） 年 月 日</td></tr>
</table>

3.15.3 石砌体工程检验批质量验收记录 GB 50203

工程名称		分项工程名称		验收部位	
施工单位		专业负责人		项目经理	
施工执行标准名称及编号			检验批编号		

施工质量验收规范的规定							施工单位检查评定记录	监理（建设）单位验收记录
主控项目	1	石材强度等级符合设计要求						
	2	砂浆强度等级符合设计要求						
	3	砂浆饱满度≥ 80%						
一般项目	1	轴线位移（mm）	毛石砌体	基础		20		
				墙		15		
			料石砌体	毛料石	基础	20		
					墙	15		
				粗料石	基础	15		
					墙	10		
				细料石	墙、柱	10		
	2	垂直度每层允许偏差（mm）	毛石砌体		墙	20		
			料石砌体	毛料石	墙	20		
				粗料石	墙	10		
				细料石	墙、柱	7		
	3	顶面标高（mm）	毛石砌体	基础		± 25		
				墙		± 15		
			料石砌体	毛料石	基础	± 25		
					墙	± 15		
				粗料石	基础	± 15		
					墙	± 15		
				细料石	墙、柱	± 10		
	4	砌体厚度（mm）	毛石砌体	基础		+30		
				墙		+20，−10		
			料石砌体	毛料石	基础	+30		
					墙	+20，−10		
				粗料石	基础	+15		
					墙	+10，−5		
				细料石墙、柱		+10，−5		

石砌体工程检验批质量验收记录（续表） GB 50203

<table>
<tr><td>工程名称</td><td colspan="4"></td><td colspan="3">分项工程名称</td><td colspan="2"></td><td colspan="2">验收部位</td><td></td></tr>
<tr><td>施工单位</td><td colspan="4"></td><td colspan="3">专业负责人</td><td colspan="2"></td><td colspan="2">项目经理</td><td></td></tr>
<tr><td colspan="4">施工执行标准名称及编号</td><td colspan="4"></td><td colspan="2">检验批编号</td><td colspan="3"></td></tr>
<tr><td colspan="7">施工质量验收规范的规定</td><td colspan="5">施工单位检查评定记录</td><td>监理（建设）单位验收记录</td></tr>
<tr><td rowspan="8">一般项目</td><td rowspan="5">5</td><td rowspan="5">表面平整度（mm）</td><td rowspan="3">清水墙、柱</td><td rowspan="3">料石砌体</td><td>毛料石墙</td><td>20</td><td></td><td></td><td></td><td></td><td></td><td rowspan="8"></td></tr>
<tr><td>粗料石墙</td><td>10</td><td></td><td></td><td></td><td></td><td></td></tr>
<tr><td>细料石墙、柱</td><td>5</td><td></td><td></td><td></td><td></td><td></td></tr>
<tr><td rowspan="2">混水墙、柱</td><td rowspan="2">料石砌体</td><td>毛料石墙</td><td>20</td><td></td><td></td><td></td><td></td><td></td></tr>
<tr><td>粗料石墙</td><td>15</td><td></td><td></td><td></td><td></td><td></td></tr>
<tr><td rowspan="2">6</td><td rowspan="2">水平灰缝平直度（mm）</td><td rowspan="2" colspan="2">料石砌体</td><td>粗料石墙</td><td>10</td><td></td><td></td><td></td><td></td><td></td></tr>
<tr><td>细料石墙、柱</td><td>5</td><td></td><td></td><td></td><td></td><td></td></tr>
<tr><td>7</td><td colspan="5">石砌体的组砌形式应内外搭砌，上下错缝，拉结石、丁砌石交错设置；毛石墙拉结石每 0.7m^2 墙面不应少于 1 块</td><td></td><td></td><td></td><td></td><td></td></tr>
<tr><td>施工单位检查评定结果</td><td colspan="12">

项目专业质量检查员： 年 月 日</td></tr>
<tr><td>监理（建设）单位验收结论</td><td colspan="12">

监理工程师：
（建设单位项目代表） 年 月 日</td></tr>
</table>

3.15.4 配筋砌体工程检验批质量验收记录 GB 50203

工程名称		分项工程名称		验收部位	
施工单位		专业负责人		项目经理	
施工执行标准名称及编号				检验批编号	

施工质量验收规范的规定				施工单位检查评定记录						监理（建设）单位验收记录
主控项目	1	钢筋的品种、规格和数量符合设计要求								
	2	混凝土强度等级符合设计要求								
	3	墙体应砌成马牙槎，马牙槎凹凸尺寸不宜小于60mm，高度不应超过300mm，马牙槎应先退后进，对称砌筑。马牙槎尺寸偏差每一构造柱不应超过2处								
	4	预留拉结钢筋的规格、尺寸、数量及位置应正确，拉结钢筋应沿墙高每隔500mm设2根$\phi 6$，伸入墙内不宜小于600mm，钢筋的竖向位移不应超过100mm，且竖向位移每一构造柱不得超过2处。施工中不得任意弯折拉结钢筋								
	5	配筋砌体中受力钢筋的连接方式								
	6	配筋砌体中受力钢筋的锚固长度								
	7	配筋砌体中受力钢筋的搭接长度								
一般项目	1	构造柱中心线位置（mm）	≤ 10							
	2	构造柱层间错位（mm）	≤ 8							
	3	（每层）构造柱垂直度（mm）	≤ 10							
	4	设置在砌体灰缝内的钢筋防腐保护应符合设计规定，且钢筋防护层完好，不应有肉眼可见裂纹、剥落和擦痕等缺陷								
	5	网状配筋规格符合设计规定								
	6	网状配筋位置符合设计规定								

配筋砌体工程检验批质量验收记录（续表） GB 50203

<table>
<tr><td>工程名称</td><td colspan="4"></td><td colspan="3">分项工程名称</td><td colspan="2"></td><td>验收部位</td><td></td></tr>
<tr><td>施工单位</td><td colspan="4"></td><td colspan="3">专业负责人</td><td colspan="2"></td><td>项目经理</td><td></td></tr>
<tr><td colspan="4">施工执行标准名称及编号</td><td colspan="5"></td><td>检验批编号</td><td colspan="3"></td></tr>
<tr><td colspan="6">施工质量验收规范的规定</td><td colspan="6">施工单位检查评定记录</td><td>监理（建设）单位验收记录</td></tr>
<tr><td rowspan="4">一般项目</td><td rowspan="3">7</td><td rowspan="3">受力钢筋保护层厚度（mm）</td><td>网状配筋砌体</td><td>±10</td><td></td><td></td><td></td><td></td><td></td><td></td><td></td><td rowspan="4"></td></tr>
<tr><td>组合砖砌体</td><td>±5</td><td></td><td></td><td></td><td></td><td></td><td></td><td></td></tr>
<tr><td>配筋小砌块砌体</td><td>±10</td><td></td><td></td><td></td><td></td><td></td><td></td><td></td></tr>
<tr><td>8</td><td colspan="2">配筋小砌块砌体墙凹槽中水平钢筋间距（mm）</td><td>±10</td><td></td><td></td><td></td><td></td><td></td><td></td><td></td></tr>
<tr><td colspan="2">施工单位检查评定结果</td><td colspan="11">项目专业质量检查员： 年 月 日</td></tr>
<tr><td colspan="2">监理（建设）单位验收结论</td><td colspan="11">监理工程师：
（建设单位项目代表） 年 月 日</td></tr>
</table>

3.15.5 填充墙砌体工程检验批质量验收记录 GB 50203

工程名称		分项工程名称		验收部位	
施工单位		专业负责人		项目经理	
施工执行标准名称及编号			检验批编号		

施工质量验收规范的规定					施工单位检查评定记录	监理（建设）单位验收记录
主控项目	1	块材强度等级符合设计要求				
	2	砂浆强度等级符合设计要求				
	3	填充墙砌体应与主体结构可靠连接，其连接构造应符合设计要求，未经设计同意，不得随意改变连接构造方法。每一填充墙与柱的拉结筋的位置超过一皮块体高度的数量不得多于一处				
	4	填充墙与承重墙、柱、梁的连接钢筋，当采用化学植筋的连接方式时，应进行实体检测				
一般项目	1	轴线位移（mm）		≤ 10		
	2	（每层）墙面垂直度（mm）	≤ 3m	≤ 5		
			＞ 3m	≤ 10		
	3	表面平整度（mm）		≤ 8		
	4	门窗洞口（mm）		± 10		
	5	窗口偏移（mm）		≤ 20		
	6	水平灰缝砂浆饱满度（%）		≥ 80		
	7	竖向灰缝砂浆饱满度	空心砖砌体，填满砂浆，不得有透明缝、瞎缝、假缝			
			蒸压加气混凝土砌块、轻骨料混凝土小型空心砌块砌体（%）	≥ 80		
	8	拉结筋、网片位置应与块体皮数相符				
	9	拉结筋、网片埋置长度应符合设计要求				

填充墙砌体工程检验批质量验收记录（续表） GB 50203

<table>
<tr><td colspan="2">工程名称</td><td colspan="2"></td><td colspan="3">分项工程名称</td><td colspan="2"></td><td colspan="2">验收部位</td><td></td></tr>
<tr><td colspan="2">施工单位</td><td colspan="2"></td><td colspan="3">专业负责人</td><td colspan="2"></td><td colspan="2">项目经理</td><td></td></tr>
<tr><td colspan="3">施工执行标准名称及编号</td><td colspan="4"></td><td colspan="2">检验批编号</td><td colspan="3"></td></tr>
<tr><td colspan="4">施工质量验收规范的规定</td><td colspan="6">施工单位检查评定记录</td><td colspan="2">监理（建设）单位验收记录</td></tr>
<tr><td rowspan="4">一般项目</td><td>10</td><td colspan="2">蒸压加气混凝土砌块搭砌长度不应小于砌块长度的 1/3</td><td colspan="6"></td><td colspan="2" rowspan="4"></td></tr>
<tr><td>11</td><td colspan="2">轻骨料混凝土小型空心砌块搭砌长度不应小于 90mm</td><td colspan="6"></td></tr>
<tr><td>12</td><td>烧结空心砖、轻骨料混凝土小型空心砌块水平灰缝厚度、竖向灰缝宽度（mm）</td><td>8~12</td><td></td><td></td><td></td><td></td><td></td><td></td></tr>
<tr><td>13</td><td>蒸压加气混凝土砌块采用砌筑砂浆时水平灰缝厚度、竖向灰缝宽度（mm）</td><td><15</td><td></td><td></td><td></td><td></td><td></td><td></td></tr>
<tr><td colspan="2">施工单位检查评定结果</td><td colspan="10">

项目专业质量检查员：　　　　年　月　日</td></tr>
<tr><td colspan="2">监理（建设）单位验收结论</td><td colspan="10">

监理工程师：
（建设单位项目代表）　　　　年　月　日</td></tr>
</table>

3.16 混凝土结构工程①

3.16.1 模板安装工程检验批质量验收记录 GB 50204

<table>
<tr><td colspan="2">工程名称</td><td></td><td>分项工程名称</td><td></td><td>验收部位</td><td></td></tr>
<tr><td colspan="2">施工单位</td><td></td><td>专业负责人</td><td></td><td>项目经理</td><td></td></tr>
<tr><td colspan="3">施工执行标准名称及编号</td><td></td><td>检验批编号</td><td colspan="2"></td></tr>
<tr><td colspan="3">施工质量验收规范的规定</td><td colspan="2">施工单位检查评定记录</td><td colspan="2">监理（建设）单位验收记录</td></tr>
<tr><td rowspan="4">主控项目</td><td>1</td><td>模板及支架用材料的技术指标应符合国家现行标准的规定</td><td colspan="2"></td><td colspan="2" rowspan="4"></td></tr>
<tr><td>2</td><td>现浇混凝土结构模板及支架的安装质量，应符合国家现行标准的规定和施工方案的要求</td><td colspan="2"></td></tr>
<tr><td>3</td><td>后浇带处的模板及支架应独立设置</td><td colspan="2"></td></tr>
<tr><td>4</td><td>支架竖杆和竖向模板安装在土层上时土层应坚实、平整，其承载力或密实度应符合施工方案的要求；应有防水、排水措施；对冻胀性土，应有预防冻融措施；支架竖杆下应有底座或垫板</td><td colspan="2"></td></tr>
<tr><td rowspan="5">一般项目</td><td>1</td><td>模板安装的接缝应严密；模板内不应有杂物、积水或冰雪等；模板与混凝土的接触面应平整、清洁；用作模板的地坪、胎膜等应平整、清洁，不应有影响构件质量的下沉、裂缝、起砂或起鼓；对清水混凝土及装饰混凝土构件，应使用能达到设计效果的模板</td><td colspan="2"></td><td colspan="2" rowspan="5"></td></tr>
<tr><td>2</td><td>隔离剂的品种和涂刷方法应符合施工方案的要求。隔离剂不得影响结构性能及装饰施工；不得沾污钢筋、预应力筋、预埋件和混凝土接槎处；不得对环境造成污染</td><td colspan="2"></td></tr>
<tr><td>3</td><td>模板的起拱应符合 GB 50666—2011《混凝土结构工程施工规范》的规定，并应符合设计及施工方案的要求</td><td colspan="2"></td></tr>
<tr><td>4</td><td>现浇混凝土结构多层连续支模应符合施工方案的规定。上下层模板支架的竖杆宜对准。竖杆下垫板的设置应符合施工方案的要求</td><td colspan="2"></td></tr>
<tr><td>5</td><td>固定在模板上的预埋件和预留孔洞不得遗漏，且应安装牢固。有抗渗要求的混凝土结构中的预埋件，应按设计及施工方案的要求采取防渗措施</td><td colspan="2"></td></tr>
</table>

① 本部分的“GB 50204”代表依据为 GB 50204—2015《混凝土结构工程施工质量验收规范》。

模板安装工程检验批质量验收记录（续表） GB 50204

<table>
<tr><td>工程名称</td><td colspan="4"></td><td>分项工程名称</td><td></td><td>验收部位</td><td></td></tr>
<tr><td>施工单位</td><td colspan="4"></td><td>专业负责人</td><td></td><td>项目经理</td><td></td></tr>
<tr><td colspan="3">施工执行标准名称及编号</td><td colspan="3"></td><td>检验批编号</td><td colspan="2"></td></tr>
<tr><td colspan="6">施工质量验收规范的规定</td><td colspan="2">施工单位检查评定记录</td><td>监理（建设）单位验收记录</td></tr>
<tr><td rowspan="19">一般项目</td><td rowspan="9">6</td><td rowspan="9">预埋件、预留孔允许偏差（mm）</td><td colspan="2">预埋钢板中心线位置</td><td>3</td><td colspan="2"></td><td rowspan="19"></td></tr>
<tr><td colspan="2">预埋管、预留孔中心线位置</td><td>3</td><td colspan="2"></td></tr>
<tr><td rowspan="2">插筋</td><td>中心线位置</td><td>5</td><td colspan="2"></td></tr>
<tr><td>外露长度</td><td>+10，0</td><td colspan="2"></td></tr>
<tr><td rowspan="2">预埋螺栓</td><td>中心线位置</td><td>2</td><td colspan="2"></td></tr>
<tr><td>外露长度</td><td>+10，0</td><td colspan="2"></td></tr>
<tr><td rowspan="2">预留洞</td><td>中心线位置</td><td>10</td><td colspan="2"></td></tr>
<tr><td>尺寸</td><td>+10，0</td><td colspan="2"></td></tr>
<tr><td colspan="3"></td><td colspan="2"></td></tr>
<tr><td rowspan="10">7</td><td rowspan="10">模板安装允许偏差（mm）</td><td colspan="2">轴线位置</td><td>5</td><td colspan="2"></td></tr>
<tr><td colspan="2">底模上表面标高</td><td>± 5</td><td colspan="2"></td></tr>
<tr><td rowspan="3">模板内部尺寸</td><td>基础</td><td>± 10</td><td colspan="2"></td></tr>
<tr><td>柱、墙、梁</td><td>± 5</td><td colspan="2"></td></tr>
<tr><td>楼梯相邻踏步高差</td><td>±5</td><td colspan="2"></td></tr>
<tr><td rowspan="2">垂直度</td><td>柱、墙层高≤ 6m</td><td>8</td><td colspan="2"></td></tr>
<tr><td>柱、墙层高> 6m</td><td>10</td><td colspan="2"></td></tr>
<tr><td colspan="2">相邻两块模板表面高差</td><td>2</td><td colspan="2"></td></tr>
<tr><td colspan="2">表面平整度</td><td>5</td><td colspan="2"></td></tr>
<tr><td colspan="3"></td><td colspan="2"></td></tr>
<tr><td>施工单位检查评定结果</td><td colspan="8">项目专业质量检查员： 年 月 日</td></tr>
<tr><td>监理（建设）单位验收结论</td><td colspan="8">监理工程师：
（建设单位项目代表） 年 月 日</td></tr>
</table>

3.16.2 预制构件模板安装检验批质量验收记录 GB 50204

工程名称		分项工程名称		验收部位	
施工单位		专业负责人		项目经理	
施工执行标准名称及编号			检验批编号		

施工质量验收规范的规定			施工单位检查评定记录	监理（建设）单位验收记录
主控项目	1	模板及支架用材料的技术指标应符合国家现行标准的规定		
	2	现浇混凝土结构模板及支架的安装质量，应符合国家现行标准的规定和施工方案的要求		
	3	支架竖杆和竖向模板安装在土层上时，土层应坚实、平整，其承载力或密实度应符合施工方案的要求；应有防水、排水措施；对冻胀性土，应有预防冻融措施；支架竖杆下应有底座或垫板		
一般项目	1	模板安装的接缝应严密；模板内不应有杂物、积水或冰雪等；模板与混凝土的接触面应平整、清洁；用作模板的地坪、胎膜等应平整、清洁，不应有影响构件质量的下沉、裂缝、起砂或起鼓；对清水混凝土及装饰混凝土构件，应使用能达到设计效果的模板		
	2	隔离剂的品种和涂刷方法应符合施工方案的要求。隔离剂不得影响结构性能及装饰施工，不得沾污钢筋、预应力筋、预埋件和混凝土接槎处，不得对环境造成污染		
	3	模板的起拱应符合现行国家标准的规定，并应符合设计及施工方案的要求		
	4	固定在模板上的预埋件和预留孔洞不得遗漏，且应安装牢固。有抗渗要求的混凝土结构中的预埋件，应按设计及施工方案的要求采取防渗措施		

预制构件模板安装检验批质量验收记录（续表） GB 50204

工程名称		分项工程名称		验收部位	
施工单位		专业负责人		项目经理	
施工执行标准名称及编号			检验批编号		

施工质量验收规范的规定						施工单位检查评定记录								监理（建设）单位验收记录
一般项目	5	预制构件模板安装允许偏差	长度	梁、板	±4mm									
				薄腹梁、桁架	±8mm									
				柱	0mm，−10mm									
				墙板	0mm，−5mm									
			宽度	板、墙板	0mm，−5mm									
				梁、薄腹梁、桁架	+2mm，−5mm									
			高（厚）度	板	+2mm，−3mm									
				墙板	0mm，−5mm									
				梁、薄腹梁、桁架、柱	+2mm，−5mm									
			侧向弯曲	梁、板、柱	L/1000 且 ≤ 15mm									
				墙板、薄腹梁、桁架	L/1000 且 ≤ 15mm									
			板的表面平整度		3mm									
			相邻两板表面高低差		1mm									
			对角线差	板	7mm									
				墙板	5mm									
			翘曲	板、墙板	L/1500mm									
			设计起拱	薄腹梁、桁架、梁	±3mm									
施工单位检查评定结果	项目专业质量检查员： 年 月 日													
监理（建设）单位验收结论	监理工程师： （建设单位项目代表） 年 月 日													

3.16.3 钢筋原材料检验批质量验收记录 GB 50204

<table>
<tr><td colspan="2">工程名称</td><td></td><td>分项工程名称</td><td></td><td>验收部位</td><td></td></tr>
<tr><td colspan="2">施工单位</td><td></td><td>专业负责人</td><td></td><td>项目经理</td><td></td></tr>
<tr><td colspan="3">施工执行标准名称及编号</td><td></td><td>检验批编号</td><td colspan="2"></td></tr>
<tr><td colspan="3">施工质量验收规范的规定</td><td colspan="2">施工单位检查评定记录</td><td colspan="2">监理（建设）单位验收记录</td></tr>
<tr><td rowspan="3">主控项目</td><td>1</td><td>钢筋进场时，应按国家现行标准的规定抽取试件作屈服强度、抗拉强度、伸长率、弯曲性能和重量偏差检验，检验结果必须符合相关标准的规定</td><td colspan="2"></td><td colspan="2" rowspan="3"></td></tr>
<tr><td>2</td><td>成型钢筋进场时，应抽取试件作屈服强度、抗拉强度、伸长率和重量偏差检验，检验结果应符合国家现行标准的规定</td><td colspan="2"></td></tr>
<tr><td>3</td><td>按一级、二级、三级抗震等级设计的框架和斜撑构件（含梯段）中的纵向受力普通钢筋应采用HRB335E、HRB400E、HRB500E、HRBF335E、HRBF400E、HRBF500E的钢筋，抗拉强度实测值与屈服强度实测值的比值不应小于1.25；屈服强度实测值与屈服强度标准值的比值不应大于1.30；最大力下总伸长率不应小于9%</td><td colspan="2"></td></tr>
<tr><td rowspan="3">一般项目</td><td>1</td><td>钢筋应平直、无损伤，表面不得有裂纹、油污、颗粒状或片状老锈</td><td colspan="2"></td><td colspan="2" rowspan="3"></td></tr>
<tr><td>2</td><td>成型钢筋的外观质量和尺寸偏差应符合国家现行标准的规定</td><td colspan="2"></td></tr>
<tr><td>3</td><td>钢筋机械连接套筒、钢筋锚固板及预埋件等的外观质量应符合国家现行标准的规定</td><td colspan="2"></td></tr>
<tr><td colspan="2">施工单位检查评定结果</td><td colspan="5">项目专业质量检查员：　　　　年　月　日</td></tr>
<tr><td colspan="2">监理（建设）单位验收结论</td><td colspan="5">监理工程师：
（建设单位项目代表）　　　　年　月　日</td></tr>
</table>

3.16.4 钢筋加工检验批质量验收记录 GB 50204

<table>
<tr><td colspan="2">工程名称</td><td colspan="2"></td><td>分项工程名称</td><td></td><td>验收部位</td><td></td></tr>
<tr><td colspan="2">施工单位</td><td colspan="2"></td><td>专业负责人</td><td></td><td>项目经理</td><td></td></tr>
<tr><td colspan="3">施工执行标准名称及编号</td><td colspan="2"></td><td>检验批编号</td><td colspan="2"></td></tr>
<tr><td colspan="4">施工质量验收规范的规定</td><td colspan="2">施工单位检查评定记录</td><td colspan="2">监理（建设）单位验收记录</td></tr>
<tr><td rowspan="6">主控项目</td><td>1</td><td colspan="2">钢筋弯折的弯弧内直径应符合下列规定：光圆钢筋，不应小于钢筋直径的 2.5 倍；335MPa 级、400MPa 级带肋钢筋，不应小于钢筋直径的 4 倍；500MPa 级带肋钢筋，当直径为 28mm 以下时，不应小于钢筋直径的 6 倍，当直径为 28mm 及以上时，不应小于钢筋直径的 7 倍。箍筋弯折处尚不应小于纵向受力钢筋的直径</td><td colspan="2"></td><td colspan="2" rowspan="6"></td></tr>
<tr><td>2</td><td colspan="2">纵向受力钢筋的弯折后平直段长度应符合设计要求。光圆钢筋末端作 180° 弯钩时，弯钩的平直段长度不应小于钢筋直径的 3 倍</td><td colspan="2"></td></tr>
<tr><td rowspan="3">3</td><td rowspan="3">箍筋、拉筋的末端应按设计要求制作弯钩</td><td>对一般结构构件，箍筋弯钩的弯折角度不应小于 90° ，弯折后平直段长度不应小于箍筋直径的 5 倍；对有抗震设防要求或设计有专门要求的结构构件，箍筋弯钩的弯折角度不应小于 135° ，弯折后平直段长度不应小于箍筋直径的 10 倍</td><td colspan="2"></td></tr>
<tr><td>圆形箍筋的搭接长度不应小于其受拉锚固长度，且两末端弯钩的弯折角度不应小于 135° ，弯折后平直段长度对一般结构构件不应小于箍筋直径的 5 倍，对有抗震设防要求的结构构件不应小于箍筋直径的 10 倍</td><td colspan="2"></td></tr>
<tr><td>梁、柱复合箍筋中的单肢箍筋两端弯钩的弯折角度均不应小于 135° ，弯折后平直段长度应符合本条第 1 款对箍筋的有关规定</td><td colspan="2"></td></tr>
<tr><td>4</td><td colspan="2">盘卷钢筋调直后应进行力学性能和重量偏差的检验</td><td colspan="2"></td></tr>
</table>

钢筋加工检验批质量验收记录（续表） GB 50204

<table>
<tr><td colspan="3">工程名称</td><td colspan="2"></td><td colspan="3">分项工程名称</td><td colspan="4"></td><td>验收部位</td><td></td></tr>
<tr><td colspan="3">施工单位</td><td colspan="2"></td><td colspan="3">专业负责人</td><td colspan="4"></td><td>项目经理</td><td></td></tr>
<tr><td colspan="4">施工执行标准名称及编号</td><td colspan="4"></td><td colspan="4">检验批编号</td><td colspan="2"></td></tr>
<tr><td colspan="5">施工质量验收规范的规定</td><td colspan="8">施工单位检查评定记录</td><td>监理（建设）单位验收记录</td></tr>
<tr><td rowspan="3">一般项目</td><td rowspan="3">1</td><td rowspan="3">钢筋加工的允许偏差（mm）</td><td>受力钢筋沿长度方向的净尺寸</td><td>±10</td><td></td><td></td><td></td><td></td><td></td><td></td><td></td><td></td><td rowspan="3"></td></tr>
<tr><td>弯起钢筋的弯折位置</td><td>±20</td><td></td><td></td><td></td><td></td><td></td><td></td><td></td><td></td></tr>
<tr><td>箍筋外廓尺寸</td><td>±5</td><td></td><td></td><td></td><td></td><td></td><td></td><td></td><td></td></tr>
<tr><td colspan="2">施工单位检查评定结果</td><td colspan="12">项目专业质量检查员：　　　　年　月　日</td></tr>
<tr><td colspan="2">监理（建设）单位验收结论</td><td colspan="12">监理工程师：
（建设单位项目代表）　　　　年　月　日</td></tr>
</table>

3.16.5 钢筋连接工程检验批质量验收记录 GB 50204

<table>
<tr><td colspan="2">工程名称</td><td colspan="2"></td><td>分项工程名称</td><td>验收部位</td><td></td></tr>
<tr><td colspan="2">施工单位</td><td colspan="2"></td><td>专业负责人</td><td>项目经理</td><td></td></tr>
<tr><td colspan="3">施工执行标准名称及编号</td><td colspan="2"></td><td>检验批编号</td><td></td></tr>
<tr><td colspan="3">施工质量验收规范的规定</td><td colspan="2">施工单位检查评定记录</td><td colspan="2">监理（建设）单位验收记录</td></tr>
<tr><td rowspan="3">主控项目</td><td>1</td><td>钢筋的连接方式应符合设计要求</td><td colspan="2"></td><td colspan="2" rowspan="3"></td></tr>
<tr><td>2</td><td>钢筋采用机械连接或焊接连接时，钢筋机械连接接头、焊接接头的力学性能、弯曲性能应符合国家现行标准的规定</td><td colspan="2"></td></tr>
<tr><td>3</td><td>螺纹接头应检验拧紧扭矩值，挤压接头应量测压痕直径，检验结果应符合现行行业标准的规定</td><td colspan="2"></td></tr>
<tr><td rowspan="5">一般项目</td><td>1</td><td>钢筋接头的位置应符合设计和施工方案要求。有抗震设防要求结构中，梁端、柱端箍筋加密区范围内不应进行钢筋搭接。接头末端至钢筋弯起点距离不应小于钢筋直径的 10 倍</td><td colspan="2"></td><td colspan="2" rowspan="5"></td></tr>
<tr><td>2</td><td>钢筋机械连接接头、焊接接头的外观质量应符合现行行业标准的规定</td><td colspan="2"></td></tr>
<tr><td>3</td><td>当纵向受力钢筋采用机械连接接头或焊接接头时，同一连接区段内纵向受力钢筋的接头面积百分率应符合设计要求；当设计无具体要求时，应符合下列规定：受拉接头，不宜大于 50%；受压接头，可不受限制；直接承受动力荷载的结构构件中，不宜采用焊接；当采用机械连接接头时，不应超过 50%</td><td colspan="2"></td></tr>
<tr><td>4</td><td>当纵向受力钢筋采用绑扎搭接接头时，接头的设置应符合下列规定：接头的横向净间距不应小于钢筋直径，且不应小于 25mm；同一连接区段内，纵向受拉钢筋的接头面积百分率应符合设计要求</td><td colspan="2"></td></tr>
<tr><td>5</td><td>梁、柱类构件的纵向受力钢筋搭接长度范围内箍筋的设置应符合设计要求</td><td colspan="2"></td></tr>
<tr><td>施工单位检查评定结果</td><td colspan="6">项目专业质量检查员： 年 月 日</td></tr>
<tr><td>监理（建设）单位验收结论</td><td colspan="6">监理工程师：
（建设单位项目代表） 年 月 日</td></tr>
</table>

3.16.6 钢筋安装工程检验批质量验收记录 GB 50204

工程名称		分项工程名称		验收部位	
施工单位		专业负责人		项目经理	
施工执行标准名称及编号				检验批编号	

施工质量验收规范的规定						施工单位检查评定记录						监理（建设）单位验收记录
主控项目	1	钢筋安装时，受力钢筋的牌号、规格和数量必须符合设计要求										
主控项目	2	受力钢筋的安装位置、锚固方式应符合设计要求										
一般项目	1	钢筋安装位置允许偏差（mm）	绑扎钢筋网	长、宽	±10							
			绑扎钢筋网	网眼尺寸	±20							
			绑扎钢筋骨架	长	±10							
			绑扎钢筋骨架	宽、高	±5							
			纵向受力钢筋	锚固长度	−20							
			纵向受力钢筋	间距	±10							
			纵向受力钢筋	排距	±5							
			纵向受力钢筋、箍筋的混凝土保护层厚度	基础	±10							
			纵向受力钢筋、箍筋的混凝土保护层厚度	柱、梁	±5							
			纵向受力钢筋、箍筋的混凝土保护层厚度	板、墙、壳	±3							
			绑扎箍筋、横向钢筋间距		±20							
			钢筋弯起点位置		20							
			预埋件	中心线位置	5							
			预埋件	水平高差	+3，0							

施工单位检查评定结果	项目专业质量检查员： 年 月 日
监理（建设）单位验收结论	监理工程师： （建设单位项目代表） 年 月 日

3.16.7 预应力筋原材料检验批质量验收记录 GB 50204

<table>
<tr><td>工程名称</td><td colspan="2"></td><td>分项工程名称</td><td></td><td>验收部位</td><td></td></tr>
<tr><td>施工单位</td><td colspan="2"></td><td>专业负责人</td><td></td><td>项目经理</td><td></td></tr>
<tr><td colspan="2">施工执行标准名称及编号</td><td colspan="2"></td><td>检验批编号</td><td colspan="2"></td></tr>
<tr><td colspan="3">施工质量验收规范的规定</td><td colspan="2">施工单位检查评定记录</td><td colspan="2">监理（建设）单位验收记录</td></tr>
<tr><td rowspan="5">主控项目</td><td>1</td><td>预应力筋进场时，应按国家现行标准的规定，抽取试件作抗拉强度、伸长率检验，其检验结果应符合相关标准的规定</td><td colspan="2"></td><td colspan="2" rowspan="5"></td></tr>
<tr><td>2</td><td>无粘结预应力钢绞线进场时，应进行防腐润滑脂量和护套厚度的检验</td><td colspan="2"></td></tr>
<tr><td>3</td><td>预应力筋用锚具应和锚垫板、局部加强钢筋配套使用，锚具、夹具和连接器进场时，应按现行行业标准的相关规定对其性能进行检验</td><td colspan="2"></td></tr>
<tr><td>4</td><td>处于三 a、三 b 环境条件下的无粘结预应力筋用锚具系统，应按现行行业标准的相关规定检验其防水性能</td><td colspan="2"></td></tr>
<tr><td>5</td><td>孔道灌浆用水泥应采用硅酸盐水泥或普通硅酸盐水泥，水泥、外加剂的质量应分别符合相关标准规定；成品灌浆材料的质量应符合现行国家标准的规定</td><td colspan="2"></td></tr>
<tr><td rowspan="3">一般项目</td><td>1</td><td>预应力筋进场时，有粘结预应力筋的表面不应有裂纹、小刺、机械损伤、氧化铁皮和油污等，展开后应平顺，不应有弯折；无粘结预应力钢绞线护套应光滑，无裂缝，无明显褶皱；轻微破损处应外包防水塑料胶带修补，严重破损者不得使用</td><td colspan="2"></td><td colspan="2" rowspan="3"></td></tr>
<tr><td>2</td><td>预应力筋用锚具、夹具和连接器进场时，应进行外观检查，其表面应无污物、锈蚀、机械损伤和裂纹</td><td colspan="2"></td></tr>
<tr><td>3</td><td>预应力成孔管道进场时，应进行管道外观质量检查、径向刚度和抗渗漏性能检验</td><td colspan="2"></td></tr>
<tr><td>施工单位检查评定结果</td><td colspan="6">项目专业质量检查员：　　　　年　月　日</td></tr>
<tr><td>监理（建设）单位验收结论</td><td colspan="6">监理工程师：
（建设单位项目代表）　　　　年　月　日</td></tr>
</table>

3.16.8 预应力筋制作与安装检验批质量验收记录 GB 50204

<table>
<tr><td colspan="2">工程名称</td><td colspan="3"></td><td colspan="4">分项工程名称</td><td colspan="3"></td><td>验收部位</td><td></td></tr>
<tr><td colspan="2">施工单位</td><td colspan="3"></td><td colspan="4">专业负责人</td><td colspan="3"></td><td>项目经理</td><td></td></tr>
<tr><td colspan="3">施工执行标准名称及编号</td><td colspan="6"></td><td colspan="3">检验批编号</td><td colspan="2"></td></tr>
<tr><td colspan="5">施工质量验收规范的规定</td><td colspan="8">施工单位检查评定记录</td><td>监理（建设）单位验收记录</td></tr>
<tr><td rowspan="2">主控项目</td><td>1</td><td colspan="3">预应力筋安装时，其品种、规格、级别和数量必须符合设计要求</td><td colspan="8"></td><td rowspan="2"></td></tr>
<tr><td>2</td><td colspan="3">预应力筋的安装位置应符合设计要求</td><td colspan="8"></td></tr>
<tr><td rowspan="8">一般项目</td><td>1</td><td colspan="3">预应力筋端部锚具的制作钢绞线挤压锚具挤压完成后，预应力筋外端露出挤压套筒的长度不应小于 1mm；钢绞线压花锚具的梨形头尺寸和直线锚固段长度不应小于设计值；钢丝镦头不应出现横向裂纹，镦头的强度不得低于钢丝强度标准值的 98%</td><td colspan="8"></td><td rowspan="8"></td></tr>
<tr><td>2</td><td colspan="3">预应力筋或成孔管道的连接应密封；预应力筋或成孔管道应平顺，并应与定位支撑钢筋绑扎牢固；锚垫板的承压面应与预应力筋或孔道曲线末端垂直；当后张有粘结预应力筋曲线孔道波峰和波谷的高差大于 300mm，且采用普通灌浆工艺时，应在孔道波峰设置排气孔</td><td colspan="8"></td></tr>
<tr><td rowspan="3">3</td><td rowspan="3">预应力筋曲线起始点与张拉锚固点之间直线段最小长度（mm）</td><td>$N \leqslant 1500$</td><td>400</td><td></td><td></td><td></td><td></td><td></td><td></td><td></td><td></td></tr>
<tr><td>$1500 < N \leqslant 6000$</td><td>500</td><td></td><td></td><td></td><td></td><td></td><td></td><td></td><td></td></tr>
<tr><td>$N > 6000$</td><td>600</td><td></td><td></td><td></td><td></td><td></td><td></td><td></td><td></td></tr>
<tr><td rowspan="3">4</td><td rowspan="3">预应力筋或成孔管道定位控制点的竖向位置允许偏差（mm）</td><td>$h \leqslant 300$</td><td>±5</td><td></td><td></td><td></td><td></td><td></td><td></td><td></td><td></td></tr>
<tr><td>$300 < h \leqslant 1500$</td><td>±10</td><td></td><td></td><td></td><td></td><td></td><td></td><td></td><td></td></tr>
<tr><td>$h > 1500$</td><td>±15</td><td></td><td></td><td></td><td></td><td></td><td></td><td></td><td></td></tr>
<tr><td>施工单位检查评定结果</td><td colspan="13">项目专业质量检查员： 年 月 日</td></tr>
<tr><td>监理（建设）单位验收结论</td><td colspan="13">监理工程师：
（建设单位项目代表） 年 月 日</td></tr>
</table>

3.16.9 预应力筋张拉和放张检验批质量验收记录 GB 50204

<table>
<tr><td>工程名称</td><td colspan="3"></td><td>分项工程名称</td><td></td><td>验收部位</td><td></td></tr>
<tr><td>施工单位</td><td colspan="3"></td><td>专业负责人</td><td></td><td>项目经理</td><td></td></tr>
<tr><td colspan="3">施工执行标准名称及编号</td><td colspan="2"></td><td>检验批编号</td><td colspan="2"></td></tr>
<tr><td colspan="3">施工质量验收规范的规定</td><td colspan="3">施工单位检查评定记录</td><td colspan="2">监理（建设）单位验收记录</td></tr>
<tr><td rowspan="3">主控项目</td><td>1</td><td>预应力筋张拉或放张前，应对构件混凝土强度进行检验。同条件养护的混凝土立方体试件抗压强度应符合设计要求</td><td colspan="3"></td><td colspan="2" rowspan="3"></td></tr>
<tr><td>2</td><td>对后张法预应力结构构件，钢绞线出现断裂或滑脱的数量不应超过同一截面钢绞线总根数的 3%，且每根断裂的钢绞线断丝不得超过一丝；对多跨双向连续板，其同一截面应按每跨计算</td><td colspan="3"></td></tr>
<tr><td>3</td><td>先张法预应力筋张拉锚固后，实际建立的预应力值与工程设计规定检验值的相对允许偏差为 ±5%</td><td colspan="3"></td></tr>
<tr><td rowspan="2">一般项目</td><td>1</td><td>预应力筋张拉采用应力控制方法张拉时，张拉力下预应力筋的实测伸长值与计算伸长值的相对允许偏差为 ±6%；最大张拉应力不应大于现行国家标准 GB 50666—2011《混凝土结构工程施工规范》的规定</td><td colspan="3"></td><td colspan="2" rowspan="2"></td></tr>
<tr><td>2</td><td>先张法预应力构件，应检查预应力筋张拉后的位置偏差，张拉后预应力筋的位置与设计位置的偏差不应大于 5mm，且不应大于构件截面短边边长的 4%</td><td colspan="3"></td></tr>
<tr><td>施工单位检查评定结果</td><td colspan="7">项目专业质量检查员：　　　　年　月　日</td></tr>
<tr><td>监理（建设）单位验收结论</td><td colspan="7">监理工程师：
（建设单位项目代表）　　　　年　月　日</td></tr>
</table>

3.16.10 预应力筋灌浆及封锚检验批质量验收记录 GB 50204

<table>
<tr><td>工程名称</td><td colspan="2"></td><td>分项工程名称</td><td></td><td>验收部位</td><td></td></tr>
<tr><td>施工单位</td><td colspan="2"></td><td>专业负责人</td><td></td><td>项目经理</td><td></td></tr>
<tr><td colspan="3">施工执行标准名称及编号</td><td></td><td>检验批编号</td><td colspan="2"></td></tr>
<tr><td colspan="3">施工质量验收规范的规定</td><td colspan="2">施工单位检查评定记录</td><td colspan="2">监理（建设）单位验收记录</td></tr>
<tr><td rowspan="4">主控项目</td><td>1</td><td>预留孔道灌浆后，孔道内水泥浆应饱满、密实</td><td colspan="2"></td><td colspan="2" rowspan="4"></td></tr>
<tr><td>2</td><td>现场搅拌的灌浆用水泥浆 3h 自由泌水率宜为 0，且不应大于 1%，泌水应在 24h 内全部被水泥浆吸收；水泥浆中氯离子含量不应超过水泥质量的 0.06%；采用普通灌浆工艺时，24h 自由膨胀率不应大于 6%；采用真空灌浆工艺时，24h 自由膨胀率不应大于 3%</td><td colspan="2"></td></tr>
<tr><td>3</td><td>现场留置的孔道灌浆料试件的抗压强度不应低于 30MPa</td><td colspan="2"></td></tr>
<tr><td>4</td><td>锚具的封闭保护措施应符合设计要求。当设计无要求时，外露锚具和预应力筋的混凝土保护层厚度不应小于：一类环境时 20mm，二 a、二 b 类环境时 50mm，三 a、三 b 类环境时 80mm</td><td colspan="2"></td></tr>
<tr><td>一般项目</td><td>1</td><td>后张法预应力筋锚固后的锚具外的外露长度不应小于预应力筋直径的 1.5 倍，且不应小于 30mm</td><td colspan="2"></td><td colspan="2"></td></tr>
<tr><td>施工单位检查评定结果</td><td colspan="6">项目专业质量检查员：　　　　年　月　日</td></tr>
<tr><td>监理（建设）单位验收结论</td><td colspan="6">监理工程师：
（建设单位项目代表）　　　　年　月　日</td></tr>
</table>

3.16.11 混凝土原材料及配合比设计检验批质量验收记录 GB 50204

工程名称			分项工程名称		验收部位	
施工单位			专业负责人		项目经理	
施工执行标准名称及编号				检验批编号		
施工质量验收规范的规定			施工单位检查评定记录		监理（建设）单位验收记录	
主控项目	1	水泥进场时，应对其品种、代号、强度等级、包装或散装仓号、出厂日期等进行检查，并应对水泥的强度、安定性和凝结时间进行检验，检验结果应符合 GB 175—2007《通用硅酸盐水泥》的相关规定				
	2	混凝土外加剂进场时，应对其品种、性能、出厂日期等进行检查，并应对外加剂的相关性能指标进行检验，检验结果应符合 GB 8076—2008《混凝土外加剂》和 GB 50119—2013《混凝土外加剂应用技术规范》的规定				
	3	水泥、外加剂进场检验，其检验批容量应符合相关规定				
一般项目	1	混凝土用矿物掺合料进场时，应对其品种、性能、出厂日期等进行检查，并应对矿物掺合料的相关性能指标进行检验，检验结果应符合国家现行标准的规定				
	2	混凝土原材料中的粗骨料、细骨料质量应符合现行行业标准的规定				
	3	混凝土拌制及养护用水应符合 JGJ 63—2006《混凝土用水标准》的规定。采用饮用水作为混凝土用水时，可不检验；采用中水、搅拌站清洗水、施工现场循环水等其他水源时，应对其成分进行检验				
施工单位检查评定结果	项目专业质量检查员： 年 月 日					
监理（建设）单位验收结论	监理工程师： （建设单位项目代表） 年 月 日					

3.16.12 混凝土拌合物检验批质量验收记录 GB 50204

<table>
<tr><td colspan="2">工程名称</td><td colspan="2"></td><td colspan="2">分项工程名称</td><td></td><td colspan="2">验收部位</td><td></td></tr>
<tr><td colspan="2">施工单位</td><td colspan="2"></td><td colspan="2">专业负责人</td><td></td><td colspan="2">项目经理</td><td></td></tr>
<tr><td colspan="3">施工执行标准名称及编号</td><td colspan="3"></td><td>检验批编号</td><td colspan="3"></td></tr>
<tr><td colspan="5">施工质量验收规范的规定</td><td colspan="3">施工单位检查评定记录</td><td colspan="2">监理（建设）单位验收记录</td></tr>
<tr><td rowspan="4">主控项目</td><td>1</td><td colspan="3">预拌混凝土进场时，其质量应符合 GB/T 14902—2012《预拌混凝土》的规定</td><td colspan="3"></td><td colspan="2" rowspan="4"></td></tr>
<tr><td>2</td><td colspan="3">混凝土拌合物不应离析</td><td colspan="3"></td></tr>
<tr><td>3</td><td colspan="3">混凝土中氯离子含量和碱总含量应符合 GB 50010—2010《混凝土结构设计规范（2015 年版）》的规定和设计要求</td><td colspan="3"></td></tr>
<tr><td>4</td><td colspan="3">首次使用的混凝土配合比应进行开盘鉴定，其原材料、强度、凝结时间、稠度等应满足设计配合比的要求</td><td colspan="3"></td></tr>
<tr><td rowspan="3">一般项目</td><td>1</td><td colspan="3">混凝土拌合物稠度应满足施工方案的要求</td><td colspan="3"></td><td colspan="2" rowspan="3"></td></tr>
<tr><td>2</td><td colspan="3">混凝土有耐久性指标要求时，应在施工现场随机抽取试件进行耐久性检验，其检验结果应符合国家现行标准的规定和设计要求</td><td colspan="3"></td></tr>
<tr><td>3</td><td colspan="3">混凝土有抗冻要求时，应在施工现场进行混凝土含气量检验，其检验结果应符合国家现行标准的规定和设计要求</td><td colspan="3"></td></tr>
<tr><td colspan="2">施工单位检查评定结果</td><td colspan="8">项目专业质量检查员： 年 月 日</td></tr>
<tr><td colspan="2">监理（建设）单位验收结论</td><td colspan="8">监理工程师：
（建设单位项目代表） 年 月 日</td></tr>
</table>

3.16.13 混凝土施工检验批质量验收记录 GB 50204

<table>
<tr><td colspan="2">工程名称</td><td></td><td>分项工程名称</td><td></td><td>验收部位</td><td></td></tr>
<tr><td colspan="2">施工单位</td><td></td><td>专业负责人</td><td></td><td>项目经理</td><td></td></tr>
<tr><td colspan="3">施工执行标准名称及编号</td><td colspan="2"></td><td>检验批编号</td><td></td></tr>
<tr><td colspan="3">施工质量验收规范的规定</td><td colspan="2">施工单位检查评定记录</td><td colspan="2">监理（建设）单位验收记录</td></tr>
<tr><td>主控项目</td><td>1</td><td>混凝土的强度等级必须符合设计要求。用于检验混凝土强度的试件应在浇筑地点随机抽取</td><td colspan="2"></td><td colspan="2"></td></tr>
<tr><td rowspan="2">一般项目</td><td>1</td><td>后浇带的留设位置应符合设计要求，后浇带和施工缝的留设及处理方法应符合施工方案要求</td><td colspan="2"></td><td colspan="2" rowspan="2"></td></tr>
<tr><td>2</td><td>混凝土浇筑完毕后应及时进行养护，养护时间及养护方法应符合施工方案要求</td><td colspan="2"></td></tr>
<tr><td colspan="2">施工单位检查评定结果</td><td colspan="5">项目专业质量检查员：　　年　月　日</td></tr>
<tr><td colspan="2">监理（建设）单位验收结论</td><td colspan="5">监理工程师：
（建设单位项目代表）　　年　月　日</td></tr>
</table>

3.16.14 现浇结构外观质量及尺寸偏差检验批质量验收记录 GB 50204

工程名称		分项工程名称		验收部位	
施工单位		专业负责人		项目经理	
施工执行标准名称及编号		检验批编号			

施工质量验收规范的规定							施工单位检查评定记录	监理（建设）单位验收记录
主控项目	1	现浇结构的外观质量不应有严重缺陷						
	2	现浇结构不应有影响结构性能和使用功能的尺寸偏差						
一般项目	1	现浇结构的外观质量不应有一般缺陷						
	2	现浇结构位置尺寸允许偏差（mm）	轴线位置	整体基础		15		
				独立基础		10		
				墙、柱、梁		8		
			垂直度	柱、墙层高	≤ 6m	10		
					＞ 6m	12		
				全高（H）≤ 300m		H/30000+20		
				全高（H）＞ 300m		H/10000 且 ≤ 80		
			标高	层高		± 10		
				全高		± 30		
			截面尺寸	基础		+15，−10		
				柱、梁、板、墙		+10，−5		
				楼梯相邻踏步高差		± 6		
			电梯井洞	中心位置		10		
				长、宽尺寸		+25，0		
			表面平整度			8		
			预埋件中心位置	预埋板		10		
				预埋螺栓		5		
				预埋管		5		
				其他		10		
			预留洞、孔中心线位置			15		

施工单位检查评定结果	项目专业质量检查员： 年 月 日
监理（建设）单位验收结论	监理工程师： （建设单位项目代表） 年 月 日

3.16.15 现浇设备基础外观质量及尺寸偏差检验批质量验收记录 GB 50204

<table>
<tr><td colspan="2">工程名称</td><td colspan="3"></td><td>分项工程名称</td><td colspan="6"></td><td>验收部位</td><td></td></tr>
<tr><td colspan="2">施工单位</td><td colspan="3"></td><td>专业负责人</td><td colspan="6"></td><td>项目经理</td><td></td></tr>
<tr><td colspan="4">施工执行标准名称及编号</td><td colspan="2"></td><td colspan="3">检验批编号</td><td colspan="5"></td></tr>
<tr><td colspan="6">施工质量验收规范的规定</td><td colspan="6">施工单位检查评定记录</td><td colspan="2">监理（建设）单位验收记录</td></tr>
<tr><td rowspan="2">主控项目</td><td>1</td><td colspan="4">现浇结构的外观质量不应有严重缺陷</td><td colspan="6"></td><td colspan="2" rowspan="2"></td></tr>
<tr><td>2</td><td colspan="4">混凝土设备基础不应有影响结构性能和设备安装的尺寸偏差</td><td colspan="6"></td></tr>
<tr><td rowspan="24">一般项目</td><td>1</td><td colspan="4">现浇结构的外观质量不应有一般缺陷</td><td colspan="6"></td><td colspan="2" rowspan="24"></td></tr>
<tr><td rowspan="23">2</td><td rowspan="23">现浇设备基础位置和尺寸允许偏差（mm）</td><td colspan="2">坐标位置</td><td>20</td><td></td><td></td><td></td><td></td><td></td><td></td></tr>
<tr><td colspan="2">不同平面的标高</td><td>0，-20</td><td></td><td></td><td></td><td></td><td></td><td></td></tr>
<tr><td colspan="2">平面外形尺寸</td><td>±20</td><td></td><td></td><td></td><td></td><td></td><td></td></tr>
<tr><td colspan="2">凸台上平面外形尺寸</td><td>0，-20</td><td></td><td></td><td></td><td></td><td></td><td></td></tr>
<tr><td colspan="2">凹槽尺寸</td><td>+20，0</td><td></td><td></td><td></td><td></td><td></td><td></td></tr>
<tr><td rowspan="2">平面水度</td><td>每米</td><td>5</td><td></td><td></td><td></td><td></td><td></td><td></td></tr>
<tr><td>全长</td><td>10</td><td></td><td></td><td></td><td></td><td></td><td></td></tr>
<tr><td rowspan="2">垂直度</td><td>每米</td><td>5</td><td></td><td></td><td></td><td></td><td></td><td></td></tr>
<tr><td>全高</td><td>10</td><td></td><td></td><td></td><td></td><td></td><td></td></tr>
<tr><td rowspan="4">预埋地脚螺栓</td><td>中心位置</td><td>2</td><td></td><td></td><td></td><td></td><td></td><td></td></tr>
<tr><td>顶标高</td><td>+20，0</td><td></td><td></td><td></td><td></td><td></td><td></td></tr>
<tr><td>中心距</td><td>±2</td><td></td><td></td><td></td><td></td><td></td><td></td></tr>
<tr><td>垂直度</td><td>5</td><td></td><td></td><td></td><td></td><td></td><td></td></tr>
<tr><td rowspan="4">预埋地脚螺栓孔</td><td>中心线位置</td><td>10</td><td></td><td></td><td></td><td></td><td></td><td></td></tr>
<tr><td>截面尺寸</td><td>+20，0</td><td></td><td></td><td></td><td></td><td></td><td></td></tr>
<tr><td>深度</td><td>+20，0</td><td></td><td></td><td></td><td></td><td></td><td></td></tr>
<tr><td>垂直度</td><td>h/100，且≤10</td><td></td><td></td><td></td><td></td><td></td><td></td></tr>
<tr><td rowspan="4">预埋活动地脚螺栓锚板</td><td>中心线位置</td><td>5</td><td></td><td></td><td></td><td></td><td></td><td></td></tr>
<tr><td>标高</td><td>+20，0</td><td></td><td></td><td></td><td></td><td></td><td></td></tr>
<tr><td>带槽锚板平整度</td><td>5</td><td></td><td></td><td></td><td></td><td></td><td></td></tr>
<tr><td>带螺纹孔锚板平整度</td><td>2</td><td></td><td></td><td></td><td></td><td></td><td></td></tr>
<tr><td colspan="2">施工单位检查评定结果</td><td colspan="12">项目专业质量检查员：　　　　年　月　日</td></tr>
<tr><td colspan="2">监理（建设）单位验收结论</td><td colspan="12">监理工程师：
（建设单位项目代表）　　　　年　月　日</td></tr>
</table>

3.16.16 装配式结构预制构件检验批质量验收记录 GB 50204

工程名称		分项工程名称		验收部位	
施工单位		专业负责人		项目经理	
施工执行标准名称及编号			检验批编号		

施工质量验收规范的规定							施工单位检查评定记录	监理（建设）单位验收记录
主控项目	1	预制构件的质量应符合本规范、国家现行标准的规定和设计的要求						
主控项目	2	混凝土预制构件专业企业生产的预制构件进场时，预制构件结构性能检验应符合国家现行标准的有关规定及设计的要求						
主控项目	3	预制构件的外观质量不应有严重缺陷，且不应有影响结构性能和安装、使用功能的尺寸偏差						
主控项目	4	预制构件上的预埋件、预留插筋、预埋管线等的材料质量、规格和数量及预留孔、预留洞的数量应符合设计要求						
一般项目	1	预制构件应有标识						
一般项目	2	预制构件的外观质量不应有一般缺陷						
一般项目	3	预制构件尺寸允许偏差（mm）	长度	楼板、梁、柱、桁架	＜12m	±5		
					≥12m且＜18m	±10		
					≥18m	±20		
				墙板		±4		
			宽度、高（厚）度	楼板、梁、柱、桁架		±5		
				墙板		±4		
			表面平整度	楼板、梁、柱、墙板内表面		5		
				墙板外表面		3		
			侧向弯曲	楼板、梁、柱		l/750且≤20		
				墙板、桁架		l/1000且≤20		
			翘曲	楼板		l/750		
				墙板		l/1000		
			对角线	楼板		10		
				墙板		5		

装配式结构预制构件检验批质量验收记录（续表） GB 50204

<table>
<tr><td>工程名称</td><td colspan="5"></td><td colspan="3">分项工程名称</td><td colspan="2"></td><td colspan="2">验收部位</td><td></td></tr>
<tr><td>施工单位</td><td colspan="5"></td><td colspan="3">专业负责人</td><td colspan="2"></td><td colspan="2">项目经理</td><td></td></tr>
<tr><td colspan="4">施工执行标准名称及编号</td><td colspan="6"></td><td>检验批编号</td><td colspan="3"></td></tr>
<tr><td colspan="6">施工质量验收规范的规定</td><td colspan="6">施工单位检查评定记录</td><td colspan="2">监理（建设）单位验收记录</td></tr>
<tr><td rowspan="19">一般项目</td><td rowspan="18">3</td><td rowspan="18">预制构件尺寸允许偏差（mm）</td><td rowspan="2">预留孔</td><td>中心线位置</td><td>5</td><td></td><td></td><td></td><td></td><td></td><td></td><td colspan="2" rowspan="19"></td></tr>
<tr><td>孔尺寸</td><td>±5</td><td></td><td></td><td></td><td></td><td></td><td></td></tr>
<tr><td rowspan="2">预留洞</td><td>中心线位置</td><td>10</td><td></td><td></td><td></td><td></td><td></td><td></td></tr>
<tr><td>洞口尺寸、深度</td><td>±10</td><td></td><td></td><td></td><td></td><td></td><td></td></tr>
<tr><td rowspan="3">预埋件</td><td>预埋板中心线位置</td><td>5</td><td></td><td></td><td></td><td></td><td></td><td></td></tr>
<tr><td>预埋板与混凝土面平面高差</td><td>0，5</td><td></td><td></td><td></td><td></td><td></td><td></td></tr>
<tr><td>预埋螺栓</td><td>2</td><td></td><td></td><td></td><td></td><td></td><td></td></tr>
<tr><td rowspan="3">预埋件</td><td>预埋螺栓外露长度</td><td>+10，−5</td><td></td><td></td><td></td><td></td><td></td><td></td></tr>
<tr><td>预埋套筒、螺母中心线位置</td><td>2</td><td></td><td></td><td></td><td></td><td></td><td></td></tr>
<tr><td>预埋套筒、螺母与混凝土面平面高差</td><td>±5</td><td></td><td></td><td></td><td></td><td></td><td></td></tr>
<tr><td rowspan="2">预留插筋</td><td>中心线位置</td><td>5</td><td></td><td></td><td></td><td></td><td></td><td></td></tr>
<tr><td>外露长度</td><td>+10，−5</td><td></td><td></td><td></td><td></td><td></td><td></td></tr>
<tr><td rowspan="3">键槽</td><td>中心线位置</td><td>5</td><td></td><td></td><td></td><td></td><td></td><td></td></tr>
<tr><td>长度、宽度</td><td>±5</td><td></td><td></td><td></td><td></td><td></td><td></td></tr>
<tr><td>深度</td><td>±10</td><td></td><td></td><td></td><td></td><td></td><td></td></tr>
<tr><td>4</td><td colspan="4">预制构件的粗糙面的质量及键槽的数量应符合设计要求</td><td></td><td></td><td></td><td></td><td></td><td></td></tr>
<tr><td>施工单位检查评定结果</td><td colspan="13">项目专业质量检查员： 年 月 日</td></tr>
<tr><td>监理（建设）单位验收结论</td><td colspan="13">监理工程师：
（建设单位项目代表） 年 月 日</td></tr>
</table>

3.16.17 装配式结构安装与连接检验批质量验收记录 GB 50204

工程名称			分项工程名称		验收部位	
施工单位			专业负责人		项目经理	
施工执行标准名称及编号					检验批编号	
施工质量验收规范的规定			施工单位检查评定记录		监理（建设）单位验收记录	
主控项目	1	预制构件临时固定措施的安装质量应符合施工方案的要求				
	2	钢筋采用套筒灌浆连接或浆锚搭接连接时，灌浆应饱满、密实				
	3	钢筋采用套筒灌浆连接或浆锚搭接连接时，其连接接头质量应符合国家现行标准的规定				
	4	钢筋采用焊接连接时，其接头质量应符合现行行业标准 JGJ 18—2012《钢筋焊接及验收规程》的规定				
	5	钢筋采用机械连接时，其接头质量应符合现行行业标准 JGJ 107—2016《钢筋机械连接技术规程》的规定				
	6	预制构件采用焊接、螺栓连接等连接方式时，其材料性能及施工质量应符合国家现行标准 GB 50205—2020《钢结构工程施工质量验收规范》和 JGJ 18—2012《钢筋焊接及验收规程》的相关规定				
	7	装配式结构采用现浇混凝土连接构件时，构件连接处后浇混凝土的强度应符合设计要求				
	8	装配式结构施工后，其外观质量不应有严重缺陷，且不应有影响结构性能和安装、使用功能的尺寸偏差				

装配式结构安装与连接检验批质量验收记录（续表） GB 50204

<table>
<tr><td colspan="2">工程名称</td><td colspan="3"></td><td colspan="2">分项工程名称</td><td></td><td>验收部位</td><td></td></tr>
<tr><td colspan="2">施工单位</td><td colspan="3"></td><td colspan="2">专业负责人</td><td></td><td>项目经理</td><td></td></tr>
<tr><td colspan="3">施工执行标准名称及编号</td><td colspan="4"></td><td>检验批编号</td><td colspan="2"></td></tr>
<tr><td colspan="7">施工质量验收规范的规定</td><td colspan="2">施工单位检查评定记录</td><td>监理（建设）单位验收记录</td></tr>
<tr><td rowspan="14">一般项目</td><td>1</td><td colspan="5">装配式结构施工后，其外观质量不应有一般缺陷</td><td colspan="2"></td><td rowspan="14"></td></tr>
<tr><td rowspan="13">2</td><td rowspan="13">装配式结构构件位置和尺寸的允许偏差（mm）</td><td rowspan="2">构件轴线位置</td><td colspan="2">竖向构件（柱、墙板、桁架）</td><td>8</td><td colspan="2"></td></tr>
<tr><td colspan="2">水平构件（梁、楼板）</td><td>5</td><td colspan="2"></td></tr>
<tr><td>标高</td><td colspan="2">梁、柱、墙板、楼板底面或顶面</td><td>±5</td><td colspan="2"></td></tr>
<tr><td rowspan="2">构件垂直度</td><td rowspan="2">柱、墙板安装后的高度</td><td>≤6m</td><td>5</td><td colspan="2"></td></tr>
<tr><td>>6m</td><td>10</td><td colspan="2"></td></tr>
<tr><td>构件倾斜度</td><td colspan="2">梁、桁架</td><td>5</td><td colspan="2"></td></tr>
<tr><td rowspan="4">相邻构件平整度</td><td rowspan="2">梁、楼板底面</td><td>外露</td><td>5</td><td colspan="2"></td></tr>
<tr><td>不外露</td><td>3</td><td colspan="2"></td></tr>
<tr><td rowspan="2">柱、墙板</td><td>外露</td><td>5</td><td colspan="2"></td></tr>
<tr><td>不外露</td><td>8</td><td colspan="2"></td></tr>
<tr><td>构件搁置长度</td><td colspan="2">梁、板</td><td>±10</td><td colspan="2"></td></tr>
<tr><td>支座、支垫中心位置</td><td colspan="2">板、梁、柱、墙板、桁架</td><td>10</td><td colspan="2"></td></tr>
<tr><td colspan="3">墙板接缝宽度</td><td>±5</td><td colspan="2"></td></tr>
<tr><td colspan="2">施工单位检查评定结果</td><td colspan="8">项目专业质量检查员： 年 月 日</td></tr>
<tr><td colspan="2">监理（建设）单位验收结论</td><td colspan="8">监理工程师：
（建设单位项目代表） 年 月 日</td></tr>
</table>

3.17 钢结构工程[①]

3.17.1 钢构件焊接工程检验批质量验收记录 GB 50205

<table>
<tr><td colspan="2">工程名称</td><td></td><td>分项工程名称</td><td></td><td>验收部位</td><td></td></tr>
<tr><td colspan="2">施工单位</td><td></td><td>专业负责人</td><td></td><td>项目经理</td><td></td></tr>
<tr><td colspan="3">施工执行标准名称及编号</td><td></td><td>检验批编号</td><td colspan="2"></td></tr>
<tr><td colspan="4">施工质量验收规范的规定</td><td>施工单位检查评定记录</td><td colspan="2">监理（建设）单位验收记录</td></tr>
<tr><td rowspan="7">主控项目</td><td>1</td><td colspan="2">焊接材料的品种、规格、性能应符合国家现行标准的规定并满足设计要求。焊接材料进场时，应按国家现行标准的规定抽取试件且应进行化学成分和力学性能检验，检验结果应符合国家现行标准的规定</td><td></td><td colspan="2" rowspan="7"></td></tr>
<tr><td>2</td><td colspan="2">钢结构所采用的焊接材料应按其产品标准的要求进行抽样复验，复验结果应符合国家现行标准的规定并满足设计要求</td><td></td></tr>
<tr><td>3</td><td colspan="2">焊接材料与母材的匹配应符合设计文件的要求及国家现行标准的规定。焊接材料在使用前，应按其产品说明书及焊接工艺文件的规定进行烘焙和存放</td><td></td></tr>
<tr><td>4</td><td colspan="2">持证焊工必须在其焊工合格证书规定的认可范围内施焊，严禁无证焊工施焊</td><td></td></tr>
<tr><td>5</td><td colspan="2">施工单位应按现行国家标准 GB 50661—2011《钢结构焊接规范》的规定进行焊接工艺评定，根据评定报告确定焊接工艺，编写焊接工艺规程并进行全过程质量控制</td><td></td></tr>
<tr><td>6</td><td colspan="2">设计要求的一级、二级焊缝应进行内部缺陷的无损检测，焊缝内部缺陷的无损检测应符合 GB 50205—2020《钢结构工程施工质量验收标准》的要求</td><td></td></tr>
<tr><td>7</td><td colspan="2">T 形接头、十字接头、角接接头等要求焊透的对接和角接组合焊缝，其加强焊脚尺寸 h_k 不应小于 $t/4$ 且不大于 10mm，其允许偏差为 0~4mm</td><td></td></tr>
</table>

① 本部分的“GB 50205”代表依据为 GB 50205—2020《钢结构工程施工质量验收标准》。

钢构件焊接工程检验批质量验收记录（续表） GB50205

<table>
<tr><td>工程名称</td><td></td><td>分项工程名称</td><td></td><td>验收部位</td><td></td></tr>
<tr><td>施工单位</td><td></td><td>专业负责人</td><td></td><td>项目经理</td><td></td></tr>
<tr><td colspan="2">施工执行标准名称及编号</td><td colspan="2"></td><td>检验批编号</td><td></td></tr>
<tr><td colspan="3">施工质量验收规范的规定</td><td>施工单位检查评定记录</td><td colspan="2">监理（建设）单位验收记录</td></tr>
<tr><td rowspan="4">一般项目</td><td>1</td><td>焊条外观不应有药皮脱落、焊芯生锈等缺陷，焊剂不应受潮结块</td><td></td><td rowspan="4" colspan="2"></td></tr>
<tr><td>2</td><td>焊缝外观质量应符合国家现行标准规定</td><td></td></tr>
<tr><td>3</td><td>焊缝外观尺寸要求应符合 GB 50205—2020《钢结构工程施工质量验收标准》的规定</td><td></td></tr>
<tr><td>4</td><td>对于需要进行预热或后热的焊缝，其预热温度或后热温度应符合国家现行标准的规定或通过焊接工艺评定确定</td><td></td></tr>
<tr><td colspan="2">施工单位检查评定结果</td><td colspan="4">项目专业质量检查员： 年 月 日</td></tr>
<tr><td colspan="2">监理（建设）单位验收结论</td><td colspan="4">监理工程师：
（建设单位项目代表） 年 月 日</td></tr>
</table>

3.17.2 焊钉焊接工程检验批质量验收记录 GB 50205

<table>
<tr><td colspan="2">工程名称</td><td colspan="2"></td><td>分项工程名称</td><td></td><td>验收部位</td><td></td></tr>
<tr><td colspan="2">施工单位</td><td colspan="2"></td><td>专业负责人</td><td></td><td>项目经理</td><td></td></tr>
<tr><td colspan="3">施工执行标准名称及编号</td><td colspan="2"></td><td>检验批编号</td><td colspan="2"></td></tr>
<tr><td colspan="3">施工质量验收规范的规定</td><td colspan="3">施工单位检查评定记录</td><td colspan="2">监理（建设）单位验收记录</td></tr>
<tr><td rowspan="3">主控项目</td><td>1</td><td>钢结构所采用的焊接材料应按其产品标准的要求进行抽样复验，复验结果应符合国家现行标准的规定并满足设计要求</td><td colspan="3"></td><td colspan="2" rowspan="3"></td></tr>
<tr><td>2</td><td>施工单位对其采用的栓钉和钢材焊接应进行焊接工艺评定，其结果应满足设计要求并符合国家现行标准的规定。栓钉焊瓷环保存时应有防潮措施，受潮的焊接瓷环使用前应在120~150℃范围内烘焙1~2h</td><td colspan="3"></td></tr>
<tr><td>3</td><td>栓钉焊接接头外观质量检验合格后进行打弯抽样检查，焊缝和热影响区不得有肉眼可见的裂纹</td><td colspan="3"></td></tr>
<tr><td rowspan="3">一般项目</td><td>1</td><td>焊钉及焊接瓷环的规格、尺寸及允许偏差应符合国家现行标准的规定</td><td colspan="3"></td><td colspan="2" rowspan="3"></td></tr>
<tr><td>2</td><td>施工单位应按国家现行标准GB/T 10433—2002《电弧螺柱焊用圆柱头焊钉》的规定，对焊钉的机械性能和焊接性能进行复验，复验结果应符合国家现行标准的规定并满足设计要求</td><td colspan="3"></td></tr>
<tr><td>3</td><td>栓钉焊接接头外观检验应符合GB 50205—2020《钢结构工程施工质量验收标准》的规定</td><td colspan="3"></td></tr>
<tr><td colspan="2">施工单位检查评定结果</td><td colspan="6">项目专业质量检查员：　　　　年　月　日</td></tr>
<tr><td colspan="2">监理（建设）单位验收结论</td><td colspan="6">监理工程师：
（建设单位项目代表）　　　　年　月　日</td></tr>
</table>

3.17.3 普通紧固件连接工程检验批质量验收记录 GB 50205

工程名称		分项工程名称		验收部位	
施工单位		专业负责人		项目经理	
施工执行标准名称及编号			检验批编号		

施工质量验收规范的规定			施工单位检查评定记录	监理（建设）单位验收记录
主控项目	1	钢结构连接用高强度螺栓连接副的品种、规格、性能应符合国家现行标准的规定，并满足设计要求		
	2	普通螺栓作为永久性连接螺栓时，当设计有要求或对其质量有疑义时，应进行螺栓实物最小拉力载荷复验，其结果应符合国家现行标准 GB/T 3098.1 2010《紧固件机械性能 螺栓、螺钉和螺柱》的规定		
	3	连接薄钢板采用的自攻钉、拉柳钉、射钉等规格尺寸应与被连接钢板相匹配，并满足设计要求，其间距、边距等应满足设计要求		
一般项目	1	永久性普通螺栓紧固应牢固、可靠，外露螺纹不应少于 2 扣		
	2	自攻螺钉、拉铆钉、射钉等与连接钢板应紧固密贴，外观排列整齐		
施工单位检查评定结果	项目专业质量检查员： 年 月 日			
监理（建设）单位验收结论	监理工程师： （建设单位项目代表） 年 月 日			

3.17.4 高强度螺栓连接工程检验批质量验收记录 GB 50205

<table>
<tr><td colspan="2">工程名称</td><td></td><td>分项工程名称</td><td></td><td>验收部位</td><td></td></tr>
<tr><td colspan="2">施工单位</td><td></td><td>专业负责人</td><td></td><td>项目经理</td><td></td></tr>
<tr><td colspan="3">施工执行标准名称及编号</td><td></td><td>检验批编号</td><td colspan="2"></td></tr>
<tr><td colspan="3">施工质量验收规范的规定</td><td colspan="2">施工单位检查评定记录</td><td colspan="2">监理（建设）单位验收记录</td></tr>
<tr><td rowspan="4">主控项目</td><td>1</td><td>钢结构连接用高强度螺栓连接副的品种、规格、性能应符合国家现行标准的规定并满足设计要求</td><td colspan="2"></td><td colspan="2" rowspan="4"></td></tr>
<tr><td>2</td><td>高强度大六角头螺栓连接副应复验其扭矩系数，扭剪型高强度螺栓连接副应复验其紧固轴力</td><td colspan="2"></td></tr>
<tr><td>3</td><td>钢结构制作和安装单位应分别进行高强度螺栓连接摩擦面（含涂层摩擦面）的抗滑移系数试验和复验，现场处理的构件摩擦面应单独进行摩擦面抗滑移系数试验，其结果应满足设计要求。涂层摩擦面钢材表面处理应达到Sa2½，涂层最小厚度应满足设计要求</td><td colspan="2"></td></tr>
<tr><td>4</td><td>高强度螺栓连接副应在终拧完成1h后、48h内进行终拧质量检查，对于扭剪型高强度螺栓连接副，除因构造原因无法使用专用扳手拧掉梅花头者外，螺栓尾部梅花头拧断为终拧结束</td><td colspan="2"></td></tr>
<tr><td rowspan="7">一般项目</td><td>1</td><td>螺栓球节点钢网架、网壳结构用高强度螺栓应进行表面硬度检验，检验结果应满足其产品标准的要求</td><td colspan="2"></td><td colspan="2" rowspan="7"></td></tr>
<tr><td>2</td><td>高强度大六角头螺栓连接副、扭剪型高强螺栓连接副应按包装箱配套供货。包装箱上应标明批号、规格、数量及生产日期。螺栓、螺母、垫圈表面不应出现生锈和沾染脏物，螺纹不应损伤</td><td colspan="2"></td></tr>
<tr><td>3</td><td>热浸镀锌高强度螺栓镀层厚度应满足设计要求。当设计无要求时，镀层厚度不应小于40μm</td><td colspan="2"></td></tr>
<tr><td>4</td><td>高强度螺栓连接副的施拧顺序和初拧、终拧扭矩应满足设计要求并符合现行行业标准JGJ 82—2011《钢结构高强度螺栓连接技术规程》的规定</td><td colspan="2"></td></tr>
<tr><td>5</td><td>高强度螺栓连接副终拧后，螺栓螺纹外露应为2~3扣，其中允许有10%的螺栓螺纹外露1扣或4扣</td><td colspan="2"></td></tr>
<tr><td>6</td><td>高强度螺栓连接摩擦面应保持干燥、整洁，不应有飞边、毛刺、焊接飞溅物、焊疤、氧化铁皮、污垢等，除设计要求外摩擦面不应涂漆</td><td colspan="2"></td></tr>
<tr><td>7</td><td>高强度螺栓应能自由穿入螺栓孔，当不能自由穿入时，应用铰刀修正。修孔数量不应超过该节点螺栓数量的25%，扩孔后的孔径不应超过1.2d</td><td colspan="2"></td></tr>
<tr><td>施工单位检查评定结果</td><td colspan="6">项目专业质量检查员：　　　　　　　　　　年　月　日</td></tr>
<tr><td>监理（建设）单位验收结论</td><td colspan="6">监理工程师：
（建设单位项目代表）　　　　　　　　　　年　月　日</td></tr>
</table>

3.17.5 零件及部件加工工程检验批质量验收记录 GB 50205

<table>
<tr><td>工程名称</td><td colspan="2"></td><td>分项工程名称</td><td></td><td>验收部位</td><td></td></tr>
<tr><td>施工单位</td><td colspan="2"></td><td>专业负责人</td><td></td><td>项目经理</td><td></td></tr>
<tr><td colspan="3">施工执行标准名称及编号</td><td colspan="2"></td><td>检验批编号</td><td></td></tr>
<tr><td colspan="3">施工质量验收规范的规定</td><td colspan="2">施工单位检查评定记录</td><td colspan="2">监理（建设）单位验收记录</td></tr>
<tr><td rowspan="8">主控项目</td><td>1</td><td>钢板、型材、管材、铸钢件的品种、规格、性能应符合国家现行标准的规定并满足设计要求。进场时，应按国家现行标准的规定抽取试件且应进行屈服强度、抗拉强度、伸长率和端口尺寸偏差检验</td><td colspan="2"></td><td colspan="2" rowspan="8"></td></tr>
<tr><td>2</td><td>钢板、型材、管材、铸钢件应按本标准的规定进行见证抽样复验，其复验结果应符合国家现行标准的规定并满足设计要求</td><td colspan="2"></td></tr>
<tr><td>3</td><td>钢材切割面或剪切面应无裂纹、夹渣、毛刺和分层</td><td colspan="2"></td></tr>
<tr><td>4</td><td>碳素结 构钢在环境温度低于 -16℃，低合金结构钢在环境温度低于 -12℃时，不应进行冷矫正和冷弯曲</td><td colspan="2"></td></tr>
<tr><td>5</td><td>气割或机械剪切的零件需要进行边缘加工时，其刨削余量不宜小于 2mm</td><td colspan="2"></td></tr>
<tr><td>6</td><td>螺栓球成型后，表面不应有裂纹、褶皱和过烧。焊接球的半球由钢板压制而成，钢板压成半球后，表面不应有裂纹、褶皱，焊接球的两半球对接处坡口宜采用机械加工，对接焊缝表面应打磨平整</td><td colspan="2"></td></tr>
<tr><td>7</td><td>铸钢件与其他构件连接部位四周 150mm 的区域，应按现行国家标准的规定进行 100% 超声波探伤检测</td><td colspan="2"></td></tr>
<tr><td>8</td><td>A 、B 级螺栓孔 cⅠ类孔应具有 H12 的精度，孔壁表面粗糙度不应大于 12.5μm，其孔径的允许偏差应符合 GB 50205—2020《钢结构工程施工质量验收标准》的要求</td><td colspan="2"></td></tr>
<tr><td rowspan="2">一般项目</td><td>1</td><td>钢板厚度、型材、管材外形尺寸、铸钢件及其与其他各构件连接端口的几何尺寸其允许偏差应满足其产品标准和设计文件的要求</td><td colspan="2"></td><td colspan="2" rowspan="2"></td></tr>
<tr><td>2</td><td>钢板、型材、管材的表面外观质量除应符合国家现行标准的规定。铸钢件表面应清理干净，修正飞边、毛刺，去除补贴、黏砂、氧化铁皮、热处理锈斑，清除内腔残余物等，不应有裂纹、未熔合和超过允许标准的气孔、冷隔、缩松、缩孔、夹砂及明显凹坑等缺陷。铸钢件表面粗糙度、铸钢节点与其他构件焊接的端口表面粗糙度应符合现行产品标准的规定并满足设计要求。铸钢件表面质量应符合 GB 50205—2020《钢结构工程施工质量验收标准》的要求</td><td colspan="2"></td></tr>
</table>

零件及部件加工工程检验批质量验收记录（续表 1） GB 50205

工程名称		分项工程名称		验收部位	
施工单位		专业负责人		项目经理	
施工执行标准名称及编号			检验批编号		

施工质量验收规范的规定					施工单位检查评定记录	监理（建设）单位验收记录
一般项目	3	气割允许偏差（mm）	零件宽度、长度	±3		
			切割面平面度	0.05t，且≤2		
			割纹深度	0.3		
			局部缺口深度	1		
		机械剪切允许偏差（mm）	零件宽度、长度	±3		
			边缘缺棱	1		
			型钢端部垂直度	2		
	4	钢材矫正后允许偏差（mm）	钢板的局部平面度 $t \leq 14$	1.5		
			钢板的局部平面度 $t > 14$	1		
			型钢弯曲矢高	L‰且≤5		
			角钢肢的垂直度	b/100 双肢栓接角钢的角度≤90°		
			槽钢翼缘对腹板的垂直度	b/80		
			工字钢、H 型钢翼缘对腹板的垂直度	b/100，且≤2		
	5	边缘加工	零件宽度、长度 ±1mm			
			加工边直线度 l/3000，且≤2mm			
			加丁面垂直度 0.025t，且≤0.5mm			
			加工面表面粗糙度 $R_a \leq 50\mu m$			
		焊缝坡口	坡口角度 5°			
			钝边 ±1mm			
		采用铣床进行铣削加工边缘	两端铣平时零件长度、宽度 ±1mm			
			铣平面的平面度 0.02t，且不大于 0.3mm			
			铣平面的垂直度 h/1500，且不大于 0.5mm			
	6	螺栓球加工球直径（mm）	$D \leq 120$，≥ −1，且≤2			
			$D > 120$，≥ −1.5，且≤3			

零件及部件加工工程检验批质量验收记录（续表 2） GB 50205

工程名称		分项工程名称		验收部位	
施工单位		专业负责人		项目经理	
施工执行标准名称及编号				检验批编号	

施工质量验收规范的规定					施工单位检查评定记录	监理（建设）单位验收记录
一般项目	6	螺栓球加工球圆度（mm）	$D \leq 120$，1.5			
			$120 < D \leq 250$，2.5			
			$D > 250$，3.5			
		螺栓球加工同一轴线上两铣平面平行度（mm）		$D \leq 120$，0.2		
				$D > 120$，0.3		
		铣平面距球中心距离（mm）		±0.2		
		相邻两螺栓孔中心线夹角		±30°		
		两铣平面与螺栓孔轴线垂直度（mm）		$0.005r$		
		焊接球加工球直径（mm）	$D \leq 300$	±1.5		
			$300 < D \leq 500$	±2.5		
			$500 < D \leq 800$	±3.5		
			$D > 800$	±4.0		
		焊接球加工球圆度（mm）	$D \leq 300$	1.5		
			$300 < D \leq 500$	2.5		
			$500 < D \leq 800$	3.5		
			$D>800$	4		
		焊接球加工壁厚减薄量（mm）	$t \leq 10$	$0.18t$，且≤ 1.5		
			$10 < t \leq 16$	$0.15t$，且≤ 2		
			$16 < t \leq 22$	$0.12t$，且≤ 2.5		
			$22 < t \leq 45$	$0.11t$，且≤ 3.5		
			$t > 45$	$0.08t$，且≤ 4		
		焊接球加工对口错边量（mm）	$t \leq 20$	1		
			$20 < t \leq 40$	2		
			$t > 40$	3		
		焊接球加工焊缝余高（mm）	0~1.5			

零件及部件加工工程检验批质量验收记录（续表 3） GB 50205

工程名称		分项工程名称			验收部位		
施工单位		专业负责人			项目经理		
施工执行标准名称及编号					检验批编号		
施工质量验收规范的规定						施工单位检查评定记录	监理（建设）单位验收记录
一般项目	7	钢管管件加工（mm）	长度 ±1				
			端面对管轴的垂直度 0.005r				
			管口曲线 1				
	8	有连接要求的轴（外圆）和孔机械加工的允许偏差（mm）	$-d/200$，且≤ −2				
			$d/200$，且≤ 2				
			$d/200$，且≤ 2				
			$d/200$，且≤ 2				
			管口曲线（mm）	2			
			同轴度（mm）	2			
			相邻两轴线夹角（°）	±25			
		螺栓孔孔距的允许偏差（mm）	同一组内任意两孔间距离	≤ 500	±1		
				501~1200	±1.5		
			相邻两组的端孔间距离	≤ 500	±1.5		
				501~1200	±2		
				1201~3000	±2.5		
				＞ 3000	±3		
施工单位检查评定结果	项目专业质量检查员：　　　　年　月　日						
监理（建设）单位验收结论	监理工程师：（建设单位项目代表）　　　　年　月　日						

注：r 为铣平面半径。

3.17.6 构件组装工程检验批质量验收记录 GB 50205

工程单位		分项工程名称		验收部位	
施工单位		专业负责人		项目经理	
施工执行标准名称及编号			检验批编号		

施工质量验收规范的规定						施工单位检查评定记录	监理（建设）单位验收记录
主控项目	1	钢材、钢部件拼接或对接时所采用的焊缝质量等级应满足设计及标准要求					
主控项目	2	钢吊车梁的下翼缘不得焊接工装夹具、定位板、连接板等临时工件。钢吊车梁和吊车桁架组装、焊接完成后在自重荷载下 不允许有下挠					
主控项目	3	端部铣平的允许偏差应符合 GB 50205—2020《钢结构工程施工质量验收标准》要求					
主控项目	4	钢构件外形尺寸应符合 GB 50205—2020《钢结构工程施工质量验收标准》要求					
一般项目	1	焊接 H 型钢组装尺寸的允许偏差（mm）	截面高度	$h < 500$	± 2		
				$500 \leqslant h \leqslant 1000$	± 3		
				$h > 1000$	± 4		
			截面宽度 b	± 3			
			腹板中心偏移 e	2			
			翼缘板垂直度	$b/100$，且≤ 3			
			弯曲矢高	$b/1000$，且≤ 10			
			扭曲	$h/250$，且≤ 5			
			腹板局部平面度	$t \leqslant 6$	4		
				$6 < t < 14$	3		
				$t \geqslant 14$	2		
	2	焊接连接组装尺寸的允许偏差（mm）	对口错边	$t/10$，且≤ 3			
			间隙	1			
			搭接长度	± 5			
			缝隙	1.5			
			高度	± 2			
			垂直度	$b/100$，且≤ 3			
			中心偏移	2			
			型钢错位	连接处	1		
				其他	2		
			箱形截面高度	± 2			
			宽 度	± 2			
			垂直度	$b/200$，且≤ 3			

构件组装工程检验批质量验收记录（续表 1） GB 50205

工程单位		分项工程名称		验收部位	
施工单位		专业负责人		项目经理	
施工执行标准名称及编号		检验批编号			

施工质量验收规范的规定						施工单位检查评定记录	监理（建设）单位验收记录
一般项目	3	柜架结构组装时，杆件轴线交点偏移不宜大于 4mm					
一般项目	4	设计要求顶紧的接触面应有 75% 以上的面积密贴，且边缘最大间隙不应大于 0.8mm					
一般项目	5	外露铣平面和顶紧接触面应有防锈保护					
一般项目	6	单层钢柱外形尺寸允许偏差（mm）	柱底面到柱端与桁架连接的最上一个安装孔距离 L		$\pm L/1500$，± 15		
一般项目	6	单层钢柱外形尺寸允许偏差（mm）	柱底面到牛腿支承面距离 l_1		$\pm l_1/2000$，± 8		
一般项目	6	单层钢柱外形尺寸允许偏差（mm）	牛腿面的翘曲 Δ		2		
一般项目	6	单层钢柱外形尺寸允许偏差（mm）	柱身弯曲矢高		$H/1200$，且 ≤ 12		
一般项目	6	单层钢柱外形尺寸允许偏差（mm）	柱身扭曲	牛腿处	3		
一般项目	6	单层钢柱外形尺寸允许偏差（mm）	柱身扭曲	其他处	8		
一般项目	6	单层钢柱外形尺寸允许偏差（mm）	柱截面几何尺寸	连接处	±3		
一般项目	6	单层钢柱外形尺寸允许偏差（mm）	柱截面几何尺寸	非连接处	±4		
一般项目	6	单层钢柱外形尺寸允许偏差（mm）	翼缘对腹板垂直度	连接处	1.5		
一般项目	6	单层钢柱外形尺寸允许偏差（mm）	翼缘对腹板垂直度	非连接处	$b/100$，且 ≤ 5		
一般项目	6	单层钢柱外形尺寸允许偏差（mm）	柱脚底板平面度		5		
一般项目	6	单层钢柱外形尺寸允许偏差（mm）	柱脚螺栓孔中心对柱轴线距离		3		
一般项目	6	多节钢柱外形尺寸允许偏差（mm）	一节柱高度 H		±3		
一般项目	6	多节钢柱外形尺寸允许偏差（mm）	两端最外侧安装孔距离 L_3		±2		
一般项目	6	多节钢柱外形尺寸允许偏差（mm）	铣平面到第一个安装孔距离		±1		
一般项目	6	多节钢柱外形尺寸允许偏差（mm）	柱身弯曲矢高 f		$H/1500$，且 ≤ 5		
一般项目	6	多节钢柱外形尺寸允许偏差（mm）	一节柱柱身扭曲		$h/250$，且 ≤ 5		
一般项目	6	多节钢柱外形尺寸允许偏差（mm）	牛腿端孔到柱轴线距离 L_2		±3		
一般项目	6	多节钢柱外形尺寸允许偏差（mm）	牛腿翘曲或扭曲 Δ	$L_2 \leq 1000$	2		
一般项目	6	多节钢柱外形尺寸允许偏差（mm）	牛腿翘曲或扭曲 Δ	$L_2 > 1000$	3		
一般项目	6	多节钢柱外形尺寸允许偏差（mm）	柱截面尺寸	连接处	±3		
一般项目	6	多节钢柱外形尺寸允许偏差（mm）	柱截面尺寸	非连接处	±4		
一般项目	6	多节钢柱外形尺寸允许偏差（mm）	柱脚底板平面度		5		

构件组装工程检验批质量验收记录（续表 2） GB 50205

工程单位		分项工程名称		验收部位	
施工单位		专业负责人		项目经理	
施工执行标准名称及编号			检验批编号		

施工质量验收规范的规定						施工单位检查评定记录	监理（建设）单位验收记录
一般项目	6	多节钢柱外形尺寸允许偏差（mm）	翼缘对腹板垂直度	连接处	1.5		
				非连接处	$b/100$，且≤ 3		
			柱脚螺栓孔中心对柱轴线距离		3		
			箱型截面连接处对角线差		3		
			箱型、十字形柱身板垂直度		h（b）/150，且≤ 5		
		双箱体（mm）	箱形截面高度	连接处	± 4		
				非连接处	+8， 4		
			翼板宽度		± 2		
			腹板宽度		± 3		
			翼板间距		± 3		
			垂直度		$h/150$，且≤ 6		
		三箱体（mm）	箱形截面尺	连接处	± 4		
				非连接处	+8，–4		
			翼板宽度		± 2		
			腹板宽度		± 3		
			翼板间距		± 3		
			垂直度		≤ 6		
		特殊箱体（mm）	箱形截面尺寸 h	连接处	± 5		
				非连接处	+12，–5		
			腹板宽度		± 3		
			翼板间距		± 3		
			垂直度		$h/150$，且≤ 5		
			箱形截面尺寸 b		± 2		
		焊接实腹钢梁外形尺寸允许偏差（mm）	梁长度 L	端部有凸缘支座板	0，–5		
				其他形式	$\pm L/2500$ ± 10		
			端部高度 h	$h \leq 2000$	± 2		
				$h > 2000$	± 3		

构件组装工程检验批质量验收记录（续表 3） GB 50205

工程单位		分项工程名称		验收部位	
施工单位		专业负责人		项目经理	
施工执行标准名称及编号		检验批编号			

施工质量验收规范的规定						施工单位检查评定记录	监理（建设）单位验收记录
一般项目	6	焊接实腹钢梁外形尺寸允许偏差（mm）	拱度	设计要求起拱	$\pm L/5000$		
				设计未要求起拱	10，−5		
			侧弯矢高		$L/2000$，且≤ 10		
			扭曲		$h/250$，且≤ 10		
			腹板局部平面度	$t \leqslant 6$	5		
				$6 < t < 14$	4		
				$t \geqslant 14$	3		
			翼缘对腹板垂直度		$b/100$，且≤ 3		
			吊车梁上翼缘与轨道接触面平面度		1		
			箱型截面连接处对角线差		3		
			箱型截面两腹板至翼缘板中心线距离	连接处	1		
				非连接处	1.5		
			梁端板平面度（只允许凹进）		$h/500$，且≤ 2		
			梁端板与腹板垂直度		$h/500$，且≤ 2		
		钢桁架外形尺寸允许偏差（mm）	桁架最外端两个孔或两端支承面最外侧距离	$L \leqslant 24$	+3，−7		
				$L > 24$	+5，−10		
			桁架跨中高度		± 10		
			桁架跨中拱度	设计要求起拱	$\pm L/5000$		
				设计未要求起拱	10，−5		
			相邻节间弦杆弯曲（受压除外）		$L_1/1000$		
			支承面到第一个安装孔距离		± 1		
			檩条连接支座间距		± 3		
		钢管构件外形尺寸允许偏差（mm）	直径 d		$\pm d/250$，± 5		
			构件长度 L		± 3		
			管口圆度		$d/250$，≤ 5		
			管面对管轴垂直度		$d/500$，≤ 3		
			弯曲矢高		$l/1500$，≤ 5		
			对口错边		$t/10$，且≤ 3		

构件组装工程检验批质量验收记录（续表 4） GB 50205

工程单位			分项工程名称		验收部位	
施工单位			专业负责人		项目经理	
施工执行标准名称及编号				检验批编号		
施工质量验收规范的规定					施工单位检查评定记录	监理（建设）单位验收记录
一般项目	6	墙架檩条支承系统钢构件外形尺寸允许偏差（mm）	构件长度 L	± 4		
			构件两端最外侧安装孔距离 L_1	± 3		
			构件弯曲矢高	$l/1000$，且 ≤ 10		
			截面尺寸	+5，–2		
		钢平台钢梯和防护钢栏杆外形尺寸允许偏差（mm）	平台长度和宽度	± 5		
			平台两对角线差 $\|L_1-L_2\|$	6		
			平台支柱高度	± 3		
			平台支柱弯曲矢高	5		
			平台表面平面度（1m 范围内）	6		
			梁梯长度 L	± 5		
			钢梯宽度 b	± 5		
			钢梯安装孔距离	± 3		
			钢梯纵向挠曲矢高	$L/1000$		
			踏步（棍）间距	± 3		
			栏杆高度	± 3		
			栏杆立柱间距	± 5		
施工单位检查评定结果	项目专业质量检查员： 年 月 日					
监理（建设）单位验收结论	监理工程师：（建设单位项目代表） 年 月 日					

3.17.7　预拼装工程检验批质量验收记录　GB 50205

<table>
<tr><td colspan="2">工程名称</td><td colspan="3"></td><td>分项工程名称</td><td>验收部位</td><td></td></tr>
<tr><td colspan="2">施工单位</td><td colspan="3"></td><td>专业负责人</td><td>项目经理</td><td></td></tr>
<tr><td colspan="4">施工执行标准名称及编号</td><td></td><td>检验批编号</td><td colspan="2"></td></tr>
<tr><td colspan="6">施工质量验收规范的规定</td><td>施工单位检查评定记录</td><td>监理（建设）单位验收记录</td></tr>
<tr><td rowspan="2">主控项目</td><td>1</td><td colspan="4">高强度螺栓和普通螺栓连接的多层板叠，应采用试孔器进行螺栓孔通过率检查</td><td></td><td rowspan="2"></td></tr>
<tr><td>2</td><td colspan="4">当采用计算机仿真模拟预拼装时，应采用正版软件，模拟构件或单元的外形尺寸应与实物几何尺寸相同</td><td></td></tr>
<tr><td rowspan="20">一般项目</td><td>1</td><td colspan="4">实体预拼装时宜先使用不少于螺栓孔总数 10% 的冲钉定位，再采用临时螺栓紧固。临时螺栓在一组孔内不得少于螺栓孔数量的 20%，且不应少于 2 个</td><td></td><td rowspan="20"></td></tr>
<tr><td rowspan="19">2</td><td rowspan="19">钢构件预拼装允许偏差（mm）</td><td rowspan="5">多节柱</td><td>预拼装单元总长</td><td>± 5</td><td></td></tr>
<tr><td>预拼装单元弯曲矢高</td><td>L/1500，且≤ 10.0</td><td></td></tr>
<tr><td>接口错边</td><td>2</td><td></td></tr>
<tr><td>预拼装单元柱身扭曲</td><td>h/200，且≤ 5</td><td></td></tr>
<tr><td>顶紧面至任一牛腿距离</td><td>± 2</td><td></td></tr>
<tr><td rowspan="6">梁桁架</td><td>跨度最外两端安装孔或两端支承面最外侧距离</td><td>+5
−10</td><td></td></tr>
<tr><td>接口截面错位</td><td>2</td><td></td></tr>
<tr><td>设计要求起拱</td><td>± L/5000</td><td></td></tr>
<tr><td>设计未要求起拱</td><td>l/2000，0</td><td></td></tr>
<tr><td>节点处杆件轴线错位</td><td>4</td><td></td></tr>
<tr><td>预拼装单元总长</td><td>± 5</td><td></td></tr>
<tr><td rowspan="4">管构件</td><td>预拼装单元弯曲矢高</td><td>L/1500，且≤ 10</td><td></td></tr>
<tr><td>对口错边</td><td>t/10，且≤ 3</td><td></td></tr>
<tr><td>坡口间隙</td><td>+2，−1</td><td></td></tr>
<tr><td>各楼层柱距</td><td>± 4</td><td></td></tr>
<tr><td rowspan="4">构件平面总体预拼装</td><td>相邻楼层梁与梁距离</td><td>± 3</td><td></td></tr>
<tr><td>各层间框架两对角线之差</td><td>H/2000，且≤ 5</td><td></td></tr>
<tr><td>任意两对角线之差</td><td>H/2000，且≤ 8</td><td></td></tr>
<tr><td></td><td></td><td></td></tr>
<tr><td>施工单位检查评定结果</td><td colspan="7">项目专业质量检查员：　　　　年　月　日</td></tr>
<tr><td>监理（建设）单位验收结论</td><td colspan="7">监理工程师：
（建设单位项目代表）　　　　年　月　日</td></tr>
</table>

3.17.8 单层结构安装工程检验批质量验收记录 GB 50205

<table>
<tr><td>工程名称</td><td colspan="4"></td><td>分项工程名称</td><td colspan="2"></td><td>验收部位</td><td></td></tr>
<tr><td>施工单位</td><td colspan="4"></td><td>专业负责人</td><td colspan="2"></td><td>项目经理</td><td></td></tr>
<tr><td colspan="3">施工执行标准名称及编号</td><td colspan="3"></td><td>检验批编号</td><td colspan="3"></td></tr>
<tr><td colspan="6">施工质量验收规范的规定</td><td colspan="3">施工单位检查评定记录</td><td>监理（建设）单位验收记录</td></tr>
<tr><td rowspan="23">主控项目</td><td>1</td><td colspan="4">建筑物的定位轴线、基础上柱的定位轴线和标高应符合设计要求</td><td colspan="3"></td><td rowspan="23"></td></tr>
<tr><td rowspan="4">2</td><td rowspan="4">支承面、地脚螺栓（锚栓）位置允偏差</td><td rowspan="2">支承面</td><td>标高（mm）</td><td>± 3</td><td colspan="3"></td></tr>
<tr><td>水平度</td><td>l‰</td><td colspan="3"></td></tr>
<tr><td colspan="2">地脚螺栓（锚栓）中心偏移（mm）</td><td>5</td><td colspan="3"></td></tr>
<tr><td colspan="2">预留孔中心偏移（mm）</td><td>10</td><td colspan="3"></td></tr>
<tr><td rowspan="3">3</td><td rowspan="3">座浆垫板允许偏差</td><td colspan="2">顶面标高（mm）</td><td>0，−3</td><td colspan="3"></td></tr>
<tr><td colspan="2">水平度</td><td>l‰</td><td colspan="3"></td></tr>
<tr><td colspan="2">位置（mm）</td><td>20</td><td colspan="3"></td></tr>
<tr><td rowspan="4">4</td><td rowspan="4">杯口尺寸允许偏差（mm）</td><td colspan="2">底面标高</td><td>0，−5</td><td colspan="3"></td></tr>
<tr><td colspan="2">杯口深度 H</td><td>± 5</td><td colspan="3"></td></tr>
<tr><td colspan="2">杯口垂直度</td><td>H‰，且≤ 10</td><td colspan="3"></td></tr>
<tr><td colspan="2">柱脚轴线对柱定位轴线的偏差</td><td>1</td><td colspan="3"></td></tr>
<tr><td>5</td><td colspan="4">钢构件符合设计要求和本规范规定。运输、堆放和吊装等造成的钢构件变形及涂层脱落，应进行矫正和修补</td><td colspan="3"></td></tr>
<tr><td>6</td><td colspan="4">设计要求顶紧的构件或节点、钢柱现场拼接接头接触面不应少于 70% 密贴，且边缘最大间隙不应大于 0.8mm</td><td colspan="3"></td></tr>
<tr><td rowspan="4">7</td><td rowspan="4">钢屋（托）架、桁架、梁及受压杆件垂直度和侧向弯曲矢高允许偏差</td><td colspan="2">跨中垂直度（mm）</td><td>h/250，且≤ 15</td><td colspan="3"></td></tr>
<tr><td rowspan="3">侧向弯曲矢高 f</td><td>L ≤ 30m</td><td>L‰，且≤ 10</td><td colspan="3"></td></tr>
<tr><td>30m < L ≤ 60m</td><td>L‰，且≤ 30</td><td colspan="3"></td></tr>
<tr><td>L > 60m</td><td>L‰，且≤ 50</td><td colspan="3"></td></tr>
<tr><td rowspan="2">8</td><td rowspan="2">主体结构的整体垂直度和整体平面弯曲允许偏差</td><td colspan="2">整体垂直度（mm）</td><td>H/1000，且≤ 25</td><td colspan="3"></td></tr>
<tr><td colspan="2">整体平面弯曲（mm）</td><td>L/1500，且≤ 25</td><td colspan="3"></td></tr>
</table>

单层结构安装工程检验批质量验收记录（续表 1） GB 50205

工程名称			分项工程名称		验收部位	
施工单位			专业负责人		项目经理	
施工执行标准名称及编号				检验批编号		

施工质量验收规范的规定					施工单位检查评定记录	监理（建设）单位验收记录
主控项目	9	构件与节点对接处的允许偏差（mm）	箱形（四边形、多边形）截面、异型截面对接 $L_1—L_2$	≤ 3		
			异型锥管、椭圆管截面对接处	≤ 3		
	10	钢平台、钢梯和防护栏杆安装允许偏差（mm）	平台高度	± 10		
			平台梁水平度	$L/1000$，且≤ 10		
			平台支柱垂直度	$H/1000$，且≤ 5		
			承重平台梁侧向弯曲	$L/1000$，且≤ 10		
			承重平台梁垂直度	$h/250$，且≤ 10		
			直梯垂直度	$H/1000$，且≤ 15		
			栏杆高度	± 5		
			栏杆立柱间距	± 5		
	11	主体结构的整体立面偏移（mm）	单层	$H/1000$，且≤ 25		
			高度 60m 以下的多高层	（$H/2500+10$），且≤ 30		
			高度 60~100m 的高层	（$H/2500+10$），且≤ 50		
			高度 100m 以上的高层	（$H/2500+10$），且≤ 80		
	12	主体结构的整体平面弯曲	$l/1500$，且≤ 50			
一般项目	1	地脚螺栓（锚栓）尺寸允许偏差（mm）	螺栓（锚栓）露出长度 d ≤ 30	$+1.2d$，0		
			螺纹长度 d ≤ 30	$+1.2d$，0		
			螺栓（锚栓）露出长度 d > 30	$+1.0d$，0		
			螺纹长度 d > 30	$+1.0d$，0		
	2	钢柱等主要构件的中心线及标高基准点等标记应齐全				
	3	当钢桁架（或梁）安装在混凝土柱上时，其支座中心对定位轴线的偏差不应大于 10mm；当采用大型混凝土屋面板时，钢桁架（或梁）间距的偏差不应大于 10mm				

单层结构安装工程检验批质量验收记录（续表 2） GB 50205

<table>
<tr><td colspan="2">工程名称</td><td colspan="3"></td><td>分项工程名称</td><td></td><td>验收部位</td><td></td></tr>
<tr><td colspan="2">施工单位</td><td colspan="3"></td><td>专业负责人</td><td></td><td>项目经理</td><td></td></tr>
<tr><td colspan="3">施工执行标准名称及编号</td><td colspan="3"></td><td>检验批编号</td><td colspan="2"></td></tr>
<tr><td colspan="6">施工质量验收规范的规定</td><td>施工单位检查评定记录</td><td colspan="2">监理（建设）单位验收记录</td></tr>
<tr><td rowspan="22">一般项目</td><td rowspan="2">4</td><td rowspan="2">钢梁安装的允许偏差（mm）</td><td colspan="2">同一根梁两端顶面的高差</td><td>$l/1000$，且≤ 10</td><td></td><td colspan="2" rowspan="22"></td></tr>
<tr><td colspan="2">主梁与次梁上表面的高差</td><td>± 2</td><td></td></tr>
<tr><td rowspan="8">5</td><td rowspan="8">钢柱安装允许偏差（mm）</td><td colspan="2">柱脚底座中心线对定位轴线偏移</td><td>5</td><td></td></tr>
<tr><td colspan="2">柱子定位轴线</td><td>1</td><td></td></tr>
<tr><td rowspan="2">柱基准点标高</td><td>有吊车梁</td><td>+3，−5</td><td></td></tr>
<tr><td>无吊车梁</td><td>+5，−8</td><td></td></tr>
<tr><td colspan="2">弯曲矢高</td><td>$H/1200$，且≤ 15</td><td></td></tr>
<tr><td colspan="2">单层柱轴线垂直度</td><td>$H/1000$，且≤ 25</td><td></td></tr>
<tr><td rowspan="2">多节柱轴线垂直度</td><td>单节柱</td><td>$H/1000$，且≤ 10</td><td></td></tr>
<tr><td>柱全高</td><td>35</td><td></td></tr>
<tr><td rowspan="12">6</td><td rowspan="12">钢吊车梁安装允许偏差（mm）</td><td colspan="2">梁跨中垂直度</td><td>$h/500$</td><td></td></tr>
<tr><td colspan="2">侧向弯曲矢高</td><td>$L/1500$，且≤ 10</td><td></td></tr>
<tr><td colspan="2">垂直上拱矢高</td><td>10</td><td></td></tr>
<tr><td rowspan="2">两端支座中心位移</td><td>安装在钢柱上时，对牛腿中心偏移</td><td>5</td><td></td></tr>
<tr><td>安装在混凝土柱上时，对定位轴线偏移</td><td>5</td><td></td></tr>
<tr><td colspan="2">吊车梁支座加劲板中心与柱子承压加劲板中心偏移</td><td>$t/2$</td><td></td></tr>
<tr><td rowspan="2">同跨间内同一横截面吊车梁顶面高差</td><td>支座处</td><td>$l/1000$，且≤ 10</td><td></td></tr>
<tr><td>其他处</td><td>15</td><td></td></tr>
<tr><td colspan="2">同跨间内同一横截面下挂式吊车梁底面高差</td><td>10</td><td></td></tr>
<tr><td colspan="2">同列相邻两柱间吊车梁顶面高差</td><td>$L/1500$，且≤ 10</td><td></td></tr>
</table>

单层结构安装工程检验批质量验收记录（续表 3） GB 50205

工程名称		分项工程名称		验收部位	
施工单位		专业负责人		项目经理	
施工执行标准名称及编号			检验批编号		

施工质量验收规范的规定						施工单位检查评定记录	监理（建设）单位验收记录
一般项目	6	钢吊车梁安装允许偏差（mm）	相邻两吊车梁接头部位	中心错位	3		
				上承式顶面高差	1		
				下承式底面高差	1		
			同跨间任一截面吊车梁中心跨距		±10		
			轨道中心对吊车梁腹板轴线偏移		$t/2$		
	7	檩条条墙架安装允许偏差（mm）	墙架立柱	中心线对定位轴线偏移	10		
				垂直度	$H/1000$，且≤10		
				弯曲矢高	$H/1000$，且≤15		
			抗风桁架垂直度		$h/250$，且≤15		
			檩条、墙梁间距		±5		
			檩条弯曲矢高		$L/750$，且≤12		
			墙梁弯曲矢高		$L/750$，且≤10		
	8	构件轴线空间位置偏差不应大于10mm，节点中心空间位置偏差不应大于15mm					
	9	构件对接处截面的平面度偏差：截面边长 $l \leq 3$m 时，偏差不应大于2mm；截面边长 $l \geq 3$m 时，允许偏差不应大于 $l/1500$					
	10	钢柱表面应干净，结构主要表面不应有疤痕、泥沙等污垢					
施工单位检查评定结果	项目专业质量检查员： 年 月 日						
监理（建设）单位验收结论	监理工程师：（建设单位项目代表） 年 月 日						

3.17.9 多层及高层结构安装检验批质量验收记录 GB 50205

工程名称		分项工程名称		验收部位	
施工单位		专业负责人		项目经理	
施工执行标准名称及编号		检验批编号			

施工质量验收规范的规定						施工单位检查评定记录	监理（建设）单位验收记录
主控项目	1	建筑物的定位轴线、基础上柱的定位轴线和标高应符合设计要求					
	2	支承面、地脚螺栓（锚栓）位置允许偏差（mm）	支承面	标高	± 3		
				水平度	*l*‰		
			地脚螺栓（锚栓）中心偏移		5		
			预留孔中心偏移		10		
	3	座浆垫板允许偏差（mm）	顶面标高		0，–3		
			水平度		*l*‰		
			位置		20		
	4	杯口尺寸允许偏差（mm）	底面标高		0，–5		
			杯口深度 H		± 5		
			杯口垂直度		H‰，且≤ 10		
			柱脚轴线对柱定位轴线的偏差		1		
	5	钢构件符合设计要求和本规范规定。运输、堆放和吊装等造成的钢构件变形及涂层脱落，应进行矫正和修补					
	6	设计要求顶紧的构件或节点、钢柱现场拼接接头接触面不应少于 70% 密贴，且边缘最大间隙不应大于 0.8mm					
	7	钢屋（托）架、桁架、梁及受压杆件垂直度和侧向弯曲矢高允许偏差（mm）	跨中垂直度		h/250，且≤ 15		
			侧向弯曲矢高 f	$L \leqslant 30$m	L‰，且≤ 10		
				30m $< L \leqslant$ 60m	L‰，且≤ 30		
				$L >$ 60m	L‰，且≤ 50		
	8	主体结构的整体垂直度和整体平面弯曲允许偏差（mm）	整体垂直度		H/1000，且≤ 25		
			整体平面弯曲		L/1500，且≤ 25		
	9	构件与节点对接处的允许偏差（mm）	箱形（四边形、多边形）截面、异型截面对接 L_1—L_2		≤ 3		
			异型锥管、椭圆管截面对接处		≤ 3		

多层及高层结构安装检验批质量验收记录（续表 1） GB 50205

<table>
<tr><td colspan="2">工程名称</td><td colspan="2"></td><td>分项工程名称</td><td></td><td>验收部位</td><td></td></tr>
<tr><td colspan="2">施工单位</td><td colspan="2"></td><td>专业负责人</td><td></td><td>项目经理</td><td></td></tr>
<tr><td colspan="3">施工执行标准名称及编号</td><td colspan="2"></td><td>检验批编号</td><td colspan="2"></td></tr>
<tr><td colspan="5">施工质量验收规范的规定</td><td>施工单位检查评定记录</td><td colspan="2">监理（建设）单位验收记录</td></tr>
<tr><td rowspan="18">主控项目</td><td rowspan="8">10</td><td rowspan="8">钢平台、钢梯和防护栏杆安装允许偏差（mm）</td><td>平台高度</td><td>±10</td><td></td><td colspan="2" rowspan="18"></td></tr>
<tr><td>平台梁水平度</td><td>L/1000，且≤10</td><td></td></tr>
<tr><td>平台支柱垂直度</td><td>H/1000，且≤5</td><td></td></tr>
<tr><td>承重平台梁侧向弯曲</td><td>L/1000，且≤10</td><td></td></tr>
<tr><td>承重平台梁垂直度</td><td>h/250，且≤10</td><td></td></tr>
<tr><td>直梯垂直度</td><td>H/1000，且≤15</td><td></td></tr>
<tr><td>栏杆高度</td><td>±5</td><td></td></tr>
<tr><td>栏杆立柱间距</td><td>±5</td><td></td></tr>
<tr><td rowspan="4">11</td><td rowspan="4">主体结构的整体立面偏移（mm）</td><td>单层</td><td>H/1000，且≤25</td><td></td></tr>
<tr><td>高度 60m 以下的多高层</td><td>（H/2500+10），且≤30</td><td></td></tr>
<tr><td>高度 60~100m 的高层</td><td>（H/2500+10），且≤50</td><td></td></tr>
<tr><td>高度 100m 以上的高层</td><td>（H/2500+10），且≤80</td><td></td></tr>
<tr><td>12</td><td>主体结构的整体平面弯曲</td><td colspan="2">l/1500，且≤50</td><td></td></tr>
<tr><td>13</td><td colspan="3">同一结构层或同一设计标高异型构件标高允许偏差应为 5mm</td><td></td></tr>
<tr><td rowspan="2">14</td><td>钢板剪力墙对口错边</td><td colspan="2">t/5，且≤3</td><td></td></tr>
<tr><td>钢板剪力墙平面外挠曲</td><td colspan="2">l/250+10，且≤30mm
（l 取 l_1 和 l_2 中较小值）</td><td></td></tr>
<tr><td rowspan="5">一般项目</td><td rowspan="4">1</td><td rowspan="4">地脚螺栓（锚栓）尺寸允许偏差（mm）</td><td>螺栓（锚栓）露出长度 d≤30</td><td>+1.2d，0</td><td></td><td colspan="2" rowspan="5"></td></tr>
<tr><td>螺纹长度 d≤30</td><td>+1.2d，0</td><td></td></tr>
<tr><td>螺栓（锚栓）露出长度 d＞30</td><td>+1.0d，0</td><td></td></tr>
<tr><td>螺纹长度 d＞30</td><td>+1.0d，0</td><td></td></tr>
<tr><td>2</td><td colspan="3">钢柱等主要构件的中心线及标高基准点等标记应齐全</td><td></td></tr>
</table>

多层及高层结构安装检验批质量验收记录（续表 2） GB 50205

<table>
<tr><td colspan="2">工程名称</td><td colspan="2"></td><td colspan="2">分项工程名称</td><td></td><td>验收部位</td><td></td></tr>
<tr><td colspan="2">施工单位</td><td colspan="2"></td><td colspan="2">专业负责人</td><td></td><td>项目经理</td><td></td></tr>
<tr><td colspan="3">施工执行标准名称及编号</td><td colspan="3"></td><td>检验批编号</td><td colspan="2"></td></tr>
<tr><td colspan="6">施工质量验收规范的规定</td><td>施工单位检查评定记录</td><td colspan="2">监理（建设）单位验收记录</td></tr>
<tr><td rowspan="17">一般项目</td><td>3</td><td colspan="4">当钢桁架（或梁）安装在混凝土柱上时，其支座中心对定位轴线的偏差不应大于 10mm；当采用大型混凝土屋面板时，钢桁架（或梁）间距的偏差不应大于 10mm</td><td></td><td colspan="2" rowspan="17"></td></tr>
<tr><td rowspan="2">4</td><td rowspan="2">钢梁安装的允许偏差（mm）</td><td colspan="2">同一根梁两端顶面的高差</td><td>$l/1000$，且 ≤ 10</td><td></td></tr>
<tr><td colspan="2">主梁与次梁上表面的高差</td><td>±2</td><td></td></tr>
<tr><td rowspan="8">5</td><td rowspan="8">钢柱安装允许偏差（mm）</td><td colspan="2">柱脚底座中心线对定位轴线偏移</td><td>5</td><td></td></tr>
<tr><td colspan="2">柱子定位轴线</td><td>1</td><td></td></tr>
<tr><td rowspan="2">柱基准点标高</td><td>有吊车梁</td><td>+3，−5</td><td></td></tr>
<tr><td>无吊车梁</td><td>+5，−8</td><td></td></tr>
<tr><td colspan="2">弯曲矢高</td><td>$H/1200$，且 ≤ 15</td><td></td></tr>
<tr><td colspan="2">单层柱轴线垂直度</td><td>$H/1000$，且 ≤ 25</td><td></td></tr>
<tr><td rowspan="2">多节柱轴线垂直度</td><td>单节柱</td><td>$H/1000$，且 ≤ 10</td><td></td></tr>
<tr><td>柱全高</td><td>35</td><td></td></tr>
<tr><td rowspan="6">6</td><td rowspan="6">钢吊车梁安装允许偏差（mm）</td><td colspan="2">梁跨中垂直度</td><td>$h/500$</td><td></td></tr>
<tr><td colspan="2">侧向弯曲矢高</td><td>$L/1500$，且 ≤ 10</td><td></td></tr>
<tr><td colspan="2">垂直上拱矢高</td><td>10</td><td></td></tr>
<tr><td rowspan="2">两端支座中心位移</td><td>安装在钢柱上时，对牛腿中心偏移</td><td>5</td><td></td></tr>
<tr><td>安装在混凝土柱上时，对定位轴线偏移</td><td>5</td><td></td></tr>
<tr><td colspan="2">吊车梁支座加劲板中心与柱子承压加劲板中心偏移</td><td>$t/2$</td><td></td></tr>
</table>

多层及高层结构安装检验批质量验收记录（续表 3） GB 50205

<table>
<tr><td colspan="3">工程名称</td><td colspan="2"></td><td>分项工程名称</td><td></td><td>验收部位</td><td></td></tr>
<tr><td colspan="3">施工单位</td><td colspan="2"></td><td>专业负责人</td><td></td><td>项目经理</td><td></td></tr>
<tr><td colspan="4">施工执行标准名称及编号</td><td colspan="2"></td><td>检验批编号</td><td colspan="2"></td></tr>
<tr><td colspan="6">施工质量验收规范的规定</td><td>施工单位检查评定记录</td><td colspan="2">监理（建设）单位验收记录</td></tr>
<tr><td rowspan="16">一般项目</td><td rowspan="9">6</td><td rowspan="9">钢吊车梁安装允许偏差（mm）</td><td rowspan="2">同跨间内同一横截面吊车梁顶面高差</td><td>支座处</td><td>$l/1000$，且≤ 10</td><td></td><td rowspan="16" colspan="2"></td></tr>
<tr><td>其他处</td><td>15</td><td></td></tr>
<tr><td colspan="2">同跨间内同一横截面下挂式吊车梁底面高差</td><td>10</td><td></td></tr>
<tr><td colspan="2">同列相邻两柱间吊车梁顶面高差</td><td>$l/1500$，且≤ 10</td><td></td></tr>
<tr><td rowspan="3">相邻两吊车梁接头部位</td><td>中心错位</td><td>3</td><td></td></tr>
<tr><td>上承式顶面高差</td><td>1</td><td></td></tr>
<tr><td>下承式底面高差</td><td>1</td><td></td></tr>
<tr><td colspan="2">同跨间任一截面吊车梁中心跨距</td><td>± 10</td><td></td></tr>
<tr><td colspan="2">轨道中心对吊车梁腹板轴线偏移</td><td>$t/2$</td><td></td></tr>
<tr><td rowspan="7">7</td><td rowspan="7">檩条条墙架安装允许偏差（mm）</td><td rowspan="3">墙架立柱</td><td>中心线对定位轴线偏移</td><td>10</td><td></td></tr>
<tr><td>垂直度</td><td>$H/1000$，且≤ 10</td><td></td></tr>
<tr><td>弯曲矢高</td><td>$H/1000$，且≤ 15</td><td></td></tr>
<tr><td colspan="2">抗风桁架垂直度</td><td>$h/250$，且≤ 15</td><td></td></tr>
<tr><td colspan="2">檩条、墙梁间距</td><td>± 5</td><td></td></tr>
<tr><td colspan="2">檩条弯曲矢高</td><td>$L/750$，且≤ 12</td><td></td></tr>
<tr><td colspan="2">墙梁弯曲矢高</td><td>$L/750$，且≤ 10</td><td></td></tr>
</table>

多层及高层结构安装检验批质量验收记录（续表 4） GB 50205

<table>
<tr><td colspan="2">工程名称</td><td colspan="3"></td><td>分项工程名称</td><td></td><td>验收部位</td></tr>
<tr><td colspan="2">施工单位</td><td colspan="3"></td><td>专业负责人</td><td></td><td>项目经理</td></tr>
<tr><td colspan="3">施工执行标准名称及编号</td><td colspan="3"></td><td>检验批编号</td><td></td></tr>
<tr><td colspan="6">施工质量验收规范的规定</td><td>施工单位检查评定记录</td><td>监理（建设）单位验收记录</td></tr>
<tr><td rowspan="8">一般项目</td><td rowspan="5">8</td><td rowspan="5">主体结构总高度允许偏差（mm）</td><td colspan="2">用相对标高控制安装时</td><td>$\pm\sum(\Delta h+\Delta z+\Delta w)$</td><td></td><td rowspan="8"></td></tr>
<tr><td rowspan="4">用设计标高控制安装时</td><td>单层</td><td>$H/1000$，且≤ 20；$-H/1000$，且≤ −20</td><td></td></tr>
<tr><td>＜ 60m</td><td>$H/1000$，且≤ 30；$-H/1000$，且≤ −30</td><td></td></tr>
<tr><td>60~100m</td><td>$H/1000$，且≤ 50；$-H/1000$，且≤ −50</td><td></td></tr>
<tr><td>＞ 100m</td><td>$H/1000$，且≤ 100；$-H/1000$，且≤ −100</td><td></td></tr>
<tr><td>9</td><td colspan="4">构件轴线空间位置偏差不应大于 10mm，节点中心空间位置偏差不应大于 15mm</td><td></td></tr>
<tr><td>10</td><td colspan="4">构件对接处截面的平面度偏差：截面边长 l ≤ 3m 时，偏差不应大于 2mm；截面边长 l ＞ 3m 时，允许偏差不应大于 $l/1500$</td><td></td></tr>
<tr><td>11</td><td colspan="4">钢柱表面应干净，结构主要表面不应有疤痕、泥沙等污垢</td><td></td></tr>
<tr><td colspan="2">施工单位检查评定结果</td><td colspan="6">项目专业质量检查员：　　　　年　月　日</td></tr>
<tr><td colspan="2">监理（建设）单位验收结论</td><td colspan="6">监理工程师：
（建设单位项目代表）　　　　年　月　日</td></tr>
</table>

3.17.10 网架结构安装工程检验批质量验收记录 GB 50205

<table>
<tr><td>工程名称</td><td colspan="3"></td><td>分项工程名称</td><td></td><td>验收部位</td><td></td></tr>
<tr><td>施工单位</td><td colspan="3"></td><td>专业负责人</td><td></td><td>项目经理</td><td></td></tr>
<tr><td colspan="3">施工执行标准名称及编号</td><td colspan="2"></td><td>检验批编号</td><td colspan="2"></td></tr>
<tr><td colspan="5">施工质量验收规范的规定</td><td>施工单位检查评定记录</td><td colspan="2">监理（建设）单位验收记录</td></tr>
<tr><td rowspan="8">主控项目</td><td>1</td><td colspan="3">制作焊接球、螺栓球所采用的钢板，其品种、规格、性能等应符合国家现行标准的规定并满足设计要求</td><td></td><td colspan="2" rowspan="8"></td></tr>
<tr><td>2</td><td colspan="3">焊接球的焊缝质量应满足设计要求</td><td></td></tr>
<tr><td>3</td><td colspan="3">螺栓球、封板、锥头、套筒表面不应有裂纹、褶皱和过烧</td><td></td></tr>
<tr><td>4</td><td colspan="3">制作封板、锥头和套筒所采用的原材料，其品种、规格、性能等应符合国家现行标准的规定并满足设计要求</td><td></td></tr>
<tr><td>5</td><td colspan="3">钢结构用支座、橡胶垫的品种、规格、性能等应符合国家现行标准的规定并满足设计要求</td><td></td></tr>
<tr><td>6</td><td colspan="3">钢网架、网壳结构及支座定位轴线和标高应符合设计要求</td><td></td></tr>
<tr><td>7</td><td colspan="3">支座支承垫块的种类、规格、摆放位置和朝向，应满足设计要求并符合国家现行标准的规定。橡胶垫块与刚性垫块之间或 不同类型刚性垫块之间不得互换使用</td><td></td></tr>
<tr><td>8</td><td colspan="3">钢网架、网壳结构总拼完成后及屋面工程完成后应分别测量其挠度值，且所测的挠度值不应超过相应荷载条件下挠度计算值的 1.15 倍</td><td></td></tr>
<tr><td rowspan="14">一般项目</td><td>1</td><td colspan="3">焊接球表面应光 滑平整，局部凹凸不平不应大于 1.5mm</td><td></td><td colspan="2" rowspan="14"></td></tr>
<tr><td rowspan="4">2</td><td rowspan="4">焊接球加工球直径（mm）</td><td>$D \leqslant 300$</td><td>± 1.5</td><td></td></tr>
<tr><td>$300 < D \leqslant 500$</td><td>± 2.5</td><td></td></tr>
<tr><td>$500 < D \leqslant 800$</td><td>± 3.5</td><td></td></tr>
<tr><td>$D>800$</td><td>± 4.0</td><td></td></tr>
<tr><td rowspan="4">3</td><td rowspan="4">焊接球加工球圆度（mm）</td><td>$D \leqslant 300$</td><td>1.5</td><td></td></tr>
<tr><td>$300 < D \leqslant 500$</td><td>2.5</td><td></td></tr>
<tr><td>$500 < D \leqslant 800$</td><td>3.5</td><td></td></tr>
<tr><td>$D>800$</td><td>4.0</td><td></td></tr>
<tr><td rowspan="5">4</td><td rowspan="5">焊接球加工壁厚减薄量（mm）</td><td>$t \leqslant 10$</td><td>$0.18t$，且≤ 1.5</td><td></td></tr>
<tr><td>$10 < t \leqslant 16$</td><td>$0.15t$，且≤ 2.0</td><td></td></tr>
<tr><td>$16 < t \leqslant 22$</td><td>$0.12t$，且≤ 2.5</td><td></td></tr>
<tr><td>$22 < t \leqslant 45$</td><td>$0.11t$，且≤ 3.5</td><td></td></tr>
<tr><td>$t > 45$</td><td>$0.08t$，且≤ 4.0</td><td></td></tr>
</table>

网架结构安装工程检验批质量验收记录（续表 1） GB 50205

工程名称		分项工程名称		验收部位	
施工单位		专业负责人		项目经理	
施工执行标准名称及编号				检验批编号	

		施工质量验收规范的规定			施工单位检查评定记录	监理（建设）单位验收记录
一般项目	5	焊接球加工对口错边量（mm）	$t \leq 20$	1.0		
			$20 < t \leq 40$	2.0		
			$t > 40$	3.0		
	6	螺栓球加工球直径（mm）	$D \leq 120$	≥ -1 且 ≤ 2		
			$D > 120$	≥ -1.5 且 ≤ 3		
		螺栓球加工球圆度（mm）	$D \leq 120$	1.5		
			$120 < D \leq 250$	2.5		
			$D > 250$	3.5		
		螺栓球加工同一轴线上两铣平面平行度（mm）	$D \leq 120$	0.2		
			$D > 120$	0.3		
		铣平面距球中心距离（mm）		± 0.2		
		相邻两螺栓孔中心线夹角		± 30°		
		两铣平面与螺栓孔轴线垂直度（mm）		$0.005r$		
		螺栓球螺纹尺寸应符合现行国家标准 GB/T 196—2003《普通螺纹基本尺寸》的规定，螺纹公差应符合现行国家标准 GB/T 197—2018《普通螺纹公差》中 6H 级精度的规定				
	7	支撑面顶板许偏差（mm）	位置	15		
			顶面标高	0，-3		
			顶面水平度	L‰		
		支座锚栓允许偏差（mm）	中心偏移	± 5		
	8	节点中心偏移（mm）	$D \leq 500$	2		
			$D > 500$	3		
		杆件中心与节点中心的偏移（mm）	d（b）≤ 200	2		
			d（b）> 200	3		
		杆件轴线的弯曲矢高（mm）	—	$L_1/1000$，且 ≤ 5		
		网格尺寸（mm）	$l \leq 5000$	± 2		
			$l > 5000$	± 3		
		锥体（桁架）高度（mm）	$h \leq 5000$	± 2		
			$h > 5000$	± 3		

网架结构安装工程检验批质量验收记录（续表 2） GB 50205

<table>
<tr><td colspan="2">工程名称</td><td colspan="2"></td><td>分项工程名称</td><td></td><td>验收部位</td><td></td></tr>
<tr><td colspan="2">施工单位</td><td colspan="2"></td><td>专业负责人</td><td></td><td>项目经理</td><td></td></tr>
<tr><td colspan="3">施工执行标准名称及编号</td><td colspan="2"></td><td>检验批编号</td><td colspan="2"></td></tr>
<tr><td colspan="6">施工质量验收规范的规定</td><td>施工单位检查评定记录</td><td>监理（建设）单位验收记录</td></tr>
<tr><td rowspan="12">一般项目</td><td rowspan="4">8</td><td colspan="2" rowspan="2">对角线尺寸（mm）</td><td>$A \leq 7000$</td><td>±3</td><td rowspan="12"></td><td rowspan="12"></td></tr>
<tr><td>$A > 7000$</td><td>±4</td></tr>
<tr><td rowspan="2">平面衔架节点处杆件轴线错位（mm）</td><td colspan="2">$d\ (b) \leq 200$</td><td>2</td></tr>
<tr><td colspan="2">$d\ (b) \geq 200$</td><td>3</td></tr>
<tr><td rowspan="2">9</td><td colspan="3">分条、分块单元长度≤ 20m（mm）</td><td>±10</td></tr>
<tr><td colspan="3">分条、分块单元长度＞ 20m（mm）</td><td>±20</td></tr>
<tr><td rowspan="5">10</td><td rowspan="5">钢网架、网壳结构安装允许偏差（mm）</td><td>纵向、横向长度</td><td colspan="2">±L/2000，且≤ ±40</td></tr>
<tr><td>支座中心偏移</td><td colspan="2">L/3000，且≤ 30</td></tr>
<tr><td>周边支承网架、网壳相邻支座高差</td><td colspan="2">L/400，且≤ 15</td></tr>
<tr><td>支座最大高差</td><td colspan="2">30</td></tr>
<tr><td>多点支承网架、网壳相邻支座高差</td><td colspan="2">L_1/800，且≤ 30</td></tr>
<tr><td>11</td><td colspan="4">钢网架、网壳结构安装完成后，其节点及杆件表面应干净，不应有明显的疤痕、泥沙和污垢。螺栓球节点应将所有接缝用油腻子填嵌严密，并应将多余螺孔密封</td></tr>
<tr><td colspan="2">施工单位检查评定结果</td><td colspan="6">项目专业质量检查员：　　　　年　月　日</td></tr>
<tr><td colspan="2">监理（建设）单位验收结论</td><td colspan="6">监理工程师：
（建设单位项目代表）　　　　年　月　日</td></tr>
</table>

注：r 为铣平面半径。

3.17.11 钢管桁架结构工程检验批质量验收记录 GB 50205

工程名称		分项工程名称		验收部位	
施工单位		专业负责人		项目经理	
施工执行标准名称及编号		检验批编号			

施工质量验收规范的规定					施工单位检查评定记录	监理（建设）单位验收记录
主控项目	1	型材和管材的品种、规格、性能应符合国家现行标准的规定并满足设计要求。型材和管材进场时，应按国家现行标准的规定抽取试件且应进行屈服强度、抗拉强度、伸长率和厚度偏差验，检验结果应符合国家现行标准的规定				
主控项目	2	钢管（闭口截面）构件应有预防管内进水、存水的构造措施，严禁钢管内存水				
主控项目	3	钢管桁架结构相贯节点焊缝的坡口角度、间隙、钝边尺寸及焊脚尺寸应满足设计要求；当设计无要求时，应符合 GB 50661—2011《钢结构焊接规范》的规定				
主控项目	4	相贯节点方矩管端部表面不得有裂纹缺陷				
主控项目	5	钢管对接焊缝的质量等级应满足设计要求。当设计无要求时，应符合 GB 50661—2011《钢结构焊接规范》的规定				
主控项目	6	钢材、钢部件拼接或对接时所采用的焊缝质量等级应满足设计要求				
主控项目	7	钢吊车梁的下翼缘不得焊接工装夹具、定位板、连接板等临时工件。钢吊车梁和吊车桁架组装、焊接完成后在自重荷载下不允许有下挠				
主控项目	8	钢构件外形尺寸（mm）	单层柱、梁、桁架受力支托（支承面）表面至第一安装孔距离	±1		
主控项目	8	钢构件外形尺寸（mm）	多节柱铣平面至第一安装孔距离	±1		
主控项目	8	钢构件外形尺寸（mm）	实腹梁两端最外侧安装孔距离	±3		
主控项目	8	钢构件外形尺寸（mm）	构件连接处的截面几何尺寸	±3		
主控项目	8	钢构件外形尺寸（mm）	柱、梁连接处的腹板中心线偏移	2		
主控项目	8	钢构件外形尺寸（mm）	受压构件（杆件）弯曲矢高	l/1000，且≤10		
主控项目	9	支座支承垫块的种类、规格、摆放位置和朝向，应满足设计要求并符合国家现行标准的规定。橡胶垫块与刚性垫块之间或不同类型刚性垫块之间不得互换使用				
主控项目	10	钢屋（托）架、钢梁（桁架）的几何尺寸偏差和变形应满足设计要求并符合本标准的规定。运输、堆放和吊装等造成的钢构件变形及涂层脱落，应进行矫正和修补				

钢管桁架结构工程检验批质量验收记录（续表 1） GB 50205

<table>
<tr><td>工程名称</td><td colspan="4"></td><td>分项工程名称</td><td></td><td>验收部位</td><td></td></tr>
<tr><td>施工单位</td><td colspan="4"></td><td>专业负责人</td><td></td><td>项目经理</td><td></td></tr>
<tr><td colspan="3">施工执行标准名称及编号</td><td colspan="3"></td><td>检验批编号</td><td colspan="2"></td></tr>
<tr><td colspan="6">施工质量验收规范的规定</td><td>施工单位检查评定记录</td><td colspan="2">监理（建设）单位验收记录</td></tr>
<tr><td rowspan="4">主控项目</td><td rowspan="4">11</td><td rowspan="4">钢屋（托）架、桁架、梁及受压杆件垂直度和侧向弯曲矢高允许偏差（mm）</td><td colspan="2">跨中垂直度</td><td>h/250，且≤15</td><td rowspan="4"></td><td colspan="2" rowspan="4"></td></tr>
<tr><td rowspan="3">侧向弯曲矢高</td><td>L≤30m</td><td>L‰，且≤10</td></tr>
<tr><td>30m<L≤60m</td><td>L‰，且≤30</td></tr>
<tr><td>L>60m</td><td>L‰，且≤50</td></tr>
<tr><td rowspan="15">一般项目</td><td>1</td><td colspan="4">型材、管材截面尺寸、厚度及允许偏差应满足其产品标准的要求</td><td></td><td colspan="2" rowspan="15"></td></tr>
<tr><td>2</td><td colspan="4">型材、管材外形尺寸允许偏差应满足其产品标准的要求</td><td></td></tr>
<tr><td>3</td><td colspan="4">型材、管材的表面外观质量应符合其产品标准的要求</td><td></td></tr>
<tr><td rowspan="3">4</td><td rowspan="3">钢管杆件加工允许偏差（mm）</td><td colspan="2">长度</td><td>±1</td><td rowspan="3"></td></tr>
<tr><td colspan="2">端面对管轴的垂直度</td><td>0.005r</td></tr>
<tr><td colspan="2">管口曲线</td><td>1</td></tr>
<tr><td>5</td><td colspan="4">钢板、型钢冷矫正的最小曲率半径和最大弯曲矢高、板材和型材的冷弯成型最小曲率半径、钢管弯曲成型和矫正后允许偏差应符合标准的要求</td><td></td></tr>
<tr><td>6</td><td colspan="4">除采用卷制方式加工成型的钢管外，钢管接长时每个节间宜为一个接头，最短接长长度应符合下列规定：
当钢管直径 d≤800mm 时，不小于 600mm；
当钢管直径 d>800mm 时，不小于 1000mm</td><td></td></tr>
<tr><td>7</td><td colspan="4">钢管接长时，相邻管节或管段的纵向焊缝应错开，错开的最小距离（沿弧长方向）不应小于 5 倍的钢管壁厚 。主管拼接焊缝与相贯的支管焊缝间的距离不应小于 80mm</td><td></td></tr>
<tr><td>8</td><td colspan="4">钢管对接焊缝或沿截面围焊焊缝构造应满足设计要求</td><td></td></tr>
<tr><td>9</td><td colspan="4">钢管结构中相互搭接支管的焊接顺序和隐蔽焊缝的焊接方法应满足设计要求</td><td></td></tr>
<tr><td>10</td><td colspan="4">桁架结构组装时，杆件轴线交点偏移不宜大于 4mm</td><td></td></tr>
<tr><td rowspan="2">11</td><td rowspan="2">单层钢柱外形尺寸允许偏差（mm）</td><td colspan="2">柱底面到柱端与桁架连接的最上一个安装孔距离 L</td><td>±L/1500，±15</td><td rowspan="2"></td></tr>
<tr><td colspan="2">柱底面到牛腿支承面距离 l1</td><td>±l1/2000，±8</td></tr>
</table>

钢管桁架结构工程检验批质量验收记录（续表 2） GB 50205

<table>
<tr><td>工程名称</td><td colspan="3"></td><td>分项工程名称</td><td></td><td>验收部位</td><td></td></tr>
<tr><td>施工单位</td><td colspan="3"></td><td>专业负责人</td><td></td><td>项目经理</td><td></td></tr>
<tr><td colspan="3">施工执行标准名称及编号</td><td colspan="2"></td><td>检验批编号</td><td colspan="2"></td></tr>
<tr><td colspan="6">施工质量验收规范的规定</td><td>施工单位检查评定记录</td><td>监理（建设）单位验收记录</td></tr>
<tr><td rowspan="30">一般项目</td><td rowspan="11">11</td><td rowspan="11">单层钢柱外形尺寸允许偏差（mm）</td><td colspan="2">牛腿面的翘曲 Δ</td><td>2</td><td rowspan="6"></td><td rowspan="30"></td></tr>
<tr><td>柱身弯曲矢高</td><td colspan="2">H/1200，且≤ 12</td></tr>
<tr><td rowspan="2">柱身扭曲</td><td>牛腿处</td><td>3</td></tr>
<tr><td>其他处</td><td>8</td></tr>
<tr><td rowspan="2">柱截面几何尺寸</td><td>连接处</td><td>± 3</td></tr>
<tr><td>非连接处</td><td>+ 4</td></tr>
<tr><td rowspan="2">翼缘对腹板垂直度</td><td>连接处</td><td>1.5</td><td rowspan="5"></td></tr>
<tr><td>非连接处</td><td>b/100，且≤ 5</td></tr>
<tr><td colspan="2">柱脚底板平面度</td><td>5</td></tr>
<tr><td colspan="2">柱脚螺栓孔中心对柱轴线距离</td><td>3</td></tr>
<tr><td colspan="3"></td></tr>
<tr><td rowspan="9">12</td><td rowspan="9">钢桁架外形尺寸允许偏差（mm）</td><td rowspan="2">桁架最外端两个孔或两端支承面最外侧距离</td><td>L ≤ 24</td><td>+3，−7</td><td rowspan="9"></td></tr>
<tr><td>L > 24</td><td>+5，−10</td></tr>
<tr><td colspan="2">桁架跨中高度</td><td>± 10</td></tr>
<tr><td rowspan="2">桁架跨中拱度</td><td>设计要求起拱</td><td>± L/5000</td></tr>
<tr><td>设计未要求起拱</td><td>10，−5</td></tr>
<tr><td colspan="2">相邻节间弦杆弯曲（受压除外）</td><td>L_1/1000</td></tr>
<tr><td colspan="2">支承面到第一个安装孔距离</td><td>± 1</td></tr>
<tr><td colspan="2">檩条连接支座间距</td><td>± 3</td></tr>
<tr><td colspan="3"></td></tr>
<tr><td rowspan="6">13</td><td rowspan="6">钢管构件外形尺寸允许偏差（mm）</td><td colspan="2">直径</td><td>± d/250，5</td><td rowspan="6"></td></tr>
<tr><td colspan="2">构件长度</td><td>± 3</td></tr>
<tr><td colspan="2">管口圆度</td><td>d/250，≤ 5</td></tr>
<tr><td colspan="2">管面对管轴垂直度</td><td>d/500，≤ 3</td></tr>
<tr><td>弯曲矢高</td><td colspan="2">l/1500，且≤ 5</td></tr>
<tr><td>对口错边</td><td colspan="2">t/10，且≤ 3</td></tr>
</table>

钢管桁架结构工程检验批质量验收记录（续表 3） GB 50205

工程名称			分项工程名称		验收部位	
施工单位			专业负责人		项目经理	
施工执行标准名称及编号				检验批编号		

施工质量验收规范的规定							施工单位检查评定记录	监理（建设）单位验收记录
一般项目	14	实体预拼装的允许偏差（mm）	多节柱	预拼装单元总长		±5		
				预拼装单元弯曲矢高		l/1500，且≤10		
				接口错边		2		
				预拼装单元柱身扭曲		h/200，且≤5		
				顶紧面至任一牛腿距离		±2		
			梁、桁架	跨度最外两端安装孔或两端支承面最外侧距离		+5，−10		
				接口截面错位		2		
				拱度	设计要求起拱	±l/5000		
					设计未要求起拱	l/2000		
				节点处杆件轴线错位		4		
			管构件	预拼装单元总长		±5		
				预拼装单元弯曲矢高		l/1500，≤10		
				对口错边		t/10，且≤3		
				坡口间隙		+2，−1		
			构件平面总体预拼装	各楼层柱距		±4		
				相邻楼层梁与梁之间距离		±3		
				各层间框架两对角线之差		H/2000，且≤5		
				任意两对角线之差		H/2000，且≤8		

钢管桁架结构工程检验批质量验收记录（续表 4） GB 50205

<table>
<tr><td colspan="2">工程名称</td><td colspan="2"></td><td>分项工程名称</td><td></td><td>验收部位</td><td></td></tr>
<tr><td colspan="2">施工单位</td><td colspan="2"></td><td>专业负责人</td><td></td><td>项目经理</td><td></td></tr>
<tr><td colspan="3">施工执行标准名称及编号</td><td colspan="2"></td><td>检验批编号</td><td colspan="2"></td></tr>
<tr><td colspan="6">施工质量验收规范的规定</td><td>施工单位检查评定记录</td><td>监理（建设）单位验收记录</td></tr>
<tr><td rowspan="8">一般项目</td><td>15</td><td colspan="4">当钢桁架（或梁）安装在混凝土柱上时，其支座中心对定位轴线的偏差不应大于 10mm；当采用大型混凝土屋面板时，钢桁架（或梁）间距的偏差不应大于 10mm</td><td></td><td rowspan="8"></td></tr>
<tr><td rowspan="7">16</td><td rowspan="7">墙架檩条安装允许偏差（mm）</td><td rowspan="3">墙架立柱</td><td>中心线对定位轴线偏移</td><td>10</td><td rowspan="7"></td></tr>
<tr><td>垂直度</td><td>$H/1000$，且 ≤ 10</td></tr>
<tr><td>弯曲矢高</td><td>$H/1000$，且 ≤ 15</td></tr>
<tr><td>抗风柱桁架垂直度</td><td colspan="2">$h/250$，且 ≤ 15</td></tr>
<tr><td>檩条、墙梁间距</td><td colspan="2">± 5</td></tr>
<tr><td>檩条弯曲矢高</td><td colspan="2">$L/750$，且 ≤ 12</td></tr>
<tr><td>墙梁弯曲矢高</td><td colspan="2">$L/750$，且 ≤ 10</td></tr>
<tr><td colspan="2">施工单位检查评定结果</td><td colspan="6">项目专业质量检查员： 年 月 日</td></tr>
<tr><td colspan="2">监理（建设）单位验收结论</td><td colspan="6">监理工程师：
（建设单位项目代表） 年 月 日</td></tr>
</table>

注：r 为钢管半径。

3.17.12 构预应力索杆及膜结构工程检验批质量验收 GB 50205

<table>
<tr><td colspan="2">工程名称</td><td colspan="3"></td><td>分项工程名称</td><td></td><td>验收部位</td><td></td></tr>
<tr><td colspan="2">施工单位</td><td colspan="3"></td><td>专业负责人</td><td></td><td>项目经理</td><td></td></tr>
<tr><td colspan="3">施工执行标准名称及编号</td><td colspan="3"></td><td>检验批编号</td><td colspan="2"></td></tr>
<tr><td colspan="6">施工质量验收规范的规定</td><td>施工单位检查评定记录</td><td colspan="2">监理（建设）单位验收记录</td></tr>
<tr><td rowspan="7">主控项目</td><td>1</td><td colspan="4">拉索、拉杆、描具的品种、规格、性能应符合国家现行标准的规定并满足设计要求。拉索、拉杆、错具进场时，应按国家现行标准的规定抽取试件且应进行屈服强度、抗拉强度、伸长率和尺寸偏差检验，检验结果应符合国家现行标准的规定</td><td></td><td colspan="2" rowspan="7"></td></tr>
<tr><td>2</td><td colspan="4">钢结构用支座、橡胶垫的品种、规格、性能等应符合国家现行标准的规定并满足设计要求</td><td></td></tr>
<tr><td>3</td><td colspan="4">膜结构用膜材的品种、规格、性能等应符合国家现行标准的规定并满足设计要求。进口膜材产品的质量应满足设计和合同 的要求</td><td></td></tr>
<tr><td>4</td><td colspan="4">索杆的拉索、拉杆、索头长度、销轴直径、轴头开口深度等的尺寸和偏差应符合现行产品标准的规定并满足设计要求</td><td></td></tr>
<tr><td>5</td><td colspan="4">膜材料、膜片放样尺寸，膜片裁剪尺寸应满足设计要求，膜片放样尺寸的允许偏差应为 ±1mm，膜片裁剪尺寸的允许偏差应为 ±2mm</td><td></td></tr>
<tr><td>6</td><td colspan="4">索杆预应力施加方案，包括预应力施加顺序、分阶段张拉次数、各阶段张拉力和位移值等应满足设计要求；对承重索杆应进行内力和位移双控制，各阶段张拉力值或位移变形值允许偏差应为 ±10%</td><td></td></tr>
<tr><td>7</td><td colspan="4">连接固定膜单元的耳板、T 形件、天沟等的螺孔、销孔空间位置允许偏差应为 10mm，相邻两个孔间距允许偏差应为 ±5mm</td><td></td></tr>
<tr><td rowspan="6">一般项目</td><td>1</td><td colspan="4">拉索、拉杆及其护套的表面应光滑，不应有裂纹和目视可见的折叠、分层、结疤和锈蚀等缺陷</td><td></td><td colspan="2" rowspan="6"></td></tr>
<tr><td rowspan="5">2</td><td rowspan="5">拉索尺寸偏差（mm）</td><td colspan="2">拉索、拉杆直径 d</td><td>$+0.015d$，$-0.010d$</td><td rowspan="5"></td></tr>
<tr><td colspan="2">带外包层索体直径</td><td>+2，−1</td></tr>
<tr><td rowspan="3">索杆长度 l</td><td>$l \leqslant 50$m</td><td>±15</td></tr>
<tr><td>50m $< l <$ 100m</td><td>±20</td></tr>
<tr><td>$l \geqslant 100$m</td><td>$\pm 0.0002l$</td></tr>
</table>

构预应力索杆及膜结构工程检验批质量验收（续表） GB 50205

<table>
<tr><td>工程名称</td><td colspan="3"></td><td>分项工程名称</td><td></td><td>验收部位</td><td></td></tr>
<tr><td>施工单位</td><td colspan="3"></td><td>专业负责人</td><td></td><td>项目经理</td><td></td></tr>
<tr><td colspan="3">施工执行标准名称及编号</td><td colspan="2"></td><td>检验批编号</td><td colspan="2"></td></tr>
<tr><td colspan="5">施工质量验收规范的规定</td><td>施工单位检查评定记录</td><td colspan="2">监理（建设）单位验收记录</td></tr>
<tr><td rowspan="5">一般项目</td><td rowspan="3">3</td><td rowspan="3">膜单元外形尺寸的允许偏差（mm）</td><td>PTEE 膜材</td><td>± 10</td><td></td><td colspan="2" rowspan="5"></td></tr>
<tr><td>PVC 膜材</td><td>± 15</td><td></td></tr>
<tr><td>ETFE 膜材</td><td>± 5</td><td></td></tr>
<tr><td>4</td><td colspan="3">预应力施加完毕，拉索、拉杆（含保护层）、描具、销轴及其他连接件应无损伤</td><td></td></tr>
<tr><td>5</td><td colspan="3">膜结构安装完毕后，其外形和建筑观感应满足设计要求；膜面应平整美观，无存水、漏水、渗水现象</td><td></td></tr>
<tr><td>施工单位检查评定结果</td><td colspan="7">项目专业质量检查员： 年 月 日</td></tr>
<tr><td>监理（建设）单位验收结论</td><td colspan="7">监理工程师：
（建设单位项目代表） 年 月 日</td></tr>
</table>

3.17.13 压型金属板工程检验批质量验收记录 GB 50205

工程名称		分项工程名称		验收部位	
施工单位		专业负责人		项目经理	
施工执行标准名称及编号			检验批编号		

施工质量验收规范的规定			施工单位检查评定记录	监理（建设）单位验收记录
主控项目	1	压型金属板及制作压型金属板所采用的原材料（基板、涂层板），其品种、规格、性能等应符合国家现行标准的规定并满足设计要求		
	2	泛水板、包角板、屋脊盖板及制造泛水板、包角板、屋脊盖板所采用的原材料，其品种、规格、性能等应符合国家现行标准的规定并满足设计要求		
	3	压型金属板用固定支架的材质、规格尺寸、表面质量等应符合国家现行标准的规定并满足设计要求		
	4	压型金属板用橡胶垫、密封胶及其他材料，其品种、规格、性能等应符合国家现行标准的规定并满足设计要求		
	5	压型金属板成型后，其基板不应有裂纹		
	6	有涂层、锁层压型金属板成型后，涂层、锁层不应有目视可见的裂纹、起皮、剥落和擦痕等缺陷		
	7	压型金属板、泛水板、包角板和屋脊盖板等应固定可靠、牢固，防腐涂料涂刷和密封材料敷设应完好，连接件数量、规格、间距应满足设计要求并符合国家现行标准的规定		
	8	扣合型和咬合型压型金属板板肋的扣合或咬合应牢固，板肋处无开裂、脱落现象		
	9	连接压型金属板、泛水板、包角板和屋脊盖板采用的自攻螺钉、铆钉、射钉的规格尺寸及间距、边距等应满足设计要求并符合国家现行标准的规定		
	10	屋面及墙面压型金属板的长度方向连接采用搭接连接时，搭接端应设置在支承构件（如擦条、墙梁等）上，并应与支承构件有可靠连接。当采用螺钉或铆钉固定搭接时，搭接部位应设置防水密封胶带。压型金属板长度方向的搭接长度应满足设计要求，且当采用焊接搭接时，压型金属板搭接长度不宜小于 50mm		
	11	组合楼板中压型钢板与支承结构的描固支承长度应满足设计要求，且在钢梁上的支承长度不应小于 50mm，在混凝土梁上的支承长度不应小于 75mm，端部铀固件连接应可靠，设置位置应满足设计要求		

压型金属板工程检验批质量验收记录（续表 1） GB 50205

<table>
<tr><td colspan="2">工程名称</td><td colspan="3"></td><td colspan="2">分项工程名称</td><td></td><td>验收部位</td><td></td></tr>
<tr><td colspan="2">施工单位</td><td colspan="3"></td><td colspan="2">专业负责人</td><td></td><td>项目经理</td><td></td></tr>
<tr><td colspan="3">施工执行标准名称及编号</td><td colspan="4"></td><td>检验批编号</td><td colspan="2"></td></tr>
<tr><td colspan="7">施工质量验收规范的规定</td><td>施工单位检查评定记录</td><td colspan="2">监理（建设）单位验收记录</td></tr>
<tr><td rowspan="7">主控项目</td><td>12</td><td colspan="5">组合楼板中压型钢板侧向在钢梁上的搭接长度不应小于 25mm，在设有预埋件的混凝土梁或砌体墙上的搭接长度不应小于 50mm；压型钢板铺设末端距钢梁上翼缘或预埋件边不大于 200mm 时，可用 收边板收头</td><td></td><td colspan="2" rowspan="7"></td></tr>
<tr><td>13</td><td colspan="5">压型金属板屋面、墙面的造型和立面分格应满足设计要求</td><td></td></tr>
<tr><td>14</td><td colspan="5">固定支架数量、间距应满足设计要求，紧固件固定应牢固、可靠，与支承结构应密贴</td><td></td></tr>
<tr><td>15</td><td colspan="5">变形缝、屋脊、檐口、山墙、穿透构件、天窗周边、门窗洞口、转角等部位的连接构造应满足设计要求并符合国家现行标准规定</td><td></td></tr>
<tr><td>16</td><td colspan="5">压型金属板搭接部位、各连接节点部位应密封完整、连续，防水满足设计要求</td><td></td></tr>
<tr><td>17</td><td colspan="5">金属屋面系统防雨（雪）水渗漏及排水构造措施应满足设计要求</td><td></td></tr>
<tr><td>18</td><td colspan="5">按规定应进行抗风揭性能检测的金属屋面，检测结果应满足设计要求</td><td></td></tr>
<tr><td rowspan="9">一般项目</td><td>1</td><td colspan="5">压型金属板的规格尺寸及允许偏差、表面质量、涂层质量等应符合国家现行标准的规定并满足设计要求</td><td></td><td colspan="2" rowspan="9"></td></tr>
<tr><td>2</td><td colspan="5">压型金属板用固定支架应无变形，表面平整光滑，无裂纹、损伤、锈蚀</td><td></td></tr>
<tr><td>3</td><td colspan="5">压型金属板用紧固件，表面应无损伤、锈蚀</td><td></td></tr>
<tr><td>4</td><td colspan="5">压型金属板用橡胶垫、密封胶及其他特殊材料，外观质量应满足其产品标准要求，包装完好</td><td></td></tr>
<tr><td rowspan="5">5</td><td rowspan="5">压型钢板制作的允许偏差（mm）</td><td rowspan="2">波高</td><td colspan="2">截面高度≤ 70</td><td>± 1.5</td><td rowspan="5"></td></tr>
<tr><td colspan="2">截面高度> 70</td><td>± 2.0</td></tr>
<tr><td rowspan="3">覆盖宽度</td><td rowspan="2">截面高度≤ 70</td><td>搭接型</td><td>扣合型、咬合型</td></tr>
<tr><td>+10，−2</td><td>+3，−20</td></tr>
<tr><td>截面高度> 70</td><td>+6，−2</td><td>+3，−2</td></tr>
</table>

压型金属板工程检验批质量验收记录（续表 2） GB 50205

<table>
<tr><td colspan="2">工程名称</td><td colspan="4"></td><td colspan="2">分项工程名称</td><td></td><td>验收部位</td><td></td></tr>
<tr><td colspan="2">施工单位</td><td colspan="4"></td><td colspan="2">专业负责人</td><td></td><td>项目经理</td><td></td></tr>
<tr><td colspan="4">施工执行标准名称及编号</td><td colspan="4"></td><td>检验批编号</td><td colspan="2"></td></tr>
<tr><td colspan="8">施工质量验收规范的规定</td><td>施工单位检查评定记录</td><td colspan="2">监理（建设）单位验收记录</td></tr>
<tr><td rowspan="21">一般项目</td><td rowspan="5">5</td><td rowspan="5">压型钢板制作的允许偏差（mm）</td><td colspan="3">板长</td><td colspan="2">+9，0</td><td rowspan="5"></td><td rowspan="21" colspan="2"></td></tr>
<tr><td colspan="3">波距</td><td colspan="2">±2</td></tr>
<tr><td colspan="3">横向剪切偏差（沿截面全宽 b）</td><td colspan="2">b/100 或 6</td></tr>
<tr><td>侧向弯曲</td><td colspan="2">在测量长度 $l1$ 范围内</td><td colspan="2">20</td></tr>
<tr style="display:none"></tr>
<tr><td rowspan="10">6</td><td rowspan="10">压型铝合金板制作的允许偏差（mm）</td><td colspan="2">波高</td><td colspan="3">±3</td><td></td></tr>
<tr><td colspan="2" rowspan="2">覆盖宽度</td><td>搭接型</td><td colspan="2">扣合型、咬合型</td><td rowspan="2"></td></tr>
<tr><td>+10，−2</td><td colspan="2">+3，−2</td></tr>
<tr><td colspan="2">板长</td><td colspan="3">+25，0</td><td></td></tr>
<tr><td colspan="2">波距</td><td colspan="3">±3</td><td></td></tr>
<tr><td colspan="2">压型铝合金板边缘波浪高度</td><td colspan="2">每米长度内</td><td>5</td><td></td></tr>
<tr><td colspan="2">压型铝合金板纵向弯曲</td><td colspan="2">每米长度内（距端部 250 内除外）</td><td>5</td><td></td></tr>
<tr><td colspan="2" rowspan="2">压型铝合金板侧向弯曲</td><td colspan="2">每米长度内</td><td>4</td><td></td></tr>
<tr><td colspan="2">任意 10m 长度内</td><td>20</td><td></td></tr>
<tr style="display:none"></tr>
<tr><td rowspan="3">7</td><td rowspan="3">泛水板、包角板、屋脊盖板几何尺寸的允许偏差（mm）</td><td rowspan="3">泛水板、包角板、屋脊盖板</td><td>板长</td><td colspan="3">±6</td><td rowspan="3"></td></tr>
<tr><td>折弯面宽度</td><td colspan="3">±2</td></tr>
<tr><td>折弯面夹角</td><td colspan="3">≤ 2.0°</td></tr>
<tr><td>8</td><td colspan="6">压型金属板成型后，板面应平直，无明显翘曲；表面应清洁，无油污，无明显划痕、磕伤等。切口应平直，切面整齐，板边无明显翘角、凹凸与波浪形，且不应有褶皱</td><td></td></tr>
<tr><td>9</td><td colspan="6">压型金属板安装应平整、顺直，板面不应有施工残留物和污物。檐口和墙面下端应呈直线，不应有未经处理的孔洞</td><td></td></tr>
<tr><td>10</td><td colspan="6">连接压型金属板、泛水板、包角板和屋脊盖板采用的自攻螺钉、柳钉、射钉等与被连接板应紧固密贴，外观排列整齐</td><td></td></tr>
</table>

压型金属板工程检验批质量验收记录（续表 3） GB 50205

<table>
<tr><td>工程名称</td><td colspan="3"></td><td>分项工程名称</td><td></td><td>验收部位</td><td></td></tr>
<tr><td>施工单位</td><td colspan="3"></td><td>专业负责人</td><td></td><td>项目经理</td><td></td></tr>
<tr><td colspan="3">施工执行标准名称及编号</td><td colspan="2"></td><td>检验批编号</td><td colspan="2"></td></tr>
<tr><td colspan="5">施工质量验收规范的规定</td><td colspan="2">施工单位检查评定记录</td><td>监理（建设）单位验收记录</td></tr>
<tr><td rowspan="12">一般项目</td><td rowspan="9">11</td><td rowspan="4">屋面（mm）</td><td>檐口与屋脊平行度</td><td>12</td><td colspan="2"></td><td rowspan="12"></td></tr>
<tr><td>波纹线对屋脊垂直度</td><td>L/800 且≤ 25</td><td colspan="2"></td></tr>
<tr><td>檐口相邻两块压型金属板端部错位</td><td>6</td><td colspan="2"></td></tr>
<tr><td>卷边板件最大波浪高</td><td>4</td><td colspan="2"></td></tr>
<tr><td rowspan="3">墙面（mm）</td><td>墙板波纹线垂直度</td><td>L/800 且≤ 25</td><td colspan="2"></td></tr>
<tr><td>墙板包角板垂直度</td><td>L/800 且≤ 25</td><td colspan="2"></td></tr>
<tr><td>檐口相邻两块压型金属板下端错位</td><td>6</td><td colspan="2"></td></tr>
<tr><td>组合楼板中压型钢板（mm）</td><td>压型金属板在钢梁上相邻列的错位</td><td>15</td><td colspan="2"></td></tr>
<tr><td colspan="3"></td><td colspan="2"></td></tr>
<tr><td>12</td><td colspan="3">固定支架安装后应无松动、破损、变形，表面无杂物</td><td colspan="2"></td></tr>
<tr><td>13</td><td colspan="3">变形缝、屋脊、檐口、山墙、穿透构件、天窗周边、门窗洞口、转角等连接部位表面应清洁干净，不应有施工残留物和污物</td><td colspan="2"></td></tr>
<tr><td>14</td><td colspan="3">装配式金属屋面系统保温隔热、防水等材料及构造应满足设计要求并符合国家现行标准的规定</td><td colspan="2"></td></tr>
<tr><td colspan="2">施工单位检查评定结果</td><td colspan="6">项目专业质量检查员：　　　　年　月　日</td></tr>
<tr><td colspan="2">监理（建设）单位验收结论</td><td colspan="6">监理工程师：
（建设单位项目代表）　　　　年　月　日</td></tr>
</table>

3.17.14　防腐涂料涂装工程检验批质量验收记录　GB 50205

工程名称		分项工程名称		验收部位	
施工单位		专业负责人		项目经理	
施工执行标准名称及编号			检验批编号		

施工质量验收规范的规定			施工单位检查评定记录	监理（建设）单位验收记录
主控项目	1	钢结构防腐涂料、稀释剂和固化剂等材料的品种、规格、性能等应符合国家现行标准的规定并满足设计要求		
	2	涂装前钢材表面除锈等级应满足设计要求并符合国家现行标准的规定。处理后的钢材表面不应有焊渣、焊疤、灰尘、油污、水和毛刺等		
	3	当设计要求或施工单位首次采用某涂料和涂装工艺时，应按 GB 50205—2020《钢结构工程施工质量验收标准》附录 D 的规定进行涂装工艺评定，评定结果应满足设计要求并符合国家现行标准的要求		
	4	防腐涂料、涂装遍数、涂装间隔、涂层厚度均应满足设计文件、涂料产品标准的要		
	5	金属热喷涂涂层厚度应满足设计要求		
	6	在施工过程中，钢结构连接焊缝、紧固件及其连接节点的构件涂层被损伤的部位，应编制专项涂装修补工艺方案，且应满足设计和涂装工艺评定的要求		
	7	钢结构工程连接焊缝或临时焊缝、补焊部位，涂装前应清理焊渣、焊疤等污垢，钢材表面处理应满足设计要求		
	8	高强度螺栓连接部位，涂装前应按设计要求除锈、清理，当设计无要求时，宜采用人工除锈、清理，除锈等级不低于 St3 级		
	9	构件涂层受损伤部位，修补前应清除已失效和损伤的涂层材料，根据损伤程度按照专项修补工艺进行涂层缺陷修补，修补后涂层质量应满足设计要求并符合 GB 50205—2020《钢结构工程施工质量验收标准》的规定		

防腐涂料涂装工程检验批质量验收记录（续表） GB 50205

<table>
<tr><td>工程名称</td><td colspan="2"></td><td>分项工程名称</td><td></td><td>验收部位</td><td></td></tr>
<tr><td>施工单位</td><td colspan="2"></td><td>专业负责人</td><td></td><td>项目经理</td><td></td></tr>
<tr><td colspan="2">施工执行标准名称及编号</td><td colspan="2"></td><td>检验批编号</td><td colspan="2"></td></tr>
<tr><td colspan="3">施工质量验收规范的规定</td><td colspan="2">施工单位检查评定记录</td><td colspan="2">监理（建设）单位验收记录</td></tr>
<tr><td rowspan="6">一般项目</td><td>1</td><td>防腐涂料和防火涂料的型号、名称、颜色及有效期应与其质量证明文件相符。开启后，不应存在结皮、结块、凝胶等现象</td><td colspan="2"></td><td colspan="2" rowspan="6"></td></tr>
<tr><td>2</td><td>当钢结构处于有腐蚀介质环境、外露或设计有要求时，应进行涂层附着力测试。在检测范围内，当涂层完整程度达到70%以上时，涂层附着力可认定为质量合格</td><td colspan="2"></td></tr>
<tr><td>3</td><td>涂层应均匀，无明显皱皮、流坠、针眼和气泡等</td><td colspan="2"></td></tr>
<tr><td>4</td><td>均匀一致，涂层不得有气孔、裸露母材的斑点、附着不牢的金属熔融颗粒、裂纹或影响使用寿命的其他缺陷</td><td colspan="2"></td></tr>
<tr><td>5</td><td>涂装完成后，构件的标志、标记和编号应清晰、完整</td><td colspan="2"></td></tr>
<tr><td>6</td><td>钢结构工程连接焊缝、紧固件及其连接节点，以及施工过程中构件涂层被损伤的部位，涂装或修补后的涂层外观质量应满足设计要求并符合 GB 50205—2020《钢结构工程施工质量验收标准》的规定</td><td colspan="2"></td></tr>
<tr><td>施工单位检查评定结果</td><td colspan="6">项目专业质量检查员：　　　　年　月　日</td></tr>
<tr><td>监理（建设）单位验收结论</td><td colspan="6">监理工程师：
（建设单位项目代表）　　　　年　月　日</td></tr>
</table>

3.17.15 防火涂料涂装工程检验批质量验收记录 GB 50205

<table>
<tr><td colspan="2">工程名称</td><td></td><td>分项工程名称</td><td></td><td>验收部位</td><td></td></tr>
<tr><td colspan="2">施工单位</td><td></td><td>专业负责人</td><td></td><td>项目经理</td><td></td></tr>
<tr><td colspan="3">施工执行标准名称及编号</td><td></td><td>检验批编号</td><td colspan="2"></td></tr>
<tr><td colspan="3">施工质量验收规范的规定</td><td colspan="2">施工单位检查评定记录</td><td colspan="2">监理（建设）单位验收记录</td></tr>
<tr><td rowspan="5">主控项目</td><td>1</td><td>钢结构防火涂料的品种和技术性能应满足设计要求，并应经法定的检测机构检测，检测结果应符合国家现行标准的规定</td><td colspan="2"></td><td colspan="2" rowspan="5"></td></tr>
<tr><td>2</td><td>防火涂料涂装前，钢材表面防腐涂装质量应满足设计要求并符合 GB 50205—2020《钢结构工程施工质量验收标准》的规定</td><td colspan="2"></td></tr>
<tr><td>3</td><td>防火涂料粘结强度、抗压强度应符合现行国家标准 GB 14907—2018《钢结构防火涂料》的规定</td><td colspan="2"></td></tr>
<tr><td>4</td><td>膨胀型（超薄型、薄涂型）防火涂料、厚涂型防火涂料的涂层厚度及隔热性能应满足国家现行标准有关耐火极限的要求，且不应小于 -200 μm。当采用厚涂型防火涂料涂装时，80% 及以上涂层面积应满足国家现行标准有关耐火极限的要求，且最薄处厚度不应低于设计要求的 85%</td><td colspan="2"></td></tr>
<tr><td>5</td><td>超薄型防火涂料涂层表面不应出现裂纹；薄涂型防火涂料涂层表面裂纹宽度不应大于 0.5mm；厚涂型防火涂料涂层表面裂纹宽度不应大于 1.0mm</td><td colspan="2"></td></tr>
<tr><td rowspan="3">一般项目</td><td>1</td><td>防腐涂料和防火涂料的型号、名称、颜色及有效期应与其质量证明文件相符。开启后，不应存在结皮、结块、凝胶等现象</td><td colspan="2"></td><td colspan="2" rowspan="3"></td></tr>
<tr><td>2</td><td>防火涂料涂装基层不应有油污、灰尘和泥砂等污垢</td><td colspan="2"></td></tr>
<tr><td>3</td><td>防火涂料不应有误涂、漏涂，涂层应闭合，无脱层、空鼓、明显凹陷、粉化松散和浮浆、乳突等缺陷</td><td colspan="2"></td></tr>
<tr><td colspan="2">施工单位检查评定结果</td><td colspan="5">项目专业质量检查员：　　　　年　月　日</td></tr>
<tr><td colspan="2">监理（建设）单位验收结论</td><td colspan="5">监理工程师：
（建设单位项目代表）　　　　年　月　日</td></tr>
</table>

3.18 屋面工程①

3.18.1 基层与保护工程找坡层和找平层检验批质量验收记录 GB 50207

<table>
<tr><td colspan="2">工程名称</td><td colspan="2"></td><td colspan="2">分项工程名称</td><td colspan="3"></td><td>验收部位</td><td></td></tr>
<tr><td colspan="2">施工单位</td><td colspan="2"></td><td colspan="2">专业负责人</td><td colspan="3"></td><td>项目经理</td><td></td></tr>
<tr><td colspan="4">施工执行标准名称及编号</td><td colspan="4"></td><td>检验批编号</td><td colspan="2"></td></tr>
<tr><td colspan="5">施工质量验收规范的规定</td><td colspan="5">施工单位检查评定记录</td><td>监理（建设）单位验收记录</td></tr>
<tr><td rowspan="2">主控项目</td><td>1</td><td colspan="3">找坡层和找平层所用材料质量及配合比符合设计要求</td><td colspan="6"></td><td rowspan="2"></td></tr>
<tr><td>2</td><td colspan="3">找坡层和找平层排水坡度符合设计要求</td><td colspan="6"></td></tr>
<tr><td rowspan="5">一般项目</td><td>1</td><td colspan="3">找平层应抹平压光，无疏松、起砂、起皮现象</td><td colspan="6"></td><td rowspan="5"></td></tr>
<tr><td>2</td><td colspan="3">卷材防水层的基层与突出屋面结构的交接处，以及基层转角处，找平层应制成圆弧形，且整齐平顺</td><td colspan="6"></td></tr>
<tr><td>3</td><td colspan="3">找平层分格缝的宽度和间距符合设计要求</td><td colspan="6"></td></tr>
<tr><td>4</td><td colspan="2">找坡层表面平整度允许偏差（mm）</td><td>7</td><td></td><td></td><td></td><td></td><td></td><td></td></tr>
<tr><td>5</td><td colspan="2">找平层表面平整度允许偏差（mm）</td><td>5</td><td></td><td></td><td></td><td></td><td></td><td></td></tr>
<tr><td colspan="2">施工单位检查评定结果</td><td colspan="9">项目专业质量检查员：　　　　年　月　日</td></tr>
<tr><td colspan="2">监理（建设）单位验收结论</td><td colspan="9">监理工程师：
（建设单位项目代表）　　　　年　月　日</td></tr>
</table>

① 本部分的“GB 50207”代表依据为 GB 50207—2012《屋面工程质量验收规范》。

3.18.2 基层与保护工程隔汽层检验批质量验收记录 GB 50207

<table>
<tr><td>工程名称</td><td colspan="3"></td><td>分项工程名称</td><td></td><td>验收部位</td><td></td></tr>
<tr><td>施工单位</td><td colspan="3"></td><td>专业负责人</td><td></td><td>项目经理</td><td></td></tr>
<tr><td colspan="3">施工执行标准名称及编号</td><td colspan="2"></td><td>检验批编号</td><td colspan="2"></td></tr>
<tr><td colspan="3">施工质量验收规范的规定</td><td colspan="3">施工单位检查评定记录</td><td colspan="2">监理（建设）单位验收记录</td></tr>
<tr><td rowspan="2">主控项目</td><td>1</td><td>隔汽层所用材料质量符合设计要求</td><td colspan="3"></td><td colspan="2" rowspan="2"></td></tr>
<tr><td>2</td><td>隔汽层无破损现象</td><td colspan="3"></td></tr>
<tr><td rowspan="2">一般项目</td><td>1</td><td>卷材隔汽层铺设平整，卷材搭接缝粘结牢固，密封严密，无扭曲、皱折和起泡等缺陷</td><td colspan="3"></td><td colspan="2" rowspan="2"></td></tr>
<tr><td>2</td><td>涂膜隔汽层粘结牢固，表面平整，涂布均匀，无堆积、起泡和露底等缺陷</td><td colspan="3"></td></tr>
<tr><td colspan="2">施工单位检查评定结果</td><td colspan="6">

项目专业质量检查员：　　　　年　月　日</td></tr>
<tr><td colspan="2">监理（建设）单位验收结论</td><td colspan="6">

监理工程师：
（建设单位项目代表）　　　　年　月　日</td></tr>
</table>

3.18.3 基层与保护工程隔离层检验批质量验收记录 GB 50207

<table>
<tr><td colspan="2">工程名称</td><td colspan="2"></td><td>分项工程名称</td><td></td><td>验收部位</td><td></td></tr>
<tr><td colspan="2">施工单位</td><td colspan="2"></td><td>专业负责人</td><td></td><td>项目经理</td><td></td></tr>
<tr><td colspan="3">施工执行标准名称及编号</td><td colspan="2"></td><td>检验批编号</td><td colspan="2"></td></tr>
<tr><td colspan="4">施工质量验收规范的规定</td><td colspan="3">施工单位检查评定记录</td><td>监理（建设）单位验收记录</td></tr>
<tr><td rowspan="2">主控项目</td><td>1</td><td colspan="2">隔离层所用材料质量及配合比符合设计要求</td><td colspan="3"></td><td rowspan="2"></td></tr>
<tr><td>2</td><td colspan="2">隔离层无破损和漏铺现象</td><td colspan="3"></td></tr>
<tr><td rowspan="2">一般项目</td><td>1</td><td colspan="2">塑料膜、土工布、卷材铺设平整，其搭接宽度不小于 50mm，无皱折</td><td colspan="3"></td><td rowspan="2"></td></tr>
<tr><td>2</td><td colspan="2">低强度等级砂浆表面压实、平整，无起壳、起砂现象</td><td colspan="3"></td></tr>
<tr><td colspan="2">施工单位检查评定结果</td><td colspan="6">项目专业质量检查员： 年 月 日</td></tr>
<tr><td colspan="2">监理（建设）单位验收结论</td><td colspan="6">监理工程师：
（建设单位项目代表） 年 月 日</td></tr>
</table>

3.18.4 基层与保护工程保护层检验批质量验收记录 GB 50207

<table>
<tr><td colspan="2">工程名称</td><td colspan="4"></td><td>分项工程名称</td><td colspan="2"></td><td colspan="2">验收部位</td><td></td></tr>
<tr><td colspan="2">施工单位</td><td colspan="4"></td><td>专业负责人</td><td colspan="2"></td><td colspan="2">项目经理</td><td></td></tr>
<tr><td colspan="4">施工执行标准名称及编号</td><td colspan="4"></td><td>检验批编号</td><td colspan="3"></td></tr>
<tr><td colspan="6">施工质量验收规范的规定</td><td colspan="5">施工单位检查评定记录</td><td>监理（建设）单位验收记录</td></tr>
<tr><td rowspan="3">主控项目</td><td>1</td><td colspan="4">保护层所用材料质量及配合比符合设计要求</td><td colspan="5"></td><td rowspan="3"></td></tr>
<tr><td>2</td><td colspan="4">块体材料、水泥砂浆或细石混凝土保护层强度等级符合设计要求</td><td colspan="5"></td></tr>
<tr><td>3</td><td colspan="4">保护层排水坡度符合设计要求</td><td colspan="5"></td></tr>
<tr><td rowspan="12">一般项目</td><td>1</td><td colspan="4">块体材料保护层表面干净，接缝平整，周边顺直，镶嵌正确，无空鼓现象</td><td colspan="5"></td><td rowspan="12"></td></tr>
<tr><td>2</td><td colspan="4">水泥砂浆、细石混凝土保护层无裂纹、脱皮、麻面和起砂现象</td><td colspan="5"></td></tr>
<tr><td>3</td><td colspan="4">浅色涂料应与防水层粘结牢固，厚薄均匀，无漏涂</td><td colspan="5"></td></tr>
<tr><td rowspan="9">4</td><td rowspan="9">保护层的允许偏差（mm）</td><td rowspan="4">块体材料</td><td>表面平整度</td><td>4</td><td></td><td></td><td></td><td></td><td></td><td></td></tr>
<tr><td>缝格平直</td><td>3</td><td></td><td></td><td></td><td></td><td></td><td></td></tr>
<tr><td>接缝高低差</td><td>1.5</td><td></td><td></td><td></td><td></td><td></td><td></td></tr>
<tr><td>板块间隙宽度</td><td>2</td><td></td><td></td><td></td><td></td><td></td><td></td></tr>
<tr><td rowspan="2">水泥砂浆</td><td>表面平整度</td><td>4</td><td></td><td></td><td></td><td></td><td></td><td></td></tr>
<tr><td>缝格平直</td><td>3</td><td></td><td></td><td></td><td></td><td></td><td></td></tr>
<tr><td rowspan="2">细石混凝土</td><td>表面平整度</td><td>5</td><td></td><td></td><td></td><td></td><td></td><td></td></tr>
<tr><td>缝格平直</td><td>3</td><td></td><td></td><td></td><td></td><td></td><td></td></tr>
<tr><td>保护层厚度</td><td colspan="2">设计厚度的10%，且≤5</td><td></td><td></td><td></td><td></td><td></td><td></td></tr>
<tr><td colspan="2">施工单位检查评定结果</td><td colspan="10">项目专业质量检查员： 年 月 日</td></tr>
<tr><td colspan="2">监理（建设）单位验收结论</td><td colspan="10">监理工程师：
（建设单位项目代表） 年 月 日</td></tr>
</table>

3.18.5 保温与隔热工程板块材料保温层检验批质量验收记录 GB 50207

<table>
<tr><td colspan="2">工程名称</td><td colspan="2"></td><td>分项工程名称</td><td colspan="3"></td><td>验收部位</td><td></td></tr>
<tr><td colspan="2">施工单位</td><td colspan="2"></td><td>专业负责人</td><td colspan="3"></td><td>项目经理</td><td></td></tr>
<tr><td colspan="3">施工执行标准名称及编号</td><td colspan="2"></td><td colspan="3">检验批编号</td><td colspan="2"></td></tr>
<tr><td colspan="4">施工质量验收规范的规定</td><td colspan="5">施工单位检查评定记录</td><td>监理（建设）单位验收记录</td></tr>
<tr><td rowspan="3">主控项目</td><td>1</td><td colspan="2">板块保温材料的质量符合设计要求</td><td colspan="5"></td><td rowspan="3"></td></tr>
<tr><td>2</td><td colspan="2">板块材料保温层厚度符合设计要求，正偏差不限，负偏差为5%，且不大于4mm</td><td colspan="5"></td></tr>
<tr><td>3</td><td colspan="2">屋面热桥部位处理符合设计要求</td><td colspan="5"></td></tr>
<tr><td rowspan="4">一般项目</td><td>1</td><td colspan="2">板块保温材料铺设应紧贴基层，应铺平垫稳、拼缝严密、粘贴牢固</td><td colspan="5"></td><td rowspan="4"></td></tr>
<tr><td>2</td><td colspan="2">固定件规格、数量和位置符合设计要求，垫片与保温层表面齐平</td><td colspan="5"></td></tr>
<tr><td>3</td><td>板状保温层表面平整度允许偏差（mm）</td><td>5</td><td></td><td></td><td></td><td></td><td></td></tr>
<tr><td>4</td><td>板状材料保温层接缝高低差允许偏差（mm）</td><td>2</td><td></td><td></td><td></td><td></td><td></td></tr>
<tr><td colspan="2">施工单位检查评定结果</td><td colspan="8">项目专业质量检查员：　　　　年　月　日</td></tr>
<tr><td colspan="2">监理（建设）单位验收结论</td><td colspan="8">监理工程师：
（建设单位项目代表）　　　　年　月　日</td></tr>
</table>

3.18.6 保温与隔热工程纤维材料保温层检验批质量验收记录 GB 50207

<table>
<tr><td>工程名称</td><td colspan="2"></td><td>分项工程名称</td><td></td><td>验收部位</td><td></td></tr>
<tr><td>施工单位</td><td colspan="2"></td><td>专业负责人</td><td></td><td>项目经理</td><td></td></tr>
<tr><td colspan="3">施工执行标准名称及编号</td><td></td><td>检验批编号</td><td colspan="2"></td></tr>
<tr><td colspan="3">施工质量验收规范的规定</td><td colspan="2">施工单位检查评定记录</td><td colspan="2">监理（建设）单位验收记录</td></tr>
<tr><td rowspan="3">主控项目</td><td>1</td><td>纤维保温材料的质量符合设计要求</td><td colspan="2"></td><td colspan="2" rowspan="3"></td></tr>
<tr><td>2</td><td>纤维材料保温层厚度符合设计要求，正偏差不限，毡不得有负偏差，板负偏差为 4%，且不大于 3mm</td><td colspan="2"></td></tr>
<tr><td>3</td><td>屋面热桥部位处理符合设计要求</td><td colspan="2"></td></tr>
<tr><td rowspan="4">一般项目</td><td>1</td><td>纤维保温材料铺设应紧贴基层、拼缝严密、表面平整</td><td colspan="2"></td><td colspan="2" rowspan="4"></td></tr>
<tr><td>2</td><td>固定件规格、数量和位置符合设计要求，垫片与保温层表面齐平</td><td colspan="2"></td></tr>
<tr><td>3</td><td>装配式骨架和水泥纤维板铺钉牢固，表面平整；龙骨间距和板厚符合设计要求</td><td colspan="2"></td></tr>
<tr><td>4</td><td>具有抗水蒸气渗透外覆面的玻璃棉制品，其外覆面朝向室内，拼缝应用防水密封胶带封严</td><td colspan="2"></td></tr>
<tr><td colspan="2">施工单位检查评定结果</td><td colspan="5">项目专业质量检查员：　　　　年　月　日</td></tr>
<tr><td colspan="2">监理（建设）单位验收结论</td><td colspan="5">监理工程师：
（建设单位项目代表）　　　　年　月　日</td></tr>
</table>

3.18.7 保温与隔热工程喷涂硬泡聚氨酯保温层检验批质量验收记录 GB 50207

<table>
<tr><td>工程名称</td><td colspan="4"></td><td colspan="2">分项工程名称</td><td colspan="2"></td><td colspan="2">验收部位</td><td></td></tr>
<tr><td>施工单位</td><td colspan="4"></td><td colspan="2">专业负责人</td><td colspan="2"></td><td colspan="2">项目经理</td><td></td></tr>
<tr><td colspan="3">施工执行标准名称及编号</td><td colspan="5"></td><td>检验批编号</td><td colspan="3"></td></tr>
<tr><td colspan="4">施工质量验收规范的规定</td><td colspan="7">施工单位检查评定记录</td><td>监理（建设）单位验收记录</td></tr>
<tr><td rowspan="3">主控项目</td><td>1</td><td colspan="2">喷涂硬泡聚氨酯所用原材料质量及配合比符合设计要求</td><td colspan="7"></td><td rowspan="3"></td></tr>
<tr><td>2</td><td colspan="2">喷涂硬泡聚氨酯保温层厚度符合设计要求，正偏差不限，不得有负偏差</td><td colspan="7"></td></tr>
<tr><td>3</td><td colspan="2">屋面热桥部位处理符合设计要求</td><td colspan="7"></td></tr>
<tr><td rowspan="2">一般项目</td><td>1</td><td colspan="2">喷涂硬泡聚氨酯应分遍喷涂，粘结牢固，表面平整，找坡正确</td><td colspan="7"></td><td rowspan="2"></td></tr>
<tr><td>2</td><td>喷涂硬泡聚氨酯保温层表面平整度允许偏差（mm）</td><td>5</td><td></td><td></td><td></td><td></td><td></td><td></td><td></td></tr>
<tr><td>施工单位检查评定结果</td><td colspan="11">项目专业质量检查员： 年 月 日</td></tr>
<tr><td>监理（建设）单位验收结论</td><td colspan="11">监理工程师：
（建设单位项目代表） 年 月 日</td></tr>
</table>

3.18.8 保温与隔热工程现浇泡沫混凝土保温层检验批质量验收记录 GB 50207

<table>
<tr><td>工程名称</td><td colspan="3"></td><td colspan="2">分项工程名称</td><td colspan="3"></td><td>验收部位</td><td></td></tr>
<tr><td>施工单位</td><td colspan="3"></td><td colspan="2">专业负责人</td><td colspan="3"></td><td>项目经理</td><td></td></tr>
<tr><td colspan="3">施工执行标准名称及编号</td><td colspan="3"></td><td colspan="3">检验批编号</td><td colspan="2"></td></tr>
<tr><td colspan="4">施工质量验收规范的规定</td><td colspan="6">施工单位检查评定记录</td><td>监理（建设）单位验收记录</td></tr>
<tr><td rowspan="3">主控项目</td><td>1</td><td colspan="2">现浇泡沫混凝土所用原材料质量及配合比符合设计要求</td><td colspan="6"></td><td rowspan="3"></td></tr>
<tr><td>2</td><td colspan="2">现浇泡沫混凝土保温层厚度符合设计要求，正负偏差为5%，且不大于5mm</td><td colspan="6"></td></tr>
<tr><td>3</td><td colspan="2">屋面热桥部位处理符合设计要求</td><td colspan="6"></td></tr>
<tr><td rowspan="3">一般项目</td><td>1</td><td colspan="2">现浇泡沫混凝土应分层施工，粘结牢固，表面平整，找坡正确</td><td colspan="6"></td><td rowspan="3"></td></tr>
<tr><td>2</td><td colspan="2">现浇泡沫混凝土不得有贯通性裂纹，以及疏松、起砂、起皮现象</td><td colspan="6"></td></tr>
<tr><td>3</td><td>现浇泡沫混凝土保温层表面平整度允许偏差（mm）</td><td>5</td><td></td><td></td><td></td><td></td><td></td><td></td><td></td></tr>
<tr><td>施工单位检查评定结果</td><td colspan="10">
项目专业质量检查员：　　　　年　月　日</td></tr>
<tr><td>监理（建设）单位验收结论</td><td colspan="10">
监理工程师：
（建设单位项目代表）　　　　年　月　日</td></tr>
</table>

3.18.9 保温与隔热工程种植隔热层检验批质量验收记录 GB 50207

<table>
<tr><td>工程名称</td><td colspan="3"></td><td colspan="3">分项工程名称</td><td colspan="2"></td><td colspan="2">验收部位</td><td></td></tr>
<tr><td>施工单位</td><td colspan="3"></td><td colspan="3">专业负责人</td><td colspan="2"></td><td colspan="2">项目经理</td><td></td></tr>
<tr><td colspan="3">施工执行标准名称及编号</td><td colspan="5"></td><td>检验批编号</td><td colspan="3"></td></tr>
<tr><td colspan="4">施工质量验收规范的规定</td><td colspan="6">施工单位检查评定记录</td><td colspan="2">监理（建设）单位验收记录</td></tr>
<tr><td rowspan="3">主控项目</td><td>1</td><td colspan="2">种植隔热层所用原材料质量符合设计要求</td><td colspan="6"></td><td colspan="2" rowspan="3"></td></tr>
<tr><td>2</td><td colspan="2">排水层与排水系统连通</td><td colspan="6"></td></tr>
<tr><td>3</td><td colspan="2">挡墙或挡板泄水孔的留设符合设计要求，并不得堵塞</td><td colspan="6"></td></tr>
<tr><td rowspan="4">一般项目</td><td>1</td><td colspan="2">陶粒铺设平整、均匀，厚度符合设计要求</td><td colspan="6"></td><td colspan="2" rowspan="4"></td></tr>
<tr><td>2</td><td colspan="2">排水板铺设平整，接缝方法符合国家现行有关标准规定</td><td colspan="6"></td></tr>
<tr><td>3</td><td>过滤层土工布铺设平整，接缝严密，搭接宽度允许偏差（mm）</td><td>−10</td><td></td><td></td><td></td><td></td><td></td><td></td></tr>
<tr><td>4</td><td>种植土铺设平整、均匀，厚度允许偏差（mm）</td><td>厚度的 ±5%，且≤ 30</td><td></td><td></td><td></td><td></td><td></td><td></td></tr>
<tr><td>施工单位检查评定结果</td><td colspan="11">项目专业质量检查员：　　　　年　月　日</td></tr>
<tr><td>监理（建设）单位验收结论</td><td colspan="11">监理工程师：
（建设单位项目代表）　　　　年　月　日</td></tr>
</table>

3.18.10 保温与隔热工程架空隔热层检验批质量验收记录 GB 50207

<table>
<tr><td>工程名称</td><td colspan="4"></td><td colspan="3">分项工程名称</td><td colspan="2"></td><td>验收部位</td><td></td></tr>
<tr><td>施工单位</td><td colspan="4"></td><td colspan="3">专业负责人</td><td colspan="2"></td><td>项目经理</td><td></td></tr>
<tr><td colspan="3">施工执行标准名称及编号</td><td colspan="5"></td><td colspan="2">检验批编号</td><td colspan="2"></td></tr>
<tr><td colspan="4">施工质量验收规范的规定</td><td colspan="7">施工单位检查评定记录</td><td>监理（建设）单位验收记录</td></tr>
<tr><td rowspan="2">主控项目</td><td>1</td><td colspan="2">架空隔热制品的质量符合设计要求</td><td colspan="7"></td><td rowspan="2"></td></tr>
<tr><td>2</td><td colspan="2">架空隔热层的铺设平整、稳固，缝隙勾填密实</td><td colspan="7"></td></tr>
<tr><td rowspan="3">一般项目</td><td>1</td><td colspan="2">架空隔热制品距山墙或女儿墙不小于250mm</td><td colspan="7"></td><td rowspan="3"></td></tr>
<tr><td>2</td><td colspan="2">架空隔热层高度及通风屋脊、变形缝做法符合设计要求</td><td colspan="7"></td></tr>
<tr><td>3</td><td>架空隔热制品接缝高低差允许偏差（mm）</td><td>3</td><td></td><td></td><td></td><td></td><td></td><td></td><td></td></tr>
<tr><td colspan="2">施工单位检查评定结果</td><td colspan="10">
项目专业质量检查员：　　　　年　月　日</td></tr>
<tr><td colspan="2">监理（建设）单位验收结论</td><td colspan="10">
监理工程师：
（建设单位项目代表）　　　　年　月　日</td></tr>
</table>

3.18.11 保温与隔热工程蓄水隔热层检验批质量验收记录 GB 50207

<table>
<tr><td colspan="2">工程名称</td><td colspan="3"></td><td colspan="2">分项工程名称</td><td colspan="2"></td><td colspan="2">验收部位</td><td></td></tr>
<tr><td colspan="2">施工单位</td><td colspan="3"></td><td colspan="2">专业负责人</td><td colspan="2"></td><td colspan="2">项目经理</td><td></td></tr>
<tr><td colspan="4">施工执行标准名称及编号</td><td colspan="3"></td><td colspan="2">检验批编号</td><td colspan="3"></td></tr>
<tr><td colspan="5">施工质量验收规范的规定</td><td colspan="6">施工单位检查评定记录</td><td>监理（建设）单位验收记录</td></tr>
<tr><td rowspan="3">主控项目</td><td>1</td><td colspan="3">防水混凝十所用材料质量及配合比符合设计要求</td><td colspan="6"></td><td rowspan="3"></td></tr>
<tr><td>2</td><td colspan="3">防水混凝土抗压强度和抗渗性能符合设计要求</td><td colspan="6"></td></tr>
<tr><td>3</td><td colspan="3">蓄水池不得有渗漏现象</td><td colspan="6"></td></tr>
<tr><td rowspan="7">一般项目</td><td>1</td><td colspan="3">防水混凝土表明密实、平整，无蜂窝、麻面、露筋等缺陷</td><td colspan="6"></td><td rowspan="7"></td></tr>
<tr><td>2</td><td colspan="3">防水混凝土表明裂缝宽度不大于0.2mm，并不得贯通</td><td colspan="6"></td></tr>
<tr><td>3</td><td colspan="3">蓄水池上所留设溢水口、过水孔、排水管、溢水管等，其位置、标高和尺寸符合设计要求</td><td colspan="6"></td></tr>
<tr><td rowspan="4">4</td><td rowspan="4">蓄水池结构允许偏差（mm）</td><td>长度、宽度</td><td>+15，−10</td><td></td><td></td><td></td><td></td><td></td><td></td></tr>
<tr><td>厚度</td><td>±5</td><td></td><td></td><td></td><td></td><td></td><td></td></tr>
<tr><td>表面平整度</td><td>5</td><td></td><td></td><td></td><td></td><td></td><td></td></tr>
<tr><td>排水坡度</td><td>符合设计要求</td><td></td><td></td><td></td><td></td><td></td><td></td></tr>
<tr><td colspan="2">施工单位检查评定结果</td><td colspan="10">项目专业质量检查员： 年 月 日</td></tr>
<tr><td colspan="2">监理（建设）单位验收结论</td><td colspan="10">监理工程师：
（建设单位项目代表） 年 月 日</td></tr>
</table>

3.18.12 防水与密封工程卷材防水层检验批质量验收记录 GB 50207

<table>
<tr><td>工程名称</td><td colspan="3"></td><td>分项工程名称</td><td></td><td>验收部位</td><td></td></tr>
<tr><td>施工单位</td><td colspan="3"></td><td>专业负责人</td><td></td><td>项目经理</td><td></td></tr>
<tr><td colspan="3">施工执行标准名称及编号</td><td colspan="2"></td><td>检验批编号</td><td colspan="2"></td></tr>
<tr><td colspan="4">施工质量验收规范的规定</td><td colspan="3">施工单位检查评定记录</td><td>监理（建设）单位验收记录</td></tr>
<tr><td rowspan="3">主控项目</td><td>1</td><td colspan="2">防水卷材及其配套材料质量符合设计要求</td><td colspan="3"></td><td rowspan="3"></td></tr>
<tr><td>2</td><td colspan="2">卷材防水层无渗漏和积水现象</td><td colspan="3"></td></tr>
<tr><td>3</td><td colspan="2">卷材防水层在檐口、檐沟、天沟、水落口、泛水、变形缝和伸出屋面管道的防水构造符合设计要求</td><td colspan="3"></td></tr>
<tr><td rowspan="4">一般项目</td><td>1</td><td colspan="2">卷材的搭接缝粘结或焊接牢固，密封严密，不得扭曲、皱折和翘边</td><td colspan="3"></td><td rowspan="4"></td></tr>
<tr><td>2</td><td colspan="2">卷材防水层的收头应与基层粘结、钉压牢固，密封严密</td><td colspan="3"></td></tr>
<tr><td>3</td><td>卷材防水层铺贴方向正确，卷材搭接宽度允许偏差（mm）</td><td>-10</td><td colspan="3"></td></tr>
<tr><td>4</td><td colspan="2">屋面排气构造的排气道纵横贯通，不得堵塞；排气管安装牢固，位置正确，封闭严密</td><td colspan="3"></td></tr>
<tr><td>施工单位检查评定结果</td><td colspan="7">
项目专业质量检查员： 年 月 日</td></tr>
<tr><td>监理（建设）单位验收结论</td><td colspan="7">
监理工程师：
（建设单位项目代表） 年 月 日</td></tr>
</table>

3.18.13 防水与密封工程涂膜防水层检验批质量验收记录 GB 50207

<table>
<tr><td>工程名称</td><td colspan="3"></td><td colspan="3">分项工程名称</td><td colspan="2"></td><td>验收部位</td><td></td></tr>
<tr><td>施工单位</td><td colspan="3"></td><td colspan="3">专业负责人</td><td colspan="2"></td><td>项目经理</td><td></td></tr>
<tr><td colspan="3">施工执行标准名称及编号</td><td colspan="5"></td><td>检验批编号</td><td colspan="2"></td></tr>
<tr><td colspan="4">施工质量验收规范的规定</td><td colspan="6">施工单位检查评定记录</td><td>监理（建设）单位验收记录</td></tr>
<tr><td rowspan="4">主控项目</td><td>1</td><td colspan="2">防水涂料和胎体增强材料质量符合设计要求</td><td colspan="6"></td><td rowspan="4"></td></tr>
<tr><td>2</td><td colspan="2">涂膜防水层无渗漏和积水现象</td><td colspan="6"></td></tr>
<tr><td>3</td><td colspan="2">涂膜防水层在檐口、檐沟、天沟、水落口、泛水、变形缝和伸出屋面管道的防水构造符合设计要求</td><td colspan="6"></td></tr>
<tr><td>4</td><td colspan="2">涂膜防水层的平均厚度符合设计要求，且最小厚度不小于设计厚度的80%</td><td colspan="6"></td></tr>
<tr><td rowspan="4">一般项目</td><td>1</td><td colspan="2">涂膜防水层与基层粘结牢固，表面平整，涂布均匀，无流淌、皱折、起泡和露胎体等缺陷</td><td colspan="6"></td><td rowspan="4"></td></tr>
<tr><td>2</td><td colspan="2">涂膜防水层收头应用防水涂料多遍涂刷</td><td colspan="6"></td></tr>
<tr><td rowspan="2">3</td><td colspan="2">铺贴胎体增强材料平整顺直，搭接尺寸准确，应排除气泡，并与涂料粘结牢固</td><td colspan="6"></td></tr>
<tr><td>胎体增强材料搭接宽度允许偏差（mm）</td><td>−10</td><td></td><td></td><td></td><td></td><td></td><td></td></tr>
<tr><td>施工单位检查评定结果</td><td colspan="10">
项目专业质量检查员：　　　　年　月　日</td></tr>
<tr><td>监理（建设）单位验收结论</td><td colspan="10">
监理工程师：
（建设单位项目代表）　　　　年　月　日</td></tr>
</table>

3.18.14 防水与密封工程复合防水层检验批质量验收记录 GB 50207

<table>
<tr><td colspan="2">工程名称</td><td></td><td>分项工程名称</td><td></td><td>验收部位</td><td></td></tr>
<tr><td colspan="2">施工单位</td><td></td><td>专业负责人</td><td></td><td>项目经理</td><td></td></tr>
<tr><td colspan="3">施工执行标准名称及编号</td><td></td><td>检验批编号</td><td colspan="2"></td></tr>
<tr><td colspan="3">施工质量验收规范的规定</td><td colspan="2">施工单位检查评定记录</td><td colspan="2">监理（建设）单位验收记录</td></tr>
<tr><td rowspan="3">主控项目</td><td>1</td><td>复合防水层所用防水材料及其配套材料质量符合设计要求</td><td colspan="2"></td><td colspan="2" rowspan="3"></td></tr>
<tr><td>2</td><td>复合防水层无渗漏和积水现象</td><td colspan="2"></td></tr>
<tr><td>3</td><td>复合防水层在天沟、檐沟、檐口、水落口、泛水、变形缝和伸出屋面管道的防水构造符合设计要求</td><td colspan="2"></td></tr>
<tr><td rowspan="2">一般项目</td><td>1</td><td>卷材与涂膜粘贴牢固，无空鼓和分层现象</td><td colspan="2"></td><td colspan="2" rowspan="2"></td></tr>
<tr><td>2</td><td>复合防水层总厚度符合设计要求</td><td colspan="2"></td></tr>
<tr><td colspan="2">施工单位检查评定结果</td><td colspan="5">项目专业质量检查员：　　　　年　月　日</td></tr>
<tr><td colspan="2">监理（建设）单位验收结论</td><td colspan="5">监理工程师：
（建设单位项目代表）　　　　年　月　日</td></tr>
</table>

3.18.15 防水与密封工程接缝密封防水检验批质量验收记录 GB 50207

<table>
<tr><td>工程名称</td><td colspan="3"></td><td>分项工程名称</td><td colspan="3"></td><td>验收部位</td><td></td></tr>
<tr><td>施工单位</td><td colspan="3"></td><td>专业负责人</td><td colspan="3"></td><td>项目经理</td><td></td></tr>
<tr><td colspan="3">施工执行标准名称及编号</td><td colspan="4"></td><td>检验批编号</td><td colspan="2"></td></tr>
<tr><td colspan="4">施工质量验收规范的规定</td><td colspan="5">施工单位检查评定记录</td><td>监理（建设）单位验收记录</td></tr>
<tr><td rowspan="2">主控项目</td><td>1</td><td colspan="2">密封材料及其配套材料质量符合设计要求</td><td colspan="5"></td><td rowspan="2"></td></tr>
<tr><td>2</td><td colspan="2">密封材料嵌填密实、连续、饱满，粘结牢固，无气泡、开裂、脱落等现象</td><td colspan="5"></td></tr>
<tr><td rowspan="3">一般项目</td><td>1</td><td colspan="2">密封防水部位的基层符合 GB 50207—2012《屋面工程质量验收规范》中第 6.5.1 条规定</td><td colspan="5"></td><td rowspan="3"></td></tr>
<tr><td>2</td><td>接缝宽度和密封材料的嵌填深度符合设计要求，接缝宽度允许偏差</td><td>± 10%</td><td></td><td></td><td></td><td></td><td></td></tr>
<tr><td>3</td><td colspan="2">嵌填的密封材料表面平滑，缝边顺直，无明显不平和周边污染现象</td><td colspan="5"></td></tr>
<tr><td>施工单位检查评定结果</td><td colspan="9">

项目专业质量检查员：　　　　年　月　日</td></tr>
<tr><td>监理（建设）单位验收结论</td><td colspan="9">

监理工程师：
（建设单位项目代表）　　　　年　月　日</td></tr>
</table>

3.18.16 瓦面与板面工程烧结瓦和混凝土瓦铺装检验批质量验收记录 GB 50207

<table>
<tr><td>工程名称</td><td colspan="2"></td><td>分项工程名称</td><td></td><td>验收部位</td><td></td></tr>
<tr><td>施工单位</td><td colspan="2"></td><td>专业负责人</td><td></td><td>项目经理</td><td></td></tr>
<tr><td colspan="2">施工执行标准名称及编号</td><td colspan="2"></td><td>检验批编号</td><td colspan="2"></td></tr>
<tr><td colspan="3">施工质量验收规范的规定</td><td colspan="2">施工单位检查评定记录</td><td colspan="2">监理（建设）单位验收记录</td></tr>
<tr><td rowspan="3">主控项目</td><td>1</td><td>瓦材及防水垫层质量符合设计要求</td><td colspan="2"></td><td colspan="2" rowspan="3"></td></tr>
<tr><td>2</td><td>烧结瓦、混凝土瓦屋面无渗漏现象</td><td colspan="2"></td></tr>
<tr><td>3</td><td>瓦片必须铺置牢固。在大风及地震设防地区或屋面坡度大于100%时，应按设计要求采取固定加强措施</td><td colspan="2"></td></tr>
<tr><td rowspan="4">一般项目</td><td>1</td><td>挂瓦条分档均匀，铺钉平整、牢固；瓦面平整，行列整齐，搭接紧密，檐口平直</td><td colspan="2"></td><td colspan="2" rowspan="4"></td></tr>
<tr><td>2</td><td>脊瓦搭盖正确，间距均匀，封固严密；正脊和斜脊顺直，无起伏现象</td><td colspan="2"></td></tr>
<tr><td>3</td><td>泛水做法符合设计要求，并顺直整齐、结合严密</td><td colspan="2"></td></tr>
<tr><td>4</td><td>烧结瓦和混凝土瓦铺装有关尺寸符合设计要求</td><td colspan="2"></td></tr>
<tr><td>施工单位检查评定结果</td><td colspan="6">项目专业质量检查员：　　　　年　月　日</td></tr>
<tr><td>监理（建设）单位验收结论</td><td colspan="6">监理工程师：
（建设单位项目代表）　　　　年　月　日</td></tr>
</table>

3.18.17 瓦面与板面工程沥青瓦铺装检验批质量验收记录 GB 50207

<table>
<tr><td colspan="2">工程名称</td><td></td><td>分项工程名称</td><td></td><td>验收部位</td><td></td></tr>
<tr><td colspan="2">施工单位</td><td></td><td>专业负责人</td><td></td><td>项目经理</td><td></td></tr>
<tr><td colspan="3">施工执行标准名称及编号</td><td></td><td>检验批编号</td><td colspan="2"></td></tr>
<tr><td colspan="4">施工质量验收规范的规定</td><td colspan="2">施工单位检查评定记录</td><td>监理（建设）单位验收记录</td></tr>
<tr><td rowspan="3">主控项目</td><td>1</td><td colspan="2">沥青瓦及防水垫层质量符合设计要求</td><td colspan="2"></td><td rowspan="3"></td></tr>
<tr><td>2</td><td colspan="2">沥青瓦屋面无渗漏现象</td><td colspan="2"></td></tr>
<tr><td>3</td><td colspan="2">沥青瓦铺设搭接正确，瓦片外露部分不得超过切口长度</td><td colspan="2"></td></tr>
<tr><td rowspan="4">一般项目</td><td>1</td><td colspan="2">沥青瓦所用固定筋应垂直钉入持钉层，钉帽不得外露。</td><td colspan="2"></td><td rowspan="4"></td></tr>
<tr><td>2</td><td colspan="2">沥青瓦与基础粘钉牢固，瓦面平整，檐口平直</td><td colspan="2"></td></tr>
<tr><td>3</td><td colspan="2">泛水做法符合设计要求，并顺直整齐、结合紧密</td><td colspan="2"></td></tr>
<tr><td>4</td><td colspan="2">沥青瓦铺装有关尺寸符合设计要求</td><td colspan="2"></td></tr>
<tr><td colspan="2">施工单位检查评定结果</td><td colspan="5">项目专业质量检查员： 年 月 日</td></tr>
<tr><td colspan="2">监理（建设）单位验收结论</td><td colspan="5">监理工程师：
（建设单位项目代表） 年 月 日</td></tr>
</table>

3.18.18 瓦面与板面工程金属板铺装检验批质量验收记录 GB 50207

<table>
<tr><td colspan="2">工程名称</td><td colspan="3"></td><td colspan="3">分项工程名称</td><td colspan="2"></td><td colspan="2">验收部位</td><td></td></tr>
<tr><td colspan="2">施工单位</td><td colspan="3"></td><td colspan="3">专业负责人</td><td colspan="2"></td><td colspan="2">项目经理</td><td></td></tr>
<tr><td colspan="4">施工执行标准名称及编号</td><td colspan="5"></td><td colspan="2">检验批编号</td><td colspan="2"></td></tr>
<tr><td colspan="6">施工质量验收规范的规定</td><td colspan="6">施工单位检查评定记录</td><td>监理（建设）单位验收记录</td></tr>
<tr><td rowspan="2">主控项目</td><td>1</td><td colspan="4">金属板材及其辅助材料质量符合设计要求</td><td colspan="6"></td><td rowspan="2"></td></tr>
<tr><td>2</td><td colspan="4">金属板屋面无渗漏现象</td><td colspan="6"></td></tr>
<tr><td rowspan="10">一般项目</td><td>1</td><td colspan="4">金属板铺装平整顺滑，排水坡度符合设计要求</td><td colspan="6"></td><td rowspan="10"></td></tr>
<tr><td>2</td><td colspan="4">压型金属板的咬口锁边连接严密、连续、平整，不得扭曲和裂口</td><td colspan="6"></td></tr>
<tr><td>3</td><td colspan="4">压型金属板紧固件连接应采用带防水垫圈自攻螺钉，固定点应设在波峰上；所有自攻螺钉外露部位均应密封处理</td><td colspan="6"></td></tr>
<tr><td>4</td><td colspan="4">金属面绝热夹芯板的纵向和横向搭接符合设计要求</td><td colspan="6"></td></tr>
<tr><td>5</td><td colspan="4">金属板的屋脊、檐口、泛水，直线段应顺直，曲线段应顺畅</td><td colspan="6"></td></tr>
<tr><td rowspan="5">6</td><td rowspan="5">金属板材铺装允许偏差（mm）</td><td colspan="2">檐口与屋脊平行度</td><td>15</td><td></td><td></td><td></td><td></td><td></td><td></td></tr>
<tr><td colspan="2">金属板对屋脊垂直度</td><td>单坡长度的1/800，且≤25</td><td></td><td></td><td></td><td></td><td></td><td></td></tr>
<tr><td colspan="2">金属板咬缝平整度</td><td>10</td><td></td><td></td><td></td><td></td><td></td><td></td></tr>
<tr><td colspan="2">檐口相邻两板端部错位</td><td>6</td><td></td><td></td><td></td><td></td><td></td><td></td></tr>
<tr><td colspan="2">金属板铺装有关尺寸</td><td>符合设计要求</td><td></td><td></td><td></td><td></td><td></td><td></td></tr>
<tr><td colspan="2">施工单位检查评定结果</td><td colspan="11">项目专业质量检查员：　　　　　　　　年　月　日</td></tr>
<tr><td colspan="2">监理（建设）单位验收结论</td><td colspan="11">监理工程师：
（建设单位项目代表）　　　　　　　　年　月　日</td></tr>
</table>

3.18.19 瓦面与板面工程玻璃采光顶铺装检验批质量验收记录 GB 50207

<table>
<tr><td colspan="2">工程名称</td><td colspan="5"></td><td colspan="3">分项工程名称</td><td colspan="2"></td><td>验收部位</td><td></td></tr>
<tr><td colspan="2">施工单位</td><td colspan="5"></td><td colspan="3">专业负责人</td><td colspan="2"></td><td>项目经理</td><td></td></tr>
<tr><td colspan="4">施工执行标准名称及编号</td><td colspan="5"></td><td colspan="2">检验批编号</td><td colspan="3"></td></tr>
<tr><td colspan="7">施工质量验收规范的规定</td><td colspan="6">施工单位检查评定记录</td><td>监理（建设）单位验收记录</td></tr>
<tr><td rowspan="3">主控项目</td><td>1</td><td colspan="5">采光顶玻璃及其配套材料质量符合设计要求</td><td colspan="6"></td><td rowspan="3"></td></tr>
<tr><td>2</td><td colspan="5">玻璃采光顶无渗漏现象</td><td colspan="6"></td></tr>
<tr><td>3</td><td colspan="5">硅酮耐候密封胶的打注密实、连续、饱满，粘结牢固，无气泡、开裂、脱落等缺陷</td><td colspan="6"></td></tr>
<tr><td rowspan="17">一般项目</td><td>1</td><td colspan="5">玻璃采光顶铺装平整、顺直，排水坡度符合设计要求</td><td colspan="6"></td><td rowspan="17"></td></tr>
<tr><td>2</td><td colspan="5">玻璃采光顶的冷凝水收集和排除构造符合设计要求</td><td colspan="6"></td></tr>
<tr><td>3</td><td colspan="5">采光顶玻璃的密封胶缝应横平竖直、深浅一致、宽窄均匀、光滑顺直</td><td colspan="6"></td></tr>
<tr><td>4</td><td colspan="5">明框玻璃采光顶外露金属框或压条横平竖直，压条安装牢固；隐框玻璃采光顶玻璃分格拼缝横平竖直，均匀一致</td><td colspan="6"></td></tr>
<tr><td>5</td><td colspan="5">点支承玻璃采光顶支承装置安装牢固，配合严密；支承装置不得与玻璃直接接触</td><td colspan="6"></td></tr>
<tr><td rowspan="12">6</td><td rowspan="12">明框玻璃采光顶铺装允许偏差（mm）</td><td rowspan="12">铝构件</td><td rowspan="5">通长构件水平度</td><td>构件长度≤30m</td><td>10</td><td></td><td></td><td></td><td></td><td></td><td></td></tr>
<tr><td>构件长度≤60m</td><td>15</td><td></td><td></td><td></td><td></td><td></td><td></td></tr>
<tr><td>构件长度≤90m</td><td>20</td><td></td><td></td><td></td><td></td><td></td><td></td></tr>
<tr><td>构件长度≤150m</td><td>25</td><td></td><td></td><td></td><td></td><td></td><td></td></tr>
<tr><td>构件长度>150m</td><td>30</td><td></td><td></td><td></td><td></td><td></td><td></td></tr>
<tr><td rowspan="2">单一构件直线度</td><td>构件长度≤2m</td><td>2</td><td></td><td></td><td></td><td></td><td></td><td></td></tr>
<tr><td>构件长度>2m</td><td>3</td><td></td><td></td><td></td><td></td><td></td><td></td></tr>
<tr><td colspan="2">相邻构件平面高低差</td><td>1</td><td></td><td></td><td></td><td></td><td></td><td></td></tr>
<tr><td rowspan="2">通长构件直线度</td><td>构件长度≤35m</td><td>5</td><td></td><td></td><td></td><td></td><td></td><td></td></tr>
<tr><td>构件长度>35m</td><td>7</td><td></td><td></td><td></td><td></td><td></td><td></td></tr>
<tr><td rowspan="2">分格框对角线差</td><td>对角线长度≤2m</td><td>3</td><td></td><td></td><td></td><td></td><td></td><td></td></tr>
<tr><td>对角线长度>2m</td><td>3.5</td><td></td><td></td><td></td><td></td><td></td><td></td></tr>
</table>

瓦面与板面工程玻璃采光顶铺装检验批质量验收记录（续表 1） GB 50207

工程名称		分项工程名称		验收部位	
施工单位		专业负责人		项目经理	
施工执行标准名称及编号		检验批编号			

施工质量验收规范的规定							施工单位检查评定记录						监理（建设）单位验收记录
一般项目	6	明框玻璃采光顶铺装允许偏差（mm）	钢构件	通长构件水平度	构件长度≤30m	15							
					构件长度≤60m	20							
					构件长度≤90m	25							
					构件长度≤150m	30							
					构件长度>150m	35							
				单一构件直线度（纵向或横向）	构件长度≤2m	3							
					构件长度>2m	4							
				相邻构件平面高低差		2							
				通长构件直线度（纵向或横向）	构件长度≤35m	7							
					构件长度>35m	9							
				分格框对角线差	对角线长度≤2m	4							
					对角线长度>2m	5							
	7	隐框玻璃采光顶铺装允许偏差（mm）	通长接缝水平度		接缝长度≤30m	10							
					接缝长度≤60m	15							
					接缝长度≤90m	20							
					接缝长度≤150m	25							
					接缝长度>150m	30							
			相邻板块平面高低差			1							
			相邻板块接缝直线度			2.5							
			通长接缝直线度		接缝长度≤35m	5							
					接缝长度>35m	7							
			玻璃间接缝宽度（与设计尺寸比）			2							

瓦面与板面工程玻璃采光顶铺装检验批质量验收记录（续表 2） GB 50207

<table>
<tr><td>工程名称</td><td colspan="4"></td><td colspan="3">分项工程名称</td><td colspan="2"></td><td>验收部位</td><td></td></tr>
<tr><td>施工单位</td><td colspan="4"></td><td colspan="3">专业负责人</td><td colspan="2"></td><td>项目经理</td><td></td></tr>
<tr><td colspan="2">施工执行标准名称及编号</td><td colspan="6"></td><td colspan="2">检验批编号</td><td colspan="2"></td></tr>
<tr><td colspan="6">施工质量验收规范的规定</td><td colspan="6">施工单位检查评定记录</td><td>监理（建设）单位验收记录</td></tr>
<tr><td rowspan="9">一般项目</td><td rowspan="9">8</td><td rowspan="9">点支承玻璃采光顶铺装允许偏差（mm）</td><td rowspan="3">通长接缝水平度</td><td>接缝长度≤ 30m</td><td>10</td><td></td><td></td><td></td><td></td><td></td><td></td><td rowspan="9"></td></tr>
<tr><td>接缝长度≤ 60m</td><td>15</td><td></td><td></td><td></td><td></td><td></td><td></td></tr>
<tr><td>接缝长度＞ 60m</td><td>20</td><td></td><td></td><td></td><td></td><td></td><td></td></tr>
<tr><td colspan="2">相邻板块平面高低差</td><td>1</td><td></td><td></td><td></td><td></td><td></td><td></td></tr>
<tr><td colspan="2">相邻板块接缝直线度</td><td>2.5</td><td></td><td></td><td></td><td></td><td></td><td></td></tr>
<tr><td rowspan="2">通长接缝直线度</td><td>接缝长度≤ 35m</td><td>5</td><td></td><td></td><td></td><td></td><td></td><td></td></tr>
<tr><td>接缝长度＞ 35m</td><td>7</td><td></td><td></td><td></td><td></td><td></td><td></td></tr>
<tr><td colspan="2">玻璃间接缝宽度（与设计尺寸比）</td><td>2</td><td></td><td></td><td></td><td></td><td></td><td></td></tr>
<tr><td colspan="2">施工单位检查评定结果</td><td colspan="11">

项目专业质量检查员： 年 月 日</td></tr>
<tr><td colspan="2">监理（建设）单位验收结论</td><td colspan="11">

监理工程师：
（建设单位项目代表） 年 月 日</td></tr>
</table>

3.18.20 细部构造工程檐口检验批质量验收记录 GB 50207

<table>
<tr><td>工程名称</td><td colspan="3"></td><td>分项工程名称</td><td></td><td>验收部位</td><td></td></tr>
<tr><td>施工单位</td><td colspan="3"></td><td>专业负责人</td><td></td><td>项目经理</td><td></td></tr>
<tr><td colspan="3">施工执行标准名称及编号</td><td colspan="2"></td><td>检验批编号</td><td colspan="2"></td></tr>
<tr><td colspan="3">施工质量验收规范的规定</td><td colspan="3">施工单位检查评定记录</td><td colspan="2">监理（建设）单位验收记录</td></tr>
<tr><td rowspan="2">主控项目</td><td>1</td><td>檐口的防水构造符合设计要求</td><td colspan="3"></td><td colspan="2" rowspan="2"></td></tr>
<tr><td>2</td><td>檐口的排水坡度符合设计要求，檐口部位无渗漏和积水现象</td><td colspan="3"></td></tr>
<tr><td rowspan="4">一般项目</td><td>1</td><td>檐口 800mm 范围内卷材应满粘</td><td colspan="3"></td><td colspan="2" rowspan="4"></td></tr>
<tr><td>2</td><td>卷材收头应在找平层的凹槽内用金属压条钉压固定，并应用密封材料封严</td><td colspan="3"></td></tr>
<tr><td>3</td><td>涂膜收头应用防水涂料多遍涂刷</td><td colspan="3"></td></tr>
<tr><td>4</td><td>檐口端部应抹聚合物水泥砂浆，其下端应做成鹰嘴和滴水槽</td><td colspan="3"></td></tr>
<tr><td colspan="2">施工单位检查评定结果</td><td colspan="6">项目专业质量检查员：　　　　年　月　日</td></tr>
<tr><td colspan="2">监理（建设）单位验收结论</td><td colspan="6">监理工程师：
（建设单位项目代表）　　　　年　月　日</td></tr>
</table>

3.18.21 细部构造工程檐沟和天沟检验批质量验收记录 GB 50207

<table>
<tr><td colspan="2">工程名称</td><td></td><td>分项工程名称</td><td></td><td>验收部位</td><td></td></tr>
<tr><td colspan="2">施工单位</td><td></td><td>专业负责人</td><td></td><td>项目经理</td><td></td></tr>
<tr><td colspan="3">施工执行标准名称及编号</td><td></td><td>检验批编号</td><td colspan="2"></td></tr>
<tr><td colspan="4">施工质量验收规范的规定</td><td>施工单位检查评定记录</td><td colspan="2">监理（建设）单位验收记录</td></tr>
<tr><td rowspan="2">主控项目</td><td>1</td><td colspan="2">檐沟、天沟的防水构造符合设计要求</td><td></td><td colspan="2" rowspan="2"></td></tr>
<tr><td>2</td><td colspan="2">檐沟、天沟的排水坡度符合设计要求，沟内无渗漏和积水现象</td><td></td></tr>
<tr><td rowspan="3">一般项目</td><td>1</td><td colspan="2">檐沟、天沟附加层铺设符合设计要求</td><td></td><td colspan="2" rowspan="3"></td></tr>
<tr><td>2</td><td colspan="2">檐沟防水层应由沟底翻上至外侧顶部，卷材收头应用金属压条钉压固定，并应用密封材料封严；涂膜收头应用防水涂料多遍涂刷</td><td></td></tr>
<tr><td>3</td><td colspan="2">檐沟外侧顶部及侧面均应抹聚合物水泥砂浆，其下端应做成鹰嘴或滴水槽</td><td></td></tr>
<tr><td colspan="2">施工单位检查评定结果</td><td colspan="5">项目专业质量检查员： 年 月 日</td></tr>
<tr><td colspan="2">监理（建设）单位验收结论</td><td colspan="5">监理工程师：
（建设单位项目代表） 年 月 日</td></tr>
</table>

3.18.22 细部构造工程女儿墙和山墙检验批质量验收记录 GB 50207

<table>
<tr><td>工程名称</td><td colspan="2"></td><td>分项工程名称</td><td></td><td>验收部位</td><td></td></tr>
<tr><td>施工单位</td><td colspan="2"></td><td>专业负责人</td><td></td><td>项目经理</td><td></td></tr>
<tr><td colspan="3">施工执行标准名称及编号</td><td></td><td>检验批编号</td><td colspan="2"></td></tr>
<tr><td colspan="3">施工质量验收规范的规定</td><td colspan="2">施工单位检查评定记录</td><td colspan="2">监理（建设）单位验收记录</td></tr>
<tr><td rowspan="3">主控项目</td><td>1</td><td>女儿墙和山墙的防水构造符合设计要求</td><td colspan="2"></td><td colspan="2" rowspan="3"></td></tr>
<tr><td>2</td><td>女儿墙和山墙的压顶向内排水坡度不小于5%，压顶内侧下端应做成鹰嘴或滴水槽</td><td colspan="2"></td></tr>
<tr><td>3</td><td>女儿墙和山墙根部无渗漏和积水现象</td><td colspan="2"></td></tr>
<tr><td rowspan="3">一般项目</td><td>1</td><td>女儿墙和山墙泛水高度及附加层铺设符合设计要求</td><td colspan="2"></td><td colspan="2" rowspan="3"></td></tr>
<tr><td>2</td><td>女儿墙和山墙卷材应满粘，卷材收头应用金属压条钉压固定，并应用密封材料封严</td><td colspan="2"></td></tr>
<tr><td>3</td><td>女儿墙和山墙涂膜应直接涂刷至压顶下，涂膜收头应用防水涂料多遍涂刷</td><td colspan="2"></td></tr>
<tr><td>施工单位检查评定结果</td><td colspan="6">项目专业质量检查员：　　　　年　月　日</td></tr>
<tr><td>监理（建设）单位验收结论</td><td colspan="6">监理工程师：
（建设单位项目代表）　　　　年　月　日</td></tr>
</table>

3.18.23 细部构造工程水落口检验批质量验收记录 GB 50207

<table>
<tr><td>工程名称</td><td colspan="3"></td><td>分项工程名称</td><td></td><td>验收部位</td><td></td></tr>
<tr><td>施工单位</td><td colspan="3"></td><td>专业负责人</td><td></td><td>项目经理</td><td></td></tr>
<tr><td colspan="3">施工执行标准名称及编号</td><td colspan="2"></td><td>检验批编号</td><td colspan="2"></td></tr>
<tr><td colspan="3">施工质量验收规范的规定</td><td colspan="3">施工单位检查评定记录</td><td colspan="2">监理（建设）单位验收记录</td></tr>
<tr><td rowspan="2">主控项目</td><td>1</td><td>水落口的防水构造符合设计要求</td><td colspan="3"></td><td colspan="2" rowspan="2"></td></tr>
<tr><td>2</td><td>水落口杯上口应设在沟底最低处，水落口无渗漏和积水现象</td><td colspan="3"></td></tr>
<tr><td rowspan="3">一般项目</td><td>1</td><td>水落口数量和位置符合设计要求，水落口杯应安装牢固</td><td colspan="3"></td><td colspan="2" rowspan="3"></td></tr>
<tr><td>2</td><td>水落口周围直径 500mm 范围内坡度不小于 5%，水落口周围附加层铺设符合设计要求</td><td colspan="3"></td></tr>
<tr><td>3</td><td>防水层及附加层伸入水落口杯内不小于 50mm，并应粘结牢固</td><td colspan="3"></td></tr>
<tr><td colspan="2">施工单位检查评定结果</td><td colspan="6">项目专业质量检查员：　　　　　　年　月　日</td></tr>
<tr><td colspan="2">监理（建设）单位验收结论</td><td colspan="6">监理工程师：
（建设单位项目代表）　　　　　　年　月　日</td></tr>
</table>

3.18.24 细部构造工程变形缝检验批质量验收记录 GB 50207

<table>
<tr><td>工程名称</td><td colspan="2"></td><td>分项工程名称</td><td></td><td>验收部位</td><td></td></tr>
<tr><td>施工单位</td><td colspan="2"></td><td>专业负责人</td><td></td><td>项目经理</td><td></td></tr>
<tr><td colspan="3">施工执行标准名称及编号</td><td></td><td>检验批编号</td><td colspan="2"></td></tr>
<tr><td colspan="3">施工质量验收规范的规定</td><td colspan="2">施工单位检查评定记录</td><td colspan="2">监理（建设）单位验收记录</td></tr>
<tr><td rowspan="2">主控项目</td><td>1</td><td>变形缝的防水构造符合设计要求</td><td colspan="2"></td><td colspan="2" rowspan="2"></td></tr>
<tr><td>2</td><td>变形缝处无渗漏和积水现象</td><td colspan="2"></td></tr>
<tr><td rowspan="4">一般项目</td><td>1</td><td>变形缝泛水高度及附加层铺设符合设计要求</td><td colspan="2"></td><td colspan="2" rowspan="4"></td></tr>
<tr><td>2</td><td>防水层应铺贴或涂刷至泛水墙的顶部</td><td colspan="2"></td></tr>
<tr><td>3</td><td>等高变形缝顶部宜加扣混凝土或金属盖板。混凝土盖板的接缝应用密封材料封严；金属盖板应铺钉牢固，搭接缝应顺流水方向，并应做好防锈处理</td><td colspan="2"></td></tr>
<tr><td>4</td><td>高低跨变形缝在高跨墙面上的防水卷材封盖和金属盖板，应用金属压条钉压固定，并应用密封材料封严</td><td colspan="2"></td></tr>
<tr><td>施工单位检查评定结果</td><td colspan="6">项目专业质量检查员： 年 月 日</td></tr>
<tr><td>监理（建设）单位验收结论</td><td colspan="6">监理工程师：
（建设单位项目代表） 年 月 日</td></tr>
</table>

3.18.25 细部构造工程伸出屋面管道检验批质量验收记录 GB 50207

<table>
<tr><td>工程名称</td><td colspan="3"></td><td>分项工程名称</td><td></td><td>验收部位</td><td></td></tr>
<tr><td>施工单位</td><td colspan="3"></td><td>专业负责人</td><td></td><td>项目经理</td><td></td></tr>
<tr><td colspan="3">施工执行标准名称及编号</td><td colspan="2"></td><td>检验批编号</td><td colspan="2"></td></tr>
<tr><td colspan="4">施工质量验收规范的规定</td><td colspan="2">施工单位检查评定记录</td><td colspan="2">监理（建设）单位验收记录</td></tr>
<tr><td rowspan="2">主控项目</td><td>1</td><td colspan="2">伸出屋面管道的防水构造符合设计要求</td><td colspan="2"></td><td colspan="2" rowspan="2"></td></tr>
<tr><td>2</td><td colspan="2">伸出屋面管道根部无渗漏和积水现象</td><td colspan="2"></td></tr>
<tr><td rowspan="3">一般项目</td><td>1</td><td colspan="2">伸出屋面管道泛水高度及附加层铺设符合设计要求</td><td colspan="2"></td><td colspan="2" rowspan="3"></td></tr>
<tr><td>2</td><td colspan="2">伸出屋面管道周围找平层应抹出高度不小于 30mm 的排水坡</td><td colspan="2"></td></tr>
<tr><td>3</td><td colspan="2">卷材防水层收头应用金属箍固定，并应用密封材料封严，涂膜防水层收头应用防水涂料多遍涂刷</td><td colspan="2"></td></tr>
<tr><td colspan="2">施工单位检查评定结果</td><td colspan="6">项目专业质量检查员： 年 月 日</td></tr>
<tr><td colspan="2">监理（建设）单位验收结论</td><td colspan="6">监理工程师：
（建设单位项目代表） 年 月 日</td></tr>
</table>

3.18.26 细部构造工程屋面出入口检验批质量验收记录 GB 50207

<table>
<tr><td colspan="2">工程名称</td><td></td><td>分项工程名称</td><td></td><td>验收部位</td><td></td></tr>
<tr><td colspan="2">施工单位</td><td></td><td>专业负责人</td><td></td><td>项目经理</td><td></td></tr>
<tr><td colspan="3">施工执行标准名称及编号</td><td colspan="2"></td><td>检验批编号</td><td></td></tr>
<tr><td colspan="3">施工质量验收规范的规定</td><td colspan="2">施工单位检查评定记录</td><td colspan="2">监理（建设）单位验收记录</td></tr>
<tr><td rowspan="2">主控项目</td><td>1</td><td>屋面出入口的防水构造符合设计要求</td><td colspan="2"></td><td colspan="2" rowspan="2"></td></tr>
<tr><td>2</td><td>屋面出入口处无渗漏和积水现象</td><td colspan="2"></td></tr>
<tr><td rowspan="3">一般项目</td><td>1</td><td>屋面垂直出入口防水层收头应压在压顶圈下，附加层铺设符合设计要求</td><td colspan="2"></td><td colspan="2" rowspan="3"></td></tr>
<tr><td>2</td><td>屋面水平出入口防水层收头应压在混凝土踏步下，附加层铺设和护墙符合设计要求</td><td colspan="2"></td></tr>
<tr><td>3</td><td>屋面出入口泛水高度不小于 250mm</td><td colspan="2"></td></tr>
<tr><td colspan="2">施工单位检查评定结果</td><td colspan="5">项目专业质量检查员：　　　　年　月　日</td></tr>
<tr><td colspan="2">监理（建设）单位验收结论</td><td colspan="5">监理工程师：
（建设单位项目代表）　　　　年　月　日</td></tr>
</table>

3.18.27 细部构造工程反梁过水孔检验批质量验收记录 GB 50207

<table>
<tr><td colspan="2">工程名称</td><td colspan="2"></td><td>分项工程名称</td><td></td><td>验收部位</td><td></td></tr>
<tr><td colspan="2">施工单位</td><td colspan="2"></td><td>专业负责人</td><td></td><td>项目经理</td><td></td></tr>
<tr><td colspan="3">施工执行标准名称及编号</td><td colspan="2"></td><td>检验批编号</td><td colspan="2"></td></tr>
<tr><td colspan="4">施工质量验收规范的规定</td><td colspan="2">施工单位检查评定记录</td><td colspan="2">监理（建设）单位验收记录</td></tr>
<tr><td rowspan="2">主控项目</td><td>1</td><td colspan="2">反梁过水孔的防水构造符合设计要求</td><td colspan="2"></td><td colspan="2" rowspan="2"></td></tr>
<tr><td>2</td><td colspan="2">反梁过水孔处无渗漏和积水现象</td><td colspan="2"></td></tr>
<tr><td rowspan="2">一般项目</td><td>1</td><td colspan="2">反梁过水孔孔底标高、孔洞尺寸或预埋管管径均符合设计要求</td><td colspan="2"></td><td colspan="2" rowspan="2"></td></tr>
<tr><td>2</td><td colspan="2">反梁过水孔孔洞四周应涂刷防水涂料；预埋管道两端周围与混凝土接触处应留凹槽，并应用密封材料封严</td><td colspan="2"></td></tr>
<tr><td colspan="2">施工单位检查评定结果</td><td colspan="6">

项目专业质量检查员： 年 月 日</td></tr>
<tr><td colspan="2">监理（建设）单位验收结论</td><td colspan="6">

监理工程师：
（建设单位项目代表） 年 月 日</td></tr>
</table>

3.18.28 细部构造工程设施基座检验批质量验收记录 GB 50207

<table>
<tr><td colspan="2">工程名称</td><td></td><td>分项工程名称</td><td></td><td>验收部位</td><td></td></tr>
<tr><td colspan="2">施工单位</td><td></td><td>专业负责人</td><td></td><td>项目经理</td><td></td></tr>
<tr><td colspan="3">施工执行标准名称及编号</td><td></td><td>检验批编号</td><td colspan="2"></td></tr>
<tr><td colspan="3">施工质量验收规范的规定</td><td colspan="2">施工单位检查评定记录</td><td colspan="2">监理（建设）单位验收记录</td></tr>
<tr><td rowspan="2">主控项目</td><td>1</td><td>设施基座的防水构造符合设计要求</td><td colspan="2"></td><td colspan="2" rowspan="2"></td></tr>
<tr><td>2</td><td>设施基座处无渗漏和积水现象</td><td colspan="2"></td></tr>
<tr><td rowspan="3">一般项目</td><td>1</td><td>设施基座与结构层相连时，防水层应包裹设施基座的上部，并应在地脚螺栓周围做密封处理</td><td colspan="2"></td><td colspan="2" rowspan="3"></td></tr>
<tr><td>2</td><td>设施基座直接放置在防水层上时，设施基座下部应增设附加层，必要时应在其上浇筑细石混凝土，其厚度不小于 50mm</td><td colspan="2"></td></tr>
<tr><td>3</td><td>需经常维护的设施，基座周围和屋面出入口至设施之间的人行道，应铺设块体材料或细石混凝土保护层</td><td colspan="2"></td></tr>
<tr><td colspan="2">施工单位检查评定结果</td><td colspan="5">项目专业质量检查员：　　　　年　月　日</td></tr>
<tr><td colspan="2">监理（建设）单位验收结论</td><td colspan="5">监理工程师：
（建设单位项目代表）　　　　年　月　日</td></tr>
</table>

3.18.29 细部构造工程屋脊检验批质量验收记录 GB 50207

工程名称		分项工程名称		验收部位	
施工单位		专业负责人		项目经理	
施工执行标准名称及编号				检验批编号	

施工质量验收规范的规定			施工单位检查评定记录	监理（建设）单位验收记录
主控项目	1	屋脊的防水构造符合设计要求		
	2	屋脊处无渗漏现象		
一般项目	1	平脊和斜脊铺设顺直，无起伏现象		
	2	脊瓦搭盖正确，间距均匀，封固严密		
施工单位检查评定结果	项目专业质量检查员： 年 月 日			
监理（建设）单位验收结论	监理工程师： （建设单位项目代表） 年 月 日			

3.18.30 细部构造工程屋顶窗检验批质量验收记录 GB 50207

<table>
<tr><td colspan="2">工程名称</td><td></td><td>分项工程名称</td><td></td><td>验收部位</td><td></td></tr>
<tr><td colspan="2">施工单位</td><td></td><td>专业负责人</td><td></td><td>项目经理</td><td></td></tr>
<tr><td colspan="3">施工执行标准名称及编号</td><td></td><td>检验批编号</td><td colspan="2"></td></tr>
<tr><td colspan="3">施工质量验收规范的规定</td><td colspan="2">施工单位检查评定记录</td><td colspan="2">监理（建设）单位验收记录</td></tr>
<tr><td rowspan="2">主控项目</td><td>1</td><td>屋顶窗的防水构造符合设计要求</td><td colspan="2"></td><td colspan="2" rowspan="2"></td></tr>
<tr><td>2</td><td>屋顶窗及其周围无渗漏现象</td><td colspan="2"></td></tr>
<tr><td rowspan="2">一般项目</td><td>1</td><td>屋顶窗用金属排水板、窗框固定铁脚与屋面连接牢固</td><td colspan="2"></td><td colspan="2" rowspan="2"></td></tr>
<tr><td>2</td><td>屋顶窗用窗口防水卷材铺设平整，粘结牢固</td><td colspan="2"></td></tr>
<tr><td colspan="2">施工单位检查评定结果</td><td colspan="5">项目专业质量检查员：　　　　年　月　日</td></tr>
<tr><td colspan="2">监理（建设）单位验收结论</td><td colspan="5">监理工程师：
（建设单位项目代表）　　　　年　月　日</td></tr>
</table>

3.19 地下防水工程 [①]

3.19.1 主体结构防水工程防水混凝土检验批质量验收记录 GB 50208

<table>
<tr><td colspan="2">工程名称</td><td colspan="2"></td><td colspan="2">分项工程名称</td><td colspan="3"></td><td colspan="2">验收部位</td><td></td></tr>
<tr><td colspan="2">施工单位</td><td colspan="2"></td><td colspan="2">专业负责人</td><td colspan="3"></td><td colspan="2">项目经理</td><td></td></tr>
<tr><td colspan="3">施工执行标准名称及编号</td><td colspan="4"></td><td colspan="2">检验批编号</td><td colspan="3"></td></tr>
<tr><td colspan="5">施工质量验收规范的规定</td><td colspan="6">施工单位检查评定记录</td><td>监理（建设）单位验收记录</td></tr>
<tr><td rowspan="3">主控项目</td><td>1</td><td colspan="3">防水混凝土的原材料、配合比及坍落度符合设计要求</td><td colspan="6"></td><td rowspan="3"></td></tr>
<tr><td>2</td><td colspan="3">防水混凝土的抗压强度和抗渗性能符合设计要求</td><td colspan="6"></td></tr>
<tr><td>3</td><td colspan="3">防水混凝土的变形缝、施工缝、后浇带、穿墙管、埋设件等设置和构造符合设计要求</td><td colspan="6"></td></tr>
<tr><td rowspan="4">一般项目</td><td>1</td><td colspan="3">防水混凝土结构表面应坚实、平整，不得有露筋、蜂窝等缺陷；埋设件位置准确</td><td colspan="6"></td><td rowspan="4"></td></tr>
<tr><td>2</td><td colspan="3">防水混凝土结构表面裂缝宽度≤ 0.2mm，且不得贯通</td><td colspan="6"></td></tr>
<tr><td rowspan="2">3</td><td>防水混凝土结构厚度≤ 250mm</td><td rowspan="2">允许偏差（mm）</td><td>+8，−5</td><td></td><td></td><td></td><td></td><td></td><td></td></tr>
<tr><td>主体结构迎水面钢筋保护层厚度≤ 50mm</td><td>± 5</td><td></td><td></td><td></td><td></td><td></td><td></td></tr>
<tr><td colspan="2">施工单位检查评定结果</td><td colspan="10">项目专业质量检查员： 年 月 日</td></tr>
<tr><td colspan="2">监理（建设）单位验收结论</td><td colspan="10">监理工程师：
（建设单位项目代表） 年 月 日</td></tr>
</table>

① 本部分的“GB 50208”代表依据为 GB 50208—2011《地下防水工程质量验收规范》。

3.19.2 主体结构防水工程水泥砂浆防水层检验批质量验收记录 GB 50208

<table>
<tr><td colspan="2">工程名称</td><td colspan="2"></td><td colspan="3">分项工程名称</td><td colspan="3"></td><td>验收部位</td><td></td></tr>
<tr><td colspan="2">施工单位</td><td colspan="2"></td><td colspan="3">专业负责人</td><td colspan="3"></td><td>项目经理</td><td></td></tr>
<tr><td colspan="4">施工执行标准名称及编号</td><td colspan="4"></td><td colspan="2">检验批编号</td><td colspan="2"></td></tr>
<tr><td colspan="4">施工质量验收规范的规定</td><td colspan="6">施工单位检查评定记录</td><td colspan="2">监理（建设）单位验收记录</td></tr>
<tr><td rowspan="3">主控项目</td><td>1</td><td colspan="2">原材料及配合比符合设计要求</td><td colspan="6"></td><td colspan="2" rowspan="3"></td></tr>
<tr><td>2</td><td colspan="2">防水砂浆粘结强度和抗渗性能符合设计规定</td><td colspan="6"></td></tr>
<tr><td>3</td><td colspan="2">防水层与基层之间结合牢固，无空鼓现象</td><td colspan="6"></td></tr>
<tr><td rowspan="4">一般项目</td><td>1</td><td colspan="2">表面应密实、平整，不得有裂纹、起砂、麻面等缺陷</td><td colspan="6"></td><td colspan="2" rowspan="4"></td></tr>
<tr><td>2</td><td colspan="2">施工缝留槎位置应正确，接槎应按层次顺序操作，层层搭接紧密</td><td colspan="6"></td></tr>
<tr><td>3</td><td colspan="2">防水层平均厚度符合设计要求，最小厚度不得小于设计厚度的 85%</td><td colspan="6"></td></tr>
<tr><td>4</td><td>表面平整度允许偏差（mm）</td><td>5</td><td></td><td></td><td></td><td></td><td></td><td></td></tr>
<tr><td colspan="2">施工单位检查评定结果</td><td colspan="10">项目专业质量检查员：　　　　年　月　日</td></tr>
<tr><td colspan="2">监理（建设）单位验收结论</td><td colspan="10">监理工程师：
（建设单位项目代表）　　　　年　月　日</td></tr>
</table>

3.19.3 主体结构防水工程卷材防水层检验批质量验收记录 GB 50208

<table>
<tr><td colspan="2">工程名称</td><td colspan="2"></td><td colspan="3">分项工程名称</td><td></td><td>验收部位</td><td></td></tr>
<tr><td colspan="2">施工单位</td><td colspan="2"></td><td colspan="3">专业负责人</td><td></td><td>项目经理</td><td></td></tr>
<tr><td colspan="3">施工执行标准名称及编号</td><td colspan="4"></td><td>检验批编号</td><td colspan="2"></td></tr>
<tr><td colspan="4">施工质量验收规范的规定</td><td colspan="5">施工单位检查评定记录</td><td>监理（建设）单位验收记录</td></tr>
<tr><td rowspan="2">主控项目</td><td>1</td><td colspan="2">卷材及配套材料符合设计要求</td><td colspan="5"></td><td rowspan="2"></td></tr>
<tr><td>2</td><td colspan="2">卷材防水层在转角处、变形缝、施工缝、穿墙管等部位做法符合设计要求</td><td colspan="5"></td></tr>
<tr><td rowspan="4">一般项目</td><td>1</td><td colspan="2">卷材防水层的搭接缝应粘贴或焊接牢固，密封严密，不得有扭曲、皱折、翘边和起泡等缺陷</td><td colspan="5"></td><td rowspan="4"></td></tr>
<tr><td>2</td><td colspan="2">采用外防外贴法铺贴卷材防水层时，立面卷材接槎的搭接宽度，高聚物改性沥青类卷材应为150mm，合成高分子类卷材应为100mm，且上层卷材应盖过下层卷材</td><td colspan="5"></td></tr>
<tr><td>3</td><td colspan="2">侧墙卷材防水层的保护层与防水层应结合紧密，保护层厚度符合设计要求</td><td colspan="5"></td></tr>
<tr><td>4</td><td>卷材搭接宽度允许偏差（mm）</td><td>-10</td><td></td><td></td><td></td><td></td><td></td></tr>
<tr><td colspan="2">施工单位检查评定结果</td><td colspan="8">项目专业质量检查员： 年 月 日</td></tr>
<tr><td colspan="2">监理（建设）单位验收结论</td><td colspan="8">监理工程师：
（建设单位项目代表） 年 月 日</td></tr>
</table>

3.19.4 主体结构防水工程涂料防水层检验批质量验收记录 GB 50208

<table>
<tr><td>工程名称</td><td colspan="3"></td><td>分项工程名称</td><td></td><td>验收部位</td><td></td></tr>
<tr><td>施工单位</td><td colspan="3"></td><td>专业负责人</td><td></td><td>项目经理</td><td></td></tr>
<tr><td colspan="3">施工执行标准名称及编号</td><td colspan="2"></td><td>检验批编号</td><td colspan="2"></td></tr>
<tr><td colspan="3">施工质量验收规范的规定</td><td colspan="3">施工单位检查评定记录</td><td colspan="2">监理（建设）单位验收记录</td></tr>
<tr><td rowspan="3">主控项目</td><td>1</td><td>材料及配合比符合设计要求</td><td colspan="3"></td><td colspan="2" rowspan="3"></td></tr>
<tr><td>2</td><td>涂料防水层的平均厚度符合设计要求，最小厚度不得小于设计厚度的 90%</td><td colspan="3"></td></tr>
<tr><td>3</td><td>涂料防水层在转角处、变形缝、施工缝、穿墙管等部位做法应符合设计要求</td><td colspan="3"></td></tr>
<tr><td rowspan="3">一般项目</td><td>1</td><td>涂料防水层应与基层粘结牢固，涂刷均匀，不得有流淌、鼓泡、露槎</td><td colspan="3"></td><td colspan="2" rowspan="3"></td></tr>
<tr><td>2</td><td>涂层间加铺胎体增强材料时，应使用防水涂料浸透胎体覆盖完全，不得有胎体外露现象</td><td colspan="3"></td></tr>
<tr><td>3</td><td>侧墙涂料防水层的保护层与防水层结合紧密，保护层厚度符合设计要求</td><td colspan="3"></td></tr>
<tr><td colspan="2">施工单位检查评定结果</td><td colspan="6">项目专业质量检查员：　　　　年　月　日</td></tr>
<tr><td colspan="2">监理（建设）单位验收结论</td><td colspan="6">监理工程师：
（建设单位项目代表）　　　　年　月　日</td></tr>
</table>

3.19.5 主体结构防水工程塑料防水板防水层检验批质量验收记录 GB 50208

工程名称			分项工程名称				验收部位	
施工单位			专业负责人				项目经理	
施工执行标准名称及编号					检验批编号			
施工质量验收规范的规定			施工单位检查评定记录					监理（建设）单位验收记录
主控项目	1	塑料防水板及配套材料符合设计要求						
	2	塑料防水板的搭接缝必须采用双缝热熔焊接，每条焊缝的有效宽度不应小于 10m						
一般项目	1	塑料防水板应采用无钉孔铺设，牢固地固定在地面上，其固定点间距：拱部宜为 0.5~0.8m，边墙宜为 1.0~1.5m，底部宜为 1.5~2.0m，局部凹凸较大时，应在凹处加密固定点						
	2	塑料防水板与暗钉圈焊接牢固，不得漏焊、假焊和焊穿						
	3	塑料防水板的铺设应平顺，不得有下垂、绷紧和破损现象						
	4	塑料防水板搭接宽度允许偏差（mm）	−10					
施工单位检查评定结果	项目专业质量检查员： 年 月 日							
监理（建设）单位验收结论	监理工程师：（建设单位项目代表） 年 月 日							

3.19.6 主体结构防水工程金属板防水层检验批质量验收记录 GB 50208

<table>
<tr><td colspan="2">工程名称</td><td></td><td>分项工程名称</td><td></td><td>验收部位</td><td></td></tr>
<tr><td colspan="2">施工单位</td><td></td><td>专业负责人</td><td></td><td>项目经理</td><td></td></tr>
<tr><td colspan="3">施工执行标准名称及编号</td><td colspan="2"></td><td>检验批编号</td><td></td></tr>
<tr><td colspan="3">施工质量验收规范的规定</td><td colspan="3">施工单位检查评定记录</td><td>监理（建设）单位验收记录</td></tr>
<tr><td rowspan="2">主控项目</td><td>1</td><td>金属板材和焊接材料符合设计要求</td><td colspan="3"></td><td rowspan="2"></td></tr>
<tr><td>2</td><td>焊工应持有有效的执业资格证书</td><td colspan="3"></td></tr>
<tr><td rowspan="3">一般项目</td><td>1</td><td>金属板表面不得有明显的凹面和损伤</td><td colspan="3"></td><td rowspan="3"></td></tr>
<tr><td>2</td><td>焊缝不得有裂纹、未熔合、夹渣、焊瘤、咬边、烧穿、弧坑、针状气孔等缺陷</td><td colspan="3"></td></tr>
<tr><td>3</td><td>焊缝的焊波均匀，焊渣和飞溅物应清除干净；保护涂层不得有漏涂、脱皮和反锈现象</td><td colspan="3"></td></tr>
<tr><td colspan="2">施工单位检查评定结果</td><td colspan="5">项目专业质量检查员：　　　　年　月　日</td></tr>
<tr><td colspan="2">监理（建设）单位验收结论</td><td colspan="5">监理工程师：
（建设单位项目代表）　　　　年　月　日</td></tr>
</table>

3.19.7 主体结构防水工程膨润土防水材料防水层检验批质量验收记录 GB 50208

<table>
<tr><td>工程名称</td><td colspan="3"></td><td>分项工程名称</td><td colspan="3"></td><td>验收部位</td><td></td></tr>
<tr><td>施工单位</td><td colspan="3"></td><td>专业负责人</td><td colspan="3"></td><td>项目经理</td><td></td></tr>
<tr><td colspan="3">施工执行标准名称及编号</td><td colspan="2"></td><td colspan="2">检验批编号</td><td colspan="3"></td></tr>
<tr><td colspan="4">施工质量验收规范的规定</td><td colspan="5">施工单位检查评定记录</td><td>监理（建设）单位验收记录</td></tr>
<tr><td rowspan="2">主控项目</td><td>1</td><td colspan="2">膨润土防水材料符合设计要求</td><td colspan="5"></td><td rowspan="2"></td></tr>
<tr><td>2</td><td colspan="2">膨润土防水材料防水层在转角处和变形缝、施工缝、后浇带、穿墙管等部位做法符合设计要求</td><td colspan="5"></td></tr>
<tr><td rowspan="6">一般项目</td><td>1</td><td colspan="2">膨润土防水毯的织布面或防水板的膨润土面，应朝向工程主体结构的迎水面</td><td colspan="5"></td><td rowspan="6"></td></tr>
<tr><td>2</td><td colspan="2">立面或斜面铺设的膨润土防水材料应上层压住下层，防水层与基层、防水层与防水层之间应密贴，并应平整无皱折</td><td colspan="5"></td></tr>
<tr><td rowspan="3">3</td><td colspan="2">膨润土防水材料应采用水泥钉和垫片固定；立面和斜面上的固定间距宜为400~500mm，平面上应在搭接缝处固定</td><td colspan="5"></td></tr>
<tr><td colspan="2">膨润土防水材料搭接宽度应大于100mm；搭接部位的固定间距宜为200~300mm，固定点与搭接边缘距离宜为25~30mm，搭接处应涂抹膨润土密封膏。平面搭接缝处可干撒膨润土颗粒，其用量宜为0.3~0.5kg/m</td><td colspan="5"></td></tr>
<tr><td colspan="2">膨润土防水材料的收口部位应采用金属压条和水泥钉固定，并用膨润土密封膏覆盖</td><td colspan="5"></td></tr>
<tr><td>4</td><td>膨润土防水材料搭接宽度允许偏差（mm）</td><td>−10</td><td></td><td></td><td></td><td></td><td></td></tr>
<tr><td>施工单位检查评定结果</td><td colspan="9">项目专业质量检查员： 年 月 日</td></tr>
<tr><td>监理（建设）单位验收结论</td><td colspan="9">监理工程师：
（建设单位项目代表） 年 月 日</td></tr>
</table>

3.19.8 细部构造防水工程施工缝检验批质量验收记录 GB 50208

工程名称			分项工程名称		验收部位	
施工单位			专业负责人		项目经理	
施工执行标准名称及编号			检验批编号			
施工质量验收规范的规定			施工单位检查评定记录		监理（建设）单位验收记录	
主控项目	1	施工缝用止水带、遇水膨胀止水条或止水胶、水泥基渗透结晶型防水涂料和预埋注浆管符合设计要求				
	2	施工缝防水构造符合设计要求				
一般项目	1	墙体水平施工缝应留设在高出底板表面不小于300mm的墙体上。拱、板与墙体结合的水平施工缝，宜留在拱、板与墙交接处以下150~300mm处；垂直施工缝应避开地下水和裂隙水较多的地段，并宜与变形缝相结合				
	2	在施工缝处继续浇筑混凝土时，已浇筑的混凝土抗压强度不应小于1.2MPa				
	3	水平施工缝浇筑混凝土前，应将其表面浮浆和杂物清除，然后铺设净浆、涂刷混凝土界面处理剂或水泥基渗透结晶型防水涂料，再铺厚30~50mm的比例为1：1的水泥砂浆，并及时浇筑混凝土				
	4	垂直施工缝浇筑混凝土前，应将表面清理干净，再涂刷混凝土界面处理剂或水泥基渗透结晶型防水涂料，并及时浇筑混凝土				
	5	中埋式止水带及外贴式止水带埋设位置应准确，固定应牢靠				
	6	遇水膨胀止水条应具有缓膨胀性能；止水条与施工缝基面应密贴，中间不得有空鼓、脱离等现象；止水条应牢固安装在缝表面或预留凹槽内；止水条采用搭接连接时，搭接宽度不得小于30mm				
	7	遇水膨胀止水胶应采用专用注胶器挤出粘结在施工缝表面，并做到连续、均匀、饱满，无气泡和孔洞，挤出宽度及厚度符合设计要求；止水胶挤出成形后，固化期内应采取临时保护措施；止水胶固化前不得浇筑混凝土				

细部构造防水工程施工缝检验批质量验收记录（续表） GB 50208

<table>
<tr><td colspan="3">工程名称</td><td colspan="2"></td><td>分项工程名称</td><td></td><td>验收部位</td><td></td></tr>
<tr><td colspan="3">施工单位</td><td colspan="2"></td><td>专业负责人</td><td></td><td>项目经理</td><td></td></tr>
<tr><td colspan="4">施工执行标准名称及编号</td><td colspan="2"></td><td>检验批编号</td><td colspan="2"></td></tr>
<tr><td colspan="4">施工质量验收规范的规定</td><td colspan="3">施工单位检查评定记录</td><td colspan="2">监理（建设）单位验收记录</td></tr>
<tr><td>一般项目</td><td>8</td><td colspan="2">预埋注浆管应设置在施工缝断面中部，注浆管与施工缝基面应密贴并固定牢固，固定间距宜为200~300mm；注浆导管与注浆管的连接应牢固、严密，导管埋入混凝土内的部分应与结构钢筋绑扎牢固，导管的末端应临时封堵严密</td><td colspan="3"></td><td colspan="2"></td></tr>
<tr><td colspan="2">施工单位检查评定结果</td><td colspan="7">项目专业质量检查员： 年 月 日</td></tr>
<tr><td colspan="2">监理（建设）单位验收结论</td><td colspan="7">监理工程师：
（建设单位项目代表） 年 月 日</td></tr>
</table>

3.19.9 细部构造防水工程变形缝检验批质量验收记录 GB 50208

<table>
<tr><td>工程名称</td><td colspan="2"></td><td>分项工程名称</td><td></td><td>验收部位</td><td></td></tr>
<tr><td>施工单位</td><td colspan="2"></td><td>专业负责人</td><td></td><td>项目经理</td><td></td></tr>
<tr><td colspan="3">施工执行标准名称及编号</td><td></td><td>检验批编号</td><td colspan="2"></td></tr>
<tr><td colspan="3">施工质量验收规范的规定</td><td>施工单位检查评定记录</td><td colspan="3">监理（建设）单位验收记录</td></tr>
<tr><td rowspan="3">主控项目</td><td>1</td><td>变形缝用止水带、填料材料和密封材料符合设计要求</td><td></td><td rowspan="3" colspan="3"></td></tr>
<tr><td>2</td><td>变形缝防水构造符合设计要求</td><td></td></tr>
<tr><td>3</td><td>中埋式止水带埋设位置应准确，其中间空心圆环与变形缝中心线应重合</td><td></td></tr>
<tr><td rowspan="6">一般项目</td><td>1</td><td>中埋式止水带的接缝应设在边墙较高位置上，不得设在结构转角处；接头宜采用热压焊接，接缝应平整、牢固，不得有裂口和脱胶现象</td><td></td><td rowspan="6" colspan="3"></td></tr>
<tr><td>2</td><td>中埋式止水带在转角处应制成圆弧形；顶板、底板内止水带应安装成盘状，并宜采用专用钢筋套或扁钢固定</td><td></td></tr>
<tr><td>3</td><td>外贴式止水带在变形缝与施工缝相交部位宜采用十字配件，外贴式止水带在变形缝转角部位宜采用直角配件。止水带埋设位置应准确，固定应牢固，并与固定止水带的基层密贴，不得出现空鼓、翘边等现象</td><td></td></tr>
<tr><td>4</td><td>安设于结构内侧的可卸式止水带所需配件应一次配齐，转角处应做成45° 坡角，并增加紧固件的数量</td><td></td></tr>
<tr><td>5</td><td>嵌填密封材料的缝内两侧基面应平整、洁净、干燥，并应涂刷基层处理剂；嵌缝底部应设置背衬材料；密封材料嵌填应严密、连续、饱满，粘结牢固</td><td></td></tr>
<tr><td>6</td><td>变形缝处表面粘贴卷材或涂刷涂料前，应在缝上设置隔离层和加强层</td><td></td></tr>
<tr><td>施工单位检查评定结果</td><td colspan="6">项目专业质量检查员： 年 月 日</td></tr>
<tr><td>监理（建设）单位验收结论</td><td colspan="6">监理工程师：
（建设单位项目代表） 年 月 日</td></tr>
</table>

3.19.10 细部构造防水工程后浇带检验批质量验收记录 GB 50208

<table>
<tr><td>工程名称</td><td colspan="3"></td><td>分项工程名称</td><td></td><td>验收部位</td><td></td></tr>
<tr><td>施工单位</td><td colspan="3"></td><td>专业负责人</td><td></td><td>项目经理</td><td></td></tr>
<tr><td colspan="3">施工执行标准名称及编号</td><td colspan="3"></td><td>检验批编号</td><td></td></tr>
<tr><td colspan="4">施工质量验收规范的规定</td><td colspan="2">施工单位检查评定记录</td><td colspan="2">监理（建设）单位验收记录</td></tr>
<tr><td rowspan="4">主控项目</td><td>1</td><td colspan="2">后浇带用遇水膨胀止水条或止水胶、预埋注浆管、外贴式止水带符合设计要求</td><td colspan="2"></td><td colspan="2" rowspan="4"></td></tr>
<tr><td>2</td><td colspan="2">补偿收缩混凝土的原材料及配合比符合设计要求</td><td colspan="2"></td></tr>
<tr><td>3</td><td colspan="2">后浇带防水构造符合设计要求</td><td colspan="2"></td></tr>
<tr><td>4</td><td colspan="2">采用掺膨胀剂的补偿收缩混凝土，其抗压强度、抗渗性能和限制膨胀率符合设计要求</td><td colspan="2"></td></tr>
<tr><td rowspan="6">一般项目</td><td>1</td><td colspan="2">补偿收缩混凝土浇筑前，后浇带部位和外贴式止水带应采取保护措施</td><td colspan="2"></td><td colspan="2" rowspan="6"></td></tr>
<tr><td>2</td><td colspan="2">后浇带两侧接缝表面应清洗干净，再涂刷混凝土界面处理剂或水泥基渗透结晶型防水涂料；后浇混凝土的浇筑时间符合设计要求</td><td colspan="2"></td></tr>
<tr><td rowspan="4">3</td><td colspan="2">遇水膨胀止水条应具有缓膨胀性能；止水条与施工缝基面应密贴，中间不得有空鼓、脱离等现象；止水条应牢固安装在缝表面或预留凹槽内；止水条采用搭接连接时，搭接宽度不得小于30mm</td><td colspan="2"></td></tr>
<tr><td colspan="2">遇水膨胀止水胶应采用专用注胶器挤出粘结在施工缝表面，并做到连续、均匀、饱满，无气泡和孔洞，挤出宽度及厚度符合设计要求；止水胶挤出成形后，固化期内应采取临时保护措施；止水胶固化前不得浇筑混凝土</td><td colspan="2"></td></tr>
<tr><td colspan="2">预埋注浆管应设置在施工缝断面中部，注浆管与施工缝基面应密贴并固定牢固，固定间距宜为200~300mm；注浆导管与注浆管的连接应牢固、严密，导管埋入混凝土内的部分应与结构钢筋绑扎牢固，导管的末端应临时封堵严密</td><td colspan="2"></td></tr>
<tr><td colspan="2">外贴式止水带在变形缝与施工缝相交部位宜采用十字形配件，外贴式止水带在变形缝转角部位宜采用直角配件。止水带埋设位置应准确，固定应牢固，并与固定止水带的基层密贴，不得出现空鼓、翘边等现象</td><td colspan="2"></td></tr>
</table>

细部构造防水工程后浇带检验批质量验收记录（续表） GB 50208

工程名称		分项工程名称		验收部位	
施工单位		专业负责人		项目经理	
施工执行标准名称及编号				检验批编号	
施工质量验收规范的规定			施工单位检查评定记录		监理（建设）单位验收记录
一般项目	4	后浇带混凝土应一次浇筑，不得留设施工缝；混凝土浇筑后应及时养护，养护时间不得少于28d			
施工单位检查评定结果	项目专业质量检查员：　　　年　月　日				
监理（建设）单位验收结论	监理工程师： （建设单位项目代表）　　　年　月　日				

3.19.11 细部构造防水工程穿墙管检验批质量验收记录 GB 50208

<table>
<tr><td>工程名称</td><td colspan="3"></td><td>分项工程名称</td><td></td><td>验收部位</td><td></td></tr>
<tr><td>施工单位</td><td colspan="3"></td><td>专业负责人</td><td></td><td>项目经理</td><td></td></tr>
<tr><td colspan="3">施工执行标准名称及编号</td><td colspan="2"></td><td>检验批编号</td><td colspan="2"></td></tr>
<tr><td colspan="4">施工质量验收规范的规定</td><td colspan="2">施工单位检查评定记录</td><td colspan="2">监理（建设）单位验收记录</td></tr>
<tr><td rowspan="2">主控项目</td><td>1</td><td colspan="2">穿墙管用遇水膨胀止水条和密封材料符合设计要求</td><td colspan="2"></td><td colspan="2" rowspan="2"></td></tr>
<tr><td>2</td><td colspan="2">穿墙管防水构造符合设计要求</td><td colspan="2"></td></tr>
<tr><td rowspan="5">一般项目</td><td>1</td><td colspan="2">固定式穿墙管应加焊止水环或环绕遇水膨胀止水圈，并做好防腐处理；穿墙管应在主体结构迎水面预留凹槽，槽内应用密封材料嵌填密实</td><td colspan="2"></td><td colspan="2" rowspan="5"></td></tr>
<tr><td>2</td><td colspan="2">套管式穿墙管的套管与止水环及翼环应连续焊满，并做好防腐处理；套管内表面应清理干净，穿墙管与套管之间应用密封材料和橡胶密封圈进行密封处理，并采用法兰盘及螺栓进行固定</td><td colspan="2"></td></tr>
<tr><td rowspan="3">3</td><td colspan="2">穿墙盒的封口钢板与混凝土结构墙上预埋的角钢应焊严，并从钢板上预留浇注孔注入改性沥青密封材料或细石混凝土，封填后将浇注孔口用钢板焊接封闭</td><td colspan="2"></td></tr>
<tr><td colspan="2">当主体结构迎水面有柔性防水层时，防水层与穿墙管连接处应增设加强层</td><td colspan="2"></td></tr>
<tr><td colspan="2">密封材料嵌填应密实、连续、饱满，粘接牢固</td><td colspan="2"></td></tr>
<tr><td>施工单位检查评定结果</td><td colspan="7">项目专业质量检查员：　　　　　　　　　　年　月　日</td></tr>
<tr><td>监理（建设）单位验收结论</td><td colspan="7">监理工程师：
（建设单位项目代表）　　　　　　　　　　年　月　日</td></tr>
</table>

3.19.12 细部构造防水工程埋设件检验批质量验收记录 GB 50208

<table>
<tr><td colspan="2">工程名称</td><td colspan="2"></td><td>分项工程名称</td><td></td><td>验收部位</td><td></td></tr>
<tr><td colspan="2">施工单位</td><td colspan="2"></td><td>专业负责人</td><td></td><td>项目经理</td><td></td></tr>
<tr><td colspan="3">施工执行标准名称及编号</td><td colspan="2"></td><td>检验批编号</td><td colspan="2"></td></tr>
<tr><td colspan="4">施工质量验收规范的规定</td><td colspan="2">施工单位检查评定记录</td><td colspan="2">监理（建设）单位验收记录</td></tr>
<tr><td rowspan="2">主控项目</td><td>1</td><td colspan="2">埋设件用密封材料符合设计要求</td><td colspan="2"></td><td colspan="2" rowspan="2"></td></tr>
<tr><td>2</td><td colspan="2">埋设件防水构造符合设计要求</td><td colspan="2"></td></tr>
<tr><td rowspan="6">一般项目</td><td>1</td><td colspan="2">埋设件位置准确，固定牢靠；埋设件应进行防腐处理</td><td colspan="2"></td><td colspan="2" rowspan="6"></td></tr>
<tr><td>2</td><td colspan="2">埋设件端部或预留孔、槽底部的混凝土厚度不得小于 250mm；当混凝土厚度小于 250mm 时，应局部加厚或采取其他防水措施</td><td colspan="2"></td></tr>
<tr><td rowspan="3">3</td><td colspan="2">结构迎水面的埋设件周围应预留凹槽，凹槽内应用密封材料填实</td><td colspan="2"></td></tr>
<tr><td colspan="2">用于固定模板的螺栓必须穿过混凝土构件时，可采用工具式螺栓或螺栓加堵头，螺栓上应加焊止水环。拆模后留下的凹槽应用密封材料封堵密实，并用聚合物水泥砂浆抹平</td><td colspan="2"></td></tr>
<tr><td colspan="2">预留孔、槽内的防水层应与主体防水层保持连续</td><td colspan="2"></td></tr>
<tr><td>4</td><td colspan="2">密封材料嵌填应密实、连续、饱满，粘结牢固</td><td colspan="2"></td></tr>
<tr><td colspan="2">施工单位检查评定结果</td><td colspan="6">项目专业质量检查员：　　　　年　月　日</td></tr>
<tr><td colspan="2">监理（建设）单位验收结论</td><td colspan="6">监理工程师：
（建设单位项目代表）　　　　年　月　日</td></tr>
</table>

3.19.13 细部构造防水工程预留通道接头检验批质量验收记录 GB 50208

<table>
<tr><td>工程名称</td><td colspan="2"></td><td>分项工程名称</td><td></td><td>验收部位</td><td></td></tr>
<tr><td>施工单位</td><td colspan="2"></td><td>专业负责人</td><td></td><td>项目经理</td><td></td></tr>
<tr><td colspan="2">施工执行标准名称及编号</td><td colspan="2"></td><td>检验批编号</td><td colspan="2"></td></tr>
<tr><td colspan="3">施工质量验收规范的规定</td><td colspan="2">施工单位检查评定记录</td><td colspan="2">监理（建设）单位验收记录</td></tr>
<tr><td rowspan="3">主控项目</td><td>1</td><td>预留通道接头用中埋式止水带、遇水膨胀止水条或止水胶、预埋注浆管、密封材料和可卸式止水带符合设计要求</td><td colspan="2"></td><td colspan="2" rowspan="3"></td></tr>
<tr><td>2</td><td>预留通道接头防水构造符合设计要求</td><td colspan="2"></td></tr>
<tr><td>3</td><td>中埋式止水带埋设位置应准确，其中间空心圆环与通道接头中心线用重合</td><td colspan="2"></td></tr>
<tr><td rowspan="4">一般项目</td><td>1</td><td>预留通道先浇混凝土结构、中埋式止水带和预埋件应及时保护，预埋件应进行防锈处理</td><td colspan="2"></td><td colspan="2" rowspan="4"></td></tr>
<tr><td rowspan="3">2</td><td>遇水膨胀止水条应具有缓膨胀性能；止水条与施工缝基面应密贴，中间不得有空鼓、脱离等现象；止水条应牢固安装在缝表面或预留凹槽内；止水条采用搭接连接时，搭接宽度不得小于30mm</td><td colspan="2"></td></tr>
<tr><td>遇水膨胀止水胶应采用专用注胶器挤出粘结在施工缝表面，并做到连续、均匀、饱满，无气泡和孔洞，挤出宽度及厚度符合设计要求；止水胶挤出成形后，固化期内应采取临时保护措施；止水胶固化前不得浇筑混凝土</td><td colspan="2"></td></tr>
<tr><td>预埋注浆管应设置在施工缝断面中部，注浆管与施工缝基面应密贴并固定牢固，固定间距宜为200~300mm；注浆导管与注浆管的连接应牢固、严密，导管埋入混凝土内的部分应与结构钢筋绑扎牢固，导管的末端应临时封堵严密</td><td colspan="2"></td></tr>
</table>

细部构造防水工程预留通道接头检验批质量验收记录（续表） GB 50208

<table>
<tr><td>工程名称</td><td colspan="3"></td><td>分项工程名称</td><td></td><td>验收部位</td><td></td></tr>
<tr><td>施工单位</td><td colspan="3"></td><td>专业负责人</td><td></td><td>项目经理</td><td></td></tr>
<tr><td colspan="3">施工执行标准名称及编号</td><td colspan="2"></td><td>检验批编号</td><td colspan="2"></td></tr>
<tr><td colspan="3">施工质量验收规范的规定</td><td colspan="3">施工单位检查评定记录</td><td colspan="2">监理（建设）单位验收记录</td></tr>
<tr><td rowspan="3">一般项目</td><td>3</td><td>用膨胀螺栓固定可卸式止水带时，止水带与紧固件压块及止水带与基面之间应结合紧密。采用金属膨胀螺栓时，应选用不锈钢材料或进行防锈处理</td><td colspan="3"></td><td colspan="2" rowspan="3"></td></tr>
<tr><td>4</td><td>密封材料嵌填应密实、连续、饱满，粘结牢固</td><td colspan="3"></td></tr>
<tr><td>5</td><td>预留通道接头外部应设保护墙</td><td colspan="3"></td></tr>
<tr><td>施工单位检查评定结果</td><td colspan="7">项目专业质量检查员：　　　　年　月　日</td></tr>
<tr><td>监理（建设）单位验收结论</td><td colspan="7">监理工程师：
（建设单位项目代表）　　　　年　月　日</td></tr>
</table>

3.19.14 细部构造防水工程桩头检验批质量验收记录 GB 50208

<table>
<tr><td colspan="2">工程名称</td><td colspan="2"></td><td>分项工程名称</td><td></td><td>验收部位</td><td></td></tr>
<tr><td colspan="2">施工单位</td><td colspan="2"></td><td>专业负责人</td><td></td><td>项目经理</td><td></td></tr>
<tr><td colspan="3">施工执行标准名称及编号</td><td colspan="2"></td><td>检验批编号</td><td colspan="2"></td></tr>
<tr><td colspan="4">施工质量验收规范的规定</td><td colspan="2">施工单位检查评定记录</td><td colspan="2">监理（建设）单位验收记录</td></tr>
<tr><td rowspan="3">主控项目</td><td>1</td><td colspan="2">桩头用聚合物水泥防水砂浆、水泥基渗透结晶型防水涂料、遇水膨胀止水条或止水胶和密封材料符合设计要求</td><td colspan="2"></td><td colspan="2" rowspan="3"></td></tr>
<tr><td>2</td><td colspan="2">桩头防水构造符合设计要求</td><td colspan="2"></td></tr>
<tr><td>3</td><td colspan="2">桩头混凝土应密实，如发现渗漏水应及时采取封堵措施</td><td colspan="2"></td></tr>
<tr><td rowspan="6">一般项目</td><td>1</td><td colspan="2">桩头顶面和侧面裸露处应涂刷水泥基渗透结晶型防水涂料，并延伸到结构底板垫层 150mm 处；桩头四周 300mm 范围内应抹聚合物水泥防水砂浆过渡层</td><td colspan="2"></td><td colspan="2" rowspan="6"></td></tr>
<tr><td>2</td><td colspan="2">结构底板防水层应做在聚合物水泥防水砂浆过渡层上并延伸至桩头侧壁，其与桩头侧壁接缝处应采用密封材料嵌填</td><td colspan="2"></td></tr>
<tr><td>3</td><td colspan="2">桩头的受力钢筋根部应采用遇水膨胀止水条或止水胶，并应采用保护措施</td><td colspan="2"></td></tr>
<tr><td rowspan="2">4</td><td colspan="2">遇水膨胀止水条应具有缓膨胀性能；止水条与施工缝基面应密贴，中间不得有空鼓、脱离等现象；止水条应牢固安装在缝表面或预留凹槽内；止水条采用搭接连接时，搭接宽度不得小于 30mm</td><td colspan="2"></td></tr>
<tr><td colspan="2">遇水膨胀止水胶应采用专用注胶器挤出粘结在施工缝表面，并做到连续、均匀、饱满，无气泡和孔洞，挤出宽度及厚度符合设计要求；止水胶挤出成形后，固化期内应采取临时保护措施；止水胶固化前不得浇筑混凝土</td><td colspan="2"></td></tr>
<tr><td>5</td><td colspan="2">密封材料嵌填应密实、连续、饱满，粘结牢固</td><td colspan="2"></td></tr>
<tr><td colspan="2">施工单位检查评定结果</td><td colspan="6">项目专业质量检查员：　　　　年　月　日</td></tr>
<tr><td colspan="2">监理（建设）单位验收结论</td><td colspan="6">监理工程师：
（建设单位项目代表）　　　　年　月　日</td></tr>
</table>

3.19.15 细部构造防水工程孔口检验批质量验收记录 GB 50208

<table>
<tr><td>工程名称</td><td colspan="2"></td><td>分项工程名称</td><td></td><td>验收部位</td><td></td></tr>
<tr><td>施工单位</td><td colspan="2"></td><td>专业负责人</td><td></td><td>项目经理</td><td></td></tr>
<tr><td colspan="3">施工执行标准名称及编号</td><td></td><td>检验批编号</td><td colspan="2"></td></tr>
<tr><td colspan="3">施工质量验收规范的规定</td><td colspan="2">施工单位检查评定记录</td><td colspan="2">监理（建设）单位验收记录</td></tr>
<tr><td rowspan="2">主控项目</td><td>1</td><td>孔口用防水卷材、防水涂料和密封材料符合设计要求</td><td colspan="2"></td><td colspan="2" rowspan="2"></td></tr>
<tr><td>2</td><td>孔口防水构造符合设计要求</td><td colspan="2"></td></tr>
<tr><td rowspan="5">一般项目</td><td>1</td><td>人员出入口高出地面不应小于 500mm；汽车出入口设置明沟排水时，其高出地面宜为 150mm，并应采取防雨措施</td><td colspan="2"></td><td colspan="2" rowspan="5"></td></tr>
<tr><td>2</td><td>窗井底部在最高地下水位以上时，窗井墙体和底板应做防水处理，并宜与主体结构断开。窗台下部墙体和底板应做防水层</td><td colspan="2"></td></tr>
<tr><td>3</td><td>窗井或窗井的一部分在最高地下水位以下时，窗井应与主体结构连成整体，其防水层也应连成整体，并应在窗井内设置集水井。窗台下部的墙体和底板应做防水层</td><td colspan="2"></td></tr>
<tr><td>4</td><td>窗井内底板应低于窗下缘 300mm。窗井墙高出室外地面不得小于 500mm；窗井外地面应做散水，散水与墙面间应采用密封材料嵌填</td><td colspan="2"></td></tr>
<tr><td>5</td><td>密封材料嵌填应密实、连续、饱满，粘结牢固</td><td colspan="2"></td></tr>
<tr><td>施工单位检查评定结果</td><td colspan="6">项目专业质量检查员： 年 月 日</td></tr>
<tr><td>监理（建设）单位验收结论</td><td colspan="6">监理工程师：
（建设单位项目代表） 年 月 日</td></tr>
</table>

3.19.16 细部构造防水工程坑、池检验批质量验收记录 GB 50208

<table>
<tr><td colspan="2">工程名称</td><td></td><td>分项工程名称</td><td></td><td>验收部位</td><td></td></tr>
<tr><td colspan="2">施工单位</td><td></td><td>专业负责人</td><td></td><td>项目经理</td><td></td></tr>
<tr><td colspan="3">施工执行标准名称及编号</td><td></td><td>检验批编号</td><td colspan="2"></td></tr>
<tr><td colspan="3">施工质量验收规范的规定</td><td colspan="2">施工单位检查评定记录</td><td colspan="2">监理（建设）单位验收记录</td></tr>
<tr><td rowspan="3">主控项目</td><td>1</td><td>坑、池防水混凝土的原材料、配合比及坍落度符合设计要求</td><td colspan="2"></td><td rowspan="3" colspan="2"></td></tr>
<tr><td>2</td><td>坑、池防水构造符合设计要求</td><td colspan="2"></td></tr>
<tr><td>3</td><td>坑、池、储水库内部防水层完成后，应进行蓄水试验</td><td colspan="2"></td></tr>
<tr><td rowspan="3">一般项目</td><td>1</td><td>坑、池、储水库宜采用防水混凝土整体浇筑，混凝土表面应坚实、平整，不得有露筋、蜂窝和裂缝等缺陷</td><td colspan="2"></td><td rowspan="3" colspan="2"></td></tr>
<tr><td>2</td><td>坑、池底板的混凝土厚度不应小于250mm；当底板厚度小于250mm时，应采取局部加厚措施，并应使防水层保持连续</td><td colspan="2"></td></tr>
<tr><td>3</td><td>坑、池施工完后，应及时遮盖，以防止杂物堵塞</td><td colspan="2"></td></tr>
<tr><td colspan="2">施工单位检查评定结果</td><td colspan="5">项目专业质量检查员： 年 月 日</td></tr>
<tr><td colspan="2">监理（建设）单位验收结论</td><td colspan="5">监理工程师：
（建设单位项目代表） 年 月 日</td></tr>
</table>

3.19.17 特殊施工法结构防水工程锚喷支护检验批质量验收记录 GB 50208

<table>
<tr><td>工程名称</td><td colspan="2"></td><td>分项工程名称</td><td></td><td>验收部位</td><td></td></tr>
<tr><td>施工单位</td><td colspan="2"></td><td>专业负责人</td><td></td><td>项目经理</td><td></td></tr>
<tr><td colspan="3">施工执行标准名称及编号</td><td colspan="2"></td><td>检验批编号</td><td></td></tr>
<tr><td colspan="3">施工质量验收规范的规定</td><td colspan="2">施工单位检查评定记录</td><td colspan="2">监理（建设）单位验收记录</td></tr>
<tr><td rowspan="3">主控项目</td><td>1</td><td>喷射混凝土所用原材料、混合料配合比及钢筋网、锚杆、钢拱架等符合设计要求</td><td colspan="2"></td><td colspan="2" rowspan="3"></td></tr>
<tr><td>2</td><td>喷射混凝土抗压强度、抗渗性能及锚杆抗拔力符合设计要求</td><td colspan="2"></td></tr>
<tr><td>3</td><td>锚喷支护的渗漏水量符合设计要求</td><td colspan="2"></td></tr>
<tr><td rowspan="4">一般项目</td><td>1</td><td>喷层与围岩及喷层之间应粘结紧密，不得有空鼓现象</td><td colspan="2"></td><td colspan="2" rowspan="4"></td></tr>
<tr><td>2</td><td>喷层厚度有60%以上检查点不小于设计厚度，最小厚度不得小于设计厚度的50%，且平均厚度不得小于设计厚度</td><td colspan="2"></td></tr>
<tr><td>3</td><td>喷射混凝土应密实、平整，无裂缝、脱落、漏喷、露筋</td><td colspan="2"></td></tr>
<tr><td>4</td><td>喷射混凝土表面平整度 D/L 不得大于 1/6</td><td colspan="2"></td></tr>
<tr><td colspan="2">施工单位检查评定结果</td><td colspan="5">项目专业质量检查员： 年 月 日</td></tr>
<tr><td colspan="2">监理（建设）单位验收结论</td><td colspan="5">监理工程师：
（建设单位项目代表） 年 月 日</td></tr>
</table>

3.19.18 特殊施工法结构防水工程地下连续墙检验批质量验收记录 GB 50208

工程名称				分项工程名称				验收部位		
施工单位				专业负责人				项目经理		
施工执行标准名称及编号						检验批编号				
施工质量验收规范的规定					施工单位检查评定记录					监理（建设）单位验收记录
主控项目	1	防水混凝土的原材料、配合比及坍落度符合设计要求								
	2	防水混凝土抗压强度和抗渗性能符合设计要求								
	3	地下连续墙渗漏水量符合设计要求								
一般项目	1	地下连续墙槽段接缝构造符合设计要求								
	2	地下连续墙墙面不得有露筋、露石和夹泥现象								
	3	地下连续墙墙体表面平整度允许偏差（mm）	临时支护墙体	50						
			单一或复合墙体	30						
施工单位检查评定结果	项目专业质量检查员： 年 月 日									
监理（建设）单位验收结论	监理工程师： （建设单位项目代表） 年 月 日									

3.19.19 特殊施工法结构防水工程盾构隧道检验批质量验收记录 GB 50208

<table>
<tr><td>工程名称</td><td colspan="2"></td><td>分项工程名称</td><td></td><td>验收部位</td><td></td></tr>
<tr><td>施工单位</td><td colspan="2"></td><td>专业负责人</td><td></td><td>项目经理</td><td></td></tr>
<tr><td colspan="2">施工执行标准名称及编号</td><td colspan="2"></td><td>检验批编号</td><td colspan="2"></td></tr>
<tr><td colspan="3">施工质量验收规范的规定</td><td colspan="2">施工单位检查评定记录</td><td colspan="2">监理（建设）单位验收记录</td></tr>
<tr><td rowspan="3">主控项目</td><td>1</td><td>盾构隧道衬砌所用防水材料符合设计要求</td><td colspan="2"></td><td colspan="2" rowspan="3"></td></tr>
<tr><td>2</td><td>钢筋混凝土管片抗压强度和抗渗性能符合设计要求</td><td colspan="2"></td></tr>
<tr><td>3</td><td>盾构隧道衬砌渗漏水量符合设计要求</td><td colspan="2"></td></tr>
<tr><td rowspan="5">一般项目</td><td>1</td><td>管片接缝密封垫及其沟槽断面尺寸符合设计要求</td><td colspan="2"></td><td colspan="2" rowspan="5"></td></tr>
<tr><td>2</td><td>密封垫在沟槽内应套箍和粘贴牢固，不得歪斜、扭曲</td><td colspan="2"></td></tr>
<tr><td>3</td><td>管片嵌缝槽深宽比及断面构造形式、尺寸符合设计要求</td><td colspan="2"></td></tr>
<tr><td>4</td><td>嵌缝材料嵌填应密实、连续、饱满，表面平整，密贴牢固</td><td colspan="2"></td></tr>
<tr><td>5</td><td>管片环向及纵向螺栓应全部穿进并拧紧；衬砌内表面的外露铁件防腐处理符合设计要求</td><td colspan="2"></td></tr>
<tr><td>施工单位检查评定结果</td><td colspan="6">项目专业质量检查员：　　　　年　月　日</td></tr>
<tr><td>监理（建设）单位验收结论</td><td colspan="6">监理工程师：
（建设单位项目代表）　　　　年　月　日</td></tr>
</table>

3.19.20 特殊施工法结构防水工程沉井检验批质量验收记录 GB 50208

<table>
<tr><td>工程名称</td><td colspan="3"></td><td>分项工程名称</td><td></td><td>验收部位</td><td></td></tr>
<tr><td>施工单位</td><td colspan="3"></td><td>专业负责人</td><td></td><td>项目经理</td><td></td></tr>
<tr><td colspan="3">施工执行标准名称及编号</td><td colspan="2"></td><td>检验批编号</td><td colspan="2"></td></tr>
<tr><td colspan="4">施工质量验收规范的规定</td><td colspan="2">施工单位检查评定记录</td><td colspan="2">监理（建设）单位验收记录</td></tr>
<tr><td rowspan="3">主控项目</td><td>1</td><td colspan="2">沉井混凝土的原材料、配合比及坍落度符合设计要求</td><td colspan="2"></td><td colspan="2" rowspan="3"></td></tr>
<tr><td>2</td><td colspan="2">沉井混凝土抗压强度和抗渗性能符合设计要求</td><td colspan="2"></td></tr>
<tr><td>3</td><td colspan="2">沉井渗漏水量符合设计要求</td><td colspan="2"></td></tr>
<tr><td rowspan="11">一般项目</td><td rowspan="10">1</td><td rowspan="5">沉井干封底</td><td>沉井基底土面应全部挖至设计标高，待其下沉稳定后再将井内积水排干</td><td colspan="2"></td><td colspan="2" rowspan="11"></td></tr>
<tr><td>清除浮土杂物，底板与井壁连接部位应凿毛、清洗干净或涂刷混凝土界面处理剂，及时浇筑防水混凝土封底</td><td colspan="2"></td></tr>
<tr><td>在软土中封底时，宜分格逐段对称进行</td><td colspan="2"></td></tr>
<tr><td>封底混凝土施工过程中，应从底板上的集水井中不间断地抽水</td><td colspan="2"></td></tr>
<tr><td>封底混凝土达到设计强度后，方可停止抽水；集水井的封堵应采用微膨胀混凝土填充捣实，并用法兰、焊接钢板等方法封平</td><td colspan="2"></td></tr>
<tr><td rowspan="5">沉井水下封底</td><td>井底应将浮泥清除干净，并铺碎石垫层</td><td colspan="2"></td></tr>
<tr><td>底板与井壁连接部位应冲刷干净</td><td colspan="2"></td></tr>
<tr><td>封底宜采用水下不分散混凝土，其坍落度宜为180~240mm</td><td colspan="2"></td></tr>
<tr><td>封底混凝土应在沉井全部底面积上连续均匀浇筑</td><td colspan="2"></td></tr>
<tr><td>封底混凝土达到设计强度后，方可从井内抽水，并应检查封底质量</td><td colspan="2"></td></tr>
<tr><td>2</td><td colspan="2">沉井底板与井壁接缝处的防水处理符合设计要求</td><td colspan="2"></td></tr>
<tr><td>施工单位检查评定结果</td><td colspan="7">项目专业质量检查员： 年 月 日</td></tr>
<tr><td>监理（建设）单位验收结论</td><td colspan="7">监理工程师：
（建设单位项目代表） 年 月 日</td></tr>
</table>

3.19.21 特殊施工法结构防水工程逆筑结构检验批质量验收记 GB 50208

<table>
<tr><td>工程名称</td><td colspan="3"></td><td>分项工程名称</td><td></td><td>验收部位</td><td></td></tr>
<tr><td>施工单位</td><td colspan="3"></td><td>专业负责人</td><td></td><td>项目经理</td><td></td></tr>
<tr><td colspan="3">施工执行标准名称及编号</td><td colspan="2"></td><td>检验批编号</td><td colspan="2"></td></tr>
<tr><td colspan="4">施工质量验收规范的规定</td><td colspan="2">施工单位检查评定记录</td><td colspan="2">监理（建设）单位验收记录</td></tr>
<tr><td rowspan="3">主控项目</td><td>1</td><td colspan="2">补偿收缩混凝土的原材料、配合比及坍落度符合设计要求</td><td colspan="2"></td><td colspan="2" rowspan="3"></td></tr>
<tr><td>2</td><td colspan="2">内衬墙接缝用遇水膨胀止水条或止水胶和预埋注浆管符合设计要求</td><td colspan="2"></td></tr>
<tr><td>3</td><td colspan="2">逆筑结构渗漏水量符合设计要求</td><td colspan="2"></td></tr>
<tr><td rowspan="9">一般项目</td><td rowspan="9">1</td><td rowspan="3">地下连续墙为主体结构逆筑法施工</td><td>地下连续墙墙面应凿毛、清洗干净，并宜做水泥砂浆防水层</td><td colspan="2"></td><td colspan="2" rowspan="9"></td></tr>
<tr><td>地下连续墙与顶板、中楼板、底板接缝部位应凿毛处理，施工缝施工符合 GB 50208—2011《地下防水工程质量验收规范》中第 5.1 节的相关规定</td><td colspan="2"></td></tr>
<tr><td>钢筋接驳器处宜涂刷水泥基渗透结晶型防水涂料</td><td colspan="2"></td></tr>
<tr><td rowspan="6">地下连续墙与内衬构成复合式衬砌逆筑法施工</td><td>地下连续墙墙面应凿毛、清洗干净，并宜做水泥砂浆防水层</td><td colspan="2"></td></tr>
<tr><td>地下连续墙与顶板、中楼板、底板接缝部位应凿毛处理，施工缝施工符合 GB 50208—2011《地下防水工程质量验收规范》中第 5.1 节的相关规定</td><td colspan="2"></td></tr>
<tr><td>钢筋接驳器处宜涂刷水泥基渗透结晶型防水涂料</td><td colspan="2"></td></tr>
<tr><td>顶板及中楼板下部 500mm 内衬墙应同时浇筑，内衬墙下部应做成斜坡；斜坡形下部应预留 300~500mm 的空间，并应待下部先浇筑混凝土施工 14d 后再浇筑</td><td colspan="2"></td></tr>
<tr><td>浇筑混凝土前，内衬墙接缝面应凿毛、清洗干净，并设置遇水膨胀止水条或止水胶和预埋注浆管</td><td colspan="2"></td></tr>
<tr><td>内衬墙的后浇筑混凝土应采用补偿收缩混凝土，浇筑口宜高于斜坡顶端 200mm 以上</td><td colspan="2"></td></tr>
</table>

特殊施工法结构防水工程逆筑结构检验批质量验收记（续表） GB 50208

<table>
<tr><td colspan="2">工程名称</td><td colspan="2"></td><td>分项工程名称</td><td></td><td>验收部位</td><td></td></tr>
<tr><td colspan="2">施工单位</td><td colspan="2"></td><td>专业负责人</td><td></td><td>项目经理</td><td></td></tr>
<tr><td colspan="3">施工执行标准名称及编号</td><td colspan="2"></td><td>检验批编号</td><td colspan="2"></td></tr>
<tr><td colspan="3">施工质量验收规范的规定</td><td colspan="2">施工单位检查评定记录</td><td colspan="3">监理（建设）单位验收记录</td></tr>
<tr><td rowspan="3">一般项目</td><td rowspan="3">2</td><td>遇水膨胀止水条应具有缓膨胀性能；止水条与施工缝基面应密贴，中间不得有空鼓、脱离等现象；止水条应牢固安装在缝表面或预留凹槽内；止水条采用搭接连接时，搭接宽度不得小于 30mm</td><td colspan="2"></td><td colspan="3" rowspan="3"></td></tr>
<tr><td>遇水膨胀止水胶应采用专用注胶器挤出粘结在施工缝表面，并做到连续、均匀、饱满，无气泡和孔洞，挤出宽度及厚度符合设计要求；止水胶挤出成形后，固化期内应采取临时保护措施；止水胶固化前不得浇筑混凝土</td><td colspan="2"></td></tr>
<tr><td>预埋注浆管应设置在施工缝断面中部，注浆管与施工缝基面应密贴并固定牢固，固定间距宜为 200~300mm；注浆导管与注浆管的连接应牢固、严密，导管埋入混凝土内的部分应与结构钢筋绑扎牢固，导管的末端应临时封堵严密</td><td colspan="2"></td></tr>
<tr><td colspan="2">施工单位检查评定结果</td><td colspan="6">项目专业质量检查员： 年 月 日</td></tr>
<tr><td colspan="2">监理（建设）单位验收结论</td><td colspan="6">监理工程师：
（建设单位项目代表） 年 月 日</td></tr>
</table>

3.19.22 排水工程渗排水、盲沟排水检验批质量验收记录 GB 50208

<table>
<tr><td colspan="2">工程名称</td><td colspan="2"></td><td>分项工程名称</td><td></td><td>验收部位</td><td></td></tr>
<tr><td colspan="2">施工单位</td><td colspan="2"></td><td>专业负责人</td><td></td><td>项目经理</td><td></td></tr>
<tr><td colspan="3">施工执行标准名称及编号</td><td colspan="2"></td><td>检验批编号</td><td colspan="2"></td></tr>
<tr><td colspan="4">施工质量验收规范的规定</td><td colspan="3">施工单位检查评定记录</td><td>监理（建设）单位验收记录</td></tr>
<tr><td rowspan="2">主控项目</td><td>1</td><td colspan="2">盲沟反滤层的层次和粒径组成符合设计要求</td><td colspan="3"></td><td rowspan="2"></td></tr>
<tr><td>2</td><td colspan="2">集水管的埋置深度和坡度符合设计要求</td><td colspan="3"></td></tr>
<tr><td rowspan="4">一般项目</td><td>1</td><td colspan="2">渗排水构造符合设计要求</td><td colspan="3"></td><td rowspan="4"></td></tr>
<tr><td>2</td><td colspan="2">渗排水层铺设应分层、铺平、拍实</td><td colspan="3"></td></tr>
<tr><td>3</td><td colspan="2">盲沟排水构造符合设计要求</td><td colspan="3"></td></tr>
<tr><td>4</td><td colspan="2">集水管采用平接式或承插式接口应连接牢固，不得扭曲变形和错位</td><td colspan="3"></td></tr>
<tr><td colspan="2">施工单位检查评定结果</td><td colspan="6">项目专业质量检查员： 年 月 日</td></tr>
<tr><td colspan="2">监理（建设）单位验收结论</td><td colspan="6">监理工程师：
（建设单位项目代表） 年 月 日</td></tr>
</table>

3.19.23 排水工程隧道排水、坑道排水检验批质量验收记录 GB 50208

<table>
<tr><td>工程名称</td><td colspan="3"></td><td>分项工程名称</td><td></td><td>验收部位</td><td></td></tr>
<tr><td>施工单位</td><td colspan="3"></td><td>专业负责人</td><td></td><td>项目经理</td><td></td></tr>
<tr><td colspan="3">施工执行标准名称及编号</td><td colspan="2"></td><td>检验批编号</td><td colspan="2"></td></tr>
<tr><td colspan="3">施工质量验收规范的规定</td><td colspan="3">施工单位检查评定记录</td><td colspan="2">监理（建设）单位验收记录</td></tr>
<tr><td rowspan="3">主控项目</td><td>1</td><td>盲沟反滤层的层次和粒径组成符合设计要求</td><td colspan="3"></td><td colspan="2" rowspan="3"></td></tr>
<tr><td>2</td><td>无砂混凝土管、硬质塑料管或软式透水管符合设计要求</td><td colspan="3"></td></tr>
<tr><td>3</td><td>隧道、坑道排水系统必须通畅</td><td colspan="3"></td></tr>
<tr><td rowspan="4">一般项目</td><td>1</td><td>盲沟、盲管及横向导水管的管径、间距、坡度符合设计要求</td><td colspan="3"></td><td colspan="2" rowspan="4"></td></tr>
<tr><td>2</td><td>隧道或坑道内排水明沟及离壁式衬砌外排水沟，其断面尺寸及坡度符合设计要求</td><td colspan="3"></td></tr>
<tr><td>3</td><td>盲管应与岩壁或初期支护密贴，并应固定牢固；环向盲管、纵向盲管接头宜与盲管相配套</td><td colspan="3"></td></tr>
<tr><td>4</td><td>贴壁式、复合式衬砌的盲沟与混凝土衬砌接触部位应做隔浆层</td><td colspan="3"></td></tr>
<tr><td>施工单位检查评定结果</td><td colspan="7">项目专业质量检查员：　　　　年　月　日</td></tr>
<tr><td>监理（建设）单位验收结论</td><td colspan="7">监理工程师：
（建设单位项目代表）　　　　年　月　日</td></tr>
</table>

3.19.24 排水工程塑料排水板排水检验批质量验收记录 GB 50208

<table>
<tr><td colspan="2">工程名称</td><td colspan="2"></td><td>分项工程名称</td><td></td><td>验收部位</td><td></td></tr>
<tr><td colspan="2">施工单位</td><td colspan="2"></td><td>专业负责人</td><td></td><td>项目经理</td><td></td></tr>
<tr><td colspan="3">施工执行标准名称及编号</td><td colspan="2"></td><td>检验批编号</td><td colspan="2"></td></tr>
<tr><td colspan="4">施工质量验收规范的规定</td><td colspan="2">施工单位检查评定记录</td><td colspan="2">监理（建设）单位验收记录</td></tr>
<tr><td rowspan="2">主控项目</td><td>1</td><td colspan="2">塑料排水板和土工布符合设计要求</td><td colspan="2"></td><td colspan="2" rowspan="2"></td></tr>
<tr><td>2</td><td colspan="2">塑料排水板排水层必须与排水系统连通，不得有堵塞现象</td><td colspan="2"></td></tr>
<tr><td rowspan="4">一般项目</td><td>1</td><td colspan="2">塑料排水板排水层构造做法符合 GB 50208—2011《地下防水工程质量验收规范》中第7.3.3条的规定</td><td colspan="2"></td><td colspan="2" rowspan="4"></td></tr>
<tr><td>2</td><td colspan="2">塑料排水板的铺设应采用搭接法施工，长短边搭接宽度不小于100mm。塑料排水板接缝处宜采用配套胶粘剂粘结或热熔焊接</td><td colspan="2"></td></tr>
<tr><td rowspan="2">3</td><td colspan="2">土工布铺设应平整、无皱折</td><td colspan="2"></td></tr>
<tr><td colspan="2">土工布应铺设在塑料排水板的凸面上，相邻土工布搭接宽度不小于200mm，搭接部位应采用粘合或缝合</td><td colspan="2"></td></tr>
<tr><td colspan="2">施工单位检查评定结果</td><td colspan="6">项目专业质量检查员：　　　　年　月　日</td></tr>
<tr><td colspan="2">监理（建设）单位验收结论</td><td colspan="6">监理工程师：
（建设单位项目代表）　　　　年　月　日</td></tr>
</table>

3.19.25 注浆工程预注浆、后注浆检验批质量验收记录 GB 50208

<table>
<tr><td colspan="2">工程名称</td><td colspan="2"></td><td>分项工程名称</td><td></td><td>验收部位</td><td></td></tr>
<tr><td colspan="2">施工单位</td><td colspan="2"></td><td>专业负责人</td><td></td><td>项目经理</td><td></td></tr>
<tr><td colspan="3">施工执行标准名称及编号</td><td colspan="2"></td><td>检验批编号</td><td colspan="2"></td></tr>
<tr><td colspan="4">施工质量验收规范的规定</td><td colspan="3">施工单位检查评定记录</td><td>监理（建设）单位验收记录</td></tr>
<tr><td rowspan="2">主控项目</td><td>1</td><td colspan="2">配制浆液的原材料及配合比符合设计要求</td><td colspan="3"></td><td rowspan="2"></td></tr>
<tr><td>2</td><td colspan="2">预注浆及后注浆的注浆效果符合设计要求</td><td colspan="3"></td></tr>
<tr><td rowspan="4">一般项目</td><td>1</td><td colspan="2">注浆孔数量、布局间距、钻孔深度及角度符合设计要求</td><td colspan="3"></td><td rowspan="4"></td></tr>
<tr><td>2</td><td colspan="2">注浆各阶段控制压力和注浆量符合设计要求</td><td colspan="3"></td></tr>
<tr><td>3</td><td colspan="2">注浆时浆液不得溢出地面和超出有效注浆范围</td><td colspan="3"></td></tr>
<tr><td>4</td><td colspan="2">注浆对地面产生的沉降量不得超过30mm，地面的隆起不得超过20mm</td><td colspan="3"></td></tr>
<tr><td colspan="2">施工单位检查评定结果</td><td colspan="6">项目专业质量检查员： 年 月 日</td></tr>
<tr><td colspan="2">监理（建设）单位验收结论</td><td colspan="6">监理工程师：
（建设单位项目代表） 年 月 日</td></tr>
</table>

3.19.26 注浆工程结构裂缝注浆检验批质量验收记录 GB 50208

<table>
<tr><td>工程名称</td><td colspan="3"></td><td>分项工程名称</td><td></td><td>验收部位</td><td></td></tr>
<tr><td>施工单位</td><td colspan="3"></td><td>专业负责人</td><td></td><td>项目经理</td><td></td></tr>
<tr><td colspan="3">施工执行标准名称及编号</td><td colspan="2"></td><td>检验批编号</td><td colspan="2"></td></tr>
<tr><td colspan="4">施工质量验收规范的规定</td><td colspan="2">施工单位检查评定记录</td><td colspan="2">监理（建设）单位验收记录</td></tr>
<tr><td rowspan="2">主控项目</td><td>1</td><td colspan="2">注浆材料及配合比符合设计要求</td><td colspan="2"></td><td colspan="2" rowspan="2"></td></tr>
<tr><td>2</td><td colspan="2">结构裂缝注浆的注浆效果符合设计要求</td><td colspan="2"></td></tr>
<tr><td rowspan="2">一般项目</td><td>1</td><td colspan="2">注浆孔的数量、布局间距、钻孔深度及角度符合设计要求</td><td colspan="2"></td><td colspan="2" rowspan="2"></td></tr>
<tr><td>2</td><td colspan="2">注浆各阶段的控制压力和注浆量符合设计要求</td><td colspan="2"></td></tr>
<tr><td>施工单位检查评定结果</td><td colspan="7">项目专业质量检查员：　　　　　　　　　　　　　　年　月　日</td></tr>
<tr><td>监理（建设）单位验收结论</td><td colspan="7">监理工程师：
（建设单位项目代表）　　　　　　　　　　　　　　年　月　日</td></tr>
</table>

3.20 建筑地面工程①

3.20.1 基层铺设工程基土检验批质量验收记录 GB 50209

<table>
<tr><td colspan="2">工程名称</td><td colspan="3"></td><td colspan="2">分项工程名称</td><td colspan="2"></td><td colspan="2">验收部位</td><td></td></tr>
<tr><td colspan="2">施工单位</td><td colspan="3"></td><td colspan="2">专业负责人</td><td colspan="2"></td><td colspan="2">项目经理</td><td></td></tr>
<tr><td colspan="4">施工执行标准名称及编号</td><td colspan="4"></td><td colspan="2">检验批编号</td><td colspan="2"></td></tr>
<tr><td colspan="5">施工质量验收规范的规定</td><td colspan="6">施工单位检查评定记录</td><td>监理（建设）单位验收记录</td></tr>
<tr><td rowspan="3">主控项目</td><td>1</td><td colspan="3">基土不应用淤泥、腐殖土、冻土、耕植土、膨胀土和建筑杂物作为填土，填土土块粒径不应大于 50mm</td><td colspan="6"></td><td rowspan="3"></td></tr>
<tr><td>2</td><td colspan="3">Ⅰ类建筑基土的氡浓度符合现行国家标准 GB 50325—2020《民用建筑工程室内环境污染控制标准》规定</td><td colspan="6"></td></tr>
<tr><td>4</td><td colspan="3">基土应均匀密实，压实系数符合设计要求，设计无要求时不小于 0.9</td><td colspan="6"></td></tr>
<tr><td rowspan="4">一般项目</td><td rowspan="4">1</td><td rowspan="4">基土表面允许偏差（mm）</td><td>表面平整度</td><td>15</td><td></td><td></td><td></td><td></td><td></td><td></td><td rowspan="4"></td></tr>
<tr><td>标高</td><td>0，−50</td><td></td><td></td><td></td><td></td><td></td><td></td></tr>
<tr><td>坡度</td><td>不大于房间相应尺寸的 2/1000，且不大于 30</td><td></td><td></td><td></td><td></td><td></td><td></td></tr>
<tr><td>厚度</td><td>在个别地方不应大于设计厚度的 1/10，且不大于 20</td><td></td><td></td><td></td><td></td><td></td><td></td></tr>
<tr><td colspan="2">施工单位检查评定结果</td><td colspan="10">项目专业质量检查员： 年 月 日</td></tr>
<tr><td colspan="2">监理（建设）单位验收结论</td><td colspan="10">监理工程师：
（建设单位项目代表） 年 月 日</td></tr>
</table>

① 本部分的“GB 50209”代表依据为 GB 50209—2010《建筑地面工程施工质量验收规范》。

3.20.2 基层铺设工程灰土垫层检验批质量验收记录 GB 50209

<table>
<tr><td colspan="2">工程名称</td><td colspan="3"></td><td colspan="3">分项工程名称</td><td colspan="2"></td><td>验收部位</td><td></td></tr>
<tr><td colspan="2">施工单位</td><td colspan="3"></td><td colspan="3">专业负责人</td><td colspan="2"></td><td>项目经理</td><td></td></tr>
<tr><td colspan="4">施工执行标准名称及编号</td><td colspan="5"></td><td>检验批编号</td><td colspan="2"></td></tr>
<tr><td colspan="5">施工质量验收规范的规定</td><td colspan="6">施工单位检查评定记录</td><td>监理（建设）单位验收记录</td></tr>
<tr><td>主控项目</td><td colspan="4">灰土体积比符合设计要求</td><td colspan="6"></td><td></td></tr>
<tr><td rowspan="5">一般项目</td><td>1</td><td colspan="3">熟化石灰颗粒粒径不大于 5mm；黏土（或粉质黏土、粉土）内不含有机物质，颗粒粒径不大于 16mm</td><td colspan="6"></td><td rowspan="5"></td></tr>
<tr><td rowspan="4">2</td><td rowspan="4">灰土垫层允许偏差（mm）</td><td>表面平整度</td><td>10</td><td></td><td></td><td></td><td></td><td></td><td></td></tr>
<tr><td>标高</td><td>±10</td><td></td><td></td><td></td><td></td><td></td><td></td></tr>
<tr><td>坡度</td><td>不大于房间相应尺寸的 2/1000，且不大于 30</td><td></td><td></td><td></td><td></td><td></td><td></td></tr>
<tr><td>厚度</td><td>在个别地方不应大于设计厚度的 1/10，且不大于 20</td><td></td><td></td><td></td><td></td><td></td><td></td></tr>
<tr><td colspan="2">施工单位检查评定结果</td><td colspan="10">项目专业质量检查员：　　　　年　月　日</td></tr>
<tr><td colspan="2">监理（建设）单位验收结论</td><td colspan="10">监理工程师：
（建设单位项目代表）　　　　年　月　日</td></tr>
</table>

3.20.3 基层铺设工程砂垫层和砂石垫层检验批质量验收记录 GB 50209

<table>
<tr><td colspan="2">工程名称</td><td colspan="3"></td><td colspan="4">分项工程名称</td><td colspan="2"></td><td>验收部位</td><td></td></tr>
<tr><td colspan="2">施工单位</td><td colspan="3"></td><td colspan="4">专业负责人</td><td colspan="2"></td><td>项目经理</td><td></td></tr>
<tr><td colspan="4">施工执行标准名称及编号</td><td colspan="5"></td><td colspan="2">检验批编号</td><td colspan="2"></td></tr>
<tr><td colspan="5">施工质量验收规范的规定</td><td colspan="6">施工单位检查评定记录</td><td colspan="2">监理（建设）单位验收记录</td></tr>
<tr><td rowspan="2">主控项目</td><td>1</td><td colspan="3">砂和砂石不应含有草根等有机杂质，砂应采用中砂，石子最大粒径不大于垫层厚度的 2/3</td><td colspan="6"></td><td colspan="2" rowspan="2"></td></tr>
<tr><td>2</td><td colspan="3">砂垫层和砂石垫层的干密度（或贯入度）符合设计要求</td><td colspan="6"></td></tr>
<tr><td rowspan="5">一般项目</td><td>1</td><td colspan="3">表面不应有沙窝、石堆等现象</td><td colspan="6"></td><td colspan="2" rowspan="5"></td></tr>
<tr><td rowspan="4">2</td><td rowspan="4">允许偏差（mm）</td><td>表面平整度</td><td>15</td><td></td><td></td><td></td><td></td><td></td><td></td></tr>
<tr><td>标高</td><td>±20</td><td></td><td></td><td></td><td></td><td></td><td></td></tr>
<tr><td>坡度</td><td>不大于房间相应尺寸的 2/1000，且不大于 30</td><td></td><td></td><td></td><td></td><td></td><td></td></tr>
<tr><td>厚度</td><td>在个别地方不应大于设计厚度的 1/10，且不大于 20</td><td></td><td></td><td></td><td></td><td></td><td></td></tr>
<tr><td colspan="2">施工单位检查评定结果</td><td colspan="11">项目专业质量检查员： 年 月 日</td></tr>
<tr><td colspan="2">监理（建设）单位验收结论</td><td colspan="11">监理工程师：
（建设单位项目代表） 年 月 日</td></tr>
</table>

3.20.4 基层铺设工程碎石垫层和碎砖垫层检验批质量验收记录 GB 50209

<table>
<tr><td colspan="2">工程名称</td><td colspan="3"></td><td colspan="3">分项工程名称</td><td colspan="2"></td><td colspan="2">验收部位</td><td></td></tr>
<tr><td colspan="2">施工单位</td><td colspan="3"></td><td colspan="3">专业负责人</td><td colspan="2"></td><td colspan="2">项目经理</td><td></td></tr>
<tr><td colspan="4">施工执行标准名称及编号</td><td colspan="4"></td><td colspan="2">检验批编号</td><td colspan="3"></td></tr>
<tr><td colspan="6">施工质量验收规范的规定</td><td colspan="6">施工单位检查评定记录</td><td>监理（建设）单位验收记录</td></tr>
<tr><td rowspan="2">主控项目</td><td>1</td><td colspan="4">碎石强度均匀，最大粒径不大于垫层厚度的2/3；碎砖不应采用风化、酥松、夹有有机杂质的砖料，颗粒粒径不大于60mm</td><td colspan="6"></td><td rowspan="2"></td></tr>
<tr><td>2</td><td colspan="4">碎石、碎砖垫层密实度符合设计要求</td><td colspan="6"></td></tr>
<tr><td rowspan="4">一般项目</td><td rowspan="4">1</td><td rowspan="4">允许偏差（mm）</td><td>表面平整度</td><td colspan="2">15</td><td></td><td></td><td></td><td></td><td></td><td></td><td rowspan="4"></td></tr>
<tr><td>标高</td><td colspan="2">±20</td><td></td><td></td><td></td><td></td><td></td><td></td></tr>
<tr><td>坡度</td><td colspan="2">不大于房间相应尺寸的2/1000，且不大于30</td><td></td><td></td><td></td><td></td><td></td><td></td></tr>
<tr><td>厚度</td><td colspan="2">在个别地方不应大于设计厚度的1/10，且不大于20</td><td></td><td></td><td></td><td></td><td></td><td></td></tr>
<tr><td colspan="2">施工单位检查评定结果</td><td colspan="11">
项目专业质量检查员： 年 月 日</td></tr>
<tr><td colspan="2">监理（建设）单位验收结论</td><td colspan="11">
监理工程师：
（建设单位项目代表） 年 月 日</td></tr>
</table>

3.20.5 基层铺设工程三合土垫层和四合土垫层检验批质量验收记录 GB 50209

<table>
<tr><td>工程名称</td><td colspan="3"></td><td colspan="2">分项工程名称</td><td colspan="3"></td><td>验收部位</td><td></td></tr>
<tr><td>施工单位</td><td colspan="3"></td><td colspan="2">专业负责人</td><td colspan="3"></td><td>项目经理</td><td></td></tr>
<tr><td colspan="3">施工执行标准名称及编号</td><td colspan="3"></td><td colspan="2">检验批编号</td><td colspan="3"></td></tr>
<tr><td colspan="5">施工质量验收规范的规定</td><td colspan="6">施工单位检查评定记录</td><td>监理（建设）单位验收记录</td></tr>
<tr><td rowspan="2">主控项目</td><td>1</td><td colspan="3">水泥宜采用硅酸盐水泥、普通硅酸盐水泥；熟化石灰颗粒粒径不大于5mm；砂应用中砂，并不得含有草根等有机物质；碎砖不应采用风化、酥松和有机杂质的砖料，颗粒粒径不大于60mm</td><td colspan="6"></td><td rowspan="2"></td></tr>
<tr><td>2</td><td colspan="3">三合土和四合土体积比符合设计要求</td><td colspan="6"></td></tr>
<tr><td rowspan="4">一般项目</td><td rowspan="4">1</td><td rowspan="4">允许偏差（mm）</td><td>表面平整度</td><td>10</td><td></td><td></td><td></td><td></td><td></td><td></td><td rowspan="4"></td></tr>
<tr><td>标高</td><td>±10</td><td></td><td></td><td></td><td></td><td></td><td></td></tr>
<tr><td>坡度</td><td>不大于房间相应尺寸的2/1000，且不大于30</td><td></td><td></td><td></td><td></td><td></td><td></td></tr>
<tr><td>厚度</td><td>在个别地方不应大于设计厚度的1/10，且不大于20</td><td></td><td></td><td></td><td></td><td></td><td></td></tr>
<tr><td>施工单位检查评定结果</td><td colspan="11">项目专业质量检查员：　　　　　　年　月　日</td></tr>
<tr><td>监理（建设）单位验收结论</td><td colspan="11">监理工程师：
（建设单位项目代表）　　　　　　年　月　日</td></tr>
</table>

3.20.6 垫层检验批质量验收记录 GB 50209

<table>
<tr><td>工程名称</td><td colspan="4"></td><td colspan="3">分项工程名称</td><td colspan="3"></td><td>验收部位</td><td></td></tr>
<tr><td>施工单位</td><td colspan="4"></td><td colspan="3">专业负责人</td><td colspan="3"></td><td>项目经理</td><td></td></tr>
<tr><td colspan="4">施工执行标准名称及编号</td><td colspan="5"></td><td colspan="2">检验批编号</td><td colspan="2"></td></tr>
<tr><td colspan="5">施工质量验收规范的规定</td><td colspan="6">施工单位检查评定记录</td><td colspan="2">监理（建设）单位验收记录</td></tr>
<tr><td rowspan="2">主控项目</td><td>1</td><td colspan="3">炉渣内不含有有机杂质和未燃尽的煤块，颗粒粒径不大于40mm，且颗粒粒径在5mm及以下的颗粒，不得超过总体积的40%；熟化石灰颗粒粒径不得大于5mm</td><td colspan="6"></td><td colspan="2" rowspan="2"></td></tr>
<tr><td>2</td><td colspan="3">炉渣垫层体积比符合设计要求</td><td colspan="6"></td></tr>
<tr><td rowspan="5">一般项目</td><td rowspan="5">1</td><td colspan="3">炉渣垫层与下一层结合牢固，不得有空鼓和松散炉渣颗粒</td><td colspan="6"></td><td colspan="2" rowspan="5"></td></tr>
<tr><td rowspan="4">允许偏差（mm）</td><td>表面平整度</td><td>10</td><td></td><td></td><td></td><td></td><td></td><td></td></tr>
<tr><td>标高</td><td>±10</td><td></td><td></td><td></td><td></td><td></td><td></td></tr>
<tr><td>坡度</td><td>不大于房间相应尺寸的2/1000，且不大于30</td><td></td><td></td><td></td><td></td><td></td><td></td></tr>
<tr><td>厚度</td><td>在个别地方不应大于设计厚度的1/10，且不大于20</td><td></td><td></td><td></td><td></td><td></td><td></td></tr>
<tr><td colspan="2">施工单位检查评定结果</td><td colspan="11">项目专业质量检查员：　　　　年　月　日</td></tr>
<tr><td colspan="2">监理（建设）单位验收结论</td><td colspan="11">监理工程师：
（建设单位项目代表）　　　　年　月　日</td></tr>
</table>

3.20.7 基层铺设工程水泥混凝土垫层和陶粒混凝土垫层检验批质量验收记录 GB 50209

<table>
<tr><td colspan="2">工程名称</td><td colspan="3"></td><td colspan="2">分项工程名称</td><td colspan="2"></td><td colspan="2">验收部位</td><td></td></tr>
<tr><td colspan="2">施工单位</td><td colspan="3"></td><td colspan="2">专业负责人</td><td colspan="2"></td><td colspan="2">项目经理</td><td></td></tr>
<tr><td colspan="4">施工执行标准名称及编号</td><td colspan="5"></td><td colspan="2">检验批编号</td><td></td></tr>
<tr><td colspan="5">施工质量验收规范的规定</td><td colspan="6">施工单位检查评定记录</td><td>监理（建设）单位验收记录</td></tr>
<tr><td rowspan="2">主控项目</td><td>1</td><td colspan="3">水泥混凝土垫层和陶粒混凝土垫层采用的粗骨料，其最大粒径不大于垫层厚度的 2/3，含泥量不大于 3%；砂为中粗砂，其含泥量不大于 3%。陶粒中粒径小于 5mm 的颗粒含量小于 10%；粉煤灰陶粒中粒径大于 15mm 的颗粒含量不大于 5%；陶粒中不得混夹杂物或黏土块。陶粒宜选用粉煤灰陶粒、页岩陶粒等</td><td colspan="6"></td><td rowspan="2"></td></tr>
<tr><td>2</td><td colspan="3">水泥混凝土和陶粒混凝土强度等级符合设计要求</td><td colspan="6"></td></tr>
<tr><td rowspan="4">一般项目</td><td rowspan="4">1</td><td rowspan="4">允许偏差（mm）</td><td>表面平整度</td><td>10</td><td></td><td></td><td></td><td></td><td></td><td></td><td rowspan="4"></td></tr>
<tr><td>标高</td><td>± 10</td><td></td><td></td><td></td><td></td><td></td><td></td></tr>
<tr><td>坡度</td><td>不大于房间相应尺寸的 2/1000，且不大于 30</td><td></td><td></td><td></td><td></td><td></td><td></td></tr>
<tr><td>厚度</td><td>在个别地方不应大于设计厚度的 1/10，且不大于 20</td><td></td><td></td><td></td><td></td><td></td><td></td></tr>
<tr><td colspan="2">施工单位检查评定结果</td><td colspan="10">项目专业质量检查员：　　　　年　月　日</td></tr>
<tr><td colspan="2">监理（建设）单位验收结论</td><td colspan="10">监理工程师：
（建设单位项目代表）　　　　年　月　日</td></tr>
</table>

3.20.8 基层铺设工程找平层检验批质量验收记录 GB 50209

<table>
<tr><td colspan="3">工程名称</td><td colspan="4"></td><td colspan="3">分项工程名称</td><td colspan="3"></td><td>验收部位</td><td></td></tr>
<tr><td colspan="3">施工单位</td><td colspan="4"></td><td colspan="3">专业负责人</td><td colspan="3"></td><td>项目经理</td><td></td></tr>
<tr><td colspan="5">施工执行标准名称及编号</td><td colspan="6"></td><td colspan="2">检验批编号</td><td colspan="2"></td></tr>
<tr><td colspan="6">施工质量验收规范的规定</td><td colspan="7">施工单位检查评定记录</td><td colspan="2">监理（建设）单位验收记录</td></tr>
<tr><td rowspan="4">主控项目</td><td>1</td><td colspan="4">找平层采用碎石或卵石的粒径不大于厚度的 2/3，含泥量不大于 2%；砂为中粗砂，其含泥量不大于 3%</td><td colspan="7"></td><td colspan="2" rowspan="4"></td></tr>
<tr><td>2</td><td colspan="4">水泥砂浆体积比、水泥混凝土强度等级符合设计要求，且水泥砂浆体积比不小于 1∶3（或相应强度等级）；水泥混凝土强度等级不小于 C15</td><td colspan="7"></td></tr>
<tr><td>3</td><td colspan="4">有防水要求的建筑地面工程的立管、套管、地漏处不应渗漏，坡向应正确，无积水</td><td colspan="7"></td></tr>
<tr><td>4</td><td colspan="4">在有防静电要求的整体面层的找平层施工前，其下敷设的导电地网系统应与接地引下线和地下接地体有可靠连接，经电性能检测且符合相关要求后进行隐蔽工程验收</td><td colspan="7"></td></tr>
<tr><td rowspan="8">一般项目</td><td rowspan="8">1</td><td rowspan="8">允许偏差（mm）</td><td rowspan="2">用胶粘剂做结合层铺设拼花木板、浸渍纸层压木质地板、实木复合地板、竹地板、软木地板面层</td><td>表面平整度</td><td>2</td><td></td><td></td><td></td><td></td><td></td><td></td><td></td><td colspan="2" rowspan="8"></td></tr>
<tr><td>标高</td><td>±4</td><td></td><td></td><td></td><td></td><td></td><td></td><td></td></tr>
<tr><td rowspan="2">用胶结料做结合层铺设板块面层</td><td>表面平整度</td><td>3</td><td></td><td></td><td></td><td></td><td></td><td></td><td></td></tr>
<tr><td>标高</td><td>±5</td><td></td><td></td><td></td><td></td><td></td><td></td><td></td></tr>
<tr><td rowspan="2">用水泥砂浆做结合层，铺设板块面层，其他种类面层</td><td>表面平整度</td><td>5</td><td></td><td></td><td></td><td></td><td></td><td></td><td></td></tr>
<tr><td>标高</td><td>±8</td><td></td><td></td><td></td><td></td><td></td><td></td><td></td></tr>
<tr><td rowspan="2">金属板面层</td><td>表面平整度</td><td>3</td><td></td><td></td><td></td><td></td><td></td><td></td><td></td></tr>
<tr><td>标高</td><td>±4</td><td></td><td></td><td></td><td></td><td></td><td></td><td></td></tr>
</table>

基层铺设工程找平层检验批质量验收记录（续表） GB 50209

<table>
<tr><td>工程名称</td><td colspan="4"></td><td>分项工程名称</td><td></td><td>验收部位</td><td></td></tr>
<tr><td>施工单位</td><td colspan="4"></td><td>专业负责人</td><td></td><td>项目经理</td><td></td></tr>
<tr><td colspan="3">施工执行标准名称及编号</td><td colspan="3"></td><td>检验批编号</td><td colspan="2"></td></tr>
<tr><td colspan="5">施工质量验收规范的规定</td><td colspan="2">施工单位检查评定记录</td><td colspan="2">监理（建设）单位验收记录</td></tr>
<tr><td rowspan="4">一般项目</td><td rowspan="2">1</td><td rowspan="2">允许偏差（mm）</td><td>坡度</td><td>不大于房间相应尺寸的2/1000，且不大于30</td><td colspan="2"></td><td colspan="2" rowspan="4"></td></tr>
<tr><td>厚度</td><td>在个别地方不应大于设计厚度的1/10，且不大于20</td><td colspan="2"></td></tr>
<tr><td>2</td><td colspan="3">找平层与下一层结合应牢固，不应有空鼓</td><td colspan="2"></td></tr>
<tr><td>3</td><td colspan="3">找平层表面应密实，不应有起砂、蜂窝和裂缝等缺陷</td><td colspan="2"></td></tr>
<tr><td>施工单位检查评定结果</td><td colspan="8">项目专业质量检查员：　　　　年　月　日</td></tr>
<tr><td>监理（建设）单位验收结论</td><td colspan="8">监理工程师：
（建设单位项目代表）　　　　年　月　日</td></tr>
</table>

3.20.9 基层铺设工程隔离层检验批质量验收记录 GB 50209

<table>
<tr><td>工程名称</td><td colspan="4"></td><td colspan="3">分项工程名称</td><td colspan="3"></td><td>验收部位</td><td></td></tr>
<tr><td>施工单位</td><td colspan="4"></td><td colspan="3">专业负责人</td><td colspan="3"></td><td>项目经理</td><td></td></tr>
<tr><td colspan="3">施工执行标准名称及编号</td><td colspan="6"></td><td colspan="2">检验批编号</td><td colspan="2"></td></tr>
<tr><td colspan="5">施工质量验收规范的规定</td><td colspan="7">施工单位检查评定记录</td><td>监理（建设）单位验收记录</td></tr>
<tr><td rowspan="5">主控项目</td><td>1</td><td colspan="3">隔离层材料符合设计要求和国家现行标准规定</td><td colspan="7"></td><td rowspan="5"></td></tr>
<tr><td>2</td><td colspan="3">卷材类、涂料类隔离层材料进入施工现场时，应对材料的主要物理性能指标进行复验</td><td colspan="7"></td></tr>
<tr><td>3</td><td colspan="3">厕浴间和有防水要求的建筑地面必须设置防水隔离层。楼层结构必须采用现浇混凝土或整块预制混凝土板，混凝土强度等级不小于C20；房间的楼板四周除门洞外应做混凝土翻边，高度不应小于200mm，宽同墙厚，混凝土强度等级不小于C20。施工时结构层标高和预留孔位置应准确，严禁乱凿洞</td><td colspan="7"></td></tr>
<tr><td>4</td><td colspan="3">水泥类防水隔离层防水等级和强度等级符合设计要求</td><td colspan="7"></td></tr>
<tr><td>5</td><td colspan="3">防水隔离层严禁渗漏，排水坡向应正确、排水通畅</td><td colspan="7"></td></tr>
<tr><td rowspan="6">一般项目</td><td>1</td><td colspan="3">隔离层厚度符合设计要求</td><td colspan="7"></td><td rowspan="6"></td></tr>
<tr><td>2</td><td colspan="3">隔离层与下一层粘结牢固，不应有空鼓；防水涂层平整、均匀，无脱皮、起壳、裂缝、鼓泡等缺陷</td><td colspan="7"></td></tr>
<tr><td rowspan="4">3</td><td rowspan="4">允许偏差（mm）</td><td>表面平整度</td><td>3</td><td></td><td></td><td></td><td></td><td></td><td></td><td></td></tr>
<tr><td>标高</td><td>±4</td><td></td><td></td><td></td><td></td><td></td><td></td><td></td></tr>
<tr><td>坡度</td><td>不大于房间相应尺寸的2/1000，且不大于30</td><td></td><td></td><td></td><td></td><td></td><td></td><td></td></tr>
<tr><td>厚度</td><td>在个别地方不应大于设计厚度的1/10，且不大于20</td><td></td><td></td><td></td><td></td><td></td><td></td><td></td></tr>
<tr><td>施工单位检查评定结果</td><td colspan="12">项目专业质量检查员：　　　　年　月　日</td></tr>
<tr><td>监理（建设）单位验收结论</td><td colspan="12">监理工程师：
（建设单位项目代表）　　　　年　月　日</td></tr>
</table>

3.20.10 基层铺设工程填充层检验批质量验收记录 GB 50209

<table>
<tr><td colspan="2">工程名称</td><td colspan="4"></td><td colspan="3">分项工程名称</td><td colspan="2"></td><td colspan="2">验收部位</td><td></td></tr>
<tr><td colspan="2">施工单位</td><td colspan="4"></td><td colspan="3">专业负责人</td><td colspan="2"></td><td colspan="2">项目经理</td><td></td></tr>
<tr><td colspan="4">施工执行标准名称及编号</td><td colspan="5"></td><td colspan="2">检验批编号</td><td colspan="3"></td></tr>
<tr><td colspan="6">施工质量验收规范的规定</td><td colspan="6">施工单位检查评定记录</td><td colspan="2">监理（建设）单位验收记录</td></tr>
<tr><td rowspan="3">主控项目</td><td>1</td><td colspan="4">填充层材料符合设计要求和国家现行标准规定</td><td colspan="6"></td><td colspan="2" rowspan="3"></td></tr>
<tr><td>2</td><td colspan="4">填充层厚度、配合比符合设计要求</td><td colspan="6"></td></tr>
<tr><td>3</td><td colspan="4">对填充材料接缝有密封要求的应密封良好</td><td colspan="6"></td></tr>
<tr><td rowspan="12">一般项目</td><td>1</td><td colspan="4">松散材料填充层铺设应密实；板块状材料填充层应压实、无翘曲</td><td colspan="6"></td><td colspan="2" rowspan="12"></td></tr>
<tr><td>2</td><td colspan="4">填充层坡度符合设计要求，不应有倒泛水和积水现象</td><td colspan="6"></td></tr>
<tr><td rowspan="5">3</td><td rowspan="5">填充层表面允许偏差（mm）</td><td rowspan="2">表面平整度</td><td>板、块材料</td><td>5</td><td></td><td></td><td></td><td></td><td></td><td></td></tr>
<tr><td>松散材料</td><td>7</td><td></td><td></td><td></td><td></td><td></td><td></td></tr>
<tr><td>标高</td><td colspan="2">±4</td><td></td><td></td><td></td><td></td><td></td><td></td></tr>
<tr><td>坡度</td><td colspan="2">不大于房间相应尺寸的2/1000，且不大于30</td><td></td><td></td><td></td><td></td><td></td><td></td></tr>
<tr><td>厚度</td><td colspan="2">在个别地方不应大于设计厚度的1/10，且不大于20</td><td></td><td></td><td></td><td></td><td></td><td></td></tr>
<tr><td rowspan="4">4</td><td rowspan="4">用作隔声的填充层表面允许偏差（mm）</td><td>表面平整度</td><td colspan="2">3</td><td></td><td></td><td></td><td></td><td></td><td></td></tr>
<tr><td>标高</td><td colspan="2">±4</td><td></td><td></td><td></td><td></td><td></td><td></td></tr>
<tr><td>坡度</td><td colspan="2">不大于房间相应尺寸的2/1000，且不大于30</td><td></td><td></td><td></td><td></td><td></td><td></td></tr>
<tr><td>厚度</td><td colspan="2">在个别地方不应大于设计厚度的1/10，且不大于20</td><td></td><td></td><td></td><td></td><td></td><td></td></tr>
<tr><td colspan="2">施工单位检查评定结果</td><td colspan="12">项目专业质量检查员： 年 月 日</td></tr>
<tr><td colspan="2">监理（建设）单位验收结论</td><td colspan="12">监理工程师：
（建设单位项目代表） 年 月 日</td></tr>
</table>

3.20.11　基层铺设工程绝热层检验批质量验收记录　GB 50209

<table>
<tr><td>工程名称</td><td colspan="5"></td><td colspan="3">分项工程名称</td><td colspan="3"></td><td>验收部位</td><td></td></tr>
<tr><td>施工单位</td><td colspan="5"></td><td colspan="3">专业负责人</td><td colspan="3"></td><td>项目经理</td><td></td></tr>
<tr><td colspan="4">施工执行标准名称及编号</td><td colspan="5"></td><td colspan="2">检验批编号</td><td colspan="3"></td></tr>
<tr><td colspan="6">施工质量验收规范的规定</td><td colspan="6">施工单位检查评定记录</td><td colspan="2">监理（建设）单位验收记录</td></tr>
<tr><td rowspan="3">主控项目</td><td>1</td><td colspan="4">绝热层材料符合设计要求和国家现行有关标准规定</td><td colspan="6"></td><td colspan="2" rowspan="3"></td></tr>
<tr><td>2</td><td colspan="4">绝热层材料进入施工现场时，应对材料的主要物理性能指标进行复验</td><td colspan="6"></td></tr>
<tr><td>3</td><td colspan="4">绝热层的板块材料采用无缝铺贴法铺设，表面应平整</td><td colspan="6"></td></tr>
<tr><td rowspan="15">一般项目</td><td>1</td><td colspan="4">绝热层厚度符合设计要求，不应出现负偏差，表面应平整</td><td colspan="6"></td><td colspan="2" rowspan="15"></td></tr>
<tr><td>2</td><td colspan="4">绝热层表面应无开裂</td><td colspan="6"></td></tr>
<tr><td rowspan="13">3</td><td colspan="4">绝热层与地面层之间的水泥混凝土结合层或水泥砂浆找平层，表面应平整</td><td colspan="6"></td></tr>
<tr><td rowspan="12">允许偏差（mm）</td><td rowspan="2">用胶粘剂做结合层铺设拼花木板、浸渍纸层压木质地板、实木复合地板、竹地板、软木地板面层</td><td>表面平整度</td><td>2</td><td></td><td></td><td></td><td></td><td></td><td></td></tr>
<tr><td>标高</td><td>±4</td><td></td><td></td><td></td><td></td><td></td><td></td></tr>
<tr><td rowspan="2">用胶结料做结合层铺设板块面层</td><td>表面平整度</td><td>3</td><td></td><td></td><td></td><td></td><td></td><td></td></tr>
<tr><td>标高</td><td>±5</td><td></td><td></td><td></td><td></td><td></td><td></td></tr>
<tr><td rowspan="2">用水泥砂浆做结合层，铺设板块面层，其他种类面层</td><td>表面平整度</td><td>5</td><td></td><td></td><td></td><td></td><td></td><td></td></tr>
<tr><td>标高</td><td>±8</td><td></td><td></td><td></td><td></td><td></td><td></td></tr>
<tr><td rowspan="2">金属板面层</td><td>表面平整度</td><td>3</td><td></td><td></td><td></td><td></td><td></td><td></td></tr>
<tr><td>标高</td><td>±4</td><td></td><td></td><td></td><td></td><td></td><td></td></tr>
<tr><td>坡度</td><td colspan="2">不大于房间相应尺寸的2/1000，且不大于30</td><td></td><td></td><td></td><td></td><td></td><td></td></tr>
<tr><td>厚度</td><td colspan="2">在个别地方不应大于设计厚度的1/10，且不大于20</td><td></td><td></td><td></td><td></td><td></td><td></td></tr>
<tr><td>施工单位检查评定结果</td><td colspan="13">项目专业质量检查员：　　　　年　月　日</td></tr>
<tr><td>监理（建设）单位验收结论</td><td colspan="13">监理工程师：
（建设单位项目代表）　　　　年　月　日</td></tr>
</table>

3.20.12 整体面层铺设工程水泥混凝土面层检验批质量验收记录 GB 50209

<table>
<tr><td>工程名称</td><td colspan="4"></td><td>分项工程名称</td><td colspan="3"></td><td>验收部位</td><td></td></tr>
<tr><td>施工单位</td><td colspan="4"></td><td>专业负责人</td><td colspan="3"></td><td>项目经理</td><td></td></tr>
<tr><td colspan="3">施工执行标准名称及编号</td><td colspan="4"></td><td>检验批编号</td><td colspan="3"></td></tr>
<tr><td colspan="5">施工质量验收规范的规定</td><td colspan="5">施工单位检查评定记录</td><td>监理（建设）单位验收记录</td></tr>
<tr><td rowspan="4">主控项目</td><td>1</td><td colspan="3">水泥混凝土采用的骨料最大粒径不大于面层厚度的2/3，细石混凝土面层采用的石子粒径不大于16mm</td><td colspan="5"></td><td rowspan="4"></td></tr>
<tr><td>2</td><td colspan="3">防水水泥混凝土中掺入的外加剂技术性能符合国家现行有关标准规定，外加剂品种和掺量应经试验确定</td><td colspan="5"></td></tr>
<tr><td>3</td><td colspan="3">面层强度等级符合设计要求，且强度等级不小于C20</td><td colspan="5"></td></tr>
<tr><td>4</td><td colspan="3">面层与下一层应结合牢固，且无空鼓和开裂。当出现空鼓时，空鼓面积不大于400cm²，且每自然间或标准间不多于两处</td><td colspan="5"></td></tr>
<tr><td rowspan="7">一般项目</td><td>1</td><td colspan="3">面层表面应洁净，不应有裂纹、脱皮、麻面、起砂等缺陷。</td><td colspan="5"></td><td rowspan="7"></td></tr>
<tr><td>2</td><td colspan="3">面层表面坡度符合设计要求，不应有倒泛水和积水现象</td><td colspan="5"></td></tr>
<tr><td>3</td><td colspan="3">踢脚线与柱、墙面紧密结合，踢脚线高度和厚度符合设计要求，且均匀一致。当出现空鼓时，局部空鼓长度不大于300mm，且每自然间或标准间不多于两处</td><td colspan="5"></td></tr>
<tr><td>4</td><td colspan="3">楼梯、台阶踏步的宽度、高度符合设计要求。楼层梯段相邻踏步高度差不大于10mm；每踏步两端宽度差不大于10mm，旋转楼梯梯段每踏步两端宽度允许偏差不大于5mm。踏步面层应做防滑处理，齿角应整齐，防滑条应顺直、牢固</td><td colspan="5"></td></tr>
<tr><td rowspan="3">5</td><td rowspan="3">面层允许偏差（mm）</td><td>表面平整度</td><td>5</td><td></td><td></td><td></td><td></td><td></td></tr>
<tr><td>踢脚线上口平直</td><td>4</td><td></td><td></td><td></td><td></td><td></td></tr>
<tr><td>缝格顺直</td><td>3</td><td></td><td></td><td></td><td></td><td></td></tr>
<tr><td>施工单位检查评定结果</td><td colspan="10">项目专业质量检查员：　　　　　　　　　　年　月　日</td></tr>
<tr><td>监理（建设）单位验收结论</td><td colspan="10">监理工程师：
（建设单位项目代表）　　　　　　　　　　年　月　日</td></tr>
</table>

3.20.13 整体面层铺设工程水泥砂浆面层检验批质量验收记录 GB 50209

工程名称			分项工程名称		验收部位	
施工单位			专业负责人		项目经理	
施工执行标准名称及编号				检验批编号		

施工质量验收规范的规定			施工单位检查评定记录	监理（建设）单位验收记录
主控项目	1	水泥宜采用硅酸盐水泥、普通硅酸盐水泥，不同品种、不同强度等级的水泥不应混用；砂应为中粗砂，当采用石屑时，粒径应为1~5mm，且含泥量不大于3%；防水水泥砂浆采用的砂或石屑，含泥量不大于1%		
	2	防水水泥砂浆中掺入的外加剂技术性能符合国家现行标准规定，外加剂品种和掺量应经试验确定		
	3	水泥砂浆的体积比（强度等级）符合设计要求，且体积比应为1∶2，强度等级不小于M15		
	4	有排水要求的水泥砂浆地面，坡向应正确、排水通畅；防水水泥砂浆面层不应渗漏		
	5	面层与下一层应结合牢固，且应无空鼓和开裂。当出现空鼓时，空鼓面积不大于400cm^2，且每自然间或标准间不多于两处		
一般项目	1	面层表面坡度符合设计要求，不应有倒泛水和积水现象		
	2	面层表面应洁净，不应有裂纹、脱皮、麻面、起砂等现象		
	3	踢脚线与柱、墙面紧密结合，踢脚线高度和厚度符合设计要求，且均匀一致。当出现空鼓时，局部空鼓长度不大于300mm，且每自然间或标准间不多于两处		
	4	楼梯、台阶踏步的宽度、高度符合设计要求。楼层梯段相邻踏步高度差不大于10mm；每踏步两端宽度差不大于10mm，旋转楼梯梯段每踏步两端宽度允许偏差不大于5mm。踏步面层应做防滑处理，齿角应整齐，防滑条应顺直、牢固		

整体面层铺设工程水泥砂浆面层检验批质量验收记录（续表） GB 50209

<table>
<tr><td>工程名称</td><td colspan="4"></td><td colspan="3">分项工程名称</td><td colspan="3"></td><td>验收部位</td><td></td></tr>
<tr><td>施工单位</td><td colspan="4"></td><td colspan="3">专业负责人</td><td colspan="3"></td><td>项目经理</td><td></td></tr>
<tr><td colspan="4">施工执行标准名称及编号</td><td colspan="5"></td><td colspan="2">检验批编号</td><td colspan="2"></td></tr>
<tr><td colspan="5">施工质量验收规范的规定</td><td colspan="6">施工单位检查评定记录</td><td colspan="2">监理（建设）单位验收记录</td></tr>
<tr><td rowspan="3">一般项目</td><td rowspan="3">5</td><td rowspan="3">面层允许偏差（mm）</td><td>表面平整度</td><td>4</td><td></td><td></td><td></td><td></td><td></td><td></td><td colspan="2" rowspan="3"></td></tr>
<tr><td>踢脚线上口平直</td><td>4</td><td></td><td></td><td></td><td></td><td></td><td></td></tr>
<tr><td>缝格顺直</td><td>3</td><td></td><td></td><td></td><td></td><td></td><td></td></tr>
<tr><td colspan="2">施工单位检查评定结果</td><td colspan="11">项目专业质量检查员： 年 月 日</td></tr>
<tr><td colspan="2">监理（建设）单位验收结论</td><td colspan="11">监理工程师：
（建设单位项目代表） 年 月 日</td></tr>
</table>

3.20.14 整体面层铺设工程水磨石面层检验批质量验收记录 GB 50209

<table>
<tr><td colspan="2">工程名称</td><td colspan="2"></td><td>分项工程名称</td><td></td><td>验收部位</td><td></td></tr>
<tr><td colspan="2">施工单位</td><td colspan="2"></td><td>专业负责人</td><td></td><td>项目经理</td><td></td></tr>
<tr><td colspan="3">施工执行标准名称及编号</td><td colspan="2"></td><td>检验批编号</td><td colspan="2"></td></tr>
<tr><td colspan="4">施工质量验收规范的规定</td><td colspan="2">施工单位检查评定记录</td><td colspan="2">监理（建设）单位验收记录</td></tr>
<tr><td rowspan="4">主控项目</td><td>1</td><td colspan="2">水磨石面层石粒应采用白云石、大理石等岩石加工而成，石粒洁净无杂物，粒径除特殊要求外为6~16mm；颜料应采用耐光、耐碱的矿物原料，不得使用酸性颜料</td><td colspan="2"></td><td colspan="2" rowspan="4"></td></tr>
<tr><td>2</td><td colspan="2">水磨石面层拌合料体积比符合设计要求，且水泥与石粒比例为1：1.5~1：2.5</td><td colspan="2"></td></tr>
<tr><td>3</td><td colspan="2">防静电水磨石面层应在施工前及施工完成表面干燥后，进行接地电阻和表面电阻检测，并做好记录</td><td colspan="2"></td></tr>
<tr><td>4</td><td colspan="2">面层与下一层结合牢固，且无空鼓、无裂纹。当出现空鼓时，空鼓面积不大于400cm²，且每自然间或标准间不多于两处</td><td colspan="2"></td></tr>
<tr><td rowspan="3">一般项目</td><td>1</td><td colspan="2">面层表面应光滑，且无裂纹、砂眼和磨痕；石粒密实，显露均匀；颜色图案一致，不混色，分格条牢固、顺直和清晰</td><td colspan="2"></td><td colspan="2" rowspan="3"></td></tr>
<tr><td>2</td><td colspan="2">踢脚线与柱、墙面紧密结合，踢脚线高度和厚度符合设计要求，且均匀一致。当出现空鼓时，局部空鼓长度不大于300mm，且每自然间或标准间不多于两处</td><td colspan="2"></td></tr>
<tr><td>3</td><td colspan="2">楼梯、台阶踏步的宽度、高度符合设计要求。楼层梯段相邻踏步高度差不大于10mm；每踏步两端宽度差不大于10mm，旋转楼梯梯段每踏步两端宽度允许偏差不大于5mm。踏步面层应做防滑处理，齿角应整齐，防滑条应顺直、牢固</td><td colspan="2"></td></tr>
</table>

整体面层铺设工程水磨石面层检验批质量验收记录（续表） GB 50209

<table>
<tr><td>工程名称</td><td colspan="5"></td><td colspan="3">分项工程名称</td><td colspan="2"></td><td>验收部位</td><td></td></tr>
<tr><td>施工单位</td><td colspan="5"></td><td colspan="3">专业负责人</td><td colspan="2"></td><td>项目经理</td><td></td></tr>
<tr><td colspan="4">施工执行标准名称及编号</td><td colspan="6"></td><td colspan="2">检验批编号</td><td></td></tr>
<tr><td colspan="6">施工质量验收规范的规定</td><td colspan="6">施工单位检查评定记录</td><td>监理（建设）单位验收记录</td></tr>
<tr><td rowspan="5">一般项目</td><td rowspan="5">4</td><td rowspan="5">允许偏差（mm）</td><td rowspan="2">表面平整度</td><td>高级水磨石</td><td>2</td><td></td><td></td><td></td><td></td><td></td><td></td><td rowspan="5"></td></tr>
<tr><td>普通水磨石</td><td>3</td><td></td><td></td><td></td><td></td><td></td><td></td></tr>
<tr><td colspan="2">踢脚线上口平直</td><td>3</td><td></td><td></td><td></td><td></td><td></td><td></td></tr>
<tr><td rowspan="2">缝格顺直</td><td>高级水磨石</td><td>2</td><td></td><td></td><td></td><td></td><td></td><td></td></tr>
<tr><td>普通水磨石</td><td>3</td><td></td><td></td><td></td><td></td><td></td><td></td></tr>
<tr><td colspan="2">施工单位检查评定结果</td><td colspan="11">项目专业质量检查员：　　　　　　年　月　日</td></tr>
<tr><td colspan="2">监理（建设）单位验收结论</td><td colspan="11">监理工程师：
（建设单位项目代表）　　　　　　年　月　日</td></tr>
</table>

3.20.15 整体面层铺设工程硬化耐磨面层检验批质量验收记录 GB 50209

<table>
<tr><td colspan="2">工程名称</td><td colspan="3"></td><td colspan="3">分项工程名称</td><td colspan="3"></td><td colspan="2">验收部位</td><td></td></tr>
<tr><td colspan="2">施工单位</td><td colspan="3"></td><td colspan="3">专业负责人</td><td colspan="3"></td><td colspan="2">项目经理</td><td></td></tr>
<tr><td colspan="4">施工执行标准名称及编号</td><td colspan="4"></td><td colspan="3">检验批编号</td><td colspan="3"></td></tr>
<tr><td colspan="5">施工质量验收规范的规定</td><td colspan="8">施工单位检查评定记录</td><td>监理（建设）单位验收记录</td></tr>
<tr><td rowspan="4">主控项目</td><td>1</td><td colspan="3">硬化耐磨面层采用的材料符合设计要求和国家现行标准规定</td><td colspan="8"></td><td rowspan="4"></td></tr>
<tr><td>2</td><td colspan="3">硬化耐磨面层采用拌合料铺设时，水泥强度不小于 42.5MPa。金属渣、屑、纤维不应有其他杂质，使用前应去油除锈，冲洗干净并干燥；石英砂应用中粗砂，含泥量不大于 2%</td><td colspan="8"></td></tr>
<tr><td>3</td><td colspan="3">硬化耐磨面层厚度、强度等级、耐磨性能符合设计要求</td><td colspan="8"></td></tr>
<tr><td>4</td><td colspan="3">面层与基层（或下一层）结合牢固，且无空鼓、裂缝。当出现空鼓时，空鼓面积不大于 $400cm^2$，且每自然间或标准间不多于两处</td><td colspan="8"></td></tr>
<tr><td rowspan="6">一般项目</td><td>1</td><td colspan="3">面层表面坡度符合设计要求，不应有倒泛水和积水现象</td><td colspan="8"></td><td rowspan="6"></td></tr>
<tr><td>2</td><td colspan="3">面层表面应色泽一致，切缝顺直，无裂纹、脱皮、麻面、起砂等缺陷</td><td colspan="8"></td></tr>
<tr><td>3</td><td colspan="3">踢脚线与柱、墙面紧密结合，踢脚线高度和厚度符合设计要求，且均匀一致。当出现空鼓时，局部空鼓长度不大于 300mm，且每自然间或标准间不多于两处</td><td colspan="8"></td></tr>
<tr><td rowspan="3">4</td><td rowspan="3">允许偏差（mm）</td><td>表面平整度</td><td>4</td><td></td><td></td><td></td><td></td><td></td><td></td><td></td><td></td></tr>
<tr><td>踢脚线上口平直</td><td>4</td><td></td><td></td><td></td><td></td><td></td><td></td><td></td><td></td></tr>
<tr><td>缝格顺直</td><td>3</td><td></td><td></td><td></td><td></td><td></td><td></td><td></td><td></td></tr>
<tr><td colspan="2">施工单位检查评定结果</td><td colspan="12">项目专业质量检查员：　　　　年　月　日</td></tr>
<tr><td colspan="2">监理（建设）单位验收结论</td><td colspan="12">监理工程师：
（建设单位项目代表）　　　　年　月　日</td></tr>
</table>

3.20.16 整体面层铺设工程防油渗面层检验批质量验收记录 GB 50209

工程名称			分项工程名称		验收部位	
施工单位			专业负责人		项目经理	
施工执行标准名称及编号					检验批编号	

施工质量验收规范的规定					施工单位检查评定记录	监理（建设）单位验收记录
主控项目	1	防油渗混凝土所用水泥应采用普通硅酸盐水泥；碎石应采用花岗石或石英石，不应使用松散、多孔和吸水率大的石子，粒径为 5~16mm，最大粒径不大于 20mm，含泥量不大于 1%；砂应为中砂，且洁净无杂物；掺入外加剂和防油渗剂符合有关标准规定。防油渗涂料应具有耐油、耐磨、耐火和粘结性能				
	2	防油渗混凝土强度等级和抗渗性能符合设计要求，且强度等级不小于 C30；防油渗涂料粘结强度不小于 0.3MPa				
	3	防油渗混凝土面层与下一层结合牢固、无空鼓				
	4	防油渗涂料面层与基层粘结牢固，无起皮、开裂、漏涂等缺陷				
一般项目	1	防油渗面层表面坡度符合设计要求，不应有倒泛水和积水现象				
	2	防油渗混凝土面层表面洁净，无裂纹、脱皮、麻面、起砂等缺陷				
	3	踢脚线与柱、墙面紧密结合，踢脚线高度和厚度符合设计要求，且均匀一致				
	4	允许偏差（mm）	表面平整度	5		
			踢脚线上口平直	4		
			缝格顺直	3		

施工单位检查评定结果	项目专业质量检查员： 年 月 日
监理（建设）单位验收结论	监理工程师： （建设单位项目代表） 年 月 日

3.20.17　整体面层铺设工程不发火（防爆）面层检验批质量验收记录　GB 50209

<table>
<tr><td>工程名称</td><td colspan="4"></td><td colspan="2">分项工程名称</td><td colspan="3"></td><td>验收部位</td><td></td></tr>
<tr><td>施工单位</td><td colspan="4"></td><td colspan="2">专业负责人</td><td colspan="3"></td><td>项目经理</td><td></td></tr>
<tr><td colspan="3">施工执行标准名称及编号</td><td colspan="5"></td><td colspan="2">检验批编号</td><td colspan="2"></td></tr>
<tr><td colspan="6">施工质量验收规范的规定</td><td colspan="5">施工单位检查评定记录</td><td>监理（建设）单位验收记录</td></tr>
<tr><td rowspan="4">主控项目</td><td>1</td><td colspan="4">不发火（防爆）面层中碎石不发火性合格；砂质地坚硬、表面粗糙，粒径为0.15~5mm，含泥量不大于3%，有机物含量不大于0.5%；水泥采用硅酸盐水泥、普通硅酸盐水泥；面层分格的嵌条采用不发生火花的材料配置。配置应随时检查，不得混入金属或其他易发生火花的杂质</td><td colspan="5"></td><td rowspan="4"></td></tr>
<tr><td>2</td><td colspan="4">不发火（防爆）面层强度等级符合设计要求</td><td colspan="5"></td></tr>
<tr><td>3</td><td colspan="4">面层与下一层应结合牢固，无空鼓和开裂。当出现空鼓时，空鼓面积不大于400cm^2，且每一自然间或标准间中不多于两处</td><td colspan="5"></td></tr>
<tr><td>4</td><td colspan="4">不发火（防爆）面层试件应检验合格</td><td colspan="5"></td></tr>
<tr><td rowspan="5">一般项目</td><td>1</td><td colspan="4">面层表面密实，无裂缝、蜂窝、麻面等缺陷</td><td colspan="5"></td><td rowspan="5"></td></tr>
<tr><td>2</td><td colspan="4">踢脚线与柱、墙面紧密结合，踢脚线高度和厚度符合设计要求，且均匀一致。当出现空鼓时，局部空鼓长度不大于300mm，且每一自然间或标准间中不多于两处</td><td colspan="5"></td></tr>
<tr><td rowspan="3">3</td><td rowspan="3">允许偏差（mm）</td><td>表现平整度</td><td>5</td><td></td><td></td><td></td><td></td><td></td><td></td></tr>
<tr><td>踢脚线上口平直</td><td>4</td><td></td><td></td><td></td><td></td><td></td><td></td></tr>
<tr><td>缝格平直</td><td>3</td><td></td><td></td><td></td><td></td><td></td><td></td></tr>
<tr><td colspan="2">施工单位检查评定结果</td><td colspan="10">项目专业质量检查员：　　　　年　月　日</td></tr>
<tr><td colspan="2">监理（建设）单位验收结论</td><td colspan="10">监理工程师：
（建设单位项目代表）　　　　年　月　日</td></tr>
</table>

3.20.18 整体面层铺设工程自流平面层检验批质量验收记录 GB 50209

工程名称		分项工程名称		验收部位	
施工单位		专业负责人		项目经理	
施工执行标准名称及编号		检验批编号			

施工质量验收规范的规定					施工单位检查评定记录	监理（建设）单位验收记录
主控项目	1	自流平面层铺涂材料符合设计要求和国家现行有关标准规定				
主控项目	2	自流平面层的涂料进入施工现场时，应有有害物质限量合格的检测报告				
主控项目	3	自流平面层基层强度等级不小于 C20				
主控项目	4	自流平面层各构造层之间粘结牢固，层与层之间不应出现分离、空鼓现象				
主控项目	5	自流平面层表面无开裂、漏涂和倒泛水、积水等现象				
一般项目	1	自流平面层应分层施工，面层找平施工时不应留有抹痕				
一般项目	2	自流平面层表面光洁，色泽均匀、一致，无起泡、泛砂等现象				
一般项目	3	允许偏差（mm）	表现平整度	2		
一般项目	3	允许偏差（mm）	踢脚线上口平直	3		
一般项目	3	允许偏差（mm）	缝格平直	2		

施工单位检查评定结果	项目专业质量检查员： 年 月 日
监理（建设）单位验收结论	监理工程师： （建设单位项目代表） 年 月 日

3.20.19 整体面层铺设工程涂料面层检验批质量验收记录 GB 50209

<table>
<tr><td>工程名称</td><td colspan="4"></td><td colspan="6">分项工程名称</td><td></td><td>验收部位</td><td></td></tr>
<tr><td>施工单位</td><td colspan="4"></td><td colspan="6">专业负责人</td><td></td><td>项目经理</td><td></td></tr>
<tr><td colspan="4">施工执行标准名称及编号</td><td colspan="6"></td><td>检验批编号</td><td colspan="3"></td></tr>
<tr><td colspan="5">施工质量验收规范的规定</td><td colspan="8">施工单位检查评定记录</td><td>监理（建设）单位验收记录</td></tr>
<tr><td rowspan="3">主控项目</td><td>1</td><td colspan="3">涂料符合设计要求和国家现行标准规定</td><td colspan="8"></td><td rowspan="3"></td></tr>
<tr><td>2</td><td colspan="3">涂料进入施工现场时，应有有害物质限量合格的检测报告</td><td colspan="8"></td></tr>
<tr><td>3</td><td colspan="3">涂料面层表面无开裂、漏涂和倒泛水、积水等现象</td><td colspan="8"></td></tr>
<tr><td rowspan="6">一般项目</td><td>1</td><td colspan="3">涂料找平层应平整，不应有刮痕</td><td colspan="8"></td><td rowspan="6"></td></tr>
<tr><td>2</td><td colspan="3">涂料面层应光洁，色泽均匀、一致，无起泡、起皮、泛砂等现象</td><td colspan="8"></td></tr>
<tr><td>3</td><td colspan="3">楼梯、台阶踏步的宽度、高度符合设计要求。楼层梯段相邻踏步高度差不大于 10mm；每踏步两端宽度差不大于 10mm，旋转楼梯梯段每踏步两端宽度允许偏差不大于 5mm。踏步面层应做防滑处理，齿角应整齐，防滑条应顺直、牢固</td><td colspan="8"></td></tr>
<tr><td rowspan="3">4</td><td rowspan="3">允许偏差（mm）</td><td>表现平整度</td><td>2</td><td></td><td></td><td></td><td></td><td></td><td></td><td colspan="2"></td></tr>
<tr><td>踢脚线上口平直</td><td>3</td><td></td><td></td><td></td><td></td><td></td><td></td><td colspan="2"></td></tr>
<tr><td>缝格平直</td><td>2</td><td></td><td></td><td></td><td></td><td></td><td></td><td colspan="2"></td></tr>
<tr><td>施工单位检查评定结果</td><td colspan="13">项目专业质量检查员：　　　　　　　　　　年　月　日</td></tr>
<tr><td>监理（建设）单位验收结论</td><td colspan="13">监理工程师：
（建设单位项目代表）　　　　　　　　　　年　月　日</td></tr>
</table>

3.20.20 整体面层铺设工程塑胶面层检验批质量验收记录 GB 50209

工程名称		分项工程名称		验收部位	
施工单位		专业负责人		项目经理	
施工执行标准名称及编号		检验批编号			

施工质量验收规范的规定					施工单位检查评定记录	监理（建设）单位验收记录
主控项目	1	塑胶面层采用材料符合设计要求和国家现行有关标准规定				
	2	现浇型塑胶面层配合比符合设计要求，成品试件应检测合格				
	3	现浇型塑胶面层与基层粘结牢固，面层厚度一致，表面颗粒均匀，无裂痕、分层、气泡、脱（秃）粒等现象；塑胶卷材面层的卷材与基层粘结牢固，面层无断裂、起泡、起鼓、空鼓、脱胶、翘边、溢液等现象				
一般项目	1	塑胶面层各组合层厚度、坡度、表面平整度符合设计要求				
	2	塑胶面层表面洁净，图案清晰，色泽一致；拼缝处图案、花纹吻合，无明显高低差及缝隙，无胶痕；与周边接缝严密，阴阳角方正、收边整齐				
	3	塑胶卷材面层焊缝平整、光洁，无焦化变色、斑点、焊瘤、起鳞等缺陷，焊缝凹凸允许偏差不大于0.6mm				
	4	允许偏差（mm）	表现平整度	2		
			踢脚线上口平直	3		
			缝格平直	2		
施工单位检查评定结果	项目专业质量检查员： 年 月 日					
监理（建设）单位验收结论	监理工程师： （建设单位项目代表） 年 月 日					

3.20.21 整体面层铺设工程地面辐射供暖整体面层检验批质量验收记录 GB 50209

<table>
<tr><td colspan="3">工程名称</td><td></td><td>分项工程名称</td><td></td><td>验收部位</td><td></td></tr>
<tr><td colspan="3">施工单位</td><td></td><td>专业负责人</td><td></td><td>项目经理</td><td></td></tr>
<tr><td colspan="3">施工执行标准名称及编号</td><td colspan="2"></td><td>检验批编号</td><td colspan="2"></td></tr>
<tr><td colspan="3">施工质量验收规范的规定</td><td colspan="3">施工单位检查评定记录</td><td colspan="2">监理（建设）单位验收记录</td></tr>
<tr><td rowspan="6">主控项目</td><td>1</td><td>整体面层采用材料或产品处应符合设计要求和本规范相应面层规定外，还应具有耐热性、热稳定性、防水性、防潮性、防霉变等特点</td><td colspan="3"></td><td colspan="2" rowspan="6"></td></tr>
<tr><td>2</td><td>整体面层的分格缝符合设计要求，面层与柱、墙之间应留不小于 10mm 的空隙</td><td colspan="3"></td></tr>
<tr><td>3</td><td>水泥混凝土采用的骨料最大粒径不大于面层厚度的 2/3，细石混凝土面层采用的石子粒径不大于 16mm</td><td colspan="3"></td></tr>
<tr><td>4</td><td>水泥宜采用硅酸盐水泥、普通硅酸盐水泥，不同品种、不同强度等级的水泥不应混用；砂应为中粗砂，当采用石屑时，粒径应为 1~5mm，且含泥量不大于 3%；防水水泥砂浆采用的砂或石屑，含泥量不大于 1%</td><td colspan="3"></td></tr>
<tr><td>5</td><td>防水水泥混凝土、防水水泥砂浆中掺入的外加剂技术性能符合国家现行标准规定，外加剂品种和掺量应经试验确定</td><td colspan="3"></td></tr>
<tr><td>6</td><td>水泥混凝土面层强度等级符合设计要求，且强度等级不小于 C20；水泥砂浆的体积比（强度等级）符合设计要求，且体积比应为 1∶2，强度等级不小于 M15</td><td colspan="3"></td></tr>
<tr><td rowspan="2">一般项目</td><td>1</td><td>水泥混凝土、水泥砂浆面层表面坡度符合设计要求，不应有倒泛水和积水现象</td><td colspan="3"></td><td colspan="2" rowspan="2"></td></tr>
<tr><td>2</td><td>水泥混凝土、水泥砂浆面层表面应洁净，不应有裂纹、脱皮、麻面、起砂等现象</td><td colspan="3"></td></tr>
</table>

整体面层铺设工程地面辐射供暖整体面层检验批质量验收记录（续表） GB 50209

<table>
<tr><td>工程名称</td><td colspan="5"></td><td colspan="3">分项工程名称</td><td colspan="3"></td><td>验收部位</td><td></td></tr>
<tr><td>施工单位</td><td colspan="5"></td><td colspan="3">专业负责人</td><td colspan="3"></td><td>项目经理</td><td></td></tr>
<tr><td colspan="4">施工执行标准名称及编号</td><td colspan="4"></td><td colspan="2">检验批编号</td><td colspan="4"></td></tr>
<tr><td colspan="6">施工质量验收规范的规定</td><td colspan="6">施工单位检查评定记录</td><td colspan="2">监理（建设）单位验收记录</td></tr>
<tr><td rowspan="6">一般项目</td><td rowspan="6">3</td><td rowspan="6">允许偏差（mm）</td><td rowspan="2">表现平整度</td><td>水泥混凝土面层</td><td>5</td><td></td><td></td><td></td><td></td><td></td><td></td><td colspan="2" rowspan="6"></td></tr>
<tr><td>水泥砂浆面层</td><td>4</td><td></td><td></td><td></td><td></td><td></td><td></td></tr>
<tr><td rowspan="2">踢脚线上口平直</td><td>水泥混凝土面层</td><td>4</td><td></td><td></td><td></td><td></td><td></td><td></td></tr>
<tr><td>水泥砂浆面层</td><td>4</td><td></td><td></td><td></td><td></td><td></td><td></td></tr>
<tr><td rowspan="2">缝格平直</td><td>水泥混凝土面层</td><td>3</td><td></td><td></td><td></td><td></td><td></td><td></td></tr>
<tr><td>水泥砂浆面层</td><td>3</td><td></td><td></td><td></td><td></td><td></td><td></td></tr>
<tr><td colspan="2">施工单位检查评定结果</td><td colspan="12">项目专业质量检查员：　　　　年　月　日</td></tr>
<tr><td colspan="2">监理（建设）单位验收结论</td><td colspan="12">监理工程师：
（建设单位项目代表）　　　　年　月　日</td></tr>
</table>

3.20.22 板块面层铺设工程砖面层检验批质量验收记录 GB 50209

<table>
<tr><td colspan="2">工程名称</td><td colspan="4"></td><td colspan="2">分项工程名称</td><td colspan="2"></td><td colspan="2">验收部位</td><td></td></tr>
<tr><td colspan="2">施工单位</td><td colspan="4"></td><td colspan="2">专业负责人</td><td colspan="2"></td><td colspan="2">项目经理</td><td></td></tr>
<tr><td colspan="4">施工执行标准名称及编号</td><td colspan="4"></td><td colspan="2">检验批编号</td><td colspan="3"></td></tr>
<tr><td colspan="6">施工质量验收规范的规定</td><td colspan="6">施工单位检查评定记录</td><td>监理（建设）单位验收记录</td></tr>
<tr><td rowspan="3">主控项目</td><td>1</td><td colspan="4">砖面层所用板块产品符合设计要求和国家现行标准规定</td><td colspan="6"></td><td rowspan="3"></td></tr>
<tr><td>2</td><td colspan="4">砖面层所用板块产品进入施工现场时，应有放射性限量合格的检测报告</td><td colspan="6"></td></tr>
<tr><td>3</td><td colspan="4">面层与下一层的结合（粘结）牢固，无空鼓（单块砖边角允许有局部空鼓，但每一自然间或标准间中的空鼓砖不应超过总数的 5%）</td><td colspan="6"></td></tr>
<tr><td rowspan="10">一般项目</td><td>1</td><td colspan="4">砖面层的表面洁净、图案清晰、色泽一致，接缝平整，深浅一致，周边顺直。板块无裂纹、掉角和缺楞等缺陷</td><td colspan="6"></td><td rowspan="10"></td></tr>
<tr><td>2</td><td colspan="4">面层邻接处的镶边用料及尺寸符合设计要求，边角整齐、光滑</td><td colspan="6"></td></tr>
<tr><td>3</td><td colspan="4">踢脚线表面洁净，与柱、墙的结合牢固。踢脚线高度及厚度符合设计要求，且均匀一致</td><td colspan="6"></td></tr>
<tr><td>4</td><td colspan="4">楼梯、台阶踏步的宽度、高度符合设计要求。楼层梯段相邻踏步高度差不大于 10mm；每踏步两端宽度差不大于 10mm，旋转楼梯梯段每踏步两端宽度允许偏差不大于 5mm。踏步面层应做防滑处理，齿角应整齐，防滑条应顺直、牢固</td><td colspan="6"></td></tr>
<tr><td rowspan="6">5</td><td rowspan="6">允许偏差（mm）</td><td rowspan="3">表面平整度</td><td>缸砖</td><td>4</td><td></td><td></td><td></td><td></td><td></td><td></td></tr>
<tr><td>水泥花砖</td><td>3</td><td></td><td></td><td></td><td></td><td></td><td></td></tr>
<tr><td>陶瓷锦砖、陶瓷地砖</td><td>2</td><td></td><td></td><td></td><td></td><td></td><td></td></tr>
<tr><td colspan="2">缝格平直</td><td>3</td><td></td><td></td><td></td><td></td><td></td><td></td></tr>
<tr><td rowspan="2">接缝高低差</td><td>陶瓷锦砖、陶瓷地砖、水泥花砖</td><td>0.5</td><td></td><td></td><td></td><td></td><td></td><td></td></tr>
<tr><td>缸砖</td><td>1.5</td><td></td><td></td><td></td><td></td><td></td><td></td></tr>
</table>

板块面层铺设工程砖面层检验批质量验收记录（续表） GB 50209

<table>
<tr><td>工程名称</td><td colspan="5"></td><td colspan="3">分项工程名称</td><td colspan="2"></td><td>验收部位</td><td></td></tr>
<tr><td>施工单位</td><td colspan="5"></td><td colspan="3">专业负责人</td><td colspan="2"></td><td>项目经理</td><td></td></tr>
<tr><td colspan="4">施工执行标准名称及编号</td><td colspan="4"></td><td colspan="2">检验批编号</td><td colspan="3"></td></tr>
<tr><td colspan="6">施工质量验收规范的规定</td><td colspan="6">施工单位检查评定记录</td><td>监理（建设）单位验收记录</td></tr>
<tr><td rowspan="4">一般项目</td><td rowspan="3">5</td><td rowspan="3">允许偏差（mm）</td><td rowspan="2">踢脚线上口平直</td><td>陶瓷锦砖、陶瓷地砖</td><td>3</td><td></td><td></td><td></td><td></td><td></td><td></td><td rowspan="4"></td></tr>
<tr><td>缸砖</td><td>4</td><td></td><td></td><td></td><td></td><td></td><td></td></tr>
<tr><td colspan="2">板块间隙宽度</td><td>2</td><td></td><td></td><td></td><td></td><td></td><td></td></tr>
<tr><td>6</td><td colspan="4">面层表面的坡度符合设计要求，不倒泛水、无积水；与地漏、管道结合处严密牢固、无渗漏</td><td colspan="6"></td></tr>
<tr><td colspan="2">施工单位检查评定结果</td><td colspan="11">项目专业质量检查员：　　　　　　年　月　日</td></tr>
<tr><td colspan="2">监理（建设）单位验收结论</td><td colspan="11">监理工程师：
（建设单位项目代表）　　　　　　年　月　日</td></tr>
</table>

3.20.23 板块面层铺设工程大理石和花岗石面层检验批质量验收记录 GB 50209

<table>
<tr><td colspan="2">工程名称</td><td colspan="4"></td><td colspan="3">分项工程名称</td><td colspan="2"></td><td colspan="2">验收部位</td><td></td></tr>
<tr><td colspan="2">施工单位</td><td colspan="4"></td><td colspan="3">专业负责人</td><td colspan="2"></td><td colspan="2">项目经理</td><td></td></tr>
<tr><td colspan="4">施工执行标准名称及编号</td><td colspan="5"></td><td colspan="2">检验批编号</td><td colspan="3"></td></tr>
<tr><td colspan="7">施工质量验收规范的规定</td><td colspan="6">施工单位检查评定记录</td><td>监理（建设）单位验收记录</td></tr>
<tr><td rowspan="3">主控项目</td><td>1</td><td colspan="5">大理石、花岗石面层所用板块产品符合设计要求和国家现行标准规定</td><td colspan="6"></td><td rowspan="3"></td></tr>
<tr><td>2</td><td colspan="5">大理石、花岗石面层所用板块产品进入施工现场时，应有放射性限量合格的检测报告</td><td colspan="6"></td></tr>
<tr><td>3</td><td colspan="5">面层与下一层结合牢固，无空鼓（单块板块边角允许有局部空鼓，但每自然间或标准间的空鼓板块不应超过总数的 5%）</td><td colspan="6"></td></tr>
<tr><td rowspan="8">一般项目</td><td>1</td><td colspan="5">大理石、花岗石面层铺设前，板块背面和侧面应进行防碱处理</td><td colspan="6"></td><td rowspan="8"></td></tr>
<tr><td>2</td><td colspan="5">大理石、花岗石面层表面洁净、平整、无磨痕，且图案清晰、色泽一致，接缝均匀，周边顺直，镶嵌正确，板块无裂纹、掉角缺棱等缺陷</td><td colspan="6"></td></tr>
<tr><td>3</td><td colspan="5">踢脚线表面洁净，与柱、墙面结合牢固。踢脚线高度及厚度符合设计要求，且均匀一致</td><td colspan="6"></td></tr>
<tr><td>4</td><td colspan="5">楼梯、台阶踏步的宽度、高度符合设计要求。楼层梯段相邻踏步高度差不大于 10mm；每踏步两端宽度差不大于 10mm，旋转楼梯梯段每踏步两端宽度允许偏差不大于 5mm。踏步面层应做防滑处理，齿角应整齐，防滑条应顺直、牢固</td><td colspan="6"></td></tr>
<tr><td rowspan="4">5</td><td rowspan="4">允许偏差（mm）</td><td rowspan="2">表面平整度</td><td>板块面层</td><td>1</td><td></td><td></td><td></td><td></td><td></td><td></td></tr>
<tr><td>碎拼面层</td><td>3</td><td></td><td></td><td></td><td></td><td></td><td></td></tr>
<tr><td colspan="2">板块面层缝格平直</td><td>2</td><td></td><td></td><td></td><td></td><td></td><td></td></tr>
<tr><td colspan="2">板块面层接缝高低差</td><td>0.5</td><td></td><td></td><td></td><td></td><td></td><td></td></tr>
</table>

板块面层铺设工程大理石和花岗石面层检验批质量验收记录（续表） GB 50209

<table>
<tr><td colspan="3">工程名称</td><td colspan="2"></td><td>分项工程名称</td><td colspan="3"></td><td>验收部位</td><td colspan="3"></td></tr>
<tr><td colspan="3">施工单位</td><td colspan="2"></td><td>专业负责人</td><td colspan="3"></td><td>项目经理</td><td colspan="3"></td></tr>
<tr><td colspan="4">施工执行标准名称及编号</td><td colspan="3"></td><td colspan="2">检验批编号</td><td colspan="4"></td></tr>
<tr><td colspan="6">施工质量验收规范的规定</td><td colspan="6">施工单位检查评定记录</td><td>监理（建设）单位验收记录</td></tr>
<tr><td rowspan="3">一般项目</td><td rowspan="3">5</td><td rowspan="2">允许偏差（mm）</td><td colspan="2">踢脚线上口平直</td><td>1</td><td></td><td></td><td></td><td></td><td></td><td></td><td rowspan="3"></td></tr>
<tr><td colspan="2">板块面层板块间隙宽度</td><td>1</td><td></td><td></td><td></td><td></td><td></td><td></td></tr>
<tr><td colspan="4">面层表面坡度符合设计要求，不倒泛水、无积水；与地漏、管道结合处严密牢固，无渗漏</td><td colspan="6"></td></tr>
<tr><td colspan="2">施工单位检查评定结果</td><td colspan="11">

项目专业质量检查员：　　　　年　月　日</td></tr>
<tr><td colspan="2">监理（建设）单位验收结论</td><td colspan="11">

监理工程师：
（建设单位项目代表）　　　　年　月　日</td></tr>
</table>

3.20.24 板块面层铺设工程预制板块面层检验批质量验收记录 GB 50209

<table>
<tr><td colspan="2">工程名称</td><td colspan="4"></td><td colspan="2">分项工程名称</td><td colspan="3"></td><td>验收部位</td><td></td></tr>
<tr><td colspan="2">施工单位</td><td colspan="4"></td><td colspan="2">专业负责人</td><td colspan="3"></td><td>项目经理</td><td></td></tr>
<tr><td colspan="3">施工执行标准名称及编号</td><td colspan="5"></td><td colspan="2">检验批编号</td><td colspan="3"></td></tr>
<tr><td colspan="6">施工质量验收规范的规定</td><td colspan="6">施工单位检查评定记录</td><td>监理（建设）单位验收记录</td></tr>
<tr><td rowspan="3">主控项目</td><td>1</td><td colspan="4">预制板块面层所用板块产品符合设计要求和国家现行标准规定</td><td colspan="6"></td><td rowspan="3"></td></tr>
<tr><td>2</td><td colspan="4">预制板块面层所用板块产品进入施工现场时，应有放射性限量合格的检测报告</td><td colspan="6"></td></tr>
<tr><td>3</td><td colspan="4">面层与下一层结合牢固，无空鼓（单块板块边角允许有局部空鼓，但每一自然间中或标准间中的空鼓板块不应超过总数的5%）</td><td colspan="6"></td></tr>
<tr><td rowspan="18">一般项目</td><td>1</td><td colspan="4">预制板块表面无裂缝、掉角、翘曲等明显缺陷</td><td colspan="6"></td><td rowspan="18"></td></tr>
<tr><td>2</td><td colspan="4">预制板块面层平整洁净，图案清晰，色泽一致，接缝均匀，周边顺直，镶嵌正确</td><td colspan="6"></td></tr>
<tr><td>3</td><td colspan="4">面层邻接处的镶边用料尺寸符合设计要求，边角整齐、光滑</td><td colspan="6"></td></tr>
<tr><td>4</td><td colspan="4">踢脚线表面洁净，与柱、墙面结合牢固。踢脚线高度及厚度符合设计要求，且均匀一致</td><td colspan="6"></td></tr>
<tr><td rowspan="14">5</td><td rowspan="14">表面允许偏差（mm）</td><td rowspan="3">表面平整度</td><td>水泥混凝土板块</td><td>4</td><td></td><td></td><td></td><td></td><td></td><td></td></tr>
<tr><td>水磨石板块</td><td>3</td><td></td><td></td><td></td><td></td><td></td><td></td></tr>
<tr><td>人造石板块</td><td>1</td><td></td><td></td><td></td><td></td><td></td><td></td></tr>
<tr><td rowspan="2">缝格平直</td><td>水泥混凝土、水磨石板块</td><td>3</td><td></td><td></td><td></td><td></td><td></td><td></td></tr>
<tr><td>人造石板块</td><td>2</td><td></td><td></td><td></td><td></td><td></td><td></td></tr>
<tr><td rowspan="3">接缝高低差</td><td>水泥混凝土板块</td><td>1.5</td><td></td><td></td><td></td><td></td><td></td><td></td></tr>
<tr><td>水磨石板块</td><td>1</td><td></td><td></td><td></td><td></td><td></td><td></td></tr>
<tr><td>人造石板块</td><td>0.5</td><td></td><td></td><td></td><td></td><td></td><td></td></tr>
<tr><td rowspan="3">踢脚线上口平直</td><td>水泥混凝土板块</td><td>4</td><td></td><td></td><td></td><td></td><td></td><td></td></tr>
<tr><td>水磨石板块</td><td>4</td><td></td><td></td><td></td><td></td><td></td><td></td></tr>
<tr><td>人造石板块</td><td>1</td><td></td><td></td><td></td><td></td><td></td><td></td></tr>
<tr><td rowspan="3">板块间隙宽度</td><td>水泥混凝土板块</td><td>6</td><td></td><td></td><td></td><td></td><td></td><td></td></tr>
<tr><td>水磨石板块</td><td>2</td><td></td><td></td><td></td><td></td><td></td><td></td></tr>
<tr><td>人造石板块</td><td>1</td><td></td><td></td><td></td><td></td><td></td><td></td></tr>
</table>

板块面层铺设工程预制板块面层检验批质量验收记录（续表） GB 50209

<table>
<tr><td>工程名称</td><td colspan="2"></td><td>分项工程名称</td><td></td><td>验收部位</td><td></td></tr>
<tr><td>施工单位</td><td colspan="2"></td><td>专业负责人</td><td></td><td>项目经理</td><td></td></tr>
<tr><td colspan="3">施工执行标准名称及编号</td><td colspan="2"></td><td>检验批编号</td><td></td></tr>
<tr><td colspan="3">施工质量验收规范的规定</td><td colspan="2">施工单位检查评定记录</td><td colspan="2">监理（建设）单位验收记录</td></tr>
<tr><td>一般项目</td><td>6</td><td>楼梯、台阶踏步的宽度、高度符合设计要求。楼层梯段相邻踏步高度差不大于 10mm；每踏步两端宽度差不大于 10mm，旋转楼梯梯段每踏步两端宽度允许偏差不大于 5mm。踏步面层应做防滑处理，齿角应整齐，防滑条应顺直、牢固</td><td colspan="2"></td><td colspan="2"></td></tr>
<tr><td>施工单位检查评定结果</td><td colspan="6">项目专业质量检查员： 年 月 日</td></tr>
<tr><td>监理（建设）单位验收结论</td><td colspan="6">监理工程师：
（建设单位项目代表） 年 月 日</td></tr>
</table>

3.20.25 板块面层铺设工程料石面层检验批质量验收记录 GB 50209

<table>
<tr><td colspan="2">工程名称</td><td colspan="3"></td><td colspan="3">分项工程名称</td><td colspan="2"></td><td>验收部位</td><td></td></tr>
<tr><td colspan="2">施工单位</td><td colspan="3"></td><td colspan="3">主业负责人</td><td colspan="2"></td><td>项目经理</td><td></td></tr>
<tr><td colspan="4">施工执行标准名称及编号</td><td colspan="5"></td><td>检验批编号</td><td colspan="2"></td></tr>
<tr><td colspan="6">施工质量验收规范的规定</td><td colspan="5">施工单位检查评定记录</td><td>监理（建设）单位验收记录</td></tr>
<tr><td rowspan="3">主控项目</td><td>1</td><td colspan="4">石材符合设计要求和国家现行有关标准规定；条石强度等级大于 Mu60，块石强度等级大于 Mu30</td><td colspan="5"></td><td rowspan="3"></td></tr>
<tr><td>2</td><td colspan="4">石材进入施工现场时，应有放射性限量合格的检测报告</td><td colspan="5"></td></tr>
<tr><td>3</td><td colspan="4">面层与下一层结合牢固，无松动</td><td colspan="5"></td></tr>
<tr><td rowspan="5">一般项目</td><td>1</td><td colspan="4">条石面层组砌合理，无十字缝，铺砌方向和坡度符合设计要求，块石面层石料缝隙相互错开，通缝不超过两块石料</td><td colspan="5"></td><td rowspan="5"></td></tr>
<tr><td rowspan="4">2</td><td rowspan="4">允许偏差（mm）</td><td>表面平整度</td><td>条石、块石</td><td>10</td><td></td><td></td><td></td><td></td><td></td></tr>
<tr><td>缝格平直</td><td>条石、块石</td><td>8</td><td></td><td></td><td></td><td></td><td></td></tr>
<tr><td colspan="2">条石接缝高低差</td><td>2</td><td></td><td></td><td></td><td></td><td></td></tr>
<tr><td colspan="2">条石板块间隙宽度</td><td>5</td><td></td><td></td><td></td><td></td><td></td></tr>
<tr><td colspan="2">施工单位检查评定结果</td><td colspan="10">项目专业质量检查员：　　　　年　月　日</td></tr>
<tr><td colspan="2">监理（建设）单位验收结论</td><td colspan="10">监理工程师：
（建设单位项目代表）　　　　年　月　日</td></tr>
</table>

3.20.26 板块面层铺设工程塑料板面层检验批质量验收记录 GB 50209

<table>
<tr><td colspan="2">工程名称</td><td colspan="3"></td><td colspan="3">分项工程名称</td><td colspan="2"></td><td>验收部位</td><td></td></tr>
<tr><td colspan="2">施工单位</td><td colspan="3"></td><td colspan="3">专业负责人</td><td colspan="2"></td><td>项目经理</td><td></td></tr>
<tr><td colspan="4">施工执行标准名称及编号</td><td colspan="3"></td><td>检验批编号</td><td colspan="4"></td></tr>
<tr><td colspan="5">施工质量验收规范的规定</td><td colspan="6">施工单位检查评定记录</td><td>监理（建设）单位验收记录</td></tr>
<tr><td rowspan="3">主控项目</td><td>1</td><td colspan="3">塑料板面层所用塑料板块、塑料卷材、胶粘剂等符合设计要求和国家现行标准规定</td><td colspan="6"></td><td rowspan="3"></td></tr>
<tr><td>2</td><td colspan="3">塑料板面层所用胶粘剂进入施工现场时，应有有害物质限量合格的检测报告</td><td colspan="6"></td></tr>
<tr><td>3</td><td colspan="3">面层与下一层粘结牢固，不翘边，不脱胶，无溢胶（单块板块边角允许有局部脱胶，但每一自然间或标准间中的脱胶板块不超过总数的 5%；卷材局部脱胶处面积不大于 20cm^2，且相隔间距大于等于 50mm）</td><td colspan="6"></td></tr>
<tr><td rowspan="8">一般项目</td><td>1</td><td colspan="3">塑料板面层表面洁净，图案清晰，色泽一致，接缝严密、美观。拼缝处的图案、花纹吻合，无胶痕；与柱、墙边交接严密，阴阳角收边方正</td><td colspan="6"></td><td rowspan="8"></td></tr>
<tr><td>2</td><td colspan="3">板块的焊接，焊缝平整、光洁，无焦化变色、斑点、焊瘤和起鳞等缺陷，其凹凸允许偏差不大于 0.6mm。焊缝的抗拉强度不小于塑料板强度的 75%</td><td colspan="6"></td></tr>
<tr><td>3</td><td colspan="3">镶边用料尺寸准确、边角整齐、拼缝严密、接缝顺直</td><td colspan="6"></td></tr>
<tr><td>4</td><td colspan="3">踢脚线宜与地面面层对缝一致，踢脚线与基层粘合密实</td><td colspan="6"></td></tr>
<tr><td rowspan="4">5</td><td rowspan="4">允许偏差（mm）</td><td>表面平整度</td><td>2</td><td></td><td></td><td></td><td></td><td></td><td></td></tr>
<tr><td>缝格平直</td><td>3</td><td></td><td></td><td></td><td></td><td></td><td></td></tr>
<tr><td>接缝高低差</td><td>0.5</td><td></td><td></td><td></td><td></td><td></td><td></td></tr>
<tr><td>踢脚线上口平直</td><td>2</td><td></td><td></td><td></td><td></td><td></td><td></td></tr>
<tr><td colspan="2">施工单位检查评定结果</td><td colspan="10">项目专业质量检查员：　　　　　　　　　　年　月　日</td></tr>
<tr><td colspan="2">监理（建设）单位验收结论</td><td colspan="10">监理工程师：
（建设单位项目代表）　　　　　　　　　　年　月　日</td></tr>
</table>

3.20.27 板块面层铺设工程活动地板面层检验批质量验收记录 GB 50209

<table>
<tr><td colspan="3">工程名称</td><td colspan="3"></td><td colspan="3">分项工程名称</td><td colspan="2"></td><td>验收部位</td><td></td></tr>
<tr><td colspan="3">施工单位</td><td colspan="3"></td><td colspan="3">专业负责人</td><td colspan="2"></td><td>项目经理</td><td></td></tr>
<tr><td colspan="4">施工执行标准名称及编号</td><td colspan="5"></td><td colspan="2">检验批编号</td><td colspan="2"></td></tr>
<tr><td colspan="6">施工质量验收规范的规定</td><td colspan="6">施工单位检查评定记录</td><td>监理（建设）单位验收记录</td></tr>
<tr><td rowspan="2">主控项目</td><td>1</td><td colspan="4">活动地板符合设计要求和国家现行标准规定，且应具有耐磨、防潮、阻燃、耐污染、耐老化和导静电等性能</td><td colspan="6"></td><td rowspan="2"></td></tr>
<tr><td>2</td><td colspan="4">活动地板面层安装牢固，无裂纹、掉角和缺棱等缺陷</td><td colspan="6"></td></tr>
<tr><td rowspan="5">一般项目</td><td>1</td><td colspan="4">活动地板面层排列整齐、表面洁净、色泽一致、接缝均匀、周边顺直</td><td colspan="6"></td><td rowspan="5"></td></tr>
<tr><td rowspan="4">2</td><td rowspan="4">允许偏差（mm）</td><td colspan="2">表面平整度</td><td>2</td><td></td><td></td><td></td><td></td><td></td><td></td></tr>
<tr><td colspan="2">缝格平直</td><td>2.5</td><td></td><td></td><td></td><td></td><td></td><td></td></tr>
<tr><td colspan="2">接缝高低差</td><td>0.4</td><td></td><td></td><td></td><td></td><td></td><td></td></tr>
<tr><td colspan="2">板块间隙宽度</td><td>0.3</td><td></td><td></td><td></td><td></td><td></td><td></td></tr>
<tr><td colspan="2">施工单位检查评定结果</td><td colspan="11">项目专业质量检查员： 年 月 日</td></tr>
<tr><td colspan="2">监理（建设）单位验收结论</td><td colspan="11">监理工程师：
（建设单位项目代表） 年 月 日</td></tr>
</table>

3.20.28 板块面层铺设工程金属板面层检验批质量验收记录 GB 50209

<table>
<tr><td>工程名称</td><td colspan="3"></td><td colspan="2">分项工程名称</td><td colspan="3"></td><td colspan="2">验收部位</td><td></td></tr>
<tr><td>施工单位</td><td colspan="3"></td><td colspan="2">专业负责人</td><td colspan="3"></td><td colspan="2">项目经理</td><td></td></tr>
<tr><td colspan="3">施工执行标准名称及编号</td><td colspan="4"></td><td colspan="2">检验批编号</td><td colspan="3"></td></tr>
<tr><td colspan="5">施工质量验收规范的规定</td><td colspan="6">施工单位检查评定记录</td><td>监理（建设）单位验收记录</td></tr>
<tr><td rowspan="4">主控项目</td><td>1</td><td colspan="3">金属板符合设计要求和国家现行标准规定</td><td colspan="6"></td><td rowspan="4"></td></tr>
<tr><td>2</td><td colspan="3">面层与基层固定方法、面层接缝处理符合设计要求</td><td colspan="6"></td></tr>
<tr><td>3</td><td colspan="3">面层及其附件如需焊接，焊缝质量符合设计要求和 GB 50205—2020《钢结构工程施工质量验收标准》的有关规定。</td><td colspan="6"></td></tr>
<tr><td>4</td><td colspan="3">面层与基层结合牢固，无翘边、松动、空鼓等</td><td colspan="6"></td></tr>
<tr><td rowspan="9">一般项目</td><td>1</td><td colspan="3">金属板表面无裂痕、刮伤、刮痕、翘曲等外观质量缺陷</td><td colspan="6"></td><td rowspan="9"></td></tr>
<tr><td>2</td><td colspan="3">面层平整、洁净、色泽一致，接缝均匀，周边顺直</td><td colspan="6"></td></tr>
<tr><td>3</td><td colspan="3">镶边用料及尺寸符合设计要求，边角整齐</td><td colspan="6"></td></tr>
<tr><td>4</td><td colspan="3">踢脚线表面洁净，与柱、墙面结合牢固。踢脚线高度及厚度符合设计要求，且均匀一致</td><td colspan="6"></td></tr>
<tr><td rowspan="5">5</td><td rowspan="5">允许偏差（mm）</td><td>表面平整度</td><td>1</td><td></td><td></td><td></td><td></td><td></td><td></td></tr>
<tr><td>缝格平直</td><td>2</td><td></td><td></td><td></td><td></td><td></td><td></td></tr>
<tr><td>接缝高低差</td><td>0.5</td><td></td><td></td><td></td><td></td><td></td><td></td></tr>
<tr><td>踢脚线上口平直</td><td>1</td><td></td><td></td><td></td><td></td><td></td><td></td></tr>
<tr><td>板块间隙宽度</td><td>1</td><td></td><td></td><td></td><td></td><td></td><td></td></tr>
<tr><td>施工单位检查评定结果</td><td colspan="11">项目专业质量检查员： 年 月 日</td></tr>
<tr><td>监理（建设）单位验收结论</td><td colspan="11">监理工程师：
（建设单位项目代表） 年 月 日</td></tr>
</table>

3.20.29 板块面层铺设工程地毯面层检验批质量验收记录 GB 50209

<table>
<tr><td colspan="2">工程名称</td><td></td><td>分项工程名称</td><td></td><td>验收部位</td><td></td></tr>
<tr><td colspan="2">施工单位</td><td></td><td>专业负责人</td><td></td><td>项目经理</td><td></td></tr>
<tr><td colspan="3">施工执行标准名称及编号</td><td></td><td>检验批编号</td><td colspan="2"></td></tr>
<tr><td colspan="3">施工质量验收规范的规定</td><td colspan="2">施工单位检查评定记录</td><td colspan="2">监理（建设）单位验收记录</td></tr>
<tr><td rowspan="3">主控项目</td><td>1</td><td>地毯面层采用的材料符合设计要求和国家现行标准规定</td><td colspan="2"></td><td colspan="2" rowspan="3"></td></tr>
<tr><td>2</td><td>地毯面层采用的材料进入施工现场时，应有地毯、衬垫、胶粘剂中的挥发性有机化合物（VOC）和甲醛限量合格的检测报告</td><td colspan="2"></td></tr>
<tr><td>3</td><td>地毯表面平服，拼缝处粘贴牢固、严密平整、图案吻合</td><td colspan="2"></td></tr>
<tr><td rowspan="2">一般项目</td><td>1</td><td>地毯表面不应起鼓、起皱、翘边、卷边、显拼缝、露线和毛边，绒面毛顺光一致，毯面洁净、无污染和损伤</td><td colspan="2"></td><td colspan="2" rowspan="2"></td></tr>
<tr><td>2</td><td>地毯同其他面层连接处、收口处和墙边、柱子周围顺直、压紧</td><td colspan="2"></td></tr>
<tr><td colspan="2">施工单位检查评定结果</td><td colspan="5">项目专业质量检查员： 年 月 日</td></tr>
<tr><td colspan="2">监理（建设）单位验收结论</td><td colspan="5">监理工程师：
（建设单位项目代表） 年 月 日</td></tr>
</table>

3.20.30 板块面层铺设工程地面辐射供暖的板块面层检验批质量验收记录 GB 50209

<table>
<tr><td>工程名称</td><td colspan="3"></td><td>分项工程名称</td><td></td><td>验收部位</td><td></td></tr>
<tr><td>施工单位</td><td colspan="3"></td><td>专业负责人</td><td></td><td>项目经理</td><td></td></tr>
<tr><td colspan="3">施工执行标准名称及编号</td><td colspan="2"></td><td>检验批编号</td><td colspan="2"></td></tr>
<tr><td colspan="3">施工质量验收规范的规定</td><td colspan="3">施工单位检查评定记录</td><td colspan="2">监理（建设）单位验收记录</td></tr>
<tr><td rowspan="3">主控项目</td><td>1</td><td>地面辐射供暖的板块面层采用的材料或产品除符合设计要求和本规范相应面层规定外，还应具有耐热性、热稳定性、防水性、防潮性、防霉变等特点</td><td colspan="3"></td><td colspan="2" rowspan="3"></td></tr>
<tr><td>2</td><td>地面辐射供暖的板块面层的伸（缩）缝及分格缝符合设计要求，面层与柱、墙之间应留不小于 10mm 的空隙</td><td colspan="3"></td></tr>
<tr><td>3</td><td>其余主控项目及检验方法、检查数量符合 GB 50209—2010《建筑地面工程施工质量验收规范》中 6.2 节、6.3 节、6.4 节、6.6 节的相关规定</td><td colspan="3"></td></tr>
<tr><td>一般项目</td><td>1</td><td>一般项目及检验方法、检查数量符合 GB 50209—2010《建筑地面工程施工质量验收规范》中 6.2 节、6.3 节、6.4 节、6.6 节的相关规定</td><td colspan="3"></td><td colspan="2"></td></tr>
<tr><td colspan="2">施工单位检查评定结果</td><td colspan="6">项目专业质量检查员： 年 月 日</td></tr>
<tr><td colspan="2">监理（建设）单位验收结论</td><td colspan="6">监理工程师：
（建设单位项目代表） 年 月 日</td></tr>
</table>

3.20.31 木面层、竹面层铺设工程实木地板、实木集成地板、竹地板面层检验批质量验收记录 GB 50209

<table>
<tr><td>工程名称</td><td colspan="2"></td><td>分项工程名称</td><td></td><td>验收部位</td><td></td></tr>
<tr><td>施工单位</td><td colspan="2"></td><td>专业负责人</td><td></td><td>项目经理</td><td></td></tr>
<tr><td colspan="2">施工执行标准名称及编号</td><td colspan="2"></td><td>检验批编号</td><td colspan="2"></td></tr>
<tr><td colspan="3">施工质量验收规范的规定</td><td colspan="2">施工单位检查评定记录</td><td colspan="2">监理（建设）单位验收记录</td></tr>
<tr><td rowspan="5">主控项目</td><td>1</td><td>实木地板、实木集成地板、竹地板面层采用的地板、铺设时的木（竹）材含水率、胶粘剂等符合设计要求和国家现行标准规定</td><td colspan="2"></td><td colspan="2" rowspan="5"></td></tr>
<tr><td>2</td><td>实木地板、实木集成地板、竹木地板面层采用的材料进入施工现场时，应有有害物质限量合格的检测报告</td><td colspan="2"></td></tr>
<tr><td>3</td><td>木搁栅、垫木和垫层地板等应做防腐、防蛀处理</td><td colspan="2"></td></tr>
<tr><td>4</td><td>木搁栅安装牢固、平直</td><td colspan="2"></td></tr>
<tr><td>5</td><td>面层铺设牢固，粘结无空鼓、松动</td><td colspan="2"></td></tr>
<tr><td rowspan="5">一般项目</td><td>1</td><td>实木地板、实木集成地板面层应刨平、磨光，无明显刨痕和毛刺等现象；图案清晰、颜色均匀一致</td><td colspan="2"></td><td colspan="2" rowspan="5"></td></tr>
<tr><td>2</td><td>竹木地板面层品种与规格符合设计要求，面板无翘曲</td><td colspan="2"></td></tr>
<tr><td>3</td><td>面层缝隙严密；接头位置应错开，表面平整、洁净</td><td colspan="2"></td></tr>
<tr><td>3</td><td>面层采用粘（钉）工艺时，接缝应对齐，粘钉严密；缝隙宽度均匀一致；表面洁净，无溢胶现象</td><td colspan="2"></td></tr>
<tr><td>4</td><td>踢脚线表面光滑，接缝严密，高度一致</td><td colspan="2"></td></tr>
</table>

木、竹面层铺设工程实木地板、实木集成地板、竹地板面层检验批质量验收记录（续表） GB50209

<table>
<tr><td colspan="2">工程名称</td><td colspan="4"></td><td colspan="2">分项工程名称</td><td colspan="2"></td><td colspan="2">验收部位</td><td></td></tr>
<tr><td colspan="2">施工单位</td><td colspan="4"></td><td colspan="2">专业负责人</td><td colspan="2"></td><td colspan="2">项目经理</td><td></td></tr>
<tr><td colspan="4">施工执行标准名称及编号</td><td colspan="4"></td><td colspan="2">检验批编号</td><td colspan="3"></td></tr>
<tr><td colspan="6">施工质量验收规范的规定</td><td colspan="6">施工单位检查评定记录</td><td>监理（建设）单位验收记录</td></tr>
<tr><td rowspan="10">一般项目</td><td rowspan="10">5</td><td rowspan="10">允许偏差（mm）</td><td rowspan="3">板面缝隙宽度</td><td>松木地板</td><td>1</td><td></td><td></td><td></td><td></td><td></td><td></td><td rowspan="10"></td></tr>
<tr><td>硬木地板、竹木地板</td><td>0.5</td><td></td><td></td><td></td><td></td><td></td><td></td></tr>
<tr><td>拼花地板</td><td>0.2</td><td></td><td></td><td></td><td></td><td></td><td></td></tr>
<tr><td rowspan="2">表面平整度</td><td>松木地板</td><td>3</td><td></td><td></td><td></td><td></td><td></td><td></td></tr>
<tr><td>硬木地板、竹木地板、拼花地板</td><td>2</td><td></td><td></td><td></td><td></td><td></td><td></td></tr>
<tr><td colspan="2">踢脚线上口平齐</td><td>3</td><td></td><td></td><td></td><td></td><td></td><td></td></tr>
<tr><td colspan="2">板面拼缝平直</td><td>3</td><td></td><td></td><td></td><td></td><td></td><td></td></tr>
<tr><td colspan="2">相邻板材高差</td><td>0.5</td><td></td><td></td><td></td><td></td><td></td><td></td></tr>
<tr><td colspan="2">踢脚线与面层接缝</td><td>1</td><td></td><td></td><td></td><td></td><td></td><td></td></tr>
<tr><td colspan="2">施工单位检查评定结果</td><td colspan="11">项目专业质量检查员：　　　　年　月　日</td></tr>
<tr><td colspan="2">监理（建设）单位验收结论</td><td colspan="11">监理工程师：
（建设单位项目代表）　　　　年　月　日</td></tr>
</table>

3.20.32 木面层、竹面层铺设工程实木复合地板面层检验批质量验收记录 GB 50209

<table>
<tr><td colspan="2">工程名称</td><td colspan="4"></td><td colspan="3">分项工程名称</td><td colspan="3"></td><td>验收部位</td><td></td></tr>
<tr><td colspan="2">施工单位</td><td colspan="4"></td><td colspan="3">专业负责人</td><td colspan="3"></td><td>项目经理</td><td></td></tr>
<tr><td colspan="4">施工执行标准名称及编号</td><td colspan="6"></td><td colspan="2">检验批编号</td><td colspan="2"></td></tr>
<tr><td colspan="6">施工质量验收规范的规定</td><td colspan="7">施工单位检查评定记录</td><td>监理（建设）单位验收记录</td></tr>
<tr><td rowspan="5">主控项目</td><td>1</td><td colspan="4">实木复合地板面层采用的地板、胶粘剂等符合设计要求和国家现行标准规定</td><td colspan="7"></td><td rowspan="5"></td></tr>
<tr><td>2</td><td colspan="4">实木复合地板面层采用的材料进入施工现场时，应有有害物质限量合格的检测报告</td><td colspan="7"></td></tr>
<tr><td>3</td><td colspan="4">木搁栅、垫木和垫层地板等应做防腐、防蛀处理</td><td colspan="7"></td></tr>
<tr><td>4</td><td colspan="4">木搁栅安装牢固、平直</td><td colspan="7"></td></tr>
<tr><td>5</td><td colspan="4">面层铺设牢固，粘结无空鼓、松动</td><td colspan="7"></td></tr>
<tr><td rowspan="10">一般项目</td><td>1</td><td colspan="4">实木复合地板面层图案和颜色符合设计要求，图案清晰，颜色一致，板面无翘曲</td><td colspan="7"></td><td rowspan="10"></td></tr>
<tr><td>2</td><td colspan="4">面层缝隙严密；接头位置应错开，表面平整、洁净</td><td colspan="7"></td></tr>
<tr><td>3</td><td colspan="4">面层采用粘（钉）工艺时，接缝应对齐，粘、钉严密；缝隙宽度均匀一致；表面洁净，无溢胶现象</td><td colspan="7"></td></tr>
<tr><td>4</td><td colspan="4">踢脚线表面光滑，接缝严密，高度一致</td><td colspan="7"></td></tr>
<tr><td rowspan="6">5</td><td rowspan="6">面层允许偏差（mm）</td><td colspan="2">板面缝隙宽度</td><td>0.5</td><td></td><td></td><td></td><td></td><td></td><td></td><td></td></tr>
<tr><td colspan="2">表面平整度</td><td>2</td><td></td><td></td><td></td><td></td><td></td><td></td><td></td></tr>
<tr><td colspan="2">踢脚线上口平齐</td><td>3</td><td></td><td></td><td></td><td></td><td></td><td></td><td></td></tr>
<tr><td colspan="2">板面拼缝平直</td><td>3</td><td></td><td></td><td></td><td></td><td></td><td></td><td></td></tr>
<tr><td colspan="2">相邻板材高差</td><td>0.5</td><td></td><td></td><td></td><td></td><td></td><td></td><td></td></tr>
<tr><td colspan="2">踢脚线与面层接缝</td><td>1</td><td></td><td></td><td></td><td></td><td></td><td></td><td></td></tr>
<tr><td colspan="2">施工单位检查评定结果</td><td colspan="12">项目专业质量检查员： 年 月 日</td></tr>
<tr><td colspan="2">监理（建设）单位验收结论</td><td colspan="12">监理工程师：
（建设单位项目代表） 年 月 日</td></tr>
</table>

3.20.33 木面层、竹面层铺设工程浸渍纸层压木质地板面层检验批质量验收记录 GB 50209

<table>
<tr><td>工程名称</td><td colspan="3"></td><td>分项工程名称</td><td colspan="3"></td><td>验收部位</td><td colspan="3"></td></tr>
<tr><td>施工单位</td><td colspan="3"></td><td>专业负责人</td><td colspan="3"></td><td>项目经理</td><td colspan="3"></td></tr>
<tr><td colspan="3">施工执行标准名称及编号</td><td colspan="2"></td><td colspan="2">检验批编号</td><td colspan="5"></td></tr>
<tr><td colspan="5">施工质量验收规范的规定</td><td colspan="6">施工单位检查评定记录</td><td>监理（建设）单位验收记录</td></tr>
<tr><td rowspan="4">主控项目</td><td>1</td><td colspan="3">浸渍纸层压木质地板面层采用的地板、胶粘剂等符合设计要求和国家现行标准规定</td><td colspan="6"></td><td rowspan="4"></td></tr>
<tr><td>2</td><td colspan="3">浸渍纸层压木质地板面层采用的材料进入施工现场时，应有有害物质限量合格的检测报告</td><td colspan="6"></td></tr>
<tr><td>3</td><td colspan="3">木搁栅、垫木和垫层地板等应做防腐、防蛀处理，其安装应牢固、平直，表面洁净</td><td colspan="6"></td></tr>
<tr><td>4</td><td colspan="3">面层铺设牢固，粘贴无空鼓、松动</td><td colspan="6"></td></tr>
<tr><td rowspan="9">一般项目</td><td>1</td><td colspan="3">浸渍纸层压木质地板面层图案和颜色符合设计要求，图案清晰，颜色一致，板面无翘曲</td><td colspan="6"></td><td rowspan="9"></td></tr>
<tr><td>2</td><td colspan="3">面层接头应错开、缝隙严密、表面洁净</td><td colspan="6"></td></tr>
<tr><td>3</td><td colspan="3">踢脚线表面光滑，接缝严密，高度一致</td><td colspan="6"></td></tr>
<tr><td rowspan="6">4</td><td rowspan="6">面层允许偏差（mm）</td><td>板面缝隙宽度</td><td>0.5</td><td></td><td></td><td></td><td></td><td></td><td></td></tr>
<tr><td>表面平整度</td><td>2</td><td></td><td></td><td></td><td></td><td></td><td></td></tr>
<tr><td>踢脚线上口平齐</td><td>3</td><td></td><td></td><td></td><td></td><td></td><td></td></tr>
<tr><td>板面拼缝平直</td><td>3</td><td></td><td></td><td></td><td></td><td></td><td></td></tr>
<tr><td>相邻板材高差</td><td>0.5</td><td></td><td></td><td></td><td></td><td></td><td></td></tr>
<tr><td>踢脚线与面层接缝</td><td>1</td><td></td><td></td><td></td><td></td><td></td><td></td></tr>
<tr><td>施工单位检查评定结果</td><td colspan="11">项目专业质量检查员： 年 月 日</td></tr>
<tr><td>监理（建设）单位验收结论</td><td colspan="11">监理工程师：
（建设单位项目代表） 年 月 日</td></tr>
</table>

3.20.34 木面层、竹面层铺设工程软木类地板面层检验批质量验收记录 GB 50209

<table>
<tr><td colspan="2">工程名称</td><td colspan="3"></td><td colspan="3">分项工程名称</td><td colspan="2"></td><td>验收部位</td><td></td></tr>
<tr><td colspan="2">施工单位</td><td colspan="3"></td><td colspan="3">专业负责人</td><td colspan="2"></td><td>项目经理</td><td></td></tr>
<tr><td colspan="4">施工执行标准名称及编号</td><td colspan="4"></td><td colspan="2">检验批编号</td><td colspan="2"></td></tr>
<tr><td colspan="5">施工质量验收规范的规定</td><td colspan="6">施工单位检查评定记录</td><td>监理（建设）单位验收记录</td></tr>
<tr><td rowspan="4">主控项目</td><td>1</td><td colspan="3">软木类地板面层采用的地板、胶粘剂等符合设计要求和国家现行标准规定</td><td colspan="6"></td><td rowspan="4"></td></tr>
<tr><td>2</td><td colspan="3">软木类地板面层采用的材料进入施工现场时，应有有害物质限量合格的检测报告</td><td colspan="6"></td></tr>
<tr><td>3</td><td colspan="3">木搁栅、垫木和垫层地板等应做防腐、防蛀处理；其安装牢固、平直，表面洁净</td><td colspan="6"></td></tr>
<tr><td>4</td><td colspan="3">软木类地板面层铺设牢固，粘贴无空鼓、松动</td><td colspan="6"></td></tr>
<tr><td rowspan="9">一般项目</td><td>1</td><td colspan="3">软木类地板面层拼图和颜色符合设计要求，板面无翘曲</td><td colspan="6"></td><td rowspan="9"></td></tr>
<tr><td>2</td><td colspan="3">软木类地板面层接头应错开缝隙均匀，接头位置应错开，表面洁净</td><td colspan="6"></td></tr>
<tr><td>3</td><td colspan="3">踢脚线表面光滑，接缝严密，高度一致</td><td colspan="6"></td></tr>
<tr><td rowspan="6">4</td><td rowspan="6">面层允许偏差（mm）</td><td>板面缝隙宽度</td><td>0.5</td><td></td><td></td><td></td><td></td><td></td><td></td></tr>
<tr><td>表面平整度</td><td>2</td><td></td><td></td><td></td><td></td><td></td><td></td></tr>
<tr><td>踢脚线上口平齐</td><td>3</td><td></td><td></td><td></td><td></td><td></td><td></td></tr>
<tr><td>板面拼缝平直</td><td>3</td><td></td><td></td><td></td><td></td><td></td><td></td></tr>
<tr><td>相邻板材高差</td><td>0.5</td><td></td><td></td><td></td><td></td><td></td><td></td></tr>
<tr><td>踢脚线与面层接缝</td><td>1</td><td></td><td></td><td></td><td></td><td></td><td></td></tr>
<tr><td colspan="2">施工单位检查评定结果</td><td colspan="10">项目专业质量检查员： 年 月 日</td></tr>
<tr><td colspan="2">监理（建设）单位验收结论</td><td colspan="10">监理工程师：
（建设单位项目代表） 年 月 日</td></tr>
</table>

3.20.35 木面层、竹面层铺设工程地面辐射供暖木板面层检验批质量验收记录 GB 50209

<table>
<tr><td>工程名称</td><td colspan="3"></td><td>分项工程名称</td><td></td><td>验收部位</td><td></td></tr>
<tr><td>施工单位</td><td colspan="3"></td><td>专业负责人</td><td></td><td>项目经理</td><td></td></tr>
<tr><td colspan="3">施工执行标准名称及编号</td><td colspan="2"></td><td>检验批编号</td><td colspan="2"></td></tr>
<tr><td colspan="3">施工质量验收规范的规定</td><td colspan="2">施工单位检查评定记录</td><td colspan="3">监理（建设）单位验收记录</td></tr>
<tr><td rowspan="3">主控项目</td><td>1</td><td>地面辐射供暖的木板面层采用的材料或产品除符合设计要求和 GB 50209—2010《建筑地面工程施工质量验收规范》中相应面层的规定外，还应具有耐热性、热稳定性、防水性、防潮性、防霉变等特点</td><td colspan="2"></td><td colspan="3" rowspan="3"></td></tr>
<tr><td>2</td><td>地面辐射供暖的木板面层与柱、墙之间应留不小于 10mm 的空隙。当采用无龙骨的空铺法铺设时，应在空隙内加设金属弹簧卡或木楔子，间距宜为 200~300mm</td><td colspan="2"></td></tr>
<tr><td>3</td><td>其余主控项目及检验方法、检查数量应符合 GB 50209—2010《建筑地面工程施工质量验收规范》中第 7.3 节、7.4 节的相关规定</td><td colspan="2"></td></tr>
<tr><td rowspan="2">一般项目</td><td>1</td><td>地面辐射供暖的木板面层采用无龙骨的空铺法铺设时，应在填充层上铺设一层耐热防潮纸（布）。防潮纸（布）应采用胶粘搭接，搭接尺寸合理，铺设后表面平整，无皱折</td><td colspan="2"></td><td colspan="3" rowspan="2"></td></tr>
<tr><td>2</td><td>其余一般项目及检验方法、检查数量应符合 GB 50209—2010《建筑地面工程施工质量验收规范》中第 7.3 节、7.4 节的相关规定</td><td colspan="2"></td></tr>
<tr><td>施工单位检查评定结果</td><td colspan="7">项目专业质量检查员： 年 月 日</td></tr>
<tr><td>监理（建设）单位验收结论</td><td colspan="7">监理工程师：
（建设单位项目代表） 年 月 日</td></tr>
</table>

3.21 建筑装饰装修工程[1]

3.21.1 一般抹灰工程检验批质量验收记录 GB 50210

<table>
<tr><td>工程名称</td><td colspan="2"></td><td>分项工程名称</td><td></td><td>验收部位</td><td></td></tr>
<tr><td>施工单位</td><td colspan="2"></td><td>专业负责人</td><td></td><td>项目经理</td><td></td></tr>
<tr><td colspan="3">施工执行标准名称及编号</td><td></td><td>检验批编号</td><td colspan="2"></td></tr>
<tr><td colspan="3">施工质量验收规范的规定</td><td colspan="2">施工单位检查评定记录</td><td colspan="2">监理（建设）单位验收记录</td></tr>
<tr><td rowspan="4">主控项目</td><td>1</td><td>一般抹灰所用材料的品种和性能应符合设计要求及国家现行标准的相关规定</td><td colspan="2"></td><td colspan="2" rowspan="4"></td></tr>
<tr><td>2</td><td>抹灰前基层表面的尘土、污垢和油渍等应清除干净，并应洒水润湿或进行界面处理</td><td colspan="2"></td></tr>
<tr><td>3</td><td>抹灰工程应分层进行。当抹灰总厚度不小于35mm时，应采取加强措施。不同材料基体交接处表面的抹灰，应采取防止开裂的加强措施，当采用加强网时，加强网与各基体的搭接宽度不应小于100mm</td><td colspan="2"></td></tr>
<tr><td>4</td><td>抹灰层与基层之间及各抹灰层之间应粘结牢固，抹灰层应无脱层和空鼓，面层应无爆灰和裂缝</td><td colspan="2"></td></tr>
<tr><td rowspan="6">一般项目</td><td rowspan="2">1</td><td>普通抹灰表面应光滑、洁净、接搓平整，分格缝应清晰</td><td colspan="2"></td><td colspan="2" rowspan="6"></td></tr>
<tr><td>高级抹灰表面应光滑、洁净、颜色均匀、无抹纹，分格缝和灰线应清晰美观</td><td colspan="2"></td></tr>
<tr><td>2</td><td>护角、孔洞、槽、盒周围的抹灰表面应整齐、光滑，管道后面的抹灰表面应平整</td><td colspan="2"></td></tr>
<tr><td>3</td><td>抹灰层的总厚度应符合设计要求，水泥砂浆不得抹在石灰砂浆层上，罩面石膏灰不得抹在水泥砂浆层上</td><td colspan="2"></td></tr>
<tr><td>4</td><td>抹灰分格缝的设置应符合设计要求，宽度和深度应均匀，表面应光滑，棱角应整齐</td><td colspan="2"></td></tr>
<tr><td>5</td><td>有排水要求的部位应做滴水线（槽）。滴水线（槽）应整齐顺直，滴水线应内高外低，滴水槽的宽度和深度应满足设计要求，且均不应小于10mm</td><td colspan="2"></td></tr>
</table>

[1] 本部分的“GB 50210”代表依据为GB 50210—2018《建筑装饰装修工程质量验收标准》。

一般抹灰工程检验批质量验收记录（续表） GB 50210

工程名称		分项工程名称		验收部位	
施工单位		专业负责人		项目经理	
施工执行标准名称及编号			检验批编号		

施工质量验收规范的规定						施工单位检查评定记录	监理（建设）单位验收记录
一般项目	6	允许偏差（mm）	立面垂直度	普通抹灰	4		
				高级抹灰	3		
			表面平整度	普通抹灰	4		
				高级抹灰	3		
			阴阳角方正	普通抹灰	4		
				高级抹灰	3		
			分格条（缝）直线度	普通抹灰	4		
				高级抹灰	3		
			墙裙、勒脚上口直线度	普通抹灰	4		
				高级抹灰	3		
施工单位检查验收结果	项目专业质量检查员： 年 月 日						
监理（建设）单位验收结论	监理工程师： （建设单位项目代表） 年 月 日						

3.21.2 保温层薄抹灰工程检验批质量验收记录 GB 50210

工程名称		分项工程名称		验收部位	
施工单位		专业负责人		项目经理	
施工执行标准名称及编号			检验批编号		

施工质量验收规范的规定			施工单位检查评定记录	监理（建设）单位验收记录
主控项目	1	保温层薄抹灰所用材料的品种和性能应符合设计要求及国家现行标准的相关规定		
	2	基层质量应符合设计和施工方案的要求。基层表面的尘土、污垢和油渍等应清除干净。基层含水率应满足施工工艺的要求		
	3	保温层薄抹灰及其加强处理应符合设计要求和国家现行标准的相关规定		
	4	抹灰层与基层之间及各抹灰层之间应粘结牢固，抹灰层应无脱层和空鼓，面层应无爆灰和裂缝		
一般项目	1	保温层薄抹灰表面应光滑、洁净、颜色均匀、无抹纹，分格缝和灰线应清晰、美观		
	2	护角、孔洞、槽、盒周围的抹灰表面应整齐、光滑；管道后面的抹灰表面应平整		
	3	保温层薄抹灰层的总厚度应符合设计要求		
	4	保温层薄抹灰分格缝的设置应符合设计要求，宽度和深度应均匀，表面应光滑，棱角应整齐		
	5	有排水要求的部位应做滴水线（槽）。滴水线（槽）应整齐顺直，滴水线应内高外低，滴水槽宽度和深度均不应小于10mm		

保温层薄抹灰工程检验批质量验收记录（续表） GB 50210

<table>
<tr><td colspan="2">工程名称</td><td colspan="5"></td><td colspan="4">分项工程名称</td><td colspan="3"></td><td>验收部位</td><td></td></tr>
<tr><td colspan="2">施工单位</td><td colspan="5"></td><td colspan="4">专业负责人</td><td colspan="3"></td><td>项目经理</td><td></td></tr>
<tr><td colspan="4">施工执行标准名称及编号</td><td colspan="7"></td><td colspan="3">检验批编号</td><td colspan="2"></td></tr>
<tr><td colspan="5">施工质量验收规范的规定</td><td colspan="10">施工单位检查评定记录</td><td>监理（建设）单位验收记录</td></tr>
<tr><td rowspan="4">一般项目</td><td rowspan="4">6</td><td rowspan="4">允许偏差（mm）</td><td>立面垂直度</td><td>3</td><td></td><td></td><td></td><td></td><td></td><td></td><td></td><td></td><td></td><td></td><td rowspan="4"></td></tr>
<tr><td>表面平整度</td><td>3</td><td></td><td></td><td></td><td></td><td></td><td></td><td></td><td></td><td></td><td></td></tr>
<tr><td>阳角方正</td><td>3</td><td></td><td></td><td></td><td></td><td></td><td></td><td></td><td></td><td></td><td></td></tr>
<tr><td>分格条（缝）直线度</td><td>3</td><td></td><td></td><td></td><td></td><td></td><td></td><td></td><td></td><td></td><td></td></tr>
<tr><td colspan="2">施工单位检查验收结果</td><td colspan="14">项目专业质量检查员： 年 月 日</td></tr>
<tr><td colspan="2">监理（建设）单位验收结论</td><td colspan="14">监理工程师：
（建设单位项目代表） 年 月 日</td></tr>
</table>

3.21.3 装饰抹灰工程检验批质量验收记录 GB 50210

工程名称		分项工程名称		验收部位	
施工单位		专业负责人		项目经理	
施工执行标准名称及编号			检验批编号		

施工质量验收规范的规定			施工单位检查评定记录	监理（建设）单位验收记录
主控项目	1	装饰抹灰工程所用材料的品种和性能应符合设计要求及国家现行标准的相关规定		
	2	抹灰前基层表面的尘土、污垢和油渍等应清除干净，并应洒水润湿或进行界面处理		
	3	抹灰工程应分层进行。当抹灰总厚度不小于35mm时，应采取加强措施。不同材料基体交接处表面的抹灰，应采取防止开裂的加强措施，当采用加强网时，加强网与各基体的搭接宽度不应小于100mm		
	4	各抹灰层之间及抹灰层与基体之间应粘结牢固，抹灰层应无脱层、空鼓和裂缝		
一般项目	1	水刷石表面应石粒清晰、分布均匀、紧密平整、色泽一致，应无掉粒和接搓痕迹		
	2	斩假石表面利纹应均匀顺直，深浅一致，应无漏剥处；阳角处应横剥并留出宽窄一致的不利边条，棱角应无损坏		
	3	干粘石表面应色泽一致、不露浆、不漏粘，石粒应粘结牢固、分布均匀，阳角处应无明显黑边		
	4	假面砖表面应平整、沟纹清晰、留缝整齐、色泽一致，应无掉角、脱皮和起砂等缺陷		
	5	装饰抹灰分格条（缝）的设置应符合设计要求，宽度和深度应均匀，表面应平整些滑，棱角应整齐		
	6	有排水要求的部位应做滴水线（槽）。滴水线（槽）应整齐顺直，滴水线应内高外低，滴水槽的宽度和深度均不应小于10mm		

装饰抹灰工程检验批质量验收记录（续表） GB 50210

工程名称		分项工程名称		验收部位	
施工单位		专业负责人		项目经理	
施工执行标准名称及编号				检验批编号	

施工质量验收规范的规定						施工单位检查评定记录										监理（建设）单位验收记录
一般项目	7	允许偏差（mm）	立面垂直度	水刷石	5											
				斩假石	4											
				干粘石	5											
				假面转	5											
			表面平整度	水刷石	3											
				斩假石	3											
				干粘石	5											
				假面转	4											
			阳角方正	水刷石	3											
				斩假石	3											
				干粘石	4											
				假面转	4											
			分格条（缝）直线度		3											
			墙裙、勒脚上口直线度	水刷石	3											
				斩假石	3											

施工单位检查验收结果	项目专业质量检查员： 年 月 日
监理（建设）单位验收结论	监理工程师： （建设单位项目代表） 年 月 日

3.21.4 清水砌体勾缝工程检验批质量验收记录 GB 50210

<table>
<tr><td>工程名称</td><td colspan="3"></td><td>分项工程名称</td><td></td><td>验收部位</td><td></td></tr>
<tr><td>施工单位</td><td colspan="3"></td><td>专业负责人</td><td></td><td>项目经理</td><td></td></tr>
<tr><td colspan="3">施工执行标准名称及编号</td><td colspan="2"></td><td>检验批编号</td><td colspan="2"></td></tr>
<tr><td colspan="3">施工质量验收规范的规定</td><td colspan="3">施工单位检查评定记录</td><td colspan="2">监理（建设）单位验收记录</td></tr>
<tr><td rowspan="2">主控项目</td><td>1</td><td>清水砌体勾缝所用砂浆的品种和性能应符合设计要求及国家现行标准的相关规定</td><td colspan="3"></td><td colspan="2" rowspan="2"></td></tr>
<tr><td>2</td><td>清水砌体勾缝应无漏勾，勾缝材料应粘结牢固、无开裂</td><td colspan="3"></td></tr>
<tr><td rowspan="2">一般项目</td><td>1</td><td>清水砌体勾缝应横平竖直，交接处应平顺，宽度和深度应均匀，表面应压实抹平</td><td colspan="3"></td><td colspan="2" rowspan="2"></td></tr>
<tr><td>2</td><td>灰缝应颜色一致，砌体表面应洁净</td><td colspan="3"></td></tr>
<tr><td>施工单位检查验收结果</td><td colspan="7">项目专业质量检查员：　　　　年　月　日</td></tr>
<tr><td>监理（建设）单位验收结论</td><td colspan="7">监理工程师：
（建设单位项目代表）　　　　年　月　日</td></tr>
</table>

3.21.5 砂浆防水工程检验批质量验收记录 GB 50210

<table>
<tr><td>工程名称</td><td colspan="2"></td><td>分项工程名称</td><td></td><td>验收部位</td><td></td></tr>
<tr><td>施工单位</td><td colspan="2"></td><td>专业负责人</td><td></td><td>项目经理</td><td></td></tr>
<tr><td colspan="2">施工执行标准名称及编号</td><td colspan="2"></td><td>检验批编号</td><td colspan="2"></td></tr>
<tr><td colspan="3">施工质量验收规范的规定</td><td colspan="2">施工单位检查评定记录</td><td colspan="2">监理（建设）单位验收记录</td></tr>
<tr><td rowspan="4">主控项目</td><td>1</td><td>砂浆防水层所用砂浆品种及性能应符合设计要求及国家现行标准的相关规定</td><td colspan="2"></td><td colspan="2" rowspan="4"></td></tr>
<tr><td>2</td><td>砂浆防水层在变形缝、门窗洞口、穿外墙管道和预埋件等部位的做法应符合设计要求</td><td colspan="2"></td></tr>
<tr><td>3</td><td>砂浆防水层不得有渗漏现象</td><td colspan="2"></td></tr>
<tr><td>4</td><td>砂浆防水层与基层之间及防水层各层之间应粘结牢固，不得有空鼓</td><td colspan="2"></td></tr>
<tr><td rowspan="3">一般项目</td><td>1</td><td>砂浆防水层表面应密实、平整，不得有裂纹、起砂和麻面等缺陷</td><td colspan="2"></td><td colspan="2" rowspan="3"></td></tr>
<tr><td>2</td><td>砂浆防水层施工缝位置及施工方法应符合设计及施工方案要求</td><td colspan="2"></td></tr>
<tr><td>3</td><td>砂浆防水层厚度应符合设计要求</td><td colspan="2"></td></tr>
<tr><td colspan="2">施工单位检查验收结果</td><td colspan="5">项目专业质量检查员：　　　　年　月　日</td></tr>
<tr><td colspan="2">监理（建设）单位验收结论</td><td colspan="5">监理工程师：
（建设单位项目代表）　　　　年　月　日</td></tr>
</table>

3.21.6 涂膜防水工程检验批质量验收记录 GB 50210

<table>
<tr><td colspan="2">工程名称</td><td colspan="2"></td><td>分项工程名称</td><td></td><td>验收部位</td><td></td></tr>
<tr><td colspan="2">施工单位</td><td colspan="2"></td><td>专业负责人</td><td></td><td>项目经理</td><td></td></tr>
<tr><td colspan="3">施工执行标准名称及编号</td><td colspan="2"></td><td>检验批编号</td><td></td><td></td></tr>
<tr><td colspan="4">施工质量验收规范的规定</td><td colspan="2">施工单位检查评定记录</td><td colspan="2">监理（建设）单位验收记录</td></tr>
<tr><td rowspan="4">主控项目</td><td>1</td><td colspan="2">涂膜防水层所用防水涂料及配套材料的品种及性能应符合设计要求及国家现行标准的相关规定</td><td colspan="2"></td><td colspan="2" rowspan="4"></td></tr>
<tr><td>2</td><td colspan="2">涂膜防水层在变形缝、门窗洞口、穿外墙管道、预埋件等部位的做法应符合设计要求</td><td colspan="2"></td></tr>
<tr><td>3</td><td colspan="2">涂膜防水层不得有渗漏现象</td><td colspan="2"></td></tr>
<tr><td>4</td><td colspan="2">涂膜防水层与基层之间应粘结牢固</td><td colspan="2"></td></tr>
<tr><td rowspan="2">一般项目</td><td>1</td><td colspan="2">涂膜防水层表面应平整，涂刷应均匀，不得有流断、露底、气泡、皱折和翘边等缺陷</td><td colspan="2"></td><td colspan="2" rowspan="2"></td></tr>
<tr><td>2</td><td colspan="2">涂膜防水层的厚度应符合设计要求</td><td colspan="2"></td></tr>
<tr><td colspan="2">施工单位检查验收结果</td><td colspan="6">项目专业质量检查员：　　　　年　月　日</td></tr>
<tr><td colspan="2">监理（建设）单位验收结论</td><td colspan="6">监理工程师：
（建设单位项目代表）　　　　年　月　日</td></tr>
</table>

3.21.7 透气膜防水工程检验批质量验收记录 GB 50210

<table>
<tr><td>工程名称</td><td colspan="3"></td><td>分项工程名称</td><td></td><td>验收部位</td><td></td></tr>
<tr><td>施工单位</td><td colspan="3"></td><td>专业负责人</td><td></td><td>项目经理</td><td></td></tr>
<tr><td colspan="3">施工执行标准名称及编号</td><td colspan="2"></td><td>检验批编号</td><td></td><td></td></tr>
<tr><td colspan="3">施工质量验收规范的规定</td><td colspan="3">施工单位检查评定记录</td><td colspan="2">监理（建设）单位验收记录</td></tr>
<tr><td rowspan="4">主控项目</td><td>1</td><td colspan="2">透气膜防水层所用透气膜及配套材料的品种及性能应符合设计要求及国家现行标准的相关规定</td><td colspan="3"></td><td colspan="2" rowspan="4"></td></tr>
<tr><td>2</td><td colspan="2">透气膜防水层在变形缝、门窗洞口、穿外墙管道和预埋件等部位的做法应符合设计要求</td><td colspan="3"></td></tr>
<tr><td>3</td><td colspan="2">透气膜防水层不得有渗漏现象</td><td colspan="3"></td></tr>
<tr><td>4</td><td colspan="2">防水透气膜应与基层粘结固定牢固</td><td colspan="3"></td></tr>
<tr><td rowspan="3">一般项目</td><td>1</td><td colspan="2">透气膜防水层表面应平整，不得有皱折、伤痕、破裂等缺陷</td><td colspan="3"></td><td colspan="2" rowspan="3"></td></tr>
<tr><td>2</td><td colspan="2">防水透气膜的铺贴方向应正确，纵向搭接缝应错开，搭接宽度应符合设计要求</td><td colspan="3"></td></tr>
<tr><td>3</td><td colspan="2">防水透气膜的搭接缝应粘结牢固、密封严密；收头应与基层粘结固定牢固，缝口应严密，不得有翘边现象</td><td colspan="3"></td></tr>
<tr><td colspan="2">施工单位检查验收结果</td><td colspan="6">项目专业质量检查员：　　　　年　月　日</td></tr>
<tr><td colspan="2">监理（建设）单位验收结论</td><td colspan="6">监理工程师：
（建设单位项目代表）　　　　年　月　日</td></tr>
</table>

3.21.8 木门窗安装工程检验批质量验收记录 GB 50210

<table>
<tr><td colspan="2">工程名称</td><td colspan="4"></td><td colspan="3">分项工程名称</td><td colspan="3"></td><td colspan="2">验收部位</td><td></td></tr>
<tr><td colspan="2">施工单位</td><td colspan="4"></td><td colspan="3">专业负责人</td><td colspan="3"></td><td colspan="2">项目经理</td><td></td></tr>
<tr><td colspan="4">施工执行标准名称及编号</td><td colspan="8"></td><td colspan="2">检验批编号</td><td></td></tr>
<tr><td colspan="6">施工质量验收规范的规定</td><td colspan="8">施工单位检查评定记录</td><td>监理（建设）单位验收记录</td></tr>
<tr><td rowspan="6">主控项目</td><td>1</td><td colspan="4">木门窗的品种、类型、规格、尺寸、开启方向、安装位置、连接方式及性能应符合设计要求及国家现行标准的相关规定</td><td colspan="8"></td><td rowspan="6"></td></tr>
<tr><td>2</td><td colspan="4">木门窗应采用烘干的木材，含水率及饰面质量应符合国家现行标准的相关规定</td><td colspan="8"></td></tr>
<tr><td>3</td><td colspan="4">木门窗的防火性能、防腐性能、防虫处理应符合设计要求</td><td colspan="8"></td></tr>
<tr><td>4</td><td colspan="4">木门窗框的安装应牢固。预埋木砖的防腐处理、木门窗框固定点的数量、位置和固定方法应符合设计要求</td><td colspan="8"></td></tr>
<tr><td>5</td><td colspan="4">木门窗扇位安装牢固、开关灵活、关闭严密，无倒翘</td><td colspan="8"></td></tr>
<tr><td>6</td><td colspan="4">木门窗配件的型号、规格和数量应符合设计要求，安装应牢固，位置应正确，功能应满足使用要求</td><td colspan="8"></td></tr>
<tr><td rowspan="11">一般项目</td><td>1</td><td colspan="4">木门窗表面应洁净，不得有刨痕和锤印</td><td colspan="8"></td><td rowspan="11"></td></tr>
<tr><td>2</td><td colspan="4">木门窗的割角和拼缝应严密平整。门窗框、扇裁口应顺直，刨面应平整</td><td colspan="8"></td></tr>
<tr><td>3</td><td colspan="4">木门窗上的槽和孔应边缘整齐，无毛刺</td><td colspan="8"></td></tr>
<tr><td>4</td><td colspan="4">木门窗与墙体间的缝隙应填嵌饱满。严寒和寒冷地区外门窗（或门窗框）与砌体间的空隙应填充保温材料</td><td colspan="8"></td></tr>
<tr><td>5</td><td colspan="4">木门窗批水、盖口条、压缝条和密封条安装应顺直，与门窗结合应牢固、严密</td><td colspan="8"></td></tr>
<tr><td rowspan="6">6</td><td rowspan="6">平开木门窗安装允许偏差（mm）</td><td colspan="2">门窗框的正、侧面垂直度</td><td>2</td><td></td><td></td><td></td><td></td><td></td><td></td><td></td><td></td></tr>
<tr><td colspan="2">框与扇接缝高低差</td><td>1</td><td></td><td></td><td></td><td></td><td></td><td></td><td></td><td></td></tr>
<tr><td colspan="2">扇与扇接缝高低差</td><td>1</td><td></td><td></td><td></td><td></td><td></td><td></td><td></td><td></td></tr>
<tr><td colspan="2">双层门窗内外框间距</td><td>4</td><td></td><td></td><td></td><td></td><td></td><td></td><td></td><td></td></tr>
<tr><td rowspan="2">框与扇搭接宽度</td><td>门</td><td>2</td><td></td><td></td><td></td><td></td><td></td><td></td><td></td><td></td></tr>
<tr><td>窗</td><td>1</td><td></td><td></td><td></td><td></td><td></td><td></td><td></td><td></td></tr>
</table>

木门窗安装工程检验批质量验收记录（续表） GB 50210

<table>
<tr><td colspan="3">工程名称</td><td colspan="3"></td><td colspan="4">分项工程名称</td><td colspan="3"></td><td>验收部位</td><td></td></tr>
<tr><td colspan="3">施工单位</td><td colspan="3"></td><td colspan="4">专业负责人</td><td colspan="3"></td><td>项目经理</td><td></td></tr>
<tr><td colspan="4">施工执行标准名称及编号</td><td colspan="6"></td><td colspan="3">检验批编号</td><td colspan="2"></td></tr>
<tr><td colspan="6">施工质量验收规范的规定</td><td colspan="8">施工单位检查评定记录</td><td>监理（建设）单位验收记录</td></tr>
<tr><td rowspan="12">一般项目</td><td rowspan="12">6</td><td rowspan="12">平开木门窗安装留缝限值（mm）</td><td colspan="2">门窗扇对口缝</td><td>1~4</td><td></td><td></td><td></td><td></td><td></td><td></td><td></td><td></td><td></td></tr>
<tr><td colspan="2">工业厂房、围墙双扇大门对口缝</td><td>2~7</td><td></td><td></td><td></td><td></td><td></td><td></td><td></td><td></td><td rowspan="11"></td></tr>
<tr><td colspan="2">门窗扇与上框间留缝</td><td>1~3</td><td></td><td></td><td></td><td></td><td></td><td></td><td></td><td></td></tr>
<tr><td colspan="2">门窗扇与合页侧框间留缝</td><td>1~3</td><td></td><td></td><td></td><td></td><td></td><td></td><td></td><td></td></tr>
<tr><td colspan="2">室外门扇与锁侧框间留缝</td><td>1~3</td><td></td><td></td><td></td><td></td><td></td><td></td><td></td><td></td></tr>
<tr><td colspan="2">门扇与下框间留缝</td><td>3~5</td><td></td><td></td><td></td><td></td><td></td><td></td><td></td><td></td></tr>
<tr><td colspan="2">窗扇与下框间留缝</td><td>1~3</td><td></td><td></td><td></td><td></td><td></td><td></td><td></td><td></td></tr>
<tr><td rowspan="5">无下框时门扇与地面间留缝限值</td><td>室外门</td><td>4~7</td><td></td><td></td><td></td><td></td><td></td><td></td><td></td><td></td></tr>
<tr><td>室内门</td><td rowspan="2">4~8</td><td></td><td></td><td></td><td></td><td></td><td></td><td></td><td></td></tr>
<tr><td>卫生间门</td><td></td><td></td><td></td><td></td><td></td><td></td><td></td><td></td></tr>
<tr><td>厂房大门</td><td rowspan="2">10~20</td><td></td><td></td><td></td><td></td><td></td><td></td><td></td><td></td></tr>
<tr><td>围墙大门</td><td></td><td></td><td></td><td></td><td></td><td></td><td></td><td></td></tr>
<tr><td colspan="2">施工单位检查验收结果</td><td colspan="13">项目专业质量检查员： 年 月 日</td></tr>
<tr><td colspan="2">监理（建设）单位验收结论</td><td colspan="13">监理工程师：
（建设单位项目代表） 年 月 日</td></tr>
</table>

3.21.9 金属门窗安装工程检验批质量验收记录 GB 50210

工程名称			分项工程名称		验收部位	
施工单位			专业负责人		项目经理	
施工执行标准名称及编号					检验批编号	
施工质量验收规范的规定			施工单位检查评定记录		监理（建设）单位验收记录	
主控项目	1	金属门窗的品种、类型、规格、尺寸、性能、开启方向、安装位置、连接方式及门窗的型材壁厚应符合设计要求及国家现行标准的相关规定。金属门窗的防雷、防腐处理及填嵌、密封处理应符合设计要求				
	2	金属门窗框和附框的安装应牢固。预埋件及锚固件的数量、位置、埋设方式、与框的连接方式应符合设计要求				
	3	金属门窗扇应安装牢固、开关灵活、关闭严密、无倒翘。推拉门窗扇应安装防止扇脱落的装置				
	4	金属门窗配件的型号、规格、数量应符合设计要求，安装应牢固，位置应正确，功能应满足使用要求				
一般项目	1	金属门窗表面应洁净、平整、光滑、色泽一致，应无锈蚀、擦伤、划痕和碰伤。漆膜或保护层应连续。型材的表面处理应符合设计要求及国家现行标准的相关规定				
	2	金属门窗推拉门窗扇开关力不应大于50N				
	3	金属门窗框与墙体之间的缝隙应填嵌饱满，并应采用密封胶密封。密封胶表面应光滑、顺直，无裂纹				
	4	金属门窗扇的密封胶条或密封毛条装配应平整、完好，不得脱槽，交角处应平顺				
	5	排水孔应畅通，位置和数量应符合设计要求				

金属门窗安装工程检验批质量验收记录（续表 1） GB 50210

工程名称		分项工程名称		验收部位	
施工单位		专业负责人		项目经理	
施工执行标准名称及编号		检验批编号			

施工质量验收规范的规定						施工单位检查评定记录	监理（建设）单位验收记录
一般项目	6	钢门窗安装允许偏差（mm）	门窗槽口宽度、高度	≤ 1500	2		
				＞ 1500	3		
			门窗槽口对角线长度差	≤ 2000	3		
				＞ 2000	4		
			门窗框的正、侧面垂直度		3		
			门窗横框的水平度		3		
			门窗横框标高		5		
			门窗竖向偏离中心		4		
			双层门窗内外框间距		5		
		钢门窗安装留缝限值（mm）	门窗框、扇配合间隙		≤ 2		
			平开门窗框扇搭接宽度	门	≥ 6		
				窗	≥ 4		
			推拉门窗框扇搭接宽度		≥ 6		
			无下框时门扇与地面间留缝		4~8		
	7	铝合金门窗安装允许偏差（mm）	门窗槽口宽度、高度	≤ 2000	2		
				＞ 2000	3		
			门窗槽口对角线长度差	≤ 2500	4		
				＞ 2500	5		
			门窗框正面、侧面垂直度		2		
			门窗横框水平度		5		
			门窗横框标高		5		
			门窗竖向偏离中心		5		
			双层门窗内外框间距		4		
			推拉门窗扇与框搭接量	门	2		
				窗	1		

金属门窗安装工程检验批质量验收记录（续表 2） GB 50210

工程名称					分项工程名称						验收部位			
施工单位					专业负责人						项目经理			
施工执行标准名称及编号								检验批编号						
施工质量验收规范的规定						施工单位检查评定记录								监理（建设）单位验收记录
一般项目	8	涂色镀锌钢板门窗安装允许偏差（mm）	门窗槽口宽度、高度	≤ 1500	2									
				> 1500	3									
			门窗槽口对角线长度差	≤ 2000	4									
				> 2000	5									
			门窗框正面、侧面垂直度		3									
			门窗横框水平度		3									
			门窗横框标高		5									
			门窗竖向偏离中心		5									
			双层门窗内外框间距		4									
			推拉门窗扇与框搭接宽度		2									
施工单位检查验收结果	项目专业质量检查员： 年 月 日													
监理（建设）单位验收结论	监理工程师：（建设单位项目代表） 年 月 日													

3.21.10 塑料门窗安装工程检验批质量验收记录 GB 50210

工程名称			分项工程名称		验收部位	
施工单位			专业负责人		项目经理	
施工执行标准名称及编号				检验批编号		
施工质量验收规范的规定			施工单位检查评定记录		监理（建设）单位验收记录	
主控项目	1	塑料门窗的品种、类型、规格、尺寸、性能、开启方向、安装位置、连接方式和填嵌密封处理应符合设计要求及国家现行标准的相关规定，内衬增强型钢的壁厚及设置应符合 GB/T 28886—2012《建筑用塑料门》和 GB/T 28887—2012《建筑用塑料窗》的规定				
	2	塑料门窗框、附框和扇的安装应牢固。固定片或膨胀螺栓的数量与位置应正确，连接方式应符合设计要求。固定点应距窗角、中横框、中竖框 150~200mm，固定点间距不应大于 600mm				
	3	塑料组合门窗使用的拼模料截面尺寸及内衬增强型钢的形状和壁厚应符合设计要求。承受风荷载的拼模料应采用与其内腔紧密吻合的增强型钢作为内衬，其两端应与洞口固定牢固。窗框应与拼橙料连接紧密，固定点间距不应大于 600mm				
	4	窗框与洞口之间的伸缩缝内应采用聚氨酯发泡胶填充，发泡胶填充应均匀、密实。发泡胶成型后不宜切割。表面应采用密封胶密封。密封胶应粘结牢固，表面光滑、顺直、无裂纹				
	5	滑撑饺链的安装应牢固，紧固螺钉应使用不锈钢材质。螺钉与框扇连接处应进行防水密封处理				
	6	推拉门窗扇应安装防止扇脱落的装置				
	7	门窗扇关闭应严密，开关应灵活				
	8	塑料门窗配件的型号、规格和数量应符合设计要求，安装应牢固，位置应正确，使用应灵活，功能应满足各自使用要求。平开窗扇高度大于 900mm 时，窗扇锁闭点不应少于两个				

塑料门窗安装工程检验批质量验收记录（续表 1） GB 50210

<table>
<tr><td colspan="2">工程名称</td><td colspan="4"></td><td colspan="4">分项工程名称</td><td colspan="2"></td><td colspan="2">验收部位</td><td></td></tr>
<tr><td colspan="2">施工单位</td><td colspan="4"></td><td colspan="4">专业负责人</td><td colspan="2"></td><td colspan="2">项目经理</td><td></td></tr>
<tr><td colspan="4">施工执行标准名称及编号</td><td colspan="6"></td><td colspan="2">检验批编号</td><td colspan="3"></td></tr>
<tr><td colspan="6">施工质量验收规范的规定</td><td colspan="8">施工单位检查评定记录</td><td>监理（建设）单位验收记录</td></tr>
<tr><td rowspan="15">一般项目</td><td>1</td><td colspan="4">安装后的门窗关闭时，密封面上的密封条应处于压缩状态，密封层数应符合设计要求。密封条应连续完整，装配后应均匀、牢固，应无脱槽、收缩和虚压等现象；密封条接口应严密，且应位于窗的上方</td><td colspan="8"></td><td rowspan="15"></td></tr>
<tr><td>2</td><td colspan="4">平开门窗扇平铰链的开关力不应大于 80N；滑撑铰链的开关力不应大于 80N，并不应小于 30N</td><td colspan="8"></td></tr>
<tr><td>3</td><td colspan="4">塑料推拉门窗扇的开关力不应大于 100N</td><td colspan="8"></td></tr>
<tr><td>4</td><td colspan="4">门窗表面应洁净、平整、光滑，颜色应均匀一致。可视面应无划痕、碰伤等缺陷，门窗不得有焊角开裂和型材断裂等现象</td><td colspan="8"></td></tr>
<tr><td>5</td><td colspan="4">旋转窗间隙应均匀</td><td colspan="8"></td></tr>
<tr><td>6</td><td colspan="4">排水孔应畅通，位置和数量应符合设计要求</td><td colspan="8"></td></tr>
<tr><td rowspan="9">7</td><td rowspan="9">塑料门窗安装允许偏差（mm）</td><td rowspan="2">门、窗框外形（高、宽）尺寸长度差</td><td>≤ 1500</td><td>2</td><td></td><td></td><td></td><td></td><td></td><td></td><td></td><td></td></tr>
<tr><td>> 1500</td><td>3</td><td></td><td></td><td></td><td></td><td></td><td></td><td></td><td></td></tr>
<tr><td rowspan="2">门、窗框两对脚线长度差</td><td>≤ 2000</td><td>3</td><td></td><td></td><td></td><td></td><td></td><td></td><td></td><td></td></tr>
<tr><td>> 2000</td><td>5</td><td></td><td></td><td></td><td></td><td></td><td></td><td></td><td></td></tr>
<tr><td colspan="2">门、窗框（含拼樘料）正面、侧面垂直度</td><td>3</td><td></td><td></td><td></td><td></td><td></td><td></td><td></td><td></td></tr>
<tr><td colspan="2">门、窗框（含拼樘料）水平度</td><td>3</td><td></td><td></td><td></td><td></td><td></td><td></td><td></td><td></td></tr>
<tr><td colspan="2">门、窗下横框标高</td><td>5</td><td></td><td></td><td></td><td></td><td></td><td></td><td></td><td></td></tr>
<tr><td colspan="2">门、窗竖向偏离中心</td><td>5</td><td></td><td></td><td></td><td></td><td></td><td></td><td></td><td></td></tr>
<tr><td colspan="2">双层门、窗内外框间距</td><td>4</td><td></td><td></td><td></td><td></td><td></td><td></td><td></td><td></td></tr>
</table>

塑料门窗安装工程检验批质量验收记录（续表 2） GB 50210

<table>
<tr><td>工程名称</td><td colspan="4"></td><td colspan="4">分项工程名称</td><td colspan="2"></td><td colspan="2">验收部位</td><td></td></tr>
<tr><td>施工单位</td><td colspan="4"></td><td colspan="4">专业负责人</td><td colspan="2"></td><td colspan="2">项目经理</td><td></td></tr>
<tr><td colspan="4">施工执行标准名称及编号</td><td colspan="6"></td><td>检验批编号</td><td colspan="3"></td></tr>
<tr><td colspan="6">施工质量验收规范的规定</td><td colspan="8">施工单位检查评定记录</td><td>监理（建设）单位验收记录</td></tr>
<tr><td rowspan="8">一般项目</td><td rowspan="8">7</td><td rowspan="8">塑料门窗安装允许偏差（mm）</td><td rowspan="3">平开门窗及上悬窗、下悬窗、中悬窗</td><td>门、窗扇与框搭接宽度</td><td>2</td><td></td><td></td><td></td><td></td><td></td><td></td><td></td><td></td><td rowspan="8"></td></tr>
<tr><td>同樘门、窗相邻扇的水平高度差</td><td>2</td><td></td><td></td><td></td><td></td><td></td><td></td><td></td><td></td></tr>
<tr><td>门、窗框扇四周的配合间隙</td><td>1</td><td></td><td></td><td></td><td></td><td></td><td></td><td></td><td></td></tr>
<tr><td rowspan="2">推拉门窗</td><td>门、窗扇与框搭接宽度</td><td>2</td><td></td><td></td><td></td><td></td><td></td><td></td><td></td><td></td></tr>
<tr><td>门、窗扇与框或相邻扇立边平行度</td><td>2</td><td></td><td></td><td></td><td></td><td></td><td></td><td></td><td></td></tr>
<tr><td rowspan="2">组合门窗</td><td>平整度</td><td>3</td><td></td><td></td><td></td><td></td><td></td><td></td><td></td><td></td></tr>
<tr><td>缝直线度</td><td>3</td><td></td><td></td><td></td><td></td><td></td><td></td><td></td><td></td></tr>
<tr><td colspan="2">施工单位检查验收结果</td><td colspan="13">项目专业质量检查员： 年 月 日</td></tr>
<tr><td colspan="2">监理（建设）单位验收结论</td><td colspan="13">监理工程师：
（建设单位项目代表） 年 月 日</td></tr>
</table>

3.21.11 特种门安装工程检验批质量验收记录 GB 50210

工程名称		分项工程名称		验收部位	
施工单位		专业负责人		项目经理	
施工执行标准名称及编号			检验批编号		

施工质量验收规范的规定						施工单位检查评定记录	监理（建设）单位验收记录
主控项目	1	特种门的质量和性能应符合设计要求					
	2	特种门的品种、类型、规格、尺寸、开启方向、安装位置和防腐处理应符合设计要求及国家现行标准的相关规定					
	3	带有机械装置、自动装置或智能化装置的特种门，其机械装置、自动装置或智能化装置的功能应符合设计要求					
	4	特种门的安装应牢固。预埋件及锚固件的数量、位置、理设方式、与框的连接方式应符合设计要求					
	5	特种门的配件应齐全，位置应正确，安装应牢固，功能应满足使用要求和特种门的性能要求					
一般项目	1	特种门表面装饰符合设计要求					
	2	特种门表面应洁净，应无划痕和碰伤					
	3	推拉自动门感应时间限值（s）	开门相应时间		≤ 0.5		
			堵门保护延时		16~20		
			门扇全开启后保持时间		13~17		
	4	人行自动门活动扇在启闭过程中对所要求保护的部位应留有安全间隙，安全间隙应小于 8mm 或大于 25mm					
	5	自动门安装允许偏差（mm）	上框、平梁水平度	推拉	1		
				平开	1		
				折叠	1		
			上框、平梁直线度	推拉	2		
				平开	2		
				折叠	2		
			立框垂直度	推拉	1		
				平开	1		
				折叠	1		
				旋转	1		

特种门安装工程检验批质量验收记录（续表） GB 50210

<table>
<tr><td colspan="3">工程名称</td><td colspan="3"></td><td colspan="3">分项工程名称</td><td colspan="3"></td><td colspan="2">验收部位</td><td></td></tr>
<tr><td colspan="3">施工单位</td><td colspan="3"></td><td colspan="3">专业负责人</td><td colspan="3"></td><td colspan="2">项目经理</td><td></td></tr>
<tr><td colspan="4">施工执行标准名称及编号</td><td colspan="6"></td><td colspan="2">检验批编号</td><td colspan="3"></td></tr>
<tr><td colspan="6">施工质量验收规范的规定</td><td colspan="8">施工单位检查评定记录</td><td>监理（建设）单位验收记录</td></tr>
<tr><td rowspan="20">一般项目</td><td rowspan="16">5</td><td rowspan="16">自动门安装允许偏差（mm）</td><td rowspan="3">导轨和平梁平行度</td><td>推拉</td><td>2</td><td></td><td></td><td></td><td></td><td></td><td></td><td></td><td></td><td rowspan="20"></td></tr>
<tr><td>折叠</td><td>2</td><td></td><td></td><td></td><td></td><td></td><td></td><td></td><td></td></tr>
<tr><td>旋转</td><td>2</td><td></td><td></td><td></td><td></td><td></td><td></td><td></td><td></td></tr>
<tr><td rowspan="4">门框固定扇内侧对角线尺寸</td><td>推拉</td><td>2</td><td></td><td></td><td></td><td></td><td></td><td></td><td></td><td></td></tr>
<tr><td>平开</td><td>2</td><td></td><td></td><td></td><td></td><td></td><td></td><td></td><td></td></tr>
<tr><td>折叠</td><td>2</td><td></td><td></td><td></td><td></td><td></td><td></td><td></td><td></td></tr>
<tr><td>旋转</td><td>2</td><td></td><td></td><td></td><td></td><td></td><td></td><td></td><td></td></tr>
<tr><td rowspan="4">活动扇与框、横梁、固定扇间隙差</td><td>推拉</td><td>1</td><td></td><td></td><td></td><td></td><td></td><td></td><td></td><td></td></tr>
<tr><td>平开</td><td>1</td><td></td><td></td><td></td><td></td><td></td><td></td><td></td><td></td></tr>
<tr><td>折叠</td><td>1</td><td></td><td></td><td></td><td></td><td></td><td></td><td></td><td></td></tr>
<tr><td>旋转</td><td>1</td><td></td><td></td><td></td><td></td><td></td><td></td><td></td><td></td></tr>
<tr><td rowspan="4">板材对接接缝平整度</td><td>推拉</td><td>0.3</td><td></td><td></td><td></td><td></td><td></td><td></td><td></td><td></td></tr>
<tr><td>平开</td><td>0.3</td><td></td><td></td><td></td><td></td><td></td><td></td><td></td><td></td></tr>
<tr><td>折叠</td><td>0.3</td><td></td><td></td><td></td><td></td><td></td><td></td><td></td><td></td></tr>
<tr><td>旋转</td><td>0.3</td><td></td><td></td><td></td><td></td><td></td><td></td><td></td><td></td></tr>
<tr><td rowspan="4">6</td><td rowspan="4">自动门手动开启力（N）</td><td>推拉自动门</td><td colspan="2">≤ 100</td><td></td><td></td><td></td><td></td><td></td><td></td><td></td><td></td></tr>
<tr><td>平开自动门</td><td colspan="2">≤ 100（门扇边梃着力点）</td><td></td><td></td><td></td><td></td><td></td><td></td><td></td><td></td></tr>
<tr><td>折叠自动门</td><td colspan="2">≤ 100（垂直于门扇折叠处铰链推拉）</td><td></td><td></td><td></td><td></td><td></td><td></td><td></td><td></td></tr>
<tr><td>旋转自动门</td><td colspan="2">150~300（门扇边梃着力点）</td><td></td><td></td><td></td><td></td><td></td><td></td><td></td><td></td></tr>
<tr><td colspan="2">施工单位检查验收结果</td><td colspan="13">项目专业质量检查员：　　　　年　月　日</td></tr>
<tr><td colspan="2">监理（建设）单位验收结论</td><td colspan="13">监理工程师：
（建设单位项目代表）　　　　年　月　日</td></tr>
</table>

3.21.12 门窗玻璃安装工程检验批质量验收记录 GB 50210

<table>
<tr><td>工程名称</td><td colspan="3"></td><td>分项工程名称</td><td></td><td>验收部位</td><td></td></tr>
<tr><td>施工单位</td><td colspan="3"></td><td>专业负责人</td><td></td><td>项目经理</td><td></td></tr>
<tr><td colspan="3">施工执行标准名称及编号</td><td colspan="2"></td><td>检验批编号</td><td colspan="2"></td></tr>
<tr><td colspan="4">施工质量验收规范的规定</td><td colspan="2">施工单位检查评定记录</td><td colspan="2">监理（建设）单位验收记录</td></tr>
<tr><td rowspan="6">主控项目</td><td>1</td><td colspan="2">玻璃的层数、品种、规格、尺寸、色彩、图案和涂膜朝向应符合设计要求</td><td colspan="2"></td><td colspan="2" rowspan="6"></td></tr>
<tr><td>2</td><td colspan="2">门窗玻璃裁割尺寸应正确。安装后的玻璃应牢固，不得有裂纹、损伤和松动</td><td colspan="2"></td></tr>
<tr><td>3</td><td colspan="2">玻璃的安装方法应符合设计要求。固定玻璃的钉子或钢丝卡的数量、规格应保证玻璃安装牢固</td><td colspan="2"></td></tr>
<tr><td>4</td><td colspan="2">镶钉木压条接触玻璃处应与裁口边缘平齐。木压条应互相紧密连接，并应与裁口边缘紧贴，割角应整齐</td><td colspan="2"></td></tr>
<tr><td>5</td><td colspan="2">密封条与玻璃、玻璃槽口的接触应紧密、平整。密封胶与玻璃、玻璃槽口的边缘应粘结牢固、接缝平齐</td><td colspan="2"></td></tr>
<tr><td>6</td><td colspan="2">带密封条的玻璃压条的密封条应与玻璃贴紧，压条与型材之间应无明显缝隙</td><td colspan="2"></td></tr>
<tr><td rowspan="3">一般项目</td><td>1</td><td colspan="2">玻璃表面应洁净，不得有腻子、密封胶和涂料等污渍。中空玻璃内外表面均应洁净，玻璃中空层内不得有灰尘和水蒸气。门窗玻璃不应直接接触型材</td><td colspan="2"></td><td colspan="2" rowspan="3"></td></tr>
<tr><td>2</td><td colspan="2">腻子及密封胶应填抹饱满、粘结牢固，腻子及密封胶边缘与裁口应平齐。固定玻璃的卡子不应在腻子表面显露</td><td colspan="2"></td></tr>
<tr><td>3</td><td colspan="2">密封条不得卷边、脱槽，密封条接缝应粘接</td><td colspan="2"></td></tr>
<tr><td colspan="2">施工单位检查验收结果</td><td colspan="6">项目专业质量检查员：　　　　年　月　日</td></tr>
<tr><td colspan="2">监理（建设）单位验收结论</td><td colspan="6">监理工程师：
（建设单位项目代表）　　　　年　月　日</td></tr>
</table>

3.21.13 整体面层吊顶工程检验批质量验收记录 GB 50210

工程名称		分项工程名称		验收部位	
施工单位		专业负责人		项目经理	
施工执行标准名称及编号				检验批编号	

施工质量验收规范的规定			施工单位检查评定记录	监理（建设）单位验收记录
主控项目	1	吊顶标高、尺寸、起拱和造型应符合设计要求		
	2	面层材料的材质、品种、规格、图案、颜色和性能应符合设计要求及国家现行标准的相关规定		
	3	整体面层吊顶工程的吊杆、龙骨和面板的安装应牢固		
	4	吊杆和龙骨的材质、规格、安装间距及连接方式应符合设计要求。金属吊杆和龙骨应经过表面防腐处理，木龙骨应进行防腐、防火处理		
	5	石膏板、水泥纤维板的接缝应按其施工工艺标准进行板缝防裂处理。安装双层板时，面层板与基层板的接缝应错开，并不得在同一根龙骨上接缝		
一般项目	1	面层材料表面应洁净、色泽一致，不得有翘曲、裂缝及缺损。压条应平直、宽窄一致		
	2	面板上的灯具、烟感器、喷淋头、风口箅子和检修口等设备设施的位置应合理、美观，与面板的交接应吻合、严密		
	3	金属龙骨的接缝应均匀一致，角缝应吻合，表面应平整，应无翘曲和锤印。木质龙骨应顺直，应无劈裂和变形		

整体面层吊顶工程检验批质量验收记录（续表） GB 50210

<table>
<tr><td colspan="2">工程名称</td><td colspan="2"></td><td colspan="2">分项工程名称</td><td colspan="4"></td><td colspan="3">验收部位</td><td></td></tr>
<tr><td colspan="2">施工单位</td><td colspan="2"></td><td colspan="2">专业负责人</td><td colspan="4"></td><td colspan="3">项目经理</td><td></td></tr>
<tr><td colspan="4">施工执行标准名称及编号</td><td colspan="6"></td><td colspan="2">检验批编号</td><td colspan="2"></td></tr>
<tr><td colspan="6">施工质量验收规范的规定</td><td colspan="7">施工单位检查评定记录</td><td>监理（建设）单位验收记录</td></tr>
<tr><td rowspan="3">一般项目</td><td>4</td><td colspan="4">吊顶内填充吸声材料的品种和铺设厚度应符合设计要求，并应有防散落措施</td><td colspan="7"></td><td rowspan="3"></td></tr>
<tr><td rowspan="2">5</td><td rowspan="2">整体面层吊顶安装允许偏差（mm）</td><td>表面平整度</td><td colspan="2">3</td><td></td><td></td><td></td><td></td><td></td><td></td><td></td></tr>
<tr><td>缝格、凹槽直线度</td><td colspan="2">3</td><td></td><td></td><td></td><td></td><td></td><td></td><td></td></tr>
<tr><td colspan="2">施工单位检查验收结果</td><td colspan="12">项目专业质量检查员：　　　　年　月　日</td></tr>
<tr><td colspan="2">监理（建设）单位验收结论</td><td colspan="12">监理工程师：
（建设单位项目代表）　　　　年　月　日</td></tr>
</table>

3.21.14 板块面层吊顶工程检验批质量验收记录 GB 50210

<table>
<tr><td colspan="2">工程名称</td><td colspan="2"></td><td>分项工程名称</td><td></td><td>验收部位</td><td></td></tr>
<tr><td colspan="2">施工单位</td><td colspan="2"></td><td>专业负责人</td><td></td><td>项目经理</td><td></td></tr>
<tr><td colspan="3">施工执行标准名称及编号</td><td colspan="2"></td><td>检验批编号</td><td colspan="2"></td></tr>
<tr><td colspan="3">施工质量验收规范的规定</td><td colspan="4">施工单位检查评定记录</td><td>监理（建设）单位验收记录</td></tr>
<tr><td rowspan="5">主控项目</td><td>1</td><td>吊顶标高、尺寸、起拱和造型应符合设计要求</td><td colspan="4"></td><td rowspan="5"></td></tr>
<tr><td>2</td><td>面层材料的材质、品种、规格、图案、颜色和性能应符合设计要求及国家现行标准的相关规定。当面层材料为玻璃板时，应使用安全玻璃并采取可靠的安全措施</td><td colspan="4"></td></tr>
<tr><td>3</td><td>面板的安装应稳固严密。面板与龙骨的搭接宽度应大于龙骨受力面宽度的2/3</td><td colspan="4"></td></tr>
<tr><td>4</td><td>吊杆和龙骨的材质、规格、安装间距及连接方式应符合设计要求。金属吊杆和龙骨应进行表面防腐处理，木龙骨应进行防腐、防火处理</td><td colspan="4"></td></tr>
<tr><td>5</td><td>板块面层吊顶工程的吊杆和龙骨安装应牢固</td><td colspan="4"></td></tr>
<tr><td rowspan="3">一般项目</td><td>1</td><td>面层材料表面应洁净、色泽一致，不得有翘曲、裂缝及缺损。面板与龙骨的搭接应平整、吻合，压条应平直、宽窄一致</td><td colspan="4"></td><td rowspan="3"></td></tr>
<tr><td>2</td><td>面板上的灯具、烟感器、喷淋头、风口算子和检修口等设备设施的位置应合理、美观，与面板的交接应吻合、严密</td><td colspan="4"></td></tr>
<tr><td>3</td><td>金属龙骨的接缝应平整、吻合、颜色一致，不得有划伤和擦伤等表面缺陷。木质龙骨应平整、顺直，应无劈裂</td><td colspan="4"></td></tr>
</table>

板块面层吊顶工程检验批质量验收记录（续表） GB 50210

工程名称						分项工程名称					验收部位			
施工单位						专业负责人					项目经理			
施工执行标准名称及编号											检验批编号			
施工质量验收规范的规定						施工单位检查评定记录								监理（建设）单位验收记录
一般项目	4	吊顶内填充吸声材料的品种和铺设厚度应符合设计要求，并应有防散落措施												
	5	板块面层吊顶安装允许偏差（mm）	石膏板	表面平整度	3									
				接缝直线度	3									
				接缝高低差	1									
			金属板	表面平整度	2									
				接缝直线度	2									
				接缝高低差	1									
			矿棉板	表面平整度	3									
				接缝直线度	3									
				接缝高低差	2									
			模板、塑料板、玻璃板、复合板	表面平整度	2									
				接缝直线度	3									
				接缝高低差	1									
施工单位检查验收结果	项目专业质量检查员：　　　　年　月　日													
监理（建设）单位验收结论	监理工程师： （建设单位项目代表）　　　　年　月　日													

3.21.15 格栅吊顶工程检验批质量验收记录 GB 50210

<table>
<tr><td colspan="2">工程名称</td><td></td><td>分项工程名称</td><td></td><td>验收部位</td><td></td></tr>
<tr><td colspan="2">施工单位</td><td></td><td>专业负责人</td><td></td><td>项目经理</td><td></td></tr>
<tr><td colspan="3">施工执行标准名称及编号</td><td></td><td>检验批编号</td><td colspan="2"></td></tr>
<tr><td colspan="3">施工质量验收规范的规定</td><td colspan="2">施工单位检查评定记录</td><td colspan="2">监理（建设）单位验收记录</td></tr>
<tr><td rowspan="4">主控项目</td><td>1</td><td>吊顶标高、尺寸、起拱和造型应符合设计要求</td><td colspan="2"></td><td colspan="2" rowspan="4"></td></tr>
<tr><td>2</td><td>格栅的材质、品种、规格、图案、颜色和性能应符合设计要求及国家现行标准的相关规定</td><td colspan="2"></td></tr>
<tr><td>3</td><td>吊杆和龙骨的材质、规格、安装间距及连接方式应符合设计要求。金属吊杆和龙骨应进行表面防腐处理，木龙骨应进行防腐、防火处理</td><td colspan="2"></td></tr>
<tr><td>4</td><td>格栅吊顶工程的吊杆、龙骨和格栅的安装应牢固</td><td colspan="2"></td></tr>
<tr><td rowspan="4">一般项目</td><td>1</td><td>格栅表面应洁净、色泽一致，不得有翘曲、裂缝及缺损。栅条角度应一致，边缘应整齐，接口应无错位。压条应平直、宽窄一致</td><td colspan="2"></td><td colspan="2" rowspan="3"></td></tr>
<tr><td>2</td><td>吊顶的灯具、烟感器、喷淋头、风口箅子和检修口等设备设施的位置应合理、美观，与格栅的套割交接处应吻合、严密</td><td colspan="2"></td></tr>
<tr><td>3</td><td>金属龙骨的接缝应平整、吻合、颜色一致，不得有划伤和擦伤等表面缺陷。木质龙骨应平整、顺直，应无劈裂</td><td colspan="2"></td></tr>
<tr><td>4</td><td>吊顶内填充吸声材料的品种和铺设厚度应符合设计要求，并应有防散落措施</td><td colspan="2"></td><td colspan="2"></td></tr>
</table>

格栅吊顶工程检验批质量验收记录（续表） GB 50210

<table>
<tr><td colspan="2">工程名称</td><td colspan="3"></td><td colspan="3">分项工程名称</td><td colspan="3"></td><td colspan="2">验收部位</td><td></td></tr>
<tr><td colspan="2">施工单位</td><td colspan="3"></td><td colspan="3">专业负责人</td><td colspan="3"></td><td colspan="2">项目经理</td><td></td></tr>
<tr><td colspan="4">施工执行标准名称及编号</td><td colspan="4"></td><td colspan="3">检验批编号</td><td colspan="3"></td></tr>
<tr><td colspan="6">施工质量验收规范的规定</td><td colspan="8">施工单位检查评定记录</td><td>监理（建设）单位验收记录</td></tr>
<tr><td rowspan="5">一般项目</td><td>5</td><td colspan="4">格栅吊顶内楼板、管线设备等表面处理应符合设计要求，吊顶内各种设备管线布置应合理、美观</td><td colspan="8"></td><td rowspan="5"></td></tr>
<tr><td rowspan="4">6</td><td rowspan="4">格栅吊顶安装允许偏差（mm）</td><td rowspan="2">金属格栅</td><td>表面平整度</td><td>2</td><td></td><td></td><td></td><td></td><td></td><td></td><td></td><td></td></tr>
<tr><td>格栅直线度</td><td>3</td><td></td><td></td><td></td><td></td><td></td><td></td><td></td><td></td></tr>
<tr><td rowspan="2">木格栅、塑料格栅、复合材料格栅</td><td>表面平整度</td><td>3</td><td></td><td></td><td></td><td></td><td></td><td></td><td></td><td></td></tr>
<tr><td>接缝直线度</td><td>3</td><td></td><td></td><td></td><td></td><td></td><td></td><td></td><td></td></tr>
<tr><td colspan="2">施工单位检查验收结果</td><td colspan="13">项目专业质量检查员：　　　　　　年　月　日</td></tr>
<tr><td colspan="2">监理（建设）单位验收结论</td><td colspan="13">监理工程师：
（建设单位项目代表）　　　　　　年　月　日</td></tr>
</table>

3.21.16 板材隔墙工程检验批质量验收记录 GB 50210

<table>
<tr><td>工程名称</td><td colspan="5"></td><td colspan="2">分项工程名称</td><td colspan="4"></td><td colspan="2">验收部位</td><td colspan="3"></td></tr>
<tr><td>施工单位</td><td colspan="5"></td><td colspan="2">专业负责人</td><td colspan="4"></td><td colspan="2">项目经理</td><td colspan="3"></td></tr>
<tr><td colspan="4">施工执行标准名称及编号</td><td colspan="6"></td><td colspan="2">检验批编号</td><td colspan="5"></td></tr>
<tr><td colspan="7">施工质量验收规范的规定</td><td colspan="8">施工单位检查评定记录</td><td colspan="2">监理（建设）单位验收记录</td></tr>
<tr><td rowspan="5">主控项目</td><td>1</td><td colspan="5">隔墙板材的品种、规格、颜色和性能应符合设计要求。有隔声、隔热、阻燃和防潮等特殊要求的工程，板材应有相应性能等级的检验报告</td><td colspan="8"></td><td colspan="2" rowspan="5"></td></tr>
<tr><td>2</td><td colspan="5">安装隔墙板材所需预埋件、连接件的位置、数量及连接方法应符合设计要求</td><td colspan="8"></td></tr>
<tr><td>3</td><td colspan="5">隔墙板材安装应牢固</td><td colspan="8"></td></tr>
<tr><td>4</td><td colspan="5">隔墙板材所用接缝材料的品种及接缝方法应符合设计要求</td><td colspan="8"></td></tr>
<tr><td>5</td><td colspan="5">隔墙板材安装应位置正确，板材不应有裂缝或缺损</td><td colspan="8"></td></tr>
<tr><td rowspan="10">一般项目</td><td>1</td><td colspan="5">板材隔墙表面应光洁、平顺、色泽一致，接缝应均匀、顺直</td><td colspan="8"></td><td colspan="2" rowspan="10"></td></tr>
<tr><td>2</td><td colspan="5">隔墙上的孔洞、槽、盒应位置正确、套割方正、边缘整齐</td><td colspan="8"></td></tr>
<tr><td rowspan="8">3</td><td rowspan="8">板材隔墙安装允许偏差（mm）</td><td rowspan="8">复合轻质墙板</td><td rowspan="4">金属夹芯板</td><td>立面垂直度</td><td>2</td><td></td><td></td><td></td><td></td><td></td><td></td><td></td><td></td></tr>
<tr><td>表面平整度</td><td>2</td><td></td><td></td><td></td><td></td><td></td><td></td><td></td><td></td></tr>
<tr><td>阴阳角方正</td><td>3</td><td></td><td></td><td></td><td></td><td></td><td></td><td></td><td></td></tr>
<tr><td>接缝高低差</td><td>1</td><td></td><td></td><td></td><td></td><td></td><td></td><td></td><td></td></tr>
<tr><td rowspan="4">其他复合板</td><td>立面垂直度</td><td>3</td><td></td><td></td><td></td><td></td><td></td><td></td><td></td><td></td></tr>
<tr><td>表面平整度</td><td>3</td><td></td><td></td><td></td><td></td><td></td><td></td><td></td><td></td></tr>
<tr><td>阴阳角方正</td><td>3</td><td></td><td></td><td></td><td></td><td></td><td></td><td></td><td></td></tr>
<tr><td>接缝高低差</td><td>2</td><td></td><td></td><td></td><td></td><td></td><td></td><td></td><td></td></tr>
</table>

板材隔墙工程检验批质量验收记录（续表） GB 50210

<table>
<tr><td>工程名称</td><td colspan="5"></td><td colspan="4">分项工程名称</td><td colspan="3"></td><td colspan="2">验收部位</td><td></td></tr>
<tr><td>施工单位</td><td colspan="5"></td><td colspan="4">专业负责人</td><td colspan="3"></td><td colspan="2">项目经理</td><td></td></tr>
<tr><td colspan="4">施工执行标准名称及编号</td><td colspan="6"></td><td colspan="3">检验批编号</td><td colspan="3"></td></tr>
<tr><td colspan="6">施工质量验收规范的规定</td><td colspan="8">施工单位检查评定记录</td><td colspan="2">监理（建设）单位验收记录</td></tr>
<tr><td rowspan="8">一般项目</td><td rowspan="8">3</td><td rowspan="8">板材隔墙安装允许偏差（mm）</td><td rowspan="4">石膏空心板</td><td>立面垂直度</td><td>3</td><td></td><td></td><td></td><td></td><td></td><td></td><td></td><td></td><td colspan="2" rowspan="8"></td></tr>
<tr><td>表面平整度</td><td>3</td><td></td><td></td><td></td><td></td><td></td><td></td><td></td><td></td></tr>
<tr><td>阴阳角方正</td><td>3</td><td></td><td></td><td></td><td></td><td></td><td></td><td></td><td></td></tr>
<tr><td>接缝高低差</td><td>2</td><td></td><td></td><td></td><td></td><td></td><td></td><td></td><td></td></tr>
<tr><td rowspan="4">增强水泥板、混凝土轻质板</td><td>立面垂直度</td><td>3</td><td></td><td></td><td></td><td></td><td></td><td></td><td></td><td></td></tr>
<tr><td>表面平整度</td><td>3</td><td></td><td></td><td></td><td></td><td></td><td></td><td></td><td></td></tr>
<tr><td>阴阳角方正</td><td>4</td><td></td><td></td><td></td><td></td><td></td><td></td><td></td><td></td></tr>
<tr><td>接缝高低差</td><td>3</td><td></td><td></td><td></td><td></td><td></td><td></td><td></td><td></td></tr>
<tr><td colspan="2">施工单位检查验收结果</td><td colspan="14">项目专业质量检查员：　　　　　　　　　　　　　　年　月　日</td></tr>
<tr><td colspan="2">监理（建设）单位验收结论</td><td colspan="14">监理工程师：
（建设单位项目代表）　　　　　　　　　　　　　　年　月　日</td></tr>
</table>

3.21.17 骨架隔墙工程检验批质量验收记录 GB 50210

<table>
<tr><td>工程名称</td><td colspan="2"></td><td>分项工程名称</td><td></td><td>验收部位</td><td></td></tr>
<tr><td>施工单位</td><td colspan="2"></td><td>专业负责人</td><td></td><td>项目经理</td><td></td></tr>
<tr><td colspan="3">施工执行标准名称及编号</td><td></td><td>检验批编号</td><td colspan="2"></td></tr>
<tr><td colspan="3">施工质量验收规范的规定</td><td colspan="3">施工单位检查评定记录</td><td>监理（建设）单位验收记录</td></tr>
<tr><td rowspan="6">主控项目</td><td>1</td><td>骨架隔墙所用龙骨、配件、墙面板、填充材料及嵌缝材料的品种、规格、性能和木材的含水率应符合设计要求。有隔声、隔热、阻燃和防潮等特殊要求的工程，材料应有相应性能等级的检验报告</td><td colspan="3"></td><td rowspan="6"></td></tr>
<tr><td>2</td><td>骨架隔墙地梁所用材料、尺寸及位置等应符合设计要求。骨架隔墙的沿地、沿顶及边框龙骨应与基体结构连接牢固</td><td colspan="3"></td></tr>
<tr><td>3</td><td>骨架隔墙中龙骨间距和构造连接方法应符合设计要求骨架内设备管线的安装、门窗洞口等部位加强龙骨的安装应牢固、位置正确。填充材料的品种、厚度及设置应符合设计要求</td><td colspan="3"></td></tr>
<tr><td>4</td><td>木龙骨及木墙面板的防火和防腐处理应符合设计要求</td><td colspan="3"></td></tr>
<tr><td>5</td><td>骨架隔墙的墙面板应安装牢固，无脱层、翘曲、折裂及缺损</td><td colspan="3"></td></tr>
<tr><td>6</td><td>墙面板所用接缝材料的接缝方法应符合设计要求</td><td colspan="3"></td></tr>
<tr><td rowspan="2">一般项目</td><td>1</td><td>骨架隔墙表面应平整光滑、色泽一致、洁净、无裂缝，接缝应均匀、顺直</td><td colspan="3"></td><td rowspan="2"></td></tr>
<tr><td>2</td><td>骨架隔墙上的孔洞、槽、盒应位置正确、套割吻合、边缘整齐</td><td colspan="3"></td></tr>
</table>

骨架隔墙工程检验批质量验收记录（续表） GB 50210

工程名称		分项工程名称		验收部位	
施工单位		专业负责人		项目经理	
施工执行标准名称及编号			检验批编号		

施工质量验收规范的规定						施工单位检查评定记录								监理（建设）单位验收记录
一般项目	3	骨架隔墙内的填充材料应干燥，填充应密实、均匀、无下坠												
	4	骨架隔墙安装允许偏差（mm）	纸面石膏板	立面垂直度	3									
				表面平整度	3									
				阴阳角方正	3									
				接缝高低差	1									
			人造木板、水泥纤维板	立面垂直度	4									
				表面平整度	3									
				阴阳角方正	3									
				接缝直线度	3									
				压条直线度	3									
				接缝高低差	1									

施工单位检查验收结果	项目专业质量检查员： 年 月 日
监理（建设）单位验收结论	监理工程师： （建设单位项目代表） 年 月 日

3.21.18 活动隔墙工程检验批质量验收记录 GB 50210

<table>
<tr><td colspan="2">工程名称</td><td colspan="3"></td><td colspan="4">分项工程名称</td><td colspan="4"></td><td>验收部位</td><td></td></tr>
<tr><td colspan="2">施工单位</td><td colspan="3"></td><td colspan="4">专业负责人</td><td colspan="4"></td><td>项目经理</td><td></td></tr>
<tr><td colspan="5">施工执行标准名称及编号</td><td colspan="4"></td><td colspan="4">检验批编号</td><td colspan="2"></td></tr>
<tr><td colspan="5">施工质量验收规范的规定</td><td colspan="8">施工单位检查评定记录</td><td colspan="2">监理（建设）单位验收记录</td></tr>
<tr><td rowspan="4">主控项目</td><td>1</td><td colspan="3">活动隔墙所用墙板、轨道、配件等材料的品种、规格、性能和人造木板甲醛释放量、燃烧性能应符合设计要求</td><td colspan="8"></td><td colspan="2" rowspan="4"></td></tr>
<tr><td>2</td><td colspan="3">活动隔墙轨道应与基体结构连接牢固，并应位置正确</td><td colspan="8"></td></tr>
<tr><td>3</td><td colspan="3">活动隔墙用于组装、推拉和制动的构配件应安装牢固、位置正确，推拉应安全、平稳、灵活</td><td colspan="8"></td></tr>
<tr><td>4</td><td colspan="3">活动隔墙的组合方式、安装方法应符合设计要求</td><td colspan="8"></td></tr>
<tr><td rowspan="8">一般项目</td><td>1</td><td colspan="3">活动隔墙表面应色泽一致、平整光滑、洁净，线条应顺直、清晰</td><td colspan="8"></td><td colspan="2" rowspan="8"></td></tr>
<tr><td>2</td><td colspan="3">活动隔墙上的孔洞、槽、盒应位置正确、套割吻合、边缘整齐</td><td colspan="8"></td></tr>
<tr><td>3</td><td colspan="3">活动隔墙推拉时应无噪声</td><td colspan="8"></td></tr>
<tr><td rowspan="5">4</td><td rowspan="5">活动隔墙安装允许偏差（mm）</td><td>立面垂直度</td><td>3</td><td></td><td></td><td></td><td></td><td></td><td></td><td></td><td></td></tr>
<tr><td>表面平整度</td><td>2</td><td></td><td></td><td></td><td></td><td></td><td></td><td></td><td></td></tr>
<tr><td>接缝直线度</td><td>3</td><td></td><td></td><td></td><td></td><td></td><td></td><td></td><td></td></tr>
<tr><td>接缝高低差</td><td>2</td><td></td><td></td><td></td><td></td><td></td><td></td><td></td><td></td></tr>
<tr><td>接缝宽度</td><td>2</td><td></td><td></td><td></td><td></td><td></td><td></td><td></td><td></td></tr>
<tr><td colspan="2">施工单位检查验收结果</td><td colspan="13">项目专业质量检查员： 年 月 日</td></tr>
<tr><td colspan="2">监理（建设）单位验收结论</td><td colspan="13">监理工程师：
（建设单位项目代表） 年 月 日</td></tr>
</table>

3.21.19 玻璃隔墙工程检验批质量验收记录 GB 50210

<table>
<tr><td>工程名称</td><td colspan="3"></td><td>分项工程名称</td><td></td><td>验收部位</td><td></td></tr>
<tr><td>施工单位</td><td colspan="3"></td><td>专业负责人</td><td></td><td>项目经理</td><td></td></tr>
<tr><td colspan="3">施工执行标准名称及编号</td><td colspan="2"></td><td>检验批编号</td><td colspan="2"></td></tr>
<tr><td colspan="4">施工质量验收规范的规定</td><td colspan="3">施工单位检查评定记录</td><td>监理（建设）单位验收记录</td></tr>
<tr><td rowspan="6">主控项目</td><td>1</td><td colspan="2">玻璃隔墙工程所用材料的品种、规格、图案、颜色和性能应符合设计要求。玻璃板隔墙应使用安全玻璃</td><td colspan="3"></td><td rowspan="6"></td></tr>
<tr><td>2</td><td colspan="2">玻璃板安装及玻璃砖砌筑方法应符合设计要求</td><td colspan="3"></td></tr>
<tr><td>3</td><td colspan="2">有框玻璃板隔墙的受力杆件应与基体结构连接牢固，玻璃板安装橡胶垫位置应正确。玻璃板安装应牢固，受力应均匀</td><td colspan="3"></td></tr>
<tr><td>4</td><td colspan="2">无框玻璃板隔墙的受力爪件应与基体结构连接牢固，爪件的数量、位置应正确，爪件与玻璃板的连接应牢固</td><td colspan="3"></td></tr>
<tr><td>5</td><td colspan="2">玻璃门与玻璃墙板的连接、地弹簧的安装位置应符合设计要求</td><td colspan="3"></td></tr>
<tr><td>6</td><td colspan="2">玻璃砖隔墙砌筑中理设的拉结筋应与基体结构连接牢固，数量、位置应正确</td><td colspan="3"></td></tr>
<tr><td rowspan="3">一般项目</td><td>1</td><td colspan="2">玻璃隔墙表面应色泽一致、平整、洁净、清晰、美观</td><td colspan="3"></td><td rowspan="3"></td></tr>
<tr><td>2</td><td colspan="2">玻璃隔墙接缝应横平竖直，玻璃应无裂痕、缺损和划痕</td><td colspan="3"></td></tr>
<tr><td>3</td><td colspan="2">玻璃板隔墙嵌缝及玻璃砖隔墙缝应密实平整、均匀顺直、深浅一致</td><td colspan="3"></td></tr>
</table>

玻璃隔墙工程检验批质量验收记录（续表） GB50210

<table>
<tr><td colspan="2">工程名称</td><td colspan="4"></td><td colspan="4">分项工程名称</td><td colspan="3"></td><td colspan="2">验收部位</td><td></td></tr>
<tr><td colspan="2">施工单位</td><td colspan="4"></td><td colspan="4">专业负责人</td><td colspan="3"></td><td colspan="2">项目经理</td><td></td></tr>
<tr><td colspan="5">施工执行标准名称及编号</td><td colspan="5"></td><td colspan="3">检验批编号</td><td colspan="2"></td><td></td></tr>
<tr><td colspan="6">施工质量验收规范的规定</td><td colspan="8">施工单位检查评定记录</td><td colspan="2">监理（建设）单位验收记录</td></tr>
<tr><td rowspan="8">一般项目</td><td rowspan="8">4</td><td rowspan="8">玻璃隔墙安装允许偏差（mm）</td><td rowspan="3">玻璃砖</td><td>立面垂直度</td><td>3</td><td></td><td></td><td></td><td></td><td></td><td></td><td></td><td></td><td colspan="2" rowspan="8"></td></tr>
<tr><td>表面平整度</td><td>3</td><td></td><td></td><td></td><td></td><td></td><td></td><td></td><td></td></tr>
<tr><td>接缝高低差</td><td>3</td><td></td><td></td><td></td><td></td><td></td><td></td><td></td><td></td></tr>
<tr><td rowspan="5">玻璃板</td><td>立面垂直度</td><td>2</td><td></td><td></td><td></td><td></td><td></td><td></td><td></td><td></td></tr>
<tr><td>阴阳角方正</td><td>2</td><td></td><td></td><td></td><td></td><td></td><td></td><td></td><td></td></tr>
<tr><td>接缝直线度</td><td>2</td><td></td><td></td><td></td><td></td><td></td><td></td><td></td><td></td></tr>
<tr><td>接缝高低差</td><td>2</td><td></td><td></td><td></td><td></td><td></td><td></td><td></td><td></td></tr>
<tr><td>接缝宽度</td><td>1</td><td></td><td></td><td></td><td></td><td></td><td></td><td></td><td></td></tr>
<tr><td colspan="2">施工单位检查验收结果</td><td colspan="14">项目专业质量检查员： 年 月 日</td></tr>
<tr><td colspan="2">监理（建设）单位验收结论</td><td colspan="14">监理工程师：
（建设单位项目代表） 年 月 日</td></tr>
</table>

3.21.20 石板安装工程检验批质量验收记录 GB 50210

工程名称		分项工程名称		验收部位	
施工单位		专业负责人		项目经理	
施工执行标准名称及编号		检验批编号			

项目	序号	施工质量验收规范的规定				施工单位检查评定记录	监理（建设）单位验收记录
主控项目	1	石板的品种、规格、颜色和性能应符合设计要求及国家现行标准的相关规定					
	2	石板孔、槽的数量、位置和尺寸应符合设计要求					
	3	石板安装工程的预埋件（或后置埋件）、连接件的材质、数量、规格、位置、连接方法和防腐处理应符合设计要求。后置埋件的现场拉拔力应符合设计要求。石板安装应牢固					
	4	采用满粘法施工的石板工程，石板与基层之间的粘结料应饱满、无空鼓；石板粘结应牢固					
一般项目	1	石板表面应平整、洁净、色泽一致，应无裂痕和缺损，应无泛碱等污染					
	2	石板填缝应密实、平直，宽度和深度应符合设计要求，填缝材料色泽应一致					
	3	采用湿作业法施工的石板安装工程，石板应进行防碱封闭处理。石板与基体之间的灌注材料应饱满、密实					
	4	石板上的孔洞应套割吻合，边缘应整齐					
	5	石板安装允许偏差（mm）	光面	立面垂直度	2		
				表面平整度	2		
				阴阳角方正	2		
				接缝直线度	2		
				墙裙、勒脚上口直线度	2		
				接缝高低差	1		
				接缝宽度	1		

石板安装工程检验批质量验收记录（续表） GB 50210

<table>
<tr><td>工程名称</td><td colspan="5"></td><td colspan="5">分项工程名称</td><td colspan="2"></td><td>验收部位</td><td></td></tr>
<tr><td>施工单位</td><td colspan="5"></td><td colspan="5">专业负责人</td><td colspan="2"></td><td>项目经理</td><td></td></tr>
<tr><td colspan="5">施工执行标准名称及编号</td><td colspan="6"></td><td colspan="2">检验批编号</td><td colspan="2"></td></tr>
<tr><td colspan="6">施工质量验收规范的规定</td><td colspan="8">施工单位检查评定记录</td><td>监理（建设）单位验收记录</td></tr>
<tr><td rowspan="12">一般项目</td><td rowspan="12">5</td><td rowspan="12">石板安装允许偏差（mm）</td><td rowspan="7">剁斧石</td><td>立面垂直度</td><td>3</td><td></td><td></td><td></td><td></td><td></td><td></td><td></td><td></td><td rowspan="12"></td></tr>
<tr><td>表面平整度</td><td>3</td><td></td><td></td><td></td><td></td><td></td><td></td><td></td><td></td></tr>
<tr><td>阴阳角方正</td><td>4</td><td></td><td></td><td></td><td></td><td></td><td></td><td></td><td></td></tr>
<tr><td>接缝直线度</td><td>4</td><td></td><td></td><td></td><td></td><td></td><td></td><td></td><td></td></tr>
<tr><td>墙裙、勒脚上口直线度</td><td>3</td><td></td><td></td><td></td><td></td><td></td><td></td><td></td><td></td></tr>
<tr><td>接缝高低差</td><td>3</td><td></td><td></td><td></td><td></td><td></td><td></td><td></td><td></td></tr>
<tr><td>接缝宽度</td><td>2</td><td></td><td></td><td></td><td></td><td></td><td></td><td></td><td></td></tr>
<tr><td rowspan="5">蘑菇石</td><td>立面垂直度</td><td>3</td><td></td><td></td><td></td><td></td><td></td><td></td><td></td><td></td></tr>
<tr><td>阴阳角方正</td><td>4</td><td></td><td></td><td></td><td></td><td></td><td></td><td></td><td></td></tr>
<tr><td>接缝直线度</td><td>4</td><td></td><td></td><td></td><td></td><td></td><td></td><td></td><td></td></tr>
<tr><td>墙裙、勒脚上口直线度</td><td>3</td><td></td><td></td><td></td><td></td><td></td><td></td><td></td><td></td></tr>
<tr><td>接缝宽度</td><td>2</td><td></td><td></td><td></td><td></td><td></td><td></td><td></td><td></td></tr>
<tr><td colspan="2">施工单位检查验收结果</td><td colspan="13">项目专业质量检查员：　　　　年　月　日</td></tr>
<tr><td colspan="2">监理（建设）单位验收结论</td><td colspan="13">监理工程师：
（建设单位项目代表）　　　　年　月　日</td></tr>
</table>

3.21.21 陶瓷板安装工程检验批质量验收记录 GB 50210

<table>
<tr><td>工程名称</td><td colspan="4"></td><td colspan="3">分项工程名称</td><td colspan="3"></td><td colspan="2">验收部位</td><td></td></tr>
<tr><td>施工单位</td><td colspan="4"></td><td colspan="3">专业负责人</td><td colspan="3"></td><td colspan="2">项目经理</td><td></td></tr>
<tr><td colspan="3">施工执行标准名称及编号</td><td colspan="5"></td><td colspan="3">检验批编号</td><td colspan="3"></td></tr>
<tr><td colspan="5">施工质量验收规范的规定</td><td colspan="8">施工单位检查评定记录</td><td>监理（建设）单位验收记录</td></tr>
<tr><td rowspan="4">主控项目</td><td>1</td><td colspan="3">陶瓷板的品种、规格、颜色和性能应符合设计要求及国家现行标准的相关规定</td><td colspan="8"></td><td rowspan="4"></td></tr>
<tr><td>2</td><td colspan="3">陶瓷板孔、槽的数量、位置和尺寸应符合设计要求</td><td colspan="8"></td></tr>
<tr><td>3</td><td colspan="3">陶瓷板安装工程的预埋件（或后置埋件）、连接件的材质、数量、规格、位置、连接方法和防腐处理应符合设计要求。后置埋件的现场拉拔力应符合设计要求。陶瓷板安装应牢固</td><td colspan="8"></td></tr>
<tr><td>4</td><td colspan="3">采用满粘法施工的陶瓷板工程，陶瓷板与基层之间的粘结料应饱满，无空鼓。陶瓷板粘结应牢固</td><td colspan="8"></td></tr>
<tr><td rowspan="9">一般项目</td><td>1</td><td colspan="3">陶瓷板表面应平整、洁净、色泽一致，应无裂痕和缺损</td><td colspan="8"></td><td rowspan="9"></td></tr>
<tr><td>2</td><td colspan="3">陶瓷板填缝应密实、平直，宽度和深度应符合设计要求，填缝材料色泽应一致</td><td colspan="8"></td></tr>
<tr><td rowspan="7">3</td><td rowspan="7">陶瓷板安装允许偏差（mm）</td><td>立面垂直度</td><td>2</td><td></td><td></td><td></td><td></td><td></td><td></td><td></td><td></td></tr>
<tr><td>表面平整度</td><td>2</td><td></td><td></td><td></td><td></td><td></td><td></td><td></td><td></td></tr>
<tr><td>阴阳角方正</td><td>2</td><td></td><td></td><td></td><td></td><td></td><td></td><td></td><td></td></tr>
<tr><td>接缝直线度</td><td>2</td><td></td><td></td><td></td><td></td><td></td><td></td><td></td><td></td></tr>
<tr><td>墙裙、勒脚上口直线度</td><td>2</td><td></td><td></td><td></td><td></td><td></td><td></td><td></td><td></td></tr>
<tr><td>接缝高低差</td><td>1</td><td></td><td></td><td></td><td></td><td></td><td></td><td></td><td></td></tr>
<tr><td>接缝宽度</td><td>1</td><td></td><td></td><td></td><td></td><td></td><td></td><td></td><td></td></tr>
<tr><td>施工单位检查验收结果</td><td colspan="13">项目专业质量检查员：　　　　　　　　　　　　　年　月　日</td></tr>
<tr><td>监理（建设）单位验收结论</td><td colspan="13">监理工程师：
（建设单位项目代表）　　　　　　　　　　　　　年　月　日</td></tr>
</table>

3.21.22 木板安装工程检验批质量验收记录 GB 50210

<table>
<tr><td colspan="2">工程名称</td><td colspan="4"></td><td colspan="3">分项工程名称</td><td colspan="3"></td><td colspan="3">验收部位</td><td></td></tr>
<tr><td colspan="2">施工单位</td><td colspan="4"></td><td colspan="3">专业负责人</td><td colspan="3"></td><td colspan="3">项目经理</td><td></td></tr>
<tr><td colspan="5">施工执行标准名称及编号</td><td colspan="5"></td><td colspan="3">检验批编号</td><td colspan="3"></td></tr>
<tr><td colspan="6">施工质量验收规范的规定</td><td colspan="8">施工单位检查评定记录</td><td colspan="2">监理（建设）单位验收记录</td></tr>
<tr><td rowspan="2">主控项目</td><td>1</td><td colspan="4">木板的品种、规格、颜色和性能应符合设计要求及国家现行标准的相关规定。木龙骨、木饰面板的燃烧性能等级应符合设计要求</td><td colspan="8"></td><td rowspan="2" colspan="2"></td></tr>
<tr><td>2</td><td colspan="4">木板安装工程的龙骨、连接件的材质、数量、规格、位置、连接方法和防腐处理应符合设计要求，木板安装应牢固</td><td colspan="8"></td></tr>
<tr><td rowspan="10">一般项目</td><td>1</td><td colspan="4">木板表面应平整、洁净、色泽一致，应无缺损</td><td colspan="8"></td><td rowspan="10" colspan="2"></td></tr>
<tr><td>2</td><td colspan="4">木板接缝应平直，宽度应符合设计要求</td><td colspan="8"></td></tr>
<tr><td>3</td><td colspan="4">木板上的孔洞应套割吻合，边缘应整齐</td><td colspan="8"></td></tr>
<tr><td rowspan="7">4</td><td rowspan="7">木板安装允许偏差（mm）</td><td colspan="2">立面垂直度</td><td>2</td><td></td><td></td><td></td><td></td><td></td><td></td><td></td><td></td></tr>
<tr><td colspan="2">表面平整度</td><td>1</td><td></td><td></td><td></td><td></td><td></td><td></td><td></td><td></td></tr>
<tr><td colspan="2">阴阳角方正</td><td>2</td><td></td><td></td><td></td><td></td><td></td><td></td><td></td><td></td></tr>
<tr><td colspan="2">接缝直线度</td><td>2</td><td></td><td></td><td></td><td></td><td></td><td></td><td></td><td></td></tr>
<tr><td colspan="2">墙裙、勒脚上口直线度</td><td>2</td><td></td><td></td><td></td><td></td><td></td><td></td><td></td><td></td></tr>
<tr><td colspan="2">接缝高低差</td><td>1</td><td></td><td></td><td></td><td></td><td></td><td></td><td></td><td></td></tr>
<tr><td colspan="2">接缝宽度</td><td>1</td><td></td><td></td><td></td><td></td><td></td><td></td><td></td><td></td></tr>
<tr><td colspan="2">施工单位检查验收结果</td><td colspan="14">项目专业质量检查员： 年 月 日</td></tr>
<tr><td colspan="2">监理（建设）单位验收结论</td><td colspan="14">监理工程师：
（建设单位项目代表） 年 月 日</td></tr>
</table>

3.21.23 金属板安装工程检验批质量验收记录 GB 50210

<table>
<tr><td colspan="2">工程名称</td><td colspan="3"></td><td colspan="2">分项工程名称</td><td colspan="4"></td><td colspan="3">验收部位</td><td></td></tr>
<tr><td colspan="2">施工单位</td><td colspan="3"></td><td colspan="2">专业负责人</td><td colspan="4"></td><td colspan="3">项目经理</td><td></td></tr>
<tr><td colspan="4">施工执行标准名称及编号</td><td colspan="6"></td><td colspan="2">检验批编号</td><td colspan="3"></td></tr>
<tr><td colspan="6">施工质量验收规范的规定</td><td colspan="8">施工单位检查评定记录</td><td>监理（建设）单位验收记录</td></tr>
<tr><td rowspan="3">主控项目</td><td>1</td><td colspan="4">金属板的品种、规格、颜色和性能应符合设计要求及国家现行标准的相关规定</td><td colspan="8"></td><td rowspan="3"></td></tr>
<tr><td>2</td><td colspan="4">金属板安装工程的龙骨、连接件的材质、数量、规格、位置、连接方法和防腐处理应符合设计要求。金属板安装应牢固</td><td colspan="8"></td></tr>
<tr><td>3</td><td colspan="4">外墙金属板的防雷装置应与主体结构防雷装置可靠接通</td><td colspan="8"></td></tr>
<tr><td rowspan="10">一般项目</td><td>1</td><td colspan="4">金属板表面应平整、洁净、色泽一致</td><td colspan="8"></td><td rowspan="10"></td></tr>
<tr><td>2</td><td colspan="4">金属板接缝应平直，宽度应符合设计要求</td><td colspan="8"></td></tr>
<tr><td>3</td><td colspan="4">金属板上的孔洞应套割吻合，边缘应整齐</td><td colspan="8"></td></tr>
<tr><td rowspan="7">4</td><td rowspan="7">金属板安装允许偏差（mm）</td><td colspan="2">立面垂直度</td><td>2</td><td></td><td></td><td></td><td></td><td></td><td></td><td></td><td></td></tr>
<tr><td colspan="2">表面平整度</td><td>3</td><td></td><td></td><td></td><td></td><td></td><td></td><td></td><td></td></tr>
<tr><td colspan="2">阴阳角方正</td><td>3</td><td></td><td></td><td></td><td></td><td></td><td></td><td></td><td></td></tr>
<tr><td colspan="2">接缝直线度</td><td>2</td><td></td><td></td><td></td><td></td><td></td><td></td><td></td><td></td></tr>
<tr><td colspan="2">墙裙、勒脚上口直线度</td><td>2</td><td></td><td></td><td></td><td></td><td></td><td></td><td></td><td></td></tr>
<tr><td colspan="2">接缝高低差</td><td>1</td><td></td><td></td><td></td><td></td><td></td><td></td><td></td><td></td></tr>
<tr><td colspan="2">接缝宽度</td><td>1</td><td></td><td></td><td></td><td></td><td></td><td></td><td></td><td></td></tr>
<tr><td colspan="2">施工单位检查验收结果</td><td colspan="13">项目专业质量检查员： 年 月 日</td></tr>
<tr><td colspan="2">监理（建设）单位验收结论</td><td colspan="13">监理工程师：
（建设单位项目代表） 年 月 日</td></tr>
</table>

3.21.24 塑料板安装工程检验批质量验收记录 GB 50210

<table>
<tr><td>工程名称</td><td colspan="4"></td><td colspan="6">分项工程名称</td><td colspan="2"></td><td>验收部位</td><td></td></tr>
<tr><td>施工单位</td><td colspan="4"></td><td colspan="6">专业负责人</td><td colspan="2"></td><td>项目经理</td><td></td></tr>
<tr><td colspan="4">施工执行标准名称及编号</td><td colspan="7"></td><td colspan="2">检验批编号</td><td colspan="2"></td></tr>
<tr><td colspan="5">施工质量验收规范的规定</td><td colspan="8">施工单位检查评定记录</td><td colspan="2">监理（建设）单位验收记录</td></tr>
<tr><td rowspan="2">主控项目</td><td>1</td><td colspan="3">塑料板的品种、规格、颜色和性能应符合设计要求及国家现行标准的相关规定。塑料饰面板的燃烧性能等级应符合设计要求</td><td colspan="8"></td><td colspan="2" rowspan="2"></td></tr>
<tr><td>2</td><td colspan="3">塑料板安装工程的龙骨、连接件的材质、数量、规格、位置、连接方法和防腐处理应符合设计要求，塑料板安装应牢固</td><td colspan="8"></td></tr>
<tr><td rowspan="10">一般项目</td><td>1</td><td colspan="3">塑料板表面应平整、洁净、色泽一致，应无缺损</td><td colspan="8"></td><td colspan="2" rowspan="10"></td></tr>
<tr><td>2</td><td colspan="3">塑料板接缝应平直，宽度应符合设计要求</td><td colspan="8"></td></tr>
<tr><td>3</td><td colspan="3">塑料板上的孔洞应套割吻合，边缘应整齐</td><td colspan="8"></td></tr>
<tr><td rowspan="7">4</td><td rowspan="7">塑料板安装允许偏差（mm）</td><td>立面垂直度</td><td>2</td><td></td><td></td><td></td><td></td><td></td><td></td><td></td><td></td></tr>
<tr><td>表面平整度</td><td>3</td><td></td><td></td><td></td><td></td><td></td><td></td><td></td><td></td></tr>
<tr><td>阴阳角方正</td><td>3</td><td></td><td></td><td></td><td></td><td></td><td></td><td></td><td></td></tr>
<tr><td>接缝直线度</td><td>2</td><td></td><td></td><td></td><td></td><td></td><td></td><td></td><td></td></tr>
<tr><td>墙裙、勒脚上口直线度</td><td>2</td><td></td><td></td><td></td><td></td><td></td><td></td><td></td><td></td></tr>
<tr><td>接缝高低差</td><td>1</td><td></td><td></td><td></td><td></td><td></td><td></td><td></td><td></td></tr>
<tr><td>接缝宽度</td><td>1</td><td></td><td></td><td></td><td></td><td></td><td></td><td></td><td></td></tr>
<tr><td colspan="2">施工单位检查验收结果</td><td colspan="13">项目专业质量检查员： 年 月 日</td></tr>
<tr><td colspan="2">监理（建设）单位验收结论</td><td colspan="13">监理工程师：
（建设单位项目代表） 年 月 日</td></tr>
</table>

3.21.25　内墙饰面砖粘贴工程检验批质量验收记录　GB 50210

工程名称		分项工程名称		验收部位	
施工单位		专业负责人		项目经理	
施工执行标准名称及编号				检验批编号	

施工质量验收规范的规定					施工单位检查评定记录	监理（建设）单位验收记录
主控项目	1	内墙饰面砖的品种、规格、图案、颜色和性能应符合设计要求及国家现行标准的相关规定				
	2	内墙饰面砖粘贴工程的找平、防水、粘结和填缝材料及施工方法应符合设计要求及国家现行标准的相关规定				
	3	内墙饰面砖粘贴应牢固				
	4	满粘法施工的内墙饰面砖应无裂缝，大面和阳角应无空鼓				
一般项目	1	内墙饰面砖表面应平整、洁净、色泽一致，应无裂痕和缺损				
	2	内墙面凸出物周围的饰面砖应整砖套割吻合，边缘应整齐。墙裙、贴脸突出墙面的厚度应一致				
	3	内墙饰面砖接缝应平直、光滑，填嵌应连续、密实；宽度和深度应符合设计要求				
	4	内墙饰面砖粘贴允许偏差（mm）	立面垂直度	2		
			表面平整度	3		
			阴阳角方正	3		
			接缝直线度	2		
			墙裙、勒脚上口直线度	2		
			接缝高低差	1		
			接缝宽度	1		
施工单位检查验收结果	项目专业质量检查员：　　　　年　月　日					
监理（建设）单位验收结论	监理工程师： （建设单位项目代表）　　　　年　月　日					

3.21.26 外墙饰面砖粘贴检验批质量验收记录 GB 50210

<table>
<tr><td>工程名称</td><td colspan="2"></td><td>分项工程名称</td><td></td><td>验收部位</td><td></td></tr>
<tr><td>施工单位</td><td colspan="2"></td><td>专业负责人</td><td></td><td>项目经理</td><td></td></tr>
<tr><td colspan="3">施工执行标准名称及编号</td><td colspan="2"></td><td>检验批编号</td><td></td></tr>
<tr><td colspan="3">施工质量验收规范的规定</td><td colspan="2">施工单位检
查评定记录</td><td colspan="2">监理（建设）
单位验收记录</td></tr>
<tr><td rowspan="5">主控项目</td><td>1</td><td>外墙饰面砖的品种、规格、图案、颜色和性能应符合设计要求及国家现行标准的相关规定</td><td colspan="2"></td><td colspan="2" rowspan="5"></td></tr>
<tr><td>2</td><td>外墙饰面砖粘贴工程的找平、防水、粘结、填缝材料及施工方法应符合设计要求和 JGJ 126—2015《外墙饰面砖工程施工及验收规程》的规定</td><td colspan="2"></td></tr>
<tr><td>3</td><td>外墙饰面砖粘贴工程的伸缩缝设置应符合设计要求</td><td colspan="2"></td></tr>
<tr><td>4</td><td>外墙饰面砖粘贴应牢固</td><td colspan="2"></td></tr>
<tr><td>5</td><td>外墙饰面砖工程应无空鼓、裂缝</td><td colspan="2"></td></tr>
<tr><td rowspan="5">一般项目</td><td>1</td><td>外墙饰面砖表面应平整、洁净、色泽一致，应无裂痕和缺损</td><td colspan="2"></td><td colspan="2" rowspan="5"></td></tr>
<tr><td>2</td><td>饰面砖外墙阴阳角构造应符合设计要求</td><td colspan="2"></td></tr>
<tr><td>3</td><td>墙面凸出物周围的外墙饰面砖应整砖套割吻合，边缘应整齐。墙裙、贴脸突出墙面的厚度应一致</td><td colspan="2"></td></tr>
<tr><td>4</td><td>外墙饰面砖接缝应平直、光滑，填嵌应连续、密实；宽度和深度应符合设计要求</td><td colspan="2"></td></tr>
<tr><td>5</td><td>有排水要求的部位应做滴水线（槽）。滴水线（槽）应顺直，流水坡向应正确，坡度应符合设计要求</td><td colspan="2"></td></tr>
</table>

外墙饰面砖粘贴检验批质量验收记录（续表） GB 50210

<table>
<tr><td colspan="3">工程名称</td><td colspan="4"></td><td colspan="4">分项工程名称</td><td colspan="2"></td><td>验收部位</td><td></td></tr>
<tr><td colspan="3">施工单位</td><td colspan="4"></td><td colspan="4">专业负责人</td><td colspan="2"></td><td>项目经理</td><td></td></tr>
<tr><td colspan="4">施工执行标准名称及编号</td><td colspan="6"></td><td colspan="2">检验批编号</td><td colspan="3"></td></tr>
<tr><td colspan="5">施工质量验收规范的规定</td><td colspan="8">施工单位检查评定记录</td><td colspan="2">监理（建设）单位验收记录</td></tr>
<tr><td rowspan="6">一般项目</td><td rowspan="6">6</td><td rowspan="6">外墙饰面砖粘贴允许偏差（mm）</td><td>立面垂直度</td><td>3</td><td></td><td></td><td></td><td></td><td></td><td></td><td></td><td></td><td colspan="2" rowspan="6"></td></tr>
<tr><td>表面平整度</td><td>4</td><td></td><td></td><td></td><td></td><td></td><td></td><td></td><td></td></tr>
<tr><td>阴阳角方正</td><td>3</td><td></td><td></td><td></td><td></td><td></td><td></td><td></td><td></td></tr>
<tr><td>接缝直线度</td><td>3</td><td></td><td></td><td></td><td></td><td></td><td></td><td></td><td></td></tr>
<tr><td>接缝高低差</td><td>1</td><td></td><td></td><td></td><td></td><td></td><td></td><td></td><td></td></tr>
<tr><td>接缝宽度</td><td>1</td><td></td><td></td><td></td><td></td><td></td><td></td><td></td><td></td></tr>
<tr><td colspan="2">施工单位检查验收结果</td><td colspan="13">项目专业质量检查员： 年 月 日</td></tr>
<tr><td colspan="2">监理（建设）单位验收结论</td><td colspan="13">监理工程师：
（建设单位项目代表） 年 月 日</td></tr>
</table>

3.21.27 玻璃幕墙工程检验批质量验收记录 GB 50210

<table>
<tr><td colspan="2">工程名称</td><td></td><td>分项工程名称</td><td></td><td>验收部位</td><td></td></tr>
<tr><td colspan="2">施工单位</td><td></td><td>专业负责人</td><td></td><td>项目经理</td><td></td></tr>
<tr><td colspan="3">施工执行标准名称及编号</td><td></td><td>检验批编号</td><td colspan="2"></td></tr>
<tr><td colspan="3">施工质量验收规范的规定</td><td colspan="2">施工单位检查评定记录</td><td colspan="2">监理（建设）单位验收记录</td></tr>
<tr><td rowspan="13">主控项目</td><td>1</td><td>玻璃幕墙工程所用材料、构件和组件质量</td><td colspan="2"></td><td colspan="2" rowspan="13"></td></tr>
<tr><td>2</td><td>玻璃幕墙的造型和立面分格</td><td colspan="2"></td></tr>
<tr><td>3</td><td>玻璃幕墙主体结构上的埋件</td><td colspan="2"></td></tr>
<tr><td>4</td><td>玻璃幕墙连接安装质量</td><td colspan="2"></td></tr>
<tr><td>5</td><td>隐框或半隐框玻璃幕墙玻璃托条</td><td colspan="2"></td></tr>
<tr><td>6</td><td>明框玻璃幕墙的玻璃安装质量</td><td colspan="2"></td></tr>
<tr><td>7</td><td>吊挂在主体结构上的全玻璃幕墙吊夹具和玻璃接缝密封</td><td colspan="2"></td></tr>
<tr><td>8</td><td>玻璃幕墙节点、各种变形缝、墙角的连接点</td><td colspan="2"></td></tr>
<tr><td>9</td><td>玻璃幕墙的防火、保温、防潮材料的设置</td><td colspan="2"></td></tr>
<tr><td>10</td><td>玻璃幕墙防水效果</td><td colspan="2"></td></tr>
<tr><td>11</td><td>金属框架和连接件的防腐处理</td><td colspan="2"></td></tr>
<tr><td>12</td><td>玻璃幕墙开启窗的配件安装质量</td><td colspan="2"></td></tr>
<tr><td>13</td><td>玻璃幕墙防雷性能</td><td colspan="2"></td></tr>
<tr><td rowspan="7">一般项目</td><td>1</td><td>玻璃幕墙表面质量</td><td colspan="2"></td><td colspan="2" rowspan="7"></td></tr>
<tr><td>2</td><td>玻璃和铝合金型材的表面质量</td><td colspan="2"></td></tr>
<tr><td>3</td><td>明框玻璃幕墙的外露框或压条</td><td colspan="2"></td></tr>
<tr><td>4</td><td>玻璃幕墙拼缝</td><td colspan="2"></td></tr>
<tr><td>5</td><td>玻璃幕墙板缝注胶</td><td colspan="2"></td></tr>
<tr><td>6</td><td>玻璃幕墙隐蔽节点的遮封</td><td colspan="2"></td></tr>
<tr><td>7</td><td>玻璃幕墙安装偏差</td><td colspan="2"></td></tr>
<tr><td colspan="2">施工单位检查验收结果</td><td colspan="5">项目专业质量检查员： 年 月 日</td></tr>
<tr><td colspan="2">监理（建设）单位验收结论</td><td colspan="5">监理工程师：
（建设单位项目代表） 年 月 日</td></tr>
</table>

3.21.28 金属幕墙工程检验批质量验收记录 GB 50210

工程名称		分项工程名称		验收部位	
施工单位		专业负责人		项目经理	
施工执行标准名称及编号			检验批编号		
施工质量验收规范的规定			施工单位检查评定记录	监理（建设）单位验收记录	
主控项目	1	金属幕墙工程所用材料和配件质量			
	2	金属幕墙的造型、立面分格、颜色、光泽、花纹和图案			
	3	金属幕墙主体结构上的埋件			
	4	金属幕墙连接安装质量			
	5	金属幕墙的防火、保温、防潮材料的设置			
	6	金属框架和连接件的防腐处理			
	7	金属幕墙防雷性能			
	8	变形缝、墙角的连接节点			
	9	金属幕墙防水效果			
一般项目	1	金属幕墙表面质量			
	2	金属幕墙的压条安装质量			
	3	金属幕墙板缝注胶			
	4	金属幕墙流水坡向和滴水线			
	5	金属板表面质量			
	6	金属幕墙安装偏差			
施工单位检查验收结果	项目专业质量检查员：　　　　年　月　日				
监理（建设）单位验收结论	监理工程师： （建设单位项目代表）　　　　年　月　日				

3.21.29 石材幕墙工程检验批质量验收记录 GB 50210

工程名称		分项工程名称		验收部位	
施工单位		专业负责人		项目经理	
施工执行标准名称及编号				检验批编号	

施工质量验收规范的规定			施工单位检查评定记录	监理（建设）单位验收记录
主控项目	1	石材幕墙工程所用材料质量		
	2	石材幕墙的造型、立面分格、颜色、光泽、花纹和图案		
	3	石材孔、槽加工质量		
	4	石材幕墙主体结构上的埋件		
	5	石材幕墙连接安装质量		
	6	金属框架和连接件的防腐处理		
	7	石材幕墙的防雷性能		
	8	石材幕墙的防火、保温、防潮材料的设置		
	9	变形缝、墙角的连接节点		
	10	石材表面和板缝的处理		
	11	有防水要求的石材幕墙防水效果		
一般项目	1	石材幕墙表面质量		
	2	石材幕墙的压条安装质量		
	3	石材接缝、阴阳角、凸凹线、洞口、槽		
	4	石材幕墙板缝注胶		
	5	石材幕墙流水坡向和滴水线		
	6	石材表面质量		
	7	石材幕墙安装偏差		
施工单位检查验收结果	项目专业质量检查员： 年 月 日			
监理（建设）单位验收结论	监理工程师： （建设单位项目代表） 年 月 日			

3.21.30 人造板材幕墙工程检验批质量验收记录 GB 50210

<table>
<tr><td>工程名称</td><td colspan="2"></td><td>分项工程名称</td><td></td><td>验收部位</td><td></td></tr>
<tr><td>施工单位</td><td colspan="2"></td><td>专业负责人</td><td></td><td>项目经理</td><td></td></tr>
<tr><td colspan="2">施工执行标准名称及编号</td><td colspan="3"></td><td>检验批编号</td><td></td></tr>
<tr><td colspan="3">施工质量验收规范的规定</td><td colspan="2">施工单位检查评定记录</td><td colspan="2">监理（建设）单位验收记录</td></tr>
<tr><td rowspan="9">主控项目</td><td>1</td><td>人造板材幕墙工程所用材料、构件和组件质量</td><td colspan="2"></td><td colspan="2" rowspan="9"></td></tr>
<tr><td>2</td><td>人造板材幕墙的造型、立面分格、颜色、光泽、花纹和图案</td><td colspan="2"></td></tr>
<tr><td>3</td><td>人造板材幕墙主体结构上的埋件</td><td colspan="2"></td></tr>
<tr><td>4</td><td>人造板材幕墙连接安装质量</td><td colspan="2"></td></tr>
<tr><td>5</td><td>金属框架和连接件的防腐处理</td><td colspan="2"></td></tr>
<tr><td>6</td><td>人造板材幕墙防雷性能</td><td colspan="2"></td></tr>
<tr><td>7</td><td>人造板材幕墙的防火、保温、防潮材料的设置</td><td colspan="2"></td></tr>
<tr><td>8</td><td>变形缝、墙角的连接节点</td><td colspan="2"></td></tr>
<tr><td>9</td><td>有防水要求的人造板材幕墙防水效果</td><td colspan="2"></td></tr>
<tr><td rowspan="5">一般项目</td><td>1</td><td>人造板材幕墙表面质量</td><td colspan="2"></td><td colspan="2" rowspan="5"></td></tr>
<tr><td>2</td><td>板缝</td><td colspan="2"></td></tr>
<tr><td>3</td><td>人造板材幕墙流水坡向和滴水线</td><td colspan="2"></td></tr>
<tr><td>4</td><td>人造板材表面质量</td><td colspan="2"></td></tr>
<tr><td>5</td><td>人造板材幕墙安装偏差</td><td colspan="2"></td></tr>
<tr><td>施工单位检查验收结果</td><td colspan="6">项目专业质量检查员：　　　　　　　　年　月　日</td></tr>
<tr><td>监理（建设）单位验收结论</td><td colspan="6">监理工程师：
（建设单位项目代表）　　　　　　　　年　月　日</td></tr>
</table>

3.21.31 水性涂料涂饰工程检验批质量验收记录 GB 50210

<table>
<tr><td colspan="2">工程名称</td><td colspan="3"></td><td>分项工程名称</td><td></td><td>验收部位</td><td></td></tr>
<tr><td colspan="2">施工单位</td><td colspan="3"></td><td>专业负责人</td><td></td><td>项目经理</td><td></td></tr>
<tr><td colspan="5">施工执行标准名称及编号</td><td></td><td>检验批编号</td><td colspan="2"></td></tr>
<tr><td colspan="6">施工质量验收规范的规定</td><td colspan="2">施工单位检查评定记录</td><td>监理（建设）单位验收记录</td></tr>
<tr><td rowspan="4">主控项目</td><td>1</td><td colspan="4">水性涂料涂饰工程所用涂料的品种、型号和性能应符合设计要求及国家现行标准的相关规定</td><td colspan="2"></td><td rowspan="4"></td></tr>
<tr><td>2</td><td colspan="4">水性涂料涂饰工程的颜色、光泽、图案应符合设计要求</td><td colspan="2"></td></tr>
<tr><td>3</td><td colspan="4">水性涂料涂饰工程应涂饰均匀、粘结牢固，不得漏涂、透底、开裂、起皮和掉粉</td><td colspan="2"></td></tr>
<tr><td>4</td><td colspan="4">水性涂料涂饰工程的基层处理应符合 GB 50210—2018《建筑装饰装修工程质量验收标准》第 12.1.5 条的规定</td><td colspan="2"></td></tr>
<tr><td rowspan="21">一般项目</td><td rowspan="10">1</td><td rowspan="10">薄涂料涂饰质量</td><td rowspan="5">普通涂饰</td><td colspan="2">颜色均匀一致</td><td colspan="2"></td><td rowspan="21"></td></tr>
<tr><td colspan="2">光泽基本均匀，光滑无挡手感</td><td colspan="2"></td></tr>
<tr><td colspan="2">允许少量轻微泛碱、咬色</td><td colspan="2"></td></tr>
<tr><td colspan="2">允许少量轻微流坠、疙瘩</td><td colspan="2"></td></tr>
<tr><td colspan="2">允许少量轻微砂眼、刷纹通顺</td><td colspan="2"></td></tr>
<tr><td rowspan="5">高级涂饰</td><td colspan="2">颜色均匀一致</td><td colspan="2"></td></tr>
<tr><td colspan="2">光泽均匀一致，光滑</td><td colspan="2"></td></tr>
<tr><td colspan="2">不允许泛碱、咬色</td><td colspan="2"></td></tr>
<tr><td colspan="2">不允许流坠、疙瘩</td><td colspan="2"></td></tr>
<tr><td colspan="2">无砂眼、无刷纹</td><td colspan="2"></td></tr>
<tr><td rowspan="7">2</td><td rowspan="7">厚涂料涂饰质量</td><td rowspan="3">普通涂饰</td><td colspan="2">颜色均匀一致</td><td colspan="2"></td></tr>
<tr><td colspan="2">光泽基本均匀</td><td colspan="2"></td></tr>
<tr><td colspan="2">允许少量轻微泛碱、咬色</td><td colspan="2"></td></tr>
<tr><td rowspan="4">高级涂饰</td><td colspan="2">颜色均匀一致</td><td colspan="2"></td></tr>
<tr><td colspan="2">光泽均匀一致</td><td colspan="2"></td></tr>
<tr><td colspan="2">不允许泛碱、咬色</td><td colspan="2"></td></tr>
<tr><td colspan="2">点状分布疏密均匀</td><td colspan="2"></td></tr>
<tr><td rowspan="4">3</td><td colspan="2" rowspan="4">复层涂料涂饰质量</td><td colspan="2">颜色均匀一致</td><td colspan="2"></td></tr>
<tr><td colspan="2">光泽基本均匀</td><td colspan="2"></td></tr>
<tr><td colspan="2">不允许泛碱、咬色</td><td colspan="2"></td></tr>
<tr><td colspan="2">喷点疏密均匀，不允许连片</td><td colspan="2"></td></tr>
</table>

水性涂料涂饰工程检验批质量验收记录（续表1） GB 50210

<table>
<tr><td>工程名称</td><td colspan="5"></td><td colspan="3">分项工程名称</td><td colspan="4"></td><td colspan="2">验收部位</td><td></td></tr>
<tr><td>施工单位</td><td colspan="5"></td><td colspan="3">专业负责人</td><td colspan="4"></td><td colspan="2">项目经理</td><td></td></tr>
<tr><td colspan="7">施工执行标准名称及编号</td><td colspan="3"></td><td colspan="3">检验批编号</td><td colspan="3"></td></tr>
<tr><td colspan="7">施工质量验收规范的规定</td><td colspan="8">施工单位检查评定记录</td><td>监理（建设）单位验收记录</td></tr>
<tr><td rowspan="21">一般项目</td><td>4</td><td colspan="5">涂层与其他装修材料和设备衔接处应吻合，界面应清晰</td><td colspan="8"></td><td></td></tr>
<tr><td rowspan="20">5</td><td rowspan="20">墙面水性涂料涂饰允许偏差（mm）</td><td rowspan="10">薄涂料</td><td rowspan="5">普通涂饰</td><td>立面垂直度</td><td>3</td><td></td><td></td><td></td><td></td><td></td><td></td><td></td><td></td><td rowspan="20"></td></tr>
<tr><td>表面平整度</td><td>3</td><td></td><td></td><td></td><td></td><td></td><td></td><td></td><td></td></tr>
<tr><td>阴阳角方正</td><td>3</td><td></td><td></td><td></td><td></td><td></td><td></td><td></td><td></td></tr>
<tr><td>装饰线、分色线直线度</td><td>2</td><td></td><td></td><td></td><td></td><td></td><td></td><td></td><td></td></tr>
<tr><td>墙裙、勒脚上口直线度</td><td>2</td><td></td><td></td><td></td><td></td><td></td><td></td><td></td><td></td></tr>
<tr><td rowspan="5">高级涂饰</td><td>立面垂直度</td><td>2</td><td></td><td></td><td></td><td></td><td></td><td></td><td></td><td></td></tr>
<tr><td>表面平整度</td><td>2</td><td></td><td></td><td></td><td></td><td></td><td></td><td></td><td></td></tr>
<tr><td>阴阳角方正</td><td>2</td><td></td><td></td><td></td><td></td><td></td><td></td><td></td><td></td></tr>
<tr><td>装饰线、分色线直线度</td><td>1</td><td></td><td></td><td></td><td></td><td></td><td></td><td></td><td></td></tr>
<tr><td>墙裙、勒脚上口直线度</td><td>1</td><td></td><td></td><td></td><td></td><td></td><td></td><td></td><td></td></tr>
<tr><td rowspan="10">厚涂料</td><td rowspan="5">普通涂饰</td><td>立面垂直度</td><td>4</td><td></td><td></td><td></td><td></td><td></td><td></td><td></td><td></td></tr>
<tr><td>表面平整度</td><td>4</td><td></td><td></td><td></td><td></td><td></td><td></td><td></td><td></td></tr>
<tr><td>阴阳角方正</td><td>4</td><td></td><td></td><td></td><td></td><td></td><td></td><td></td><td></td></tr>
<tr><td>装饰线、分色线直线度</td><td>2</td><td></td><td></td><td></td><td></td><td></td><td></td><td></td><td></td></tr>
<tr><td>墙裙、勒脚上口直线度</td><td>2</td><td></td><td></td><td></td><td></td><td></td><td></td><td></td><td></td></tr>
<tr><td rowspan="5">高级涂饰</td><td>立面垂直度</td><td>3</td><td></td><td></td><td></td><td></td><td></td><td></td><td></td><td></td></tr>
<tr><td>表面平整度</td><td>3</td><td></td><td></td><td></td><td></td><td></td><td></td><td></td><td></td></tr>
<tr><td>阴阳角方正</td><td>3</td><td></td><td></td><td></td><td></td><td></td><td></td><td></td><td></td></tr>
<tr><td>装饰线、分色线直线度</td><td>1</td><td></td><td></td><td></td><td></td><td></td><td></td><td></td><td></td></tr>
<tr><td>墙裙、勒脚上口直线度</td><td>1</td><td></td><td></td><td></td><td></td><td></td><td></td><td></td><td></td></tr>
</table>

水性涂料涂饰工程检验批质量验收记录（续表 2） GB 50210

工程名称					分项工程名称							验收部位			
施工单位					专业负责人							项目经理			
施工执行标准名称及编号									检验批编号						
施工质量验收规范的规定						施工单位检查评定记录									监理（建设）单位验收记录
一般项目	5	墙面水性涂料涂饰允许偏差（mm）	复合涂料	立面垂直度	5										
				表面平整度	5										
				阴阳角方正	4										
				装饰线、分色线直线度	3										
				墙裙、勒脚上口直线度	3										
施工单位检查验收结果	项目专业质量检查员：　　年　月　日														
监理（建设）单位验收结论	监理工程师： （建设单位项目代表）　　年　月　日														

3.21.32 溶剂型涂料涂饰工程检验批质量验收记录 GB 50210

<table>
<tr><td>工程名称</td><td colspan="4"></td><td>分项工程名称</td><td></td><td>验收部位</td><td></td></tr>
<tr><td>施工单位</td><td colspan="4"></td><td>专业负责人</td><td></td><td>项目经理</td><td></td></tr>
<tr><td colspan="3">施工执行标准名称及编号</td><td colspan="3"></td><td>检验批编号</td><td colspan="2"></td></tr>
<tr><td colspan="5">施工质量验收规范的规定</td><td colspan="2">施工单位检查评定记录</td><td colspan="2">监理（建设）单位验收记录</td></tr>
<tr><td rowspan="4">主控项目</td><td>1</td><td colspan="3">溶剂型涂料涂饰工程所选用涂料的品种、型号和性能应符合设计要求及国家现行标准的相关规定</td><td colspan="2"></td><td colspan="2" rowspan="4"></td></tr>
<tr><td>2</td><td colspan="3">溶剂型涂料涂饰工程的颜色、光泽、图案应符合设计要求</td><td colspan="2"></td></tr>
<tr><td>3</td><td colspan="3">溶剂型涂料涂饰工程应涂饰均匀、粘结牢固，不得漏涂、透底、开裂、起皮和反锈</td><td colspan="2"></td></tr>
<tr><td>4</td><td colspan="3">溶剂型涂料涂饰工程的基层处理应符合 GB 50210—2018《建筑装饰装修工程质量验收标准》第 12.1.5 条的要求</td><td colspan="2"></td></tr>
<tr><td rowspan="19">一般项目</td><td rowspan="8">1</td><td rowspan="8">色漆涂饰质量</td><td rowspan="4">普通涂饰</td><td>颜色均匀一致</td><td colspan="2"></td><td colspan="2" rowspan="19"></td></tr>
<tr><td>光泽基本均匀，光滑无挡手感</td><td colspan="2"></td></tr>
<tr><td>刷纹通顺</td><td colspan="2"></td></tr>
<tr><td>明显处不允许裹棱、流坠、皱皮</td><td colspan="2"></td></tr>
<tr><td rowspan="4">高级涂饰</td><td>颜色均匀一致</td><td colspan="2"></td></tr>
<tr><td>光泽均匀一致，光滑</td><td colspan="2"></td></tr>
<tr><td>无刷纹</td><td colspan="2"></td></tr>
<tr><td>不允许裹棱、流坠、皱皮</td><td colspan="2"></td></tr>
<tr><td rowspan="10">2</td><td rowspan="10">清漆涂饰质量</td><td rowspan="5">普通涂饰</td><td>颜色均匀一致</td><td colspan="2"></td></tr>
<tr><td>木纹棕眼刮平，木纹清楚</td><td colspan="2"></td></tr>
<tr><td>光泽基本均匀，光滑无挡手感</td><td colspan="2"></td></tr>
<tr><td>无刷纹</td><td colspan="2"></td></tr>
<tr><td>明显处不允许裹棱、流坠、皱皮</td><td colspan="2"></td></tr>
<tr><td rowspan="5">高级涂饰</td><td>颜色均匀一致</td><td colspan="2"></td></tr>
<tr><td>木纹棕眼刮平，木纹清楚</td><td colspan="2"></td></tr>
<tr><td>光泽均匀一致，光滑</td><td colspan="2"></td></tr>
<tr><td>无刷纹</td><td colspan="2"></td></tr>
<tr><td>不允许裹棱、流坠、皱皮</td><td colspan="2"></td></tr>
<tr><td>3</td><td colspan="3">涂层与其他装修材料和设备衔接处应吻合，界面应清晰</td><td colspan="2"></td></tr>
</table>

溶剂型涂料涂饰工程检验批质量验收记录（续表） GB 50210

<table>
<tr><td>工程名称</td><td colspan="5"></td><td colspan="8">分项工程名称</td><td></td><td>验收部位</td><td></td></tr>
<tr><td>施工单位</td><td colspan="5"></td><td colspan="8">专业负责人</td><td></td><td>项目经理</td><td></td></tr>
<tr><td colspan="6">施工执行标准名称及编号</td><td colspan="8"></td><td>检验批编号</td><td colspan="2"></td></tr>
<tr><td colspan="7">施工质量验收规范的规定</td><td colspan="8">施工单位检查评定记录</td><td>监理（建设）单位验收记录</td></tr>
<tr><td rowspan="20">一般项目</td><td rowspan="20">4</td><td rowspan="20">墙面水性涂料涂饰允许偏差（mm）</td><td rowspan="10">色漆</td><td rowspan="5">普通涂饰</td><td>立面垂直度</td><td>4</td><td></td><td></td><td></td><td></td><td></td><td></td><td></td><td></td><td rowspan="20"></td></tr>
<tr><td>表面平整度</td><td>4</td><td></td><td></td><td></td><td></td><td></td><td></td><td></td><td></td></tr>
<tr><td>阴阳角方正</td><td>4</td><td></td><td></td><td></td><td></td><td></td><td></td><td></td><td></td></tr>
<tr><td>装饰线、分色线直线度</td><td>2</td><td></td><td></td><td></td><td></td><td></td><td></td><td></td><td></td></tr>
<tr><td>墙裙、勒脚上口直线度</td><td>2</td><td></td><td></td><td></td><td></td><td></td><td></td><td></td><td></td></tr>
<tr><td rowspan="5">高级涂饰</td><td>立面垂直度</td><td>3</td><td></td><td></td><td></td><td></td><td></td><td></td><td></td><td></td></tr>
<tr><td>表面平整度</td><td>3</td><td></td><td></td><td></td><td></td><td></td><td></td><td></td><td></td></tr>
<tr><td>阴阳角方正</td><td>3</td><td></td><td></td><td></td><td></td><td></td><td></td><td></td><td></td></tr>
<tr><td>装饰线、分色线直线度</td><td>1</td><td></td><td></td><td></td><td></td><td></td><td></td><td></td><td></td></tr>
<tr><td>墙裙、勒脚上口直线度</td><td>1</td><td></td><td></td><td></td><td></td><td></td><td></td><td></td><td></td></tr>
<tr><td rowspan="10">清漆</td><td rowspan="5">普通涂饰</td><td>立面垂直度</td><td>3</td><td></td><td></td><td></td><td></td><td></td><td></td><td></td><td></td></tr>
<tr><td>表面平整度</td><td>3</td><td></td><td></td><td></td><td></td><td></td><td></td><td></td><td></td></tr>
<tr><td>阴阳角方正</td><td>3</td><td></td><td></td><td></td><td></td><td></td><td></td><td></td><td></td></tr>
<tr><td>装饰线、分色线直线度</td><td>2</td><td></td><td></td><td></td><td></td><td></td><td></td><td></td><td></td></tr>
<tr><td>墙裙、勒脚上口直线度</td><td>2</td><td></td><td></td><td></td><td></td><td></td><td></td><td></td><td></td></tr>
<tr><td rowspan="5">高级涂饰</td><td>立面垂直度</td><td>2</td><td></td><td></td><td></td><td></td><td></td><td></td><td></td><td></td></tr>
<tr><td>表面平整度</td><td>2</td><td></td><td></td><td></td><td></td><td></td><td></td><td></td><td></td></tr>
<tr><td>阴阳角方正</td><td>2</td><td></td><td></td><td></td><td></td><td></td><td></td><td></td><td></td></tr>
<tr><td>装饰线、分色线直线度</td><td>1</td><td></td><td></td><td></td><td></td><td></td><td></td><td></td><td></td></tr>
<tr><td>墙裙、勒脚上口直线度</td><td>1</td><td></td><td></td><td></td><td></td><td></td><td></td><td></td><td></td></tr>
<tr><td colspan="2">施工单位检查验收结果</td><td colspan="14">项目专业质量检查员： 年 月 日</td></tr>
<tr><td colspan="2">监理（建设）单位验收结论</td><td colspan="14">监理工程师：
（建设单位项目代表） 年 月 日</td></tr>
</table>

3.21.33 美术涂饰工程检验批质量验收记录 GB 50210

<table>
<tr><td>工程名称</td><td colspan="4"></td><td colspan="3">分项工程名称</td><td colspan="4"></td><td>验收部位</td><td></td></tr>
<tr><td>施工单位</td><td colspan="4"></td><td colspan="3">专业负责人</td><td colspan="4"></td><td>项目经理</td><td></td></tr>
<tr><td colspan="3">施工执行标准名称及编号</td><td colspan="5"></td><td colspan="3">检验批编号</td><td colspan="3"></td></tr>
<tr><td colspan="5">施工质量验收规范的规定</td><td colspan="8">施工单位检查评定记录</td><td>监理（建设）单位验收记录</td></tr>
<tr><td rowspan="4">主控项目</td><td>1</td><td colspan="3">美术涂饰工程所用材料的品种、型号和性能应符合设计要求及国家现行标准的相关规定</td><td colspan="8"></td><td rowspan="4"></td></tr>
<tr><td>2</td><td colspan="3">美术涂饰工程应涂饰均匀、粘结牢固，不得漏涂、透底、开裂、起皮、掉粉和反锈</td><td colspan="8"></td></tr>
<tr><td>3</td><td colspan="3">美术涂饰工程的基层处理应符合 GB 50210—2018《建筑装饰装修工程质量验收标准》第 12.1.5 条的要求</td><td colspan="8"></td></tr>
<tr><td>4</td><td colspan="3">美术涂饰工程的套色、花纹和图案应符合设计要求</td><td colspan="8"></td></tr>
<tr><td rowspan="8">一般项目</td><td>1</td><td colspan="3">美术涂饰表面应洁净，不得有流坠现象</td><td colspan="8"></td><td rowspan="8"></td></tr>
<tr><td>2</td><td colspan="3">仿花纹涂饰的饰面应具有被模仿材料的纹理</td><td colspan="8"></td></tr>
<tr><td>3</td><td colspan="3">套色涂饰的图案不得移位，纹理和轮廓应清晰</td><td colspan="8"></td></tr>
<tr><td rowspan="5">4</td><td rowspan="5">美术涂饰允许偏差（mm）</td><td>立面垂直度</td><td>4</td><td></td><td></td><td></td><td></td><td></td><td></td><td></td><td></td></tr>
<tr><td>表面平整度</td><td>4</td><td></td><td></td><td></td><td></td><td></td><td></td><td></td><td></td></tr>
<tr><td>阴阳角方正</td><td>4</td><td></td><td></td><td></td><td></td><td></td><td></td><td></td><td></td></tr>
<tr><td>装饰线、分色线直线度</td><td>2</td><td></td><td></td><td></td><td></td><td></td><td></td><td></td><td></td></tr>
<tr><td>墙裙、勒脚上口直线度</td><td>2</td><td></td><td></td><td></td><td></td><td></td><td></td><td></td><td></td></tr>
<tr><td colspan="2">施工单位检查验收结果</td><td colspan="12">项目专业质量检查员： 年 月 日</td></tr>
<tr><td colspan="2">监理（建设）单位验收结论</td><td colspan="12">监理工程师：
（建设单位项目代表） 年 月 日</td></tr>
</table>

3.21.34 裱糊工程检验批质量验收记录 GB 50210

<table>
<tr><td colspan="2">工程名称</td><td colspan="2"></td><td colspan="3">分项工程名称</td><td colspan="3"></td><td colspan="2">验收部位</td><td></td></tr>
<tr><td colspan="2">施工单位</td><td colspan="2"></td><td colspan="3">专业负责人</td><td colspan="3"></td><td colspan="2">项目经理</td><td></td></tr>
<tr><td colspan="4">施工执行标准名称及编号</td><td colspan="6"></td><td colspan="2">检验批编号</td><td></td></tr>
<tr><td colspan="4">施工质量验收规范的规定</td><td colspan="8">施工单位检查评定记录</td><td>监理（建设）单位验收记录</td></tr>
<tr><td rowspan="4">主控项目</td><td>1</td><td colspan="2">壁纸、墙布的种类、规格、图案、颜色和燃烧性能等级应符合设计要求及国家现行标准的相关规定</td><td colspan="8"></td><td rowspan="4"></td></tr>
<tr><td>2</td><td colspan="2">裱糊工程基层处理质量应符合 GB 50210—2018《建筑装饰装修工程质量验收标准》第 4.2.10 条高级抹灰的要求</td><td colspan="8"></td></tr>
<tr><td>3</td><td colspan="2">裱糊后各幅拼接应横平竖直，拼接处花纹、图案应吻合，应不离缝、不搭接、不显拼缝</td><td colspan="8"></td></tr>
<tr><td>4</td><td colspan="2">壁纸、墙布应粘贴牢固，不得有漏贴、补贴、脱层、空鼓和翘边</td><td colspan="8"></td></tr>
<tr><td rowspan="8">一般项目</td><td>1</td><td colspan="2">裱糊后的壁纸、墙布表面应平整，不得有波纹起伏、气泡、裂缝、皱折；表面色泽应一致，不得有斑污，斜视时应无胶痕</td><td colspan="8"></td><td rowspan="8"></td></tr>
<tr><td>2</td><td colspan="2">复合压花壁纸和发泡壁纸的压痕或发泡层应无损坏</td><td colspan="8"></td></tr>
<tr><td>3</td><td colspan="2">壁纸、墙布与装饰线、踢脚板、门窗框的交接处应吻合、严密、顺直。与墙面上电气槽、盒的交接处套割应吻合，不得有缝隙</td><td colspan="8"></td></tr>
<tr><td>4</td><td colspan="2">壁纸、墙布边缘应平直整齐，不得有纸毛、飞刺</td><td colspan="8"></td></tr>
<tr><td>5</td><td colspan="2">壁纸、墙布阴角处应顺光搭接，阳角处应无接缝</td><td colspan="8"></td></tr>
<tr><td rowspan="3">6</td><td rowspan="3">裱糊工程允许偏差（mm）</td><td>立面垂直度</td><td>3</td><td></td><td></td><td></td><td></td><td></td><td></td><td></td><td></td></tr>
<tr><td>表面平整度</td><td>3</td><td></td><td></td><td></td><td></td><td></td><td></td><td></td><td></td></tr>
<tr><td>阴阳角方正</td><td>3</td><td></td><td></td><td></td><td></td><td></td><td></td><td></td><td></td></tr>
<tr><td colspan="2">施工单位检查验收结果</td><td colspan="11">项目专业质量检查员： 年 月 日</td></tr>
<tr><td colspan="2">监理（建设）单位验收结论</td><td colspan="11">监理工程师：
（建设单位项目代表） 年 月 日</td></tr>
</table>

3.21.35 软包工程检验批质量验收记录 GB 50210

工程名称			分项工程名称		验收部位	
施工单位			专业负责人		项目经理	
施工执行标准名称及编号				检验批编号		
施工质量验收规范的规定			施工单位检查评定记录		监理（建设）单位验收记录	
主控项目	1	软包工程的安装位置及构造做法应符合设计要求				
	2	软包边框所选木材的材质、花纹、颜色和燃烧性能等级应符合设计要求及国家现行标准的相关规定				
	3	软包衬板材质、品种、规格、含水率应符合设计要求。面料及内衬材料的品种、规格、颜色、图案及燃烧性能等级应符合国家现行标准的相关规定				
	4	软包工程的龙骨、边框应安装牢固				
	5	软包衬板与基层应连接牢固，无翘曲、变形，拼缝应平直，相邻板面接缝应符合设计要求，横向无错位拼接的分格应保持通缝				
一般项目	1	单块软包面料不应有接缝，四周应绷压严密。需要拼花的，拼接处花纹、图案应吻合。软包饰面上电气槽、盒的开口位置、尺寸应正确，套割应吻合，槽、盒四周应镶硬边				
	2	软包工程的表面应平整、洁净、无污染、无凹凸不平及皱折；图案应清晰、无色差，整体应协调美观，且符合设计要求				
	3	软包工程的边框表面应平整、光滑、顺直，无色差、无钉眼；对缝、拼角应均匀对称、接缝吻合。清漆制品木纹、色泽应协调一致。其表面涂饰质量应符合GB 50210—2018《建筑装饰装修工程质量验收标准》第12章的有关规定				
	4	软包内衬应饱满，边缘应平齐				
	5	软包墙面与装饰线、踢脚板、门窗框的交接处应吻合、严密、顺直。交接（留缝）方式应符合设计要求				

软包工程检验批质量验收记录（续表） GB 50210

<table>
<tr><td>工程名称</td><td colspan="4"></td><td colspan="6">分项工程名称</td><td colspan="4"></td><td>验收部位</td><td></td></tr>
<tr><td>施工单位</td><td colspan="4"></td><td colspan="6">专业负责人</td><td colspan="4"></td><td>项目经理</td><td></td></tr>
<tr><td colspan="3">施工执行标准名称及编号</td><td colspan="10"></td><td>检验批编号</td><td colspan="3"></td></tr>
<tr><td colspan="5">施工质量验收规范的规定</td><td colspan="10">施工单位检查评定记录</td><td colspan="2">监理（建设）单位验收记录</td></tr>
<tr><td rowspan="6">一般项目</td><td rowspan="6">6</td><td rowspan="6">软包工程安装允许偏差（mm）</td><td>单块软包边框水平度</td><td>3</td><td></td><td></td><td></td><td></td><td></td><td></td><td></td><td></td><td></td><td></td><td colspan="2" rowspan="6"></td></tr>
<tr><td>单块软包边框垂直度</td><td>3</td><td></td><td></td><td></td><td></td><td></td><td></td><td></td><td></td><td></td><td></td></tr>
<tr><td>单块软包对角线长度差</td><td>3</td><td></td><td></td><td></td><td></td><td></td><td></td><td></td><td></td><td></td><td></td></tr>
<tr><td>单块软包宽度、高度</td><td>0，-2</td><td></td><td></td><td></td><td></td><td></td><td></td><td></td><td></td><td></td><td></td></tr>
<tr><td>分格条（缝）直线度</td><td>3</td><td></td><td></td><td></td><td></td><td></td><td></td><td></td><td></td><td></td><td></td></tr>
<tr><td>裁口线条结合处高度差</td><td>1</td><td></td><td></td><td></td><td></td><td></td><td></td><td></td><td></td><td></td><td></td></tr>
<tr><td>施工单位检查验收结果</td><td colspan="16">项目专业质量检查员： 年 月 日</td></tr>
<tr><td>监理（建设）单位验收结论</td><td colspan="16">监理工程师：
（建设单位项目代表） 年 月 日</td></tr>
</table>

3.21.36 橱柜制作与安装工程检验批质量验收记录 GB 50210

<table>
<tr><td>工程名称</td><td colspan="4"></td><td colspan="5">分项工程名称</td><td colspan="3"></td><td>验收部位</td><td></td></tr>
<tr><td>施工单位</td><td colspan="4"></td><td colspan="5">专业负责人</td><td colspan="3"></td><td>项目经理</td><td></td></tr>
<tr><td colspan="3">施工执行标准名称及编号</td><td colspan="7"></td><td colspan="3">检验批编号</td><td colspan="2"></td></tr>
<tr><td colspan="5">施工质量验收规范的规定</td><td colspan="8">施工单位检查评定记录</td><td colspan="2">监理（建设）单位验收记录</td></tr>
<tr><td rowspan="5">主控项目</td><td>1</td><td colspan="3">橱柜制作与安装所用材料的材质、规格、性能、有害物质限量及木材的燃烧性能等级和含水率应符合设计要求及国家现行标准的相关规定</td><td colspan="8"></td><td colspan="2" rowspan="5"></td></tr>
<tr><td>2</td><td colspan="3">橱柜安装预埋件或后置埋件的数量、规格、位置应符合设计要求</td><td colspan="8"></td></tr>
<tr><td>3</td><td colspan="3">橱柜的造型、尺寸、安装位置、制作和固定方法应符合设计要求，橱柜安装应牢固</td><td colspan="8"></td></tr>
<tr><td>4</td><td colspan="3">橱柜配件的品种、规格应符合设计要求；配件应齐全，安装应牢固</td><td colspan="8"></td></tr>
<tr><td>5</td><td colspan="3">橱柜的抽屉和柜门应开关灵活、回位正确</td><td colspan="8"></td></tr>
<tr><td rowspan="5">一般项目</td><td>1</td><td colspan="3">橱柜表面应平整、洁净、色泽一致，不得有裂缝、翘曲及损坏</td><td colspan="8"></td><td colspan="2" rowspan="5"></td></tr>
<tr><td>2</td><td colspan="3">橱柜裁口应顺直、拼缝应严密</td><td colspan="8"></td></tr>
<tr><td rowspan="3">3</td><td rowspan="3">橱柜安装允许偏差（mm）</td><td>外形尺寸</td><td>3</td><td></td><td></td><td></td><td></td><td></td><td></td><td></td><td></td></tr>
<tr><td>立面垂直度</td><td>2</td><td></td><td></td><td></td><td></td><td></td><td></td><td></td><td></td></tr>
<tr><td>门与框架的平行度</td><td>2</td><td></td><td></td><td></td><td></td><td></td><td></td><td></td><td></td></tr>
<tr><td>施工单位检查验收结果</td><td colspan="14">项目专业质量检查员：　　　　年　月　日</td></tr>
<tr><td>监理（建设）单位验收结论</td><td colspan="14">监理工程师：
（建设单位项目代表）　　　　年　月　日</td></tr>
</table>

3.21.37 窗帘盒和窗台板制作与安装工程检验批质量验收记录 GB 50210

<table>
<tr><td>工程名称</td><td colspan="4"></td><td colspan="4">分项工程名称</td><td colspan="2"></td><td>验收部位</td><td></td></tr>
<tr><td>施工单位</td><td colspan="4"></td><td colspan="4">专业负责人</td><td colspan="2"></td><td>项目经理</td><td></td></tr>
<tr><td colspan="4">施工执行标准名称及编号</td><td colspan="6"></td><td>检验批编号</td><td colspan="2"></td></tr>
<tr><td colspan="5">施工质量验收规范的规定</td><td colspan="6">施工单位检查评定记录</td><td colspan="2">监理（建设）单位验收记录</td></tr>
<tr><td rowspan="3">主控项目</td><td>1</td><td colspan="3">窗帘盒和窗台板制作与安装所使用材料的材质、规格、性能、有害物质限量及木材的燃烧性能等级和含水率应符合设计要求及国家现行标准的相关规定</td><td colspan="6"></td><td colspan="2" rowspan="3"></td></tr>
<tr><td>2</td><td colspan="3">窗帘盒和窗台板的造型、规格、尺寸、安装位置和固定方法应符合设计要求，窗帘盒和窗台板的安装应牢固</td><td colspan="6"></td></tr>
<tr><td>3</td><td colspan="3">窗帘盒配件的品种、规格应符合设计要求，安装应牢固</td><td colspan="6"></td></tr>
<tr><td rowspan="6">一般项目</td><td>1</td><td colspan="3">窗帘盒和窗台板表面应平整、洁净、线条顺直、接缝严密、色泽一致，不得有裂缝、翘曲及损坏</td><td colspan="6"></td><td colspan="2" rowspan="6"></td></tr>
<tr><td>2</td><td colspan="3">窗帘盒和窗台板与墙、窗框的衔接应严密，密封胶缝应顺直、光滑</td><td colspan="6"></td></tr>
<tr><td rowspan="4">3</td><td rowspan="4">安装允许偏差（mm）</td><td>水平度</td><td>2</td><td></td><td></td><td></td><td></td><td></td><td></td></tr>
<tr><td>上口、下口直线度</td><td>3</td><td></td><td></td><td></td><td></td><td></td><td></td></tr>
<tr><td>两端距窗洞口长度差</td><td>2</td><td></td><td></td><td></td><td></td><td></td><td></td></tr>
<tr><td>两端出墙厚度差</td><td>3</td><td></td><td></td><td></td><td></td><td></td><td></td></tr>
<tr><td>施工单位检查验收结果</td><td colspan="12">项目专业质量检查员： 年 月 日</td></tr>
<tr><td>监理（建设）单位验收结论</td><td colspan="12">监理工程师：
（建设单位项目代表） 年 月 日</td></tr>
</table>

3.21.38 门窗套制作与安装工程检验批质量验收记录 GB 50210

<table>
<tr><td>工程名称</td><td colspan="3"></td><td colspan="3">分项工程名称</td><td colspan="2"></td><td colspan="2">验收部位</td><td></td></tr>
<tr><td>施工单位</td><td colspan="3"></td><td colspan="3">专业负责人</td><td colspan="2"></td><td colspan="2">项目经理</td><td></td></tr>
<tr><td colspan="4">施工执行标准名称及编号</td><td colspan="5"></td><td>检验批编号</td><td colspan="2"></td></tr>
<tr><td colspan="5">施工质量验收规范的规定</td><td colspan="6">施工单位检查评定记录</td><td>监理（建设）单位验收记录</td></tr>
<tr><td rowspan="2">主控项目</td><td>1</td><td colspan="3">门窗套制作与安装所使用材料的材质、规格、花纹、颜色、性能、有害物质限量及木材的燃烧性能等级和含水率应符合设计要求及国家现行标准的相关规定</td><td colspan="6"></td><td rowspan="2"></td></tr>
<tr><td>2</td><td colspan="3">门窗套的造型、尺寸和固定方法应符合设计要求，安装应牢固</td><td colspan="6"></td></tr>
<tr><td rowspan="4">一般项目</td><td>1</td><td colspan="3">门窗套表面应平整、洁净、线条顺直、接缝严密、色泽一致，不得有裂缝、翘曲及损坏</td><td colspan="6"></td><td rowspan="4"></td></tr>
<tr><td rowspan="3">2</td><td rowspan="3">安装允许偏差（mm）</td><td>正面、侧面垂直度</td><td>3</td><td></td><td></td><td></td><td></td><td></td><td></td></tr>
<tr><td>门窗套上口水平度</td><td>1</td><td></td><td></td><td></td><td></td><td></td><td></td></tr>
<tr><td>门窗套上口直线度</td><td>3</td><td></td><td></td><td></td><td></td><td></td><td></td></tr>
<tr><td>施工单位检查验收结果</td><td colspan="11">项目专业质量检查员： 年 月 日</td></tr>
<tr><td>监理（建设）单位验收结论</td><td colspan="11">监理工程师：
（建设单位项目代表） 年 月 日</td></tr>
</table>

3.21.39 护栏和扶手制作与安装工程检验批质量验收记录 GB 50210

<table>
<tr><td>工程名称</td><td colspan="4"></td><td colspan="3">分项工程名称</td><td colspan="3"></td><td colspan="2">验收部位</td><td></td></tr>
<tr><td>施工单位</td><td colspan="4"></td><td colspan="3">专业负责人</td><td colspan="3"></td><td colspan="2">项目经理</td><td></td></tr>
<tr><td colspan="4">施工执行标准名称及编号</td><td colspan="4"></td><td colspan="2">检验批编号</td><td colspan="4"></td></tr>
<tr><td colspan="5">施工质量验收规范的规定</td><td colspan="8">施工单位检查评定记录</td><td>监理（建设）单位验收记录</td></tr>
<tr><td rowspan="5">主控项目</td><td>1</td><td colspan="3">护栏和扶手制作与安装所使用材料的材质、规格、数量和木材、塑料的燃烧性能等级应符合设计要求</td><td colspan="8"></td><td rowspan="5"></td></tr>
<tr><td>2</td><td colspan="3">护栏和扶手的造型、尺寸及安装位置应符合设计要求</td><td colspan="8"></td></tr>
<tr><td>3</td><td colspan="3">护栏和扶手安装预埋件的数量、规格、位置及护栏与预埋件的连接节点应符合设计要求</td><td colspan="8"></td></tr>
<tr><td>4</td><td colspan="3">护栏高度、栏杆间距、安装位置应符合设计要求，护栏安装应牢固</td><td colspan="8"></td></tr>
<tr><td>5</td><td colspan="3">栏板玻璃的使用应符合设计要求和 JGJ 113—2015《建筑玻璃应用技术规程》的规定</td><td colspan="8"></td></tr>
<tr><td rowspan="5">一般项目</td><td>1</td><td colspan="3">护栏和扶手转角弧度应符合设计要求，接缝应严密，表面应光滑，色泽应一致，不得有裂缝、翘曲及损坏</td><td colspan="8"></td><td rowspan="5"></td></tr>
<tr><td rowspan="4">2</td><td rowspan="4">安装允许偏差（mm）</td><td>护栏垂直度</td><td>3</td><td></td><td></td><td></td><td></td><td></td><td></td><td></td><td></td></tr>
<tr><td>栏杆间距</td><td>0，-6</td><td></td><td></td><td></td><td></td><td></td><td></td><td></td><td></td></tr>
<tr><td>扶手直线度</td><td>4</td><td></td><td></td><td></td><td></td><td></td><td></td><td></td><td></td></tr>
<tr><td>扶手高度</td><td>+6，0</td><td></td><td></td><td></td><td></td><td></td><td></td><td></td><td></td></tr>
<tr><td>施工单位检查验收结果</td><td colspan="13">项目专业质量检查员： 年 月 日</td></tr>
<tr><td>监理（建设）单位验收结论</td><td colspan="13">监理工程师：
（建设单位项目代表） 年 月 日</td></tr>
</table>

3.21.40　花饰制作与安装工程检验批质量验收记录　GB 50210

<table>
<tr><td colspan="2">工程名称</td><td colspan="5"></td><td colspan="3">分项工程名称</td><td colspan="3"></td><td colspan="2">验收部位</td><td></td></tr>
<tr><td colspan="2">施工单位</td><td colspan="5"></td><td colspan="3">专业负责人</td><td colspan="3"></td><td colspan="2">项目经理</td><td></td></tr>
<tr><td colspan="5">施工执行标准名称及编号</td><td colspan="5"></td><td colspan="2">检验批编号</td><td colspan="4"></td></tr>
<tr><td colspan="7">施工质量验收规范的规定</td><td colspan="8">施工单位检查评定记录</td><td>监理（建设）单位验收记录</td></tr>
<tr><td rowspan="3">主控项目</td><td>1</td><td colspan="5">花饰制作与安装所使用材料的材质、规格、性能、有害物质限量及木材的燃烧性能等级和含水率应符合设计要求及国家现行标准的相关规定</td><td colspan="8"></td><td rowspan="3"></td></tr>
<tr><td>2</td><td colspan="5">花饰的造型、尺寸应符合设计要求</td><td colspan="8"></td></tr>
<tr><td>3</td><td colspan="5">花饰的安装位置和固定方法应符合设计要求，安装应牢固</td><td colspan="8"></td></tr>
<tr><td rowspan="7">一般项目</td><td>1</td><td colspan="5">花饰表面应洁净，接缝应严密吻合，不得有歪斜、裂缝、翘曲及损坏</td><td colspan="8"></td><td rowspan="7"></td></tr>
<tr><td rowspan="6">2</td><td rowspan="6">安装允许偏差（mm）</td><td rowspan="3">室内</td><td rowspan="2">条形花饰水平度或垂直度</td><td>每米</td><td>1</td><td></td><td></td><td></td><td></td><td></td><td></td><td></td><td></td></tr>
<tr><td>全长</td><td>3</td><td></td><td></td><td></td><td></td><td></td><td></td><td></td><td></td></tr>
<tr><td colspan="2">单独花饰中心位置偏移</td><td>10</td><td></td><td></td><td></td><td></td><td></td><td></td><td></td><td></td></tr>
<tr><td rowspan="3">室外</td><td rowspan="2">条形花饰水平度或垂直度</td><td>每米</td><td>3</td><td></td><td></td><td></td><td></td><td></td><td></td><td></td><td></td></tr>
<tr><td>全长</td><td>6</td><td></td><td></td><td></td><td></td><td></td><td></td><td></td><td></td></tr>
<tr><td colspan="2">单独花饰中心位置偏移</td><td>15</td><td></td><td></td><td></td><td></td><td></td><td></td><td></td><td></td></tr>
<tr><td colspan="2">施工单位检查验收结果</td><td colspan="14">项目专业质量检查员：　　　　年　月　日</td></tr>
<tr><td colspan="2">监理（建设）单位验收结论</td><td colspan="14">监理工程师：
（建设单位项目代表）　　　　年　月　日</td></tr>
</table>

3.22 建筑给水排水及采暖工程①

3.22.1 室内给水管道及配件安装检验批质量验收记录 GB 50242

<table>
<tr><td>工程名称</td><td colspan="3"></td><td>分项工程名称</td><td></td><td>验收单位</td><td></td></tr>
<tr><td>施工单位</td><td colspan="3"></td><td>专业负责人</td><td></td><td>项目经理</td><td></td></tr>
<tr><td colspan="3">施工执行标准名称及编号</td><td colspan="3"></td><td>检验批编号</td><td></td></tr>
<tr><td colspan="4">质量验收规范的规定</td><td colspan="2">施工单位检查评定记录</td><td colspan="2">监理（建设）单位验收记录</td></tr>
<tr><td rowspan="5">主控项目</td><td>1</td><td colspan="2">材料型号、规格、性能应符合设计要求及 GB 50242—2002《建筑给水排水及采暖工程施工质量验收规范》第 4.1 条的相关规定</td><td colspan="2"></td><td colspan="2" rowspan="5"></td></tr>
<tr><td>2</td><td colspan="2">室内给水管道的水压试验必须符合设计要求。当设计未注明时，各种材质的给水管道系统试验压力均为工作压力的 1.5 倍，但不得小于 0.6MPa</td><td colspan="2"></td></tr>
<tr><td>3</td><td colspan="2">给水系统交付使用前必须进行通水试验并做记录</td><td colspan="2"></td></tr>
<tr><td>4</td><td colspan="2">生产给水系统管道在交付使用前必须冲洗和消毒，并经有关部门取样检验，符合 GB 5749—2006《生活饮用水卫生标准》方可使用</td><td colspan="2"></td></tr>
<tr><td>5</td><td colspan="2">室内直埋给水管道（塑料管道和复合管道除外）应做防腐处理。埋地管道防腐层材质和结构应符合设计要求</td><td colspan="2"></td></tr>
<tr><td rowspan="4">一般项目</td><td>1</td><td colspan="2">给水引入管与排水排出管的水平净距不得小于 1m。室内给水与排水管道平行敷设时，两管间的最小水平净距不得小于 0.5m；交叉铺设时，垂直净距不得小于 0.15m。给水管应铺在排水管上面，若给水管必须铺在排水管的下面时，给水管应加套管，其长度不得小于排水管管径的 3 倍</td><td colspan="2"></td><td colspan="2" rowspan="4"></td></tr>
<tr><td>2</td><td colspan="2">焊缝外形尺寸应符合图纸和工艺文件的规定，焊缝高度不得低于母材表面，焊缝与母材应圆滑过渡；焊缝及热影响区表面应无裂纹、未熔合、未焊透、夹渣、弧坑和气孔等缺陷</td><td colspan="2"></td></tr>
<tr><td>3</td><td colspan="2">给水水平管道应有 2‰ ~5‰的坡度坡向泄水装置</td><td colspan="2"></td></tr>
<tr><td>4</td><td colspan="2">管道的支、吊架安装应平整牢固，其间距应符合 GB 50242—2002《建筑给水排水及采暖工程施工质量验收规范》第 3.3.8 条、第 3.3.9 条或第 3.3.10 条的规定</td><td colspan="2"></td></tr>
</table>

① 本部分的“GB 50242”代表依据为 GB 50242—2002《建筑给水排水及采暖工程施工质量验收规范》。

室内给水管道及配件安装检验批质量验收记录（续表） GB 50242

工程名称		分项工程名称		验收单位	
施工单位		专业负责人		项目经理	
施工执行标准名称及编号		检验批编号			

质量验收规范的规定						施工单位检查评定记录	监理（建设）单位验收记录
一般项目	5	水表安装（mm）	水表应安装在便于检修、不受曝晒、污染和冻结的地方。安装螺翼式水表，表前与阀门应有不小于 8 倍表接口直径的直线管段				
			表外壳距墙表面净距		10~30		
			水表进水口中心标高按设计要求允许偏差		± 10		
	6	水平管道纵、横方向弯曲允许偏差（mm）	钢管	每 1m	1		
				全长 25m 以上	≤ 25		
			塑料管复合管	每 1m	1.5		
				全长 25m 以上	≤ 25		
			铸铁管	每 1m	2		
				全长 25m 以上	≤ 25		
		立管垂直度允许偏差（mm）	钢管	每 1m	3		
				5m 以上	≤ 8		
			塑料管复合管	每 1m	2		
				5m 以上	≤ 8		
			铸铁管	每 1m	3		
				5m 以上	≤ 10		
		成排管段和成排阀门在同一平面上的间距（mm）			3		
施工单位检查评定结果	项目专业质量检查员：　　　　年　月　日						
监理（建设）单位验收结论	监理工程师： （建设单位项目代表）　　　　年　月　日						

3.22.2 室内消火栓系统安装检验批质量验收记录 GB 50242

<table>
<tr><td>工程名称</td><td colspan="4"></td><td colspan="3">分项工程名称</td><td colspan="3"></td><td>验收单位</td><td></td></tr>
<tr><td>施工单位</td><td colspan="4"></td><td colspan="3">专业负责人</td><td colspan="3"></td><td>项目经理</td><td></td></tr>
<tr><td colspan="3">施工执行标准名称及编号</td><td colspan="5"></td><td colspan="2">检验批编号</td><td colspan="3"></td></tr>
<tr><td colspan="6">质量验收规范的规定</td><td colspan="6">施工单位检查评定记录</td><td>监理（建设）单位验收记录</td></tr>
<tr><td rowspan="2">主控项目</td><td>1</td><td colspan="4">材料型号、规格、性能应符合设计要求及GB 50242—2002《建筑给水排水及采暖工程施工质量验收规范》第4.1条的相关规定</td><td colspan="6"></td><td rowspan="2"></td></tr>
<tr><td>2</td><td colspan="4">室内消火栓系统安装完成后取屋顶层（或水箱间内）试验消火栓和首层取二处消火栓做试射试验，达到设计要求为合格</td><td colspan="6"></td></tr>
<tr><td rowspan="5">一般项目</td><td>1</td><td colspan="4">水龙带与水枪和快速接头绑扎好后，应根据箱内构造将水龙带挂放在箱内的挂钉、托盘或支架上</td><td colspan="6"></td><td rowspan="5"></td></tr>
<tr><td rowspan="4">2</td><td rowspan="4">箱式消防栓安装</td><td colspan="3">栓口朝外，并不应安装在门轴侧</td><td colspan="6"></td></tr>
<tr><td rowspan="3">允许偏差（mm）</td><td>栓口中心距地面1.1m</td><td>±20</td><td></td><td></td><td></td><td></td><td></td><td></td></tr>
<tr><td>阀门中心距箱侧面140mm，距箱后内表面100mm</td><td>±5</td><td></td><td></td><td></td><td></td><td></td><td></td></tr>
<tr><td>消火栓箱体安装的垂直度</td><td>3</td><td></td><td></td><td></td><td></td><td></td><td></td></tr>
<tr><td>施工单位检查评定结果</td><td colspan="12">项目专业质量检查员：　　　　年　月　日</td></tr>
<tr><td>监理（建设）单位验收结论</td><td colspan="12">监理工程师：
（建设单位项目代表）　　　　年　月　日</td></tr>
</table>

3.22.3 室内给水设备安装检验批质量验收记录 GB 50242

<table>
<tr><td colspan="2">工程名称</td><td colspan="4"></td><td colspan="3">分项工程名称</td><td colspan="2"></td><td colspan="2">验收单位</td><td></td></tr>
<tr><td colspan="2">施工单位</td><td colspan="4"></td><td colspan="3">专业负责人</td><td colspan="2"></td><td colspan="2">项目经理</td><td></td></tr>
<tr><td colspan="4">施工执行标准名称及编号</td><td colspan="5"></td><td colspan="2">检验批编号</td><td colspan="3"></td></tr>
<tr><td colspan="7">质量验收规范的规定</td><td colspan="6">施工单位检查评定记录</td><td>监理（建设）单位验收记录</td></tr>
<tr><td rowspan="3">主控项目</td><td>1</td><td colspan="5">水泵就位前的基础混凝土强度、坐标、标高、尺寸和螺栓孔位置必须符合设计规定</td><td colspan="6"></td><td rowspan="3"></td></tr>
<tr><td>2</td><td colspan="5">水泵试运转轴承温升符合设备说明书规定</td><td colspan="6"></td></tr>
<tr><td>3</td><td colspan="5">敞口水箱的满水试验和密闭水箱（罐）的水压试验必须符合设计与本规范的规定；满水试验静置 24h，观察不渗不漏；水压试验在试验压力下 10min 压力不降，不渗不漏</td><td colspan="6"></td></tr>
<tr><td rowspan="10">一般项目</td><td>1</td><td colspan="5">水箱支架或底座安装尺寸及位置符合设计规定，埋设平整牢固</td><td colspan="6"></td><td rowspan="10"></td></tr>
<tr><td>2</td><td colspan="5">水箱溢流管和泄放管应设置在排水地点附近，但不得与排水管直接连接</td><td colspan="6"></td></tr>
<tr><td>3</td><td colspan="5">立式水泵减振装置不应采用弹簧减振器</td><td colspan="6"></td></tr>
<tr><td rowspan="7">4</td><td rowspan="7">设备安装允许偏差</td><td rowspan="3">静置设备</td><td colspan="2">坐标（mm）</td><td>15</td><td></td><td></td><td></td><td></td><td></td><td></td></tr>
<tr><td colspan="2">标高（mm）</td><td>±5</td><td></td><td></td><td></td><td></td><td></td><td></td></tr>
<tr><td colspan="2">垂直度（mm/m）</td><td>5</td><td></td><td></td><td></td><td></td><td></td><td></td></tr>
<tr><td rowspan="4">离心式水泵</td><td colspan="2">立式垂直度（mm/m）</td><td>0.1</td><td></td><td></td><td></td><td></td><td></td><td></td></tr>
<tr><td colspan="2">卧式水平度（mm/m）</td><td>0.1</td><td></td><td></td><td></td><td></td><td></td><td></td></tr>
<tr><td rowspan="2">联轴器同心度</td><td>轴向倾斜（mm/m）</td><td>0.8</td><td></td><td></td><td></td><td></td><td></td><td></td></tr>
<tr><td>径向移位（mm）</td><td>0.1</td><td></td><td></td><td></td><td></td><td></td><td></td></tr>
</table>

室内给水设备安装检验批质量验收记录（续表） GB 50242

<table>
<tr><td>工程名称</td><td colspan="4"></td><td>分项工程名称</td><td colspan="3"></td><td>验收单位</td><td></td></tr>
<tr><td>施工单位</td><td colspan="4"></td><td>专业负责人</td><td colspan="3"></td><td>项目经理</td><td></td></tr>
<tr><td colspan="4">施工执行标准名称及编号</td><td colspan="4"></td><td>检验批编号</td><td colspan="2"></td></tr>
<tr><td colspan="6">质量验收规范的规定</td><td colspan="4">施工单位检查评定记录</td><td>监理（建设）单位验收记录</td></tr>
<tr><td rowspan="3">一般项目</td><td rowspan="3">5</td><td rowspan="3">管道及设备保温层允许偏差</td><td colspan="2">厚度</td><td>+0.1δ，−0.05δ</td><td colspan="4"></td><td rowspan="3"></td></tr>
<tr><td rowspan="2">表面平整度（mm）</td><td>卷材</td><td>5</td><td colspan="4"></td></tr>
<tr><td>涂料</td><td>10</td><td colspan="4"></td></tr>
<tr><td>施工单位检查评定结果</td><td colspan="10">项目专业质量检查员：　　　　年　月　日</td></tr>
<tr><td>监理（建设）单位验收结论</td><td colspan="10">监理工程师：
（建设单位项目代表）　　　　年　月　日</td></tr>
</table>

注：δ 为保温层厚度

3.22.4 室内排水管道及配件安装检验批质量验收记录 GB 50242

工程名称		分项工程名称		验收单位	
施工单位		专业负责人		项目经理	
施工执行标准名称及编号		检验批编号			

类别	序号	质量验收规范的规定					施工单位检查评定记录	监理（建设）单位验收记录
主控项目	1	材料型号、规格、性能应符合设计要求及 GB 50242—2002《建筑给水排水及采暖工程施工质量验收规范》第 5.1 条的相关规定						
	2	隐蔽或埋地的排水管道在隐蔽前必须做灌水试验，其灌水高度应不低于底层卫生器具的上边缘或底层地面高度。满水 15min 水面下降后，再灌满观察 5min，液面不降，管道及接口无渗漏为合格						
	3	生活污水管道敷设	铸铁管管径（mm）	50	安装最小坡度（‰）	25		
				75		15		
				100		12		
				125		10		
				150		7		
				200		5		
			塑料管管径（mm）	50	安装最小坡度（‰）	12		
				75		8		
				110		6		
				125		5		
				160		4		
	4	排水塑料管必须按设计要求及位置装设伸缩节。如设计无要求时，伸缩节间距不得大于 4m。高层建筑中明设排水塑料管道应按设计要求设置阻火圈或防火套管						
	5	排水主立管及水平干管应做通球试验，通球球径不小于管径的 2/3，通球率 100%。						
一般项目	1	在生活污水管道上设置的检查口或清扫口应符合设计要求						
		当无设计要求时应符合下列规定：在立管上应每隔一层装设一个检查口，在最底层和有卫生器具的最高层必须设置。如为两层建筑时，可仅在底层设置立管检查口；如有乙字形弯管时，则在该层乙字形弯管的上部设置检查口。检查口中心高度距操作地面一般为 1m，允许偏差为 ±20mm；检查口的朝向应便于检修。暗装立管，在检查口处应装设检修门						

室内排水管道及配件安装检验批质量验收记录（续表 1） GB 50242

<table>
<tr><td>工程名称</td><td colspan="2"></td><td>分项工程名称</td><td></td><td>验收单位</td><td></td></tr>
<tr><td>施工单位</td><td colspan="2"></td><td>专业负责人</td><td></td><td>项目经理</td><td></td></tr>
<tr><td colspan="2">施工执行标准名称及编号</td><td colspan="2"></td><td>检验批编号</td><td colspan="2"></td></tr>
<tr><td colspan="4">质量验收规范的规定</td><td>施工单位检查评定记录</td><td colspan="2">监理（建设）单位验收记录</td></tr>
<tr><td rowspan="7">一般项目</td><td rowspan="3">1</td><td colspan="2">在连接 2 个及 2 个以上大便器或 3 个及 3 个以上卫生器具的污水横管上应装设清扫口。当污水管在楼下悬吊敷设时；可将清扫口安装在上一层的楼地面上，污水管起点的清扫口与管道相垂直的墙面距离不得小于 200mm；若污水管起点设置堵头代替清扫口时，与墙面距离不得小于 400mm</td><td></td><td colspan="2" rowspan="7"></td></tr>
<tr><td colspan="2">在转角小于 135° 的污水横管上，应设置检查口或清扫口</td><td></td></tr>
<tr><td colspan="2">污水横管的直线管段，应按设计要求的距离装设检查口或清扫口</td><td></td></tr>
<tr><td>2</td><td colspan="2">埋在地下或地板下的排水管道的检查口，应设在检查井内。井底表面标高与检查口的法兰相平，井底表面应有 5% 坡度，坡向检查口</td><td></td></tr>
<tr><td>3</td><td colspan="2">排水金属管道上的吊勾或卡箍应固定在承重结构上。固定件间距：横管不大于 2m；立管不大于 3m。楼层高度小于或等于 4m，立管可安装 1 个固定件。立管底部的弯管处应设支墩或采取固定措施</td><td></td></tr>
<tr><td>4</td><td colspan="2">排水通气管道不得与风道或烟道连接，且应符合下列规定：（1）通气管道应高出屋面 300mm，但必须大于最大积雪厚度；（2）在通气管出口 4m 以内有门（窗）时，通气管应高出门（窗）顶 600mm 或引向无门（窗）一侧；（3）在经常有人停留的平屋顶上，通气管应高出屋面 2m，并应根据防雷要求设置防雷装置；（4）屋顶有隔热层应从隔热层板面算起</td><td></td></tr>
<tr><td>5</td><td colspan="2">安装未经消毒处理的医院含菌污水管道，不得与其他排水管道直接连接</td><td></td></tr>
</table>

室内排水管道及配件安装检验批质量验收记录（续表 2） GB 50242

<table>
<tr><td colspan="2">工程名称</td><td colspan="4"></td><td colspan="2">分项工程名称</td><td colspan="3"></td><td colspan="2">验收单位</td><td></td></tr>
<tr><td colspan="2">施工单位</td><td colspan="4"></td><td colspan="2">专业负责人</td><td colspan="3"></td><td colspan="2">项目经理</td><td></td></tr>
<tr><td colspan="4">施工执行标准名称及编号</td><td colspan="5"></td><td colspan="2">检验批编号</td><td colspan="3"></td></tr>
<tr><td colspan="7">质量验收规范的规定</td><td colspan="6">施工单位检查评定记录</td><td>监理（建设）单位验收记录</td></tr>
<tr><td rowspan="14">一般项目</td><td>6</td><td colspan="5">饮食业工艺设备引出的排水管及饮用水水箱的溢流管，不得与污水管道直接连接，并应留出不小于 100mm 的隔断空间</td><td colspan="6"></td><td rowspan="14"></td></tr>
<tr><td>7</td><td colspan="5">通向室外的排水管，穿过墙壁或基础必须下返时，应采用 45° 三通和 45° 弯头连接，并应在垂直管段顶部设置清扫口</td><td colspan="6"></td></tr>
<tr><td>8</td><td colspan="5">由室内通向室外排水检查井的排水管，井内引入管应高于排出管道或两管顶相平。并有不小于 90° 的水流转角，如跌落差大于 300mm 可不受角度限制</td><td colspan="6"></td></tr>
<tr><td>9</td><td colspan="5">用于室内排水的水平管道与水平管道、水平管道与立管的连接，应采用 45° 三通或 45° 四通和 90° 斜三通或 90° 斜四通。立管与排出管道的连接，应采用两个 45° 弯头或曲率半径不小于 4 倍管径的 90° 弯头</td><td colspan="6"></td></tr>
<tr><td rowspan="10">10</td><td rowspan="10">管道安装</td><td rowspan="5">立管管径（mm）</td><td>50</td><td rowspan="5">固定间距（m）</td><td>1.2</td><td></td><td></td><td></td><td></td><td></td><td></td></tr>
<tr><td>75</td><td>1.5</td><td></td><td></td><td></td><td></td><td></td><td></td></tr>
<tr><td>110</td><td>2.0</td><td></td><td></td><td></td><td></td><td></td><td></td></tr>
<tr><td>125</td><td>2.0</td><td></td><td></td><td></td><td></td><td></td><td></td></tr>
<tr><td>160</td><td>2.0</td><td></td><td></td><td></td><td></td><td></td><td></td></tr>
<tr><td rowspan="5">横管管径（mm）</td><td>50</td><td rowspan="5">固定间距（m）</td><td>0.5</td><td></td><td></td><td></td><td></td><td></td><td></td></tr>
<tr><td>75</td><td>0.75</td><td></td><td></td><td></td><td></td><td></td><td></td></tr>
<tr><td>110</td><td>1.10</td><td></td><td></td><td></td><td></td><td></td><td></td></tr>
<tr><td>125</td><td>1.30</td><td></td><td></td><td></td><td></td><td></td><td></td></tr>
<tr><td>160</td><td>1.6</td><td></td><td></td><td></td><td></td><td></td><td></td></tr>
</table>

室内排水管道及配件安装检验批质量验收记录（续表 3） GB 50242

<table>
<tr><td colspan="2">工程名称</td><td colspan="4"></td><td colspan="2">分项工程名称</td><td colspan="3"></td><td colspan="2">验收单位</td><td></td></tr>
<tr><td colspan="2">施工单位</td><td colspan="4"></td><td colspan="2">专业负责人</td><td colspan="3"></td><td colspan="2">项目经理</td><td></td></tr>
<tr><td colspan="4">施工执行标准名称及编号</td><td colspan="6"></td><td colspan="2">检验批编号</td><td colspan="2"></td></tr>
<tr><td colspan="7">质量验收规范的规定</td><td colspan="6">施工单位检查评定记录</td><td>监理（建设）单位验收记录</td></tr>
<tr><td rowspan="18">一般项目</td><td rowspan="18">11</td><td colspan="4">坐标（mm）</td><td>15</td><td></td><td></td><td></td><td></td><td></td><td></td><td rowspan="18"></td></tr>
<tr><td colspan="4">标高（mm）</td><td>±15</td><td></td><td></td><td></td><td></td><td></td><td></td></tr>
<tr><td rowspan="10">排水管道横管纵横方向弯曲（mm）</td><td rowspan="2">铸铁管</td><td colspan="2">每 1m</td><td>≤ 1</td><td></td><td></td><td></td><td></td><td></td><td></td></tr>
<tr><td colspan="2">全长（25m 以上）</td><td>≤ 25</td><td></td><td></td><td></td><td></td><td></td><td></td></tr>
<tr><td rowspan="4">钢管</td><td rowspan="2">每 1m</td><td>直径 ≤ 100mm</td><td>1</td><td></td><td></td><td></td><td></td><td></td><td></td></tr>
<tr><td>直径> 100mm</td><td>1.5</td><td></td><td></td><td></td><td></td><td></td><td></td></tr>
<tr><td rowspan="2">全长（25m 以上）</td><td>直径 ≤ 100mm</td><td>≤ 25</td><td></td><td></td><td></td><td></td><td></td><td></td></tr>
<tr><td>直径> 100mm</td><td>≤ 308</td><td></td><td></td><td></td><td></td><td></td><td></td></tr>
<tr><td rowspan="2">塑料管</td><td colspan="2">每 1m</td><td>1.5</td><td></td><td></td><td></td><td></td><td></td><td></td></tr>
<tr><td colspan="2">全长（25m 以上）</td><td>≤ 38</td><td></td><td></td><td></td><td></td><td></td><td></td></tr>
<tr><td rowspan="2">钢筋混凝土管、混凝土管</td><td colspan="2">每 1m</td><td>3</td><td></td><td></td><td></td><td></td><td></td><td></td></tr>
<tr><td colspan="2">全长（25m 以上）</td><td>≤ 75</td><td></td><td></td><td></td><td></td><td></td><td></td></tr>
<tr><td rowspan="6">排水管道立管垂直度（mm）</td><td rowspan="2">铸铁管</td><td colspan="2">每 1m</td><td>3</td><td></td><td></td><td></td><td></td><td></td><td></td></tr>
<tr><td colspan="2">全长 /5m 以上</td><td>≤ 15</td><td></td><td></td><td></td><td></td><td></td><td></td></tr>
<tr><td rowspan="2">钢管</td><td colspan="2">每 1m</td><td>3</td><td></td><td></td><td></td><td></td><td></td><td></td></tr>
<tr><td colspan="2">全长 /5m 以上</td><td>≤ 10</td><td></td><td></td><td></td><td></td><td></td><td></td></tr>
<tr><td rowspan="2">塑料管</td><td colspan="2">每 1m</td><td>3</td><td></td><td></td><td></td><td></td><td></td><td></td></tr>
<tr><td colspan="2">全长 /5m 以上</td><td>≤ 15</td><td></td><td></td><td></td><td></td><td></td><td></td></tr>
<tr><td colspan="2">施工单位检查评定结果</td><td colspan="12">项目专业质量检查员：　　　　年　月　日</td></tr>
<tr><td colspan="2">监理（建设）单位验收结论</td><td colspan="12">监理工程师：
（建设单位项目代表）　　　　年　月　日</td></tr>
</table>

3.22.5 室内雨水管道及配件安装检验批质量验收记录 GB 50242

工程名称		分项工程名称		验收单位	
施工单位		专业负责人		项目经理	
施工执行标准名称及编号			检验批编号		

<table>
<tr><td colspan="7">质量验收规范的规定</td><td>施工单位检查评定记录</td><td>监理（建设）单位验收记录</td></tr>
<tr><td rowspan="9">主控项目</td><td>1</td><td colspan="5">安装在室内的雨水管道安装后应做灌水试验，灌水高度必须到每根立管上部的雨水斗。灌水试验持续1h，不渗不漏</td><td></td><td rowspan="9"></td></tr>
<tr><td>2</td><td colspan="5">雨水管道如采用塑料管，其伸缩节安装应符合设计要求</td><td></td></tr>
<tr><td rowspan="7">3</td><td rowspan="7">雨水管道的敷设</td><td rowspan="6">管径（mm）</td><td>50</td><td rowspan="6">埋地敷设最小坡度（‰）</td><td>20</td><td></td></tr>
<tr><td>75</td><td>15</td><td></td></tr>
<tr><td>100</td><td>8</td><td></td></tr>
<tr><td>125</td><td>6</td><td></td></tr>
<tr><td>150</td><td>5</td><td></td></tr>
<tr><td>200~400</td><td>4</td><td></td></tr>
<tr><td colspan="4">悬吊式不得小于5‰</td><td></td></tr>
<tr><td rowspan="10">一般项目</td><td>1</td><td colspan="5">雨水管不得与生活污水管相连接</td><td></td><td rowspan="10"></td></tr>
<tr><td>2</td><td>雨水斗安装</td><td colspan="4">雨水斗管的连接应固定在屋面承重结构上。雨水斗边缘与屋面相连接应严密不漏。当设计无要求时，连接管管径不得小于100mm</td><td></td></tr>
<tr><td rowspan="2">3</td><td rowspan="2">悬吊管检查口间距</td><td colspan="4">管径≤150mm时，检查口间距≤15m</td><td></td></tr>
<tr><td colspan="4">管径≥200mm时，检查口间距≤20m</td><td></td></tr>
<tr><td rowspan="6">4</td><td rowspan="6">焊缝允许偏差（mm）</td><td colspan="2">焊口平直度</td><td>管壁厚10mm以内</td><td>管壁厚1/4</td><td></td></tr>
<tr><td colspan="2" rowspan="2">焊缝加强面</td><td>高度</td><td>+1</td><td></td></tr>
<tr><td>宽度</td><td>+1</td><td></td></tr>
<tr><td rowspan="3">咬边</td><td colspan="2">深 度</td><td>小于0.5</td><td></td></tr>
<tr><td rowspan="2">长度</td><td>连续长度</td><td>25</td><td></td></tr>
<tr><td>总长度（两侧）</td><td>小于焊缝长度的10%</td><td></td></tr>
</table>

室内雨水管道及配件安装检验批质量验收记录（续表） GB 50242

工程名称		分项工程名称		验收单位		
施工单位		专业负责人		项目经理		
施工执行标准名称及编号			检验批编号			

质量验收规范的规定							施工单位检查评定记录						监理（建设）单位验收记录
一般项目	5	坐标（mm）				15							
		标高（mm）				±15							
		横管纵横方向弯曲允许偏差（mm）	铸铁管	每1m		≤1							
				全长（25m以上）		≤25							
			钢管	每1m	直径≤100mm	1							
					直径>100mm	1.5							
				全长（25m以上）	直径≤100mm	≤25							
					直径>100mm	≤308							
			塑料管	每1m		1.5							
				全长（25m以上）		≤38							
			钢筋混凝土管、混凝土管	每1m		3							
				全长（25m以上）		≤75							
		立管垂直度允许偏差（mm）	铸铁管	每1m		3							
				全长（5m以上）		≤15							
			钢管	每1m		3							
				全长（5m以上）		≤10							
			塑料管	每1m		3							
				全长（5m以上）		≤15							

施工单位检查评定结果	项目专业质量检查员： 年 月 日
监理（建设）单位验收结论	监理工程师： （建设单位项目代表） 年 月 日

3.22.6 室内热水供应管道及配件安装检验批质量验收记录 GB 50242

<table>
<tr><td colspan="2">工程名称</td><td colspan="3"></td><td colspan="2">分项工程名称</td><td colspan="2"></td><td colspan="2">验收单位</td><td></td></tr>
<tr><td colspan="2">施工单位</td><td colspan="3"></td><td colspan="2">专业负责人</td><td colspan="2"></td><td colspan="2">项目经理</td><td></td></tr>
<tr><td colspan="4">施工执行标准名称及编号</td><td colspan="3"></td><td colspan="2">检验批编号</td><td colspan="3"></td></tr>
<tr><td colspan="6">质量验收规范的规定</td><td colspan="5">施工单位检查评定记录</td><td>监理（建设）单位验收记录</td></tr>
<tr><td rowspan="6">主控项目</td><td>1</td><td colspan="4">材料型号、规格、性能应符合设计要求及GB 50242—2002《建筑给水排水及采暖工程施工质量验收规范》第6.1条的相关规定</td><td colspan="5"></td><td rowspan="6"></td></tr>
<tr><td rowspan="2">2</td><td colspan="4">热水供应系统安装完毕，管道保温之前应进行水压试验。试验压力应符合设计要求。当设计未注明时，热水供应系统水压试验压力应为系统顶点的工作压力的0.1MPa，同时在系统顶点的试验压力不小于0.3MPa</td><td colspan="5"></td></tr>
<tr><td colspan="4">钢管或复合管道系统试验压力下10min内压力降不大于0.02MPa，然后降至工作压力检查，压力应不降，且不渗不漏。塑料管道系统在试验压力下稳压1h，压力降不得超过0.05MPa，然后在工作压力1.15倍的状态下稳压2h，压力降不得超过0.03MPa，接头处不得渗漏</td><td colspan="5"></td></tr>
<tr><td>3</td><td colspan="4">热水供应管道应尽量利用自然弯补偿热伸缩，直线段过长则应设置补偿器。补偿器形式、规格、位置符合设计要求，并按相关规定进行预拉伸</td><td colspan="5"></td></tr>
<tr><td>4</td><td colspan="4">热水供应系统竣工后必须进行冲洗</td><td colspan="5"></td></tr>
<tr><td colspan="10"></td></tr>
<tr><td rowspan="8">一般项目</td><td>1</td><td colspan="4">管道安装坡度符合设计规定</td><td colspan="6"></td><td rowspan="8"></td></tr>
<tr><td>2</td><td colspan="4">温度控制器及阀门安装在便于观察和维护位置</td><td colspan="6"></td></tr>
<tr><td rowspan="6">3</td><td rowspan="4">水平管道纵横方向弯曲允许偏差（mm）</td><td rowspan="2">钢管</td><td>每1m</td><td>1</td><td></td><td></td><td></td><td></td><td></td><td></td></tr>
<tr><td>全长25m以上</td><td>≤ 25</td><td></td><td></td><td></td><td></td><td></td><td></td></tr>
<tr><td rowspan="2">塑料管复合管</td><td>每1m</td><td>1.5</td><td></td><td></td><td></td><td></td><td></td><td></td></tr>
<tr><td>全长25m以上</td><td>≤ 25</td><td></td><td></td><td></td><td></td><td></td><td></td></tr>
<tr><td rowspan="2">立管垂直度允许偏差（mm）</td><td rowspan="2">钢管</td><td>每1m</td><td>3</td><td></td><td></td><td></td><td></td><td></td><td></td></tr>
<tr><td>全长25m以上</td><td>≤ 8</td><td></td><td></td><td></td><td></td><td></td><td></td></tr>
</table>

室内热水供应管道及配件安装检验批质量验收记录（续表） GB 50242

<table>
<tr><td colspan="2">工程名称</td><td colspan="3"></td><td colspan="2">分项工程名称</td><td colspan="2"></td><td colspan="2">验收单位</td><td colspan="2"></td></tr>
<tr><td colspan="2">施工单位</td><td colspan="3"></td><td colspan="2">专业负责人</td><td colspan="2"></td><td colspan="2">项目经理</td><td colspan="2"></td></tr>
<tr><td colspan="4">施工执行标准名称及编号</td><td colspan="5"></td><td colspan="2">检验批编号</td><td colspan="2"></td></tr>
<tr><td colspan="6">质量验收规范的规定</td><td colspan="6">施工单位检查评定记录</td><td>监理（建设）单位验收记录</td></tr>
<tr><td rowspan="6">一般项目</td><td rowspan="3">3</td><td rowspan="2">立管垂直度允许偏差（mm）</td><td rowspan="2">塑料管复合管</td><td>每 1m</td><td>2</td><td></td><td></td><td></td><td></td><td></td><td></td><td rowspan="6"></td></tr>
<tr><td>全长 25m 以上</td><td>≤ 8</td><td></td><td></td><td></td><td></td><td></td><td></td></tr>
<tr><td colspan="2">成排管道和成排阀门允许偏差（mm）</td><td>在同一平面上间距</td><td>3</td><td></td><td></td><td></td><td></td><td></td><td></td></tr>
<tr><td rowspan="3">4</td><td rowspan="3">保温层允许偏差（mm）</td><td>厚度</td><td colspan="2">+0.1δ、−0.05δ</td><td></td><td></td><td></td><td></td><td></td><td></td></tr>
<tr><td rowspan="2">表面平整度</td><td>卷材</td><td>5</td><td></td><td></td><td></td><td></td><td></td><td></td></tr>
<tr><td>涂沫</td><td>10</td><td></td><td></td><td></td><td></td><td></td><td></td></tr>
<tr><td colspan="2">施工单位检查评定结果</td><td colspan="11">项目专业质量检查员： 年 月 日</td></tr>
<tr><td colspan="2">监理（建设）单位验收结论</td><td colspan="11">监理工程师：
（建设单位项目代表） 年 月 日</td></tr>
</table>

注：δ 为保温层厚度。

3.22.7 室内供热辅助设备安装检验批质量验收记录 GB 50242

工程名称		分项工程名称		验收单位	
施工单位		专业负责人		项目经理	
施工执行标准名称及编号		检验批编号			

质量验收规范的规定			施工单位检查评定记录	监理（建设）单位验收记录
主控项目	1	在安装太阳能集热器玻璃前，应对集热排管和上集管、下集管做水压试验，试验压力为工作压力的 1.5 倍。试验压力下 10min 内压力不降，不渗不漏		
	2	热交换器应以工作压力的 1.5 倍做水压试验。蒸汽部位应不低于蒸汽供汽压力加 0.3MPa，热水部位应不低于 0.4MPa。试验压力下 10min 内压力不降，不渗不漏		
	3	敞口水箱的灌水试验和密闭水箱（罐）的水压试验必须符合设计与本规范规定。满水试验静置 24h 观察，不渗不漏；水压试验在试验压力下 10min 压力不降，不渗不漏		
	4	水泵就位前的基础混凝土的强度、坐标、标高、尺寸和螺栓孔位置必须符合设计要求		
	5	水泵试运转的轴承温升必须符合设备说明书的规定		
一般项目	1	安装固定式太阳能热水器，朝向应正南。如受条件限制时，其偏移角度不得大于 15°。集热器的倾角，对于春、夏、秋三个季节使用的，应采用当地纬度为倾角；若以夏季为主，可比当地纬度减少 10°		
	2	由集热器上集箱、下集箱接往热水箱的循环管道，应有不小于 5‰的坡度		
	3	自然循环的热水箱底部与集热器上集管之间的距离为 0.3~1.0m		
	4	制作吸热钢板凹槽时，其圆度应准确，间距应一致。安装集热排管时，应用卡箍和钢丝紧固在钢板凹槽内		
	5	太阳能热水器的最低处应安装泄水装置		
	6	热水箱及上集箱、下集管等循环管道均应保温		
	7	凡以水作介质的太阳能热水器，在 0℃以下地区使用，应采取防冻措施		

室内供热辅助设备安装检验批质量验收记录（续表） GB 50242

<table>
<tr><td colspan="2">工程名称</td><td colspan="5"></td><td colspan="2">分项工程名称</td><td colspan="2"></td><td colspan="2">验收单位</td><td></td></tr>
<tr><td colspan="2">施工单位</td><td colspan="5"></td><td colspan="2">专业负责人</td><td colspan="2"></td><td colspan="2">项目经理</td><td></td></tr>
<tr><td colspan="4">施工执行标准名称及编号</td><td colspan="5"></td><td colspan="2">检验批编号</td><td colspan="3"></td></tr>
<tr><td colspan="7">质量验收规范的规定</td><td colspan="6">施工单位检查评定记录</td><td>监理（建设）单位验收记录</td></tr>
<tr><td rowspan="9">一般项目</td><td rowspan="7">7</td><td rowspan="7">设备安装允许偏差（mm）</td><td rowspan="3">静置设备</td><td colspan="2">坐标（mm）</td><td>15</td><td colspan="6"></td><td rowspan="9"></td></tr>
<tr><td colspan="2">标高（mm）</td><td>±5</td><td colspan="6"></td></tr>
<tr><td colspan="2">垂直度（mm/m）</td><td>5</td><td colspan="6"></td></tr>
<tr><td rowspan="4">离心式水泵</td><td colspan="2">立式水泵垂直度（mm/m）</td><td>0.1</td><td colspan="6"></td></tr>
<tr><td colspan="2">卧式水泵水平度（mm/m）</td><td>0.1</td><td colspan="6"></td></tr>
<tr><td rowspan="2">联轴器同心度</td><td>轴向倾斜（mm/m）</td><td>0.8</td><td colspan="6"></td></tr>
<tr><td>径向位移（mm）</td><td>0.1</td><td colspan="6"></td></tr>
<tr><td rowspan="2">8</td><td rowspan="2">太阳能热水器安装允许偏差</td><td>标高</td><td>中心线距地面（mm）</td><td>±20</td><td></td><td></td><td></td><td></td><td></td><td></td></tr>
<tr><td>固定安装朝向</td><td>最大偏移角（°）</td><td>≤ 15</td><td></td><td></td><td></td><td></td><td></td><td></td></tr>
<tr><td colspan="2">施工单位检查评定结果</td><td colspan="12">项目专业质量检查员： 年 月 日</td></tr>
<tr><td colspan="2">监理（建设）单位验收结论</td><td colspan="12">监理工程师：
（建设单位项目代表） 年 月 日</td></tr>
</table>

3.22.8 卫生器具及给水配件安装检验批质量验收记录 GB 50242

工程名称				分项工程名称		验收部位	
施工单位				专业负责人		项目经理	
施工执行标准名称及编号						检验批编号	
质量验收规范规定						施工单位检查评定记录	监理（建设）单位验收记录
主控项目	1	材料型号、规格、性能应符合设计要求及 GB 50242—2002《建筑给水排水及采暖工程施工质量验收规范》第 7.1 条的相关规定					
主控项目	2	卫生器具交工前应做满水和通水试验。满水后各连接件不渗不漏；通水试验给、排水畅通					
主控项目	3	排水栓和地漏的安装应平正、牢固，低于排水表面，周边无渗漏。地漏水封高度不得小于 50mm					
主控项目	4	卫生器具给水配件安装应完好无损伤、接口严密，启闭部件灵活					
一般项目	1	卫生器具安装允许偏差（mm）	坐标	单独器具	10		
一般项目	1	卫生器具安装允许偏差（mm）	坐标	成排器具	5		
一般项目	1	卫生器具安装允许偏差（mm）	标高	单独器具	± 15		
一般项目	1	卫生器具安装允许偏差（mm）	标高	成排器具	± 10		
一般项目	1	卫生器具安装允许偏差（mm）	器具水平度（mm）		2		
一般项目	1	卫生器具安装允许偏差（mm）	器具垂直度（mm）		3		
一般项目	2	卫生器具给水配件安装高度允许偏差（mm）	大便器高、低水箱、阀角及截止阀、水嘴		± 10		
一般项目	2	卫生器具给水配件安装高度允许偏差（mm）	淋浴器喷头下沿		± 15		
一般项目	2	卫生器具给水配件安装高度允许偏差（mm）	浴盆软管淋浴器挂钩		± 20		
一般项目	3	有饰面的浴盆，应留有通向浴盆排水口的检修门					
一般项目	4	小便槽冲洗管，应采用镀锌钢管或硬质塑料管。冲洗孔应斜向下方安装，冲洗水流与墙面成 45° 角，镀锌钢管钻孔后应进行二次镀锌					

卫生器具及给水配件安装检验批质量验收记录（续表） GB 50242

<table>
<tr><td>工程名称</td><td colspan="2"></td><td>分项工程名称</td><td></td><td>验收部位</td><td></td></tr>
<tr><td>施工单位</td><td colspan="2"></td><td>专业负责人</td><td></td><td>项目经理</td><td></td></tr>
<tr><td colspan="3">施工执行标准名称及编号</td><td></td><td>检验批编号</td><td colspan="2"></td></tr>
<tr><td colspan="3">质量验收规范规定</td><td colspan="2">施工单位检查评定记录</td><td colspan="2">监理（建设）单位验收记录</td></tr>
<tr><td rowspan="2">一般项目</td><td>5</td><td>卫生器具的支架、托架必须防腐性能良好，安装平整、牢固，器具接触紧密、平稳</td><td colspan="2"></td><td colspan="2" rowspan="2"></td></tr>
<tr><td>6</td><td>浴盆软管淋浴器挂钩的高度，如设计无要求时，应距地面 1.8m</td><td colspan="2"></td></tr>
<tr><td>施工单位检查评定结果</td><td colspan="6">项目专业质量检查员：　　　　年　月　日</td></tr>
<tr><td>监理（建设）单位验收结论</td><td colspan="6">监理工程师：
（建设单位项目代表）　　　　年　月　日</td></tr>
</table>

3.22.9 卫生器具排水管道安装检验批质量验收记录 GB 50242

<table>
<tr><td colspan="2">工程名称</td><td colspan="5"></td><td colspan="2">分项工程名称</td><td colspan="2"></td><td colspan="2">验收部位</td><td></td></tr>
<tr><td colspan="2">施工单位</td><td colspan="5"></td><td colspan="2">专业负责人</td><td colspan="2"></td><td colspan="2">项目经理</td><td></td></tr>
<tr><td colspan="4">施工执行标准名称及编号</td><td colspan="5"></td><td colspan="2">检验批编号</td><td colspan="3"></td></tr>
<tr><td colspan="7">质量验收规范规定</td><td colspan="6">施工单位检查评定记录</td><td>监理（建设）单位验收记录</td></tr>
<tr><td rowspan="2">主控项目</td><td>1</td><td colspan="5">与排水横管连接的各卫生器具受水口和立管均应采取妥善可靠的固定措施；管道与楼板的接合部位应采取牢固可靠的防渗、防漏措施</td><td colspan="6"></td><td rowspan="2"></td></tr>
<tr><td>2</td><td colspan="5">连接卫生器具的排水管道接口应紧密不漏，其固定支架、管卡等支撑位置应正确、牢固；与管的接触应平整</td><td colspan="6"></td></tr>
<tr><td rowspan="15">一般项目</td><td rowspan="7">1</td><td rowspan="7">排水管道安装允许偏差（mm）</td><td rowspan="3">横管弯曲度</td><td colspan="2">每 1m 长</td><td>2</td><td></td><td></td><td></td><td></td><td></td><td></td><td rowspan="15"></td></tr>
<tr><td colspan="2">横管长度 ≤ 10m，全长</td><td>< 8</td><td></td><td></td><td></td><td></td><td></td><td></td></tr>
<tr><td colspan="2">横管长度 > 10m，全长</td><td>10</td><td></td><td></td><td></td><td></td><td></td><td></td></tr>
<tr><td rowspan="2">卫生器具排水管口及横支管的纵横坐标</td><td colspan="2">单独器具</td><td>10</td><td></td><td></td><td></td><td></td><td></td><td></td></tr>
<tr><td colspan="2">成排器具</td><td>5</td><td></td><td></td><td></td><td></td><td></td><td></td></tr>
<tr><td rowspan="2">卫生器具接口标高</td><td colspan="2">单独器具</td><td>± 10</td><td></td><td></td><td></td><td></td><td></td><td></td></tr>
<tr><td colspan="2">成排器具</td><td>± 5</td><td></td><td></td><td></td><td></td><td></td><td></td></tr>
<tr><td rowspan="8">2</td><td rowspan="8">排水管管径（mm）及最小坡度（‰）</td><td colspan="2">污水盆（池）</td><td>50</td><td>25</td><td></td><td></td><td></td><td></td><td></td><td></td></tr>
<tr><td colspan="2">单格、双格洗涤盆（池）</td><td>50</td><td>25</td><td></td><td></td><td></td><td></td><td></td><td></td></tr>
<tr><td colspan="2">洗手盆、洗脸盆</td><td>32~50</td><td>20</td><td></td><td></td><td></td><td></td><td></td><td></td></tr>
<tr><td colspan="2">浴盆</td><td>50</td><td>20</td><td></td><td></td><td></td><td></td><td></td><td></td></tr>
<tr><td colspan="2">淋浴器</td><td>50</td><td>20</td><td></td><td></td><td></td><td></td><td></td><td></td></tr>
<tr><td rowspan="3">大便器</td><td>高（低）水箱</td><td>100</td><td>12</td><td></td><td></td><td></td><td></td><td></td><td></td></tr>
<tr><td>自闭式冲洗阀</td><td>100</td><td>12</td><td></td><td></td><td></td><td></td><td></td><td></td></tr>
<tr><td>拉管式冲洗阀</td><td>100</td><td>12</td><td></td><td></td><td></td><td></td><td></td><td></td></tr>
</table>

卫生器具排水管道安装检验批质量验收记录（续表） GB 50242

<table>
<tr><td colspan="2">工程名称</td><td colspan="4"></td><td colspan="3">分项工程名称</td><td colspan="2"></td><td colspan="2">验收部位</td><td></td></tr>
<tr><td colspan="2">施工单位</td><td colspan="4"></td><td colspan="3">专业负责人</td><td colspan="2"></td><td colspan="2">项目经理</td><td></td></tr>
<tr><td colspan="4">施工执行标准名称及编号</td><td colspan="5"></td><td colspan="2">检验批编号</td><td colspan="3"></td></tr>
<tr><td colspan="7">质量验收规范规定</td><td colspan="6">施工单位检查评定记录</td><td>监理（建设）单位验收记录</td></tr>
<tr><td rowspan="5">一般项目</td><td rowspan="5">2</td><td rowspan="5">排水管管径（mm）及最小坡度（‰）</td><td rowspan="2">小便器</td><td>手动、自动式冲洗阀</td><td>40~50</td><td>20</td><td></td><td></td><td></td><td></td><td></td><td></td><td rowspan="5"></td></tr>
<tr><td>自动冲洗水箱</td><td>40~50</td><td>20</td><td></td><td></td><td></td><td></td><td></td><td></td></tr>
<tr><td colspan="2">化验盆（无塞）</td><td>40~50</td><td>25</td><td></td><td></td><td></td><td></td><td></td><td></td></tr>
<tr><td colspan="2">净身器</td><td>40~50</td><td>20</td><td></td><td></td><td></td><td></td><td></td><td></td></tr>
<tr><td colspan="2">饮水器</td><td>20~50</td><td>10~20</td><td></td><td></td><td></td><td></td><td></td><td></td></tr>
<tr><td colspan="2">施工单位检查评定结果</td><td colspan="12">项目专业质量检查员：　　　　年　月　日</td></tr>
<tr><td colspan="2">监理（建设）单位验收结论</td><td colspan="12">监理工程师：
（建设单位项目代表）　　　　年　月　日</td></tr>
</table>

3.22.10 室内采暖管道及配件安装检验批质量验收记录 GB 50242

<table>
<tr><td>工程名称</td><td colspan="3"></td><td>分项工程名称</td><td></td><td>验收部位</td><td></td></tr>
<tr><td>施工单位</td><td colspan="3"></td><td>专业负责人</td><td></td><td>项目经理</td><td></td></tr>
<tr><td colspan="3">施工执行标准名称及编号</td><td colspan="2"></td><td>检验批编号</td><td colspan="2"></td></tr>
<tr><td colspan="4">质量验收规范规定</td><td colspan="2">施工单位检查评定记录</td><td colspan="2">监理（建设）单位验收记录</td></tr>
<tr><td rowspan="7">主控项目</td><td>1</td><td colspan="2">材料型号、规格、性能应符合设计要求及 GB 50242—2002《建筑给水排水及采暖工程施工质量验收规范》第 8.1 条的有关规定</td><td colspan="2"></td><td colspan="2" rowspan="7"></td></tr>
<tr><td>2</td><td colspan="2">管道安装坡度，当设计未注明时，应符合下列规定:（1）气、水同向流动的热水采暖管道和汽、水同向流动的蒸汽管道及凝结水管道，坡度应为 3‰，不得小于 2‰；（2）气、水逆向流动的热水采暖管道和汽、水逆向流动的蒸汽管道，坡度不应小于 5‰；（3）散热器支管的坡度应为 1%，坡度应利于排水和泄水</td><td colspan="2"></td></tr>
<tr><td>3</td><td colspan="2">补偿器的型号、安装位置及预拉伸和固定支架的构造及安装位置应符合设计要求</td><td colspan="2"></td></tr>
<tr><td>4</td><td colspan="2">平衡阀及调节阀的型号、规格、公称压力及安装位置应符合设计要求，安装完毕后应根据系统平衡要求进行调试，并做出标志</td><td colspan="2"></td></tr>
<tr><td>5</td><td colspan="2">蒸汽减压阀和管道及设备上安全阀的型号、规格、公称压力及安装位置应符合设计要求，安装完毕后应根据系统工作压力进行调试，并做出标志</td><td colspan="2"></td></tr>
<tr><td>6</td><td colspan="2">方形补偿器制作时，应用整根无缝钢管煨制，如需接口，其接口应设在垂直臂的中间位置，且接口必须焊接</td><td colspan="2"></td></tr>
<tr><td>7</td><td colspan="2">方形补偿器应水平安装，并与管道的坡度一致，如其臂长方向垂直安装必须设排气及泄水装置</td><td colspan="2"></td></tr>
</table>

室内采暖管道及配件安装检验批质量验收记录（续表 1） GB 50242

<table>
<tr><td colspan="3">工程名称</td><td></td><td>分项工程名称</td><td></td><td>验收部位</td><td></td></tr>
<tr><td colspan="3">施工单位</td><td></td><td>专业负责人</td><td></td><td>项目经理</td><td></td></tr>
<tr><td colspan="4">施工执行标准名称及编号</td><td></td><td>检验批编号</td><td colspan="2"></td></tr>
<tr><td colspan="4">质量验收规范规定</td><td colspan="2">施工单位检查评定记录</td><td colspan="2">监理（建设）单位验收记录</td></tr>
<tr><td rowspan="15">一般项目</td><td>1</td><td colspan="2">热量表、疏水器、除污器、过滤器及阀门的型号、规格、公称压力及安装位置应符合设计要求</td><td colspan="2"></td><td colspan="2" rowspan="15"></td></tr>
<tr><td rowspan="5">2</td><td rowspan="5">钢管焊口允许偏差</td><td>焊口平直度在壁厚≤ 10mm 时，为 1/4 壁厚</td><td colspan="2"></td></tr>
<tr><td>焊缝加强面高度、宽度：+1mm</td><td colspan="2"></td></tr>
<tr><td>咬边深度＜ 0.5mm</td><td colspan="2"></td></tr>
<tr><td>咬边连续长度＜ 25mm</td><td colspan="2"></td></tr>
<tr><td>咬边两侧总长度小于焊缝长度的 10%</td><td colspan="2"></td></tr>
<tr><td>3</td><td colspan="2">采暖系统入口及分户计量系统入户装置应符合设计要求，安装位置应便于检修、维护和观察</td><td colspan="2"></td></tr>
<tr><td>4</td><td colspan="2">散热器支管长度超过 1.5m，应在支管上安装管卡</td><td colspan="2"></td></tr>
<tr><td>5</td><td colspan="2">上供下回式系统的热水干管变径应顶平偏心连接，蒸汽干管变径应底平偏心连接</td><td colspan="2"></td></tr>
<tr><td>6</td><td colspan="2">在管道干管上焊接垂直或水平分支管时，干管开孔所产生的钢渣及管壁等废弃物不得残留管内，且分支管道在焊接时不得插入干管内</td><td colspan="2"></td></tr>
<tr><td>7</td><td colspan="2">膨胀水箱及循环管上不得安装阀门</td><td colspan="2"></td></tr>
<tr><td>8</td><td colspan="2">当采暖热媒为 110~130℃的高温水时，管道可拆件应使用法兰，不得使用长丝或活接头。法兰垫料应使用耐热橡胶板</td><td colspan="2"></td></tr>
<tr><td>9</td><td colspan="2">焊接管径大于 32mm 的管道转弯，在作为自然补偿时应使用煨弯，塑料管及复合管除必须使用直角弯头的场合外应使用管道直接弯曲转弯</td><td colspan="2"></td></tr>
<tr><td>10</td><td colspan="2">管道、金属支架和设备的防腐和涂漆应附着良好、无脱皮、起泡、流淌和漏涂缺陷</td><td colspan="2"></td></tr>
</table>

室内采暖管道及配件安装检验批质量验收记录（续表 2） GB 50242

工程名称		分项工程名称		验收部位	
施工单位		专业负责人		项目经理	
施工执行标准名称及编号			检验批编号		

质量验收规范规定							施工单位检查评定记录						监理（建设）单位验收记录
一般项目	11	管道安装允许偏差	横管道纵、横方向弯曲（mm）	每 1m	管径≤100mm	1							
					管径>100mm	1.5							
				全长（25m 以上）	管径≤100mm	≤ 13							
					管径>100mm	≤ 25							
			立管垂直度（mm）	每 1m		2							
				全长（5m 以上）		≤ 10							
			弯管	椭圆率 $(A_{dmi}n)/D_{max}$	管径≤100mm	10%							
					管径>100mm	8%							
				折皱不平度（mm）	管径≤100mm	4							
					管径>100mm	5							
	12	管道保温允许偏差	厚度			+0.1δ，-0.05δ							
			表面平整度（mm）	卷材		5							
				涂料		10							
施工单位检查评定结果	项目专业质量检查员： 年 月 日												
监理（建设）单位验收结论	监理工程师： （建设单位项目代表） 年 月 日												

注：δ 为保温层厚度。D_{max}、A_{dmin} 分别为管子最大外径及最小外径。

3.22.11 室内辅助设备、散热器及金属辐射板安装检验批质量验收记录 GB 50242

<table>
<tr><td colspan="2">工程名称</td><td colspan="3"></td><td colspan="2">分项工程名称</td><td></td><td>验收部位</td><td></td></tr>
<tr><td colspan="2">施工单位</td><td colspan="3"></td><td colspan="2">专业负责人</td><td></td><td>项目经理</td><td></td></tr>
<tr><td colspan="4">施工执行标准名称及编号</td><td colspan="3"></td><td>检验批编号</td><td colspan="2"></td></tr>
<tr><td colspan="7">质量验收规范规定</td><td colspan="2">施工单位检查评定记录</td><td>监理（建设）单位验收记录</td></tr>
<tr><td rowspan="6">主控项目</td><td>1</td><td colspan="5">材料型号、规格、性能应符合设计要求及 GB 50242—2002《建筑给水排水及采暖工程施工质量验收规范》第 8.1 条的相关规定</td><td colspan="2"></td><td rowspan="6"></td></tr>
<tr><td>2</td><td colspan="5">散热器组对后，以及整体出厂的散热器在安装之前应做水压试验。试验压力在设计无相关要求时，应为工作压力的 1.5 倍，且不得小于 0.6MPa. 试验时间 2~3min，压力不降且不渗、不漏</td><td colspan="2"></td></tr>
<tr><td>3</td><td colspan="5">水泵、水箱、热交换器等辅助设备安装质量检验及验收应按照 GB 50242—2002《建筑给水排水及采暖工程施工质量验收规范》第 4.4 节和第 13.6 节的相关规定执行</td><td colspan="2"></td></tr>
<tr><td>4</td><td colspan="5">金属辐射板在安装前应做水压试验。如设计无要求时，试验压力应为工作压力的 1.5 倍，且不得小于 0.6MPa。试验时间 2~3min，压力不降，且不渗、不漏</td><td colspan="2"></td></tr>
<tr><td>5</td><td colspan="5">水平安装的金属辐射板，应有不小于 5‰的坡度坡向回水管</td><td colspan="2"></td></tr>
<tr><td>6</td><td colspan="5">辐射板管道及带状辐射板之间的连接，应采用法兰连接</td><td colspan="2"></td></tr>
<tr><td rowspan="11">一般项目</td><td rowspan="4">1</td><td rowspan="4">组对后的散热器平直度允许偏差（mm）</td><td rowspan="2">长翼型</td><td colspan="2">2~4 片</td><td>4</td><td colspan="2"></td><td rowspan="11"></td></tr>
<tr><td colspan="2">5~7 片</td><td>6</td><td colspan="2"></td></tr>
<tr><td rowspan="2">铸铁片式
钢制片式</td><td colspan="2">3~15 片</td><td>4</td><td colspan="2"></td></tr>
<tr><td colspan="2">16~25 片</td><td>6</td><td colspan="2"></td></tr>
<tr><td>2</td><td colspan="5">组对散热器的垫片应符合下列规定：组对散热器垫片应使用成品，组对后垫片外漏不得大于 1mm；当设计无要求时，散热器垫片材料应采用耐热橡胶</td><td colspan="2"></td></tr>
<tr><td rowspan="5">3</td><td colspan="5">散热器支、托架安装，位置应正确，埋设牢固。散热器支、托架数量应符合设计和说明书的要求</td><td colspan="2"></td></tr>
<tr><td rowspan="4">散热器支托架</td><td rowspan="4">长翼型挂墙</td><td>2~4 片</td><td>上 1</td><td>下 2</td><td colspan="2"></td></tr>
<tr><td>5 片</td><td>上 2</td><td>下 2</td><td colspan="2"></td></tr>
<tr><td>6 片</td><td>上 2</td><td>下 3</td><td colspan="2"></td></tr>
<tr><td>7 片</td><td>上 2</td><td>下 4</td><td colspan="2"></td></tr>
</table>

室内辅助设备、散热器及金属辐射板安装检验批质量验收记录（续表） GB 50242

工程名称						分项工程名称				验收部位			
施工单位						专业负责人				项目经理			
施工执行标准名称及编号										检验批编号			
质量验收规范规定							施工单位检查评定记录						监理（建设）单位验收记录
一般项目	3	散热器支托架	柱形柱翼型墙挂	3~8 片	上 1	下 2							
				9~12 片	上 1	下 3							
				13~16 片	上 2	下 4							
				17~20 片	上 2	下 5							
				21~25 片	上 2	下 6							
			柱形柱翼型带足落地	3~8 片	上 1	—							
				9~12 片	上 1	—							
				13~16 片	上 2	—							
				17~20 片	上 2	—							
				21~25 片	上 2	—							
	4	散热器背面与装饰后的墙内表面安装距离，应符合设计及说明书的要求；如设计未注明，应为 30mm											
	5	铸铁或钢制散热器表面防腐及面漆应附着良好，色泽均匀、无脱皮、起泡、流淌和漏涂缺陷											
	6	散热器偏差（mm）	散热器背面与墙内表面距离		3								
			与窗中心线或设计定位尺寸		20								
			散热器垂直度		3								
施工单位检查评定结果	项目专业质量检查员：　　　　年　月　日												
监理（建设）单位验收结论	监理工程师：（建设单位项目代表）　　　　年　月　日												

3.22.12 室内低温热水地板辐射采暖系统安装检验批质量验收记录 GB 50242

<table>
<tr><td>工程名称</td><td colspan="3"></td><td>分项工程名称</td><td></td><td>验收部位</td><td></td></tr>
<tr><td>施工单位</td><td colspan="3"></td><td>专业负责人</td><td></td><td>项目经理</td><td></td></tr>
<tr><td colspan="3">施工执行标准名称及编号</td><td colspan="2"></td><td>检验批编号</td><td colspan="2"></td></tr>
<tr><td colspan="3">质量验收规范规定</td><td colspan="3">施工单位检查评定记录</td><td colspan="2">监理（建设）单位验收记录</td></tr>
<tr><td rowspan="4">主控项目</td><td>1</td><td>材料型号、规格、性能应符合设计要求及 GB 50242—2002《建筑给水排水及采暖工程施工质量验收规范》第 8.1 条的相关规定</td><td colspan="3"></td><td colspan="2" rowspan="4"></td></tr>
<tr><td>2</td><td>地面下敷设的盘管埋地部位不应有接头</td><td colspan="3"></td></tr>
<tr><td>3</td><td>盘管隐蔽前必须进行水压试验，试验压力为工作压力的 1.5 倍，但不小于 0.6MPa。稳压 1h 内压力降不大于 0.05MPa，且不渗、不漏</td><td colspan="3"></td></tr>
<tr><td>4</td><td>加热盘管弯曲部位不得出现硬折弯现象，弯曲半径规定应符合下列规定：塑料管不应小于管道外径的 8 倍，复合管不应小于管道外径的 5 倍</td><td colspan="3"></td></tr>
<tr><td rowspan="4">一般项目</td><td>1</td><td>分（集）水器型号、规格、公称压力及安装位置、高度等应符合设计要求</td><td colspan="3"></td><td colspan="2" rowspan="4"></td></tr>
<tr><td>2</td><td>加热盘管管径、距离和长度应符合设计要求，间距偏差不大于 ±10mm</td><td colspan="3"></td></tr>
<tr><td>3</td><td>防潮层、防水层、隔热层、伸缩缝应符合设计要求</td><td colspan="3"></td></tr>
<tr><td>4</td><td>填充层强度标号应符合设计要求</td><td colspan="3"></td></tr>
<tr><td>施工单位检查评定结果</td><td colspan="7">项目专业质量检查员： 年 月 日</td></tr>
<tr><td>监理（建设）单位验收结论</td><td colspan="7">监理工程师：
（建设单位项目代表） 年 月 日</td></tr>
</table>

3.22.13　室内采暖系统水压试验及调试检验批质量验收记录　GB 50242

<table>
<tr><td>工程名称</td><td colspan="3"></td><td>分项工程名称</td><td></td><td>验收部位</td><td></td></tr>
<tr><td>施工单位</td><td colspan="3"></td><td>专业负责人</td><td></td><td>项目经理</td><td></td></tr>
<tr><td colspan="3">施工执行标准名称及编号</td><td colspan="2"></td><td>检验批编号</td><td colspan="2"></td></tr>
<tr><td colspan="3">施工质量验收规范规定</td><td colspan="3">施工单位检查评定记录</td><td colspan="2">监理（建设）单位验收记</td></tr>
<tr><td rowspan="5">主控项目</td><td>1</td><td>材料型号、规格、性能应符合设计要求及GB 50242—2002《建筑给水排水及采暖工程施工质量验收规范》第8.1条的有关规定</td><td colspan="3"></td><td colspan="2" rowspan="5"></td></tr>
<tr><td rowspan="2">2</td><td>采暖系统安装完毕，管道保温之前应进行水压试验。试验压力应符合设计要求。当设计未注明时，应符合下列要求：（1）蒸汽、热水采暖系统：应以系统顶点工作压力加0.1MPa作为水压试验，同时在系统顶点的试验压力不小于0.3MPa；（2）高温热水采暖系统：试验压力应为顶点工作压力加0.4MPa；（3）使用塑料管及复合管的热水采暖系统：应以系统顶点工作压力加0.2MPa作为水压试验，同时在系统顶点的试验压力不小于0.4MPa</td><td colspan="3"></td></tr>
<tr><td>使用钢管或复合管的采暖系统应在试验压力下10min内压力降不大于0.02MPa，降至工作压力后检查，不渗、不漏。使用塑料管的采暖系统应在试验压力下1h内压力降不大于0.05MPa，然后压降至工作压力的1.15倍，稳压2h，压力降不大于0.03MPa，同时连接处不渗、不漏</td><td colspan="3"></td></tr>
<tr><td>3</td><td>系统试压合格后，应对系统进行冲洗并清洗过滤器及除污器</td><td colspan="3"></td></tr>
<tr><td>4</td><td>系统冲洗完毕应充水、加热，进行试运行和调试</td><td colspan="3"></td></tr>
<tr><td>施工单位检查评定结果</td><td colspan="7">项目专业质量检查员：　　　　　　年　月　日</td></tr>
<tr><td>监理（建设）单位验收结论</td><td colspan="7">监理工程师：
（建设单位项目代表）　　　　　　年　月　日</td></tr>
</table>

3.22.14 室外给水管道安装检验批质量验收记录 GB 50242

<table>
<tr><td colspan="2">工程名称</td><td colspan="2"></td><td>分项工程名称</td><td></td><td>验收部位</td><td></td></tr>
<tr><td colspan="2">施工单位</td><td colspan="2"></td><td>专业负责人</td><td></td><td>项目经理</td><td></td></tr>
<tr><td colspan="3">施工执行标准名称及编号</td><td colspan="2"></td><td>检验批编号</td><td colspan="2"></td></tr>
<tr><td colspan="3">质量验收规范规定</td><td colspan="3">施工单位检查评定记录</td><td colspan="2">监理（建设）单位验收记录</td></tr>
<tr><td rowspan="9">主控项目</td><td>1</td><td>材料型号、规格、性能应符合设计要求及 GB 50242—2002《建筑给水排水及采暖工程施工质量验收规范》第 9.1 条的相关规定</td><td colspan="3"></td><td colspan="2" rowspan="9"></td></tr>
<tr><td>2</td><td>给水管道在埋地敷设时，应在当地的冰冻线以下，否则应做可靠的保温防潮措施。在无冰冻地区管顶的覆土埋深不小于 500mm，穿越道路部分埋深不小于 700mm</td><td colspan="3"></td></tr>
<tr><td>3</td><td>给水管道不得直接穿越污水井、化粪池、公共厕所等污染源</td><td colspan="3"></td></tr>
<tr><td>4</td><td>管道接口法兰、卡扣、卡箍等应安装在检查井或地沟内，不应埋在土壤中</td><td colspan="3"></td></tr>
<tr><td>5</td><td>给水系统各种井室内管道安装，如设计无要求，井壁距法兰或承口的距离：管径 ≤ 450mm 时，不得小于 250mm；管径 > 450mm 时，不得小于 350mm</td><td colspan="3"></td></tr>
<tr><td rowspan="2">6</td><td>管网必须进行水压试验，试验压力为工作压力的 1.5 倍，但不得小于 0.6MPa</td><td colspan="3"></td></tr>
<tr><td>管材为钢管、铸铁管时，试验压力下 10min 内压力降不应大于 0.05MPa，然后降至工作压力进行检查，压力应保持不变，不渗、不漏；管材为塑料管时，试验压力下，稳压 1h 压力降不大于 0.05MPa，然后降至工作压力进行检查，压力应保持不变，不渗、不漏</td><td colspan="3"></td></tr>
<tr><td>7</td><td>镀锌钢管、钢管的埋地防腐应符合设计要求，如设计未规定，管道防腐层种类应按 GB 50242—2002《建筑给水排水及采暖工程施工质量验收规范》表 9.2.6 的规定执行。卷材与管材间应粘贴牢固，无空鼓、滑移、接口不严等</td><td colspan="3"></td></tr>
<tr><td>8</td><td>给水管道在竣工后，必须对管道进行冲洗，饮用水管道还要在冲洗后消毒，满足饮用水卫生要求</td><td colspan="3"></td></tr>
<tr><td rowspan="2">一般项目</td><td>1</td><td>管道和金属支架的涂漆应附着良好，无脱皮、起泡、流淌和漏涂等缺陷</td><td colspan="3"></td><td colspan="2" rowspan="2"></td></tr>
<tr><td>2</td><td>给水管道与污水管道在不同标高平行敷设，其垂直间距在 500mm 以内时，给水管管径 ≤ 200mm 的，管壁水平间距不得小于 1.5m；给水管管径 > 200mm，管壁水平间距不得小于 3m</td><td colspan="3"></td></tr>
</table>

室外给水管道安装检验批质量验收记录（续表 1） GB 50242

<table>
<tr><td colspan="2">工程名称</td><td colspan="3"></td><td colspan="2">分项工程名称</td><td></td><td colspan="2">验收部位</td><td></td></tr>
<tr><td colspan="2">施工单位</td><td colspan="3"></td><td colspan="2">专业负责人</td><td></td><td colspan="2">项目经理</td><td></td></tr>
<tr><td colspan="3">施工执行标准名称及编号</td><td colspan="4"></td><td colspan="2">检验批编号</td><td colspan="2"></td></tr>
<tr><td colspan="9">质量验收规范规定</td><td>施工单位检查评定记录</td><td>监理（建设）单位验收记录</td></tr>
<tr><td rowspan="19">一般项目</td><td>3</td><td colspan="7">管道连接应符合工艺要求，阀门、水表等的安装位置应正确。塑料给水管道上的水表、阀门等设施其重量或启闭装置的扭矩不得作用于管道上，当管径≥ 50mm 时必须设独立的支承装置</td><td></td><td rowspan="19"></td></tr>
<tr><td rowspan="6">4</td><td rowspan="3">铸铁管承插最大间隙（mm）</td><td rowspan="3">管径</td><td>75</td><td rowspan="3">直线敷设</td><td>4</td><td rowspan="3">曲线敷设</td><td>5</td><td></td></tr>
<tr><td>100~250</td><td>5</td><td>7~13</td><td></td></tr>
<tr><td>300~500</td><td>6</td><td>14~24</td><td></td></tr>
<tr><td rowspan="3">环型间隙（mm）</td><td rowspan="3">管径</td><td>75~200</td><td rowspan="3">标准间隙</td><td>10</td><td rowspan="3">允许偏差</td><td>+3，−2</td><td rowspan="3"></td></tr>
<tr><td>250~450</td><td>11</td><td>+4，−2</td></tr>
<tr><td>500</td><td>12</td><td>+4，−2</td></tr>
<tr><td>5</td><td colspan="7">捻口用的油麻填料必须清洁，填塞后应捻实，其深度应占整个环型间隙深度的 1/3</td><td></td></tr>
<tr><td>6</td><td colspan="7">捻口用水泥应不低于 32.5MPa，接口水泥应密实饱满，其接口水泥面凹入承口边缘的深度不得大于 2mm</td><td></td></tr>
<tr><td>7</td><td colspan="7">采用水泥捻口的给水铸铁管，在安装地点有腐蚀性的地下水时，应在接口处涂抹沥青防腐层</td><td></td></tr>
<tr><td rowspan="9">8</td><td colspan="7">采用橡胶圈接口埋地给水管道，在土壤或地下水对橡胶圈有腐蚀地段，在回填土前应采用沥青胶泥、沥青麻丝或沥青锯末等材料封闭橡胶圈接口</td><td></td></tr>
<tr><td rowspan="8">橡胶圈接口最大允许偏转角</td><td rowspan="8">工称直径（mm）</td><td>100</td><td rowspan="8" colspan="2">角度（°）</td><td colspan="2">5</td><td></td></tr>
<tr><td>125</td><td colspan="2">5</td><td></td></tr>
<tr><td>150</td><td colspan="2">5</td><td></td></tr>
<tr><td>200</td><td colspan="2">5</td><td></td></tr>
<tr><td>250</td><td colspan="2">4</td><td></td></tr>
<tr><td>300</td><td colspan="2">4</td><td></td></tr>
<tr><td>350</td><td colspan="2">4</td><td></td></tr>
<tr><td>400</td><td colspan="2">3</td><td></td></tr>
</table>

室外给水管道安装检验批质量验收记录（续表 2） GB 50242

<table>
<tr><td colspan="3">工程名称</td><td colspan="4"></td><td colspan="3">分项工程名称</td><td colspan="2"></td><td>验收部位</td><td></td></tr>
<tr><td colspan="3">施工单位</td><td colspan="4"></td><td colspan="3">专业负责人</td><td colspan="2"></td><td>项目经理</td><td></td></tr>
<tr><td colspan="5">施工执行标准名称及编号</td><td colspan="4"></td><td colspan="2">检验批编号</td><td colspan="3"></td></tr>
<tr><td colspan="7">质量验收规范规定</td><td colspan="5">施工单位检查评定记录</td><td colspan="2">监理（建设）单位验收记录</td></tr>
<tr><td rowspan="10">一般项目</td><td rowspan="10">9</td><td rowspan="10">管道安装允许偏差（mm）</td><td rowspan="4">坐标</td><td rowspan="2">铸铁管</td><td>埋地</td><td>100</td><td></td><td></td><td></td><td></td><td></td><td colspan="2" rowspan="10"></td></tr>
<tr><td>敷设在沟槽内</td><td>50</td><td></td><td></td><td></td><td></td><td></td></tr>
<tr><td rowspan="2">钢管、塑料管、复合管</td><td>埋地</td><td>100</td><td></td><td></td><td></td><td></td><td></td></tr>
<tr><td>敷设在沟槽内或架空</td><td>40</td><td></td><td></td><td></td><td></td><td></td></tr>
<tr><td rowspan="2">标高</td><td rowspan="2">铸铁管、钢管、塑料管、复合管</td><td>埋地</td><td>± 50</td><td></td><td></td><td></td><td></td><td></td></tr>
<tr><td>敷设在沟槽内</td><td>± 30</td><td></td><td></td><td></td><td></td><td></td></tr>
<tr><td rowspan="2">水平管纵横向弯曲</td><td>铸铁管</td><td>直段（25m 以上）起点至终点</td><td>40</td><td></td><td></td><td></td><td></td><td></td></tr>
<tr><td>钢管、塑料管、复合管</td><td>直段（25m 以上）起点至终点</td><td>30</td><td></td><td></td><td></td><td></td><td></td></tr>
<tr><td colspan="2">施工单位检查评定结果</td><td colspan="12">项目专业质量检查员： 年 月 日</td></tr>
<tr><td colspan="2">监理（建设）单位验收结论</td><td colspan="12">监理工程师：
（建设单位项目代表） 年 月 日</td></tr>
</table>

3.22.15 室外消防水泵接合器及消火栓安装检验批质量验收记录 GB 50242

<table>
<tr><td colspan="2">工程名称</td><td colspan="2"></td><td>分项工程名称</td><td colspan="4"></td><td>验收部位</td><td></td></tr>
<tr><td colspan="2">施工单位</td><td colspan="2"></td><td>专业负责人</td><td colspan="4"></td><td>项目经理</td><td></td></tr>
<tr><td colspan="3">施工执行标准名称及编号</td><td colspan="3"></td><td>检验批编号</td><td colspan="4"></td></tr>
<tr><td colspan="5">质量验收规范规定</td><td colspan="6">施工单位检查评定记录</td><td>监理（建设）单位验收记录</td></tr>
<tr><td rowspan="3">主控项目</td><td>1</td><td colspan="3">消防系统必须进行水压试验，试验压力为工作压力的1.5倍，但不得小于0.6MPa。试验压力下，10min内压力降不大于0.05MPa，然后降至工作压力进行检查，压力保持不变，不渗、不漏</td><td colspan="6"></td><td rowspan="3"></td></tr>
<tr><td>2</td><td colspan="3">消防管道在竣工前，必须对管道进行冲洗</td><td colspan="6"></td></tr>
<tr><td>3</td><td colspan="3">消防水泵接合器和消火栓的位置标志应明显。栓口的位置应方便操作。当采用墙壁式时，如设计未要求，进（出）水栓口的中心安装高度距地面应为1.1m，其上方应设防坠落物打击的措施</td><td colspan="6"></td></tr>
<tr><td rowspan="3">一般项目</td><td>1</td><td colspan="3">地下式消防水泵接合器顶部进水口或地下式消火栓的顶部出水口与消防井盖底面的距离不得大于400mm，井内应有足够的操作空间，并设爬梯。寒冷地区井内应做防冻保护</td><td colspan="6"></td><td rowspan="3"></td></tr>
<tr><td>2</td><td colspan="3">消防水泵接合器的安全阀及止回阀安装位置和方向应正确，阀门启闭应灵活</td><td colspan="6"></td></tr>
<tr><td>3</td><td colspan="2">室外消火栓和消防水泵接合器各项安装尺寸，栓口安装高度允许偏差</td><td>±20mm</td><td></td><td></td><td></td><td></td><td></td><td></td></tr>
<tr><td>施工单位检查评定结果</td><td colspan="11">项目专业质量检查员： 年 月 日</td></tr>
<tr><td>监理（建设）单位验收结论</td><td colspan="11">监理工程师：
（建设单位项目代表） 年 月 日</td></tr>
</table>

3.22.16 室外给水管沟及井室检验批质量验收记录 GB 50242

<table>
<tr><td>工程名称</td><td colspan="2"></td><td>分项工程名称</td><td></td><td>验收部位</td><td></td></tr>
<tr><td>施工单位</td><td colspan="2"></td><td>专业负责人</td><td></td><td>项目经理</td><td></td></tr>
<tr><td colspan="3">施工执行标准名称及编号</td><td></td><td>检验批编号</td><td colspan="2"></td></tr>
<tr><td colspan="3">施工质量验收规范规定</td><td colspan="2">施工单位检查评定记录</td><td colspan="2">监理（建设）单位验收记录</td></tr>
<tr><td rowspan="4">主控项目</td><td>1</td><td>管沟的基层处理和井室的地基必须符合设计要求</td><td colspan="2"></td><td colspan="2" rowspan="4"></td></tr>
<tr><td>2</td><td>各类井室的井盖应符合设计要求，应有明显的文字标识，各种井盖不得混用</td><td colspan="2"></td></tr>
<tr><td>3</td><td>设在通车路面下或小区道路下的各种井室，必须使用重型井圈和井盖，井盖上表面应与路面相平，允许偏差为 ±5mm。绿化带上和不通车的地方可采用轻型井圈和井盖，井盖的上表面应高出地坪 50mm，并在井口周围以 2% 的坡度向外做水泥砂浆护坡</td><td colspan="2"></td></tr>
<tr><td>4</td><td>重型铸铁或混凝土井圈，不得直接放在井室的砖墙上，砖墙上应做厚度不小于 80mm 的细石混凝土垫层</td><td colspan="2"></td></tr>
<tr><td rowspan="5">一般项目</td><td>1</td><td>管沟的坐标、位置、沟底标高应符合设计要求</td><td colspan="2"></td><td colspan="2" rowspan="5"></td></tr>
<tr><td>2</td><td>管沟的沟底层应是原土层，或是夯实的回填土，沟底应平整，坡度应顺畅，不得有尖硬的物体、块石等</td><td colspan="2"></td></tr>
<tr><td>3</td><td>如沟基为岩石、不易清除的块石或为砾石层时，沟底应下挖 100~200mm，填铺细砂或粒径不大于 5mm 的细土，夯实到沟底标高后，方可进行管道敷设</td><td colspan="2"></td></tr>
<tr><td>4</td><td>管沟回填土，管顶上部 200mm 以内应用砂子或无块石及冻土块的土，并不得用机械回填；管顶上部 500mm 以内不得回填直径大于 100mm 的块石和冻土块，500mm 以上部分回填土中的块石或冻土块不得集中。上部用机械回填时，机械不得在管沟上行走</td><td colspan="2"></td></tr>
<tr><td>5</td><td>管道穿过井壁处，应用水泥砂浆分二次填塞严密、抹平，不得渗漏</td><td colspan="2"></td></tr>
</table>

室外给水管沟及井室检验批质量验收记录（续表） GB 50242

<table>
<tr><td>工程名称</td><td colspan="3"></td><td>分项工程名称</td><td></td><td>验收部位</td><td></td></tr>
<tr><td>施工单位</td><td colspan="3"></td><td>专业负责人</td><td></td><td>项目经理</td><td></td></tr>
<tr><td colspan="3">施工执行标准名称及编号</td><td colspan="2"></td><td>检验批编号</td><td colspan="2"></td></tr>
<tr><td colspan="4">施工质量验收规范规定</td><td colspan="2">施工单位检查评定记录</td><td colspan="2">监理（建设）单位验收记录</td></tr>
<tr><td>一般项目</td><td>6</td><td colspan="2">井室的砌筑应按设计或给定的标准图施工。井室的底标高在地下水位以上时，基层应为素土夯实；在地下水位以下时，基层应打厚100mm的混凝土底板。砌筑应采用水泥砂浆，内表面抹灰后应严密不透水</td><td colspan="2"></td><td colspan="2"></td></tr>
<tr><td colspan="2">施工单位检查评定结果</td><td colspan="6">项目专业质量检查员：　　　　年　月　日</td></tr>
<tr><td colspan="2">监理（建设）单位验收结论</td><td colspan="6">监理工程师：
（建设单位项目代表）　　　　年　月　日</td></tr>
</table>

3.22.17 室外排水管道安装检验批质量验收记录 GB 50242

<table>
<tr><td colspan="2">工程名称</td><td colspan="3"></td><td colspan="3">分项工程名称</td><td colspan="3"></td><td colspan="2">验收部位</td><td></td></tr>
<tr><td colspan="2">施工单位</td><td colspan="3"></td><td colspan="3">专业负责人</td><td colspan="3"></td><td colspan="2">项目经理</td><td></td></tr>
<tr><td colspan="4">施工执行标准名称及编号</td><td colspan="6"></td><td colspan="2">检验批编号</td><td colspan="2"></td></tr>
<tr><td colspan="7">质量验收规范规定</td><td colspan="6">施工单位检查评定记录</td><td>监理（建设）单位验收记录</td></tr>
<tr><td rowspan="3">主控项目</td><td>1</td><td colspan="5">材料型号、规格、性能应符合设计要求及 GB 50242—2002《建筑给水排水及采暖工程施工质量验收规范》第 10.1 条的相关规定</td><td colspan="6"></td><td rowspan="3"></td></tr>
<tr><td>2</td><td colspan="5">管道的坡度符合设计，严禁无坡或倒坡</td><td colspan="6"></td></tr>
<tr><td>3</td><td colspan="5">管道埋设前必须做灌水试验和通水试验，排水应畅通，无堵塞，管接口无渗漏</td><td colspan="6"></td></tr>
<tr><td rowspan="10">一般项目</td><td>1</td><td colspan="5">铸铁管采用水泥捻口时，油麻填塞应密实，接口水泥应密实饱满，其接口面凹入承口边缘且深度不得大于 2mm</td><td colspan="6"></td><td rowspan="10"></td></tr>
<tr><td>2</td><td colspan="5">铸铁管外壁在安装前应除锈，涂二遍石油沥青漆</td><td colspan="6"></td></tr>
<tr><td>3</td><td colspan="5">承插接口的排水管道安装时，管道和管件的承口应与水流方向相反</td><td colspan="6"></td></tr>
<tr><td>4</td><td colspan="5">混凝土管或钢筋混凝土管采用抹带接口时，应符合下列要求：（1）抹带前应将管口外壁凿毛，扫净，当管径不大于 500mm 时，抹带可一次完成，当管径大于 500mm 时，应分两次抹成，抹带不得有裂纹；（2）钢丝网应在管道就位前放入下方，抹压砂浆时应将钢丝网抹压牢固，钢丝网不得外漏；（3）抹带厚度不得小于管壁的厚度，宽度宜为 80~100mm</td><td colspan="6"></td></tr>
<tr><td rowspan="6">5</td><td rowspan="6">管道安装允许偏差（mm）</td><td rowspan="2">坐标</td><td colspan="2">埋地</td><td>100</td><td></td><td></td><td></td><td></td><td></td><td></td></tr>
<tr><td colspan="2">敷设在沟槽内</td><td>50</td><td></td><td></td><td></td><td></td><td></td><td></td></tr>
<tr><td rowspan="2">标高</td><td colspan="2">埋地</td><td>± 20</td><td></td><td></td><td></td><td></td><td></td><td></td></tr>
<tr><td colspan="2">敷设在沟槽内</td><td>± 20</td><td></td><td></td><td></td><td></td><td></td><td></td></tr>
<tr><td colspan="2" rowspan="2">水平管道纵横向弯曲</td><td>每 5m 长</td><td>10</td><td></td><td></td><td></td><td></td><td></td><td></td></tr>
<tr><td>全长（两井间）</td><td>30</td><td></td><td></td><td></td><td></td><td></td><td></td></tr>
<tr><td colspan="2">施工单位检查评定结果</td><td colspan="12">项目专业质量检查员： 年 月 日</td></tr>
<tr><td colspan="2">监理（建设）单位验收结论</td><td colspan="12">监理工程师：
（建设单位项目代表） 年 月 日</td></tr>
</table>

3.22.18 室外排水管沟及井池安装检验批质量验收记录 GB 50242

<table>
<tr><td>工程名称</td><td colspan="3"></td><td>分项工程名称</td><td></td><td>验收部位</td><td></td></tr>
<tr><td>施工单位</td><td colspan="3"></td><td>专业负责人</td><td></td><td>项目经理</td><td></td></tr>
<tr><td colspan="3">施工执行标准名称及编号</td><td colspan="2"></td><td>检验批编号</td><td colspan="2"></td></tr>
<tr><td colspan="4">施工质量验收规范规定</td><td colspan="2">施工单位检查评定记录</td><td colspan="2">监理（建设）单位验收记录</td></tr>
<tr><td rowspan="2">主控项目</td><td>1</td><td colspan="2">沟基的处理和井池的底板强度必须符合设计要求</td><td colspan="2"></td><td colspan="2" rowspan="2"></td></tr>
<tr><td>2</td><td colspan="2">排水检查井、化粪池的底板及进（出）水管的标高，必须符合设计要求，其允许偏差为 ±15mm</td><td colspan="2"></td></tr>
<tr><td rowspan="2">一般项目</td><td>1</td><td colspan="2">井、池的规格、尺寸和位置应正确，砌筑和抹灰符合要求</td><td colspan="2"></td><td colspan="2" rowspan="2"></td></tr>
<tr><td>2</td><td colspan="2">井盖选用应正确，标志应明显，标高应符合设计要求</td><td colspan="2"></td></tr>
<tr><td colspan="2">施工单位检查评定结果</td><td colspan="6">项目专业质量检查员： 年 月 日</td></tr>
<tr><td colspan="2">监理（建设）单位验收结论</td><td colspan="6">监理工程师：
（建设单位项目代表） 年 月 日</td></tr>
</table>

3.22.19 室外供热管道及配件安装检验批质量验收记录 GB 50242

<table>
<tr><td colspan="2">工程名称</td><td></td><td>分项工程名称</td><td></td><td>验收部位</td><td></td></tr>
<tr><td colspan="2">施工单位</td><td></td><td>专业负责人</td><td></td><td>项目经理</td><td></td></tr>
<tr><td colspan="3">施工执行标准名称及编号</td><td></td><td>检验批编号</td><td colspan="2"></td></tr>
<tr><td colspan="3">质量验收规范规定</td><td colspan="2">施工单位检查评定记录</td><td colspan="2">监理（建设）单位验收记录</td></tr>
<tr><td rowspan="6">主控项目</td><td>1</td><td>材料型号、规格、性能应符合设计要求及 GB 50242—2002《建筑给水排水及采暖工程施工质量验收规范》第 11 1 条的相关规定</td><td colspan="2"></td><td colspan="2" rowspan="6"></td></tr>
<tr><td>2</td><td>平衡阀及调节阀型号、规格及公称压力符合设计要求。安装后应根据系统要求进行调试，并做出标志</td><td colspan="2"></td></tr>
<tr><td>3</td><td>直埋无补偿供热管道预热伸长及三通加固符合设计要求。回填前应注意检查预制保温层外壳及接口的完好性。回填应按设计要求进行</td><td colspan="2"></td></tr>
<tr><td>4</td><td>补偿器的位置必须符合设计要求，并应按设计要求或产品说明书进行预拉伸。管道固定支架的位置和构造必须符合设计要求</td><td colspan="2"></td></tr>
<tr><td>5</td><td>检查井室，用户入口处管道布置应便于操作及维修，支、吊、托架稳固，并满足设计要求</td><td colspan="2"></td></tr>
<tr><td>6</td><td>直埋管道的保温应符合设计要求，接口在现场发泡时，接头处厚度应与管道保温层厚度一致，接头处保护层必须与管道保护层成一体，符合防潮、防水要求</td><td colspan="2"></td></tr>
<tr><td rowspan="5">一般项目</td><td>1</td><td>管道水平敷设其坡度应符合设计要求</td><td colspan="2"></td><td colspan="2" rowspan="5"></td></tr>
<tr><td>2</td><td>除污器构造应符合设计要求，安装位置和方向应正确。管网冲洗后应清除内部污物</td><td colspan="2"></td></tr>
<tr><td>3</td><td>管道及管件焊接的焊缝表面质量应符合规定：（1）焊缝外形尺寸应符合图纸和工艺文件的规定，焊缝高度不得低于母材表面，焊缝与母材应圆滑过渡；（2）焊缝及热影响区表面应无裂纹、未熔合、未焊透、夹渣、弧坑和气孔等缺陷</td><td colspan="2"></td></tr>
<tr><td>4</td><td>供热管道的供水管或蒸汽管，如设计无规定时，应敷设在载热介质前进方向的右侧或上方</td><td colspan="2"></td></tr>
<tr><td>5</td><td>地沟内的管道安装位置，其净距离（保温层外表面）应符合下列规定：
与沟壁 100~150mm；
与沟底 100~200mm；
与沟顶（不通行地沟）50~100mm，（半通行或通行地沟）200~300mm</td><td colspan="2"></td></tr>
</table>

室外供热管道及配件安装检验批质量验收记录（续表 1） GB 50242

<table>
<tr><td colspan="2">工程名称</td><td colspan="5"></td><td colspan="3">分项工程名称</td><td colspan="2"></td><td colspan="1">验收部位</td><td></td></tr>
<tr><td colspan="2">施工单位</td><td colspan="5"></td><td colspan="3">专业负责人</td><td colspan="2"></td><td colspan="1">项目经理</td><td></td></tr>
<tr><td colspan="4">施工执行标准名称及编号</td><td colspan="6"></td><td colspan="2">检验批编号</td><td colspan="2"></td></tr>
<tr><td colspan="7">质量验收规范规定</td><td colspan="6">施工单位检查评定记录</td><td>监理（建设）单位验收记录</td></tr>
<tr><td rowspan="21">一般项目</td><td>6</td><td colspan="5">架空敷设的供热管道安装高度，如设计无规定时，应符合下列规定（以保温层表面计算）：
人行地区不小于 2.5m；
通行车辆地区不小于 4.5m；
跨越铁路，距轨顶不小于 6m</td><td colspan="6"></td><td rowspan="21"></td></tr>
<tr><td rowspan="6">7</td><td rowspan="6">钢管焊口允许偏差</td><td>焊口平直度</td><td colspan="2">壁厚＜ 10mm</td><td>1/4 壁厚</td><td></td><td></td><td></td><td></td><td></td><td></td></tr>
<tr><td rowspan="2">焊缝加强面（mm）</td><td colspan="2">高度</td><td>+1</td><td></td><td></td><td></td><td></td><td></td><td></td></tr>
<tr><td colspan="2">宽度</td><td>+1</td><td></td><td></td><td></td><td></td><td></td><td></td></tr>
<tr><td rowspan="3">咬边</td><td colspan="2">深度（mm）</td><td>＜ 0.5</td><td></td><td></td><td></td><td></td><td></td><td></td></tr>
<tr><td colspan="2">连续长度（mm）</td><td>25</td><td></td><td></td><td></td><td></td><td></td><td></td></tr>
<tr><td colspan="2">两侧总长度小于焊缝长度（%）</td><td>10</td><td></td><td></td><td></td><td></td><td></td><td></td></tr>
<tr><td>8</td><td colspan="5">防锈漆的厚度应均匀，不得有脱皮、起泡、流淌和漏涂等缺陷。</td><td colspan="6"></td></tr>
<tr><td rowspan="13">9</td><td rowspan="13">安装允许偏差</td><td rowspan="2">坐标（mm）</td><td colspan="2">敷设在沟槽内及架空</td><td>20</td><td></td><td></td><td></td><td></td><td></td><td></td></tr>
<tr><td colspan="2">埋地</td><td>50</td><td></td><td></td><td></td><td></td><td></td><td></td></tr>
<tr><td rowspan="2">标高（mm）</td><td colspan="2">敷设在沟槽内及架空</td><td>± 10</td><td></td><td></td><td></td><td></td><td></td><td></td></tr>
<tr><td colspan="2">埋地</td><td>± 15</td><td></td><td></td><td></td><td></td><td></td><td></td></tr>
<tr><td rowspan="4">水平管道纵、横方向弯曲（mm）</td><td rowspan="2">每 1m</td><td>管径 ≤ 100mm</td><td>1</td><td></td><td></td><td></td><td></td><td></td><td></td></tr>
<tr><td>管径 >100mm</td><td>1.5</td><td></td><td></td><td></td><td></td><td></td><td></td></tr>
<tr><td rowspan="2">全长 5m</td><td>管径 ≤ 100mm</td><td>≤ 13</td><td></td><td></td><td></td><td></td><td></td><td></td></tr>
<tr><td>管径 >100mm</td><td>≤ 25</td><td></td><td></td><td></td><td></td><td></td><td></td></tr>
<tr><td rowspan="2">弯管椭圆率（%）</td><td colspan="2">管径≤ 100mm</td><td>8</td><td></td><td></td><td></td><td></td><td></td><td></td></tr>
<tr><td colspan="2">管径＞ 100mm</td><td>5</td><td></td><td></td><td></td><td></td><td></td><td></td></tr>
<tr><td rowspan="3">弯管折皱不平度（mm）</td><td colspan="2">管径≤ 100mm</td><td>4</td><td></td><td></td><td></td><td></td><td></td><td></td></tr>
<tr><td colspan="2">管径 125~200mm</td><td>5</td><td></td><td></td><td></td><td></td><td></td><td></td></tr>
<tr><td colspan="2">管径 250~400mm</td><td>7</td><td></td><td></td><td></td><td></td><td></td><td></td></tr>
</table>

室外供热管道及配件安装检验批质量验收记录（续表 2） GB 50242

<table>
<tr><td>工程名称</td><td colspan="5"></td><td colspan="3">分项工程名称</td><td colspan="2"></td><td colspan="2">验收部位</td><td></td></tr>
<tr><td>施工单位</td><td colspan="5"></td><td colspan="3">专业负责人</td><td colspan="2"></td><td colspan="2">项目经理</td><td></td></tr>
<tr><td colspan="4">施工执行标准名称及编号</td><td colspan="6"></td><td>检验批编号</td><td colspan="3"></td></tr>
<tr><td colspan="6">质量验收规范规定</td><td colspan="6">施工单位检查评定记录</td><td colspan="2">监理（建设）单位验收记录</td></tr>
<tr><td rowspan="3">一般项目</td><td rowspan="3">10</td><td rowspan="3">管道保温允许偏差</td><td colspan="2">厚度</td><td>+0.1δ，−0.05δ</td><td></td><td></td><td></td><td></td><td></td><td></td><td colspan="2" rowspan="3"></td></tr>
<tr><td rowspan="2">表面平整度（mm）</td><td>卷材</td><td>5</td><td></td><td></td><td></td><td></td><td></td><td></td></tr>
<tr><td>涂抹</td><td>10</td><td></td><td></td><td></td><td></td><td></td><td></td></tr>
<tr><td>施工单位检查评定结果</td><td colspan="13">项目专业质量检查员：　　　　年　月　日</td></tr>
<tr><td>监理（建设）单位验收结论</td><td colspan="13">监理工程师：
（建设单位项目代表）　　　　年　月　日</td></tr>
</table>

注：δ 为保温层厚度。

3.22.20 室外供热管网系统水压试验及调试检验批质量验收记录 GB 50242

<table>
<tr><td>工程名称</td><td colspan="3"></td><td>分项工程名称</td><td></td><td>验收部位</td><td></td></tr>
<tr><td>施工单位</td><td colspan="3"></td><td>专业负责人</td><td></td><td>项目经理</td><td></td></tr>
<tr><td colspan="3">施工执行标准名称及编号</td><td colspan="2"></td><td>检验批编号</td><td colspan="2"></td></tr>
<tr><td colspan="3">质量验收规范规定</td><td colspan="3">施工单位检查评定记录</td><td colspan="2">监理（建设）单位验收记录</td></tr>
<tr><td rowspan="4">主控项目</td><td>1</td><td>供热管道的水压试验压力应为工作压力的1.5倍，但不得小于0.6MPa。在试验压力下10min内压力降不大于0.05MPa，然后降至工作压力下检查，不渗、不漏</td><td colspan="3"></td><td colspan="2" rowspan="4"></td></tr>
<tr><td>2</td><td>管道试压合格后，应进行冲洗</td><td colspan="3"></td></tr>
<tr><td>3</td><td>管道冲洗完毕应通水、加热，进行试运行和调试。当不具备加热条件时，应延期进行。应测量各建筑物热力入口处供回水温度及压力</td><td colspan="3"></td></tr>
<tr><td>4</td><td>供热管道作水压试验时，试验管道上的阀门应开启，试验管道与非试验管道应隔断</td><td colspan="3"></td></tr>
<tr><td colspan="2">施工单位检查评定结果</td><td colspan="6">

项目专业质量检查员：　　　　年　月　日</td></tr>
<tr><td colspan="2">监理（建设）单位验收结论</td><td colspan="6">

监理工程师：
（建设单位项目代表）　　　　年　月　日</td></tr>
</table>

3.22.21 建筑中水系统管道、辅助设备及游泳池水系统水系统安装检验批质量验收记录 GB 50242

工程名称			分项工程名称		验收部位	
施工单位			专业负责人		项目经理	
施工执行标准名称及编号					检验批编号	
质量验收规范规定			施工单位检查评定记录		监理（建设）单位验收记录	
主控项目	1	材料型号、规格、性能应符合设计要求及 GB 50242—2002《建筑给水排水及采暖工程施工质量验收规范》第 12.1 条的相关规定				
	2	中水高位水箱应与生活高位水箱分设在不同的房间内，如条件不允许只能设计在一个房间时，与生活高位水箱的净距离应大于 2m				
	3	中水给水管道不得装设取水水嘴。便器冲洗宜采用密闭型设备和器具。绿化、浇洒、汽车冲洗宜采用壁式或地下式的给水栓				
	4	中水供水管道严禁与生活饮用水管道连接，并应采取下列措施：中水管道外壁应涂浅绿色标志；中水池（箱）、阀门、水表及给水栓均应有“中水”标志				
	5	中水管道不宜暗装于墙体和楼板内。如必须暗装于墙槽内时，必须在管道上有明显且不会脱落的标志				
	6	泳池的给水口、回水口、泄水口应采用耐腐蚀的铜、不锈钢、塑料等材料制造。溢流槽、格栅应为耐腐蚀材料制造，并为组装型。安装时其外表应与池壁或池底面相平				
	7	游泳池的毛发聚集器应采用铜或不锈钢等耐腐蚀材料制造，过滤筒（网）的孔径应不大于 3mm，其面积应为连接管截面积的 1.5~2 倍				
	8	游泳池地面，应采取有效措施防止冲洗排水流入池内				
一般项目	1	中水给水管道管材及配件应采用耐腐蚀的给水管管材及附件				
	2	中水管道与生活饮用水管道、排水管道平行埋设时，其水平净距离不得小于 0.5m；交叉埋设时，中水管道应位于生活饮用水管道下面，排水管道的上面，其净距离不应小于 0.15m				

建筑中水系统管道、辅助设备及游泳池水系统水系统安装检验批质量验收记录（续表） GB 50242

<table>
<tr><td>工程名称</td><td colspan="2"></td><td>分项工程名称</td><td></td><td>验收部位</td><td></td></tr>
<tr><td>施工单位</td><td colspan="2"></td><td>专业负责人</td><td></td><td>项目经理</td><td></td></tr>
<tr><td colspan="2">施工执行标准名称及编号</td><td colspan="2"></td><td>检验批编号</td><td colspan="2"></td></tr>
<tr><td colspan="3">质量验收规范规定</td><td colspan="2">施工单位检查评定记录</td><td colspan="2">监理（建设）单位验收记录</td></tr>
<tr><td rowspan="2">一般项目</td><td>3</td><td>游泳池循环水系统加药（混凝剂）的药品溶解池，溶液池及定量投加设备应用耐腐蚀材料制作。输送溶液的管道应采用塑料管、胶管或铜管</td><td colspan="2"></td><td colspan="2" rowspan="2"></td></tr>
<tr><td>4</td><td>游泳池的浸脚、浸腰消毒池的给水管、投药管、溢流管、循环管和泄空管应采用耐腐蚀材料制成</td><td colspan="2"></td></tr>
<tr><td>施工单位检查评定结果</td><td colspan="6">项目专业质量检查员：　　　　年　月　日</td></tr>
<tr><td>监理（建设）单位验收结论</td><td colspan="6">监理工程师：
（建设单位项目代表）　　　　年　月　日</td></tr>
</table>

3.22.22 供热锅炉安装检验批质量验收记录 GB 50242

<table>
<tr><td colspan="2">工程名称</td><td colspan="3"></td><td>分项工程名称</td><td></td><td>验收部位</td><td></td></tr>
<tr><td colspan="2">施工单位</td><td colspan="3"></td><td>专业负责人</td><td></td><td>项目经理</td><td></td></tr>
<tr><td colspan="4">施工执行标准名称及编号</td><td colspan="2"></td><td>检验批编号</td><td colspan="2"></td></tr>
<tr><td colspan="6">质量验收规范规定</td><td>施工单位检查评定记录</td><td colspan="2">监理（建设）单位验收记录</td></tr>
<tr><td rowspan="22">主控项目</td><td>1</td><td colspan="4">设备、材料型号、规格、性能应符合设计要求及GB 50242—2002《建筑给水排水及采暖工程施工质量验收规范》第13.1条的相关规定</td><td></td><td colspan="2" rowspan="21"></td></tr>
<tr><td rowspan="19">2</td><td colspan="4">设备基础的混凝土强度必须达到设计要求</td><td></td></tr>
<tr><td rowspan="18">锅炉基础的允许偏差（mm）</td><td colspan="2">基础坐标位置</td><td>20</td><td></td></tr>
<tr><td colspan="2">基础各不同平面坐标</td><td>0，-20</td><td></td></tr>
<tr><td colspan="2">基础平面外形尺寸</td><td>20</td><td></td></tr>
<tr><td colspan="2">凸台上平面尺寸</td><td>0，-20</td><td></td></tr>
<tr><td colspan="2">凹穴尺寸</td><td>+20，0</td><td></td></tr>
<tr><td rowspan="2">基础上平面水平度</td><td>每1m</td><td>5</td><td></td></tr>
<tr><td>全长</td><td>10</td><td></td></tr>
<tr><td rowspan="2">竖向偏差</td><td>每1m</td><td>5</td><td></td></tr>
<tr><td>全高</td><td>10</td><td></td></tr>
<tr><td rowspan="2">地脚螺栓</td><td>标高（顶端）</td><td>+20，0</td><td></td></tr>
<tr><td>中心距（根部）</td><td>2</td><td></td></tr>
<tr><td rowspan="3">预留地脚螺栓螺孔</td><td>中心位置</td><td>10</td><td></td></tr>
<tr><td>深度</td><td>-20，0</td><td></td></tr>
<tr><td>孔壁垂直度</td><td>10</td><td></td></tr>
<tr><td rowspan="4">预埋活动地脚螺栓锚板</td><td>中心位置</td><td>5</td><td></td></tr>
<tr><td>标高</td><td>+20，0</td><td></td></tr>
<tr><td>水平度（带槽锚板）</td><td>5</td><td></td></tr>
<tr><td>水平度（带螺纹孔锚板）</td><td>2</td><td></td></tr>
<tr><td>3</td><td colspan="4">非承压锅炉，应严格按设计或产品说明书施工，锅筒顶部必须敞口或安装大气连通管，连通管上不得安装阀门</td><td></td></tr>
<tr><td>4</td><td colspan="4">以天然气为燃料的锅炉的天然气释放管或大气排放管不得直接通向大气，应通向贮存或处理装置</td><td></td><td colspan="2"></td></tr>
</table>

供热锅炉安装检验批质量验收记录（续表 1） GB 50242

工程名称		分项工程名称		验收部位	
施工单位		专业负责人		项目经理	
施工执行标准名称及编号		检验批编号			

		质量验收规范规定	施工单位检查评定记录	监理（建设）单位验收记录
主控项目	5	两台或两台以上的燃油锅炉共用一个烟囱时，每台锅炉的烟道上均应配备风阀或挡板装置，并应具有操作调节和闭锁功能		
	6	锅炉的炉筒和水冷壁的下集箱及后棚管的后集箱的最低处的排污阀及排污管道不得采用螺纹连接		
	7	锅炉的汽（水）系统安装完毕后，必须进行水压试验		
		水压试验：锅炉本体工作压力 $p < 0.59$，试验压力 $1.5p$，$\leqslant 0.2$Amp		
		水压试验：锅炉本体工作压力 $0.59 \leqslant p \leqslant 1.18$，试验压力 p+0.3Amp		
		水压试验：锅炉本体工作压力 $p > 1.18$，试验压力 $1.25p$		
		水压试验：可分式省煤器 p，试验压力 $1.25p$+0.5 Amp		
		水压试验：非承压锅炉 大气压力，试验压力 0.2Amp		
	8	机械炉排安装完毕后，应做冷态运转试验连续运行时间不得小于 8h		
	9	锅炉本体管道及管件焊接质量：钢管焊口允许偏差：焊口平直度在壁厚 < 10mm 时，1/4 壁厚		
		锅炉本体管道及管件焊接质量：钢管焊口允许偏差：焊缝加强面高度、宽度：+1mm		
		锅炉本体管道及管件焊接质量：钢管焊口允许偏差：咬边深度 < 0.5mm；连续长度 25mm，两侧总长度小于焊缝长度的 10%		
		锅炉本体管道及管件焊接质量：焊缝表面质量应符合 GB 50242—2002《建筑给水排水及采暖工程施工质量验收规范》第 11.2.10 条的规定		
		锅炉本体管道及管件焊接质量：无损探伤的检测结果应符合锅炉本体设计的相关要求		

供热锅炉安装检验批质量验收记录（续表 2） GB 50242

工程名称		分项工程名称		验收部位	
施工单位		专业负责人		项目经理	
施工执行标准名称及编号			检验批编号		

质量验收规范规定						施工单位检查评定记录	监理（建设）单位验收记录
一般项目	1	锅炉本体安装应按设计或产品说明书的要求，布置坡度并坡向排污阀					
	2	锅炉由炉底送风的风室及锅炉底座与基础之间必须封堵严密					
	3	省煤器出口处（或入口处）应按设计要求或锅炉图纸要求安装阀门和管道					
	4	铸铁省煤器破损的肋片数不大于总肋片数的 5%，有破损肋片的根数不大于总根数的 10%					
	5	电动调节阀的调节机构与电动执行机构的转臂应在同一平面内动作，传动部分灵活，无空行程及卡阻现象，其行程及伺服时间应满足使用要求					
	6	锅炉安装允许偏差（mm）	坐标		10		
			标高		±5		
			中心线垂直度	卧式锅炉炉体（全高）	3		
				立式锅炉炉体（全高）	4		
	7	组装链条炉排安装允许偏差	炉排中心位置（mm）		2		
			墙板的标高（mm）		±5		
			墙板的垂直度（全高）（mm）		3		
			墙板间两对角线长度之差（mm）		5		
			墙板框的纵向位置（mm）		5		
			墙板顶面的纵向水平度		1‰，且≤ 5mm		
			墙板间的距离（mm）	跨距≤ 2m	+3，0		
				跨距＞ 2m	+5，0		
			两墙板的顶面在同一水平面上的相对高差（mm）		5		
			前轴、后轴的水平度		1‰		

供热锅炉安装检验批质量验收记录（续表 3） GB 50242

<table>
<tr><td colspan="2">工程名称</td><td colspan="4"></td><td colspan="3">分项工程名称</td><td colspan="2"></td><td>验收部位</td><td></td></tr>
<tr><td colspan="2">施工单位</td><td colspan="4"></td><td colspan="3">专业负责人</td><td colspan="2"></td><td>项目经理</td><td></td></tr>
<tr><td colspan="4">施工执行标准名称及编号</td><td colspan="5"></td><td colspan="2">检验批编号</td><td colspan="2"></td></tr>
<tr><td colspan="6">质量验收规范规定</td><td colspan="6">施工单位检查评定记录</td><td>监理（建设）单位验收记录</td></tr>
<tr><td rowspan="14">一般项目</td><td rowspan="3">7</td><td rowspan="3">组装链条炉排安装允许偏差</td><td colspan="2">前轴、后轴和轴心线相对标高差（mm）</td><td>5</td><td></td><td></td><td></td><td></td><td></td><td></td><td rowspan="14"></td></tr>
<tr><td colspan="2">各轨道在同一水平面上的相对高差（mm）</td><td>5</td><td></td><td></td><td></td><td></td><td></td><td></td></tr>
<tr><td colspan="2">相邻两轨道间的距离（mm）</td><td>±2</td><td></td><td></td><td></td><td></td><td></td><td></td></tr>
<tr><td rowspan="6">8</td><td rowspan="6">往复炉排安装允许偏差（mm）</td><td rowspan="2">两侧板间距离</td><td>跨距≤ 2m</td><td>+3，0</td><td></td><td></td><td></td><td></td><td></td><td></td></tr>
<tr><td>跨距> 2m</td><td>+4，0</td><td></td><td></td><td></td><td></td><td></td><td></td></tr>
<tr><td colspan="2">两侧板垂直度（全高）</td><td>3</td><td></td><td></td><td></td><td></td><td></td><td></td></tr>
<tr><td colspan="2">炉排片的纵向间隙</td><td>1</td><td></td><td></td><td></td><td></td><td></td><td></td></tr>
<tr><td colspan="2">炉排两侧间隙</td><td>2</td><td></td><td></td><td></td><td></td><td></td><td></td></tr>
<tr><td colspan="2">两侧板对角线长度之差</td><td>5</td><td></td><td></td><td></td><td></td><td></td><td></td></tr>
<tr><td rowspan="3">9</td><td rowspan="3">铸铁省煤器支承架安装允许偏差（mm）</td><td colspan="2">支承架的位置</td><td>3</td><td></td><td></td><td></td><td></td><td></td><td></td></tr>
<tr><td colspan="2">支承架的标高</td><td>0，-5</td><td></td><td></td><td></td><td></td><td></td><td></td></tr>
<tr><td colspan="2">支承架纵、横水平度（每1m）</td><td>1</td><td></td><td></td><td></td><td></td><td></td><td></td></tr>
<tr><td colspan="2">施工单位检查评定结果</td><td colspan="11">项目专业质量检查员： 年 月 日</td></tr>
<tr><td colspan="2">监理（建设）单位验收结论</td><td colspan="11">监理工程师：
（建设单位项目代表） 年 月 日</td></tr>
</table>

3.22.23 锅炉辅助设备及管道安装检验批质量验收记录 GB 50242

工程名称		分项工程名称		验收部位	
施工单位		专业负责人		项目经理	
施工执行标准名称及编号		检验批编号			

质量验收规范规定						施工单位检查评定记录	监理（建设）单位验收记录
主控项目	1	材料型号、规格、性能应符合设计要求及 GB 50242—2002《建筑给水排水及采暖工程施工质量验收规范》第 13.1 条的相关规定					
	2	辅助设备基础的混凝土强度必须达到设计要求					
		辅助设备基础的允许偏差（mm）	基础坐标位置		20		
			基础各不同平面坐标		0，−20		
			基础平面外形尺寸		20		
			凸台上平面尺寸		0，−20		
			凹穴尺寸		+20，0		
			基础上平面水平度	每 1m	5		
				全长	10		
			竖向偏差	每 1m	5		
				全高	10		
			地脚螺栓	标高（顶端）	+20，0		
				中心距（根部）	2		
			预留地脚螺栓螺孔	中心位置	10		
				深度	−20，0		
				孔壁垂直度	10		
			预埋活动地脚螺栓锚板	中心位置	5		
				标高	+20，0		
				水平度（带槽锚板）	5		
				水平度（带螺纹孔锚板）	2		
	3	风机试运转，轴承温升应符合下列规定：滑动轴承温升最高不得超过 60℃，滚动轴承温升最高不得超过 80℃					
		轴承径向单震幅应符合下列规定：风机转速小于 1000r/min 时，不应超过 0.10mm；风机转速为 1000~1450r/min 时，不应超过 0.08mm					

锅炉辅助设备及管道安装检验批质量验收记录（续表 1） GB 50242

<table>
<tr><td colspan="2">工程名称</td><td colspan="4"></td><td colspan="3">分项工程名称</td><td colspan="3"></td><td>验收部位</td><td></td></tr>
<tr><td colspan="2">施工单位</td><td colspan="4"></td><td colspan="3">专业负责人</td><td colspan="3"></td><td>项目经理</td><td></td></tr>
<tr><td colspan="4">施工执行标准名称及编号</td><td colspan="5"></td><td colspan="3">检验批编号</td><td colspan="2"></td></tr>
<tr><td colspan="6">质量验收规范规定</td><td colspan="6">施工单位检查评定记录</td><td colspan="2">监理（建设）单位验收记录</td></tr>
<tr><td rowspan="13">主控项目</td><td>4</td><td colspan="4">分汽缸（分水器、集水器）安装前应进行水压试验，试验压力为工作压力的 1.5 倍，但不小于 0.6MPa。试验压力下 10min 内无压降、无渗漏</td><td colspan="6"></td><td colspan="2" rowspan="13"></td></tr>
<tr><td>5</td><td colspan="4">敞口箱、罐安装前应做满水试验，密闭箱、罐应以工作压力的 1.5 倍做水压试验，但不小于 0.4MPa。满水试验满水后静置 24h 不渗不漏；水压试验在试验压力下 10min 内无压降，不渗、不漏</td><td colspan="6"></td></tr>
<tr><td>6</td><td colspan="4">地下直埋油罐在埋地前应做气密性试验；试验压力降不小于 0.03MPa。试验压力下观察 30min，不渗、不漏，无压降</td><td colspan="6"></td></tr>
<tr><td>7</td><td colspan="4">连接锅炉及辅助设备的工艺管道安装完毕后，必须进行系统的水压试验，试验压力为系统中最大工作压力的 1.5 倍。在试验压力下 10min 内压降不超过 0.05MPa，再降至工作压力，不渗、不漏</td><td colspan="6"></td></tr>
<tr><td>8</td><td colspan="4">各种设备的主要操作通道净距如设计不明确时不应小于 1.5m，辅助的操作通道净距离不应小于 0.8m</td><td colspan="6"></td></tr>
<tr><td>9</td><td colspan="4">管道连接的法兰、焊缝和连接管件及管道上的仪表、阀门安装位置应便于检查，不得紧贴墙壁、楼板或管架</td><td colspan="6"></td></tr>
<tr><td rowspan="7">10</td><td colspan="4">管道及管件焊接的焊缝表面质量应符合规定：焊缝外形尺寸应符合图纸和工艺文件的规定，焊缝高度不得低于母材表面，焊缝与母材应圆滑过渡；焊缝及热影响区表面应无裂纹、未熔合、未焊透、夹渣、弧坑和气孔等缺陷</td><td colspan="6"></td></tr>
<tr><td rowspan="6">钢管焊口允许偏差</td><td>焊口平直度</td><td>壁厚< 10mm</td><td>1/4 壁厚</td><td></td><td></td><td></td><td></td><td></td><td></td></tr>
<tr><td rowspan="2">焊缝加强面（mm）</td><td>高度</td><td>+1</td><td></td><td></td><td></td><td></td><td></td><td></td></tr>
<tr><td>宽度</td><td>+1</td><td></td><td></td><td></td><td></td><td></td><td></td></tr>
<tr><td rowspan="3">焊缝咬边</td><td>深度（mm）</td><td>< 0.5</td><td></td><td></td><td></td><td></td><td></td><td></td></tr>
<tr><td>连续长度（mm）</td><td>25</td><td></td><td></td><td></td><td></td><td></td><td></td></tr>
<tr><td>两侧总长度小于焊缝长度</td><td>10%</td><td></td><td></td><td></td><td></td><td></td><td></td></tr>
</table>

锅炉辅助设备及管道安装检验批质量验收记录（续表2） GB 50242

<table>
<tr><td colspan="2">工程名称</td><td colspan="3"></td><td>分项工程名称</td><td></td><td>验收部位</td><td></td></tr>
<tr><td colspan="2">施工单位</td><td colspan="3"></td><td>专业负责人</td><td></td><td>项目经理</td><td></td></tr>
<tr><td colspan="4">施工执行标准名称及编号</td><td colspan="2"></td><td>检验批编号</td><td colspan="2"></td></tr>
<tr><td colspan="6">质量验收规范规定</td><td colspan="2">施工单位检查评定记录</td><td>监理（建设）单位验收记录</td></tr>
<tr><td rowspan="13">一般项目</td><td>1</td><td colspan="4">单斗式提升机安装应符合下列规定：（1）导轨间距偏差不大于2mm；（2）垂直式导轨的垂直度偏差不大于1‰；倾斜式导轨的倾斜度偏差不大于2‰；（3）料斗的吊点及料斗垂心在同一垂线上，重合度偏差不大于10mm；（4）行程开关的位置应准确，料斗运行平稳、翻转灵活</td><td colspan="2"></td><td rowspan="10"></td></tr>
<tr><td>2</td><td colspan="4">安装锅炉送（引）风机，转动应灵活无卡碰等现象，送（引）风机的传动部位应设置安全防护装置</td><td colspan="2"></td></tr>
<tr><td>3</td><td colspan="4">水泵不应有裂纹、砂眼及凹凸不平等缺陷，多级泵的平衡管道应无损伤或折陷现象，蒸汽往复泵的主要部件、活塞及活动轴必须灵活</td><td colspan="2"></td></tr>
<tr><td>4</td><td colspan="4">手摇泵应垂直安装。高度如设计无要求时，泵中心距地面800mm</td><td colspan="2"></td></tr>
<tr><td>5</td><td colspan="4">注水器安装高度，如设计无要求时，中心距地面为1.0~1.2m</td><td colspan="2"></td></tr>
<tr><td>6</td><td colspan="4">水泵试运转，叶轮与泵壳不应相碰，进（出）口部位的阀门应灵活。轴承温升应符合产品说明书的要求</td><td colspan="2"></td></tr>
<tr><td>7</td><td colspan="4">除尘器安装应平衡牢固，位置及进（出）口方向正确，烟道与引风机连接时应采用软接头。不得将烟道重量压在风机上</td><td colspan="2"></td></tr>
<tr><td>8</td><td colspan="4">热力除氧器和真空除氧器排汽管应通向室外，直接排入大气</td><td colspan="2"></td></tr>
<tr><td>9</td><td colspan="4">软化水设备罐体视镜应布置在便于观察的方向，树脂装填的高度应按设备说明书的要求进行</td><td colspan="2"></td></tr>
<tr><td>10</td><td colspan="4">在涂刷油漆前，必须清除管道及设备表面的灰尘、污垢、锈斑、焊渣等物，涂漆的厚度应均匀，不得有脱皮、起泡、流淌和漏涂等缺陷</td><td colspan="2"></td></tr>
<tr><td rowspan="3">11</td><td rowspan="3">管道保温允许偏差</td><td>厚度</td><td colspan="2">+0.1δ，−0.05δ</td><td colspan="2"></td><td rowspan="3"></td></tr>
<tr><td rowspan="2">表面平整度（mm）</td><td>卷材</td><td>5</td><td colspan="2"></td></tr>
<tr><td>涂抹</td><td>10</td><td colspan="2"></td></tr>
</table>

锅炉辅助设备及管道安装检验批质量验收记录（续表 3） GB 50242

<table>
<tr><td>工程名称</td><td></td><td>分项工程名称</td><td></td><td>验收部位</td><td></td></tr>
<tr><td>施工单位</td><td></td><td>专业负责人</td><td></td><td>项目经理</td><td></td></tr>
<tr><td colspan="2">施工执行标准名称及编号</td><td></td><td>检验批编号</td><td colspan="2"></td></tr>
</table>

<table>
<tr><td colspan="7">质量验收规范规定</td><td colspan="6">施工单位检查评定记录</td><td>监理（建设）单位验收记录</td></tr>
<tr><td rowspan="18">一般项目</td><td rowspan="8">12</td><td rowspan="8">锅炉辅助设备安装允许偏差（mm）</td><td rowspan="2">送（引）风机</td><td colspan="2">坐标</td><td>10</td><td colspan="6"></td><td rowspan="18"></td></tr>
<tr><td colspan="2">标高</td><td>±5</td><td colspan="6"></td></tr>
<tr><td rowspan="3">各种静置设备</td><td colspan="2">坐标</td><td>15</td><td colspan="6"></td></tr>
<tr><td colspan="2">标高</td><td>±5</td><td colspan="6"></td></tr>
<tr><td colspan="2">垂直度（每 1m）</td><td>2</td><td colspan="6"></td></tr>
<tr><td rowspan="3">离心式水泵</td><td colspan="2">泵体水平度（每 1m）</td><td>0.1</td><td colspan="6"></td></tr>
<tr><td rowspan="2">联轴器同心度</td><td>轴向倾斜（每 1m）</td><td>0.8</td><td colspan="6"></td></tr>
<tr><td>径向位移</td><td>0.1</td><td colspan="6"></td></tr>
<tr><td rowspan="10">13</td><td rowspan="10">连接锅炉及辅助设备的工艺管道安装允许偏差（mm）</td><td rowspan="2">坐标</td><td colspan="2">架空</td><td>15</td><td></td><td></td><td></td><td></td><td></td><td></td></tr>
<tr><td colspan="2">地沟</td><td>10</td><td></td><td></td><td></td><td></td><td></td><td></td></tr>
<tr><td rowspan="2">标高</td><td colspan="2">架空</td><td>±15</td><td></td><td></td><td></td><td></td><td></td><td></td></tr>
<tr><td colspan="2">地沟</td><td>±10</td><td></td><td></td><td></td><td></td><td></td><td></td></tr>
<tr><td rowspan="3">水平管道纵（横）方向弯曲</td><td colspan="2">DN ≤ 100mm</td><td>2‰，最大 50mm</td><td></td><td></td><td></td><td></td><td></td><td></td></tr>
<tr><td colspan="2">DN > 100mm</td><td>3‰，最大 70mm</td><td></td><td></td><td></td><td></td><td></td><td></td></tr>
<tr><td colspan="2">径向位移</td><td>0.1</td><td></td><td></td><td></td><td></td><td></td><td></td></tr>
<tr><td colspan="3">立管垂直度</td><td>2‰，最大 15mm</td><td></td><td></td><td></td><td></td><td></td><td></td></tr>
<tr><td colspan="3">成排管道间距</td><td>3</td><td></td><td></td><td></td><td></td><td></td><td></td></tr>
<tr><td colspan="3">交叉管外壁或绝热层间距</td><td>10</td><td></td><td></td><td></td><td></td><td></td><td></td></tr>
<tr><td>施工单位检查评定结果</td><td colspan="13">项目专业质量检查员：　　　　年　月　日</td></tr>
<tr><td>监理（建设）单位验收结论</td><td colspan="13">监理工程师：
（建设单位项目代表）　　　　年　月　日</td></tr>
</table>

3.22.24 锅炉安全附件安装检验批质量验收记录 GB 50242

<table>
<tr><td colspan="2">工程名称</td><td colspan="3"></td><td>分项工程名称</td><td></td><td>验收部位</td><td></td></tr>
<tr><td colspan="2">施工单位</td><td colspan="3"></td><td>专业负责人</td><td></td><td>项目经理</td><td></td></tr>
<tr><td colspan="4">施工执行标准名称及编号</td><td colspan="2"></td><td>检验批编号</td><td colspan="2"></td></tr>
<tr><td colspan="6">质量验收规范规定</td><td>施工单位检查评定记录</td><td colspan="2">监理（建设）单位验收记录</td></tr>
<tr><td rowspan="11">主控项目</td><td rowspan="7">1</td><td rowspan="6">锅炉和省煤器安全阀定压和调整</td><td rowspan="2">蒸汽锅炉</td><td rowspan="5">安全阀开启压力</td><td>工作压力＋0.02Amp</td><td></td><td colspan="2"></td></tr>
<tr><td>工作压力＋0.04Amp</td><td></td><td colspan="2"></td></tr>
<tr><td rowspan="2">热水锅炉</td><td>1.12 倍工作压力，但不小于工作压力＋0.07Amp</td><td></td><td colspan="2"></td></tr>
<tr><td>1.14 倍工作压力，但不小于工作压力＋0.10Amp</td><td></td><td colspan="2"></td></tr>
<tr><td>省煤器</td><td>1.1 倍工作压力</td><td></td><td colspan="2"></td></tr>
<tr><td colspan="3"></td><td></td><td colspan="2"></td></tr>
<tr><td colspan="4">锅炉上装有两上安全阀时，其中一个按表中较高值定压，另一个按较低值定压；装有一个安全阀时，应按较低值定压</td><td></td><td colspan="2"></td></tr>
<tr><td>2</td><td colspan="4">压力表刻度极限应大于或等于工作压力的 1.5 倍，表盘直径不小于 100mm</td><td></td><td colspan="2"></td></tr>
<tr><td>3</td><td colspan="4">安装水位表应符合下列规定:（1）水位表应有指示最高（低）水位标志，玻璃管（板）最低、最高可见边缘应比最高、最低安全水位高出（低出）25mm ;（2）玻璃管式水位表有防护装置;（3）电接点式水位表的零点应与锅炉正常水位重合;（4）采用双水位表时，每台锅炉只能装设一个，另一个装普通水位表;（5）水位表应有放水旋塞（阀门）和接到安全地点的放水管</td><td></td><td colspan="2"></td></tr>
<tr><td>4</td><td colspan="4">锅炉的高（低）水位和超温、超压报警器及联锁保护装置必须按设计要求安装齐全和有效</td><td></td><td colspan="2"></td></tr>
<tr><td>5</td><td colspan="4">蒸汽锅炉的安全阀应安装通向室外的排汽管。热水锅炉安全阀泄水管应接到安全地点。在排汽管和泄水管上不得装设阀门</td><td></td><td colspan="2"></td></tr>
</table>

锅炉安全附件安装检验批质量验收记录（续表） GB 50242

<table>
<tr><td colspan="2">工程名称</td><td></td><td>分项工程名称</td><td></td><td>验收部位</td><td></td></tr>
<tr><td colspan="2">施工单位</td><td></td><td>专业负责人</td><td></td><td>项目经理</td><td></td></tr>
<tr><td colspan="3">施工执行标准名称及编号</td><td></td><td>检验批编号</td><td colspan="2"></td></tr>
<tr><td colspan="3">质量验收规范规定</td><td colspan="2">施工单位检查评定记录</td><td colspan="2">监理（建设）单位验收记录</td></tr>
<tr><td rowspan="4">一般项目</td><td>1</td><td>安装压力表必须符合下列规定:（1）压力表必须安装在便于观察和吹洗的位置，并防止受高温、冰冻和振动影响，同时要有足够的照明;（2）压力表必须设有存水弯管，存水弯管采用钢管煨制时，内径不得小于 10mm。采用铜管煨制时，内径不得小于 6mm ;（3）压力表与存水弯管之间应装有三通旋塞</td><td colspan="2"></td><td colspan="2" rowspan="4"></td></tr>
<tr><td>2</td><td>测量仪表取源部件在水平工艺管道上安装时，取压口的方位必须符合下列规定:（1）测量液体压力的，在工艺管道的下半部与管道的水平中心线在 0~45° 夹角范围内;（2）测量蒸汽压力的，在工艺管道的上半部或下半部与水平中心线在 0~45° 夹角范围内;（3）测量气体压力的，在工艺管道的上半部</td><td colspan="2"></td></tr>
<tr><td>3</td><td>安装温度计应符合下列规定:（1）安装在管道和设备上套管温度计，底部应插入流动介质内，不得装在引出管段上或死角处;（2）压力式温度计的毛细管应固定好并有保护措施，其转弯处的弯曲半径不应小于 50mm，温包必须全部浸入介质内;（3）热电偶温度计的保护套应保证规定的插入深度</td><td colspan="2"></td></tr>
<tr><td>4</td><td>温度计与压力表在同一管道上安装时，按介质流动方向，温度计应在压力表下游处安装。如温度计需在压力表的上游安装时，其间距不应小于 300mm</td><td colspan="2"></td></tr>
<tr><td colspan="2">施工单位检查评定结果</td><td colspan="5">项目专业质量检查员：　　　　年　月　日</td></tr>
<tr><td colspan="2">监理（建设）单位验收结论</td><td colspan="5">监理工程师：
（建设单位项目代表）　　　　年　月　日</td></tr>
</table>

3.22.25 锅炉烘炉、煮炉和试运行检验批质量验收记录 GB 50242

<table>
<tr><td colspan="2">工程名称</td><td colspan="2"></td><td>分项工程名称</td><td></td><td>验收部位</td><td></td></tr>
<tr><td colspan="2">施工单位</td><td colspan="2"></td><td>专业负责人</td><td></td><td>项目经理</td><td></td></tr>
<tr><td colspan="3">施工执行标准名称及编号</td><td colspan="2"></td><td>检验批编号</td><td colspan="2"></td></tr>
<tr><td colspan="4">质量验收规范规定</td><td colspan="2">施工单位检查评定记录</td><td colspan="2">监理（建设）单位验收记录</td></tr>
<tr><td rowspan="3">主控项目</td><td>1</td><td colspan="2">锅炉火焰烘炉应符合下列规定：
（1）火焰应在炉膛中央燃烧，不应直接烧烤炉墙及炉拱；
（2）烘炉时间一般不少于 4h，升温应缓慢，后期烟温不应高于 160℃，持续时间不少于 24h；
（3）链条炉排在烘炉过程中应定期转动；
（4）烘炉的中后期应根据锅炉水水质情况排污</td><td colspan="2"></td><td colspan="2" rowspan="3"></td></tr>
<tr><td>2</td><td colspan="2">烘炉结束后应符合下列规定：
（1）炉墙经烘烤后没有变形，裂纹及坍塌现象；
（2）炉墙砌筑砂浆含水率达到 7% 以下</td><td colspan="2"></td></tr>
<tr><td>3</td><td colspan="2">锅炉在烘炉、煮炉合格后，应进行 48h 的带负荷连续试运行，同时应进行安全阀的热状态定压检验和调整</td><td colspan="2"></td></tr>
<tr><td>一般项目</td><td colspan="3">煮炉时间一般应为 2~3d，如蒸汽压力低，可适当延长煮炉时间。非砌筑或浇筑保温材料保温的锅炉，安装后直接进行煮炉，煮炉结束后，锅筒和集箱内壁应无油垢，擦去附着物后金属表面应无锈斑</td><td colspan="2"></td><td colspan="2"></td></tr>
<tr><td colspan="2">施工单位检查评定结果</td><td colspan="6">项目专业质量检查员： 年 月 日</td></tr>
<tr><td colspan="2">监理（建设）单位验收结论</td><td colspan="6">监理工程师：
（建设单位项目代表） 年 月 日</td></tr>
</table>

3.22.26 换热站安装检验批质量验收记录 GB 50242

<table>
<tr><td colspan="2">工程名称</td><td colspan="4"></td><td colspan="3">分项工程名称</td><td colspan="3"></td><td>验收部位</td><td></td></tr>
<tr><td colspan="2">施工单位</td><td colspan="4"></td><td colspan="3">专业负责人</td><td colspan="3"></td><td>项目经理</td><td></td></tr>
<tr><td colspan="4">施工执行标准名称及编号</td><td colspan="5"></td><td colspan="3">检验批编号</td><td colspan="2"></td></tr>
<tr><td colspan="6">施工质量验收规范规定</td><td colspan="6">施工单位检查评定记录</td><td colspan="2">监理（建设）单位验收记录</td></tr>
<tr><td rowspan="3">主控项目</td><td>1</td><td colspan="4">热交换器水压试验，以最大工作压力的1.5倍作水压试验；蒸汽部分不低于供汽压力加0.3MPa，热水部分应不低于0.4MPa。试验压力下观察10min，压力不降</td><td colspan="6"></td><td colspan="2" rowspan="3"></td></tr>
<tr><td>2</td><td colspan="4">高温水循环水泵和换热器的相对安装位置应按设计文件施工</td><td colspan="6"></td></tr>
<tr><td>3</td><td colspan="4">壳管式热交换器的安装，如设计无要求时，其风头与墙壁或屋顶距离不得小于换热管的长度</td><td colspan="6"></td></tr>
<tr><td rowspan="16">一般项目</td><td>1</td><td colspan="4">热交换站内的循环泵、调节阀、减压器、疏水器、除雾器、流量计等安装应符合本规范的相关规定</td><td colspan="6"></td><td colspan="2" rowspan="16"></td></tr>
<tr><td rowspan="6">2</td><td rowspan="6">设备安装允许偏差（mm）</td><td colspan="2">坐标</td><td>15</td><td></td><td></td><td></td><td></td><td></td><td></td></tr>
<tr><td colspan="2">标高</td><td>±5</td><td></td><td></td><td></td><td></td><td></td><td></td></tr>
<tr><td colspan="2">垂直度（每1m）</td><td>2</td><td></td><td></td><td></td><td></td><td></td><td></td></tr>
<tr><td colspan="2">泵体水平度（每1m）</td><td>0.1</td><td></td><td></td><td></td><td></td><td></td><td></td></tr>
<tr><td rowspan="2">联轴器同心度</td><td>轴向倾斜（每1m）</td><td>0.8</td><td></td><td></td><td></td><td></td><td></td><td></td></tr>
<tr><td>径向位移</td><td>0.1</td><td></td><td></td><td></td><td></td><td></td><td></td></tr>
<tr><td rowspan="9">3</td><td rowspan="9">管道安装允许偏差（mm）</td><td rowspan="2">坐标</td><td>架空</td><td>15</td><td></td><td></td><td></td><td></td><td></td><td></td></tr>
<tr><td>地沟</td><td>10</td><td></td><td></td><td></td><td></td><td></td><td></td></tr>
<tr><td rowspan="2">标高</td><td>架空</td><td>±15</td><td></td><td></td><td></td><td></td><td></td><td></td></tr>
<tr><td>地沟</td><td>±10</td><td></td><td></td><td></td><td></td><td></td><td></td></tr>
<tr><td rowspan="2">水平管道纵、横方向弯曲</td><td>DN ≤ 100mm（每1m）</td><td>2‰，最大50mm</td><td></td><td></td><td></td><td></td><td></td><td></td></tr>
<tr><td>DN > 100mm（每1m）</td><td>3‰，最大70mm</td><td></td><td></td><td></td><td></td><td></td><td></td></tr>
<tr><td colspan="2">立管垂直（每1m）</td><td>2‰，最大15mm</td><td></td><td></td><td></td><td></td><td></td><td></td></tr>
<tr><td colspan="2">成排管道间距</td><td>3</td><td></td><td></td><td></td><td></td><td></td><td></td></tr>
<tr><td colspan="2">交叉管的外壁或绝热层间距</td><td>10</td><td></td><td></td><td></td><td></td><td></td><td></td></tr>
</table>

换热站安装检验批质量验收记录（续表） GB 50242

<table>
<tr><td>工程名称</td><td colspan="4"></td><td colspan="3">分项工程名称</td><td colspan="3"></td><td>验收部位</td><td></td></tr>
<tr><td>施工单位</td><td colspan="4"></td><td colspan="3">专业负责人</td><td colspan="3"></td><td>项目经理</td><td></td></tr>
<tr><td colspan="4">施工执行标准名称及编号</td><td colspan="5"></td><td colspan="2">检验批编号</td><td colspan="2"></td></tr>
<tr><td colspan="6">施工质量验收规范规定</td><td colspan="6">施工单位检查评定记录</td><td>监理（建设）单位验收记录</td></tr>
<tr><td rowspan="3">一般项目</td><td rowspan="3">4</td><td rowspan="3">管道、设备保温允许偏差（mm）</td><td colspan="2">厚度</td><td>+0.1δ，-0.05δ</td><td></td><td></td><td></td><td></td><td></td><td></td><td rowspan="3"></td></tr>
<tr><td rowspan="2">表面平整度</td><td>卷材</td><td>5</td><td></td><td></td><td></td><td></td><td></td><td></td></tr>
<tr><td>涂抹</td><td>10</td><td></td><td></td><td></td><td></td><td></td><td></td></tr>
<tr><td colspan="2">施工单位检查评定结果</td><td colspan="11">项目专业质量检查员：　　　　年　月　日</td></tr>
<tr><td colspan="2">监理（建设）单位验收结论</td><td colspan="11">监理工程师：
（建设单位项目代表）　　　　年　月　日</td></tr>
</table>

注：δ 为保温层厚度。

3.23 建筑装饰装修工程[①]

3.23.1 混凝土基层验收检验批质量验收记录 GB/T 50224

<table>
<tr><td colspan="2">工程名称</td><td></td><td colspan="3">分项工程名称</td><td colspan="2"></td><td>验收部位</td><td></td></tr>
<tr><td colspan="2">施工单位</td><td></td><td colspan="3">专业负责人</td><td colspan="2"></td><td>项目经理</td><td></td></tr>
<tr><td colspan="3">施工执行标准名称及编号</td><td colspan="3"></td><td colspan="2">检验批编号</td><td colspan="2"></td></tr>
<tr><td colspan="3">质量验收规范规定</td><td colspan="6">施工单位检查评定记录</td><td>监理（建设）单位验收记录</td></tr>
<tr><td rowspan="3">主控项目</td><td>1</td><td>基层强度应符合设计规定</td><td colspan="6"></td><td rowspan="3"></td></tr>
<tr><td>2</td><td>混凝土基层表面应密实、平整，不得有地下水渗漏、不均匀沉陷、起砂、脱层、裂缝、蜂窝和麻面等缺陷</td><td colspan="6"></td></tr>
<tr><td>3</td><td>基层的含水率，在深度为 20mm 的厚度层内，不应大于 6%</td><td colspan="6"></td></tr>
<tr><td rowspan="7">一般项目</td><td>1</td><td>基层的洁净度应符合设计规定，表面应无析出物、油迹、污染物、水泥渣、水泥皮等附着物</td><td colspan="6"></td><td rowspan="7"></td></tr>
<tr><td>2</td><td>当采用细石混凝上或聚合物水泥砂浆找平时，强度等级应不小于 C20，厚度应不小于 30mm</td><td colspan="6"></td></tr>
<tr><td>3</td><td>当在基层表面进行块材施工时，基层的阴阳角应做成直角；进行其他种类防腐蚀施工时，基层的阴阳角应做成圆角或 45° 斜面</td><td colspan="6"></td></tr>
<tr><td>4</td><td>砌体结构抹面层水泥砂浆的质量应符合设计规定。表面应平整，不得有起砂、脱壳、蜂窝和麻面等缺陷</td><td colspan="6"></td></tr>
<tr><td>5</td><td>穿过防腐蚀层的预埋件、预留孔应符合设计规定</td><td colspan="6"></td></tr>
<tr><td>6</td><td>基层表面的粗糙度应符合设计规定</td><td colspan="6"></td></tr>
<tr><td>7</td><td>基层坡度应符合设计规定。其允许偏差应为坡长的 ±0.2%，最大偏差应小于 30mm</td><td></td><td></td><td></td><td></td><td></td><td></td></tr>
</table>

① 本部分的“GB 50224”代表依据为 GB/T 50224—2018《建筑防腐蚀工程施工质量验收标准》。

混凝土基层验收检验批质量验收记录（续表） GB/T 50224

<table>
<tr><td>工程名称</td><td colspan="3"></td><td colspan="3">分项工程名称</td><td colspan="3"></td><td>验收部位</td><td></td></tr>
<tr><td>施工单位</td><td colspan="3"></td><td colspan="3">专业负责人</td><td colspan="3"></td><td>项目经理</td><td></td></tr>
<tr><td colspan="3">施工执行标准名称及编号</td><td colspan="5"></td><td colspan="2">检验批编号</td><td colspan="2"></td></tr>
<tr><td colspan="4">质量验收规范规定</td><td colspan="6">施工单位检查评定记录</td><td colspan="2">监理（建设）单位验收记录</td></tr>
<tr><td rowspan="2">一般项目</td><td rowspan="2">8</td><td rowspan="2">基层的平整度应符合下列规定</td><td>当防腐蚀层厚度不小于5mm时，允许空隙应不大于4mm</td><td></td><td></td><td></td><td></td><td></td><td></td><td colspan="2" rowspan="2"></td></tr>
<tr><td>当防腐蚀层厚度小于5mm时，允许空隙应不大于2mm</td><td></td><td></td><td></td><td></td><td></td><td></td></tr>
<tr><td colspan="2">施工单位检查评定结果</td><td colspan="10">项目专业质量检查员： 年 月 日</td></tr>
<tr><td colspan="2">监理（建设）单位验收结论</td><td colspan="10">监理工程师：
（建设单位项目代表） 年 月 日</td></tr>
</table>

3.23.2 钢结构基层检验批质量验收记录 GB/T 50224

<table>
<tr><td colspan="2">工程名称</td><td colspan="2"></td><td>分项工程名称</td><td></td><td>验收部位</td><td></td></tr>
<tr><td colspan="2">施工单位</td><td colspan="2"></td><td>专业负责人</td><td></td><td>项目经理</td><td></td></tr>
<tr><td colspan="4">施工执行标准名称及编号</td><td colspan="2"></td><td>检验批编号</td><td></td></tr>
<tr><td colspan="5">质量验收规范规定</td><td colspan="2">施工单位检查评定记录</td><td>监理（建设）单位验收记录</td></tr>
<tr><td rowspan="5">主控项目</td><td rowspan="3">1</td><td rowspan="3">钢结构表面采用喷射或抛射除锈的质量应符合下列规定</td><td colspan="2">Sal 级：钢材表面应无可见的油腊和污垢，且没有附着不牢的氧化皮、铁锈和油漆涂层等</td><td colspan="2"></td><td rowspan="5"></td></tr>
<tr><td colspan="2">Sa2 级：钢材表面应无可见的油腊和污垢，且氧化皮、铁锈和油漆涂层等附着物已基本清除，其残留物应是牢固可靠的</td><td colspan="2"></td></tr>
<tr><td colspan="2">Sa2$\frac{1}{2}$级：钢材表面应无可见的油脂、污垢，氧化皮、铁锈和油漆涂层等附着物，任何残留的痕迹应仅是点状或条纹状的轻微色斑</td><td colspan="2"></td></tr>
<tr><td rowspan="2">2</td><td rowspan="2">钢结构表面采用手工和动力工具除锈的质量，应符合下列规定</td><td colspan="2">St2 级：钢材表面应无可见的油脂和污垢，且没有附着不牢的氧化皮、铁锈和油漆涂层等</td><td colspan="2"></td></tr>
<tr><td colspan="2">St3 级：钢材表面应无可见的油脂和污垢，且没有附着不牢的氧化皮、铁锈和油漆涂层等附着物，除锈等级应比 St2 级更为彻底，底材显露部分的表面应具有金属本体光泽</td><td colspan="2"></td></tr>
<tr><td rowspan="3">一般项目</td><td>1</td><td colspan="3">钢结构表面应洁净，并应无焊渣，毛刺，铁锈、油污及其他附着物等杂质</td><td colspan="2"></td><td rowspan="3"></td></tr>
<tr><td>2</td><td colspan="3">钢结构表面的粗糙度等级应符合设计规定</td><td colspan="2"></td></tr>
<tr><td>3</td><td colspan="3">已经除锈的钢结构表面底层涂料的涂刷时间，不应超过 5h</td><td colspan="2"></td></tr>
<tr><td colspan="2">施工单位检查评定结果</td><td colspan="6">项目专业质量检查员： 年 月 日</td></tr>
<tr><td colspan="2">监理（建设）单位验收结论</td><td colspan="6">监理工程师：
（建设单位项目代表） 年 月 日</td></tr>
</table>

3.23.3 木质基层检验批质量验收记录 GB/T 50224

<table>
<tr><td>工程名称</td><td colspan="2"></td><td>分项工程名称</td><td></td><td>验收部位</td><td></td></tr>
<tr><td>施工单位</td><td colspan="2"></td><td>专业负责人</td><td></td><td>项目经理</td><td></td></tr>
<tr><td colspan="2">施工执行标准名称及编号</td><td colspan="2"></td><td>检验批编号</td><td colspan="2"></td></tr>
<tr><td colspan="3">质量验收规范规定</td><td colspan="2">施工单位检查评定记录</td><td colspan="2">监理（建设）单位验收记录</td></tr>
<tr><td>主控项目</td><td colspan="2">木材的含水率不得大于15%</td><td colspan="2"></td><td colspan="2"></td></tr>
<tr><td>一般项目</td><td colspan="2">木质基层的表面应平整．并应无油污、灰尘、树脂等缺陷</td><td colspan="2"></td><td colspan="2"></td></tr>
<tr><td>施工单位检查评定结果</td><td colspan="6">项目专业质量检查员：　　　　年　月　日</td></tr>
<tr><td>监理（建设）单位验收结论</td><td colspan="6">监理工程师：
（建设单位项目代表）　　　　年　月　日</td></tr>
</table>

3.23.4　块材防腐蚀工程检验批质量验收记录　GB/T 50224

<table>
<tr><td colspan="2">工程名称</td><td colspan="2"></td><td colspan="3">分项工程名称</td><td colspan="2"></td><td>验收部位</td><td></td></tr>
<tr><td colspan="2">施工单位</td><td colspan="2"></td><td colspan="3">专业负责人</td><td colspan="2"></td><td>项目经理</td><td></td></tr>
<tr><td colspan="3">施工执行标准名称及编号</td><td colspan="4"></td><td colspan="2">检验批编号</td><td colspan="2"></td></tr>
<tr><td colspan="4">质量验收规范规定</td><td colspan="6">施工单位检查评定记录</td><td>监理（建设）单位验收记录</td></tr>
<tr><td rowspan="3">主控项目</td><td>1</td><td colspan="2">耐酸砖、耐酸耐温砖及天然石材的品种、规格和性能应符合设计要求或现行国家标准的规定</td><td colspan="6"></td><td rowspan="3"></td></tr>
<tr><td>2</td><td colspan="2">铺砌块材的各种胶泥或砂浆的原材料及制成品的质量要求、配合比及铺砌块材的要求等，应符合 GB/T 50224—2018《建筑防腐蚀工程施工质量验收标准》的有关规定</td><td colspan="6"></td></tr>
<tr><td>3</td><td colspan="2">块材结合层和灰缝应饱满密实、粘结牢固；灰缝均匀整齐、平整一致，不得有空鼓、疏松；铺砌的块材不得出现通缝、重叠缝等缺陷</td><td colspan="6"></td></tr>
<tr><td rowspan="7">一般项目</td><td>1</td><td colspan="2">块材坡度的检验应符合 GB/T 50224—2018《建筑防腐蚀工程施工质量验收标准》的第 4.2.10 条的规定</td><td></td><td></td><td></td><td></td><td></td><td></td><td rowspan="7"></td></tr>
<tr><td rowspan="6">2</td><td rowspan="3">块材面层相邻块材之间的高差，不应大于下列数值</td><td>耐酸砖、耐酸耐温砖的面层应为 1mm</td><td></td><td></td><td></td><td></td><td></td><td></td></tr>
<tr><td>厚度不大于 30mm 的机械切割天然石材的面层应为 2mm</td><td></td><td></td><td></td><td></td><td></td><td></td></tr>
<tr><td>厚度大于 30mm 的人工加工或机械刨光天然石材的面层应为 3mm</td><td></td><td></td><td></td><td></td><td></td><td></td></tr>
<tr><td rowspan="3">块材面层平整度，其允许空隙不应大于下列数值</td><td>耐酸砖、耐酸耐温砖的面层应为 4mm</td><td></td><td></td><td></td><td></td><td></td><td></td></tr>
<tr><td>厚度不大于 30mm 的机械切割天然石材的面层应为 4mm</td><td></td><td></td><td></td><td></td><td></td><td></td></tr>
<tr><td>厚度大于 30mm 的人工加工或机械刨光天然石材的面层应为 6mm</td><td></td><td></td><td></td><td></td><td></td><td></td></tr>
<tr><td colspan="2">施工单位检查评定结果</td><td colspan="9">项目专业质量检查员：　　　　　　年　月　日</td></tr>
<tr><td colspan="2">监理（建设）单位验收结论</td><td colspan="9">监理工程师：
（建设单位项目代表）　　　　　　年　月　日</td></tr>
</table>

3.23.5 水玻璃类防腐蚀工程检验批质量验收记录 GB/T 50224

<table>
<tr><td>工程名称</td><td colspan="3"></td><td>分项工程名称</td><td></td><td>验收部位</td><td></td></tr>
<tr><td>施工单位</td><td colspan="3"></td><td>专业负责人</td><td></td><td>项目经理</td><td></td></tr>
<tr><td colspan="3">施工执行标准名称及编号</td><td colspan="2"></td><td>检验批编号</td><td colspan="2"></td></tr>
<tr><td colspan="4">质量验收规范规定</td><td colspan="2">施工单位检查评定记录</td><td colspan="2">监理（建设）单位验收记录</td></tr>
<tr><td rowspan="3">主控项目</td><td>1</td><td colspan="2">水玻璃类防腐蚀工程所用的钠水玻璃、钾水玻璃、氟硅酸钠，缩合磷酸铝、粉料和粗、细骨料等原材料的质量，应符合设计要求或现行国家标准的规定</td><td colspan="2"></td><td colspan="2" rowspan="3"></td></tr>
<tr><td rowspan="2">2</td><td rowspan="2">水玻璃制成品的质量应符合设计要求；当设计无规定时，应符合下列规定</td><td>钠水玻璃制成品的质量应符合 GB/T 50224—2018《建筑防腐蚀工程施工质量验收标准》表 6.1.6-1 的规定</td><td colspan="2"></td></tr>
<tr><td>钾水玻璃制成品的质量应符合 GB/T 50224—2018《建筑防腐蚀工程施工质量验收标准》表 6.1.6-2 的规定</td><td colspan="2"></td></tr>
<tr><td rowspan="3">一般项目</td><td>1</td><td colspan="2">水玻璃类材料的施工配合比应经现场试验后确定</td><td colspan="2"></td><td colspan="2" rowspan="3"></td></tr>
<tr><td rowspan="2">2</td><td rowspan="2">水玻璃类防腐蚀工程的养护期和酸化处理应符合下列规定</td><td>水玻璃类材料的养护期应符合 GB/T 50224—2018《建筑防腐蚀工程施工质量验收标准》表 6.1.8 的规定</td><td colspan="2"></td></tr>
<tr><td>水玻璃类材料防腐蚀工程养护后，应采用浓度为 30% ~40% 硫酸做表面酸化处理，酸化处理至无白色结晶盐析出时为止。酸化处理次数不宜少于 4 次。每次间隔时间：钠水玻璃材料不应少于 8h；钾水玻璃材料不应少于 4h。每次处理前应清除表面白色析出物</td><td colspan="2"></td></tr>
<tr><td colspan="2">施工单位检查评定结果</td><td colspan="6">项目专业质量检查员： 年 月 日</td></tr>
<tr><td colspan="2">监理（建设）单位验收结论</td><td colspan="6">监理工程师：
（建设单位项目代表） 年 月 日</td></tr>
</table>

3.23.6 水玻璃胶泥、水玻璃砂浆铺砌的块材面层检验批质量验收记录 GB/T 50224

<table>
<tr><td colspan="2">工程名称</td><td></td><td>分项工程名称</td><td></td><td>验收部位</td><td></td></tr>
<tr><td colspan="2">施工单位</td><td></td><td>专业负责人</td><td></td><td>项目经理</td><td></td></tr>
<tr><td colspan="3">施工执行标准名称及编号</td><td></td><td>检验批编号</td><td colspan="2"></td></tr>
<tr><td colspan="3">质量验收规范规定</td><td colspan="2">施工单位检查评定记录</td><td colspan="2">监理（建设）单位验收记录</td></tr>
<tr><td rowspan="2">主控项目</td><td>1</td><td>水玻璃胶泥、水玻璃砂浆铺砌块材结合层的水玻璃胶泥、水玻璃砂浆应饱满密实、粘结牢固。灰缝应挤严饱满，表面应平滑，无裂缝和气孔。结合层厚度和灰缝宽度应符合 GB/T 50224—2018《建筑防腐蚀工程施工质量验收标准》表 6.2.1 的规定</td><td colspan="2"></td><td colspan="2" rowspan="2"></td></tr>
<tr><td>2</td><td>水玻璃胶泥、水玻璃砂浆铺砌块材面层与转角处、踢脚线、地漏、门口和设备基础应粘结牢固、灰缝平整，应无起鼓、裂缝和渗漏等缺陷</td><td colspan="2"></td></tr>
<tr><td rowspan="2">一般项目</td><td>1</td><td>水玻璃胶泥、水玻璃砂浆铺砌块材面层相邻块材表面坡度的检验应符合 GB/T 50224—2018《建筑防腐蚀工程施工质量验收标准》第 5.0.7 条的规定</td><td colspan="2"></td><td colspan="2" rowspan="2"></td></tr>
<tr><td>2</td><td>水玻璃胶泥、水玻璃砂浆铺砌块材面层相邻块材高差和平整度的检验应符合 GB/T 50224—2018《建筑防腐蚀工程施工质量验收标准》第 5.0.8 条的规定</td><td colspan="2">| | | | | | |</td></tr>
<tr><td colspan="2">施工单位检查评定结果</td><td colspan="5">项目专业质量检查员：　　　　年　月　日</td></tr>
<tr><td colspan="2">监理（建设）单位验收结论</td><td colspan="5">监理工程师：
（建设单位项目代表）　　　　年　月　日</td></tr>
</table>

3.23.7 密实型钾水玻璃砂浆整体面层检验批质量验收记录 GB/T 50224

<table>
<tr><td colspan="2">工程名称</td><td colspan="2"></td><td colspan="3">分项工程名称</td><td colspan="2"></td><td>验收部位</td><td></td></tr>
<tr><td colspan="2">施工单位</td><td colspan="2"></td><td colspan="3">专业负责人</td><td colspan="2"></td><td>项目经理</td><td></td></tr>
<tr><td colspan="3">施工执行标准名称及编号</td><td colspan="4"></td><td colspan="2">检验批编号</td><td colspan="2"></td></tr>
<tr><td colspan="3">质量验收规范规定</td><td colspan="6">施工单位检查评定记录</td><td colspan="2">监理（建设）单位验收记录</td></tr>
<tr><td>主控项目</td><td>1</td><td>密实型钾水玻璃砂浆整体面层与基层应粘接牢固，应无起壳、脱层，裂纹、水玻璃沉积、贯通性气泡等缺陷</td><td colspan="6"></td><td colspan="2"></td></tr>
<tr><td rowspan="4">一般项目</td><td>1</td><td>密实型钾水玻璃砂浆整体面层厚度应符合设计规定。小于设计规定厚度的测点数不得大于10%，其测点厚度不得小于设计规定厚度的90%</td><td colspan="6"></td><td colspan="2" rowspan="4"></td></tr>
<tr><td>2</td><td>密实型钾水玻璃砂浆整体面层表面应平整、色泽均匀，并应无裂缝和针孔</td><td colspan="6"></td></tr>
<tr><td>3</td><td>密实型钾水玻璃砂浆整体面层表面坡度的检验应符合 GB/T 50224—2018《建筑防腐蚀工程施工质量验收标准》第 4.2.10 条规定</td><td colspan="6"></td></tr>
<tr><td>4</td><td>密实型钾水玻璃砂浆整体面层平整度的检验应符合 GB/T 50224—2018《建筑防腐蚀工程施工质量验收标准》第 4.2.11 条的规定</td><td></td><td></td><td></td><td></td><td></td><td></td></tr>
<tr><td colspan="2">施工单位检查评定结果</td><td colspan="9">项目专业质量检查员：　　　　年　月　日</td></tr>
<tr><td colspan="2">监理（建设）单位验收结论</td><td colspan="9">监理工程师：
（建设单位项目代表）　　　　年　月　日</td></tr>
</table>

3.23.8 水玻璃混凝土检验批质量验收记录 GB/T 50224

<table>
<tr><td colspan="2">工程名称</td><td></td><td colspan="3">分项工程名称</td><td colspan="2"></td><td>验收部位</td><td></td></tr>
<tr><td colspan="2">施工单位</td><td></td><td colspan="3">专业负责人</td><td colspan="2"></td><td>项目经理</td><td></td></tr>
<tr><td colspan="3">施工执行标准名称及编号</td><td colspan="3"></td><td colspan="2">检验批编号</td><td colspan="2"></td></tr>
<tr><td colspan="3">质量验收规范规定</td><td colspan="6">施工单位检查评定记录</td><td>监理（建设）单位验收记录</td></tr>
<tr><td>主控项目</td><td>1</td><td>钠水玻璃混凝土内的预埋金属件应除锈，并应涂刷防腐蚀涂料</td><td colspan="6"></td><td></td></tr>
<tr><td rowspan="5">一般项目</td><td>1</td><td>水玻璃混凝土浇筑的整面层、设备基础和构筑物的表面应平整、密实，无明显蜂窝、麻面和裂纹，预埋件的位置应正确</td><td colspan="6"></td><td rowspan="5"></td></tr>
<tr><td>2</td><td>水玻璃混凝土整体面层厚度应符合设计规定。小于设计规定厚度的测点数不得大于10%，其测点厚度不得小于设计规定厚度的90%</td><td colspan="6"></td></tr>
<tr><td>3</td><td>水玻璃混凝土浇筑的整体面层施工缝的留槎位置应正确，搭接应严密</td><td colspan="6"></td></tr>
<tr><td>4</td><td>水玻璃混凝土浇筑的整体面层表面坡度的检验应符合GB/T 50224—2018《建筑防腐蚀工程施工质量验收标准》第4.2.10条规定</td><td colspan="6"></td></tr>
<tr><td>5</td><td>水玻璃混凝土浇筑的整体面层平整度的检验应符合GB/T 50224—2018《建筑防腐蚀工程施工质量验收标准》第4.2.11条的规定</td><td></td><td></td><td></td><td></td><td></td><td></td></tr>
<tr><td colspan="2">施工单位检查评定结果</td><td colspan="8">项目专业质量检查员：　　　　　　年　月　日</td></tr>
<tr><td colspan="2">监理（建设）单位验收结论</td><td colspan="8">监理工程师：
（建设单位项目代表）　　　　　　年　月　日</td></tr>
</table>

3.23.9 树脂类防腐蚀工程检验批质量验收记录 GB/T 50224

<table>
<tr><td colspan="2">工程名称</td><td></td><td>分项工程名称</td><td></td><td>验收部位</td><td></td></tr>
<tr><td colspan="2">施工单位</td><td></td><td>专业负责人</td><td></td><td>项目经理</td><td></td></tr>
<tr><td colspan="3">施工执行标准名称及编号</td><td></td><td>检验批编号</td><td colspan="2"></td></tr>
<tr><td colspan="3">质量验收规范规定</td><td colspan="2">施工单位检查评定记录</td><td colspan="2">监理（建设）单位验收记录</td></tr>
<tr><td rowspan="3">主控项目</td><td>1</td><td>树脂类防腐蚀工程所用的环氧树脂、乙烯基酯树脂、不饱和聚酯树脂、呋喃树脂、酚醛树脂、玻璃纤维增强材料、粉料和细骨料等原材料的质量应符合设计要求或现行国家标准的规定</td><td colspan="2"></td><td colspan="2" rowspan="3"></td></tr>
<tr><td>2</td><td>树脂类材料制成品的质量应符合 GB/T 50224—2018《建筑防腐蚀工程施工质量验收标准》表 7.1.5 的规定</td><td colspan="2"></td></tr>
<tr><td>3</td><td>树脂玻璃鳞片胶泥制成品的质量应符合 GB/T 50224—2018《建筑防腐蚀工程施工质量验收标准》表 7.1.6 的规定</td><td colspan="2"></td></tr>
<tr><td rowspan="3">一般项目</td><td>1</td><td>玻璃钢胶料，铺砌块材用的树脂胶泥或树脂砂浆，灌缝用的树脂胶泥，整体面层用的树脂稀胶泥、树脂砂浆和树脂玻璃鳞片胶泥的配合比应经现场试验确定</td><td colspan="2"></td><td colspan="2" rowspan="3"></td></tr>
<tr><td>2</td><td>玻璃钢面层、块材面层、树脂稀胶泥、树脂砂浆和树脂玻璃鳞片胶泥整体面层与转角、地漏、门口、预留子、管道出入口应结合严密、粘结牢固、接缝平整，无渗漏和空鼓</td><td colspan="2"></td></tr>
<tr><td>3</td><td>树脂类防腐蚀工程施工完毕后，常温下的养护时间应符合 GB/T 50224—2018《建筑防腐蚀工程施工质量验收标准》表 7.1.9 的规定</td><td colspan="2"></td></tr>
<tr><td colspan="2">施工单位检查评定结果</td><td colspan="5">项目专业质量检查员：　　　　年　月　日</td></tr>
<tr><td colspan="2">监理（建设）单位验收结论</td><td colspan="5">监理工程师：
（建设单位项目代表）　　　　年　月　日</td></tr>
</table>

3.23.10 树脂玻璃钢检验批质量验收记录 GB/T 50224

工程名称		分项工程名称		验收部位	
施工单位		专业负责人		项目经理	
施工执行标准名称及编号			检验批编号		
质量验收规范规定			施工单位检查评定记录		监理（建设）单位验收记录
主控项目	1	玻璃纤维布增强结构的含胶量不应小于45%；玻璃纤维短切毡增强结构的含胶量不应小于70%；玻璃纤维表面毡增强结构的含胶量不应小于90%			
	2	玻璃钢层的针子检查：对钢基层采用导电底涂层的混凝土池、槽、重要混凝土构件的玻璃钢面层，通过的检测电压应为3000~5000V/mm			
	3	玻璃钢防腐蚀面层的表面应固化完全，并无起壳、脱层等缺陷。 检验方法：树脂固化度应采用白棉花球蘸丙酮擦拭方法检查			
一般项目	1	玻璃钢层的厚度应符合设计规定。玻璃钢厚度小于设计规定厚度的测点数不得大于10%，测点处实测厚度不得小于设计规定厚度的90%			
	2	玻璃钢防腐蚀面层或隔离层的表面胶料应饱满，并应无纤维露出、气泡和皱折等缺陷			
	3	玻璃钢防腐蚀楼、地面的坡度的检验应符合GB/T 50224—2018《建筑防腐蚀工程施工质量验收标准》第4.2.10条的规定			
	4	玻璃钢防腐蚀楼、地面表面平整度的检验应符合GB/T 50224—2018《建筑防腐蚀工程施工质量验收标准》第4.2.11条规定			
施工单位检查评定结果	项目专业质量检查员：　　年　月　日				
监理（建设）单位验收结论	监理工程师： （建设单位项目代表）　　年　月　日				

3.23.11 树脂胶泥、树脂砂浆铺砌的块材面层和树脂胶泥灌缝检验批质量验收记录 GB/T 50224

<table>
<tr><td colspan="2">工程名称</td><td></td><td>分项工程名称</td><td></td><td>验收部位</td><td></td></tr>
<tr><td colspan="2">施工单位</td><td></td><td>专业负责人</td><td></td><td>项目经理</td><td></td></tr>
<tr><td colspan="3">施工执行标准名称及编号</td><td></td><td>检验批编号</td><td colspan="2"></td></tr>
<tr><td colspan="3">质量验收规范规定</td><td colspan="3">施工单位检查评定记录</td><td>监理（建设）单位验收记录</td></tr>
<tr><td rowspan="2">主控项目</td><td>1</td><td>树脂胶泥、树脂砂浆铺砌块材的结合层和灰缝内的树脂胶泥或树脂砂浆应饱满密实、固化完全、粘结牢固，平面块材砌体无滑移，立面块材砌体无变形，块材与基层间无脱层，结合层厚度和灰缝宽度应符合 GB/T 50224—2018《建筑防腐蚀工程施工质量验收标准》表 7.3.1 的规定</td><td colspan="3"></td><td rowspan="2"></td></tr>
<tr><td>2</td><td>树脂胶泥灌缝的探度应符合 GB/T 50224—2018《建筑防腐蚀工程施工质量验收标准》表 7.3.1 的规定。缝内树脂以泥应饱满密实、固化完全，与块材应粘结牢固，表面应无裂缝</td><td colspan="3"></td></tr>
<tr><td rowspan="2">一般项目</td><td>1</td><td>块材防腐蚀楼、地面的坡度的检验应符合 GB/T 50224—2018《建筑防腐蚀工程施工质量验收标准》第 5.0.7 条的规定</td><td colspan="3"></td><td rowspan="2"></td></tr>
<tr><td>2</td><td>块材防腐蚀楼、地面的表面平整度和相邻块材之间高差的检验应符合 GB/T 50224—2018《建筑防腐蚀工程施工质量验收标准》第 5.0.8 条的规定</td><td colspan="3"></td></tr>
<tr><td colspan="2">施工单位检查评定结果</td><td colspan="5">项目专业质量检查员：　　　　年　月　日</td></tr>
<tr><td colspan="2">监理（建设）单位验收结论</td><td colspan="5">监理工程师：
（建设单位项目代表）　　　　年　月　日</td></tr>
</table>

3.23.12 树脂稀胶泥、树脂砂浆、树脂玻璃鳞片胶泥整体面层检验批质量验收记录 GB/T 50224

<table>
<tr><td colspan="2">工程名称</td><td></td><td colspan="3">分项工程名称</td><td colspan="2"></td><td>验收部位</td><td></td></tr>
<tr><td colspan="2">施工单位</td><td></td><td colspan="3">专业负责人</td><td colspan="2"></td><td>项目经理</td><td></td></tr>
<tr><td colspan="3">施工执行标准名称及编号</td><td colspan="4"></td><td>检验批编号</td><td colspan="2"></td></tr>
<tr><td colspan="3">质量验收规范规定</td><td colspan="6">施工单位检查评定记录</td><td>监理（建设）单位验收记录</td></tr>
<tr><td>主控项目</td><td>1</td><td>树脂稀胶泥、树脂砂浆、树脂玻璃鳞片胶泥整体面层的表面应固化完全，面层与基层粘结牢固，无起壳和脱层</td><td colspan="6"></td><td></td></tr>
<tr><td rowspan="4">一般项目</td><td>1</td><td>树脂稀胶泥、树脂砂浆、树脂玻璃鳞片胶泥面层厚度应符合设计规定。小于设计规定厚度的测点数不得大于10%，其测点厚度不得小于设计规定厚度的90%</td><td colspan="6"></td><td rowspan="4"></td></tr>
<tr><td>2</td><td>树脂稀胶泥、树脂砂浆、树脂玻璃鳞片胶泥整体面层的表面应平整、色泽均匀，并应无裂缝</td><td colspan="6"></td></tr>
<tr><td>3</td><td>树脂稀胶泥、树脂砂浆、树脂玻璃鳞片胶泥整体面层的楼、地面的坡度的检验应符合GB/T 50224—2018《建筑防腐蚀工程施工质量验收标准》第4.2.10条的规定</td><td colspan="6"></td></tr>
<tr><td>4</td><td>树脂稀胶泥、树脂砂浆、树脂玻璃鳞片胶泥整体面层的楼、地面的表面平整度的检验应符合GB/T 50224—2018《建筑防腐蚀工程施工质量验收标准》第4.2.11条的规定</td><td></td><td></td><td></td><td></td><td></td><td></td></tr>
<tr><td colspan="2">施工单位检查评定结果</td><td colspan="8">项目专业质量检查员：　　　　年　月　日</td></tr>
<tr><td colspan="2">监理（建设）单位验收结论</td><td colspan="8">监理工程师：
（建设单位项目代表）　　　　年　月　日</td></tr>
</table>

3.23.13 沥青类防腐蚀工程检验批质量验收记录 GB/T 50224

<table>
<tr><td colspan="2">工程名称</td><td colspan="2"></td><td>分项工程名称</td><td></td><td>验收部位</td><td></td></tr>
<tr><td colspan="2">施工单位</td><td colspan="2"></td><td>专业负责人</td><td></td><td>项目经理</td><td></td></tr>
<tr><td colspan="3">施工执行标准名称及编号</td><td colspan="2"></td><td>检验批编号</td><td colspan="2"></td></tr>
<tr><td colspan="4">质量验收规范规定</td><td colspan="2">施工单位检查评定记录</td><td colspan="2">监理（建设）单位验收记录</td></tr>
<tr><td rowspan="2">主控项目</td><td>1</td><td colspan="2">沥青类防腐蚀工程所用的沥青、防水卷材、高聚物改性沥青防水卷材、粉料和粗（细）骨料等应符合设计要求或现行国家标准的规定</td><td colspan="2"></td><td colspan="2" rowspan="2"></td></tr>
<tr><td>2</td><td colspan="2">沥青胶泥的浸酸质量变化不应大于1%。沥青砂浆和沥青混凝土的抗压强度，20℃时不应小于3.0MPa，50℃时不应小于1.0MPa。饱和吸水率体积计不应大于1.5%，浸酸安定性应合格</td><td colspan="2"></td></tr>
<tr><td>一般项目</td><td>1</td><td colspan="2">沥青胶泥的配合比应经现场试验确定</td><td colspan="2"></td><td colspan="2"></td></tr>
<tr><td colspan="2">施工单位检查评定结果</td><td colspan="6">

项目专业质量检查员：　　　　　　　　　　年　月　日</td></tr>
<tr><td colspan="2">监理（建设）单位验收结论</td><td colspan="6">

监理工程师：
（建设单位项目代表）　　　　　　　　　　年　月　日</td></tr>
</table>

3.23.14 沥青玻璃布卷材隔离层检验批质量验收记录 GB/T 50224

<table>
<tr><td colspan="2">工程名称</td><td colspan="2"></td><td>分项工程名称</td><td colspan="3"></td><td colspan="2">验收部位</td><td></td></tr>
<tr><td colspan="2">施工单位</td><td colspan="2"></td><td>专业负责人</td><td colspan="3"></td><td colspan="2">项目经理</td><td></td></tr>
<tr><td colspan="3">施工执行标准名称及编号</td><td colspan="3"></td><td colspan="2">检验批编号</td><td colspan="3"></td></tr>
<tr><td colspan="3">质量验收规范规定</td><td colspan="6">施工单位检查评定记录</td><td colspan="2">监理（建设）单位验收记录</td></tr>
<tr><td rowspan="2">主控项目</td><td>1</td><td>沥青玻璃布卷材隔离层冷底子油的涂刷应完整。卷材应展平压实，应无气泡、翘边、空鼓等缺陷。接缝处应粘牢</td><td colspan="6"></td><td colspan="2" rowspan="2"></td></tr>
<tr><td>2</td><td>涂覆隔离层的层数及厚度应符合设计规定。涂覆层应结合牢固，表面应平整、光亮，无起鼓等缺陷</td><td colspan="6"></td></tr>
<tr><td>一般项目</td><td>1</td><td>沥青玻璃布卷材隔离层施工搭接缝宽度允许最大负偏差为10~20mm</td><td></td><td></td><td></td><td></td><td></td><td></td><td colspan="2"></td></tr>
<tr><td>施工单位检查评定结果</td><td colspan="10">

项目专业质量检查员：　　　　年　月　日</td></tr>
<tr><td>监理（建设）单位验收结论</td><td colspan="10">

监理工程师：
（建设单位项目代表）　　　　年　月　日</td></tr>
</table>

3.23.15 高聚物改性沥青卷材隔离层检验批质量验收记录 GB/T 50224

<table>
<tr><td colspan="2">工程名称</td><td colspan="2"></td><td>分项工程名称</td><td colspan="3"></td><td colspan="2">验收部位</td><td></td></tr>
<tr><td colspan="2">施工单位</td><td colspan="2"></td><td>专业负责人</td><td colspan="3"></td><td colspan="2">项目经理</td><td></td></tr>
<tr><td colspan="4">施工执行标准名称及编号</td><td></td><td colspan="3">检验批编号</td><td colspan="3"></td></tr>
<tr><td colspan="4">质量验收规范规定</td><td colspan="6">施工单位检查评定记录</td><td>监理（建设）单位验收记录</td></tr>
<tr><td rowspan="4">主控项目</td><td>1</td><td colspan="2">高聚物改性沥青卷材隔离层的施工层数应符合设计规定</td><td colspan="6"></td><td rowspan="4"></td></tr>
<tr><td>2</td><td colspan="2">冷铺法铺贴隔离层时，卷材粘接剂的涂刷应均匀、无漏涂，卷材应平整、压实，与底层结合应牢固，接缝应整齐，无皱折、起鼓和脱层等缺陷</td><td colspan="6"></td></tr>
<tr><td>3</td><td colspan="2">自粘法铺贴隔离层时，卷材应压实、平整，接缝应整齐、无皱折，与底层结合应牢固，无起鼓、脱层等缺陷</td><td colspan="6"></td></tr>
<tr><td>4</td><td colspan="2">热熔法铺贴隔离层时，卷材应压实平整，接缝应整齐，无皱折，与底层结合应牢固，无起鼓、脱层等缺陷</td><td colspan="6"></td></tr>
<tr><td>一般项目</td><td>1</td><td colspan="2">高聚物改性沥青卷材隔离层施工搭接缝宽度不应小于 10mm</td><td></td><td></td><td></td><td></td><td></td><td></td><td></td></tr>
<tr><td colspan="2">施工单位检查评定结果</td><td colspan="9">项目专业质量检查员： 年 月 日</td></tr>
<tr><td colspan="2">监理（建设）单位验收结论</td><td colspan="9">监理工程师：
（建设单位项目代表） 年 月 日</td></tr>
</table>

3.23.16 沥青胶泥铺砌的块材面层检验批质量验收记录 GB/T 50224

<table>
<tr><td colspan="2">工程名称</td><td></td><td>分项工程名称</td><td></td><td>验收部位</td><td></td></tr>
<tr><td colspan="2">施工单位</td><td></td><td>专业负责人</td><td></td><td>项目经理</td><td></td></tr>
<tr><td colspan="3">施工执行标准名称及编号</td><td colspan="2">检验批编号</td><td colspan="2"></td></tr>
<tr><td colspan="3">质量验收规范规定</td><td colspan="2">施工单位检查评定记录</td><td colspan="2">监理（建设）单位验收记录</td></tr>
<tr><td rowspan="2">主控项目</td><td>1</td><td>沥青胶泥铺砌块材结合层厚度和灰缝宽度应符合 GB/T 50224—2018《建筑防腐蚀工程施工质量验收标准》表 8.4.1 的规定</td><td colspan="2"></td><td colspan="2" rowspan="2"></td></tr>
<tr><td>2</td><td>结合层和灰缝内的胶泥应饱满密实，表面应平整，无沥青、胶泥痕迹，粘结应牢固，灰缝表面应均匀整洁</td><td colspan="2"></td></tr>
<tr><td rowspan="2">一般项目</td><td>1</td><td>块材坡度的检验应符合 GB/T 50224—2018《建筑防腐蚀工程施工质量验收标准》第 5.0.7 条的规定</td><td colspan="2"></td><td colspan="2" rowspan="2"></td></tr>
<tr><td>2</td><td>面层相邻块材间高差和表面平整度的检验应符合 GB/T 50224—2018《建筑防腐蚀工程施工质量验收标准》第 5.0.8 条的规定</td><td colspan="2"></td></tr>
<tr><td colspan="2">施工单位检查评定结果</td><td colspan="5">项目专业质量检查员：　　　　年　月　日</td></tr>
<tr><td colspan="2">监理（建设）单位验收结论</td><td colspan="5">监理工程师：
（建设单位项目代表）　　　　年　月　日</td></tr>
</table>

3.23.17 沥青砂浆和沥青混凝土整体面层检验批质量验收记录 GB/T 50224

<table>
<tr><td>工程名称</td><td colspan="2"></td><td>分项工程名称</td><td></td><td>验收部位</td><td></td></tr>
<tr><td>施工单位</td><td colspan="2"></td><td>专业负责人</td><td></td><td>项目经理</td><td></td></tr>
<tr><td colspan="3">施工执行标准名称及编号</td><td colspan="2"></td><td>检验批编号</td><td></td></tr>
<tr><td colspan="3">质量验收规范规定</td><td colspan="2">施工单位检查评定记录</td><td colspan="2">监理（建设）单位验收记录</td></tr>
<tr><td>主控项目</td><td>1</td><td>沥青砂浆和沥青混凝土整体面层铺设的冷底子油涂刷应完整均匀，沥青砂浆和沥青混凝土面层与基层结合应牢固，表面应密实、平整、光洁，应无裂缝、空鼓、脱层等缺陷，并应无接槎痕迹</td><td colspan="2"></td><td colspan="2"></td></tr>
<tr><td rowspan="2">一般项目</td><td>1</td><td>沥青砂浆和沥青混凝土地面坡度的检验应符合 GB/T 50224—2018《建筑防腐蚀工程施工质量验收标准》第 4.2.10 条的规定</td><td colspan="2"></td><td colspan="2" rowspan="2"></td></tr>
<tr><td>2</td><td>沥青砂浆和沥青混凝土地面表面平整度的检验应符合 GB/T 50224—2018《建筑防腐蚀工程施工质量验收标准》第 4.2.11 条的规定</td><td colspan="2"></td></tr>
<tr><td colspan="2">施工单位检查评定结果</td><td colspan="5">项目专业质量检查员：　　　　年　月　日</td></tr>
<tr><td colspan="2">监理（建设）单位验收结论</td><td colspan="5">监理工程师：
（建设单位项目代表）　　　　年　月　日</td></tr>
</table>

3.23.18 碎石灌沥青垫层检验批质量验收记录 GB/T 50224

<table>
<tr><td>工程名称</td><td colspan="2"></td><td>分项工程名称</td><td></td><td>验收部位</td><td></td></tr>
<tr><td>施工单位</td><td colspan="2"></td><td>专业负责人</td><td></td><td>项目经理</td><td></td></tr>
<tr><td colspan="2">施工执行标准名称及编号</td><td colspan="2"></td><td>检验批编号</td><td colspan="2"></td></tr>
<tr><td colspan="2">质量验收规范规定</td><td colspan="3">施工单位检查评定记录</td><td colspan="2">监理（建设）单位验收记录</td></tr>
<tr><td>主控项目</td><td>碎石夯实、浇灌及灌入深度应符合设计要求。表面应平整，并应无漏灌缺陷</td><td colspan="3"></td><td colspan="2"></td></tr>
<tr><td>一般项目</td><td>碎石灌沥青垫层表面坡度的检验应符合 GB/T 50224—2018《建筑防腐蚀工程施工质量验收标准》第 4.2.10 条的规定</td><td colspan="3"></td><td colspan="2"></td></tr>
<tr><td>施工单位检查评定结果</td><td colspan="6">项目专业质量检查员： 年 月 日</td></tr>
<tr><td>监理（建设）单位验收结论</td><td colspan="6">监理工程师：
（建设单位项目代表） 年 月 日</td></tr>
</table>

3.23.19 聚合物水泥砂浆防腐蚀工程检验批质量验收记录 GB/T 50224

<table>
<tr><td>工程名称</td><td colspan="2"></td><td>分项工程名称</td><td></td><td>验收部位</td><td></td></tr>
<tr><td>施工单位</td><td colspan="2"></td><td>专业负责人</td><td></td><td>项目经理</td><td></td></tr>
<tr><td colspan="3">施工执行标准名称及编号</td><td colspan="2"></td><td>检验批编号</td><td></td></tr>
<tr><td colspan="3">质量验收规范规定</td><td colspan="2">施工单位检查评定记录</td><td colspan="2">监理（建设）单位验收记录</td></tr>
<tr><td rowspan="2">主控项目</td><td>1</td><td>聚合物水泥砂浆防腐蚀工程所用的阳离子氯丁胶乳、聚丙烯酸酯乳液、环氧树脂乳液、硅酸盐水泥和细骨料等原材料质量应符合设计要求或现行国家标准的规定</td><td colspan="2"></td><td colspan="2" rowspan="2"></td></tr>
<tr><td>2</td><td>聚合物水泥砂浆制成品的质量应符合GB/T 50224—2018《建筑防腐蚀工程施工质量验收标准》表9.1.5的规定</td><td colspan="2"></td></tr>
<tr><td rowspan="3">一般项目</td><td>1</td><td>聚合物水泥砂浆配合比应经试验确定</td><td colspan="2"></td><td colspan="2" rowspan="3"></td></tr>
<tr><td>2</td><td>聚合物水泥砂浆铺抹的整体面层和铺砌的块材面层，其面层与转角、地漏、门口、预留孔、管道出入口应结合严密、粘结牢固、接缝平整，应无渗漏和空鼓等缺陷</td><td colspan="2"></td></tr>
<tr><td>3</td><td>聚合物水泥砂浆抹面后，表面干至不粘手时，应采用喷雾或覆盖塑料薄膜等进行养护。塑料薄膜四周应封严，并应潮湿养护7d、自然养护21d后方可使用</td><td colspan="2"></td></tr>
<tr><td>施工单位检查评定结果</td><td colspan="6">项目专业质量检查员：　　　　年　月　日</td></tr>
<tr><td>监理（建设）单位验收结论</td><td colspan="6">监理工程师：
（建设单位项目代表）　　　　年　月　日</td></tr>
</table>

3.23.20 聚合物水泥砂浆整体面层检验批质量验收记录 GB/T 50224

<table>
<tr><td colspan="2">工程名称</td><td colspan="2"></td><td>分项工程名称</td><td colspan="3"></td><td>验收部位</td><td></td></tr>
<tr><td colspan="2">施工单位</td><td colspan="2"></td><td>专业负责人</td><td colspan="3"></td><td>项目经理</td><td></td></tr>
<tr><td colspan="3">施工执行标准名称及编号</td><td colspan="2"></td><td colspan="3">检验批编号</td><td colspan="2"></td></tr>
<tr><td colspan="3">质量验收规范规定</td><td colspan="6">施工单位检查评定记录</td><td>监理（建设）单位验收记录</td></tr>
<tr><td rowspan="3">主控项目</td><td>1</td><td colspan="2">聚合物水泥砂浆整体面层与基层应粘结牢固，无脱层和起壳等缺陷</td><td colspan="6"></td><td rowspan="3"></td></tr>
<tr><td>2</td><td colspan="2">聚合物水泥砂浆整体面层的表面应平整，无明显裂缝、脱皮、起砂和麻面等缺陷</td><td colspan="6"></td></tr>
<tr><td>3</td><td colspan="2">聚合物水泥砂浆面层的厚度应符合设计规定</td><td colspan="6"></td></tr>
<tr><td rowspan="2">一般项目</td><td>1</td><td colspan="2">整体面层表面平整度的允许空隙不应大于 5mm</td><td></td><td></td><td></td><td></td><td></td><td></td><td rowspan="2"></td></tr>
<tr><td>2</td><td colspan="2">聚合物水泥砂浆铺抹的整体面层坡度的检验应符合 GB/T 50224—2018《建筑防腐蚀工程施工质量验收标准》第 4.2.10 条的规定</td><td colspan="6"></td></tr>
<tr><td colspan="2">施工单位检查评定结果</td><td colspan="9">项目专业质量检查员： 年 月 日</td></tr>
<tr><td colspan="2">监理（建设）单位验收结论</td><td colspan="9">监理工程师：
（建设单位项目代表） 年 月 日</td></tr>
</table>

3.23.21 聚合物水泥砂浆铺砌的块材面层检验批质量验收记录 GB/T 50224

<table>
<tr><td>工程名称</td><td colspan="2"></td><td colspan="3">分项工程名称</td><td colspan="3"></td><td>验收部位</td><td></td></tr>
<tr><td>施工单位</td><td colspan="2"></td><td colspan="3">专业负责人</td><td colspan="3"></td><td>项目经理</td><td></td></tr>
<tr><td colspan="2">施工执行标准名称及编号</td><td colspan="4"></td><td colspan="2">检验批编号</td><td colspan="3"></td></tr>
<tr><td colspan="3">质量验收规范规定</td><td colspan="6">施工单位检查评定记录</td><td colspan="2">监理（建设）单位验收记录</td></tr>
<tr><td>主控项目</td><td>1</td><td>聚合物水泥砂浆铺砌的块材结合层、灰缝应饱满密实，粘结牢固，不得有疏松、十字通缝、重叠缝和裂缝。结合层厚度和灰缝宽度应符合 GB/T 50224—2018《建筑防腐蚀工程施工质量验收标准》表 9.3.1 的规定</td><td colspan="6"></td><td colspan="2"></td></tr>
<tr><td rowspan="2">一般项目</td><td>1</td><td>块材面层的坡度的检验应符合 GB/T 50224—2018《建筑防腐蚀工程施工质量验收标准》第 5.0.7 条的规定</td><td colspan="6"></td><td colspan="2" rowspan="2"></td></tr>
<tr><td>2</td><td>块材面层的表面平整度和面层相邻块材之间高差的检验应符合 GB/T 50224—2018《建筑防腐蚀工程施工质量验收标准》第 5.0.8 条的规定</td><td></td><td></td><td></td><td></td><td></td><td></td></tr>
<tr><td colspan="2">施工单位检查评定结果</td><td colspan="9">项目专业质量检查员：　　　　年　月　日</td></tr>
<tr><td colspan="2">监理（建设）单位验收结论</td><td colspan="9">监理工程师：
（建设单位项目代表）　　　　年　月　日</td></tr>
</table>

3.23.22 涂料类防腐蚀工程检验批质量验收记录 GB/T 50224

<table>
<tr><td>工程名称</td><td colspan="2"></td><td>分项工程名称</td><td></td><td>验收部位</td><td></td></tr>
<tr><td>施工单位</td><td colspan="2"></td><td>专业负责人</td><td></td><td>项目经理</td><td></td></tr>
<tr><td colspan="2">施工执行标准名称及编号</td><td colspan="2"></td><td>检验批编号</td><td colspan="2"></td></tr>
<tr><td colspan="3">质量验收规范规定</td><td colspan="2">施工单位检查评定记录</td><td colspan="2">监理（建设）单位验收记录</td></tr>
<tr><td rowspan="4">主控项目</td><td>1</td><td>涂料类的品种、型号、规格和性能质量应符合设计要求或现行国家标准的规定</td><td colspan="2"></td><td colspan="2" rowspan="4"></td></tr>
<tr><td>2</td><td>涂料类防腐蚀工程的涂装施工条件、涂装配套系统、施工工艺和涂装间隔时间应符合设计规定或现行国家标准的规定</td><td colspan="2"></td></tr>
<tr><td>3</td><td>涂层附着力应符合设计规定。涂层与钢铁基层的附着力：划格法不应大于 1 级，拉开法不应小于 5MPa。涂层与混凝土基层的附着力（拉开法）不应小于 1.5MPa</td><td colspan="2"></td></tr>
<tr><td>4</td><td>涂层的层数和厚度应符合设计规定。涂层厚度小于设计规定厚度的测点数不应大于 10%，且测点处实测厚度不应小于设计规定厚度的 90%</td><td colspan="2"></td></tr>
<tr><td rowspan="4">一般项目</td><td>1</td><td>涂层表面应光滑平整、色泽一致，无气泡、透底、返锈、返粘、起皱、开裂、剥落、漏涂和误涂等缺陷</td><td colspan="2"></td><td colspan="2" rowspan="4"></td></tr>
<tr><td>2</td><td>涂层针孔火花检测电压应根据涂料产品技术要求确定。每 5m^2 发生电火花不得超过 1 处</td><td colspan="2"></td></tr>
<tr><td>3</td><td>涂装后涂层的养护时间应符合涂料产品使用说明书的规定</td><td colspan="2"></td></tr>
<tr><td>4</td><td>损坏的涂层应按涂料工艺分层修补，修补后的涂层应完整，色泽均匀一致，附着力应符合设计要求</td><td colspan="2"></td></tr>
<tr><td>施工单位检查评定结果</td><td colspan="6">项目专业质量检查员： 年 月 日</td></tr>
<tr><td>监理（建设）单位验收结论</td><td colspan="6">监理工程师：
（建设单位项目代表） 年 月 日</td></tr>
</table>

3.23.23 聚氯乙烯塑料板防腐蚀工程检验批质量验收记录 GB/T 50224

<table>
<tr><td>工程名称</td><td colspan="3"></td><td>分项工程名称</td><td></td><td>验收部位</td><td></td></tr>
<tr><td>施工单位</td><td colspan="3"></td><td>专业负责人</td><td></td><td>项目经理</td><td></td></tr>
<tr><td colspan="3">施工执行标准名称及编号</td><td colspan="3"></td><td>检验批编号</td><td></td></tr>
<tr><td colspan="3">质量验收规范规定</td><td colspan="3">施工单位检查评定记录</td><td colspan="2">监理（建设）单位验收记录</td></tr>
<tr><td rowspan="3">主控项目</td><td>1</td><td>聚氯乙烯塑料防腐蚀工程所用的硬聚氯乙烯塑料板、软聚氯乙烯塑料板聚氯乙烯焊条和胶粘剂等原材料的质量，应符合设计要求或现行国家标准的规定</td><td colspan="3"></td><td colspan="2" rowspan="3"></td></tr>
<tr><td>2</td><td>从事聚氯乙烯塑料焊接作业的焊工，应持有上岗证件；焊工焊接的试件、试样的质量应进行过程测试，并应通过试件、试样检测及过程测试鉴定</td><td colspan="3"></td></tr>
<tr><td>3</td><td>池槽衬里面层、地面面层和构配件的焊接与转角、地漏、门口、预留孔、管道出入口应结合严密、粘接牢固、接缝平整，无空鼓</td><td colspan="3"></td></tr>
<tr><td>施工单位检查评定结果</td><td colspan="7">项目专业质量检查员：　　　　　年　月　日</td></tr>
<tr><td>监理（建设）单位验收结论</td><td colspan="7">监理工程师：
（建设单位项目代表）　　　　　年　月　日</td></tr>
</table>

3.23.24 硬聚氯乙烯塑料板制作的池槽衬里检验批质量验收记录 GB/T 50224

<table>
<tr><td colspan="2">工程名称</td><td colspan="2"></td><td>分项工程名称</td><td></td><td>验收部位</td><td></td></tr>
<tr><td colspan="2">施工单位</td><td colspan="2"></td><td>专业负责人</td><td></td><td>项目经理</td><td></td></tr>
<tr><td colspan="4">施工执行标准名称及编号</td><td></td><td>检验批编号</td><td colspan="2"></td></tr>
<tr><td colspan="4">质量验收规范规定</td><td colspan="2">施工单位检查评定记录</td><td colspan="2">监理（建设）单位验收记录</td></tr>
<tr><td rowspan="4">主控项目</td><td>1</td><td colspan="2">涂料类的品种、型号、规格和性能质量应符合设计要求或现行国家标准的规定。硬聚氯乙烯板下料尺寸应符合设计要求，施工前板材应进行预拼</td><td colspan="2"></td><td colspan="2" rowspan="4"></td></tr>
<tr><td>2</td><td colspan="2">硬聚氯乙烯板接缝处应进行坡口处理。焊接时应做成V形坡口，坡口角β：当板厚10~20mm时，β应为80°~75°；当板厚2~8mm时，β应为90°~85°</td><td colspan="2"></td></tr>
<tr><td>3</td><td colspan="2">焊条直径与板厚的关系应符合GB/T 50224—2018《建筑防腐蚀工程施工质量验收标准》表11.2.3的规定</td><td colspan="2"></td></tr>
<tr><td>4</td><td colspan="2">硬聚氯乙烯板的接缝焊接应牢固，焊缝表面应饱满、密实，焊缝的抗拉强度不应小于塑料板强度的60%</td><td colspan="2"></td></tr>
<tr><td rowspan="3">一般项目</td><td rowspan="3">1</td><td rowspan="3">硬聚氯乙烯塑料板衬里及构配件焊接的防腐蚀面层观感、平整度、焊缝表面质量应符合下列规定</td><td>硬聚氯乙烯塑料板防腐蚀面层观感应平整，光滑、色泽一致，并应无皱纹、孔眼、翘曲或鼓泡等缺陷</td><td colspan="2"></td><td colspan="2" rowspan="3"></td></tr>
<tr><td>硬聚氯乙烯塑料板防腐蚀面层平整度允许空隙不应大于2mm，相邻板块的拼缝高差不应大于0.5mm</td><td colspan="2"></td></tr>
<tr><td>硬聚氯乙烯塑料板防腐蚀面层焊缝的焊条排列应紧密。焊条接头应错开100mm。表面应饱满、整齐、光滑，并应呈淡黄色。两侧挤出焊浆应无焦化、焊瘤，凹凸不得大于 ±0.6mm</td><td colspan="2"></td></tr>
<tr><td colspan="2">施工单位检查评定结果</td><td colspan="6">项目专业质量检查员：　　　　年　月　日</td></tr>
<tr><td colspan="2">监理（建设）单位验收结论</td><td colspan="6">监理工程师：
（建设单位项目代表）　　　　年　月　日</td></tr>
</table>

3.23.25 软聚氯乙烯塑料板制作的池槽衬里或地面面层检验批质量验收记录 GB/T 50224

<table>
<tr><td colspan="2">工程名称</td><td colspan="2"></td><td>分项工程名称</td><td></td><td>验收部位</td><td></td></tr>
<tr><td colspan="2">施工单位</td><td colspan="2"></td><td>专业负责人</td><td></td><td>项目经理</td><td></td></tr>
<tr><td colspan="4">施工执行标准名称及编号</td><td colspan="2"></td><td>检验批编号</td><td></td></tr>
<tr><td colspan="5">质量验收规范规定</td><td colspan="2">施工单位检查评定记录</td><td>监理（建设）单位验收记录</td></tr>
<tr><td rowspan="12">主控项目</td><td>1</td><td colspan="3">软聚氯乙烯塑料板搭接缝应采用热熔法或热风法焊接。板材间应结合严密，无脱层、起鼓等缺陷。搭接外缝应用焊条满焊封缝，焊缝焊接应牢固，接缝应平整</td><td colspan="2"></td><td rowspan="12"></td></tr>
<tr><td>2</td><td colspan="3">胶粘剂粘贴法所用氯丁胶粘剂和聚异氰酸酯的质量配合比为氯丁胶粘剂比聚异氰酸醋应为 100:（7~10）</td><td colspan="2"></td></tr>
<tr><td>3</td><td colspan="3">软聚氯乙烯板粘贴前，表面应用酒精或丙酮进行去污脱脂处理，并应打毛至无反光</td><td colspan="2"></td></tr>
<tr><td>4</td><td colspan="3">硬聚氯乙烯板的接缝焊接应牢固，焊缝表面应饱满、密实，焊缝的抗拉强度不应小于塑料板强度的 60%。软聚氯乙烯粘贴时，粘贴面间的气体应排尽，接缝处应压合紧实，不得有剥离或翘角等缺陷</td><td colspan="2"></td></tr>
<tr><td>5</td><td colspan="3">检查满涂胶粘剂的粘接情况，厚 3mm 的板材脱落处不得于大 20cm²；厚 0.5~1mm 板材脱落处不得大于 9cm²；各脱胶处间距不得小于 50cm</td><td colspan="2"></td></tr>
<tr><td>6</td><td colspan="3">胶粘剂粘贴法的养护时间应按所用胶粘剂的固化时间确定，末固化前不得使用</td><td colspan="2"></td></tr>
<tr><td rowspan="4">7</td><td rowspan="4" colspan="2">空铺法和压条螺钉固定法中的扁钢、压条。螺钉的布置和固定应符合下列规定</td><td>池槽内表面应平整，无凸瘤、起砂、裂缝、蜂窝和麻面等缺陷</td><td colspan="2"></td></tr>
<tr><td>施工时焊缝应采用搭接，搭接宽度宜为 20~25mm</td><td colspan="2"></td></tr>
<tr><td>支撑扁钢或压条下料应准确。棱角和焊接接头应磨平，支撑扁钢与池槽内壁应撑紧，压条应用螺钉拧紧，固定牢靠。支撑扁钢或压条外应覆盖软板并焊牢</td><td colspan="2"></td></tr>
<tr><td>采用压条螺钉固定时，螺钉应呈三角形布置，行距应为 400~500mm</td><td colspan="2"></td></tr>
<tr><td>8</td><td colspan="3">空铺法和压条螺钉固定法的衬里应进行 24h 注水试验，检漏孔内应无水渗出</td><td colspan="2"></td></tr>
<tr><td>9</td><td colspan="3">金属构配件衬里层质量应完好，无针孔</td><td colspan="2"></td></tr>
</table>

软聚氯乙烯塑料板制作的池槽衬里或地面面层检验批质量验收记录（续表） GB/T 50224

<table>
<tr><td>工程名称</td><td colspan="2"></td><td>分项工程名称</td><td></td><td>验收部位</td><td></td></tr>
<tr><td>施工单位</td><td colspan="2"></td><td>专业负责人</td><td></td><td>项目经理</td><td></td></tr>
<tr><td colspan="2">施工执行标准名称及编号</td><td colspan="2"></td><td>检验批编号</td><td colspan="2"></td></tr>
<tr><td colspan="3">质量验收规范规定</td><td colspan="2">施工单位检查评定记录</td><td colspan="2">监理（建设）单位验收记录</td></tr>
<tr><td>一般项目</td><td>1</td><td>软聚氯乙烯塑料板防腐蚀面层观感，平整度、焊缝表面质量的检验应符合 GB/T 50224—2018《建筑防腐蚀工程施工质量验收标准》第 11.2.5 条的规定</td><td colspan="2"></td><td colspan="2"></td></tr>
<tr><td colspan="2">施工单位检查评定结果</td><td colspan="5">项目专业质量检查员：　　　　年　月　日</td></tr>
<tr><td colspan="2">监理（建设）单位验收结论</td><td colspan="5">监理工程师：
（建设单位项目代表）　　　　年　月　日</td></tr>
</table>

3.24 建筑节能工程①

3.24.1 墙体节能工程检验批质量验收记录 GB 50411

<table>
<tr><td colspan="2">工程名称</td><td></td><td>分项工程名称</td><td></td><td>验收部位</td><td></td></tr>
<tr><td colspan="2">施工单位</td><td></td><td>专业负责人</td><td></td><td>项目经理</td><td></td></tr>
<tr><td colspan="3">施工执行标准名称及编号</td><td></td><td>检验批编号</td><td colspan="2"></td></tr>
<tr><td colspan="4">施工质量验收规范的规定</td><td>施工单位检查评定记录</td><td colspan="2">监理（建设）单位验收记录</td></tr>
<tr><td rowspan="9">主控项目</td><td>1</td><td colspan="2">墙体节能工程使用的的材料、构件应进行进场验收，其品种、规格、性能应符合设计要求和相关标准的规定</td><td></td><td colspan="2" rowspan="9"></td></tr>
<tr><td>2</td><td colspan="2">墙体节能工程使用的材料进场时，应对下列性能进行复验，复验应为见证取样送检:（1）保温隔热材料的导热系数或热阻、密度、压缩强度或抗压强度、垂直于板面方向的抗拉强度、吸水率，有机保温材料的燃烧性能;（2）保温砌块、构件等定型产品的传热系数或热阻、抗压强度;（3）反射隔热涂料的太阳光反射比，半球发射率;（4）粘结材料的拉伸粘结强度;（5）抹面材料的拉伸粘结强度、压折比;（6）增强网的力学性能、抗腐蚀性能;（7）复合保温板等墙体节能定型产品的传热系数或热阻、单位面积质量、拉伸粘结强度、燃烧性能</td><td></td></tr>
<tr><td>3</td><td colspan="2">外墙外保温工程应采用预制构件、定型产品或成套技术，由供应商统一提供配套的组成材料，并同时提供型式检验报告。型式检验报告中应包括耐候性和抗风压检验</td><td></td></tr>
<tr><td>4</td><td colspan="2">严寒和寒冷地区外保温使用的抹面材料，其冻融试验结果应符合该地区最低气温环境的使用要求</td><td></td></tr>
<tr><td>5</td><td colspan="2">墙体节能工程施工前应按照设计和施工方案的要求对基层进行处理，处理后的基层应符合要求</td><td></td></tr>
<tr><td>6</td><td colspan="2">墙体节能工程各层构造做法应符合设计要求，并应按照经过审批的施工方案施工</td><td></td></tr>
<tr><td>7</td><td colspan="2">保温隔热材料的厚度必须符合设计要求</td><td></td></tr>
<tr><td>8</td><td colspan="2">保温板材与基层及各构造层之间的粘结或连接必须牢固。保温板材与基层的连接方式、拉伸粘结强度和粘结面积比应符合设计要求。保温板材与基层的拉伸粘结强度应进行现场拉拔试验，粘结面积比应进行剥离检验</td><td></td></tr>
<tr><td>9</td><td colspan="2">当采用保温浆料做外保温时，厚度大于 20mm 的保温浆料应分层施工。保温浆料与基层之间及各层之间的粘结必须牢固，不应脱层、空鼓和开裂</td><td></td></tr>
</table>

① 本部分的“GB 50411”代表依据为 GB 50411—2019《建筑节能工程施工质量验收标准》。

墙体节能工程检验批质量验收记录（续表 1） GB 50411

工程名称			分项工程名称		验收部位	
施工单位			专业负责人		项目经理	
施工执行标准名称及编号				检验批编号		
施工质量验收规范的规定					施工单位检查评定记录	监理（建设）单位验收记录
主控项目	10	当墙体节能工程的保温层采用预埋或后置锚固件固定时，锚固件数量、位置、锚固深度、胶结材料性能和锚固拉拔力应符合设计和施工方案要求。当设计要求或施工方案对锚固力有具体要求时，后置锚固件应做锚固力现场拉拔试验				
	11	外墙采用预置保温板现场浇筑混凝土墙体时，保温板的安装位置应正确、接缝严密；保温板应固定牢固，在浇筑混凝土过程中不得移位、变形；保温板表面应采取界面处理措施，与混凝土粘结应牢固				
	12	当外墙采用保温浆料做保温层时，应在施工中制作同条件养护试件，检测其导热系数、干密度和抗压强度。保温浆料的同条件养护试件应见证取样送检				
	13	墙体节能工程各类饰面层的基层及面层施工，应符合设计和现行国家标准的规定				
	14	保温砌块砌筑的墙体，应采用具有保温功能的砂浆砌筑。砌筑砂浆的强度等级及导热系数应符合设计要求。砌体的灰缝饱满度不应低于 80%				
	15	采用预制保温墙板现场安装的墙体质量，应符合设计和现行国家标准的规定				
	16	外墙采用保温装饰，保温装饰板的安装构造、与基层墙体饰物连接方法、板缝处理、构造节点做法、固定，应符合设计和现行国家标准的规定				
	17	采用防火隔离带构造的外墙外保温工程施工前，应编制施工技术方案，并应在施工前采用与施工技术方案相同的材料和工艺制作防火隔离带样板墙				
	18	防火隔离带组成材料应与外墙外保温组成材料相配套。防火隔离带应为工厂预制的制品现场安装，并应与基层墙体可靠连接。防火隔离带面层材料应与外墙外保温一致				
	19	建筑外墙外保温防火隔离带保温材料的燃烧性能等级应为 A 级，并应提供耐候性试验报告				
	20	墙体内设置的隔汽层，其位置、材料及构造做法应符合设计要求和相关标准的规定。隔汽层应完整、严密，穿透隔汽层处应采取密封措施。隔汽层冷凝水排水构造应符合设计要求				

墙体节能工程检验批质量验收记录（续表 2） GB 50411

工程名称		分项工程名称		验收部位	
施工单位		专业负责人		项目经理	
施工执行标准名称及编号			检验批编号		

施工质量验收规范的规定			施工单位检查评定记录	监理（建设）单位验收记录
主控项目	21	外墙和毗邻不供暖空间墙体上的门窗洞口四周墙的侧面，墙体上凸窗四周的侧面，应按设计要求采取节能保温措施		
	22	严寒和寒冷地区外墙热桥部位，应按设计要求采取隔断热桥措施		
一般项目	1	进场节能保温材料与构件的外观和包装应完整且无破损，符合设计要求和产品标准的规定		
	2	当采用增强网作为防止开裂的措施时，增强网的铺贴和搭接应符合设计和施工方案的要求。砂浆抹压应密实，不得空鼓，加强网应铺贴平整，不得皱折、外露		
	3	设置集中供暖和空调的房间，其外墙热桥部位应按设计要求采取隔断热桥措施		
	4	施工产生的墙体缺陷，如穿墙套管、脚手眼、孔洞等，应按照施工方案采取隔断热桥措施，不得影响墙体热工性能		
	5	墙体保温板材的粘贴面积、粘贴方法和接缝方法应符合专项施工方案要求，保温板接缝应平整、严密		
	6	外墙保温装饰板安装后，表面应平整，板缝均匀一致		
	7	墙体采用保温浆料时，保温浆料厚度应均匀一致，接茬应平顺密实		
	8	墙体上容易碰撞的阳角、门窗洞口及不同材料基体的交接处等特殊部位，其保温层应采取防止开裂和破损的加强措施		
	9	采用现场喷涂或模板浇注的有机类保温材料做外保温时，有机类保温材料应达到陈化时间后方可进行下一道工序施工		
施工单位检查评定结果	项目专业质量检查员： 年 月 日			
监理（建设）单位验收结论	监理工程师： （建设单位项目代表） 年 月 日			

3.24.2 幕墙节能工程检验批质量验收记录 GB 50411

<table>
<tr><td>工程名称</td><td colspan="3"></td><td>分项工程名称</td><td></td><td>验收部位</td><td></td></tr>
<tr><td>施工单位</td><td colspan="3"></td><td>专业负责人</td><td></td><td>项目经理</td><td></td></tr>
<tr><td colspan="3">施工执行标准名称及编号</td><td colspan="2"></td><td>检验批编号</td><td colspan="2"></td></tr>
<tr><td colspan="4">施工质量验收规范的规定</td><td colspan="2">施工单位检查评定记录</td><td colspan="2">监理（建设）单位验收记录</td></tr>
<tr><td rowspan="12">主控项目</td><td>1</td><td colspan="2">幕墙节能工程使用的的材料、构件应进行进场验收，其品种、规格应符合设计要求和相关标准的规定</td><td colspan="2"></td><td colspan="2" rowspan="12"></td></tr>
<tr><td>2</td><td colspan="2">幕墙（含采光屋面）节能工程使用的保温隔热材料、玻璃等，进场时应对材料性能进行复验，复验应为见证取样送检</td><td colspan="2"></td></tr>
<tr><td>3</td><td colspan="2">幕墙的气密性能应符合设计规定的等级要求。当幕墙面积合计大于 3000m^2 或幕墙面积占建筑外墙总面积超过 50%时，应对幕墙进行气密性能检测，检测结果应符合建筑节能设计规定的等级要求</td><td colspan="2"></td></tr>
<tr><td>4</td><td colspan="2">每幅建筑幕墙的传热系数、遮阳系数均应符合设计要求。幕墙工程热桥部位的隔断热桥措施应符合设计要求，断热节点的连接应牢固</td><td colspan="2"></td></tr>
<tr><td>5</td><td colspan="2">幕墙节能工程使用的保温材料，其厚度应符合设计要求，安装应牢固，不得松脱</td><td colspan="2"></td></tr>
<tr><td>6</td><td colspan="2">幕墙遮阳设施的安装位置，角度应满足设计要求。遮阳设施的安装应牢固，满足维护检修的要求，外遮阳设施应满足抗风的要求</td><td colspan="2"></td></tr>
<tr><td>7</td><td colspan="2">幕墙隔汽层应完整、严密，位置正确，穿透隔汽层处应采取密封措施</td><td colspan="2"></td></tr>
<tr><td>8</td><td colspan="2">幕墙保温材料与幕墙面板或基层墙体可靠粘结或锚固，有机保温材料应与基层墙体，并应采用不燃材料作防护层，防护层应将保温材料完全覆盖</td><td colspan="2"></td></tr>
<tr><td>9</td><td colspan="2">建筑幕墙与基层墙体、窗间墙、窗槛墙及裙墙之间的空间，应在每层楼板处采用防火封堵材料进行封堵</td><td colspan="2"></td></tr>
<tr><td>10</td><td colspan="2">幕墙可开启部分开启后的通风面积应满足设计要求。幕墙通风器的通道应通畅、尺寸满足设计要求，开启装置应能顺畅开启和关闭</td><td colspan="2"></td></tr>
<tr><td>11</td><td colspan="2">凝结水的收集和排放应通畅，并不得渗漏</td><td colspan="2"></td></tr>
<tr><td>12</td><td colspan="2">采光屋面的安装应牢固，坡度正确，封闭严密，不得渗漏</td><td colspan="2"></td></tr>
</table>

幕墙节能工程检验批质量验收记录（续表） GB 50411

工程名称		分项工程名称		验收部位	
施工单位		专业负责人		项目经理	
施工执行标准名称及编号				检验批编号	

施工质量验收规范的规定			施工单位检查评定记录	监理（建设）单位验收记录
一般项目	1	幕墙镀（贴）膜玻璃的安装方向、位置应符合设计要求。采用密封胶密封的中空玻璃应采用双道密封，采用了均压管的中空玻璃的均压管应密封处理		
	2	单元式幕墙板块组装密封条：规格正确，长度无负偏差，接缝的搭接符合设计要求； 保温材料：固定牢固，厚度符合设计要求； 隔汽层：密封完整、严密； 凝结水排水系统通畅，管路无渗漏		
	3	幕墙与周边墙体、屋面间的接缝处应采用弹性闭孔材料填充饱满，并应采用耐候密封胶等密封措施密封。伸缩缝、沉降缝、抗震缝处的幕墙保温或密封做法应符合设计要求。严寒、寒冷地区采用非闭孔保温材料的构造应有完整的隔汽层		
	4	幕墙活动遮阳设施的调节机构应灵活，并应能调节到位		
施工单位检查评定结果		项目专业质量检查员： 年 月 日		
监理（建设）单位验收结论		监理工程师： （建设单位项目代表） 年 月 日		

3.24.3 门窗节能工程检验批质量验收记录 GB 50411

<table>
<tr><td colspan="2">工程名称</td><td></td><td>分项工程名称</td><td></td><td>验收部位</td><td></td></tr>
<tr><td colspan="2">施工单位</td><td></td><td>专业负责人</td><td></td><td>项目经理</td><td></td></tr>
<tr><td colspan="3">施工执行标准名称及编号</td><td></td><td>检验批编号</td><td colspan="2"></td></tr>
<tr><td colspan="3">施工质量验收规范的规定</td><td>施工单位检查评定记录</td><td colspan="3">监理（建设）单位验收记录</td></tr>
<tr><td rowspan="9">主控项目</td><td>1</td><td>建筑门窗节能工程使用的材料、构件应进行进场验收，各种材料的品种、规格等应符合设计要求和相关标准的规定</td><td></td><td colspan="3" rowspan="9"></td></tr>
<tr><td>2</td><td>建筑门窗（包括天窗）进场时应按所属气候区类别对门窗、玻璃或遮阳材料的下列性能进行复验，复验应为见证取样送检</td><td></td></tr>
<tr><td>3</td><td>金属外门窗框的隔断热桥措施应符合设计要求和产品标准的规定，金属副框应按照设计要求采取保温措施</td><td></td></tr>
<tr><td>4</td><td>外门窗框或副框与洞口之间的间隙应采用弹性闭孔材料填充饱满，并进行防水密封，夏热冬暖地区采用防水砂浆填充间隙的，窗框与砂浆间应用密封胶密封；外门窗框与副框之间的缝隙应使用密封胶密封</td><td></td></tr>
<tr><td>5</td><td>严寒（寒冷）地区的外门应按照设计要求采取保温、密封等节能措施</td><td></td></tr>
<tr><td>6</td><td>外窗遮阳设施的性能、位置、尺寸应符合设计要求和产品标准要求；遮阳设施的安装应位置正确、牢固，满足安全和使用功能的要求</td><td></td></tr>
<tr><td>7</td><td>用于外门的特种门的性能应符合设计要求和产品标准要求；特种门安装中的节能措施，应符合设计要求</td><td></td></tr>
<tr><td>8</td><td>天窗安装的位置、坡向、坡度应正确，封闭严密，嵌缝处不得渗漏</td><td></td></tr>
<tr><td>9</td><td>通风器的尺寸、通风量等性能应符合设计要求；通风器的安装位置应正确，与门窗型材间的密封应严密，开启装置应能顺畅开启和关闭</td><td></td></tr>
<tr><td rowspan="3">一般项目</td><td>1</td><td>门窗扇密封条和玻璃镶嵌的密封条，其物理性能应符合相关标准中的要求。密封条安装位置应正确，镶嵌牢固，不得脱槽，接头处不得开裂。关闭门窗时密封条应接触严密</td><td></td><td colspan="3" rowspan="3"></td></tr>
<tr><td>2</td><td>门窗镀（贴）膜玻璃的安装方向应符合设计要求，采用密封胶密封的中空玻璃应采用双道密封，采用了均压管的中空玻璃其均压管应进行密封处理</td><td></td></tr>
<tr><td>3</td><td>外门、窗遮阳设施调节应灵活、能调节到位</td><td></td></tr>
<tr><td colspan="2">施工单位检查评定结果</td><td colspan="5">项目专业质量检查员：　　　　年　月　日</td></tr>
<tr><td colspan="2">监理（建设）单位验收结论</td><td colspan="5">监理工程师：
（建设单位项目代表）　　　　年　月　日</td></tr>
</table>

3.24.4 屋面节能工程检验批质量验收记录 GB 50411

<table>
<tr><td>工程名称</td><td></td><td>分项工程名称</td><td></td><td>验收部位</td><td></td></tr>
<tr><td>施工单位</td><td></td><td>专业负责人</td><td></td><td>项目经理</td><td></td></tr>
<tr><td colspan="2">施工执行标准名称及编号</td><td></td><td>检验批编号</td><td colspan="2"></td></tr>
<tr><td colspan="3">施工质量验收规范的规定</td><td>施工单位检查评定记录</td><td colspan="2">监理（建设）单位验收记录</td></tr>
<tr><td rowspan="10">主控项目</td><td>1</td><td>屋面节能工程使用的的保温隔热材料、构件应进行进场验收，其品种、规格和性能应符合设计要求和相关标准的规定</td><td></td><td colspan="2" rowspan="10"></td></tr>
<tr><td>2</td><td>屋面节能工程使用的材料进场时应对导热系数或热阻、密度、压缩强度或抗压强度、吸水率、燃烧性能、太阳光反射比、半球发射率等性能参数进行复验，复验应为见证取样送检</td><td></td></tr>
<tr><td>3</td><td>屋面保温隔热层的敷设方式、厚度、缝隙填充质量及屋面热桥部位的保温隔热做法，应符合设计要求和有关标准的规定</td><td></td></tr>
<tr><td>4</td><td>屋面的通风隔热架空层，其架空高度、安装方式、通风口位置及尺寸应符合设计及有关标准要求。架空层内不得有杂物。架空面层应完整，不得有断裂和露筋等缺陷</td><td></td></tr>
<tr><td>5</td><td>屋面的隔汽层位置、材料及构造做法应符合设计要求，隔汽层应完整、严密，穿透隔汽层处应采取密封措施</td><td></td></tr>
<tr><td>6</td><td>坡屋面、架空屋面内保温应采用不燃保温材料，保温层的做法应符合设计要求</td><td></td></tr>
<tr><td>7</td><td>当采用带铝箔的空气隔层做隔热保温屋面时，其空气隔离层厚度、铝箔位置应符合设计要求。空气间层内不得有杂物，铝箔应铺设完整</td><td></td></tr>
<tr><td>8</td><td>种植植物的功能屋面的构造做法，植物种类、植物密度、覆盖面积、植物存活率应符合设计要求及相关标准要求</td><td></td></tr>
<tr><td>9</td><td>采用有机类保温隔热材料的屋面，防火隔离措施应符合设计要求及相关标准要求</td><td></td></tr>
<tr><td>10</td><td>金属板保温夹芯屋面应铺装牢固、接口严密，表面洁净，坡向正确</td><td></td></tr>
</table>

屋面节能工程检验批质量验收记录（续表） GB 50411

<table>
<tr><td>工程名称</td><td colspan="2"></td><td>分项工程名称</td><td></td><td>验收部位</td><td></td></tr>
<tr><td>施工单位</td><td colspan="2"></td><td>专业负责人</td><td></td><td>项目经理</td><td></td></tr>
<tr><td colspan="2">施工执行标准名称及编号</td><td colspan="2"></td><td>检验批编号</td><td colspan="2"></td></tr>
<tr><td colspan="4">施工质量验收规范的规定</td><td>施工单位检查评定记录</td><td colspan="2">监理（建设）单位验收记录</td></tr>
<tr><td rowspan="3">一般项目</td><td>1</td><td colspan="2">屋面保温隔热层应按专项施工方案施工，松散材料应分层敷设，按要求压实，表面平整，坡向正确；现场采用喷、浇、抹等工艺施工的保温层，其配合比应计量准确，搅拌均匀、分层连续施工，表面平整，坡向正确</td><td></td><td colspan="2" rowspan="3"></td></tr>
<tr><td>2</td><td colspan="2">热反射屋面的颜色应符合设计要求，色泽应均匀一致，没有污迹，无积水现象</td><td></td></tr>
<tr><td>3</td><td colspan="2">坡屋面、架空屋面当采用内保温时，保温隔热层应设有防潮措施，其表面应有保护层，保护层的做法应符合设计要求</td><td></td></tr>
<tr><td>施工单位检查评定结果</td><td colspan="6">项目专业质量检查员： 年 月 日</td></tr>
<tr><td>监理（建设）单位验收结论</td><td colspan="6">监理工程师：
（建设单位项目代表） 年 月 日</td></tr>
</table>

3.24.5 地面节能工程检验批质量验收记录 GB 50411

<table>
<tr><td colspan="2">工程名称</td><td></td><td>分项工程名称</td><td></td><td>验收部位</td><td></td></tr>
<tr><td colspan="2">施工单位</td><td></td><td>专业负责人</td><td></td><td>项目经理</td><td></td></tr>
<tr><td colspan="3">施工执行标准名称及编号</td><td></td><td>检验批编号</td><td colspan="2"></td></tr>
<tr><td colspan="4">施工质量验收规范的规定</td><td>施工单位检查评定记录</td><td colspan="2">监理（建设）单位验收记录</td></tr>
<tr><td rowspan="9">主控项目</td><td>1</td><td colspan="2">用于地面节能工程的保温材料、构件应进行进场验收，其品种、规格和性能应符合设计要求和相关标准的规定</td><td></td><td colspan="2" rowspan="9"></td></tr>
<tr><td>2</td><td colspan="2">地面节能工程使用的保温材料进场时，应对其导热系数或热阻、密度、吸水率、抗压强度或压缩强度、吸水率、燃烧性能等参数进行复验，复验应为见证取样送检</td><td></td></tr>
<tr><td>3</td><td colspan="2">地下室顶板和架空楼板底面保温隔热材料应符合设计要求</td><td></td></tr>
<tr><td>4</td><td colspan="2">地面节能工程施工前，应对基层进行处理，使其达到设计要求和专项施工方案的要求</td><td></td></tr>
<tr><td>5</td><td colspan="2">地面保温层、隔离层、保护层等各层的设置和构造做法应符合设计要求，并应按专项施工方案施工</td><td></td></tr>
<tr><td>6</td><td colspan="2">地面节能工程的施工保温板与基层之间、各构造层之间的粘结应牢固，缝隙应严密；穿越地面到室外空气的各种金属管道应按设计要求采取保温隔热措施</td><td></td></tr>
<tr><td>7</td><td colspan="2">有防水要求的地面，其节能、保温做法不得影响地面排水坡度，防护面层不得渗漏</td><td></td></tr>
<tr><td>8</td><td colspan="2">严寒、寒冷地区的建筑首层直接与土壤接触的地面、供暖地下室与土壤接触的外墙、毗邻不供暖空间的地面及底面直接接触室外空气的地面应按设计要求采取保温措施</td><td></td></tr>
<tr><td>9</td><td colspan="2">保温层的表面防潮层、保护层应符合设计要求</td><td></td></tr>
<tr><td rowspan="2">一般项目</td><td>1</td><td colspan="2">采用地面辐射供暖的工程，其地面节能做法应符合设计要求，并应符合现行国家标准的规定</td><td></td><td colspan="2" rowspan="2"></td></tr>
<tr><td>2</td><td colspan="2">接触土壤地面的保温层下面的防潮层应符合设计要求</td><td></td></tr>
<tr><td colspan="2">施工单位检查评定结果</td><td colspan="5">项目专业质量检查员：　　　　年　月　日</td></tr>
<tr><td colspan="2">监理（建设）单位验收结论</td><td colspan="5">监理工程师：
（建设单位项目代表）　　　　年　月　日</td></tr>
</table>

3.24.6 供暖节能工程检验批质量验收记录 GB 50411

工程名称			分项工程名称		验收部位	
施工单位			专业负责人		项目经理	
施工执行标准名称及编号			检验批编号			
施工质量验收规范的规定			施工单位检查评定记录		监理（建设）单位验收记录	
主控项目	1	供暖系统节能工程所使用的散热设备、热计量装置、温度调控装置、自控阀门、仪表、保温材料等应进行进场验收，验收结果应经监理工程师（建设单位代表）检查认可，且应形成相应的验收与核查记录。各种材料和设备的质量证明文件和相关技术资料应齐全，并应符合现行国家标准和规定				
	2	供暖系统节能工程采用的散热器和保温材料等进场时，应对其散热器的单位散热量、金属热强度；保温材料的导热系数、密度、吸水率等技术性能参数进行复验，复验应为见证取样送检				
	3	供暖系统安装的温度调控装置和热计量装置应满足设计要求的分室（户或区）温度调控、楼栋热计量和分户（区）热计量功能				
	4	供暖系统的安装供暖系统的形式，应符合设计要求；散热设备、阀门、过滤器、温度计及仪表应按设计要求安装齐全，不得随意增减或更换；室内温度调控装置及热量表、水力平衡阀等热力入口装置的安装位置和方向应符合设计要求，并便于观察和操作				
	5	散热器及其安装每组散热器的规格、数量及安装方式应符合设计要求，散热器外表面应刷非金属性涂料				
	6	散热器恒温阀及其安装恒温阀的规格、数量应符合设计要求，明装散热器恒温阀不应安装在狭小和封闭空间，其恒温阀阀头应水平安装，且不应被散热器、窗帘或其他障碍物遮挡；暗装散热器的恒温阀应采用外置式温度传感器，并应安装在空气流通且能正确反映房间温度的位置上				
	7	低温热水地面辐射供暖系统的安装防潮层和绝热层的做法及绝热层的厚度应符合设计要求；室内温控装置的传感器应安装在避开阳光直射和有发热设备且距地 1.4m 处的内墙面上				
	8	供暖系统热力入口装置的安装热力入口装置中各种部件的规格、数量，应符合设计要求；热计量表、过滤器、压力表、温度计的安装位置、方向应正确，并便于观察、维护；水力平衡装置及各类阀门的安装位置、方向应正确，并便于操作和调试。安装完毕后，应根据系统水力平衡要求进行调试并做出标识				

供暖节能工程检验批质量验收记录（续表） GB 50411

<table>
<tr><td colspan="2">工程名称</td><td></td><td>分项工程名称</td><td></td><td>验收部位</td><td></td></tr>
<tr><td colspan="2">施工单位</td><td></td><td>专业负责人</td><td></td><td>项目经理</td><td></td></tr>
<tr><td colspan="3">施工执行标准名称及编号</td><td></td><td>检验批编号</td><td colspan="2"></td></tr>
<tr><td colspan="3">施工质量验收规范的规定</td><td colspan="2">施工单位检查评定记录</td><td colspan="2">监理（建设）单位验收记录</td></tr>
<tr><td rowspan="2">主控项目</td><td>9</td><td>供暖管道保温层和防潮层保温材料的燃烧性能、材质、规格及厚度等应符合设计要求保温管壳的粘贴应牢固、铺设应平整。硬质或半硬质的保温管壳每节至少应用防腐金属丝或难腐织带或专用胶带进行捆扎或粘贴2道，其间距为300~350mm，且捆扎、粘贴应紧密，无滑动、松弛及断裂现象；硬质或半硬质保温管壳的拼接缝隙不应大于5mm，并用粘结材料勾缝填满；纵缝应错开，外层的水平接缝应设在侧下方；松散或软质保温材料应按规定的密度压缩其体积，疏密应均匀。毡类材料在管道上包扎时，搭接处不应有空隙；防潮层应紧密粘贴在保温层上，封闭良好，不得有虚粘、气泡、皱折、裂缝等缺陷；防潮层的立管应由管道的低端向高端敷设，环向搭接缝应朝向低端；纵向搭接缝应位于管道的侧面，并顺水；卷材防潮层采用螺旋形缠绕的方式施工时，卷材的搭接宽度宜为30~50mm；阀门及法兰部位的保温层结构应严密，且能单独拆卸并不得影响其操作功能</td><td colspan="2"></td><td colspan="2" rowspan="2"></td></tr>
<tr><td>10</td><td>供暖系统安装完毕后，应在供暖期内与热源进行联合试运转和调试，试运转和调试结果应符合设计要求</td><td colspan="2"></td></tr>
<tr><td>一般项目</td><td>1</td><td>供暖系统过滤器等配件的保温层应密实，无空隙，且不得影响其操作功能</td><td colspan="2"></td><td colspan="2"></td></tr>
<tr><td>施工单位检查评定结果</td><td colspan="6">
项目专业质量检查员：　　　　年　月　日</td></tr>
<tr><td>监理（建设）单位验收结论</td><td colspan="6">
监理工程师：
（建设单位项目代表）　　　　年　月　日</td></tr>
</table>

3.24.7 通风与空调节能工程检验批质量验收记录 GB 50411

<table>
<tr><td>工程名称</td><td colspan="3"></td><td>分项工程名称</td><td></td><td>验收部位</td><td></td></tr>
<tr><td>施工单位</td><td colspan="3"></td><td>专业负责人</td><td></td><td>项目经理</td><td></td></tr>
<tr><td colspan="3">施工执行标准名称及编号</td><td colspan="2"></td><td>检验批编号</td><td colspan="2"></td></tr>
<tr><td colspan="3">施工质量验收规范的规定</td><td colspan="2">施工单位检查评定记录</td><td colspan="3">监理（建设）单位验收记录</td></tr>
<tr><td rowspan="10">主控项目</td><td>1</td><td>通风与空调系统节能工程所采用的设备、管道、自控阀门、仪表、绝热材料等产品应进行进场验收，并应对产品的技术性能参数进行核查。验收与核查的结果应经监理工程师（建设单位代表）检查认可，并应形成相应的验收与核查记录。各种材料和设备的质量证明文件和相关技术资料应齐全，并应符合现行国家标准和规定</td><td colspan="2"></td><td colspan="3" rowspan="10"></td></tr>
<tr><td>2</td><td>风机盘管机组和绝热材料进场时，应对其技术性能参数进行复验，复验应为见证取样送检</td><td colspan="2"></td></tr>
<tr><td>3</td><td>通风与空调节能工程中的送、排风系统及空调风系统、空调水系统的安装，应符合相关标准的规定</td><td colspan="2"></td></tr>
<tr><td>4</td><td>风管的安装风管的材质、断面尺寸及厚度应符合设计要求；风管与部件、风管与土建风道及风管间的连接应严密、牢固；风管的严密性及风管系统的严密性检验，应符合设计要求和现行国家标准的有关规定；需要绝热的风管与金属支架的接触处、复合材料风管及需要绝热的非金属风管的连接和内部支撑加固等处，应有防热桥的措施，并应符合设计要求</td><td colspan="2"></td></tr>
<tr><td>5</td><td>组合式空调机组、柜式空调机组、新风机组、单元式空调机组的安装符合现行国家标准的有关规定</td><td colspan="2"></td></tr>
<tr><td>6</td><td>带热回收功能的双向换气装置和集中排风系统中的排风热回收装置的安装规格、数量及安装位置应符合设计要求；进（排）风管的连接应正确、严密、可靠；室外进（排）风口的安装位置、高度及水平距离应符合设计要求</td><td colspan="2"></td></tr>
<tr><td>7</td><td>空调机组、新风机组及风机盘管机组水系统自控阀门与仪表的安装规格、数量应符合设计要求；方向应正确，位置应便于操作和观察</td><td colspan="2"></td></tr>
<tr><td>8</td><td>空调风管系统及部件的绝热层和防潮层施工应符合现行国家标准的有关规定</td><td colspan="2"></td></tr>
<tr><td>9</td><td>空调水系统管道、制冷剂管道及配件绝热层和防潮层的施工，应符合现行国家标准的有关规定</td><td colspan="2"></td></tr>
<tr><td>10</td><td>空调冷热水管道及制冷剂管道与支、吊架之间应设置绝热衬垫，其厚度不应小于绝热层厚度，宽度应大于支架、吊架支承面的宽度。衬垫的表面应平整，衬垫与绝热材料之间应填实无空隙</td><td colspan="2"></td></tr>
</table>

通风与空调节能工程检验批质量验收记录（续表） GB 50411

<table>
<tr><td>工程名称</td><td colspan="2"></td><td>分项工程名称</td><td></td><td>验收部位</td><td></td></tr>
<tr><td>施工单位</td><td colspan="2"></td><td>专业负责人</td><td></td><td>项目经理</td><td></td></tr>
<tr><td colspan="3">施工执行标准名称及编号</td><td></td><td>检验批编号</td><td colspan="2"></td></tr>
<tr><td colspan="3">施工质量验收规范的规定</td><td colspan="2">施工单位检查评定记录</td><td colspan="2">监理（建设）单位验收记录</td></tr>
<tr><td rowspan="2">主控项目</td><td>11</td><td>通风与空调系统安装完毕，应进行通风机和空调机组等设备的单机试运转和调试，并应进行系统的风量平衡调试，单机试运转和调试结果应符合设计要求；系统的总风量与设计风量的允许偏差不应大于10%，风口的风量与设计风量的允许偏差不应大于15%</td><td colspan="2"></td><td colspan="2" rowspan="2"></td></tr>
<tr><td>12</td><td>多联机空调系统安装完毕后，应进行系统的试运转与调试，在工程验收前，应进行系统带负荷效果运行检验，检验结果应符合设计要求</td><td colspan="2"></td></tr>
<tr><td rowspan="2">一般项目</td><td>1</td><td>空气风幕机的规格、数量、安装位置和方向应正确，垂直度和水平度的偏差均不应大于2/1000</td><td colspan="2"></td><td colspan="2" rowspan="2"></td></tr>
<tr><td>2</td><td>变风量末端装置与风管连接前应做动作试验，确认运行正常后再进行管道连接</td><td colspan="2"></td></tr>
<tr><td>施工单位检查评定结果</td><td colspan="6">项目专业质量检查员： 年 月 日</td></tr>
<tr><td>监理（建设）单位验收结论</td><td colspan="6">监理工程师：
（建设单位项目代表） 年 月 日</td></tr>
</table>

3.24.8 空调与供暖系统冷（热）源及管网节能工程检验批质量验收记录 GB 50411

<table>
<tr><td>工程名称</td><td colspan="3"></td><td>分项工程名称</td><td></td><td>验收部位</td><td></td></tr>
<tr><td>施工单位</td><td colspan="3"></td><td>专业负责人</td><td></td><td>项目经理</td><td></td></tr>
<tr><td colspan="3">施工执行标准名称及编号</td><td colspan="2"></td><td>检验批编号</td><td colspan="2"></td></tr>
<tr><td colspan="5">施工质量验收规范的规定</td><td>施工单位检查评定记录</td><td colspan="2">监理（建设）单位验收记录</td></tr>
<tr><td rowspan="9">主控项目</td><td>1</td><td colspan="3">空调与供暖系统所采用的冷（热）源设备及其辅助设备、自控阀门、仪表、绝热材料等产品应进行进场验收，各种产品和设备的质量证明文件和相关技术资料应齐全，并应符合现行国家标准和规定</td><td></td><td colspan="2" rowspan="9"></td></tr>
<tr><td>2</td><td colspan="3">空调与供暖系统冷（热）源及管网节能工程的绝热管道、绝热材料进场时，应对绝热材料的导热系数、密度、吸水率等技术性能参数进行复验，复验应为见证取样送检</td><td></td></tr>
<tr><td>3</td><td colspan="3">空调与供暖系统冷（热）源设备和辅助设备及其管网系统的安装，管道系统的形式，应符合设计要求；各种设备、自控阀门与仪表，应按设计要求安装齐全，不得随意增减或更换；空调冷（热）水系统，应能实现设计要求的变流量或定流量运行；供热系统应能根据热负荷及室外温度变化，实现设计要求的集中质调节、量调节或质—量调节相结合的运行</td><td></td></tr>
<tr><td>4</td><td colspan="3">冷（热）源侧的电动调节阀、水力平衡阀及冷（热）量计量装置等自控阀门与仪表的安装，规格、数量符合设计要求；方向应正确，位置便于操作和观察</td><td></td></tr>
<tr><td>5</td><td colspan="3">锅炉、热交换器、电机驱动压缩机的蒸气压缩循环冷水（热泵）机组、蒸汽或热水型溴化锂吸收式冷水机组及直燃型溴化锂吸收式冷（温）水机组等设备的安装，规格、数量应符合设计要求；安装位置及管道连接应正确</td><td></td></tr>
<tr><td>6</td><td colspan="3">冷却塔、水泵等辅助设备的安装规格、数量应符合设计要求；冷却塔设置位置应通风良好，并应远离厨房排风等高温气体；管道连接应正确</td><td></td></tr>
<tr><td>7</td><td colspan="3">多联机空调系统室外机的安装位置应符合设计要求，满足进（排）风通畅，并便于安装和维修</td><td></td></tr>
<tr><td>8</td><td colspan="3">空调水系统管道、制冷剂管道及配件绝热层和防潮层的施工，应符合现行国家标准和规定</td><td></td></tr>
<tr><td>9</td><td colspan="3">冷（热）源机房、换热站内部空调冷（热）水管道与支架、吊架之间绝热衬垫的施工，应符合现行国家标准和规定</td><td></td></tr>
</table>

空调与供暖系统冷(热)源及管网节能工程检验批质量验收记录(续表) GB 50411

<table>
<tr><td>工程名称</td><td colspan="2"></td><td>分项工程名称</td><td></td><td>验收部位</td><td></td></tr>
<tr><td>施工单位</td><td colspan="2"></td><td>专业负责人</td><td></td><td>项目经理</td><td></td></tr>
<tr><td colspan="3">施工执行标准名称及编号</td><td></td><td>检验批编号</td><td colspan="2"></td></tr>
<tr><td colspan="4">施工质量验收规范的规定</td><td>施工单位检查评定记录</td><td colspan="2">监理（建设）单位验收记录</td></tr>
<tr><td>主控项目</td><td>10</td><td colspan="2">空调与供暖系统冷（热）源和辅助设备及其管道和管网系统安装完毕后，应进行系统的试运转与调试，冷（热）源和辅助设备应进行单机试运转与调试；冷（热）源和辅助设备应同建筑物室内空调或供暖系统进行联合试运转与调试，联合试运转与调试结果应符合设计要求</td><td></td><td colspan="2"></td></tr>
<tr><td>一般项目</td><td>1</td><td colspan="2">空调与供暖系统的冷（热）源设备及其辅助设备、配件的绝热，不得影响其操作功能</td><td></td><td colspan="2"></td></tr>
<tr><td>施工单位检查评定结果</td><td colspan="6">项目专业质量检查员： 年 月 日</td></tr>
<tr><td>监理（建设）单位验收结论</td><td colspan="6">监理工程师：
（建设单位项目代表） 年 月 日</td></tr>
</table>

3.24.9 配电与照明节能工程检验批质量验收记录 GB 50411

<table>
<tr><td>工程名称</td><td colspan="2"></td><td>分项工程名称</td><td></td><td>验收部位</td><td></td></tr>
<tr><td>施工单位</td><td colspan="2"></td><td>专业负责人</td><td></td><td>项目经理</td><td></td></tr>
<tr><td colspan="3">施工执行标准名称及编号</td><td></td><td>检验批编号</td><td colspan="2"></td></tr>
<tr><td colspan="3">施工质量验收规范的规定</td><td colspan="2">施工单位检查评定记录</td><td colspan="2">监理（建设）单位验收记录</td></tr>
<tr><td rowspan="5">主控项目</td><td>1</td><td>配电与照明节能工程采用的配电设备、电线电缆、照明光源、灯具及其附属装置等产品进场时，应按设计要求对其类型、材质、规格及外观等进行进场验收，并应经监理工程师检查认可，且应形成相应的验收记录。各种材料和设备的质量证明文件和相关技术资料应齐全，并应符合现行国家标准和规定</td><td colspan="2"></td><td colspan="2" rowspan="5"></td></tr>
<tr><td>2</td><td>配电与照明节能工程采用的照明光源、灯具及其附属装置进场时，应对其光源初始光效、灯具镇流器能效值、灯具效率、照明设备谐波含量值等技术性能参数进行复验，复验应为见证取样送检</td><td colspan="2"></td></tr>
<tr><td>3</td><td>低压配电系统选择的电线、电缆进场时应对其导体电阻值进行见证取样送检</td><td colspan="2"></td></tr>
<tr><td>4</td><td>工程安装完成后应对配电系统进行调试，调试合格后应对配电系统电压偏差和功率因数、谐波电流允许值进行检测</td><td colspan="2"></td></tr>
<tr><td>5</td><td>照明系统安装完成后应通电试运行，其照度值允许偏差不超过±10%；功率密度值不应大于设计值测</td><td colspan="2"></td></tr>
<tr><td rowspan="4">一般项目</td><td>1</td><td>配电系统选择的导体截面不得低于设计值</td><td colspan="2"></td><td colspan="2" rowspan="4"></td></tr>
<tr><td>2</td><td>母线与母线或母线与电器接线端子，当采用螺栓搭接连接时，应牢固、可靠</td><td colspan="2"></td></tr>
<tr><td>3</td><td>交流单芯电缆或分相后的每相电缆宜品字型（三叶型）敷设，且不得形成闭合铁磁回路</td><td colspan="2"></td></tr>
<tr><td>4</td><td>三相照明配电干线的各相负荷宜分配平衡，其最大相负荷不宜超过三相负荷平均值的115%，最小相负荷不宜小于三相负荷平均值的85%</td><td colspan="2"></td></tr>
<tr><td>施工单位检查评定结果</td><td colspan="6">项目专业质量检查员： 年 月 日</td></tr>
<tr><td>监理（建设）单位验收结论</td><td colspan="6">监理工程师：
（建设单位项目代表） 年 月 日</td></tr>
</table>

3.24.10 监测与控制节能工程检验批质量验收记录 GB 50411

<table>
<tr><td>工程名称</td><td colspan="2"></td><td>分项工程名称</td><td></td><td>验收部位</td><td></td></tr>
<tr><td>施工单位</td><td colspan="2"></td><td>专业负责人</td><td></td><td>项目经理</td><td></td></tr>
<tr><td colspan="2">施工执行标准名称及编号</td><td colspan="2"></td><td>检验批编号</td><td colspan="2"></td></tr>
<tr><td colspan="3">施工质量验收规范的规定</td><td colspan="2">施工单位检查评定记录</td><td colspan="2">监理（建设）单位验收记录</td></tr>
<tr><td rowspan="9">主控项目</td><td>1</td><td>监测与控制系统采用的设备、材料及附属产品应进行进场验收，应按照设计要求对其品种、规格、型号、外观和性能等进行检查验收，并应经监理工程师（建设单位代表）检查认可，形成相应的质量记录；各种设备、材料的质量证明文件和相关技术资料应齐全，并应符合现行国家标准和规定</td><td colspan="2"></td><td colspan="2" rowspan="9"></td></tr>
<tr><td>2</td><td>监测与控制系统安装位置、方式应符合设计要求；预留检测孔位置正确，管道保温时应做明显标识；监测计量装置的测量数据应准确并符合设计要求</td><td colspan="2"></td></tr>
<tr><td>3</td><td>系统集成软件安装完毕并完成系统地址配置后，在软件加载到现场控制器前，应对中央控制站软件功能进行逐条测试，包括系统集成功能、数据采集功能、报警连锁控制、设备运行状态显示、远动控制功能、程序参数下载、瞬间保护功能、紧急事故运行模式切换、历史数据处理等，上述功能应符合设计要求</td><td colspan="2"></td></tr>
<tr><td>4</td><td>系统调试应同供热通风与空调系统的平衡调试一起进行，实现自动控制系统成功投入并稳定运行；系统调试完成后应进行不少于 120h 的连续试运行，系统控制及故障报警功能应符合设计要求</td><td colspan="2"></td></tr>
<tr><td>5</td><td>监测与计量装置的设置应符合以下原则：
（1）分区、分类、分系统、分项进行设置和监测；（2）对主要能耗系统、大型设备的耗能量（含燃料、水、电、汽）、输出冷（热）量等参数进行监测；（3）利用互联网、物联网、云计算几大数据等创新技术构建的新型建筑节能平台，具备建筑节能管理功能</td><td colspan="2"></td></tr>
<tr><td>6</td><td>冷（热）源水系统采取变频调节控制方式时，在最低频率工况下，机组、水泵应能满足设计要求，确保安全、可靠、节能运行</td><td colspan="2"></td></tr>
<tr><td>7</td><td>供配电的监测与数据采集应符合设计要求</td><td colspan="2"></td></tr>
<tr><td>8</td><td>照明自动控制系统的功能应符合设计要求</td><td colspan="2"></td></tr>
<tr><td>9</td><td>自动扶梯无人乘行时，应自动停止运行</td><td colspan="2"></td></tr>
</table>

监测与控制节能工程检验批质量验收记录（续表） GB 50411

<table>
<tr><td>工程名称</td><td colspan="3"></td><td>分项工程名称</td><td></td><td>验收部位</td><td></td></tr>
<tr><td>施工单位</td><td colspan="3"></td><td>专业负责人</td><td></td><td>项目经理</td><td></td></tr>
<tr><td colspan="3">施工执行标准名称及编号</td><td colspan="2"></td><td>检验批编号</td><td colspan="2"></td></tr>
<tr><td colspan="5">施工质量验收规范的规定</td><td colspan="2">施工单位检查评定记录</td><td>监理（建设）单位验收记录</td></tr>
<tr><td rowspan="3">主控项目</td><td>10</td><td colspan="3">建筑能源管理系统的能耗数据采集与分析功能、设备管理和运行管理功能、优化能源调度功能、数据集成功能应符合设计要求</td><td colspan="2"></td><td rowspan="3"></td></tr>
<tr><td>11</td><td colspan="3">建筑能源系统的协调控制及供暖、通风与空调系统的优化监控等节能控制系统应满足设计要求</td><td colspan="2"></td></tr>
<tr><td>12</td><td colspan="3">可再生能源监测系统的功能应符合设计要求</td><td colspan="2"></td></tr>
<tr><td>一般项目</td><td>1</td><td colspan="3">监测与控制系统的可靠性、实时性、可维护性等系统性能的检测，应符合现行国家标准和规定</td><td colspan="2"></td><td></td></tr>
<tr><td colspan="2">施工单位检查评定结果</td><td colspan="6">项目专业质量检查员： 年 月 日</td></tr>
<tr><td colspan="2">监理（建设）单位验收结论</td><td colspan="6">监理工程师：
（建设单位项目代表） 年 月 日</td></tr>
</table>

3.24.11 地源热泵换热系统节能工程检验批质量验收记录 GB 50411

<table>
<tr><td>工程名称</td><td colspan="3"></td><td>分项工程名称</td><td></td><td>验收部位</td><td></td></tr>
<tr><td>施工单位</td><td colspan="3"></td><td>专业负责人</td><td></td><td>项目经理</td><td></td></tr>
<tr><td colspan="3">施工执行标准名称及编号</td><td colspan="2"></td><td>检验批编号</td><td colspan="2"></td></tr>
<tr><td colspan="4">施工质量验收规范的规定</td><td colspan="2">施工单位检查评定记录</td><td colspan="2">监理（建设）单位验收记录</td></tr>
<tr><td rowspan="9">主控项目</td><td>1</td><td colspan="2">地源热泵换热系统节能工程所采用的管材、管件、水泵、阀门、仪表、绝热材料等应进行进场验收，验收的结果应经监理工程师（建设单位代表）检查认可，并应形成相应的验收与核查记录。各种材料和设备的质量证明文件和相关技术资料应齐全，并应符合现行国家标准和规定</td><td colspan="2"></td><td colspan="2" rowspan="9"></td></tr>
<tr><td>2</td><td colspan="2">地源热泵地埋管换热系统设计前，应由有资质的第三方检验机构在项目地点进行岩土热响应试验</td><td colspan="2"></td></tr>
<tr><td>3</td><td colspan="2">地源热泵换热系统应随施工进度对与节能有关的隐蔽部位或内容进行验收，并应有详细的文字记录和必要的图像资料</td><td colspan="2"></td></tr>
<tr><td>4</td><td colspan="2">地源热泵地埋管换热系统的安装钻孔和水平埋管的位置与深度、钻孔数量、地埋管的材质、管径、厚度及长度，均应符合设计要求；回填料及配比应符合设计要求，回填应密实；地埋管换热系统进行水压试验，水压试验应合格</td><td colspan="2"></td></tr>
<tr><td>5</td><td colspan="2">地源热泵地埋管换热系统管道的连接埋地管道应采用热熔或电熔连接应严密、牢固；竖直地埋管换热器的U形弯管接头应选用定型产品；竖直地埋管换热器U形管的组对应能满足插入钻孔后与环路集管连接的要求，组对好的U形管的两开口端部应及时密封保护</td><td colspan="2"></td></tr>
<tr><td>6</td><td colspan="2">地源热泵地下水换热系统的施工应符合现行国家标准的规定</td><td colspan="2"></td></tr>
<tr><td>7</td><td colspan="2">地源热泵地表水换热系统施工前应具备地表水换热系统勘察资料、设计文件和施工图纸</td><td colspan="2"></td></tr>
<tr><td>8</td><td colspan="2">地源热泵换热系统交付使用前的整体运转与调试结果应符合设计要求</td><td colspan="2"></td></tr>
<tr><td>9</td><td colspan="2">地源热泵换热系整体验收前，应进行冬、夏两季运行测试，并对地源热泵系统的实测性能做出评价</td><td colspan="2"></td></tr>
</table>

地源热泵换热系统节能工程检验批质量验收记录（续表） GB 50411

<table>
<tr><td colspan="2">工程名称</td><td></td><td>分项工程名称</td><td></td><td>验收部位</td><td></td></tr>
<tr><td colspan="2">施工单位</td><td></td><td>专业负责人</td><td></td><td>项目经理</td><td></td></tr>
<tr><td colspan="3">施工执行标准名称及编号</td><td>检验批编号</td><td colspan="3"></td></tr>
<tr><td colspan="4">施工质量验收规范的规定</td><td colspan="2">施工单位检查评定记录</td><td>监理（建设）单位验收记录</td></tr>
<tr><td rowspan="2">一般项目</td><td>1</td><td colspan="2">埋地换热系统在安装前后均应对管路进行冲洗</td><td colspan="2"></td><td rowspan="2"></td></tr>
<tr><td>2</td><td colspan="2">地源热泵换热系统热源水井应具备连续抽水和回灌的功能</td><td colspan="2"></td></tr>
<tr><td colspan="2">施工单位检查评定结果</td><td colspan="5">项目专业质量检查员：　　　　年　月　日</td></tr>
<tr><td colspan="2">监理（建设）单位验收结论</td><td colspan="5">监理工程师：
（建设单位项目代表）　　　　年　月　日</td></tr>
</table>

3.24.12 太阳能光热系统节能工程检验批质量验收记录 GB 50411

<table>
<tr><td>工程名称</td><td></td><td>分项工程名称</td><td></td><td>验收部位</td><td></td></tr>
<tr><td>施工单位</td><td></td><td>专业负责人</td><td></td><td>项目经理</td><td></td></tr>
<tr><td colspan="2">施工执行标准名称及编号</td><td colspan="2"></td><td>检验批编号</td><td></td></tr>
<tr><td colspan="3">施工质量验收规范的规定</td><td>施工单位检查评定记录</td><td colspan="2">监理（建设）单位验收记录</td></tr>
<tr><td rowspan="10">主控项目</td><td>1</td><td>太阳能光热系统节能工程采用的设备、材料、阀门、仪表、保温材料应进行进场验收，应按设计要求对其类型、材质、规格及外观等进行验收，并应经监理工程师检查认可，且应形成相应的验收记录。各种材料和设备的质量证明文件和相关技术资料应齐全，并应符合现行国家标准和规定</td><td></td><td colspan="2" rowspan="10"></td></tr>
<tr><td>2</td><td>太阳能光热系统节能工程采用的集热设备、热水器和保温材料等进场时，应对其集热设备的热性能；保温材料的导热系数、密度、吸水率技术性能参数进行复验，复验应为见证取样送检</td><td></td></tr>
<tr><td>3</td><td>太阳能光热系统的安装应符合设计要求及现行国家标准的规定</td><td></td></tr>
<tr><td>4</td><td>集热器和热水器及其安装应符合设计要求及现行国家标准的规定</td><td></td></tr>
<tr><td>5</td><td>贮热水箱检验应符合设计要求及现行国家标准的规定</td><td></td></tr>
<tr><td>6</td><td>太阳能光热系统辅助能源加热设备为电热水加热器时，安装应符合设计要求，永久接地保护必须可靠固定，并加装防漏电、防干烧等保护装置</td><td></td></tr>
<tr><td>7</td><td>管道保温层和防潮层的施工应符合设计要求及现行国家标准的规定</td><td></td></tr>
<tr><td>8</td><td>太阳能热水系统应随施工进度对与节能有关的隐蔽部位或内容进行验收，并应有详细的文字记录和必要的图像资料</td><td></td></tr>
<tr><td>9</td><td>太阳能热水系统安装完毕后，应进行系统试运转和调试，并应连续运行 72h，设备及主要部件的联动必须协调、动作准确，无异常现象</td><td></td></tr>
<tr><td>10</td><td>在建筑上增设太阳能光热系统时，系统设计应满足建筑结构及其他相应的安全性能要求，并不得降低相邻建筑的日照标准</td><td></td></tr>
</table>

太阳能光热系统节能工程检验批质量验收记录（续表） GB 50411

<table>
<tr><td>工程名称</td><td colspan="3"></td><td>分项工程名称</td><td></td><td>验收部位</td><td></td></tr>
<tr><td>施工单位</td><td colspan="3"></td><td>专业负责人</td><td></td><td>项目经理</td><td></td></tr>
<tr><td colspan="3">施工执行标准名称及编号</td><td colspan="2"></td><td>检验批编号</td><td colspan="2"></td></tr>
<tr><td colspan="5">施工质量验收规范的规定</td><td colspan="2">施工单位检查评定记录</td><td>监理（建设）单位验收记录</td></tr>
<tr><td rowspan="3">一般项目</td><td>1</td><td colspan="3">太阳能热水系统过滤器等配件的保温层应密实，无空隙，且不得影响其操作功能</td><td colspan="2"></td><td rowspan="3"></td></tr>
<tr><td>2</td><td colspan="3">太阳能集中热水供应系统热水循环管的安装，应保证干管和立管中的热水循环正常</td><td colspan="2"></td></tr>
<tr><td>3</td><td colspan="3">太阳能热水系统在建筑中的安装，应符合太阳能建筑一体化设计要求</td><td colspan="2"></td></tr>
<tr><td colspan="2">施工单位检查评定结果</td><td colspan="6">项目专业质量检查员：　　　　年　月　日</td></tr>
<tr><td colspan="2">监理（建设）单位验收结论</td><td colspan="6">监理工程师：
（建设单位项目代表）　　　　年　月　日</td></tr>
</table>

3.24.13 太阳能光伏节能工程检验批质量验收记录 GB 50411

<table>
<tr><td colspan="2">工程名称</td><td colspan="2"></td><td>分项工程名称</td><td></td><td>验收部位</td><td></td></tr>
<tr><td colspan="2">施工单位</td><td colspan="2"></td><td>专业负责人</td><td></td><td>项目经理</td><td></td></tr>
<tr><td colspan="3">施工执行标准名称及编号</td><td colspan="2"></td><td>检验批编号</td><td colspan="2"></td></tr>
<tr><td colspan="4">施工质量验收规范的规定</td><td colspan="2">施工单位检查评定记录</td><td colspan="2">监理（建设）单位验收记录</td></tr>
<tr><td rowspan="6">主控项目</td><td>1</td><td colspan="2">太阳能光伏系统建筑节能工程所采用的光伏组件、汇流箱、电缆、逆变器、充放电控制器、储能蓄电池、电网接入单元、主控和监视系统、触电保护和接地、配电设备及配件等产品应进行进场验收，并应经监理工程师检查认可，且应形成相应的验收记录。各种材料和设备的质量证明文件和相关技术资料应齐全，并应符合现行国家标准的规定</td><td colspan="2"></td><td colspan="2" rowspan="6"></td></tr>
<tr><td>2</td><td colspan="2">太阳能光伏系统的安装应符合设计要求及现行国家标准的规定</td><td colspan="2"></td></tr>
<tr><td>3</td><td colspan="2">太阳能光伏系统的试运行与测试应符合现行国家标准的规定</td><td colspan="2"></td></tr>
<tr><td>4</td><td colspan="2">光伏组件的光电转换效率应符合设计文件的规定</td><td colspan="2"></td></tr>
<tr><td>5</td><td colspan="2">太阳能光伏系统安装完成调试后，应具备测量显示功能、数据存储与传输功能、交（直）流配电设备保护功能</td><td colspan="2"></td></tr>
<tr><td>6</td><td colspan="2">在建筑上增设太阳能光伏发电系统时，系统设计应满足建筑结构及其他相应的安全性能要求，并不得降低相邻建筑的日照标准</td><td colspan="2"></td></tr>
<tr><td>一般项目</td><td>1</td><td colspan="2">太阳能光伏系统安装完成后应按设计要求或相关规定进行标识</td><td colspan="2"></td><td colspan="2"></td></tr>
<tr><td colspan="2">施工单位检查评定结果</td><td colspan="6">项目专业质量检查员：　　　　年　月　日</td></tr>
<tr><td colspan="2">监理（建设）单位验收结论</td><td colspan="6">监理工程师：
（建设单位项目代表）　　　　年　月　日</td></tr>
</table>

3.25 建筑物防雷工程[①]

3.25.1 接地装置安装检验批质量验收记录 GB 50601

<table>
<tr><td colspan="2">工程名称</td><td colspan="2"></td><td colspan="3">分项工程名称</td><td colspan="3"></td><td colspan="2">验收部位</td><td></td></tr>
<tr><td colspan="2">施工单位</td><td colspan="2"></td><td colspan="3">专业负责人</td><td colspan="3"></td><td colspan="2">项目经理</td><td></td></tr>
<tr><td colspan="3">施工执行标准名称及编号</td><td colspan="3"></td><td colspan="3">检验批编号</td><td colspan="4"></td></tr>
<tr><td colspan="4">质量验收规范规定</td><td colspan="8">施工单位检查评定记录</td><td>监理（建设）单位验收意见</td></tr>
<tr><td rowspan="6">主控项目</td><td>1</td><td colspan="2">利用建筑物桩基、梁、柱内钢筋做接地装置的自然接地体和为接地需要而专门埋设的人工接地体，应在地面以上按设计要求的位置设置可供测量、接人工接地体和做等电位连接用的连接板</td><td colspan="8"></td><td rowspan="8"></td></tr>
<tr><td>2</td><td colspan="2">接地装置的接地电阻值应符合设计文件的要求</td><td colspan="8"></td></tr>
<tr><td rowspan="3">3</td><td rowspan="3">在建筑物外人员可通过或停留的引下线与接地体连接处 3m 范畴内，应采纳防止跨步电压</td><td>铺设使地面电阻率不小于 50kΩ・m 的厚 5cm 的沥青层或厚 15cm 的砾石层</td><td colspan="8" rowspan="3"></td></tr>
<tr><td>设置阻止人员进入的护栏或警示牌</td></tr>
<tr><td>将接地体敷设成水平网格</td></tr>
<tr><td>4</td><td colspan="2">当工程设计文件对第一类防雷建筑物接地装置设计为独立接地时，独立接地体与建筑物基础地网及与其有联系的管道、电缆等金属物之间的间隔距离，应符合 GB 50057—2010《建筑物防雷设计规范》中第 4.2.1 条的规定</td><td colspan="8"></td></tr>
<tr><td rowspan="2">一般项目</td><td>1</td><td colspan="2">当设计无要求时，接地装置顶面埋设深度不应小于 0.5m。角钢、钢管、铜棒、铜管等接地体应垂直配置。人工垂直地体的长度宜为 2.5m，人工垂直地体之间的间距不宜小于 5m。人工接地体与建筑物外墙或基础之间的水平距离不宜小于 1m</td><td></td><td></td><td></td><td></td><td></td><td></td><td></td><td></td></tr>
<tr><td>2</td><td colspan="2">接地线连接要求及防止发生气械损害和化学腐蚀的措施，应符合 GB 50169—2016《电气装置安装工程接地装置施工及验收规范》中第 3.2.7、第 3.3.1 和第 3.3.3 条的规定</td><td></td><td></td><td></td><td></td><td></td><td></td><td></td><td></td></tr>
</table>

① 本部分的“GB 50601”代表依据为 GB 50601—2010《建筑物防雷工程施工与质量验收规范》。

接地装置安装检验批质量验收记录（续表） GB 50601

<table>
<tr><td colspan="2">工程名称</td><td colspan="3"></td><td>分项工程名称</td><td colspan="4"></td><td colspan="3">验收部位</td><td colspan="2"></td></tr>
<tr><td colspan="2">施工单位</td><td colspan="3"></td><td>专业负责人</td><td colspan="4"></td><td colspan="3">项目经理</td><td colspan="2"></td></tr>
<tr><td colspan="4">施工执行标准名称及编号</td><td colspan="2"></td><td colspan="4">检验批编号</td><td colspan="5"></td></tr>
<tr><td colspan="6">质量验收规范规定</td><td colspan="8">施工单位检查评定记录</td><td>监理（建设）单位验收意见</td></tr>
<tr><td rowspan="7">一般项目</td><td rowspan="6">3</td><td rowspan="6">接地体的连接应采纳焊接，并宜采纳放热焊接（热剂焊）。当采纳通用的焊接方法时，应在焊接处做防腐处理</td><td>焊接材料</td><td>搭接长度</td><td>焊接方法</td><td></td><td></td><td></td><td></td><td></td><td></td><td></td><td></td><td rowspan="7"></td></tr>
<tr><td>扁钢与扁钢</td><td>不应少于扁钢宽度的2倍</td><td>两个大面不应少于3个棱边焊接</td><td></td><td></td><td></td><td></td><td></td><td></td><td></td><td></td></tr>
<tr><td>圆钢与圆钢</td><td>不应少于圆钢直径的6倍</td><td>双面施焊</td><td></td><td></td><td></td><td></td><td></td><td></td><td></td><td></td></tr>
<tr><td>圆钢与扁钢</td><td>不应少于圆钢直径的6倍</td><td>双面施焊</td><td></td><td></td><td></td><td></td><td></td><td></td><td></td><td></td></tr>
<tr><td>扁钢与钢管、扁钢与角钢</td><td colspan="2">紧贴角钢外侧两面或紧贴3/4钢管表面上、下两侧施焊，并应焊以由扁钢弯成的弧形（或直角形）卡子或由扁钢本身弯成弧形或直角形与钢管或角钢焊接</td><td></td><td></td><td></td><td></td><td></td><td></td><td></td><td></td></tr>
<tr><td colspan="3">导体为铜材与铜材或铜材与钢材时，连接工艺应采纳放热焊接并应连接牢固</td><td></td><td></td><td></td><td></td><td></td><td></td><td></td><td></td></tr>
<tr><td>4</td><td colspan="4">测试与同一接地网连接的各相邻设备连接线的电气贯穿状况，其间直流过渡电阻不应大于0.2Ω</td><td></td><td></td><td></td><td></td><td></td><td></td><td></td><td></td></tr>
<tr><td colspan="2">施工单位检查评定结果</td><td colspan="13">项目专业质量检查员：　　　　年　月　日</td></tr>
<tr><td colspan="2">监理（建设）单位验收结论</td><td colspan="13">监理工程师：
（建设单位项目代表）　　　　年　月　日</td></tr>
</table>

3.25.2 引下线安装检验批质量验收记录 GB 50601

<table>
<tr><td>工程名称</td><td></td><td>分项工程名称</td><td></td><td>验收部位</td><td></td></tr>
<tr><td>施工单位</td><td></td><td>专业负责人</td><td></td><td>项目经理</td><td></td></tr>
<tr><td colspan="2">施工执行标准名称及编号</td><td colspan="2"></td><td>检验批编号</td><td></td></tr>
<tr><td colspan="4">质量验收规范规定</td><td>施工单位检查评定记录</td><td>监理（建设）单位验收意见</td></tr>
<tr><td rowspan="7">主控项目</td><td>1</td><td colspan="2">引下线的安装布置应符合 GB 50057—2010《建筑物防雷设计规范》的有关规定，第一类、第二类和第三类防雷建筑物专设引下线不应少于两根，并应沿建筑物周围平均布设，其平均间距分别不应大于 12m、18m 和 25m</td><td></td><td rowspan="7"></td></tr>
<tr><td>2</td><td colspan="2">明敷的专用引下线应分段固定，并应以最短路径敷设到接地体，敷设应平正顺直、无急弯。焊接固定的焊缝应饱满无遗漏，螺栓固定应有防松零件（垫圈），焊接部分的防腐应完整</td><td></td></tr>
<tr><td rowspan="2">3</td><td rowspan="2">建筑物外的引下线敷设在人员可停留或通过的区域时，应采纳下列一种或多种方法，防止接触电压和旁侧闪络电压对人员造成伤害</td><td>外露引下线在高 2.7m 以下部分穿厚度不小于 3mm 的交联聚乙烯管，交联聚乙烯管应能耐受 100kV 冲击电压（1.2/50μs 波形）</td><td></td></tr>
<tr><td>应当设置阻止人员进入的护拦或警示牌。护拦与引下线水平距离不应小于 3 m</td><td></td></tr>
<tr><td>4</td><td colspan="2">引下线两端应分别与接闪器和接地装置做可靠的电气连接</td><td></td></tr>
<tr><td>5</td><td colspan="2">引下线上应无附着的其他电气线路，在通信塔或其他高耸金属构架起接闪作用的金属物上敷设电气线路时，线路应采纳直埋于土壤中的铠装电缆或穿金属管敷设的导线。电缆的金属护层或金属管应两端接地，埋入土壤中的长度不应小于 10m</td><td></td></tr>
<tr><td>6</td><td colspan="2">引下线安装与易燃材料的墙壁或墙体保温层间距应大于 0.1m</td><td></td></tr>
</table>

引下线安装检验批质量验收记录（续表 1） GB 50601

<table>
<tr><td colspan="2">工程名称</td><td colspan="4"></td><td colspan="4">分项工程名称</td><td colspan="4"></td><td>验收部位</td><td></td></tr>
<tr><td colspan="2">施工单位</td><td colspan="4"></td><td colspan="4">专业负责人</td><td colspan="4"></td><td>项目经理</td><td></td></tr>
<tr><td colspan="4">施工执行标准名称及编号</td><td colspan="6"></td><td colspan="2">检验批编号</td><td colspan="4"></td></tr>
<tr><td colspan="6">质量验收规范规定</td><td colspan="8">施工单位检查评定记录</td><td colspan="2">监理（建设）单位验收意见</td></tr>
<tr><td rowspan="7">一般项目</td><td rowspan="5">1</td><td rowspan="5">引下线固定支架应固定可靠，每个固定支架应能承担49N的垂直拉力。固定支架的高度不宜小于150mm，固定支架应平均</td><td>布置方式</td><td>扁形导体和绞线固定支架的间距（mm）</td><td>单根圆形导体固定支架的间距（mm）</td><td colspan="8"></td><td colspan="2" rowspan="7"></td></tr>
<tr><td>水平面上的水平导体</td><td>500</td><td>1000</td><td></td><td></td><td></td><td></td><td></td><td></td><td></td><td></td></tr>
<tr><td>垂直面上的水平导体</td><td>500</td><td>1000</td><td></td><td></td><td></td><td></td><td></td><td></td><td></td><td></td></tr>
<tr><td>地面至20m处的垂直导体</td><td>1000</td><td>1000</td><td></td><td></td><td></td><td></td><td></td><td></td><td></td><td></td></tr>
<tr><td>从 20m 处起往上的垂直导体</td><td>500</td><td>1000</td><td></td><td></td><td></td><td></td><td></td><td></td><td></td><td></td></tr>
<tr><td>2</td><td colspan="4">引下线可利用建筑物的钢梁、钢柱、消防梯等金属构件作为自然引下线，金属构件之间应电气贯穿。当利用混凝土内钢筋、钢柱作为自然引下线并采纳基础钢筋接地体时，不宜设置断接卡，但应在室外墙体上留出供测量用的测接地电阻孔洞及与引下线相连的测试点接头。暗敷的自然引下线（柱内钢筋）的施工应符合GB 50204—2015《混凝土结构工程施工质量验收规范》中第5章的的规定。混凝土柱内钢筋，应按工程设计文件要求采纳土建施工的绑扎法、螺纹连接等机械连接或对焊、搭焊等焊接连接</td><td></td><td></td><td></td><td></td><td></td><td></td><td></td><td></td></tr>
<tr><td>3</td><td colspan="4">在易受机械损害之处，地面上 1.7m 至地面下 0.3m 的一段接地应采纳暗敷爱护，也可采纳镀锌角钢、改性塑料管或橡胶等爱护，并应在每一根引下线上距地面不低于 0.3m 处设置断接卡连接</td><td></td><td></td><td></td><td></td><td></td><td></td><td></td><td></td></tr>
</table>

引下线安装检验批质量验收记录（续表 2） GB 50601

<table>
<tr><td colspan="2">工程名称</td><td colspan="2"></td><td colspan="4">分项工程名称</td><td colspan="3"></td><td>验收部位</td><td></td></tr>
<tr><td colspan="2">施工单位</td><td colspan="2"></td><td colspan="4">专业负责人</td><td colspan="3"></td><td>项目经理</td><td></td></tr>
<tr><td colspan="3">施工执行标准名称及编号</td><td colspan="5"></td><td colspan="2">检验批编号</td><td colspan="3"></td></tr>
<tr><td colspan="3">质量验收规范规定</td><td colspan="8">施工单位检查评定记录</td><td colspan="2">监理（建设）单位验收意见</td></tr>
<tr><td rowspan="3">一般项目</td><td>4</td><td>当设计要求引下线的连接采纳焊接时，焊接要求应符合 GB 50601—2010《建筑物防雷工程施工与质量验收规范》第 4.1.2 条第 4 款的规定</td><td></td><td></td><td></td><td></td><td></td><td></td><td></td><td></td><td colspan="2" rowspan="3"></td></tr>
<tr><td>5</td><td>引下线不应敷设在下水管道内，并不宜敷设在排水槽沟内</td><td></td><td></td><td></td><td></td><td></td><td></td><td></td><td></td></tr>
<tr><td>6</td><td>测量引下线两端和引下线连接处的电气连接状况，其间直流过渡电阻值不应大于 0.2Ω</td><td></td><td></td><td></td><td></td><td></td><td></td><td></td><td></td></tr>
<tr><td>施工单位检查评定结果</td><td colspan="12">项目专业质量检查员：　　　　年　月　日</td></tr>
<tr><td>监理（建设）单位验收结论</td><td colspan="12">监理工程师：
（建设单位项目代表）　　　　年　月　日</td></tr>
</table>

3.25.3 接闪器安装检验批质量验收记录 GB 50601

工程名称		分项工程名称		验收部位	
施工单位		专业负责人		项目经理	
施工执行标准名称及编号			检验批编号		

质量验收规范规定			施工单位检查评定记录	监理（建设）单位验收意见
主控项目	1	建筑物顶部和外墙上的接闪器必须与建筑物栏杆、旗杆、吊车梁、管道、设备、太阳能热水器、门窗、幕墙支架等外露的金属物进行电气连接		
	2	接闪器的安装布置应符合工程设计文件要求，并应符合 GB 50057—2010《建筑物防雷设计规范》中对不同类别防雷建筑物接闪器布置的要求		
	3	位于建筑物顶部的接闪导线可按工程设计文件要求暗敷在混凝土女儿墙或混凝土屋面内。当采纳暗敷时，作为接闪导线的钢筋施工应符合 GB 50204—2015《混凝土结构工程施工质量验收规范》中第 5 章的规定。高层建筑物的接闪器应采取明敷方法。在多雷区，宜在屋面拐角处安装短接闪杆		
	4	专用接闪杆应能承担 0.7kN/m^2 左右的风压，在经常发生台风和大于 11 级大风的地区，宜增大接闪杆的尺寸		
	5	接闪器上应无附着的其他电气线路或通信线、信号线，设计文件中有其他电气线和通信线敷设在通信塔上时，应符合 GB 50601—2010《建筑物防雷工程施工与质量验收规范》第 5.1.1 条第 5 款的规定		

接闪器安装检验批质量验收记录（续表） GB 50601

<table>
<tr><td colspan="2">工程名称</td><td></td><td colspan="4">分项工程名称</td><td colspan="4"></td><td>验收部位</td><td></td></tr>
<tr><td colspan="2">施工单位</td><td></td><td colspan="4">专业负责人</td><td colspan="4"></td><td>项目经理</td><td></td></tr>
<tr><td colspan="3">施工执行标准名称及编号</td><td colspan="4"></td><td colspan="4">检验批编号</td><td colspan="2"></td></tr>
<tr><td colspan="3">质量验收规范规定</td><td colspan="8">施工单位检查评定记录</td><td colspan="2">监理（建设）单位验收意见</td></tr>
<tr><td rowspan="6">一般项目</td><td>1</td><td>当利用建筑物金属屋面、旗杆、铁塔等金属物作为接闪器时，建筑物金属屋面、旗杆、铁塔等金属物的材料、规格应符合 GB 50601—2010《建筑物防雷工程施工与质量验收规范》附录 B 的有关规定</td><td></td><td></td><td></td><td></td><td></td><td></td><td></td><td></td><td colspan="2" rowspan="6"></td></tr>
<tr><td>2</td><td>专用接闪杆位置应正确，焊接固定的焊缝应饱满无遗漏，焊接部分防腐应完整。接闪导线应位置正确、平正顺直、无急弯。焊接的焊缝应饱满无遗漏，螺栓固定的应有防松零件</td><td></td><td></td><td></td><td></td><td></td><td></td><td></td><td></td></tr>
<tr><td>3</td><td>接闪导线焊接时的搭接长度及焊接方法应符合 GB 50601—2010《建筑物防雷工程施工与质量验收规范》第 4.1.2 条第 4 款的规定</td><td></td><td></td><td></td><td></td><td></td><td></td><td></td><td></td></tr>
<tr><td>4</td><td>固定接闪导线的固定支架应固定可靠，每个固定支架应能承担 49N 的垂直拉力。固定支架应平均，并应符合 GB 50601—2010《建筑物防雷工程施工与质量验收规范》表 5.1.2 的要求</td><td></td><td></td><td></td><td></td><td></td><td></td><td></td><td></td></tr>
<tr><td>5</td><td>接闪器在建筑物伸缩缝处的跨接及坡屋面上施工可按 GB 50601—2010《建筑物防雷工程施工与质量验收规范》附录 D 中图 D.0.3-1 至图 D.0.3-3 执行</td><td></td><td></td><td></td><td></td><td></td><td></td><td></td><td></td></tr>
<tr><td>6</td><td>检查接闪器与大尺寸金属物体的电气连接情形，其间直流过渡电阻值不应大于 0.2Ω</td><td></td><td></td><td></td><td></td><td></td><td></td><td></td><td></td></tr>
<tr><td colspan="2">施工单位检查评定结果</td><td colspan="11">
项目专业质量检查员：　　　　　　年　月　日</td></tr>
<tr><td colspan="2">监理（建设）单位验收结论</td><td colspan="11">
监理工程师：
（建设单位项目代表）　　　　　　年　月　日</td></tr>
</table>

3.25.4 等电位连接安装检验批质量验收记录 GB 50601

工程名称		分项工程名称		验收部位	
施工单位		专业负责人		项目经理	
施工执行标准名称及编号			检验批编号		

质量验收规范规定			施工单位检查评定记录	监理（建设）单位验收意见
主控项目	1	除应符合 GB 50601—2010《建筑物防雷工程施工与质量验收规范》第 6.1.1 条第 1 款的规定，尚应按 GB 50057—2010《建筑物防雷设计规范》中对各类防雷建筑物的规定，对进出建筑物的金属管线做等电位连接		
	2	在建筑物入户处应做总等电位连接。建筑物等电位连接干线与接地装置应有不少于 2 处的直接连接		
	3	第一类防雷建筑物和具有 1 区、2 区、21 区及 22 区爆炸危险场所的第二类防雷建筑物内（外）的金属管道、构架和电缆金属外皮等长金属物的跨接，应符合 GB 50057—2010《建筑物防雷设计规范》的有关规定		
一般项目	1	等电位连接可采取焊接、螺钉或螺栓连接等。当采用焊接时，应符合 GB 50601—2010《建筑物防雷工程施工与质量验收规范》第 4.1.2 条第 4 款的规定		
	2	第一类防雷建筑物中长金属物的弯头、阀门、法兰盘等连接处的过渡电阻不应大于 0.03Ω；连在额定值为 16A 的断路器线路中，同时触及的外露可导电部分和装置外可导电部分之间的电阻不应大于 0.24Ω；等电位连接带与连接范畴内的金属管道等金属体末端之间的直流过渡电阻值不应大于 3Ω		
	3	在建筑物后续防雷区界面处的等电位连接应符合 GB 50057—2010《建筑物防雷设计规范》的有关规定		
	4	电子系统设备机房的等电位连接应按照电子系统的工作频率分别采纳星形结构（S 型）或网形结构（M 型）。工作频率小于 300kHz 的模拟线路，可采纳星形结构等电位连接网络；频率为兆赫（MHz）级的数字线路，应采纳网形结构等电位连接网络		
	5	直流过渡电阻值不应大于 0.2Ω		
施工单位检查评定结果		项目专业质量检查员： 年 月 日		
监理（建设）单位验收结论		监理工程师： （建设单位项目代表） 年 月 日		

3.25.5 屏蔽装置安装检验批质量验收记录 GB 50601

<table>
<tr><td>工程名称</td><td colspan="3"></td><td>分项工程名称</td><td></td><td>验收部位</td><td></td></tr>
<tr><td>施工单位</td><td colspan="3"></td><td>专业负责人</td><td></td><td>项目经理</td><td></td></tr>
<tr><td colspan="3">施工执行标准名称及编号</td><td colspan="2"></td><td>检验批编号</td><td colspan="2"></td></tr>
<tr><td colspan="3">质量验收规范规定</td><td colspan="3">施工单位检查评定记录</td><td colspan="2">监理（建设）单位验收意见</td></tr>
<tr><td rowspan="3">主控项目</td><td>1</td><td>当工程设计文件要求为了防止雷击电磁脉冲对室内电子设备产生损害或干扰而需采取屏蔽措施时，屏蔽工程施工应符合工程设计文件和 GB 50462—2015《数据中心基础设施施工及验收规范》的有关规定</td><td colspan="3"></td><td colspan="2" rowspan="3"></td></tr>
<tr><td>2</td><td>当工程设计文件有防雷专用屏蔽室时，屏蔽壳体、屏蔽门、各类滤波器、截止通风导窗、屏蔽玻璃窗、屏蔽暗箱的安装，应符合工程设计文件的要求。屏蔽室的等电位连接应符合 GB 50601—2010《建筑物防雷工程施工与质量验收规范》第 7.1.2. 条第 3 款的规定</td><td colspan="3"></td></tr>
<tr><td>3</td><td>对壳体的所有接缝、屏蔽门、截止波导通风窗、滤波器等屏蔽接口使用电磁屏蔽检漏仪进行连续检漏</td><td colspan="3"></td></tr>
<tr><td rowspan="3">一般项目</td><td>1</td><td>设有电磁屏蔽室的机房，建筑结构应满足屏蔽结构对荷载的要求</td><td colspan="3"></td><td colspan="2" rowspan="3"></td></tr>
<tr><td>2</td><td>电磁屏蔽室与建筑物内墙之间宜预留修理通道</td><td colspan="3"></td></tr>
<tr><td>3</td><td>检查壳体的等电位连接状况，其间直流过渡电阻值不应大于 0.2Ω</td><td colspan="3"></td></tr>
<tr><td>施工单位检查评定结果</td><td colspan="7">项目专业质量检查员：　　　　年　月　日</td></tr>
<tr><td>监理（建设）单位验收结论</td><td colspan="7">监理工程师：
（建设单位项目代表）　　　　年　月　日</td></tr>
</table>

3.25.6 综合布线安装检验批质量验收记录 GB 50601

<table>
<tr><td>工程名称</td><td colspan="3"></td><td>分项工程名称</td><td colspan="2"></td><td>验收部位</td><td></td></tr>
<tr><td>施工单位</td><td colspan="3"></td><td>专业负责人</td><td colspan="2"></td><td>项目经理</td><td></td></tr>
<tr><td colspan="3">施工执行标准名称及编号</td><td colspan="2"></td><td>检验批编号</td><td colspan="3"></td></tr>
<tr><td colspan="4">施工质量验收规范的规定</td><td colspan="4">施工单位检查评定记录</td><td>监理（建设）单位验收意见</td></tr>
<tr><td rowspan="3">主控项目</td><td>1</td><td colspan="2">低压配电线路（三相或单相）的单芯线缆不应单独穿于金属管内</td><td colspan="4"></td><td rowspan="3"></td></tr>
<tr><td>2</td><td colspan="2">不同回路、不同电压等级的交流电线和直流电线不应穿于同一金属管中，同一交流回路的电线应穿于同一金属管中，管内电线不得有接头</td><td colspan="4"></td></tr>
<tr><td>3</td><td colspan="2">爆炸危险场所使用的电线（电缆）的额定耐受电压值不应低于750V，且必须穿在金属管中</td><td colspan="4"></td></tr>
<tr><td rowspan="5">一般项目</td><td rowspan="3">1</td><td rowspan="3">当信息技术电缆与供配电电缆同属一个电缆治理系统和同一路由时</td><td>电缆布线系统的全部外露可导电部分，均应按GB 50601—2010《建筑物防雷工程施工与质量验收规范》第7.1节的要求进行等电位连接</td><td colspan="4"></td><td rowspan="5"></td></tr>
<tr><td>由分线箱引出的信息技术电缆与供配电电缆平行敷设的长度大于35m时，从分线箱起的20m内应采取隔离措施，也可保持两线缆之间有30mm以上的间距，或在槽盒中加金属板隔开</td><td colspan="4"></td></tr>
<tr><td>在条件许可时，宜采纳多层走线槽盒，强电线路、弱电线路宜分层布设</td><td colspan="4"></td></tr>
<tr><td>2</td><td colspan="2">低压配电系统的电线色标应符合相线采用黄色、绿色、红色，中性线用浅蓝色，保护线用绿和黄双色线的要求</td><td colspan="4"></td></tr>
<tr><td>3</td><td colspan="2">综合布线工程电气测试应符合GB 50312—2016《综合布线系统工程验收规范》的规定</td><td colspan="4"></td></tr>
<tr><td>施工单位检查评定结果</td><td colspan="8">项目专业质量检查员： 年 月 日</td></tr>
<tr><td>监理（建设）单位验收结论</td><td colspan="8">监理工程师：
（建设单位项目代表） 年 月 日</td></tr>
</table>

3.25.7 电涌保护器安装检验批质量验收记录 GB 50601

工程名称		分项工程名称		验收部位	
施工单位		专业负责人		项目经理	
施工执行标准名称及编号			检验批编号		
质量验收规范规定				施工单位检查评定记录	监理（建设）单位验收意见
主控项目	1	低压配电系统中SPD的安装布置应符合工程设计文件的要求，并应符合GB 16895.22—2004《建筑物电气装置第5-53部分：电气设备的选择和安装 隔离、开关和操纵设备及第534节：过电压保护电器》、GB/T 18802.12—2014《低压电涌保护器（SPD）第12部分：低压配电系统的电涌保护器》和GB 50057—2010《建筑物防雷设计规范》的有关规定			
	2	电子系统信号网络中的SPD的安装布置应符合工程设计文件的要求，并应符合GB/T 18802.22—2019《低压电涌保护器 第22部分：电信和信号网络的电涌爱护器 选择和使用导则》和GB 50057—2010《建筑物防雷设计规范》的有关规定			
	3	当SPD内部未设计热脱扣装置时，对失效状态为短路型的SPD，应在其前端安装熔丝、热熔线圈或断路器进行后备过电流爱护			
一般项目	1	当低压配电系统中安装的第一级SPD与被爱护设备之间关系无法满足下列条件时，应在靠近被爱护设备的分配电盘或设备前端安装第二级SPD	第一级SPD的有效电压爱护水平低于设备的耐过电压额定值时		
			第一级SPD的有效电压爱护水平低于设备的耐过电压额定值时		
			在建筑物内部不存在雷击放电或内部干扰源产生的电磁场干扰时		

电涌保护器安装检验批质量验收记录（续表） GB 50601

<table>
<tr><td colspan="2">工程名称</td><td></td><td colspan="4">分项工程名称</td><td colspan="4"></td><td>验收部位</td><td></td></tr>
<tr><td colspan="2">施工单位</td><td></td><td colspan="4">专业负责人</td><td colspan="4"></td><td>项目经理</td><td></td></tr>
<tr><td colspan="3">施工执行标准名称及编号</td><td colspan="4"></td><td colspan="4">检验批编号</td><td></td></tr>
<tr><td colspan="3">质量验收规范规定</td><td colspan="8">施工单位检查评定记录</td><td>监理（建设）单位验收意见</td></tr>
<tr><td rowspan="3">一般项目</td><td>2</td><td>无明确的产品安装指南时，开关型 SPD 与限压型 SPD 之间的线路长度不宜小于 10m，限压型 SPD 之间的线路长度不宜小于 5m。当 SPD 之间的线路长度小于 10m（或 5m）时应加装退耦的电感（或电阻）元件。生产厂明确在其产品中已有能量配合的措施时，可不再接退耦元件</td><td></td><td></td><td></td><td></td><td></td><td></td><td></td><td></td><td rowspan="3"></td></tr>
<tr><td>3</td><td>在电子信号网络中安装的第一级 SPD 应安装在建筑物入户处的配线架上，当传输电缆直接接至被爱护设备的接口时，宜安装在设备接口上</td><td></td><td></td><td></td><td></td><td></td><td></td><td></td><td></td></tr>
<tr><td>4</td><td>SPD 两端连线的材料和最小截面要求应符合 GB 50601—2010《建筑物防雷工程施工与质量验收规范》附录 B 中表 B.2.2 的规定。连线应短且直，总连线长度不宜大于 0.5m，如有实际困难，可按 GB 50601—2010《建筑物防雷工程施工与质量验收规范》附录 D 中图 D.0.7-2 所示的采纳 V 形连接</td><td></td><td></td><td></td><td></td><td></td><td></td><td></td><td></td></tr>
<tr><td colspan="2">施工单位检查评定结果</td><td colspan="10">
项目专业质量检查员：　　　　年　月　日</td></tr>
<tr><td colspan="2">监理（建设）单位验收结论</td><td colspan="10">
监理工程师：
（建设单位项目代表）　　　　年　月　日</td></tr>
</table>

石油天然气建设工程
质量资料标准化管理手册

（2021年修订版）

下　册

主　编：郭占春
副主编：贺　琦　毛升好　白金亮

石油工业出版社

内 容 提 要

下册由第四篇内容组成，共十七章。（列出了按照石油天然气施工质量验收标准编制的通信工程共四个部分的检验批质量验收记录表格。同时包含了依据国家现行的 GB 50300《建筑工程施工质量验收统一标准》系列规范内容，编制的建筑地基与基础、砌体、混凝土结构、钢结构、屋面、地下防水、建筑地面、建筑装饰装修、建筑给水排水及采暖、建筑防腐蚀、建筑电气、建筑节能、建筑防雷等相关专业的检验批质量验收记录，完善了石油天然气建设工程中建（构）筑物检验批质量验收记录的内容，填补了石油天然气行业建（构）筑物工程无统一检验批验收记录的空白。）

图书在版编目（CIP）数据

石油天然气建设工程质量资料标准化管理手册 / 郭占春主编 . —北京：石油工业出版社，2022.4

ISBN 978-7-5183-5127-5

Ⅰ . ①石…　Ⅱ . ①郭…　Ⅲ . ①石油工程 – 技术档案 – 档案管理 – 标准化管理 – 手册②天然气工程 – 技术档案 – 档案管理 – 标准化管理 – 手册　Ⅳ . ① G275.3-62

中国版本图书馆 CIP 数据核字（2021）第 259566 号

出版发行：石油工业出版社
（北京安定门外安华里 2 区 1 号楼　100011）
网　址：www. petropub. com
编辑部：（010）64523757　图书营销中心：（010）64523633
经　销：全国新华书店
印　刷：北京晨旭印刷厂

2022 年 4 月第 1 版　2022 年 4 月第 1 次印刷
787 × 1092 毫米　开本：1/16　印张：100.25
字数：2560 千字

定价：500.00 元（上中下）
（如出现印装质量问题，我社图书营销中心负责调换）

《石油天然气建设工程质量资料标准化管理手册》编委会

主　　编：郭占春

副 主 编：贺　琦　毛升好　白金亮

编写人员：邓　军　周生来　饶旻久　李　波　宋养庆　齐　涛
朱　永　杨林兵　樊宁军　唐　勇　吴永峰　雷晓青
吕勇兵　谷晓鹏　苏大超　张　涛　梁　鹏　高　武
和莉园　温国志　张晓鹏　孙永忠　张玉芳　叶小黄
曾登高　王大文　刘保平　陈均涛

序

PREFACE

长庆油田经过50年的奋发拼搏，在横跨陕、甘、宁、蒙四省（自治区）的鄂尔多斯盆地上，开发建设了马岭、安塞、靖安、西峰、靖边、榆林、姬塬、苏里格等多个油气田。特别是近几年，紧密围绕高质量、高水平全面建设“西部大庆”这一战略目标，加快发展，依靠科技创新和管理创新，攻克“三低”（低渗透率、低压、低丰度）油气藏一系列技术难关，大力实施勘探开发一体化，施行“四化”（标准化设计、模块化建设、数字化管理、市场化运作）管理模式，以年净增长500万吨油气当量持续发展，相当于每年建成一个中型油气田，截至2020年底油气当量已跨越6000万吨大关。

随着发展速度的不断加快，面对油气藏复杂、开采难度大、工作量繁重的困难和建设项目点多、线长、面广的地域特征及建设规模大、建设速度快、技术创新强、参建单位多的特点，长庆油田地面工程建设系统不断完善推行标准化体系建设，以“标准化设计、模块化建设”为抓手，走市场化之路，强化质量管控，用数字化提升油田管理水平，大幅缩短了工程建设周期，实现了“工期、质量、安全、投资”各项控制目标，涌现出一批中国石油和国家优质工程。

展望未来，前景光明，任重道远。长庆油田制订了到2025年原油产量达到2800万吨、天然气产量达到450亿立方米、油气当量突破6300万吨的宏大目标。为实现更大的发展，油气田地面工程大规模建设仍然将持续进行。安全为天，质量为本，石油天然气新建、扩建、改建工程质量是油气田实现本质安全生产的基础。石油天然气长庆工程质量监督站专业技术骨干结合油气田建设实际，本着监督与服务相结合的理念，开拓进取，总结提炼，以严格贯彻执行国家、石油天然气行业、企业（中国石油）的相关标准规范为准则，编写了《石油天然气建设工程质量资料标准化管理手册》。希望该手册的应用能很好地确保地面工程建设各环节质量管理资料实现标准化，能够有益于进一步强化全员、全方位、全过程质量管控，有助于健全油气田地面工程建设标准化体系，为长庆油田攀登新高峰，高质量、高水平全面建成“西部大庆”发挥保障作用。

2021年3月

前言

PREFACE

石油天然气建设工程形成的工程资料，是工程内在质量、本质安全的真实记载，是
程建设质量管理及技术管理的全面反映，是工程从开工到交工全部活动按规定要求实施
已达到规定结果的证明文件，也是对工程质量事故原因分析和质量责任追究的依据。工
资料满足“真实准确、全面系统、科学合理、合法有效、易于追溯、利于保存、便于查
”的要求，是工程建设标准化管理的具体体现。

为满足建设、监理、施工、检测等单位的需求，规范、统一石油天然气建设工程质
验收和工程质量资料的收集、整理和归档工作，达到服务建设工程的目的，长庆油田组
人员重新修订《石油天然气建设工程质量资料标准化管理手册（2013 版）》（以下简称
手册 2013 版》），基于以下三点：一是近年来施工验收规范大部分进行了修订，例如 SY
00 系列标准全部进行了更新换代，GB 50300 系列标准也有 7 个进行了重新修订，所以
《手册（2013 版）》的修订编写势在必行；二是增添了新的内容，特别是以前部分工程
法做技术资料，例如通信工程、非金属管道工程、管道内防腐工程等，在《手册（2013
）》中无工程技术资料表格，此次修订增加了相关内容，进一步完善了油气田工程资料
完整性；三是近两年在审核油气竣工工程资料过程中发现施工单位在使用《手册（2013
）》编制资料时，检验批检查项目、技术参数多数依照旧版标准填写，并且一些检验批
料无标准格式，导致整体资料编制工作不严谨，基于以上考虑，对《手册（2013 版）》
的修订是当务之急。

此次修订工作依然坚持“科学、全面、实用、高效”的原则，主要以 GB/T 51317—2019《石油天然气工程施工质量验收统一标准》、GB 50300—2013《建筑工程施工质量验收统一标准》及《油气田地面建设工程（项目）竣工验收手册（2017 版）》等技术规范为依据，将施工质量验收记录和交工技术文件，按照工程质量资料标准化要求进行了完善集成，提供了相应的样表及填写范例，以供参建各方结合工程实际选用。

《石油天然气建设工程质量资料标准化管理手册（2021 年修订版）》（以下简称本《手册》）共三册，由四篇 47 章构成。其中上册包含第一篇、第二篇及部分第三篇内容，共 17 章，主要叙述石油天然气建设工程划分、施工质量验收组织、质量验收记录填写、施工记录填写等内容。中册包含第三篇的 13 章内容，依据 GB/T 51317—2019《石油天然气工程施工质量验收统一标准》及相关系列标准的规定编制了石油天然气建设工程的相关专业检验批施工质量验收记录；同时，依据 GB 50300—2013《建筑工程施工质量验收统一标准》及相关专业标准的检查项目和检查内容，重点编制了建（构）筑工程检验批施工质量验收记录。下册包含第四篇 17 章内容，主要收集、补充、完善了不同专业的施工技术

资料表格和无损检测、监理单位的资料用表等。

由于县级以上质量技术监督部门负责本行政区域内锅炉压力容器使用登记的监督理工作，并对锅炉安装施工技术资料及表格做了相应的规定，因此本《手册》不做统一求。另外，工程理化实验资料，由于受地域影响，实验报告表格较难统一，故以理化实机构出具的实验报告为准，本《手册》也不做统一要求。

另外，需要注意的是：按照石油天然气行业质量验收标准编制的施工质量检验批验记录标注有“SY/T 42××”字样；按照国家质量验收标准编制的施工质量检验批验收录标注有“GB/T 50×××”字样。

鉴于编者水平有限，本《手册》中难免存在问题和错误，敬请同行、专家多提宝贵见，以便改进。

目录
CONTENTS

下　册

4　石油天然气建设工程交工验收文件

.1　通用部分……………………………………………………………………… 1066
4.1.1　封面……………………………………………………………………1066
4.1.2　卷内备考表……………………………………………………………1067
4.1.3　工程说明………………………………………………………………1068
4.1.4　工程划分明细…………………………………………………………1069
4.1.5　工程开工报告…………………………………………………………1070
4.1.6　工程停工报告…………………………………………………………1071
4.1.7　工程复工报告…………………………………………………………1072
4.1.8　工程完工（中间）交接证书…………………………………………1073
4.1.9　工程交工验收证书……………………………………………………1074
4.1.10　工程交接项目统计表………………………………………………1075
4.1.11　工程延期报告………………………………………………………1076
4.1.12　工程竣工报告………………………………………………………1077
4.1.13　工程尾项协议书……………………………………………………1078
4.1.14　尾项工程验收单……………………………………………………1079
4.1.15　__________交接记录……………………………………………1080
4.1.16　工程完工证书………………………………………………………1081
4.1.17　交工技术文件移交证书……………………………………………1082
4.1.18　施工组织设计审批表………………………………………………1083
4.1.19　__________施工方案审批表………………………………………1084
4.1.20　焊工登记表…………………………………………………………1085
4.1.21　图纸会审记录………………………………………………………1086
4.1.22　设计技术交底会议纪要……………………………………………1087
4.1.23　设计变更单…………………………………………………………1088
4.1.24　设计联络单…………………………………………………………1089
4.1.25　设备材料改代核定单………………………………………………1090

4.1.26 施工现场质量管理检查记录……109
4.1.27 ____________分项工程质量验收记录……109
4.1.28 ____________分部（子分部）工程质量验收记录……109
4.1.29 单位（子单位）工程质量交工验收申请报告……109
4.1.30 ____________单位（子单位）工程质量验收记录……109
4.1.31 工程质量控制资料核查记录……109
4.1.31.1 ________单位（子单位）工程质量控制资料核查记录（设备类）……1096
4.1.31.2__单位（子单位）工程质量控制资料核查记录（储罐类）……1098
4.1.31.3 ________单位（子单位）工程质量控制资料核查记录（管道类）……1100
4.1.31.4 ________单位（子单位）工程质量控制资料核查记录（仪表）……1105
4.1.31.5 ________单位（子单位）工程质量控制资料核查记录（电气）……1106
4.1.31.6 ________单位（子单位）工程质量控制资料核查记录（净化厂）……1108
4.1.31.7 ________单位（子单位）工程质量控制资料核查记录（道桥）……1110
4.1.31.8 ________单位（子单位）工程质量控制资料核查记录（建筑）……1111
4.1.32 ____________质量事故处理记录……1113
4.1.33 合格证（质量证明文件）汇总表……1114
4.1.34 合格证（质量证明文件）粘贴表……1115
4.1.35 设备开箱检查记录……1116
4.1.36 隐蔽工程检查记录……1117
4.1.37 工序交接记录……1118
4.1.38 ____________安装（试验）记录……1119
4.1.39 接地电阻测试记录……1120
4.1.40 水准点一览表……1121
4.1.41 交桩记录表……1122
4.1.42 现场经济签证……1123
4.1.43 设计变更（联络单）明细表……1124
4.2 站内工艺安装……1125
4.2.1 阀门试验记录……1125
4.2.2 管道焊接工作记录……1126
4.2.3 焊缝热处理记录……1127

4.2.4 通风、排风管道施工记录……1128
4.2.5 管道补偿器安装记录……1129
4.2.6 管道支、吊架安装记录……1130
4.2.7 管道压力试验检查记录……1131
4.2.8 管道系统压力试验和泄漏性试验记录……1132
4.2.9 工艺管道吹扫（清洗）记录……1133
3 设备安装……1134
4.3.1 设备基础检查验收记录……1134
4.3.2 机器拆检及组装记录……1135
4.3.3 机器安装记录……1136
4.3.4 设备安装垫铁隐蔽工程记录……1137
4.3.5 联轴器对中记录……1138
4.3.6 润滑油系统冲洗检查记录……1139
4.3.7 机组试运前系统确认记录……1140
4.3.8 机器单机试车记录……1141
4.3.9 离心式压缩机单机试车记录……1142
4.3.10 立式设备安装记录……1143
4.3.11 卧式设备安装记录……1144
4.3.12 设备现场组焊记录……1145
4.3.13 设备填充记录……1146
4.3.14 设备清理检查封闭记录……1147
4.3.15 设备耐压试验报告……1148
4.3.16 设备 / 管道防腐、保温、保冷、涂漆施工记录……1149
4.3.17 塔盘安装记录……1150
4.3.18 空冷器及风筒构件安装记录……1152
4.3.19 空冷器风机安装记录……1153
4.3.20 抽油机安装记录……1154
4.3.21 火炬安装质量检查记录……1155
4.3.22 烟囱、烟道安装检查记录……1156
4.4 立式储罐安装……1157
4.4.1 储罐基础检查验收记录……1157
4.4.2 储罐壁板组装检查记录……1158
4.4.3 储罐焊接记录……1159
4.4.4 储罐焊缝返修记录……1160
4.4.5 储罐罐体几何尺寸检查记录……1161
4.4.6 储罐总体试验记录……1162
4.4.7 储罐基础沉降观测记录……1163

4.5 球罐制造安装 …… 11
4.5.1 球罐交工验收证明书 …… 1
4.5.2 球壳板、支柱到货检验报告 …… 1
4.5.3 球罐基础检查验收记录 …… 1
4.5.4 球罐焊接记录 …… 11
4.5.5 球罐焊缝返工记录 …… 11
4.5.6 球罐焊后外观及几何尺寸检查报告 …… 11
4.5.7 球罐支柱安装检查记录 …… 11
4.5.8 球罐焊后整体热处理报告 …… 11
4.5.9 球罐耐压试验报告 …… 11
4.5.10 球罐气密性试验报告 …… 11
4.5.11 球罐基础沉降观测记录 …… 11
4.6 集输管道安装 …… 11
4.6.1 管道试压记录 …… 11
4.6.2 管沟开挖施工验收记录 …… 11
4.6.3 管道里程、转角、测试、标志桩埋设记录 …… 11
4.6.4 埋地管道防腐层地面检漏记录 …… 11
4.6.5 防腐补口剥离强度试验记录 …… 11
4.6.6 防腐绝缘层电火花检测记录 …… 11
4.6.7 牺牲阳极埋设记录 …… 11
4.6.8 牺牲阳极电参数测试记录 …… 11
4.6.9 阴极保护工程施工记录 …… 118
4.6.10 强制电流阴极保护电参数测试记录 …… 118
4.6.11 定向钻穿越工程质量验收表 …… 118
4.6.12 水平钻穿越管道就位检查记录 …… 118
4.6.13 顶管穿越顶进套管检查记录 …… 118
4.6.14 管道穿越工程隐蔽检查记录 …… 1188
4.6.15 管架安装记录 …… 1189
4.6.16 跨越管道就位检查测量记录 …… 1190
4.6.17 管道弯管加工记录 …… 1191
4.6.18 管道干燥记录 …… 1192
4.6.19 桁架跨越安装记录 …… 1193
4.6.20 管道清管记录 …… 1194
4.7 长输管道 …… 1195
4.7.1 测量放线记录 …… 1195
4.7.2 管沟开挖验收记录 …… 1196
4.7.3 冷弯管制作检查记录 …… 1197

4.7.4 冷弯管加工汇总表……1198
4.7.5 管道施工记录……1199
4.7.6 定向钻穿越工程质量验收记录……1200
4.7.7 水平钻穿越管道就位检查记录……1201
4.7.8 顶管穿越顶进套管检查记录……1202
4.7.9 管道安装施工记录……1203
4.7.10 管道焊接记录……1204
4.7.11 焊缝热处理记录……1205
4.7.12 管道焊口统计表……1206
4.7.13 管沟回填检查记录……1207
4.7.14 管道埋深抽查记录……1208
4.7.15 管道工程隐蔽检验记录……1209
4.7.16 埋地管道防腐层地面检漏记录……1210
4.7.17 防腐补口剥离强度试验记录……1211
4.7.18 防腐绝缘层电火花检测记录……1212
4.7.19 管道清管、测径记录……1213
4.7.20 管道压力试验记录……1214
4.7.21 阀门试验记录……1215
4.7.22 管道构筑物施工检查记录……1216
4.7.23 牺牲阳极埋设记录……1217
4.7.24 牺牲阳极电参数测试记录……1218
4.7.25 阴极保护工程施工记录……1219
4.7.26 强制电流阴极保护电参数测试记录……1220
4.7.27 管道防静电接地电阻测试记录……1221
4.7.28 防雷接地测试记录……1222
4.7.29 音频检漏测试记录……1223
4.7.30 管道线路地貌恢复验收证书……1224
4.7.31 管道干燥记录……1225
4.7.32 管道测量成果记录……1226
4.8 建筑工程……1227
4.8.1 试样委托单……1227
4.8.2 见证取样记录……1228
4.8.3 施工放线控制网记录……1229
4.8.4 工程定位测量记录……1230
4.8.5 基桩定位测量记录……1231
4.8.6 地基验槽记录……1232
4.8.7 钎探记录……1233

4.8.8 地基异常现象处理记录……12
4.8.9 土建基础复测记录……12
4.8.10 桩位放线测量记录……12
4.8.11 钢筋混凝土预制桩进场外观质量检验记录……12
4.8.12 预制桩打桩记录……12
4.8.13 钢筋混凝土灌注桩施工检查记录……12
4.8.14 水泥粉煤灰碎石（CFG）桩施工记录……12
4.8.15 土和灰土挤密桩桩孔分填施工记录……12
4.8.16 振动沉管碎石桩施工记录……12
4.8.17 静压预制桩施工记录……12
4.8.18 人工挖孔灌注桩施工记录……12
4.8.19 钻孔桩灌注混凝土检查记录……12
4.8.20 钻（挖）孔灌注桩成孔质量检验记录汇总表……124
4.8.21 钻（挖）孔灌注桩成孔质量检验记录……124
4.8.22 钻（挖）孔灌注桩质量检验记录……124
4.8.23 水泥搅拌桩施工记录……124
4.8.24 分层回填现场抽样试验点位示意图记录……125
4.8.25 ____________地基分层回填试验记录……125
4.8.26 楼层的各层测量放线记录……125
4.8.27 混凝土开盘鉴定记录……125
4.8.28 混凝土施工检查记录……125
4.8.29 混凝土坍落度检查记录……125
4.8.30 ____________工程隐蔽验收记录……125
4.8.31 设备基础检查验收记录……125
4.8.32 混凝土配合比及浇筑施工记录……125
4.8.33 混凝土试件同条件养护记录……1259
4.8.34 混凝土冬期施工保温、测温记录……1260
4.8.35 现浇混凝土结构外观质量缺陷处理施工记录……1261
4.8.36 混凝土试件强度统计分析评定记录……1262
4.8.37 混凝土抗压强度汇总表……1263
4.8.38 工程砌砖（石）检查记录……1264
4.8.39 构造柱配筋砌体配筋、拉结筋施工记录……1265
4.8.40 砂浆抗压强度汇总表……1266
4.8.41 基础结构工程检查记录……1267
4.8.42 ±0.000 以上主体结构检查记录……1268
4.8.43 结构验收记录……1269
4.8.44 防水工程施工记录……1270

4.8.45 淋（蓄）水试验记录……1271
4.8.46 卫生间、厨房等地面泼水、蓄水试验记录……1272
4.8.47 卫生器具蓄水试验记录……1273
4.8.48 房屋建筑装饰装修材料燃烧性能等级核查表……1274
4.8.49 基础二次灌浆施工检查记录……1275
4.8.50 钢结构埋件焊接记录……1276
4.8.51 构件安装检查记录……1277
4.8.52 钢结构焊接记录附图……1278
4.8.53 钢网架安装检查记录……1279
4.8.54 构件外形和几何尺寸检查记录……1280
4.8.55 压型金属板安装检查记录……1281
4.8.56 高强螺栓连接检查记录……1282
4.8.57 钢桁架安装记录……1283
4.8.58 钢结构安装检查记录……1284
4.8.59 防火涂层施工记录……1285
4.8.60 防腐工程施工记录……1286
4.8.61 涂料施工记录……1287
4.8.62 给水、暖通管道试验记录……1288
4.8.63 排水管灌水、通水、通球试验记录……1289
4.8.64 室外排水管道闭水试验记录……1290
4.8.65 通风设备安装记录……1291
4.8.66 通风空调系统调试记录……1292
4.8.67 风管系统漏光检测记录……1293
4.8.68 除尘器、空调漏风检测记录……1294
4.8.69 消防系统检验试验记录……1295
4.8.70 消火栓系统试射试验记录……1296
4.8.71 泡沫喷水灭火系统管道试压记录……1297
4.8.72 气体灭火系统管道试压记录……1298
4.8.73 消火栓灭火系统管道试压记录……1299
4.8.74 自动喷水灭火系统管道试压记录……1300
4.8.75 电梯安全装置检查记录……1301
4.8.76 电梯负荷试验记录……1302
4.8.77 电梯进场检验记录……1303
4.8.78 电梯控制系统检查记录……1304
4.8.79 电梯土建交接检验及隐蔽工程验收记录……1305
4.8.80 电梯接地电阻测试记录……1306
4.8.81 电梯绝缘电阻测试记录……1307

4.8.82 主要设备开箱检验记录……130
4.8.83 漏电保护装置试验记录……130
4.8.84 建筑照明通电试运行记录……131
4.9 电气安装……131
4.9.1 接地装置安装检查记录……131
4.9.2 照明线路绝缘检查及试照记录……131
4.9.3 隔离（负荷）开关安装调整记录……131
4.9.4 电气盘（屏）、柜安装检查记录……131
4.9.5 变压器安装检查记录……131
4.9.6 变压器器身检查记录……1316
4.9.7 母线安装检查记录……1317
4.9.8 断路器安装检查记录……1318
4.9.9 GIS 安装检查记录……1319
4.9.10 电缆敷设施工检查记录……1320
4.9.11 电缆绝缘电阻测试记录……1321
4.9.12 电缆头施工记录……1322
4.9.13 直流系统、不间断电源（UPS）安装检查记录……1323
4.9.14 交流电动机检查试运转记录……1324
4.9.15 柴油机发电机调试记录……1325
4.9.16 架空电力线路测量记录……1326
4.9.17 架空电力线路电杆焊接施工记录……1328
4.9.18 架空电力线路电杆组立施工记录……1329
4.9.19 架空电力线路自立式铁塔组立施工记录……1330
4.9.20 架空电力线路钢管电杆组立施工记录……1331
4.9.21 架空电力线路拉线安装施工记录……1332
4.9.22 架空电力线路导线弧垂观测记录……1333
4.9.23 架空电力线路导地线接续、补修施工记录……1334
4.9.24 架空电力线路穿跨越距离测量记录……1335
4.9.25 缘子试验报告……1336
4.9.26 隔离（负荷）开关、高压熔断器试验报告……1337
4.9.27 真空断路器试验报告……1338
4.9.28 六氟化硫断路器试验报告……1339
4.9.29 放电线圈试验报告……1340
4.9.30 电抗器、消弧线圈试验报告……1341
4.9.31 电力电缆试验报告……1342
4.9.32 绝缘油试验报告……1343
4.9.33 交流耐压试验报告……1344

4.9.34 变压器试验报告……1345
4.9.35 交流电动机试验报告……1346
4.9.36 电压互感器试验报告……1347
4.9.37 电流互感器试验报告……1348
4.9.38 电容器试验报告……1349
4.9.39 断路器试验报告……1350
4.9.40 避雷器试验报告……1351
4.9.41 过电压保护器试验报告……1352
4.9.42 柴油发电机试验报告……1353
4.9.43 微机保护装置及回路调试报告……1354
4.9.44 微机监控装置及回路调试报告……1355
4.9.45 GIS 试验报告……1356
4.9.46 电线线芯导体电阻试验报告……1357
4.10 自动化仪表安装……1358
4.10.1 热电偶、热电阻校验记录……1358
4.10.2 就地指示仪表校验记录……1359
4.10.3 变送器、转换器、指示器校验记录……1360
4.10.4 物位仪表校验记录……1361
4.10.5 调节器校验记录……1362
4.10.6 调节阀、执行器校验记录……1363
4.10.7 报警、联锁系统试验记录……1364
4.10.8 报警、联锁系统试验记录（续）……1365
4.10.9 安全栅、分配器、选择器校验记录……1366
4.10.10 分析仪表校验记录……1367
4.10.11 轴位移、轴振动校验记录……1368
4.10.12 工艺开关校验记录……1369
4.10.13 仪表回路联校记录……1370
4.10.14 （　　　　）校验记录……1371
4.10.15 仪表保温箱、保护箱安装记录……1372
4.10.16 仪表盘、柜、操作台安装记录……1373
4.10.17 综合控制系统软件构成记录……1374
4.10.18 现场视频监控系统基本功能测试记录……1375
4.10.19 火灾、消防监控系统基本功能测试记录……1376
4.10.20 仪表管路试压、脱脂、酸洗记录……1377
4.10.21 综合控制系统基本功能测试记录……1378
4.10.22 综合控制系统模拟量输入输出测试记录……1379
4.10.23 综合控制系统开关量输入输出测试记录……1380

4.10.24 综合控制系统回路测试记录……13

4.11 通信安装……138

4.11.1 电源设备安装测试记录……13
4.11.2 蓄电池充电测试记录……13
4.11.3 蓄电池容量测试记录……13
4.11.4 电缆环阻/绝缘电阻测试记录……13
4.11.5 电（光）缆敷设施工记录……13
4.11.6 电缆接续施工记录……13
4.11.7 光缆单盘测试记录……13
4.11.8 光缆熔接测试记录……13
4.11.9 中继段光纤线路衰减测试记录……13

4.12 道路工程……139

4.12.1 道路主要技术指标表……139
4.12.2 照明工程一览表……139
4.12.3 土工（钢塑）格栅施工原始记录……139
4.12.4 混凝土施工记录……139
4.12.5 挡土墙及防护工程一览表……139
4.12.6 路基边沟、排水沟及截水沟一览表……139
4.12.7 检查井施工记录……139
4.12.8 土液塑限联合测定试验检查记录……139
4.12.9 土壤最大干密度与最佳含水量检查记录……139
4.12.10 压实度（环刀法）检查记录……140
4.12.11 ____________度（灌砂法）检查记录……140
4.12.12 ____________面面层压实度检查记录……140
4.12.13 地基基础（路基）加固施工检测检查记录……140
4.12.14 水准点测量检查记录……1404
4.12.15 导线点测量检查记录……1405
4.12.16 原地面测量记录……1406
4.12.17 施工测量成果……1407
4.12.18 施工放样复核检查记录……1408
4.12.19 道路竣工测量检查记录……1409
4.12.20 施工放样报验单……1410
4.12.21 施工放线测量记录……1411
4.12.22 水准测量记录……1412
4.12.23 地基基础（路基）加固处理施工检查记录……1413
4.12.24 地基路面降排水施工检查记录……1414
4.12.25 桩基成桩施工检查记录……1415

4.12.26 支护结构施工检查记录 ……1416
4.12.27 混凝土浇筑施工检查记录 ……1417
4.12.28 无机结合料混合料摊铺及碾压施工检查记录……1418
4.12.29 沥青混合料摊铺及碾压施工检查记录……1419
4.12.30 水泥混凝土（钢筋水泥混凝土）摊铺及碾压施工检查记录……1420
4.12.31 雨水口施工记录……1421
4.12.32 急流槽现场质量检验报告单 ……1422
4.12.33 小型构件成品抽样检查记录 ……1423
13 桥梁工程……1424
4.13.1 水泥搅拌桩记录……1424
4.13.2 盖板涵施工记录……1425
4.13.3 圆管涵施工记录……1426
4.13.4 石拱涵（桥）施工记录……1427
4.13.5 后张法预应力梁张拉记录 ……1428
4.13.6 先张法预应力梁张拉记录 ……1429
4.13.7 预应力压浆孔道施工记录 ……1430
4.13.8 干（浆）砌片石工程施工记录 ……1431
4.13.9 混凝土施工记录……1432
4.13.10 钻孔桩基础施工记录……1433
4.13.11 钻孔桩基础钢筋笼安装与混凝土施工记录……1434
4.13.12 钻孔桩水下混凝土灌注施工记录 ……1435
4.13.13 接桩施工记录……1436
4.13.14 墩（台）施工记录……1437
4.13.15 第（ ）孔现浇钢筋混凝土上部施工记录……1438
4.13.16 第（ ）孔第（ ）片主梁安装施工记录……1439
4.13.17 第（ ）孔第（ ）片栏杆安装施工记录……1440
4.13.18 上部小构件安装施工记录 ……1441
4.13.19 桥面铺装安装施工记录 ……1442
4.13.20 台（墙）背施工记录……1443
4.13.21 施工放样报验单……1444
4.13.22 施工放线测量记录……1445
4.13.23 水准测量记录……1446
4.13.24 水准点测量检查记录……1447
4.13.25 导线点测量检查记录……1448
4.13.26 施工放样复核检查记录 ……1449
4.14 隧道工程……1450
4.14.1 隧道模筑砼支护分项工程检查记录 ……1450

4.14.2 隧道模筑砼浇筑验仓单……14
4.14.3 隧道支护混凝土浇筑过程记录……14
4.14.4 隧道工程锚杆明孔安装记录……14
4.14.5 隧道工程锚杆检查记录……14
4.14.6 隧道开挖或支护分项工程断面检查记录……14
4.14.7 结构验收记录……14
4.14.8 隧道高程检测记录……14
4.14.9 隧道平面位置记录……14
4.14.10 隧道工程施工测量放线报验单……14
4.14.11 隧道工程锚杆拉拔试验记录……14
4.14.12 隧道喷砼强度试验统计表……14

4.15 无损检测……146

4.15.1 无损检测报告封面……14
4.15.2 无损检测竣工资料目录……14
4.15.3 无损检测工程量认证表……14
4.15.4 射线检测工程量认证表（附表一）……14
4.15.5 超声波检测工程量认证表（附表二）……146
4.15.6 磁粉检测工程量认证表（附表三）……146
4.15.7 渗透检测工程量认证表（附表四）……146
4.15.8 无损检测人员登记表……146
4.15.9 管道无损检测综合报告……147
4.15.10 （球罐 / 储罐 / 容器）无损检测综合报告……147
4.15.11 返修情况汇总表……147
4.15.12 射线检测报告……147
4.15.13 射线检测报告（附页）……147
4.15.14 钢板超声波测厚报告……147
4.15.15 钢板超声波检测报告……147
4.15.16 钢板超声波检测报告（附页）……147
4.15.17 超声波检测报告……147
4.15.18 超声波检测报告（附页）……1479
4.15.19 磁粉检测报告……1480
4.15.20 磁粉检测报告（附页）……1481
4.15.21 渗透检测报告……1482
4.15.22 渗透检测报告（附页）……1483
4.15.23 无损检测竣工图……1484
4.15.24 无损检测委托单……1485

16 监理管理……1486
4.16.1 工程开工报审表……1486
4.16.2 工程复工报审表……1487
4.16.3 施工组织设计 /（专项）施工方案报审表……1488
4.16.4 分包单位资格报审表……1489
4.16.5 试验室资格报审表……1490
4.16.6 施工人员资格报审表……1491
4.16.7 施工机具报审表……1492
4.16.8 施工控制测量成果报验表……1493
4.16.9 施工进度计划报审表……1494
4.16.10 无损检测报审表……1495
4.16.11 无损检测复探报审表……1496
4.16.12 分部工程报验表……1497
4.16.13 工程款支付报审表……1498
4.16.14 监理通知回复单……1499
4.16.15 工程临时 / 最终延期报审表……1500
4.16.16 工程变更单……1501
4.16.17 索赔意向通知书……1502
4.16.18 工程材料、构配件、设备报审表……1503
4.16.19 单位工程竣工验收报审表……1504
4.16.20 工程质量事故报告单……1505
4.16.21 工程质量事故处理方案报审表……1506
4.16.22 监理通知单……1507
4.16.23 工程暂停令……1508
4.16.24 工程款支付证书……1509
4.16.25 工程延期审批表……1510
4.16.26 费用索赔报审表……1511
4.16.27 见证取样和送检见证人备案书……1512
4.16.28 旁站记录……1513
4.16.29 平行检验记录……1514
4.16.30 无损检测指令……1515
4.16.31 无损检测复探指令……1516
4.16.32 焊口返修指令……1517
4.16.33 工作联系单……1518
4.16.34 总监理工程师任命书……1519
4.16.35 工程开工令……1520
4.16.36 监理报告……1521

4.16.37 工程复工令……15
4.16.38 报审、报验表……15
4.17 其他……152
4.17.1 单位工程交接情况表……15
4.17.2 关键设备汇总表……15
4.17.3 主要实物工程量统计表……15
4.17.4 工程质量验收情况汇总表……15
4.17.5 生产人员配备表……152
4.17.6 生产考核结果表……152
4.17.7 未完工程统计表……153
4.17.8 工程概算执行情况汇总表……153
4.17.9 基本建设项目竣工决算表封面……153
4.17.10 竣工工程概况表……153
4.17.11 竣工决算财务总表……153
4.17.12 交付使用资产总表……153
4.17.13 竣工工程建设成本表……153

4

石油天然气建设工程交工验收文件

4.1 通用部分 ①

4.1.1 封面 TY

____________________工程

（施工、无损检测或监理）交工技术文件

单项工程名称：____________________

单位工程名称：____________________

编制单位：	监理单位：	建设单位：
编制人：	审核人：	审核人：
负责人：	负责人：	负责人：
年 月 日	年 月 日	年 月 日

说明：编制单位为相应的施工、无损检测或监理单位。

① 本部分的“TY”意思是“通用”，代表属于通用类表格。

4.1.2 卷内备考表 TY

本案卷共有文件材料____________页，其中：文字材料____________页，图样材料__________页，图（照）片__________张。

说明：

立卷人：

年 月 日

审核人：

年 月 日

4.1.3 工程说明 TY

工程名称		工程编号	

说明：由工程施工、无损检测或监理单位分别填写。填写工程主要内容及开工时间、完工交接时间、重大设计变更、工程质量初评，以及无损检测、监理、工程交工技术文件编制情况等。为加强工程资料的可追溯性，防止产生歧义，本次修订将交工技术表格中“工程编号”的含义明确如下：工程编号在开工前进行检验批划分的过程中确定（参见 4.1.4 工程划分明细表），一般采用数字编码分级表示，它是交工技术表格内容所对应的单位工程、分部工程、分项工程、检验批编号，应填写表格内容所涵盖范围的同级编号，例如，隐蔽记录、安装记录中的工程编号应填写对应的检验批编号，工程说明中的工程编号应填写单位工程编号，主要设备及备品、备件交接清单可视交接范围填写分部或单位工程编号。

4.1.4 工程划分明细 TY

工程名称				项目号				
序号	单位工程名称	工程编号	分部工程名称	工程编号	分项工程名称	工程编号	检验批名称	工程编号
施工（总承包）单位					监理（建设）单位			
项目技术负责人： 年 月 日					总监理工程师（总监代表） （建设单位项目代表）： 年 月 日			

注：本表格按 SY 4200—2007《石油天然气建设工程质量验收规范 通则》中要求执行，如果存在子单位工程或子分部工程，可增加大写英文字母编码。

实际使用中，可改为竖版，在末页签字。由于涉及专业较多，专业监理工程师无法完成多专业审核，应由总监（总监代表）组织专业监理工程师审核。

4.1.5 工程开工报告 TY

<table>
<tr><td>工程名称</td><td></td><td>工程编号</td><td colspan="2"></td></tr>
<tr><td>合同编号</td><td></td><td>工程类别</td><td colspan="2"></td></tr>
<tr><td>施工单位</td><td></td><td>合同金额</td><td colspan="2"></td></tr>
<tr><td colspan="5">计划开工日期： 年 月 日
计划竣工日期： 年 月 日</td></tr>
<tr><td colspan="5">主要工程内容：</td></tr>
<tr><td colspan="5">开工准备情况：</td></tr>
<tr><td colspan="2">施工（总承包）单位</td><td colspan="2">监理单位</td><td>建设单位</td></tr>
<tr><td colspan="2">（公章）
项目经理：
年 月 日</td><td colspan="2">（公章）
总监理工程师：
年 月 日</td><td>（公章）
项目负责人：
年 月 日</td></tr>
<tr><td colspan="5">业务主管部门意见：
（需要时有此审批栏）
（公章）
经办人：
年 月 日</td></tr>
</table>

说明：本表格由施工单位申请单项或单位工程开工时使用，业务主管部门意见根据各油气田管理要求填写。

4.1.6 工程停工报告 TY

工程名称		工程编号	
单位工程名称			
合同编号		申报单位	
计划停工日期		计划复工日期	
停工原因			
审查结果			

施工（总承包）单位	监理单位	建设单位
（公章） 项目经理： 年 月 日	（公章） 总监理工程师： 年 月 日	（公章） 项目负责人： 年 月 日

4.1.7 工程复工报告 TY

<table>
<tr><td>工程名称</td><td></td><td>工程编号</td><td></td></tr>
<tr><td>单位工程名称</td><td colspan="3"></td></tr>
<tr><td>合同编号</td><td></td><td>申报单位</td><td></td></tr>
<tr><td>批准停工日期</td><td>年　月　日</td><td>计划复工日期</td><td>年　月　日</td></tr>
<tr><td>复工说明</td><td colspan="3"></td></tr>
<tr><td>审查结果</td><td colspan="3"></td></tr>
</table>

<table>
<tr><td>施工（总承包）单位</td><td>监理单位</td><td>建设单位</td></tr>
<tr><td>（公章）

项目经理：

年　月　日</td><td>（公章）

总监理工程师：

年　月　日</td><td>（公章）

项目负责人：

年　月　日</td></tr>
</table>

4.1.8 工程完工（中间）交接证书 TY

<table>
<tr><td>工程名称</td><td></td><td>工程编号</td><td></td></tr>
<tr><td>单位工程名称</td><td colspan="3"></td></tr>
<tr><td>开工日期</td><td></td><td>计划竣工日期</td><td></td></tr>
<tr><td colspan="4">主要内容：</td></tr>
<tr><td colspan="4">质量初评情况：</td></tr>
<tr><td colspan="4">工程接收意见：</td></tr>
<tr><td>施工（总承包）单位</td><td>监理单位</td><td>建设单位
（业主项目部）</td><td>建设单位
（生产单位）</td></tr>
<tr><td>（公章）

项目经理：

年 月 日</td><td>（公章）

总监理工程师：

年 月 日</td><td>（公章）

项目负责人：

年 月 日</td><td>（公章）

代表：

年 月 日</td></tr>
</table>

说明：在施工单位完成单机试车合格后采用此表格，特殊情况部分移交时也可使用此表格。

4.1.9 工程交工验收证书 TY

<table>
<tr><td>工程名称</td><td colspan="2"></td><td>工程编号</td><td></td></tr>
<tr><td>单位工程名称</td><td colspan="4"></td></tr>
<tr><td>开工日期</td><td colspan="2"></td><td>计划竣工日期</td><td></td></tr>
<tr><td colspan="5">主要内容：</td></tr>
<tr><td colspan="5">尾项情况：</td></tr>
<tr><td colspan="5">质量情况：</td></tr>
<tr><td colspan="5">验收意见：</td></tr>
<tr><td>施工（总承包）单位</td><td>设计单位</td><td>监理单位</td><td>建设单位（业主项目部）</td><td>建设单位（生产单位）</td></tr>
<tr><td>（公章）
项目经理：
年 月 日</td><td>（公章）
项目经理：
年 月 日</td><td>（公章）
总监理工程师：
年 月 日</td><td>（公章）
项目负责人：
年 月 日</td><td>（公章）
负责人：
年 月 日</td></tr>
<tr><td colspan="5">工程质量监督部门意见：
质量监督机构代表：
（公章）
年 月 日</td></tr>
</table>

说明：建设项目、单项工程或独立单位工程在预试车完成后，施工单位和建设单位按规定内容所做的交接工作，填写“工程交工验收证书”。

4.1.10 工程交接项目统计表 TY

序号	交接项目名称	开工日期	中间交接日期	工程交接日期	备注
制表人： 年 月 日			技术负责人： 年 月 日		

说明：表中“交接项目名称”按单位工程进行填写，供备查使用。

4.1.11 工程延期报告 TY

<table>
<tr><td>工程名称</td><td colspan="3"></td></tr>
<tr><td>施工单位</td><td colspan="3"></td></tr>
<tr><td>合同开工日期</td><td></td><td>合同竣工日期</td><td></td></tr>
<tr><td colspan="4">延期原因：

（公章）
经办人：
年 月 日</td></tr>
<tr><td colspan="4">监理单位意见：

（公章）
经办人：
年 月 日</td></tr>
<tr><td colspan="4">建设单位意见：

（公章）
经办人：
年 月 日</td></tr>
<tr><td colspan="4">业务主管部门意见：

（公章）
经办人：
年 月 日</td></tr>
</table>

说明：本报告在工程需要延期时办理，经办人应符合法律法规及项目管理要求。

4.1.12 工程竣工报告 TY

竣工内容：

遗留问题及尾项情况：

质量验收情况：

施工（总承包）单位	监理单位	建设单位
（公章） 项目经理： 年 月 日	（公章） 总监理工程师： 年 月 日	（公章） 项目负责人： 年 月 日

业务主管部门意见：
（需要时有此审批栏）

（公章）
经办人：
年 月 日

4.1.13 工程尾项协议书 TY

处理意见	

施工（总承包）单位	监理单位	建设单位
（公章） 项目经理： 年 月 日	（公章） 总监理工程师： 年 月 日	（公章） 项目负责人： 年 月 日

说明：当工程遗留尾项时，由施工单位填写，监理单位和建设单位签署处理意见。

4.1.14 尾项工程验收单 TY

<table>
<tr><td>工程名称</td><td></td><td>合同编号</td><td></td></tr>
<tr><td>开工日期</td><td></td><td>竣工日期</td><td></td></tr>
<tr><td>施工（总承包）单位</td><td colspan="3"></td></tr>
<tr><td colspan="4">验收内容：</td></tr>
<tr><td colspan="4">验收意见：</td></tr>
</table>

施工（总承包）单位	监理单位	建设单位
（公章） 项目经理： 年 月 日	（公章） 总监理工程师： 年 月 日	（公章） 项目负责人： 年 月 日

说明：本表由施工单位办理尾项工程验收时填写。验收结束后，尾项工程资料需要单独进行组卷存档。

4.1.15 ______________交接记录 TY

工程名称		工程编号		
单位工程名称				
序号	名称	型号	数量	备注

移交单位代表	接收单位代表
（公章） 经办人： 年　月　日	（公章） 经办人： 年　月　日

说明：工程安装设备在办理移交时填写的表格，由移交单位负责填写。

4.1.16 工程完工证书 TY

<table>
<tr><td>工程名称</td><td></td><td>工程编号</td><td></td></tr>
<tr><td>单位工程名称</td><td colspan="3"></td></tr>
<tr><td>开工日期</td><td></td><td>竣工日期</td><td></td></tr>
<tr><td colspan="4">主要内容：</td></tr>
<tr><td colspan="4">检查意见：</td></tr>
<tr><td colspan="4">工程质量监督部门意见：</td></tr>
</table>

施工单位	监理单位	建设单位
（公章） 项目负责人： 年 月 日	（公章） 总监理工程师： 年 月 日	（公章） 项目负责人： 年 月 日

说明：单项工程或单位工程按设计文件所规定的范围全部完成后填写本表格。本表格是办理工程结算的依据。

4.1.17 交工技术文件移交证书 TY

<table>
<tr><td>工程名称</td><td></td><td>工程编号</td><td></td></tr>
<tr><td>单位工程名称</td><td colspan="3"></td></tr>
<tr><td colspan="4">___________按《中国石油天然气股份有限公司油气田地面建设工程（项目验收手册）规定，向___________办理工程建设交工技术文件资料移交手续，共计_____卷_____册。</td></tr>
</table>

卷号	册号	资料名称	数量

移交单位	接收单位
（公章） 代表： 年 月 日	（公章） 代表： 年 月 日

说明：本表格由移交单位填写，作为技术文件交接的证明材料。

4.1.18 施工组织设计审批表 TY

工程名称：

施工单位 审批意见	施工单位（公章） 技术负责人： 年 月 日
施工总承包单位 审批意见	（需要时有此审批栏） 施工总承包单位（公章） 技术负责人： 年 月 日
监理单位 审批意见	监理单位（公章） 总监理工程师： 年 月 日
建设单位 审批意见	建设单位（公章） 审查人： 年 月 日
上级部门 审批意见	（需要时有此审批栏） 审查单位（公章） 审批人： 年 月 日

4.1.19 ____________施工方案审批表 TY

工程名称：

施工单位 审批意见	施工单位（公章） 技术负责人：　　　年　月　日
总承包单位 审批意见	（需要时有此审批栏） 总承包单位（公章） 技术负责人：　　　年　月　日
监理单位 审批意见	监理单位（公章） 专业监理工程师：　　　年　月　日
建设单位 审批意见	建设单位（公章） 审查人：　　　年　月　日
上级部门 审批意见	（需要时有此审批栏） 审查单位（公章） 审批人：　　　年　月　日

4.1.20 焊工登记表 TY

工程名称				施工单位	
序号	姓名	焊工代号	资格证书编号	合格项目（代号）	有效期
					年 月 日
					年 月 日
					年 月 日
					年 月 日
					年 月 日
					年 月 日
					年 月 日
					年 月 日
					年 月 日
					年 月 日
					年 月 日
焊接责任工程师： 年 月 日					

说明：本表格由施工单位填写。

4.1.21 图纸会审记录 TY

<table>
<tr><td colspan="2">工程名称</td><td colspan="2"></td><td>会审范围</td><td></td></tr>
<tr><td colspan="2">主持人</td><td colspan="2"></td><td>日期</td><td></td></tr>
<tr><td rowspan="4">参加人员</td><td>建设单位</td><td></td><td>设计单位</td><td colspan="2"></td></tr>
<tr><td>监理单位</td><td></td><td>总承包单位</td><td colspan="2"></td></tr>
<tr><td>使用单位</td><td></td><td>施工单位</td><td colspan="2"></td></tr>
<tr><td>其他单位</td><td colspan="4"></td></tr>
<tr><td>序号</td><td>图号</td><td>提出问题</td><td colspan="3">会审意见</td></tr>
<tr><td></td><td></td><td></td><td colspan="3"></td></tr>
</table>

施工单位	总承包单位	设计单位	监理单位	建设单位
（公章） 代表： 年 月 日	（公章） 代表： 年 月 日	（公章） 代表： 年 月 日	（公章） 代表： 年 月 日	（公章） 代表： 年 月 日

说明：本表格由图纸会审组织单位组织填写。

4.1.22 设计技术交底会议纪要 TY

工程名称		施工单位	
组织交底单位		日期	
参加交底单位及人员			
设计交底内容及议定事项（或附纪要）：			

4.1.23 设计变更单 TY

<table>
<tr><td colspan="2">项目名称</td><td colspan="2"></td><td>项目编号</td><td></td></tr>
<tr><td colspan="2">单位工程名称</td><td colspan="2"></td><td>档案号</td><td></td></tr>
<tr><td colspan="4">变更原因：</td><td>投资增减额
（万元）</td><td></td></tr>
<tr><td colspan="6">变更内容：</td></tr>
<tr><td>设计人</td><td>审核人</td><td>审定人</td><td>项目负责人</td><td colspan="2" rowspan="3">设计单位设计专用章

年 月 日</td></tr>
<tr><td></td><td></td><td></td><td></td></tr>
<tr><td colspan="2">专业总师意见：
签署：</td><td colspan="2">经济总师意见：
签署：</td></tr>
<tr><td colspan="6">主管部门审批意见

签署：
盖章：
年 月 日</td></tr>
</table>

说明：本表格签字栏部分各专业分（子）公司可根据管理情况进行增减。

4.1.24 设计联络单 TY

<table>
<tr><td>项目名称</td><td></td><td>项目号</td><td></td></tr>
<tr><td>单位工程名称</td><td></td><td>档案号</td><td></td></tr>
<tr><td colspan="2">联络原因：</td><td>投资增减额
（万元）</td><td></td></tr>
<tr><td colspan="4">联络内容：

提出单位：

技术负责人：
年 月 日</td></tr>
<tr><td colspan="2">建设单位（公章）

负责人：
年 月 日</td><td colspan="2">监理单位（公章）

负责人：
年 月 日</td></tr>
<tr><td colspan="4">设计单位（公章）

负责人：
年 月 日</td></tr>
<tr><td colspan="4">主管部门意见（公章）：
（需要时有此审批栏）

负责人：
年 月 日</td></tr>
</table>

4.1.25 设备材料改代核定单 TY

<table>
<tr><td>工程名称</td><td></td><td>工程编号</td><td></td></tr>
<tr><td>单位工程名称</td><td colspan="3"></td></tr>
<tr><td>设计图号</td><td></td><td>核定单号</td><td></td></tr>
<tr><td colspan="4">申请改代原因及内容：

申请单位：　　　　申请人：
年　月　日</td></tr>
<tr><td colspan="4">设计单位核定意见：

设计单位：　　　　设计代表：
年　月　日</td></tr>
<tr><td colspan="2">监理单位</td><td colspan="2">建设单位</td></tr>
<tr><td colspan="2">（公章）

审核人：
年　月　日</td><td colspan="2">（公章）

审核人：
年　月　日</td></tr>
</table>

4.1.26 施工现场质量管理检查记录 TY

开工日期： 年 月 日

<table>
<tr><td colspan="2">工程名称</td><td></td><td colspan="2">开工报告</td><td colspan="2"></td></tr>
<tr><td colspan="2">建设单位</td><td></td><td colspan="2">项目负责人</td><td colspan="2"></td></tr>
<tr><td colspan="2">设计单位</td><td></td><td colspan="2">项目负责人</td><td colspan="2"></td></tr>
<tr><td colspan="2">监理单位</td><td></td><td colspan="2">总监理工程师</td><td colspan="2"></td></tr>
<tr><td colspan="2">施工单位</td><td></td><td>项目经理</td><td></td><td>项目技术负责人</td><td></td></tr>
<tr><td>序号</td><td colspan="2">项目</td><td colspan="4">检查情况</td></tr>
<tr><td rowspan="4">1</td><td rowspan="4">质量管理体系</td><td>质量责任制</td><td colspan="4"></td></tr>
<tr><td>组织机构</td><td colspan="4"></td></tr>
<tr><td>质量目标</td><td colspan="4"></td></tr>
<tr><td>质量检验计划</td><td colspan="4"></td></tr>
<tr><td>2</td><td colspan="2">有要求的专业工种人员持证上岗情况</td><td colspan="4"></td></tr>
<tr><td>3</td><td colspan="2">施工图（会）审查情况</td><td colspan="4"></td></tr>
<tr><td>4</td><td colspan="2">施工组织设计、施工方案及审批</td><td colspan="4"></td></tr>
<tr><td>5</td><td colspan="2">施工技术标准配备情况</td><td colspan="4"></td></tr>
<tr><td>6</td><td colspan="2">计量器具的检定与校准</td><td colspan="4"></td></tr>
<tr><td>7</td><td colspan="2">现场的材料、设备存放与管理</td><td colspan="4"></td></tr>
<tr><td>8</td><td colspan="2">综合施工质量水平评定考核制度</td><td colspan="4"></td></tr>
<tr><td colspan="7">检查结论：

总监理工程师
（建设单位项目负责人）： 年 月 日</td></tr>
</table>

4.1.27 ____________分项工程质量验收记录 TY

<table>
<tr><td colspan="2">工程名称</td><td colspan="3"></td><td>验收批数</td><td></td></tr>
<tr><td colspan="2">施工单位</td><td></td><td>项目经理</td><td></td><td>专业技术负责人</td><td></td></tr>
<tr><td>序号</td><td colspan="2">检验批编号</td><td colspan="2">施工单位检查评定记录</td><td colspan="2">监理（建设）单位验收记录</td></tr>
<tr><td>1</td><td colspan="2"></td><td colspan="2"></td><td colspan="2"></td></tr>
<tr><td>2</td><td colspan="2"></td><td colspan="2"></td><td colspan="2"></td></tr>
<tr><td>3</td><td colspan="2"></td><td colspan="2"></td><td colspan="2"></td></tr>
<tr><td>4</td><td colspan="2"></td><td colspan="2"></td><td colspan="2"></td></tr>
<tr><td>5</td><td colspan="2"></td><td colspan="2"></td><td colspan="2"></td></tr>
<tr><td>6</td><td colspan="2"></td><td colspan="2"></td><td colspan="2"></td></tr>
<tr><td>7</td><td colspan="2"></td><td colspan="2"></td><td colspan="2"></td></tr>
<tr><td>8</td><td colspan="2"></td><td colspan="2"></td><td colspan="2"></td></tr>
<tr><td>9</td><td colspan="2"></td><td colspan="2"></td><td colspan="2"></td></tr>
<tr><td>10</td><td colspan="2"></td><td colspan="2"></td><td colspan="2"></td></tr>
<tr><td>11</td><td colspan="2"></td><td colspan="2"></td><td colspan="2"></td></tr>
<tr><td>施工单位检查评定结果</td><td colspan="6">项目技术负责人：
年　月　日</td></tr>
<tr><td>监理（建设）单位验收结论</td><td colspan="6">总监理工程师代表
（建设单位项目代表）：
年　月　日</td></tr>
</table>

4.1.28 ＿＿＿＿＿分部（子分部）工程质量验收记录 TY

<table>
<tr><td>工程名称</td><td colspan="3"></td><td>分项工程数</td><td></td></tr>
<tr><td>施工单位</td><td></td><td>技术部门负责人</td><td></td><td>质量部门负责人</td><td></td></tr>
<tr><td>分包单位</td><td></td><td>分包单位负责人</td><td></td><td>分包单位技术负责人</td><td></td></tr>
<tr><td>序号</td><td>分项工程名称</td><td>检验批数</td><td colspan="2">施工单位检查评定结果</td><td>验收意见</td></tr>
<tr><td>1</td><td></td><td></td><td colspan="2"></td><td rowspan="8"></td></tr>
<tr><td>2</td><td></td><td></td><td colspan="2"></td></tr>
<tr><td>3</td><td></td><td></td><td colspan="2"></td></tr>
<tr><td>4</td><td></td><td></td><td colspan="2"></td></tr>
<tr><td>5</td><td></td><td></td><td colspan="2"></td></tr>
<tr><td>6</td><td></td><td></td><td colspan="2"></td></tr>
<tr><td>7</td><td></td><td></td><td colspan="2"></td></tr>
<tr><td>8</td><td></td><td></td><td colspan="2"></td></tr>
<tr><td colspan="2">质量控制资料</td><td></td><td colspan="2"></td><td></td></tr>
<tr><td rowspan="5">验收单位</td><td>分包单位</td><td colspan="4">项目经理：
年　月　日</td></tr>
<tr><td>施工单位</td><td colspan="4">项目经理：
年　月　日</td></tr>
<tr><td>勘察单位</td><td colspan="4">项目经理：
年　月　日</td></tr>
<tr><td>设计单位</td><td colspan="4">项目经理：
年　月　日</td></tr>
<tr><td>监理（建设）单位</td><td colspan="4">总监理工程师
（建设单位项目技术负责人）：
年　月　日</td></tr>
</table>

4.1.29 单位（子单位）工程质量交工验收申请报告 TY

__________________建设项目组：

下列单位（子单位）工程已完工，根据国家和行业工程施工质量验收规范的规定，
下单位（子单位）工程质量检查评定合格，质量控制资料符合要求，特申请单位（子
位）工程质量交工验收。

序号	单位工程名称及编号	自评结果	备注

施工单位	单位盖章 单位（项目）负责人： 年　月　日
监理单位意见	单位盖章 总监理工程师： 年　月　日
建设单位	单位盖章 单位（项目）负责人： 年　月　日

4.1.30 ＿＿＿＿＿＿单位（子单位）工程质量验收记录 TY

<table>
<tr><td colspan="2">工程名称</td><td colspan="6"></td><td colspan="2">分部工程数</td><td></td></tr>
<tr><td colspan="2">施工单位</td><td colspan="2"></td><td colspan="2">技术负责人</td><td colspan="2"></td><td colspan="2">开工日期</td><td></td></tr>
<tr><td colspan="2">项目经理</td><td colspan="2"></td><td colspan="2">项目技术负责人</td><td colspan="2"></td><td colspan="2">交工日期</td><td></td></tr>
<tr><td>序号</td><td colspan="3">项目</td><td colspan="4">验收记录</td><td colspan="3">验收结论</td></tr>
<tr><td>1</td><td colspan="3">分部（子分部）工程</td><td colspan="4">共＿＿分部，经查＿＿分部，符合标准及设计要求＿＿分部。</td><td colspan="3"></td></tr>
<tr><td>2</td><td colspan="3">质量控制资料</td><td colspan="4">共＿＿项，经核定符合要求＿＿项</td><td colspan="3"></td></tr>
<tr><td>3</td><td colspan="3">预试运情况</td><td colspan="4"></td><td colspan="3"></td></tr>
<tr><td rowspan="2">验收意见</td><td colspan="2">施工单位</td><td colspan="2">设计单位</td><td colspan="2">监理单位</td><td colspan="2">建设单位</td><td colspan="2">质量监督机构</td></tr>
<tr><td colspan="2">（公章）
单位（项目）负责人：
年 月 日</td><td colspan="2">验收意见：
（公章）
单位（项目）负责人：
年 月 日</td><td colspan="2">验收意见：
（公章）
总监理工程师：
年 月 日</td><td colspan="2">验收意见：
（公章）
单位（项目）负责人：
年 月 日</td><td colspan="2">意见：
（公章）
单位（项目）负责人：
年 月 日</td></tr>
</table>

注：大型项目设计单位必须参加单位（子单位）工程质量验收，中小型项目设计单位可不参加单位（子单位）工程质量验收。

4.1.31 工程质量控制资料核查记录

4.1.31.1 ________单位（子单位）工程质量控制资料核查记录（设备类） T

工程名称			施工单位		
序号	项目	资料名称	份数	核查意见	核查人
1	机泵类设备安装	图纸会审、设计变更、洽商记录			
2		设备、材料、配件随机技术文件			
3		设备开箱验收记录			
4		设备基础检查验收记录			
5		隐蔽工程检查记录			
6		施工记录			
7		试运转记录			
8		检验批、分项、分部工程质量验收记录			
1	塔类设备安装	竣工图、设计变更及材料代用单等			
2		设备出厂质量证明文件			
3		设备开箱检查记录			
4		设备基础检查验收记录			
5		立式设备安装记录			
6		隐蔽工程检查记录			
7		塔盘安装记录			
8		设备填充记录			
9		设备清理检查封闭记录			
10		设备耐压试验报告			
11		塔类分段组对、组焊记录（附焊缝、焊工布置、无损检测布片示意图）			
12		压力容器外观及几何尺寸检查报告			
13		压力容器产品焊接试件试验报告			
14		无损检测报告			
15		焊缝返修记录			
16		焊缝热处理记录			
17		锅炉压力容器产品安全性能监督检验证书			
18		安全阀调试记录			
19		检验批、分项、分部工程质量验收记录			

__________单位（子单位）工程质量控制资料核查记录（设备类）（续表） TY

工程名称			施工单位		
序号	项目	资料名称	份数	核查意见	核查人
1	容器类设备安装	设备竣工图、设计变更及材料代用单等技术文件			
2		产品质量证明文件			
3		产品安全性能监督检验证书（压力容器提供）			
4		设备基础检查验收记录			
5		立式设备安装记录			
6		卧式设备安装记录			
7		设备清理检查封闭记录			
8		设备强度和严密性试验报告			
9		隐蔽工程验收记录			
10		橇装设备安装记录			
11		检验批、分项、分部工程质量验收记录			
1	炉类设备安装	炉类设备竣工图、设计变更及材料代用单等			
2		设备出厂产品质量证明文件			
3		设备开箱验收记录			
4		设备基础检查验收记录			
5		设备安装记录			
6		隐蔽工程检查记录			
7		无损检测报告			
8		管道吹扫记录			
9		试压记录			
10		仪表检定、安全阀校验记录			
11		烘炉记录			
12		试运记录			
13		报警值设定记录			
14		检验批、分项、分部工程质量验收记录			

结论： 监理工程师：	
施工单位	监理（建设）单位
项目负责人： 年 月 日	总监理工程师 （建设单位项目负责人）： 年 月 日

4.1.31.2 单位（子单位）工程质量控制资料核查记录（储罐类） TY

工程名称			施工单位		
序号	项目	资料名称	份数	核查意见	核查人
1	立式储罐	图纸会审记录、工程变更单、洽商记录			
2		储罐交工验收证明书			
3		竣工图及排板图			
4		材料和附件出厂质量合格证书或检验报告			
5		合格焊工登记表及其证件复印件			
6		无损检测人员登记表及其证件复印件			
7		隐蔽工程检查记录			
8		焊接工艺评定报告及焊接工艺规程			
9		储罐基础复测记录			
10		焊缝射线检测报告			
11		焊缝超声波（TOFD）报告			
12		焊缝磁粉检测报告			
13		焊缝渗透检测报告			
14		焊缝返修记录（附标注缺陷位置及长度的排板图）			
15		热处理报告、测温点布置图及自动记录温度曲线			
16		储罐罐体几何尺寸检查记录			
17		储罐总体试验记录			
18		基础沉降观测记录			
19		封孔检查记录			
20		检验批、分项、分部工程质量验收记录			
1	球罐	监检证书			
2		图纸会审记录、工程变更单、洽商记录			
3		制造厂球罐产品质量证明书			
4		球壳板、支柱、零配件及到货清点及外观质量检验记录			
5		球壳板曲率及几何尺寸现场检查记录			
6		球壳板现场超声检测及测厚报告			
7		球壳板基础检验记录			
8		产品焊接试板试验报告			
9		合格焊工登记表及其证件复印件			
10		无损检测人员登记表及其证件复印件			

__________单位（子单位）工程质量控制资料核查记录（储罐类）（续表） TY

工程名称			施工单位		
序号	项目	资料名称	份数	核查意见	核查人
11	球罐	球罐焊接记录（包括焊接记录、焊缝返工记录、焊缝和焊工布置图）			
12		焊接材料质量合格证书或复验报告			
13		罐体几何尺寸检查记录			
14		焊接工艺评定报告及焊接工艺规程			
15		球罐外观及焊缝外观质量检查记录			
16		球壳对接焊缝焊前错边量、棱角及焊后棱角测量记录			
17		球罐支柱焊前、焊后热处理检查记录			
18		焊缝射线检测报告（附检测位置图）			
19		焊缝超声波检测报告（附检测位置图）			
20		焊缝磁粉检测报告（附检测位置图）			
21		焊缝渗透检测报告（附检测位置图）			
22		焊后整体热处理报告、测温点布置图及自动记录温度曲线			
23		压力试验记录			
24		气密性试验记录			
25		封孔检查记录			
26		基础沉降观测记录			
27		球壳板排版图			
28		竣工图			
29		铭牌拓印件			
30		检验批、分项、分部工程质量验收记录			

结论：

监理工程师：

施工单位	监理（建设）单位
项目负责人： 年 月 日	总监理工程师 （建设单位项目负责人）： 年 月 日

4.1.31.3 ________单位（子单位）工程质量控制资料核查记录（管道类） T

工程名称			施工单位		
序号	项目	资料名称	份数	核查意见	核查人
1	工艺管道	图纸会审、设计交底			
2		出厂质量证明书文件、检验报告			
3		阀门试压记录、安全阀定压检验报告或记录			
4		设计变更文件			
5		施焊焊工合格证书			
6		焊接工艺规程			
7		焊接记录			
8		焊缝射线检测报告			
9		焊缝超声波检测报告			
10		焊缝磁粉检测报告			
11		焊缝渗透检测报告			
12		防腐保温记录			
13		管道系统强度、严密性试验及吹扫干燥记录			
14		隐蔽工程验收记录			
15		检验批、分项、分部工程质量验收记录			
1	集输管道	材料进场验收记录			
2		材料质量证明书			
3		材料复验（检验、试验）报告			
4		管道预制记录			
5		冷弯管制作记录			
6		阀门试验记录			
7		补偿器预拉伸（压缩）			
8		管道组对记录			
9		阀门安装记录			
10		补偿器安装记录			
11		焊接工艺评定报告			
12		焊接（返修）工艺规程			
13		焊工资格证书			
14		焊接材料质量证明文件（复验报告）			
15		焊材烘干记录			

______单位（子单位）工程质量控制资料核查记录（管道类）（续表 1） TY

工程名称			施工单位		
序号	项目	资料名称	份数	核查意见	核查人
16	集输管道	焊接施工记录			
17		焊缝外观检查记录			
18		焊缝返修记录			
19		焊缝射线检测报告			
20		焊缝超声波检测报告			
21		焊缝磁粉检测报告			
22		焊缝渗透检测报告			
23		热处理工艺规程			
24		热处理报告及曲线			
25		硬度检测报告			
26		防腐材料质量证明书（复验报告）			
27		防腐补口及补伤记录			
28		电火花检测记录			
29		剥离强度或粘接力试验报告			
30		保温材料质量证明书或复验报告			
31		管道保温记录			
32		管道测量放线记录			
33		管沟开挖记录			
34		管道下沟及回填记录			
35		电火花检测记录（下沟前）			
36		音频捡漏记录（回填沉降后）			
37		管道埋深检查记录			
38		管道试压方案			
39		压力表和温度计检定合格证			
40		管道清扫及测径报告			
41		管道试压报告			
42		管道干燥方案			
43		管道干燥记录			
44		建筑材料试验报告			

______单位（子单位）工程质量控制资料核查记录（管道类）（续表2） TY

工程名称			施工单位		
序号	项目	资料名称	份数	核查意见	核查人
45	集输管道	建筑材料质量证明文件			
46		混凝土配合比设计报告			
47		建筑施工记录			
48		混凝土试块抗压强度报告			
49		砂浆试块抗压强度报告			
50		电气及绝缘材料质量证明文件			
51		阴极保护施工记录			
52		电器、设备及绝缘材料质量证明文件			
53		阴极保护施工记录			
54		桩墩施工记录			
55		三桩埋设统计表			
56		隐蔽工程记录			
57		工程竣工图			
58		设计变更（修改）单			
59		施工变更联络单			
60		设备、材料改代核定单			
61		施工现场质量管理检查记录			
62		工程划分表			
63		检验批、分项、分部工程质量验收记录			
1	输油输气管道	管沟开挖记录			
2		材料、配件、设备出厂质量证明书、合格证及设备说明书			
3		后热及热处理报告			
4		管道焊接记录			
5		防腐保温工程检验报告			
6		焊缝射线检测报告			
7		焊缝超声波检测报告			
8		焊缝磁粉检测报告			
9		焊缝渗透检测报告			
10		焊接工艺评定报告及焊工登记表			
11		管道隐蔽工程记录			

______单位（子单位）工程质量控制资料核查记录（管道类）(续表3） TY

工程名称			施工单位			
序号	项目	资料名称		份数	核查意见	核查人
12	输油输气管道	管道试压报告				
13		管道清管报告				
14		输气管道干燥记录				
15		阴极保护装置验收报告				
16		阀门试压记录				
17		管道墩台架施工记录				
18		检验批、分项、分部工程质量验收记录				
1	穿（跨）越	图纸会审、设计变更、设计交底、洽商记录				
2		主要原材料、半成品、构配件的质量证明文件、复检报告				
3		钢丝绳的下料、张拉记录				
4		连接件的加工检验记录				
5		锚固头的破坏性试验记录				
6		施焊焊工合格证书				
7		焊接工艺评定报告和焊接工艺规程				
8		焊接记录				
9		开挖回填记录				
10		防腐补口、补伤及保温记录				
11		无损探伤检测报告				
12		管道系统清管、强度及严密性试压记录				
13		锚固墩、混凝土墩台复测记录				
14		隐蔽工程记录				
15		基桩检测报告				
16		检验批、分项、分部工程质量验收记录				

______单位（子单位）工程质量控制资料核查记录（管道类）（续表 4） TY

工程名称			施工单位		
序号	项目	资料名称	份数	核查意见	核查人
1	非金属管道	工程联络单、材料代用单及设计变更			
2		管材、管件、阀门等质量证明文件或复验报告			
3		焊接材料质量证明文件			
4		防腐、保温材料的质量证明文件或复验报告			
5		焊接工艺评定报告或焊接工艺规程			
6		焊工资格证书			
7		阀门试压记录			
8		管道连接安装记录			
9		管道吹扫记录			
10		管道试压记录			
11		隐蔽工程检查记录			
12		电火花检漏记录			
13		检验批、分项工程、分部质量验收记录			
1	内防腐工程	图纸会审、设计变更、洽商记录			
2		施工图修改通知单及联络单			
3		主要验交实物量表			
4		材料质量证明文件			
5		材料检验报告和试验报告			
6		管道整体确认记录			
7		涂敷工艺规程或施工方案			
8		内防腐层工艺试验报告			
9		连接头补口记录			
10		内防腐层测厚记录			
11		电火花检漏记录			
12		隐蔽工程记录			
13		检验批、分项工程、分部质量验收记录			

结论： 监理工程师：	
施工单位	监理（建设）单位
项目负责人： 年 月 日	总监理工程师 （建设单位项目负责人）： 年 月 日

4.1.31.4 ________单位（子单位）工程质量控制资料核查记录（仪表） TY

工程名称			施工单位		
序号	项目	资料名称	份数	核查意见	核查人
1	自动化仪表	竣工图纸			
2		产品技术文件和设备、材料的质量证明文件			
3		图纸会审记录			
4		设计变更单和工程联络单			
5		设备、材料代用审批单			
6		施工技术方案			
7		隐蔽工程记录			
8		仪表安装检查记录			
9		电缆、光缆敷设检查记录			
10		电缆（线）测试记录			
11		光纤、光缆测试记录			
12		接地电阻测试记录			
13		绝缘电阻测试记录			
14		仪表管道脱脂和压力试验记录			
15		仪表校准和试验记录			
16		回路试验和系统试验记录			
17		仪表设备交接记录			
18		其他需要的文件			
19		检验批、分项工程、分部质量验收记录			
结论： 监理工程师：					
施工单位			监理（建设）单位		
项目负责人： 年 月 日			总监理工程师 （建设单位项目负责人）： 年 月 日		

4.1.31.5 ________单位（子单位）工程质量控制资料核查记录（电气） TY

工程名称			施工单位		
序号	项目	资料名称	份数	核查意见	核查人
1	电气	图纸会审、设计变更、洽商记录			
2		安全技术交底记录			
3		施工技术方案			
4		设备、材料、配件出厂合格证、有关文件及进场检验报告			
5		设备开箱检查记录			
6		隐蔽工程记录			
7		接地网安装记录			
8		交流电动机安装检查及空载运行记录			
9		变压器安装检查记录			
10		变压器器身检查记录			
11		变压器干燥记录			
12		母线安装检查记录			
13		电机抽芯检查记录			
14		电气照明安装检查记录			
15		断路器安装调整记录			
16		隔离开关、负荷开关安装调整记录			
17		构架、立柱安装检查记录			
18		高压、低压开关柜安装检查记录			
19		保护、控制盘（屏）安装检查记录			
20		直流系统、不间断电源（UPS）安装检查记录			
21		蓄电池充放电记录			
22		电缆敷设及绝缘检查记录			
23		电伴热带绝缘电阻检查记录			
24		（其他设备、材料）安装检查记录			
25		架空电力线路复测记录			

______单位（子单位）工程质量控制资料核查记录（电气）（续表） TY

工程名称			施工单位		
序号	项目	资料名称	份数	核查意见	核查人
26	电气	架空电力线路杆塔组立施工记录			
27		架空电力线路拉线安装施工记录			
28		架空电力线路导（地）线驰度观察施工记录			
29		架空电力线路大跨越挡施工记录			
30		架空电力线路穿跨隔距明细表			
31		光缆安装记录			
32		光缆测试记录（报告）			
33		电气交接试验记录			
34		回路试验和系统试验记录（报告）			
35		检验批、分项工程、分部质量验收记录			
37		竣工图			
结论： 监理工程师：					
施工单位			监理（建设）单位		
项目负责人： 年 月 日			总监理工程师 （建设单位项目负责人）： 年 月 日		

4.1.31.6 ________单位（子单位）工程质量控制资料核查记录（净化厂） TY

工程名称			施工单位		
序号	项目	资料名称	份数	核查意见	核查人
1	天然气净化厂（处理厂）	工程竣工图（含设计修改文件、工程联络单、设备和材料代用审批单）			
2		随机技术文件和设备、容器、管材、管件、阀门等质量证明文件或复验报告			
3		阀门试压记录、安全阀检定证书			
4		焊接材料质量证明文件			
5		焊接工艺评定报告或工艺规程			
6		焊工资格证复印件			
7		无损检测报告			
8		热处理记录和硬度测试报告			
9		容器、管道压力试验报告			
10		系统压力试验报告（记录）			
11		防腐、保温材料质量证明文件或复检报告			
12		耐火、衬里材料质量证明文件或复检报告			
13		烘炉和衬里烘烤记录			
14		设备、容器安装记录			
15		地基检测报告和验收记录			
16		电力电缆试验记录			
17		电缆敷设施工检查记录			
18		电缆绝缘电阻测定记录			
19		电缆隐蔽工程记录			
20		接地网安装记录			
21		接地装置及避雷针（带、网）接地电阻测试记录			
22		避雷针（带、网）施工记录			

__________单位（子单位）工程质量控制资料核查记录（净化厂）（续表） TY

工程名称			施工单位		
序号	项目	资料名称	份数	核查意见	核查人
23	天然气净化厂（处理厂）	电缆及附件、导线及低压设备合格证			
24		低压电气试验调整记录			
25		水泥出厂质量证明文件和试验报告			
26		砖出厂质量证明书和试验报告			
27		钢筋质量证明文件和实验报告			
28		防水材料出厂质量证明文件和试验报告			
29		预制构件出厂质量证明文件			
30		混凝土试块试验报告			
31		砂浆试块试验报告			
32		砂、石子或轻骨料试验报告			
33		混凝土、砂浆、马蹄脂配合比设计报告			
34		土壤、回填土分层试验报告			
35		打（试）桩记录			
36		结构吊装、结构试验记录			
37		给排水管道灌水、通水、试压试验记录			
38		采暖管道吹洗、试压记录			
39		单机试运转报告			
40		隐蔽工程记录			
41		检验批、分项工程、分部质量验收记录			

结论：

监理工程师：

施工单位	监理（建设）单位
项目负责人： 年 月 日	总监理工程师 （建设单位项目负责人）： 年 月 日

4.1.31.7 ________单位（子单位）工程质量控制资料核查记录（道桥） TY

工程名称			施工单位		
序号	项目	资料名称	份数	核查意见	核查人
1	道路	图纸会审记录、工程变更单、洽商记录			
2		工程定位测量、放线记录			
3		材料和附件出厂质量合格证、进场检（试）验报告			
4		施工试验报告及见证检测报告			
5		隐蔽工程记录			
6		施工记录			
7		预制构件、预拌混泥土合格证			
8		土壤最大干密度与最佳含水量检查记录			
9		压实度检查记录表			
10		无机结合料混合料摊铺及碾压施工检查记录			
11		沥青混合料摊铺及碾压施工检查记录			
12		水泥混凝土（钢筋水泥混凝土）摊铺及碾压施工检查记录			
13		急流槽现场质量检验报告单			
14		路基、基层、面层料标准密度（试验室密度）试验报告			
15		路面基层无侧限抗压强度、厚度检测报告			
16		沥青混合料矿料级配			
17		沥青用量（油石比）、矿料级配检测			
18		马歇尔试验（稳定度、流值、密度、空隙率）			
19		沥青面层厚度、渗水系数检测			
20		检验批、分项工程、分部质量验收记录			
1	桥梁	图纸会审记录、工程变更单、洽商记录			
2		工程定位测量、放线记录			
3		材料和附件出厂质量合格证、进场检（试）验报告			
4		施工试验报告及见证检测报告			
5		隐蔽工程记录			
6		施工记录			
7		预制构件、预拌混泥土合格证			
8		基础、下部、上部结构检验及抽样检测资料			
9		检验批、分项工程、分部质量验收记录			
10		重要质量、技术问题处理方案及验收记录			

结论：

监理工程师：

施工单位	监理（建设）单位
项目负责人： 年 月 日	总监理工程师 （建设单位项目负责人）： 年 月 日

4.1.31.8 ________单位（子单位）工程质量控制资料核查记录（建筑） TY

工程名称			施工单位		
序号	项目	资料名称	份数	核查意见	核查人
1	综合	图纸会审记录、工程变更单、工程洽商记录			
2		工程定位测量、放线记录			
3		材料和附件出厂质量合格证、进场检（试）验报告			
4		新技术论证、备案及施工记录			
5		检验批、分项、分部工程质量验收记录			
1	建筑与结构	施工试验报告及见证检测报告			
2		隐蔽工程记录			
3		施工记录			
4		地基、基础、主体结构检验及抽样检测资料			
5		地基承载力检验报告			
6		桩基承载力检验报告			
7		混凝土强度试验报告			
8		砂浆强度试验报告			
9		主体结构尺寸、位置抽查记录			
10		屋面淋水或蓄水实验记录			
11		有防水要求的地面蓄水试验记录			
12		外窗气密性、水密性、耐风压检测报告			
13		节能、保温测试记录			
1	给排水及供暖	管道、设备强度试验、严密性试验记录			
2		隐蔽工程验收记录			
3		系统清洗、灌水、通水、通球试验记录			
4		施工记录			

______单位（子单位）工程质量控制资料核查记录（建筑）（续表） TY

工程名称			施工单位			
序号	项目	资料名称		份数	核查意见	核查人
1	通风与空调	制冷、空调、水管道强度、严密性实验记录				
2		隐蔽工程验收记录				
3		冷设备运行调试记录				
4		通风、空调系统调试记录				
5		施工记录				
6		风量、测温测试记录				
7		空气能量回收装置测试记录				
1	建筑电气	设备调试记录				
2		接地、绝缘电阻测试记录				
3		隐蔽工程验收记录				
4		施工记录				
5		照明全负荷实验记录				
6		避雷接地电阻测试				
7		线路、插座、开关接地检验记录				
1	建筑节能	隐蔽工程验收记录				
2		施工记录				
3		外窗、外墙节能检测报告				
4		设备系统节能性能检查记录				

结论：

监理工程师：

施工单位	监理（建设）单位
项目负责人： 年　月　日	总监理工程师 （建设单位项目负责人）： 年　月　日

4.1.32 ____________质量事故处理记录 TY

单位工程名称		工程编号	
事故性质	设计原因	施工原因	材料原因
事故发生日期		直接经济损失（万元）	
事故等级		事故部位	
直接责任者			
事故情况和原因分析			
处理意见			
附件摘录			
施工单位	总承包单位	监理单位	建设单位
（公章） 项目经理： 年 月 日	（公章） 项目经理： 年 月 日	（公章） 总监理工程师： 年 月 日	（公章） 代表： 年 月 日

说明："附件摘录"栏填写事故处理中有关文件、鉴定资料的名称。

4.1.33 合格证（质量证明文件）汇总表 TY

工程名称				工程编号		
单位工程名称						
序号	设备或材料名称	型号规格	数量	生产厂名	出厂日期或批号	合格证数量
制表人： 年　月　日						

说明：本表格为合格证分类登记汇总的记录，由施工单位收集、填写。

4.1.34 合格证（质量证明文件）粘贴表 TY

工程名称		工程编号	
单位工程名称			

说明：为便于保管，由施工单位将与实物有对应关系的质量证明文件分类粘贴在本表格上进行组卷。

4.1.35 设备开箱检查记录 TY

<table>
<tr><td>工程名称</td><td colspan="3"></td><td>工程编号</td><td></td></tr>
<tr><td>单位工程名称</td><td colspan="5"></td></tr>
<tr><td>设备名称</td><td colspan="3"></td><td>装箱单号</td><td></td></tr>
<tr><td>型号规格</td><td colspan="3"></td><td>出厂日期</td><td></td></tr>
<tr><td>制造厂家</td><td colspan="3"></td><td>出厂编号</td><td></td></tr>
<tr><td>设备检查情况</td><td colspan="5">（1）包装情况：
（2）设备外观：
（3）设备零部件：
（4）其他：</td></tr>
<tr><td>技术文件检查情况</td><td colspan="5">（1）装箱单______份______张
（2）合格证______份______张
（3）说明书______份______张
（4）设备图______份______张
（5）其他随机资料专用工具交接记录</td></tr>
<tr><td>存在问题的处理意见</td><td colspan="5"></td></tr>
<tr><td colspan="2">施工单位</td><td>总承包单位</td><td colspan="2">监理（建设）单位</td><td>建设单位</td></tr>
<tr><td colspan="2">代表：

年　月　日</td><td>代表：

年　月　日</td><td colspan="2">专业监理工程师：

年　月　日</td><td>代表：

年　月　日</td></tr>
</table>

说明：设备材料到工地后，由建设单位组织监理、施工单位等进行检查、清点并填写记录。

4.1.36 隐蔽工程检查记录 TY

工程名称		工程编号	
单位工程名称		施工图号	
工程地点		部位或构件名称	
隐蔽工程内容（简述及简图）：			
检查意见：			
原材料质量文件：			

施工单位	总承包单位	监理单位
代表： 年 月 日	代表： 年 月 日	专业监理工程师： 年 月 日

说明：各专业工程凡需隐蔽的内容，需经建设、施工及监理有关单位人员共同检查确认后，由施工单位填写，各参加单位签字。

4.1.37 工序交接记录 TY

<table>
<tr><td>工程名称</td><td></td><td>工程编号</td><td></td></tr>
<tr><td>单位工程名称</td><td colspan="3"></td></tr>
<tr><td colspan="4">交接内容：</td></tr>
<tr><td colspan="4">交接意见：</td></tr>
</table>

交出单位	接收单位	监理（建设）单位
单位名称 代表： 年　月　日	单位名称 代表： 年　月　日	专业监理工程师 （建设单位项目代表） 代表： 年　月　日

说明：若工程的上（下）一工序不为同一施工合同的两个施工单位，在上一工序完工后，向下一工序交接时，应填写本表格，并编入交工技术文件中；否则由施工单位自行保存备查。

4.1.38 ____________安装（试验）记录 TY

工程名称		工程编号	
单位工程名称		分部工程名称	

记录内容：

施工单位	总承包单位	监理（建设）单位
代表： 年 月 日	代表： 年 月 日	专业监理工程师 （建设单位项目代表）： 年 月 日

说明：本表格为设备安装通用表，当专业表格无法满足需要时，使用本表格。

4.1.39 接地电阻测试记录 TY

工程名称		工程编号	
单位工程名称		测试仪器名称规格	

接地种类	规定阻值（Ω）	实测阻值（Ω）	实测日期	测试前三天内气象情况	测试位置	测试结果

测试点位置布置简图：

施工单位	总承包单位	监理（建设）单位
施工（班组长）： 专业技术负责人： 年 月 日	代表： 年 月 日	专业监理工程师： （建设单位项目代表） 年 月 日

说明：本表格适用于各类避雷接地装置、电气工作和保护接地装置、仪表接地装置、阴极保护接地装置等。

4.1.40 水准点一览表 TY

工程名称		测量日期	
水准点编号	高程	备注	
施工单位	总承包单位	监理（建设单位）单位	
测量员： 专业技术负责人： 年 月 日	代表： 年 月 日	专业监理工程师： （建设单位代表） 年 月 日	

4.1.41 交桩记录表 TY

工程名称		工程编号	
交桩记录			
交桩内容：			
参加单位及人员：			
参加单位：		代表：	
参加单位：		代表：	
参加单位：		代表：	
参加单位：		代表：	
参加单位：		代表：	
参加单位：		代表：	
参加单位：		代表：	
参加单位：		代表：	
参加单位：		代表：	
参加单位：		代表：	

4.1.42 现场经济签证 TY

<table>
<tr><td>项目名称</td><td></td><td>项目编号</td><td></td></tr>
<tr><td>单位工程名称</td><td colspan="3"></td></tr>
<tr><td colspan="2">签证原因：</td><td>投资增减额
（万元）</td><td></td></tr>
<tr><td colspan="4">签证内容（简图及相关计算工程量）：

施工单位（公章） 施工单位项目经理（签字）：
年 月 日</td></tr>
<tr><td colspan="2">监理单位意见：

专业监理工程师（签字）：
总监理工程师（签字）：
监理单位（公章）
年 月 日</td><td colspan="2">建设单位意见：

项目负责人（签字）：
主管领导（签字）：
建设单位（公章）
年 月 日</td></tr>
<tr><td colspan="2">基建主管部门审批意见：

经办人（签字）：
主管领导（签字）：
主管部门（公章）
年 月 日</td><td colspan="2">地区公司主管领导审批意见：

主管领导（签字）：
年 月 日</td></tr>
</table>

说明：本表格签字栏部分各专业分（子）公司可根据管理情况进行增减。

4.1.43 设计变更（联络单）明细表 TY

工程名称			工程编号	
单位工程名称				
序号	设计变更（联络单）编号	页数	相关图号	备注
制表人： 年 月 日			审核人： 年 月 日	

4.2 站内工艺安装 [1]

4.2.1 阀门试验记录 GY

工程名称				工程编号			单位工程名称						
名称	型号规格	数量	公称压力（Mpa）	壳体压力试验			密封试验			上密封试验			试验结果
				介质	压力（MPa）	时间（min）	介质	压力（MPa）	时间（min）	介贡	压力（MPa）	时间（min）	
试验单位				总承包单位						监理（建设）单位			
试验人： 专业技术负责人： 年 月 日				代表： 年 月 日						专业监理工程师： （建设单位代表） 年 月 日			

说明：本表格由阀门试压单位填写。

① 本部分的“GY”意思是“工艺”，代表属于工艺类表格。

4.2.2 管道焊接工作记录 GY

工程名称			工程编号				单位工程名称			
管道号	管道规格	材质	焊缝编号	焊接材料（牌号 / 规格）	焊工编号	焊接方法	预热温度（℃）	层间温度（℃）	后热温度 / 时间（℃ /min）	热处理记录单号
施工单位							总承包单位			
施工班（组）长： 专业技术负责人： 年 月 日							代表： 年 月 日			

说明：本表格由施工单位填写。

4.2.3 焊缝热处理记录 GY

编号：

工程名称		工程编号	
单位工程名称		管线编号	
材质		规格	

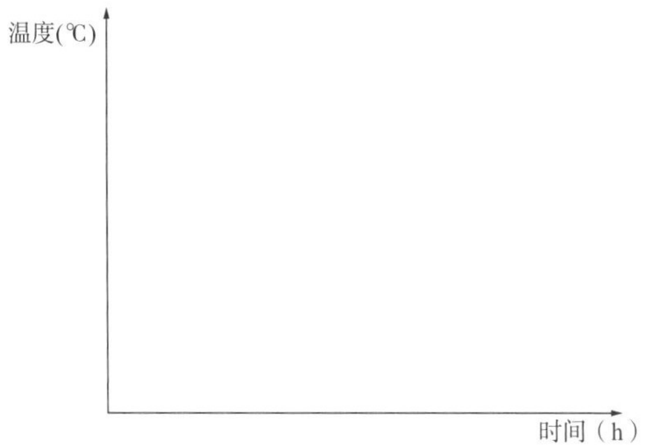

热处理曲线示意图（附热处理自动记录曲线）

焊缝编号	升温速度（℃/h）	热处理温度（℃）	恒温时间（h）	降温速率（℃/h）	备注

说明：

施工单位	总承包单位	监理（建设）单位
热处理操作人： 专业技术负责人： 年 月 日	代表： 年 月 日	专业监理工程师： （建设单位代表） 年 月 日

说明：填表时在正本应附有原始热处理温度—时间记录曲线。副本可附原始记录曲线复印件，或在卷内备考表中注明原始热处理温度—时间记录曲线保存在正本内。

4.2.4 通风、排风管道施工记录 GY

工程名称						工程编号				
单位工程名称										
编号	名称	规格（断面尺寸×厚度）	材质	长度	制作平整度及椭圆度	安装			外层漆色	质量鉴定
						垂直偏差（mm）	水平偏差（mm）	密封垫片材料		

施工单位	总承包单位	监理（建设）单位
施工班（组）长： 专业技术负责人： 年 月 日	代表： 年 月 日	专业监理工程师： （建设单位代表） 年 月 日

说明：本表格用于压缩机、风机风管以及通风设备风管安装。

4.2.5 管道补偿器安装记录 GY

工程名称						工程编号				
单位工程名称										
管道规格						管线编号				
补偿器编号	形式	规格	材质	固定支架间距（m）	设计压力（MPa）	设计温度（℃）	环境温度（℃）	安装预拉预压值		备注
								设计值	实测值	
简图：										

施工单位	总承包单位	监理（建设）单位
施工班（组）长： 专业技术负责人： 年 月 日	代表： 年 月 日	专业监理工程师： （建设单位代表） 年 月 日

说明：本表格由施工单位填写。要求补偿器预拉伸、预压缩量测量准确。

4.2.6 管道支、吊架安装记录 GY

工程名称					工程编号			
单位工程名称								
管线编号	管架编号	结构形式、型号、规格	坐标位置偏差（mm）		标高偏差（mm）		弹簧调整值	备注
			允许值	实测值	允许值	实测值		

施工单位	总承包单位	监理（建设）单位
施工班（组）长： 专业技术负责人： 年 月 日	代表： 年 月 日	专业监理工程师： （建设单位代表） 年 月 日

说明：本表格由施工单位填写，备注栏填写管托型号。

4.2.7 管道压力试验检查记录 GY

工程名称		工程编号		
单位工程名称		管道规格		
管线编号		管道长度		
工作压力		设计压力		
试压介质		试验压力		
环境温度				
试压记录	时间	表压（MPa）	稳压时间	检查情况
	月 日 时 分		时 分	
	月 日 时 分		时 分	
	月 日 时 分		时 分	
	月 日 时 分		时 分	
	月 日 时 分		时 分	
	月 日 时 分		时 分	
	月 日 时 分		时 分	
其他说明：				
结果：				

施工单位	总承包单位	监理（建设）单位
记录人： 试压负责人： 专业技术负责人： 年 月 日	代表： 年 月 日	专业监理工程师： （建设单位代表） 年 月 日

说明：本表格适用于站内管道试压检查；结果一栏由监理人员填写，其余内容由施工单位填写。

4.2.8 管道系统压力试验和泄漏性试验记录 GY

工程名称		工程编号	
单位工程名称		系统名称	
试压前检查内容		检查结果	
管道组成件安装完毕、正确			
阀门、法兰、螺栓、垫片安装正确			
支架、吊架安装正确			
焊缝焊接记录齐全			
焊缝外观检验合格			
无损检测合格			
热处理合格			
安全阀、爆破片及仪表元件等已拆下或加以隔离			
有盲板标识			

管道编号	设计参数		压力试验			泄漏性/真空试验		
	压力（MPa）	介质	压力（MPa）	介质	结论	压力（MPa）	介质	结论

施工单位	总承包单位	监理（建设）单位
施工班（组）长： 专业技术负责人： 年 月 日	代表： 年 月 日	专业监理工程师： （建设单位代表） 年 月 日

说明：按装置或系统进行试压，本表格由施工单位填写。

4.2.9 工艺管道吹扫（清洗）记录 GY

工程名称		工程编号	
单位工程名称			
安装地点		管道编号	
		工作温度	
吹扫（清洗）介质		检查方法	
吹扫（清洗）检查情况及结论：			

施工单位	总承包单位	监理（建设）单位
施工班（组）长： 专业技术负责人： 年　月　日	代表： 年　月　日	专业监理工程师： （建设单位代表） 年　月　日

说明：用于现场已安装管道的吹扫、清洗，本表格由施工单位填写。

4.3 设备安装[①]

4.3.1 设备基础检查验收记录 SB

工程名称			工程编号		
单位工程名称					
设备名称			设备位号		
序号	检测项目		允许偏差（mm）	实际偏差	备注
1	坐标位置		± 20		纵轴线
					横轴线
2	基础各不同平面的标高		−20~0		
3	平面外形尺寸		± 20		
4	凸台上平面外形尺寸		−20~0		
5	凹穴尺寸		0~20		
6	平面的水平度	每米	5		包括地坪上需要安装设备的部分
		全长	10		
7	垂直度	每米	5		
		全长	10		
8	预埋地脚螺栓	标高	0~10		螺栓顶部
		中心距	± 2		根部及顶部
9	预埋地脚螺栓孔	中心位置	± 10		
		深度	0~20		
		垂直度	10		孔壁
10	预埋活动地脚螺栓锚板	标高	0~20		
		中心位置	± 5		
		水平度	5		指带槽的锚板
		水平度	2		指螺纹孔的锚板
交出单位		接收单位		监理（建设）单位	
质量检查员： 专业技术负责人： 年 月 日		质量检查员： 专业技术负责人： 年 月 日		监理工程师： （或建设单位代表） 年 月 日	

① 本部分的“SB”意思是“设备”，代表属于设备类表格。

4.3.2 机器拆检及组装记录 SB

工程名称		工程编号	
单位工程名称			
机器名称		位号	
规格型号			

序号	拆检部位及内容	允许偏差（mm）	拆检前实测值（mm）	组装后实测值（mm）	清洗结果

封闭前情况：		
附简图：		
施工单位	总承包单位	监理（建设）单位
施工班（组）长： 专业技术负责人： 年 月 日	代表： 年 月 日	监理工程师： （建设单位代表） 年 月 日

说明：图纸或规范要求拆检的机器填写本表格。

4.3.3 机器安装记录 SB

工程名称			工程编号	
单位工程名称				
机器名称			位号	
规格型号				
项目		允许偏差（mm）	实际偏差（mm）	备注
标高				
中心线	纵向			
	横向			
垂直度				
水平度	纵向			
	横向			

附简图及说明：

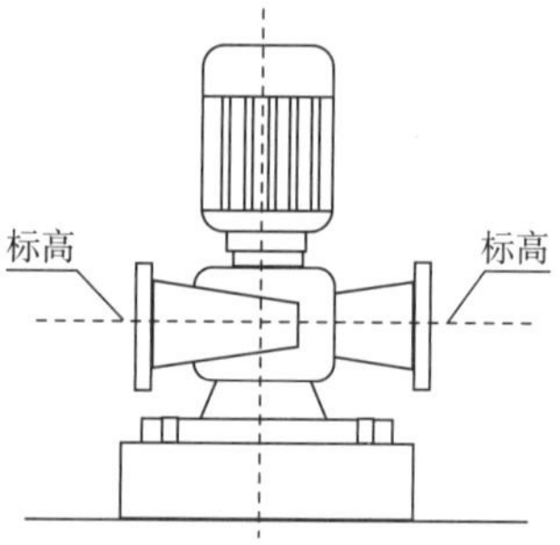

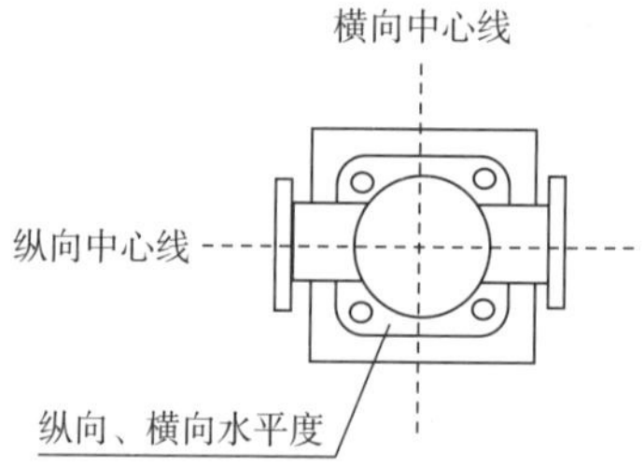

施工单位	总承包单位	监理（建设）单位
施工班（组）长： 专业技术负责人： 年 月 日	代表： 年 月 日	监理工程师： （建设单位代表） 年 月 日

说明：适用于各类型的压缩机及泵类的安装，对于大型机组应有附图，绘出机器水平测量位置，并对测点进行编号逐一记录。

4.3.4 设备安装垫铁隐蔽工程记录 SB

工程名称		工程编号	
单位工程名称			
设备名称		设备位号	

垫铁布置简图（并说明垫铁的规格型号、材质及摆放位置等）：

编号									
$H\times n$									
间距									
编号									
$H\times n$									
间距									

注：H 表示垫铁总高度；n 表示垫铁层数。

施工单位	总承包单位	监理（建设）单位
施工班（组）长： 质量检查员： 专业技术负责人： 年 月 日	代表： 年 月 日	监理工程师： （建设单位代表） 年 月 日

说明：设备垫铁安装找正完毕，经建设、监理等单位共同检查确认后，由施工单位填写，各参加单位签字认可。

4.3.5 联轴器对中记录 SB

<table>
<tr><td colspan="2">工程名称</td><td colspan="3"></td><td>工程编号</td><td></td></tr>
<tr><td colspan="2">单位工程名称</td><td colspan="5"></td></tr>
<tr><td colspan="2">设备名称</td><td></td><td>设备位号</td><td></td><td>连轴器编号</td><td></td></tr>
<tr><td>测量方式</td><td>√双表法
□三表法</td><td>径向计算公式</td><td></td><td>轴向计算公式</td><td colspan="2"></td></tr>
<tr><td colspan="7">机器连轴器布置及测点位置简图：

百分表回转直径 d= mm</td></tr>
</table>

<table>
<tr><td rowspan="3">连轴器编号</td><td colspan="6">径向位移（mm）</td><td colspan="6">轴向位移（mm）</td><td colspan="2">端面间隙（mm）</td><td rowspan="2">联轴器形式</td></tr>
<tr><td rowspan="2">允许值</td><td>计算值</td><td colspan="4">实测值</td><td rowspan="2">允许值</td><td>计算值</td><td colspan="4">实测值</td><td>允许值</td><td>实测值</td></tr>
<tr><td>a</td><td>a_1</td><td>a_2</td><td>a_3</td><td>a_4</td><td>b</td><td>b_1</td><td>b_2</td><td>b_3</td><td>b_4</td><td></td><td></td><td></td></tr>
<tr><td></td><td></td><td></td><td></td><td></td><td></td><td></td><td></td><td></td><td></td><td></td><td></td><td></td><td></td><td></td><td></td></tr>
<tr><td></td><td></td><td></td><td></td><td></td><td></td><td></td><td></td><td></td><td></td><td></td><td></td><td></td><td></td><td></td><td></td></tr>
<tr><td></td><td></td><td></td><td></td><td></td><td></td><td></td><td></td><td></td><td></td><td></td><td></td><td></td><td></td><td></td><td></td></tr>
<tr><td></td><td></td><td></td><td></td><td></td><td></td><td></td><td></td><td></td><td></td><td></td><td></td><td></td><td></td><td></td><td></td></tr>
<tr><td></td><td></td><td></td><td></td><td></td><td></td><td></td><td></td><td></td><td></td><td></td><td></td><td></td><td></td><td></td><td></td></tr>
<tr><td colspan="16">结论：</td></tr>
</table>

施工单位	总承包单位	监理（建设）单位
施工班（组）长： 专业技术负责人： 年 月 日	代表： 年 月 日	监理工程师： （建设单位代表） 年 月 日

说明：适用于各类型压缩机组及泵类，对大型机组要绘出连轴器布置图，并在“说明”栏中绘出连轴器示意图及最终检测结果。

4.3.6 润滑油系统冲洗检查记录 SB

<table>
<tr><td>工程名称</td><td></td><td>工程编号</td><td colspan="2"></td></tr>
<tr><td>单位工程名称</td><td colspan="4"></td></tr>
<tr><td>管道名称</td><td></td><td>管道编号</td><td colspan="2"></td></tr>
<tr><td rowspan="5">油冲洗前
检查</td><td colspan="2">检查内容</td><td colspan="2">结论</td></tr>
<tr><td colspan="2">油泵驱动机负荷运行情况</td><td colspan="2"></td></tr>
<tr><td colspan="2">蓄压器、稳压器、油气分离器等设备封闭情况</td><td colspan="2"></td></tr>
<tr><td colspan="2">油回路完成情况</td><td colspan="2"></td></tr>
<tr><td colspan="2"></td><td colspan="2"></td></tr>
<tr><td>油牌号</td><td colspan="4"></td></tr>
<tr><td rowspan="2">油压
（MPa）</td><td colspan="4">临时过滤装置</td></tr>
<tr><td colspan="2">安装位置</td><td colspan="2">过滤网规格</td></tr>
<tr><td></td><td colspan="2"></td><td colspan="2"></td></tr>
<tr><td colspan="5">油冲洗结果：</td></tr>
<tr><td colspan="5">备注：</td></tr>
<tr><td colspan="2">施工单位</td><td colspan="2">总承包单位</td><td>监理（建设）单位</td></tr>
<tr><td colspan="2">施工班（组）长：
专业技术负责人：

年 月 日</td><td colspan="2">代表：

年 月 日</td><td>监理工程师：
（建设单位代表）

年 月 日</td></tr>
</table>

说明：本表格适用于机器的循环油润滑系统。

4.3.7 机组试运前系统确认记录 SB

<table>
<tr><td>工程名称</td><td></td><td>工程编号</td><td></td></tr>
<tr><td>单位工程名称</td><td colspan="3"></td></tr>
<tr><td>机器名称</td><td></td><td>位号</td><td></td></tr>
<tr><td colspan="3">系统确认内容</td><td>结论</td></tr>
<tr><td rowspan="4">工艺设备专业</td><td>机组安装完整</td><td colspan="2"></td></tr>
<tr><td>油系统安装</td><td colspan="2"></td></tr>
<tr><td>冷却及冷凝真空系统安装</td><td colspan="2"></td></tr>
<tr><td></td><td colspan="2"></td></tr>
<tr><td rowspan="4">仪表专业</td><td>控制保护系统</td><td colspan="2"></td></tr>
<tr><td>仪表回路测试</td><td colspan="2"></td></tr>
<tr><td>仪表冲洗管道</td><td colspan="2"></td></tr>
<tr><td></td><td colspan="2"></td></tr>
<tr><td rowspan="3">电气专业</td><td>电机试验</td><td colspan="2"></td></tr>
<tr><td>控制保护系统模拟动作试验</td><td colspan="2"></td></tr>
<tr><td></td><td colspan="2"></td></tr>
<tr><td rowspan="4">工艺管道</td><td>焊接、无损检测</td><td colspan="2"></td></tr>
<tr><td>管道试压、吹扫</td><td colspan="2"></td></tr>
<tr><td>阀门管件安装</td><td colspan="2"></td></tr>
<tr><td></td><td colspan="2"></td></tr>
<tr><td rowspan="3">其他专业</td><td></td><td colspan="2"></td></tr>
<tr><td></td><td colspan="2"></td></tr>
<tr><td></td><td colspan="2"></td></tr>
<tr><td colspan="2">施工单位</td><td>总承包单位</td><td>监理（建设）单位</td></tr>
<tr><td colspan="2">施工班（组）长：
专业技术负责人：

年 月 日</td><td>代表：

年 月 日</td><td>监理工程师：
（建设单位代表）

年 月 日</td></tr>
</table>

说明：施工单位填写，适用于压缩机组及泵类，可根据机器情况，增加必要的确认项目，填入空格内。

4.3.8 机器单机试车记录 SB

工程名称		工程编号		单位工程名称			
机器名称		机器位号		规格型号		额定转速	r/min
驱动机类别		驱动机型号		额定功率	kW	额定电流	A
试车类别	空负荷□负荷□	试车日期		连续运转时间	h	环境温度	℃
试车介质		润滑油牌号		启动时间		启动电流	A

运行时间	转速（r/min）	机器												冷却水			润滑油				驱动机		
		介质					温度（℃）		轴振动（μm）				密封泄漏量（mL）	温度（℃）		压力（MPa）	温度（℃）		压力（MPa）		温度（℃）	电压（V）/汽压（MPa）	电流（A）/汽流（m³/h）
		流量（ ）	温度（℃）		压力（MPa）		轴承		垂直		水平												
			进	出	进	出	前	后	前	后	前	后		进	出		进	出	进	出			

自动保护联锁系统实验：		试车后检查情况及结论：
施工单位	总承包单位	监理（建设）单位
施工班（组）长： 专业技术负责人： 年 月 日	代表： 年 月 日	专业监理工程师： （建设单位代表） 年 月 日

说明：适用于压缩机组及泵类，在“试车后检查结果及试车结果”栏中填写机器满足设计及技术文件要求的程度。

4.3.9 离心式压缩机单机试车记录 SB

<table>
<tr><td>工程名称</td><td></td><td>工程编号</td><td colspan="3"></td><td>单位工程名称</td><td></td></tr>
<tr><td>机器名称</td><td></td><td>机器位号</td><td></td><td>规格型号</td><td></td><td>转速</td><td>r/min</td></tr>
<tr><td>驱动机名称</td><td></td><td>驱动机型号</td><td></td><td>额定功率</td><td>kW</td><td>额定电流</td><td>A</td></tr>
<tr><td>试车类别</td><td>空负荷□负荷□</td><td>试车日期</td><td></td><td>连续运转时间</td><td>h</td><td>环境温度</td><td>℃</td></tr>
<tr><td>试车介质</td><td></td><td>润滑油牌号</td><td></td><td>启动时间</td><td></td><td>启动电流</td><td>A</td></tr>
</table>

<table>
<tr><td rowspan="4">运行时间</td><td rowspan="4">转速（r/min）</td><td colspan="11">压缩机</td><td colspan="4" rowspan="2">润滑油</td><td colspan="3" rowspan="2">冷却水</td><td colspan="4">变速机</td><td colspan="3">驱动机</td></tr>
<tr><td colspan="4">介质</td><td colspan="2">温度（℃）</td><td colspan="4">轴振动双振幅（μm）</td><td rowspan="3">轴位移（mm）</td><td rowspan="3">轴承温度（℃）</td><td colspan="3">轴振动双振幅（μm）</td><td rowspan="3">温度（℃）</td><td rowspan="3">电压（V）</td><td rowspan="3">电流（A）</td></tr>
<tr><td colspan="2">温度（℃）</td><td colspan="2">压力（MPa）</td><td colspan="2">轴承</td><td colspan="2">垂直</td><td colspan="2">水平</td><td colspan="2">温度（℃）</td><td colspan="2">压力（MPa）</td><td colspan="2">温度（℃）</td><td rowspan="2">压力（MPa）</td><td rowspan="2">垂直</td><td rowspan="2">水平</td><td rowspan="2">轴向</td></tr>
<tr><td>进</td><td>出</td><td>进</td><td>出</td><td>前</td><td>后</td><td>前</td><td>后</td><td>前</td><td>后</td><td>进</td><td>出</td><td>进</td><td>出</td><td>进</td><td>出</td></tr>
<tr><td></td><td></td><td></td><td></td><td></td><td></td><td></td><td></td><td></td><td></td><td></td><td></td><td></td><td></td><td></td><td></td><td></td><td></td><td></td><td></td><td></td><td></td><td></td><td></td><td></td><td></td><td></td></tr>
<tr><td></td><td></td><td></td><td></td><td></td><td></td><td></td><td></td><td></td><td></td><td></td><td></td><td></td><td></td><td></td><td></td><td></td><td></td><td></td><td></td><td></td><td></td><td></td><td></td><td></td><td></td><td></td></tr>
<tr><td></td><td></td><td></td><td></td><td></td><td></td><td></td><td></td><td></td><td></td><td></td><td></td><td></td><td></td><td></td><td></td><td></td><td></td><td></td><td></td><td></td><td></td><td></td><td></td><td></td><td></td><td></td></tr>
<tr><td></td><td></td><td></td><td></td><td></td><td></td><td></td><td></td><td></td><td></td><td></td><td></td><td></td><td></td><td></td><td></td><td></td><td></td><td></td><td></td><td></td><td></td><td></td><td></td><td></td><td></td><td></td></tr>
<tr><td></td><td></td><td></td><td></td><td></td><td></td><td></td><td></td><td></td><td></td><td></td><td></td><td></td><td></td><td></td><td></td><td></td><td></td><td></td><td></td><td></td><td></td><td></td><td></td><td></td><td></td><td></td></tr>
<tr><td></td><td></td><td></td><td></td><td></td><td></td><td></td><td></td><td></td><td></td><td></td><td></td><td></td><td></td><td></td><td></td><td></td><td></td><td></td><td></td><td></td><td></td><td></td><td></td><td></td><td></td><td></td></tr>
<tr><td></td><td></td><td></td><td></td><td></td><td></td><td></td><td></td><td></td><td></td><td></td><td></td><td></td><td></td><td></td><td></td><td></td><td></td><td></td><td></td><td></td><td></td><td></td><td></td><td></td><td></td><td></td></tr>
</table>

自动保护联锁系统实验：	试车后检查情况及结论：

施工单位	总承包单位	监理（建设）单位
施工班（组）长： 专业技术负责人： 年　月　日	代表： 年　月　日	专业监理工程师： （建设单位代表） 年　月　日

说明：适用于压缩机组及泵类，在“试车后检查结果及试车结果”栏中填写机器满足设计及技术文件要求的程度。

4.3.10 立式设备安装记录 SB

工程名称			工程编号		
单位工程名称					
设备名称		位号		型号及规格	

图示：

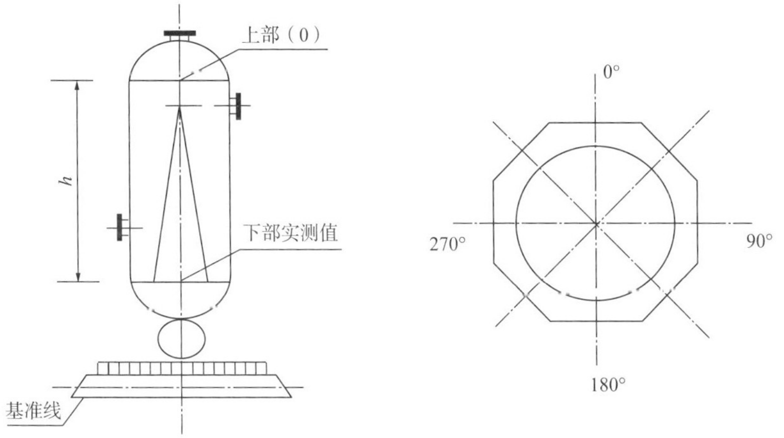

h 为两测点间的距离，h=　　mm

项目	方位	允许值（mm）	实测值（mm）	项目	方位	允许值（mm）	实测值（mm）
标高偏差（A）	0°			中心线位置偏差	0°		
	90°				90°		
	180°			铅垂度	180°		
	270°				270°		
结论							

施工单位	总承包单位	监理（建设）单位
施工班（组）长： 专业技术负责人： 年　月　日	代表： 年　月　日	监理工程师： （建设单位代表） 年　月　日

说明：适用于油气田地面工程各类塔、罐、换热器、生产分离器等立式设备的安装记录。

4.3.11 卧式设备安装记录 SB

工程名称			工程编号	
单位工程名称				
设备名称		位号	型号及规格	

图示：

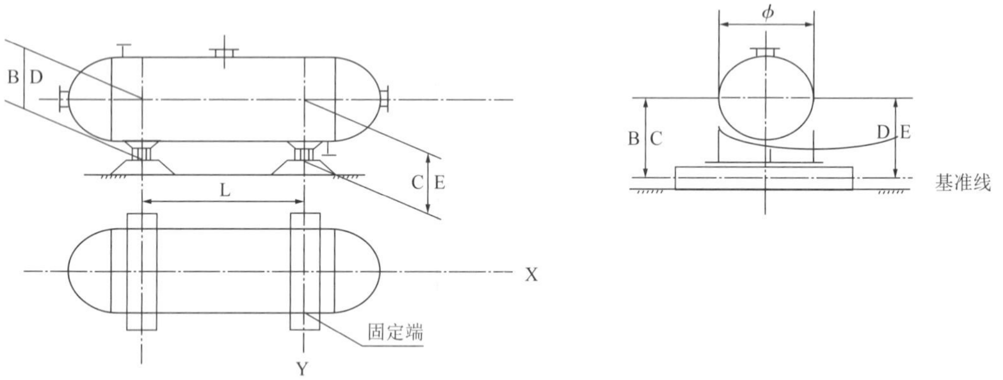

注：①图中 BCDE 分别为设备筒体上基准中心点到基础标高基准线的相对标高值

②轴向水平偏差应低向排液口方向，L 为两测点间的距离（mm）

<table>
<tr><td colspan="3" rowspan="3">滑动端螺栓松动核验结果：</td><td>项目</td><td>测量部位</td><td>允许值（mm）</td><td>实测值（mm）</td></tr>
<tr><td rowspan="2">中心线偏差</td><td>X 轴</td><td></td><td></td></tr>
<tr><td>Y 轴</td><td></td><td></td></tr>
<tr><td rowspan="2">项目</td><td rowspan="2">允许值（mm）</td><td rowspan="2">实测值（mm）</td><td rowspan="2">轴向水平</td><td>B–C</td><td></td><td></td></tr>
<tr><td>D–E</td><td></td><td></td></tr>
<tr><td rowspan="2">安装标高偏差</td><td rowspan="2"></td><td rowspan="2"></td><td rowspan="2">径向水平</td><td>B–D</td><td></td><td></td></tr>
<tr><td>C–E</td><td></td><td></td></tr>
<tr><td colspan="7">结论：</td></tr>
</table>

施工单位	总承包单位	监理（建设）单位
施工班（组）长： 专业专业技术负责人： 年 月 日	代表： 年 月 日	专业监理工程师： （建设单位代表） 年 月 日

说明：适用于油气田地面工程各类卧式设备的安装记录。整体到货的橇装设备安装方式由设备制造厂指定，可采用本表格或其他设备安装表格。由施工单位组装成橇的橇装设备应每个设备独立填写安装记录。

4.3.12 设备现场组焊记录 SB

工程名称				工程编号			
单位工程名称							
设备名称		位号			型号及规格		
设备材质				焊接材料			
项目	测量部位	允许值（mm）	实测最大值（mm）	项目	测量部位	允许值（mm）	实测最大值（mm）
组对方位偏差				对口错边量			
外周长偏差				焊后棱角			
分段处筒体圆度偏差				焊缝余高			
筒节端口不平度				组对间隙			
筒体的直线度	0°			筒体总高（长）度			
	90°						
结论及说明（附焊缝、焊工布置、无损检测布片示意图）：							

施工单位	总承包单位	监理（建设）单位
施工班（组）长： 专业技术负责人： 年 月 日	代表： 年 月 日	监理工程师： （建设单位代表） 年 月 日

说明：适用于常压设备现场组焊。

4.3.13 设备填充记录 SB

工程名称			工程编号		
单位 工程名称					
设备名称		位号		型号及规格	
分段编号	填料名称	填料规格		填料高度（m）	备注
结论：					

施工单位	总承包单位	监理（建设）单位
施工班（组）长： 专业技术负责人： 年 月 日	代表： 年 月 日	监理工程师： （建设单位代表） 年 月 日

说明：适用于有填充物料的设备。

4.3.14 设备清理检查封闭记录 SB

工程名称		工程编号	
单位工程名称		安装地点	
设备名称		设备位号	
规格型号		工作介质	
内件装配		充填情况	
清理结果：			
封闭前检查：			
封闭方法：			
结论：			
备注：			

施工单位	总承包单位	监理（建设）单位
施工班（组）长： 专业技术负责人： 年 月 日	代表： 年 月 日	监理工程师： （建设单位代表） 年 月 日

说明：适用于设备安装后进行设备清理、检查、封闭。

4.3.15 设备耐压试验报告 SB

工程名称			工程编号	
单位工程名称				
设备名称			位号	
型号及规格			操作介质	
设计压力		MPa	设计温度	℃
操作压力		MPa	操作温度	℃
环境温度		℃	试验介质温度	℃
压力表编号			压力表规格	
强度试验	试验部位		试验介质	
	试验压力	MPa	停压时间	min
	结果			
严密性试验	试验部位		试验介质	
	试验压力	MPa	停压时间	min
	结果			
补充试验：				
备注：				

施工单位	总承包单位	监理（建设）单位
施工班（组）长： 专业技术负责人： 年 月 日	代表： 年 月 日	监理工程师： （建设单位代表） 年 月 日

说明：适用于设备现场试验记录，由施工单位填写，压力表编号要写明压力试验所用的两块表的编号，压力表规格要写明压力表量程、精度等级。

4.3.16 设备 / 管道防腐、保温、保冷、涂漆施工记录 SB

工程名称				工程编号				单位工程名称							
位号或线号	名称	规格	数量（台 /m）	防腐与衬里			保温或保冷			涂漆					
										底层		中间层		面层	
				材料名称	层次 / 厚度	试验结果	材料名称	厚度（mm）	保护层材料	材料名称	道数	材料名称	道数	材料名称	道数

施工单位	总承包单位	监理（建设）单位
施工班（组）长： 专业技术负责人： 年 月 日	代表： 年 月 日	监理工程师： （建设单位代表） 年 月 日

4.3.17 塔盘安装记录 SB

工程名称						工程编号				
单位工程名称						设备名称			设备位号	
塔盘编号	塔盘、受液盘300mm范围内的平直度		塔盘水平度		溢流堰高偏差		溢流堰水平度		降液板底部与受液盘上表面间距	
	允许值（mm）	实测值（mm）	允许值（mm）	实测值（mm）	允许值（mm）	实测值（mm）	允许值（mm）	实测值（mm）	允许值（mm）	实测值（mm）

结论：

施工单位	总承包单位	监理（建设）单位
施工班（组）长： 专业技术负责人： 年 月 日	代表： 年 月 日	监理工程师： （建设单位代表） 年 月 日

塔盘安装记录（续表） SB

<table>
<tr><td>单位工程名称</td><td colspan="6"></td><td colspan="2">工程编号</td><td colspan="4"></td></tr>
<tr><td>单位工程名称</td><td colspan="6"></td><td colspan="2">设备名称</td><td colspan="2"></td><td>设备位号</td><td></td></tr>
<tr><td rowspan="2">塔盘编号</td><td colspan="2">浮阀塔盘
孔底水平度</td><td colspan="2">浮阀塔盘
托、浮板平直度</td><td colspan="2">泡罩与升气管
同心度</td><td colspan="2">泡罩齿根至塔盘
上表面距离</td><td rowspan="2">浮阀
灵活性</td><td colspan="3"></td></tr>
<tr><td>允许值（mm）</td><td>实测值（mm）</td><td>允许值（mm）</td><td>实测值（mm）</td><td>允许值（mm）</td><td>实测值（mm）</td><td>允许值（mm）</td><td>实测值（mm）</td><td></td><td></td><td></td></tr>
<tr><td></td><td></td><td></td><td></td><td></td><td></td><td></td><td></td><td></td><td></td><td></td><td></td><td></td></tr>
<tr><td></td><td></td><td></td><td></td><td></td><td></td><td></td><td></td><td></td><td></td><td></td><td></td><td></td></tr>
<tr><td></td><td></td><td></td><td></td><td></td><td></td><td></td><td></td><td></td><td></td><td></td><td></td><td></td></tr>
<tr><td></td><td></td><td></td><td></td><td></td><td></td><td></td><td></td><td></td><td></td><td></td><td></td><td></td></tr>
<tr><td></td><td></td><td></td><td></td><td></td><td></td><td></td><td></td><td></td><td></td><td></td><td></td><td></td></tr>
<tr><td></td><td></td><td></td><td></td><td></td><td></td><td></td><td></td><td></td><td></td><td></td><td></td><td></td></tr>
<tr><td></td><td></td><td></td><td></td><td></td><td></td><td></td><td></td><td></td><td></td><td></td><td></td><td></td></tr>
<tr><td colspan="13">结论：</td></tr>
<tr><td colspan="4">施工单位</td><td colspan="5">总承包单位</td><td colspan="4">监理（建设）单位</td></tr>
<tr><td colspan="4">施工班（组）长：
专业技术负责人：
年 月 日</td><td colspan="5">代表：
年 月 日</td><td colspan="4">监理工程师：
（建设单位代表）
年 月 日</td></tr>
</table>

4.3.18 空冷器及风筒构件安装记录 SB

<table>
<tr><td colspan="3">工程名称</td><td></td><td>工程编号</td><td></td></tr>
<tr><td colspan="3">单位工程名称</td><td colspan="3"></td></tr>
<tr><td colspan="3">设备名称</td><td></td><td>设备位号</td><td></td></tr>
<tr><td colspan="3">规格型号</td><td></td><td>风机叶轮直径</td><td></td></tr>
<tr><td colspan="3">项目</td><td>允许值（mm）</td><td>实测值（mm）</td><td>结论</td></tr>
<tr><td rowspan="13">立柱安装质量</td><td colspan="2">构架平面对角线之差</td><td></td><td></td><td></td></tr>
<tr><td rowspan="4">立柱基准点标高</td><td>1</td><td></td><td></td><td></td></tr>
<tr><td>2</td><td></td><td></td><td></td></tr>
<tr><td>3</td><td></td><td></td><td></td></tr>
<tr><td>4</td><td></td><td></td><td></td></tr>
<tr><td rowspan="4">柱底座中心线与轴线偏差（纵 / 横）</td><td>1</td><td></td><td></td><td></td></tr>
<tr><td>2</td><td></td><td></td><td></td></tr>
<tr><td>3</td><td></td><td></td><td></td></tr>
<tr><td>4</td><td></td><td></td><td></td></tr>
<tr><td rowspan="4">立柱挠曲矢高 / 垂直度</td><td>1</td><td></td><td></td><td></td></tr>
<tr><td>2</td><td></td><td></td><td></td></tr>
<tr><td>3</td><td></td><td></td><td></td></tr>
<tr><td>4</td><td></td><td></td><td></td></tr>
<tr><td rowspan="14">风筒安装尺寸</td><td rowspan="4">直径</td><td>0° ~180°</td><td></td><td></td><td></td></tr>
<tr><td>45° ~225°</td><td></td><td></td><td></td></tr>
<tr><td>90° ~270°</td><td></td><td></td><td></td></tr>
<tr><td>135° ~315°</td><td></td><td></td><td></td></tr>
<tr><td rowspan="2">圆度</td><td>上端面</td><td></td><td></td><td></td></tr>
<tr><td>下端面</td><td></td><td></td><td></td></tr>
<tr><td rowspan="4">法兰面两端平行度</td><td>0°</td><td></td><td></td><td></td></tr>
<tr><td>90°</td><td></td><td></td><td></td></tr>
<tr><td>180°</td><td></td><td></td><td></td></tr>
<tr><td>270°</td><td></td><td></td><td></td></tr>
<tr><td rowspan="4">风筒内壁与风机叶尖端间距</td><td>0° ~180°</td><td></td><td></td><td></td></tr>
<tr><td>45° ~225°</td><td></td><td></td><td></td></tr>
<tr><td>90° ~270°</td><td></td><td></td><td></td></tr>
<tr><td>135° ~315°</td><td></td><td></td><td></td></tr>
<tr><td colspan="3">施工单位</td><td colspan="2">总承包单位</td><td>监理（建设）单位</td></tr>
<tr><td colspan="3">施工班（组）长：
专业专业技术负责人：
年 月 日</td><td colspan="2">代表：
年 月 日</td><td>专业监理工程师：
（建设单位代表）
年 月 日</td></tr>
</table>

4.3.19 空冷器风机安装记录 SB

<table>
<tr><td colspan="2">工程名称</td><td colspan="5"></td><td colspan="2">工程编号</td><td></td></tr>
<tr><td colspan="2">单位工程名称</td><td colspan="8"></td></tr>
<tr><td colspan="2">设备名称</td><td colspan="2"></td><td>设备位号</td><td colspan="5"></td></tr>
<tr><td colspan="2">型号规格</td><td colspan="2"></td><td>安装地点</td><td colspan="5"></td></tr>
<tr><td colspan="3" rowspan="2">项目</td><td rowspan="2">允许值</td><td colspan="6">实测值</td></tr>
<tr><td>1</td><td>2</td><td>3</td><td>4</td><td>5</td><td>6</td></tr>
<tr><td colspan="3">叶片安装角度（°）</td><td></td><td></td><td></td><td></td><td></td><td></td><td></td></tr>
<tr><td colspan="3">叶尖圆周水平高低差（mm）</td><td></td><td></td><td></td><td></td><td></td><td></td><td></td></tr>
<tr><td colspan="3">风机轴垂直度偏差（mm）</td><td></td><td colspan="6"></td></tr>
<tr><td rowspan="2">主动轴</td><td colspan="2">皮带轮端面轴向位移（mm）</td><td></td><td colspan="6"></td></tr>
<tr><td colspan="2">皮带轮端面倾斜（mm）</td><td></td><td colspan="6"></td></tr>
<tr><td rowspan="2">从动轴</td><td colspan="2">皮带轮端面轴向位移（mm）</td><td></td><td colspan="6"></td></tr>
<tr><td colspan="2">皮带轮端面倾斜（mm）</td><td></td><td colspan="6"></td></tr>
<tr><td rowspan="3">皮带张紧度</td><td colspan="2">施加载荷 W（kN）</td><td></td><td colspan="6"></td></tr>
<tr><td colspan="2">切边长度 L（mm）</td><td></td><td colspan="6"></td></tr>
<tr><td colspan="2">中点挠度 f（mm）</td><td></td><td colspan="6"></td></tr>
<tr><td colspan="10">结论：</td></tr>
<tr><td colspan="10">备注：</td></tr>
</table>

<table>
<tr><td>施工单位</td><td>总承包单位</td><td>监理（建设）单位</td></tr>
<tr><td>施工班（组）长：
专业技术负责人：
年 月 日</td><td>代表：
年 月 日</td><td>监理工程师：
（建设单位代表）
年 月 日</td></tr>
</table>

4.3.20 抽油机安装记录 SB

工程名称		工程编号	
单位工程名称		抽油机型	
出厂编号		安装井位	

项目及允许偏差

序号	项目	允许偏差（mm）	实际偏差				
			1	2	3	4	5
1	底座横向位置偏差						
2	底座纵向位置偏差						
3	抽油机机架横向水平度						
4	抽油机机架纵向水平度						
5	悬绳器中心与井口中心同心度						
6	支架顶面不平度						
7	两曲柄不平行度						
8	皮带轮端面不平行度						

检查记录：

施工单位	总承包单位	监理（建设）单位
施工班（组）长： 专业技术负责人： 年 月 日	代表： 年 月 日	监理工程师： （建设单位代表） 年 月 日

4.3.21 火炬安装质量检查记录 SB

<table>
<tr><td colspan="2">工程名称</td><td colspan="2"></td><td>工程编号</td><td></td></tr>
<tr><td colspan="2">设备名称</td><td></td><td>位号</td><td>图纸档案号</td><td></td></tr>
<tr><td colspan="2" rowspan="2">检查项目</td><td rowspan="2">检查结果</td><td colspan="3">检查人员</td></tr>
<tr><td>施工单位</td><td>建设（监理）单位</td><td>检查日期</td></tr>
<tr><td colspan="2">原材料质量证明文件</td><td></td><td></td><td></td><td></td></tr>
<tr><td colspan="2">土建基础尺寸复测</td><td></td><td></td><td></td><td></td></tr>
<tr><td colspan="2">预制构件几何尺寸检查</td><td></td><td></td><td></td><td></td></tr>
<tr><td colspan="2">焊缝质量</td><td></td><td></td><td></td><td></td></tr>
<tr><td colspan="2">火炬头预制件质量</td><td></td><td></td><td></td><td></td></tr>
<tr><td colspan="2">火炬头点火系统</td><td></td><td></td><td></td><td></td></tr>
<tr><td colspan="2">防雷系统及安全灯安装</td><td></td><td></td><td></td><td></td></tr>
<tr><td rowspan="3">安装</td><td>吊装前检查</td><td></td><td></td><td></td><td></td></tr>
<tr><td>标高及方位</td><td></td><td></td><td></td><td></td></tr>
<tr><td>垂直度</td><td></td><td></td><td></td><td></td></tr>
<tr><td colspan="2"></td><td></td><td></td><td></td><td></td></tr>
<tr><td colspan="2"></td><td></td><td></td><td></td><td></td></tr>
<tr><td colspan="2"></td><td></td><td></td><td></td><td></td></tr>
<tr><td colspan="2"></td><td></td><td></td><td></td><td></td></tr>
<tr><td colspan="2"></td><td></td><td></td><td></td><td></td></tr>
<tr><td colspan="6">垂直度偏差允许值：</td></tr>
<tr><td>实测值</td><td></td><td></td><td></td><td colspan="2"></td></tr>
</table>

<table>
<tr><td>施工单位</td><td>总承包单位</td><td>监理（建设）单位</td></tr>
<tr><td>施工班（组）长：

专业技术负责人：

年 月 日</td><td>代表：

年 月 日</td><td>监理工程师：
（建设单位代表）

年 月 日</td></tr>
</table>

4.3.22 烟囱、烟道安装检查记录 SB

<table>
<tr><td colspan="2">单位工程名称</td><td colspan="2"></td><td>工程编号</td><td></td></tr>
<tr><td colspan="2">设备名称</td><td colspan="2"></td><td>设备位号</td><td></td></tr>
<tr><td colspan="2">规格型号</td><td colspan="2"></td><td>安装地点</td><td></td></tr>
<tr><td>编号</td><td colspan="2">检查项目</td><td colspan="2">允许偏差（mm）</td><td>实测值（mm）</td></tr>
<tr><td>1</td><td colspan="2">烟囱圆度</td><td colspan="2"></td><td></td></tr>
<tr><td>2</td><td colspan="2">烟囱高度偏差</td><td colspan="2"></td><td></td></tr>
<tr><td>3</td><td colspan="2">烟囱垂直度</td><td colspan="2"></td><td></td></tr>
<tr><td>4</td><td colspan="2">烟道外形尺寸</td><td colspan="2"></td><td></td></tr>
<tr><td>5</td><td colspan="2">烟道水平度</td><td colspan="2"></td><td></td></tr>
<tr><td>6</td><td colspan="2">烟道平直度</td><td colspan="2"></td><td></td></tr>
<tr><td colspan="6">说明：</td></tr>
<tr><td colspan="6">结论：</td></tr>
<tr><td colspan="2">施工单位</td><td colspan="2">总承包单位</td><td colspan="2">监理（建设）单位</td></tr>
<tr><td colspan="2">施工班（组）长：
专业技术负责人：
年 月 日</td><td colspan="2">代表：
年 月 日</td><td colspan="2">监理工程师：
（建设单位代表）
年 月 日</td></tr>
</table>

4.4 立式储罐安装①

4.4.1 储罐基础检查验收记录 LG

工程名称			工程编号		
单位工程名称					
储罐名称			储罐位号		
储罐公称容积	m³	储罐内直径	ψ m	基础图号	

检查项目	允许值（mm）	实测值（mm）	检查项目		允许值（mm）	实测值（mm）
基础中心标高偏差			支承罐壁基础表面周向高差	有环梁 10m 内任意两点		
基础中心坐标偏差				无环梁 3m 内任意两点		
基础直径偏差				全圆周任意两点		
基础环墙宽度偏差			沥青砂表面凹凸度	周向		
单面倾斜基础表面倾斜				径向		
				单面倾斜基础平行线		

同心圆或平行线编号	计算标高（m）	实测点标高差（mm）												任意两点最大高差（mm）	相邻两点最大高差（mm）
Ⅰ															
Ⅱ															
Ⅲ															
Ⅳ															
Ⅴ															

储罐基础同心圆（或平行线）及测点编号示意图：

交出单位	接收单位	总承包单位	监理（建设）单位
质量检查员： 专业技术负责人： 年 月 日	质量检查员： 专业技术负责人： 年 月 日	代表： 年 月 日	专业监理工程师： （建设单位代表） 年 月 日

说明：本表格由土建施工单位填写，经安装单位、总承包单位和监理（建设）单位检查合格后签字认可，交安装施工单位组卷。实测点标高差格位不够时，可加附表填写。

① 本部分的“LG”意思是“立罐”，代表属于立罐类表格。

4.4.2 储罐壁板组装检查记录 LG

工程名称		工程编号	
单位工程名称			
储罐名称		储罐位号	
储罐公称容积	m^3	储罐内直径	ϕ m
第一圈壁板上口水平度（mm）		允许值	
		实测最大值	

罐壁圈板编号	纵缝错边量（mm）		环缝错边量（mm）		周长（mm）		水平半径（mm）		垂直度（mm）		凹凸度（mm）	
	允许偏差	实测最大值	允许偏差	实测最大值	允许偏差	实测值	允许偏差	实测最大值	允许偏差	实测值	允许偏差	实测最大值

说明：		
结论：		
施工单位	总承包单位	监理（建设）单位
施工班（组）长： 质量检查员： 专业技术负责人： 年 月 日	代表： 年 月 日	专业监理工程师： （建设单位代表） 年 月 日

4.4.3 储罐焊接记录 LG

工程名称				工程编号						
单位工程名称										
储罐名称		储罐位号				储罐公称容积、内直径		m^3，ϕ m		
施焊部位		母材材质及规格				焊接方法				
焊材规格及型号	焊丝：			焊剂：		焊条：				
预热方式及温度		后热方式、温度及时间				清根方式				
焊缝布置及焊工分布示意图：	焊缝编号	焊接层次	焊工或机组号	施焊日期	预热温度（℃）	层间温度（℃）	焊接电流（A）	焊接电压（V）	焊接速度（cm/min）	焊接线能量（kJ/cm）
施工单位			总承包单位				监理（建设）单位			
施工班（组）长： 质量检查员： 专业技术负责人： 年 月 日			代表： 年 月 日				专业监理工程师： （建设单位代表） 年 月 日			

4.4.4 储罐焊缝返修记录 LG

工程名称		工程编号	
单位工程名称			
储罐名称		储罐位号	
储罐公称容积、内直径	m^3，ϕ m	母材材质及规格	

序号	返修片位号	返修部位	缺陷性质	返修次数	返修尺寸 长 × 宽 × 深 （mm × mm × mm）	返修日期	焊工号	返修结果

施工单位	总承包单位	监理（建设）单位
施工班（组）长： 质量检查员： 专业技术负责人： 年 月 日	代表： 年 月 日	专业监理工程师： （建设单位代表） 年 月 日

4.4.5 储罐罐体几何尺寸检查记录 LG

<table>
<tr><td colspan="2">工程名称</td><td colspan="4"></td><td>工程编号</td><td colspan="2"></td></tr>
<tr><td colspan="2">单位工程名称</td><td colspan="7"></td></tr>
<tr><td colspan="2">储罐名称</td><td colspan="4"></td><td>储罐位号</td><td colspan="2"></td></tr>
<tr><td colspan="2">结构形式</td><td colspan="2"></td><td colspan="2">储罐内直径</td><td>ϕ m</td><td>罐壁高度</td><td>m</td></tr>
<tr><td colspan="3">检查项目</td><td colspan="2">允许值（mm）</td><td>检查点数</td><td>实测最大值（mm）</td><td>合格点数</td><td>合格率（%）</td></tr>
<tr><td rowspan="6">罐壁几何尺寸</td><td colspan="2">高度偏差</td><td colspan="2"></td><td></td><td></td><td></td><td></td></tr>
<tr><td colspan="2">垂直度偏差</td><td colspan="2"></td><td></td><td></td><td></td><td></td></tr>
<tr><td rowspan="2">焊缝棱角度</td><td>纵缝</td><td colspan="2"></td><td></td><td></td><td></td><td></td></tr>
<tr><td>环缝</td><td colspan="2"></td><td></td><td></td><td></td><td></td></tr>
<tr><td colspan="2">局部凹凸变形</td><td colspan="2"></td><td></td><td></td><td></td><td></td></tr>
<tr><td colspan="2">底圈水平半径偏差</td><td colspan="2"></td><td></td><td></td><td></td><td></td></tr>
<tr><td colspan="3">罐底局部凹凸变形</td><td colspan="2"></td><td></td><td></td><td></td><td></td></tr>
<tr><td rowspan="5">浮顶几何尺寸</td><td colspan="2">浮舱顶板局部凹凸变形</td><td colspan="2"></td><td></td><td></td><td></td><td></td></tr>
<tr><td colspan="2">单盘板局部凹凸变形</td><td colspan="2"></td><td></td><td></td><td></td><td></td></tr>
<tr><td colspan="2">外边缘环板凹凸变形</td><td colspan="2"></td><td></td><td></td><td></td><td></td></tr>
<tr><td colspan="2">外边缘环板垂直度偏差</td><td colspan="2"></td><td></td><td></td><td></td><td></td></tr>
<tr><td colspan="2">外边缘环板与底圈壁板间隙偏差</td><td colspan="2"></td><td></td><td></td><td></td><td></td></tr>
<tr><td colspan="3">浮顶导向支柱垂直度偏差</td><td colspan="2"></td><td></td><td></td><td></td><td></td></tr>
<tr><td colspan="3">固定顶局部凹凸变形</td><td colspan="2"></td><td></td><td></td><td></td><td></td></tr>
<tr><td colspan="9">说明：</td></tr>
<tr><td colspan="3">施工单位</td><td colspan="3">总承包单位</td><td colspan="3">监理（建设）单位</td></tr>
<tr><td colspan="3">质量检查员：
专业技术负责人：
年 月 日</td><td colspan="3">代表：
年 月 日</td><td colspan="3">专业监理工程师：
（建设单位代表）
年 月 日</td></tr>
</table>

4.4.6 储罐总体试验记录 LG

<table>
<tr><td colspan="2">工程名称</td><td colspan="2"></td><td>工程编号</td><td colspan="2"></td></tr>
<tr><td colspan="2">单位工程名称</td><td colspan="5"></td></tr>
<tr><td colspan="2">储罐名称</td><td colspan="2"></td><td>储罐位号</td><td colspan="2"></td></tr>
<tr><td colspan="2">结构形式</td><td>储罐内直径</td><td>φ　　m</td><td>罐壁高度</td><td>m</td></tr>
<tr><td colspan="2">试验项目</td><td>试验方法</td><td>试　验
结　果</td><td colspan="2">日期</td></tr>
<tr><td rowspan="2">罐底</td><td>严密性试验</td><td>真空箱法（kPa）</td><td></td><td colspan="2">年　月　日</td></tr>
<tr><td>严密性试验</td><td>充水试验</td><td></td><td colspan="2">年　月　日</td></tr>
<tr><td>开孔</td><td>补强板焊缝严密性试验</td><td>充气（kPa）</td><td></td><td colspan="2">年　月　日</td></tr>
<tr><td>罐壁</td><td>强度及严密性试验</td><td>充水试验</td><td></td><td colspan="2">年　月　日</td></tr>
<tr><td rowspan="2">固定顶</td><td>强度及严密性试验</td><td>充水试验最高液位
充水升压（kPa）</td><td></td><td colspan="2">年　月　日</td></tr>
<tr><td>稳定性试验</td><td>充水试验最高液位
放水负压（kPa）</td><td></td><td colspan="2">年　月　日</td></tr>
<tr><td rowspan="5">浮顶或
内浮顶</td><td>浮顶底板严密性试验</td><td>真空箱法（kPa）</td><td></td><td colspan="2">年　月　日</td></tr>
<tr><td>单盘板严密性试验</td><td>真空箱法（kPa）</td><td></td><td colspan="2">年　月　日</td></tr>
<tr><td>浮舱焊缝严密性试验</td><td>煤油试漏法</td><td></td><td colspan="2">年　月　日</td></tr>
<tr><td>浮舱气密性试验</td><td>充气（Pa）</td><td></td><td colspan="2">年　月　日</td></tr>
<tr><td>升降试验</td><td>充水时观察检查</td><td></td><td colspan="2">年　月　日</td></tr>
<tr><td colspan="2" rowspan="3">浮顶排水管严密性试验</td><td>充水前
水压试验（kPa）</td><td></td><td colspan="2">年　月　日</td></tr>
<tr><td>充水时观察检查</td><td></td><td colspan="2">年　月　日</td></tr>
<tr><td>充水后
水压试验（kPa）</td><td></td><td colspan="2">年　月　日</td></tr>
<tr><td colspan="6">说明：</td></tr>
<tr><td colspan="2">施工单位</td><td colspan="2">总承包单位</td><td colspan="2">监理（建设）单位</td></tr>
<tr><td colspan="2">质量检查员：
专业技术负责人：

年　月　日</td><td colspan="2">代表：

年　月　日</td><td colspan="2">专业监理工程师：
（建设单位代表）

年　月　日</td></tr>
</table>

4.4.7 储罐基础沉降观测记录 LG

<table>
<tr><td colspan="2">工程名称</td><td colspan="5"></td><td colspan="3">工程编号</td><td colspan="4"></td></tr>
<tr><td colspan="2">单位工程名称</td><td colspan="12"></td></tr>
<tr><td colspan="2">储罐名称</td><td colspan="5"></td><td colspan="3">储罐位号</td><td colspan="4"></td></tr>
<tr><td colspan="2">结构形式</td><td colspan="1"></td><td colspan="2">储罐内直径</td><td colspan="2">ϕ m</td><td colspan="3">观测日期</td><td colspan="4">自 至</td></tr>
<tr><td>观测时间</td><td>荷载阶段</td><td colspan="12">观测点标高</td></tr>
<tr><td></td><td>充水前</td><td></td><td></td><td></td><td></td><td></td><td></td><td></td><td></td><td></td><td></td><td></td><td></td></tr>
<tr><td></td><td>充水至 1/2h</td><td></td><td></td><td></td><td></td><td></td><td></td><td></td><td></td><td></td><td></td><td></td><td></td></tr>
<tr><td></td><td>充水至 3/4h</td><td></td><td></td><td></td><td></td><td></td><td></td><td></td><td></td><td></td><td></td><td></td><td></td></tr>
<tr><td></td><td>充水至 h</td><td></td><td></td><td></td><td></td><td></td><td></td><td></td><td></td><td></td><td></td><td></td><td></td></tr>
<tr><td></td><td>48 小时后</td><td></td><td></td><td></td><td></td><td></td><td></td><td></td><td></td><td></td><td></td><td></td><td></td></tr>
<tr><td></td><td>最后稳定时</td><td></td><td></td><td></td><td></td><td></td><td></td><td></td><td></td><td></td><td></td><td></td><td></td></tr>
<tr><td></td><td>放水后</td><td></td><td></td><td></td><td></td><td></td><td></td><td></td><td></td><td></td><td></td><td></td><td></td></tr>
<tr><td></td><td></td><td></td><td></td><td></td><td></td><td></td><td></td><td></td><td></td><td></td><td></td><td></td><td></td></tr>
<tr><td></td><td></td><td></td><td></td><td></td><td></td><td></td><td></td><td></td><td></td><td></td><td></td><td></td><td></td></tr>
<tr><td colspan="2">最终沉降量（mm）</td><td></td><td></td><td></td><td></td><td></td><td></td><td></td><td></td><td></td><td></td><td></td><td></td></tr>
<tr><td colspan="2">任意直径方向沉降差</td><td colspan="2">允许值
（mm）</td><td colspan="4"></td><td colspan="3">最大实测值（mm）</td><td colspan="3"></td></tr>
<tr><td colspan="8" rowspan="2">沉降观测点编号示意图：</td><td colspan="6">观测结果分析及结论：</td></tr>
<tr><td colspan="6"></td></tr>
</table>

施工单位	总承包单位	监理（建设）单位
测量人： 复核人： 专业技术负责人： 年 月 日	代表： 年 月 日	专业监理工程师： （建设单位代表） 年 月 日

说明：h 为设计液位高度。观测点不够时，可另表填写；沉降观测点编号示意图位置不够时，可另附图。

4.5 球罐制造安装①

4.5.1 球罐交工验收证明书 QG

工程名称		工程编号	
单位工程名称		球罐名称	
球罐编号		球罐公称容积（m^3）	
球罐内直径（mm）		球壳板材料	
球壳板厚度		盛装物料	
设计压力		设计温度	
设计单位		制造单位	
施工单位		制造许可证号	
容器类别		开工 / 竣工日期	
验收意见：			
验收意见：经检查该球罐符合图样及 GB 50094—2010《球形储罐施工规范》的要求，同意交工验收。			

施工单位	总承包单位	监理（建设）单位
质量检查员： 专业技术负责人： 年 月 日	代表： 年 月 日	总监理工程师： 建设单位项目代表： 年 月 日

说明：本表由施工单位填写，参加验收的建设单位、监理单位，总承包单位等共同签字确认并加盖公章。

① 本部分的“QG”意思是“球罐”，代表属于球罐类表格。

4.5.2 球壳板、支柱到货检验报告 QG

工程名称					工程编号			
单位工程名称					球罐名称			
球罐编号					球壳板总数			
支柱总数					球罐公称容积、内直径			
检查项目		检查数量		合格数量	合格率（%）		检查记录编号	
球壳板几何尺寸		张		张				
支柱	编号	1	2	3	4	5	6	7
	直线度偏差（mm）							
	长度（mm）							
	编号	8	9	10	11	12	13	14
	直线度偏差（mm）							
	长度（mm）							
	检查记录编号							
无损检测项目		检查数量	检查结果			判定	检查报告编号	
球壳板周边超声检测		张						
球壳板全面积超声检测		张						
坡口渗透（磁粉）检测		张						
球壳板厚度测量		张	最小厚度 mm，最大厚度 mm					
检查意见								
施工单位			总承包单位			监理（建设）单位		
质量检查员： 专业技术负责人： 年 月 日			代表： 年 月 日			专业监理工程师： （建设单位项目代表）： 年 月 日		

说明：本表格中“检查报告编号”填写无损检测单位出具的无损检测报告编号；“检查意见”栏填写对外观检查的评价意见、存在问题和应采取措施、补救方法等。

4.5.3 球罐基础检查验收记录 QG

工程名称		工程编号	
单位工程名称		球罐名称	
球罐编号		球罐公称容积	m^3
内直径	ϕ mm		

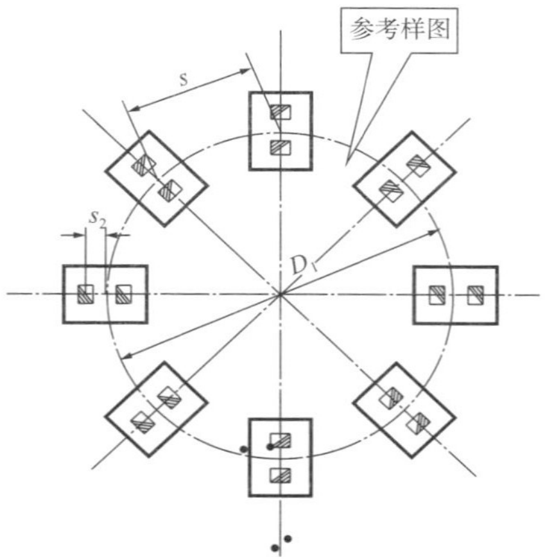

基础方位及测量方位图

检查项目 / 允许值 / 基础编号	基础方位偏差（°）	基础标高偏差（mm）	基础水平度偏差（mm）	地脚螺栓中心与基础中心圆的距离 S_1（mm）		预留孔中心与基础中心圆的距离 S_2（mm）		相邻支柱基础中心间距 S（mm）	基础中心圆直径偏差（mm）	相邻支柱基础标高差（mm）
				内	外	内	外			
允许值										

交出单位	接收单位	总承包单位	监理（建设）单位
质量检查员： 专业技术负责人： 年 月 日	质量检查员： 专业技术负责人： 年 月 日	代表： 年 月 日	专业监理工程师： （建设单位代表） 年 月 日

说明：本表格为球罐基础施工单位向球罐安装施工单位进行交接时填写。基础检查验收交接时，应有建设、监理单位代表参加，并签字确认。

4.5.4 球罐焊接记录 QG

工程名称		工程编号	
单位工程名称		球罐公称容积、内直径	
球罐名称		球罐位号	
施焊部位		焊接方法	
预热方式及温度		后热温度及时间	
母材材质及规格		焊条、药芯焊丝扩散氢复验报告编号	
焊材规格及型号	焊丝： 焊剂： 焊条：	清根方式	
焊缝布置及焊工分布示意图：			

焊缝编号	焊接层次	焊工号	预热温度（℃）	层间温度（℃）	焊接电流（A）	焊接电压（V）	焊接速度（cm/min）	焊接线能量（kJ/cm）	施焊日期

施工单位	总承包单位	监理（建设）单位
班（组）长： 质量检查员： 专业技术负责人： 年 月 日	代表： 年 月 日	专业监理工程师： （建设单位项目代表）： 年 月 日

说明：本表格由施工单位负责填写。

4.5.5 球罐焊缝返工记录 QG

<table>
<tr><td colspan="2">工程名称</td><td colspan="3"></td><td colspan="2">工程编号</td><td colspan="2"></td></tr>
<tr><td colspan="2">单位工程名称</td><td colspan="3"></td><td colspan="2">球罐名称</td><td colspan="2"></td></tr>
<tr><td colspan="2">球罐编号</td><td colspan="3"></td><td colspan="2">球罐公称容积（m^3）</td><td colspan="2"></td></tr>
<tr><td colspan="2">球罐内直径（mm）</td><td colspan="3"></td><td colspan="2">球壳板厚度（mm）</td><td colspan="2"></td></tr>
<tr><td>序号</td><td>返工
片位号</td><td>返工
部位</td><td>缺陷
性质</td><td>返工
次数</td><td>返工焊接尺寸
长 × 宽 × 深</td><td>返工
日期</td><td>焊工
钢印号</td><td>返工
结果</td></tr>
<tr><td></td><td></td><td></td><td></td><td></td><td></td><td></td><td></td><td></td></tr>
<tr><td></td><td></td><td></td><td></td><td></td><td></td><td></td><td></td><td></td></tr>
<tr><td></td><td></td><td></td><td></td><td></td><td></td><td></td><td></td><td></td></tr>
<tr><td></td><td></td><td></td><td></td><td></td><td></td><td></td><td></td><td></td></tr>
<tr><td></td><td></td><td></td><td></td><td></td><td></td><td></td><td></td><td></td></tr>
<tr><td></td><td></td><td></td><td></td><td></td><td></td><td></td><td></td><td></td></tr>
<tr><td></td><td></td><td></td><td></td><td></td><td></td><td></td><td></td><td></td></tr>
<tr><td></td><td></td><td></td><td></td><td></td><td></td><td></td><td></td><td></td></tr>
<tr><td></td><td></td><td></td><td></td><td></td><td></td><td></td><td></td><td></td></tr>
<tr><td></td><td></td><td></td><td></td><td></td><td></td><td></td><td></td><td></td></tr>
<tr><td></td><td></td><td></td><td></td><td></td><td></td><td></td><td></td><td></td></tr>
<tr><td></td><td></td><td></td><td></td><td></td><td></td><td></td><td></td><td></td></tr>
<tr><td></td><td></td><td></td><td></td><td></td><td></td><td></td><td></td><td></td></tr>
</table>

施工单位	总承包单位	监理（建设）单位
班（组）长： 质量检查员： 专业技术负责人： 年　月　日	代表： 年　月　日	专业监理工程师： （建设单位项目代表）： 年　月　日

说明：本表格由施工单位负责填写。

4.5.6 球罐焊后外观及几何尺寸检查报告 QG

工程名称		工程编号	
单位工程名称		球罐名称	
球罐编号		球罐公称容积（m^3）	
球罐内直径（mm）		球壳板厚度（mm）	

检查项目		检查结果				
		允许值（mm）	总测点数	合格点数	合格率（%）	实测最大偏差值（mm）
焊缝宽度偏差	内部焊缝					
	外部焊缝					
焊缝余高偏差	内部焊缝					
	外部焊缝					
焊缝棱角						
赤道截面最大内直径						
赤道截面最小内直径						
两极间实测内直径						
最大内直径与最小内直径差值						
最大内直径与设计内直径差值						
最小内直径与设计内直径差值						

结论：		
施工单位	总承包单位	监理（建设）单位
质量检查员： 专业技术负责人： 年 月 日	代表： 年 月 日	专业监理工程师： （建设单位项目代表）： 年 月 日

说明：本表格由施工单位负责填写。“结论”栏要注明施工执行的标准、规范。

4.5.7 球罐支柱安装检查记录 QG

工程名称		工程编号	
单位工程名称		球罐名称	
球罐编号		支柱高度（mm）	
球罐公称容积（m^3）、内直径（mm）		球壳板厚度（mm）	
支柱尺寸		支柱数量	

支柱编号	检查项目实际偏差值								备注
	支柱全长直线度允许偏差		支柱垂直度（mm）						
			径向			周向			
	径向	周向	a_1	a_2	a_1-a_2	a_1	a_2	a_1-a_2	
1									
2									
3									
4									
5									
6									
7									
8									
9									
10									
11									
12									
13									
14									
15									

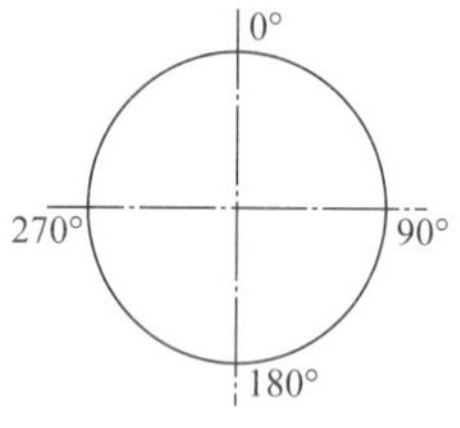

支柱方位图

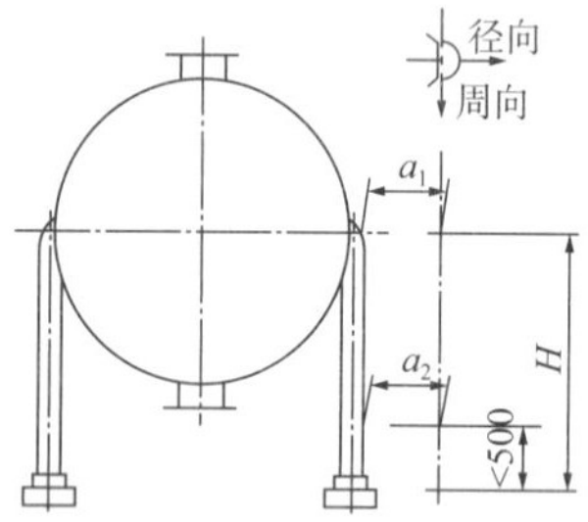

施工单位	总承包单位	监理（建设）单位
质量检查员： 专业技术负责人： 年 月 日	代表： 年 月 日	专业监理工程师： （建设单位项目代表）： 年 月 日

说明：本表格由施工单位负责填写。

4.5.8 球罐焊后整体热处理报告 QG

工程名称		工程编号	
单位工程名称		球罐名称	
球罐编号		球罐公称容积（m^3）	
球罐内直径（mm）		球壳板厚度（mm）	
热处理温度 自动记录仪型号		热处理温度 自动记录仪精度	
热电偶型号		热电偶精度	
加热方式			
产品试板放置位置		热电偶总数	
		保温温度（℃）	
		保温时间（h）	

说明：

报告附件：
①热处理温度自动记录曲线；
②热电偶分布图。

施工单位	总承包单位	监理（建设）单位

说明：本表格由施工单位负责填写。

4.5.9 球罐耐压试验报告 QG

<table>
<tr><td>项目名称</td><td></td><td>工程编号</td><td colspan="3"></td></tr>
<tr><td>单位工程名称</td><td colspan="5"></td></tr>
<tr><td>球罐名称</td><td></td><td>球罐编号</td><td colspan="3"></td></tr>
<tr><td>球罐公称容积（m^3）、内直径（mm）</td><td></td><td>球壳板厚度（mm）</td><td colspan="3"></td></tr>
<tr><td>设计压力（MPa）</td><td></td><td>试验压力（MPa）</td><td colspan="3"></td></tr>
<tr><td>试验介质</td><td></td><td>介质温度（℃）</td><td colspan="3"></td></tr>
<tr><td colspan="2">□液压试验步骤：</td><td colspan="4">□气压试验步骤：</td></tr>
<tr><td colspan="2">（1）压力升至压力试验的50%，即（　）MPa，保持（　）min，对球罐所有焊缝和连接部位进行检查；
（2）压力升至设计压力，即（　）MPa，保持（　）min，对球罐所有焊缝和连接部位进行检查；
（3）压力升至试验压力，即（　）MPa，保持（　）min，将压力降至设计压力，即（　）MPa，对球罐所有焊缝和连接部位进行检查。</td><td colspan="4">（1）压力升至压力试验的10%，即（　）MPa，保持（　）min，对球罐所有焊缝和连接部位进行检查；
（2）压力升至压力试验的50%，即（　）MPa，保持（　）min，对球罐所有焊缝和连接部位进行检查；
（3）以试验压力的10%为级差逐级升压；
（4）压力升至试验压力，即（　）MPa，保持（　）min，将压力降至设计验压力，即（　）MPa，对球罐所有焊缝和连接部位进行检查。</td></tr>
<tr><td colspan="6">试验结果：</td></tr>
<tr><td colspan="2">施工单位</td><td colspan="2">总承包单位</td><td colspan="2">监理（建设）单位</td></tr>
<tr><td colspan="2">质量检查员：
专业技术负责人：

年　月　日</td><td colspan="2">代表：

年　月　日</td><td colspan="2">专业监理工程师：
（建设单位项目代表）：

年　月　日</td></tr>
</table>

说明：本表格由施工单位负责填写。

4.5.10 球罐气密性试验报告 QG

项目名称		工程编号	
单位工程名称			
球罐名称		球罐编号	
球罐公称容积（m^3）、内直径（mm）		球壳板厚度（mm）	
设计压力（MPa）		试验压力（MPa）	
试验介质		介质温度（℃）	
试验步骤： （1）压力升至压力试验的 50%，即（ ）MPa，保持（ ）min，对球罐所有焊缝和连接部位进行检查； （2）压力升至试验压力，即（ ）MPa，保持（ ）min，对球罐所有焊缝和连接部位进行检查。			
试验结果：			

施工单位	总承包单位	监理（建设）单位
质量检查员： 专业技术负责人： 年 月 日	代表： 年 月 日	专业监理工程师： （建设单位项目代表）： 年 月 日

说明：本表格由施工单位负责填写。

4.5.11 球罐基础沉降观测记录 QG

项目名称		工程编号	
单位工程名称			
球罐名称		球罐编号	
球罐公称容积（m^3）、内直径（mm）		球壳板厚度（mm）	

观测阶段	观测时间	基础及观测点编号													
		1	2	3	4	5	6	7	8	9	10	11	12	13	14
充水前															
充水到球壳内直径的 1/3 时															
充水到球壳内直径的 2/3 时															
充满水时															
充满水 24h 后															
放水后															

基础平面、测点布置示意图：

施工单位	总承包单位	监理（建设）单位
质量检查员： 专业技术负责人： 年 月 日	代表： 年 月 日	专业监理工程师： （建设单位项目代表）： 年 月 日

说明：本表格由施工单位负责填写。

4.6 集输管道安装

4.6.1 管道试压记录 JS[①]

<table>
<tr><td colspan="2">工程名称</td><td colspan="2"></td><td colspan="2">工程编号</td><td colspan="2"></td></tr>
<tr><td colspan="2">单位工程名称</td><td colspan="2"></td><td colspan="2">管材规格</td><td colspan="2"></td></tr>
<tr><td colspan="2">管道名称</td><td colspan="2"></td><td colspan="2">管道长度</td><td colspan="2"></td></tr>
<tr><td colspan="2">设计压力</td><td colspan="2"></td><td colspan="2">图纸档案号</td><td colspan="2"></td></tr>
<tr><td colspan="2">试压介质</td><td colspan="2"></td><td colspan="2">环境温度</td><td colspan="2"></td></tr>
<tr><td colspan="2">试压起止时间</td><td colspan="6">月 日 时 分至 月 日 时 分</td></tr>
<tr><td rowspan="2">强度试压</td><td>压力（MPa）</td><td>稳压时间</td><td>压降</td><td rowspan="2">严密性试压</td><td>压力（MPa）</td><td>稳压时间</td><td>压降</td></tr>
<tr><td></td><td></td><td></td><td></td><td></td><td></td></tr>
<tr><td colspan="8">试压情况概述：</td></tr>
<tr><td colspan="8">结论：</td></tr>
<tr><td colspan="3">施工单位</td><td colspan="3">总承包单位</td><td colspan="2">监理（建设）单位</td></tr>
<tr><td colspan="3">施工记录人：
试压负责人：
专业技术负责人：

年 月 日</td><td colspan="3">代表：

年 月 日</td><td colspan="2">专业监理工程师：
（建设单位代表）：

年 月 日</td></tr>
</table>

注：本表适用于集输管道试压；“结论”栏要注明施工执行的标准、规范。

① “JS”表示“集输”，代表属于集输管道类表格。

4.6.2 管沟开挖施工验收记录 JS

<table>
<tr><td colspan="2">工程名称</td><td colspan="3"></td><td colspan="2">工程编号</td><td></td></tr>
<tr><td colspan="2">单位工程名称</td><td colspan="3"></td><td colspan="2">管道名称</td><td></td></tr>
<tr><td colspan="8">检查内容</td></tr>
<tr><td>起止位置
里 程</td><td>土壤
类别</td><td>管沟
深度
（mm）</td><td>沟底
宽度
（mm）</td><td>变坡点位
移（mm）</td><td>转角点位置
偏移（mm）</td><td>曲线段曲率
半径（m）</td><td>备注</td></tr>
<tr><td></td><td></td><td></td><td></td><td></td><td></td><td></td><td></td></tr>
<tr><td></td><td></td><td></td><td></td><td></td><td></td><td></td><td></td></tr>
<tr><td></td><td></td><td></td><td></td><td></td><td></td><td></td><td></td></tr>
<tr><td></td><td></td><td></td><td></td><td></td><td></td><td></td><td></td></tr>
<tr><td></td><td></td><td></td><td></td><td></td><td></td><td></td><td></td></tr>
<tr><td></td><td></td><td></td><td></td><td></td><td></td><td></td><td></td></tr>
<tr><td></td><td></td><td></td><td></td><td></td><td></td><td></td><td></td></tr>
<tr><td></td><td></td><td></td><td></td><td></td><td></td><td></td><td></td></tr>
<tr><td></td><td></td><td></td><td></td><td></td><td></td><td></td><td></td></tr>
<tr><td></td><td></td><td></td><td></td><td></td><td></td><td></td><td></td></tr>
<tr><td></td><td></td><td></td><td></td><td></td><td></td><td></td><td></td></tr>
<tr><td></td><td></td><td></td><td></td><td></td><td></td><td></td><td></td></tr>
<tr><td colspan="8">检查验收意见：</td></tr>
<tr><td colspan="3">施工单位</td><td colspan="2">总承包单位</td><td colspan="3">监理（建设）单位</td></tr>
<tr><td colspan="3">施工记录人：
专业技术负责人：

年 月 日</td><td colspan="2">代表：

年 月 日</td><td colspan="3">专业监理工程师：
（建设单位代表）：

年 月 日</td></tr>
</table>

说明：“结论”栏要注明施工执行的标准、规范。

4.6.3 管道里程、转角、测试、标志桩埋设记录 JS

工程名称			工程编号			
单位工程名称			管道名称			
序号	桩名	埋设位置	埋设日期	桩体结构	埋深	备 注

施工单位	总承包单位	监理（建设）单位
施工记录人： 专业技术负责人： 年 月 日	代表： 年 月 日	专业监理工程师： （建设单位代表）： 年 月 日

4.6.4 埋地管道防腐层地面检漏记录 JS

<table>
<tr><td>工程名称</td><td></td><td>工程编号</td><td colspan="2"></td></tr>
<tr><td>起止桩号</td><td></td><td>仪器名称</td><td colspan="2"></td></tr>
<tr><td>仪器规格型号</td><td></td><td>测试日期</td><td colspan="2"></td></tr>
<tr><td>测试仪器参数</td><td colspan="4"></td></tr>
<tr><td>测试结果</td><td colspan="4"></td></tr>
<tr><td>备注</td><td colspan="4"></td></tr>
<tr><td colspan="2">施工单位</td><td colspan="2">总承包单位</td><td>监理（建设）单位</td></tr>
<tr><td colspan="2">施工记录人：
专业技术负责人：

年 月 日</td><td colspan="2">代表：

年 月 日</td><td>专业监理工程师：
（建设单位代表）：

年 月 日</td></tr>
</table>

4.6.5 防腐补口剥离强度试验记录 JS

工程名称						工程编号				
单位工程名称						管道名称				
日期	试验区段	管口号	试验宽度（cm）	试验长度（cm）	试验温度（℃）	剥离强度（N/cm^2）	试验结果	施工单位专业技术负责人	总承包单位专业技术负责人	专业监理工程师（建设单位代表）

注：使用本表时，可根据需要改变排版方向。

4.6.6 防腐绝缘层电火花检测记录 JS

<table>
<tr><td colspan="2">工程名称</td><td colspan="2"></td><td colspan="2">工程编号</td><td></td></tr>
<tr><td colspan="2">单位工程名称</td><td colspan="2"></td><td colspan="2">管道名称</td><td></td></tr>
<tr><td colspan="2">检件名称</td><td colspan="2">防 腐 区 段</td><td colspan="2">防 腐 等 级</td><td>防腐层结构
（配合比）</td></tr>
<tr><td colspan="2"></td><td colspan="2"></td><td colspan="2"></td><td></td></tr>
<tr><td colspan="2" rowspan="2">防腐厚度（mm）</td><td colspan="2">管道主体：</td><td colspan="2" rowspan="3">检测电压（V）</td><td>管道主体：</td></tr>
<tr><td colspan="2">补口：</td><td>补口：</td></tr>
<tr><td colspan="2">设计要求补口厚度</td><td colspan="2">实际补口厚度</td><td>补伤：</td></tr>
<tr><td colspan="2"></td><td colspan="2"></td><td colspan="2"></td><td>其他：</td></tr>
<tr><td colspan="7">检测结果</td></tr>
<tr><td>漏点部位</td><td>检测值（V）</td><td>复测结果</td><td>漏点部位</td><td>检测值（V）</td><td colspan="2">复测结果</td></tr>
<tr><td></td><td></td><td></td><td></td><td></td><td colspan="2"></td></tr>
<tr><td></td><td></td><td></td><td></td><td></td><td colspan="2"></td></tr>
<tr><td></td><td></td><td></td><td></td><td></td><td colspan="2"></td></tr>
<tr><td></td><td></td><td></td><td></td><td></td><td colspan="2"></td></tr>
<tr><td></td><td></td><td></td><td></td><td></td><td colspan="2"></td></tr>
<tr><td></td><td></td><td></td><td></td><td></td><td colspan="2"></td></tr>
<tr><td></td><td></td><td></td><td></td><td></td><td colspan="2"></td></tr>
<tr><td></td><td></td><td></td><td></td><td></td><td colspan="2"></td></tr>
<tr><td></td><td></td><td></td><td></td><td></td><td colspan="2"></td></tr>
<tr><td colspan="2">施工单位</td><td colspan="2">总承包单位</td><td colspan="3">监理（建设）单位</td></tr>
<tr><td colspan="2">施工检测人：
专业技术负责人：

年 月 日</td><td colspan="2">代表：

年 月 日</td><td colspan="3">专业监理工程师：
（建设单位代表）：

年 月 日</td></tr>
</table>

4.6.7 牺牲阳极埋设记录 JS

工程名称		工程编号	
单位工程名称		管道名称	

阳极编号	埋设日期	阳极埋设位置描述	牺牲阳极				阳极埋深（m）	填包料质量（kg）	各接点质量及绝缘情况	检查片埋设情况	备注
			型号	数量（支）	质量（kg）						
					单重	总重					

施工单位	总承包单位	监理（建设）单位
记录人 施工班（组）长： 专业技术负责人： 年 月 日	代表： 年 月 日	专业监理工程师： （建设单位代表）： 年 月 日

4.6.8 牺牲阳极电参数测试记录 JS

工程名称					工程编号			
单位工程名称					管道名称			
阳极编号	管对地电位差（V）	阳极对管电位差（V）	阳极对地电位差（V）	阳极组输出电流（A）	保护电位（V）	阳极接地电阻（Ω）	阳极埋设处土壤电阻率（Ω·m）	前后两组阳极距离 (km)

施工单位	总承包单位	监理（建设）单位
施工测试人： 施工班（组）长： 专业技术负责人： 年 月 日	代表： 年 月 日	专业监理工程师： （建设单位代表）： 年 月 日

注：使用本表时，可根据需要改变排版方向。

4.6.9 阴极保护工程施工记录 JS

<table>
<tr><td>工程名称</td><td></td><td>工程编号</td><td></td></tr>
<tr><td>单位工程名称</td><td></td><td>管道名称</td><td></td></tr>
<tr><td>施工图号</td><td></td><td>施工地点</td><td></td></tr>
<tr><td colspan="4">工程内容：</td></tr>
<tr><td colspan="4">施工说明及简图：</td></tr>
<tr><td colspan="4">施工标准及施工质量：</td></tr>
</table>

<table>
<tr><td>施工单位</td><td>总承包单位</td><td>监理（建设）单位</td></tr>
<tr><td>施工记录人
施工班（组）长：
专业技术负责人：

年 月 日</td><td>代表：

年 月 日</td><td>专业监理工程师：
（建设单位代表）：

年 月 日</td></tr>
</table>

4.6.10 强制电流阴极保护电参数测试记录 JS

工程名称			工程编号				管道名称			
单位工程名称			测试区段				测试时间			
使用仪器			通电日期	年 月 日			极化时间	年 月 日		
参数测量方法执行标准			测试单位				测试人	年 月 日		
测试位置	测试项目									
	投产前			投产后						
	管道对地自然电位（V）	阳极地床接地电阻（Ω）	直流电源电位/电压（V）	管道保护电位（V）		管道保护电流（A）				
				标准	实测	标准	实测			

施工单位	总承包单位	监理（建设）单位
记录人： 施工班（组）长： 专业技术负责人： 年 月 日	代表： 年 月 日	专业监理工程师： （建设单位代表）： 年 月 日

注：使用本表时，可根据需要改变排版方向。

4.6.11 定向钻穿越工程质量验收表 JS

<table>
<tr><td colspan="3">工程名称</td><td colspan="2"></td><td>工程编号</td><td></td></tr>
<tr><td colspan="3">单位工程名称</td><td colspan="2"></td><td>管道名称</td><td></td></tr>
<tr><td colspan="3">工程地点</td><td colspan="2"></td><td>施工单位</td><td></td></tr>
<tr><td colspan="3">穿越部位</td><td>质量标准</td><td colspan="3">检查结果</td></tr>
<tr><td rowspan="2">1</td><td rowspan="2">入土点</td><td>位置</td><td></td><td colspan="3"></td></tr>
<tr><td>埋深</td><td></td><td colspan="3"></td></tr>
<tr><td rowspan="2">2</td><td rowspan="2">出土点</td><td>位置</td><td></td><td colspan="3"></td></tr>
<tr><td>埋深</td><td></td><td colspan="3"></td></tr>
<tr><td rowspan="2">3</td><td rowspan="2">穿越管道</td><td>位置</td><td></td><td colspan="3"></td></tr>
<tr><td>埋深</td><td></td><td colspan="3"></td></tr>
<tr><td>验收
意见</td><td colspan="6"></td></tr>
<tr><td colspan="3">施工单位</td><td colspan="2">总承包单位</td><td colspan="2">监理（建设）单位</td></tr>
<tr><td colspan="3">施工记录人
施工班（组）长：
专业技术负责人：

年 月 日</td><td colspan="2">代表：

年 月 日</td><td colspan="2">专业监理工程师：
（建设单位代表）：

年 月 日</td></tr>
</table>

4.6.12 水平钻穿越管道就位检查记录 JS

<table>
<tr><td>工程名称</td><td></td><td>工程编号</td><td></td></tr>
<tr><td>单位工程名称</td><td></td><td>管材规格</td><td></td></tr>
<tr><td rowspan="4">位置偏差
（mm）</td><td>水平钻起点与设计点差</td><td colspan="2"></td></tr>
<tr><td>水平钻终点与设计点差</td><td colspan="2"></td></tr>
<tr><td>水平钻起点标高差</td><td colspan="2"></td></tr>
<tr><td>水平钻终点标高差</td><td colspan="2"></td></tr>
<tr><td colspan="2">穿越管道标高最大偏差</td><td colspan="2"></td></tr>
<tr><td colspan="2">水平钻起点的倾斜角度</td><td colspan="2"></td></tr>
<tr><td colspan="2">水平钻终点的倾斜角度</td><td colspan="2"></td></tr>
<tr><td colspan="4">就位情况说明或图示：</td></tr>
<tr><td colspan="4">备注：</td></tr>
</table>

施工单位	总承包单位	监理（建设）单位
记录人 检查人： 专业技术负责人： 年 月 日	代表： 年 月 日	专业监理工程师： （建设单位代表）： 年 月 日

4.6.13 顶管穿越顶进套管检查记录 JS

工程名称		工程编号	
单位工程名称		套管规格	
工程部位		顶管机型号	
电 流		电 压	
主千斤顶油压		中继间油压	
钻井液压力		地下水压	
最大推力		顶进速度	
开始顶进时间		结束时间	
顶进管原编号		顶进套管序号	
顶进套管长度		累计长度	
现场情况：			
备 注：			

施工单位	总承包单位	监理（建设）单位
记录人 检查人： 专业技术负责人： 年 月 日	代表： 年 月 日	专业监理工程师： （建设单位代表）： 年 月 日

4.6.14 管道穿越工程隐蔽检查记录 JS

工程名称		工程编号	
单位工程名称		套管规格	
穿越长度（m）		穿越地点	
桩号、里程（m）		管道规格（mm）	
套管规格（mm）		套管实长（m）	
管道实长（m）			

检查内容					
管道焊口质量				管道焊口数量（个）	
防腐涂层材料		防腐层检漏电压（V）		管道绝缘支撑方式	
防腐结构等级		管道防腐层漏点		主套管间绝缘电阻（Ω）	
焊接材料牌号		管道保温材料规格		管道穿越深度（mm）	
焊接材料规格		保温结构及厚度（mm）		轴线平面位置偏移（mm）	
补口材料规格		套管接口材料		管道穿越段土质情况	
补口厚度（mm）		接口防腐措施		管道稳管措施	
除锈方法及等级		牺牲阳极材料		套管两端密封方式	
补口材料黏接力		管道保护电位（V）		地貌恢复情况	

说明或平面示意图：

检查意见及结论：

施工单位	总承包单位	监理（建设）单位
记录人 检查人： 专业技术负责人： 年　月　日	代表： 年　月　日	专业监理工程师： （建设单位代表）： 年　月　日

4.6.15 管架安装记录 JS

工程名称				工程编号		
单位工程名称				管道名称		
管架编号	中心坐标偏差（mm）		结构型式	架顶标高偏差（mm）	垂直度偏差	备注
	允许值	实测值				

施工单位	总承包单位	监理（建设）单位
记录人 检查人： 专业技术负责人： 年 月 日	代表： 年 月 日	专业监理工程师： （建设单位代表）： 年 月 日

4.6.16 跨越管道就位检查测量记录 JS

<table>
<tr><td colspan="2">工程名称</td><td colspan="3"></td><td>工程编号</td><td></td></tr>
<tr><td colspan="2">单位工程名称</td><td colspan="3"></td><td>管道规格</td><td></td></tr>
<tr><td colspan="2">跨越管道长度（m）</td><td colspan="3"></td><td>跨越形式</td><td></td></tr>
<tr><td colspan="7">检查内容</td></tr>
<tr><td rowspan="2">序号</td><td rowspan="2">项目</td><td colspan="3">管道就位检查（mm）</td><td colspan="2" rowspan="2">备 注</td></tr>
<tr><td>设计值</td><td>实测值</td><td>差值</td></tr>
<tr><td>1</td><td>垂直度</td><td></td><td></td><td></td><td colspan="2"></td></tr>
<tr><td>2</td><td>最大挠度</td><td></td><td></td><td></td><td colspan="2"></td></tr>
<tr><td>3</td><td>标高（中间）</td><td></td><td></td><td></td><td colspan="2"></td></tr>
<tr><td>4</td><td>标高（上游）</td><td></td><td></td><td></td><td colspan="2"></td></tr>
<tr><td>5</td><td>标高（下游）</td><td></td><td></td><td></td><td colspan="2"></td></tr>
<tr><td>6</td><td>吊索间距</td><td></td><td></td><td></td><td colspan="2"></td></tr>
<tr><td colspan="7">平面位移图示或说明：</td></tr>
<tr><td colspan="7">检查结论及意见：</td></tr>
</table>

<table>
<tr><td>施工单位</td><td>总承包单位</td><td>监理（建设）单位</td></tr>
<tr><td>记录人
检查人：
专业技术负责人：

年 月 日</td><td>代表：

年 月 日</td><td>专业监理工程师：
（建设单位代表）：

年 月 日</td></tr>
</table>

4.6.17 管道弯管加工记录 JS

<table>
<tr><td>工程编号</td><td colspan="2"></td><td>工程名称</td><td colspan="4"></td><td colspan="2">单位工程名称</td><td colspan="2"></td></tr>
<tr><td>管线号</td><td>弯管编号</td><td>材质</td><td>规格</td><td>弯曲半径（m）</td><td>角度或尺寸偏差（°）</td><td>圆度（mm）</td><td>褶皱高度(mm)</td><td>弯管厚度（mm）</td><td>热处理温度（℃）</td><td>硬度值（HB）</td><td>无损检测结果</td></tr>
<tr><td>简图及说明</td><td colspan="11"></td></tr>
<tr><td colspan="4">施工单位</td><td colspan="4">总承包单位</td><td colspan="4">监理（建设）单位</td></tr>
<tr><td colspan="4">施工班（组）长：
专业技术负责人：

年　月　日</td><td colspan="4">代表：

年　月　日</td><td colspan="4">专业监理工程师：
（建设单位代表）：

年　月　日</td></tr>
</table>

4.6.18 管道干燥记录 JS

<table>
<tr><td>工程名称</td><td></td><td>工程编号</td><td></td></tr>
<tr><td>桩号、区段</td><td></td><td>管道规格</td><td></td></tr>
<tr><td>干燥方式</td><td></td><td>管线长度</td><td></td></tr>
<tr><td>设计露点</td><td></td><td>环境温度</td><td></td></tr>
<tr><td>干燥起止时间</td><td colspan="3">年 月 日 时 分至 年 月 日 时 分</td></tr>
<tr><td>干燥过程、方法、情况记录</td><td colspan="3"></td></tr>
<tr><td>结论</td><td colspan="3"></td></tr>
</table>

施工单位	总承包单位	监理（建设）单位
专业技术负责人： 年 月 日	代表： 年 月 日	专业监理工程师： （建设单位代表）： 年 月 日

说明：设计或标准有此要求时填写本表。

4.6.19 桁架跨越安装记录 JS

工程名称		工程编号	
单位工程名称		桩号、区间	
检查项目	允许偏差（mm）	实际偏差（mm）	备注
轴线偏移	10		
桁架管道支座轴线偏移	10		
多跨桁架间距	±10		
桁架跨中垂直度	15		
桁架侧向弯曲矢高	L/1000，且不大于 30		
结论：			

施工单位	总承包单位	监理（建设）单位
施工班（组）长： 专业技术负责人： 年 月 日	代表： 年 月 日	专业监理工程师： （建设单位代表）： 年 月 日

说明：L 为桁架长度。

4.6.20 管道清管记录 JS

<table>
<tr><td>工程名称</td><td></td><td>工程编号</td><td></td></tr>
<tr><td>单位工程名称</td><td></td><td>管道名称</td><td></td></tr>
<tr><td>桩号、区间</td><td></td><td>清管长度</td><td></td></tr>
<tr><td>清管球（器）外径</td><td></td><td>最大过盈量</td><td></td></tr>
<tr><td>管道规格</td><td></td><td>通球（器）时间</td><td></td></tr>
<tr><td colspan="4">通球（器）情况记录：</td></tr>
<tr><td colspan="4">结论：</td></tr>
</table>

<table>
<tr><td>施工单位</td><td>总承包单位</td><td>监理（建设）单位</td></tr>
<tr><td>施工记录人
清管负责人：
专业技术负责人：

年 月 日</td><td>代表：

年 月 日</td><td>专业监理工程师：
（建设单位代表）：

年 月 日</td></tr>
</table>

注：“结论”栏要注明施工执行的标准、规范。

4.7 长输管道①

4.7.1 测量放线记录 CS

单位工程名称			工程编号		
分部工程名称			施工承包商		
控制桩测量放线内容				放线宽度	
桩号	里程	实测转角	图纸转角	管道中心线左侧	管道中心线右侧
简图及地下障碍物情况描述:					
施工单位		总承包单位		监理（建设）单位	
质量检查员: 专业技术负责人: 年　月　日		代表: 年　月　日		专业监理工程师: （建设单位项目代表） 年　月　日	

① 本部分的“CS”意思是“长输”，代表属于长输管道类表格。

4.7.2 管沟开挖验收记录 CS

<table>
<tr><td colspan="2">单位工程名称</td><td colspan="2"></td><td colspan="2">工程编号</td><td colspan="3"></td></tr>
<tr><td colspan="2">分部工程名称</td><td colspan="2"></td><td colspan="2">施工承包商</td><td colspan="3"></td></tr>
<tr><td>序号</td><td>起止桩号</td><td>土壤类别</td><td>管沟深度</td><td>沟底宽度</td><td>沟底长度</td><td>设计转角</td><td>实际转角</td><td>结论</td></tr>
<tr><td></td><td></td><td></td><td></td><td></td><td></td><td></td><td></td><td></td></tr>
<tr><td></td><td></td><td></td><td></td><td></td><td></td><td></td><td></td><td></td></tr>
<tr><td></td><td></td><td></td><td></td><td></td><td></td><td></td><td></td><td></td></tr>
<tr><td></td><td></td><td></td><td></td><td></td><td></td><td></td><td></td><td></td></tr>
<tr><td></td><td></td><td></td><td></td><td></td><td></td><td></td><td></td><td></td></tr>
<tr><td></td><td></td><td></td><td></td><td></td><td></td><td></td><td></td><td></td></tr>
<tr><td></td><td></td><td></td><td></td><td></td><td></td><td></td><td></td><td></td></tr>
<tr><td colspan="9">检查验收意见：</td></tr>
</table>

施工单位	总承包单位	监理（建设）单位
质量检查员： 专业技术负责人： 年　月　日	代表： 年　月　日	专业监理工程师： （建设单位项目代表） 年　月　日

4.7.3 冷弯管制作检查记录 CS

单位工程名称		工程编号	
分部工程名称		管子弯曲设计要求技术标准	
管线及管段编号		设计压力（MPa）	
管道型号规格		管道材质	
弯曲半径（mm）		弯曲角度（°）	
椭圆率（%）		壁厚减薄率（%）	
附图（应注意尺寸和偏差）及弯曲方式等情况说明：			
检查结论：			

机组长： 年 月 日	质量检查员： 年 月 日	技术负责人： 年 月 日

4.7.4 冷弯管加工汇总表 CS

<table>
<tr><td>工程名称</td><td colspan="3"></td><td>施工承包商</td><td colspan="3"></td></tr>
<tr><td>单位工程名称</td><td colspan="3"></td><td>工程编号</td><td colspan="3"></td></tr>
<tr><td>序号</td><td>钢管规格型号</td><td>管号</td><td>钢管长度</td><td>防腐等级</td><td>弯制角度</td><td>弯管编号</td><td>使用部位</td></tr>
<tr><td></td><td></td><td></td><td></td><td></td><td></td><td></td><td></td></tr>
<tr><td></td><td></td><td></td><td></td><td></td><td></td><td></td><td></td></tr>
<tr><td></td><td></td><td></td><td></td><td></td><td></td><td></td><td></td></tr>
<tr><td></td><td></td><td></td><td></td><td></td><td></td><td></td><td></td></tr>
<tr><td></td><td></td><td></td><td></td><td></td><td></td><td></td><td></td></tr>
<tr><td></td><td></td><td></td><td></td><td></td><td></td><td></td><td></td></tr>
<tr><td></td><td></td><td></td><td></td><td></td><td></td><td></td><td></td></tr>
<tr><td></td><td></td><td></td><td></td><td></td><td></td><td></td><td></td></tr>
<tr><td></td><td></td><td></td><td></td><td></td><td></td><td></td><td></td></tr>
<tr><td></td><td></td><td></td><td></td><td></td><td></td><td></td><td></td></tr>
<tr><td></td><td></td><td></td><td></td><td></td><td></td><td></td><td></td></tr>
<tr><td></td><td></td><td></td><td></td><td></td><td></td><td></td><td></td></tr>
<tr><td colspan="2">机组长：

年　月　日</td><td colspan="3">质量检查员：

年　月　日</td><td colspan="3">技术负责人：

年　月　日</td></tr>
</table>

4.7.5 管道施工记录 CS

单位工程名称				施工单位名称			
单位工程管道总长度				实际施工管道长度			
管道规格 / 长度		管道规格 / 长度		管道规格 / 长度			
冷弯管	规格 / 数量				热煨弯头	规格 / 数量	
	规格 / 长度					规格 / 长度	
穿跨越管道（本单位施工公路、铁路、河流、水塘、定向钻）	公路穿越	套管规格 / 数量		套管规格 / 长度			
		管道规格 / 数量		管道规格 / 长度			
		管道规格 / 数量					
	河流、水塘穿越	管道规格 / 数量		管道规格 / 长度			
		管道规格 / 数量		管道规格 / 长度			
		配重块规格 / 数量		配重块规格 / 数量			
穿跨越管道（非本单位施工）	管道规格 / 数量			管道规格 / 数量			
	管道规格 / 长度			管道规格 / 长度			
地下障碍穿越				固定墩			
压气站、分输压气站、清管站设计预留管道长度	站场名称						
	设计预留管道总长度						
焊缝数量	规格 / 数量		规格 / 数量		规格 / 数量		
焊接方式及长度	自动焊	规格 / 长度		规格 / 长度			
		规格 / 长度		规格 / 长度			
	半自动焊	规格 / 长度		规格 / 长度			
		规格 / 长度		规格 / 长度			
起止（桩号）站场名称							
间距							

施工单位	总承包单位	监理（建设）单位
质量检查员： 专业技术负责人： 年 月 日	代表： 年 月 日	专业监理工程师： （建设单位项目代表） 年 月 日

4.7.6 定向钻穿越工程质量验收记录 CS

<table>
<tr><td colspan="3">工程名称</td><td colspan="2"></td><td>工程编号</td><td></td></tr>
<tr><td colspan="3">单位工程名称</td><td colspan="2"></td><td>管道名称</td><td></td></tr>
<tr><td colspan="3">工程地点</td><td colspan="2"></td><td>施工单位</td><td></td></tr>
<tr><td colspan="4">穿越部位</td><td>质量标准</td><td colspan="2">检查结果</td></tr>
<tr><td rowspan="2">1</td><td rowspan="2">入土点</td><td colspan="2">位置</td><td></td><td colspan="2"></td></tr>
<tr><td colspan="2">埋深</td><td></td><td colspan="2"></td></tr>
<tr><td rowspan="2">2</td><td rowspan="2">出土点</td><td colspan="2">位置</td><td></td><td colspan="2"></td></tr>
<tr><td colspan="2">埋深</td><td></td><td colspan="2"></td></tr>
<tr><td rowspan="2">3</td><td rowspan="2">穿越管道</td><td colspan="2">位置</td><td></td><td colspan="2"></td></tr>
<tr><td colspan="2">埋深</td><td></td><td colspan="2"></td></tr>
<tr><td>验收
意见</td><td colspan="6"></td></tr>
</table>

施工单位	总承包单位	监理（建设）单位
质量检查员： 专业技术负责人： 年　月　日	代表： 年　月　日	专业监理工程师： （建设单位项目代表） 年　月　日

4.7.7 水平钻穿越管道就位检查记录 CS

<table>
<tr><td>工程名称</td><td></td><td>工程编号</td><td></td></tr>
<tr><td>单位工程名称</td><td></td><td>管材规格</td><td></td></tr>
<tr><td rowspan="4">位置
偏差
（mm）</td><td>水平钻起点与设计点差</td><td colspan="2"></td></tr>
<tr><td>水平钻终点与设计点差</td><td colspan="2"></td></tr>
<tr><td>水平钻起点标高差</td><td colspan="2"></td></tr>
<tr><td>水平钻终点标高差</td><td colspan="2"></td></tr>
<tr><td colspan="2">穿越管道标高最大偏差</td><td colspan="2"></td></tr>
<tr><td colspan="2">水平钻起点的倾斜角度</td><td colspan="2"></td></tr>
<tr><td colspan="2">水平钻终点的倾斜角度</td><td colspan="2"></td></tr>
<tr><td colspan="4">就位情况说明或图示：</td></tr>
<tr><td colspan="4">备注：</td></tr>
</table>

施工单位	总承包单位	监理（建设）单位
质量检查员： 专业技术负责人： 年 月 日	代表： 年 月 日	专业监理工程师： （建设单位项目代表） 年 月 日

4.7.8 顶管穿越顶进套管检查记录 CS

工程名称		工程编号	
单位工程名称		套管规格	
工程部位		顶管机型号	
电流		电压	
主千斤顶油压		中继间油压	
泥浆压力		地下水压	
最大推力		顶进速度	
开始顶进时间		结束时间	
顶进管原编号		顶进套管序号	
顶进套管长度		累计长度	
现场情况：			
备注：			

施工单位	总承包单位	监理（建设）单位
质量检查员： 专业技术负责人： 年 月 日	代表： 年 月 日	专业监理工程师： （建设单位项目代表） 年 月 日

4.7.9 **管道安装施工记录** CS

<table>
<tr><td>工程名称</td><td colspan="4"></td><td>施工单位</td><td colspan="3"></td></tr>
<tr><td>分部工程名称</td><td colspan="4"></td><td>工程编号</td><td colspan="3"></td></tr>
<tr><td>位置（桩号+里程）</td><td>管道走向示意图</td><td>钢管规格</td><td>管号</td><td>防腐等级</td><td>单根管长（m）</td><td>累计长度（m）</td><td>焊口编号</td><td>施工日期</td></tr>
<tr><td></td><td></td><td></td><td></td><td></td><td></td><td></td><td></td><td></td></tr>
<tr><td></td><td></td><td></td><td></td><td></td><td></td><td></td><td></td><td></td></tr>
<tr><td></td><td></td><td></td><td></td><td></td><td></td><td></td><td></td><td></td></tr>
<tr><td></td><td></td><td></td><td></td><td></td><td></td><td></td><td></td><td></td></tr>
<tr><td></td><td></td><td></td><td></td><td></td><td></td><td></td><td></td><td></td></tr>
<tr><td></td><td></td><td></td><td></td><td></td><td></td><td></td><td></td><td></td></tr>
<tr><td></td><td></td><td></td><td></td><td></td><td></td><td></td><td></td><td></td></tr>
<tr><td></td><td></td><td></td><td></td><td></td><td></td><td></td><td></td><td></td></tr>
<tr><td></td><td></td><td></td><td></td><td></td><td></td><td></td><td></td><td></td></tr>
<tr><td colspan="9">备注：</td></tr>
<tr><td colspan="2">机组长：

年 月 日</td><td colspan="4">质量检查员：

年 月 日</td><td colspan="3">技术负责人：

年 月 日</td></tr>
</table>

4.7.10 管道焊接记录 CS

单位工程名称			工程编号				分部工程名称	
管道号	管道规格	材质	焊缝编号	焊接材料	焊工编号	焊接方法	主材预热温度（℃）	热处理记录单号
机组长： 年 月 日			质量检查员： 年 月 日			技术负责人： 年 月 日		

说明：本记录由施工单位填写。

4.7.11 焊缝热处理记录 CS

单位工程名称		工程编号	
分部工程名称		管线编号	
材质		规格	

热处理曲线

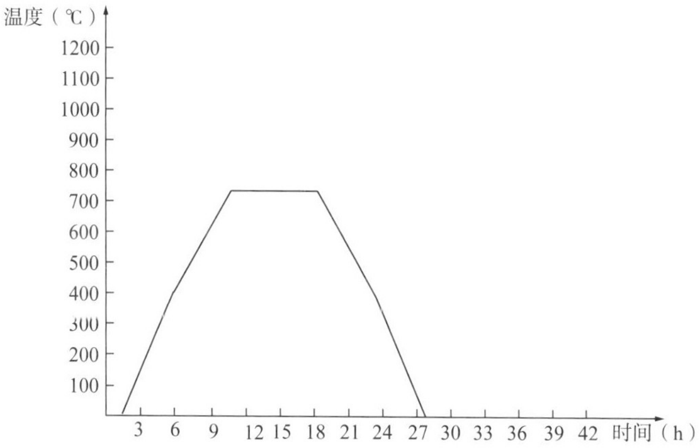

硬度试验

	硬度值（HB）							
焊缝编号								
焊缝区								
热影响区								
母材								

说明：

施工单位	总承包单位	监理（建设）单位
质量检查员： 专业技术负责人： 年 月 日	代表： 年 月 日	专业监理工程师： （建设单位项目代表） 年 月 日

说明：焊缝编号为实际抽查焊缝的编号。

4.7.12　管道焊口统计表　CS

单位工程名称				施工单位	
分部工程名称				工程编号	
焊接机组代号					
起止桩号（包括临时加桩）	焊口数量（道）	RT 数量（道）	UT 数量（道）	返修口数（道）	备注
机组长： 年　月　日		质量检查员： 年　月　日		技术负责人： 年　月　日	

4.7.13 **管沟回填检查记录** CS

单位工程名称		工程编号	
分部工程名称		工程部位	

检查内容				
起止区间（“桩号＋长度”区间）	细土回填情况	二次回填情况	地貌恢复情况	其他情况

检查意见：

施工单位	总承包单位	监理（建设）单位
质量检查员： 专业技术负责人： 年　月　日	代表： 年　月　日	专业监理工程师： （建设单位项目代表） 年　月　日

4.7.14 管道埋深抽查记录 CS

单位工程名称			工程编号		
施工承包商					
抽查位置（桩号＋相对长度）	测点埋深（m）		不合格点连续长度（m）	处理措施	结果确认
	设计	实测			
施工单位		总承包单位		监理（建设）单位	
质量检查员： 专业技术负责人： 年 月 日		代表： 年 月 日		专业监理工程师： （建设单位项目代表） 年 月 日	

4.7.15 管道工程隐蔽检验记录 CS

单位工程名称				工程编号	
起始桩号				设计图号	
管道规格		材质		管道实长	
隐蔽工程检查内容					
焊口数量（道）		防腐层结构类型		防腐补口材料	
检漏电压（kV）		除锈方法、等级		弯头数量（个）	
弯管数量（个）		穿越地下光缆（个）		穿越地下管道（处）	
细土回填粒径（mm）		原土回填粒径（mm）			
说明及平面简图：					

施工单位	总承包单位	监理（建设）单位
质量检查员： 专业技术负责人： 年 月 日	代表： 年 月 日	专业监理工程师： （建设单位项目代表） 年 月 日

4.7.16 埋地管道防腐层地面检漏记录 CS

<table>
<tr><td>工程名称</td><td colspan="2"></td><td>工程编号</td><td></td></tr>
<tr><td>单位工程名称</td><td colspan="2"></td><td>管道名称</td><td></td></tr>
<tr><td>检测单位</td><td colspan="2"></td><td>检测人</td><td></td></tr>
<tr><td>检漏仪型</td><td colspan="2"></td><td>功率</td><td></td></tr>
<tr><td rowspan="2">发射机</td><td>工作电压（V）</td><td>静态工作电流（A）</td><td>工作电流（A）</td><td>接地电阻（Ω）</td></tr>
<tr><td></td><td></td><td></td><td></td></tr>
<tr><td rowspan="2">探测仪</td><td colspan="2">工作电压（V）</td><td colspan="2">工作电流（μA）</td></tr>
<tr><td colspan="2"></td><td colspan="2"></td></tr>
<tr><td rowspan="2">检漏仪</td><td colspan="2">静态电流</td><td colspan="2">土壤电阻率</td></tr>
<tr><td colspan="2"></td><td colspan="2"></td></tr>
<tr><td>检漏情况记录</td><td colspan="4"></td></tr>
<tr><td>结论</td><td colspan="4"></td></tr>
</table>

施工单位	总承包单位	监理（建设）单位
质量检查员： 专业技术负责人： 年　月　日	代表： 年　月　日	专业监理工程师： （建设单位项目代表） 年　月　日

4.7.17 防腐补口剥离强度试验记录 CS

单位工程名称						工程编号			
分部工程名称						管道名称			
日期	实验区段	管口号	试验宽度	试验长度	试验温度	剥离强度（N/cm^2）	试验结果	施工单位项目技术负责人	监理工程师（建设单位项目代表）

施工单位	总承包单位	监理（建设）单位
质量检查员： 专业技术负责人： 年 月 日	代表： 年 月 日	专业监理工程师： （建设单位项目代表） 年 月 日

4.7.18 防腐绝缘层电火花检测记录 CS

<table>
<tr><td>单位工程名称</td><td colspan="2"></td><td>工程编号</td><td colspan="2"></td></tr>
<tr><td>分部工程名称</td><td colspan="2"></td><td>管道名称</td><td colspan="2"></td></tr>
<tr><td>检件名称</td><td colspan="2">防腐区段</td><td>防腐等级</td><td colspan="2">防腐层结构（配合比）</td></tr>
<tr><td></td><td colspan="2"></td><td></td><td colspan="2"></td></tr>
<tr><td>防腐厚度（mm）</td><td colspan="2" rowspan="2">管道主体：</td><td rowspan="5">设计要求检测电压（kV）</td><td colspan="2">管道主体：</td></tr>
<tr><td></td><td colspan="2" rowspan="2">补口：</td></tr>
<tr><td></td><td colspan="2" rowspan="2">补口：</td></tr>
<tr><td></td><td colspan="2">补伤：</td></tr>
<tr><td>设计要求补口厚度</td><td colspan="2">实际补口厚度</td><td colspan="2">其他：</td></tr>
<tr><td></td><td colspan="2"></td><td colspan="3"></td></tr>
<tr><td colspan="6">检测结果</td></tr>
<tr><td>漏点部位</td><td>检测值（kV）</td><td>复测结果</td><td>漏点部位</td><td>检测值（kV）</td><td>复测结果</td></tr>
<tr><td></td><td></td><td></td><td></td><td></td><td></td></tr>
<tr><td></td><td></td><td></td><td></td><td></td><td></td></tr>
<tr><td></td><td></td><td></td><td></td><td></td><td></td></tr>
<tr><td></td><td></td><td></td><td></td><td></td><td></td></tr>
<tr><td></td><td></td><td></td><td></td><td></td><td></td></tr>
<tr><td></td><td></td><td></td><td></td><td></td><td></td></tr>
<tr><td></td><td></td><td></td><td></td><td></td><td></td></tr>
<tr><td></td><td></td><td></td><td></td><td></td><td></td></tr>
</table>

施工单位	总承包单位	监理（建设）单位
质量检查员： 专业技术负责人： 年 月 日	代表： 年 月 日	专业监理工程师： （建设单位项目代表） 年 月 日

4.7.19 管道清管、测径记录 CS

<table>
<tr><td>单位工程名称</td><td></td><td>工程编号</td><td></td></tr>
<tr><td>施工承包商</td><td colspan="3"></td></tr>
<tr><td>桩区间</td><td></td><td>管道规格</td><td></td></tr>
<tr><td>清管球（器）型号</td><td></td><td>清管长度（m）</td><td></td></tr>
<tr><td>测径仪型号</td><td></td><td>测径板直径（mm）</td><td></td></tr>
<tr><td>清管测径
起止时间</td><td>至</td><td>清管器速度（km/h）</td><td></td></tr>
<tr><td>清管测径
情况记录</td><td colspan="3"></td></tr>
<tr><td>结论</td><td colspan="3"></td></tr>
</table>

<table>
<tr><td>施工单位</td><td>总承包单位</td><td>监理（建设）单位</td></tr>
<tr><td>质量检查员：
专业技术负责人：

年 月 日</td><td>代表：

年 月 日</td><td>专业监理工程师：
（建设单位项目代表）

年 月 日</td></tr>
</table>

4.7.20 管道压力试验记录 CS

<table>
<tr><td colspan="2">单位工程名称</td><td colspan="4"></td><td colspan="2">工程编号</td><td></td></tr>
<tr><td colspan="2">施工承包商</td><td colspan="7"></td></tr>
<tr><td colspan="2">桩区间</td><td colspan="2"></td><td colspan="2">管道规格</td><td colspan="3">mm</td></tr>
<tr><td colspan="2">图纸档案号</td><td colspan="2"></td><td colspan="2">管线长度</td><td colspan="3">m</td></tr>
<tr><td colspan="2">试压介质</td><td colspan="2"></td><td colspan="2">设计压力</td><td colspan="3">MPa</td></tr>
<tr><td colspan="2">试压起止时间</td><td colspan="7">年 月 日 时 分 至 年 月 日 时 分</td></tr>
<tr><td rowspan="2">强度试验</td><td>压力（MPa）</td><td>稳压时间（min）</td><td>压降（MPa）</td><td rowspan="2">严密性试验</td><td>压力（MPa）</td><td>稳压时间（min）</td><td colspan="2">压降率（%）</td></tr>
<tr><td></td><td></td><td></td><td></td><td></td><td colspan="2"></td></tr>
<tr><td>试验过程描述</td><td colspan="8"></td></tr>
<tr><td>结论</td><td colspan="8"></td></tr>
<tr><td colspan="3">施工单位</td><td colspan="3">总承包单位</td><td colspan="3">监理（建设）单位</td></tr>
<tr><td colspan="3">质量检查员：
专业技术负责人：

年 月 日</td><td colspan="3">代表：

年 月 日</td><td colspan="3">专业监理工程师：
（建设单位项目代表）

年 月 日</td></tr>
</table>

4.7.21 阀门试验记录 CS

单位工程名称						工程编号						
分部工程名称												
名称	规格型号	填料	数量	公称压力（MPa）	强度试验			严密性试验			试验及外观检查情况
					介质	压力（MPa）	时间（min）	介质	压力（MPa）	时间（min）	
施工单位				总承包单位				监理（建设）单位			
质量检查员： 专业技术负责人： 年 月 日				代表： 年 月 日				专业监理工程师： （建设单位项目代表） 年 月 日			

4.7.22 管道构筑物施工检查记录 CS

单位工程名称					工程编号	
序号	构筑物名称	位置（桩号）	构筑物形式	构筑物尺寸 长 × 宽 × 高（m）	检查验收时间	检查结论
备注：						
质量检查员： 年 月 日				技术负责人： 年 月 日		

4.7.23 牺牲阳极埋设记录 CS

单位工程名称		工程编号	
分部工程名称		管道名称	

阳极编号	埋设日期	阳极埋设位置描述	牺牲阳极				阳极埋深（m）	填包料质量（kg）	各接点质量及绝缘情况	检查片埋设情况	备注
			型号	数量	质量（kg）						
					单重	总重					

施工单位	总承包单位	监理（建设）单位
质量检查员： 专业技术负责人： 年 月 日	代表： 年 月 日	专业监理工程师： （建设单位项目代表） 年 月 日

4.7.24 牺牲阳极电参数测试记录 CS

单位工程名称					工程编号			
分部工程名称					管道名称			
阳极编号	管对地电位差（V）	阳极对管电位差（V）	阳极对地电位差（V）	阳极组输出电流（mA）	保护电位（V）	阳极接地电阻（Ω）	阳极埋设处土壤电阻率（Ω·m）	前后两组阳极距离（km）

施工单位	总承包单位	监理（建设）单位
质量检查员： 专业技术负责人： 年 月 日	代表： 年 月 日	专业监理工程师： （建设单位项目代表） 年 月 日

4.7.25 阴极保护工程施工记录 CS

<table>
<tr><td>单位工程名称</td><td></td><td>工程编号</td><td></td></tr>
<tr><td>分部工程名称</td><td></td><td>管道名称</td><td></td></tr>
<tr><td>施工图号</td><td></td><td>施工地点</td><td></td></tr>
<tr><td colspan="4">工程内容：</td></tr>
<tr><td colspan="4">施工说明及简图：</td></tr>
<tr><td colspan="4">施工标准及施工质量：</td></tr>
</table>

<table>
<tr><td>施工单位</td><td>总承包单位</td><td>监理（建设）单位</td></tr>
<tr><td>质量检查员：
专业技术负责人：

年 月 日</td><td>代表：

年 月 日</td><td>专业监理工程师：
（建设单位项目代表）

年 月 日</td></tr>
</table>

4.7.26 强制电流阴极保护电参数测试记录 CS

单位工程名称		工程编号		管道名称	
分部工程名称		测试区段		测试时间	
使用仪器		通电日期		极化时间	
参数测量方法执行标准		测试单位		测试人	年 月 日

测试位置	测试项目										
	投产前			投产后							
	管道对地自然电位（V）	阳极地床接地电阻（Ω）	直流电源电位/电压（V）	管道保护电位（V）		管道保护电流（mA）					
				标准	实测	标准	实测				

施工单位	总承包单位	监理（建设）单位
质量检查员： 专业技术负责人： 年 月 日	代表： 年 月 日	专业监理工程师： （建设单位项目代表） 年 月 日

4.7.27 管道防静电接地电阻测试记录 CS

单位工程名称						
分部工程名称						
管线位号	法兰或螺纹接头				系统接地	
	接头型式	跨接导线规格	跨接导线材质	电阻值（Ω）	接地线规格	对地电阻（Ω）
附跨接方式简图：						

施工单位	总承包单位	监理（建设）单位
测量员： 质量检查员： 专业技术负责人： 年 月 日	代表： 年 月 日	专业监理工程师： （建设单位项目代表） 年 月 日

4.7.28 防雷接地测试记录 CS

<table>
<tr><td colspan="2">单位工程名称</td><td colspan="2"></td><td>工程编号</td><td></td></tr>
<tr><td colspan="2">分部工程名称</td><td colspan="4"></td></tr>
<tr><td rowspan="2">阀室（罐）位号</td><td colspan="5">绝缘法兰两侧接头</td></tr>
<tr><td>接头形式</td><td>导线规格</td><td>电阻值（Ω）</td><td colspan="2">对地电阻（Ω）</td></tr>
<tr><td></td><td></td><td></td><td></td><td colspan="2"></td></tr>
<tr><td></td><td></td><td></td><td></td><td colspan="2"></td></tr>
<tr><td></td><td></td><td></td><td></td><td colspan="2"></td></tr>
<tr><td></td><td></td><td></td><td></td><td colspan="2"></td></tr>
<tr><td></td><td></td><td></td><td></td><td colspan="2"></td></tr>
<tr><td></td><td></td><td></td><td></td><td colspan="2"></td></tr>
<tr><td></td><td></td><td></td><td></td><td colspan="2"></td></tr>
<tr><td></td><td></td><td></td><td></td><td colspan="2"></td></tr>
<tr><td></td><td></td><td></td><td></td><td colspan="2"></td></tr>
<tr><td></td><td></td><td></td><td></td><td colspan="2"></td></tr>
<tr><td></td><td></td><td></td><td></td><td colspan="2"></td></tr>
<tr><td></td><td></td><td></td><td></td><td colspan="2"></td></tr>
<tr><td colspan="6">接地方式简图：</td></tr>
</table>

<table>
<tr><td>施工单位</td><td>总承包单位</td><td>监理（建设）单位</td></tr>
<tr><td>测量员：
质量检查员：
专业技术负责人：

年　月　日</td><td>代表：

年　月　日</td><td>专业监理工程师：
（建设单位项目代表）

年　月　日</td></tr>
</table>

4.7.29 音频检漏测试记录 CS

单位工程名称		工程编号	
施工承包商		起止桩号	
仪器名称		测试日期	
规格型号			
测试仪器参数			
测试结果			
备注			

施工单位	总承包单位	监理（建设）单位
测量员： 质量检查员： 专业技术负责人： 年 月 日	代表： 年 月 日	专业监理工程师： （建设单位项目代表） 年 月 日

4.7.30　管道线路地貌恢复验收证书　CS

单位工程名称		工程编号	
施工承包商		证书编号	

__________管线自__________号桩前（后）__________m至__________号桩前（后）m，经过__________省（直辖市、自治区）__________市（县）__________乡（镇）__________村__________地段，全长__________m。凡在管线两侧因管道施工损坏的树木、竹子、房屋等地面附着物及青苗赔偿均已按国家有关政策文件规定处理和赔偿完毕，管沟回填、地貌恢复经检查验收合格未留下任何遗留问题，符合国家有关法律、法规及健康、安全、环境保护（HSE）的有关规定。

村组代表：　　　　村委会主任（公章）：　　　　年　月　日

土地主管部门代表：　　　　土地主管理部门（公章）：　　　　年　月　日

施工单位	总承包单位	监理单位
代表： （公章） 年　月　日	代表： （公章） 年　月　日	代表： （公章） 年　月　日

4.7.31 管道干燥记录 CS

单位工程名称		施工单位	
分部工程名称		工程编号	
桩号、区段		管道规格	mm
干燥方式		管线长度	m
设计露点		环境温度	℃
干燥起止时间	年 月 日 时 分 至 年 月 日 时 分		
干燥过程、方法、情况记录			
结论			

施工单位	总承包单位	监理（建设）单位
质量检查员： 专业技术负责人： 年 月 日	代表： 年 月 日	专业监理工程师： （建设单位项目代表） 年 月 日

4.7.32 管道测量成果记录 CS

单位工程名称	施工单位				
分部工程名称	工程编号				
测点位置（焊口编号或桩号）	坐标		管顶绝对高程（m）		备注
	X	Y			

施工单位	总承包单位	监理（建设）单位
质量检查员： 专业技术负责人： 年 月 日	代表： 年 月 日	专业监理工程师： （建设单位项目代表） 年 月 日

说明：竣工测量要求每5道焊口和弯管、弯头的两端焊口都要进行测量，并在“备注”栏里注明“弯头”或“弯管”

4.8 建筑工程[1]

4.8.1 试样委托单 JZ

<table>
<tr><td>工程名称</td><td></td><td>工程编号</td><td></td></tr>
<tr><td>单位工程名称</td><td colspan="3"></td></tr>
<tr><td>委托单位</td><td></td><td>施工单位</td><td></td></tr>
<tr><td>委托试验项目</td><td colspan="3"></td></tr>
<tr><td>试样、试件名称</td><td></td><td>代表批量</td><td></td></tr>
<tr><td>工程使用部位</td><td></td><td>送样数量</td><td></td></tr>
<tr><td>生产厂家</td><td></td><td>供销部门</td><td></td></tr>
<tr><td>要求试验
项目及内容</td><td colspan="3"></td></tr>
<tr><td>委托日期</td><td>年 月 日</td><td>要求提供报告日期</td><td>年 月 日</td></tr>
<tr><td>取样人

年 月 日</td><td>见证人

年 月 日</td><td>送样、委托人

年 月 日</td><td>试验单位存档号</td></tr>
</table>

① “JZ” 表示 “建筑”，代表属于建筑类表格

4.8.2 见证取样记录 JZ

工程名称		工程编号	
单位工程名称			
委托单位		取样部位	
样品名称		取样数量	
取样地点		取样日期	
见证 记录			
取样人签字		见证人签字	
上岗证号		上岗证号	
日　　期		日　　期	

4.8.3 施工放线控制网记录 JZ

<table>
<tr><td>工程名称</td><td colspan="2"></td><td colspan="2">工程编号</td><td colspan="3"></td></tr>
<tr><td>单位工程名称</td><td colspan="7"></td></tr>
<tr><td>放线日期</td><td></td><td>天气</td><td></td><td>气温</td><td>℃</td><td>风级</td><td></td></tr>
<tr><td>经纬仪型号
等级及编号</td><td colspan="2"></td><td colspan="2">水准仪型号等级及编号</td><td colspan="3"></td></tr>
<tr><td>引进水准点位置</td><td colspan="2"></td><td>水准
高程</td><td>m</td><td colspan="2">工程 ±0.000</td><td></td></tr>
<tr><td>引进坐标依据</td><td colspan="3"></td><td>施工图编号</td><td colspan="3"></td></tr>
<tr><td colspan="8">工程位置及控制网图示：</td></tr>
</table>

施工单位	总承包单位	监理（建设）单位
测量人： 技术（质量）员： 项目技术负责人 年　月　日	技术（质量）员： 项目技术负责人 年　月　日	监理工程师 （建设单位项目代表）： 年　月　日

4.8.4 工程定位测量记录 JZ

<table>
<tr><td colspan="2">工程名称</td><td></td><td>工程编号</td><td colspan="2"></td></tr>
<tr><td colspan="2">单位工程名称</td><td></td><td>测量日期</td><td colspan="2"></td></tr>
<tr><td colspan="2">测量依据</td><td></td><td>天气</td><td colspan="2"></td></tr>
<tr><td colspan="2">使用仪器</td><td></td><td>闭合差</td><td colspan="2">mm</td></tr>
<tr><td>定位测量示意图</td><td colspan="5"></td></tr>
<tr><td>测量结果</td><td colspan="5"></td></tr>
<tr><td colspan="2">施工单位</td><td colspan="2">总承包单位</td><td colspan="2">监理（建设）单位</td></tr>
<tr><td colspan="2">测量人：
项目技术负责人：

年　月　日</td><td colspan="2">技术（质量）员：
项目技术负责人

年　月　日</td><td colspan="2">监理工程师
（建设单位项目代表）：

年　月　日</td></tr>
</table>

4.8.5 基桩定位测量记录 JZ

<table>
<tr><td colspan="2">工程名称</td><td colspan="2"></td><td>工程编号</td><td></td></tr>
<tr><td colspan="2">单位工程名称</td><td colspan="4"></td></tr>
<tr><td colspan="2">测量依据</td><td colspan="2"></td><td>测量日期</td><td></td></tr>
<tr><td rowspan="2">使用仪器</td><td>水平仪</td><td></td><td rowspan="2">水准点标高</td><td>相对</td><td></td></tr>
<tr><td>经纬仪</td><td></td><td>绝对</td><td></td></tr>
<tr><td colspan="6">定位（放线）示意图：</td></tr>
</table>

<table>
<tr><td>施工单位</td><td>总承包单位</td><td>监理（监理）单位</td></tr>
<tr><td>测量人：
班（组）长：
技术负责人：

年 月 日</td><td>技术（质量）员：
项目技术负责人

年 月 日</td><td>监理工程师
（建设单位项目代表）：

年 月 日</td></tr>
</table>

4.8.6　地基验槽记录　JZ

<table>
<tr><td>工程名称</td><td></td><td>工程编号</td><td></td></tr>
<tr><td>单位工程名称</td><td colspan="3"></td></tr>
<tr><td colspan="4">基坑（槽）侧壁土分层情况（附示意图）：</td></tr>
<tr><td colspan="4">槽底土质情况：</td></tr>
<tr><td>基坑实际尺寸</td><td colspan="3">长：　　m；宽：　　m；坡度：　　；底标高：　　m</td></tr>
<tr><td colspan="4">验收情况：</td></tr>
<tr><td colspan="4">结论：
勘察单位代表：
年　月　日</td></tr>
<tr><td>施工单位</td><td>设计单位</td><td>监理单位</td><td>建设单位</td></tr>
<tr><td>项目技术负责人：
年　月　日</td><td>代表：
年　月　日</td><td>监理工程师：
年　月　日</td><td>项目代表：
年　月　日</td></tr>
</table>

4.8.7 钎探记录 JZ

工程名称									工程编号				
单位工程名称													
钎锤重： kg			自由落距： cm				钎径： cm			钎探日期： 年 月 日			
顺序号	各步锤数					备注	顺序号	各步锤数					备注
	0~30 cm	31~60 cm	61~90 cm	91~120 cm	121~150 cm			0~30 cm	31~60 cm	61~90 cm	91~120 cm	121~150 cm	
钎探负责人： 技术（质量）员： 项目技术负责人： 年 月 日					设计（勘探）单位代表： 年 月 日					监理工程师 （建设单位项目代表）： 年 月 日			

4.8.8 地基异常现象处理记录 JZ

<table>
<tr><td colspan="2">工程名称</td><td colspan="2"></td><td>工程编号</td><td colspan="2"></td></tr>
<tr><td colspan="2">单位工程名称</td><td colspan="5"></td></tr>
<tr><td>处理方案和处理情况及有关实验结果</td><td colspan="6"></td></tr>
<tr><td>验收意见</td><td colspan="6"></td></tr>
<tr><td colspan="2">施工单位</td><td>设计单位</td><td colspan="2">监理单位</td><td colspan="2">建设单位</td></tr>
<tr><td colspan="2">技术（质量）员：
项目技术负责人：

年　月　日</td><td>代表：

年　月　日</td><td colspan="2">监理工程师：

年　月　日</td><td colspan="2">项目代表：

年　月　日</td></tr>
</table>

4.8.9 土建基础复测记录 JZ

工程名称				工程编号	
单位工程名称					
引点坐标		引点标高		± 0.00 标高	
施测仪器		天气情况		施测日期	

复测项目名称	测点编号	设计坐标 Y 轴	设计坐标 X 轴	坐标差 X（mm）	坐标差 Y（mm）	测点编号	设计标高	实测标高	标高差 +（mm）	标高差 −（mm）
1										

测点编号图示：	复测评语：

施工单位	总承包单位	监理（建设）单位
测量人： 技术（质量）员： 项目技术负责人： 年 月 日	技术（质量）员： 项目技术负责人 年 月 日	监理工程师 （建设单位项目代表）： 年 月 日

4.8.10 桩位放线测量记录 JZ

<table>
<tr><td>工程名称</td><td></td><td>工程编号</td><td></td></tr>
<tr><td>单位工程名称</td><td></td><td>工程
±0.00</td><td></td></tr>
<tr><td>引进水准点位置</td><td></td><td>水准高程</td><td></td></tr>
<tr><td colspan="4">水点坐标引进示意图：</td></tr>
<tr><td>检查
意见</td><td colspan="3"></td></tr>
<tr><td>备注</td><td colspan="3">桩位测量成果图另附：</td></tr>
</table>

施工单位	总承包单位	监理（建设）单位
班（组）长： 技术（质量）员： 项目技术负责人： 年 月 日	技术（质量）员： 项目技术负责人 年 月 日	监理工程师 （建设单位项目代表）： 年 月 日

4.8.11 钢筋混凝土预制桩进场外观质量检验记录 JZ

<table>
<tr><td colspan="2">工程名称</td><td colspan="3"></td><td colspan="2">工程编号</td><td colspan="2"></td></tr>
<tr><td colspan="2">单位工程名称</td><td colspan="3"></td><td colspan="2">混凝土强度等级</td><td colspan="2"></td></tr>
<tr><td colspan="3">序号</td><td></td><td></td><td></td><td></td><td></td><td></td></tr>
<tr><td colspan="3">桩号</td><td></td><td></td><td></td><td></td><td></td><td></td></tr>
<tr><td rowspan="4">成品
外观</td><td colspan="2">表面平整</td><td></td><td></td><td></td><td></td><td></td><td></td></tr>
<tr><td colspan="2">验收均匀</td><td></td><td></td><td></td><td></td><td></td><td></td></tr>
<tr><td colspan="2">调角深度＜ 10mm</td><td></td><td></td><td></td><td></td><td></td><td></td></tr>
<tr><td colspan="2">蜂窝小于总面积 0.5%</td><td></td><td></td><td></td><td></td><td></td><td></td></tr>
<tr><td rowspan="3">成品
裂缝</td><td colspan="2">深度＜ 20mm</td><td></td><td></td><td></td><td></td><td></td><td></td></tr>
<tr><td colspan="2">宽度＜ 0.25mm</td><td></td><td></td><td></td><td></td><td></td><td></td></tr>
<tr><td colspan="2">横向裂缝长度不超过边长的一半</td><td></td><td></td><td></td><td></td><td></td><td></td></tr>
<tr><td rowspan="5">成品桩
尺寸</td><td colspan="2">横截面边长＜ 5mm</td><td></td><td></td><td></td><td></td><td></td><td></td></tr>
<tr><td colspan="2">桩顶对角线差＜ 10mm</td><td></td><td></td><td></td><td></td><td></td><td></td></tr>
<tr><td colspan="2">桩尖中心线＜ 10mm</td><td></td><td></td><td></td><td></td><td></td><td></td></tr>
<tr><td colspan="2">桩身变曲矢高＜ 1‰且不大于 20mm</td><td></td><td></td><td></td><td></td><td></td><td></td></tr>
<tr><td colspan="2">桩顶平整度＜ 3mm</td><td></td><td></td><td></td><td></td><td></td><td></td></tr>
<tr><td colspan="3">桩长（m）</td><td></td><td></td><td></td><td></td><td></td><td></td></tr>
<tr><td colspan="3">施工单位</td><td colspan="3">总承包单位</td><td colspan="3">监理（建设）单位</td></tr>
<tr><td colspan="3">班（组）长：
技术（质量）员：
项目技术负责人：

年 月 日</td><td colspan="3">技术（质量）员：
项目技术负责人

年 月 日</td><td colspan="3">监理工程师
（建设单位项目代表）：

年 月 日</td></tr>
</table>

4.8.12 预制桩打桩记录 JZ

工程名称				工程编号	
单位工程名称					
图号		桩规格（cm × cm）		设计桩顶标高（m）	
设计贯入度		自然地面标高（m）		气候	
桩机类型		吊锤质量（t）		平均落距（cm）	

桩号	打桩日期	桩入土每米锤击次数										桩入土深（m）	最后贯入度（mm/10）	桩顶高差（cm）	桩位偏差（cm）	
		1m	2m	3m	4m	5m	6m	7m	8m	9m	10m				平行	垂直

施工单位	总承包单位	监理（建设）单位
班（组）长： 技术（质量）员： 项目技术负责人： 年 月 日	技术（质量）员： 项目技术负责人 年 月 日	监理工程师 （建设单位项目代表）： 年 月 日

4.8.13 钢筋混凝土灌注桩施工检查记录 JZ

工程名称				工程编号	
单位工程名称					
设计桩长（m）		设计桩径（cm）		配筋	
混凝土设计强度		钻孔方式和设备		地面标高（m）	

施工日期	桩位编号	实测孔径（cm）	实测孔深（m）	桩底土质	灌注量		桩位偏差（cm）	
					设计	实际	平行轴线	垂直轴线

结论：

施工单位	总承包单位	监理（建设）单位
班组长： 技术（质量）员： 项目技术负责人： 年 月 日	技术（质量）员： 项目技术负责人： 年 月 日	监理工程师 （建设单位项目代表）： 年 月 日

4.8.14 水泥粉煤灰碎石（CFG）桩施工记录 JZ

工程名称										工程编号							
单位工程名称										施工图号							
设计桩径							桩体强度					桩体混凝土标号					
序号	施工日期	桩位编号	钻孔深度（m）	孔位偏移（m）	垂直度偏差（%）	进入土层（起钻）时间	进入夹砂层时间	进入卵石层时间	电流表变化（起钻 / 进入卵石层）（A）	进入卵石层深度（m）	导出土质情况	实测混凝土坍落度（mm）	钻机提拔速度（m/min）	成桩时间	混凝土桩体长度（m）	理论灌注量（m^3）	实际灌注量（m^3）	充盈系数

施工单位	总承包单位	监理（建设）单位
记录人： 技术（质量）员： 项目技术负责人： 年 月 日	技术（质量）员： 项目技术负责人 年 月 日	监理工程师 （建设单位项目代表）： 年 月 日

4.8.15 土和灰土挤密桩桩孔分填施工记录 JZ

工程名称						工程名称					
单位工程名称						填料类别					
序号	施工日期	基础编号	桩孔编号	地面标高（m）	桩孔深度（m）	桩孔直径（m）	设计填料量（m^3）	实际填料量（m^3）	夯实时间（min）	质量检查	备注

施工单位	总承包单位	监理（建设）单位
班组长： 技术（质量）员： 项目技术负责人： 年 月 日	技术（质量）员： 项目技术负责人 年 月 日	监理工程师 （建设单位项目代表）： 年 月 日

4.8.16 振动沉管碎石桩施工记录 JZ

工程名称										工程编号					
单位工程名称										施工图号					
序号	施工日期	桩位编号	成孔深度（m）	成桩时间	造孔速度（m/min）	设计桩径（m）	振动开始时间	电流数值（土层/卵石层）（A）	开始填料制桩时间	孔底留振时间（s）	桩体长度（m）	设计长度（m）	桩机垂直度（%）	孔位偏移（m）	理论投料量（m^3）	实际投料量（m^3）	反插次数（次）
		ZH-															

施工单位	总承包单位	监理（建设）单位
记录人： 技术（质量）员： 项目技术负责人： 年 月 日	技术（质量）员： 项目技术负责人 年 月 日	监理工程师 （建设单位项目代表）： 年 月 日

4.8.17 静压预制桩施工记录 JZ

工程名称					工程编号		
单位工程名称					设计桩顶标高		
桩型及规格					压桩机型号及重量		
下桩	节长（m）						
	读表数（MPa）						
上桩	节长（m）						
	读表数（MPa）						
送桩	节长（m）						
	读表数（MPa）						
接桩形式							
实际桩顶标高（m）							
班组							
日期							
起止时间							
备注							

施工单位	总承包单位	监理（建设）单位
班组长： 技术（质量）员： 项目技术负责人： 年 月 日	技术（质量）员： 项目技术负责人 年 月 日	监理工程师 （建设单位项目代表）： 年 月 日

4.8.18 人工挖孔灌注桩施工记录 JZ

工程名称				工程编号				
单位工程名称				场地地坪标高				
设计桩长		设计桩径				井壁支护方法		
混凝土强度等级		混凝土坍落度				成孔机具		
施工序号								
施工日期								
桩位编号								
挖掘井径（m）								
挖掘井深（m）								
持力层岩性								
井底清理情况								
扩大头直径（mm）								
抛毛石 块度								
抛毛石 数量								
混凝土灌注量（m^3）								
备注								

注：持力层岩性在单柱单桩时应由勘察单位进行检验，检验桩底 3d 或 5m 深度范围内有无空洞、破碎带、软弱夹层等不良地质现象（可另附页）。

施工单位	总承包单位	监理（建设）单位
班（组）长： 技术（质量）员： 技术负责人： 年 月 日	技术（质量）员： 项目技术负责人 年 月 日	监理工程师 （建设单位项目代表）： 年 月 日

4.8.19 钻孔桩灌注混凝土检查记录 JZ

工程名称		工程编号	
单位工程名称		施工图号	
场地坪标高（m）		隔水栓种类	
配筋情况		混凝土标号	
砼坍落度		导管种类	

序号	桩号	施工日期	灌注管总长（m）	灌注管到孔底距离（m）	设计混凝土灌注量（m^3）	实际混凝土灌注量（m^3）	混凝土灌注充盈系数	钢筋笼总长（m）	钢筋笼到孔底距离（m）	灌注时间（min）	施工情况

结论：

施工单位	总承包单位	监理单位
班（组）长： 技术（质量）员： 技术负责人： 年 月 日	技术（质量）员： 项目技术负责人 年 月 日	监理工程师 （建设单位项目代表）： 年 月 日

4.8.20 钻（挖）孔灌注桩成孔质量检验记录汇总表 JZ

工程名称					工程编号			
单位工程名称					桩　　号			
桩号								
检验项目	桩位中心（mm）	设计或规程要求						
		实测值						
		偏差值						
	孔径（mm）	设计或规程要求						
		实测值						
		偏差值						
	孔深（m）	设计或规程要求						
		实测值						
		偏差值						
	孔底沉渣厚度（mm）	设计或规程要求						
		实测值						
		偏差值						
持力层地质情况								
检验日期								
评定结果								

施工单位	总承包单位	监理（建设）单位
班（组）长： 技术（质量）员： 项目技术负责人： 年　月　日	技术（质量）员： 项目技术负责人 年　月　日	监理工程师 （建设单位项目代表）： 年　月　日

4.8.21 钻（挖）孔灌注桩成孔质量检验记录 JZ

<table>
<tr><td colspan="3">工程名称</td><td colspan="2"></td><td colspan="2">工程编号</td><td colspan="2"></td></tr>
<tr><td colspan="3">单位工程名称</td><td colspan="2"></td><td colspan="2">桩号</td><td colspan="2"></td></tr>
<tr><td rowspan="2">序号</td><td rowspan="2" colspan="2">检验项目</td><td colspan="3">质量检验值</td><td rowspan="2">评定结果</td><td rowspan="2" colspan="2">备注</td></tr>
<tr><td>设计要求或规程规定</td><td>求测值</td><td>偏差值</td></tr>
<tr><td>1</td><td colspan="2">孔位中心（mm）</td><td></td><td></td><td></td><td></td><td colspan="2"></td></tr>
<tr><td>2</td><td colspan="2">孔径（mm）</td><td></td><td></td><td></td><td></td><td colspan="2"></td></tr>
<tr><td>3</td><td colspan="2">孔深（m）</td><td></td><td></td><td></td><td></td><td colspan="2"></td></tr>
<tr><td>4</td><td colspan="2">垂直度（%）</td><td></td><td></td><td></td><td></td><td colspan="2"></td></tr>
<tr><td rowspan="2">5</td><td rowspan="2">孔底沉渣厚度</td><td>钻孔完成时孔底标高</td><td></td><td></td><td></td><td></td><td colspan="2"></td></tr>
<tr><td>灌注混凝土前孔底标高</td><td></td><td></td><td></td><td></td><td colspan="2"></td></tr>
<tr><td rowspan="3">6</td><td rowspan="3">清孔后泥浆指标</td><td>比重</td><td></td><td></td><td></td><td></td><td colspan="2"></td></tr>
<tr><td>黏重（S）</td><td></td><td></td><td></td><td></td><td colspan="2"></td></tr>
<tr><td>含砂率（%）</td><td></td><td></td><td></td><td></td><td colspan="2"></td></tr>
<tr><td>7</td><td colspan="2">持力层地质情况</td><td></td><td></td><td></td><td></td><td colspan="2"></td></tr>
<tr><td colspan="3">施工单位</td><td colspan="3">总承包单位</td><td colspan="3">监理（建设）单位</td></tr>
<tr><td colspan="3">班（组）长：
技术（质量）员：
项目技术负责人：

年 月 日</td><td colspan="3">技术（质量）员：
项目技术负责人

年 月 日</td><td colspan="3">监理工程师
（建设单位项目代表）：

年 月 日</td></tr>
</table>

4.8.22 钻（挖）孔灌注桩质量检验记录 JZ

工程名称				工程编号			
单位工程名称							
混凝土强度等级			配合比		水灰比		
施工机械				施工方法			
桩号							
钢筋笼质量检验项目	制作长度（mm）						
	直径（mm）						
	主筋根数						
	加强筋直径（mm）						
	加强筋间距（mm）						
	绕筋顶面标高（m）						
	绕筋间距（m）						
混凝土质量检验项目	施工日期						
	导管总长（m）						
	导管距孔底距离（m）						
	设计混凝土灌注量（m^3）						
	混凝土充盈系数						
	灌注时间						
	灌注中的情况						
验收日期							

施工单位	总承包单位	监理（建设）单位
班（组）长： 技术（质量）员： 技术负责人： 年 月 日	技术（质量）员： 项目技术负责人 年 月 日	监理工程师 （建设单位项目代表）： 年 月 日

4.8.23 水泥搅拌桩施工记录 JZ

工程名称						工程编号							
单位工程名称													
设计桩长、桩径						施工方法							
桩号													
施工工序		搅拌下沉	喷浆提升	重复下沉	重提升	搅拌下沉	喷浆提升	重复下沉	重复提升	搅拌下沉	喷浆提升	重复下沉	重复提升
每米下沉或提升时间	1												
	2												
	3												
	4												
	5												
	6												
	7												
	8												
	9												
	10												
	11												
	12												
	13												
	14												
	15												
开始时间													
终止时间													
工艺时间													
来浆时间													
停浆时间													
总喷时间													
施工时间													
材料用量													
日期		年 月 日				年 月 日				年 月 日			
备注													

施工单位	总承包单位	监理（建设）单位
班组长： 技术（质量）员： 项目技术负责人： 年 月 日	技术（质量）员： 项目技术负责人 年 月 日	监理工程师 （建设单位项目代表）： 年 月 日

4.8.24　分层回填现场抽样试验点位示意图记录　JZ

工程名称		工程编号	
单位工程名称			
回填所在工程部位		回填土类别	
示意图			
验收结论			

施工单位	总承包单位	监理（建设）单位
班（组）长： 技术（质量）员： 项目技术负责人： 年　月　日	技术（质量）员： 项目技术负责人 年　月　日	监理工程师 （建设单位项目代表）： 年　月　日

4.8.25 ____________地基分层回填试验记录 JZ

<table>
<tr><td>工程名称</td><td colspan="6"></td><td colspan="2">工程编号</td><td colspan="2"></td></tr>
<tr><td>单位工程名称</td><td colspan="10"></td></tr>
<tr><td>填方类别</td><td colspan="4"></td><td colspan="6" rowspan="9">取土点号 4 栏填表内容标示
实际湿密度： g/cm³
施工实际含水率： %
实际干密度： g/cm³
压实系数：</td></tr>
<tr><td>填方所在工程部位</td><td colspan="4"></td></tr>
<tr><td>填方每层厚度（cm）</td><td colspan="4"></td></tr>
<tr><td>使用机械</td><td colspan="4"></td></tr>
<tr><td>要求最小干密度（g/cm³）</td><td colspan="4"></td></tr>
<tr><td>要求压实系数</td><td colspan="4"></td></tr>
<tr><td>要求最优含水率（%）</td><td colspan="4"></td></tr>
<tr><td>施工起至日期</td><td colspan="4"></td></tr>
<tr><td>取样点号
图层号</td><td>1</td><td>2</td><td>3</td><td>4</td><td>5</td><td>6</td><td>7</td><td>8</td><td>9</td><td>10</td></tr>
<tr><td rowspan="4">从下至上第 层
顶面标高 - m</td><td></td><td></td><td></td><td></td><td></td><td></td><td></td><td></td><td></td><td></td></tr>
<tr><td></td><td></td><td></td><td></td><td></td><td></td><td></td><td></td><td></td><td></td></tr>
<tr><td></td><td></td><td></td><td></td><td></td><td></td><td></td><td></td><td></td><td></td></tr>
<tr><td></td><td></td><td></td><td></td><td></td><td></td><td></td><td></td><td></td><td></td></tr>
<tr><td rowspan="4">第 层
- m</td><td></td><td></td><td></td><td></td><td></td><td></td><td></td><td></td><td></td><td></td></tr>
<tr><td></td><td></td><td></td><td></td><td></td><td></td><td></td><td></td><td></td><td></td></tr>
<tr><td></td><td></td><td></td><td></td><td></td><td></td><td></td><td></td><td></td><td></td></tr>
<tr><td></td><td></td><td></td><td></td><td></td><td></td><td></td><td></td><td></td><td></td></tr>
<tr><td rowspan="4">第 层
- m</td><td></td><td></td><td></td><td></td><td></td><td></td><td></td><td></td><td></td><td></td></tr>
<tr><td></td><td></td><td></td><td></td><td></td><td></td><td></td><td></td><td></td><td></td></tr>
<tr><td></td><td></td><td></td><td></td><td></td><td></td><td></td><td></td><td></td><td></td></tr>
<tr><td></td><td></td><td></td><td></td><td></td><td></td><td></td><td></td><td></td><td></td></tr>
<tr><td rowspan="4">第 层
- m</td><td></td><td></td><td></td><td></td><td></td><td></td><td></td><td></td><td></td><td></td></tr>
<tr><td></td><td></td><td></td><td></td><td></td><td></td><td></td><td></td><td></td><td></td></tr>
<tr><td></td><td></td><td></td><td></td><td></td><td></td><td></td><td></td><td></td><td></td></tr>
<tr><td></td><td></td><td></td><td></td><td></td><td></td><td></td><td></td><td></td><td></td></tr>
<tr><td colspan="2">施工单位</td><td colspan="4">总承包单位</td><td colspan="5">监理（建设）单位</td></tr>
<tr><td colspan="2">班组长：
技术（质量）员：
项目技术负责人：

年 月 日</td><td colspan="4">技术（质量）员：
项目技术负责人

年 月 日</td><td colspan="5">监理工程师
（建设单位项目代表）：

年 月 日</td></tr>
</table>

4.8.26 楼层的各层测量放线记录 JZ

<table>
<tr><td colspan="3">工程名称</td><td colspan="3"></td><td colspan="3">工程编号</td><td colspan="3"></td></tr>
<tr><td colspan="3">单位工程名称</td><td colspan="3"></td><td colspan="3">使用仪器</td><td colspan="3"></td></tr>
<tr><td colspan="3">型号等级</td><td colspan="3"></td><td colspan="3">仪器编号</td><td colspan="3"></td></tr>
<tr><td colspan="3">放线层位</td><td colspan="3"></td><td colspan="3">放线日期</td><td colspan="3"></td></tr>
<tr><td colspan="3">内容</td><td colspan="3">定位或控制方法</td><td colspan="3">是否符合设计和规范的要求</td><td colspan="3">偏差情况</td></tr>
<tr><td colspan="3">平面轴线</td><td colspan="3"></td><td colspan="3"></td><td colspan="3"></td></tr>
<tr><td colspan="3">层位标高</td><td colspan="3"></td><td colspan="3"></td><td colspan="3"></td></tr>
<tr><td colspan="3">垂直中心线</td><td colspan="3"></td><td colspan="3"></td><td colspan="3"></td></tr>
<tr><td colspan="3">偏差纠正处理</td><td colspan="3"></td><td colspan="3"></td><td colspan="3"></td></tr>
<tr><td colspan="2">放线测
量记录</td><td colspan="10"></td></tr>
<tr><td colspan="4">施工单位</td><td colspan="4">总承包单位</td><td colspan="4">监理（建设）单位</td></tr>
<tr><td colspan="4">班组长：
技术（质量）员：
项目技术负责人：

年 月 日</td><td colspan="4">技术（质量）员：
项目技术负责人

年 月 日</td><td colspan="4">监理工程师
（建设单位项目代表）：

年 月 日</td></tr>
</table>

4.8.27 混凝土开盘鉴定记录 JZ

工程名称						工程编号		
单位工程名称								
混凝土浇筑部位						浇筑日期		
强度		水灰比		砂率		配合比报告编号		
材料		水泥	砂	石	水	掺合料	外加剂	塌落度
实验室配合比	kg/m							
施工配合比	kg/ 盘							
调整配合比	kg/ 盘							
实测使用砂、石含水率：				砂		%，石子		%

开盘鉴定项目	混凝土拌合物			原材料品种、规格、型号是否与配合比报告相符				
	坍落度（cm）	保水性	搅拌时间（s）	水泥	砂	石	掺合料	外加剂
设计（规范）要求								
施工实际								

鉴定意见：

参加开盘鉴定单位代表签字		
试验配比单位	施工单位	监理（建设）单位
试验单位代表： 年 月 日	班组长： 技术（质量）员： 项目技术负责人： 年 月 日	监理工程师 （建设单位项目代表）： 年 月 日

4.8.28 混凝土施工检查记录 JZ

<table>
<tr><td colspan="2">工程名称</td><td colspan="2"></td><td colspan="2">工程编号</td><td colspan="2"></td></tr>
<tr><td colspan="2">单位工程名称</td><td colspan="6"></td></tr>
<tr><td colspan="2" rowspan="2">混凝土标号</td><td rowspan="2"></td><td rowspan="2">配合比</td><td colspan="4">材料</td></tr>
<tr><td>水泥</td><td>砂</td><td>碎石</td><td>水</td></tr>
<tr><td colspan="2">坍落度</td><td></td><td>立方配合比（m）</td><td></td><td></td><td></td><td></td></tr>
<tr><td colspan="2">水灰比</td><td></td><td>单位重量比（kg）</td><td></td><td></td><td></td><td></td></tr>
<tr><td rowspan="6">配合材料</td><td rowspan="2">水泥</td><td>种类</td><td colspan="2"></td><td>生产厂家</td><td colspan="2"></td></tr>
<tr><td>标号</td><td colspan="2"></td><td>出厂日期</td><td colspan="2"></td></tr>
<tr><td rowspan="2">细骨料</td><td>种类</td><td colspan="2"></td><td>产地</td><td colspan="2"></td></tr>
<tr><td>含杂质情况</td><td colspan="2"></td><td>含水情况</td><td colspan="2"></td></tr>
<tr><td rowspan="2">粗骨料</td><td>种类</td><td colspan="2"></td><td>产地</td><td colspan="2"></td></tr>
<tr><td>含杂质情况</td><td colspan="2"></td><td>含水情况</td><td colspan="2"></td></tr>
<tr><td colspan="2">模板种类</td><td colspan="2"></td><td>脱模方式</td><td colspan="3"></td></tr>
<tr><td colspan="2">砼搅拌方式</td><td colspan="2"></td><td>捣制方式</td><td colspan="3"></td></tr>
<tr><td colspan="2">计划工作量</td><td colspan="2">m^3</td><td>完成工作量</td><td colspan="3">m^3</td></tr>
<tr><td colspan="2">施工日期</td><td colspan="2">年 月 日</td><td>环境温度（℃）</td><td></td><td>天气情况</td><td></td></tr>
<tr><td colspan="2">养护方法</td><td colspan="2"></td><td>养护期</td><td colspan="3"></td></tr>
<tr><td colspan="8">说明：</td></tr>
<tr><td colspan="8">结论：</td></tr>
<tr><td colspan="3">施工单位</td><td colspan="3">总承包单位</td><td colspan="2">监理（建设）单位</td></tr>
<tr><td colspan="3">班（组）长：
技术（质量）员：
项目技术负责人：

年 月 日</td><td colspan="3">技术（质量）员：
项目技术负责人

年 月 日</td><td colspan="2">监理工程师
（建设单位项目代表）：

年 月 日</td></tr>
</table>

4.8.29 混凝土坍落度检查记录 JZ

<table>
<tr><td>工程名称</td><td></td><td>工程编号</td><td></td></tr>
<tr><td>单位工程名称</td><td></td><td>强度等级</td><td></td></tr>
<tr><td>混凝土供应</td><td></td><td>混凝土数量</td><td></td></tr>
<tr><td>构件名称</td><td colspan="3"></td></tr>
<tr><td rowspan="2">检查时间
（年、月、日、时）</td><td rowspan="2">施工部位</td><td colspan="2">坍落度（cm）</td></tr>
<tr><td>规定值</td><td>实测值</td></tr>
<tr><td></td><td></td><td></td><td></td></tr>
<tr><td></td><td></td><td></td><td></td></tr>
<tr><td></td><td></td><td></td><td></td></tr>
<tr><td></td><td></td><td></td><td></td></tr>
<tr><td></td><td></td><td></td><td></td></tr>
<tr><td></td><td></td><td></td><td></td></tr>
<tr><td></td><td></td><td></td><td></td></tr>
<tr><td></td><td></td><td></td><td></td></tr>
<tr><td></td><td></td><td></td><td></td></tr>
<tr><td></td><td></td><td></td><td></td></tr>
</table>

记事	

施工单位	总承包单位	监理（建设）单位
班组长： 技术（质检）员： 项目技术负责人： 年 月 日	技术（质量）员： 项目技术负责人 年 月 日	监理工程师 （建设单位项目代表）： 年 月 日

4.8.30 ______________工程隐蔽验收记录 JZ

工程名称		工程编号	
单位工程名称			
隐蔽部位		图纸编号	
示意图			
验收结论			

施工单位	总承包单位	监理（建设）单位
班（组）长： 技术（质量）员： 项目技术负责人： 年 月 日	技术（质量）员： 项目技术负责人 年 月 日	监理工程师 （建设单位项目代表）： 年 月 日

4.8.31 设备基础检查验收记录 JZ

<table>
<tr><td colspan="2">工程名称</td><td colspan="2"></td><td>工程编号</td><td></td></tr>
<tr><td colspan="2">单位工程名称</td><td colspan="4"></td></tr>
<tr><td colspan="2">设备名称</td><td></td><td>设备位号</td><td colspan="2"></td></tr>
<tr><td>序号</td><td colspan="2">检测项目</td><td>允许偏差</td><td>实际偏差</td><td>备注</td></tr>
<tr><td>1</td><td colspan="2">坐标位置</td><td>± 20mm</td><td></td><td></td></tr>
<tr><td>2</td><td colspan="2">不同平面的标高</td><td>−20mm</td><td></td><td></td></tr>
<tr><td>3</td><td colspan="2">平面外形尺寸</td><td>± 20mm</td><td></td><td></td></tr>
<tr><td>4</td><td colspan="2">凸台上平面外形尺寸</td><td>−20mm</td><td></td><td></td></tr>
<tr><td>5</td><td colspan="2">凹穴尺寸</td><td>+20mm</td><td></td><td></td></tr>
<tr><td rowspan="2">6</td><td rowspan="2">平面的水平度</td><td>每米</td><td>5mm</td><td></td><td></td></tr>
<tr><td>全长</td><td>10mm</td><td></td><td></td></tr>
<tr><td rowspan="2">7</td><td rowspan="2">垂直度</td><td>每米</td><td>5mm</td><td></td><td></td></tr>
<tr><td>全高</td><td>10mm</td><td></td><td></td></tr>
<tr><td rowspan="2">8</td><td rowspan="2">预埋地脚螺栓</td><td>标高</td><td>+20mm</td><td></td><td></td></tr>
<tr><td>中心距</td><td>± 2mm</td><td></td><td></td></tr>
<tr><td rowspan="3">9</td><td rowspan="3">预留地脚螺栓孔</td><td>中心位置</td><td>± 10mm</td><td></td><td></td></tr>
<tr><td>深度</td><td>+20mm</td><td></td><td></td></tr>
<tr><td>垂直度</td><td>≤ 10mm</td><td></td><td></td></tr>
<tr><td rowspan="4">10</td><td rowspan="4">预埋活动地脚螺栓锚板</td><td>标高</td><td>+20mm</td><td></td><td></td></tr>
<tr><td>中心位置</td><td>± 5mm</td><td></td><td></td></tr>
<tr><td>水平度</td><td>≤ 5mm</td><td></td><td></td></tr>
<tr><td>水平度</td><td>≤ 2mm</td><td></td><td></td></tr>
<tr><td colspan="2">施工单位</td><td colspan="2">总承包单位</td><td colspan="2">监理（建设）单位</td></tr>
<tr><td colspan="2">班（组）长：
技术（质量）员：
技术负责人：

年　月　日</td><td colspan="2">技术（质量）员：
项目技术负责人

年　月　日</td><td colspan="2">监理工程师
（建设单位项目代表）：

年　月　日</td></tr>
</table>

4.8.32 混凝土配合比及浇筑施工记录 JZ

<table>
<tr><td colspan="2">工程名称</td><td colspan="4"></td><td colspan="3">工程编号</td><td colspan="3"></td></tr>
<tr><td colspan="2">单位工程名称</td><td colspan="10"></td></tr>
<tr><td colspan="2">混凝土浇筑部位</td><td colspan="4"></td><td colspan="3">浇筑日期</td><td colspan="3"></td></tr>
<tr><td colspan="2">强度等级</td><td colspan="4"></td><td colspan="3">配合比报告编号</td><td colspan="3"></td></tr>
<tr><td>天气</td><td></td><td>风力</td><td colspan="2"></td><td colspan="2">最高气温</td><td>℃</td><td colspan="2">最低气温</td><td colspan="2">℃</td></tr>
<tr><td rowspan="2">材料（Kg）</td><td rowspan="2">水泥</td><td rowspan="2">砂</td><td rowspan="2">碎石</td><td rowspan="2">水</td><td colspan="3">外加剂名称</td><td colspan="4">掺和剂名称</td></tr>
<tr><td></td><td></td><td></td><td></td><td colspan="2"></td><td></td></tr>
<tr><td>施工配合比</td><td></td><td></td><td></td><td></td><td></td><td></td><td></td><td></td><td colspan="2"></td><td></td></tr>
<tr><td>每 $1m^3$ 用料</td><td></td><td></td><td></td><td></td><td></td><td></td><td></td><td></td><td colspan="2"></td><td></td></tr>
<tr><td>每盘用料</td><td></td><td></td><td></td><td></td><td></td><td></td><td></td><td></td><td colspan="2"></td><td></td></tr>
<tr><td colspan="2">开始浇筑时间</td><td colspan="10">年 月 日 时 分</td></tr>
<tr><td colspan="2">终止浇筑时间</td><td colspan="10">年 月 日 时 分</td></tr>
<tr><td>计划工作量</td><td colspan="4">m^3</td><td colspan="2">完成工作量</td><td colspan="5">m^3</td></tr>
<tr><td colspan="12">备注：</td></tr>
</table>

施工单位	总承包单位	监理（建设）单位
班（组）长： 技术（质量）员： 项目技术负责人： 年 月 日	技术（质量）员： 项目技术负责人 年 月 日	监理工程师 （建设单位项目代表）： 年 月 日

4.8.33 混凝土试件同条件养护记录 JZ

工程名称					工程编号							
单位工程名称					强度等级							
对应构件部位					试件制作日期							
试件组数					试件放置位置							
测温起止日期					等效龄期							
测温记录												
养护累计天数	1	2	3	4	5	6	7	8	9	10	11	12
日平均温度（℃）												
累计温度（℃·d）												
养护累计天数	13	14	15	16	17	18	19	20	21	22	23	24
日平均温度（℃）												
累计温度（℃·d）												
养护累计天数	25	26	27	28	29	30	31	32	33	34	35	36
日平均温度（℃）												
累计温度（℃·d）												
养护累计天数	37	38	39	40	41	42	43	44	45	46	47	48
日平均温度（℃）												
累计温度（℃·d）												
养护累计天数	49	50	51	52	53	54	55	56	57	58	59	60
日平均温度（℃）												
累计温度（℃·d）												
说明：当累计养护温度达 600℃·d 左右时，试件送试验单位测强。												

取样人：	施工单位技术负责人：	见证人：	监理工程师 （建设单位项目代表）：
年 月 日	年 月 日	年 月 日	年 月 日

4.8.34 混凝土冬期施工保温、测温记录 JZ

<table>
<tr><td>工程名称</td><td colspan="4"></td><td colspan="3">工程编号</td><td colspan="3"></td></tr>
<tr><td>单位工程名称</td><td colspan="10"></td></tr>
<tr><td>浇筑部位</td><td colspan="3"></td><td>砼浇注日期</td><td colspan="6"></td></tr>
<tr><td>保温材料</td><td></td><td colspan="2">覆盖厚度</td><td></td><td colspan="3">覆盖日期</td><td colspan="3"></td></tr>
<tr><td rowspan="2">日　期</td><td rowspan="2">测温时间</td><td colspan="2">当日气温（℃）</td><td rowspan="2">构件名称</td><td colspan="6">砼温度（℃）</td></tr>
<tr><td>最高</td><td>最低</td><td></td><td></td><td></td><td></td><td></td><td></td></tr>
<tr><td rowspan="4">月　日</td><td>时　分</td><td></td><td></td><td></td><td></td><td></td><td></td><td></td><td></td><td></td></tr>
<tr><td>时　分</td><td></td><td></td><td></td><td></td><td></td><td></td><td></td><td></td><td></td></tr>
<tr><td>时　分</td><td></td><td></td><td></td><td></td><td></td><td></td><td></td><td></td><td></td></tr>
<tr><td>时　分</td><td></td><td></td><td></td><td></td><td></td><td></td><td></td><td></td><td></td></tr>
<tr><td rowspan="4">月　日</td><td>时　分</td><td></td><td></td><td></td><td></td><td></td><td></td><td></td><td></td><td></td></tr>
<tr><td>时　分</td><td></td><td></td><td></td><td></td><td></td><td></td><td></td><td></td><td></td></tr>
<tr><td>时　分</td><td></td><td></td><td></td><td></td><td></td><td></td><td></td><td></td><td></td></tr>
<tr><td>时　分</td><td></td><td></td><td></td><td></td><td></td><td></td><td></td><td></td><td></td></tr>
<tr><td rowspan="4">月　日</td><td>时　分</td><td></td><td></td><td></td><td></td><td></td><td></td><td></td><td></td><td></td></tr>
<tr><td>时　分</td><td></td><td></td><td></td><td></td><td></td><td></td><td></td><td></td><td></td></tr>
<tr><td>时　分</td><td></td><td></td><td></td><td></td><td></td><td></td><td></td><td></td><td></td></tr>
<tr><td>时　分</td><td></td><td></td><td></td><td></td><td></td><td></td><td></td><td></td><td></td></tr>
<tr><td>测孔布置
图及编号</td><td colspan="10"></td></tr>
<tr><td colspan="3">施工单位</td><td colspan="4">总承包单位</td><td colspan="4">监理（建设）单位</td></tr>
<tr><td colspan="3">班（组）长：
技术（质量）员：
项目技术负责人：

年　月　日</td><td colspan="4">技术（质量）员：
项目技术负责人

年　月　日</td><td colspan="4">监理工程师
（建设单位项目代表）：

年　月　日</td></tr>
</table>

4.8.35 现浇混凝土结构外观质量缺陷处理施工记录 JZ

<table>
<tr><td>工程名称</td><td></td><td>工程编号</td><td></td></tr>
<tr><td>单位工程名称</td><td></td><td>缺陷类别</td><td></td></tr>
<tr><td>工程部位</td><td></td><td>构件名称</td><td></td></tr>
<tr><td>缺陷概述</td><td colspan="3"></td></tr>
<tr><td>技术处理方案</td><td colspan="3"></td></tr>
<tr><td>监理（建设）单位
对处理方案的意见</td><td colspan="3"></td></tr>
<tr><td>处理后复查结果</td><td colspan="3"></td></tr>
<tr><td>施工单位</td><td>总承包单位</td><td colspan="2">监理（建设）单位</td></tr>
<tr><td>班组长：
技术（质量）员：
项目技术负责人：

年 月 日</td><td>技术（质量）员：
项目技术负责人

年 月 日</td><td colspan="2">监理工程师
（建设单位项目代表）：

年 月 日</td></tr>
</table>

4.8.36 混凝土试件强度统计分析评定记录 JZ

<table>
<tr><td colspan="2">工程名称</td><td colspan="3"></td><td>工程编号</td><td colspan="2"></td></tr>
<tr><td colspan="2">单位工程名称</td><td colspan="6"></td></tr>
<tr><td colspan="2" rowspan="2">分层分段同
一强度等级</td><td rowspan="6">试件
组数</td><td rowspan="6">强度平
均值</td><td rowspan="6">标准差</td><td colspan="2">强度评定标准（GB50107-2010）</td><td rowspan="6">评定结论</td></tr>
<tr><td>①统计方法：
$N \geqslant 10$ 组</td><td>②非统计方法：
$n < 10$ 组</td></tr>
<tr><td rowspan="4">层段</td><td rowspan="4">混凝土强
度等级</td><td></td><td></td></tr>
<tr><td colspan="2"></td></tr>
<tr><td rowspan="2"></td><td rowspan="2"></td></tr>
<tr></tr>
<tr><td></td><td></td><td></td><td></td><td></td><td></td><td></td><td></td></tr>
<tr><td></td><td></td><td></td><td></td><td></td><td></td><td></td><td></td></tr>
<tr><td></td><td></td><td></td><td></td><td></td><td></td><td></td><td></td></tr>
<tr><td></td><td></td><td></td><td></td><td></td><td></td><td></td><td></td></tr>
<tr><td></td><td></td><td></td><td></td><td></td><td></td><td></td><td></td></tr>
<tr><td></td><td></td><td></td><td></td><td></td><td></td><td></td><td></td></tr>
<tr><td></td><td></td><td></td><td></td><td></td><td></td><td></td><td></td></tr>
<tr><td></td><td></td><td></td><td></td><td></td><td></td><td></td><td></td></tr>
<tr><td></td><td></td><td></td><td></td><td></td><td></td><td></td><td></td></tr>
<tr><td></td><td></td><td></td><td></td><td></td><td></td><td></td><td></td></tr>
<tr><td></td><td></td><td></td><td></td><td></td><td></td><td></td><td></td></tr>
<tr><td></td><td></td><td></td><td></td><td></td><td></td><td></td><td></td></tr>
<tr><td colspan="2">合格判定系数</td><td>10~14</td><td>15~24</td><td>≥ 25</td><td rowspan="3">备注</td><td colspan="2" rowspan="3"></td></tr>
<tr><td colspan="2">λ</td><td>1.7</td><td>1.65</td><td>1.6</td></tr>
<tr><td colspan="2">λ</td><td>0.9</td><td colspan="2">0.85</td></tr>
<tr><td colspan="3">施工单位</td><td colspan="3">总承包单位</td><td colspan="2">监理（建设）单位</td></tr>
<tr><td colspan="3">制表人：
复核人：
项目技术负责人：

年 月 日</td><td colspan="3">技术（质量）员：
项目技术负责人

年 月 日</td><td colspan="2">监理工程师
（建设单位项目代表）：

年 月 日</td></tr>
</table>

4.8.37 混凝土抗压强度汇总表 JZ

工程名称		工程编号	
单位工程名称			

序号	报告编号	报告日期	强度等级	强度值（MPa）	达到设计强度百分率（%）	养护方式	龄期（d）	备注

统计评定	强度等级（C）	组数 n	平均值 M_{fcu}	标准值 $f_{cu,k}$	最小值 $f_{cu,min}$	标准差 S_{fcu}	λ_1	λ_2	代表批量（m^3）

统计评定	$n \geqslant 10$ 统计方法	$M_{fcu}-\lambda_1 S_{fcu}$ $0.9f_{cu,k}$	$f_{cu,min}$ $\lambda f_{cu,k}$	$n<10$ 非统计方法	M_{fcu} $1.15f_{ck}$	$f_{cu,min}$ $0.95f_{cu,k}$	评定结论

施工单位	总承包单位	监理（建设）单位
制表人： 复核人： 技术负责人： 年 月 日	技术（质量）员： 项目技术负责人 年 月 日	监理工程师 （建设单位项目代表）： 年 月 日

4.8.38 工程砌砖（石）检查记录 JZ

工程名称					工程编号			
单位工程名称：								
部位	标高	通缝	接搓	砂浆饱满度	予埋（留）件	轴线位移	垂直度	平整度

施工单位	总承包单位	监理（建设）单位
班（组）长： 技术（质量）员： 项目技术负责人： 年 月 日	技术（质量）员： 项目技术负责人 年 月 日	监理工程师 （建设单位项目代表）： 年 月 日

4.8.39 构造柱配筋砌体配筋、拉结筋施工记录 JZ

工程名称					工程编号		
单位工程名称							
施工部位					日期	年 月 日	
配筋部位	项目（是否符合设计和规范的要求）						
	品种规格	根数位置	砌体中锚固长度	钢筋搭接长度	弯折段长度	拉结筋端部弯钩	防腐
砌承重砌体配筋							
砖砌体配筋							
填充墙砌体配筋							
构造柱拉结配筋							
砌体交接处拉结筋							
构造柱配筋							
预埋铁件							
施工单位自查记事							

施工单位	总承包单位	监理（建设）单位
班组长： 技术（质量）员： 项目技术负责人： 年 月 日	技术（质量）员： 项目技术负责人 年 月 日	监理工程师 （建设单位项目代表）： 年 月 日

4.8.40 砂浆抗压强度汇总表 JZ

工程名称		工程编号	
单位工程名称		代表批量（立方米）	

序号	报告编号	报告日期	强度等级（C）	强度值（MPa）	达到设计强度百分率（%）	养护方式	龄期（d）	备注

统计评定	组数 n	标准值 $f_{m,k}$	平均值 M_{f_m}	最小值 $f_{m,min}$	M_{f_m} $f_{m,k}$	$f_{m,min}$ $f_{m,k}$	评定结果

当同一验收批只有一组试块时，该组试块抗压强度的平均值必须不小于设计强度等级所对应的立方体抗压强度。

施工单位	总承包单位	监理（建设）单位
制表人： 复核人： 技术负责人： 年 月 日	技术（质量）员： 项目技术负责人 年 月 日	监理工程师 （建设单位项目代表）： 年 月 日

4.8.41 基础结构工程检查记录 JZ

<table>
<tr><td colspan="2">工程名称</td><td colspan="2"></td><td>工程编号</td><td></td></tr>
<tr><td colspan="2">单位工程名称</td><td colspan="4"></td></tr>
<tr><td>序号</td><td>检查内容</td><td colspan="2">质量情况</td><td>检查日期</td><td>检查结果</td></tr>
<tr><td>1</td><td>基础结构实体</td><td colspan="2"></td><td>年 月 日</td><td></td></tr>
<tr><td>2</td><td>轴线、几何尺寸</td><td colspan="2"></td><td>年 月 日</td><td></td></tr>
<tr><td>3</td><td>结构实体原位检测</td><td colspan="2"></td><td>年 月 日</td><td></td></tr>
<tr><td>4</td><td>预留洞口</td><td colspan="2"></td><td>年 月 日</td><td></td></tr>
<tr><td>5</td><td>各类资料</td><td colspan="2"></td><td>年 月 日</td><td></td></tr>
<tr><td>备注</td><td colspan="5"></td></tr>
<tr><td colspan="2">施工单位</td><td colspan="2">总承包单位</td><td colspan="2">监理（建设）单位</td></tr>
<tr><td colspan="2">技术员：
技术（质量）员：
项目技术负责人：

年 月 日</td><td colspan="2">技术（质量）员：
项目技术负责人

年 月 日</td><td colspan="2">监理工程师
（建设单位项目代表）：

年 月 日</td></tr>
</table>

4.8.42 ±0.000 以上主体结构检查记录 JZ

<table>
<tr><td colspan="2">工程名称</td><td colspan="2"></td><td>工程编号</td><td></td></tr>
<tr><td colspan="2">单位工程名称</td><td colspan="4"></td></tr>
<tr><td>序号</td><td colspan="2">检查内容</td><td>质量情况</td><td>检查日期</td><td>检查结果</td></tr>
<tr><td>1</td><td colspan="2">已完成主体结构</td><td></td><td>年 月 日</td><td></td></tr>
<tr><td>2</td><td colspan="2">结构实体原位检测</td><td></td><td>年 月 日</td><td></td></tr>
<tr><td>3</td><td colspan="2">外观</td><td></td><td>年 月 日</td><td></td></tr>
<tr><td>4</td><td colspan="2">轴线、几何尺寸、标高</td><td></td><td>年 月 日</td><td></td></tr>
<tr><td>5</td><td colspan="2">门窗洞口</td><td></td><td>年 月 日</td><td></td></tr>
<tr><td>6</td><td colspan="2">各类资料</td><td></td><td></td><td></td></tr>
<tr><td>备注</td><td colspan="5"></td></tr>
<tr><td colspan="2">施工单位</td><td colspan="2">总承包单位</td><td colspan="2">监理（建设）单位</td></tr>
<tr><td colspan="2">班组长：
技术（质量）员：
项目技术负责人：

年 月 日</td><td colspan="2">技术（质量）员：
项目技术负责人

年 月 日</td><td colspan="2">监理工程师
（建设单位项目代表）：

年 月 日</td></tr>
</table>

4.8.43 结构验收记录 JZ

工程名称			工程编号		
单位工程名称					
验收部位		结构型式、层数		建设面积	

检查内容	存在质量隐患	处理结果

质量保证资料项目名称	份数	核查情况

结论	

施工单位	总承包单位	设计单位	监理单位	建设单位
项目技术负责人： 年 月 日	项目技术负责人 年 月 日	负责人： 年 月 日	监理工程师： 年 月 日	代表： 年 月 日

4.8.44 防水工程施工记录 JZ

<table>
<tr><td colspan="2">工程名称</td><td colspan="3"></td><td>工程编号</td><td colspan="2"></td></tr>
<tr><td colspan="2">单位工程名称</td><td colspan="6"></td></tr>
<tr><td colspan="2">防水等级</td><td></td><td>防水层材料</td><td></td><td>防水要求</td><td colspan="2"></td></tr>
<tr><td colspan="2">卷材规格</td><td colspan="3"></td><td>检验结论</td><td colspan="2"></td></tr>
<tr><td colspan="3">粘接剂性能及检测</td><td colspan="2"></td><td>粘接剂种类</td><td colspan="2"></td></tr>
<tr><td rowspan="5">基层准备</td><td colspan="2">干燥程度</td><td></td><td>坡度情况</td><td></td><td>平整度</td><td></td></tr>
<tr><td colspan="2">檐口细部构造</td><td></td><td>局部坡度</td><td></td><td>附加层</td><td></td></tr>
<tr><td colspan="2">天沟、漏斗构造</td><td></td><td>坡度情况</td><td></td><td>附加层</td><td></td></tr>
<tr><td colspan="2">泛水构造</td><td colspan="2"></td><td>附加层</td><td colspan="2"></td></tr>
<tr><td colspan="2">变形缝构造</td><td colspan="2"></td><td>附加层</td><td colspan="2"></td></tr>
<tr><td rowspan="3">施工情况</td><td colspan="2">铺贴方向</td><td colspan="2"></td><td>搭接长度</td><td colspan="2"></td></tr>
<tr><td colspan="2">保护层种类</td><td colspan="2"></td><td>粘贴情况</td><td colspan="2"></td></tr>
<tr><td colspan="2">施工方法</td><td colspan="5"></td></tr>
<tr><td colspan="8">说明：</td></tr>
</table>

施工单位	总承包单位	监理（建设）单位
班（组）长： 技术（质量）员： 项目技术负责人： 年 月 日	技术（质量）员： 项目技术负责人 年 月 日	监理工程师 （建设单位项目代表）： 年 月 日

4.8.45 淋（蓄）水试验记录 JZ

<table>
<tr><td>工程名称</td><td colspan="2"></td><td>工程编号</td><td colspan="2"></td></tr>
<tr><td>单位工程名称</td><td colspan="2"></td><td>防水类别及等级</td><td colspan="2"></td></tr>
<tr><td>试验部位</td><td colspan="2"></td><td>试验日期</td><td colspan="2"></td></tr>
<tr><td colspan="6">淋水试验</td></tr>
<tr><td colspan="2">淋水时限（h）</td><td colspan="2">淋水量（L/ ㎡ · min）</td><td>淋水面积（㎡）</td><td>有无渗漏</td></tr>
<tr><td>规范</td><td></td><td>规范</td><td></td><td></td><td></td></tr>
<tr><td>实际</td><td></td><td>实际</td><td></td><td></td><td></td></tr>
<tr><td colspan="6">蓄水试验</td></tr>
<tr><td colspan="2">蓄水时限（h）</td><td colspan="2">最高处水深（cm）</td><td>蓄水面积（㎡）</td><td>有无渗漏</td></tr>
<tr><td>规范</td><td></td><td>规范</td><td></td><td></td><td></td></tr>
<tr><td>实际</td><td></td><td>实际</td><td></td><td></td><td></td></tr>
<tr><td colspan="6">说明：淋水、蓄水屋面部位应绘制 A4 纸标示图，作为附件。</td></tr>
<tr><td colspan="6">检查验收意见：</td></tr>
</table>

<table>
<tr><td>施工单位</td><td>总承包单位</td><td>监理（建设）单位</td></tr>
<tr><td>班（组）长：
技术（质量）员：
技术负责人：

年 月 日</td><td>技术（质量）员：
项目技术负责人

年 月 日</td><td>监理工程师
（建设单位项目代表）：

年 月 日</td></tr>
</table>

4.8.46 卫生间、厨房等地面泼水、蓄水试验记录 JZ

<table>
<tr><td>工程名称</td><td colspan="3"></td><td colspan="2">工程编号</td><td></td></tr>
<tr><td>单位工程名称</td><td colspan="3"></td><td colspan="2">试验日期</td><td></td></tr>
<tr><td>泼水试验部位</td><td colspan="2"></td><td colspan="2">蓄水试验部位</td><td colspan="2"></td></tr>
<tr><td colspan="7">泼水试验</td></tr>
<tr><td colspan="3">试验前检查</td><td colspan="4">试验</td></tr>
<tr><td>地面有无裂缝</td><td>地面坡度</td><td>是否坡向地漏</td><td>有无积水</td><td colspan="2">有无渗漏</td><td>判定</td></tr>
<tr><td></td><td></td><td></td><td></td><td colspan="2"></td><td></td></tr>
<tr><td colspan="7">蓄水试验</td></tr>
<tr><td colspan="3">试验前检查</td><td colspan="4">试验</td></tr>
<tr><td>地面有无裂缝</td><td>翻沿高度</td><td>相连房间高差</td><td>蓄水深度（cm）</td><td colspan="2">蓄水时间（h）</td><td>判定</td></tr>
<tr><td></td><td></td><td></td><td></td><td colspan="2"></td><td></td></tr>
<tr><td colspan="7">检查验收意见：</td></tr>
<tr><td colspan="2">施工单位</td><td colspan="2">总承包单位</td><td colspan="3">监理（建设）单位</td></tr>
<tr><td colspan="2">班（组）长：
技术（质量）员：
项目技术负责人：

年 月 日</td><td colspan="2">技术（质量）员：
项目技术负责人

年 月 日</td><td colspan="3">监理工程师
（建设单位项目代表）：

年 月 日</td></tr>
</table>

4.8.47 卫生器具蓄水试验记录 JZ

<table>
<tr><td colspan="2">工程名称</td><td colspan="3"></td><td>工程编号</td><td></td></tr>
<tr><td colspan="2">单位工程名称</td><td colspan="3"></td><td>试验日期</td><td></td></tr>
<tr><td colspan="7">试验内容</td></tr>
<tr><td>序号</td><td>卫生器具名称</td><td>器具数量</td><td>标准要求历时（h）</td><td>实际蓄水历时（h）</td><td>渗漏情况</td><td>判定</td></tr>
<tr><td>1</td><td>坐式便口</td><td></td><td></td><td></td><td></td><td></td></tr>
<tr><td>2</td><td>蹲式便口</td><td></td><td></td><td></td><td></td><td></td></tr>
<tr><td>3</td><td>浴盆</td><td></td><td></td><td></td><td></td><td></td></tr>
<tr><td>4</td><td>洗脸盆</td><td></td><td></td><td></td><td></td><td></td></tr>
<tr><td>5</td><td>洗涤池</td><td></td><td></td><td></td><td></td><td></td></tr>
<tr><td>6</td><td>小便槽</td><td></td><td></td><td></td><td></td><td></td></tr>
<tr><td>7</td><td>立式小便斗</td><td></td><td></td><td></td><td></td><td></td></tr>
<tr><td>8</td><td>小便槽</td><td></td><td></td><td></td><td></td><td></td></tr>
<tr><td>9</td><td>混凝土水池</td><td></td><td></td><td></td><td></td><td></td></tr>
<tr><td></td><td></td><td></td><td></td><td></td><td></td><td></td></tr>
<tr><td colspan="2">使用标准</td><td colspan="2"></td><td>备注</td><td colspan="2"></td></tr>
<tr><td colspan="3">施工单位</td><td colspan="3">总承包单位</td><td>监理（建设）单位</td></tr>
<tr><td colspan="3">班组长：
技术（质量）员：
项目技术负责人：

年 月 日</td><td colspan="3">技术（质量）员：
项目技术负责人

年 月 日</td><td>监理工程师
（建设单位项目代表）：

年 月 日</td></tr>
</table>

4.8.48 房屋建筑装饰装修材料燃烧性能等级核查表 JZ

<table>
<tr><td colspan="2">工程名称</td><td colspan="2"></td><td>工程编号</td><td></td></tr>
<tr><td colspan="2">单位工程名称</td><td colspan="4"></td></tr>
<tr><td>序号</td><td>项目</td><td>主要材料名称</td><td>设计燃烧性能等级</td><td>实际燃烧性能等级</td><td>自检结果</td></tr>
<tr><td>1</td><td>吊顶</td><td></td><td></td><td></td><td></td></tr>
<tr><td>2</td><td>墙面</td><td></td><td></td><td></td><td></td></tr>
<tr><td>3</td><td>地面</td><td></td><td></td><td></td><td></td></tr>
<tr><td>4</td><td>隔断</td><td></td><td></td><td></td><td></td></tr>
<tr><td>5</td><td>固定家具</td><td></td><td></td><td></td><td></td></tr>
<tr><td>6</td><td>装饰织物</td><td></td><td></td><td></td><td></td></tr>
<tr><td>7</td><td>其他</td><td></td><td></td><td></td><td></td></tr>
<tr><td></td><td></td><td></td><td></td><td></td><td></td></tr>
<tr><td></td><td></td><td></td><td></td><td></td><td></td></tr>
<tr><td></td><td></td><td></td><td></td><td></td><td></td></tr>
<tr><td>备注</td><td colspan="5"></td></tr>
</table>

<table>
<tr><td>施工单位</td><td>总承包单位</td><td>监理（建设）单位</td></tr>
<tr><td>班组长：
技术（质量）员：
项目技术负责人：

年 月 日</td><td>技术（质量）员：
项目技术负责人

年 月 日</td><td>监理工程师
（建设单位项目代表）：

年 月 日</td></tr>
</table>

4.8.49　基础二次灌浆施工检查记录　JZ

<table>
<tr><td colspan="2">工程名称</td><td colspan="4"></td><td>工程编号</td><td colspan="2"></td></tr>
<tr><td colspan="2">单位工程名称</td><td colspan="7"></td></tr>
<tr><td colspan="2">设备名称</td><td colspan="4"></td><td>基础位号</td><td colspan="2"></td></tr>
<tr><td colspan="9">基础地脚螺栓预埋</td></tr>
<tr><td colspan="2">螺栓直径（mm）</td><td colspan="2">螺栓长度（mm）</td><td colspan="2">螺栓数量（根）</td><td>螺帽数量（个/根）</td><td colspan="2">螺栓露出长度（扣）</td></tr>
<tr><td colspan="2"></td><td colspan="2"></td><td colspan="2"></td><td></td><td colspan="2"></td></tr>
<tr><td colspan="9">垫铁安装</td></tr>
<tr><td>组号</td><td>块数</td><td>总厚度（mm）</td><td>组号</td><td>块数</td><td>总厚（mm）</td><td>组号</td><td>块数</td><td>总厚（mm）</td></tr>
<tr><td></td><td></td><td></td><td></td><td></td><td></td><td></td><td></td><td></td></tr>
<tr><td></td><td></td><td></td><td></td><td></td><td></td><td></td><td></td><td></td></tr>
<tr><td></td><td></td><td></td><td></td><td></td><td></td><td></td><td></td><td></td></tr>
<tr><td></td><td></td><td></td><td></td><td></td><td></td><td></td><td></td><td></td></tr>
<tr><td colspan="9">二次灌浆</td></tr>
<tr><td rowspan="3">设计强度</td><td colspan="5">二次灌浆</td><td rowspan="3">浇灌环境温度（℃）</td><td colspan="2">养生时间</td></tr>
<tr><td colspan="2">水泥</td><td rowspan="2">砂（kg）</td><td rowspan="2">碎石（kg）</td><td rowspan="2">水（kg）</td><td rowspan="2">起始时间</td><td rowspan="2">结束时间</td></tr>
<tr><td>标号</td><td>质量（kg）</td></tr>
<tr><td></td><td></td><td></td><td></td><td></td><td></td><td></td><td></td><td></td></tr>
<tr><td colspan="5">垫铁布置示意图：</td><td colspan="4">简要说明及结论：</td></tr>
<tr><td colspan="3">施工单位</td><td colspan="3">总承包单位</td><td colspan="3">监理（建设）单位</td></tr>
<tr><td colspan="3">班（组）长：
技术（质量）员：
技术负责人：

年　月　日</td><td colspan="3">技术（质量）员：
项目技术负责人

年　月　日</td><td colspan="3">监理工程师
（建设单位项目代表）：

年　月　日</td></tr>
</table>

4.8.50 钢结构埋件焊接记录 JZ

工程名称					工程编号			
单位工程名称								
序号	构件名称编号	图号	埋件编号	室外气温	焊条牌号	焊条直径（mm）	焊工编号	备注
埋件示意图：								

施工单位	总承包单位	监理（建设）单位
班（组）长： 技术（质量）员： 项目技术负责人： 年 月 日	技术（质量）员： 项目技术负责人 年 月 日	监理工程师 （建设单位项目代表）： 年 月 日

4.8.51 构件安装检查记录 JZ

<table>
<tr><td>工程名称</td><td colspan="4"></td><td>工程编号</td><td colspan="3"></td></tr>
<tr><td>单位工程名称</td><td colspan="8"></td></tr>
<tr><td>部位</td><td colspan="2">检测项目</td><td>允许偏差（mm）</td><td>检查点数</td><td>合格率（%）</td><td>最大偏差（mm）</td><td>结果</td><td>备注</td></tr>
<tr><td rowspan="8">立柱</td><td rowspan="2">位置</td><td>横向</td><td></td><td></td><td></td><td></td><td></td><td></td></tr>
<tr><td>纵向</td><td></td><td></td><td></td><td></td><td></td><td></td></tr>
<tr><td colspan="2">垂直度</td><td></td><td></td><td></td><td></td><td></td><td></td></tr>
<tr><td colspan="2">柱底标高</td><td></td><td></td><td></td><td></td><td></td><td></td></tr>
<tr><td colspan="2">两柱间在垂直面内对角线的长度差</td><td></td><td></td><td></td><td></td><td></td><td></td></tr>
<tr><td colspan="2">各立柱在水平面内对角线的长度差</td><td></td><td></td><td></td><td></td><td></td><td></td></tr>
<tr><td colspan="2">挠曲矢高</td><td></td><td></td><td></td><td></td><td></td><td></td></tr>
<tr><td colspan="8" style="display:none"></td></tr>
<tr><td rowspan="3">横梁</td><td colspan="2">标高</td><td></td><td></td><td></td><td></td><td></td><td></td></tr>
<tr><td colspan="2">水平度</td><td></td><td></td><td></td><td></td><td></td><td></td></tr>
<tr><td colspan="2">中心位置</td><td></td><td></td><td></td><td></td><td></td><td></td></tr>
<tr><td rowspan="3">其他</td><td colspan="2"></td><td></td><td></td><td></td><td></td><td></td><td></td></tr>
<tr><td colspan="2"></td><td></td><td></td><td></td><td></td><td></td><td></td></tr>
<tr><td colspan="2"></td><td></td><td></td><td></td><td></td><td></td><td></td></tr>
<tr><td colspan="9">附图及说明：</td></tr>
</table>

施工单位	总承包单位	监理单位
班（组）长： 技术（质量）员： 项目技术负责人： 年 月 日	技术（质量）员： 项目技术负责人 年 月 日	监理工程师 （建设单位项目代表）： 年 月 日

4.8.52 钢结构焊接记录附图 JZ

工程名称		工程编号	
单位工程名称			
构件名称编号		焊工编号	
焊条牌号		焊条直径（mm）	
施焊部位		室外气温	
焊接图示：			

施工单位	总承包单位	监理单位
班组长： 技术（质量）员： 项目技术负责人： 年 月 日	技术（质量）员： 项目技术负责人 年 月 日	监理工程师 （建设单位项目代表）： 年 月 日

4.8.53 钢网架安装检查记录 JZ

<table>
<tr><td colspan="3">工程名称</td><td colspan="9"></td><td colspan="2">工程编号</td><td colspan="2"></td></tr>
<tr><td colspan="3">单位工程名称</td><td colspan="9"></td><td colspan="2">施工图号</td><td colspan="2"></td></tr>
<tr><td colspan="3" rowspan="2">检测项目</td><td rowspan="2">允许偏差（mm）</td><td colspan="10">各检查点实际偏差（mm）</td><td rowspan="2">结论</td></tr>
<tr><td>1</td><td>2</td><td>3</td><td>4</td><td>5</td><td>6</td><td>7</td><td>8</td><td>9</td><td>10</td></tr>
<tr><td>1</td><td colspan="2">纵横向长度</td><td></td><td></td><td></td><td></td><td></td><td></td><td></td><td></td><td></td><td></td><td></td><td></td></tr>
<tr><td>2</td><td colspan="2">支座中心偏移</td><td></td><td></td><td></td><td></td><td></td><td></td><td></td><td></td><td></td><td></td><td></td><td></td></tr>
<tr><td rowspan="2">3</td><td rowspan="2">周边支承</td><td>相邻支座（距离为 l_1）高差</td><td></td><td></td><td></td><td></td><td></td><td></td><td></td><td></td><td></td><td></td><td></td><td></td></tr>
<tr><td>支座最大高差</td><td></td><td></td><td></td><td></td><td></td><td></td><td></td><td></td><td></td><td></td><td></td><td></td></tr>
<tr><td>4</td><td colspan="2">多点支承网架相邻支座（距离为 l_1）高差</td><td></td><td></td><td></td><td></td><td></td><td></td><td></td><td></td><td></td><td></td><td></td><td></td></tr>
<tr><td>5</td><td colspan="2">杆件轴线直线度</td><td></td><td></td><td></td><td></td><td></td><td></td><td></td><td></td><td></td><td></td><td></td><td></td></tr>
<tr><td>6</td><td colspan="2">网架挠度值（屋面工程施工完毕）</td><td></td><td></td><td></td><td></td><td></td><td></td><td></td><td></td><td></td><td></td><td></td><td></td></tr>
<tr><td colspan="16">附图及说明：</td></tr>
</table>

施工单位	总承包单位	监理单位
班（组）长： 技术（质量）员： 项目技术负责人： 年 月 日	技术（质量）员： 项目技术负责人 年 月 日	监理工程师 （建设单位项目代表）： 年 月 日

4.8.54 构件外形和几何尺寸检查记录 JZ

工程名称		工程编号					
单位工程名称							
构件名称	规格型号	长度（mm）	宽度（mm）	高度（mm）	挠曲矢度（mm）	扭曲	表面缺陷

施工单位	总承包单位	监理（建设）单位
班组长： 技术（质量）员： 项目技术负责人： 年 月 日	技术（质量）员： 项目技术负责人 年 月 日	监理工程师 （建设单位项目代表）： 年 月 日

4.8.55 压型金属板安装检查记录 JZ

<table>
<tr><td colspan="2">工程名称</td><td colspan="5"></td><td colspan="2">工程编号</td><td colspan="4"></td></tr>
<tr><td colspan="2">单位工程名称</td><td colspan="11"></td></tr>
<tr><td colspan="2">项目</td><td>允许偏差</td><td colspan="10">各检查点偏差（mm）</td></tr>
<tr><td rowspan="4">屋面</td><td>檐口与屋脊的平行度</td><td>12mm</td><td></td><td></td><td></td><td></td><td></td><td></td><td></td><td></td><td></td><td></td></tr>
<tr><td>压型金属板波纹线对屋脊的垂直度</td><td>L/800，且不应大于 25mm</td><td></td><td></td><td></td><td></td><td></td><td></td><td></td><td></td><td></td><td></td></tr>
<tr><td>檐口相邻两块压型金属板端部错位</td><td>6mm</td><td></td><td></td><td></td><td></td><td></td><td></td><td></td><td></td><td></td><td></td></tr>
<tr><td>压型金属板卷边板件最大波浪高</td><td>4mm</td><td></td><td></td><td></td><td></td><td></td><td></td><td></td><td></td><td></td><td></td></tr>
<tr><td rowspan="3">墙面</td><td>墙板波纹线的垂直度</td><td>H/800，且不应大于 25mm</td><td></td><td></td><td></td><td></td><td></td><td></td><td></td><td></td><td></td><td></td></tr>
<tr><td>墙板包角板的垂直度</td><td>H/800，且不应大于 25mm</td><td></td><td></td><td></td><td></td><td></td><td></td><td></td><td></td><td></td><td></td></tr>
<tr><td>相邻两块压型金属板的下端错位</td><td>6mm</td><td></td><td></td><td></td><td></td><td></td><td></td><td></td><td></td><td></td><td></td></tr>
<tr><td colspan="13">注：L 为屋面半坡或单坡长度，H 为墙面高度。</td></tr>
</table>

施工单位	总承包单位	监理（建设）单位
班（组）长： 技术（质量）员： 项目技术负责人： 年 月 日	技术（质量）员： 项目技术负责人 年 月 日	监理工程师 （建设单位项目代表）： 年 月 日

4.8.56 高强螺栓连接检查记录 JZ

工程名称					工程编号		
单位工程名称							
结构名称			材质		检测日期	年 月 日	
序号	螺栓规格	数量	螺栓孔径（mm）	磨擦面处理方法	抗滑移系数抽验值	终拧扭矩值（N·m）	结论
备注：							

施工单位	总承包单位	监理（建设）单位
检测人： 技术（质量）员： 项目技术负责人： 年 月 日	技术（质量）员： 项目技术负责人 年 月 日	监理工程师 （建设单位项目代表）： 年 月 日

4.8.57 钢桁架安装记录 JZ

工程名称		工程编号	
单位工程名称			
桁架名称		施工部位	
施工图号		检测日期	年 月 日

检测项目		允许偏差（mm）	各检查点实际偏差（mm）										结论
			1	2	3	4	5	6	7	8	9	10	
1	跨中的垂直度												
2	桁架及其受压弦杆的侧向弯曲矢高												
3	当安装在混凝土柱上时，支座中心对定位轴线偏移												
4	桁架间距（采用大型混凝土屋面板时）												

附图及说明：
备注

施工单位	总承包单位	监理单位
班（组）长： 技术（质量）员： 项目技术负责人： 年 月 日	技术（质量）员： 项目技术负责人 年 月 日	监理工程师 （建设单位项目的代表）： 年 月 日

4.8.58 钢结构安装检查记录 JZ

<table>
<tr><td colspan="2">工程名称</td><td colspan="2"></td><td colspan="4">工程编号</td><td colspan="5"></td></tr>
<tr><td colspan="2">单位工程名称</td><td colspan="11"></td></tr>
<tr><td colspan="3" rowspan="2">检查项目</td><td rowspan="2">允许偏差（mm）</td><td colspan="9">各检查点偏差（mm）</td></tr>
<tr><td>1</td><td>2</td><td>3</td><td>4</td><td>5</td><td>6</td><td>7</td><td>8</td><td>平均值</td></tr>
<tr><td rowspan="4">柱子</td><td colspan="2">柱基标高</td><td>+5，−8</td><td></td><td></td><td></td><td></td><td></td><td></td><td></td><td></td><td></td></tr>
<tr><td colspan="2">柱轴线不垂直度</td><td>10</td><td></td><td></td><td></td><td></td><td></td><td></td><td></td><td></td><td></td></tr>
<tr><td colspan="2">轴线对行列之轴线偏差</td><td>5</td><td></td><td></td><td></td><td></td><td></td><td></td><td></td><td></td><td></td></tr>
<tr><td colspan="2">弯曲度</td><td>< 15</td><td></td><td></td><td></td><td></td><td></td><td></td><td></td><td></td><td></td></tr>
<tr><td rowspan="5">梁台梯子</td><td colspan="2">平台标高</td><td>± 10</td><td></td><td></td><td></td><td></td><td></td><td></td><td></td><td></td><td></td></tr>
<tr><td colspan="2">平台梁水平度</td><td>< 20</td><td></td><td></td><td></td><td></td><td></td><td></td><td></td><td></td><td></td></tr>
<tr><td colspan="2">平台支柱垂直度</td><td>< 15</td><td></td><td></td><td></td><td></td><td></td><td></td><td></td><td></td><td></td></tr>
<tr><td colspan="2">直梯垂直度</td><td>< 15</td><td></td><td></td><td></td><td></td><td></td><td></td><td></td><td></td><td></td></tr>
<tr><td colspan="2">栏杆立柱垂直度</td><td>< 5</td><td></td><td></td><td></td><td></td><td></td><td></td><td></td><td></td><td></td></tr>
<tr><td colspan="13">简图：</td></tr>
<tr><td colspan="3">施工单位</td><td colspan="5">总承包单位</td><td colspan="5">监理（建设）单位</td></tr>
<tr><td colspan="3">班（组）长：
技术（质量）员：
项目技术负责人：

年 月 日</td><td colspan="5">技术（质量）员：
项目技术负责人

年 月 日</td><td colspan="5">监理工程师
（建设单位项目代表）：

年 月 日</td></tr>
</table>

4.8.59 防火涂层施工记录 JZ

工程名称			工程编号		
单位工程名称					
产品名称		耐火时间		防火部位	
遍数		施工方法		工程量（m^2）	
基材处理：					
防火层结构及要求：					
防火层施工过程简述：					
验收意见：					

施工单位	总承包单位	监理（建设）单位
班（组）长： 技术（质量）员： 项目技术负责人： 年 月 日	技术（质量）员： 项目技术负责人 年 月 日	监理工程师 （建设单位项目代表）： 年 月 日

4.8.60 防腐工程施工记录 JZ

工程名称				工程编号	
单位工程名称					
施工部位		图号		施工日期	
施工承包商					
防腐材料				养护方法	
粘接剂				施工环境温度（℃）	

防腐构造和施工说明：

施工单位	总承包单位	监理（建设）单位
班（组）长： 技术（质量）员： 项目技术负责人： 年 月 日	技术（质量）员： 项目技术负责人 年 月 日	监理工程师 （建设单位项目代表）： 年 月 日

4.8.61 涂料施工记录 JZ

<table>
<tr><td>工程名称</td><td colspan="2"></td><td colspan="2">工程编号</td><td></td></tr>
<tr><td>单位工程名称</td><td colspan="2"></td><td colspan="2">涂层部位</td><td></td></tr>
<tr><td>产品名称</td><td></td><td>粘接剂</td><td></td><td>施工方法</td><td></td></tr>
<tr><td>养护方法</td><td></td><td>施工环境温度</td><td></td><td>遍数</td><td></td></tr>
<tr><td colspan="6">基材处理：</td></tr>
<tr><td colspan="6">涂层结构及要求：</td></tr>
<tr><td colspan="6">涂层施工过程简述：</td></tr>
<tr><td colspan="6">验收意见：</td></tr>
<tr><td colspan="2">施工单位</td><td colspan="2">总承包单位</td><td colspan="2">监理（建设）单位</td></tr>
<tr><td colspan="2">班（组）长：
技术（质量）员：
项目技术负责人：

年　月　日</td><td colspan="2">技术（质量）员：
项目技术负责人

年　月　日</td><td colspan="2">监理工程师
（建设单位项目代表）：

年　月　日</td></tr>
</table>

4.8.62 给水、暖通管道试验记录 JZ

<table>
<tr><td>工程名称</td><td colspan="2"></td><td>工程编号</td><td></td></tr>
<tr><td>单位工程名称</td><td colspan="4"></td></tr>
<tr><td>管径</td><td colspan="2"></td><td>试验管段长度（m）</td><td></td></tr>
<tr><td>试验压力（MPa）</td><td colspan="2"></td><td>工作压力（MPa）</td><td></td></tr>
<tr><td>压力下降（MPa）</td><td colspan="2"></td><td>持续时间（min）</td><td></td></tr>
<tr><td>试验时间</td><td colspan="4">自　时　分起至　时　分止</td></tr>
<tr><td>试验经过
及问题处理</td><td colspan="4"></td></tr>
<tr><td>试验结论</td><td colspan="4"></td></tr>
<tr><td colspan="2">施工单位</td><td colspan="2">总承包单位</td><td>监理（建设）单位</td></tr>
<tr><td colspan="2">班（组）长：
试压负责人：
项目技术负责人：

年　月　日</td><td colspan="2">技术（质量）员：
项目技术负责人

年　月　日</td><td>监理工程师
（建设单位项目代表）：

年　月　日</td></tr>
</table>

4.8.63 排水管灌水、通水、通球试验记录 JZ

工程名称				工程编号					
单位工程名称				试验日期		年 月 日			
序号	管道部位	材质直径	灌水		通水		通球		
			时间（min）	判定	时间（min）	判定	球径（mm）	通球情况	判定

施工单位	总承包单位	监理（建设）单位
班组长： 技术（质量）员： 项目技术负责人： 年 月 日	技术（质量）员： 项目技术负责人 年 月 日	监理工程师 （建设单位项目代表）： 年 月 日

4.8.64 室外排水管道闭水试验记录 JZ

<table>
<tr><td colspan="2">工程名称</td><td colspan="2"></td><td>工程编号</td><td></td></tr>
<tr><td colspan="2">单位工程名称</td><td colspan="4"></td></tr>
<tr><td colspan="2">排水系统名称、部位</td><td colspan="2"></td><td>试验日期</td><td></td></tr>
<tr><td colspan="6">试验内容</td></tr>
<tr><td colspan="2">起止井号</td><td colspan="4"></td></tr>
<tr><td>管经</td><td colspan="3"></td><td>接口作法</td><td></td></tr>
<tr><td>试验日期</td><td colspan="2"></td><td>试验次数</td><td>第　次</td><td>共　次</td></tr>
<tr><td>试验水头</td><td colspan="5">高于上游管顶　　m</td></tr>
<tr><td>允许渗水量</td><td colspan="5">/（24h·km）</td></tr>
<tr><td rowspan="2">试验结果</td><td colspan="5">全长　　　　m，经 24h 共渗水</td></tr>
<tr><td colspan="5">折合　　　　m/（24h·km）</td></tr>
<tr><td rowspan="2">目测渗漏情况</td><td>管道接口</td><td colspan="4"></td></tr>
<tr><td>检查井</td><td colspan="4"></td></tr>
<tr><td>判定</td><td colspan="5"></td></tr>
<tr><td colspan="2">安装单位</td><td colspan="2">总承包单位</td><td colspan="2">监理（建设）单位</td></tr>
<tr><td colspan="2">试验人：
技术（质量）员：
项目技术负责人：

年　月　日</td><td colspan="2">技术（质量）员：
项目技术负责人

年　月　日</td><td colspan="2">监理工程师
（建设单位项目代表）：

年　月　日</td></tr>
</table>

4.8.65 通风设备安装记录 JZ

<table>
<tr><td>工程名称</td><td></td><td>工程编号</td><td></td></tr>
<tr><td>单位工程名称</td><td colspan="3"></td></tr>
<tr><td>设备名称</td><td></td><td>规格型号</td><td></td></tr>
<tr><td>设备编号</td><td></td><td>安装地点</td><td></td></tr>
<tr><td>施工图号</td><td></td><td>安装日期</td><td></td></tr>
<tr><td>设备制造厂家</td><td></td><td>出厂日期</td><td></td></tr>
<tr><td colspan="4">安装记录：</td></tr>
<tr><td>结论</td><td colspan="3"></td></tr>
<tr><td>备注</td><td colspan="3"></td></tr>
</table>

施工单位	总承包单位	监理（建设）单位
班（组）长： 技术（质量）员： 项目技术负责人： 年　月　日	技术（质量）员： 项目技术负责人 年　月　日	监理工程师 （建设单位项目代表）： 年　月　日

4.8.66 通风空调系统调试记录 JZ

<table>
<tr><td colspan="2">工程名称</td><td colspan="2"></td><td>工程编号</td><td></td></tr>
<tr><td colspan="2">单位工程名称</td><td colspan="4"></td></tr>
<tr><td colspan="2">系统名称</td><td colspan="2"></td><td>系统编号</td><td></td></tr>
<tr><td colspan="2">设计总风量（m^3/h）</td><td colspan="2"></td><td>实测总风量（m^3/h）</td><td></td></tr>
<tr><td>序号</td><td>测试位置</td><td>送风口 / 型式规格</td><td>设计风量（m^3/h）</td><td colspan="2">实测风量（m^3/h）</td></tr>
<tr><td></td><td></td><td></td><td></td><td colspan="2"></td></tr>
<tr><td></td><td></td><td></td><td></td><td colspan="2"></td></tr>
<tr><td></td><td></td><td></td><td></td><td colspan="2"></td></tr>
<tr><td></td><td></td><td></td><td></td><td colspan="2"></td></tr>
<tr><td></td><td></td><td></td><td></td><td colspan="2"></td></tr>
<tr><td></td><td></td><td></td><td></td><td colspan="2"></td></tr>
<tr><td></td><td></td><td></td><td></td><td colspan="2"></td></tr>
<tr><td></td><td></td><td></td><td></td><td colspan="2"></td></tr>
<tr><td></td><td></td><td></td><td></td><td colspan="2"></td></tr>
<tr><td></td><td></td><td></td><td></td><td colspan="2"></td></tr>
<tr><td>调试情况</td><td colspan="5"></td></tr>
</table>

<table>
<tr><td>施工单位</td><td>总承包单位</td><td>监理（建设）单位</td></tr>
<tr><td>班（组）长：
技术（质量）员：
技术负责人：

年 月 日</td><td>技术（质量）员：
项目技术负责人

年 月 日</td><td>监理工程师
（建设单位项目代表）：

年 月 日</td></tr>
</table>

4.8.67 风管系统漏光检测记录 JZ

工程名称					工程编号	
单位工程名称						
系统编号	系统类别	接缝长度（m）	每 10m 漏光点数	百米接缝平均漏光点数	检查结果	严密性检验要求

施工单位	总承包单位	监理（建设）单位
班组长 技术（质量）员： 项目技术负责人： 年 月 日	技术（质量）员： 项目技术负责人 年 月 日	监理工程师 （建设单位项目代表）： 年 月 日

4.8.68 除尘器、空调漏风检测记录 JZ

工程名称		编号	
施工单位		检测日期	
执行标准		设备名称	

序号	规格型号	风量（m^3/h）		漏风量（m^3/h）		漏风率（%）		压力（Pa）		时间（h）
		额定	实际	允许	实际	允许	实际	工作	实际	

试验方法及结果：

结论：

施工单位	总承包单位	监理（建设）单位
班组长： 技术（质检）员： 项目技术负责人： 年 月 日	技术（质量）员： 项目技术负责人 年 月 日	监理工程师 （建设单位项目代表）： 年 月 日

4.8.69 消防系统检验试验记录 JZ

<table>
<tr><td>工程名称</td><td></td><td>工程编号</td><td></td></tr>
<tr><td>单位工程名称</td><td colspan="3"></td></tr>
<tr><td>设计单位</td><td></td><td>资质等级</td><td></td></tr>
<tr><td colspan="4">检查内容</td></tr>
<tr><td>消防系统名称</td><td colspan="3"></td></tr>
<tr><td>消防检测单位</td><td></td><td>监质证号</td><td></td></tr>
<tr><td>消防部门验收情况</td><td></td><td>验收批准文号</td><td></td></tr>
<tr><td colspan="4">验收意见及在问题：</td></tr>
</table>

<table>
<tr><td>施工单位</td><td>总承包单位</td><td>监理（建设）单位</td></tr>
<tr><td>班组长：
技术（质量）员：
项目技术负责人：

年　月　日</td><td>技术（质量）员：
项目技术负责人

年　月　日</td><td>监理工程师
（建设单位项目代表）：

年　月　日</td></tr>
</table>

4.8.70　消火栓系统试射试验记录　JZ

<table>
<tr><td colspan="2">工程名称</td><td colspan="3"></td><td colspan="2">工程编号</td><td colspan="2"></td></tr>
<tr><td colspan="2">单位工程名称</td><td colspan="3"></td><td colspan="2">测试单位</td><td colspan="2"></td></tr>
<tr><td rowspan="2">序号</td><td rowspan="2">消火栓系统编号及部位</td><td colspan="2">试压压力</td><td colspan="2">密集水流</td><td rowspan="2" colspan="2">管道及设备试验情况</td><td rowspan="2">检查人</td></tr>
<tr><td>标准或设计规定（MPa）</td><td>实测值</td><td>标准或设计规定（MPa）</td><td>实测值</td></tr>
<tr><td></td><td></td><td></td><td></td><td></td><td></td><td colspan="2"></td><td></td></tr>
<tr><td></td><td></td><td></td><td></td><td></td><td></td><td colspan="2"></td><td></td></tr>
<tr><td></td><td></td><td></td><td></td><td></td><td></td><td colspan="2"></td><td></td></tr>
<tr><td></td><td></td><td></td><td></td><td></td><td></td><td colspan="2"></td><td></td></tr>
<tr><td></td><td></td><td></td><td></td><td></td><td></td><td colspan="2"></td><td></td></tr>
<tr><td></td><td></td><td></td><td></td><td></td><td></td><td colspan="2"></td><td></td></tr>
<tr><td></td><td></td><td></td><td></td><td></td><td></td><td colspan="2"></td><td></td></tr>
<tr><td></td><td></td><td></td><td></td><td></td><td></td><td colspan="2"></td><td></td></tr>
<tr><td></td><td></td><td></td><td></td><td></td><td></td><td colspan="2"></td><td></td></tr>
<tr><td colspan="9">说明：</td></tr>
<tr><td colspan="3">施工单位</td><td colspan="3">总承包单位</td><td colspan="3">监理（建设）单位</td></tr>
<tr><td colspan="3">班组长：
技术（质量）员：
项目技术负责人：

年　月　日</td><td colspan="3">技术（质量）员：
项目技术负责人

年　月　日</td><td colspan="3">监理工程师
（建设单位项目代表）：

年　月　日</td></tr>
</table>

4.8.71 泡沫喷水灭火系统管道试压记录 JZ

工程名称				工程编号								
单位工程名称												
管道编号	管径（mm）	材质	工作压力（MPa）	强度试验					严密性试验			
				介质	压力（MPa）	时间（min）	压降（MPa）	结论	介质	压力（MPa）	时间（min）	结论
试压过程及问题处理：												

施工单位	总承包单位	监理单位
班组长： 技术（质量）员： 项目技术负责人： 年　月　日	技术（质量）员： 项目技术负责人 年　月　日	监理工程师 （建设单位项目代表）： 年　月　日

4.8.72 气体灭火系统管道试压记录 JZ

工程名称		工程编号	
单位工程名称			

防护区域管道编号	管径（mm）	材质	工作压力（MPa）	强度试验					严密性试验			
				介质	压力（MPa）	时间（min）	压降（MPa）	结论	介质	压力（MPa）	时间（min）	结论

试压过程及问题处理：

施工单位	总承包单位	监理（建设）单位
班组长： 技术（质量）员： 项目技术负责人： 年 月 日	技术（质量）员： 项目技术负责人 年 月 日	监理工程师 （建设单位项目代表）： 年 月 日

4.8.73 消火栓灭火系统管道试压记录 JZ

工程名称		工程编号	
单位工程名称			

管道编号	管径（mm）	材质	工作压力（MPa）	强度试验					严密性试验			
				介质	压力（MPa）	时间（min）	压降（MPa）	结论	介质	压力（MPa）	时间（min）	结论

试压过程及问题处理：

施工单位	总承包单位	监理（建设）单位
班组长： 技术（质量）员： 项目技术负责人： 年 月 日	技术（质量）员： 项目技术负责人 年 月 日	监理工程师 （建设单位项目代表）： 年 月 日

4.8.74 自动喷水灭火系统管道试压记录 JZ

工程名称		工程编号	
单位工程名称			

管道编号	管径（mm）	材质	工作压力（MPa）	强度试验					严密性试验			
				介质	压力（MPa）	时间（min）	压降（MPa）	结论	介质	压力（MPa）	时间（min）	结论

试压过程及问题处理：

施工单位	总承包单位	监理（建设）单位
班组长： 技术（质量）员： 项目技术负责人： 年 月 日	技术（质量）员： 项目技术负责人 年 月 日	监理工程师 （建设单位项目代表）： 年 月 日

4.8.75 电梯安全装置检查记录 JZ

<table>
<tr><td colspan="2">工程名称</td><td></td><td>建设单位</td><td colspan="2"></td></tr>
<tr><td colspan="2">单位工程名称</td><td></td><td>电梯安装单位</td><td colspan="2"></td></tr>
<tr><td colspan="2">电梯名称</td><td></td><td>电梯编号</td><td colspan="2"></td></tr>
<tr><td>序号</td><td colspan="2">检查项目</td><td>检查结果</td><td colspan="2">备注</td></tr>
<tr><td>1</td><td colspan="2">断相、错相保护装置或功能有效</td><td></td><td colspan="2"></td></tr>
<tr><td>2</td><td colspan="2">限速器动作速度整定封记必须完好，限速器绳张紧开关，限速器开关有效</td><td></td><td colspan="2"></td></tr>
<tr><td>3</td><td colspan="2">轿厢安全窗（如果有）开关有效</td><td></td><td colspan="2"></td></tr>
<tr><td>4</td><td colspan="2">安全门，底坑门、检修沽板门（如果有）开关有效、厅门、轿门电气联锁装置有效</td><td></td><td colspan="2"></td></tr>
<tr><td>5</td><td colspan="2">上、下极限开关有效</td><td></td><td colspan="2"></td></tr>
<tr><td>6</td><td colspan="2">有补偿张紧轮时，补偿绳张紧开关有效</td><td></td><td colspan="2"></td></tr>
<tr><td>7</td><td colspan="2">液压缓冲器复位开关有效</td><td></td><td colspan="2"></td></tr>
<tr><td>8</td><td colspan="2">对可拆卸式紧急操作装置所需的安全开关有效</td><td></td><td colspan="2"></td></tr>
<tr><td>9</td><td colspan="2">悬挂钢丝绳（链条）为两根时，放松安全开关有效</td><td></td><td colspan="2"></td></tr>
<tr><td>10</td><td colspan="2">轿顶、机房（如果有）滑轮间（如果有）底坑停止装置有效</td><td></td><td colspan="2"></td></tr>
<tr><td>11</td><td colspan="2">限速器安全钳联动试验有效</td><td></td><td colspan="2"></td></tr>
<tr><td colspan="2">施工单位</td><td colspan="2">总承包单位</td><td colspan="2">监理（建设）单位</td></tr>
<tr><td colspan="2">班组长：
技术（质量）员：
项目技术负责人：

年 月 日</td><td colspan="2">技术（质量）员：
项目技术负责人

年 月 日</td><td colspan="2">监理工程师
（建设单位项目代表）：

年 月 日</td></tr>
</table>

4.8.76 电梯负荷试验记录 JZ

<table>
<tr><td colspan="2">工程名称</td><td colspan="2"></td><td>工程编号</td><td colspan="2"></td></tr>
<tr><td colspan="2">单位工程名称</td><td colspan="2"></td><td>电梯安装单位</td><td colspan="2"></td></tr>
<tr><td colspan="2">电梯名称</td><td colspan="2"></td><td>电梯编号</td><td colspan="2"></td></tr>
<tr><td>序号</td><td colspan="3">试验项目</td><td>试验结果</td><td colspan="2">备注</td></tr>
<tr><td>1</td><td colspan="3">轿厢内分别以空载、额定载重量，按设计规定的负载持续率和每小时启动次数各运行 1000 次，电梯应运行平稳，制动可靠，连续运行无故障和冲击。（液压电梯只做额定载荷）</td><td></td><td colspan="2"></td></tr>
<tr><td>2</td><td colspan="3">轿厢在行程上部范围空载上行及行程下部范围载有 125% 额定载重量以正常运行速度下行，分别停层 3 次以上，轿厢必须可靠地制停（空载上行工况应平层）注：液压电梯不做此项</td><td></td><td colspan="2"></td></tr>
<tr><td>3</td><td colspan="3">曳引式电梯的平衡系数应为 0.4~0.5</td><td></td><td colspan="2"></td></tr>
<tr><td rowspan="2">4</td><td rowspan="2">平层准确度</td><td colspan="2">0.63m/s<v ≤ 1.0m/s 交流双速 ±30mm</td><td rowspan="2"></td><td rowspan="2" colspan="2"></td></tr>
<tr><td colspan="2">其他：±15mm</td></tr>
<tr><td>5</td><td colspan="3">速度测试：电梯速度不应大于额定速度的 105% 且不应小于额定速度的 92%（液压电梯速度与额定速度的允许偏差为 ±8%）</td><td></td><td colspan="2"></td></tr>
<tr><td colspan="3">电梯安装单位</td><td colspan="3">总承包单位</td><td>监理（建设）单位</td></tr>
<tr><td colspan="3">班组长：
技术（质量）员：
项目技术负责人：

年 月 日</td><td colspan="3">技术（质量）员：
项目技术负责人

年 月 日</td><td>监理工程师
（建设单位项目代表）：

年 月 日</td></tr>
</table>

4.8.77 电梯进场检验记录 JZ

<table>
<tr><td colspan="2">工程名称</td><td></td><td>工程编号</td><td></td></tr>
<tr><td colspan="2">单位工程名称</td><td></td><td>电梯安装单位</td><td></td></tr>
<tr><td>序号</td><td>检验项目</td><td colspan="2">检验情况</td><td>备注</td></tr>
<tr><td>1</td><td>制造企业与实物标志牌</td><td colspan="2"></td><td></td></tr>
<tr><td>2</td><td>包装情况</td><td colspan="2"></td><td></td></tr>
<tr><td>3</td><td>主要设备、部件</td><td colspan="2"></td><td></td></tr>
<tr><td>4</td><td>设备外观情况</td><td colspan="2"></td><td></td></tr>
<tr><td>5</td><td>设备附件名称（按装箱单核对）</td><td colspan="2"></td><td></td></tr>
<tr><td>6</td><td>随机文件：合格证、技术文件、操作说明书、安全部件型式试验证书复印件</td><td colspan="2"></td><td></td></tr>
<tr><td>7</td><td>其他</td><td colspan="2"></td><td></td></tr>
<tr><td></td><td></td><td colspan="2"></td><td></td></tr>
<tr><td></td><td></td><td colspan="2"></td><td></td></tr>
<tr><td></td><td></td><td colspan="2"></td><td></td></tr>
<tr><td></td><td></td><td colspan="2"></td><td></td></tr>
<tr><td colspan="2">电梯安装单位</td><td colspan="2">总承包单位</td><td>监理（建设）单位</td></tr>
<tr><td colspan="2">班组长：
技术（质量）员：
项目技术负责人：

年 月 日</td><td colspan="2">技术（质量）员：
项目技术负责人

年 月 日</td><td>监理工程师
（建设单位项目代表）：

年 月 日</td></tr>
</table>

4.8.78　电梯控制系统检查记录　JZ

<table>
<tr><td colspan="2">工程名称</td><td></td><td>工程编号</td><td></td></tr>
<tr><td colspan="2">单位工程名称</td><td></td><td>电梯安装单位</td><td></td></tr>
<tr><td colspan="2">电梯名称</td><td></td><td>电梯编号</td><td></td></tr>
<tr><td>序号</td><td colspan="2">检查项目</td><td>检查结果</td><td>备注</td></tr>
<tr><td>1</td><td colspan="2">电梯自动控制运行</td><td></td><td></td></tr>
<tr><td>2</td><td colspan="2">电梯司机控制运行</td><td></td><td></td></tr>
<tr><td>3</td><td colspan="2">电梯检修控制运行</td><td></td><td></td></tr>
<tr><td>4</td><td colspan="2">电梯各种显示信号</td><td></td><td></td></tr>
<tr><td>5</td><td colspan="2">电梯报警功能</td><td></td><td></td></tr>
<tr><td>6</td><td colspan="2">电梯消防控制功能（如果有）</td><td></td><td></td></tr>
<tr><td>7</td><td colspan="2">其他特殊控制功能（如果有）</td><td></td><td></td></tr>
<tr><td>8</td><td colspan="2"></td><td></td><td></td></tr>
<tr><td>9</td><td colspan="2"></td><td></td><td></td></tr>
<tr><td>10</td><td colspan="2"></td><td></td><td></td></tr>
</table>

电梯安装单位	总承包单位	监理（建设）单位
班组长： 技术（质量）员： 项目技术负责人： 年　月　日	技术（质量）员： 项目技术负责人 年　月　日	监理工程师 （建设单位项目代表）： 年　月　日

4.8.79 电梯土建交接检验及隐蔽工程验收记录 JZ

工程名称		工程编号	
单位工程名称		安装单位	
电梯名称		电梯编号	

序号	验收项目	质量情况	结果	备注
1	土建施工尺寸			
2	水平面基准标识			
3	安装前安全防护			
4	各种预留孔洞			
5	各种预埋件			

电梯安装单位	总承包单位	监理（建设）单位
班组长： 技术（质量）员： 项目技术负责人： 年 月 日	技术（质量）员： 项目技术负责人 年 月 日	监理工程师 （建设单位项目代表）： 年 月 日

4.8.80 电梯接地电阻测试记录 JZ

<table>
<tr><td>工程名称</td><td colspan="3"></td><td>工程编号</td><td></td></tr>
<tr><td>单位工程名称</td><td colspan="3"></td><td>电梯安装单位</td><td></td></tr>
<tr><td>电梯名称</td><td></td><td>电梯编号</td><td></td><td>环境湿度、温度</td><td>%，℃</td></tr>
<tr><td>测试仪表型号、规格</td><td colspan="3"></td><td>测试日期</td><td></td></tr>
<tr><td>接地保护名称</td><td colspan="2" rowspan="2">接地保护形式</td><td rowspan="2">接地干线材料</td><td colspan="2">接地电阻值（Ω）</td></tr>
<tr><td></td><td>设计值</td><td>实测值</td></tr>
<tr><td></td><td colspan="2"></td><td></td><td></td><td></td></tr>
<tr><td></td><td colspan="2"></td><td></td><td></td><td></td></tr>
<tr><td></td><td colspan="2"></td><td></td><td></td><td></td></tr>
<tr><td></td><td colspan="2"></td><td></td><td></td><td></td></tr>
<tr><td colspan="6">敷设方式示意图及说明：</td></tr>
<tr><td>备注</td><td colspan="5"></td></tr>
<tr><td colspan="2">电梯安装单位</td><td colspan="2">总承包单位</td><td colspan="2">监理（建设）单位</td></tr>
<tr><td colspan="2">班组长：
技术（质量）员：
项目技术负责人：
年 月 日</td><td colspan="2">技术（质量）员：
项目技术负责人
年 月 日</td><td colspan="2">监理工程师
（建设单位项目代表）：
年 月 日</td></tr>
</table>

4.8.81 电梯绝缘电阻测试记录 JZ

<table>
<tr><td colspan="2">工程名称</td><td colspan="3"></td><td colspan="3">工程编号</td><td colspan="3"></td></tr>
<tr><td colspan="2">单位工程名称</td><td colspan="3"></td><td colspan="3">电梯安装单位</td><td colspan="3"></td></tr>
<tr><td colspan="2">电梯名称</td><td colspan="2"></td><td colspan="2">电梯编号</td><td colspan="2"></td><td colspan="2">环境湿度、温度</td><td>%，℃</td></tr>
<tr><td colspan="4">测试仪表型号、规格</td><td colspan="4"></td><td colspan="2">测试日期</td><td></td></tr>
<tr><td rowspan="2">系统名称</td><td colspan="3">相间（MΩ）</td><td colspan="3">相以零（MΩ）</td><td colspan="3">相对地（MΩ）</td><td>零对地（MΩ）</td></tr>
<tr><td>L-L</td><td>L-L</td><td>L-L</td><td>L-N</td><td>L-N</td><td>L-N</td><td>L-PE</td><td>L-PE</td><td>L-PE</td><td>N-PE</td></tr>
<tr><td></td><td></td><td></td><td></td><td></td><td></td><td></td><td></td><td></td><td></td><td></td></tr>
<tr><td></td><td></td><td></td><td></td><td></td><td></td><td></td><td></td><td></td><td></td><td></td></tr>
<tr><td></td><td></td><td></td><td></td><td></td><td></td><td></td><td></td><td></td><td></td><td></td></tr>
<tr><td></td><td></td><td></td><td></td><td></td><td></td><td></td><td></td><td></td><td></td><td></td></tr>
<tr><td></td><td></td><td></td><td></td><td></td><td></td><td></td><td></td><td></td><td></td><td></td></tr>
<tr><td></td><td></td><td></td><td></td><td></td><td></td><td></td><td></td><td></td><td></td><td></td></tr>
<tr><td></td><td></td><td></td><td></td><td></td><td></td><td></td><td></td><td></td><td></td><td></td></tr>
<tr><td></td><td></td><td></td><td></td><td></td><td></td><td></td><td></td><td></td><td></td><td></td></tr>
<tr><td></td><td></td><td></td><td></td><td></td><td></td><td></td><td></td><td></td><td></td><td></td></tr>
<tr><td></td><td></td><td></td><td></td><td></td><td></td><td></td><td></td><td></td><td></td><td></td></tr>
<tr><td colspan="2">备注</td><td colspan="9"></td></tr>
<tr><td colspan="4">电梯安装单位</td><td colspan="4">总承包单位</td><td colspan="3">监理（建设）单位</td></tr>
<tr><td colspan="4">班组长：
技术（质量）员：
项目技术负责人：

年　月　日</td><td colspan="4">技术（质量）员：
项目技术负责人

年　月　日</td><td colspan="3">监理工程师
（建设单位项目代表）：

年　月　日</td></tr>
</table>

4.8.82 主要设备开箱检验记录 JZ

<table>
<tr><td colspan="2">工程名称</td><td colspan="5"></td><td>工程编号</td><td></td></tr>
<tr><td colspan="2">单位工程名称</td><td colspan="5"></td><td>进场数量</td><td></td></tr>
<tr><td colspan="2">设备名称</td><td colspan="5"></td><td>规格、型号</td><td></td></tr>
<tr><td colspan="2">生产厂家</td><td colspan="5"></td><td>装箱单号</td><td></td></tr>
<tr><td colspan="2">生产日期</td><td colspan="5">年 月 日</td><td>进场日期</td><td>年 月 日</td></tr>
<tr><td rowspan="4">设备检查</td><td>1</td><td>包装</td><td colspan="4"></td><td rowspan="4">检查结果</td><td rowspan="4"></td></tr>
<tr><td>2</td><td>设备外观</td><td colspan="4"></td></tr>
<tr><td>3</td><td>另部件</td><td colspan="4"></td></tr>
<tr><td>4</td><td>其他</td><td colspan="4"></td></tr>
<tr><td rowspan="5">技术文件检查</td><td>1</td><td>装箱单</td><td></td><td>份</td><td></td><td>张</td><td rowspan="5">检查结果</td><td rowspan="5"></td></tr>
<tr><td>2</td><td>合格证</td><td></td><td>份</td><td></td><td>张</td></tr>
<tr><td>3</td><td>说明书</td><td></td><td>份</td><td></td><td>张</td></tr>
<tr><td>4</td><td>设备图</td><td></td><td>份</td><td></td><td>张</td></tr>
<tr><td>5</td><td>其他</td><td colspan="4"></td></tr>
<tr><td>存在问题及处理意见</td><td colspan="8"></td></tr>
</table>

<table>
<tr><td>施工单位</td><td>总承包单位</td><td>监理（建设）单位</td></tr>
<tr><td>班组长：
技术（质量）员：
项目技术负责人：

年 月 日</td><td>技术（质量）员：
项目技术负责人

年 月 日</td><td>监理工程师
（建设单位项目代表）：

年 月 日</td></tr>
</table>

4.8.83 漏电保护装置试验记录 JZ

工程名称			工程编号				
单位工程名称							
序号	型号、规格编号	外观检查	手动试验	绝缘电阻（MΩ）	动作电流（≤ 30mA）	动作时间（≤ 0.1s）	结论
测试仪器型号、编号			环境温度	℃	环境湿度	%	

施工单位	总承包单位	监理（建设）单位
测试及记录人员： 技术（质量）员： 项目技术负责人： 年 月 日	技术（质量）员： 项目技术负责人 年 月 日	监理工程师 （建设单位项目代表）： 年 月 日

4.8.84 建筑照明通电试运行记录 JZ

<table>
<tr><td>工程名称</td><td colspan="3"></td><td colspan="2">工程编号</td><td></td></tr>
<tr><td>单位工程名称</td><td colspan="6"></td></tr>
<tr><td>序号</td><td>灯具名称型号、规格</td><td>通电部位</td><td>灯具数量</td><td>通电时间</td><td>通电结果</td><td>结论</td></tr>
<tr><td></td><td></td><td></td><td></td><td></td><td></td><td></td></tr>
<tr><td></td><td></td><td></td><td></td><td></td><td></td><td></td></tr>
<tr><td></td><td></td><td></td><td></td><td></td><td></td><td></td></tr>
<tr><td></td><td></td><td></td><td></td><td></td><td></td><td></td></tr>
<tr><td></td><td></td><td></td><td></td><td></td><td></td><td></td></tr>
<tr><td></td><td></td><td></td><td></td><td></td><td></td><td></td></tr>
<tr><td></td><td></td><td></td><td></td><td></td><td></td><td></td></tr>
<tr><td></td><td></td><td></td><td></td><td></td><td></td><td></td></tr>
<tr><td></td><td></td><td></td><td></td><td></td><td></td><td></td></tr>
<tr><td></td><td></td><td></td><td></td><td></td><td></td><td></td></tr>
<tr><td></td><td></td><td></td><td></td><td></td><td></td><td></td></tr>
<tr><td></td><td></td><td></td><td></td><td></td><td></td><td></td></tr>
<tr><td></td><td></td><td></td><td></td><td></td><td></td><td></td></tr>
<tr><td></td><td></td><td></td><td></td><td></td><td></td><td></td></tr>
<tr><td colspan="2">施工单位</td><td colspan="3">总承包单位</td><td colspan="2">监理（建设）单位</td></tr>
<tr><td colspan="2">班组长：
技术（质量）员：
项目技术负责人：

年 月 日</td><td colspan="3">技术（质量）员：
项目技术负责人

年 月 日</td><td colspan="2">监理工程师
（建设单位项目代表）：

年 月 日</td></tr>
</table>

4.9 电气安装①

4.9.1 接地装置安装检查记录 DQ

<table>
<tr><td>工程名称</td><td></td><td>工程编号</td><td></td></tr>
<tr><td>单位工程名称</td><td></td><td>施工图号</td><td></td></tr>
<tr><td colspan="4">绘图并简述接地装置情况（接地种类、接地极及接地线材质、规格、镀层厚度、长度、埋入深度、数量、接地电阻测试值、连接方法、网络尺寸以及施工执行标准等）：</td></tr>
<tr><td colspan="4">检查意见：</td></tr>
</table>

<table>
<tr><td>施工单位</td><td>总承包单位</td><td>监理（建设）单位</td></tr>
<tr><td>班组长：
专业技术负责人：

年 月 日</td><td>代表：

年 月 日</td><td>监理工程师
（建设单位项目代表）：

年 月 日</td></tr>
</table>

说明：本表格由施工单位负责填写，适用于各类工作和保护接地装置的安装检查。

① 本部分的“DQ”意思是“电气”，代表属于电气类表格。

4.9.2 照明线路绝缘检查及试照记录 DQ

工程名称			工程编号		
单位工程名称			施工图号		
照明盘编号		照明盘型号		回路数	

	回路号	线数 × 截面积（mm^2）	绝缘电阻（MΩ）		
			相对地	相对零	地对零
绝缘电阻检查记录					

	回路号（或房间名称）	灯具数	插座数	开关数	试照时间	照度	功率密度值
试照及测量记录							

结论：

施工单位	总承包单位	监理（建设）单位
施工班（组）长： 专业技术负责人： 年 月 日	代表： 年 月 日	专业监理工程师： （建设单位代表） 年 月 日

说明：本表格由施工单位负责填写。

4.9.3 隔离（负荷）开关安装调整记录 DQ

<table>
<tr><td colspan="2">工程名称</td><td colspan="3"></td><td colspan="2">工程编号</td><td colspan="2"></td></tr>
<tr><td colspan="2">单位工程名称</td><td colspan="3"></td><td colspan="2">安装地点</td><td colspan="2"></td></tr>
<tr><td rowspan="2">铭牌</td><td>型号</td><td colspan="3"></td><td colspan="2">电压（kV）</td><td>电流（A）</td><td></td></tr>
<tr><td>制造厂</td><td colspan="3"></td><td colspan="2">操作机构型号</td><td colspan="2"></td></tr>
<tr><td colspan="2" rowspan="2">位号 / 出厂号
检查调整项目 相别</td><td colspan="7"></td></tr>
<tr><td>L_1</td><td>L_2</td><td>L_3</td><td>L_1</td><td>L_2</td><td colspan="2">L_3</td></tr>
<tr><td colspan="2">三相不同期相差值（mm）</td><td></td><td></td><td></td><td></td><td></td><td colspan="2"></td></tr>
<tr><td colspan="2">导电接触面紧密程度（用塞尺测量）（mm）</td><td></td><td></td><td></td><td></td><td></td><td colspan="2"></td></tr>
<tr><td colspan="2">分闸状态触头拉开角度（mm）</td><td></td><td></td><td></td><td></td><td></td><td colspan="2"></td></tr>
<tr><td colspan="2">分闸状态触头间距离（mm）</td><td></td><td></td><td></td><td></td><td></td><td colspan="2"></td></tr>
<tr><td colspan="2">有机材料传动杆绝缘电阻（MΩ）</td><td colspan="3"></td><td colspan="4"></td></tr>
<tr><td colspan="2">接地刀刃检查</td><td colspan="3"></td><td colspan="4"></td></tr>
<tr><td colspan="2">灭弧触头检查</td><td colspan="3"></td><td colspan="4"></td></tr>
<tr><td colspan="2">闭锁装置检查</td><td colspan="3"></td><td colspan="4"></td></tr>
<tr><td colspan="2">辅助开关检查</td><td colspan="3"></td><td colspan="4"></td></tr>
<tr><td colspan="2">操动机构、传动装置检查</td><td colspan="3"></td><td colspan="4"></td></tr>
<tr><td colspan="2">接地检查</td><td colspan="3"></td><td colspan="4"></td></tr>
<tr><td colspan="9">结论：</td></tr>
<tr><td colspan="3">施工单位</td><td colspan="3">总承包单位</td><td colspan="3">监理（建设）单位</td></tr>
<tr><td colspan="3">施工班（组）长：
专业技术负责人：

年 月 日</td><td colspan="3">代表：

年 月 日</td><td colspan="3">专业监理工程师：
（建设单位代表）

年 月 日</td></tr>
</table>

说明：本表格由施工单位负责填写，适用于各种不同电压等级的隔离开关、负荷开关的安装和调整。

4.9.4 电气盘（屏）、柜安装检查记录 DQ

<table>
<tr><td>工程名称</td><td colspan="3"></td><td colspan="2">工程编号</td><td colspan="5"></td></tr>
<tr><td>单位工程名称</td><td colspan="3"></td><td colspan="2">施工图号</td><td colspan="5"></td></tr>
<tr><td>型号</td><td colspan="3"></td><td colspan="2">制造厂</td><td colspan="5"></td></tr>
<tr><td>外观检查</td><td colspan="10"></td></tr>
<tr><td>基础型钢安装检查</td><td colspan="10"></td></tr>
<tr><td>盘柜内部电器检查</td><td colspan="10"></td></tr>
<tr><td>内部母线、绝缘子检查</td><td colspan="10"></td></tr>
<tr><td>一次、二次回路
绝缘电阻检查</td><td colspan="10"></td></tr>
<tr><td rowspan="2">成列盘（柜）
顶部水平度</td><td>允许偏差
（mm）</td><td colspan="2">实测偏差
（mm）</td><td colspan="2" rowspan="2">成列盘面
平整度</td><td colspan="2">允许偏差
（mm）</td><td colspan="3">实测偏差
（mm）</td></tr>
<tr><td>< 5</td><td colspan="2"></td><td colspan="2">< 5</td><td colspan="3"></td></tr>
<tr><td colspan="2">盘（柜）号</td><td></td><td></td><td></td><td></td><td></td><td></td><td></td><td></td><td></td></tr>
<tr><td>垂直度
允许偏差（< 1.5mm/m）</td><td>实测偏差
（mm）</td><td></td><td></td><td></td><td></td><td></td><td></td><td></td><td></td><td></td></tr>
<tr><td>盘间接缝允许偏差
（< 2mm）</td><td>实测偏差
（mm）</td><td></td><td></td><td></td><td></td><td></td><td></td><td></td><td></td><td></td></tr>
<tr><td>抽屉小车检查</td><td>灵活</td><td></td><td>闭锁</td><td colspan="2"></td><td>接触</td><td colspan="4"></td></tr>
<tr><td>接地检查</td><td colspan="3"></td><td colspan="3"></td><td colspan="4"></td></tr>
<tr><td>备注</td><td colspan="10">盘柜平面布置简图：</td></tr>
</table>

<table>
<tr><td>施工单位</td><td>总承包单位</td><td>监理（建设）单位</td></tr>
<tr><td>施工班（组）长：
专业技术负责人：

年 月 日</td><td>代表：

年 月 日</td><td>专业监理工程师：
（建设单位代表）

年 月 日</td></tr>
</table>

说明：本表格由施工单位负责填写，适用于各类高压开关柜、低压配电盘、电机控制中心（MCC），以及控制、保护、计量、信号、联锁、交流、直流等盘（柜）的安装和检查。

4.9.5 变压器安装检查记录 DQ

<table>
<tr><td colspan="2">工程名称</td><td colspan="3"></td><td>工程编号</td><td></td></tr>
<tr><td colspan="2">单位工程名称</td><td colspan="3"></td><td>施工图号</td><td></td></tr>
<tr><td rowspan="3">铭牌</td><td>型号</td><td></td><td>额定容量（kV·A）</td><td></td><td>相数</td><td></td></tr>
<tr><td>额定电压（kV）</td><td></td><td>额定电流（A）</td><td></td><td>频率（Hz）</td><td></td></tr>
<tr><td>制造厂</td><td></td><td>产品编号</td><td></td><td>出厂日期</td><td></td></tr>
<tr><td colspan="2">检查项目</td><td colspan="5">安装检查情况</td></tr>
<tr><td rowspan="3">外观检查</td><td>技术文件</td><td colspan="5"></td></tr>
<tr><td>整体密封检查</td><td colspan="5"></td></tr>
<tr><td>核对部件</td><td colspan="5"></td></tr>
<tr><td rowspan="11">变压器组装</td><td>本体就位</td><td colspan="5"></td></tr>
<tr><td>散热器安装</td><td colspan="5"></td></tr>
<tr><td>储油柜安装</td><td colspan="5"></td></tr>
<tr><td>密封垫</td><td colspan="5"></td></tr>
<tr><td>绝缘套管</td><td colspan="5"></td></tr>
<tr><td>气体继电器</td><td colspan="5"></td></tr>
<tr><td>温度计</td><td colspan="5"></td></tr>
<tr><td>风扇电动机</td><td colspan="5"></td></tr>
<tr><td>箱体接地</td><td colspan="5"></td></tr>
<tr><td>油位</td><td colspan="5"></td></tr>
<tr><td>干燥器</td><td colspan="5"></td></tr>
<tr><td colspan="3">施工单位</td><td colspan="3">总承包单位</td><td>监理（建设）单位</td></tr>
<tr><td colspan="3">施工班（组）长：
专业技术负责人：

年　月　日</td><td colspan="3">代表：

年　月　日</td><td>专业监理工程师：
（建设单位代表）

年　月　日</td></tr>
</table>

说明：本表格由施工单位负责填写，适用于各种型号的电力变压器、整流变压器、调压器、油浸电抗器、炉用变压器及其他变电设备的本件及附件的安装检查。

4.9.6 变压器器身检查记录 DQ

<table>
<tr><td>工程名称</td><td colspan="2"></td><td colspan="2">工程编号</td><td></td></tr>
<tr><td>单位工程名称</td><td colspan="2"></td><td colspan="2">安装地点</td><td></td></tr>
<tr><td>型号</td><td></td><td>接线组别</td><td></td><td>冷却方式</td><td></td></tr>
<tr><td>容量（kVA）</td><td></td><td>总重量（kg）</td><td></td><td>制造厂</td><td></td></tr>
<tr><td>电压（kV）</td><td></td><td>器身重量（kg）</td><td></td><td>出厂日期</td><td></td></tr>
<tr><td>电流（A）</td><td></td><td>油重量（kg）</td><td></td><td>出厂编号</td><td></td></tr>
<tr><td rowspan="4">铁芯
检查</td><td colspan="5">铁芯、铁轭、夹件状况：</td></tr>
<tr><td colspan="5">夹紧螺栓的绝缘、紧固状况：</td></tr>
<tr><td colspan="5">铁芯接地点检查：</td></tr>
<tr><td colspan="5">穿心螺栓绝缘电阻：</td></tr>
<tr><td rowspan="5">线圈
检查</td><td colspan="5">线圈绝缘层状况：</td></tr>
<tr><td colspan="5">线圈排列及间隙状况：</td></tr>
<tr><td colspan="5">线圈间隙绝缘垫、压钉的紧固：</td></tr>
<tr><td colspan="5">线圈绝缘电阻：</td></tr>
<tr><td colspan="5">线圈引出线检查：</td></tr>
<tr><td colspan="6">电压切换装置检查：</td></tr>
<tr><td colspan="6">瓷套管及引出线检查：</td></tr>
<tr><td colspan="6">箱体、阀门及散热器检查：</td></tr>
<tr><td colspan="6">油枕、油位指示器及干燥器检查：</td></tr>
<tr><td colspan="6">清洗及注油：</td></tr>
<tr><td colspan="6">注油后检查密封情况：</td></tr>
<tr><td colspan="6">检查日期： 月 日 时 分开始，至 月 日 时 分结束</td></tr>
<tr><td colspan="6">天气情况：温度（℃） 相对湿度（%）</td></tr>
<tr><td>结论</td><td colspan="5"></td></tr>
<tr><td colspan="2">施工单位</td><td colspan="2">总承包单位</td><td colspan="2">监理（建设）单位</td></tr>
<tr><td colspan="2">施工班（组）长：
专业技术负责人：
年 月 日</td><td colspan="2">代表：
年 月 日</td><td colspan="2">专业监理工程师：
（建设单位代表）
年 月 日</td></tr>
</table>

说明：本表格由施工单位负责填写，适用于各种型号的电力变压器、整流变压器、调压器、油浸电抗器、炉用变压器及其他。

4.9.7 母线安装检查记录 DQ

工程名称		工程编号	
单位工程名称		施工图号	
电压等级（kV）		安装地点	

1．一般检查：

序号	安装检查项目	安装检查结果
1	母线型号、规格、材质核对	
2	绝缘子、穿墙套管检查	
3	绝缘支架制作安装	
4	母线安装检查	
5	连接螺栓、垫圈检查	
6	母线接触面	
7	硬母线焊接检查	
8	软母线架设检查	
9	金属封闭母线的外壳接地检查	

2．母线接触面连接紧密检查：

螺栓规格（mm）	紧固力矩值（N·m）		螺栓规格（mm）	紧固力矩值（N·m）		螺栓规格（mm）	紧固力矩值（N·m）	
	允许值	实测值		允许值	实测值		允许值	实测值

3．软母线弧垂：

软母线规格型号：

设计弧垂（mm）							
实测弧垂（mm）							

检查项目 \ 母线类别	主母线	分支母线
实测最小相间距离（mm）		
实测最小对地距离（mm）		

结论	

施工单位	总承包单位	监理（建设）单位
施工班（组）长： 专业技术负责人： 年　月　日	代表： 年　月　日	专业监理工程师： （建设单位代表） 年　月　日

说明：本表格由施工单位负责填写，适用于各种类型硬母线、软母线、母线桥（槽）的安装和检查。

4.9.8 断路器安装检查记录　DQ

<table>
<tr><td colspan="2">工程名称</td><td></td><td>工程编号</td><td colspan="3"></td></tr>
<tr><td colspan="2">单位工程名称</td><td></td><td>安装地点</td><td colspan="3"></td></tr>
<tr><td rowspan="3">铭牌</td><td>型　号</td><td></td><td>电流（A）</td><td></td><td>制造厂</td><td></td></tr>
<tr><td>电压（kV）</td><td></td><td>开断电流（kA）</td><td></td><td>出厂日期</td><td></td></tr>
<tr><td>操动机构型号</td><td></td><td>操作电压</td><td></td><td></td><td></td></tr>
<tr><td>序号</td><td colspan="2">位号／出厂号
检查调整项目</td><td colspan="2"></td><td colspan="2"></td></tr>
<tr><td>1</td><td colspan="2">外观检查</td><td colspan="2"></td><td colspan="2"></td></tr>
<tr><td>2</td><td colspan="2">基础的中心距离误差（mm）</td><td colspan="2"></td><td colspan="2"></td></tr>
<tr><td>3</td><td colspan="2">基础的高度误差（mm）</td><td colspan="2"></td><td colspan="2"></td></tr>
<tr><td>4</td><td colspan="2">预留孔或预埋铁板中心线的误差（mm）</td><td colspan="2"></td><td colspan="2"></td></tr>
<tr><td>5</td><td colspan="2">预埋螺栓中心线误差（mm）</td><td colspan="2"></td><td colspan="2"></td></tr>
<tr><td>6</td><td colspan="2">断路器的安装固定检查</td><td colspan="2"></td><td colspan="2"></td></tr>
<tr><td>7</td><td colspan="2">三相同期性检查</td><td colspan="2"></td><td colspan="2"></td></tr>
<tr><td>8</td><td colspan="2">断路器的导电部分检查</td><td colspan="2"></td><td colspan="2"></td></tr>
<tr><td>9</td><td colspan="2">真空断路器灭弧室真空度检查</td><td colspan="2"></td><td colspan="2"></td></tr>
<tr><td>10</td><td colspan="2">SF_6 断路器 SF_6 含水量及气密性检查</td><td colspan="2"></td><td colspan="2"></td></tr>
<tr><td>11</td><td colspan="2">SF_6 断路器密度继电器报警试验</td><td colspan="2"></td><td colspan="2"></td></tr>
<tr><td>12</td><td colspan="2">辅助开关检查</td><td colspan="2"></td><td colspan="2"></td></tr>
<tr><td>13</td><td colspan="2">断路器与操动机构联动检查</td><td colspan="2"></td><td colspan="2"></td></tr>
<tr><td>14</td><td colspan="2">分闸、合闸指示检查</td><td colspan="2"></td><td colspan="2"></td></tr>
<tr><td>15</td><td colspan="2">接地检查</td><td colspan="2"></td><td colspan="2"></td></tr>
<tr><td>结论</td><td colspan="6"></td></tr>
<tr><td colspan="3">施工单位</td><td colspan="2">总承包单位</td><td colspan="2">监理（建设）单位</td></tr>
<tr><td colspan="3">施工班（组）长：
专业技术负责人：

年　月　日</td><td colspan="2">代表：

年　月　日</td><td colspan="2">专业监理工程师：
（建设单位代表）

年　月　日</td></tr>
</table>

说明：本表格由施工单位负责填写，适用于真空断路器、SF_6 断路器的安装和检查，栏内项目应依据断路器类型选填。

4.9.9 GIS 安装检查记录 DQ

<table>
<tr><td colspan="2">工程名称</td><td colspan="2"></td><td>工程编号</td><td colspan="2"></td></tr>
<tr><td colspan="2">单位工程名称</td><td colspan="2"></td><td>安装地点</td><td colspan="2"></td></tr>
<tr><td rowspan="3">铭牌</td><td>型号</td><td></td><td>额定电压（kV）</td><td></td><td>出厂日期</td><td></td></tr>
<tr><td>制造厂</td><td></td><td>额定电流（A）</td><td></td><td>出厂编号</td><td></td></tr>
<tr><td>间隔数</td><td colspan="5"></td></tr>
</table>

序号	间隔号 / 检查调整项目			
1	安装场地检查			
2	设备外观检查			
3	基础混凝土强度检查			
4	基础的中心距离误差（mm）			
5	基础的高度误差（mm）			
6	预埋件中心线的误差（mm）			
7	气室压力值检查			
8	气室含水量检查			
9	SF_6 密度继电器报警与闭锁试验			
10	断路器与操动机构联动检查			
11	隔离开关与操动机构联动检查			
12	接地开关与操动机构联动检查			
13	辅助开关检查			
14	电气闭锁检查			
15	分闸、合闸指示检查			
16	接地检查			
结论				

施工单位	总承包单位	监理（建设）单位
施工班（组）长： 专业技术负责人： 年 月 日	代表： 年 月 日	专业监理工程师： （建设单位代表） 年 月 日

说明：本表格由施工单位负责填写，适用于 GIS 的安装和检查。

4.9.10 电缆敷设施工检查记录 DQ

工程名称				工程编号			
单位工程名称				施工日期		温度（℃）	
序号	回路编号	型号规格	起点	终点	长度（m）	敷设方式	中间接头数量

施工单位	总承包单位	监理（建设）单位
施工班（组）长： 专业技术负责人： 年 月 日	代表： 年 月 日	专业监理工程师： （建设单位代表） 年 月 日

说明：本表格由施工单位负责填写，适用于各种动力、控制电缆敷设施工检查。

4.9.11 电缆绝缘电阻测试记录 DQ

工程名称		工程编号	
单位工程名称		测试日期	
测试仪器型号		温度（℃）	

序号	电缆编号	电缆型号规格	规定阻值（MΩ）		实测最小阻值（MΩ）		备注
			A–B B–C C–A	A–N B–N C–N	A–B B–C C–A	A–N B–N C–N	
结论							

施工单位	总承包单位	监理（建设）单位
施工班（组）长： 专业技术负责人： 年 月 日	代表： 年 月 日	专业监理工程师： （建设单位代表） 年 月 日

说明：本表格由施工单位负责填写，适用于各种低压电力电缆、控制电缆的绝缘电阻测试。

4.9.12 电缆头施工记录 DQ

工程名称			工程编号		
单位工程名称					
序号	回路编号	电缆型号规格	电缆终端头规格型号	电缆头安装地点	施工日期

施工单位	总承包单位	监理（建设）单位
施工班（组）长： 专业技术负责人： 年 月 日	代表： 年 月 日	专业监理工程师： （建设单位代表） 年 月 日

说明：本表格由施工单位负责填写，适用于高低压冷缩、热缩电缆头安装检查。

4.9.13 直流系统、不间断电源（UPS）安装检查记录 DQ

工程名称			工程编号	
单位工程名称			安装地点	
型号		输入电压（V）		制造厂	
额定容量（A·h）		输出电压（V）		出厂编号	

检查内容	检查结果
（1）外观、漆层完好，安装件、备件、产品技术文件齐全	
（2）柜内电器安装牢固、接线正确、紧固，标志齐全	
（3）校验二次回路，插拔件无错位，插拔灵活，接触可靠	
（4）蓄电池组装和接线正确、牢固	
（5）柜体接地齐全，牢固可靠	
（6）输出端的中性线（N 级）与接地干线相连接，做重复接地	
（7）电气模拟试验	
（8）送电前检查，柜内清扫、擦拭干净	

蓄电池充（放）电记录：

节数	记录时间	充放电电压（V）	充放电电流（A）	充放电时间（h）	额定容量（A·h）	额定电压（V）	平均每节电压（V）	温度（℃）

结论	
备注	

施工单位	总承包单位	监理（建设）单位
施工班（组）长： 专业技术负责人： 年 月 日	代表： 年 月 日	专业监理工程师： （建设单位代表） 年 月 日

说明：本表格由施工单位负责填写，适用于直流系统、不间断电源（UPS）的安装检查。

4.9.14 交流电动机检查试运转记录 DQ

工程名称				工程编号		
单位工程名称				电机位号		
铭牌	型号		额定功率（kW）		接法	
	额定电压（V）		额定电流（A）		制造厂	
	功率因数		绝缘等级		出厂日期	
	频率（Hz）		转速（r/min）		出厂编号	
试运前检查内容	定子绕组绝缘电阻（MΩ）		转子绕组绝缘电阻（MΩ）		温度（℃）	
	轴承及润滑脂（油）检查：					
	电刷、换向器、集电环检查：					
	电动机接线检查：					
	电动机控制、保护回路检查：					
	盘车检查：					
	接地检查：					
	检查日期：				检查人员：	
空载试运记录	主回路绝缘电阻：（MΩ）			控制回路绝缘电阻：（MΩ）		
	定子电流（A）	转子电流（A）	电动机温度（℃）	轴承温度（℃）	环境温度（℃）	旋转方向
	其他					
	试车日期：		试车时间：		试车人：	
负荷试车记录	定子电流（A）	转子电流（A）	电机机温度（℃）	轴承温度（℃）	环境温度（℃）	功率因数
	其他					
	试车日期：		试车时间：		试车人：	
结论						

施工单位	总承包单位	监理（建设）单位
施工班（组）长： 专业技术负责人： 年 月 日	代表： 年 月 日	专业监理工程师： （建设单位代表） 年 月 日

说明：本表格由施工单位负责填写；当电动机转子为绕线式转子时，填写“转子绕组绝缘电阻，电刷、换向器、集电环检查，转子电流”。

4.9.15 柴油机发电机调试记录 DQ

<table>
<tr><td colspan="2">工程名称</td><td colspan="2"></td><td>工程编号</td><td colspan="2"></td></tr>
<tr><td colspan="2">单位工程名称</td><td colspan="2"></td><td>安装地点</td><td colspan="2"></td></tr>
<tr><td colspan="2">系统名称</td><td colspan="3"></td><td>施工图号</td><td></td></tr>
<tr><td colspan="2">机组编号</td><td></td><td>风机型号</td><td></td><td>电机型号</td><td></td></tr>
<tr><td>序号</td><td colspan="3">测试项目</td><td>设计值</td><td>铭牌值</td><td>实测值</td></tr>
<tr><td>1</td><td colspan="3">功率（kW）</td><td></td><td></td><td></td></tr>
<tr><td>2</td><td colspan="3">电压（V）</td><td></td><td></td><td></td></tr>
<tr><td>3</td><td colspan="3">电流（A）</td><td></td><td></td><td></td></tr>
<tr><td>4</td><td colspan="3">频率（Hz）</td><td></td><td></td><td></td></tr>
<tr><td>5</td><td colspan="3">转速（r/min）</td><td></td><td></td><td></td></tr>
<tr><td>6</td><td colspan="3">温升绕组 / 轴承（℃）</td><td></td><td></td><td></td></tr>
<tr><td>7</td><td colspan="3">振动（mm）</td><td></td><td></td><td></td></tr>
<tr><td>8</td><td colspan="3">噪音（dB）</td><td></td><td></td><td></td></tr>
<tr><td>9</td><td colspan="3">励磁系统电压（V）/ 电流（A）</td><td></td><td></td><td></td></tr>
<tr><td>调试
情况</td><td colspan="6"></td></tr>
<tr><td>结论</td><td colspan="6"></td></tr>
</table>

<table>
<tr><td>施工单位</td><td>总承包单位</td><td>监理（建设）单位</td></tr>
<tr><td>施工班（组）长：
专业技术负责人：

年 月 日</td><td>代表：

年 月 日</td><td>专业监理工程师：
（建设单位代表）

年 月 日</td></tr>
</table>

说明：本表格由施工单位负责填写，适用于柴油发电机的调试。

4.9.16 架空电力线路测量记录 DQ

工程名称		工程编号	
单位工程名称		线路电压（kV）	
导线规格型号		地线规格型号	

1. 测量记录表

杆号										
杆型										
杆高										
档距										
转角（° ）										
杆号										
杆型										
杆高										
档距										
转角（° ）										
杆号										
杆型										
杆高										
档距										
转角（° ）										
杆号										
杆型										
杆高										
档距										
转角（° ）										

架空电力线路测量记录（续表） DQ

<table>
<tr><td colspan="3">2. 测量简图（绘制线路路径走向图）：</td></tr>
<tr><td>施工单位</td><td>总承包单位</td><td>监理（建设）单位</td></tr>
<tr><td>测量人：
施工班（组）长：
专业技术负责人：

年　月　日</td><td>代表：

年　月　日</td><td>专业监理工程师：
（建设单位代表）

年　月　日</td></tr>
</table>

说明：本表格由施工单位负责填写，适用于架空电力线路的测量。

4.9.17 架空电力线路电杆焊接施工记录 DQ

工程名称		工程编号	
单位工程名称		线路电压（kV）	
导线规格型号		地线规格型号	

杆号	杆型	钢圈厚度（mm）	焊缝加强面尺寸（mm）		焊接后电杆弯曲度（mm）		钢圈防腐	焊接日期	焊接人
			高度	宽度	允许值	实测值			

施工单位	总承包单位	监理（建设）单位
施工班（组）长： 专业技术负责人： 年 月 日	代表： 年 月 日	专业监理工程师： （建设单位代表） 年 月 日

说明：本表格由施工单位负责填写，适用于35kV及以上电压等级电杆的焊接。

4.9.18 架空电力线路电杆组立施工记录 DQ

工程名称		工程编号	
单位工程名称		线路电压（kV）	
导线规格型号		地线规格型号	

序号	杆号	杆型	杆顶组装图号	电杆规格	电杆埋深（m）		电杆横向位移 ≤ 50mm	横担安装		自检评定
					设计	实际		上下歪斜 ≤ 20mm	左右歪斜 ≤ 20mm	

施工单位	总承包单位	监理（建设）单位
施工班（组）长： 专业技术负责人： 年 月 日	代表： 年 月 日	专业监理工程师： （建设单位代表） 年 月 日

说明：本表格由施工单位负责填写，适用于混凝土电杆的组立。

4.9.19　架空电力线路自立式铁塔组立施工记录　DQ

工程名称		工程编号	
单位工程名称		线路电压（kV）	
导线规格型号		地线规格型号	

<table>
<tr><td rowspan="2">序号</td><td rowspan="2" colspan="2">检查（检验）项目</td><td colspan="4">铁塔型号及塔号</td></tr>
<tr><td></td><td></td><td></td><td></td></tr>
<tr><td>1</td><td colspan="2">铁塔组立方法</td><td></td><td></td><td></td><td></td></tr>
<tr><td>2</td><td colspan="2">基础混凝土抗压强度达到设计强度的数值（%）</td><td></td><td></td><td></td><td></td></tr>
<tr><td>3</td><td colspan="2">构件组装应牢固，交叉空隙应装设相应厚度的垫片</td><td></td><td></td><td></td><td></td></tr>
<tr><td>4</td><td colspan="2">螺栓与构件平面垂直，螺杆露出长度，单螺母不小于 2 个螺距，双螺母相平，加垫片不超过 2 个</td><td></td><td></td><td></td><td></td></tr>
<tr><td>5</td><td colspan="2">螺栓穿入方向符合规范规定</td><td></td><td></td><td></td><td></td></tr>
<tr><td>6</td><td colspan="2">节点间主材弯曲度不超过 1/750</td><td></td><td></td><td></td><td></td></tr>
<tr><td>7</td><td colspan="2">直线塔结构倾斜（‰）</td><td></td><td></td><td></td><td></td></tr>
<tr><td>8</td><td colspan="2">直线塔结构中心与中心桩间横线方向位移不大于 50mm</td><td></td><td></td><td></td><td></td></tr>
<tr><td>9</td><td colspan="2">转角塔结构中心与中心桩间横线路方向位移不大于 50mm</td><td></td><td></td><td></td><td></td></tr>
<tr><td>10</td><td colspan="2">转角塔结构中心与中心桩间顺线路方向位移不大于 50mm</td><td></td><td></td><td></td><td></td></tr>
<tr><td>11</td><td colspan="2">螺栓防卸、防松符合规定</td><td></td><td></td><td></td><td></td></tr>
<tr><td rowspan="2">12</td><td rowspan="2">螺栓紧固情况</td><td>架线前</td><td></td><td></td><td></td><td></td></tr>
<tr><td>架线后</td><td></td><td></td><td></td><td></td></tr>
<tr><td>13</td><td colspan="2">塔脚板与基础面接触良好，空隙应垫垫片，浇注水泥砂浆</td><td></td><td></td><td></td><td></td></tr>
<tr><td>14</td><td colspan="2">混凝土保护帽符合设计规定</td><td></td><td></td><td></td><td></td></tr>
</table>

施工单位	总承包单位	监理（建设）单位
施工班（组）长： 专业技术负责人： 年　月　日	代表： 年　月　日	专业监理工程师： （建设单位代表） 年　月　日

说明：本表格由施工单位负责填写，适用于自立式铁塔的组立。

4.9.20 架空电力线路钢管电杆组立施工记录 DQ

工程名称		工程编号	
单位工程名称		线路电压（kV）	
导线规格型号		地线规格型号	

序号	杆号	杆型	杆段连接方式	连接后电杆弯曲度（mm）		电杆位移≤ 50mm		自检评定
				允许值	实测值	横线路	顺线路	

施工单位	总承包单位	监理（建设）单位
施工班（组）长： 专业技术负责人： 年 月 日	代表： 年 月 日	专业监理工程师： （建设单位代表） 年 月 日

说明：本表格由施工单位负责填写，适用于钢管电杆的施工。

4.9.21 架空电力线路拉线安装施工记录 DQ

工程名称		工程编号	
单位工程名称		线路电压（kV）	
导线规格型号		地线规格型号	

序号	杆号	杆型	拉线规格		拉线盘规格	拉线盘埋深（m）		拉线与电杆夹角		自检评定
			型号	钢绞线		设计	实际	一般 ≥ 45°	受地形限制 ≥ 30°	

施工单位	总承包单位	监理（建设）单位
施工班（组）长： 专业技术负责人： 年 月 日	代表： 年 月 日	专业监理工程师： （建设单位代表） 年 月 日

说明：本表格由施工单位负责填写，适用于拉线的安装。

4.9.22 架空电力线路导线弧垂观测记录 DQ

工程名称		工程编号	
单位工程名称		线路电压（kV）	
导线规格型号		地线规格型号	

序号	耐张杆号 __号至__号	耐张段长（m）	代表档距（m）	观测档距（m）	导线弧垂（m）		温度（℃）	观测人	自检评定
					设计	实际			

施工单位	总承包单位	监理（建设）单位
施工班（组）长： 专业技术负责人： 年 月 日	代表： 年 月 日	专业监理工程师： （建设单位代表） 年 月 日

说明：本表格由施工单位负责填写，适用于 35kV 及以上电压等级架空电力线路导线弧垂的观测。

4.9.23 架空电力线路导地线接续、补修施工记录 DQ

工程名称				工程编号				
单位工程名称				线路电压（kV）				
导线规格型号				地线规格型号				
序号	穿跨杆塔号 __号至__号	压接管型号	使用数量	补修管型号	使用数量	使用部位	压接方式	自检评定

施工单位	总承包单位	监理（建设）单位
施工班（组）长： 专业技术负责人： 年 月 日	代表： 年 月 日	专业监理工程师： （建设单位代表） 年 月 日

说明：本表格由施工单位负责填写，适用于导地线接续、补修施工。

4.9.24 架空电力线路穿跨越距离测量记录 DQ

工程名称		工程编号	
单位工程名称		线路电压（kV）	
导线规格型号		地线规格型号	

序号	穿跨杆塔号 __号至__号	被穿跨物名称	导线对被穿跨越的最小垂直距离（m）		测量日期	温度（℃）
			设计值	实测值		

施工单位	总承包单位	监理（建设）单位
施工班（组）长： 专业技术负责人： 年 月 日	代表： 年 月 日	专业监理工程师： （建设单位代表） 年 月 日

说明：本表格由施工单位负责填写，适用于电力线路对穿跨越物最小垂直距离的测量。

4.9.25 绝缘子试验报告 DQ

工程名称		工程编号	
单位工程名称			

名称	规格型号	数量	额定电压（kV）	试验电压（kV）	时间（min）	绝缘电阻（MΩ）	试验日期	温度（℃）

结论	试验单位（章）　　　　年　月　日

试验人：	审核人：	技术负责人：
施工单位 专业技术负责人： 年　月　日	总承包单位 代表： 年　月　日	专业监理工程师： （建设单位代表） 年　月　日

说明：本表格由电气试验单位负责填写，适用于各类绝缘子的试验。

4.9.26 隔离（负荷）开关、高压熔断器试验报告 DQ

工程名称		工程编号	
单位工程名称		安装地点	
试验日期		温度（℃）	

1. 隔离（负荷）开关

铭牌	型号		额定电压（kV）		额定电流（A）	
	制造厂		出厂日期		出厂编号	

绝缘电阻	相别	L_1–$L_2 \cdot L_3 \cdot E$	L_2–$L_1 \cdot L_3 \cdot E$	L_3–$L_1 \cdot L_2 \cdot E$	
	绝缘电阻（MΩ）				
交流耐压	相别	L_1	L_2	L_3	时间（min）
	电压（kV）				
导电回路电阻	相别	L_1	L_2	L_3	
	回路电阻（μΩ）				
断口耐压	相别	L_1	L_2	L_3	时间（min）
	电压（kV）				

2. 高压熔断器

铭牌	型号		额定电压（kV）		额定电流（A）	
	制造厂				出厂日期	

绝缘电阻	相别	L_1–$L_2 \cdot L_3 \cdot E$	L_2–$L_1 \cdot L_3 \cdot E$	L_3–$L_1 \cdot L_2 \cdot E$	
	绝缘电阻（MΩ）				
交流耐压	相别	L_1	L_2	L_3	时间（min）
	电压（kV）				
结论	试验单位（章） 年 月 日				

试验人：	审核人：	技术负责人：
施工单位 专业技术负责人： 年 月 日	总承包单位 代表： 年 月 日	专业监理工程师： （建设单位代表） 年 月 日

说明：本表格由电气试验单位负责填写，其中“导电回路电阻”、“断口耐压”栏仅适用于负荷开关。

4.9.27 真空断路器试验报告 DQ

<table>
<tr><td colspan="2">工程名称</td><td colspan="2"></td><td colspan="2">工程编号</td><td colspan="2"></td></tr>
<tr><td colspan="2">单位工程名称</td><td colspan="2"></td><td colspan="2">安装地点</td><td colspan="2"></td></tr>
<tr><td colspan="2">试验日期</td><td colspan="2"></td><td colspan="2">温度（℃）</td><td colspan="2"></td></tr>
<tr><td rowspan="3">铭牌</td><td>型号</td><td></td><td>额定电压（kV）</td><td></td><td>出厂日期</td><td colspan="2"></td></tr>
<tr><td>额定电流（A）</td><td></td><td>额定开断电流（kA）</td><td></td><td>出厂编号</td><td colspan="2"></td></tr>
<tr><td>制造厂</td><td colspan="6"></td></tr>
<tr><td rowspan="2">导电回路电阻</td><td>相别</td><td colspan="2">L_1</td><td colspan="2">L_2</td><td colspan="2">L_3</td></tr>
<tr><td>回路电阻（μΩ）</td><td colspan="2"></td><td colspan="2"></td><td colspan="2"></td></tr>
<tr><td rowspan="2">绝缘电阻</td><td>相别</td><td colspan="2">L_1–L_2·L_3·E</td><td colspan="2">L_2–L_1·L_3·E</td><td colspan="2">L_3–L_1·L_2·E</td></tr>
<tr><td>绝缘电阻（MΩ）</td><td colspan="2"></td><td colspan="2"></td><td colspan="2"></td></tr>
<tr><td rowspan="2">机械特性</td><td>合闸时间（ms）</td><td colspan="2">分闸时间（ms）</td><td colspan="2">弹跳时间（ms）</td><td colspan="2">合闸同期差（ms）</td></tr>
<tr><td></td><td colspan="2"></td><td colspan="2"></td><td colspan="2"></td></tr>
<tr><td rowspan="2">交流耐压</td><td>项目</td><td colspan="2">合闸</td><td colspan="2">分闸（断口）</td><td colspan="2">时间（min）</td></tr>
<tr><td>电压（kV）</td><td colspan="2"></td><td colspan="2"></td><td colspan="2"></td></tr>
<tr><td rowspan="3">线圈试验</td><td>项目</td><td colspan="2">合闸接触器</td><td colspan="2">合闸线圈</td><td colspan="2">分闸线圈</td></tr>
<tr><td>直流电阻（Ω）</td><td colspan="2"></td><td colspan="2"></td><td colspan="2"></td></tr>
<tr><td>绝缘电阻（MΩ）</td><td colspan="2"></td><td colspan="2"></td><td colspan="2"></td></tr>
<tr><td>结论</td><td colspan="7">试验单位（章）　　年　月　日</td></tr>
<tr><td colspan="3">试验人：</td><td colspan="3">审核人：</td><td colspan="2">技术负责人：</td></tr>
<tr><td colspan="3">施工单位
专业技术负责人：

年　月　日</td><td colspan="3">总承包单位
代表：

年　月　日</td><td colspan="2">专业监理工程师：
（建设单位代表）

年　月　日</td></tr>
</table>

说明：本表格由电气试验单位负责填写，适用于真空断路器的试验。

4.9.28 六氟化硫断路器试验报告 DQ

工程名称		工程编号	
单位工程名称		安装地点	
试验日期		温度（℃）	

铭牌	型号		额定电压（kV）		制造厂	
	额定电流（A）		开断电流（kA）		出厂日期	
	操动机构型号		操作电压		出厂编号	

绝缘电阻	相别	绝缘电阻（MΩ）	交流耐压	项目	电压（kV）	时间（min）	导电回路电阻	相别	回路电阻（μΩ）
	L_1			合闸				L_1	
	L_2			分闸（断口）				L_2	
	L_3							L_3	

线圈试验	项目	合闸线圈	分闸线圈Ⅰ	分闸线圈Ⅱ		
	直流电阻（Ω）					
	绝缘电阻（MΩ）					

机械特性	相别	合闸时间（ms）	分闸Ⅰ时间（ms）	分闸Ⅱ时间（ms）	合闸同期差（ms）	分闸Ⅰ同期差（ms）	分闸Ⅱ同期差（ms）
	L_1						
	L_2						
	L_3						

操作试验	试验项目	合闸	分闸Ⅰ、Ⅱ	合闸	分闸Ⅰ、Ⅱ	分闸	分闸Ⅰ、Ⅱ
	额定电压比	110%	110%	85（80）%	65%	100%	100%
	动作结果						

SF_6 微水含量	相别	L_1	L_2	L_3		密封试验	结果
	测量值（μL/L）						

密度继电器	充气压力（MPa）		闭锁动作值（MPa）		报警动作值（MPa）	

结论

试验单位（章） 年 月 日

试验人： 审核人： 技术负责人：

施工单位 专业技术负责人： 年 月 日	总承包单位 代表： 年 月 日	专业监理工程师： （建设单位代表） 年 月 日

说明：本表格由电气试验单位负责填写，适用于六氟化硫断路器试验。

4.9.29 放电线圈试验报告 DQ

工程名称				工程编号		
单位工程名称				安装地点		
试验日期				温度（℃）		
铭牌	型号		相数		频率（Hz）	
	额定一次电压（kV）		放电容量（kVar）		放电时间（s）	
	额定二次电压（V）		额定二次负荷（V·A）			
	制造厂		出厂日期		出厂编号	
直流电阻	侧别	AX	a_1x_1	a_2x_2		
	直流电阻（Ω）					
绝缘电阻	侧别	一次对地	二次对地	一次对二次	二次之间	
	绝缘电阻（MΩ）					
变比试验	侧别	AX/a_1x_1	AX/a_2x_2			
	变比误差（%）					
交流耐压	相别	L_1–$L_2 \cdot L_3 \cdot E$	L_2–$L_1 \cdot L_3 \cdot E$	L_3–$L_1 \cdot L_2 \cdot E$		时间（min）
	电压（kV）					
介质损耗	$\tan\delta$（%）		电容值（μF）			
结论	试验单位（章） 年 月 日					
试验人：		审核人：		技术负责人：		
施工单位 专业技术负责人： 年 月 日		总承包单位 代表： 年 月 日		专业监理工程师： （建设单位代表） 年 月 日		

说明：本表格由电气试验单位负责填写，适用于放电线圈试验。

4.9.30 电抗器、消弧线圈试验报告 DQ

工程名称		工程编号	
单位工程名称		安装地点	
试验日期		温度（℃）	

铭牌	型号		频率（Hz）		绝缘等级	
	额定电压（kV）		额定电流（A）		冷却方式	
	容量（kVar）		出厂日期		出厂编号	
	制造厂					

直流电阻	相别	L_1	L_2	L_3	介质损耗因数 $\tan\delta$
	直流电阻（Ω）				
绝缘试验	相别	L_1–L_2 · L_3 · E	L_2–L_1 · L_3 · E	L_3–L_1 · L_2 · E	吸收比或极化指数
	绝缘电阻（MΩ）				
交流耐压	相别	L_1–L_2 · L_3 · E	L_2–L_1 · L_3 · E	L_3–L_1 · L_2 · E	时间（min）
	电压（kV）				

绝缘油试验	次数	第一次	第二次	第三次	第四次	第五次	平均值
	击穿电压（kV）						

结论	试验单位（章） 年 月 日

试验人：	审核人：	技术负责人：
施工单位 专业技术负责人： 年 月 日	总承包单位 代表： 年 月 日	专业监理工程师： （建设单位代表） 年 月 日

说明：本表格由电气试验单位负责填写。其中，“介质损耗因数 $\tan\delta$”栏仅适用于 35kV 及以上油浸式消弧线圈和电抗器。

4.9.31 电力电缆试验报告 DQ

<table>
<tr><td>工程名称</td><td></td><td>工程编号</td><td colspan="3"></td></tr>
<tr><td>单位工程名称</td><td></td><td>试验日期</td><td></td><td>温度（℃）</td><td></td></tr>
<tr><td>电缆编号</td><td></td><td>型号及规格</td><td colspan="3"></td></tr>
<tr><td>制造厂</td><td></td><td>出厂日期</td><td colspan="3"></td></tr>
<tr><td>电缆起点—终点</td><td></td><td>电缆长度（m）</td><td colspan="3"></td></tr>
</table>

<table>
<tr><td rowspan="5">绝缘电阻</td><td rowspan="2">相别</td><td>耐压前</td><td>耐压后</td><td rowspan="5">交流耐压</td><td rowspan="2">相别</td><td rowspan="2">试验电压（kV）</td><td rowspan="2">时间（min）</td></tr>
<tr><td>绝缘电阻（MΩ）</td><td>绝缘电阻（MΩ）</td></tr>
<tr><td>L_1–L_2·L_3·E</td><td></td><td></td><td>L_1–L_2·L_3·E</td><td></td><td></td></tr>
<tr><td>L_2–L_1·L_3·E</td><td></td><td></td><td>L_2–L_1·L_3·E</td><td></td><td></td></tr>
<tr><td>L_3–L_1·L_2·E</td><td></td><td></td><td>L_3–L_1·L_2·E</td><td></td><td></td></tr>
</table>

<table>
<tr><td rowspan="5">直流耐压及泄漏电流</td><td colspan="2">试验电压（kV）</td><td></td><td></td><td></td><td></td><td></td><td></td><td></td></tr>
<tr><td colspan="2">时间（min）</td><td></td><td></td><td></td><td></td><td></td><td></td><td></td></tr>
<tr><td rowspan="3">泄漏电流（μA）</td><td>L_1–L_2·L_3·E</td><td></td><td></td><td></td><td></td><td></td><td></td><td></td></tr>
<tr><td>L_1–L_2·L_3·E</td><td></td><td></td><td></td><td></td><td></td><td></td><td></td></tr>
<tr><td>L_1–L_2·L_3·E</td><td></td><td></td><td></td><td></td><td></td><td></td><td></td></tr>
<tr><td colspan="2">相位检查</td><td colspan="8"></td></tr>
<tr><td>结论</td><td colspan="9">

试验单位（章）　　　年　月　日</td></tr>
</table>

<table>
<tr><td>试验人：</td><td>审核人：</td><td>技术负责人：</td></tr>
<tr><td>施工单位
专业技术负责人：

年　月　日</td><td>总承包单位
代表：

年　月　日</td><td>专业监理工程师：
（建设单位代表）

年　月　日</td></tr>
</table>

说明：本表格由电气试验单位负责填写，适用于高压电力电缆试验，其中“交流耐压”和“直流耐压及泄露电流”栏根据采用的试验方法选填其一。

4.9.32 绝缘油试验报告 DQ

工程名称			工程编号			
单位工程名称			安装地点			
充油设备名称			充油设备电压（V）			
试验日期			温度（℃）			
油别	油号	击穿电压（kV）					
		第一次	第二次	第三次	第四次	第五次	平均值
本体油							
补充油							
结论：							
（只作击穿电压试验时以下空白）							

编号：　　　　　　　　　　分析试验报告：

序号	分析项目	本体值	补充值
1	外观		
2	水溶性酸（pH 值）		
3	酸值（mgKOH/g）		
4	闪点（闭口）（℃）		
5	水分（mg/L）		
6	25℃下界面张力（mN/m）		
7	介质损耗因数 $\tan\delta$（%）		
8	体积电阻率（90℃）（Ω·m）		
9	油中含气量（%）		
10	油泥与沉淀物（%）		
11	油中溶解气体组分含量色谱分析		
结论	试验单位（章）　　年　月　日		

试验人：	审核人：	技术负责人：
施工单位 专业技术负责人： 年　月　日	总承包单位 代表： 年　月　日	专业监理工程师： （建设单位代表） 年　月　日

说明：本表格由电气试验单位负责填写；适用于电气设备本体绝缘油的耐压强度试验，当绝缘油不需进行化学分析时，“分析试验报告”栏内各项允许空白。

4.9.33 交流耐压试验报告 DQ

工程名称			工程编号			
单位工程名称						
被试设备（或系统）名称	型号、规格	额定电压（kV）	试验电压（kV）	试验时间（min）	试验日期	温度（℃）
结论	试验单位（章）　　年　月　日					
试验人：		审核人：		技术负责人：		
施工单位 专业技术负责人： 年　月　日		总承包单位 代表： 年　月　日		专业监理工程师： （建设单位代表） 年　月　日		

说明：本表格由电气试验单位负责填写；适用于电气系统的交流耐压试验，凡在设备或系统试验中已填有交流耐压试验内容的，均不再重复填写本表格。

4.9.34 变压器试验报告 DQ

项目名称			工程编号		
单位工程名称			安装地点		
试验日期			温度（℃）		
铭牌	型号		额定容量（kV·A）		额定频率（Hz）	
	相数		额定电压（V）		制造厂	
	连结组标号		额定电流（A）		出厂日期	
	冷却方式		短路阻抗（%）		出厂编号	

直流电阻（Ω）	分接开关位置	Ⅰ	Ⅱ	Ⅲ	Ⅳ	Ⅴ	低压侧	电阻值
	$L_{1.2}$						L_1	
	$L_{2.3}$						L_2	
	$L_{3.1}$						L_3	
	误差（%）						误差（%）	

变压比	分接开关位置	铭牌变比	实测变比			变比误差（%）			接线组别（或极性）检查
			L_1L_2	L_2L_3	L_3L_1	L_1L_2	L_2L_3	L_3L_1	
	Ⅰ								
	Ⅱ								
	Ⅲ								
	Ⅳ								
	Ⅴ								

绝缘试验	项目 / 测试部位	绝缘电阻（MΩ）及吸收比		交流耐压		直流泄漏电流		介质损耗因数 $\tan\delta$（%）
		绝缘电阻	吸收比	试验电压（kV）	时间（min）	试验电压（kV）	泄漏电流（μA）	
	高压—低压及地							
	低压—高压及地							

绝缘油	油别	油号	击穿电压（kV）					
			第一次	第二次	第三次	第四次	第五次	平均值

结论	试验单位（章） 年 月 日		
试验人：	审核人：	技术负责人：	
施工单位 专业技术负责人： 年 月 日	总承包单位 代表： 年 月 日	专业监理工程师： （建设单位代表） 年 月 日	

说明：本表格由电气试验单位负责填写；适用于双线圈电力变压器试验，三线圈电力变压器可在本表格上增加填写内容。

4.9.35　交流电动机试验报告　DQ

工程名称		工程编号	
单位工程名称		电动机位号	

铭牌	型号		额定功率（kW）		频率（Hz）	
	额定电压（V）		额定电流（A）		转速（r/min）	
	功率因数		绝缘等级		接法	
	制造厂		出厂日期		出厂编号	

直流电阻	定子绕组相别	AB	BC	AC	
	直流电阻（Ω）				
	转子绕组相别				
	直流电阻（Ω）				
	各项直流电阻差别：定子　1.03%；转子　%；温度　29℃				

			绝缘电阻（MΩ）	吸收比	直流耐压			交流耐压	
绝缘试验	项目 / 绕组及相别				电压（kV）	时间（min）	泄漏电流（μA）	电压（kV）	时间（min）
	定子绕组	$U\text{–}V\cdot W\cdot E$							
		$V\text{–}W\cdot U\cdot E$							
		$W\text{–}U\cdot V\cdot E$							
	转子绕组								

附属设备	设备名称	绝缘电阻（MΩ）	直流电阻（MΩ）	温度（℃）	定子绕组极性检查：
	启动电阻器				
	可变电阻器				电机轴承绝缘电阻（MΩ）：
	灭磁电阻器				

结论	试验单位（章）　　年　月　日

试验人：	审核人：	技术负责人：
施工单位 专业技术负责人： 年　月　日	总承包单位 代表： 年　月　日	专业监理工程师： （建设单位代表） 年　月　日

说明：本表格由电气试验单位负责填写；适用于100kW及以上电动机试验，如定子绕组中性点未引出者可不做定子绕组极性检查。

4.9.36 电压互感器试验报告 DQ

<table>
<tr><td colspan="2">工程名称</td><td colspan="2"></td><td>工程编号</td><td colspan="2"></td></tr>
<tr><td colspan="2">单位工程名称</td><td colspan="2"></td><td>安装地点</td><td colspan="2"></td></tr>
<tr><td colspan="2">试验日期</td><td colspan="2"></td><td>温度（℃）</td><td colspan="2"></td></tr>
<tr><td rowspan="3">铭牌</td><td>型号</td><td></td><td>接线组别</td><td></td><td>准确等级</td><td></td></tr>
<tr><td>容量（V·A）</td><td></td><td>最大容量（V·A）</td><td></td><td>变压比</td><td></td></tr>
<tr><td>出厂编号</td><td>L_1：</td><td>L_2：</td><td>L_3：</td><td>制造厂</td><td></td></tr>
</table>

<table>
<tr><td rowspan="5">绝缘试验</td><td rowspan="2">项目
测试部位</td><td colspan="3">绝缘电阻（MΩ）</td><td colspan="2">交流耐压</td><td rowspan="2">介质损耗因数 tanδ（%）</td></tr>
<tr><td>L_1</td><td>L_2</td><td>L_3</td><td>电压（kV）</td><td>时间（min）</td></tr>
<tr><td>高压—低压、辅助及地</td><td></td><td></td><td></td><td></td><td></td><td rowspan="3"></td></tr>
<tr><td>低压—高压、辅助及地</td><td></td><td></td><td></td><td></td><td></td></tr>
<tr><td>辅助线圈— 一次、二次及地</td><td></td><td></td><td></td><td></td><td></td></tr>
</table>

<table>
<tr><td rowspan="4">直流电阻（Ω）</td><td>相别</td><td>一次绕组</td><td>基本二次绕组</td><td>辅助二次绕组</td><td>接线组别及极性检查</td></tr>
<tr><td>L_1</td><td></td><td></td><td></td><td></td></tr>
<tr><td>L_2</td><td></td><td></td><td></td><td></td></tr>
<tr><td>L_3</td><td></td><td></td><td></td><td></td></tr>
<tr><td rowspan="4">误差测量</td><td>相别</td><td>铭牌变比</td><td>实测变比</td><td>比差</td><td>变比误差（%）</td></tr>
<tr><td>L_1</td><td></td><td></td><td></td><td></td></tr>
<tr><td>L_2</td><td></td><td></td><td></td><td></td></tr>
<tr><td>L_3</td><td></td><td></td><td></td><td></td></tr>
</table>

<table>
<tr><td rowspan="2">SF_6 微水含量</td><td>相别</td><td>L_1</td><td>L_2</td><td>L_3</td><td rowspan="2">密度继电器</td><td>充气压力（MPa）</td><td rowspan="2">密封试验</td><td>结果</td></tr>
<tr><td>测量值（μL/L）</td><td></td><td></td><td></td><td></td><td></td></tr>
</table>

<table>
<tr><td>结论</td><td colspan="2">
试验单位（章） 年 月 日</td></tr>
<tr><td>试验人：</td><td>审核人：</td><td>技术负责人：</td></tr>
<tr><td>施工单位
专业技术负责人：

年 月 日</td><td>总承包单位
代表：

年 月 日</td><td>专业监理工程师：
（建设单位代表）

年 月 日</td></tr>
</table>

说明：本表格由电气试验单位负责填写，“介质损耗”栏仅适用于35kV及以上等级电压互感器。

4.9.37 电流互感器试验报告 DQ

工程名称		工程编号	
单位工程名称		安装地点	
试验日期		温度（℃）	

型号		准确等级		10P10级	制造厂	
电流（A）		二次负荷（VA）		15	出厂日期	
出厂编号	L_1：		L_2：		L_3：	

绝缘试验	项目 / 测试部位		绝缘电阻（MΩ）			交流耐压		介质损耗因数
			L_1	L_2	L_3	电压（kV）	时间（min）	tanδ（%）
	一次对二次及地					/		
	二次对地	0.5级						
		10P10级						

直流电阻（Ω）	相别	一次绕组	二次绕组		辅助二次绕组	
			0.5级	10P10级		
	L_1					
	L_2					
	L_3					

变比试验	相别	铭牌变比	额定电流的比例（%）				
	L_1		10				
			20				
			50				
			100				
	L_2		10				
			20				
			50				
			100				
	L_3		10				
			20				
			50				
			100				

极性	相别		励磁特性	相别	电流值（A）					
	L_1			L_1	电压值（V）					
	L_2			L_2	电压值（V）					
	L_3			L_3	电压值（V）					

结论	试验单位（章） 年 月 日

试验人： 审核人： 技术负责人：

施工单位 专业技术负责人： 年 月 日	总承包单位 代表： 年 月 日	监理（建设）单位 专业监理工程师： （建设单位代表） 年 月 日

说明：本表格由电气试验单位负责填写。保护对励磁特性有要求时测试“励磁特性”“介质损耗因数tanδ”栏适用于35kV及以上电流互感器。

4.9.38 电容器试验报告 DQ

工程名称			工程编号		
单位工程名称			安装地点		
试验日期			温度（℃）		
铭牌	型号		额定电（V）		频率（Hz）	
	容量（kVar）		制造厂		接法	

1. 断路器电容器、耦合电容器

极间绝缘电阻（MΩ）	电容量（μF）	介质损耗因数 tanδ（%）	局部放电量（pC）

2. 并联电容器

	相容值（μF）	

组别	标称值（μF）	实测值（μF）	绝缘电阻（MΩ）	交流耐压（kV）	时间（min）	出厂编号	出厂日期

结论	试验单位（章） 年 月 日

试验人：	审核人：	技术负责人：
施工单位 专业技术负责人： 年 月 日	总承包单位 代表： 年 月 日	专业监理工程师： （建设单位代表） 年 月 日

说明：本表格由电气试验单位负责填写，适用于电容器试验。

4.9.39 断路器试验报告 DQ

<table>
<tr><td colspan="2">项目名称</td><td colspan="3"></td><td colspan="2">单项工程名称</td><td colspan="2"></td></tr>
<tr><td colspan="2">单位工程名称</td><td colspan="3"></td><td colspan="2">安装地点</td><td colspan="2"></td></tr>
<tr><td colspan="2">试验日期</td><td colspan="3"></td><td colspan="2">温度（℃）</td><td colspan="2"></td></tr>
<tr><td rowspan="3">铭牌</td><td>型号</td><td></td><td colspan="2">开断电流（kA）</td><td colspan="2"></td><td>出厂日期</td><td></td></tr>
<tr><td>电压（kV）</td><td></td><td colspan="2">制造厂</td><td colspan="2"></td><td>出厂编号</td><td></td></tr>
<tr><td>电流（A）</td><td></td><td colspan="2">操动机构型号</td><td colspan="2"></td><td>操作电压</td><td></td></tr>
<tr><td rowspan="4">绝缘电阻</td><td>相别</td><td colspan="2">绝缘电阻（MΩ）</td><td rowspan="4">导电回路电阻</td><td>相别</td><td colspan="2">主触头（μΩ）</td><td>灭弧触头（μΩ）</td></tr>
<tr><td>L_1</td><td colspan="2"></td><td>L_1</td><td colspan="2"></td><td></td></tr>
<tr><td>L_2</td><td colspan="2"></td><td>L_2</td><td colspan="2"></td><td></td></tr>
<tr><td>L_3</td><td colspan="2"></td><td>L_3</td><td colspan="2"></td><td></td></tr>
<tr><td rowspan="4">介质损耗</td><td>相别</td><td colspan="2">介质损耗因数 tanδ（%）</td><td rowspan="4">交流耐压</td><td colspan="2">项目</td><td>电压（kV）</td><td>时间（min）</td></tr>
<tr><td>L_1</td><td colspan="2"></td><td colspan="2">合闸</td><td></td><td></td></tr>
<tr><td>L_2</td><td colspan="2"></td><td colspan="2">分闸（断口）</td><td></td><td></td></tr>
<tr><td>L_3</td><td colspan="2"></td><td colspan="2"></td><td></td><td></td></tr>
<tr><td rowspan="2">机械特性</td><td>最低合闸电压</td><td>最低分闸电压</td><td>合闸时间（ms）</td><td colspan="2">分闸时间（ms）</td><td>合闸速度（m/s）</td><td>分闸速度（m/s）</td><td>合闸同期差（ms）</td></tr>
<tr><td></td><td></td><td></td><td colspan="2"></td><td></td><td></td><td></td></tr>
<tr><td rowspan="3">线圈试验</td><td>项目</td><td>合闸接触器</td><td>合闸线圈</td><td colspan="3">分闸线圈</td><td></td><td></td></tr>
<tr><td>直流电阻（Ω）</td><td></td><td></td><td colspan="3"></td><td></td><td></td></tr>
<tr><td>绝缘电阻（MΩ）</td><td></td><td></td><td colspan="3"></td><td></td><td></td></tr>
<tr><td rowspan="3">操作试验</td><td>试验项目</td><td>合闸</td><td>分闸</td><td colspan="2">合闸</td><td>分闸</td><td>合闸</td><td>分闸</td></tr>
<tr><td>额定电压比</td><td>110%</td><td>110%</td><td colspan="2">85（80）%</td><td>65%</td><td>100%</td><td>100%</td></tr>
<tr><td>动作结果</td><td></td><td></td><td colspan="2"></td><td></td><td></td><td></td></tr>
<tr><td rowspan="2">绝缘油</td><td>次数</td><td>第一次</td><td>第二次</td><td colspan="2">第三次</td><td>第四次</td><td>第五次</td><td>平均值</td></tr>
<tr><td>击穿电压（kV）</td><td></td><td></td><td colspan="2"></td><td></td><td></td><td></td></tr>
<tr><td>结论</td><td colspan="8">试验单位（章）　　年　月　日</td></tr>
<tr><td colspan="3">试验人：</td><td colspan="3">审核人：</td><td colspan="3">技术负责人：</td></tr>
<tr><td colspan="3">施工单位
专业技术负责人：
年　月　日</td><td colspan="3">总承包单位
代表：
年　月　日</td><td colspan="3">专业监理工程师：
（建设单位代表）
年　月　日</td></tr>
</table>

说明：本表格由电气试验单位负责填写；适用于油断路器、空气及磁吹断路器试验，栏目根据试验项目进行选用。

4.9.40 避雷器试验报告 DQ

<table>
<tr><td colspan="3">工程名称</td><td colspan="2"></td><td colspan="2">工程编号</td><td colspan="3"></td></tr>
<tr><td colspan="3">单位工程名称</td><td colspan="2"></td><td colspan="2">安装地点</td><td colspan="3"></td></tr>
<tr><td colspan="3">型号</td><td colspan="2"></td><td colspan="2">制造厂</td><td colspan="3"></td></tr>
<tr><td colspan="3">额定电压（kV）</td><td colspan="2"></td><td colspan="2">出厂日期</td><td colspan="3"></td></tr>
<tr><td colspan="3">试验日期</td><td colspan="2"></td><td colspan="2">温度（℃）</td><td colspan="3"></td></tr>
<tr><td rowspan="2">位号</td><td rowspan="2">相别</td><td rowspan="2">出厂编号</td><td rowspan="2">绝缘电阻（MΩ）</td><td rowspan="2">直流参考电压（kV）</td><td colspan="2">直流 1mA 时的电压值 U_{1mA}</td><td colspan="2">75%U_{1mA} 时的泄漏直流（μA）</td><td rowspan="2">备注</td></tr>
<tr><td>出厂</td><td>实测</td><td>出厂</td><td>实测</td></tr>
<tr><td rowspan="3"></td><td>L_1</td><td></td><td></td><td></td><td></td><td></td><td></td><td></td><td></td></tr>
<tr><td>L_2</td><td></td><td></td><td></td><td></td><td></td><td></td><td></td><td></td></tr>
<tr><td>L_3</td><td></td><td></td><td></td><td></td><td></td><td></td><td></td><td></td></tr>
<tr><td rowspan="3"></td><td>L_1</td><td></td><td></td><td></td><td></td><td></td><td></td><td></td><td></td></tr>
<tr><td>L_2</td><td></td><td></td><td></td><td></td><td></td><td></td><td></td><td></td></tr>
<tr><td>L_3</td><td></td><td></td><td></td><td></td><td></td><td></td><td></td><td></td></tr>
<tr><td rowspan="3"></td><td>L_1</td><td></td><td></td><td></td><td></td><td></td><td></td><td></td><td></td></tr>
<tr><td>L_2</td><td></td><td></td><td></td><td></td><td></td><td></td><td></td><td></td></tr>
<tr><td>L_3</td><td></td><td></td><td></td><td></td><td></td><td></td><td></td><td></td></tr>
<tr><td rowspan="3"></td><td>L_1</td><td></td><td></td><td></td><td></td><td></td><td></td><td></td><td></td></tr>
<tr><td>L_2</td><td></td><td></td><td></td><td></td><td></td><td></td><td></td><td></td></tr>
<tr><td>L_3</td><td></td><td></td><td></td><td></td><td></td><td></td><td></td><td></td></tr>
<tr><td rowspan="3"></td><td>L_1</td><td></td><td></td><td></td><td></td><td></td><td></td><td></td><td></td></tr>
<tr><td>L_2</td><td></td><td></td><td></td><td></td><td></td><td></td><td></td><td></td></tr>
<tr><td>L_3</td><td></td><td></td><td></td><td></td><td></td><td></td><td></td><td></td></tr>
<tr><td>结论</td><td colspan="9">试验单位（章）　　年　月　日</td></tr>
<tr><td colspan="10">试验人：　　　　审核人：　　　　技术负责人：</td></tr>
<tr><td colspan="4">施工单位
专业技术负责人：
年　月　日</td><td colspan="3">总承包单位
代表：
年　月　日</td><td colspan="3">专业监理工程师：
（建设单位代表）
年　月　日</td></tr>
</table>

说明：本表格由电气试验单位负责填写，适用于金属氧化物避雷器试验。

4.9.41 过电压保护器试验报告 DQ

工程名称		工程编号	
单位工程名称		安装地点	
型号		制造厂	
额定电压（kV）		出厂日期	
试验日期		温度（℃）	

位号	出厂编号	相别	项目	绝缘电阻（MΩ）	参考电压（kV）≥	耐压值					
						Ⅰ	Ⅱ	Ⅲ	Ⅳ	Ⅴ	平均值
		L_1	L_1–E								
			L_1–L_2 · L_3 · E								
		L_2	L_2–E								
			L_2–L_1 · L_3 · E								
		L_3	L_3–E								
			L_3–L_1 · L_2 · E								
		L_1	L_1–E								
			L_1–L_2 · L_3 · E								
		L_2	L_2–E								
			L_2–L_1 · L_3 · E								
		L_3	L_3–E								
			L_3–L_1 · L_2 · E								
		L_1	L_1–E								
			L_1–L_2 · L_3 · E								
		L_2	L_2–E								
			L_2–L_1 · L_3 · E								
		L_3	L_3–E								
			L_3–L_1 · L_2 · E								
结论	试验单位（章） 年 月 日										

试验人：	审核人：	技术负责人：
施工单位 专业技术负责人： 年 月 日	总承包单位 代表： 年 月 日	专业监理工程师： （建设单位代表） 年 月 日

说明：本表格由电气试验单位负责填写，适用于过电压保护器试验。

4.9.42 柴油发电机试验报告 DQ

工程名称			工程编号		
单位工程名称			安装地点		
试验日期			温度（℃）		
型号		容量（kW）		频率	
额定电压（V）		励磁机电压（V）		绝缘等级	
额定电流（A）		励磁机电流（A）		制造厂	
接线		转速（r/min）		出厂日期	
功率因数		外壳防护等级		出厂编号	

					交流耐压	
	项目 / 绕组及相别		绝缘电阻（MΩ）	吸收比	电压（kV）	时间（min）
绝缘试验	定子绕组	L_1—L_2·L_3·E				
		L_2—L_1·L_3·E				
		L_3—L_2·L_1·E				
	励磁机绕组					
直流电阻	定子绕组相别					
	直流电阻（Ω）					
	励磁绕组					
	直流电阻（Ω）					
	各相直流电阻相别					
空载特性曲线	测录发电机实际空载特性曲线：					
结论	试验单位（章） 年 月 日					
试验人：		审核人：			技术负责人：	
施工单位 专业技术负责人： 年 月 日		总承包单位 代表： 年 月 日			专业监理工程师： （建设单位代表） 年 月 日	

说明：本表格由电气试验单位负责填写，适用于柴油机发电机试验。

4.9.43　微机保护装置及回路调试报告　DQ

<table>
<tr><td colspan="2">工程名称</td><td colspan="2"></td><td>工程编号</td><td colspan="2"></td></tr>
<tr><td colspan="2">单位工程名称</td><td colspan="2"></td><td>回路名称或编号</td><td colspan="2"></td></tr>
<tr><td>序号</td><td>保护名称</td><td>互感器变比</td><td>设定值</td><td>动作值</td><td>动作情况</td><td>备注</td></tr>
<tr><td></td><td></td><td></td><td></td><td></td><td></td><td></td></tr>
<tr><td></td><td></td><td></td><td></td><td></td><td></td><td></td></tr>
<tr><td></td><td></td><td></td><td></td><td></td><td></td><td></td></tr>
<tr><td></td><td></td><td></td><td></td><td></td><td></td><td></td></tr>
<tr><td></td><td></td><td></td><td></td><td></td><td></td><td></td></tr>
<tr><td></td><td></td><td></td><td></td><td></td><td></td><td></td></tr>
<tr><td></td><td></td><td></td><td></td><td></td><td></td><td></td></tr>
<tr><td></td><td></td><td></td><td></td><td></td><td></td><td></td></tr>
<tr><td></td><td></td><td></td><td></td><td></td><td></td><td></td></tr>
<tr><td></td><td></td><td></td><td></td><td></td><td></td><td></td></tr>
<tr><td></td><td></td><td></td><td></td><td></td><td></td><td></td></tr>
<tr><td></td><td></td><td></td><td></td><td></td><td></td><td></td></tr>
<tr><td></td><td></td><td></td><td></td><td></td><td></td><td></td></tr>
<tr><td></td><td></td><td></td><td></td><td></td><td></td><td></td></tr>
<tr><td></td><td></td><td></td><td></td><td></td><td></td><td></td></tr>
<tr><td></td><td></td><td></td><td></td><td></td><td></td><td></td></tr>
<tr><td></td><td></td><td></td><td></td><td></td><td></td><td></td></tr>
<tr><td>结论</td><td colspan="6">试验单位（章）　　年　月　日</td></tr>
<tr><td colspan="3">试验人：</td><td colspan="2">审核人：</td><td colspan="2">技术负责人：</td></tr>
<tr><td colspan="3">施工单位
专业技术负责人：
年　月　日</td><td colspan="2">总承包单位
代表：
年　月　日</td><td colspan="2">专业监理工程师：
（建设单位代表）
年　月　日</td></tr>
</table>

说明：本表格由电气试验单位负责填写，适用于微机保护装置及回路调试试验。

4.9.44 微机监控装置及回路调试报告 DQ

<table>
<tr><td colspan="2">工程名称</td><td></td><td colspan="2">工程编号</td><td colspan="3"></td></tr>
<tr><td colspan="2">单位工程名称</td><td></td><td colspan="2">回路名称或编号</td><td colspan="3"></td></tr>
<tr><td rowspan="2">序号</td><td rowspan="2">监控回路名称</td><td rowspan="2">监控量</td><td colspan="2">输入量</td><td colspan="2">输出量</td><td rowspan="2">显示值</td></tr>
<tr><td>开关量</td><td>电量</td><td>开关量</td><td>电量</td></tr>
<tr><td></td><td></td><td></td><td></td><td></td><td></td><td></td><td></td></tr>
<tr><td></td><td></td><td></td><td></td><td></td><td></td><td></td><td></td></tr>
<tr><td></td><td></td><td></td><td></td><td></td><td></td><td></td><td></td></tr>
<tr><td></td><td></td><td></td><td></td><td></td><td></td><td></td><td></td></tr>
<tr><td></td><td></td><td></td><td></td><td></td><td></td><td></td><td></td></tr>
<tr><td></td><td></td><td></td><td></td><td></td><td></td><td></td><td></td></tr>
<tr><td></td><td></td><td></td><td></td><td></td><td></td><td></td><td></td></tr>
<tr><td></td><td></td><td></td><td></td><td></td><td></td><td></td><td></td></tr>
<tr><td></td><td></td><td></td><td></td><td></td><td></td><td></td><td></td></tr>
<tr><td></td><td></td><td></td><td></td><td></td><td></td><td></td><td></td></tr>
<tr><td></td><td></td><td></td><td></td><td></td><td></td><td></td><td></td></tr>
<tr><td></td><td></td><td></td><td></td><td></td><td></td><td></td><td></td></tr>
<tr><td></td><td></td><td></td><td></td><td></td><td></td><td></td><td></td></tr>
<tr><td></td><td></td><td></td><td></td><td></td><td></td><td></td><td></td></tr>
<tr><td></td><td></td><td></td><td></td><td></td><td></td><td></td><td></td></tr>
<tr><td></td><td></td><td></td><td></td><td></td><td></td><td></td><td></td></tr>
<tr><td></td><td></td><td></td><td></td><td></td><td></td><td></td><td></td></tr>
<tr><td>结论</td><td colspan="7">

试验单位（章） 年 月 日</td></tr>
<tr><td colspan="3">试验人：</td><td colspan="3">审核人：</td><td colspan="2">技术负责人：</td></tr>
<tr><td colspan="3">施工单位
专业技术负责人：

年 月 日</td><td colspan="3">总承包单位
代表：

年 月 日</td><td colspan="2">专业监理工程师：
（建设单位代表）

年 月 日</td></tr>
</table>

说明：本表格由电气试验单位负责填写，适用于微监控装置及回路调试。

4.9.45 GIS 试验报告 DQ

工程名称			工程编号				
单位工程名称			安装地点				
试验日期			温度（℃）				
铭牌	型号		额定电压（kV）			出厂日期	
	制造厂		额定电流（A）			出厂编号	
	间隔号						
绝缘电阻	相别	L_1–L_2·L_3·E		L_2–L_1·L_3·E		L_3–L_1·L_2·E	
	绝缘电阻（MΩ）						
交流耐压	相别						时间（min）
	电压						
导电回路电阻	相别						
	回路电阻（μΩ）						
SF_6 微水含量	间隔室名称						
	测量值（μL/L）						
	间隔室名称						
	测量值（μL/L）						
密度继电器		充气压力（MPa）		闭锁动作值（MPa）	报警动作值（MPa）	密封试验	结果
结论	试验单位（章）　　年　月　日						
试验人：			审核人：			技术负责人：	
施工单位 专业技术负责人： 年　月　日			总承包单位 代表： 年　月　日			专业监理工程师： （建设单位代表） 年　月　日	

说明：本表格由电气试验单位负责填写，适用于 GIS 试验。

4.9.46 电线线芯导体电阻试验报告 DQ

工程名称			工程编号			
单位工程名称			试验日期		温度（℃）	
见证员	姓名：			编号：		
	单位：					
执行标准						
直流电阻	型号及规格	实测值（Ω）	实测长度（m）	制造厂	出厂日期	
结论	试验单位（章） 年 月 日					
试验人：	审核人：			技术负责人：		
施工单位 专业技术负责人： 年 月 日	总承包单位 代表： 年 月 日			专业监理工程师： （建设单位代表） 年 月 日		

说明：本表格由电气试验单位负责填写。

4.10 自动化仪表安装①

4.10.1 热电偶、热电阻校验记录 ZK

工程名称				工程编号			
单位工程名称							
仪表名称		仪表型号			仪表位号		
制造厂		准确度			出厂编号		
测量范围		允许偏差			分度号		
环境温度（℃）		相对湿度（%）					
标准器名称、编号及有效性							
量程		标准值	实际值（mV/Ω）		误差		变差
（%）	（℃）		上行	下行	上行	下行	
校验结果							

施工单位	总承包单位	监理（建设）单位
测试人： 专业技术负责人： 年　月　日	代表： 年　月　日	专业监理工程师： （建设单位代表） 年　月　日

说明：本表格由施工单位填写。

① 本部分的“ZK”意思是自动化仪表，代表属于自动化仪表类表格。

4.10.2 就地指示仪表校验记录 ZK

工程名称					工程编号			环境温度（℃）			
单位工程名称				标准器名称、编号及有效性				相对湿度（%）			
序号	位号	名称	型号规格	制造厂	出厂编号	测量范围	精确度	允许误差	最大误差	最大回差	校验结果
施工单位				总承包单位			监理（建设）单位				
测试人： 专业技术负责人： 年 月 日				代表： 年 月 日			专业监理工程师： （建设单位代表） 年 月 日				

说明：本表格由施工单位填写，适用于直读式压力计、温度计。校验结果栏中填写“合格”或“不合格”。

4.10.3 变送器、转换器、指示器校验记录 ZK

工程名称					单位工程名称									工程编号		
仪表名称				仪表型号						制造单位						
标准器名称、编号及有效性										环境温度（℃）			相对湿度（%）			
序号	位号	测量范围	准确度	理论输出值										最大误差（%）	最大变差（%）	结论
				实际输出平均值												
				上	下	上	下	上	下	上	下	上	下			

施工单位	总承包单位	监理（建设）单位
测试人： 专业技术负责人： 年 月 日	代表： 年 月 日	专业监理工程师： （建设单位代表） 年 月 日

注：本表格由施工单位填写；适用于同类型的仪表或不同类型多台仪表校验记录，内容可根据仪表类型选填。

4.10.4 物位仪表校验记录 ZK

<table>
<tr><td>工程名称</td><td colspan="3"></td><td colspan="2">工程编号</td><td colspan="3"></td></tr>
<tr><td>单位工程名称</td><td colspan="8"></td></tr>
<tr><td>仪表名称</td><td colspan="3"></td><td colspan="2">环境温度（℃）</td><td colspan="3"></td></tr>
<tr><td>制造厂</td><td colspan="3"></td><td colspan="2">相对湿度（%）</td><td colspan="3"></td></tr>
<tr><td>仪表型号</td><td></td><td colspan="2">出厂编号</td><td colspan="2"></td><td colspan="2">准确度</td><td></td></tr>
<tr><td>仪表位号</td><td></td><td colspan="2">测量范围</td><td colspan="2"></td><td colspan="2">电源</td><td></td></tr>
<tr><td>测量介质密度</td><td colspan="3"></td><td colspan="2">校验介质密度</td><td colspan="3"></td></tr>
<tr><td colspan="3">标准器名称、编号及有效性</td><td colspan="6"></td></tr>
<tr><td colspan="9">变送（或指示）部分</td></tr>
<tr><td colspan="2">输入值</td><td rowspan="2">标准输出值（mA）</td><td colspan="2">实测输出值（mA）</td><td colspan="2">误差</td><td colspan="2" rowspan="2">变差</td></tr>
<tr><td>（%）</td><td>（N）</td><td>上行</td><td>下行</td><td>上行</td><td>下行</td></tr>
<tr><td></td><td></td><td></td><td></td><td></td><td></td><td></td><td colspan="2"></td></tr>
<tr><td></td><td></td><td></td><td></td><td></td><td></td><td></td><td colspan="2"></td></tr>
<tr><td></td><td></td><td></td><td></td><td></td><td></td><td></td><td colspan="2"></td></tr>
<tr><td></td><td></td><td></td><td></td><td></td><td></td><td></td><td colspan="2"></td></tr>
<tr><td></td><td></td><td></td><td></td><td></td><td></td><td></td><td colspan="2"></td></tr>
<tr><td></td><td></td><td></td><td></td><td></td><td></td><td></td><td colspan="2"></td></tr>
<tr><td></td><td></td><td></td><td></td><td></td><td></td><td></td><td colspan="2"></td></tr>
<tr><td></td><td></td><td></td><td></td><td></td><td></td><td></td><td colspan="2"></td></tr>
<tr><td></td><td></td><td></td><td></td><td></td><td></td><td></td><td colspan="2"></td></tr>
<tr><td>校验结论</td><td colspan="8"></td></tr>
<tr><td colspan="3">施工单位</td><td colspan="3">总承包单位</td><td colspan="3">监理（建设）单位</td></tr>
<tr><td colspan="3">测试人：
专业技术负责人：

年 月 日</td><td colspan="3">代表：

年 月 日</td><td colspan="3">专业监理工程师：
（建设单位代表）

年 月 日</td></tr>
</table>

注：本表格由施工单位填写，校验结论栏中填写“合格”或“不合格”。

4.10.5 调节器校验记录 ZK

工程名称				工程编号	
单位工程名称				环境温度（℃）	
仪表名称		仪表型号		相对湿度（%）	
制造厂				出厂编号	
电（气）源		作用形式		准确度	
仪表位号		输入		输出	
标准器名称、编号及有效性					

测量值						输出值					
量程	标准值	实测值		误差	变差	量程	标准值		实测值	误差	变差
		上行					上行				
		下行					下行				
		上行					上行				
		下行					下行				
		上行					上行				
		下行					下行				
		上行					上行				
		下行					下行				
		上行					上行				
		下行					下行				

		标准值	实测值	结果
报警值设定	超高报警			
	高值报警			
	低值报警			
	超低报警			

A–M 切换检查		
切换型式	A → M	M → A
给定		
输出变化值		
结论		

施工单位	总承包单位	监理（建设）单位
测试人： 专业技术负责人： 年 月 日	代表： 年 月 日	专业监理工程师： （建设单位代表） 年 月 日

说明：本表格由施工单位填写，适用于各类调节器校验记录。

4.10.6 调节阀、执行器校验记录 ZK

工程名称					工程编号	
单位工程名称						
仪表名称		仪表型号			仪表位号	
制造厂		准确度			出厂编号	
行程		允许误差			输入信号	
额定 CV 值		流量特性			作用方式	
标准器名称、编号及有效性						
规格	PN= DN= Dn=				阀体材质	
阀门定位器	型号				作用型式	
	气源	MPa	输入		输出	
阀门强度试验	试验介质		试验压力	MPa	5min 内压力下降 kPa	
膜头气密性试验	试验介质		试验压力	MPa	5min 内压力下降 kPa	
阀芯、阀座泄漏量试验	试验介质			阀门出口压差	MPa	
	泄漏量	mL/min		允许值	mL/min	
全行程时间（s）	开阀	1		关阀	1	
		2			2	
		3			3	

被校刻度（%）		带阀门定位器					不带阀门定位器				
输入信号（mA）											
标准行程（mm）											
实测行程（mm）	正										
	反										
实测误差（mm）	正										
	反										
行程误差（mm）											

施工单位	总承包单位	监理（建设）单位
测试人： 专业技术负责人： 年 月 日	代表： 年 月 日	专业监理工程师： （建设单位代表） 年 月 日

说明：本表格由施工单位填写，“阀门定位器”应填写输入信号范围，以此区别一般阀和分程调节系统使用的调节阀。

4.10.7　报警、联锁系统试验记录　ZK

工程名称		工程编号	
单位工程名称			
联锁回路名称			
说明：			
测试结果：			

施工单位	总承包单位	监理（建设）单位
施工（班）组长： 专业技术负责人： 年　月　日	代表： 年　月　日	专业监理工程师： （建设单位代表） 年　月　日

说明：本表格由施工单位填写，监理（建设）单位确认。测试结果栏中填写“合格”或“不合格”。说明栏中填写联锁回路详细设计要求。

4.10.8 报警、联锁系统试验记录（续） ZK

<table>
<tr><td colspan="3">工程名称</td><td colspan="2"></td><td>工程编号</td><td colspan="2"></td></tr>
<tr><td colspan="3">单位工程名称</td><td colspan="5"></td></tr>
<tr><td colspan="3" rowspan="2">位号
名称
项目</td><td></td><td></td><td></td><td></td><td></td></tr>
<tr><td></td><td></td><td></td><td></td><td></td></tr>
<tr><td colspan="3">报警元件</td><td></td><td></td><td></td><td></td><td></td></tr>
<tr><td colspan="3">设定值</td><td></td><td></td><td></td><td></td><td></td></tr>
<tr><td rowspan="3">报警</td><td colspan="2">灯</td><td></td><td></td><td></td><td></td><td></td></tr>
<tr><td colspan="2">铃</td><td></td><td></td><td></td><td></td><td></td></tr>
<tr><td colspan="2">笛</td><td></td><td></td><td></td><td></td><td></td></tr>
<tr><td rowspan="4">紧急事故阀</td><td rowspan="2">1</td><td>升 / 闭</td><td></td><td></td><td></td><td></td><td></td></tr>
<tr><td>灯</td><td></td><td></td><td></td><td></td><td></td></tr>
<tr><td rowspan="2">2</td><td>开 / 闭</td><td></td><td></td><td></td><td></td><td></td></tr>
<tr><td>灯</td><td></td><td></td><td></td><td></td><td></td></tr>
<tr><td rowspan="6">运转设备</td><td rowspan="2">1</td><td>转 / 停</td><td></td><td></td><td></td><td></td><td></td></tr>
<tr><td>灯</td><td></td><td></td><td></td><td></td><td></td></tr>
<tr><td rowspan="2">2</td><td>转 / 停</td><td></td><td></td><td></td><td></td><td></td></tr>
<tr><td>灯</td><td></td><td></td><td></td><td></td><td></td></tr>
<tr><td rowspan="2">3</td><td>转 / 停</td><td></td><td></td><td></td><td></td><td></td></tr>
<tr><td>灯</td><td></td><td></td><td></td><td></td><td></td></tr>
<tr><td rowspan="2">外部接点</td><td>1</td><td>通 / 断</td><td></td><td></td><td></td><td></td><td></td></tr>
<tr><td>2</td><td>通 / 断</td><td></td><td></td><td></td><td></td><td></td></tr>
<tr><td colspan="3">确认</td><td></td><td></td><td></td><td></td><td></td></tr>
<tr><td colspan="3">复位</td><td></td><td></td><td></td><td></td><td></td></tr>
<tr><td colspan="3">试验结果</td><td></td><td></td><td></td><td></td><td></td></tr>
</table>

<table>
<tr><td>施工单位</td><td>总承包单位</td><td>监理（建设）单位</td></tr>
<tr><td>施工（班）组长：
专业技术负责人：

年 月 日</td><td>代表：

年 月 日</td><td>专业监理工程师：
（建设单位代表）

年 月 日</td></tr>
</table>

说明：本表格由施工单位填写，监理（建设）单位确认。与 4.10.7 表格可配套使用。

4.10.9 安全栅、分配器、选择器校验记录 ZK

<table>
<tr><td colspan="2">工程名称</td><td colspan="4"></td><td colspan="4">单位工程名称</td><td colspan="4"></td><td colspan="2">工程编号</td><td colspan="3"></td></tr>
<tr><td colspan="2">仪表名称</td><td colspan="3"></td><td colspan="2">仪表型号</td><td colspan="2"></td><td colspan="3">工作电压</td><td colspan="2"></td><td colspan="2">制造单位</td><td colspan="3"></td></tr>
<tr><td colspan="3">标准器名称、编号及有效性</td><td colspan="9"></td><td colspan="2">环境温度（℃）</td><td colspan="2"></td><td colspan="2">相对湿度（%）</td><td></td></tr>
<tr><td rowspan="4">序号</td><td rowspan="4">位号</td><td rowspan="4">测量范围</td><td rowspan="4">配电 DC（V）</td><td rowspan="4">精确度</td><td rowspan="4">输入值范围</td><td colspan="10">理论输出值</td><td rowspan="4">最大误差（%）</td><td rowspan="4">最大变差（%）</td><td rowspan="4">结论</td></tr>
<tr><td colspan="2"></td><td colspan="2"></td><td colspan="2"></td><td colspan="2"></td><td colspan="2"></td></tr>
<tr><td colspan="10">实际输出平均值</td></tr>
<tr><td>上</td><td>下</td><td>上</td><td>下</td><td>上</td><td>下</td><td>上</td><td>下</td><td>上</td><td>下</td></tr>
<tr><td></td><td></td><td></td><td></td><td></td><td></td><td></td><td></td><td></td><td></td><td></td><td></td><td></td><td></td><td></td><td></td><td></td><td></td><td></td></tr>
<tr><td></td><td></td><td></td><td></td><td></td><td></td><td></td><td></td><td></td><td></td><td></td><td></td><td></td><td></td><td></td><td></td><td></td><td></td><td></td></tr>
<tr><td></td><td></td><td></td><td></td><td></td><td></td><td></td><td></td><td></td><td></td><td></td><td></td><td></td><td></td><td></td><td></td><td></td><td></td><td></td></tr>
<tr><td></td><td></td><td></td><td></td><td></td><td></td><td></td><td></td><td></td><td></td><td></td><td></td><td></td><td></td><td></td><td></td><td></td><td></td><td></td></tr>
<tr><td></td><td></td><td></td><td></td><td></td><td></td><td></td><td></td><td></td><td></td><td></td><td></td><td></td><td></td><td></td><td></td><td></td><td></td><td></td></tr>
<tr><td></td><td></td><td></td><td></td><td></td><td></td><td></td><td></td><td></td><td></td><td></td><td></td><td></td><td></td><td></td><td></td><td></td><td></td><td></td></tr>
<tr><td></td><td></td><td></td><td></td><td></td><td></td><td></td><td></td><td></td><td></td><td></td><td></td><td></td><td></td><td></td><td></td><td></td><td></td><td></td></tr>
<tr><td></td><td></td><td></td><td></td><td></td><td></td><td></td><td></td><td></td><td></td><td></td><td></td><td></td><td></td><td></td><td></td><td></td><td></td><td></td></tr>
<tr><td></td><td></td><td></td><td></td><td></td><td></td><td></td><td></td><td></td><td></td><td></td><td></td><td></td><td></td><td></td><td></td><td></td><td></td><td></td></tr>
<tr><td colspan="6">施工单位</td><td colspan="7">总承包单位</td><td colspan="6">监理（建设）单位</td></tr>
<tr><td colspan="6">校验人：
专业技术负责人：
年 月 日</td><td colspan="7">代表：
年 月 日</td><td colspan="6">专业监理工程师：
（建设单位代表）
年 月 日</td></tr>
</table>

说明：本表格由施工单位填写。可填写多台安全栅、分配器、选择器的校验记录。

4.10.10 分析仪表校验记录 ZK

<table>
<tr><td>工程名称</td><td colspan="4"></td><td colspan="2">工程编号</td><td colspan="2"></td></tr>
<tr><td>单位工程名称</td><td colspan="8"></td></tr>
<tr><td>仪表名称</td><td></td><td colspan="2">仪表型号</td><td></td><td colspan="2">仪表位号</td><td colspan="2"></td></tr>
<tr><td>制造厂</td><td></td><td colspan="2">精度</td><td></td><td colspan="2">出厂编号</td><td colspan="2"></td></tr>
<tr><td>测量范围</td><td></td><td colspan="2">允许误差</td><td></td><td colspan="2">电源</td><td colspan="2"></td></tr>
<tr><td>介质温度</td><td></td><td colspan="2">介质压力</td><td></td><td colspan="2">介质成分</td><td colspan="2"></td></tr>
<tr><td>分析类型</td><td></td><td colspan="2">样气（样液）名称</td><td></td><td colspan="2"></td><td colspan="2"></td></tr>
<tr><td>标准表名称</td><td></td><td colspan="2">精度</td><td></td><td colspan="2">编号</td><td colspan="2"></td></tr>
<tr><td colspan="2">样气（样液）压力</td><td colspan="2"></td><td colspan="3">样气（样液）流量</td><td colspan="2"></td></tr>
<tr><td rowspan="3">标准气液温度</td><td rowspan="3">标准气液浓度</td><td colspan="7">输出值</td></tr>
<tr><td rowspan="2">标准值</td><td colspan="6">实测值</td></tr>
<tr><td>上行</td><td colspan="2">误差</td><td>下行</td><td>误差</td><td>回差</td></tr>
<tr><td></td><td></td><td></td><td></td><td colspan="2"></td><td></td><td></td><td></td></tr>
<tr><td></td><td></td><td></td><td></td><td colspan="2"></td><td></td><td></td><td></td></tr>
<tr><td></td><td></td><td></td><td></td><td colspan="2"></td><td></td><td></td><td></td></tr>
<tr><td></td><td></td><td></td><td></td><td colspan="2"></td><td></td><td></td><td></td></tr>
<tr><td></td><td></td><td></td><td></td><td colspan="2"></td><td></td><td></td><td></td></tr>
<tr><td></td><td></td><td></td><td></td><td colspan="2"></td><td></td><td></td><td></td></tr>
<tr><td>结论</td><td colspan="8"></td></tr>
<tr><td colspan="3">施工单位</td><td colspan="3">总承包单位</td><td colspan="3">监理（建设）单位</td></tr>
<tr><td colspan="3">校验人：
专业技术负责人：

年 月 日</td><td colspan="3">代表：

年 月 日</td><td colspan="3">专业监理工程师：
（建设单位代表）

年 月 日</td></tr>
</table>

说明：本表格由施工单位填写，用于各类分析仪表校验记录。结论栏中填写“合格”或“不合格”。

4.10.11 轴位移、轴振动校验记录 ZK

工程名称		工程编号	
单位工程名称			
仪表名称			
位号		型号	
测量范围		输出值	

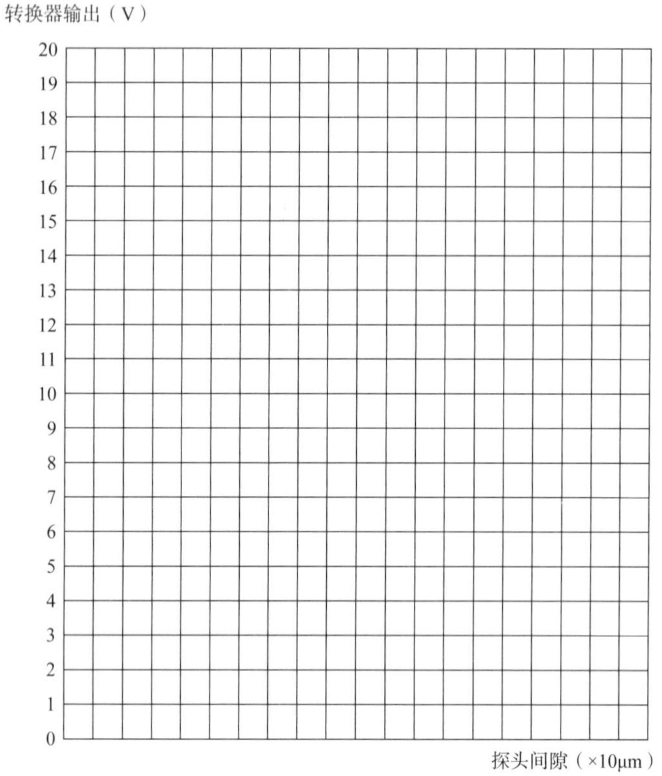

报警设定值：	动作值：	联锁设定值：	动作值：
备注：			

施工单位	总承包单位	监理（建设）单位
校验人： 专业技术负责人： 年 月 日	代表： 年 月 日	专业监理工程师： （建设单位代表） 年 月 日

说明：本表格由施工单位填写，用于轴位移、轴振动测量探头及报警保护仪表的校验记录。

4.10.12 工艺开关校验记录 ZK

工程名称							工程编号		
单位工程名称									
标准器名称、编号及有效性							相对湿度（%）		
							环境温度（℃）		
仪表名称			规格型号				允许误差		
仪表位号	量程	出厂编号	报警设定值		动作值（吸合/断开）				结果
			高报	低报	上行	下行	上行	下行	

施工单位	总承包单位	监理（建设）单位
校验人： 专业技术负责人： 年 月 日	代表： 年 月 日	专业监理工程师： （建设单位代表） 年 月 日

说明：本表格由施工单位填写；适用于各类工艺开关调校，可填写多台工艺开关。

4.10.13 仪表回路联校记录 ZK

工程名称			工程编号		
单位工程名称					
回路名称		回路精度		回路误差	
标准器名称、编号及有效性					

仪表类型	仪表名称及规格型号	量程	精度	检测情况							最大误差	最大变差
				标准值							（mm）	
				实测值	上行							
					下行							
				标准值							（mm）	
				实测值	上行							
					下行							
				标准值							（mm）	
				实测值	上行							
					下行							
调节阀	规格型号	总行程	作用形式	被校刻度		0	25%	50%	75%	100%	误差	回差
				标准行程							（mm）	
				实测行程	正							
					反							

报警开关	规格型号	报警类型	标准值	实测值	结果
		超高报警			
		高值报警			
		低值报警			
		超低报警			

报警器	灯光	设定值		动作值		结果	
	音响	设定值		动作值		结果	
结论							

施工单位	总承包单位	监理（建设）单位
校验人： 专业技术负责人： 年 月 日	代表： 年 月 日	专业监理工程师： （建设单位代表） 年 月 日

说明：本表格由施工单位填写，监理（建设）单位确认。结果栏中填写“合格”或“不合格”。标准器使用过程认证仪表，不填写一次仪表。

4.10.14 （　　　　　　　）校验记录　ZK

工程名称				工程编号	
单位工程名称				环境温度（℃）	
仪表名称		仪表型号		相对湿度（%）	
出厂编号		制造厂			
仪表位号		测量范围		准确度	
标准器名称、编号及有效性					

刻度		标准值	实测值				
（%）	（ ）	（ ）	上行	误差	下行	误差	变差
结论							

施工单位	总承包单位	监理（建设）单位
校验人： 专业技术负责人： 年　月　日	代表： 年　月　日	专业监理工程师： （建设单位代表） 年　月　日

说明：本表格由施工单位填写。本表格为仪表校验通用空白表，校验结果无合适表式填写者，可用本表格。

4.10.15 仪表保温箱、保护箱安装记录 ZK

工程名称					工程编号		
单位工程名称							
序号	位号	规格	铅垂度		水平度		结果
			允差（mm）	实测误差（mm）	允差（mm）	实测误差（mm）	
备注：							

施工单位	总承包单位	监理（建设）单位
施工（班）组长： 专业技术负责人： 年 月 日	代表： 年 月 日	专业监理工程师： （建设单位代表） 年 月 日

说明：本表格由施工单位填写，可填写多台。

4.10.16 仪表盘、柜、操作台安装记录 ZK

<table>
<tr><td colspan="2">工程名称</td><td colspan="4"></td><td>工程编号</td><td></td></tr>
<tr><td colspan="2">单位工程名称</td><td colspan="6"></td></tr>
<tr><td colspan="8">基础型钢安装</td></tr>
<tr><td colspan="3">项次</td><td colspan="3">项目</td><td>允许偏差（mm）</td><td>实测偏差（mm）</td></tr>
<tr><td colspan="3" rowspan="2">1</td><td rowspan="2">直线度</td><td colspan="2">每 1m</td><td></td><td></td></tr>
<tr><td colspan="2">总长大于 5m</td><td></td><td></td></tr>
<tr><td colspan="3" rowspan="2">2</td><td rowspan="2">水平倾斜度</td><td colspan="2">每 1m</td><td></td><td></td></tr>
<tr><td colspan="2">总长大于 5m</td><td></td><td></td></tr>
<tr><td colspan="8">单独成排表盘安装</td></tr>
<tr><td>盘名称</td><td>数量</td><td>规格</td><td colspan="3">项目</td><td>允许偏差（mm）</td><td>实测偏差（mm）</td></tr>
<tr><td colspan="3" rowspan="8"></td><td rowspan="2">单独盘</td><td colspan="2">垂直度（每 1m）</td><td></td><td></td></tr>
<tr><td colspan="2">水平倾斜度（每 1m）</td><td></td><td></td></tr>
<tr><td rowspan="6">成排盘</td><td colspan="2">垂直度（每 1m）</td><td></td><td></td></tr>
<tr><td colspan="2">相临两盘顶部高差</td><td></td><td></td></tr>
<tr><td colspan="2">盘顶最大高差（盘间连接多于两处）</td><td></td><td></td></tr>
<tr><td colspan="2">盘间接缝间隙</td><td></td><td></td></tr>
<tr><td rowspan="2">盘正面平直度</td><td>相临两盘接缝处</td><td></td><td></td></tr>
<tr><td>盘间连接多于五处</td><td></td><td></td></tr>
<tr><td>平面布置图</td><td colspan="7"></td></tr>
<tr><td>结论</td><td colspan="7"></td></tr>
<tr><td colspan="3">施工单位</td><td colspan="3">总承包单位</td><td colspan="2">监理（建设）单位</td></tr>
<tr><td colspan="3">施工（班）组长：
专业技术负责人：

年 月 日</td><td colspan="3">代表：

年 月 日</td><td colspan="2">专业监理工程师：
（建设单位代表）

年 月 日</td></tr>
</table>

说明：本表格由施工单位填写，监理（建设）单位确认。用于仪表盘、柜、操作台的安装记录，结果填入“备注”栏。

4.10.17 综合控制系统软件构成记录 ZK

<table>
<tr><td>工程名称</td><td colspan="3"></td><td>工程编号</td><td colspan="2"></td></tr>
<tr><td>单位工程名称</td><td colspan="6"></td></tr>
<tr><td>序号</td><td>项目</td><td colspan="3">名称</td><td colspan="2">版本号</td></tr>
<tr><td>1</td><td>组态软件</td><td colspan="3"></td><td colspan="2"></td></tr>
<tr><td>2</td><td>监控软件</td><td colspan="3"></td><td colspan="2"></td></tr>
<tr><td>3</td><td>维护软件</td><td colspan="3"></td><td colspan="2"></td></tr>
<tr><td>4</td><td>系统软件</td><td>名称及
版本号</td><td colspan="2"></td><td>工作平台</td><td></td></tr>
<tr><td>备注</td><td colspan="6"></td></tr>
<tr><td colspan="2">施工单位</td><td colspan="3">总承包单位</td><td colspan="2">监理（建设）单位</td></tr>
<tr><td colspan="2">施工（班）组长：
专业技术负责人：

年 月 日</td><td colspan="3">代表：

年 月 日</td><td colspan="2">专业监理工程师：
（建设单位代表）

年 月 日</td></tr>
</table>

说明：本表格由施工单位填写，监理（建设）单位确认。“备注”栏用于特定软件的补充。

4.10.18 现场视频监控系统基本功能测试记录 ZK

<table>
<tr><td>工程名称</td><td colspan="3"></td><td>工程编号</td><td></td></tr>
<tr><td>单位工程名称</td><td colspan="5"></td></tr>
<tr><td>系统名称</td><td></td><td>系统型号</td><td></td><td>生产厂家</td><td></td></tr>
<tr><td>序号</td><td colspan="2">项目</td><td colspan="3">检查结果</td></tr>
<tr><td>1</td><td colspan="2">云台转动</td><td colspan="3"></td></tr>
<tr><td>2</td><td colspan="2">镜头调节</td><td colspan="3"></td></tr>
<tr><td>3</td><td colspan="2">图像切换</td><td colspan="3"></td></tr>
<tr><td>4</td><td colspan="2">显示速度</td><td colspan="3"></td></tr>
<tr><td>5</td><td colspan="2">防护罩效果</td><td colspan="3"></td></tr>
<tr><td>6</td><td colspan="2">图像质量</td><td colspan="3"></td></tr>
<tr><td>7</td><td colspan="2">抗干扰能力</td><td colspan="3"></td></tr>
<tr><td>8</td><td colspan="2">监控范围</td><td colspan="3"></td></tr>
<tr><td>9</td><td colspan="2">图像记录</td><td colspan="3"></td></tr>
<tr><td>10</td><td colspan="2">保存时间</td><td colspan="3"></td></tr>
<tr><td>备注</td><td colspan="5"></td></tr>
<tr><td colspan="2">施工单位</td><td colspan="2">总承包单位</td><td colspan="2">监理（建设）单位</td></tr>
<tr><td colspan="2">施工（班）组长：
专业技术负责人：

年 月 日</td><td colspan="2">代表：

年 月 日</td><td colspan="2">专业监理工程师：
（建设单位代表）

年 月 日</td></tr>
</table>

说明：本表格由施工单位填写，监理（建设）单位确认。“检查结果”栏中填写“合格”或“不合格”。

4.10.19 火灾、消防监控系统基本功能测试记录 ZK

<table>
<tr><td>工程名称</td><td colspan="2"></td><td colspan="2">工程编号</td><td></td></tr>
<tr><td>单位工程名称</td><td colspan="5"></td></tr>
<tr><td>系统名称</td><td></td><td>系统型号</td><td></td><td>生产厂家</td><td></td></tr>
<tr><td>序号</td><td colspan="2">项目</td><td colspan="3">检查结果</td></tr>
<tr><td>1</td><td colspan="2">系统检测</td><td colspan="3"></td></tr>
<tr><td>2</td><td colspan="2">系统联动</td><td colspan="3"></td></tr>
<tr><td>3</td><td colspan="2">电磁兼容性</td><td colspan="3"></td></tr>
<tr><td>4</td><td colspan="2">人机界面</td><td colspan="3"></td></tr>
<tr><td>5</td><td colspan="2">接口通信功能</td><td colspan="3"></td></tr>
<tr><td>6</td><td colspan="2">系统关联功能</td><td colspan="3"></td></tr>
<tr><td>备注</td><td colspan="5"></td></tr>
</table>

<table>
<tr><td>施工单位</td><td>总承包单位</td><td>监理（建设）单位</td></tr>
<tr><td>施工（班）组长：
专业技术负责人：

年　月　日</td><td>代表：

年　月　日</td><td>专业监理工程师：
（建设单位代表）

年　月　日</td></tr>
</table>

说明：本表格由施工单位填写，监理（建设）单位确认。检查结果栏中填写“合格”或“不合格”。

4.10.20 仪表管路试压、脱脂、酸洗记录 ZK

工程名称		工程编号	
单位工程名称			

仪表位号或管道号	管道材质	规格	工作压力（MPa）	试验压力（MPa）	试验介质	脱脂、酸洗介质	结果
备注							

施工单位	总承包单位	监理（建设）单位
施工（班）组长： 专业技术负责人： 年 月 日	代表： 年 月 日	专业监理工程师： （建设单位代表） 年 月 日

说明：本表格由施工单位填写，监理（建设）单位确认。结果栏中填写“合格”或“不合格”。

4.10.21 综合控制系统基本功能测试记录 ZK

<table>
<tr><td>工程名称</td><td colspan="4"></td><td colspan="2">工程编号</td><td colspan="3"></td></tr>
<tr><td>单位工程名称</td><td colspan="9"></td></tr>
<tr><td>系统名称</td><td colspan="2"></td><td colspan="2">系统型号</td><td colspan="2"></td><td colspan="2">编号</td><td></td></tr>
<tr><td colspan="4">系统基本功能检查记录</td><td colspan="6">系统电源测试记录</td></tr>
<tr><td rowspan="2">检查项目</td><td rowspan="2">判断</td><td rowspan="2">检查结果</td><td rowspan="2">备注</td><td rowspan="2" colspan="2">测试项目</td><td rowspan="2">基准值（ ）</td><td colspan="2">测试值（ ）</td><td rowspan="2">备注</td></tr>
<tr><td>调前</td><td>调后</td></tr>
<tr><td>通信功能</td><td></td><td></td><td></td><td rowspan="7">交流</td><td></td><td></td><td></td><td></td><td></td></tr>
<tr><td>自诊断功能</td><td></td><td></td><td></td><td></td><td></td><td></td><td></td><td></td></tr>
<tr><td>报警功能</td><td></td><td></td><td></td><td></td><td></td><td></td><td></td><td></td></tr>
<tr><td>冗余功能</td><td></td><td></td><td></td><td></td><td></td><td></td><td></td><td></td></tr>
<tr><td>断电功能</td><td></td><td></td><td></td><td></td><td></td><td></td><td></td><td></td></tr>
<tr><td>恢复功能</td><td></td><td></td><td></td><td></td><td></td><td></td><td></td><td></td></tr>
<tr><td>键盘操作</td><td></td><td></td><td></td><td></td><td></td><td></td><td></td><td></td></tr>
<tr><td>蓄电池</td><td></td><td></td><td></td><td rowspan="4">直流</td><td></td><td></td><td></td><td></td><td></td></tr>
<tr><td>LED</td><td></td><td></td><td></td><td></td><td></td><td></td><td></td><td></td></tr>
<tr><td>工作接地</td><td></td><td></td><td></td><td></td><td></td><td></td><td></td><td></td></tr>
<tr><td>保护接地</td><td></td><td></td><td></td><td></td><td></td><td></td><td></td><td></td></tr>
<tr><td>测试纪要</td><td colspan="9"></td></tr>
<tr><td colspan="3">施工单位</td><td colspan="3">总承包单位</td><td colspan="4">监理（建设）单位</td></tr>
<tr><td colspan="3">施工（班）组长：
专业技术负责人：

年　月　日</td><td colspan="3">代表：

年　月　日</td><td colspan="4">专业监理工程师：
（建设单位代表）

年　月　日</td></tr>
</table>

说明：本表格由施工单位填写，监理（建设）单位确认。判断栏下框内打“√”或空白，表示对应基本功能有或无。

4.10.22 综合控制系统模拟量输入输出测试记录 ZK

工程名称				工程编号			
单位工程名称							
器件名称		器件型号		精确度			
位号	地址	量程	标准值	测量值		误差	结果
				上行	下行		
备注							
施工单位		总承包单位			监理（建设）单位		
施工（班）组长： 专业技术负责人： 年 月 日		代表： 年 月 日			专业监理工程师： （建设单位代表） 年 月 日		

说明：本表格由施工单位填写，监理（建设）单位确认。结果栏中填写“合格”或“不合格”。

4.10.23 综合控制系统开关量输入输出测试记录 ZK

工程名称			工程编号		
单位工程名称					
器件名称		器件型号		精确度	
序号	位号	地址	标准状态（ON/OFF）	测量状态（ON/OFF）	结果
备注					

施工单位	总承包单位	监理（建设）单位
施工（班）组长： 专业技术负责人： 年　月　日	代表： 年　月　日	专业监理工程师： （建设单位代表） 年　月　日

说明：本表格由施工单位填写，监理（建设）单位确认。结果栏中填写“合格”或“不合格”。

4.10.24 综合控制系统回路测试记录 ZK

单位工程						工程编号				
单位工程名称										
回路号	仪表位号	输入 / 显示（指示、记录）/ 输出						报警条件	连锁动作	结果
		测量范围	实测值							
			0	50%	100	50%	0			

施工单位	总承包单位	监理（建设）单位
施工（班）组长： 专业技术负责人： 年 月 日	代表： 年 月 日	专业监理工程师： （建设单位代表） 年 月 日

说明：本表格由施工单位填写，监理（建设）单位确认。结果栏中填写“合格”或“不合格”。

4.11 通信安装①

4.11.1 电源设备安装测试记录 TX

<table>
<tr><td>工程名称</td><td colspan="2"></td><td>工程编号</td><td colspan="2"></td></tr>
<tr><td>单位工程名称</td><td colspan="5"></td></tr>
<tr><td>设备名称</td><td colspan="2"></td><td>制造厂家</td><td colspan="2"></td></tr>
<tr><td>规格型号</td><td colspan="2"></td><td>安装地点</td><td colspan="2"></td></tr>
<tr><td colspan="6">测试记录</td></tr>
<tr><td rowspan="2">绝缘电阻</td><td>一次线间</td><td></td><td rowspan="2">电表检测</td><td>电压表</td><td></td></tr>
<tr><td>一次对地</td><td></td><td>电流表</td><td></td></tr>
<tr><td rowspan="2">电压告警</td><td>高限</td><td></td><td rowspan="2">电流告警</td><td>高限</td><td></td></tr>
<tr><td>低限</td><td></td><td>低限</td><td></td></tr>
<tr><td>电池检查</td><td colspan="2"></td><td>熔断器检查</td><td colspan="2"></td></tr>
<tr><td colspan="2">施工单位</td><td colspan="2">总承包单位</td><td colspan="2">监理（建设）单位</td></tr>
<tr><td colspan="2">检测人：
专业技术负责人：

年 月 日</td><td colspan="2">代表：

年 月 日</td><td colspan="2">专业监理工程师：
（建设单位代表）

年 月 日</td></tr>
</table>

填写说明：本表格由施工单位填写。绝缘电阻测试项填写测试电阻值，其他测试项填写“合格”或“不合格”。

① 本部分的“TX”意思是“通信”，代表属于通信类表格。

4.11.2 蓄电池充电测试记录 TX

<table>
<tr><td>工程名称</td><td></td><td>工程编号</td><td></td></tr>
<tr><td>单位工程名称</td><td colspan="3"></td></tr>
<tr><td>规格型号</td><td></td><td>制造厂家</td><td></td></tr>
<tr><td>安装地点</td><td></td><td>充电方法</td><td></td></tr>
<tr><td>初充电流
（≤ 0.25C_{10}）</td><td></td><td>初充电压 / 环境温度</td><td></td></tr>
<tr><td colspan="4">测试记录</td></tr>
<tr><td rowspan="2">时间（h）</td><td colspan="3">充电电流（A）（<0.006C_{10}, 3h 以上，充电完毕）</td></tr>
<tr><td>电池组 1</td><td colspan="2">电池组 2</td></tr>
<tr><td>1</td><td></td><td colspan="2"></td></tr>
<tr><td>2</td><td></td><td colspan="2"></td></tr>
<tr><td>3</td><td></td><td colspan="2"></td></tr>
<tr><td>4</td><td></td><td colspan="2"></td></tr>
<tr><td>5</td><td></td><td colspan="2"></td></tr>
<tr><td>6</td><td></td><td colspan="2"></td></tr>
<tr><td>7</td><td></td><td colspan="2"></td></tr>
<tr><td>8</td><td></td><td colspan="2"></td></tr>
<tr><td>9</td><td></td><td colspan="2"></td></tr>
<tr><td>10</td><td></td><td colspan="2"></td></tr>
<tr><td>11</td><td></td><td colspan="2"></td></tr>
<tr><td>12</td><td></td><td colspan="2"></td></tr>
</table>

施工单位	总承包单位	监理（建设）单位
检测人： 专业技术负责人： 年　月　日	代表： 年　月　日	专业监理工程师： （建设单位代表） 年　月　日

说明：本表格由施工单位填写。充电方法：恒压限流充电、恒流恒压充电等。

4.11.3 蓄电池容量测试记录 TX

工程名称					工程编号					
单位工程名称										
规格型号					制造厂家					
安装地点					组别					
放电电流 I_{10}					环境温度					
测试记录										
时间 电池（块）	1h	2h	3h	4h	5h	6h	7h	8h	9h	10h
1										
2										
3										
4										
5										
6										
7										
8										
9										
10										
11										
12										

施工单位	总承包单位	监理（建设）单位
检测人： 专业技术负责人： 年 月 日	代表： 年 月 日	专业监理工程师： （建设单位代表） 年 月 日

说明：本表格由施工单位填写，测试内容填写电池电压。

4.11.4 电缆环阻 / 绝缘电阻测试记录 TX

工程名称			工程编号	
单位工程名称				
线路名称			线路总长	
规格型号			制造厂家	
芯线序号	环阻	线间绝缘	A 线对地	B 线对地

施工单位	总承包单位	监理（建设）单位
检测人： 专业技术负责人： 年 月 日	代表： 年 月 日	专业监理工程师： （建设单位代表） 年 月 日

说明：本表格由施工单位填写，测试内容填写各芯线测试项电阻值。

4.11.5 电（光）缆敷设施工记录 TX

工程名称			工程编号		
单位工程名称					
线路名称			线路总长		
规格型号			制造厂家		
桩号			施工日期		
工前检查	项目	缆线规格核对	缆线外观检查	缆线端别检查	缆沟开挖检查
	结果				
	备注				
过程检查	项目	成缆布放	穿管保护	盖砖（标志带）保护	成缆下沟回填
	结果				
	备注				
施工记录	标志桩号				
	敷设盘号				
	单盘长度				
	敷设总长				
	地貌恢复				
	备注				
	标志桩号				
	敷设盘号				
	单盘长度				
	敷设总长				
	地貌恢复				
	备注				

施工单位	总承包单位	监理（建设）单位
检测人： 专业技术负责人： 年　月　日	代表： 年　月　日	专业监理工程师： （建设单位代表） 年　月　日

说明：本表格由施工单位填写。检查结果填写“合格”或“不合格”，施工记录按实测数据填写。

4.11.6 电缆接续施工记录 TX

工程名称				工程编号	
单位工程名称					
线路名称				线路总长	
规格型号				制造厂家	
材料核查	项目	套管编号	套管类型	干线电缆规格	分支电缆规格
	结果				
	项目	热缩管规格	芯线接续方式	绝缘包扎材料	铠装金属带连接
	结果				
工前检查	项目	电缆规格核对	电缆外观检查	电缆端别检查	接续坑开挖检查
	结果				
	项目	电缆绝缘检查	电缆预留情况	接续环境条件	接续环境温度
	结果				
过程检查	项目	电缆开剥	芯线接续	绝缘包扎	跨接及接地
	结果				
	项目	热缩管封制	电缆盖砖保护	电缆下沟回填	标志桩设立
	结果				

施工单位	总承包单位	监理（建设）单位
检测人： 专业技术负责人： 年 月 日	代表： 年 月 日	专业监理工程师： （建设单位代表） 年 月 日

说明：本表格由施工单位填写。检查结果填写实测数据或“合格”“不合格”。

4.11.7 光缆单盘测试记录 TX

工程名称		工程编号	
单位工程名称			
线路名称		线路总长	
规格型号		制造厂家	
纤号	衰减（dB）	衰减系数（dB/km）	实长

施工单位	总承包单位	监理（建设）单位
检测人： 专业技术负责人： 年 月 日	代表： 年 月 日	专业监理工程师： （建设单位代表） 年 月 日

说明：本表格由施工单位填写。检查结果填写实测数据。

4.11.8 光缆熔接测试记录 TX

工程名称		工程编号	
单位工程名称			
线路名称		线路总长	
规格型号		熔接设备	
纤号	正向损耗（dB）	反向损耗（dB）	平均损耗（≤ 0.08dB）

施工单位	总承包单位	监理（建设）单位
检测人： 专业技术负责人： 年　月　日	代表： 年　月　日	专业监理工程师： （建设单位代表） 年　月　日

说明：本表格由施工单位填写。检查结果填写实测数据。

4.11.9 中继段光纤线路衰减测试记录 TX

工程名称		工程编号	
单位工程名称			
线路名称		线路总长	
规格型号		测试仪器	
测试部位	至	折射波长	
光纤序号	中继段线路衰减（dB）	衰减系数（dB/km）	备注

施工单位	总承包单位	监理（建设）单位
检测人： 专业技术负责人： 年 月 日	代表： 年 月 日	专业监理工程师： （建设单位代表） 年 月 日

说明：本表格由施工单位填写。检查结果填写实测数据。

4.12 道路工程①

4.12.1 道路主要技术指标表 DL

工程名称		项目编号	
指标名称名称	说明		
道路等级			
道路长度	自 至 实长 km		
路基宽度	m		
路面宽度	M（机动车道、人行道、分隔带宽度）		
最大纵坡	%		
大桥	m/ 座		
中桥	m/ 座		
小桥	m/ 座		
盖板涵	m/ 道		
圆管涵	m/ 道		
钢管管涵	m/ 道		

技术负责人： 填表人：

说明：本表格由施工单位填写。

① 本部分的“DL”意思是“道路”，代表属于道路类表格。

4.12.2 照明工程一览表 DL

工程名称：

序号	地点位置	灯具类别	灯具规格	高度	功率	数量	备注

技术负责人：　　　　　　　　　　　　　　　　　　填表人：

说明：本表格由施工单位负责填写，按批号顺序填列。

4.12.3 土工（钢塑）格栅施工原始记录 DL

工程名称：

桩号	距路槽底面填高（cm）	土工（钢塑）格栅数量（m^2）	铺筑长度（m）	铺筑宽度（m）	搭接宽度（cm）	加固点数

施工单位	总承包单位	监理（建设）单位
班组长： 专业技术负责人： 年 月 日	代表： 年 月 日	专业监理工程师： （建设单位代表） 年 月 日

4.12.4 混凝土施工记录 DL

<table>
<tr><td colspan="2">工程名称</td><td colspan="2"></td><td>结构物名称</td><td colspan="2"></td></tr>
<tr><td colspan="3">施工部位（构件名称）编号</td><td></td><td>设计强度等级</td><td colspan="2"></td></tr>
<tr><td colspan="2">混凝土浇筑日期</td><td colspan="2"></td><td colspan="2">施工气温（℃）</td><td></td></tr>
<tr><td rowspan="11">混凝土拌制方法</td><td rowspan="2">商品混凝土</td><td colspan="2">供料厂家</td><td></td><td>合同号</td><td></td></tr>
<tr><td colspan="2">供料强度等级（MPa）</td><td></td><td>试验单编号</td><td></td></tr>
<tr><td rowspan="9">现场拌制</td><td colspan="2">配合比通知单编号</td><td colspan="3"></td></tr>
<tr><td>材料名称</td><td>用量（kg/m³）</td><td>每盘用量（kg）</td><td>材料含水质量（kg）</td><td>实际每盘用量（kg）</td></tr>
<tr><td>水泥</td><td></td><td></td><td></td><td></td></tr>
<tr><td>石子</td><td></td><td></td><td></td><td></td></tr>
<tr><td>砂子</td><td></td><td></td><td></td><td></td></tr>
<tr><td>水</td><td></td><td></td><td></td><td></td></tr>
<tr><td>掺合料</td><td></td><td></td><td></td><td></td></tr>
<tr><td>外加剂</td><td></td><td></td><td></td><td></td></tr>
<tr><td colspan="2">混凝土入模温度（℃）</td><td colspan="2"></td><td colspan="2">实测坍落度（cm）</td><td></td></tr>
<tr><td colspan="2">混凝土完成数量（m³）</td><td colspan="2"></td><td colspan="2">振捣方法</td><td></td></tr>
<tr><td colspan="2">完成时间（h）</td><td colspan="5"></td></tr>
<tr><td rowspan="2">试件留样</td><td>标准养护</td><td colspan="2"></td><td colspan="2">编号</td><td></td></tr>
<tr><td>同条件养护</td><td colspan="2"></td><td colspan="2">编号</td><td></td></tr>
<tr><td colspan="3">混凝土浇筑中出现的问题及处理方法</td><td colspan="4"></td></tr>
<tr><td colspan="3">施工单位</td><td colspan="2">总承包单位</td><td colspan="2">监理（建设）单位</td></tr>
<tr><td colspan="3">班组长：
专业技术负责人：

年 月 日</td><td colspan="2">代表：

年 月 日</td><td colspan="2">专业监理工程师：
（建设单位代表）

年 月 日</td></tr>
</table>

4.12.5 挡土墙及防护工程一览表 DL

工程名称：

序号	里程桩号		建筑类型	长度（m）	高度（m）		数量（m^3）		基础类型	备注
	起	止			最大	最小	混凝土	浆砌		

技术负责人： 填表人：

说明：本表格由施工单位负责填写，“不分结构类型的一律按桩号顺序填列。

4.12.6 路基边沟、排水沟及截水沟一览表 DL

工程名称：

序号	起止桩号	边沟（m^3/m）			排水沟（m^3/m）			截水沟（m^3/m）			
		干砌	浆砌	混凝土	干砌	浆砌	混凝土	干砌	浆砌	混凝土	

技术负责人： 填表人：

说明：本表格由施工单位负责填写。“不分结构类型的一律按桩号顺序填列。

4.12.7 检查井施工记录 DL

工程名称：

编号	检查井形式	井顶面标高（m）	井筒					收口段					井室					基础				
								砌砖		混凝土												
			结构种类	标高（m）	内径（m）	壁厚（m）	高度（m）	厚度（m）	高度（cm）	标号 #	尺寸（cm）	厚度（cm）	砌砖厚度（cm）	尺寸（m）	抹面高度（cm）	室底面标高（m）	高度（cm）	混凝土标号 #	尺寸（cm）	厚度（cm）	垫层材料（cm）	垫层厚度（cm）

施工单位	监理（建设）单位
班组长： 项目技术负责人： 年 月 日	监理工程师 （建设单位项目代表）： 年 月 日

4.12.8 土液塑限联合测定试验检查记录 DL

工程名称					工程编号			
单位工程名称								
取样日期	取土地点及桩号	土壤类别	模筒体积	土壤湿密度（g/cm^3）	平均含水量（%）	土壤干密度（g/cm^3）	最大干密度（g/cm^3）	最佳含水量（%）
结论：								

施工单位	监理（建设）单位
班组长： 技术（质量）员： 项目技术负责人： 年 月 日	监理工程师 （建设单位项目代表）： 年 月 日

4.12.9 土壤最大干密度与最佳含水量检查记录 DL

<table>
<tr><td colspan="2">工程名称</td><td colspan="3"></td><td colspan="2">工程编号</td><td colspan="2"></td></tr>
<tr><td colspan="2">单位工程名称</td><td colspan="7"></td></tr>
<tr><td>取样地点及桩号</td><td>土样编号</td><td>试样含水量（%）</td><td>试锥入土深度（mm）</td><td>平均含水量（%）</td><td>液限 ω_L（%）</td><td>塑限 ω_p（%）</td><td>塑性指数</td><td>土样分类名称</td></tr>
<tr><td></td><td></td><td></td><td></td><td></td><td></td><td></td><td></td><td></td></tr>
<tr><td></td><td></td><td></td><td></td><td></td><td></td><td></td><td></td><td></td></tr>
<tr><td></td><td></td><td></td><td></td><td></td><td></td><td></td><td></td><td></td></tr>
<tr><td></td><td></td><td></td><td></td><td></td><td></td><td></td><td></td><td></td></tr>
<tr><td></td><td></td><td></td><td></td><td></td><td></td><td></td><td></td><td></td></tr>
<tr><td></td><td></td><td></td><td></td><td></td><td></td><td></td><td></td><td></td></tr>
<tr><td></td><td></td><td></td><td></td><td></td><td></td><td></td><td></td><td></td></tr>
<tr><td></td><td></td><td></td><td></td><td></td><td></td><td></td><td></td><td></td></tr>
<tr><td></td><td></td><td></td><td></td><td></td><td></td><td></td><td></td><td></td></tr>
<tr><td></td><td></td><td></td><td></td><td></td><td></td><td></td><td></td><td></td></tr>
<tr><td colspan="9">结论：</td></tr>
<tr><td colspan="4">施工单位</td><td colspan="5">监理（建设）单位</td></tr>
<tr><td colspan="4">班组长：
技术（质量）员：
项目技术负责人：

年 月 日</td><td colspan="5">监理工程师
（建设单位项目代表）：

年 月 日</td></tr>
</table>

4.12.10 压实度（环刀法）检查记录 DL

工程名称					工程编号			
单位工程名称					距路槽以下距离（cm）			
起止桩号	检查层次	取样位置	环刀号	湿密度（g/cm^3）	干密度（g/cm^3）	最大干密度（g/cm^3）	实测压实度（%）	要求压实度（%）

结论：

施工单位	监理（建设）单位
班组长： 技术（质量）员： 项目技术负责人： 年 月 日	监理工程师 （建设单位项目代表）： 年 月 日

4.12.11 ____________度（灌砂法）检查记录 DL

工程名称						工程编号				
单位工程名称						距路槽以下距离（cm）				
检查桩号	检查层次	检查位置	代表面积（m^2）	砂密度（g/cm^3）	湿土密度（g/cm^3）	平均含水量（%）	干密度（g/cm^3）	最大干密度（g/cm^3）	实测压实度（%）	要求压实度（%）

结论：

施工单位	监理（建设）单位
班组长： 技术（质量）员： 项目技术负责人： 年 月 日	监理工程师 （建设单位项目代表）： 年 月 日

4.12.12 ______面面层压实度检查记录 DL

<table>
<tr><td colspan="2">工程名称</td><td colspan="4"></td><td colspan="3">工程编号</td><td colspan="2"></td></tr>
<tr><td colspan="2">单位工程名称</td><td colspan="9"></td></tr>
<tr><td rowspan="2">钻芯日期</td><td rowspan="2">取样桩号</td><td rowspan="2">位置</td><td rowspan="2">试验日期</td><td colspan="2">芯样尺寸（cm）</td><td colspan="2">密度（g/cm³）</td><td rowspan="2" colspan="3">压实度（%）</td></tr>
<tr><td>高度</td><td>直径</td><td>实测</td><td>标准</td></tr>
<tr><td></td><td></td><td></td><td></td><td></td><td></td><td></td><td></td><td colspan="3"></td></tr>
<tr><td></td><td></td><td></td><td></td><td></td><td></td><td></td><td></td><td colspan="3"></td></tr>
<tr><td></td><td></td><td></td><td></td><td></td><td></td><td></td><td></td><td colspan="3"></td></tr>
<tr><td></td><td></td><td></td><td></td><td></td><td></td><td></td><td></td><td colspan="3"></td></tr>
<tr><td></td><td></td><td></td><td></td><td></td><td></td><td></td><td></td><td colspan="3"></td></tr>
<tr><td></td><td></td><td></td><td></td><td></td><td></td><td></td><td></td><td colspan="3"></td></tr>
<tr><td></td><td></td><td></td><td></td><td></td><td></td><td></td><td></td><td colspan="3"></td></tr>
<tr><td></td><td></td><td></td><td></td><td></td><td></td><td></td><td></td><td colspan="3"></td></tr>
<tr><td></td><td></td><td></td><td></td><td></td><td></td><td></td><td></td><td colspan="3"></td></tr>
<tr><td></td><td></td><td></td><td></td><td></td><td></td><td></td><td></td><td colspan="3"></td></tr>
<tr><td></td><td></td><td></td><td></td><td></td><td></td><td></td><td></td><td colspan="3"></td></tr>
<tr><td></td><td></td><td></td><td></td><td></td><td></td><td></td><td></td><td colspan="3"></td></tr>
<tr><td colspan="11">结论：</td></tr>
<tr><td colspan="5">施工单位</td><td colspan="6">监理（建设）单位</td></tr>
<tr><td colspan="5">班组长：
技术（质量）员：
项目技术负责人：

年 月 日</td><td colspan="6">监理工程师
（建设单位项目代表）：

年 月 日</td></tr>
</table>

4.12.13 地基基础（路基）加固施工检测检查记录 DL

工程名称			工程编号	
单位工程名称				
加固地点及桩号	坡面防护加固	边坡支挡		湿弱地基加固
		路基边坡支撑	堤岸支撑	

结论：

施工单位	监理（建设）单位
班组长： 技术（质量）员： 项目技术负责人： 年 月 日	监理工程师 （建设单位项目代表）： 年 月 日

4.12.14 水准点测量检查记录 DL

工程名称					工程编号		
单位工程名称					仪器产地型号		
桩号或部位	测量日期	水准点编号	设计高程（m）		实测高程（m）		偏差（mm）

结论：

施工单位	监理（建设）单位
班组长： 技术（质量）员： 项目技术负责人： 年　月　日	监理工程师 （建设单位项目代表）： 年　月　日

4.12.15 导线点测量检查记录 DL

工程名称				工程编号			
单位工程名称				仪器产地型号			
导线点编号	测量日期	设计坐标（m）		实测坐标（m）		坐标差（mm）	
		x	y	x	y	Δx	Δy
简图：							
结论：							
施工单位				监理（建设）单位			
班组长： 技术（质量）员： 项目技术负责人： 年 月 日				监理工程师 （建设单位项目代表）： 年 月 日			

4.12.16 原地面测量记录 DL

工程名称		施工日期	
里程桩号	自然地面坡脚高程	原自然地面高程	原路基宽

施工单位	总承包单位	监理（建设）单位
测量员： 专业技术负责人： 年　月　日	代表： 年　月　日	专业监理工程师： （建设单位代表） 年　月　日

4.12.17 施工测量成果 DL

工程名称		施工日期	
分部名称		分享高程	
里程桩号	设计高程	竣工高程	高差（mm）

施工单位	总承包单位	监理（建设）单位
测量员： 专业技术负责人： 年 月 日	代表： 年 月 日	专业监理工程师： （建设单位代表） 年 月 日

4.12.18 施工放样复核检查记录 DL

工程名称		工程编号	
单位工程名称		仪器产地型号	

桩号或部位	测量日期	设计坐标（m）		实测坐标（m）		坐标差（mm）	
		x	y	x	y	Δx	Δy

简图：

结论：

施工单位	监理（建设）单位
班组长： 技术（质量）员： 项目技术负责人： 年　月　日	监理工程师 （建设单位项目代表）： 年　月　日

4.12.19 道路竣工测量检查记录 DL

工程名称					工程编号		
单位工程名称					检查日期		
里程桩号	类型	测量坐标（m）		地面标高（m）	设计标高（m）	路幅总宽（m）	建筑材料
		x	y				
简图：							
结论：							
施工单位				监理（建设）单位			
班组长： 技术（质量）员： 项目技术负责人： 年 月 日				监理工程师 （建设单位项目代表）： 年 月 日			

4.12.20 施工放样报验单 DL

致：测量监理工程师

根据合同文件要求，我部已完成__________工程的__________测量放样，清单如下，请予检查。

承包人：　　　　　　　日期：　年　月　日

桩号和位置	工程或部位名称	放样内容	备注

附件：测量及放样资料，施工放线测量记录表。

施工单位	监理（建设）单位
班组长： 技术（质量）员： 项目技术负责人： 年　月　日	监理工程师 （建设单位项目代表）： 年　月　日

4.12.21 施工放线测量记录 DL

<table>
<tr><td>单位工程名称</td><td colspan="5"></td><td>工程编号</td><td colspan="2"></td></tr>
<tr><td>测点范围</td><td colspan="5"></td><td>仪器型号</td><td></td><td>公路等级</td></tr>
<tr><td rowspan="2">测点或桩号</td><td colspan="2">设计坐标</td><td colspan="2">实测坐标</td><td rowspan="2">计算距离
（m）</td><td rowspan="2">计算方位角
（° ′ ″ ）</td><td rowspan="2">实测距离
（m）</td><td rowspan="2">实测方位角
（° ′ ″ ）</td></tr>
<tr><td>X</td><td>Y</td><td>X</td><td>Y</td></tr>
<tr><td></td><td></td><td></td><td></td><td></td><td></td><td></td><td></td><td></td></tr>
<tr><td></td><td></td><td></td><td></td><td></td><td></td><td></td><td></td><td></td></tr>
<tr><td></td><td></td><td></td><td></td><td></td><td></td><td></td><td></td><td></td></tr>
<tr><td></td><td></td><td></td><td></td><td></td><td></td><td></td><td></td><td></td></tr>
<tr><td rowspan="4">计算数据</td><td colspan="2">测站点坐标
X= Y=</td><td rowspan="4">对点观测数据</td><td colspan="2">实测水平距离 AB=</td><td rowspan="4">草图</td><td rowspan="4" colspan="2"></td></tr>
<tr><td colspan="2">后视点坐标
X= Y=</td><td colspan="2">实测方位角：W =</td></tr>
<tr><td colspan="2">距离 =</td><td colspan="2"></td></tr>
<tr><td colspan="2">$\overline{AB}$</td><td colspan="2"></td></tr>
<tr><td colspan="6">施工单位</td><td colspan="3">监理（建设）单位</td></tr>
<tr><td colspan="6">班（组）长：
技术（质量）员：
项目技术负责人：

年 月 日</td><td colspan="3">监理工程师
（建设单位项目代表）：

年 月 日</td></tr>
</table>

4.12.22 水准测量记录 DL

项目名称		施工单位		合同段	
测量范围		监理单位		公路等级	
允许误差		闭合差		仪器产地型号	

<table>
<tr><td rowspan="2">测点或桩号</td><td colspan="2">水准尺读数</td><td colspan="2">高程</td><td rowspan="2">备注</td></tr>
<tr><td>后视</td><td>前视</td><td>实测</td><td>设计</td></tr>
<tr><td></td><td></td><td></td><td></td><td></td><td></td></tr>
<tr><td></td><td></td><td></td><td></td><td></td><td></td></tr>
<tr><td></td><td></td><td></td><td></td><td></td><td></td></tr>
<tr><td></td><td></td><td></td><td></td><td></td><td></td></tr>
<tr><td></td><td></td><td></td><td></td><td></td><td></td></tr>
<tr><td></td><td></td><td></td><td></td><td></td><td></td></tr>
<tr><td></td><td></td><td></td><td></td><td></td><td></td></tr>
<tr><td></td><td></td><td></td><td></td><td></td><td></td></tr>
<tr><td></td><td></td><td></td><td></td><td></td><td></td></tr>
<tr><td></td><td></td><td></td><td></td><td></td><td></td></tr>
<tr><td></td><td></td><td></td><td></td><td></td><td></td></tr>
<tr><td></td><td></td><td></td><td></td><td></td><td></td></tr>
<tr><td></td><td></td><td></td><td></td><td></td><td></td></tr>
<tr><td></td><td></td><td></td><td></td><td></td><td></td></tr>
<tr><td></td><td></td><td></td><td></td><td></td><td></td></tr>
<tr><td colspan="6">结论：</td></tr>
</table>

施工单位	监理（建设）单位
班组长： 技术（质量）员： 项目技术负责人： 年 月 日	监理工程师 （建设单位项目代表）： 年 月 日

4.12.23 地基基础（路基）加固处理施工检查记录 DL

工程名称								工程编号	
单位工程名称								检查日期	
起讫桩号	位置	长度（m）	最高高度（m）	最大顶宽（m）	体积（m^3）	基础情况	建筑材料	式样	备注

结论：

施工单位	监理（建设）单位
班组长： 技术（质量）员： 项目技术负责人： 年 月 日	监理工程师 （建设单位项目代表）： 年 月 日

4.12.24 地基路面降排水施工检查记录 DL

工程名称		工程编号	
单位工程名称		检查日期	

起讫桩号	距路中心距离（m）		设置方向	结构类型	孔径或管径孔（m）	埋置深度（m）	长度（m）	洞口形式		备注
	左	右						进口	出口	

结论：

施工单位	监理（建设）单位
班组长： 技术（质量）员： 项目技术负责人： 年　月　日	监理工程师 （建设单位项目代表）： 年　月　日

4.12.25 桩基成桩施工检查记录 DL

工程名称				工程编号	
单位工程名称				墩（台）编号	
设计桩顶高程（m）		成桩桩顶高程（m）		桩头凿除高度（m）	
接桩长度（m）		最小保护层（cm）		有无露筋及处理方法	

检查日期	桩位编号	桩心设计坐标		桩心实测坐标		桩心坐标偏差（mm）		桩头直径（cm）		
		x	*y*	*x*	*y*	Δ*x*	Δ*y*	设计	实测	偏差

支护地点及桩号	水泥土墙式	排桩与板墙式					
		板桩式	排桩式	板墙式	组合式	边坡稳定式	逆作拱墙式

结论：

施工单位	监理（建设）单位
班组长： 技术（质量）员： 项目技术负责人： 年 月 日	监理工程师 （建设单位项目代表）： 年 月 日

4.12.26 支护结构施工检查记录 DL

工程名称						工程编号	
单位工程名称							
支护地点及桩号	水泥土墙式	排桩与板墙式				边坡稳定式	逆作拱墙式
		板桩式	排桩式	板墙式	组合式		

结论：

施工单位	监理（建设）单位
班组长： 技术（质量）员： 项目技术负责人： 年　月　日	监理工程师 （建设单位项目代表）： 年　月　日

4.12.27 混凝土浇筑施工检查记录 DL

工程名称		工程编号	
单位工程名称			

浇筑部位	浇筑日期	混凝土强度	浇筑方量（m^3）	振捣方式	塌落度（mm）	养护方法	留置试块组数	28d抗压日期	28d抗压强度（MPa）

结论：

施工单位	监理（建设）单位
班组长： 技术（质量）员： 项目技术负责人： 年　月　日	监理工程师 （建设单位项目代表）： 年　月　日

4.12.28 无机结合料混合料摊铺及碾压施工检查记录 DL

工程名称				工程编号				
单位工程名称								
里程桩号幅别	含水量	集料级配	石料压碎值	结合料剂量	无侧限饱水抗压强度	拌合均匀性	压实度	弯沉值
施工单位					监理（建设）单位			
班（组）长： 技术（质量）员： 项目技术负责人： 年 月 日					监理工程师 （建设单位项目代表）： 年 月 日			

4.12.29 沥青混合料摊铺及碾压施工检查记录 DL

工程名称							工程编号		
单位工程名称									
里程桩号幅别	面层总厚度	上面层厚度	平整度（标准差）	沥青用量	矿料级配	压实度	弯沉	构造深度	摩擦系数摆值
施工单位					监理（建设）单位				
班（组）长： 技术（质量）员： 项目技术负责人： 年 月 日					监理工程师 （建设单位项目代表）： 年 月 日				

4.12.30 水泥混凝土（钢筋水泥混凝土）摊铺及碾压施工检查记录 DL

工程名称							工程编号		
单位工程名称									
里程桩号幅别	原材料材质	混凝土强度等级	抗压强度（MPa）	抗折强度（MPa）	厚度	平整度	抗滑构造深度	路面外观质量	伸缩缝及施工缝留置质量
施工单位					监理（建设）单位				
班（组）长： 技术（质量）员： 项目技术负责人： 年　月　日					监理工程师 （建设单位项目代表）： 年　月　日				

4.12.31 雨水口施工记录 DL

工程名称												工程编号					
单位工程名称																	
编号	基础				井室						箅圈		雨水口箅		雨水口连接管		备注
	混凝土标号	长度（cm）	宽度（cm）	厚度（cm）	混凝土标号	室内尺寸（cm）	井墙厚度（cm）	井室高度（cm）	砌筑砂浆标号	勾缝砂浆标号	结构种类	标号	结构种类	安装数量（个）	直径（cm）	长度（m）	

施工单位	监理（建设）单位
班（组）长： 技术（质量）员： 项目技术负责人： 年 月 日	监理工程师 （建设单位项目代表）： 年 月 日

4.12.32 急流槽现场质量检验报告单 DL

<table>
<tr><td colspan="2">工程名称</td><td colspan="2"></td><td>施工时间</td><td colspan="2"></td></tr>
<tr><td colspan="2">桩号及部位</td><td colspan="2"></td><td>检验时间</td><td colspan="2"></td></tr>
<tr><td>项次</td><td colspan="2">检验项目</td><td>规定值或允许偏差</td><td>检验结果</td><td colspan="2">检验方法和频率</td></tr>
<tr><td>1</td><td colspan="2">砂浆强度（MPa）</td><td>在合格标准内</td><td></td><td colspan="2">按附录 F 检查</td></tr>
<tr><td>2</td><td colspan="2">轴线偏位（mm）</td><td>50</td><td></td><td colspan="2">经纬仪：每 200m 测 5 处</td></tr>
<tr><td>3</td><td colspan="2">沟底高程（mm）</td><td>± 15</td><td></td><td colspan="2">水准仪：每 200m 测 5 处</td></tr>
<tr><td>4</td><td colspan="2">墙面直顺度（mm）或坡度</td><td>30 或不陡于设计</td><td></td><td colspan="2">20m 拉线、坡度尺：每 200m 查 2 处</td></tr>
<tr><td>5</td><td colspan="2">断面尺寸（mm）</td><td>+30</td><td></td><td colspan="2">尺量：每 200m 查 2 处</td></tr>
<tr><td>6</td><td colspan="2">铺砌厚度（mm）</td><td>不小于设计</td><td></td><td colspan="2">尺量：每 200m 查 2 处</td></tr>
<tr><td>7</td><td colspan="2">基础垫层宽、厚度（mm）</td><td>不小于设计</td><td></td><td colspan="2">尺量：每 200m 查 2 处</td></tr>
<tr><td colspan="4">施工单位</td><td colspan="3">监理（建设）单位</td></tr>
<tr><td colspan="4">班组长：
项目技术负责人：

年 月 日</td><td colspan="3">监理工程师
（建设单位项目代表）：

年 月 日</td></tr>
</table>

4.12.33 小型构件成品抽样检查记录 DL

<table>
<tr><td colspan="2">工程名称</td><td colspan="3"></td><td colspan="2">施工时间</td><td colspan="2"></td></tr>
<tr><td colspan="2">桩号或部位</td><td colspan="3"></td><td colspan="2">检查日期</td><td colspan="2"></td></tr>
<tr><td colspan="2">构件名称</td><td colspan="7"></td></tr>
<tr><td colspan="2">本批施工日期</td><td>开始</td><td colspan="2">年 月 日 时</td><td>结束</td><td colspan="3">年 月 日 时</td></tr>
<tr><td colspan="2">抽样频率</td><td colspan="2">预制块数：</td><td colspan="3">抽样块数：</td><td colspan="2">抽样频率：</td></tr>
<tr><td colspan="2" rowspan="2">混凝土强度</td><td>试块编号</td><td></td><td></td><td></td><td></td><td></td><td></td></tr>
<tr><td>R_{28}</td><td></td><td></td><td></td><td></td><td></td><td></td></tr>
<tr><td rowspan="3">尺寸（mm）</td><td>长</td><td>设计值</td><td colspan="2">实测值</td><td colspan="2">废弃数</td><td colspan="2">合计废弃</td></tr>
<tr><td>宽</td><td>设计值</td><td colspan="2">实测值</td><td colspan="2">废弃数</td><td colspan="2" rowspan="2"></td></tr>
<tr><td>高</td><td>设计值</td><td colspan="2">实测值</td><td colspan="2">废弃数</td></tr>
<tr><td rowspan="4">外观质量</td><td>平整度</td><td>允许值</td><td colspan="2">实测值</td><td colspan="2">废弃数</td><td colspan="2">合计废弃</td></tr>
<tr><td>掉角</td><td colspan="3">程度</td><td colspan="2">废弃数</td><td colspan="2" rowspan="3"></td></tr>
<tr><td>裂纹</td><td colspan="3">程度</td><td colspan="2">废弃数</td></tr>
<tr><td>麻面</td><td colspan="3">程度</td><td colspan="2">废弃数</td></tr>
<tr><td colspan="5">施工单位</td><td colspan="4">监理（建设）单位</td></tr>
<tr><td colspan="5">班组长：
项目技术负责人：

年 月 日</td><td colspan="4">监理工程师
（建设单位项目代表）：

年 月 日</td></tr>
</table>

4.13 桥梁工程 ①

4.13.1 水泥搅拌桩记录 QL

工程名称						施工部位				
水泥搅拌机类型				施工日期		设计水泥用量（kg/m）			钻进速度（m/min）	
复搅拌钻进与提升（m/min）				喷水泥时的泵送能力（kg/min）				设计水灰比及水泥浆理论密度		
桩号（列/排）	设计桩长（m）	喷水泥深度（m）	停水泥深度（m）	复搅深度（m）	实际桩长（m）	电流量（A）正常\硬土	实际水泥用量（kg）	平均水泥用量（kg/m）	累计水泥用量（kg/m）	备注（施工时间）

施工单位	总承包单位	监理（建设）单位
班组长： 专业技术负责人： 年 月 日	代表： 年 月 日	专业监理工程师 （建设单位代表）： 年 月 日

① 本部分的“QL”意思是“桥梁”，代表属于桥梁类表格。

4.13.2 盖板涵施工记录 QL

工程名称																			盖板涵桩号				
施工日志	基础						涵身									砌石					钢筋		
	基底标高（m）		砂（砾）垫层		片石基础		混凝土标号	长度（m）	跨径（m）	轴线偏位（mm）		顶面高程（m）		流水面高程（m）		抗压强度（MPa）	砂浆强度（MPa）	大面平整度（mm）	垂直度（坡度）	断面尺寸（mm）	主筋间距（mm）	箍筋间距（mm）	保护层厚度（mm）
	设计	实际	厚度（cm）	压实	厚度（cm）	砂浆标号				允许偏差	实际	设计	实际	设计	实际								

施工单位	总承包单位	监理（建设）单位
班组长： 专业技术负责人： 年 月 日	代表： 年 月 日	专业监理工程师 （建设单位代表）： 年 月 日

4.13.3 圆管涵施工记录 QL

项目名称															圆管涵桩号			
施工日志	基底土质	基础						涵管				安装				砌石		
		基底标高（m）		砂（砾）垫层		片石基础		管节长度（m）	管壁厚度（cm）	内外直径（m）		轴线偏位（mm）	流水面高程（mm）	涵管总长度（m）	管座宽度（cm）	抗压强度（MPa）	断面尺寸（mm）	大面平整度（mm）
		设计	实际	厚度（cm）	压实	厚度（cm）	砂浆标号			内径	外径							

施工单位	总承包单位	监理（建设）单位
班组长： 专业技术负责人： 年 月 日	代表： 年 月 日	专业监理工程师 （建设单位代表）： 年 月 日

4.13.4 石拱涵（桥）施工记录 QL

工程名称														石拱涵（桥）桩号				
施工日志	浆砌片石基础						涵（桥）台身								拱圈			
	基底标高（m）		砂浆强度（MPa）	轴线偏位（mm）	平面尺寸（mm）	顶面高程（mm）	混凝土强度（MPa）	断面尺寸（mm）	竖直度或斜度（mm）	轴线偏位（mm）	顶面高程（mm）	节段间错台（mm）	大面积平整度（mm）	预埋件位置（mm）	混凝土或砂浆强度（MPa）	拱圈厚度		内弧线偏离设计弧线（mm）
	设计	实际														砌体（mm）	混凝土（mm）	

施工单位	总承包单位	监理（建设）单位
班组长： 专业技术负责人： 年　月　日	代表： 年　月　日	专业监理工程师 （建设单位代表）： 年　月　日

4.13.5 后张法预应力梁张拉记录 QL

工程名称			结构物名称、桩号				预应力梁编号			混凝土强度等级（MPa）			张拉时间	
孔道编号	顶号	表号	油表读数、伸长值、张拉端方向		张拉应力（MPa）				理论伸长量（mm）	实测伸长值 ΔL_1（mm）	实测伸长值 ΔL_2（mm）	实际伸长值 $\Delta L=\Delta L_1+\Delta L_2$	伸长率（±%）	内缩量（mm）
					10%	20%	100%	%①						
			油表读数											
			伸长量											
			油表读数							断丝根数	滑丝根数	滑丝总长（cm）		
			伸长量											
			油表读数											
			伸长量											
			油表读数							断丝根数	滑丝根数	滑丝总长（cm）		
			伸长量											
			油表读数											
			伸长量											
			油表读数							断丝根数	滑丝根数	滑丝总长（cm）		
			伸长量											
			油表读数											
			伸长量											
			油表读数							断丝根数	滑丝根数	滑丝总长（cm）		
			伸长量											

施工单位	总承包单位	监理（建设）单位
班组长： 专业技术负责人： 年 月 日	代表： 年 月 日	专业监理工程师 （建设单位代表）： 年 月 日

说明：使用本表格时，可根据需要改变排版方向，①表示实际值。

4.13.6 先张法预应力梁张拉记录 QL

工程名称		结构物名称、桩号		预应力梁编号		混凝土强度等级（MPa）		张拉时间	
钢绞线（钢筋）编号	顶号	油表号	油表读数、伸长量		张拉应力（MPa）			理论伸长量（mm）	实测伸长量（$2\Delta L_1+\Delta L_2$）
					10%	20%（L_1）	100%（L_2）		
			油表读数						
			伸长量						
			油表读数						
			伸长量						
			油表读数						
			伸长量						
			油表读数						
			伸长量						
			油表读数						
			伸长量						
			油表读数						
			伸长量						
			油表读数						
			伸长量						
			油表读数						
			伸长量						

施工单位	总承包单位	监理（建设）单位
班组长： 专业技术负责人： 年 月 日	代表： 年 月 日	专业监理工程师 （建设单位代表）： 年 月 日

说明：使用本表格时，可根据需要改变排版方向。

4.13.7 预应力压浆孔道施工记录 QL

<table>
<tr><td colspan="3">桥梁名称：</td><td colspan="2">水泥浆强度等级：</td><td>水泥种类：</td><td>水灰比：</td><td>外加剂名称和掺量：</td><td>施工日期：</td></tr>
<tr><td colspan="3">梁号或施工部位：</td><td colspan="2">清孔方法：</td><td>水泥浆稠度：</td><td>泌水率（%）：</td><td>外加材料名称和掺量：</td><td>气温：　　（℃）</td></tr>
<tr><td>序号</td><td>孔号</td><td>压力（MPa）</td><td>开始时间</td><td>结束时间</td><td>压浆延续时间</td><td>稳压压力（MPa）</td><td>稳压时间（min）</td><td>拆扣完后检查情况</td></tr>
<tr><td></td><td></td><td></td><td></td><td></td><td></td><td></td><td></td><td></td></tr>
<tr><td></td><td></td><td></td><td></td><td></td><td></td><td></td><td></td><td></td></tr>
<tr><td></td><td></td><td></td><td></td><td></td><td></td><td></td><td></td><td></td></tr>
<tr><td></td><td></td><td></td><td></td><td></td><td></td><td></td><td></td><td></td></tr>
<tr><td></td><td></td><td></td><td></td><td></td><td></td><td></td><td></td><td></td></tr>
<tr><td></td><td></td><td></td><td></td><td></td><td></td><td></td><td></td><td></td></tr>
<tr><td></td><td></td><td></td><td></td><td></td><td></td><td></td><td></td><td></td></tr>
<tr><td colspan="4">试件组数：</td><td colspan="3">试件编号：</td><td colspan="2">抗压强度（kPa）：</td></tr>
<tr><td colspan="4">施工单位</td><td colspan="3">总承包单位</td><td colspan="2">监理（建设）单位</td></tr>
<tr><td colspan="4">班组长：
专业技术负责人：

年　月　日</td><td colspan="3">代表：

年　月　日</td><td colspan="2">专业监理工程师
（建设单位代表）：

年　月　日</td></tr>
</table>

4.13.8 干（浆）砌片石工程施工记录 QL

<table>
<tr><td colspan="2">工程名称</td><td></td><td>结构物名称</td><td></td></tr>
<tr><td colspan="2">施工日期</td><td colspan="2">开始：</td><td>结束：</td></tr>
<tr><td colspan="2">起止桩号</td><td colspan="3"></td></tr>
<tr><td colspan="2">石料种类</td><td colspan="3"></td></tr>
<tr><td colspan="2">石料最小尺寸</td><td colspan="3"></td></tr>
<tr><td colspan="2">石料抗压强度（MPa）</td><td colspan="3"></td></tr>
<tr><td colspan="2">砌石方法是否符合标准</td><td colspan="3"></td></tr>
<tr><td colspan="2">砌石采用砂浆标号</td><td colspan="3"></td></tr>
<tr><td colspan="2">砂浆配合比</td><td>水泥：</td><td>砂：</td><td>水：</td></tr>
<tr><td rowspan="2">砌石横竖错缝（cm）</td><td>最大</td><td colspan="3"></td></tr>
<tr><td>最小</td><td colspan="3"></td></tr>
<tr><td colspan="2">砂浆试块强度（MPa）</td><td colspan="3"></td></tr>
<tr><td colspan="2">泄水孔材质规格</td><td colspan="3"></td></tr>
<tr><td rowspan="2">泄水孔位置</td><td>设置高度</td><td colspan="3"></td></tr>
<tr><td>横向间距</td><td colspan="3"></td></tr>
<tr><td colspan="2">泄水孔坡度</td><td colspan="3"></td></tr>
<tr><td colspan="2">疏水层材质规格</td><td colspan="3"></td></tr>
<tr><td colspan="2">疏水层位置</td><td colspan="3"></td></tr>
<tr><td rowspan="2">沉降缝、伸缩缝</td><td>宽度</td><td colspan="3"></td></tr>
<tr><td>设置位置</td><td colspan="3"></td></tr>
<tr><td colspan="2">砌体外露面是否修整勾缝</td><td colspan="3"></td></tr>
<tr><td colspan="2">施工单位</td><td colspan="2">总承包单位</td><td>监理（建设）单位</td></tr>
<tr><td colspan="2">班组长：
专业技术负责人：

年 月 日</td><td colspan="2">代表：

年 月 日</td><td>专业监理工程师
（建设单位代表）：

年 月 日</td></tr>
</table>

4.13.9 混凝土施工记录 QL

<table>
<tr><td colspan="3">工程名称</td><td colspan="2"></td><td>结构物名称</td><td></td></tr>
<tr><td colspan="3">施工部位（构件名称）编号</td><td colspan="2"></td><td>设计强度等级</td><td></td></tr>
<tr><td colspan="3">混凝土浇筑日期</td><td colspan="2"></td><td>施工气温（℃）</td><td></td></tr>
<tr><td rowspan="10">混凝土拌制方法</td><td rowspan="2">商品混凝土</td><td colspan="2">供料厂家</td><td></td><td>合同号</td><td></td></tr>
<tr><td colspan="2">供料强度等级（MPa）</td><td></td><td>试验单编号</td><td></td></tr>
<tr><td rowspan="8">现场拌制</td><td colspan="2">配合比通知单编号</td><td colspan="3"></td></tr>
<tr><td>材料名称</td><td>用量（kg/m³）</td><td>每盘用量（kg）</td><td>材料含水质量（kg）</td><td>实际每盘用量（kg）</td></tr>
<tr><td>水泥</td><td></td><td></td><td></td><td></td></tr>
<tr><td>石子</td><td></td><td></td><td></td><td></td></tr>
<tr><td>砂子</td><td></td><td></td><td></td><td></td></tr>
<tr><td>水</td><td></td><td></td><td></td><td></td></tr>
<tr><td>掺合料</td><td></td><td></td><td></td><td></td></tr>
<tr><td>外加剂</td><td></td><td></td><td></td><td></td></tr>
<tr><td colspan="2">混凝土入模温度（℃）</td><td colspan="2"></td><td colspan="2">实测坍落度（cm）</td><td></td></tr>
<tr><td colspan="2">混凝土完成数量（m³）</td><td colspan="2"></td><td colspan="2">振捣方法</td><td></td></tr>
<tr><td colspan="2">完成时间（h）</td><td colspan="5"></td></tr>
<tr><td rowspan="2">试件留样</td><td>标准养护</td><td colspan="2"></td><td colspan="2">编号</td><td></td></tr>
<tr><td>同条件养护</td><td colspan="2"></td><td colspan="2">编号</td><td></td></tr>
<tr><td colspan="4">混凝土浇筑中出现的问题及处理方法</td><td colspan="3"></td></tr>
<tr><td colspan="3">施工单位</td><td colspan="2">总承包单位</td><td colspan="2">监理（建设）单位</td></tr>
<tr><td colspan="3">班组长：
专业技术负责人：

年　月　日</td><td colspan="2">代表：

年　月　日</td><td colspan="2">专业监理工程师
（建设单位代表）：

年　月　日</td></tr>
</table>

4.13.10 钻孔桩基础施工记录 QL

<table>
<tr><td>工程名称</td><td colspan="2"></td></tr>
<tr><td>结构物名称：</td><td>里程桩号：</td><td rowspan="2">施工时间：
开钻： 年 月 日
终孔： 年 月 日</td></tr>
<tr><td>墩（台）桩：</td><td>桩直径（cm）</td></tr>
<tr><td>桩底标高（m）：</td><td>桩顶标高（m）：</td><td>钻机平台顶面标高（m）：</td></tr>
<tr><td>钻机型号：</td><td>钻具质量（t）：</td><td>钻头类型和直径（cm）：</td></tr>
<tr><td>护筒长度（m）：</td><td>护筒顶面标高（m）：</td><td>护筒内径（cm）：</td></tr>
<tr><td colspan="2">护筒轴线偏差（< 50mm）：</td><td>护筒倾斜度（%）</td></tr>
<tr><td>钻井液指标
相对密度：
黏度（s）：
含砂率（%）：
静切力（Pa）：
胶体率（%）</td><td>钻孔直径
钻孔倾斜度（%）
孔平面位移（mm）
顺桥：
横桥：
扩孔：
缩孔：</td><td rowspan="2">地质与水文地质描述
（柱状图）：</td></tr>
<tr><td>终孔检查
孔底标高（m）：
孔径（cm）：
沉淀层厚度（cm）：
钻井液相对密度：
钻井液黏度（s）：
钻井液胶体率（%）
钻井液含砂率（%）：</td><td>施工异常记录：</td></tr>
<tr><td>施工单位</td><td>总承包单位</td><td>监理（建设）单位</td></tr>
<tr><td>班组长：
专业技术负责人：

年 月 日</td><td>代表：

年 月 日</td><td>专业监理工程师
（建设单位代表）：

年 月 日</td></tr>
</table>

4.13.11 钻孔桩基础钢筋笼安装与混凝土施工记录 QL

工程名称		
结构物名称：	里程桩号：	墩（台）桩
钢筋笼安装时间：	混凝土灌注时间：　年　月　日　时　分 — 年　月　日　时　分	
主筋根数（根）：	主筋直径（mm）：	焊接方法：
钢筋笼安装底标高（m）：	钢筋笼安装顶标高（m）：	钢筋笼总长（m）：
钢筋笼安装节数：	钢筋笼骨架每节长度（m）：	钢筋笼骨架搭接焊长度（cm）：
保护层厚度（mm）：		
导管水密试验压力（kPa）：	首批混凝土隔水措施：	首批混凝土灌注数量（m^3）：
计划浇筑顶面标高（m）：	实际浇筑顶面标高（m）：	桩头凿除后标高（m）：
桩头嵌入承台内长度（cm）：	无破损检测结果：	
施工单位	总承包单位	监理（建设）单位
班组长： 专业技术负责人： 年　月　日	代表： 年　月　日	专业监理工程师 （建设单位代表）： 年　月　日

4.13.12 钻孔桩水下混凝土灌注施工记录 QL

<table>
<tr><td colspan="2">工程名称</td><td colspan="7"></td></tr>
<tr><td colspan="2">结构物名称：</td><td colspan="2">墩（台）桩：</td><td colspan="4">设计直径（m）：</td><td>气温（℃）：</td></tr>
<tr><td colspan="2">设计桩尖标高（m）</td><td colspan="2"></td><td colspan="4">灌注前桩底标高（m）</td><td></td></tr>
<tr><td colspan="2">导管直径（cm）</td><td colspan="2"></td><td colspan="4">导管上口高于井口水面高度（m）</td><td></td></tr>
<tr><td colspan="2">计算浇注桩长（m）</td><td colspan="2"></td><td colspan="4">实际浇注桩长（m）</td><td></td></tr>
<tr><td colspan="2">计算混凝土浇注量（m^3）</td><td colspan="2"></td><td colspan="4">每盘混凝土量（m^3）</td><td></td></tr>
<tr><td rowspan="2">时间</td><td rowspan="2">混凝土深度（护筒顶以下）（m）</td><td rowspan="2">导管深度（护筒顶以下）（m）</td><td colspan="2">导管拆除数量</td><td colspan="3">实灌混凝土用量</td><td rowspan="2">钢筋位置情况，孔内情况、停灌原因、停灌时间、事故原因、和处理情况等重要记事</td></tr>
<tr><td>节数</td><td>长度（m）</td><td>盘数</td><td>用量（m^3）</td><td>累计用量（m^3）</td></tr>
<tr><td></td><td></td><td></td><td></td><td></td><td></td><td></td><td></td><td rowspan="11"></td></tr>
<tr><td></td><td></td><td></td><td></td><td></td><td></td><td></td><td></td></tr>
<tr><td></td><td></td><td></td><td></td><td></td><td></td><td></td><td></td></tr>
<tr><td></td><td></td><td></td><td></td><td></td><td></td><td></td><td></td></tr>
<tr><td></td><td></td><td></td><td></td><td></td><td></td><td></td><td></td></tr>
<tr><td></td><td></td><td></td><td></td><td></td><td></td><td></td><td></td></tr>
<tr><td></td><td></td><td></td><td></td><td></td><td></td><td></td><td></td></tr>
<tr><td></td><td></td><td></td><td></td><td></td><td></td><td></td><td></td></tr>
<tr><td></td><td></td><td></td><td></td><td></td><td></td><td></td><td></td></tr>
<tr><td></td><td></td><td></td><td></td><td></td><td></td><td></td><td></td></tr>
<tr><td></td><td></td><td></td><td></td><td></td><td></td><td></td><td></td></tr>
<tr><td colspan="3">施工单位</td><td colspan="3">总承包单位</td><td colspan="3">监理（建设）单位</td></tr>
<tr><td colspan="3">班组长：
专业技术负责人：

年 月 日</td><td colspan="3">代表：

年 月 日</td><td colspan="3">专业监理工程师
（建设单位代表）：

年 月 日</td></tr>
</table>

4.13.13 接桩施工记录 QL

<table>
<tr><td>工程名称</td><td colspan="2"></td><td>墩（台）桩号</td><td></td></tr>
<tr><td>桩编号</td><td colspan="2"></td><td>施工日期</td><td></td></tr>
<tr><td rowspan="4">钢筋</td><td rowspan="3">误差（±mm）</td><td>主筋间距</td><td colspan="2"></td></tr>
<tr><td>箍筋间距</td><td colspan="2"></td></tr>
<tr><td>保护层</td><td colspan="2"></td></tr>
<tr><td colspan="2">主筋焊接</td><td colspan="2"></td></tr>
<tr><td rowspan="8">混凝土</td><td colspan="2">设计标号</td><td colspan="2"></td></tr>
<tr><td colspan="2">水泥标号与品种</td><td colspan="2"></td></tr>
<tr><td colspan="2">水泥用量（kg/m^3）</td><td colspan="2"></td></tr>
<tr><td colspan="2">水灰比</td><td colspan="2"></td></tr>
<tr><td colspan="2">配合比</td><td colspan="2"></td></tr>
<tr><td colspan="2">石料种类</td><td colspan="2"></td></tr>
<tr><td colspan="2">抗压强度（MPa）</td><td colspan="2"></td></tr>
<tr><td colspan="2">麻面孔洞</td><td colspan="2"></td></tr>
<tr><td rowspan="4">完成后标准（±mm）</td><td rowspan="2">轴线</td><td>顺桥</td><td colspan="2"></td></tr>
<tr><td>横桥</td><td colspan="2"></td></tr>
<tr><td colspan="2">桩顶标高（m）</td><td colspan="2"></td></tr>
<tr><td colspan="2">桩径尺寸（cm）</td><td colspan="2"></td></tr>
<tr><td colspan="2">施工中出现的问题及处理方法</td><td colspan="3"></td></tr>
<tr><td colspan="2">施工单位</td><td colspan="2">总承包单位</td><td>监理（建设）单位</td></tr>
<tr><td colspan="2">班组长：
专业技术负责人：

年 月 日</td><td colspan="2">代表：

年 月 日</td><td>专业监理工程师
（建设单位代表）：

年 月 日</td></tr>
</table>

4.13.14 墩（台）施工记录 QL

<table>
<tr><td>工程名称</td><td colspan="2"></td><td>墩（台）桩号</td><td></td></tr>
<tr><td>墩（台）编号</td><td colspan="2"></td><td>施工日期</td><td></td></tr>
<tr><td rowspan="4">钢筋</td><td rowspan="3">误差（±mm）</td><td>骨架</td><td colspan="2"></td></tr>
<tr><td>箍筋</td><td colspan="2"></td></tr>
<tr><td>保护层厚度</td><td colspan="2"></td></tr>
<tr><td colspan="2">焊接质量</td><td colspan="2"></td></tr>
<tr><td rowspan="8">混凝土</td><td colspan="2">设计标号</td><td colspan="2"></td></tr>
<tr><td colspan="2">水泥标号与品种</td><td colspan="2"></td></tr>
<tr><td colspan="2">水泥用量（kg/m³）</td><td colspan="2"></td></tr>
<tr><td colspan="2">水胶比</td><td colspan="2"></td></tr>
<tr><td colspan="2">石料种类</td><td colspan="2"></td></tr>
<tr><td colspan="2">抗压强度（MPa）</td><td colspan="2"></td></tr>
<tr><td colspan="2">外观缺陷情况</td><td colspan="2"></td></tr>
<tr><td colspan="2">配合比</td><td colspan="2"></td></tr>
<tr><td rowspan="5">完成后标准（±mm）</td><td rowspan="2">轴线偏差</td><td>顺桥</td><td colspan="2"></td></tr>
<tr><td>横桥</td><td colspan="2"></td></tr>
<tr><td rowspan="3">结构尺寸</td><td>长度</td><td colspan="2"></td></tr>
<tr><td>宽度</td><td colspan="2"></td></tr>
<tr><td>高度</td><td colspan="2"></td></tr>
<tr><td colspan="2">施工中出现的问题及处理方法</td><td colspan="3"></td></tr>
<tr><td colspan="2">施工单位</td><td colspan="2">总承包单位</td><td>监理（建设）单位</td></tr>
<tr><td colspan="2">班组长：
专业技术负责人：

年 月 日</td><td colspan="2">代表：

年 月 日</td><td>专业监理工程师
（建设单位代表）：

年 月 日</td></tr>
</table>

4.13.15　第（　　）孔现浇钢筋混凝土上部施工记录　QL

<table>
<tr><td>工程名称</td><td colspan="2"></td><td colspan="3">结构物名称</td><td></td></tr>
<tr><td rowspan="4">支架</td><td colspan="2">排架桩纵横间距</td><td colspan="3"></td><td rowspan="17">草图：</td></tr>
<tr><td colspan="2">顺梁各点标高</td><td colspan="3"></td></tr>
<tr><td colspan="2">卧梁或打入桩</td><td colspan="3"></td></tr>
<tr><td colspan="2">支点升降结构</td><td colspan="3"></td></tr>
<tr><td rowspan="6">模板</td><td rowspan="6">尺寸
误差
（cm）</td><td>中梁高</td><td colspan="3"></td></tr>
<tr><td>中梁宽</td><td colspan="3"></td></tr>
<tr><td>边梁高</td><td colspan="3"></td></tr>
<tr><td>边梁宽</td><td colspan="3"></td></tr>
<tr><td>人行道板宽</td><td colspan="3"></td></tr>
<tr><td>车道宽</td><td colspan="3"></td></tr>
<tr><td rowspan="7">钢筋</td><td colspan="2">结构部分</td><td>中梁</td><td>边梁</td><td>人行道板</td></tr>
<tr><td colspan="2">焊接部分</td><td></td><td></td><td></td></tr>
<tr><td colspan="2">焊件试验单编号</td><td></td><td></td><td></td></tr>
<tr><td colspan="2">断面接头最大百分比（%）</td><td></td><td></td><td></td></tr>
<tr><td rowspan="3">尺寸差
（cm）</td><td>主筋间距</td><td></td><td></td><td></td></tr>
<tr><td>主筋保护层</td><td></td><td></td><td></td></tr>
<tr><td>箍筋间距</td><td></td><td></td><td></td></tr>
</table>

<table>
<tr><td rowspan="7">混凝土</td><td colspan="2">浇注日期</td><td></td><td>浇注时平均温度</td><td colspan="2"></td><td>混凝土标号</td><td></td></tr>
<tr><td colspan="2">浇注顺序</td><td colspan="2"></td><td colspan="4">添加剂名称、用量（%）</td></tr>
<tr><td rowspan="3">水泥</td><td>品种</td><td></td><td>石料种类</td><td></td><td colspan="2">石子种类</td><td></td></tr>
<tr><td>标号</td><td></td><td>施工配合比</td><td></td><td colspan="2">施工水灰比</td><td></td></tr>
<tr><td>用量</td><td></td><td>坍落度（cm）</td><td></td><td rowspan="2">施工
方法</td><td>搅拌</td><td></td></tr>
<tr><td rowspan="2">拆模
日期</td><td>侧板</td><td></td><td>养生停止日期</td><td></td><td>振捣</td><td></td></tr>
<tr><td>底板</td><td></td><td>拆模时强度</td><td></td><td colspan="2">支架沉落度</td><td></td></tr>
<tr><td colspan="4">施工中出现的问题及处理方法</td><td colspan="5"></td></tr>
</table>

<table>
<tr><td>施工单位</td><td>总承包单位</td><td>监理（建设）单位</td></tr>
<tr><td>班组长：
专业技术负责人：

年　月　日</td><td>代表：

年　月　日</td><td>专业监理工程师
（建设单位代表）：

年　月　日</td></tr>
</table>

4.13.16 第（　）孔第（　）片主梁安装施工记录 QL

<table>
<tr><td>工程名称</td><td colspan="2"></td><td>结构物名称</td><td></td></tr>
<tr><td rowspan="2">支座安装</td><td rowspan="2">位置误差
（±mm）</td><td>纵向</td><td colspan="2"></td></tr>
<tr><td>横向</td><td colspan="2"></td></tr>
<tr><td rowspan="6">主梁安装</td><td rowspan="2">位置误差
（±mm）</td><td>纵向</td><td colspan="2"></td></tr>
<tr><td>横向</td><td colspan="2"></td></tr>
<tr><td colspan="2">铰缝平均宽度（mm）</td><td colspan="2"></td></tr>
<tr><td colspan="2">梁底平整度误差（±mm）</td><td colspan="2"></td></tr>
<tr><td colspan="2">梁高度误差（±mm）</td><td colspan="2"></td></tr>
<tr><td colspan="2">伸缩缝宽度（mm）</td><td colspan="2"></td></tr>
<tr><td>横断施
工草图</td><td colspan="4"></td></tr>
</table>

施工单位	总承包单位	监理（建设）单位
班组长： 专业技术负责人： 年　月　日	代表： 年　月　日	专业监理工程师 （建设单位代表）： 年　月　日

4.13.17 第（ ）孔第（ ）片栏杆安装施工记录 QL

<table>
<tr><td colspan="2">工程名称</td><td></td><td>结构物名称</td><td></td></tr>
<tr><td rowspan="9">栏杆混凝土</td><td colspan="2">孔上部</td><td></td><td>草图说明</td></tr>
<tr><td colspan="2">宽（mm）</td><td></td><td rowspan="13"></td></tr>
<tr><td colspan="2">厚（mm）</td><td></td></tr>
<tr><td colspan="2">高（mm）</td><td></td></tr>
<tr><td colspan="2">混凝土标号</td><td></td></tr>
<tr><td colspan="2">间距（mm）</td><td></td></tr>
<tr><td colspan="2">灌注日期</td><td></td></tr>
<tr><td colspan="2">养护天数</td><td></td></tr>
<tr><td colspan="2">安装日期</td><td></td></tr>
<tr><td rowspan="4">栏杆</td><td rowspan="2">位置（±mm）</td><td>顺桥</td><td></td></tr>
<tr><td>横桥</td><td></td></tr>
<tr><td colspan="2">高度误差（mm）</td><td></td></tr>
<tr><td colspan="2">砂浆或勾缝</td><td></td></tr>
</table>

<table>
<tr><td>施工单位</td><td>总承包单位</td><td>监理（建设）单位</td></tr>
<tr><td>班组长：
专业技术负责人：

年 月 日</td><td>代表：

年 月 日</td><td>专业监理工程师
（建设单位代表）：

年 月 日</td></tr>
</table>

4.13.18 上部小构件安装施工记录 QL

<table>
<tr><td>工程名称</td><td></td><td>结构物名称</td><td></td><td>施工时间</td><td></td></tr>
<tr><td colspan="3">项目</td><td colspan="2">左侧</td><td>右侧</td></tr>
<tr><td rowspan="4">人行道梁</td><td rowspan="2">位置误差
（±cm）</td><td>顺桥</td><td colspan="2"></td><td></td></tr>
<tr><td>横桥</td><td colspan="2"></td><td></td></tr>
<tr><td colspan="2">坐浆质量</td><td colspan="2"></td><td></td></tr>
<tr><td colspan="2">锚固（焊接）质量</td><td colspan="2"></td><td></td></tr>
<tr><td rowspan="6">缘石用
支撑梁</td><td colspan="2">浆砌质量</td><td colspan="2"></td><td></td></tr>
<tr><td colspan="2">顺直标准</td><td colspan="2"></td><td></td></tr>
<tr><td colspan="2">标高（m）</td><td colspan="2"></td><td></td></tr>
<tr><td colspan="2">坐浆质量</td><td colspan="2"></td><td></td></tr>
<tr><td colspan="2">平整度（mm）</td><td colspan="2"></td><td></td></tr>
<tr><td colspan="2">有无裂断</td><td colspan="2"></td><td></td></tr>
<tr><td rowspan="4">人行道
铺装</td><td colspan="2">横坡坡度（%）</td><td colspan="2"></td><td></td></tr>
<tr><td colspan="2">砂浆配合比</td><td colspan="2"></td><td></td></tr>
<tr><td colspan="2">表面质量</td><td colspan="2"></td><td></td></tr>
<tr><td colspan="2">铺装厚度（mm）</td><td colspan="2"></td><td></td></tr>
<tr><td colspan="2">施工单位</td><td colspan="2">总承包单位</td><td colspan="2">监理（建设）单位</td></tr>
<tr><td colspan="2">班组长：
专业技术负责人：

年 月 日</td><td colspan="2">代表：

年 月 日</td><td colspan="2">专业监理工程师
（建设单位代表）：

年 月 日</td></tr>
</table>

4.13.19　桥面铺装安装施工记录　QL

<table>
<tr><td>工程名称</td><td></td><td>结构物名称</td><td></td></tr>
<tr><td colspan="2">施工日期</td><td colspan="2"></td></tr>
<tr><td colspan="2">水泥品种及标号</td><td colspan="2"></td></tr>
<tr><td colspan="2">外掺剂品种及掺量（%）</td><td colspan="2"></td></tr>
<tr><td colspan="2">水泥用量（kg/m³）</td><td colspan="2"></td></tr>
<tr><td colspan="2">水灰比</td><td colspan="2"></td></tr>
<tr><td colspan="2">石料种类规格</td><td colspan="2"></td></tr>
<tr><td colspan="2">桥面厚度（cm）</td><td colspan="2"></td></tr>
<tr><td colspan="2">桥面横坡（%）</td><td colspan="2"></td></tr>
<tr><td colspan="2">表面情况</td><td colspan="2"></td></tr>
<tr><td colspan="2">抗压强度（MPa）</td><td colspan="2"></td></tr>
<tr><td colspan="2">钢筋网尺寸误差（mm）</td><td colspan="2"></td></tr>
<tr><td colspan="2">钢筋网保护层尺寸（mm）</td><td colspan="2"></td></tr>
<tr><td colspan="2">施工中出现的问题及处理方法</td><td colspan="2"></td></tr>
</table>

施工单位	总承包单位	监理（建设）单位
班组长： 专业技术负责人： 年　月　日	代表： 年　月　日	专业监理工程师 （建设单位代表）： 年　月　日

4.13.20 台（墙）背施工记录 QL

<table>
<tr><td colspan="2">工程名称</td><td colspan="3"></td><td>施工日期</td><td colspan="3"></td></tr>
<tr><td colspan="2">桩号</td><td></td><td>结构物名称</td><td></td><td>施工天气</td><td colspan="3"></td></tr>
<tr><td colspan="2">回填范围</td><td colspan="3">长度（顶：m，底：m），宽度（顶：m），底：m），高度：m</td><td rowspan="2">回填前台（墙）身强度情况</td><td colspan="2">同条件养护试件强度（MPa）</td><td></td></tr>
<tr><td colspan="2">开挖台阶</td><td colspan="3">宽度：　m，高度：　m，坡度：　%</td><td colspan="2">达到设计强度百分比（%）</td><td></td></tr>
<tr><td rowspan="2">施工时间</td><td rowspan="2">层位</td><td rowspan="2">压实标准（%）</td><td rowspan="2">压实厚度（cm）</td><td rowspan="2">回填材料名称</td><td rowspan="2">压实机具及方式</td><td colspan="3">压实度（%）</td></tr>
<tr><td>最小值</td><td>平均值</td><td>试验记录编号</td></tr>
<tr><td></td><td></td><td></td><td></td><td></td><td></td><td></td><td></td><td></td></tr>
<tr><td></td><td></td><td></td><td></td><td></td><td></td><td></td><td></td><td></td></tr>
<tr><td></td><td></td><td></td><td></td><td></td><td></td><td></td><td></td><td></td></tr>
<tr><td></td><td></td><td></td><td></td><td></td><td></td><td></td><td></td><td></td></tr>
<tr><td></td><td></td><td></td><td></td><td></td><td></td><td></td><td></td><td></td></tr>
<tr><td></td><td></td><td></td><td></td><td></td><td></td><td></td><td></td><td></td></tr>
<tr><td></td><td></td><td></td><td></td><td></td><td></td><td></td><td></td><td></td></tr>
<tr><td colspan="9">防排水措施：</td></tr>
<tr><td colspan="3">施工单位</td><td colspan="3">总承包单位</td><td colspan="3">监理（建设）单位</td></tr>
<tr><td colspan="3">班组长：
专业技术负责人：
年　月　日</td><td colspan="3">代表：
年　月　日</td><td colspan="3">专业监理工程师
（建设单位代表）：
年　月　日</td></tr>
</table>

4.13.21 施工放样报验单 QL

致：____________

根据合同文件要求，我部已完成__________工程的__________测量放样，清单如下，请予检查。

承包人： 日期： 年 月 日

桩号和位置	工程或部位名称	放样内容	备注

附件：测量及放样资料，施工放线测量记录表。

施工单位	总承包单位	监理（建设）单位
测量员： 专业技术负责人： 年 月 日	代表： 年 月 日	专业监理工程师 （建设单位代表）： 年 月 日

4.13.22 施工放线测量记录 QL

<table>
<tr><td>单位工程名称</td><td colspan="4"></td><td>工程编号</td><td colspan="3"></td></tr>
<tr><td>测点范围</td><td colspan="4"></td><td>仪器型号</td><td></td><td>公路等级</td><td></td></tr>
<tr><td rowspan="2">测点或桩号</td><td colspan="2">设计坐标</td><td colspan="2">实测坐标</td><td rowspan="2">计算距离（m）</td><td rowspan="2">计算方位角（° ′ ″）</td><td rowspan="2">实测距离（m）</td><td rowspan="2">实测方位角（° ′ ″）</td></tr>
<tr><td>X</td><td>Y</td><td>X</td><td>Y</td></tr>
<tr><td></td><td></td><td></td><td></td><td></td><td></td><td></td><td></td><td></td></tr>
<tr><td></td><td></td><td></td><td></td><td></td><td></td><td></td><td></td><td></td></tr>
<tr><td></td><td></td><td></td><td></td><td></td><td></td><td></td><td></td><td></td></tr>
<tr><td></td><td></td><td></td><td></td><td></td><td></td><td></td><td></td><td></td></tr>
<tr><td rowspan="4">计算数据</td><td colspan="2">测站点坐标 X= Y=</td><td rowspan="4">对点观测数据</td><td colspan="2">实测水平距离 AB=</td><td rowspan="4">草图</td><td colspan="2" rowspan="4"></td></tr>
<tr><td colspan="2">后视点坐标 X= Y=</td><td colspan="2">实测方位角：W=</td></tr>
<tr><td colspan="2">距离 =</td><td colspan="2"></td></tr>
<tr><td colspan="2">$\overline{AB}$</td><td colspan="2"></td></tr>
<tr><td colspan="3">施工单位</td><td colspan="3">总承包单位</td><td colspan="3">监理（建设）单位</td></tr>
<tr><td colspan="3">测量员：
专业技术负责人：

年 月 日</td><td colspan="3">代表：

年 月 日</td><td colspan="3">专业监理工程师
（建设单位代表）：

年 月 日</td></tr>
</table>

4.13.23 水准测量记录 QL

项目名称		施工单位		合同段	
测量范围		监理单位		公路等级	
允许误差		闭合差		仪器产地型号	
测点或桩号	水准尺读数		高程		备注
	后视	前视	实测	设计	
结论：					
施工单位		总承包单位		监理（建设）单位	
测量员： 专业技术负责人： 年 月 日		代表： 年 月 日		专业监理工程师 （建设单位代表）： 年 月 日	

4.13.24 水准点测量检查记录 QL

工程名称				工程编号			
单位工程名称				仪器产地型号			
桩号或部位	测量日期	水准点编号	设计高程（m）		实测高程（m）		偏差（mm）
结论：							

施工单位	总承包单位	监理（建设）单位
测量员： 专业技术负责人： 年 月 日	代表： 年 月 日	专业监理工程师 （建设单位代表）： 年 月 日

4.13.25 导线点测量检查记录 QL

工程名称				工程编号			
单位工程名称				仪器产地型号			
导线点编号	测量日期	设计坐标（m）		实测坐标（m）		坐标差（mm）	
		x	y	x	y	Δx	Δy

简图：

结论：

施工单位	总承包单位	监理（建设）单位
测量员： 专业技术负责人： 年　月　日	代表： 年　月　日	专业监理工程师 （建设单位代表）： 年　月　日

4.13.26 施工放样复核检查记录 QL

工程名称				工程编号			
单位工程名称				仪器产地型号			
桩号或部位	测量日期	设计坐标（m）		实测坐标（m）		坐标差（mm）	
		x	y	x	y	Δx	Δy
简图：							
结论：							

施工单位	总承包单位	监理（建设）单位
测量员： 专业技术负责人： 年 月 日	代表： 年 月 日	专业监理工程师 （建设单位代表）： 年 月 日

4.14 隧道工程①

4.14.1 隧道模筑砼支护分项工程检查记录 SD

工程名称		工程编号	
单位工程名称			

项目检查		序号	断面位置	检查实测点数											合格点数	断面评定
				点号	1	2	3	4	5	6	7	8	9	10		
				设计												
				允许												
主要项目	净断尺寸	1														
		2														
		3														
		4														
		5														
	设计（mm）															
	砼厚度	1														
		2														
		3														
		4														
		5														
	基础深度				左帮					右帮						
		1														
		2														
		3														
		4														
		5														
一般项目	露筋															
	蜂窝麻面															
	接茬															

检查评定项目	检查断面或点数	合格断面或点数	合格率	评定等级	
主要检查项目					
一般检查项目					

施工单位	总承包单位	监理（建设）单位
施工班（组）长： 专业技术负责人： 年　月　日	代表： 年　月　日	专业监理工程师 （建设单位代表）： 年　月　日

① 本部分的“SD”意思是“隧道”，代表属于隧道类表格。

4.14.2 隧道模筑砼浇筑验仓单 SD

工程名称			工程编号		
单位工程名称					
桩号			砼标号		
高程			工程量		
	是否合格			签名	
	是	否	备注	监理工程师	承包商
1. 准备					
岩石清洗					
打毛					
2. 钢筋					
3. 其他					
	施工过程及评价：				
4. 模板					
定位					
清洁					
砼保护层					
5. 最后检查					
清洁					
冬季保温（如果要求）					
浇筑及振捣设备在工地					
联合检查上述各项发现符合所有具体要求，随后 24h 内开始浇筑					

施工单位	总承包单位	监理（建设）单位
施工班（组）长： 专业技术负责人： 年 月 日	代表： 年 月 日	专业监理工程师 （建设单位代表）： 年 月 日

4.14.3 隧道支护混凝土浇筑过程记录 SD

工程名称				工程编号	
单位工程名称				部位	
基本数据	设计砼强度等级		设计砼方法		浇筑砼方量	
	配合比编号		留置块数（组数）编号		起止时间	
拌合方法：			捣固方法：		养护情况：	
资源投入	主要设备：					
	人员：					
	其他：					

施工过程及评价：	（每小时测一次）		
	气温	砼温	时间

备注：

施工单位	总承包单位	监理（建设）单位
施工班（组）长： 专业技术负责人： 年　月　日	代表： 年　月　日	专业监理工程师 （建设单位代表）： 年　月　日

4.14.4 隧道工程锚杆明孔安装记录 SD

工程名称		工程编号	
单位工程名称			
工程部位		尺寸	
编号		长度 L（m）	
水玻璃		灌浆长度 L_1（m）	
清孔方式	风 / 水	直径（m）	

锚杆编号	取样部位		设计孔深	钻孔时间			灌浆时间			灌浆段		灌浆压力（MPa）	灌浆量（L/m）	备注
	桩号	高程		开始	结束	用时	开始	结束	锁定	开始	结束			

施工单位	总承包单位	监理（建设）单位
施工班（组）长： 专业技术负责人： 年 月 日	代表： 年 月 日	专业监理工程师 （建设单位代表）： 年 月 日

4.14.5 隧道工程锚杆检查记录 SD

工程名称				工程编号	
单位工程名称					
锚杆里程	数量	长度	时间	排距	备注

说明：

施工单位	总承包单位	监理（建设）单位
施工班（组）长： 专业技术负责人： 年 月 日	代表： 年 月 日	专业监理工程师 （建设单位代表）： 年 月 日

4.14.6 隧道开挖或支护分项工程断面检查记录 SD

工程名称										工程编号				
单位工程名称														
断面序号	断面位置（m）	检查实测点数											点合格率（%）	断面评定
		点号	1	2	3	4	5	6	7	8	9	10		
		设计												
		允许偏差												

井巷断面检查实测点位置：

检查断面或点数	合格断面或点数	合格率	评定等级

施工单位	总承包单位	监理（建设）单位
施工班（组）长： 专业技术负责人： 年 月 日	代表： 年 月 日	专业监理工程师 （建设单位代表）： 年 月 日

4.14.7 结构验收记录 SD

<table>
<tr><td>工程名称</td><td colspan="2"></td><td>工程编号</td><td></td></tr>
<tr><td>单位工程名称</td><td colspan="2"></td><td>验收部位</td><td></td></tr>
<tr><td>检查内容</td><td colspan="2">存在质量隐患</td><td colspan="2">处理结果</td></tr>
<tr><td></td><td colspan="2"></td><td colspan="2"></td></tr>
<tr><td>质量保证资料项目名称</td><td>份数</td><td colspan="3">核查情况</td></tr>
<tr><td></td><td></td><td colspan="3"></td></tr>
<tr><td></td><td></td><td colspan="3"></td></tr>
<tr><td></td><td></td><td colspan="3"></td></tr>
<tr><td></td><td></td><td colspan="3"></td></tr>
<tr><td></td><td></td><td colspan="3"></td></tr>
<tr><td></td><td></td><td colspan="3"></td></tr>
<tr><td></td><td></td><td colspan="3"></td></tr>
<tr><td></td><td></td><td colspan="3"></td></tr>
<tr><td>结论</td><td colspan="4"></td></tr>
<tr><td>施工单位</td><td colspan="2">总承包单位</td><td colspan="2">监理（建设）单位</td></tr>
<tr><td>施工班（组）长：
专业技术负责人：

年　月　日</td><td colspan="2">代表：

年　月　日</td><td colspan="2">专业监理工程师
（建设单位代表）：

年　月　日</td></tr>
</table>

4.14.8 隧道高程检测记录 SD

工程名称				工程编号			
单位工程名称							
合同编号				申报单位			
桩号	后视	前视	实测高程	设计高程	相差	允许值	备注

施工单位	总承包单位	监理（建设）单位
施工班（组）长： 专业技术负责人： 年 月 日	代表： 年 月 日	专业监理工程师 （建设单位代表）： 年 月 日

4.14.9 隧道平面位置记录 SD

工程名称					工程编号				
单位工程名称									
桩号	实测坐标		设计坐标		相差				备注
	X	Y	X	Y	ΔX	ΔY	+ 测量值	+ 允许偏差	

施工单位	总承包单位	监理（建设）单位
施工班（组）长： 专业技术负责人： 年　月　日	代表： 年　月　日	专业监理工程师 （建设单位代表）： 年　月　日

4.14.10 隧道工程施工测量放线报验单 SD

<table>
<tr><td>工程名称</td><td></td><td>工程编号</td><td></td></tr>
<tr><td>单位工程名称</td><td colspan="3"></td></tr>
<tr><td>合同编号</td><td></td><td>申报单位</td><td></td></tr>
<tr><td>计划停工日期</td><td>年 月 日</td><td>计划复工日期</td><td>年 月 日</td></tr>
<tr><td colspan="4">致：____________
根据合同要求，我们已完成__________工程的施工放样作业清单__________份，请予以查验。
附件：测量及放样资料。

承包商：____________</td></tr>
</table>

工程或部位名称	放样内容	备注

<table>
<tr><td colspan="3">查验结果：

测量员：____________ 年 月 日</td></tr>
<tr><td>施工单位</td><td>总承包单位</td><td>监理（建设）单位</td></tr>
<tr><td>施工班（组）长：
专业技术负责人：

年 月 日</td><td>代表：

年 月 日</td><td>专业监理工程师
（建设单位代表）：

年 月 日</td></tr>
</table>

4.14.11 隧道工程锚杆拉拔试验记录 SD

工程名称										工程编号					
单位工程名称															
锚杆编号	部位		安装时间	同批安装锚杆		锚杆				设计荷载（kN）	试验结果		砂浆强度（MPa）	设备检定	备注
	桩号	高程		编号	数量	直径（mm）	长度（mm）	间距（mm）	排距（mm）		荷载（kN）	位移（mm）			
说明：															

施工单位	总承包单位	监理（建设）单位
施工班（组）长： 专业技术负责人： 年 月 日	代表： 年 月 日	专业监理工程师 （建设单位代表）： 年 月 日

4.14.12 隧道喷砼强度试验统计表 SD

<table>
<tr><td colspan="2">工程名称</td><td colspan="6"></td><td colspan="2">工程编号</td><td colspan="5"></td></tr>
<tr><td colspan="2">单位工程名称</td><td colspan="13"></td></tr>
<tr><td rowspan="2">试块
编号</td><td rowspan="2">配比
编号</td><td rowspan="2">取样
部位</td><td rowspan="2">取样
时间</td><td rowspan="2">试验
时间</td><td colspan="9">试验结果</td><td rowspan="2">备注</td></tr>
<tr><td>设计
强度</td><td>龄期</td><td>组数</td><td>平均值</td><td>最大值</td><td>最小值</td><td>标准差</td><td>离差
系数</td><td>保证率</td></tr>
<tr><td></td><td></td><td></td><td></td><td></td><td></td><td></td><td></td><td></td><td></td><td></td><td></td><td></td><td></td><td></td></tr>
<tr><td></td><td></td><td></td><td></td><td></td><td></td><td></td><td></td><td></td><td></td><td></td><td></td><td></td><td></td><td></td></tr>
<tr><td></td><td></td><td></td><td></td><td></td><td></td><td></td><td></td><td></td><td></td><td></td><td></td><td></td><td></td><td></td></tr>
<tr><td></td><td></td><td></td><td></td><td></td><td></td><td></td><td></td><td></td><td></td><td></td><td></td><td></td><td></td><td></td></tr>
<tr><td></td><td></td><td></td><td></td><td></td><td></td><td></td><td></td><td></td><td></td><td></td><td></td><td></td><td></td><td></td></tr>
<tr><td></td><td></td><td></td><td></td><td></td><td></td><td></td><td></td><td></td><td></td><td></td><td></td><td></td><td></td><td></td></tr>
<tr><td colspan="15">说明：</td></tr>
<tr><td colspan="5">施工单位</td><td colspan="5">总承包单位</td><td colspan="5">监理（建设）单位</td></tr>
<tr><td colspan="5">施工班（组）长：
专业技术负责人：

年　月　日</td><td colspan="5">代表：

年　月　日</td><td colspan="5">专业监理工程师
（建设单位代表）：

年　月　日</td></tr>
</table>

4.15 无损检测[①]

4.15.1 无损检测报告封面 WJ

工程名称：

单位工程名称：

图纸编号：

建设单位：

施工单位：

检测单位：

年 月 日

① 本部分的“WJ”意思是“无损检测”，代表属于无损检测类表格。

4.15.2 无损检测竣工资料目录 WJ

序号	资料名称
1	无损检测工程量认证表
2	无损检测工程量认证表（附表一至附表四）
3	无损检测人员登记表
4	无损检测委托单
5	无损检测综合报告
6	返修情况汇总表
7	射线检测报告
8	射线检测报告（附页）
9	超声波检测报告
10	超声波检测报告（附页）
11	磁粉检测报告
12	磁粉检测报告（附页）
13	渗透检测报告
14	渗透检测报告（附页）
15	无损检测竣工图

4.15.3 无损检测工程量认证表 WJ

共 页第 页

<table>
<tr><td colspan="2">工程名称</td><td></td><td>工程编号</td><td></td></tr>
<tr><td colspan="2">单位工程名称</td><td></td><td>建设单位</td><td></td></tr>
<tr><td colspan="2">施工单位</td><td></td><td>检测单位</td><td></td></tr>
<tr><td rowspan="11">检测数量</td><td rowspan="2">射线检测</td><td>容器焊缝</td><td colspan="2">张</td></tr>
<tr><td>管道焊口</td><td colspan="2">道</td></tr>
<tr><td rowspan="3">超声波检测</td><td>容器焊缝</td><td colspan="2">m</td></tr>
<tr><td>容器钢板</td><td colspan="2">m²</td></tr>
<tr><td>管道焊口</td><td colspan="2">道</td></tr>
<tr><td rowspan="3">磁粉检测</td><td>容器焊缝</td><td colspan="2">m</td></tr>
<tr><td>容器钢板</td><td colspan="2">m²</td></tr>
<tr><td>管道焊口</td><td colspan="2">道</td></tr>
<tr><td rowspan="3">渗透检测</td><td>容器焊缝</td><td colspan="2">m</td></tr>
<tr><td>容器钢板</td><td colspan="2">m²</td></tr>
<tr><td>管道焊口</td><td colspan="2">道</td></tr>
<tr><td colspan="5">检测单位项目负责人：

检测单位：（章）

年 月 日</td></tr>
<tr><td colspan="5">监理单位专业工程师：

监理单位：（章）

年 月 日</td></tr>
<tr><td colspan="5">建设单位无损检测负责人：

建设单位：（章）

年 月 日</td></tr>
</table>

4.15.4 射线检测工程量认证表（附表一） WJ

共 页第 页

工程名称				工程编号									
单位工程名称				检测单位									
	检测项目	工件规格	底片规格	检测数量		合格		返修		扩探		合计	
				道口	张片	道口	张片	道口	张片	道口	张片	道口	张片
管道检测													
容器检测													
其他检测													
制表人： 年 月 日				审核人： 年 月 日					检测单位项目负责人： 年 月 日				

说明：使用本表格时，可根据需要改变排版方向。

4.15.5 超声波检测工程量认证表（附表二） WJ

共　页第　页

<table>
<tr><td>工程名称</td><td colspan="5"></td><td colspan="2">工程编号</td><td colspan="6"></td></tr>
<tr><td>单位工程名称</td><td colspan="5"></td><td colspan="2">检测单位</td><td colspan="6"></td></tr>
<tr><td rowspan="2"></td><td rowspan="2">检测项目</td><td rowspan="2">工件规格</td><td rowspan="2">材质</td><td colspan="2">检测数量</td><td colspan="2">合格</td><td colspan="2">返修</td><td colspan="2">扩探</td><td colspan="2">合计</td></tr>
<tr><td colspan="2">道口（m/m²）</td><td colspan="2">道口（m/m²）</td><td colspan="2">道口（m/m²）</td><td colspan="2">道口（m/m²）</td><td colspan="2">道口（m/m²）</td></tr>
<tr><td rowspan="5">管道检测</td><td></td><td></td><td></td><td></td><td></td><td></td><td></td><td></td><td></td><td></td><td></td><td></td><td></td></tr>
<tr><td></td><td></td><td></td><td></td><td></td><td></td><td></td><td></td><td></td><td></td><td></td><td></td><td></td></tr>
<tr><td></td><td></td><td></td><td></td><td></td><td></td><td></td><td></td><td></td><td></td><td></td><td></td><td></td></tr>
<tr><td></td><td></td><td></td><td></td><td></td><td></td><td></td><td></td><td></td><td></td><td></td><td></td><td></td></tr>
<tr><td></td><td></td><td></td><td></td><td></td><td></td><td></td><td></td><td></td><td></td><td></td><td></td><td></td></tr>
<tr><td rowspan="5">容器检测</td><td></td><td></td><td></td><td></td><td></td><td></td><td></td><td></td><td></td><td></td><td></td><td></td><td></td></tr>
<tr><td></td><td></td><td></td><td></td><td></td><td></td><td></td><td></td><td></td><td></td><td></td><td></td><td></td></tr>
<tr><td></td><td></td><td></td><td></td><td></td><td></td><td></td><td></td><td></td><td></td><td></td><td></td><td></td></tr>
<tr><td></td><td></td><td></td><td></td><td></td><td></td><td></td><td></td><td></td><td></td><td></td><td></td><td></td></tr>
<tr><td></td><td></td><td></td><td></td><td></td><td></td><td></td><td></td><td></td><td></td><td></td><td></td><td></td></tr>
<tr><td rowspan="5">其他检测</td><td></td><td></td><td></td><td></td><td></td><td></td><td></td><td></td><td></td><td></td><td></td><td></td><td></td></tr>
<tr><td></td><td></td><td></td><td></td><td></td><td></td><td></td><td></td><td></td><td></td><td></td><td></td><td></td></tr>
<tr><td></td><td></td><td></td><td></td><td></td><td></td><td></td><td></td><td></td><td></td><td></td><td></td><td></td></tr>
<tr><td></td><td></td><td></td><td></td><td></td><td></td><td></td><td></td><td></td><td></td><td></td><td></td><td></td></tr>
<tr><td></td><td></td><td></td><td></td><td></td><td></td><td></td><td></td><td></td><td></td><td></td><td></td><td></td></tr>
<tr><td colspan="3">制表人：

年　月　日</td><td colspan="5">审核人：

年　月　日</td><td colspan="6">检测单位项目负责人：

年　月　日</td></tr>
</table>

说明：容器焊缝按“米（m）”、板材按“平方米（m²）”填写。使用本表格时，可根据需要改变排版方向。

4.15.6 磁粉检测工程量认证表（附表三） WJ

共 页第 页

工程名称		工程编号	
单位工程名称		检测单位	

	检测项目	工件规格	材质	检测数量		合格		返修		扩探		合计	
				道口（m/m^2）		道口（m/m^2）		道口（m/m^2）		道口（m/m^2）		道口（m/m^2）	
管道检测													
容器检测													
其他检测													

制表人：	审核人：	检测单位项目负责人：
年 月 日	年 月 日	年 月 日

说明：容器焊缝按“米（m）”、板材按“平方米（m^2）”填写。使用本表格时，可根据需要改变排版方向。

4.15.7　渗透检测工程量认证表（附表四）　WJ

共　页第　页

工程名称								工程编号					
单位工程名称								检测单位					
	检测项目	工件规格	材质	检测数量		合格		返修		扩探		合计	
				道口（m/m²）		道口（m/m²）		道口（m/m²）		道口（m/m²）		道口（m/m²）	
管道检测													
容器检测													
其他检测													

制表人：	审核人：	检测单位项目负责人：
年　月　日	年　月　日	年　月　日

说明：容器焊缝按“米（m）”、板材按“平方米（m²）”填写。使用本表格时，可根据需要改变排版方向。

4.15.8 无损检测人员登记表 WJ

<table>
<tr><td colspan="2">工程名称</td><td colspan="10"></td></tr>
<tr><td rowspan="3">序号</td><td rowspan="3">姓名</td><td rowspan="3">发证单位</td><td rowspan="3">编号（身份证号）</td><td colspan="8">持证情况</td></tr>
<tr><td colspan="2">RT</td><td colspan="2">UT</td><td colspan="2">MT</td><td colspan="2">PT</td></tr>
<tr><td>级别</td><td>有效期</td><td>级别</td><td>有效期</td><td>级别</td><td>有效期</td><td>级别</td><td>有效期</td></tr>
<tr><td></td><td></td><td></td><td></td><td></td><td></td><td></td><td></td><td></td><td></td><td></td><td></td></tr>
<tr><td></td><td></td><td></td><td></td><td></td><td></td><td></td><td></td><td></td><td></td><td></td><td></td></tr>
<tr><td></td><td></td><td></td><td></td><td></td><td></td><td></td><td></td><td></td><td></td><td></td><td></td></tr>
<tr><td></td><td></td><td></td><td></td><td></td><td></td><td></td><td></td><td></td><td></td><td></td><td></td></tr>
<tr><td></td><td></td><td></td><td></td><td></td><td></td><td></td><td></td><td></td><td></td><td></td><td></td></tr>
<tr><td></td><td></td><td></td><td></td><td></td><td></td><td></td><td></td><td></td><td></td><td></td><td></td></tr>
<tr><td colspan="6">制表人：

年 月 日</td><td colspan="6">检测单位项目负责人：

年 月 日</td></tr>
</table>

说明：使用本表格时，可根据需要改变排版方向。

4.15.9 管道无损检测综合报告 WJ

工程名称					工程编号					
单位工程名称					施工单位					
评定标准										
检测方法	检测情况									
	检测项目	抽查比例（%）	合格级别	总焊缝数（口）	检测数量（口）	合格数量（口）	一次焊接合格率（%）	复探数量（口）	扩探数量（口）	备注

报告人： 级别： （公章） 年 月 日	检测单位项目技术负责人： 级别： 年 月 日	建设（监理）单位专业工程师： 年 月 日

说明：使用本表格时，可根据需要改变排版方向。

4.15.10 （球罐 / 储罐 / 容器）无损检测综合报告 WJ

工程名称				工程编号	
单位工程名称				施工单位	
评定标准					
检测方法	检测项目	抽查比例（%）	合格级别	一次检测结果	返修扩探情况
RT				检测数量： 张 合格： 张 不合格： 张 一次焊接合格率： %	返修复探片总计： 张 其中： 一次返修 张 二次返修 张 扩探 张
UT				检测数量： m/ 处 合格： m/ 处 不合格： m/ 处 一次焊接合格率： %	返修焊缝总计： m/ 处 其中： 一次返修： m/ 处 二次返修： m/ 处 扩探： m/ 处
MT				检测数量 ：m/ 处 合格： m/ 处 不合格： m/ 处 一次焊接合格率： %	返修焊缝总计： m/ 处 其中： 一次返修： m/ 处 二次返修： m/ 处 扩探： m/ 处
PT				检测数量： m/ 处 合格： m/ 处 不合格： m/ 处 一次焊接合格率： %	返修焊缝总计： m/ 处 其中： 一次返修： m/ 处 二次返修： m/ 处 扩探： m/ 处

报告人： 级别： （公章） 年 月 日	检测单位项目技术负责人： 级别： 年 月 日	建设（监理）单位专业工程师： 年 月 日

4.15.11 返修情况汇总表 WJ

工程名称						工程编号			
单位工程名称						检测项目			
序号	检测项目	检测部位编号	检测方法	原位置缺陷情况		返修后缺陷情况			备注
				性质及长度（mm）	位置（mm）	返修次数	性质及长度（mm）	检测结果	

制表人： 检测单位（章） 年 月 日	检测单位项目技术负责人： 年 月 日	建设（监理）单位专业工程师： 年 月 日

说明：使用本表格时，可根据需要改变排版方向。

4.15.12 射线检测报告 WJ

报告编号： 共 页第 页

<table>
<tr><td>工程名称</td><td colspan="2"></td><td>工程编号</td><td colspan="2"></td></tr>
<tr><td>单位工程名称</td><td colspan="2"></td><td>施工单位</td><td colspan="2"></td></tr>
<tr><td>检测项目</td><td colspan="2"></td><td>原始记录编号</td><td colspan="2"></td></tr>
<tr><td>坡口型式</td><td colspan="2"></td><td>承压设备类型</td><td colspan="2"></td></tr>
<tr><td>焊接方法</td><td colspan="2"></td><td>检测时机</td><td colspan="2"></td></tr>
<tr><td>胶片型号</td><td colspan="2"></td><td>胶片规格</td><td colspan="2">mm</td></tr>
<tr><td>铅增感屏</td><td colspan="2">前屏 mm 后屏 mm</td><td>像质计型号</td><td colspan="2"></td></tr>
<tr><td>像质计位置</td><td colspan="2">□源侧 □胶片侧</td><td colspan="2">要求达到像质指数</td><td></td></tr>
<tr><td>源的种类</td><td colspan="2">□ X 射线 □ ^{192}Ir □ ^{75}Se</td><td>设备型号</td><td colspan="2"></td></tr>
<tr><td>管电压 / 源强</td><td colspan="2">kV/Ci</td><td>曝光参数</td><td colspan="2">mA min</td></tr>
<tr><td>焦点尺寸 / 焦距</td><td colspan="2">F= mm d= mm</td><td>透照参数</td><td colspan="2">f= mm b= mm</td></tr>
<tr><td>透照方式</td><td colspan="5">□单壁单影法 □双壁单影法 □双壁双影法 □中心透照法</td></tr>
<tr><td>胶片处理</td><td colspan="2">□自动 □手工</td><td>显影时间</td><td colspan="2">min</td></tr>
<tr><td>显影温度</td><td colspan="2">℃</td><td>底片黑度范围</td><td colspan="2"></td></tr>
<tr><td>检测技术等级</td><td colspan="2"></td><td>检测比例</td><td colspan="2"></td></tr>
<tr><td>检测标准</td><td colspan="2"></td><td>合格级别</td><td colspan="2"></td></tr>
<tr><td>检测数量</td><td>道（张）</td><td>返修数量</td><td>道（张）</td><td>一次焊接合格率</td><td>%</td></tr>
<tr><td>复探数量</td><td>道（张）</td><td>扩探数量</td><td>道（张）</td><td>最终焊接合格率</td><td>%</td></tr>
<tr><td colspan="6">检测部位示意图：</td></tr>
<tr><td colspan="6">检测结论：</td></tr>
<tr><td colspan="2">报告人：
级别：
（公章）
年 月 日</td><td colspan="2">审核人：
级别：
年 月 日</td><td colspan="2">检测单位项目技术负责人：
年 月 日</td></tr>
</table>

4.15.13 射线检测报告（附页） WJ

报告编号： 共 页第 页

单位工程名称					检测项目			
序号	焊缝编号及底片编号	板厚（mm）	一次透照长度（mm）	像质指数	缺陷情况		评定级别	备注
					性质及长度（mm）	位置（mm）		
评片： 级别： 年 月 日					审核： 级别： 年 月 日			

4.15.14 钢板超声波测厚报告 WJ

报告编号： 共 页第 页

工程名称			工程编号		
单位工程名称			施工单位		
材质规格			原始记录编号		
表面状态			耦合剂		
试块类型			仪器型号		
探头参数	探头类型：直探头	频率： MHz		晶片尺寸： mm	
总数量	块	抽查比例	%	抽查数量	块
合格标准					
测量厚度（mm）					
编号	S1	S2	S3	S4	S5
检测部位示意图：					
检测结论：					

报告人： 级别： 年 月 日	审核人： 级别： 年 月 日	检测单位项目负责人： 年 月 日

4.15.15 钢板超声波检测报告 WJ

报告编号： 共 页第 页

<table>
<tr><td>工程名称</td><td></td><td colspan="2">工程编号</td><td></td></tr>
<tr><td>单位工程名称</td><td></td><td colspan="2">原始记录编号</td><td></td></tr>
<tr><td>材质规格</td><td></td><td colspan="2">表面状态</td><td></td></tr>
<tr><td>仪器型号</td><td></td><td>耦合剂</td><td colspan="2">□洗涤剂 □糨糊 □机油</td></tr>
<tr><td>试块型号</td><td></td><td>探头参数</td><td colspan="2">频率： MHz 晶片尺寸： mm</td></tr>
<tr><td>检测灵敏度</td><td></td><td>表面补偿</td><td colspan="2">dB</td></tr>
<tr><td>执行标准</td><td></td><td>合格级别</td><td colspan="2">级</td></tr>
<tr><td colspan="5">检测部位示意图：</td></tr>
<tr><td colspan="5">检测结论：</td></tr>
</table>

<table>
<tr><td>报告人：
级别：
年 月 日</td><td>审核人：
级别：
年 月 日</td><td>检测单位项目负责人：
年 月 日</td></tr>
</table>

4.15.16 钢板超声波检测报告（附页） WJ

报告编号： 共 页第 页

单位工程名称				检测项目			
序号	检测部位编号（钢板编号）	检测面积（m^2）	厚度（mm）	缺陷情况			评定级别
				单个缺陷指示长度（mm）	单个缺陷指示面积（mm^2）	在任一 1m×1m 检测面积内存在的缺陷面积百分比（%）	

检测： 级别： 年 月 日	审核： 级别： 年 月 日

4.15.17 超声波检测报告 WJ

报告编号：　　　　　　　　　　　　　　　　　　　　　　　　　　　共　页第　页

工程名称		工程编号	
单位工程名称		施工单位	
检测项目		原始记录编号	
材质规格		表面状态	
焊接方法		承压设备类型	
热处理状态		检测比例	
检测技术		技术等级	
检测时机		检测部位	
扫查方式		仪器型号	
试块型号		耦合剂	
探头型号	频率：　MHz　晶片尺寸：　mm　*K* 值：　前沿距离：　mm		

表面补偿	dB	扫查方式		扫描比例	
检测灵敏度	dB	检测标准		合格级别	
检测数量	道（m）	返修数量	道（m）	一次焊接合格率	%
复探数量	道（m）	扩探数量	道（m）	最终焊接合格率	%

检测部位示意图：

评定结论：

报告人： 级别： （公章） 年　月　日	审核人： 级别： 年　月　日	检测单位项目技术负责人： 年　月　日

4.15.18 超声波检测报告（附页） WJ

报告编号： 共 页第 页

单位工程名称			检测项目						
序号	焊缝编号	检测长度（m）	缺陷情况					评定级别	备注
			缺陷类型	位置（mm）	波幅 SL（±dB）	长度（mm）	深度（mm）		

检测： 级别： 年 月 日	审核： 级别： 年 月 日

4.15.19　磁粉检测报告　WJ

报告编号：　　　　　　　　　　　　　　　　　　　　　　　　　　共　页第　页

<table>
<tr><td>工程名称</td><td></td><td colspan="2">工程编号</td><td colspan="2"></td></tr>
<tr><td>单位工程名称</td><td></td><td colspan="2">施工单位</td><td colspan="2"></td></tr>
<tr><td>承压设备类别</td><td></td><td colspan="2">现场记录编号</td><td colspan="2"></td></tr>
<tr><td>规格材质</td><td></td><td colspan="2">热处理状态</td><td colspan="2"></td></tr>
<tr><td>检测部位</td><td></td><td colspan="2">表面状态</td><td colspan="2"></td></tr>
<tr><td>检测方法</td><td></td><td colspan="2">检测时机</td><td colspan="2"></td></tr>
<tr><td>仪器型号</td><td></td><td colspan="2">标准试片</td><td colspan="2"></td></tr>
<tr><td>磁化方法</td><td></td><td colspan="2">磁化时间</td><td colspan="2"></td></tr>
<tr><td>提升力</td><td>N</td><td colspan="2">磁粉</td><td colspan="2">□荧光　□非荧光</td></tr>
<tr><td>磁悬液配制浓度</td><td>g/L</td><td colspan="2">磁粉施加方法</td><td colspan="2"></td></tr>
<tr><td>检测标准</td><td colspan="5"></td></tr>
<tr><td>检测比例</td><td></td><td colspan="2">合格级别</td><td colspan="2"></td></tr>
<tr><td rowspan="2">检测数量</td><td>道（m）</td><td rowspan="2">返修数量</td><td>道（m）</td><td rowspan="2">一次焊接合格率</td><td rowspan="2">%</td></tr>
<tr><td>处/m²</td><td>处/m²</td></tr>
<tr><td rowspan="2">复探数量</td><td>道（m）</td><td rowspan="2">扩探数量</td><td>道（m）</td><td rowspan="2">最终焊接合格率</td><td rowspan="2">%</td></tr>
<tr><td>处/m²</td><td>处/m²</td></tr>
<tr><td colspan="6">检测部位示意图：</td></tr>
<tr><td colspan="6">检测结论：</td></tr>
<tr><td colspan="2">报告人：
级别：
（公章）
年　月　日</td><td colspan="2">审核人：
级别：
年　月　日</td><td colspan="2">检测单位项目技术负责人：
年　月　日</td></tr>
</table>

4.15.20 磁粉检测报告（附页） WJ

报告编号：　　　　　　　　　　　　　　　　　　　　　　　　共　页第　页

单位工程名称			检测部位				
序号	焊缝（部位）编号	检测长度或面积	缺陷情况			评定结果	备注
			缺陷类型	位置（mm）	长度（mm）		
检测： 级别： 年　月　日				审核： 级别： 年　月　日			

4.15.21　渗透检测报告　WJ

报告编号：　　　　　　　　　　　　　　　　　　　　　　　　　　共　页第　页

<table>
<tr><td>工程名称</td><td colspan="2"></td><td>工程编号</td><td colspan="2"></td></tr>
<tr><td>单位工程名称</td><td colspan="2"></td><td>施工单位</td><td colspan="2"></td></tr>
<tr><td>承压设备类型</td><td colspan="2"></td><td>原始记录编号</td><td colspan="2"></td></tr>
<tr><td>检测项目</td><td colspan="2"></td><td>材质规格</td><td colspan="2"></td></tr>
<tr><td>材质规格</td><td colspan="2"></td><td>热处理状态</td><td colspan="2"></td></tr>
<tr><td>检测部位</td><td colspan="2"></td><td>检测方法</td><td colspan="2"></td></tr>
<tr><td>表面状态</td><td colspan="2"></td><td>试块</td><td colspan="2">□铝合金（A 型）
□镀铬（B 型）</td></tr>
<tr><td>检测标准</td><td colspan="2"></td><td>检测剂
施加方法</td><td colspan="2">□喷　□刷　□涂</td></tr>
<tr><td>检测温度</td><td>（℃）</td><td>渗透时间</td><td>（min）</td><td>显像时间</td><td>（min）</td></tr>
<tr><td>检测剂牌号</td><td></td><td>检测比例</td><td>%</td><td>合格级别</td><td></td></tr>
<tr><td rowspan="2">检测数量</td><td>道（m）</td><td rowspan="2">返修数量</td><td>道（m）</td><td rowspan="2">一次焊接合格率</td><td rowspan="2">%</td></tr>
<tr><td>处/m²</td><td>处/m²</td></tr>
<tr><td rowspan="2">复探数量</td><td>道（m）</td><td rowspan="2">扩探数量</td><td>道（m）</td><td rowspan="2">最终焊接合格率</td><td rowspan="2">%</td></tr>
<tr><td>处/m²</td><td>处/m²</td></tr>
<tr><td colspan="6">检测部位示意图：</td></tr>
<tr><td colspan="6">检测结论：</td></tr>
<tr><td colspan="2">报告人：
级别：
（公章）
年　月　日</td><td colspan="2">审核人：
级别：
年　月　日</td><td colspan="2">检测单位项目技术负责人：
年　月　日</td></tr>
</table>

4.15.22 渗透检测报告（附页） WJ

报告编号： 共 页第 页

单位工程名称			检测项目				
序号	焊缝（部位）编号	检测长度或面积	缺陷情况			评定结果	备注
			缺陷类型	位置（mm）	长度（mm）		

检测： 级别： 年 月 日	审核： 级别： 年 月 日

4.15.23 无损检测竣工图 WJ

工程名称		检测项目	

委托单位制图人：	检测单位标注人：	检测单位项目技术负责人：

说明：使用本表格时，可根据需要改变排版方向。

4.15.24 无损检测委托单 WJ

编号：

工程名称		工程编号	
单位工程名称		施工单位	
图纸编号		焊接方法	
坡口形式		表面状态	
评定标准			
检测期限	年 月 日 至 年 月 日		

说明：

序号	检测项目	材质	规格	总数量	抽查率（%）	应检数量	检测方法	合格等级

委托单位（公章） 委托人： 年 月 日	检测单位:（公章） 接收人： 年 月 日

4.16 监理管理①

4.16.1 工程开工报审表 JL

工程名称： 编号：

致：______________（建设单位）

______________（项目监理机构）

我方承担的______________工程，已完成相关准备工作，具备开工条件，申请于______年______月______日开工，请予以审批。

附件：证明文件资料

施工单位（盖章）

项目经理（签字）

年 月 日

审核意见：

项目监理机构（盖章）

总监理工程师（签字、加盖执业印章）

年 月 日

审批意见：

建设单位（盖章）

建设单位代表（签字）

年 月 日

注：本表格一式三份，项目监理机构、建设单位、施工单位各一份。

① 本部分的“JL”意思是“监理”，属于监理类表格。

4.16.2 工程复工报审表 JL

工程名称：　　　　　　　　　　　　　　　　　　　　　　　　编号：

致：________________（项目监理机构） 编号为________________《工程暂停令》所停工的_______部位（工序）已满足复工条件，我方申请于_______年_______月_______日复工，请予以审批。 附件：证明文件资料 施工项目经理部（盖章） 项目经理（签字） 年　月　日
审核意见： 项目监理机构（盖章） 总监理工程师（签字） 年　月　日
审批意见： 建设单位（盖章） 建设单位代表（签字） 年　月　日

注：本表格一式三份，项目监理机构、建设单位、施工单位各一份。

4.16.3 施工组织设计 /（专项）施工方案报审表 JL

工程名称： 编号：

致：________________（项目监理机构） 我方已完成________________工程施工组织设计 /（专项）施工方案，请予以审查。 附件：□施工组织设计 □专项施工方案 □施工方案 施工项目经理部（盖章） 项目经理（签字） 年 月 日
审查意见： 专业监理工程师（签字） 年 月 日
审核意见： 项目监理机构（盖章） 总监理工程师（签字、加盖执业印章） 年 月 日
审批意见（仅对超过一定规模和危险性较大的分部分项工程专项施工方案）： 建设单位（盖章） 建设单位代表（签字） 年 月 日

注：本表格一式三份，项目监理机构、建设单位、施工单位各一份。

4.16.4 分包单位资格报审表 JL

工程名称： 编号：

致：____________________（项目监理机构）

经考察，我方认为拟选择的____________________（分包单位）具有承担下列工程的施工或安装资质和能力，可以保证本工程按施工合同______条款的约定进行施工或安装。请予以审查。

分包工程名称（部位）	分包工程量	分包工程合同额
合计		

附件：1. 分包单位资质材料

2. 分包单位业绩材料

3. 分包单位专职管理人员和特种作业人员的资格证书

4. 施工单位对分包单位的管理制度

施工项目经理部（盖章）

项目经理（签字）

年 月 日

审查意见：

专业监理工程师（签字）

年 月 日

审核意见：

项目监理机构（盖章）

总监理工程师（签字）

年 月 日

注：本表格一式三份，项目监理机构、建设单位、施工单位各一份。

4.16.5 试验室资格报审表 JL

工程名称：　　　　　　　　　　　　　　　　　　　　　　　　　　编号：

致：________________（监理单位） 经考查，我方认为拟选择的________________（试验室）具有与________________工程相适应的试验资质及试验能力。现报上有关资料，请予以审查和批准。 附件： 1. 试验室的资质等级及试验范围 2. 法定计量部门对试验室出具的计量检定证明 3. 试验室的管理制度 4. 试验人员的资格证书 5. 本工程的试验项目及其要求 施工项目经理部（盖章） 项目经理（签字） 年　月　日
总监理工程师审查意见： ☐该试验室资质等级及试验范围满足本工程试验要求；计量检定证明有效 ☐同意承包单位选择其承担本工程________________等项目的试验 ☐要求承包单位重新选择试验室再报 项目监理机构（盖章） 总监理工程师（签字、加盖执业印章） 年　月　日

注：本表格一式三份，项目监理机构、建设单位、施工单位各一份。

4.16.6 施工人员资格报审表 JL

工程名称： 编号：

致：____________________（监理单位）

根据施工合同要求，我方下列人员已进场，均具有相应的执业资质，符合国家相关法律法规的规定，满足工程需要，请予以审查。

序号	姓名	岗位	资质证书名称	资质证书编号
1				
2				
3				
4				
5				

附件：上述人员资质证书影印件共______页。

施工项目经理部（盖章）

项目经理（签字）

年 月 日

审查意见：

☐所报人员资格证书符合要求，能够满足本工程需要，同意上岗。

☐所报人员资格证书不符合要求，不能够满足本工程需要，不同意上岗。要求承包单位重新组织人员再报。

☐所报人员数量不能满足本工程需要，要求承包单位补充人员再报。

项目监理机构（盖章）

总监理工程师（签字）

年 月 日

注：本表格一式三份，项目监理机构、建设单位、施工单位各一份。

4.16.7 施工机具报审表 JL

工程名称： 编号：

<table>
<tr><td colspan="6">致：____________（项目监理机构）
根据施工合同要求，我方已进场下列机具，均经过检修或检定，状态良好，性能可靠，符合国家相关法律法规的规定，满足工程需要，请予以审查。</td></tr>
<tr><td>序号</td><td>机具名称</td><td>规格型号</td><td>数量</td><td>拟用部位</td><td>备注</td></tr>
<tr><td>1</td><td></td><td></td><td></td><td></td><td></td></tr>
<tr><td>2</td><td></td><td></td><td></td><td></td><td></td></tr>
<tr><td>3</td><td></td><td></td><td></td><td></td><td></td></tr>
<tr><td>4</td><td></td><td></td><td></td><td></td><td></td></tr>
<tr><td>5</td><td></td><td></td><td></td><td></td><td></td></tr>
<tr><td colspan="6">附件：共______页。
施工项目经理部（盖章）
项目经理（签字）
年 月 日</td></tr>
<tr><td colspan="6">审查意见：
□所报机具与施工组织设计相符，性能良好，能够满足施工需求，同意进场使用。
□所报机具与施工组织设计不符，不能够满足施工需求，不同意进场使用。要求重报。
□所报机具性能不佳，不能满足施工需求，不同意进场使用。要求重报。
□所报机具未校验，不能满足施工需求，不同意进场使用。要求重报。
专业监理工程师（签字）：
项目监理机构（公章）：
年 月 日</td></tr>
</table>

注：本表格一式三份，项目监理机构、建设单位、施工单位各一份。

4.16.8 施工控制测量成果报验表 JL

工程名称： 编号：

<table>
<tr><td>致：____________________（项目监理机构）
我方已完成____________________的施工控制测量，经自检合格，请予以查验。

附件：1. 施工控制测量依据资料
2. 施工控制测量成果表

施工项目经理部（盖章）
项目技术负责人（签字）
年 月 日</td></tr>
<tr><td>审查意见：

项目监理机构（盖章）
专业监理工程师（签字）
年 月 日</td></tr>
</table>

注：本表格一式三份，项目监理机构、建设单位、施工单位各一份。

4.16.9 施工进度计划报审表 JL

工程名称：　　　　　　　　　　　　　　　　　　　　　　　　　　编号：

<table>
<tr><td>致：____________________（项目监理机构）
　　根据施工合同约定，我方已完成____________________工程施工进度计划的编制和批准，请予以审查。

附件：□施工总进度计划
　　　□阶段性进度计划

施工项目经理部（盖章）

项目经理（签字）

年　月　日</td></tr>
<tr><td>审查意见：

专业监理工程师（签字）

年　月　日</td></tr>
<tr><td>审核意见：

项目监理机构（盖章）

总监理工程师（签字）

年　月　日</td></tr>
</table>

注：本表格一式三份，项目监理机构、建设单位、施工单位各一份。

4.16.10 无损检测报审表 JL

工程名称：　　　　　　　　　　　　　　　　　　　　　　　　编号：

<table>
<tr><td colspan="4">致：____________（监理单位）
以下焊口焊接已完，外观检查合格，现申请对以下焊口进行无损探伤。</td></tr>
<tr><td>规格材质</td><td></td><td>部位</td><td></td></tr>
<tr><td>焊接方法</td><td></td><td>检测比例</td><td></td></tr>
<tr><td>检测标准</td><td></td><td>合格级别</td><td></td></tr>
<tr><td colspan="4">焊口号：

（□ RT、□ PT、□ UT、□ MT）

合计：__________道口。

施工项目经理部（盖章）
技术负责人（签字）
年　月　日</td></tr>
<tr><td colspan="4">审查意见：

项目监理机构（盖章）
专业监理工程师（签字）：
年　月　日</td></tr>
</table>

注：本表格一式两份，项目监理机构、施工单位各一份。

4.16.11　无损检测复探报审表　JL

工程名称：　　　　　　　　　　　　　　　　　　　　　　　　编号：

致：____________________（监理单位） 以下焊口返修已完，外观检查合格，现申请对以下焊口进行无损探伤。			
规格材质		部位	
焊接方法			
检测标准		合格级别	
焊口号： （□ RT、□ PT、□ UT、□ MT） 合计：____________道口。 施工项目经理部（盖章） 技术负责人（签字）： 年　月　日			
审查意见： 项目监理机构（盖章） 专业监理工程师（签字）： 年　月　日			

注：本表格一式两份，项目监理机构、施工单位各一份。

4.16.12 分部工程报验表 JL

工程名称：　　　　　　　　　　　　　　　　　　　　编号：

致：____________（项目监理机构） 我方已完成________（分部工程），经自检合格，请予以验收。 附件：分部工程质量资料 施工项目经理部（盖章） 项目技术负责人（签字） 年　月　日
验收意见： 专业监理工程师（签字） 年　月　日
验收意见： 项目监理机构（盖章） 总监理工程师（签字） 年　月　日

注：本表格一式三份，项目监理机构、建设单位、施工单位各一份。

4.16.13 工程款支付报审表 JL

工程名称： 编号：

致：____________________（项目监理机构） 根据施工合同约定，我方已完成________________工作，建设单位应在______年______月______日前支付工程款共计（大写）____________（小写：____________），请予以审核。 附件： □完成工程量报表 □工程竣工结算证明材料 □相应支持性证明文件 施工项目经理部（盖章） 项目经理（签字） 年 月 日
审查意见： 1. 施工单位应得款为： 2. 本期应扣款为： 3. 本期应付款为： 附件：相应支持性材料 专业监理工程师（签字） 年 月 日
审核意见： 项目监理机构（盖章） 总监理工程师（签字、加盖执业印章） 年 月 日
审批意见： 建设单位（盖章） 建设单位代表（签字） 年 月 日

注：本表格一式三份，项目监理机构、建设单位、施工单位各一份；工程竣工结算报审时本表格一式四份，项目监理机构、建设单位各一份，施工单位二份。

4.16.14 监理通知回复单 JL

工程名称： 编号：

致：____________________（项目监理机构） 我方接到编号为____________的监理通知单后，已按要求完成相关工作，请予以复查。 附件：需要说明的情况 施工项目经理部（盖章） 项目经理（签字） 年 月 日
复查意见： 项目监理机构（盖章） 总监理工程师（签字、加盖执业印章） 年 月 日

注：本表格一式三份，项目监理机构、建设单位、施工单位各一份。

4.16.15 工程临时 / 最终延期报审表 JL

工程名称： 编号：

<table>
<tr><td>致：____________________（项目监理机构）
根据施工合同____________（条款），由于____________________的原因，我方申请工程临时 / 最终延期（____________日历天），请予批准。

附件：1. 工程延期依据及工期计算
2. 证明材料

施工项目经理部（盖章）
项目经理（签字）
年 月 日</td></tr>
<tr><td>审核意见：
□同意工程临时 / 最终延期________________（日历天）。工程竣工日期从施工合同约定的______年______月______日延期到______年______月______日。
□不同意延期，请按约定竣工日期组织施工。

项目监理机构（盖章）
总监理工程师（签字、加盖执业印章）
年 月 日</td></tr>
<tr><td>审批意见：

建设单位（盖章）
建设单位代表（签字）
年 月 日</td></tr>
</table>

注：本表格一式三份，项目监理机构、建设单位、施工单位各一份。

4.16.16 工程变更单 JL

工程名称： 编号：

致：____________

由于________________原因，兹提出____________工程变更，请予以审批。

附件：

□变更内容

□变更设计图

□相关会议纪要

□其他

变更提出单位：

负责人：

年 月 日

工程量增 / 减	
费用增 / 减	
工期变化	

施工项目经理部（盖章） 项目经理（签字）	设计单位（盖章） 设计负责人（签字）
项目监理机构（盖章） 总监理工程师（签字）	建设单位（盖章） 负责人（签字）

注：本表格一式三份，项目监理机构、建设单位、施工单位各一份。

4.16.17 索赔意向通知书 JL

工程名称： 编号：

致：____________________

根据施工合同__________________（条款）约定，由于发生了__________________事件，且该事件的发生非我方原因所致。为此，我方向__________________（单位）提出索赔要求。

附件：索赔事件资料

提出单位（盖章）

负责人（签字）

年 月 日

注：本表格一式三份，项目监理机构、建设单位、施工单位各一份。

4.16.18 工程材料、构配件、设备报审表 JL

工程名称： 编号：

致：____________________（项目监理机构） 于_____年_____月_____日进场的拟用于工程__________部位的__________，经我方检验合格，现将相关资料报上，请予以审查。 附件：1. 工程材料、构配件或设备清单 2. 质量证明文件 3. 自检结果 施工项目经理部（盖章） 项目经理（签字） 年 月 日
审核意见： 项目监理机构（盖章） 专业监理工程师（签字） 年 月 日

注：本表格一式二份，项目监理机构、施工单位各一份。

4.16.19 单位工程竣工验收报审表 JL

工程名称： 编号：

致：____________________（项目监理机构） 我方已按施工合同要求完成了____________________工程，经自检合格，现将相关资料报上，请予以验收。 附件：1. 工程质量验收报告 2. 工程功能检验资料 施工单位（盖章） 项目经理（签字） 年 月 日
预验收意见： 经预验收，该工程合格 / 不合格，可以 / 不可以组织正式验收。 项目监理机构（盖章） 总监理工程师（签字、加盖执业印章） 年 月 日

注：本表格一式三份，项目监理机构、建设单位、施工单位各一份。

4.16.20 工程质量事故报告单 JL

工程名称：　　　　　　　　　　　　　　　　　　　　　　　　编号：

致：__________________（监理单位） _____年_____月_____日_____时，在_______发生_______工程质量事故，报告如下： （情况、初步原因分析及处理意见）   施工项目经理部（盖章） 项目经理（签字） 年　月　日

注：本表格一式三份，项目监理机构、建设单位、施工单位各一份。

4.16.21 工程质量事故处理方案报审表 JL

工程名称： 编号：

致：____________________（监理单位） ______年______月______日______时，在________发生________工程质量事故，已于________年________月________日提出《工程质量事故报告单》，现报上处理方案，请予审查。 附件：1. 工程质量事故调查报告 2. 工程质量事故处理方案 施工项目经理部（盖章） 项目经理（签字） 年 月 日

注：本表格一式三份，项目监理机构、建设单位、施工单位各一份。

4.16.22 监理通知单 JL

工程名称： 编号：

致：____________________（施工项目经理部）

事由：____

____

____

内容：____

____

____

项目监理机构（盖章）

总/专业监理工程师（签字）

年 月 日

注：本表格一式三份，项目监理机构、建设单位、施工单位各一份。

4.16.23 工程暂停令 JL

工程名称： 编号：

<table>
<tr><td>致：____________________（施工项目经理部）
由于____原因，现通知你方必须于______年______月______日时起，暂停______（工序）施工，并按下述要求做好后续工作。
要求：

项目监理机构（盖章）

总监理工程师（签字、加盖执业印章）

年 月 日</td></tr>
</table>

注：本表格一式三份，项目监理机构、建设单位、施工单位各一份。

4.16.24 工程款支付证书 JL

工程名称： 编号：

致：____________________（施工单位） 根据施工合同约定，经审核编号为　　工程款支付报审表，扣除有关款项后，同意支付工程款共计（大写）____________________（小写：____________________）。 其中： 1. 施工单位申报款为： 2. 经审核施工单位应得款为： 3. 本期应扣款为： 4. 本期应付款为： 附件：工程款支付报审表及附件 项目监理机构（盖章） 总监理工程师（签字、加盖执业印章） 年　月　日

注：本表格一式三份，项目监理机构、建设单位、施工单位各一份。

4.16.25 工程延期审批表 JL

工程名称： 编号：

致：____________________（施工单位）

根据施工合同条款______________________________条的规定，我方对你方提出的工期延期申请（第________号）要求延长工期________________日历天的要求，经过审核评估：

☐同意延长______日历天。使竣工日期（包括已指令延长的工期）从原来的______年______月______日延迟到______年______月______日。请你方执行。

☐不同意延长工期，请按约定竣工日期组织施工。

说明：

项目监理机构（盖章）

总监理工程师（签字、加盖执业印章）

年 月 日

注：本表格一式三份，项目监理机构、建设单位、施工单位各一份。

4.16.26 费用索赔报审表 JL

工程名称： 编号：

致：____________________（项目监理机构）

根据施工合同____________________条款，由于____________________的原因，我方申请索赔（大写）____________________，请予批准。

附件：□索赔金额计算

□证明材料

施工项目经理部（盖章）

项目经理（签字）

年 月 日

审核意见：

□不同意此项索赔。

□同意此项索赔，索赔金额为（大写）____________________。

同意 / 不同意索赔的理由：____

____

____

____

附件：□索赔审查报告

项目监理机构（盖章）

总监理工程师（签字、加盖执业印章）

年 月 日

审批意见：

建设单位（盖章）

建设单位代表（签字）

年 月 日

注：本表格一式三份，项目监理机构、建设单位、施工单位各一份。

4.16.27 见证取样和送检见证人备案书 JL

<table>
<tr><td>工程名称</td><td></td><td>编号</td><td></td></tr>
<tr><td colspan="4">致：（施工单位、检测单位、质量监督站）
我单位决定，由________________同志担任工程见证取样和送检见证人。
有关的印章和签字如下，请查收备案。</td></tr>
<tr><td colspan="2">见证取样和送检印章</td><td colspan="2">见证人签字</td></tr>
<tr><td colspan="2"></td><td colspan="2"></td></tr>
<tr><td colspan="4">其他说明：</td></tr>
<tr><td colspan="4">监理单位</td></tr>
<tr><td colspan="4">总监（签字）：

（公章）

年　月　日</td></tr>
</table>

注：本表格一式三份，施工单位、检测单位、质量监督站各一份。

4.16.28 旁站记录 JL

工程名称：　　　　　　　　　　　　　　　　　　　　　　　　编号：

旁站的关键部位、关键工序		施工单位	
旁站开始时间	年　月　日　时　分	旁站结束时间	年　月　日　时　分
旁站的关键部位、关键工序施工情况：			
发现的问题及处理情况： 旁站的监理人员（签字） 年　月　日			

注：本表格一式一份，项目监理机构留存。

4.16.29 平行检验记录 JL

<table>
<tr><td>检验部位</td><td></td></tr>
<tr><td colspan="2">检验记录：</td></tr>
<tr><td colspan="2">检验结果：</td></tr>
<tr><td colspan="2">检验人（签字）：
年 月 日</td></tr>
</table>

注：若专业数据难以用文字描述时，可另附表格。

4.16.30 无损检测指令 JL

工程名称： 编号：

<table>
<tr><td colspan="4">致：____________________（检测单位）
____________（施工单位）完成的下列焊口已经外观检查合格，请于______年______月______日进行无损检测。</td></tr>
<tr><td>规格材质</td><td></td><td>部位</td><td></td></tr>
<tr><td>焊接方法</td><td></td><td>检测比例</td><td></td></tr>
<tr><td>检测标准</td><td></td><td>合格级别</td><td></td></tr>
<tr><td colspan="4">焊口号：

（□ RT、□ PT、□ UT、□ MT）

合计：____________道口。

项目监理机构（公章）：
专业监理工程师（签字）：
年 月 日</td></tr>
<tr><td colspan="4">检测机构（公章）：
接收人（签字）：
年 月 日</td></tr>
</table>

注：本表格一式二份，项目监理机构、检测单位各一份。

4.16.31 无损检测复探指令 JL

工程名称： 编号：

<table>
<tr><td colspan="4">致：____________________（检测单位）
____________________（施工单位）完成的下列焊口已经返修完成，外观检查合格，请于______年______月______日进行无损检测。</td></tr>
<tr><td>规格材质</td><td></td><td>部位</td><td></td></tr>
<tr><td>焊接方法</td><td></td><td></td><td></td></tr>
<tr><td>检测标准</td><td></td><td>合格级别</td><td></td></tr>
<tr><td colspan="4">焊口号：

（□ RT、□ PT、□ UT、□ MT）

合计：____________道口。

项目监理机构（公章）：
专业监理工程师（签字）：
年 月 日</td></tr>
<tr><td colspan="4">检测机构（公章）：
接收人（签字）：
年 月 日</td></tr>
</table>

注：本表格一式二份，项目监理机构、检测单位各一份。

4.16.32 焊口返修指令 JL

工程名称：　　　　　　　　　　　　　　　　　　　　　　编号：

致：__________________（施工单位） 以下焊口探伤已完，需进行返修，请按返修指令到指定地点对以下焊口进行返修，并将复探申请及时报监理。			
规格材质		部位	
焊口号： （□ RT、□ PT、□ UT、□ MT） 合计：__________道口。 项目监理机构（盖章） 专业监理工程师（签字）： 年　月　日			
  施工项目经理部（盖章） 技术负责人（签字）： 年　月　日			

注：本表格一式二份，项目监理机构、检测单位各一份。

4.16.33　工作联系单　JL

工程名称：　　　　　　　　　　　　　　　　　　　　　　　　　　编号：

致：____________________   发文单位 负责人（签字） 年　月　日

4.16.34 总监理工程师任命书 JL

工程名称： 编号：

致：________________（建设单位） 　　兹任命__________（注册监理工程师注册号：__________）为我单位__________项目总监理工程师。负责履行建设工程监理合同、主持项目监理机构工作。 工程监理单位（盖章） 法定代表人（签字） 年 月 日

注：本表格一式三份，项目监理机构、建设单位、施工单位各一份。

4.16.35　工程开工令　JL

工程名称：　　　　　　　　　　　　　　　　　　　　　　　　　　　　　　　编号：

致：____________________（施工单位） 　　经审查，本工程已具备施工合同约定的开工条件，现同意你方开始施工，开工日期为：______年______月______日。 附件：工程开工报审表   项目监理机构（盖章） 总监理工程师（签字、加盖执业印章） 年　月　日

注：本表格一式三份，项目监理机构、建设单位、施工单位各一份。

4.16.36 监理报告 JL

工程名称： 编号：

致：____________________（主管部门） 　　由____________________（施工单位）施工的____________________（工程部位），存在安全事故隐患。我方已于______年______月______日发出编号为______的《监理通知单》/《工程暂停令》，但施工单位未整改 / 停工。 　　特此报告。 附件：□监理通知单 　　　□工程暂停令 　　　□其他 项目监理机构（盖章） 总监理工程师（签字、加盖执业印章） 年　月　日

注：本表格一式四份，主管部门、建设单位、工程监理单位、项目监理机构各一份。

4.16.37 工程复工令 JL

工程名称：　　　　　　　　　　　　　　　　　　　　　　　　编号：

致：____________________（施工项目经理部） 　　由我方发出的编号为___________《工程暂停令》，要求暂停施工的________部位（工序），经查已具备复工条件。经建设单位同意，现通知你方于______年______月______日______时起恢复施工。 附件：工程复工报审表   项目监理机构（盖章） 总监理工程师（签字、加盖执业印章） 年　月　日

注：本表格一式三份，项目监理机构、建设单位、施工单位各一份。

4.16.38 报审、报验表 JL

工程名称：　　　　　　　　　　　　　　　　　　　　　　　　编号：

<table>
<tr><td>致：________________（项目监理机构）
我方已完成________________工作，经自检合格，请予以审查或验收。

附件：□隐蔽工程质量检验资料
□检验批质量检验资料
□分项工程质量检验资料
□施工实验室证明资料
□其他

施工项目经理部（盖章）
项目经理或项目技术负责人（签字）
年　月　日</td></tr>
<tr><td>审查或验收意见：

项目监理机构（盖章）
总监理工程师（签字、加盖执业印章）
年　月　日</td></tr>
</table>

注：本表格一式二份，项目监理机构、施工单位各一份。

4.17 其他[①]

4.17.1 单位工程交接情况表 QT

序号	单位工程编号	单位工程名称	施工单位	开工时间	交接时间	施工单位代表	建设单位代表

① 本部分的“QT”意思是“其他”，代表属于其他类表格。

4.17.2 关键设备汇总表 QT

序号	装置名称	设备名称	规格、型号	生产厂家	数量	单价	备注

说明：关键设备是指生产及辅助生产装置中的各种大型机组、主要炉、塔、器及 DCS 等。

4.17.3 主要实物工程量统计表 QT

序号	单项（单位）工程名称	土石方（m^3）	混凝土（m^3）	建筑面积（m^2）	工艺设备（台）	工艺管道（km）	阀门（只）	金属结构制安（t）	仪表设备（台/套）	电气设备（台/套）	电力电缆（km）	仪表电缆（km）	备注

说明：根据工程实际情况，表内项目可增减。

4.17.4 工程质量验收情况汇总表 QT

序号	单位工程名称	分部工程			分项工程			备注
		个数	合格数	合格率（%）	个数	合格数	合格率（%）	
合计								

说明：体现主体工程的单位工程前面加注“*”。

4.17.5 生产人员配备表 QT

序号	装置（单元）名称	设计定员				实有人数			
		合计	管理人员	操作人员	合计	管理人员	操作人员	辅助后勤人员	其他人员

4.17.6 生产考核结果表 QT

装置（单元）名称：

序号	考核内容	设计指标	实测结果	备注

4.17.7 未完工程统计表 QT

序号	工程名称	工程内容	预留投资（万元）	责任单位	完成时间

4.17.8 工程概算执行情况汇总表 QT

序号	单项（单位）工程或费用名称	概算（万元）					竣工决算（万元）					备注
		合计	建筑	安装	设备	其他	合计	建筑	安装	设备	其他	

4.17.9 基本建设项目竣工决算表封面 QT

建设单位：

建设项目名称：

主管部门：

级别：

建设性质：

基本建设项目竣工决算

建设单位：（盖章）

编制日期：

4.17.10 竣工工程概况表 QT

<table>
<tr><td colspan="2">项目名称</td><td colspan="5"></td></tr>
<tr><td colspan="2" rowspan="2">建设地址</td><td colspan="2" rowspan="2"></td><td rowspan="2">占地面积（m²）</td><td>设计</td><td>实际</td></tr>
<tr><td></td><td></td></tr>
<tr><td rowspan="6">新增生产能力</td><td colspan="3">能力名称</td><td>设计</td><td colspan="2">实际</td></tr>
<tr><td colspan="3"></td><td></td><td></td><td></td></tr>
<tr><td colspan="3"></td><td></td><td></td><td></td></tr>
<tr><td colspan="3"></td><td></td><td></td><td></td></tr>
<tr><td colspan="3"></td><td></td><td></td><td></td></tr>
<tr><td colspan="3"></td><td></td><td></td><td></td></tr>
<tr><td rowspan="2">建设周期</td><td>计划</td><td colspan="5">从 年 月开工至 年 月竣工，工期：月</td></tr>
<tr><td>实际</td><td colspan="5">从 年 月开工至 年 月竣工，工期：月</td></tr>
<tr><td colspan="3">初步设计批准机关、日期、文号</td><td colspan="4"></td></tr>
<tr><td rowspan="10">完成主要工作量</td><td>名称</td><td>设计</td><td>实际</td><td>名称</td><td>设计</td><td>实际</td></tr>
<tr><td>土石方（m³）</td><td></td><td></td><td>电气设备（台 / 件）</td><td></td><td></td></tr>
<tr><td>混凝土（m³）</td><td></td><td></td><td>电力电缆（km）</td><td></td><td></td></tr>
<tr><td>建筑面积（m²）</td><td></td><td></td><td>仪表电缆（km）</td><td></td><td></td></tr>
<tr><td>工艺设备（台）</td><td></td><td></td><td></td><td></td><td></td></tr>
<tr><td>工艺管道（km）</td><td></td><td></td><td></td><td></td><td></td></tr>
<tr><td>阀门（只）</td><td></td><td></td><td></td><td></td><td></td></tr>
<tr><td>金属结构制安（t）</td><td></td><td></td><td></td><td></td><td></td></tr>
<tr><td>仪表设备（台 / 套）</td><td></td><td></td><td></td><td></td><td></td></tr>
<tr><td colspan="6"></td></tr>
<tr><td rowspan="2">未完工程</td><td>工程内容</td><td colspan="2">投资额（万元）</td><td colspan="2">未完工程施工单位</td><td>完成时间</td></tr>
<tr><td></td><td colspan="2"></td><td colspan="2"></td><td></td></tr>
</table>

<table>
<tr><td rowspan="6">建设总支出</td><td>项目</td><td>概算（万元）</td><td>实际（万元）</td></tr>
<tr><td>1. 建筑安装工程投资</td><td></td><td></td></tr>
<tr><td>2. 设备投资</td><td></td><td></td></tr>
<tr><td>3. 其他投资</td><td></td><td></td></tr>
<tr><td>4. 待摊投资</td><td></td><td></td></tr>
<tr><td>5. 合计</td><td></td><td></td></tr>
<tr><td>资金来源</td><td></td><td></td><td></td></tr>
<tr><td rowspan="5">交付资产</td><td>1. 固定资产</td><td></td><td></td></tr>
<tr><td>2. 流动资产</td><td></td><td></td></tr>
<tr><td>3. 无形资产</td><td></td><td></td></tr>
<tr><td>4. 递延资产</td><td></td><td></td></tr>
<tr><td>5. 合计</td><td></td><td></td></tr>
<tr><td rowspan="4">设计单位</td><td colspan="3"></td></tr>
<tr><td colspan="3"></td></tr>
<tr><td colspan="3"></td></tr>
<tr><td colspan="3"></td></tr>
<tr><td rowspan="3">监理单位</td><td colspan="3"></td></tr>
<tr><td colspan="3"></td></tr>
<tr><td colspan="3"></td></tr>
<tr><td rowspan="2">施工单位</td><td colspan="3"></td></tr>
<tr><td colspan="3"></td></tr>
</table>

4.17.11 竣工决算财务总表 QT

单位：万元

序号	资金来源	金额	序号	资金占用	金额	补充资料
一	基建拨款合计		一	交付使用资产合计		一、基建结余资金
1	基金拨款		1	固定资产		其中：拨款部分
2	联营拨款		2	流动资产		借款部分
3	自筹资金拨款		3	无形资产		二、基建收入累计
4	其他拨款		4	递延资产		其中：还贷
二	基建投资借款合计		二	其他基建支出合计		留成
1	建设银行贷款		三	在建工程合计		三、应收生产单位投资借款余额
2	开发银行贷款		1	建设安装工程投资		其中：建设货款
3	企业债券		2	设备投资		开发货款
4	利用外资贷款		3	其他投资		国外贷款
5	其他贷款		4	待摊投资		其他货款
三	应付款合计		四	库存器材合计		
1	其他应付款		1	设备		
2	应付工程款		2	材料		
3	应付器材款		五	银行存款与现金		
			六	应收款合计		
			1	其他应收款		
			2	预付备料款		
合计			合计			

4.17.12 交付使用资产总表 QT

序号	单项工程或费用名称	总计	固定资产					流动资产	无形资产	递延资产	备注
			合计	建筑工程	安装工程	设备	其他费用				

4.17.13 竣工工程建设成本表 QT

单位：万元

序号	单项工程或费用名称	概算投资	合计	实际完成投资						节约（+）或超支（-）
				交付使用资产				其他基建支出	在建工程	
				固定资产	流动资产	无形资产	递延资产			